中国革命纪念设施志
国家级抗战纪念设施、遗址卷

（上）

ZHONGGUO GEMING JINIAN SHESHI ZHI
GUOJIAJI KANGZHAN JINIAN SHESHI、YIZHI JUAN

李　涛　主编

北京出版集团
北 京 出 版 社

图书在版编目（CIP）数据

中国革命纪念设施志. 国家级抗战纪念设施、遗址卷
. 上 / 李涛主编. -- 北京 : 北京出版社, 2025. 9.
ISBN 978-7-200-19752-5

Ⅰ. K878.23

中国国家版本馆 CIP 数据核字第 2025EV0263 号

策划统筹：黄雯雯
豆广利
责任编辑：豆广利
于 蕊
装帧设计：魏建欣
责任印制：齐 颖

中国革命纪念设施志 国家级抗战纪念设施、遗址卷
（上）
ZHONGGUO GEMING JINIAN SHESHI ZHI
GUOJIAJI KANGZHAN JINIAN SHESHI、YIZHI JUAN
（SHANG）
李 涛 主编

*

北京出版集团
北京出版社 出版
（北京北三环中路 6 号）
邮政编码：100120
网 址：www.bph.com.cn
北京出版集团总发行
新华书店经销
北京华联印刷有限公司印刷

*

210 毫米×285 毫米 28.25 印张 674 千字
2025 年 9 月第 1 版 2025 年 9 月第 1 次印刷

ISBN 978-7-200-19752-5
定价：480.00 元（全两册）

如有印装质量问题，由本社负责调换
质量监督电话：010-58572393

编委会

出版说明

《中国革命纪念设施志·国家级抗战纪念设施、遗址卷》是国内首部全面系统介绍国家级抗战纪念设施、遗址的专题志书。

中国人民抗日战争是近代以来中国抗击外敌入侵首次取得完全胜利的民族解放战争，彻底洗刷了自鸦片战争以来屡战屡败的民族耻辱。伟大的抗战精神是中国人民弥足珍贵的精神财富，抗日先烈们的丰功伟绩与日月同辉，永载史册。为铭记抗日英烈的不朽功勋，弘扬爱国主义精神，凝聚实现中华民族伟大复兴的精神力量，经党中央、国务院批准，分别于2014年9月1日、2015年8月24日、2020年9月3日分三批公布共计260处国家级抗战纪念设施、遗址名录，要求各地区、各部门加强抗战纪念设施与遗址的保护管理，深入开展抗战史料文物及英烈事迹的发掘整理与宣传陈展工作，广泛组织群众性拜谒、参观活动；引导广大群众特别是青少年深刻认识日本侵略者的罪行，牢记中华民族抵御外侮、奋勇抗争的历史，以及中国人民为世界反法西斯战争胜利做出的巨大民族牺牲和重要历史贡献；学习宣传抗日英烈的英雄事迹，弘扬伟大的民族精神和抗战精神，增强民族凝聚力与向心力，为实现中华民族伟大复兴的中国梦不懈奋斗。

本专题志以名录提供的线索为基础，由军事科学院、退役军人事务部、中国地方志工作办公室等单位的专家收集权威资料，严格遵循专题志编写规范，对260处国家级抗战纪念设施、遗址进行系统介绍。其宗旨是纪念抗战时期在重大事件、重要战役及各条战线斗争中牺牲的英烈，以及对中国抗战具有重大影响的民主人士、爱国将领，为中国抗战牺牲的国际友人等。尽管纪念对象身份多元、时期各异，但其所承载的爱国主义精神一脉相承，在褒扬英烈、宣传教育等方面具有重要的示范引领作用。此举是开展“反对历史虚无主义、捍卫英烈形象”主题宣传活动、“不忘初心、牢记使命”主题教育，以及贯彻落实《中华人民共和国英雄烈士保护法》《烈士纪念设施规划建设修缮管理维护总体工作方案》的重要举措。其核心目标是通过抗战纪念设施与遗址“讲述”党史、军史和国史，彰显其人文与历史价值，激活红色基因的精神内涵，使凝聚红色文化的建筑在展现文化之美、历史之美、红色之美的过程中凝聚中国精神、汇聚中国力量，助力美丽中国建设。

本专题志编纂于中国特色社会主义新时代，出版于中国人民抗日战争胜利80周年之际，是弘扬伟大抗战精神的重要载体。习近平总书记在颁发中国人民抗日战争胜利70周年纪念章仪式上的讲话中指出：“在波澜壮阔的中国人民抗日战争中，千千万万抗战英雄抛头颅、洒热血，为战争胜利做出重大贡献，也为铸就伟大的抗战精神做出重大贡献。伟大的抗战精神，永远是激励中国人民克服一切艰难险阻、为实现中华民族伟大复兴而奋斗的强大精神动力。”

历史不容篡改，历史昭示未来，历史教育后代。本专题志以辩证唯物主义和历史唯物主义为根本遵循，深入贯彻习近平新时代中国特色社会主义思想，特别是习近平强军思想，在褒扬先烈事迹、讴歌先烈精神、弘扬我党我军光荣传统和优良作风方面具有重要的现实意义。其成果为培育社会主义核心价值观和新时代“四有”革命军人提供精神滋养与文化资源，服务于存史资政育人和国防军队建设；同时为党史、军史、国史研究及相关文艺创作提供了珍贵的文献资料。

本专题志共收录国家级抗战纪念设施、遗址260处，按国家行政区划的31个省（自治区、直辖市）的顺序排列，各省（自治区、直辖市）内的设施按国务院批准发布的批次先后排序。每处设施作为一个独立条目，分为文字说明与配图两部分。文字内容涵盖设施简介及相关烈士或重大事件链接：设施简介依据各设施管理单位提供的资料编写；链接内容参考《中国共产党历史》《中国人民解放军军史》《中国军事百科全书》《抗日战争史料丛编》等权威著作撰写。每个条目配图3—5幅，全书共计100多万字，配图近1800幅，力求资料翔实、图文并茂、可读性强。

本专题志编纂工作浩繁，虽经严格审核，疏漏之处仍在所难免，恳请广大读者批评指正，以便后续修订完善。

《中国革命纪念设施志・国家级抗战纪念设施、遗址卷》编委会

2025年5月

目录

中国国内国家级抗战纪念设施、遗址

中国国内国家级抗战纪念设施、遗址

北京市

中国人民抗日战争纪念馆

中国人民抗日战争纪念馆位于中华民族全面抗日战争的爆发地——北京市丰台区卢沟桥东头宛平城南北中轴线上的旧衙门遗址上，门牌号为宛平城城内街101号，是为了纪念中国人民伟大的抗日战争修建的设施，是全国唯一一座全面反映中国人民抗日战争历史的大型综合性专题纪念馆，由邓小平同志亲自题写馆名。纪念馆于1985年动工兴建，1987年7月6日落成，1987年7月7日正式对外开放。1997年抗战胜利60周年之际，二期工程建成并对外开放，后又经历了2005年、2015年两次改造。

中国人民抗日战争纪念馆

中国人民抗日战争纪念馆主要包括纪念广场和主体建筑两部分，占地面积3.5万余平方米，建筑面积约2.1万平方米，陈列面积约6700平方米。

主体建筑兼具浓郁的民族特色和现代风格，造型简洁质朴，错落有致，色彩深沉庄重。展馆外墙覆盖着乳白色大理石，锻铜大门上镶嵌着独立自由勋章，二级平台上安放着独立自由勋章锻铜雕塑。

中国人民抗日战争纪念馆正前方是面积约为8600平方米的抗战纪念广场，广场中央矗立着一尊《卢沟醒狮》，象征着中华民族的觉醒。广场中轴线两侧各有7块草坪，代表七七事变爆发地和中华民族的14年抗日战争。广场北侧竖立着一根高达14米的国旗杆，基座为汉白玉制成。2014年7月7日，广场上纪念馆前又增设独立自由勋章雕塑，上方是一枚金色的独立自由勋章，下方用中、英双语刻有“1937.7.7中国人民抗日战争全面爆发纪念地”。

《卢沟醒狮》铜雕

中国人民抗日战争纪念馆内展示了从1931年九一八事变到1945年抗战胜利14年间的各种珍贵历史文物和照片，并收录了自1874年以来日本侵略和占领中国台湾的各类文物。现有馆藏文物3万余件（套），其中一级藏品达百余件（套）。

纪念馆由序厅、展厅、半景画馆3部分组成。

序厅内摆放了一座大型铸铜浮雕《铜墙铁壁——把我们的血肉筑成我们新的长城》，浮雕长达18米，高5米，左、右两侧墙壁上分别镶嵌着《义勇军进行曲》和《八路军进行曲》的曲谱。序厅顶部是15个方形藻井，悬挂着14口方形古钟，象征着抗日战争的14年，寓意中国人民抵抗侵略的警钟长鸣。

铸铜浮雕《铜墙铁壁》

展厅分为4部分，分别是综合厅、日军暴行厅、人民战争厅和抗日英烈厅，陈列的形式多样，包括巨幅照片、形象图表和现场复原等，结合文物与雕塑组成立体空间，将地雷战景观、地道战景观等变得更加形象和立体，给观众留下深刻印象。

半景画馆的陈列采用的是声光变景技术，生动地再现了卢沟桥事变的场景，让观众如同亲临战争现场，对那段战争岁月有更为切实的体验。

2005年，中国人民抗日战争纪念馆举办了“伟大胜利——纪念中国人民抗日战争暨世界反法西斯战争胜利60周年大型主题展览”，展览主题为“铭记历史、缅怀先烈、珍爱和平、开创未来”，总面积6700平方米，共展出照片1170幅、文物2834件，结合巨幅油画、实物和模型，给观众留下了深刻印象。抗战胜利70周年之际，展览进一步完善，更名为“伟大胜利　历史贡献——纪念中国人民抗日战争暨世界反法西斯战争胜利大型主题展览”，成为中国人民抗日战争纪念馆基本陈列，基本陈列以历史图片和实物为主，辅以景观、幻影成像、雕塑、油画、影视片等展示手段，分为“民族危急，救亡兴起”“国共合作，共赴国难”“抗战灯塔，中流砥柱”“日军暴行，惨绝人寰”“浴血疆场，民族壮歌”“得道多助，国际援助”“历史胜利，巨大贡献”“以史为鉴，面向未来”8个部分，表现了在中国共产党倡导建立的抗日民族统一战线旗帜下，在国共合作的基础上，包括台港澳同胞、海外侨胞在内的全国各族人民共同抵抗日本帝国主义侵略的历史，揭露了日本侵略者在侵华战争中犯下的罪行。

“伟大胜利　历史贡献”主题展览

中国人民抗日战争纪念馆是世界各国人民了解中国抗战历史的一个重要窗口，是国家一级博物馆、全国爱国主义教育示范基地、北京市爱国主义教育基地。

经党中央、国务院批准，国务院于2014年8月24日公布，中国人民抗日战争纪念馆被列入《第一批国家级抗战纪念设施、遗址名录》。

知识链接 中华人民共和国国歌——《义勇军进行曲》

1935年，电通影片公司准备拍摄一部影片《凤凰涅槃》，描写长城抗战背景下一些青年的彷徨和成长，以此批判国民党“攘外必先安内”的政策，号召全民抗日。该片剧本由左翼剧作家田汉创作，但他只写了梗概，就被国民党当局以“宣传赤化”为名逮捕入狱。幸运的是，当时剧本手稿留在编剧孙师毅家中，没有落到国民党当局手里。为了确保电影顺利开机，夏衍接手了剧本创作工作，并把剧名改为《风云儿女》。

剧本完成后，导演许幸之接手了《风云儿女》的拍摄。不久，去监狱里探监的同志带回了一张香烟盒包装纸，背面写着田汉在狱中为影片创作的歌词手稿。当时，聂耳听说了田汉的遭遇，主动找到夏衍，承担起为歌词谱曲的任务。很快，聂耳就完成了曲谱初稿，并对歌曲进行了增饰。为了增强歌曲曲调和节奏的力度，聂耳和孙师毅商量之后，修改了3处歌词，完成了歌曲的创作。后来，为了躲避国民党当局的追捕，聂耳去了日本，在日本完成了定稿，并取名为《进行曲》。电影《风云儿女》的投资人朱庆澜将军在《进行曲》前面加上了“义勇军”3个字，于是歌曲名称就变成了《义勇军进行曲》。随着电影《风云儿女》的上映，这首歌也引发了强烈反响，成为广为流传的抗战歌曲。

1935年，一二·九运动中，全国各地的学生和爱国人士在集会和游行中都演唱了《义勇军进行曲》。同年7月31日，被南京国民党政府以“危害民国”的罪名逮捕的全国各界救国联合会领导人沈钧儒、章乃器、邹韬奋、李公朴、沙千里、史良、王造时等7人获释，数百名群众前去迎接，众人一起高唱起《义勇军进行曲》。1937年淞沪会战爆发后，《义勇军进行曲》成为“八百壮士”孤军营内一支鼓舞士气的战歌。

1945年，第二次世界大战进入尾声时，《义勇军进行曲》入选反法西斯盟军胜利曲目。在世界反法西斯战争取得胜利、同盟国集会时，《义勇军进行曲》又被选为代表中国的歌曲。

1949年，中华人民共和国成立前夕，众多知名人士云集北平（今北京），要从1000多首作品中挑出一首，作为中华人民共和国的代国歌。当时，有人提议以《义勇军进行曲》为代国歌，但是

1935年，由聂耳谱曲、田汉作词，共同创作了电影《风云儿女》的主题歌《义勇军进行曲》。歌曲表现了中国人民捍卫国家和民族尊严的坚强意志

有一些人表示反对。持反对意见的人认为,《义勇军进行曲》里的一些歌词已经过时了。比如当时担任中华全国总工会副主席的李立三的观点就是,“中华民族到了最危险的时候”这句歌词不太妥帖,因为我们用了14年的时间将日本侵略者赶出中国,又用了3年多的时间打败了蒋介石,即将成立新中国,此时一切都是蓬勃发展的,怎么能说是“到了最危险的时候”呢?所以有专家学者提议,如果选《义勇军进行曲》为代国歌,最好修改部分歌词。

对于是否直接选用《义勇军进行曲》作为中华人民共和国的代国歌,支持者和反对者各持己见,争执不下。最后,毛泽东在认真听取了双方的意见后,认为:我国人民经过艰苦斗争虽然全国快解放了,但还是受帝国主义的包围,不能忘记帝国主义对我国的压迫。我们要争取中国完全独立、解放,还要进行艰苦卓绝的斗争,所以还是保持原有歌词。

1949年9月21日,中国人民政治协商会议第一届全体会议召开,于9月27日通过《关于中华人民共和国国都、纪年、国歌、国旗的决议》,规定在中华人民共和国的国歌未正式制定前,以《义勇军进行曲》为国歌。

1949年10月1日,庆祝中华人民共和国中央人民政府成立典礼在首都北京隆重举行,史称“开国大典”。15时,毛泽东主席在天安门城楼上庄严宣告:“中华人民共和国中央人民政府今天成立了!”军乐团演奏起《义勇军进行曲》,广场中央升起第一面五星红旗。

1978年2月26日至3月5日,第五届全国人大第一次会议在北京举行。会议决定,集体重新填写《义勇军进行曲》的歌词,曲子仍然采用聂耳谱写的原曲。

1982年11月26日至12月10日,第五届全国人大第五次会议在北京举行。会议通过了《关于中华人民共和国国歌的决议》,决定恢复田汉创作的国歌歌词,撤销该届全国人民代表大会第一次会议1978年3月5日通过的关于中华人民共和国国歌的决定。

2004年3月14日,第十届全国人大第二次会议通过了《中华人民共和国宪法修正案》,正式将《义勇军进行曲》作为国歌写入宪法。

宛平城、卢沟桥

宛平城位于北京市丰台区永定河东岸,明清两代是专用的军事卫城。始建于明崇祯十三年(1640年),称“拱北城”,清朝时期改称“拱极城”,1928年改称“宛平城”。1937年7月7日,日本侵略者强攻卢沟桥,炮轰宛平城,中国驻守宛平的士兵奋起反抗,中华民族全面抗战就此拉开了序幕。

在建城之初,宛平城是军用性质,城内并无一般县城所拥有的街、巷、市场、钟鼓楼等设施,只有军队驻扎。后来逐渐有商户百姓迁入,宛平城成为军民共处的一座小城。现在的宛平城东西长640米,南北宽320米,总面积20.8万平方米,有东、西两座城门,城楼高耸,瓮城坚实。东为“顺治门”,西为“威严门”。城墙以6层条石砌成基础,墙身外部以青砖包砌,内部以黄土和碎石夯实,城墙顶上铺砌面砖3层。城墙外侧有垛口、射孔,城内原有参将衙署、兴隆寺、观音庵、城隍庙、马神庙、九神庙等,目前多已不存。

从卢沟桥望宛平城威严门

宛平城威严门外就是卢沟桥，卢沟桥在元明清及民国时期是永定河上唯一通往北京城的桥梁，扼守京畿咽喉要道，担负着拱卫北京城安全的重任，战略价值非常重要。卢沟桥事变爆发后，中国军队面对日军的进攻奋起反击，在宛平城与日军发生激战。

卢沟桥是北京现存最古老的连拱石桥，也是北京最古老的一座大石桥，北京名迹之一，石栏柱上雕狮数百，神态各异。它与通州永通桥、宏仁桥，昌平朝宗桥、安济桥，并称为“拱卫京师五大桥梁”。

永定河旧称浑河，河水湍急，河道迁徙无定，于是又有“无定河”之称。金代称其为卢沟河，桥亦以卢沟命名，卢沟渡口自古就是中原地区进出现在北京的重要门户。在卢沟桥建成以前，行人往来多以浮桥渡之。金大定二十九年（1189年），金章宗下诏建造石桥，以求永固。明昌三年（1192年），石桥建成，赐名广利桥，但是人们却还是习惯称之为卢沟桥。

元代绘画《卢沟运筏图》，与现代的卢沟桥并没有太大的差异。画面中卢沟桥横架在永定河上，桥东店铺林立，但宛平城尚未建成

卢沟桥建成以后，历朝历代都对石桥进行过程度不同的修葺。据资料记载，自明代开始到民国时期，对卢沟桥的修缮就不曾间断，特别是新中国成立后，对石桥的修缮无论是时间还是规模都大大超过以往的修缮工程，使得卢沟桥历经800余年的风雨侵蚀，仍旧坚固如初。

卢沟桥全长266.5米，总宽9.3米，其中桥面长213.5米，净宽6.21米，中央较东西两端稍高，坡势平缓。桥两端的雁翅桥面斜长28.2米，桥堍下宽3.2米，高差近2.1米。卢沟桥共11孔，桥拱为弧形，中间3孔的南北拱券券面石正中刻有吸水兽。兽面为浮雕，面目狰狞，虎视眈眈地注视桥下水面，造型栩栩如生。桥体全部用坚固的岩石建成，关键部分均有银锭铁榫连接，这些银锭铁榫两端宽中间细，厚度在5厘米左右，嵌于两石之间，对桥梁的稳固起到了十分重要的作用。

为适应北方河流夏季洪水泛滥，春季上游冰雪消融伴有凌汛的特点，卢沟桥的桥墩不仅建造得宽大厚重，而且在每个桥墩迎水部分的分水尖安装三角形铁桩，俗称斩龙剑，能够将上游的巨大浮冰撕开撞碎，有效地抗御了冰凌对桥体的撞击。

部分桥拱之下铺设多层条石，并以铁柱穿心以加固基础，保护了桥墩的坚固，进而保证了桥

卢沟桥全景

卢沟桥车辙路面和两侧的石狮

梁的整体安全。这种建筑技术反映出金代北京已经能够建造规模宏大的石拱桥，而且亦能够运用先进的技术建造如此复杂和坚固的大型石桥，设计和建造技术成熟且完善。卢沟桥桥面用巨大的条石铺砌，中间部分稍微高于两侧的桥面，有利于积水从桥面两侧排出，保证桥面石不至于遭受雨水的浸泡。

卢沟桥不仅建造规模、建造技术在当时堪称一流，而且桥栏的雕刻工艺也享誉中华乃至世界。卢沟桥桥身两侧石雕护栏共有望柱281根，石栏板279块，石桥望柱高1.4米，柱头刻有仰覆莲座，座下刻荷叶墩，每根望柱头上的石狮高的约51厘米，矮的约20厘米，一般在30厘米左右，具有浓郁的民族特色。雕刻构思巧妙，精美奇特，高低错落不一，姿态各异，各具特色。狮子有雌雄之分，雌的戏小狮，雄的弄绣球。大狮带小狮，在雌狮身上，雕刻了许多小狮，最小的只有几厘米长。古代工匠把石狮的形态、神情刻画得淋漓尽致，千姿百态，神气活现，栩栩如生，其精美的石刻艺术享誉世界。由于桥上雕刻的石狮数目众多，在观赏计数时，稍不留神就会有遗漏，明代《帝京景物略》就有卢沟桥的石狮子“数之辄不尽”的记载，于是便有了“卢沟桥的狮子——数不清”的歇后语。

1979年，在对卢沟桥进行全面调查时，经全面核实，确定卢沟桥护栏上雕刻的大小石狮子的总数实为501个。这些石狮从雕刻风格、形态特征上，体现出各个时代的不同特点，总体观察大致可分为金、元、明、清、民国以及新中国成立后几个时期的作品。

桥的东西两端还立有清康熙和乾隆年间的石碑4块，记述了清康乾年间永定河洪水泛滥，石桥受损严重，继而重修的经过。其中最为著名的是《卢沟晓月》碑。碑亭平面呈正方形，四角有4根蟠龙柱围护。中间石碑由乾隆皇帝御题“卢沟晓月”4个字。古时卢沟晓月成为京城的重要景观。黎明时分，站在古桥上，凭栏远眺，西山叠翠，月色妩媚，远山、近水、晓月、石桥构成的浑然一体的美妙景色，蔚为壮观。为此，许多文人墨客吟诗作画，乾隆皇帝也曾作诗吟诵，并题“卢沟晓月”，留名青史。“卢沟晓月”古时被列为“燕京八景”之一。

1937年7月7日，在宛平城、卢沟桥爆发震惊中外的卢沟桥事变，又称七七事变，拉开了中国人民全面抗战的序幕。城墙上至今还留存着日本侵略军炮击宛平城时的累累弹痕，成为日本帝国主义侵华的罪证。

宛平城墙上当年遭受炮轰的弹痕，记录着日军的罪恶

现在，卢沟桥、宛平城已成为具有重大历史意义的纪念地。城内北侧建有中国人民抗日战争纪念馆，城东侧辟为抗日战争烈士陵园，城楼上有七七事变纪念馆和中国古桥陈列馆。是全国重点文物保护单位、北京市爱国主义教育基地。

经党中央、国务院批准，国务院于2014年8月24日公布，宛平城、卢沟桥被列入《第一批国家级抗战纪念设施、遗址名录》。

知识链接　中国共产党是全民族抗战的中流砥柱

1937年7月7日7时30分，日本华北驻屯军第一联队第三大队第八中队紧靠卢沟桥中国守军第二十九军三十七师一一〇旅二一九团驻地开始演习。22时40分，日军借口一名士兵失踪，要求进入中国守军驻地宛平城搜查，被中国守军严词拒绝。日军一面假意与中国方面交涉，一面部署战斗，对宛平城形成了包围态势。8日5时左右，日军突然向宛平城发动炮击，进攻卢沟桥，发动了蓄谋已久的全面侵华战争。中国守军在团长吉星文和营长金振中的指挥下奋起抗争，全民族抗战爆发。

卢沟桥事变爆发后，中国守军发出了“誓与卢沟桥共存亡”的誓言，驻守宛平城的第二十九军将士跑步进入阵地

全民族抗战初期，中国共产党迅速开辟了广大的敌后抗日战场，从而牵制住侵华日军相当大一部分主力，使其不能向国民党正面战场进攻，支持了长期抗战。与此同时，中国共产党根据敌强我弱、敌小我大、敌之战争非正义性我之战争正义性、敌失道寡助我得道多助等基本特点，及时提出了全面全民族抗战路线和持久战的战略总方针，以及八路军、新四军的战略任务和战略方针。在中国共产党的影响下，国民政府军事委员会也在作战指导计划中，逐步确立了以持久战为主旨的战略方针。

1938年5月，毛泽东总结抗战10个月的经验，撰写并发表了《论持久战》《抗日游击战争的战略问题》等重要著作，从理论和实践的结合上阐明了抗日战争的性质、特点、发展进程的规律和胜利前景，以及游击战争的战略地位。

《论持久战》科学预见持久抗战将经过战略防御、战略相持和战略反攻3个阶段，指出通过这3

个阶段，中国将由劣势到平衡再到优势，日本则将由优势到平衡再到劣势。其中，战略相持阶段是整个战争转变的关键阶段，中国将在此阶段中获得转弱为强的力量。中国共产党提出的全面全民族抗战路线和持久战的战略方针，指明了夺取抗战胜利的唯一正确道路，极大地鼓舞了全国军民抗日的信心。

1938年5月，毛泽东在延安窑洞撰写《论持久战》。《论持久战》批驳了“亡国论”和“速胜论”的错误思想，科学地论证了中国抗战必须经过持久抗战取得胜利的客观规律

1939年中国共产党在纪念抗战两周年对时局的宣言中，提出了“坚持抗战，反对投降；坚持团结，反对分裂；坚持进步，反对倒退”的政治主张，为中华民族抗战指明了方向。

八路军在敌后的大发展震惊了日本侵略者。为稳定后方，华北日军开始对各个根据地展开一系列“肃正讨伐”和“扫荡”作战。这一时期日军对八路军的游击战术还缺乏了解，“扫荡”的方式比较呆板笨拙。八路军在根据地民兵和群众的配合下，不断袭扰日军，并抓住有利时机，适当集中兵力，对孤军深入的日军给予有力的打击，创造了不少小规模歼灭战的成功范例。

1939年4月，在河北齐会战斗中，八路军一二〇师主力冒着毒气与敌军作战，经3个昼夜，歼敌700余人；11月，晋察冀军区部队和一二〇师各一部，在河北黄土岭战斗中歼敌900余人，击毙日军所谓“名将之花”阿部规秀。在华中地区，新四军在长江两岸广泛开展了游击战争，开创了华中敌后战场新局面。在华南，东江纵队、琼崖纵队等抗日武装，开展了艰苦卓绝的游击战，开辟了华南敌后战场。

1940年8月，为打破日军的“囚笼”政策，配合正面战场作战，八路军发动了“百团大战”，在前3个半月的作战中，共毙伤俘日、伪军4万多人。这次胜利沉重打击了日寇，对华北敌后根据地的发展和全国抗战的坚持起了重要的作用。

“百团大战”时八路军在河北涞源浮图峪长城欢庆胜利

从全民族抗战爆发开始至1940年夏天，这3年是中国共产党领导的抗日武装力量大发展的阶段，也是敌后游击战全面展开的阶段。在全民

族抗战开始时，中国共产党只有5万余人的军队，因此为日本侵略者所轻视。然而到1940年7月，共产党领导的人民抗日军队已经发展到50万，根据地人口（包括两面负担区域在内）已发展到1亿。敌后抗日根据地的迅速发展，迫使日军不得不将主力用于对付八路军和新四军，中国共产党领导的人民抗日武装已经负起抗击日军侵略的主要任务。

毛泽东在整风运动中与干部谈话

从1941年起，国民党当局停发八路军、新四军军饷，并对抗日根据地进行军事包围、经济封锁，加上日军“扫荡”，造成了根据地军民生存的严重困难。中国共产党制定了对敌斗争、精兵简政、统一领导、拥政爱民、发展生产、整顿“三风”、审查干部、时事教育、“三三制”政权、减租减息政策及开展大生产运动，使根据地渡过了难关。

在中国共产党领导和毛泽东思想指导下，敌后抗日根据地群众性的游击战争广泛开展，在反“扫荡”、反“蚕食”、反“清乡”斗争中，涌现出诸如狼牙山五壮士、刘老庄连等许多感人事迹，谱写了一曲曲人民战争的颂歌。

从1944年开始，根据毛泽东的指示，敌后战场进入局部反攻，收复了众多城市。由于八路军的英勇战斗，局部反攻取得了重大胜利，人民抗日武装力量得到了进一步壮大。

1945年8月15日，日本帝国主义被迫无条件投降，中国人民经过14年浴血奋战，洗刷了近代以来抗击外来侵略屡战屡败的民族耻辱，取得了抗日战争的伟大胜利。

历史证明，中国共产党提出的全面全民族抗战路线和持久战的战略总方针，是唯一能使弱国打败强国、夺取抗日战争胜利的正确的抗战路线和战略总方针。中国抗日战争特别是敌后战场抗战的实践，正是按照持久战的战略思想和游击战理论，一步步走向了胜利，创造了世界战争史上的奇观。

侵华日军投降签字仪式

平北抗日烈士纪念园

平北抗日烈士纪念园位于北京市延庆区张山营镇韩郝庄村，是为了纪念抗日战争时期八路军晋察冀军区部队一部在平北地区创建和发展抗日根据地牺牲的烈士而修建的设施。建成于1989年10月。

平北抗日烈士纪念园大门

平北抗日根据地地处北京以北，东至承德，西至张家口，长城内外的广大地区。抗日战争时期，是伪蒙疆、伪满洲国、伪华北3个伪政权的接合部，有着极为重要的战略地位。日军在平北地区实施了“杀光、烧光、抢光”的“三光”政策，以“强化治安”“集家并村”为借口，制造了很多无人区，并多次在张家口庞家堡制造血案，屠杀了2.7万名矿工，引发了平北军民的极大愤怒。为了保家卫国，平北军民上下一心，浴血奋战，抵御日军侵略，在这片土地上挥洒热血，献出无数宝贵的生命。

平北抗日烈士纪念园占地2.4万平方米，主要由平北抗日战争烈士纪念碑和平北抗日战争纪念馆两部分组成。2017年又建成专题馆，建筑面积约2000平方米。

纪念园门前的《浴血奋战》群雕长8米，高4.5米，展示了八路军战士、游击队员、民兵、女战士以及儿童团团员等9个人物，他们手握机枪、钢刀、红缨枪等，表情坚毅、目光炯炯，抱着抗战必胜的信念。在他们身后，是中华民族的象征——长城。

平北抗日战争烈士纪念碑建成于1989年10月，主体净高14.2米，宽6.3米，汉白玉碑身上有突出的步枪和折断的刺刀造型，寓意平北军民以热血和刺刀铸成一道铜墙铁壁，保卫平北，保卫边区。碑身正面刻有聂荣臻元帅题写的“平北抗日战争烈士纪念碑”，背面刻有彭真委员长题写的“平北抗日烈士永垂不朽”。

平北抗日战争烈士纪念碑

平北抗日战争纪念馆于1997年7月开馆，2007年、2021年两次扩建，建筑面积3000平方米，馆名“平北抗日战争纪念馆”由原冀热察挺进军司令萧克同志题写。纪念馆展线达480米，分为序厅、影视厅、主展厅和尾厅四大部分。序厅由前言和20组浮雕组成。主展厅分为“抗日烽火，激荡平北”“浴血奋战，夺取胜利”“红旗招展，屹立海坨”“红色精神，赓续前行”4个部分。主展厅和影视厅内陈列着近300件文物，都是自1933年至1945年间平北军民使用的武器、生活用品及书籍、照片等。这些宝贵的文物真实地再现了当年平北军民浴血奋战、奋勇杀敌的场景。影视厅更是形象地利用绘画、雕塑、电动示意地图、景观再现等方式，将观众带回那硝烟弥漫的抗战岁月，让观众能够更加了解这段史实，更加直观地体会到战争的残酷和日本侵略者给中国人民带来的沉重灾难。

平北抗日战争纪念馆

专题馆有“光辉典范——抗战时期中国共产党党风廉政建设展”，展出历史照片237张，文物复制品46件。

平北抗日烈士纪念园是国家级烈士纪念设施、全国爱国主义教育示范基地、北京市爱国主义教育基地。

经党中央、国务院批准，国务院于2014年8月24日公布，平北抗日烈士纪念园被列入《第一批国家级抗战纪念设施、遗址名录》。

知识链接　平北抗日斗争

卢沟桥事变爆发后，日军攻占北平（今北京），进而顺着居庸关、八达岭攻占平北地区。平北地区以延庆、赤城为中心，西至张家口，东至滦平，北至沽源，南至昌平，地跨冀热（热河，今分属河北、辽宁和内蒙古）察（察哈尔，今分属内蒙古、河北、山西、北京）3省，该地区战略位置极为重要，是伪满洲国、伪蒙疆、伪华北傀儡政权的交界地带。为了抗击日、伪军，粉碎日本帝国主义控制平北、灭亡中国的图谋，中国共产党在平北地区以海坨山为中心建立平北抗日根据地，坚持抗日斗争。

1938年5月31日，遵照中共中央开展冀东敌后游击战争的指示，八路军第四纵队开始从平西抗日根据地出发，执行开辟平北抗日根据地的任务。在纵队司令员宋时轮和政委邓华的带领下，

平北抗日烈士纪念园《浴血奋战》雕塑，体现了“兵民是胜利之本”的战争本质，也寓意平北抗日根据地稳如泰山，坚似长城

八路军一路势如破竹，攻占延庆、怀柔、昌平等地。队伍所到之处，受到老百姓的热烈欢迎。部队在平北地区站稳脚跟后，在各村建立党组织，建立抗日民主政权。

平北抗日根据地的建立，给了日、伪军以沉重打击。为了消灭平北地区的抗日力量，日、伪军在1940年5月集结了5000多人对根据地展开大规模“扫荡”。在严酷的战斗形势下，很多优秀的共产党员和革命干部群众牺牲在平北这片抗日热土之上。但日、伪军的残酷“扫荡”没能扑灭抗日的烽火，反而更加激起了平北人民抗击日军的斗志，在中国共产党的领导下，平北人民积极抗击日、伪军，根据地不断壮大，对盘踞在平北地区的日、伪军给予沉重的打击。

到1944年，平北抗日根据地民兵人数达5万余人，游击队员3000多人，平北抗日根据地成为插入日、伪军心口的一把尖刀，让日、伪军寝食难安。

从1941年到1944年，日、伪军对平北抗日根据地进行了5次大规模的“扫荡”，根据地军民在付出巨大代价的情况下保卫了根据地的安全，粉碎了日、伪军消灭根据地的图谋。随着抗日力量不断壮大，削弱日、伪军力量的同时，也让平北人民持续保持着胜利的信心。

到了1945年，日本帝国主义的末日已经来临，平北抗日根据地军民在中国共产党的领导下对日、伪军展开战略大反攻，接连收复张家口、新保安、沙城、延庆、赤城等地，其中张家口是八路军解放的第一座省会城市。

全民族抗战期间，平北军民共消灭日军2.3万人，收复失地5万平方千米。

赵登禹将军墓

赵登禹将军墓位于北京市丰台区宛平城东1千米处西道口甲1号山坡上。1937年7月28日，国民革命军第二十九军一三二师师长赵登禹将军在南苑与日军激战时壮烈殉国，遗体就地掩埋。抗战胜利后其部属何基沣等把赵登禹将军和当年同时阵亡的第二十九军官兵遗骸安葬于卢沟桥畔。1980年6月人民政府重建墓地于现址。

赵登禹将军墓园坐北向南，占地面积约350平方米，用花岗岩砌筑，由墓冢、墓台和墓前广

平北根据地人民在反“蚕食”斗争中利用交通沟接近日军，在运动中消灭日军

赵登禹将军墓

场构成。

墓园入口处左侧墙上刻着《赵登禹将军墓简介》碑文，墓碑正面镌刻有“抗日烈士赵登禹将军之墓（1898—1937）”。墓地的台阶上有一块黑色大理石碑，碑文为赵登禹将军生平简介：

抗日烈士赵登禹将军，一八九八年生于山东菏泽赵楼村，十四岁从军，作战勇敢，战功卓著。历任班长、排长、连长、团长，二十九军三十七师第一旅长，一三二师师长。一九三三年，长城抗战中，赵登禹亲率敢死队夜袭敌阵，取得了闻名中外的“喜峰口大捷”，七七芦（卢）沟桥事变，赵登禹率部进驻南苑，在团河与日军发生激战，转移途中又遇日军伏击。他左臂中弹，仍指挥将士突围，被日军机枪射中，身体多处中弹，壮烈牺牲，时年三十九岁。

一九九一年五月

墓地周围环绕着苍松翠柏，象征着烈士精神不朽。

赵登禹将军墓因何选在卢沟桥？是因为赵登禹曾经慷慨陈词：“军人抗战有死无生，卢沟桥就是我们的坟墓。”这样的豪言壮语今天依然充满力量。新中国成立后，人民政府追认赵登禹为抗日烈士。1952年，毛泽东主席为赵登禹亲属签发了北京字第捌拾号革命牺牲军人家属光荣纪念证。2009年，赵登禹入选“100位为新中国成立作出突出贡献的英雄模范人物”。

赵登禹将军墓是北京市重点文物保护单位。

经党中央、国务院批准，国务院于2015年8月13日公布，赵登禹将军墓被列入《第二批国家级抗战纪念设施、遗址名录》。

知识链接

赵登禹

赵登禹，中国抗日殉国将领。字舜臣（一作舜诚），山东菏泽人。1914年，入冯玉祥部当兵，从士兵递升至团长。1926年10月，率部入陕，参与解西安之围。1928年，任国民革命军第二集团军第二十七师师长。1930年5月，参加蒋冯阎战争，任冯玉祥部第四路军第二十五师师长。次年，所部被蒋介石收编，他任第二十九军第三十七师第一〇九旅旅长，奉命在山西练兵。1933年3月，率部参加长城抗战，在喜峰口血战十天，重创日军，获国民政府青天白日勋章。6月，升任第二十九军第一三二师师长。1936年，率部驻防河

《赵登禹将军事迹》碑文

长城抗战时的国民革命军第二十九军大刀队

北河间。1月，被授予陆军中将；12月，兼任河北省政府委员。

1937年7月7日，日本侵略军悍然发动卢沟桥事变，全国抗日战争就此爆发。7月下旬，数以万计的日军在飞机和坦克的掩护下，分别向北平（今北京）、天津及邻近各战略要地大举进攻。日军出动飞机轮番轰炸中国军队阵地，机械化部队从地面发动猛烈攻击。当时担任第二十九军第一三二师师长的赵登禹在北平南苑一带率部抗击日军。日军将中国军队分割包围，中国军队在日军炮火和飞机的狂轰滥炸下损失惨重。赵登禹率部誓死坚守阵地，拼死抗击。7月28日，赵登禹奉命向北平撤退，途中因叛徒出卖，在大红门附近遭到日军伏击，壮烈殉国，牺牲时年仅39岁。

赵登禹将军是全民族抗战爆发后以身殉国的第一位师长。1937年7月31日，南京国民政府追赠赵登禹为陆军上将。因赵登禹生前说过“军人抗战有死无生，卢沟桥就是我们的坟墓”，抗战胜利后的1946年7月28日，在北平中山公园举行公祭大会之后，赵登禹将军的灵柩被运至卢沟桥以东1千米处的西道口山坡上安葬。

赵登禹将军

1946年11月25日，赵登禹将军的同乡、时任北平市市长的何思源签发《府秘字第729号训令》，将北平市区内的3条道路分别命名为赵登禹路、佟麟阁路、张自忠路，以纪念在抗战中做出巨大贡献的3位抗日英烈。新中国成立后，人民政府保留了这3处地名并沿用至今。

佟麟阁将军墓

佟麟阁将军墓位于北京市海淀区香山北正黄旗18号兰涧沟的坡地上。1937年卢沟桥事变爆发后，国民革命军第二十九军副军长佟麟阁在南苑前线亲自指挥部队抗击日本侵略军的进攻，1937年7月28日不幸中弹牺牲，家属在其部下的引领下寻得将军遗体，秘密安葬在柏林寺内。

佟麟阁将军墓

佟麟阁将军牺牲后，国民政府追赠其为陆军上将。抗战胜利后，1946年7月，国民政府将佟麟阁将军的灵柩移出柏林寺，举行国葬，葬在香山兰涧沟坡地上。1979年8月，中共中央追认佟麟阁为革命烈士，并重新修葺了其陵墓。

佟麟阁将军墓坐北向南，占地230平方米，半圆形水泥宝顶。墓前立有汉白玉碑，高1.09米，上面镌刻有“抗日烈士佟麟阁将军之墓”，碑前有水磨石供台，东为其夫人彭静智之墓。墓园北侧有2005年7月13日刻的黑色大理石碑，上面为佟麟阁将军生平简介。墓东30米处为程思远题写馆名的佟麟阁将军纪念馆，馆前塑佟麟阁将军半身戎装像。

佟麟阁将军墓是北京市重点文物保护单位。

经党中央、国务院批准，国务院于2015年8月13日公布，佟麟阁将军墓被列入《第二批国家级抗战纪念设施、遗址名录》。

佟麟阁将军纪念雕塑

知识链接 **佟麟阁**

佟麟阁，中国抗日殉国将领。原名凌阁，字捷三，1892年出生于河北高阳，满族。1911年11月，为响应辛亥革命，河北滦州爆发了由冯玉祥、王金铭、施从云等领导的反清起义，佟麟阁从戎参军，投入冯玉祥营下为哨兵，后来升为哨长。因英勇善战、善于用兵，先后升任连长、营长、团长、旅长。1933年，佟麟阁参加长城抗战，取得喜峰口大捷。同年，他与冯玉祥等组织察哈尔民众抗日同盟军，先后收复康保、宝昌、沽源、多伦等失地，重创日军，后退居北平（今北京）香山。

1936年，佟麟阁任第二十九军副军长，驻守平津一带，提出：“要为民族生存而战斗，为国家荣誉而献身。”

佟麟阁将军像

1937年7月7日夜，日军发动卢沟桥事变，佟麟阁时任北平南苑驻军指挥官，他以军部名义发出命令：“凡是日军进犯，坚决抵抗，誓与卢沟桥共存亡，不得后退一步。”

大敌当前，佟麟阁视死如归，坚守南苑。其父在北平城内病重，家人屡促归省，佟麟阁挥泪给妻子捎去书信：“大敌当前，此移孝作忠之时，我不能亲奉汤药，请夫人代供子责！”部属闻之，无不为之感动落泪，纷纷表示愿随将军共生死，奋勇杀敌。

1937年7月28日，日军发动猛攻。佟麟阁在指挥右翼部队向敌突击时，腿部被机枪击中，部下劝其退后裹伤，他对部下说："大红门失守，全局被动，事急如此，我不能临阵而退。"佟麟阁不顾伤痛依旧坚守一线，官兵们见此场景声泪俱下，与日军舍命拼杀。日军地面进攻遭到重挫后，派战机狂轰滥炸。佟麟阁头部不幸被击中，壮烈殉国，时年45岁。

佟麟阁是全民族抗战爆发后第一位捐躯疆场的军级将领，冯玉祥将军闻讯后，满怀悲痛写下《吊佟赵》一诗，悼念一同牺牲的佟麟阁和赵登禹将军。

1937年7月31日，国民政府发布褒恤令，追赠佟麟阁为陆军上将。1938年，毛泽东在延安追悼抗敌阵亡将士大会上，说佟麟阁等人"给了全中国人以崇高伟大的模范"。

抗战胜利后，1946年清明节，北平市各界在八宝山忠烈祠隆重举行入祀大典，供奉佟、赵两将军神位，并将北平西城的南沟沿命名为"佟麟阁路"。通县（今北京市通州区）亦因佟麟阁在该县指挥过抗日，乃命名一条街为"佟麟阁街"。7月28日，国民政府将佟麟阁将军的灵柩从北平柏林寺移葬于北平香山兰涧沟的坡地上。

中华人民共和国成立后，佟麟阁被追认为革命烈士；2009年，佟麟阁入选"100位为新中国成立作出突出贡献的英雄模范人物"。

平西抗日战争纪念馆

平西抗日战争纪念馆位于北京市房山区十渡镇十渡村南，是为了纪念抗日战争时期八路军晋察冀军区部队一部在平西地区创建和发展抗日根据地牺牲的烈士而修建的设施。该设施于1985年筹建，1992年3月建成，被命名为平西抗日烈士陵园，2005年改扩建并更用现名。

平西抗日战争纪念馆是北京市规模最大、展陈最丰富的抗日战争纪念馆之一，占地面积约5万平方米，总建筑面积4350平方米，由纪念馆及其管理的平西抗日烈士陵园、平西无名烈士陵园、平西烈士陵园等构成。

平西抗日战争纪念馆

纪念馆外观方正、棱角分明，远远望去仿佛一支吹奏着革命之音的巨大号角。规模宏大，展陈面积约2500平方米，分为序厅和"日本帝国主义对中国的侵略""抗日民族统一战线的建立，八路军开赴抗日前线""《论持久战》的发表""晋察冀抗日根据地的创建""平西游击战争的开展和根据地的开辟""巩固平西，坚持冀中，开辟北平""平西根据地的艰苦斗争""平西根据地的发展壮大，抗日战争的伟大胜利"8个基本陈列单元。

走进纪念馆的序厅，最先映入眼帘的就是那一团巨大、鲜艳、火红的"抗战烽火"，熊熊的"火光"撕开暗夜，既照亮了序厅中央那座表现平西军民团结抗战情景的巨型浮雕，也拉开了血火峥嵘的抗战历史序幕。

《平西军民团结抗战》浮雕

平西抗日根据地斗争展

“日本帝国主义对中国的侵略”陈列单元，是纪念馆内的第一个展陈单元，通过“图片+文字”的形式介绍了抗日战争全面爆发的史实和日军在中国犯下的累累罪行，如东阳屯村惨案、王家窑惨案、日军轰炸云居寺、黑鱼洞惨案等。一张张照片、一幕幕惨状，既是血的控诉，也是最真实的激励，激励所有中国人勿忘国耻、发愤图强。

“抗日民族统一战线的建立，八路军开赴抗日前线”是纪念馆的第二个陈列单元，从这个单元开始，到最后一个单元“平西根据地的发展壮大，抗日战争的伟大胜利”，一以贯之，以“图文+资料+实物”的形式，按照时间顺序，生动详细地介绍了平西抗日根据地诞生、发展、成长、壮大的过程，既展现了根据地斗争形势的严峻、发展面临的种种困难，也展现了根据地军民一家、团结抗战的温馨场景和战争胜利的辉煌场面。

同时，通过“事迹+照片”的形式，复原了以萧克、邓华为代表的老一辈无产阶级革命家和以“老帽山六壮士”“鸡蛋坨五勇士”以及张廷瑞、应维鲁、赵然、梁敏章、晋耀臣为代表的革命志士不畏牺牲、英勇战斗的情形与可歌可泣的事迹。

平西抗日烈士陵园毗邻纪念馆，占地面积5万多平方米，始建于1985年，建有烈士纪念碑、纪念馆、烈士碑林等纪念设施。纪念碑高7.6米、宽3米，由3块汉白玉组成，方方正正，矗立在一座外观复古的四角亭中，亭外苍松翠柏、蔚然成荫，亭内碑碣巍峨、庄严肃穆，碑上镌刻有萧克将军题写的“抗日战争在平西牺牲的烈士永垂不朽”。

烈士碑林建于2000年，占地面积200平方米，由100座记录烈士姓名、年龄及抗战事迹的烈士碑组成。每一座墓碑上都嵌刻着一块事迹碑文，简要地概括了烈士的生平和抗战事迹。漫步碑林间，仍能依稀感受到昔年烽火连天的抗战岁月。

平西无名烈士陵园占地面积7200平方米，始建于1998年，由墓区、步行台阶、雕塑、纪念碑、浮雕等组成。陵园内安葬有抗日战争时期牺

平西抗日烈士纪念碑

《青山英烈　忠魂永存》雕塑

牲的700名无名烈士。

平西烈士陵园占地面积约1万平方米，始建于2013年，安葬有380名抗日战争、解放战争、抗美援朝和社会主义建设时期牺牲的烈士。陵园由纪念碑、纪念广场、烈士墓区、英烈墙等组成。

平西抗日战争纪念馆是国家级烈士纪念设施、北京市爱国主义教育基地。

经党中央、国务院批准，国务院于2015年8月13日公布，平西抗日战争纪念馆被列入《第二批国家级抗战纪念设施、遗址名录》。

知识链接

平西抗日根据地

平西抗日根据地是抗日战争时期中国共产党在华北创建和领导的敌后抗日根据地之一，是晋察冀抗日根据地的组成部分。

1937年全民族抗战爆发后，中国共产党地方组织即在北平（今北京）以西建立民众抗日武装“国民抗日军”，后改编为游击第五支队，在平西开展抗日游击活动。

1938年3月，晋察冀军区以红军骨干较多的第一军分区第三团为主组成邓华支队，挺进平西，与游击第五支队相配合，向平汉、平绥两铁路线沿线地区展开游击战，打击日伪，消灭地主土匪武装，同时发展群众，相继开辟房山、涿县（今涿州市）、涞水、良乡、宛平、昌平等地，并建立3个联合县政府，组织起1500多人的自卫队，部队规模也得到了扩大。至此，平西抗日根据地初步形成。

5月，由八路军第一二〇师抽调约1个营兵力

向平西挺进的八路军收复斋堂。1938年春，八路军挺进平西开辟平西抗日根据地，成为晋察冀抗日根据地的组成部分

为骨干组成的宋时轮支队，从晋西北挺进平西，与邓华支队合编组成八路军第四纵队，归晋察冀军区指挥，宋时轮任司令员，邓华任政治委员，共5000余人，从而增强了平西八路军的力量。6月，第四纵队挺进冀东后，留在平西的地方工作干部和地方武装的数量很少，游击第五支队不久也调往北岳区。

10月，日、伪军“扫荡”平西，根据地遭到严重摧残。第四纵队由冀东返回平西，恢复并继续开展平西抗战工作，迅速摧垮日伪组织，改造地方武装，重建人民政权和群众抗日团体。

1939年2月，以第四纵队和冀东抗日武装为基础在平西组成八路军冀热察挺进军，归晋察冀军区领导，萧克任司令员。同时，成立以萧克为书记的冀热察军政委员会和以马辉之为书记的中共冀热察区委。此后，平西八路军主要向东向北两个方面发展。首先开展房（山）涞（水）涿（县）地区的工作，扩大了平西抗日根据地，打通与冀中的联系；同时，向宣（化）涿（鹿）怀（来）地区积极活动，打击日、伪军，扩大了活动范围。随着斗争的发展，成立晋察冀边区第六行政专员公署，建立宛平、涞（水）涿（县）、房（山）良（乡）、宣（化）涿（鹿）怀（来）4个县政府和涞涿办事处。不久，又开辟了永定河北岸地区，建立昌（平）延（庆）县政府。其间，日、伪军曾于1939年2月至6月，连续向平西进行3次“扫荡”，都被粉碎。八路军乘胜开辟了涞水、房山、涿县平原地区。通过艰苦努力，平西抗日根据地得到较大发展。

1940年3月上旬，日、伪军9000余人分10路向平西区腹地斋堂地区发动大规模“扫荡”。冀热察挺进军以小股部队在民兵配合下，于山神庙、老婆岭地区节节抗击；以第十团于青白口，第九团于张家庄、齐家庄地区设伏；第七

平西无名烈士纪念碑

团进至大龙山地区。15日，日、伪军一部由雁翅向斋堂进犯，第十团在青白口西部山谷进行伏击，歼敌100余人。另一部日、伪军约1500人由小龙门地区向斋堂前进，第九团伏击并歼灭其先头部队200余人。17日，日军辎重队由老婆岭向张家庄方向运送给养、弹药，又被第九团全歼于杜家庄西山。22日，驻孔涧地区日、伪军分四路往杜家庄收尸，第七团在双塘涧地区进行夜袭，歼敌100余人。23日，日、伪军全线撤退。这次反“扫荡”作战，共进行战斗30余次，歼灭日、伪军900余人，缴获机枪8挺、步枪100余支，击落飞机1架，从而巩固了平西根据地。

4月、5月，平西八路军主力一部活跃于永定河北地区，不断袭击北平郊外阳坊、瓦窑等地敌人，有力配合了开辟地区的工作。8月、9月，平西部队配合对正太铁路和涞（源）灵（丘）地区的出击，积极打击察（察哈尔省，今分属河北、山西、北京、内蒙古）南桃花堡、吉家庄、白乐站一线敌人，恢复和开辟了一些地区的工作。这时，平西地区已发展成为包括宛平、房山、涞水的大部，

《老帽山六烈士》雕塑。在1943年4月平西抗日根据地反“扫荡”斗争中，涌现出“狼牙山五勇士”般的“老帽山六烈士”

涿县、良乡、宣化、涿鹿、怀来、昌平各一部，拥有1100多个大小村庄约30万人口的大片根据地。

从1941年5月起，日、伪军调集重兵对平西抗日根据地进行大规模“扫荡”，根据地军民进行艰苦的反“扫荡”斗争。至1943年底，平西军民终于度过最困难时期，恢复与开辟了怀来、涿鹿及蔚县、宣化、阳原地区农村和桑干河两岸地区。1944年，平西军民积极向敌占区发展，并于11月配合冀东抗日根据地反“扫荡”，进一步扩大了平西根据地。

1945年，平西军民相继发起春季、夏季攻势作战，肃清腹地之敌，并积极配合苏联红军与日、伪军作战，为抗日战争的最后胜利做出贡献。

北京焦庄户地道战遗址纪念馆

北京焦庄户地道战遗址纪念馆位于北京市顺义区龙湾屯镇焦庄户村纪念馆路38号，是焦庄户人民利用地道抗击日本侵略者的战斗遗址，这些遗址展现了那个烽烟四起的年代焦庄户人民英勇战斗的风采。顺义县（今顺义区）人民政府于1947年10月授予焦庄户“人民第一堡垒”锦旗，并把它插在18米高的民兵指挥瞭望楼顶上。纪念馆始建于1964年秋，当时定名为“焦庄户民兵斗争史陈列室”。1979年改名为“北京焦庄户地道战遗址纪念馆”。

整个焦庄户地道战遗址占地面积4.77万平方米，分为3个区：展馆参观区、地道参观区、抗战民居参观区。

展馆参观区。占地近9000平方米，建筑面积2000余平方米，采用中国北方农村传统的四

焦庄户地道战遗址纪念馆

合院设计风格，以青色为主色调。展览内容共分为“冀东抗战燃烽火”“人民战争建奇功”“今日顺义更美好”3个部分。陈列以照片、图片和实物为主，还修建了大型三维沙盘。进入展厅，首先映入眼帘的是毛泽东主席的半身塑像和徐向前元帅的题词：“民兵是党领导下的群众武装组织，在历次革命战争中立下了不朽的功勋。进一步加强民兵建设是我党我军的一项长期战略任务。”展厅左侧中央位置立有焦庄户民兵组织的创始人、第一任村长马福的半身塑像。展厅右侧中央是一个全村概貌沙盘。上面标示着焦庄户地道示意图。沙盘旁边的地面露出一个黑漆漆的洞口，顺着洞口向下，就是已经修葺一新的地道。

地道参观区和抗战民居参观区。焦庄户地道是焦庄户人民在与敌人斗争的战争实践中逐步完善起来的，全长11.5千米。战斗之初只是挖了几个隐蔽的藏身洞，这种洞只能藏一两个人和少量的食物。为了跟日军长期斗争，党组织发动群众，把单个隐蔽洞连接起来，并在地道内设计和安装了指挥室、会议室、单人掩体、瞭望孔、陷阱、翻板、碾盘射击孔、地道射击孔、猪圈射击孔等生活设施和战斗设施，最后挖成户户相连、村村相通、四通八达、上下呼应的南到龙湾屯、唐洞，北到大北坞的长达11.5千米的地道网，供民兵和群众较长时间地在地道里战斗和生活。现在供游客参观的地道为830米。为更好地展示当年的战争历史场景，焦庄户地道战遗址恢复了30米原始地道。该段地道平均高度1.49米，最低处仅高60厘米，再现了当时地道的原始风貌，并采用声光电等现代化高科技手段真实反映历史。

焦庄户人民利用地道的各种优势，配合地方武装对敌斗争150余次，给日军以重创。

焦庄户在抗日战争时期曾是区公所、十四军分区司令部和卫生处第二卫生所等所在地。为展示当年的历史风貌，焦庄户从2003年对这几处有

焦庄户挖地道复原场景

焦庄户地道隐蔽的马槽出入口

纪念意义的抗战民居进行了重新修复，再现了焦庄户在党的领导下同国内外敌人进行英雄斗争的历史画面。

北京焦庄户地道战遗址纪念馆是全国重点文物保护单位、全国爱国主义教育示范基地。

经党中央、国务院批准，国务院于2015年8月13日公布，北京焦庄户地道战遗址纪念馆被列入《第二批国家级抗战纪念设施、遗址名录》。

焦庄户地道内景

知识链接

马福瓜地锄奸

1938年冬，日、伪军入侵焦庄户。焦庄户处于冀东与平北（今北京以北）的连接点上，战略地位重要，无论是八路军还是日、伪军都很关注。日、伪军为了加强对这一带的控制，严防八路军及其游击队的活动，就在村外二里地的龙湾屯修了炮楼，设立据点。5天一“清乡”，10天一“扫荡”，实行“三光”政策，村里人走的走，逃的逃，800多人的村子只剩下不足200人。

1939年夏，八路军宋（时轮）邓（华）纵队第三支队一部来到焦庄户，40岁出头的村民马福秘密入党，成为村里的第一名共产党员。

老村长马福

马福按照区委指示，卓有成效地工作着：发动群众，夺取武器，成立民兵队伍，消灭伪村政权。

1941年秋后，冀东地区的抗日斗争有了新的发展。为了巩固抗日游击根据地，保证抗日军民的安全，焦庄户人民开展了锄奸反特斗争。

在焦庄户附近的唐洞村，有个恶棍叫张士祥，小名五衣子。他依仗姐夫冯德臣在龙湾屯据点当小队长，当起了日军的情报员，经常给日本人通风报信，还乘机欺压百姓。游击区领导早就想除掉他，只是没有机会。

1942年4月，村党支部秘密建立，马福任支部书记。8月11日清晨，马福吃完早饭，正在院子里整理东西。民兵张敬贤风风火火地跑来，喘着粗气报告说发现了五衣子的踪迹，就在瓜农姚老三的地里。

瓜田里，姚老三坐在瓜棚里，摇着破蒲扇，欣喜地看着田地里即将成熟的西瓜。五衣子歪戴着帽子，一边哼着小曲，一边歪歪趔趔地向瓜地走来。他走进瓜棚，一屁股坐在板凳上，像大爷似的吆喝道：“姚老三，快给来个西瓜！”

姚老三虽然不情愿，还是赶忙把西瓜递过去。五衣子接过瓜掂了掂，又拍两下，就摔到地上：“你这小子，不识好歹。弄个生瓜，打发孩子呢？”姚老三看着满地红红的瓜瓤，心疼地赔着笑脸说：“张大哥，我再给您换。”“不用了！”五衣子站起来，走进瓜地，这边摘下一个打开啃两口扔了，那边用脚踢瓜当球玩。一会儿工夫，他就把瓜地糟蹋得一片狼藉。

姚老三跟在后面，心如刀绞，又不敢发作，只得拉着五衣子的衣服央求他不要这样糟蹋西瓜。五衣子一甩手，践踏得更加疯狂，还不住地叫骂着：“这块瓜地我包了，想怎么糟蹋就怎么糟蹋！不服上炮楼里说去！”

五衣子走到瓜棚门口时，突然一根套猪的钩杆子伸过来。他一看是马福，心里一惊，扭头就跑。马福用钩杆子把他套住，大声喝道：“你到瓜地吃瓜，一不问价，二不给钱，怎么还如此霸道！”五衣子吓得结结巴巴地说：“我……我欠账！”马福两眼一瞪，大声斥责道：“欠账？你欠的账太多了！你欠了八路军的账，你欠了抗日政府的账，你欠了乡亲的账。今天是时候清算了！”五衣子赶忙跪在地上，鸡啄米似的磕头求饶。

马福冷笑了两声，说：“饶命？警告你很多次了，你都当成耳旁风。现在求饶已经太晚了！”五衣子被除掉后，焦庄户人民拍手称快。

焦庄户民兵战斗武器

马福凭着赤胆忠心、满腔热血，在日军眼皮底下，展开了机智勇敢的斗争。1943年村政权公开化，他被选举为第一任村长，成为全村对敌斗争的带头人。在马福的带领下，焦庄户民兵经常到敌占区袭扰、破坏，闹得敌人日夜不宁，有力配合了我军的作战。1943年秋，马福、马文藻等带人蹲守，利用地雷炸翻日军的一辆汽车，缴获电台一部、子弹500多发。冬天又冒着大雪连夜破坏日军电话线10多千米，砍电线杆40多根。日军视马福为眼中钉、肉中刺，高价悬赏缉拿。中华人民共和国成立后，人们还习惯地称他为“老村长”。纪念馆筹建时，人们一致赞同在馆内为他塑像，寄托对这位老前辈的崇高敬意和深切怀念。

古北口战役阵亡将士公墓

古北口战役阵亡将士公墓位于北京市密云区古北口镇南关外国道西侧长城脚下。1933年3月，国民革命军第十七军、第六十七军一一二师将士同侵华日军激战于长城古北口镇。战斗结束后，古北口镇大街小巷、山谷田野尸横遍野，到处是阵亡将士的遗体。牺牲在镇里的将士被群众掩埋在地窖里，山谷田野的遗体则由杨令公庙道人王乐如领人择地掩埋。中日《塘沽协定》签订后，1934年春，由国民政府将500具烈士遗骨运至蚌埠安葬，另由国民政府军事委员会北平分会出资、古北口商务会牵头，请王乐如组织群众再次收殓360余具烈士遗骨，集中葬在古北口南关外西山脚下，上边堆起一个高大的坟头，人们称它为“肉丘坟”。国民政府军事委员会北平分会在坟头的四周砌起一道花墙，门垛写上挽联，在坟前竖立一通墓碑。从此，这个公墓即成为炎黄子孙抵御外侮入侵的历史见证。

古北口战役阵亡将士公墓

古北口战役阵亡将士公墓占地面积610余平方米，墓丘用黄沙土堆积而成，高6米，底部直径为15米。墓的四周有2米多高的花墙，用青砖砌筑而成。东南方向开门，门楼高3米。门两旁写着一副挽联，上联是“大好男儿光争日月”，下联是“精忠魂魄气壮山河”，门楼上的横批为“铁血精神”。在公墓的前方立着一块花岗岩石碑，碑高2.5米，碑额中间镌刻着“癸酉年（1933年）古北口战役阵亡将士公墓”，左右两侧的落款分别为“国民政府军事委员会北平分会立”“中华民国二十三年三月立”。

1993年，密云县（今密云区）对公墓进行再次修复。1997年，密云县政协新建了一座纪念碑和碑亭。这块碑是一块黑色大理石卧碑，长2.7米，宽1.5米，厚度为0.3米。碑身正面有“长城抗战古北口战役纪念碑”12个金色大字，是由时任全国政协副主席、民革中央主席何鲁丽亲笔题写的。碑身背面详细地记述了整个长城抗战古北口战役的过程：

古北口战役阵亡将士公墓墓园园门

一九三三年一月一日，日军进犯山海关，长城抗战肇兴。三月十一日晨，日军进攻古北口，第六十七军一一二师奋起迎战。十时日军攻占古北口正关。第十七军二十五师师长关麟徵在龙王峪战斗中负伤，代师长杜聿明继续指挥战斗，血战三昼夜，毙伤日军二千余，终因电讯不通，后援无继。三月十三日撤出古北口城，四月二十一日日军强攻南天门阵地。第二师师长黄杰，第八十三师师长刘戡率众鏖战八昼夜。毙伤日军三千余，五月十日日军发起总攻，第十七军将士奋力苦战，迫于兵员大减，撤至大小新开岭阵地。十一日下午二师四旅接防，日军又发起强大攻势，旅长郑洞国亲赴前沿指挥。十二日大小新开岭阵地失守。十五日第十七军奉调撤离密云。

古北口战役历时二月余，守军将士以窳劣之武器御数倍之敌，毙伤日军五千余名，抗战将士亦有近八千人伤亡。

巍巍长城，虎踞龙腾。荡荡潮河，源远汛洪。将士守土，与倭抗争。为国捐躯，血染长城。埋忠骨，青山有幸；慰英魂，绿水增荣。缅怀先烈，泣悼英灵。慰藉往者，砥砺后生。

古北口战役纪念碑亭

古北口战役阵亡将士公墓是抗日战争时期重要的革命遗址，是北京市重点文物保护单位。为了纪念古北口战役，2006年在公墓南侧修建了古北口长城抗战纪念馆，占地面积1060平方米，收集展出大量古北口战役的史料和文物。

经党中央、国务院批准，国务院于2015年8月13日公布，古北口战役阵亡将士公墓被列入《第二批国家级抗战纪念设施、遗址名录》。

知识链接 古北口战役

1931年九一八事变之后，日本人占领东北，开始对我国华北地区虎视眈眈。1933年1月，日本侵略者出兵侵占热河省（今分属河北、辽宁、内蒙古），长城抗战全面爆发。古北口是长城要塞，向来有“京师锁钥”之称，成了长城抗战的主战场，中国军队在此打响华北地区抗击日本侵略者的第一枪。

3月11日，日军第八师团及第三旅团进攻古北口，中国守军第六十七军第一一二师奋力抵抗，经过一番激战之后，没能击退日军，古北口正关被日军攻陷。日军乘胜追击，将古北口长城以及龙王峪占领。之后，中国军队第十七军第二十五师英勇反击，师长关麟徵不幸中弹负伤，代师长杜聿明迅速指挥战斗，与日军展开激烈的战斗，经过3个昼夜的奋战，共歼灭日军2000余人。

长城抗战中的中国守军

在中国军队顽强的抵御下，日军无力继续进攻，请求增援，再调第六师团主力与第三十三旅团及飞机、炮兵、坦克部队来到古北口战场，实力猛增。

4月21日，日军对南天门展开疯狂的进攻，第十七军第二师在黄杰师长的率领下，第八十三师在刘戡师长的率领下，与日军展开八昼夜的激战，日军伤亡3000余人，仍未攻克。到了5月上旬，日军再次增援，将第六师团一部及第五师团第十一联队调至南天门前线，并于5月10日对中国守军发动总攻。第十七军将士奋力抵抗，与日军展开殊死搏斗，伤亡极为惨重，因为没有增援，兵力大减，无奈之下只得放弃南天门，撤退到了大小新开岭阵地。11日，日军再次发动猛烈攻击，第十七军顽强抗击，阵地几度告急，第二师四旅旅长郑洞国急忙赶到前线指挥，才暂时保住了阵地。然而日军兵力太盛，12日，大小新开岭阵地被日军攻陷。15日，第十七军奉命从前线撤离。

古北口战役消灭日军5000余人，给予日军沉重打击，是长城抗战中双方投入兵力最多、战斗时间最长、战况最为激烈的一场战役。中国军队用鲜血和生命捍卫了民族的尊严。

古北口战役阵亡将士公墓碑

冀热察挺进军司令部旧址陈列馆

冀热察挺进军司令部旧址陈列馆位于北京市门头沟区斋堂镇马栏村。1939年10月，八路军冀热察挺进军在萧克将军的带领下进驻马栏村，其司令部所在地是一座坐北朝南的标准四合院。1996年，为纪念冀热察挺进军在抗日战争时期的革命业绩，马栏村党支部倡议全村村民集资筹建冀热察挺进军司令部旧址陈列馆。1997年7月7日，值中国人民抗日战争全面爆发60周年之际开馆，当年的冀热察挺进军司令员萧克将军带领20多位原挺进军将领参加纪念馆落成典礼，萧克将军亲自为陈列馆揭幕。

冀热察挺进军司令部旧址陈列馆

冀热察挺进军司令部旧址陈列馆有10间瓦房，保留了挺进军司令部政治处、机要科、通讯科、弹药库等遗迹。占地面积680平方米，建筑面积131平方米，展陈面积100平方米。陈列馆共有1个沙盘、108件实物、175幅照片以及部分拓片、文字资料、绘画等。设置4个展室，再现了冀热察挺进军不断发展壮大敌后抗日根据地，实现“巩固平西、坚持冀东、开辟平北”战略意图的光辉历程。第一展室陈列着冀热察挺进军建立前后的过程；第二展室陈列的都是与挺进军战斗历程相关的内容；第三展室是马栏村抗战斗争的历史；第四展室是司令部旧址原貌，主要以实物为主，主要陈列马灯、八仙桌、太师椅、档案柜、文件罐等。另外还有沙盘，可以看到马栏村的原貌。

陈列馆东北侧一所院落，是司令员萧克居住和办公旧址，目前建了一个可容纳100余人同时观看的录像室，循环播放平西抗日斗争相关的录像。

冀热察挺进军司令部旧址院落

冀热察挺进军司令部旧址陈列馆是北京市爱国主义教育基地、北京市重点文物保护单位。

经党中央、国务院批准，国务院于2020年9月1日公布，冀热察挺进军司令部旧址陈列馆被列入《第三批国家级抗战纪念设施、遗址名录》。

知识链接 冀热察挺进军粉碎日军六路围攻

1939年2月，遵照中共中央指示，以八路军第四纵队为基础，在平西（今北京以西）地区成

萧克等司令部首长居住院落

立冀热察挺进军，萧克任司令员，并组成军政委员会，统一指挥平西、平北和冀东的抗日游击战争。

1940年3月5日，中共冀热察地下党组织在日伪方的情报员送来一份急报说：日寇正在门头沟地区上苇甸、下苇甸和西面的矾山铺一带集中兵力，有向我根据地“扫荡”的迹象。

冀热察挺进军司令部汇总多方情报，查明各路敌人有日、伪军9000余人，在飞机和大炮的配合下，将在3月10日以后向平西根据地围攻。敌人的部署是：第一路由门头沟出发经过千军台指向马栏；第二路由涞水出发指向九渡河；第三路由南北窖出发指向圣米石塘；第四路由下苇甸出发指向斋堂；第五路由矾山铺出发经过杜家庄指向斋堂；第六路由察南的桃花堡指向叉河。这六路敌军一齐指向根据地的腹地，企图在杜家庄至斋堂一带歼灭挺进军。

1939年八路军冀热察挺进军在门头沟西斋堂召开动员大会

当时挺进军只有3个团几千人的兵力，以这样的兵力来对付1万余日、伪军，任务非常艰巨。3月5日晚，萧克主持召开了紧急军事会议。司令部负责干部、政府和群众团体负责人都参加了。十几个人围着一盏暗淡的小煤油灯，细致研究着敌情和反围攻的部署。

挺进军第十团主力在下马岭、青白口一带利用有利地形构筑工事、运动阻击和伏击敌人。第九团做对付谢家堡以北敌人的战斗准备。第七团则由涞水以西连夜急行军赶往谢家堡方向，协同第九团作战。

经过14天的苦战，挺进军毙伤日、伪军约900人，击落敌机1架，缴获了数百匹骡马和无数的物资，粉碎了对平西根据地的六路围攻。

白乙化烈士陵园

白乙化烈士陵园位于北京市密云区石城镇河北村，陵园北部山上为白乙化同志牺牲地。1941年2月4日，时任八路军冀热察挺进军第十团团长的白乙化在指挥密云马营战斗中不幸牺牲。1944年5月，丰（宁）滦（平）密（云）联合县和冀北第五地区队立碑纪念。1984年，密云县政府修建了白乙化烈士陵园。2006年修建白乙化烈士纪念馆暨密云地区抗日斗争史展馆。

白乙化烈士陵园石牌坊

白乙化烈士陵园入口处建有6米高的石牌坊，正面中间镌刻着原八路军冀热察挺进军司令员萧克手书“白乙化烈士千古”，左右两侧分别为“名垂千古”“血沃幽燕”，背面则是原中共平北地委书记段苏权手书“民族精英”。

陵园占地面积大约3000平方米。走进陵园，可以看见白乙化烈士纪念碑。纪念碑坐北朝南，中间一尊2米高的烈士石雕像，烈士身穿戎装，目视前方。背后并排竖立着4块大理石碑，中间两块分别镌刻着“血沃幽燕”和“名垂千古”，最左边一块镌刻着白乙化生前战友、第十团第二任团长王亢撰写的《白乙化烈士传略》，最右边一块镌刻着密云县（今密云区）人民政府重建白乙化纪念碑的情况。

白乙化烈士纪念碑和雕像

在陵园下面是白乙化烈士纪念馆暨密云地区抗日斗争史展馆。展馆占地1万余平方米，建筑面积293平方米，展馆高10米，顶部为八路军军帽造型。整个展馆共分为4个展区，即白乙化烈士生平事迹展区，密云地区抗日斗争史展区，密云地区抗日斗争实物照片展区和中共中央、八路军总部、冀热辽军区主要领导照片及题词展区，供人们缅怀先烈，继承革命传统，进行爱国主义教育。

白乙化烈士陵园是北京市重点文物保护单位、北京市爱国主义教育基地。

经党中央、国务院批准，国务院于2020年9月1日公布，白乙化烈士陵园被列入《第三批国家级抗战纪念设施、遗址名录》。

白乙化烈士纪念馆

知识链接　抗日英雄白乙化

白乙化，字野鹤，满族。1911年6月11日，白乙化出生在辽宁辽阳的一个普通农民家庭。

1929年，白乙化怀着军事救国的志愿，考入沈阳东北军教导队，后升入东北陆军讲武堂步科，次年考入北平（今北京）中国大学政治系预科。在校期间，白乙化接触到了很多进步书籍，思想上有了很大的提升，于1930年加入了中国共产党。

1931年，九一八事变爆发，白乙化毅然向学校提出了抗战申请："吾当先去杀敌，再来求学。如能战死在抗战杀敌的战场上，余愿得偿矣！"在获得校方同意后，他保留学籍，返乡抗日。在辽阳，白乙化以教书为名宣传抗日救国，暗中发展抗日力量，联络各方爱国人士，组织抗日义勇军，自任司令，在辽西、热（热河，今分属河北、辽宁和内蒙古）北、锦西等地同日军作战，并连番取得胜利，获得"小白龙"的绰号。1933年，抗日义勇军被国民党军第三十二军骗入冷口强行缴械，白乙化对此十分愤恨，只得回到中国大学继续学习，于1935年获得学士学位。

在中国大学读书时的白乙化

1935年12月9日，白乙化参加一二·九运动，表现积极，组织同学们进行集会和游行，被称为运动中的"虎将"。

1936年2月，北京大学法商学院的学生举办抗日大会。白乙化在会上发表演讲，强烈要求国民党政府出兵抗日，收复东北。会后，白乙化被逮捕。入狱后，他积极宣传抗日救亡，组织难友和反动派进行斗争。同年夏，白乙化出狱，奉党的指示奔赴绥（绥远，今内蒙古中部）西东北垦区，开展抗日工作，先后担任中共绥西特委委员、中共垦区工委书记、垦区特委书记。1937年全国抗战爆发，白乙化领导了垦区农民大暴动，组织成立了抗日民族先锋队，担任总队长。

1939年，白乙化率领抗日民族先锋队来到平西，与冀东抗日联军合并，整编为华北抗日联军，白乙化任副司令员。这支队伍原本纪律松弛、战斗力不强，白乙化上任后，进行了严格的整训，大大提升了作战能力。在此期间，白乙化指挥了沿城河战斗，将日军大岛大队打得溃不成军，并击毙中队长奥村。

1940年1月，华北抗日联军改编为八路军冀热察挺进军平北军分区第十团，白乙化任团长。3月，日、伪军对平西抗日根据地发动六路围攻，白乙化率部在青白口一带阻击敌人。日、伪军装备先进，不但有枪炮，还有飞机助战。敌机多次低空盘旋，投掷弹药，给第十团造成了极大伤亡。白乙化见状，下令战士对空射击，并拿起一支三八式步枪，单膝跪地，瞄准飞机开了几枪，击中飞机驾驶员，飞机撞到山上坠毁。战斗结束后，白乙化在飞机残骸里发现了一挺双联重机枪，就让战士将其卸下来，从中间锯开，分给了一营和三营。

4月，白乙化为完成“巩固平西、坚持冀东、开辟平北”的战略任务，率第十团来到伪满洲国和伪华北治安区的接合部——平北密云潮白河以西地区，途经沙塘沟时对日军进行伏击，消灭了300多名日军。到达平北之后的9个月内，白乙化率部同日、伪军进行了上百次战斗，开辟丰（宁）滦（平）密（云）敌后抗日根据地，并组建了白河游击队、白马关游击队、四海游击队等地方抗日武装一同抗日，还协助地方建立了党组织，并建立了抗日民主政权和抗日救国会、自卫军、儿童团等抗日团体。在白乙化的带领下，丰滦密抗日军民同日、伪军展开了艰苦卓绝的武装斗争。9月至11月，白乙化又率部返回内线，粉碎了4000多名日、伪军对丰滦密长达78天的大“扫荡”，先后在冯家峪、水堡峪、梨树沟、白道峪等地取得作战的胜利，歼灭了有着“常胜部队”之称的哲田中队，赢得了这次反“扫荡”的胜利。在反“扫荡”过程中，白乙化积极开辟新区，使丰滦密抗日游击根据地由初创时的4个乡增加到8个乡，进入了巩固发展的新阶段。

1940年白乙化在密云冯家峪

白乙化烈士牺牲地

1940年，为了配合百团大战，白乙化率部两次对平古路发动攻击，积极破坏交通线。白乙化英勇善战，智勇双全，率领第十团屡战屡胜，沉重打击日、伪军，使得根据地蓬勃发展，晋察冀军区对他进行了表扬。

1941年2月4日，伪满道田“讨伐”队沿白河进犯游击根据地。白乙化指挥第十团在密云马营西山与敌人激战，最终击毙、俘虏敌人117名，保卫了根据地的安全。但在战斗接近尾声时，白乙化不幸被子弹击中头部，以身殉国，时年30岁。

白乙化牺牲后，八路军冀热察挺进军发表了《告全军同志书》，称赞他是“优秀的指挥员、民族英雄、无产阶级的先锋”，说他的牺牲“不但是八路军挺进军的损失，而且是中国共产党和中华民族的一个很大损失”。

1944年5月，丰滦密联合县和冀北第五地区队为白乙化建立了纪念碑。1984年，密云县人民政府对白乙化烈士纪念碑进行了重建，萧克亲自题写碑文：“血沃幽燕，名垂千古。”

1944年5月，为白乙化烈士立碑

天津市

在日殉难烈士·劳工纪念馆

在日殉难烈士·劳工纪念馆位于天津市北辰区铁东北路的天津市烈士陵园中，是为了纪念在日本殉难的中国烈士及劳工修建的设施。这是我国唯一一座集中存放在日殉难烈士及劳工骨灰的纪念馆。始建于1955年6月，最初位于天津市北辰区北仓镇三义村，2005年迁入现址重建，2006年4月10日对外开放。

在日殉难烈士·劳工纪念馆占地面积8000平方米，建筑面积1352平方米。走进纪念馆，首先看到的是一组雕像，一名瘦骨嶙峋的劳工搬起矿石，而另一名劳工用干枯的双手紧握工具、两眼怒视前方，这组雕像反映了在日劳工苦难的生活和他们不屈的精神。雕像石基上有分外醒目的大字："在日殉难烈士·劳工千古"。雕像的后面是在日殉难烈士、劳工名录墙，上面写满了在日殉难烈士、劳工的名字，共6830人，这些名字时刻在警醒着世人：历史不能忘却。

《在日殉难烈士·劳工千古》纪念雕像

纪念馆分上、下两层。一层是骨灰馆，有2216盒骨灰存放于此。二层是展馆，记录了中国劳工在日本经受的残酷奴役生活。展览的主题是"东瀛血泪——中国劳工在日本"，主要分4个部分展出，分别为"落入魔窟""奋起抗暴""力挽尊严""面向未来"。其中有这样一组照片记录了当时中国人民被迫经受的苦难：一群衣衫褴褛、骨瘦如柴的中国劳工在日本兵的严密押解下拖着早已疲惫的身体艰难地前行着……这组照片真实地记录了当时日本帝国主义在中国欺压、诱骗、贩卖华工，并残忍杀害俘虏、无辜平民的万恶罪行。

有这样一组浮雕生动地再现了当年日军强行抓捕中国劳工的场景：一位白发苍苍的老母亲拽着儿子不肯放手，未成年的孩子被拖倒在地，仍拽住父亲的双腿无助地哭泣着。当年有无数的中国同胞就这样在日军的魔爪下沦为劳工，开启了自己暗无天日的劳工生涯，很多人此去就再也没有回来。

还有一组图片真实地记录了在日劳工们堕入人间地狱的情景：劳工们被日本人驱赶上"信浓丸号"货轮，然后被关进闷热不透气的最底层舱

在日殉难烈士·劳工纪念馆

内，不给他们提供水和干粮，劳工们在里面忍饥挨饿。其中一些体弱的劳工身体很快就受不了了，劳工们一旦病倒或死亡，就直接被残忍地扔进茫茫大海中。还有一些矿山医院全然不顾国际人道准则，用中国劳工进行人体试验，画面凄惨，令人毛骨悚然。

天津烈士陵园曾派出专门的队伍到全国各地去寻访仍然健在的幸存劳工，搜集大量的日本强征中国劳工的第一手材料，将日本当年犯下的滔天罪行公布于天下，众多翔实的图片、史料和生动的雕塑生动地还原了当时在日劳工凄惨的生活和非人的待遇，激励我们铭记历史，时刻警醒，不忘先辈曾经的苦难，努力建设强大的祖国。

在日殉难烈士·劳工纪念馆是国家级烈士纪念设施、全国爱国主义教育示范基地。

经党中央、国务院批准，国务院于2014年8月24日公布，在日殉难烈士·劳工纪念馆被列入《第一批国家级抗战纪念设施、遗址名录》。

知识链接

中国在日劳工

第二次世界大战期间，日本帝国主义不断发动对外战争，导致其国内人口大量丧失。为了弥补日本国内人口缺失，灭绝人性的日本侵略者开始在中国抓捕青壮年运往日本国内从事繁重的劳动。

1942年，日本东条英机内阁通过了《关于向国内引入华人劳工的事项》，日本政府以伪满洲国每年从华北、华中获得数十万劳工作为经验，正式决定要从中国大量获取劳动力。到1943年3月，日本政府再次发布一个文件——《关于华人劳工移入内地及其管理事项》，说明各部门关于此项工作已经准备就绪。而这些劳工，其实大部分都是被日军武力抓捕的。从1937年开始，日军便在占领区进行这一行动，只是当时是将这些抓捕而来的壮丁送到华中地区或者收归己用，大部分没有送往日本，但其中也有少部分被日本政府秘密安排送到日本进行强制劳动。

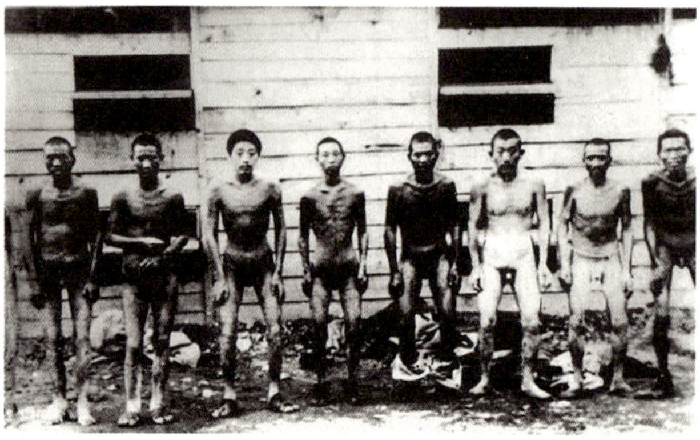

在日本花冈被奴役的中国劳工赤身裸体，瘦骨嶙峋

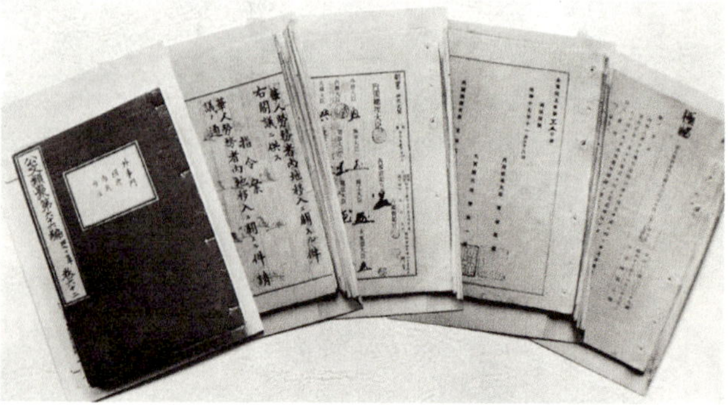

1942年，日本东条英机内阁通过的《关于向国内引入华人劳工的事项》

日本正式开始实行运送中国劳工这一政策后，充分利用了他们的在华机构以及汪伪傀儡政权。当时的华北劳工协会向日本提供了3万多名劳工。后来根据各种资料统计，当时送到日本的中国劳工应该在41000—42000名之间。这些劳工的主要来源有4个：战场中被抓获的俘虏、因为从事抗日活动被抓捕的平民、直接在占领区抓捕的平民、被骗到日本的农民。这些中国劳工中，来自河北的居多，其次是山东，此外还有许多其他省市的中国人。就职业而言，以农民居多，还包括商人、警察、军人、教师、学生等。

在这4万多名中国劳工中，年龄最小的11岁，年龄最大的78岁。为了尽量避免这些劳工与外界接触，并且为这一行为披上一层遮羞布，日本侵略者曾经将这些劳工在日伪监狱或者劳工训练所等处关押之后才送往日本。而所有的劳工无一例外，在关押收容期间都曾经遭受严酷虐待。

日军强抓中国劳工

这些中国劳工在日本没有工资、没有自由，食不果腹、病无所医，每天进行10多个小时的高强度劳动，同时还要承受监工的欺凌和体罚。即使因为被鞭子抽打致身负重伤，也要继续进行繁重的劳动。因为得不到医治，导致伤口溃烂，死亡者不计其数。据日本外务省的数据，仅仅两年时间就有6830名中国劳工丧命，而实际有多少劳工死在日本已无从统计。

1954年，200多名中国劳工的遗骨在北海道一处工地上被发现，其中有的遗骨上有子弹孔，有的全身碎裂，有的骨骼姿势扭曲，显示出了当时的惨状。

面对日寇的压榨，苦难的中国劳工没有选择沉默。1945年6月30日晚，700多名在日本花冈受难的中国劳工发动暴动，反抗日本军国主义的非人虐待。虽然此次暴动被残酷镇压了，但他们用自己的行动向日本军国主义者发出了中国劳工不屈的怒吼。

中国劳工在日军刺刀下修路

2013年9月18日，中国人民抗日战争纪念馆经过不懈努力，第一次对外公布了日本强掳中国赴日劳工罪行珍贵档案。档案共120袋405份，包括日本35家企业的124个作业场、373份报告和日本外务省报告书及附属档案32份。其中有日本的中国人殉难者名录共同编制执行委员会于1964年编制的《强掳中国赴日劳工名录》，涉及有姓名的劳工人数34282名。

盘山烈士陵园

盘山烈士陵园位于天津市蓟州区官庄镇北盘山南麓，是为了纪念抗日战争中在盘山革命根据地牺牲的革命烈士而修建的陵园，是天津市唯一的抗日战争烈士陵园。始建于1956年，1957年建成，原名“蓟县盘山烈士陵园”，1989年8月20日更名为“盘山烈士陵园”。

盘山烈士陵园占地面积20万平方米，建筑面积3000万平方米，园内种植的松柏长得苍郁茂盛，肃穆庄严。主要建筑物贯穿南北中轴线，依山势而建，包括烈士纪念碑、烈士墓区、蓟县（今蓟州区）革命发展简史及重大惨案纪念碑廊、盘山革命纪念馆、石海战斗遗址纪念碑、骨灰堂、骨灰墙、牌坊等。各建筑富有民族风格，宏伟壮观。

盘山烈士陵园牌坊式大门

牌坊式陵园大门位于陵园南部正中，门楣上草书“盘山烈士陵园”6个金色大字，两侧门柱刻有“为有牺牲多壮志，敢教日月换新天”楹联。2005年重建，门柱改为青白色大理石贴面。大门前方100米处另有一座牌楼，建于1994年，三门四柱七楼，门额前刻“盘山烈士陵园”，后刻“盘山抗日根据地”，由原冀东军分区司令员李运昌题写。

走进盘山烈士陵园大门，首先映入眼帘的是盘山抗日斗争事迹陈列馆，这是一排具有民族特色的建筑。在陈列馆正中的穿堂上面是一个玲珑的四角琉璃亭。在穿堂两边分别设有一个展室，向人们展出了抗日战争时期的珍贵革命文物，总数达200余件，还展示了大量的文献资料和图片。一件件革命文物、文献资料及图片生动地介绍了盘山抗日根据地军民在抗日时期的动人事迹，感人至深，可歌可泣。

盘山烈士陵园大门和盘山抗日斗争事迹陈列馆

盘山革命纪念馆位于陵园的中心位置，占地面积为200平方米。馆内有毛泽东主席的亲笔题词和烈士遗像、传略及烈士英名录。毛主席的亲笔题词在馆内正中央，题词的两侧分别介绍了抗日战争时期曾在蓟县和冀东从事抗日工作的53位烈士，这些烈士包括冀东军分区副司令员包森、冀东西部地委书记田野、冀热辽第一专署专员杨大章、冀热察挺进军团长白乙化、蓟县党的主要创始人李子光等。在馆内悬挂着可供后人瞻仰的烈士遗像，并介绍了各位烈士的生平事迹，帮助人们更详细地了解抗日情况。

盘山革命纪念馆

烈士纪念碑位于陵园北部，巍然矗立于最高处，碑基占地面积1177平方米，碑高27.5米，在远处就能瞻仰它的雄姿。碑身是用汉白玉砌成，上面镌刻着齿轮麦穗图案，象征工农联盟。纪念碑的四周有碑文，其中碑身正面镌刻的是聂荣臻元帅的亲笔题词“光荣烈士永垂不朽”，碑身左侧是谢觉哉题词“永远活在人民心中”，右侧是宋劭文题词“抗日英雄浩气常存”，背面是李运昌题词“为人民革命事业而牺牲的英雄们永垂不朽”。这些是党和人民对革命先烈的无限敬仰和深切怀念的表达。

烈士墓区在纪念碑前的甬路两侧，共有205名阵亡先烈在此安息，其中包括冀东军分区副司令员包森和冀东西部地区分委书记田野。

盘山烈士陵园是国家级烈士纪念设施、全国爱国主义教育示范基地。

经党中央、国务院批准，国务院于2014年8月24日公布，盘山烈士陵园被列入《第一批国家级抗战纪念设施、遗址名录》。

盘山烈士纪念碑

知识链接

白草洼伏击战

白草洼地处河北省蓟县（今天津市蓟州区）盘山西麓，离田家峪不远，是一个小小的山谷，一条山路北通平谷，南通蓟县，山坡上除了裸露的山石外，还到处长满了杂草。

抗日战争时期，在蓟县城东25千米外有一个临时据点，驻扎的是日本关东军武岛骑兵中队。该中队大多是参加过第一次世界大战的老兵，战斗经验丰富，武器好、枪法准，号称“常胜军”。他们不断骚扰遵化、玉田、蓟县、平谷一带的村庄，烧杀抢掠，还经常袭扰八路军和抗日游击队，气焰嚣张。日军骑兵中队长武岛须田得知盘山抗日根据地新成立了八路军第十三团，计划前去袭扰。

1940年7月27日，八路军侦察员发现日军动向，立即向八路军冀东军分区包森副司令员报告。包森和冀东军分区参谋长曾克林立即作出伏击围歼敌人的决定，具体部署是：由曾克林率领第十二团三营一连、二连，在田家峪的小山头埋伏；由包森率领三连、分区特务连和第十三团侦察排快速抢占白草洼南山高地，负责南面包围，堵死敌人退路。

盘山革命纪念馆内白草洼战斗复原场景

包森烈士

7月28日上午，日军骑兵中队抵达白草洼。包森发出攻击命令，东南北三面埋伏的八路军同时开枪射击，日军察觉到陷入包围之中，即策马向西，准备突围。第一连迅速行动，堵死缺口，用手榴弹炸死日军前骑，其余不敢硬闯，倒转回来。日军完全被压制在约400米的洼底，处于被动挨打的境地。

包森命令大部队后撤隐蔽待命，侦察排迂回靠近日军，特务连集中火力向日军火力发射点射击，负责爆破的战士快速接近日军，向隐藏日军骑兵的乱石堆投去手榴弹。战斗持续14个小时，全歼日军骑兵中队70余人，缴获轻机枪3挺、其他枪支50余支、战马70余匹。此次战斗彻底砸碎了日军号称“常胜军”的招牌，有力打击了日本侵略者的气焰，使日军半年多不敢进犯盘山。同时鼓舞了我军士气，激发了广大人民群众的抗战热情，对根据地建设和部队发展起到了重要的推动作用。

中共中央北方局旧址纪念馆

中共中央北方局旧址纪念馆位于天津市和平区黑龙江路隆泰里19号，是为了纪念中共中央北方局在津组织华北地区的抗日运动而修建的纪念馆。旧址是中共中央北方局于1936年3月至1937年2月在天津的办公驻地，始建于1915年。1936年3月，中共中央委派刘少奇同志抵达天津担任中共中央北方局书记，并化名“胡服”在此居住并秘密开展党的革命工作。2004年，天津市人民政府在中共中央北方局旧址的基础上修建了纪念馆。2005年9月8日，中共中央北方局旧址纪念馆

中共中央北方局旧址纪念馆

正式对外开放。

中共中央北方局旧址纪念馆坐落在一个里巷式院落中，是砖木结构的二层红砖楼房，占地面积121平方米，建筑面积202平方米。展览的内容主要包括图片、实物和复原陈列两大部分。其中图片展主要展示北方局从1924年12月建立开始到1945年8月抗战胜利后撤销，以及由党领导的北方人民在抗日战争时期所开展的艰苦卓绝的革命斗争经历，真实地记录了北方局积极抗日的过程。复原陈列内容是在保持原有建筑结构的基础上主要还原了当年刘少奇的居室、一楼“惠兴德成衣局”裁缝铺，并放置刘少奇同志的半身塑像。当年刘少奇在这里依托一楼的裁缝铺为掩护才可以从容地领导北方广大地区的革命斗争，顺利开展党的革命工作。

惠兴德成衣局旧居复原陈列

中共中央北方局旧址纪念馆是天津市爱国主义教育基地、全国红色旅游经典景区。

经党中央、国务院批准，国务院于2020年9月1日公布，中共中央北方局旧址纪念馆被列入《第三批国家级抗战纪念设施、遗址名录》。

知识链接　中共中央北方局

在新民主主义革命时期，中共中央北方局是代表中共中央领导北方地区工作的机关。历史上北方局曾经历过多次重组。

1924年12月，当时中共中央、青年团中央和共产国际代表联席会上做出重要决定，成立中共中央北方局，李大钊担任书记，谭平山担任副书记。成立北方局的目的主要是让其更好地领导北方地区党的工作，直隶（今河北）、山西、山东、河南、内蒙古、满洲等地都归属于北方局管理。到1925年初，北方局撤销。

1927年，中央临时政治局决定重新设立中共中央北方局，9月初北方局在北京成立，王荷波担任书记，蔡和森担任秘书长，彭述之、张昆弟、刘国庄、杨善南为北方局委员。北方局主要负责中共顺直（今河北）、山东、满洲、山西及内蒙古的党组织及活动。9月下旬，北方局从北京迁驻到天津。10月，书记王荷波在北京不幸被捕，不久英勇牺牲，北方局的工作由蔡和森主持。11月，中央做出决定并正式通报各省取消北方局。

1930年8月，中央临时政治局会议再次提出成立北方局。8月上旬，北方局再次成立，主要由贺昌等5人组成北方局领导层，同时成立了总

中共中央北方局旧址里原裁缝铺客厅改成的展览序厅

行动委员会。主要领导顺直、陕西、山西、山东、河南、陕北以及甘肃省的党组织。到1930年12月，中央常委会会议决定取消北方局。

1933年3月，中共中央派孔原主持恢复北方局工作。1935年5月，孔原去上海上报中央后决定，由河北省委兼负北方局工作，其中高文华、柯庆施、李大章三人为北方局主要负责人。北方局领导河北、山东、山西、陕北特委和北平（今北京）、天津的工作。为了进一步加强北方地区党组织的领导，中共中央决定重建中共中央北方局。同年12月29日，中共中央召开常委会议，委派刘少奇到天津主持北方局工作。

中共中央北方局旧址纪念馆第一展厅

从1936年春到1937年3月，刘少奇以中共中央代表身份主持中共中央北方局工作，由此北方和天津党的工作进入了一个崭新的阶段。

刘少奇来津后，不仅将瓦窑堡会议精神传达给北方局及河北省委，而且还对华北党组织的状况和抗日救亡运动的形势进行了一系列调查和研究，对当前的政治形势和党的任务进行了详细的阐明，还解释了建立抗日民族统一战线的策略方针。刘少奇主持北方局工作时期，先后在党内外刊物上发表了《肃清立三路线的残余——关门主义与冒险主义》《白区职工运动的纲领》等一系列理论文章、报告及通讯。这些文章较为全面地总结了党在国民党统治区工作的经验和教训，清除了党内的一些“左”倾关门主义、冒险主义等错误思想，阐明了党的正确思想策略，并对党的抗日民族统一战线的理论和政策进行了积极宣传，使人们的政治认识得到了很大的提高，同时也使党的抗日民族统一战线的方针更加深入人心，使党内人士的思想上了一个新的台阶。

中共中央北方局旧址纪念馆第二展厅

为了在华北各地顺利开展党组织的恢复、整顿和重建工作，刘少奇除了开展党内思想教育外，还采取了一系列措施。首先，他将党内组织进行了调整，把既熟悉北方党组织情况又支持正确路线的中共天津市委书记林枫及彭真调到北方局工作，同时改组北方局。刘少奇任书记，彭真任组织部部长，陈伯达任宣传部部长。北方局领导河北、山西、山东、绥远（今内蒙古中部）、河南、内蒙古垦区党的工作。

刘少奇主持的北方局工作对天津和整个北方地区的党组织思想和组织建设进行了不断加强，抗日救亡运动开展得生机勃勃，抗日民族统一战线的工作也取得了特别明显的进展。在党的领导下，天津不仅成立了天津民众救国会、天津工人救国会、天津农民救国会、天津学生救国联合会等许多抗日救国团体，而且还成立了天津市各界救国会，在全市形成了一个广泛的抗日民族统一战线，其范围包括各阶级、各层次。

中共天津市委在刘少奇的部署下发动了一场声势浩大的“五二八”反日示威大游行，并将抗日宣传深入工厂、农村、学校、街头等各个角落，给日本帝国主义以沉重的打击。刘少奇还争取宋哲元、傅作义等国民党将领加入抗日的阵营，将“打倒卖国贼宋哲元”的口号改成“拥护二十九军抗日”等口号，并且在第二十九军军官中进行统战工作，坚定了宋哲元和第二十九军的抗日意志和决心，从而奠定了北方更为广泛的抗日民族统一战线的基础。

中共中央曾对刘少奇在天津主持北方局工作给予了很高的评价：“北方党的工作，自胡服（即刘少奇）同志到后，有了基本上的转变”“这些主要转变，足以奠定胜利的基础，开展着光明灿烂的伟大前途”。刘少奇在天津短短的一年时间里做了大量卓有成效的工作，发展壮大了党的组织，促进了抗日民族统一战线的形成。

中共中央北方局旧址纪念馆第三展厅

七七事变爆发后，党中央做出重要指示，在山西太原建立北方局领导机关，刘少奇任书记，杨尚昆任副书记，北方局迁到太原。1938年，中共中央召开扩大的六届六中全会，对北方局领导成员做了调整，杨尚昆任书记。1941年初，杨尚昆去延安，北方局工作由彭德怀负责。1942年8月底，北方局书记由彭德怀代理。1943年9月，彭德怀去了延安，10月6日北方局书记由邓小平代理。1945年8月，中央决定撤销北方局，成立晋察冀中央局、晋冀鲁豫中央局。

河北省

华北军区烈士陵园

华北军区烈士陵园全称“中国人民解放军华北军区烈士陵园”，位于河北省石家庄市中山西路343号，是为了纪念土地革命战争、抗日战争、解放战争、抗美援朝战争等时期牺牲在华北地区的烈士而修建的设施。朱德于1948年秋提议建设该陵园，经中共中央华北局、华北人民政府和华北军区决定，在石家庄胜利公园的原址上修建，是我国兴建早、规模大、建筑规格高的著名烈士陵园之一。始建于1950年3月，1954年8月1日建成并对外开放。1997年8月起进行大规模改扩建。陵园落成的时候，老一辈无产阶级革命家毛泽东、刘少奇、朱德、彭德怀等先后题词。

华北军区烈士陵园坐北朝南，轴对称布局，南北相应，东西对称，占地面积约21万平方米。中轴线以陵园大门为起点，从南向北依次建有纪念广场、烈士纪念碑、著名烈士铜像、铭碑堂、烈士墓、华北革命战争纪念馆等纪念设施；西侧轴线则为影视厅、白求恩纪念园、白求恩和印度援华医疗队纪念馆、烈士纪念碑亭、戎冠秀铜像、赵博生纪念碑亭等纪念设施；东侧轴线则为柯棣华塑像及陵墓、烈士纪念馆、董振堂纪念碑亭等纪念设施。

陵园大门用花岗岩和青石建成，门壁上有贴金大字“中国人民解放军华北军区烈士陵园”。门壁与东西两边不锈钢门相连，一起构成了这座宏伟建筑的大门。

从陵园大门进去后是一个巨大的悼念广场，占地面积6300平方米。广场中间是雄伟高大的烈士纪念碑。两层基座，围栏采用汉白玉建成。纪念碑同样由汉白玉所砌，高25.19米。始建于1995年，1997年落成，2009年维修改建。碑身正面镌刻的是毛泽东题词：“为国牺牲永垂不朽。”背面有中共河北省委、河北省政府的碑文：“在历次革命战争中为争取民族独立人民民主保卫世界和平英勇牺牲的革命烈士和在社会主义建设事业中牺牲的革命烈士永垂不朽。”东面是邓小平题词：“继

华北军区烈士陵园大门

烈士纪念碑

承先烈遗志为中华民族的彻底解放而奋斗。”西面是江泽民题词：“学先烈精神创中华伟业。”碑座四周镶嵌汉白玉浮雕4组，主题分别为“人民战争”“解放石家庄”“狼牙山五勇士”“国际主义战士白求恩、柯棣华”。4个火炬池环绕着纪念碑。

纪念碑两侧，建有表现抗日战争和解放战争的两座大型写实雕塑。雕塑为暗红色花岗岩，整体长7.5米，宽3.2米，高9.1米，基座为灰色花岗岩。西侧雕塑表现抗日战争题材，由4名奋勇杀敌的八路军战士组成：一名战士右手高举大刀挺立中央向日军怒吼着，两侧各拥立着一名紧握钢枪的战士，还有一名战士身背大刀、手握长枪紧随其后。东侧雕塑表现解放战争题材：中间的指挥员左手向前挥动、右手高举手枪高声呐喊指挥冲锋，一名战士吹响冲锋号，另一名战士手握冲锋枪俯身冲锋，紧随其后的战士手握手榴弹匍匐前进。

广场的东侧和西侧分别是革命文物厅和影视厅。

烈士纪念碑西侧雕塑

广场向北是铭碑堂。花岗岩砌就的铭碑堂庄严肃穆，中央安放着一座巨大的汉白玉卧碑，上面刻着毛泽东的题词“为国牺牲永垂不朽”贴金大字。卧碑顶端是一个汉白玉石台，上面镶着一个铜铸的花圈，是由奥地利侨民盖斯特费了很大功夫制作的。铭碑堂北墙的中央，刻着248位烈士的英名。堂内的东西两侧是评价烈士功绩的碑文，其撰写者有刘少奇、朱德、彭德怀、刘伯承、邓小平、彭真、贺龙、罗荣桓、徐向前和聂荣臻等党和国家的领导人。

铭碑堂的前面是一个广场——铜像瞻仰区，由两部分组成：一是胜利组雕；二是10位著名烈士半身铜像。

铜像瞻仰区主雕像《军旗》和著名烈士雕像。后面建筑为铭碑堂

《胜利》组雕由3组大型铜塑像构成：东边是《冲锋陷阵》，象征着我军的英雄气概，其形象是两名手里拿着钢枪正要拼杀的八路军战士；西边是《协同作战》，两名民兵正在警戒着埋雷。这两组塑像栩栩如生，表达的是当时华北战场上的主要武装力量。中间是主雕像《军旗》，3名高举军旗的中国人民解放军战士，皆全副武装，眼看前方，表达着我军从“星火”到“燎原”，从弱小到

强大，并取得最终胜利的光辉历程。雕像基座中央是八一军徽，两侧是《参军》和《支前》两座汉白玉浮雕。

10位著名烈士半身铜像分别是：董振堂、赵博生、周建屏、李力、常德善、王远音、李永安、马本斋、周文彬、王先臣。

烈士墓分为东、西两个墓区。烈士墓均采取

铜像瞻仰区东侧《冲锋陷阵》组雕

铜像瞻仰区西侧《协同作战》组雕

前冢后碑的形式，由花岗岩墓身、汉白玉碑和墓顶花池组成。墓体为全封闭拱形，由青石覆盖。安葬有土地革命时期、抗日战争时期、解放战争时期和抗美援朝战争时期牺牲的团级以上烈士316位，包括早期工人运动的领导者高克谦，冀中回民支队司令员、民族英雄马本斋，冀中军区第八分区司令员常德善、政委王远音，红军骑兵团创始人、第一骑兵团团长刘云彪，晋察冀民兵爆炸英雄李混子，“子弟兵母亲”戎冠秀，抗美援朝战场上牺牲的我军第六十七军军长李湘，有被聂荣臻元帅赞为“最勇敢最积极的好同志”周建屏，等等。另安放有660余位烈士、老红军及英模人物的骨灰。

烈士墓区

华北革命战争纪念馆位于中轴线北端，2011年2月动工，2012年3月主体建筑完工，2014年4月4日举行开馆仪式并正式对外开放。纪念馆高20.5米，两层建筑，外墙上建有展示1919年至1949年新民主主义革命时期发生在华北大地上的标志性历史事件的大型锻铜浮雕。建筑面积5450平方米，展陈面积3000平方米，展陈主题为“红色太行，英雄河北”，内容分3部分10个单元。3部分为“红旗插遍燕赵大地，革命运动风起云涌”

“抗日烽火燃烧燕赵，万众一心抵御外敌”“河北军民保卫解放区，柏坡圣地孕育新中国”，展示华北军民在中国共产党的领导下的革命斗争史。馆内有《地雷战》《地道战》《破冰运粮》《鱼水情深》等雕塑10组和长18米、宽6米的油画《迎接曙光》，凸显华北军民的奋斗史和革命史。

华北革命战争纪念馆

烈士陵园的东、西两条辅轴线上的建筑遥相对称，可以看出我国传统的风格。

白求恩纪念园位于西侧轴线南端，坐西向东，建于1953年。白求恩纪念馆前种植4行具有加拿大特色的枫树，地面采用枫叶地雕，营造一种回归家乡、落叶归根的意境。园中心是白求恩墓，汉白玉石碑上刻有“白求恩大夫之墓”7个镏金大字，石碑的两侧刻有白求恩大夫的简要生平以及毛泽东主席《纪念白求恩》一文的节选。墓体后方是以加拿大标志性建筑为主题的壁雕，两侧以激光影雕的形式记述白求恩大夫的事迹。墓前广场立有白求恩汉白玉全身雕像，像高3米。墓的北面建有纪念亭，高10米、宽9米，弧形亭顶由6根石柱撑起，亭中间立有一块大型汉白玉石碑，碑的正面镌刻中共中央华北局题词“革命烈士永垂不朽”，东面和西面分别刻有华北行政委员会和华北军区的题词。

白求恩·印度援华医疗队纪念馆是为纪念牺牲在华北地区的国际友人而建，建成于1972年，由聂荣臻题写馆名。纪念馆建筑面积约1280平方米，包括中厅、白求恩事迹陈列、印度援华医疗队事迹陈列。展陈再现白求恩和印度援华医疗队的5位大夫来到中国救死扶伤、忘我工作的场景。

白求恩·印度援华医疗队纪念馆

柯棣华纪念园与白求恩纪念园东西相对，位于陵园东轴线南端，坐东向西，建于1953年。纪念园中央的花岗岩石座上，矗立着柯棣华的全身汉白玉雕像，像高2.7米。后方是柯棣华陵墓，墓前的汉白玉碑上刻有“柯棣华大夫之墓”7个镏金大字。墓碑的南侧建有印度援华医疗队队长爱德华纪念碑，北侧为印度援华医疗队巴苏华纪念碑。墓后方建有以印度文化元素为主题的壁雕，两侧以激光影雕的形式讲述了印度援华医疗队5位成员在华的战斗历程。

烈士纪念馆位于东轴线最北端、纪念碑北面，坐北朝南，是陵园建园初期的主要建筑之一，占地面积为1400平方米。纪念馆以灰砖砌墙，屋顶外观为四角形，庄严凝重。纪念馆门前墙壁上镌刻中共中央华北局署名的“华北军区烈士陵园记”。建筑面积360平方米，展厅面积290余平方米，由序厅和东、西两个展厅组成。序厅展陈刘伯承、邓小平等题词。东、西两侧展厅主要展出高克谦、马本斋、周建屏、包森、吴迪等50位安葬于陵园内著名烈士的生平简历和革命事迹。

烈士纪念馆

烈士纪念馆的前面是一个广场，东、西两侧分别是两座纪念碑亭：一座是第二次国内革命战争中牺牲的宁都起义领导者、原红五军团军团长董振堂同志纪念碑亭；另一座是红五军团参谋长赵博生同志纪念碑亭。

华北军区烈士陵园的建立，是对华北人民革命斗争历史的记录，是对那些曾经战斗和牺牲在华北大地的革命先烈的缅怀。

华北军区烈士陵园是国家级烈士纪念设施、全国爱国主义教育示范基地、河北省首批重点爱国主义教育基地。

经党中央、国务院批准，国务院于2014年8月24日公布，华北军区烈士陵园被列入《第一批国家级抗战纪念设施、遗址名录》。

董振堂同志纪念碑亭

赵博生同志纪念碑亭

知识链接　柯棣华

国际主义战士，外科医生。原名德瓦卡纳思·桑塔拉姆·柯棣尼斯，1910年出生于印度，毕业于孟买格兰特医学院，1937年获得住院大夫职称。他支持中国的抗日战争，1938年8月志愿参加国际援华委员会组织的印度援华医疗队。他为了表示援华抗日决心，在柯棣的姓后加一个“华”字，作为自己的名字。9月，爱德华任队长、卓克华任副队长，柯棣华和巴苏华、木克华为队员的印度援华医疗队到达中国。1939年2月，在经历重重阻拦和困难后，柯棣华随医疗队到达延安，在八路军总医院担任外科医生。

柯棣华烈士

1938年9月，印度援华医疗队来到中国，毛泽东（左五）与印度援华医疗队成员巴苏华（左一）、柯棣华（左二）、木克华（左四）、爱德华（右二）、卓克华（右一）等人合影

1939年11月，柯棣华和他的同伴奔赴八路军前线。在张店战斗中，他和战友们把临时手术站设在前沿阵地，连续工作46小时。之后他又参加了多次战斗，把自己的安危置之度外，把救治伤员作为第一职责。1940年3月，柯棣华和巴苏华进入晋察冀抗日根据地。他以白求恩为榜样，全身心地抢救伤病员。在涞源县一次激烈战斗中，他在13天内接收救治800多名伤员，为其中550多人做了手术。

百团大战后，印度援华医疗队的爱德华、木克华、卓克华先后返回印度，巴苏华奉命回延安。柯棣华坚定决心，仍然留在晋察冀抗日前线。他担任白求恩卫生学校外科教员。1941年1月后又担任了白求恩和平医院院长。

担子重了，形势更加严峻，但柯棣华一如既往地拼命工作。他经过调查研究，为医院制定了一套适合当时严酷战争环境的制度，其中一些制度，如休养员班排制度、领导干部轮流查房制度、医生护士工作汇报制度等，到今天仍然在解放军各医院中被执行着。他经常亲自带领医务人员奔赴前线抢救伤员；他坚持把培养医务人员作为自己应尽的义务，经常给卫生学校的学员们讲课，亲自指导学员实习；他和八路军普通官兵一样，吃野菜黑豆，穿草鞋布衣，拒绝接受对他个人的任何特殊照顾；在残酷的反“扫荡”战斗中，他和医院的同志们一次又一次放弃花费了很多心血的医院和学校，但又不屈不挠地建造起新的医院和学校。

在紧张的战斗中，柯棣华的生活也发生了很大变化：1941年11月，柯棣华和晋察冀军区卫生学校教员郭庆兰结婚；1942年7月，柯棣华加入了中国共产党；1942年8月，柯棣华和郭庆兰有了爱情的结晶。军区司令员聂荣臻为这个男孩取名“印华”。但长期残酷的战争、繁重的工作和艰苦的生活，也极大地影响了柯棣华的健康。他原先患有的癫痫病发作了，且一次比一次严重。但看到那么多受伤的八路军将士等待着治疗，他明确表示“一分钟也不愿离开自己的工作岗位”，拒绝了让他离开前线回延安、香港或回印度治疗的建议。他一如既往地努力工作。

1942年12月9日，柯棣华在工作岗位上再次发病，在河北省唐县葛公村白求恩和平医院不幸逝世，年仅32岁。12月30日，延安各界召开了隆重的追悼大会。毛泽东送了挽词：“全军失一臂助；民族失一友人。”朱德题词：“国际主义医士之光，辉耀着中印两大民族。”

华北军区烈士陵园柯棣华雕像和陵墓

苏蒙联军烈士陵园

苏蒙联军烈士陵园位于河北省张家口市张北县油篓沟乡狼窝沟村，即城南15千米处黑风口西侧的海拔1561米的野狐岭上。1945年8月19日，苏蒙联军与日军在狼窝沟一带展开激烈战斗。在这次战斗中，有54名苏联红军、6名蒙古人民军战士献出了宝贵生命。战斗结束后，当地人民为了纪念战斗中光荣牺牲的苏蒙联军烈士，在狼窝沟西山上用石头垒起个方台，台前竖立1.5米高的烈士纪念碑。1946年国民党军侵占察（察哈尔，今分属河北、山西、北京、内蒙古）北后，烈士纪念碑遭到破坏。1948年12月，张北二次解放后，由人民解放军在原址进行了整修，规模和形制与原貌相似。1957年人民政府重建苏蒙联军烈士陵园，于10月20日工程竣工。1984年扩建，在纪念塔北面增建了苏蒙联军烈士纪念馆和一座牌坊。

烈士陵园占地超过15万平方米，由纪念塔、纪念碑、苏蒙联军烈士纪念馆、牌坊和烈士墓5部分组成。

走进陵园大门，首先可以看到的就是一组主题雕像，将当时苏蒙联军英勇作战的场景栩栩如生地勾勒出来。陵园内点缀着松柏、花木，给人庄严肃穆的感觉。

苏蒙联军烈士陵园主题雕像

距此不远就是苏蒙联军烈士纪念塔，塔高28.8米。塔的基座是纪念亭，大理石贴面刻有烈士名单，还有聂荣臻、乌兰夫、谢觉哉等党和国家领导人的题词。塔身正面雕刻谢觉哉书写的“苏蒙联军烈士纪念塔”，南北两面刻着齿轮和麦穗，以及中、苏、蒙三国国旗，顶端是熠熠生辉的三颗红色五角星。纪念塔前是一座纪念碑，碑长5米、宽

苏蒙联军烈士纪念塔

1.2米、高2.2米。纪念碑正面刻着圆形麦穗，中心是“1945”；背面是纪念碑文。

烈士墓建在纪念塔后130米处，墓高6.97米、长6.6米、宽4.4米，里面安葬着60名烈士遗骸。

苏蒙联军烈士纪念馆位于纪念塔的北侧。展厅一共包括4部分：第一部分主要陈列照片实物、战地模型，为我们再现了狼窝沟战役的激烈战况，启迪我们要铭记历史、珍视这来之不易的和平生活；第二部分主题是缅怀先烈，祭奠英魂；第三部分主题是国际友谊，万古长存；第四部分主题是昭示后人，热爱祖国，强大军队。

苏蒙联军烈士陵园是张家口市党史教育基地。

经党中央、国务院批准，国务院于2014年8月24日公布，苏蒙联军烈士陵园被列入《第一批国家级抗战纪念设施、遗址名录》。

知识链接　苏蒙联军野狐岭之战

野狐岭位于塞外山城张家口张北县，其中有一天然沟口黑风口，黑风口将野狐岭分成东、西两部分，黑风口下面的小村庄就是狼窝沟。这里是沟通张家口与坝上各县，直通内蒙古的咽喉要道，地理位置十分重要，自古就是兵家必争之地。

1935年底，日军侵占张北。1939年秋开始，日本侵略者在野狐岭一带构筑野战阵地，由日军独立第二混成旅团驻守野狐岭。1945年2月，苏、美、英签署了全面对日作战的《雅尔塔协定》。7月，中、美、英发布《波茨坦公告》，促令日本无条件投降。8月，毛泽东发表《对日寇的最后一战》，号召人民军队对日反攻。8月初，日军为阻止苏蒙联军南下，于是集结兵力于坝上。8月8日

苏蒙联军烈士纪念馆

八路军冀察军区参谋长易耀彩（左三）、平北军分区政委段苏权（左二）陪同苏军指挥官法捷耶夫在张北大街视察

和10日，苏军和蒙军分别对日军宣战。苏蒙联军混合骑兵机械化集群由普列耶夫上将率领进入中国。8月14日，苏蒙联军抵达张北县城，此后每天都对日军的一线阵地狼窝沟进行炮击，破坏日军防御工事，并用飞机在空中侦察。

苏蒙联军开始攻打张北日军时，日军惊慌之下逃到狼窝沟，这里有日军构筑的防御工事，即使在日本天皇宣布无条件投降后，日军还想要凭借狼窝沟的工事进行抵抗。

8月19日至20日，是苏蒙联军和日军战斗最激烈的时候。经过奋勇冲锋，苏蒙联军于20日夜突破了日军的防线并开始短兵相接。21日，日军一方面拒不投降，找各种借口故意拖延时间，另一方面于夜间向张家口方向撤逃。22日，苏蒙联军再次进攻日军阵地，最终占领日军狼窝沟一带全部阵地。

在攻打野狐岭狼窝沟的过程中，苏蒙联军60名官兵献出了宝贵的生命。为了纪念他们，当地人民修建了纪念塔，镌刻着这段历史，也象征着中国、苏联和蒙古人民的深厚友谊。

苏蒙烈士墓

潘家峪惨案纪念馆

潘家峪惨案纪念馆位于河北省唐山市丰润区火石营镇潘家峪村。1941年1月25日，侵华日军在这里对手无寸铁的村民进行了惨绝人寰的大屠杀，全村有1230人被杀，制造了震惊中外的潘家峪惨案。为了缅怀先烈，教育后代，自1952年起，地方政府和潘家峪村民先后修建了遇难同胞的4座坟墓和墓碑、一块纪念碑、一座纪念塔、一座祠堂和一座纪念馆。潘家峪惨案纪念馆始建于1971年，1999年新馆竣工并开放。

潘家峪惨案纪念馆坐北朝南，位于村中部，东隔小河与潘家大院相望，南、西、北均与大道相连，占地面积约31.7万平方米，建筑面积1246平方米。纪念馆结合地形特点，采用不对称布局，将主入口设在道路一侧，墙上有原冀东军分区司令员李运昌题写的“潘家峪惨案纪念馆”馆名。

潘家峪惨案纪念馆

入口广场是个大台阶，人们沿此台阶可以来到一个半封闭的院落，院落由6米高石墙围合起来，进入其中会感受到一种凄清的氛围。沿着台阶向上的主入口处，有一组中、英两种文字的纪念碑文，交代了该纪念馆的建设时间，以及建设原因与纪念馆的主题。

潘家峪惨案纪念馆整体呈灰白色，是一栋两层小楼，看起来简朴且庄严，突出了该纪念馆的主题。院内是爆炸状造型的卵石，暗示着日军在侵华事件中惨无人道的屠杀。庭院里有一棵枯树，在它的衬托下，整个院落显得极为沉闷压抑，与主题十分契合。

潘家峪惨案纪念馆分为两层展厅，展陈面积630平方米。一层再现了潘家峪惨案的过程。展厅顶部用的是灰色，内部采用声、光、电等一些现代展示手段，为观众营造出恐怖压抑的氛围。二层展现的是潘家峪惨案后，潘家峪人民复仇及反抗过程中不屈不挠的精神，并取得了最终的胜利。尾厅呈现的是现在的潘家峪人民的幸福生活。该展厅顶部用的是红色，与一层主展厅的颜色一明一暗，形成了强烈的视觉冲击，象征着黑暗向光明的转变。二层还有一个平台，观众可以在此凭栏远眺，潘家大院这个惨案主要发生地可尽收眼底，这里是对死难同胞很好的缅怀之地。

潘家峪惨案纪念馆里还有一些当年惨案发生时留下来的物品：一张八仙桌，当年日军就是在这张高桌上架起机枪，对潘家峪的村民进行扫射的，是日寇屠杀中国人民的见证；一杆木质结构的杆秤，长156.5厘米，重2500克，当年有19名村民藏身于用土坯封堵窗户的东粮房内，当时顶住房门的就是这杆秤，从而挽救了19名村民的性命；一块具有斑斑血迹的捶布石，当年在惨案中，很多儿童就是被日军用这块石头给压死的；潘家峪兵工厂制造的手榴弹，在1937年至1941年之间，冀东军分区在潘家峪设立兵工厂制造手榴弹和地雷等武器。

步出展厅，迎面为18米高的钟塔。这一竖向结构不仅对整个建筑起着控制作用，而且是整个潘家峪村的制高点。

钟塔另一侧面对的是潘家峪希望小学。寓意警钟长鸣的钟塔成为整个展览的高潮，回荡在山谷的钟声引申建筑的纪念主题，警示人们永远不要忘记发生在这里的悲惨一幕，不要忘记中华民

1941年1月，日军在冀东潘家峪制造了震惊全国的大惨案，共烧杀无辜村民1230人。图为惨案现场一角

寓意警钟长鸣的钟塔

族受屈辱的历史，更企盼未来世界和平。

整个纪念馆建筑再现了潘家峪惨案的全过程，激励人民奋发图强。惨案留下的西大坑、老槐树、小铁门、南岩子、杀人场潘家大院、殉难同胞葬墓等遗址，是日本侵略者侵华罪恶的铁证，时刻警示后人“警钟长鸣，勿忘国耻”。

潘家峪惨案纪念馆是全国重点文物保护单位、全国爱国主义教育示范基地、河北省爱国主义教育基地。

经党中央、国务院批准，国务院于2014年8月24日公布，潘家峪惨案纪念馆被列入《第一批国家级抗战纪念设施、遗址名录》。

知识链接 潘家峪惨案

潘家峪惨案发生在河北省丰润县（今唐山市丰润区），那里有一个腰带山，潘家峪就是山上的一个小山村。潘家峪惨案惨绝人寰，骇人听闻，是日军在侵华战争中所犯下的累累罪行之一。

卢沟桥事变爆发后，国家陷入危亡之际，中国共产党领导的八路军挺进敌后，建立抗日根据地，打击日寇，保家卫国。在华北地区的潘家峪，共产党发动群众建立起抗日根据地，抗击日寇的人民战争如火如荼地展开。经过努力，潘家峪村成为抗日堡垒，也成为冀东抗日运动的中枢。潘家峪人民的抗日斗争令日本侵略者十分恼怒，于是制造了潘家峪惨案。

潘家峪惨案发生在1941年1月25日晚，当时日本驻唐山的部队司令官召集了丰润、遵化、玉田、滦县、迁安、卢龙和抚宁等县的日军，以及丰润县公署、警备大队和警察所等日、伪人员，与反动地主一起勾结策划了一起大阴谋——血洗潘家峪。

当晚，日军指挥官佐佐木率领3000余名日军和1000余名伪军来到潘家峪，将全村1500余名村民驱赶至村边西大坑，让他们交代八路军的去向。然后又将村民赶到地主潘会林的宅邸，也就是潘家大院，最后竟然封锁整个大院，用步枪和机枪进行扫射，杀害了手无寸铁的数百村民，最终放火毁尸灭迹。

潘家大院，潘家峪惨案发生旧址复原

潘家峪的大屠杀持续到第二天的19点才结束。1230名无辜村民成为日军的枪下亡魂。在潘家峪惨案中，整个村子只有300余人幸免于难。

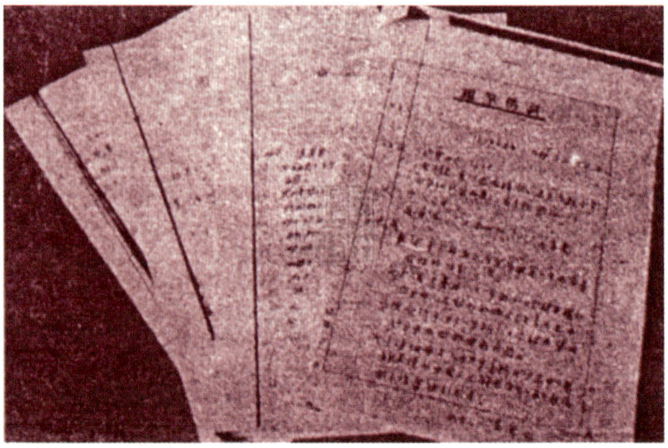
参与策划、制造潘家峪惨案的原丰润县伪县长凌亮丞的部分供词和审讯记录

清苑冉庄地道战遗址

清苑冉庄地道战遗址位于河北省保定市清苑区冉庄镇冉庄村，是抗日战争中的重要战争遗址之一。冉庄地道开挖于1938年，扩建于1943年，完工于1944年。冉庄地道战纪念馆建成于1959年，冀中冉庄地道战展厅建成于1991年，重新布展于1997年。2008年10月15日，在保护区外冉庄村南九龙桥西南侧开始修建冉庄地道战纪念馆新馆，2010年8月完工。

清苑冉庄地道战遗址保护区面积为30万平方米，其中26万平方米是重点保护区。保护区共有房屋3284间，另有6座庙宇工事。保护区既可以看到20世纪三四十年代冀中平原的原貌，也可以看到当年构筑的地道和各种作战工事。当年的街道、房屋、院墙、猪舍、伪装的地道口、34处作战工事、交织的地道网，都是当时防御和进攻的有力武器。

冉庄地道战纪念馆

地道和工事以冉庄村十字街作为中心，包括长2.25千米的东、西、南、北4条主干线。另外还有13条南北支线、11条东西支线，以及4条通往外村的地道，全长约16千米。地道分为军用和民用。军用地道只有在作战时使用，民用地道则是在群众隐蔽时使用。抗日战争时期，冉庄一共450户人家，地道口有405个。其中30个地道口用于作战，3个地道口与外村相连，地上和地下共有140处作战工事。冉庄地道通常宽0.7—0.8米，高1—1.5米，地道顶部与地面有2米多的距离。地道很窄，最宽处也仅能勉强并排走两人。

冉庄村头的古树和大钟

清苑冉庄地道具有巧妙的设计、复杂的结构和完备的设施，其中指挥部、储粮室、休息室、陷阱和厕所应有尽有，而且既有照明灯也有路标，地道的出入口也不拘哪里，墙角、牲口槽、炕面、锅台、风箱和井口等，都有可能是地道的出入口。地道还连接了水井，这样一方面可以利于空气流通，另一方面也可以方便取水。地道连接高房工事、地平堡、小庙、碾子、烧饼炉和墙体等工事和掩体，整个村子变得四通八达。工事要防破坏、防封锁、防水灌、防毒气和防火烧；要与高房、地道和堡垒都相通；还要保证明枪眼和暗枪眼、高房火力和地堡火力、墙壁火力和地堡火力相交叉，构成纵横交叉的火力网，形成一个立体作战阵地。

冉庄村烧饼炉工事

清苑冉庄地道战遗址纪念馆新馆占地面积1.6万平方米，建筑面积3260平方米，布展面积1800平方米。纪念馆展厅内珍藏着431件革命文物，主要有挖地道使用过的用具，包括镐、铁锹、辘轳和照明灯等；民兵集合和作战使用过的铜锣、军号和牛角号；士兵工厂制作的土枪、土炮、地雷、手榴弹、翻火子弹；还有一些照片等烈士遗物，以及群众支援前线使用过的工具，包括纺车、织布机、运输工具和救护伤员的担架等。展厅利用声、光和电等现代化展览手段，重现了当年的情景。

清苑冉庄地道战遗址见证着中华民族抵御外侮，见证着人民战争的胜利，见证着中华民族英勇斗争的精神，是全国重点文物保护单位、全国爱国主义教育示范基地、河北省爱国主义教育基地。

经党中央、国务院批准，国务院于2014年8月24日公布，清苑冉庄地道战遗址被列入《第一批国家级抗战纪念设施、遗址名录》。

冉庄地下兵工厂场景复原

知识链接

冀中地道战

1941年秋，冀中平原的抗日斗争进入困难阶段。随着日、伪军“扫荡”“蚕食”日益频繁、残酷，冀中人民抗日武装为了保存自己的力量，长期坚持平原游击战争，继地雷战之后又创造了一种新的斗争形式——地道战。

在无险可守、碉堡林立、路沟如网的平原上打游击，不同于山区，没有复杂地形可资利用，隐蔽条件差，加上日、伪军“扫荡”和“囚笼”政策的封锁，游击活动很难开展。英雄的冀中军民便在平原上改造地形，挖掘和利用被称作“地下万里长城”的地道，进行长期英勇不屈的斗争，神出鬼没地打击敌人，为夺取抗日战争的胜利发挥了重要作用。

地道战是冀中平原抗日根据地军民在抗日战

争中的一个伟大创举，经历了一个漫长而艰苦的过程，充满着革命英雄主义的壮烈场面，伴随着难以形容的流血的悲痛和胜利的欢笑。

讲地道战，首先要从交通战说起。因为地道斗争和地道战，是在开展交通战的基础上发展起来的，是交通战的继续和发展。

交通战是抗战初期冀中军民开展对敌斗争的一种重要形式，从破击公路开始。1938年底，日军侵占冀中蠡县、肃宁等地后，开始大修公路、广建据点，企图以此分割、包围冀中抗日根据地。为破坏敌人的交通线，根据地军民在中共冀中区委的领导下，展开轰轰烈烈的破路斗争，最终形成了修路与破路、分割与反分割、“蚕食”与反“蚕食”、“扫荡”与反“扫荡”的长期反复斗争的局面。

白天，日、伪军强迫群众修路。到了夜晚，群众又在地方党组织和抗日政权的领导下将公路破坏掉。白天修，夜晚破，如此反复，使敌人的汽车始终难以开动。

破路斗争给日、伪军的交通线以严重破坏。为确保交通，日、伪军便调集大批兵力对破路的村庄进行反复包围、合击，使抗日根据地军民很难在村里找到藏身之地。为坚持斗争，“抗日道沟”应运而生。

最初，群众是为躲避日、伪军的“扫荡”，自发地在村头、田间挖地沟，后逐步发展成为“抗日道沟”——把所有的乡村道路挖成壕沟，改变了平原地貌。一方面能够隐蔽地攻击敌人据点，在敌人“扫荡”时便于顺利撤出村庄；另一方面破坏了敌人对根据地的分割和封锁，给敌人的交通运输和快速部队行动造成障碍，使其优势装备无用武之地；而游击队和民兵在道沟里活动，能藏能打又能跑，并把壕沟同地雷战结合起来，与敌人巧妙周旋，成为打游击的好战场。

抗日根据地的群众不分白天黑夜，唱着“挖路、挖路，总动员挖路”的歌，男女老少齐上阵。在斗争环境艰苦的游击区和接敌区，群众则是在夜间悄悄地挖，酷暑严冬都不停止，一段一段向前延伸，一条一条连接起来。在冀中广阔的平原，所有大车道都变成了2米宽、1米深，总长达数万千米的“抗日道沟”。这种道沟曲曲折折，纵横交错，把各个村镇连接起来。有的村还把道沟挖到据点附近，用来监视敌人行动。

在改造地形的基础上，又动员群众在村口和大街构筑防御工事，砌挡墙、筑街垒、搭天桥、堵胡同，只留单人通过的出入口；在村内的高房上设火力点；在交叉处修防御掩体，形成村落防御战火力的纵深配备；在墙上暗设瞭望孔和射击孔，室内修夹墙、暗道，把村庄建成能打游击的堡垒。

地道的形成同样也经历了这样一个发展过程。起初，地方干部和群众为防敌抓捕，在不得已时就藏入菜窖、山药窖内。继而干部和堡垒户挖掘隐蔽洞，叫“地窨子”，俗称“口袋洞”“蛤蟆蹲”。后来群众也家家挖地洞，一般是在自己家中或院落里挖个小洞，待敌人“扫荡”进村时就钻进洞里藏身藏物。这些地洞都是只有一个口的死洞，只能消极躲藏，加上群众都挖地洞，有的不注意保密，使敌人很快知道了地洞的秘密。于是每到一个村庄，敌人就用刺刀或铁棍在各家院子里、屋子里乱捅一气，四处寻找地洞口。一旦发现洞口，就往洞里开枪、灌水或放毒。隐蔽在洞里的干部或群众，不是被打死、淹死、毒死，就是被抓去。

人民群众是真正的英雄。在斗争实践中，冀中抗日军民逐步把孤立的隐蔽洞发展成地道，由一个口发展到两三个口，由一户发展为多户相通。地道，一般高4尺，人可以躬身而行；宽3尺，两人对面可侧身而过；距地面5尺左右，不妨碍耕种和交通。在猪圈、茅厕、水井、锅灶、柜下、墙边等隐蔽的地方，设有出入口和通气孔。地道的出现，发展了平原游击战争，不仅使人民群众有了退避依托之所，地方工作人员可以大胆地在近敌区坚持工作，而且民兵可依靠地道打击敌人，保存自己。

随着地道构造的不断改进和完善，初步形成了户户相通、村村相连，既能隐蔽、转移，又便于依托作战的地道网，成为长期坚持冀中平原抗日斗争的坚强地下堡垒。地道最早出现在蠡县。这里距日、伪军重兵驻扎的保定城很近，斗争环境异常残酷。1939年秋，蠡县一区的干部想出个办法：在敌人进村“扫荡”时，干部、民兵和游击队跑到野地里挖个“土窖窖”藏身；后又在“土窖窖”上盖上木板、秫秸，再培上土，上面种上庄稼，这样就更隐蔽了。

随着斗争的深入，冀中一些地区又创造出“活埋人”的办法，就是在坟地里挖一个“新坟”，上面插灵幡做伪装，坟内放置风箱，用空心的向日葵秆通气，人藏到里边，躲过敌人的“扫荡”。但时间一久，敌人在村里找不到人，就产生怀疑，开始在野地里“拉大网”“挖新坟”，进行搜捕。村外藏不住，抗日军民便重新回到村子里坚持斗争，继续挖洞。并充分利用在平原上挖掘的一条条交通壕，挖了许多短小坑道通往坟地、苇坑、寺庙等，有的还在小坑道里挖了许多土窝窝，用来藏物。

为解决既能“藏”又能“走”的问题，群众创造了院院相通的多口地道。这种多口地道，就是把一家一户的地洞通过地道连接起来，由单纯躲藏的“蛤蟆蹲”发展成为户连户、家通家的地道。地道口选择在政治上可靠的干部和群众家里的隐蔽地方，并加以伪装。这样，“死”洞变成了“活”洞，即便敌人发现了某一个洞口，仍能从另一个洞口逃出去。

为对付敌人的水攻、火攻、烟攻、毒攻、挖掘，解决地道缺氧、通气、吃饭、喝水、大小便、照明等问题，群众发挥聪明才智，想出了许多土点子好办法。比如，把地道与地面上的烟囱等建筑巧妙地结合起来，作为通气孔；在地道的旁边挖泄水坑，有的还同水井相连，既可排气通风，又可解决饮水问题，还能够防毒、防烟、防水；油灯点不着，就把绳子用蜡煮了点着，不用时不灭，用时一摇晃就亮了，氧气损失还小；在地道里用事先储存的萝卜、白菜当饭吃，既顶饿又解渴；专门增挖岔道，用于大小便。

但敌人也是很狡猾的，很快就改变了进村“扫荡”的战术。只包围有洞的几个宅子或村庄的某一个角落，并偷偷上房，居高临下，便于监视，以做长时间的搜查挖掘。冀中军民及时总结经验教训，认为多口地道，洞口虽多，但洞身都较短，敌人如居高临下，仍不便于走，因此洞身必须加长或有新的改进。

在与敌人的斗智斗勇中，冀中军民创造了由村里到村外的地道和连环地洞。冀中平原的村庄一般比较大，少则几百户，多则上千户，而当时冀中的敌人兵力不足，一个据点平均只有五六十个到百八十个日、伪军，要想严密地包围整个村庄是很困难的。针对敌人兵力不足的弱点，群众就把院院相通的地洞，改进为由村里到村外的地道和“凹”字形的连环洞，将主要街道在地下用“田”“申”“甲”“中”字形地道连通起来。还有的地道从洞口进去一段后，往下挖1米多深，然后往前挖1米多长，再往上挖，便形成“凹”字形。这种地道，往下通的洞口是用“预制构件”木匣子做成的，人下去以后，用手托着往前一推，就盖好了。预制的木匣子里装的是土，随推力振动，自然散平，与地道底部一样，从下面一推即可出来，出来后再盖上。

有些村庄是把院院相通的地洞改进为多层的连环洞，就是在洞下面或洞的另一侧，再挖一层或几层地洞，上下几层都有地道相连。这样洞下有洞，洞洞有地道相通，形成连环洞。如果敌人发觉或破坏了第一层地道，在洞里隐藏的人可以钻进第二层地道；如果敌人放毒气，可以把第二层的洞口堵死，让毒气进入第一层地道。为防止敌人往洞里灌水，挖地道时多选择高低不平的地势，第一层挖在低处，第二、第三层挖在高处。这样敌人往地道里灌水时，不等流到第二、第三层，第一层就会涨满水，敌人见水满了，就不会再灌了。

许多村子还特意造了一些假洞，假洞一般设在与真洞相背的方向，以便引诱和欺骗敌人。蠡县七区保墟村村长郝振海家中的地洞里住着两位地委负责人。敌人知道后，突然包围郝家，严刑拷打郝振海的弟弟，要他指出地洞口。他弟弟便把一个假地洞口指给敌人，并亲自领敌人去破坏。结果敌人把地洞全部挖开，连个人影也没找着——那两位地委负责人早已从另一层地道转移走了。敌人却信以为真，直夸村长郝振海的弟弟是“大大的良民”。

为解决“走”与“打”的问题，把地道发展成既能隐蔽藏身又便于转移，还可以大量杀伤敌人的战斗阵地，冀中军民又对地道进行了大量改造。一天，日、伪军到蠡县七区中孟尝村“扫荡”。敌人从南街口进村，游击小组就通过地道从北街出村。有两名青年抗日救国先锋队的女队员没来得及跑出去，便通过地道钻进村边一家宅子隐蔽起来。当敌人要包围这栋房子时，两人又沿着院串院的地道跑了出去。敌人正准备进村搜索时，冲出村外的游击小组已神不知鬼不觉地转到他们背后打起了冷枪。最终，敌人一无所获，只得狼狈逃回据点，此后的很长时间里不敢再到中孟尝村来扰乱了。

一次，有个村的武委会主任被敌人捉住。敌人向他要枪，他说：“枪是有，只是没在手上，放在洞里了。”敌人叫他进洞去拿，又怕他跑了，就用一条长绳子把他的一只手绑起来，让他下洞。武委会主任以洞比较深为理由，要求多松些绳子，敌人同意了。结果，这位武委会主任下洞后趁机把绳子解开，从另一个洞口逃脱了。敌人不敢进洞，只好向洞里打了几枪，便悻悻而归。日久天长，日、伪军一筹莫展，束手无策，称蠡县是两个县：一个是地上的，一个是地下的。

但在刚开始时，有的领导对蠡县一带发展地道很不满，说这是“逃跑主义”，认为既然抗战就不能怕牺牲，不让发展地道。后来冀中军区政治委员程子华亲自带着工作组前往调查，肯定了这个新事物，认为这是人民群众的伟大创造，是保存自己消灭敌人的有利形式之一，是进一步改造平原地形的创举，对于坚持平原游击战争有巨大的意义。八路军第三纵队兼冀中军区司令员吕正操和中共冀中区委书记黄敬等领导也积极赞成和支持地道斗争。区委还正式作出决议，向冀中全区推广地道斗争的经验。

1942年3月，冀中区党委召开地委书记会议，要求冀中各地全面开展地道斗争。不久，日、伪军就发动了“五一大扫荡”。为保存实力，根据上级指示，冀中军区主力部队转移到外线，敌人乘机侵占大部分城镇和村庄，并对冀中地区进行全面“蚕食”“清剿”，平毁交通沟，修筑公路，垒封锁墙，建碉堡、据点1700多个，挖封锁沟4000多千米，实行点、碉、路、沟、墙五位一体的“囚笼”政策。日、伪军天天进村烧杀抢掠，使冀中地区“家家有哭声，无村不戴孝”。

留在根据地的冀中军区部队和民兵游击队化装深入群众中，村、区、县各级干部坚持“村不离村、区不离区、县不离县”的原则，组织发动群众与敌人展开坚决的斗争。地道斗争和地道战成为当时抗日军民保存自己、消灭敌人的有效手段，并得到进一步发展和完善，在冀中平原抗日根据地广泛开展起来。

为更好地利用地道与敌人进行斗争，冀中军民创造性地把发展地道与改造地形、村落结合起来，构成房顶、地面、地道和沿村、街道、院内纵横各三层的交叉火力网；再以野外地道为纽带，把村庄、野外、地道组成一个连环的立体作战阵地，既可打村落战，又可野外出击，从而形成对付敌人的“地下长城”。冀中军民称之为“天、地、荫”三道结合的地道战。

“天”是指高房，就是在各家较高的房屋之间搭上天桥，把各家房院用天桥连在一起。这样，如果敌人进村，守在村口房上的人便可及时发现敌人，消灭敌人；当敌人攻进村时，又可沿房通房的天桥转移到村内一些房子上隐蔽，然后把天桥撤走，待敌人上房露头时给予迎头痛击。同时还在街中十字路口等处较高的房子上修筑堡垒，居高临下控制村庄周围，以消灭敌人；还可利用高房堡垒打巷战。

“地”是指地面，就是村庄各院都把门或窗打通。敌人进村后，可在这家院里打了敌人，又跑到另一家院落或转移到其他地方。同时还配合地雷战，在菜篮子、筐子里放上地雷，挂在屋内、院内的锅盖下和门窗上、厕所里、鸡窝内等一些敌人经常搜查的地方，然后拉上引线。如果敌人进院，进屋开门、掀锅、抓鸡、上厕所等，都会拉响地雷。有时还故意留一个公开通道，让敌人追赶通过，触响地雷。

“荫”是指地洞和地道。因为地道口都设在各家隐蔽的地方，并且院院相通，村村相连。这样，当敌人进村“扫荡”时，既可以在房上监视、打击敌人，又可以在地面通过院通院的地道与敌周旋，或寻机打击敌人。必要时还可以钻进地道隐蔽、转移或偷袭敌人。同时又可以从房上射击敌人，在地面用地雷炸敌人，从地道转到敌人侧背实施偷袭。

“天、地、荫”三个战场互相依托，互相支援，密切配合，做到能藏能走又能打，使进村“扫荡”之敌处处陷于被动挨打的困境。由于村庄与村庄之间，地道是贯通的，纵横交错，构成了惊人的地道系统，在地下又创造了新的阵地、攻不下的堡垒，使得在地面上被敌人占领与分割的成千上百个村庄，在地下又连为一体。既利于小分队活动打击敌人，又利于较大部队集结隐蔽突然地消灭敌人；既利于防御，也利于进攻，还可以依托四通八达的野外地道，封锁敌人的岗楼和据点。

英雄的冀中军民以顽强的战斗精神和无穷的

1943年，民兵从地道转入地面工事伏击敌人

智慧筑起一道“地下长城”，使无险可守的冀中平原变成打击日、伪军的要塞。1965年八一电影制片厂拍摄的影片《地道战》，就是取材于冀中保定地区。这部脍炙人口、经久不衰的影片，截至2012年创下30亿人次的观看纪录，使片中高老庄的原型——冉庄名扬全中国。

冉庄位于保定清苑县，是冀中平原上一个十分普通的村庄。1941年初冬，冉庄民兵先在自己家中挖了单口隐蔽洞，很快遭到日、伪军的破坏。随后民兵把单口隐蔽洞改造成能进能出的双口隐蔽地道，但仍不能有效地进行战斗，多数地道又遭到破坏。

1942年夏季反“扫荡”开始后，冉庄的地道有了较大的发展。共建有4条主要干线、24条支线，村内户户相通，向外可通往孙庄、姜庄、隋家坟、河坡等村，全长16千米。地道一般宽1米，高1.5米，顶部土厚2米以上；地道内设有瞭望孔、射击孔、通气孔、陷阱、活动翻板、指路牌、水井、储粮室等，便于开展对敌斗争。

1943年1月7日，日、伪军30多人进村抢掠，冉庄民兵利用地道进行作战，毙伤敌4人。这次战斗的胜利，给冉庄民兵以极大的鼓舞。此后，他们依托地道，在“天、地、荫”相结合的战法中，以“冷枪战”多次给前来“扫荡”的日、伪军以沉重打击。

“冷枪战”就是利用设在街口和院落厕所、墙角、鸡窝、碾棚、锅台、牲口槽和旧墙基等隐蔽处地道口的秘密射击孔，待敌人进村后，瞅准机会向敌人射击。因为民兵在暗处，敌人在明处，民兵能发现敌人，敌人却看不到民兵，所以一般都是待敌人距射孔十几米、几米时才射击，几乎做到百发百中。

1945年4月1日，日、伪军500余人向冉庄发动进攻。冉庄民兵20余人利用地道进行作战，毙伤日、伪军13人，迫其撤退。

6月20日，驻保定日军率伪军第十四团1000余人向冉庄进犯。冉庄民兵30余人先在村边进行阻击，而后迅速转入地道，通过瞭望孔观察到一群伪军冲到村东企图破坏地堡工事，当即拉响地雷，炸死伪军数人。与此同时，村北老母庙、南口地平堡、东街碾子堡和十字街的民兵，也纷纷从暗室和高房工事等向日、伪军射击。经数小时激战，毙伤敌29人，日、伪军被迫撤退。

23日，日、伪军又调集2000余人的兵力，再次进犯冉庄。先用迫击炮向村内猛烈轰击，随后步兵迅速向村内冲击。当进至村口时，日、伪军踏响了民兵用水壶、铁桶等器材制造的地雷，被当场炸死数人。日、伪军进村后，见四处空无一人，便东冲西撞，盲目射击。一群伪军刚进至东街，一个伪团长就被小庙工事里的民兵击毙，有

1个伪军去拖拽尸体，又被击毙。当大批日、伪军进入村北布雷区时，守候在暗室里的5名民兵立即拉响11颗地雷，炸死日、伪军多人；接着，民兵用步枪击毙10余人。日、伪军乱作一团，分头溃逃。数十分钟后，20余名伪军前来收尸，民兵再次拉响地雷，又炸死5人。经13小时激战，冉庄民兵仅以轻伤1人的代价毙伤日、伪军33人，打退了日、伪军的进攻。

从1942年至抗日战争胜利，冉庄民兵共进行地道战11次，毙伤日、伪军96人，并缴获许多武器、弹药和其他军用物资。事实上，不仅在冉庄，在冀中，在华北平原其他地区的抗日军民利用地道战也取得了辉煌的战果。1944年，时任冀中军区司令员的杨成武亲自带周自为、阎佐三等人，先后到任丘、蠡县、大城、饶阳、安平等地对地道斗争进行了考察。1945年1月，他写出《冀中平原上的地道斗争》一文，充分肯定了地道斗争和地道战，并对进一步改进地道的保密、通风、照明、防火、防水、防毒、防病和转移出击等问题，提出了许多很好的建议。

晋察冀军区司令员兼政治委员聂荣臻，副司令员萧克，副政治委员程子华、刘澜涛等，分别为这本小册子题词，热情称赞“冀中平原地道斗争的胜利，是人民的胜利”；地道斗争“化无险可守的平原，为不可攻克的要塞”；这是“冀中人民的精心杰作”，是冀中军民“抗日正气伟大壮举”。后经中共冀中区委研究决定，将其作为绝密文件油印下发冀中各地，用以指导地道战。

冀中平原的地道斗争和地道战，是冀中军民在抗日战争中以伟大的英雄气概、坚定的革命斗志和无穷的智慧，克服了难以想象的困难，创造出来的人民战争的奇迹。

在全国抗战期间，冀中军民到底挖了多少地道，没有详细统计。仅据1944年下半年以后的统计，所挖地道就达1万多千米。冀中军民在中国共产党的领导下，以大无畏的革命精神，凭借长年累月一镐一锹修筑起来的地道和机动灵活的战略战术，战胜了日、伪军的多次残酷“清剿”“剔抉”和疯狂“扫荡”，为夺取抗日战争的胜利发挥了重要作用，地道作为一个历史的奇观载入史册。

狼牙山五勇士跳崖处

狼牙山五勇士跳崖处位于河北省保定市易县西部的狼牙山小莲花峰顶，距离县城45千米。1941年9月25日，马宝玉、葛振林、宋学义、胡德林、胡福才为了掩护主力部队安全撤离，与步步逼近的日伪军展开了激烈战斗，最终在弹尽粮绝的情况下，毁掉手里的枪支，义无反顾地跳下了数十丈深的悬崖。

1942年9月，当地民主政府在五勇士跳崖处修建了高3层呈白色的狼牙山三烈士塔；1943年9月，日军在“扫荡”中用山炮将纪念塔击毁；1959年，在原址重建了高5层呈白色的纪念塔，由聂荣臻题写塔名“狼牙山五勇士纪念塔”，并题词“宁死不屈乃燕赵英雄光荣传统，视死如归本革命军人应有精神”，后纪念塔损毁；1986年3月再次修建纪念塔。

纪念塔区建筑面积400平方米，主要建有纪念塔、碑廊、凉亭、牌楼等纪念设施。新塔占地面积69平方米，呈乳白色，钢筋混凝土结构。塔身5层，高21米，中空正五棱柱体，上有琉璃瓦

1942年的狼牙山三烈士塔

塔亭罩顶，塔内设有5级钢梯通塔顶，站在塔顶可览狼牙山全貌。塔身正面（南面）嵌有聂荣臻题写的“狼牙山五勇士纪念塔”9个金黄色大字。塔身底座为红色，呈红旗漫卷形状，正面镶嵌五勇士浮雕像。与塔底层相连，向东有一碑廊，碑廊东端有一碑亭，亭内有一个六棱大理石碑，碑上刻有聂荣臻、杨成武、彭真等12位领导人的题词。纪念塔周围还有水泥浇筑的牌坊、栏板和围墙。杨成武等，1942年为3位跳崖牺牲的烈士题写的纪念碑文镶嵌在南面围墙中间。

狼牙山五勇士陈列馆位于狼牙山脚下，建成于2002年，建筑面积300平方米，分为两个展厅6个展室，主要展示狼牙山五勇士的英雄事迹，陈列当年根据地抗击日军的部分武器装备、根据地军民支前用具及革命先辈留下的珍贵照片和手迹。

纪念广场位于陈列馆右侧，建于2011年，用浅粉色花岗岩铺砌，占地面积960平方米，象征五勇士精神在祖国960万平方千米的土地上发扬光大。狼牙山五勇士铜像位于广场中心，基座高1.941米，铜像高5.925米，寓意五勇士的英雄壮举发生在1941年9月25日。背景为高14.3米、长

狼牙山五勇士跳崖处和纪念塔

狼牙山五勇士陈列馆

《狼牙山五勇士》铜像

25.6米巨幅鲜红的中国共产党党旗。

狼牙山五勇士跳崖处是国家级烈士纪念设施、河北省爱国主义教育基地。

经党中央、国务院批准，国务院于2014年8月24日公布，狼牙山五勇士跳崖处被列入《第一批国家级抗战纪念设施、遗址名录》。

知识链接 狼牙山五勇士

狼牙山五勇士，又称狼牙山五壮士，是八路军晋察冀军区第一军分区第一团七连六班班长、共产党员马宝玉，副班长、共产党员葛振林，战士宋学义、胡德林、胡福才。

1941年8月，日军华北方面军调集7万余兵力，对晋察冀抗日根据地进行“铁壁合围”大“扫荡”。9月24日，驻满城、塘湖、易县之敌3500余人突然包围了河北易县西南部的狼牙山地区，并不断实施炮击，组织进攻。这里驻有八路军晋察冀军区所属第一军分区机关、直属部队和涞源、易县、徐水、满城4县党政机关及群众数万人，形势十分严峻。

为解救机关、部队和当地百姓，第一军分区司令员杨成武制定了“围魏救赵”的作战方案，命令第一军分区第三、第二十团佯攻管头、松山、甘河一带日军，迫使日军从狼牙山东北方向调兵增援，以便被围部队与群众从狼牙山东北方向突围。第一军分区第一团七连奉命掩护军区机关、主力部队和群众转移。该连依托山地有利地形巧布地雷阵，运用麻雀战、阻击战迷惑日军。主力部队及当地群众安全转移到了田岗、牛岗、松岗一带。日军以为八路军主力部队被他们包围，在飞机、大炮的掩护下，命令部队疯狂地向狼牙山方向进攻。

七连任务完成后，为甩掉尾追的日军，命令六班留下坚守阵地，拖住进攻的日军，为主力部队及地方干部群众转移争取更多时间。班长马宝玉、副班长葛振林带领胡德林、胡福才、宋学义3名战士，顽强抗击日军进攻，接连打退敌人多次冲锋，消灭90多名日军，胜利完成预定任务。

为不暴露主力部队和干部群众的转移行动，他们边打边撤，把日军引上三面悬崖的棋盘坨顶峰，利用险要地形与日军进行最后的拼搏。在弹药耗尽、无路可退的情况下，5位勇士宁死不屈，砸毁枪支，毅然纵身跳下数十丈深的悬崖。马宝玉、胡德林、胡福才壮烈牺牲。葛振林、宋学义被山腰树枝挂住，身负重伤，被当地群众救起，伤愈后回到连队继续战斗。

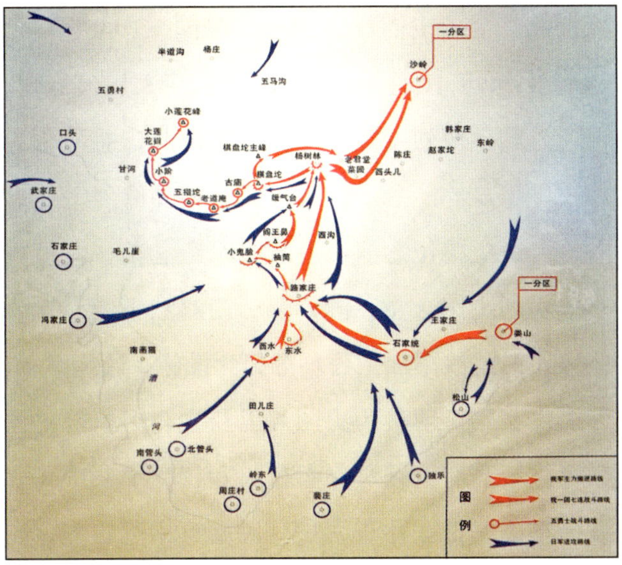

狼牙山战斗经过示意图

5名勇士的英雄壮举迅速传遍晋察冀抗日根据地，被誉为“狼牙山五勇士”。1941年10月18日，晋察冀军区发布训令，通报表彰五勇士的功绩。1942年5月，晋察冀军区举行“狼牙山五勇士”命名暨反“扫荡”胜利祝捷大会，授予3名烈士“模范荣誉战士”称号，并追认胡德林、胡福才为中国共产党党员；通令嘉奖葛振林、宋学义，并授予“勇敢顽强”奖章。

新中国成立后，狼牙山五勇士的英勇事迹被收录进小学课本，电影工作者将这次战斗拍成电影《狼牙山五壮士》，使这一英雄群体的事迹，连同他们表现出的“英勇顽强、坚贞不屈、敢于牺牲”的革命精神，至今在神州大地广为传颂。

马宝玉，乳名润堡子，1920年农历十月出生于河北省蔚县陈家洼乡下元皂村一户农民家庭。1937年10月参军，被编入晋察冀军区第一军分区第一团第二营七连六班。1939年底，加入中国共产党，任六班班长。狼牙山战斗中打退日军多次进攻，完成掩护部队、群众撤退任务后，率全班英勇跳崖，壮烈牺牲，时年21岁，安葬在河北易县北娄山烈士陵园。

胡福才，又名胡小秃，1913年出生于河北省容城县平王乡郭村。1938年晋察冀军区第一军分区第一团攻打容城县城时，他积极参加支前队伍，被批准参加八路军，分配到七连六班。在狼牙山战斗中英勇跳崖，壮烈牺牲，时年28岁，安葬在河北易县北娄山烈士陵园。

胡德林，又名安小尚，1917年出生于河北省容城县平王乡郭村，与胡福才为叔侄关系。1938年晋察冀军区第一军分区第一团攻打容城县城时，和胡福才一起参加支前队伍、参加八路军，分到七连六班。在狼牙山战斗中同日军进行殊死战斗，英勇跳崖，壮烈牺牲，时年24岁，安葬在河北易县北娄山烈士陵园。

杨成武（右五）与狼牙山五勇士的幸存者葛振林（右三）、宋学义（右七）合影

葛振林，1917年8月出生于河北省曲阳县党城乡喜峪村。1939年参加八路军，1940年加入中国共产党，任晋察冀军区第一军分区第一团七连

六班副班长。在狼牙山战斗中英勇跳崖，被树枝挂住，幸免于难。伤愈归队后被保送到抗大二分校学习深造，毕业后回部队历任排长、参谋、连长等职，参加了解放战争、抗美援朝战争。抗美援朝战争结束后，在中南地区参加荆江分洪工程建设，担任湖南省公安大队副大队长、省军区警卫营长、衡阳县武装部副部长、衡阳军分区后勤部副部长等职。1955年被授予少校军衔，1982年离休，享受正师级待遇。2005年3月病逝于湖南衡阳，享年88岁。

宋学义，1918年出生于河南省沁阳县（今沁阳市）北孔村。1939年参加八路军。狼牙山战斗中英勇跳崖，被树枝挂住，幸免于难。伤愈归队后被保送到抗大二分校学习深造。回到部队后担任副连长，因腰部受过重伤，转入易县担任县大队长。1944年被安置到易县北管头村担任农会主席。1947年6月回到河南省沁阳老家。他的英雄事迹直到1952年才在沁阳正式公开。1953年河南省为他召开了庆功挂牌大会。之后，他一直担任北孔村党支部书记，带领全村群众改变了家乡的落后面貌。1971年7月26日因积劳成疾病逝，终年53岁。1979年中共河南省委、河南省政府追认宋学义为革命烈士，安葬于沁阳烈士陵园。

狼牙山五勇士幸存者葛振林（右）、宋学义（左）

晋冀鲁豫烈士陵园

晋冀鲁豫烈士陵园位于河北省邯郸市邯山区陵园路60号，是为了纪念抗战中在晋冀鲁豫地区牺牲的革命烈士而修建的烈士陵园。1946年3月奠基，1950年10月落成。2010年进行大规模修缮。

晋冀鲁豫烈士陵园分南、北两园，总面积为21.3万平方米，主要建筑包括晋冀鲁豫烈士纪念塔、人民英雄纪念墓、左权将军纪念馆、左权将军墓、烈士纪念堂、陈列馆、四八烈士阁、晋冀鲁豫人民解放军烈士公墓等纪念设施。陵园藏2.1万余件文物、珍贵历史图片以及党和国家领导人题词。安葬有八路军副参谋长左权，中共中央北方局军委书记张兆丰，抗日民族英雄范筑先，一等杀敌英雄赵亨德、王克勤等200多名为国捐躯的优秀指挥员和著名战斗英雄。

北园以园林式建筑的纪念设施为主，大门上方镌刻朱德题写的“晋冀鲁豫烈士陵园”，两侧镌刻毛泽东题写的“为有牺牲多壮志；敢教日月换新天”。背额是朱德题写的“浩气长存”。

进入园内，映入眼帘的是一座高24米的烈士纪念塔。圆形台基直径23米，塔身整体呈方锥体

晋冀鲁豫烈士陵园大门

造型。台基青石祭坛上的白色大理石浮雕刻有火焰纹、云纹与五星。底座正面刻有云纹、五星，背面有火炬与橄榄枝。塔身上部下面刻有五星，背面是金色的党徽。塔顶立有直指天空的红五星。这些刻于塔上的图案和立于塔顶的红五星，共同寓意革命先烈经受血与火的洗礼，记载先烈的高尚品质，象征中国人民艰苦的革命斗争历程和中国革命的伟大胜利。塔的正面镌刻毛泽东题词“英勇牺牲的烈士们千古无上光荣”，东、北、西三面分别有周恩来、刘少奇、朱德的题词。塔两侧的石碑上刻有彭德怀、陈毅、林伯渠、董必武、任弼时、杨立三的题词。

烈士纪念塔

烈士纪念塔的正北是人民英雄纪念墓，坐落于2500平方米的平台上，直径13米，高11米，呈半球体，为纪念晋冀鲁豫边区牺牲的所有革命烈士而建。墓区陈列了317位团职以上烈士的英名录。八路军群塑和民兵群塑分立纪念墓前面的东、西两侧，让人看后不由得充满敬意。

人民英雄纪念墓东侧是左权将军墓。由碑亭和墓体组成。墓前的牌坊横额有谢觉哉题写的

人民英雄纪念墓

“人民共仰”，两侧是“大节忠贞彪史册；正气磅礴壮山河”，牌坊下的汉白玉墓碑上刻有周恩来题写的“左权将军墓”。墓旁有朱德题写的挽词和彭德怀题写的墓志。左权将军墓两侧安葬的也是革命先烈，如杨裕民、何云、高捷成、赖勤夫妇、张衡宇和陈光华等。墓旁都立有记录他们生平的墓碑。

晋冀鲁豫烈士陵园左权将军墓

左权将军纪念馆位于墓对面，原为湖心亭，1957年改为纪念馆，1975年再次改建，由徐特立题写馆名，馆内展陈内容为“左权将军事迹陈列”，陈列有左权的遗像和遗物。

左权将军纪念馆

烈士纪念堂位于北园东北部，占地面积960平方米，南北中轴线东侧，始建于1952年，1954年落成，堂匾为周恩来所题，门柱上刻有董必武的联语：“爆革命火花生有光芒昭日月；作献身金鉴死留正气壮河山。”堂内展陈内容为“英雄赞歌——晋冀鲁豫革命烈士事迹陈列”，展出革命战争时期和新中国成立后牺牲的243名烈士的生平事迹及遗像、遗物。

烈士纪念堂

陈列馆位于北园西北部，南北中轴线西侧，为具有民族传统风格的古典庭院建筑，1946年在原侵华日军东亚神社遗址上修建，由刘伯承题写馆名。馆内展陈内容为“走向胜利——晋冀鲁豫革命史迹陈列”，突出展示抗日战争和解放战争时期晋冀鲁豫边区艰苦创建、发展壮大并走向胜利的光辉历程。

四八烈士阁位于北园西北部，是为了纪念1946年4月8日在山西兴县黑茶山因飞机失事而遇难的王若飞、秦邦宪、叶挺等13人而修建的一座双层六角塔式楼阁，阁上竖匾和横匾为林伯渠所题，阁内有烈士雕像、简历和毛泽东题写的祭文。

陈列馆

南园以陵墓为主，前面有纪念亭、纪念碑，后面墓区安葬有八路军前方总部、第一二九师及晋冀鲁豫军区团级以上的干部，也有著名的战斗英雄，他们为国牺牲，长久安眠在这里。这200多名烈士的遗像、遗物和生平，也都陈列在烈士纪念堂里，以供后人瞻仰。

晋冀鲁豫烈士陵园是全国重点文物保护单位、国家级烈士纪念设施、全国爱国主义教育示范基地、河北省爱国主义教育基地。

经党中央、国务院批准，国务院于2014年8月24日公布，晋冀鲁豫烈士陵园被列入《第一批国家级抗战纪念设施、遗址名录》。

烈士墓区局部

知识链接 晋冀鲁豫抗日根据地

全民族抗战爆发后，中共山西省委派出一批共产党员分赴晋东南各县进行恢复组织的工作，组织人民抗日武装自卫队，掌握了部分县政权。

1937年10月中旬，八路军第一二九师师长刘伯承率部刚刚挺进太行山区时，即与当地中共组织取得联系，派教导团一部和部分干部，协同中共地方组织在太谷、榆次、寿阳等县发动群众，开展抗日游击战争。11月13日，即太原失守后第五天，第一二九师在山西和顺县石拐镇召开干部会议，传达中共中央关于创建以太行、太岳山脉为依托的晋冀豫边抗日根据地的指示，具体布置发动和组织群众、开展抗日游击战争的任务。会后，抽调大批干部，配备部分武装，组成若干游击支队、教导团和工作团，分赴晋东南及平汉铁路以西的晋冀、冀豫边界地区，在中共地方组织及山西牺盟会、决死队的密切配合下，通过宣传中国共产党的抗日政策，开展改造旧政权、减租减息、合理负担等工作，调动了人民群众的抗战热情，很快在晋东南和冀西地区建立了各种形式的抗日武装和抗日民主政权。12月起，又先后派出先遣支队、东进纵队进入冀南平原，协同中共冀南特委领导的抗日武装，开展抗日游击战争，创建冀南抗日根据地。1938年2月，第一二九师师部在辽县（今左权县）召开团以上干部会，对进一步实行战略展开、创建根据地、开展游击战争等工作做了部署。会后，派补充团、骑兵团分别进抵太行山南部、冀南，开展创建根据地工作。

1938年，八路军一二九师副师长徐向前在干部会上做报告

4月初，日军调集3万余人兵分9路向晋东南抗日根据地大举围攻。八路军采取灵活战术，同日、伪军周旋，至4月下旬粉碎日军的“九路围攻”，收复辽县、襄垣县、沁县等18座县城，奠定了晋冀豫边抗日根据地的基础，并扩大部队，成立晋冀豫军区（后改称晋冀豫边游击司令部和晋冀豫边纵队），第一二九师参谋长倪志亮兼任军区司令员，黄镇任政治委员。5月初，第一二九

师副师长徐向前率该师第七六九团、第一一五师第六八九团和第五支队挺进冀南，开展平原游击战争；第一二九师第三八六旅挺进豫北地区。至8月，北起正太铁路、南至道清铁路、东起平汉铁路、西至同蒲铁路的晋冀豫边抗日根据地形成。18日，根据中共中央北方局指示，晋冀豫省委改为晋冀豫区委，李雪峰任书记。与此同时，冀南区党委和行政公署成立，李菁玉任区党委书记，杨秀峰任行署主任，宋任穷任副主任。以南宫县为中心的北起沧石铁路、南跨漳河和卫河、东至津浦铁路、西至平汉铁路的冀南抗日根据地基本形成。

1939年至1940年，晋冀豫抗日根据地军民粉碎了日、伪军多次“扫荡”，打退了国民党顽军的进攻，抗日根据地得到进一步巩固与发展。1939年4月，成立冀南军区，宋任穷任司令员兼政治委员。根据中共中央北方局黎城会议的决定，1940年6月，第一二九师部队进行整编，撤销晋冀豫边纵队，成立太行、太岳两个军区。其中，太行军区由第一二九师师长刘伯承、政治委员邓小平分别兼任军区司令员和政治委员；太岳军区由第三八六旅旅长陈赓兼军区司令员，王新亭任政治委员。晋冀豫边抗日根据地分成太行、太岳两块。8月，成立由杨秀峰任主任的冀南、太行、太岳行政联合办事处（简称冀太联办），使三个区的抗日民主政权建设进一步得到加强。

粉碎日寇“九路围攻”战斗中，八路军一二九师战士攻入榆社敌军司令部

在冀鲁豫边地区，中共各地方组织也积极发动群众组织武装，开展抗日游击战争。1938年上半年，初创了鲁西北、泰（山）西、(微山）湖西和直南（今河南北部濮阳、清丰、南乐、长垣等地）等抗日根据地。12月，第一一五师第三四三旅第六八五团进抵鲁西南地区。1939年2月，第三四四旅旅直一部进入直南地区。3月，第一一五师师部率第三四三旅旅部及第六八六团进入鲁西、泰西地区，先后取得樊坝、陆房、梁山等战斗的胜利，冀鲁豫边抗日根据地遂初步形成。1940年4月，八路军第二纵队率第三四四旅、河北抗日民军第一旅及第一二九师独立游击支队等部由太行山区挺进冀鲁豫边区，成立冀鲁豫军区和行政公署。同时，成立鲁西军区和行政公署。1941年7月，为统一冀鲁豫边区和鲁西地区的军事指挥并加强抗日根据地建设，鲁西军区合并于冀鲁豫军区，崔田民任司令员，苏振华兼任政治委员。两区党委和行政公署也随之合并，张霖芝任党委书记，晁哲甫任行署主任。

随着对敌斗争日趋深入，环境愈加艰难，为了团结抗日，渡过难关，根据中共中央北方局的提议，1941年7月，晋冀鲁豫边区临时参议会召

东阳关伏击战中的八路军第一二九师阵地

开，正式选举组成包括太行、太岳、冀南和冀鲁豫边四块抗日根据地的晋冀鲁豫边区政府，杨秀峰任主席，薄一波、戎子和任副主席。从此，晋冀鲁豫区有了统一的抗日民主政权。

1941年至1942年，日、伪军对太行、太岳、冀南、冀鲁豫边抗日根据地连续进行大规模“扫荡”“蚕食”和“治安强化运动”，抗日根据地遭到严重破坏，面积缩小，人口减少。为克服严重困难，坚持敌后抗战，根据中共中央的决定，1942年9月，中共中央太行分局成立，邓小平任书记，李大章任副书记，统一领导太行、太岳、冀南、晋豫4个区党委。10月，晋豫区党委并入太岳区党委。此后，3个区党委在太行分局一元化领导下，实行精兵简政，主力军地方化，开展整风、生产运动，贯彻“敌进我进”和全面对敌斗争的方针政策，逐步度过严重困难时期。

1943年，华北各抗日根据地的形势开始好转，向恢复和再发展阶段过渡。太行、太岳、冀南和冀鲁豫边抗日根据地军民继续贯彻“敌进我进”的方针，广泛开展敌占区的游击战争，粉碎日、伪军的“扫荡”“蚕食”，恢复和扩大抗日根据地；同时，深入开展整风和生产运动，进一步实行精兵简政。为适应斗争形势的需要，根据中共中央决定，10月，太行分局与北方局、第一二九师与八路军总部分别合并，撤销太行分局，保留第一二九师番号，第一二九师与太行军区分开。太行、太岳、冀南区党委直属北方局。从此，北方局直接领导晋冀鲁豫区的太行、太岳、冀南、冀鲁豫4个区党委的工作；八路军总部直接领导第一二九师的部队和太行、太岳、冀南、冀鲁豫4个军区。11月，为加强对中共冀南和冀鲁豫边两区的统一领导，北方局根据中共中央政治局的指示，成立冀鲁豫分局（又称平原分局），黄敬任书记。

1944年，太行、太岳、冀南和冀鲁豫边抗日根据地军民对日、伪军开展攻势作战，进一步扩大了抗日根据地。5月，冀鲁豫分局所属冀南、冀鲁豫边区党委撤销，各地委直属平原分局。冀南军区与冀鲁豫军区合并，组成新的冀鲁豫军区，宋任穷任司令员，黄敬兼政治委员。冀南行署与冀鲁豫边行署合署办公。1945年上半年，根据地军民对日、伪军开展春、夏季攻势作战。5月，两行署合并为冀鲁豫行署。8月，开展全面反攻。8月20日，根据中共中央的决定，撤销北方局和平原分局，成立晋冀鲁豫中央局，邓小平任书记，薄一波任副书记，同时成立晋冀鲁豫军区，刘伯承任司令员，邓小平任政治委员。晋冀鲁豫边区的区划，包括太行、太岳、冀南和冀鲁豫边4块抗日根据地。此后，抗日根据地面积进一步扩大，北起正太、德石铁路，南至黄河，西临同蒲铁路，东抵津浦铁路的太行、太岳、冀南和冀鲁豫边4块抗日根据地基本连成一片。

在八年全民族抗战中，晋冀鲁豫抗日根据

地军民英勇作战，共歼灭日、伪军42万余人；部队从出师时的近万人发展到近30万人，民兵近40万人；根据地不断扩大，拥有县城80余座，面积18万余平方千米，人口约2400万，成为抗日战争时期中国共产党领导的华北地区四大根据地之一。

梅花惨案纪念馆

梅花惨案纪念馆位于河北省石家庄市藁城区正南20千米处的梅花镇梅花村，是为了纪念“九九梅花镇惨案”中死难者同胞而建立的纪念馆。始建于1958年，1996年8月因特大洪水而损毁。1998年2月重建，并先后修建了殉国烈士亭、纪念碑，其中辘轳把水坑、碱水坑、血井、三十六口坟4处较大的惨案遗址很好地保存了下来。

梅花惨案纪念馆占地面积近1.9万平方米，总建筑面积736平方米，主要由3部分组成，包括北院、南院和村西的辘轳把水坑。另有数处遗址。

北院的正中便是梅花惨案纪念馆，坐北朝南，

梅花村惨案遗址

建筑面积为576平方米，是一正方形的建筑。馆中间是寓意为“神州陆沉”的半球体。正门上方是时任全国政协副主席吕正操同志题写的馆名“梅花惨案纪念馆”。门上有两个相对而立的“九”字，寓意农历九月初九，是惨案的发生时间。

梅花惨案纪念馆

展厅中央是一个高2.35米，怀抱被日军杀害的孩子，带着满腔仇恨控诉日本侵略者滔天罪行的铜雕妇女，身后为宽7.02米、高2.65米的两组巨石浮雕：一组为被残害的妇女儿童；一组为与日寇搏斗并遭杀害的青壮年。浮雕背面为惨案中遇难同胞名单，下方棺材中装殓死难同胞的累累白骨，是日军侵华暴行的铁证。

四面是环形展览，一共分4部分，分别是“沃野明珠”“铁狮怒吼”“九九血证”“历史昭示”。其中“沃野明珠”采用的是沙盘的形式，将梅花古镇没有发生惨案时的繁荣景象再现出来；“铁狮怒吼”展示的是详细的历史资料，再现了梅花惨案的历史背景，吕正操率领的部队抵

抗南侵的日军，消灭800多名敌人；“九九血证”是对日军制造“九九”梅花惨案罪行的揭露；“历史昭示”展示的是在我党的领导下，广大人民群众打败日本侵略者，最终建立人民政权并过上了美好的生活，警示我们“落后就要挨打”，让我们时时刻刻牢记历史，勿忘国耻，奋发向上。展厅内的电子屏幕播放与惨案相关的资料，包括物证和人证等。

烈士纪念亭坐落在方形台基上，亭前竖立石碑两通，西为《“九九”惨案记略》碑，碑额刻有“血海深仇”四个大字，碑阳刻“梅花惨案纪念碑”，由吕正操于1987年9月题写，碑阴是对梅花惨案的记述。东为殉国烈士亭，亭中立烈士英名碑一通，以纪念“九九”惨案中遇难同胞和在抗日战争中附近村镇光荣牺牲的革命烈士。

镇西头辘轳把水坑是最大的杀人场遗址。1937年10月12日（农历九月初九）中午，日军将被绑着的百姓从大街上和真武庙前往水坑边驱赶，用刺刀和棍棒相威逼，强迫他们往水坑里跳。水很深，许多人跳下去就淹死了。百姓喊叫着，挣脱绳索向外冲。日军的机枪响了，群众成片地倒下，尸体填满了大水坑。血水溢出坑外，顺着道沟流了半道街。597名无辜群众被杀死在这里。

梅花惨案纪念馆中央铜雕

镇东门外有一口大眼井，日军将45名青壮年绑到井旁全部砍死，头挂到树上，尸体扔进井里。后来，梅花镇人称这口井为“血井”。像这样的“血井”，梅花镇共有13眼。

“血井”遗址

樊金保等63名群众被绑到东门外碱水坑旁，先挖掉眼睛，再砍掉四肢，然后割下头颅，将残尸抛入碱水坑内。

地主尚五子家的长工院宽大而空旷，日军把100多名群众全部枪杀或刺死，尸体扔到院内的两个大菜窖和一个大粪坑里。

农民张里、刘来福等62人，拿起棍棒冲开日军封锁线逃跑，不幸落入敌手。日军把他们捆绑起来，打得腰折腿断，然后拖到镇东门外的打坯坑里，全部活埋。

南门外日军将200多名妇女、老人和儿童全部残杀，尸体扔进寨沟里。惨案过后，赵二满等

5个老乡亲在沟里连续打捞了3天尸体，最后将不可辨认的36具尸体一起葬在镇南门外三角坑中，用黄土封顶，被人称作“三十六口坟”。

三十六口坟

10月12日至15日，5000多名日军在梅花镇四天三夜里残杀无辜群众1547人，46户被杀绝，100多名妇女被侮辱糟蹋，600多间房屋被烧毁，粮食财物被抢劫一空。繁华富庶的梅花镇变成了满目凄凉、断墙颓壁的废墟，日军在这里犯下了滔天罪行。

梅花惨案纪念馆是河北省爱国主义教育基地。

经党中央、国务院批准，国务院于2015年8月13日公布，梅花惨案纪念馆被列入《第二批国家级抗战纪念设施、遗址名录》。

知识链接　梅花惨案

梅花惨案发生在今河北省石家庄市藁城区南部的梅花镇。1937年10月12日至15日，日本侵略者制造了骇人听闻的梅花惨案。因这一天是农历九月初九，所以也被称作“九九惨案”。

梅花惨案发生在卢沟桥事变以后，日本侵略军入侵冀中平原后到处作恶，冀中人民生活在水深火热当中。全国人民抗日热潮高涨，爱国将领吕正操带领的东北军第六九一团进驻梅花镇，决定对日军进行战斗。他们与日军展开殊死战斗，重创日军，日军很快就展开了疯狂的报复。10月12日清晨，日军纠集5000多人，将梅花镇包围了起来，他们到处烧杀抢掠，村民被屠杀，连孩子也不能幸免。这样的暴行持续了四天三夜，整个梅花镇宛若人间炼狱。

梅花惨案给梅花镇人民带来了沉重灾难，无数家庭的男人、女人、孩子惨死，他们有的被刺死，有的被子弹打中，有的被剖开了肚子，有的被剁掉双脚，有的被镢铲、砖头砸死在井内，整个梅花镇到处是村民尸体。除此之外，日军还将村民集中在一些地方屠杀，如镢辖把

碱水坑遗址

水坑，地主杨老风家的粉房大院、染坊大院，东门外的臭碱水坑旁……到处都是各种死状的村民，日军犯下的罪行罄竹难书，现场惨不忍睹，甚至连不满10岁的女娃也难逃毒手，被活活劈成了两半。

梅花惨案纪念碑碑阴对梅花惨案有较为详细的记述：“公元一九三七年七月七日卢沟桥事变，日本侵略军沿平汉铁路线南下，我中华民族陷于水深火热之中。于十月十日傍晚进驻梅花镇的原东北军五十三军六九一团爱国官兵，在团长吕正操率领下奋起阻击日军，从十日晚激战至十一日下午，一举歼灭敌军八百余名，打破了日军不可战胜的神话。十一日傍晚，吕部突围转移，并动员群众撤出。翌日拂晓日军纠集五千余人闯入梅花镇进行报复，疯狂屠杀我无辜同胞，制造了惨绝人寰的梅花惨案。时为农历丁丑年九月九日，故称‘九九惨案’。日军在梅花的大屠杀持续四天三夜，枪杀、刀砍、肢解、挖眼，怀孕妇女被开膛，婴儿被刺死挂在树上。尸陈满街，血淌成河，惨不忍睹。日军杀人地点有十八处之多，现尚存四处：辘轳把水坑，有五百九十七人丧生；三十六口坟，二百多名妇女、儿童惨死于此；碱水坑，六十三人遇难；血井，四十五名同胞饮恨黄泉。日本侵略军在梅花镇共杀死我同胞一千五百四十七人，杀绝四十六户，烧毁房屋六百多间。这骇人听闻的惨案给梅花镇造成了深重的灾难，却也激发了广大人民奋起杀敌的怒潮。前事不忘，后事之师。团结奋斗，致力四化，富国强兵，维护和平。在我同胞遇难五十周年之际，为了激励人民，教育后世子孙，立碑为志。藁城县梅花镇一九八七年农历九月九日立。”

梅花惨案纪念馆部分死难者名录墙

梅花惨案让所有中国人气愤难当，藁城人民的反抗意识开始觉醒。一个月以后，该县的抗日武装一举攻克县城。之后，藁城县的抗日行动越发高涨，并取得了辉煌的战果。梅花镇与全县人民也将一些物资不断运送给山区的抗日根据地，支援抗日部队。藁城县被授予“抗日模范县”称号。

冀东烈士陵园

冀东烈士陵园位于河北省唐山市路南区陵园路2号，是为纪念抗日战争时期长眠在冀东这片土地上的革命先烈而建设的烈士陵园。始建于1955年，1958年落成并向社会开放。1976年唐山大地震中所有建筑被夷为平地，1986年复建。

冀东烈士陵园占地面积7.5万平方米，主要建筑中轴对称布局，包括大门、烈士纪念塔、烈士纪念馆和烈士墓区等。

陵园大门位于陵园的最南端，是一座仿古牌楼式建筑，高大雄伟。主体汉白玉制，牌楼正中是墨色花岗岩匾额，上面刻着聂荣臻元帅亲题的园名“冀东烈士陵园”。

冀东烈士陵园大门

踏上主甬路一直往北走，便是烈士纪念塔。纪念塔通体汉白玉，坐落在三层有护栏的台阶上。塔高34.5米，塔顶三重飞檐，顶端是一颗钢化的玻璃红星，高大壮观，是革命烈士崇高献身精神的象征。塔身四面题词，正面为朱德题写的“为人类解放事业而牺牲的烈士们永垂不朽”；背面为彭德怀题写的“烈士之血，革命之花”；两侧分别为林伯渠题写的“气壮河山，功昭日月”和萧克题写的“烈士们的革命精神永垂不朽”。

纪念塔北面东、西两侧的绿地上，分别立着20位冀东知名的革命烈士铜像，包括：安体诚、于方舟、王平陆、邵洪生、杨十三、曾辉、丁振军、赵观民、节振国、包森、王仲华、邓培、杨春霖、江浩、洪麟阁、苏林燕、才山、周文彬、刘诚光、陈群。

冀东烈士纪念馆建筑面积2149平方米，位于陵园中部，由3部分组成，包括纪念堂、陈列馆和影视厅。纪念馆共有展厅8个，属于河北省同级别纪念馆当中规模最大的，萧克将军为其题写了馆名。序厅陈列238名烈士的英名录、照片和简历介绍。展厅展线长305米，展陈主题“冀东革命烈士斗争业绩展”，展出有革命文物、文献、

烈士纪念塔

照片、图表、景观和美术作品等1970余件，重点展示38位烈士的事迹，其中有早期工人运动著名领袖邓培，早期革命家于方舟，华北抗日联军第一支队司令王平陆，八路军著名抗日将领包森、陈群，抗日民族英雄节振国和民族女英雄王册等著名烈士。

冀东烈士纪念馆

纪念馆里珍藏着一架“司令员的望远镜”，这是包森曾经使用过的，属于国家一级文物。该望远镜是冀东抗日武装在1939年从日军那里缴获的战利品。后来这架望远镜由冀东军分区司令李运昌使用。军区副司令员包森于1940年初开辟盘山抗日根据地，望远镜便被李运昌转赠给包森。包森牺牲后，成为烈士遗物，再次回到了李运昌手里。直到1992年，李运昌将珍藏了几十年的望远镜捐赠出去，成为冀东烈士纪念馆的珍贵馆藏。

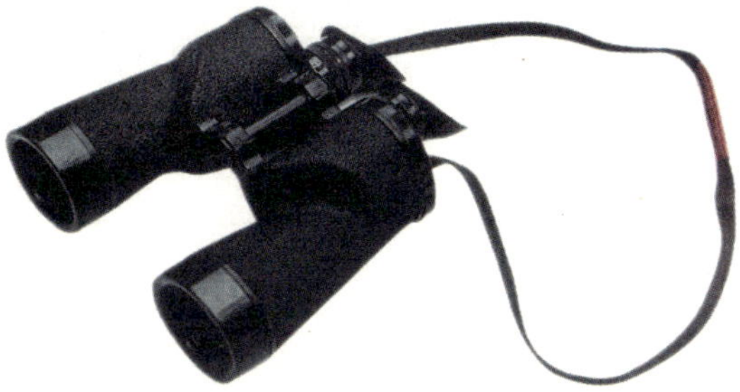

李运昌、包森曾经使用过的望远镜

除此之外，纪念馆内还陈列有其他一些具有较高历史价值的革命文物和文献资料。其中有一张周恩来、安体诚等在日本京都的合影，大部分是新中学会成员，照片图像清晰，保存完好，还有安体诚的亲笔题款，见证了中国早期青年爱国知识分子在五四运动前的革命活动。这张照片是周恩来等在日本的早期照片，还是迄今为止第一次发现，在中国共产党党史中是十分珍贵的存在。

烈士纪念馆的北部是一座装饰性汉白玉拱桥，过桥就是总面积为4749平方米的烈士墓区，墓区里一共有166座烈士墓，都是由花岗岩砌就的长方体，规格统一，安葬了177名烈士，其中在抗日战争时期牺牲的烈士有150名。

烈士墓区

冀东烈士陵园是国家级烈士纪念设施。

经党中央、国务院批准，国务院于2015年8月13日公布，冀东烈士陵园被列入《第二批国家级抗战纪念设施、遗址名录》。

知识链接　冀东抗日根据地的创建

冀东抗日根据地是1937年七七事变之后，在中共中央的决策与中共中央北方局的部署下，中共冀热边特委创建的抗日根据地。之所以要在冀东创建抗日根据地，是因为该地区不只有山地和平原，还有党的群众基础以及党领导的广泛抗日群众战线。该地区主要是指山海关内之遵化、迁安、丰润、滦县（今滦州市）、玉田、蓟县（今天津市蓟州区）、平谷等，这里有稠密的人口、丰富的物产，人民群众文化水平比较高，政治觉悟也比较高，日、伪统治基础也不够深厚。

冀东抗日根据地包括腰带山根据地、鲁家峪根据地和盘山根据地。腰带山、鲁家峪和盘山的地理位置优越，距离公路北侧的浅山区不远，方便部队向四面出击，往北可以跨过长城，并向热（热河省，今分属河北、辽宁和内蒙古）南进发；

战斗在长城上的冀东八路军某部指挥所

往东可以经滦河抵达滦东；往南和西可以到冀东平原并进逼北宁铁路线，对平（北平，今北京）、津、唐三市的日伪军造成威胁。然而，因为这3块游击根据地相距日、伪军的重要据点、交通干线不远，所以只安顿了一些后方机关，如军械所、卫生所、报社等，作为部队临时休整的隐蔽点。而领导机关却是“马背上的司令部”“背包里的政府”，长期随军展开游击活动。这些根据地从建立开始起一直受到日、伪军的袭击和“扫荡”，所以面积和范围变化很大，这成为冀东抗日的一个显著特点。

腰带山，位于丰润北部，属燕山余脉主峰。这里海拔648米，东西7千米，山体面积24平方千米，有悬崖、陡峰、沟壑相互交错，是险要之地。周围有密集的村庄，属丰润、滦县和迁安三县交界，这里既是游击中心区，也是1938年冀东抗日暴动的中心。丰（润）滦（县）迁（安）联合县政府于1939年10月建立，是冀东首个抗日民主县政府。与此同时，中共丰滦迁联合县委员会成立。不过游击区依然在山区，且游击根据地也没有巩固下来。后来，周文彬、丁振军、刘诚光率领的部队进入此地，与这里活动的同志会合后，积极进行游击战争，地方党组织和政权建立起来，腰带山根据地逐渐巩固，然后不断向四方扩大游击区，并在一些村庄设立办事员和村武装班长，成立群众抗日组织，不断发展并开辟一些隐蔽游击区。

冀东八路军某部攻克迁安县杨店子据点

鲁家峪根据地位于丰润、玉田和遵化三县的交界处，面积15平方千米，人口1万余。鲁家峪是中心村，是个挺大的山村，有400余户人家。这里有“九沟十八峪”的说法，因山势复杂，适合隐蔽和防守，是进行游击战十分理想的地方。当时的鲁家峪，日、伪军，土匪，汉奸十分猖狂，到处活动。后来李运昌和徐志率部在此开辟根据地，打击日、伪军和土匪、汉奸，维护社会秩序，获得了群众的衷心拥护。他们广泛宣传抗日并发动群众，恢复党组织，建立群众团体，积极开展斗争。培养了一支200余人的抗日骨干力量，形成家家哨所、户户堡垒的全民抗日新局面。鲁家峪游击根据地在发展到一定规模以后，便向西和向北继续扩展游击区，连接了西部盘山和东部腰带山两块根据地。1940年1月至2月，遵化县抗日民主政府、丰（润）玉（田）遵（化）联合县办事处先后建立。3月，办事处改为抗日民主县政府并建立中共丰玉遵联合县委员会。同年12月，迁（安）遵（化）兴（隆）联合县政府建立。1941年，冀东军分区司令部、政治部、卫生部、后勤供给处、救国报社、电台以及修械所、炸药厂、被服厂等十几个单位相继迁到鲁家峪，逐渐发展为冀东人民抗日斗争的政治、军事中心。

在开辟腰带山和鲁家峪根据地的同时，冀东西部的盘山根据地也在开辟。1940年2月，包森和李子光率游击队和一批地方干部陆续抵达盘山，开始整顿这里的小股游击队，严格纪律，提高战斗力。而后对盘踞在此地的土匪进行清缴，以稳定社会秩序，积极发动群众抗日。同时进行游击战争，发展并扩大游击区。4月15日，蓟（县）平（谷）密（云）联合县政府和中共蓟平密联合县委员会建立。

以腰带山、鲁家峪和盘山为中心的根据地，在八路军冀东部队的努力下逐步扩大。到1940年6月初，已经开辟出多个小块游击区——遵化城北、遵化和蓟县边界、迁安境内滦河北、平谷鱼子山、兴隆县雾灵山等。至此，冀东初步形成东部和西部两大块游击区。东部以鲁家峪和腰带山作为中心，东起滦河，西至玉田县东约60千米；南从北宁铁路和滦县境起，北至兴隆县和承德县约100千米。西部以盘山作为中心，东起遵化马兰峪附近，西起白河东约80千米；南从蓟县和三河境起，北起兴隆约60千米。这两大游击区，共建立抗日县政府5个，抗日村政权1600个，人口近百万。共产党组织也迅速发展起来，全区党员达到了1300人。1940年7月4日，晋察冀边区行政委员会冀东办事处撤销，晋察冀边区行政委员会第十三行政督察专员公署（简称冀东专署）建立。至此，冀东抗日根据地基本形成。

1941年，八路军晋察冀军区冀东军分区部队转战滦河两岸

冀东八路军转战在丛山之中

潘家戴庄惨案纪念馆

潘家戴庄惨案纪念馆位于河北省唐山市滦南县程庄镇潘家戴庄村东南处，是为了纪念在潘家戴庄惨案中死难同胞建立的纪念馆。1952年在“千人坑”遗址上修建抗日战争潘家戴庄殉难同胞纪念塔，1967年增建纪念馆，1971年将纪念塔迁至

"千人坑"惨案遗址处，更名为"抗日战争潘家戴庄殉难烈士纪念碑"，1976年毁于唐山大地震，1991年7月7日进行重修。现在的潘家戴庄惨案纪念馆奠基于1997年11月，2000年4月竣工，同年12月9日正式开馆。

1952年7月17日落成的抗日战争潘家戴庄殉难同胞纪念塔

潘家戴庄惨案纪念馆占地面积7300平方米，坐西向东，建筑面积2256平方米，主展览面积1260平方米，总体布局层次分明、空间合理，纪念设施从南至北依次为记事碑、悼念广场、纪念碑、冤魂墙、下沉广场、陈列馆，从东至西有影视厅、埋人方坑和合葬墓等，它们相互依托，运用白墙和蘑菇石，给人沉重悲愤的感觉。这是一座具有惨案性、遗址性和纪念性特征的标志性建筑。

主馆是一栋长57米的二层楼房，建筑面积1661平方米。一层覆盖了惨案长坑，属于半地上半地下建筑。二层是展览室，展出惨案相关内容。房顶两边各有一座警钟楼，中间是象征着被烧毁后只剩残垣断壁的水泥框架，让我们牢记历史，勿忘国耻。内部展示包括4部分，即序厅、主厅、尾厅和音像放映厅。馆内现保存有8件一级文物、3件二级文物和14件三级文物。其中有一把战刀，是杀人魔王佐佐木二郎使用过的，很多中国群众就死在这把刀下。还有一块捶布石，是日军压死儿童时使用的。除此之外，还有尖兵报社使用的石印石，日军用刺刀挑死孕妇的大石槽，以及一扇有着清晰的弹痕和刀迹的小铁门。

潘家戴庄惨案纪念馆

参观者先进入序厅，序厅正面是一个巨幅电脑喷绘，宽14米，高3.4米，采用蒙太奇手法将真实文物资料组合展示出来。画面的背景是特别军事法庭现场，主体是当年惨案的幸存者周树恩的半身照片，他的背后是数不清的来自惨案幸存者、目击证人和遇难家属控告书，上面满满都是村民们鲜红的手指印，让人震惊。画面下方是纪录片《铁证》中的一个镜头，那是惨案发生后的惨象，一个幸存的老妇人正声声控诉。画面右下角是铃木启久受审时跪地谢罪的照片，正是这个人策划并制造了潘家戴庄惨案，他的罪行罄竹难书，背后是记录着犯罪经过的受审记录，前面是认罪书。两侧也各有一幅巨幅照片，西侧是人民对死难者的悼念场景，东侧是日本参观团对所犯累累罪行的谢罪场景。厅中央还有卵石槽和卧碑，碑上镌刻展览前言，空间紧凑，分布合理。序厅采用真实资料，巧妙组合，呈现惨案主题，展现恢宏气势，将陈列展览的序幕缓缓拉开。

铃木启久受审

第一展室陈列的是许多实物资料，其内容有关日军实施的“三光”政策。第二展室的内容一方面是正义审判，另一方面是警钟长鸣。第三展室属实景陈列，将省、市和县三级文物部门发掘出来的部分惨案现场展现出来。发掘出来的惨案长坑长17.6米，里面有21具惨死者尸骨，呈现出了他们临死前的悲惨形状，让人不忍直视。第四展室属长坑未发掘部分，因在施工过程中有4具骸骨重现人世，于是便维持原状，且进行了保护。

从第四展室往下走，来到下沉广场，迎面为一堵黑色花岗岩砌成的墙，这便是冤魂墙。冤魂墙高2.4米，宽16.8米，上面刻着遇难者的名字，按照姓氏、性别和年龄排列。遇难同胞一共1280名，其中672名女性，385名儿童，其年龄从不足周岁到95岁，这些无辜的百姓都惨死在日军的手中，这是无可辩驳的事实，也是对日本军国主义所犯罪行的控诉。

惨案遗址按照原状陈列，是日本侵略者制造的“千人坑”真实场景。长45.9米，宽5.7—6.2米不等，只发掘了一部分，其面积只有103平方米，但小小范围内就有9个成年人和12个儿童遗骸，其状各异，有身体和脑袋分离的，有死于钝器之下的，有死于刀斧之下的，有死于大火之下的，有被活埋的，他们临死前挣扎、呼喊，简直是人间地狱。坑内还有一些遇难者遗物，如手镯、戒指、耳环、纽扣等，还有日军残杀民众所用铁器等。

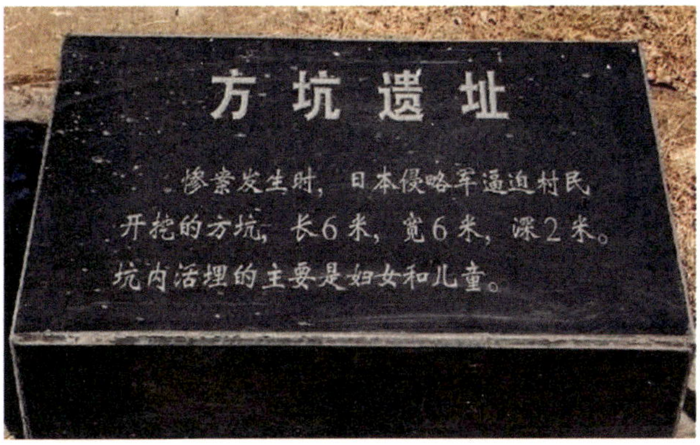

方坑遗址

除此之外，纪念馆里还有纪念碑，主要包括卧碑、殉难烈士纪念碑和遗址纪念碑。卧碑北面便是悼念广场的所在，中央有一尊汉白玉卧碑，上面刻着“潘家戴庄惨案纪念碑”9个描金行书大字，由原冀东军区司令员萧克题写。

“抗日战争潘家戴庄殉难烈士纪念碑”通高13.5米，底座占地17.8平方米。此外还有一座碑亭，左右门的中央是一堵卧碑，卧碑上是“潘家戴庄惨案纪念馆”9个行书大字。卧碑内侧的黑色大理石上刻着《潘家戴庄惨案记事》碑文。该碑文将潘家戴庄惨案纪念馆的建设过程，还有1942年12月5日的潘家戴庄惨案的经过进行了详细的记述。馆内还建有一座长35.5米和宽1.9米、长6.3米和宽4.3米的长方形合葬墓，一座直径2.1米的圆形合葬墓。

遗址纪念碑的碑座是钢筋水泥结构，碑高18米，正面和反面分别刻有“潘家戴庄千人坑惨案殉难同胞纪念碑”和“血海深仇，永世不忘”。背面有一座纪念屏，高5米，宽4米，屏心镶嵌黑色大理石，上面刻有“血海深仇，永世不忘”的铭文。

纪念馆里还设有一个影视厅，循环播放一些珍贵的历史音像资料，让我们了解曾经的惨案，牢记曾经的耻辱，珍惜这来之不易的幸福时光。

潘家戴庄惨案纪念馆是全国爱国主义教育示范基地、河北省爱国主义教育基地。

经党中央、国务院批准，国务院于2015年8月13日公布，潘家戴庄惨案纪念馆被列入《第二批国家级抗战纪念设施、遗址名录》。

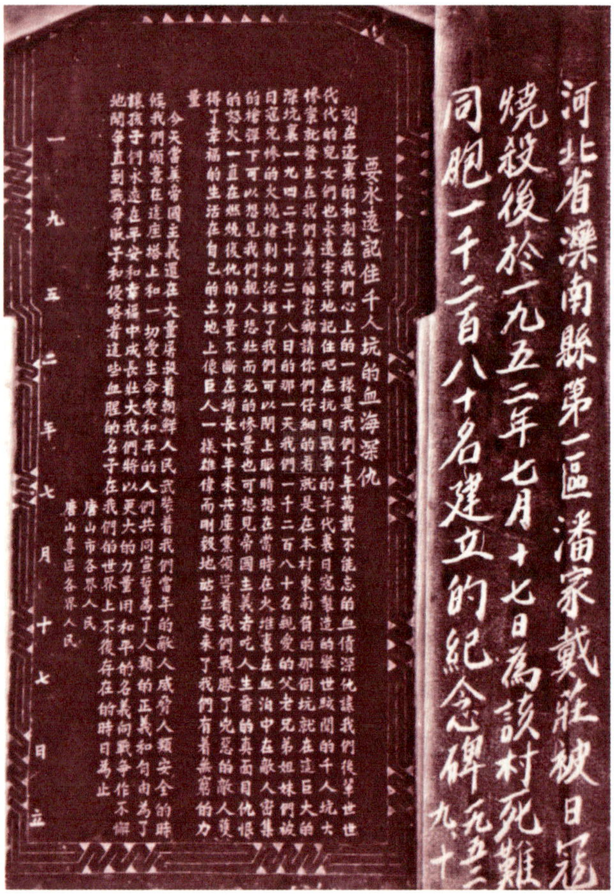

1952年7月17日为死难同胞建立的纪念碑碑文

知识链接　潘家戴庄惨案

1942年12月4日，驻扎在河北省唐山市张各庄的日本骑兵队，获悉八路军第一区队在程庄镇附近活动，于是便将伪军集合起来，向程庄镇奔袭，在潘家戴庄村北遭到八路军伏击。第二天，恼羞成怒的日军第二十七师团少将师团长铃木启久下令，要“彻底肃正该村庄”。

日军来到潘家戴庄，将村民聚集在东南角大场内，向群众逼问八路军的去向，但遭群众拒绝。日军便开始了杀戮，当场就有50多名男子被以各种方式杀害，另有63位妇女和婴儿遇难。然后日军从群众中挑出50名青壮年去附近挖坑，将无辜的村民赶往坑内，将他们活埋。村民人数太多，日军便又让那些青壮年继续挖坑，最后连同挖坑的人都一起活埋了。日军还将柴草堆到坑上点燃焚烧，并在村里放火，制造了骇人听闻的潘家戴庄惨案。

潘家戴庄惨案中，1280人被屠杀，1030间民房被烧毁，村内的财物被洗劫一空，这是日军在中国犯下的累累罪行之一。抗战胜利后，铃木启久在军事法庭受审并向幸存者跪地谢罪，但是那

战后潘家戴庄挖出遗骨后修建的埋葬墓

些在惨案中被残杀的民众是中国人民心中永远的创痛。

喜峰口长城抗战遗址

喜峰口长城抗战遗址在河北省唐山市迁西县滦阳镇石梯子村潘家口水库北岸，这里催生了《大刀进行曲》，点燃了中华民族的抗战烽火。喜峰口战役就发生在这里。1933年，国民革命军第二十九军在喜峰口长城夜袭日军，血战3天，毙伤日军1500余名，取得了自九一八事变以来的首次胜利，打破了日军不可战胜的神话，用大刀砍出了中国军队的威风。

喜峰口长城抗战遗址占地面积153万余平方米，建筑面积2.53万平方米，主要有喜峰口长城抗战纪念碑、主题雕塑、《钢铁长城》、《大刀礼赞》、喜峰雄关大刀园、长城抗战博物馆、草根廉政教育厅、红色放映厅、喜峰口长城抗战旧址等。

喜峰口长城抗战纪念碑

喜峰口长城抗战纪念碑，占地面积800平方米，高13.38米，由各种刀形组成，寓意战争发生在1933年3月8日。2005年8月12日，由时任全国政协常务主席周铁农为纪念碑揭碑。

《大刀向鬼子头上砍去》主题雕塑，高11米，重800吨，用花岗岩雕刻而成，充分体现了当年大刀队砍杀日寇的情景。

《钢铁长城》，全长210米，用废旧钢铁焊接而成，是一部抗战连环画，展示了当年长城抗战的主要场景。

《天下第一刀》，用废旧钢铁焊接组成，有56个焊接点，寓意56个民族共同抗战；刀长29米，寓意第二十九军抗战；刀重13.38吨，寓意着战争发生在1933年3月8日。

《天下第一刀》

喜峰口长城抗战纪念馆，由时任全国人大常务委员会副委员长何鲁丽题写馆名，2005年正式开馆。建筑面积3800平方米，由冀东抗日、喜峰口长城抗战、戚继光3部分组成，展陈面积一共2800平方米，遗物达3000余件。

喜峰口长城抗战遗址是全国爱国主义教育示范基地、河北省爱国主义教育基地。

经党中央、国务院批准，国务院于2015年8月13日公布，喜峰口长城抗战遗址被列入《第二批国家级抗战纪念设施、遗址名录》。

喜峰口长城抗战博物馆

知识链接 喜峰口抗战

1931年九一八事变后，日本侵略者占领了中国的东三省，同时镇压东北抗日义勇军的反抗，并准备随时向关内进犯。

1933年元旦，日军在山海关制造事端，进攻并占领山海关。山海关保卫战揭开了长城抗战的序幕。2月9日，日本关东军司令官武藤信义向侵华日军发布了侵略热河（今分属河北、辽宁和内蒙古）的军事命令："尽快向建昌附近至其以南一线挺进；并应不失时机以一部确保界岭口、冷口、喜峰口等长城重要关口，掩护军主力的侧翼；而后以主力占领承德及古北口。"

此时，驻山西、察哈尔（今分属河北、山西、北京、内蒙古）的第二十九军奉命开往长城前线对日作战。3月9日，受命接管长城喜峰口的防务。喜峰口是当时河北省、热河省交界地区的长城隘口，是北平（今北京）通往热河的交通咽喉，东有铁门关、董家口，西有潘家口、罗文峪，明清时不但是京师北面防卫的重要屏障，也是关外入朝进贡的关口。

开赴前线之时，第二十九军军长宋哲元发出了"宁为战死鬼，不作亡国奴"的誓言。当第二十九军先遣团赶到喜峰口时，日军500余名骑兵已经到了长城脚下，先遣团紧急上前打退了日军，保住了阵地。

宋哲元（敬礼者）等检阅部队

喜峰口长城在建筑上主要是基于军事上的考虑。该口分为关城和城堡两个部分，城堡坐落在群山包围的盆地里，四面用条石砌成城墙，非常坚固，城墙有两丈多高，城门上建有13米高的镇远楼。关城建在城堡北面，三面临山一面靠河，由三道套城组成，关与关之间由坚固的石基砌墙连成一体。城墙的6个接触点均设空心敌楼，西城墙又与长城主体相通。喜峰口平面整体呈"凹"字形。周围群山巍峨，河水萦绕，两峰对峙，一峪中开，苍凉雄劲的长城起伏在山脊，盘旋在谷底，左右皆高山对峙，地势十分险要，每相隔1000米左右，便耸立着一座烽火台，是长城的重要关隘。第二十九军的侦察员对此曾这样描述："喜峰口两侧，群峰矗立，险要天成。长城依势蜿蜒，华北赖以屏障，诚为兵家必争之地。"

第二十九军的前身是冯玉祥创建的西北军。长城抗战时，第二十九军的装备很差，全军只有野炮、山炮10余门，重机枪不过百挺，每连只有两挺轻机枪，步枪多为汉阳造和山西仿制的“三八式”。虽然武器落后，但全军将士均有尚武精神。许多部队人手一件标志性武器——大刀，练就一套娴熟的中国传统刀法功夫。

驻守在喜峰口长城上中国守军阻击日军

3月9日，日军第八师团铃木、服部两旅团攻占喜峰口，当天刚接防的第二十九军第三十七师第一〇九旅第二一七团，在团长王长海率领下实施反击，毙伤日军百余人，夺回喜峰口。面对日军猛烈的反扑火力，中国官兵只能用劣势装备依托长城顽强抗击。3月10日至11日，大刀队在喜峰口与日军展开白刃格斗。战士们高呼着：“大刀大刀，雪舞风飘。杀敌头颅，壮我英豪！”手起刀落处，日军尸横遍野，第一次尝到了大刀的厉害。在激烈的交战中，喜峰口多次易手，第二十九军许多战士壮烈殉国，部队伤亡很大。

当喜峰口再次被日军占领后，第一〇九旅旅长赵登禹、副旅长何基沣仔细分析了敌我双方的形势，认为在敌强我弱的情况下，只能智取，不能强攻，应以夜袭的方式，出其不意地反击日军。何基沣激励官兵道：“国家多难，民族多难。吾辈是受人民养育之军人，当以死报国！战死者光荣，偷生者耻辱！”第一〇九旅从大刀队中组织500人的精兵强将，分左右两翼突袭日军。左翼大刀队经走马哨，出潘家口至兰旗地、蔡子峪一带，袭击后杖子、喜峰口以北的日军步兵和骑兵宿营地；右翼大刀队出铁门关，经炮岭、闯王台至白台子、刺峪一带，袭击日军炮兵阵地。身背大刀的勇士们攀垣越墙，分头摸进各敌营。骄狂的日军做梦也没想到第二十九军会来偷袭，都在呼呼大睡。大刀队的勇士们怀着报国雪耻的民族仇恨，以迅雷不及掩耳之势，抡起大刀横砍直劈，日军官兵正做着美梦，便稀里糊涂地成了刀下鬼。年仅19岁的战士陈永一人就砍死日军13人。第一〇九旅旅长赵登禹在受伤的情况下依然不下火线，亲自率领大刀队向日军炮兵阵地发起进攻，重创日军，摧毁火炮10余门。

1933年3月11日，第二十九军大刀队夜袭驻扎在喜峰口西侧的敌营，毙伤日军数百人。图为在抗战前线的大刀队

此后，第三十七师在第三十八师一部配合下，经5昼夜正面抗击与迂回敌后作战，终于迫使日军停止进攻，在喜峰口和董家口、铁门关、潘家口等地对峙。

喜峰口抗战的胜利喜讯传来，全国上下一片欢腾，社会各界纷纷组成慰问团前来劳军。当时担任“上海歌咏界战时服务团”领导的作曲家麦新，热血奔涌、心潮澎湃，以火山喷发般的创作激情，连夜谱写了高亢激昂的《大刀进行曲》：“大刀向鬼子们的头上砍去，二十九军的弟兄们，抗战的一天来到了，抗战的一天来到了！前面有东北的义勇军，后面有全国的老百姓，咱们二十九军不是孤军。看准那敌人，把他消灭！把他消灭！冲啊！大刀向鬼子们的头上砍去，杀！”歌曲的副题为“献给二十九军大刀队”。《大刀进行曲》最初是为了鼓舞“二十九军的弟兄们”坚持抗战。随着它雄壮的旋律响彻全国军队和民众之中，“二十九军的弟兄们”便改成了“全国武装的弟兄们”。《大刀进行曲》塑造了挥舞大刀向日军勇猛冲杀的中国军人的英雄形象。

北平妇女慰劳队前来劳军

日本《朝日新闻》也不得不承认：“明治大帝造兵以来，名誉尽丧于喜峰口外，而遭受60年来未有之侮辱。”喜峰口之战对骄横狂妄的日军给予了沉重打击，鼓舞和坚定了全国人民的抗日决心。从此，第二十九军大刀队名震天下，成了抗日战争初期中华民族抵御外侮的英雄偶像。

涉县八路军一二九师纪念馆

涉县八路军一二九师纪念馆位于河北省邯郸市涉县河南店镇赤岸村，地处太行山东麓，是国内唯一一处全面、翔实记录抗日战争时期八路军第一二九师历史的纪念馆。

抗日战争时期，涉县是晋冀鲁豫抗日根据地的腹地，地处华北抗战前哨，为华北抗战的战略要地，八路军一二九师在刘伯承、邓小平等师首长率领下，临危受命、东渡黄河、挺进太行，运筹涉县赤岸村，曾有110多个党、政、军、财、文等机关单位在涉县驻扎长达5年之久。从涉县走出了我国改革开放总设计师和2位元帅、3位大将、18名上将、48名中将、295名少将，近百名原第一二九师将领后来担任国家重要职务，被誉为中华人民共和国第二代领导人的摇篮。

赤岸村一二九师司令部旧址前，塑像《刘邓和他的战友们》塑造了刘伯承、邓小平、徐向前、李达、蔡树藩、黄镇等抗日战争时期八路军一二九师领导核心的形象

涉县八路军一二九师纪念馆主要由司令部旧址、将军岭、纪念馆组成，还有太行颂文化园、红色记忆小镇、胜利广场等相关红色景区及产业

园区组成，占地面积5.6平方千米。

一二九师司令部旧址占地面积约1.83万平方米，由下、上、后3个四合院构成，具有北方民居建筑风格。另有司令部伙房、识字班等6个四合院作为司令部附属建筑。

赤岸村中心位置是一二九师司令部旧址，是标准的北方四合院

下院原来是村里百姓祭祀社神的庙宇，院子里有司令部会议室、办公室、刘伯承师长宿办室、李达参谋长宿办室、警卫员宿舍、机要室和马棚等，以及当年由师首长刘伯承、邓小平和李达亲自栽种的一棵丁香树和一棵紫荆树。

下院西南角的上方便是上院的所在，这个院子里有一二九师军政办公室，太行区党委书记、太行军区政委李雪峰宿办室，太行区区委常委张磐石宿办室与房东住房。

上院通向后院，后院有5间南房，原本是司令部作战处的办公室，刘邓首长就是在这里办公的，指挥了大大小小3万余次战斗，收复县城198个。现在这里是太行木刻版画展室，陈列着太行部队文艺工作者在抗日战争和解放战争时期创作的木刻版画，将当时太行军民在艰苦岁月中抗击顽敌的战斗生活重新展现在了世人面前。

刘伯承宿舍内景

北房5间作为刘伯承师长宿舍使用，东房3间作为邓小平政委宿舍使用，西房3间作为太行区党委书记赖若愚宿办室使用。后院南小门过去以后便是司令部防空洞，深有9米，幽暗潮湿，是当年用来预防敌机轰炸的窑洞。

一二九师师首长在这里住了5年，指挥部队南征北战，为民族解放事业做了巨大贡献。

将军岭是墓葬地，共和国很多元帅和将军

“将军岭”三字由邓小平亲笔题词，是涉县的标志性建筑

都安眠在这里，其将帅人数仅次于北京的八宝山。名字“将军岭”是邓小平亲自题写的，当年一二九师的首长刘伯承、徐向前、李达等很多人都选择安眠在这里，因为这里是他们为民族解放事业而奋斗的地方。

纪念馆珍藏物品共500多件，既有八路军一二九师战士使用过的刀枪、弹药、娱乐器具等，也有从日军那里缴获的指挥刀和汽车等物品。陈列馆有序厅、5个展室和半景画馆，它们一起构成了“我们在太行山上”为主题的陈列。该主题分为4个部分，集中反映了一二九师一路走来的光辉历程，包括转战太行、创建晋冀鲁豫抗日根据地、千里跃进大别山，以及为中华民族解放事业做出的历史贡献。

将军岭的后延山脉上坐落着一座文化园，这就是太行颂文化园，占地面积为129.5亩，寓意一二九师在此度过5年的战斗岁月。由主线、南面辅线、北面辅线和9个红色文化区，一起组成了这处弘扬红色文化为主题的园林。

涉县八路军一二九师纪念馆

纪念馆环路外侧，属于红色记忆小镇，这里的设计理念是“恢复革命文化遗址、突出红色文化主题、挖掘抗战文化内涵、提升产业文化层次、加强国防文化教育”。从全县110余处革命旧址中选出30余处，进行集中复原，按照1∶1的比例和修旧如旧的原则，让红色记忆小镇名副其实，为我们再现了红色根据地当年的风貌。

胜利广场是利用壁画、浮雕、实景和实物，将太行抗战文化元素、园林景观和夜景亮化等融合在一起，将八路军一二九师在晋冀鲁豫抗日根据地战斗的功勋展示了出来，这是对日军侵华罪行和暴行的揭露，也是对根据地人民无私奉献的歌颂，将军民团结抗日的决心以及必胜的信念展现在世人面前。

胜利广场主题雕塑

涉县八路军一二九师纪念馆是全国重点文物保护单位、国家级烈士纪念设施、全国爱国主义教育示范基地。

经党中央、国务院批准，国务院于2015年8月13日公布，涉县八路军一二九师纪念馆被列入《第二批国家级抗战纪念设施、遗址名录》。

知识链接

太行区1941年冬季反“扫荡”

涉县处于太行山东麓的晋冀豫3省交界处，西面和东面分别是晋南大地和华北平原，向来都是兵家必争之地。抗日战争时期，涉县是著名的红色热土。

全民族抗战爆发后，中华民族到了危亡时刻，八路军第一二九师东渡黄河并挺进太行山地区，奔赴抗日前线。1940年12月4日，第一二九师司令部进入涉县后在赤岸村驻扎，直至1945年12月底离开，长达5年。

第一二九师在师长刘伯承和政委邓小平的带领下，浴血抗日，壮大自身力量，扩大抗日根据地。当初进涉县的将士有9000人，经过发展，缔造了一支雄师劲旅，谱写了“九千将士进涉县，三十万大军出太行”的壮丽篇章。

太行区1941年冬季反“扫荡”，就是刘伯承、邓小平在涉县期间亲自指挥的。

八路军第一二九师主要领导人在涉县赤岸村驻地。左起：李达、刘伯承、邓小平

1941年冬，日军为寻歼八路军总部及第一二九师领导机关，摧毁八路军后方军工设施，调集第三十六师团、独立混成第四旅团及伪军各一部共7000余人，采用“捕捉奇袭”战术，对太行区黎城、涉县、辽县（今左权县）、武乡地区进行“扫荡”。

刘伯承、邓小平在日军“扫荡”之前，即制定了反“扫荡”作战计划和战术指示。此外，还针对日军实行佯动迷惑、“铁壁合围”、夜行晓袭、辗转“清剿”、搜劫资材等活动的战术特点，详尽规定了正规军、游击集团的行动要领和通信、侦察、防谍、防空、夜战、保密和注意节省弹药等一系列要求。

10月初，太行军区和晋冀鲁豫边区政府颁发联合布告，号召全区党政军民，立即投入反对日军大“扫荡”的斗争，做好空舍清野，开展地雷战、麻雀战，铲除汉奸特务，巩固根据地内部。

从15日开始，太行全区实行戒严：乡村要道分别派出自卫队、青年抗日先锋队等组织的青壮年代替儿童团站岗放哨，日夜盘查行人。凡未带通行证，携枪而不带武装证及形迹可疑者，立即扣押。对武装间谍、汉奸立即逮捕，遇有抵抗者即行击毙。凡可能为敌利用又为根据地必需的粮、棉、油、盐及器材，一律妥善隐藏。一切政治动摇分子、有资敌可能的嫌疑分子，予以严密监视和看管。

23日，刘伯承、邓小平召开了太行区各旅和各军分区干部会议，具体布置反“扫荡”作战。要求各级领导进一步落实“战术指示”，建立和健全县、区、村各级临时指挥部，统一领导各该地域内的游击集团和其他力量作战，加紧备战演习，彻底空舍清野，以高度的警觉准备反“扫荡”斗争。

31日夜，日军兵分两路对太行区进行“扫荡”。南路，第三十六师团4000余人，由潞城、襄垣等地出动，分3路进犯黎城、赤岸、西井等地。北路，独立混成第四旅团2000余人，由辽县（今左权县）、武乡出动，进犯大有、贾豁等地。

驻守黎城的第一二九师部队及时转移。南路日军扑空后，除留一部据守黎城外，主力于11月1日夜沿黎城至涉县大道经响堂铺东进，另一路经黎（城）涉（县）大道以北山地迂回，企图突袭八路军总部和第一二九师领导机关所在地黎城县西井镇、涉县赤岸村等地。

由于沿途不断遭到游击集团地雷战、麻雀战的袭扰，加之第一二九师三八五旅十三团及师特务团连续实施侧击，日军一路走走停停，如同蜗牛爬般，两夜只前进一二十千米，“捕捉奇袭”行动已毫无突然性。

一支日军“扫荡”部队正在涉水过河

此时，第一二九师前方指挥所早已组织起来，司令部人员按工作性质暂编为3个班——作战机要班、通信情报班、后勤管理班，加上警卫部队两个排，全部人员不过1个连的规模，相当精干。据《刘伯承传》记载：

11月1日深夜，刘伯承神态自若地站在作战室的地图跟前，不时查问着日军的前进位置和本师主力部队的动态。师侦察队的便衣侦察员们来去匆匆，不断报告着师部附近的敌情。师前方指挥所和师直属队整装待发。在精确计算了日军可能到达赤岸的时间后，刘伯承把师部转移的时间定在2日凌晨1时。

时间到了，李达请示是否立即出发，刘伯承掏出怀表看了看，又抬头把目光移向地图，说：“鬼子离得还远，先不要动，免得鬼子过早发现我们的行动方向。”

又过了两小时，日军尖兵占领了赤岸村以南一里处的高地。刘伯承下令转移：“按计划北过清漳河，所有人员一律不准喧哗，不准抽烟，不准咳嗽，不准弄出声响，静肃前进。”队伍刚出村口，后卫部队就跟日军接上火了。

在夜幕的掩护下，第一二九师前方指挥所一口气走出去10多里，背后的枪声始终不断，日军焚烧村庄的火光清晰可见。

便衣侦察员气喘吁吁地从后面赶上来，向刘伯承报告：日军大部队已从河南店、涉县到了赤岸、王堡，一时摸不清我们的去向，正分兵在附近搜索。据地方游击队通报，北面偏城方向没有日军，比较安全。

刘伯承下令：回头向南，朝西岗方向前进。

明明北面无敌情，南面是日军的大部队，为何反倒往南走？不少人一路走，一路心里直犯嘀咕。当快要走到西岗时，刘伯承突然又下令东折，向邯（郸）长（治）路方向前进。

在越过邯长公路后，师前方指挥所经北岗、更乐，转进涉县东部的大山谷里。这一带高山绵亘，峭壁错列，山间几乎无路可寻。直到这时，大家才明白是真正转移到了安全地带。

休息时，有人跟刘伯承说起行军途中一度产生的困惑，又问为何不从赤岸东行直奔这里，而南辕北辙，往北绕一个大圈子？

刘伯承回答：日军“扫荡”开始时，他们是抓着主动权来的。而我们必须出其不意，攻其不备，才能在反“扫荡”中摆脱被动。日军对我军的行动及规律，已经做过周密的侦察研究，针对我们行止的规律，确定合击的目标，布置各路“铁环合围”的步骤。而我们的真实行止，首先是不能让敌人知道，或知道了也是过时的；其次，最主要的就是我们的行动，不能让敌人摸到规律，神出鬼没，不入圈套，不碰硬壁。如果我们从赤岸直接东移，有被敌人在邯长路以东堵截或尾击的危险，因为他们也很了解涉县东部地势险峻，我方会加以利用。先北行一段，把敌人的注意力吸引过去，然后突然向南向东。等他们发现我们的行动时已来不及阻拦了，这就是《孙子兵法》上所说的“形人而我无形”。以无规律对有规律，是我们反“扫荡”的一条重要原则。

众人恍然大悟。

3日，南路日军占领西辽城后，继续向南委泉、西井奔袭。第一二九师新编第一旅一部在新庄附近阻击日军，毙伤其40余人。5日，日军向上下赤峪进犯。八路军总部特务团坚决抗击，毙伤日军数十人。6日，日军退到黎城。

转移途中的抗日军民

奔袭大有、贾豁、宋庄等地的北路日军，在扑空后即分兵“清剿”，四处抢劫。第三八六旅七七二团、山西青年抗敌决死队第三纵队一部及当地民兵，利用各种战法进行袭扰，迫使北路日军于6日回撤辽县、武乡。

11月9日，退据黎城的日军第三十六师团又集中5000余人，再度经涉县占领西辽城，随即分数路奔袭黎城北黄崖洞、水窑地区八路军后方兵工厂。

兵工厂就设在太行山脊黎城县的黄崖洞山谷中，四面险峰环抱，只有南面一条天然裂缝，可容人出入。1939年，朱德、彭德怀、左权等亲自察看地形后，决定把八路军总部的军械所迁到谷内。经过精心规划、艰苦创业，发展成为月产400余支步枪和大量枪弹的兵工厂。这对当时武器弹药补充极其困难的八路军来说，可是掌上明珠。由八路军总部特务团约1个营的兵力守卫。

10日拂晓，日军在炮火掩护下，进攻赤峪、槐树坪。特务团防守分队沉着应战，凭借有利地形和既设阵地顽强抗击，打退了日军10多次猛烈冲击，大量杀伤日军。11日，日军又出动1000余人强攻南口阵地，特务团防守分队以手榴弹、滚雷与日军展开激战，毙伤敌200余人。

日军两度冲击受挫后，于13日拂晓调集5000余人，并携重炮10余门，自赤峪、赵姑村轰击桃花寨东南隘口阵地后，步兵全力进攻，强夺阵地。特务团防守分队顽强抗击，毙伤日军300余人，桃花寨失而复得数次。其时雪花飞扬，周围的山峰很快就为白雪覆盖，地面上的积雪越来越厚。可黄崖洞阵地前一片焦黑，硝烟散了又起。特务团的勇士们前仆后继，始终坚守在阵地上。激战至14日，日军费尽九牛二虎之力才攻进桃花寨。

15日，日军分左、中、右三路进攻水窑口阵地。坚守阵地的特务团部队在三面受敌的情况下，连续打退日军11次冲击。猛攻不成的日军恼羞成怒，极其凶残地使用燃烧弹、毒气和喷火器。

16日晨，日军在强大火力支援下，再度发起攻击，使用喷火器烧毁了水窑口的核心工事。此时，鉴于兵工厂职工和部分机器已安全转移，守卫分队在埋设地雷后于当夜撤出战斗。

17日拂晓，日军进入厂区，遭到地雷杀伤，兵工厂亦遭日军破坏。此战历经8个昼夜，八路军总部特务团以伤亡160余人的代价，毙伤日军近1000人。

在日军进至水窑山后，八路军外线部队第三八五旅和新编第一旅，集中4个团的兵力猛击日军侧后，积极配合黄崖洞保卫战。第三八五旅十三团夜袭黎城，奋勇突入城内，埋设地雷百余颗。日军出动时触发多颗地雷，造成较大伤亡。各地游击集团也不断出击，袭扰、牵制日军。战至18日，日军在伤亡过重、前后受到夹击的情况下，不得不在风雪交加中仓皇退至西井。

抗日根据地军民自力更生制造武器

刘伯承判断日军归巢心切，斗志已衰，且有恶劣的气候条件可资利用，决心组织一次较大规模的伏击战。

伏击地点设在三十亩、曹庄、长畛背一线谷地里。这里是日军从西井回窜黎城的必经之路。从三十亩到长畛背，相距10余里，唯一的通路延伸到低谷里。道路两侧，近处是平地，稍远处则是连绵的山坡。山坡上陡下缓，便于部队伏击时隐蔽和发扬火力。刘伯承命令第三八六旅第七六九、第十四、第七七二团及新编第一旅第二团等部，冒雪埋伏在曹庄至长畛背道路两侧的山坡上。

果然不出刘伯承所料，19日清晨，日军即开始由西井向黎城撤退。9时许，日军先头部队进入曹庄。半小时后，大队人马进入伏击圈。伏击部队从两侧山坡上猛烈开火。霎时，激烈的枪声响彻山谷。紧接着，战士们迅猛冲下山坡，展开白刃战。遭到突然打击的日军惊慌失措，收拾起400多具死尸，狼狈逃回黎城。

第七七二团跟踪追击，第三八五旅十三团及当地民兵又不断出击、袭扰，迫使日军于21日晨逃回潞城。至此，历时22天的太行区冬季反“扫荡”作战即告结束。

此次反“扫荡”，八路军第一二九师和总部特务团以伤亡396人的代价，歼灭日、伪军1380余人，挫败了日、伪军寻歼八路军总部和第一二九师领导机关的企图。

晋冀鲁豫抗日殉国烈士公墓旧址

晋冀鲁豫抗日殉国烈士公墓旧址位于河北省邯郸市涉县辽城乡石门村莲花山下，安葬的是抗日战争时期晋冀鲁豫边区牺牲的抗日烈士，左权将军最初也安葬在这里，他是八路军副总参谋长，八路军在抗日战争中牺牲的最高将领，因此该墓也被当地人称作“左权将军墓”。始建于1942年10月。1950年，左权将军等8位烈士灵柩迁往邯郸市邯山区晋冀鲁豫烈士陵园。

左权将军纪念塔

晋冀鲁豫抗日殉国烈士公墓旧址现存墓区面积1.33万余平方米，以养鱼池、左权将军纪念塔、左权将军墓为中轴排列，呈东北—西南走向。

首先是圆形的莲花池，也叫养鱼池。向前就是左权将军纪念塔，纪念塔四周有老一辈革命家的亲笔题词，正面有朱德的挽词：“名将以身殉国家，愿拼热血卫吾华。太行浩气传千古，留得清漳吐血花。”还有彭德怀、罗瑞卿、杨秀峰、薄一波、戎武胜等人的题词。

过纪念塔，最高处就是左权将军墓了。墓碑正面刻有周恩来亲笔所题“左权将军之墓”。

左权将军墓平面呈长方形，总面积49.87平方米，青石砌筑，由3个部分组成：墓基、墓室和墓顶。墓基由石柱、条石和正前方的台阶构筑，

左权将军墓

长8.54米、宽5.84米、高1.32米。墓顶是穹隆顶，用白灰石子构筑成坚固且美观的墓葬结构。

以左权将军墓为中心，其西北、东南两侧岭上分布有高捷成、石鼎、陈光华、张衡宇等8位烈士的墓冢，除两位朝鲜烈士石鼎、陈光华墓系砖石结构外，其余均系青石结构。

左权将军墓左侧岭上安葬着冀南银行第一任行长高捷成烈士和第二任行长赖勤夫妇，另有范筑先将军纪念塔、杨裕民先生纪念塔。左后方的

赖勤、范熙同夫妇合葬墓

高捷成烈士墓

洼地安葬着新华日报社社长何云烈士、中共中央北方局政权工作部部长张衡宇。右侧岭上安葬着朝鲜义勇军领导人石鼎和陈光华，另有朝鲜义勇军烈士纪念馆。整个墓群背倚青山，松柏常青，庄严肃穆，建筑风格迥然不同，是全国首座安葬中朝抗日烈士的墓园。

晋冀鲁豫抗日殉国烈士公墓旧址是河北省重点文物单位、邯郸市爱国主义教育基地。

经党中央、国务院批准，国务院于2015年8月13日公布，晋冀鲁豫抗日殉国烈士公墓旧址被列入《第二批国家级抗战纪念设施、遗址名录》。

朝鲜义勇军领导人石鼎墓、陈光华墓

知识链接　抗日英雄范筑先

范筑先（1881—1938年），山东省馆陶县（今属河北省）人，中国国民党党员，抗日英雄。

范筑先早年在北洋陆军讲武堂学习，辛亥革命后任陆军第八旅旅长；1926年在冯玉祥部任参赞；1930年蒋、冯、阎中原大战后，离军赴天津；1931年回山东，先后任第三路军参议，沂水、临沂县（今临沂市）县长，为官清廉，受到地方拥护；1936年任山东省第六区行政督察专员、保安司令兼聊城县（今聊城市）县长，积极进行抗日的准备工作。全民族抗战爆发后，范筑先拥护中国共产党的抗日主张，留在鲁西北地区组织群众进行抗日活动。1937年11月19日，范筑先发出了“誓死不渡黄河南”的通电，震动全国，极大地激发了鲁西北人民的抗日热情。

通电发表之后，范筑先回师聊城。中共山东省委随即派组织部部长张霖之到聊城，以第六区政训处组织科科长的合法身份，代表省委统一领导津浦路以西的抗日斗争。同时，山东省委还派红军干部洪涛、王幼平、廖云山、金维国和从济南被营救出狱的原山东省工委代书记赵健民等到聊城领导武装斗争，赵晓舟、高境、吴钟琨、李一黎、熊义吾等30余人也先后到达聊城。在共产党的帮助下，范筑先很快扭转了鲁西北因国民党军南撤而出现的混乱局面。

1938年3月，范筑先采纳张霖之的建议，派政训处民运科科长、共产党员成润去延安汇报鲁西北抗战的情况。他还亲笔给毛泽东和朱德写信，

范筑先将军

表达了自己坚持敌后抗日的决心和信心，迫切希望能与共产党精诚合作、团结一致、抗战到底，并请求从延安派一批干部来聊城协助工作。中共中央应范筑先的要求，从拟派往其他地区的干部中留下何克、许可（女）等20多人到聊城。八路军办事处还陆续介绍北平（今北京）、天津的大学生刘子毅、朱穆之、莫循、任仲夷、王玄等到聊城，进一步增强了鲁西北抗战的领导力量。

在与范筑先合作抗战的新形势下，鲁西北地区的中共党组织、抗日武装、政权建设、群众团体都得到了迅速发展。为便于统一指挥鲁西北抗日武装力量，1938年5月，范筑先采纳中共鲁西北特委的建议，将山东第六区保安司令部改为第六区游击司令部，范筑先任司令，王金祥任参谋长。

6月，八路军第一二九师副师长徐向前邀请范筑先赴河北威县会晤。15日，徐向前与范筑先就冀鲁联防问题进行会谈。经过协商，双方达成：互通情报；冀南归八路军负责、鲁西北归范筑先负责；八路军不到鲁西北收编部队，各色武装均归范筑先收编；双方互相交流干部；由冀南代鲁西北培训干部等协议。

9月23日，范筑先应邀参加了八路军第一二九师和冀南行政主任公署在河北南宫召开的冀鲁两省联席会议，并欣然接受了中共关于广泛动员群众、建立抗日根据地、整顿部队、团结合作、长期抗战等主张。

在鲁西北党组织的协助下，范筑先收编、改编了留在鲁西北的国民党军旧部、打着抗日旗号拉起来的绿林队伍及地方民团等各种力量。到1938年秋，隶属于第六区游击总队司令部统辖的武装，共有35个支队、3路民军，另外还有直属部队和独立团、营，共约6万人。其中，由鲁西北中共党组织直接创建领导的部队有1万余人。

在共产党的协助下，范筑先创办了军事教育团、政治干部学校、训练班，培养军政干部，在全区开展抗日国民教育运动。在统一战线的旗帜下，共产党领导的《抗战日报》及各种抗日报纸、杂志、救亡小册子等，在根据地内部广为流传。因此，在当时，鲁西北抗日根据地被誉为“山东的小延安”。

范筑先和共产党密切合作，共同对敌，打击了日军的嚣张气焰。从1937年起，各部队在范筑先的指挥下，先后在梁水镇、界牌、南镇、范县、濮县（今河南范县濮城镇）、黄庄、济南等地组织了对敌战斗。经过一年的浴血奋战，到1938年夏天，鲁西北境内基本上肃清了日、伪军，政令达30余县，军事势力范围更广，开辟了一大片抗日游击根据地，打击和迟滞了日军的进攻，有力地支援了全国的抗日战争。

1938年8月28日黎明，聊城青年抗日挺进大队在齐河坡赵庄被从禹城、晏城、齐河出动的300多日军袭击。在这次战斗中，范筑先次子、青年抗日挺进队队长范树民和参谋长何方等27名队员壮烈牺牲，范筑先的二女儿范树琨接任挺进队队长一职。

11月中旬，日军分3路进攻鲁西北，中心目标是聊城。13日，日军第一一四师团秋山旅团千叶联队从东阿渡过黄河进攻聊城，其先头部队是平田大队，约有步炮骑兵300余人，汽车、坦克10余辆，并有2架飞机配合。另外两路日军，一路从禹城经高唐向聊城进犯，一路从大名金滩镇过卫河扑向聊城。

13日上午，范筑先匆忙从茌平前线回到聊城，召开军事会议，商讨迎击日军的作战方案。共产党员张霖之、袁仲贤、姚第鸿等人提出：在敌强我弱的形势下，不应计较一城一池的得失，应把主力部队转移到城外农村，坚壁清野，与日军打游击。范筑先采纳了他们的意见，命令城内各机关、学校、主力部队连同物资撤出聊城，全部移到农村，并动员群众出城，只留少数部队守城，以便内外夹击日军。

14日，日军进攻聊城。范筑先布置完战斗任务，正准备撤退出城时，国民政府山东省主席沈鸿烈委派的鲁西行辕主任李树春突然乘车从临清赶到聊城，和范筑先商谈整编部队的问题，范筑先被他缠住迟迟不得脱身。16时，李树春离去后，范筑先准备出城时，发现3个城门已经被日军堵住，只有西门的一条小路通往城外，但已被日军用机枪封住路口。范筑先已无法出城，便和张郁光、姚第鸿率领少数部队守城作战，以待外援。不久，西门被日军攻破，双方在西大街展开了巷战。

战至黄昏，城东关失守。日军在猛烈炮火配合下由东门、南门等3个方向爬城。范筑先、姚第鸿急率传令队赶到东门。尽管此时主力部队已疏散到乡间，城内只留下一些武器粗劣的游击队伍，但在范筑先等人的指挥下，经过两个多小时的激战，仍打退日军对南门和东门的几次进攻。这时各县电话尚未切断，范筑先用电话令各县部队火速来援。但是，各路援军无法尽快到达。15日，攻城日军增至700余人，在飞机的配合下，日军向东门守军发起猛攻，并用大炮发射毒气弹。范筑先和姚第鸿亲率传令队急赴东门督战，打退日军的几次攻击。激战中，范筑先左臂被炮弹炸伤，陆子衡等30余人壮烈牺牲。9时，东城门被日军炮火击毁，日军蜂拥入城。范筑先转至城中心光岳楼，仍组织部队同日军继续激战，毙敌100余人，不久弹尽粮绝。范筑先又遭日军飞机打断腿骨。他向身边仅存的几位将士说：“你们各自逃命吧！”之后他随即高喊“中国万岁！杀敌到底！”，并用最后一颗子弹自戕，壮烈殉国。他的

晋冀鲁豫抗日殉国烈士公墓旧址范筑先将军纪念塔

警卫战士也相继开枪自杀。聊城一役，包括范筑先和共产党员张郁光、姚第鸿在内的700余守城将士壮烈殉国。

范筑先将军壮烈殉国的消息传出后，举国震惊，共产党在延安和重庆分别召开追悼会。朱德、彭德怀、董必武等都送了挽联。中共中央机关报《解放》周刊第58期发表了《哀悼民族英雄——范筑先先生》的时评。

晋察冀边区革命纪念馆

晋察冀边区革命纪念馆

晋察冀边区革命纪念馆位于河北省保定市阜平县城南庄镇城南庄村，是为了纪念晋察冀边区军民在抗日战争、解放战争中的光辉业绩而建立的纪念馆。抗日战争时期，中国共产党领导的敌后抗日武装以五台山为中心创建了第一个敌后抗日根据地——晋察冀抗日根据地，中共中央和毛泽东誉之为“敌后模范的抗日根据地及统一战线的模范区”。抗战胜利后，1946年10月，晋察冀军区司令部迁驻城南庄。1948年春，毛泽东、周恩来、任弼时等同志率中央机关由陕北向西柏坡转移，途经城南庄，在此居住、工作了46天。1972年，为缅怀老一辈无产阶级革命家的伟大功绩，阜平县委、县政府建起了城南庄革命纪念馆。1974年正式对外开放。2005年，城南庄革命纪念馆进行改扩建，并将其更名为“晋察冀边区革命纪念馆”。

晋察冀边区革命纪念馆总占地面积17万平方米，建筑面积6520平方米。由纪念广场、主题展览馆、雕塑广场、司令部旧址区、后山旅游区5个部分组成。

纪念广场占地面积6300平方米，中间是一块由毛主席亲笔题写的巨大卧石碑，上面刻有“模范抗日根据地晋察冀边区”字样。

主题展览馆建筑面积2200平方米，展厅面积1700平方米，分第一展馆、第二展馆两大部分。

进入第一展馆“抗战史陈列馆”，迎面看到的是序厅，序厅中央的玻璃钢群体圆雕，人物有八路军、民兵、妇女和儿童，反映晋察冀边区军民万众一心、英勇抗战的主题。后面墙体上有8块浮雕图案，记录了在8年全面抗战中晋察冀军民

第一展馆序厅中的玻璃钢群体圆雕

创造了地雷战、地道战、麻雀战等多种战法战胜日本帝国主义侵略的光辉事迹。

主题展览“模范抗日根据地——晋察冀边区”分为5个部分：

第一部分“建立敌后第一个抗日民主根据地”，重点介绍抗战爆发后，八路军出师华北，取得平型关战役胜利后，奉党中央命令，八路军第一一五师主力南下，聂荣臻率部留守五台山地区，开始创建根据地，建立了敌后第一个根据地——晋察冀抗日根据地。

第二部分“坚持敌后游击战”，重点介绍面对日军的进攻，八路军主力部队以游击战为主，不放松有利条件下的运动战和持久战的战略方针，取得了反“围攻”、反“扫荡”、反“蚕食”斗争的胜利。边区人民参军支前，配合八路军运用地道战、地雷战、麻雀战、水上游击战、交通破袭战等多种机动灵活的作战形式，抗击日军及在抗日战争中涌现的抗日烈士和英雄模范。

“坚持敌后游击战”展览局部

第三部分“构筑坚强堡垒”，重点介绍边区在中共中央北方分局（后改为晋察冀分局）的领导下，认真执行党的统一战线政策，建立抗日民主政权，建立健全了边区各级民意机关和政府行政

“构筑坚强堡垒”展览局部

机关，实施民主政治，促进全民族统一战线的形成。各级党组织认真贯彻执行党中央的路线、方针和政策，壮大党员队伍，健全党的组织，调整党的领导机关，并开展大规模的整风运动，达到思想上、政治上、组织上的统一，使党组织成为领导边区人民抗击日军、建设抗日根据地的坚强核心。

第四部分“建设模范边区”，重点介绍晋察冀抗日根据地建立后积极开展对敌经济斗争，加强经济建设，发展边区贸易和金融事业，冲破日军的经济封锁；发动群众开展减租减息运动，调动广大群众和开明士绅的抗战积极性；开展了轰轰烈烈的大生产运动，减轻农民负担；文化事业蓬勃发展，在文化教育、新闻出版，以及文学艺术、医疗卫生等方面均取得了骄人成绩；积极对外宣传中国人民的抗日大业，白求恩、柯棣华等国际友人来到晋察冀根据地参加抗日斗争，在晋察冀根据地流尽了最后一滴血，献出了自己的宝贵生命。

第五部分“夺取抗战胜利”，重点介绍从1944年开始，晋察冀军区部队进行大练兵，整训部队，扩大解放区，发动一系列战役，为对日反攻做好准备。1945年8月，晋察冀军区部队开始全面大反攻，夺取了中小城市和广大乡村，取得了抗日战争的最后胜利。

《地雷战》塑像

第二展馆为“解放战争史陈列馆”，围绕晋察冀是“全国解放战争的战略基地与指挥中心”，按照历史脉络，从抗战胜利后解放张家口到华北全境解放，分为“进驻张家口”“保卫解放区”“巩固壮大解放区”“组建华北解放区”“参加大决战”“欢庆华北全境解放”6个章节，展示了晋察冀军民为解放战争胜利和新中国成立做出的卓越贡献。

展览馆后为雕塑广场，矗立有聂荣臻和美穗子，邓拓、沙飞与新闻战士，李勇和爆破组，戎冠秀与受伤战士，国际友人白求恩，狼牙山五勇士6组青铜雕塑，采用不同的视角将晋察冀根据地的特点反映出来。

雕塑广场上的《狼牙山五勇士》雕像

后山旧址区分前院和后院两重。前院矗立着气势恢宏的铜像，这是晋察冀军区司令员聂荣臻的铜像。院中十分清幽，桧柏、银杏和榕树点缀其间。后院是3排土坯房，共21间，这里是晋察冀军区司令部旧址，主要是晋察冀军区首长的宿办室，毛泽东、周恩来、任弼时等中央领导的生活和办公地，另有军区作战科、电话室和会议室等。这里是河北唯一完整保留的晋察冀军区司令部机关旧址，也是唯一完整保留下来毛泽东主席在入京前的居住旧址。后山脚下还有一处保存完好的防空洞，是由晋察冀军区工兵连的战士人工开凿的。

聂荣臻铜像

晋察冀边区革命纪念馆是全国重点文物保护单位、全国爱国主义教育示范基地、河北省爱国主义教育基地。

经党中央、国务院批准，国务院于2015年8月13日公布，晋察冀边区革命纪念馆被列入《第二批国家级抗战纪念设施、遗址名录》。

知识链接 聂荣臻"十年驻马胭脂河"

1937年，七七事变爆发，抗日烽火燃遍华北大地，毛泽东在9月24日指出："目前应以全力布置恒山、五台、管涔三大山脉之游击战争，而重点于五台山脉。""该处应设置军政委员会一类的领导机关。应选择能独立领导党政军各方面之干部。"党中央、毛泽东把这一重任交给了聂荣臻，建立晋察冀军区，担任司令员兼政治委员。1937年11月7日，晋察冀军区在山西省五台县宣告成立，11月18日从五台县迁到了河北省阜平县。

聂荣臻在晋察冀军区司令部

晋察冀军区的成立及其活动，对华北日军构成极大威胁。1938年3月，日军集结兵力1万多人，分4路围攻晋察冀军区和晋察冀边区政府机关（边区政府于1938年1月成立）。其中曲阳一路5000多人，在10多架飞机配合下，侵入阜平县城。为避敌锋芒，聂荣臻带领军区机关，利用山区有利地形，同敌人巧妙周旋，由阜平转移到山西五台县，又到河北平山县，最后又迁回阜平城南庄南湾，在运动中指挥边区军民的反"扫荡"斗争，粉碎了敌人的阴谋。

从1941年开始，日军为了"确保华北"，对晋察冀根据地不断进行"扫荡""蚕食"，根据地面临着全民族抗战以来最困难的局面。1942年9月，聂荣臻主持召开了晋察冀党政军干部会议，提出了"到敌后之敌后去"的战略口号，将主力和地方部队组成大量的游击队、武工队，深入敌占区开展游击活动，拔除敌伪据点，建立小块游击根据地。同时，"敌后活动和正面斗争相配合，平地与山地斗争相配合，地方军和正规军相配合，形成了一个有机的整体"。到1943年初，基本上扭转了军事上的被动局面，粉碎了日军的"蚕食"进攻。全国抗战中，晋察冀军区部队进行大小战斗数万次，给了日本侵略者以沉重打击。为保卫晋察冀根据地的腹心地区，在阜平境内进行的战斗达到数百次。

晋察冀抗日根据地，是我党我军在华北敌后创建的第一块抗日根据地，曾被毛泽东誉为"抗日模范根据地"。

阜平作为根据地的腹心地区，作为根据地的

聂荣臻亲临前线指挥作战

政治军事中心，全县9万人民在共产党的领导下，同日本侵略者进行了艰苦卓绝的殊死斗争，做出了重大牺牲，做出了特殊的贡献，曾被誉为“华北的延安”。这里有“边区爆炸英雄”李勇、“战斗英雄”李殿冰、“边区子弟兵战斗英雄”邓世军，更有闻名全国的“子弟兵母亲”戎冠秀，阜平不愧是“抗日模范根据地的模范县”。

在同日军浴血奋战的同时，晋察冀军区指战员和人民群众开展了大生产运动和新文化建设，军民团结战斗，同甘苦、共患难，建立了深厚的无产阶级感情。根据地在斗争中不断巩固和壮大，最终形成地跨晋、绥（绥远省，今内蒙古中部、南部）、察（察哈尔省，今分属河北、山西、北京、内蒙古）、热（热河省，今分属河北、辽宁和内蒙古）、辽，辖160多个县区4000多万人口，纵横千里的广阔区域，成为夺取全国革命胜利的重要战略基地之一，曾被中共中央和毛主席誉为“模范抗日根据地”。陈毅曾赋诗一首：“十年驻马胭脂河，抗日反顽除万恶。我来共话艰难史，人民事业壮北岳。”

在1943年秋季反“扫荡”中，河北阜平五丈湾村民兵自卫队队长李勇和战友们共杀伤日、伪军300多人，炸毁敌汽车5辆

晋察冀烈士陵园

晋察冀烈士陵园位于河北省保定市唐县县城西北45千米处军城镇南关村西的通天河畔，是为了纪念抗日战争时期牺牲在晋察冀边区的烈士和国际友人，以及在抗日战争、解放战争时期和新中国成立后牺牲的唐县籍烈士而修建的设施，是中国共产党建立较早的烈士陵园之一。始建于1940年2月，原名晋察冀边区抗战烈士公墓，翌年曾两次遭敌严重破坏，1942年进行修复，新中国成立后又多次组织修缮和扩建，1953年4月更用现名。

1940年，晋察冀边区抗战烈士纪念塔在河北唐县军城落成揭幕，八路军将士列队祭奠凭吊

陵园坐西朝东，西面和北面是城墙，将历史上的阅兵场环绕其中，南侧是通天河，东面与军城镇相通，占地面积超过4.53万平方米，主要建有白求恩墓、柯棣华墓、琼·尤恩墓、抗日烈士公墓、

晋察冀边区抗战烈士纪念塔遗址等纪念设施。

白求恩墓位于中间广场的正面，建成于1940年5月，墓前石碑上刻有中共中央的唁电和祭文，另有毛泽东、朱德、聂荣臻、叶剑英、吕正操、萧克、舒同的题词。毛泽东的题词是：“白求恩同志毫不利己专门利人的精神，表现在他对工作的极端的负责任，对同志对人民的极端的热忱。”

白求恩墓

白求恩墓的南侧是柯棣华墓，始建于1943年7月，此后曾多次维修；北侧是琼·尤恩墓。琼·尤恩女士是白求恩生前战友，国际友人，其骨灰于1988年5月安葬在此。

抗日烈士公墓位于陵园北部，安葬为抗战牺牲的36名县团级以上干部。碑廊石碑上镌刻抗日战争时期、解放战争时期和新中国成立后牺牲的唐县籍2500余名烈士姓名。与公墓紧邻的是晋察冀边区抗战烈士纪念塔遗址，该塔落成于1941年8月，2个月后被日军炸毁。

晋察冀烈士陵园是国家级烈士纪念设施、河北省重点文物保护单位、保定市爱国主义教育基地。

经党中央、国务院批准，国务院于2015年8月13日公布，晋察冀烈士陵园被列入《第二批国家级抗战纪念设施、遗址名录》。

抗日烈士公墓

知识链接　诺尔曼·白求恩

诺尔曼·白求恩，国际主义战士，胸外科医生，1890年3月生于加拿大安大略省雷文赫斯特镇。他的祖父是著名医生，父亲是牧师。白求恩青年时进入多伦多大学学习生物学；第一次世界大战爆发后，两次应征入伍，任副医官；1923年加入英国皇家外科学会，是国际著名的胸外科专家；1935年11月加入加拿大共产党；1936年10月，西班牙内战时期，率加拿大医疗队赴西班牙，帮助西班牙人民一起抗击佛朗哥叛军和德、意法西斯，并号召加拿大和美国人民支援西班牙人民。

日本发动全面侵华战争后，受加拿大共产党和美国共产党的派遣，白求恩于1938年1月率一支医疗队前往中国，支援中国抗战，3月底到达延安，投入中国共产党领导的抗日事业。他相信“军医的岗位是在前线”，奔赴八路军前方医院工作，沿途为八路军伤病员做手术，6月到达晋察冀军区。

在军区后方医院，白求恩昼夜工作，1个月内检查了521位伤病员，做了147台手术。他还亲自率医疗队参加火线救护工作，两天两夜连续做了

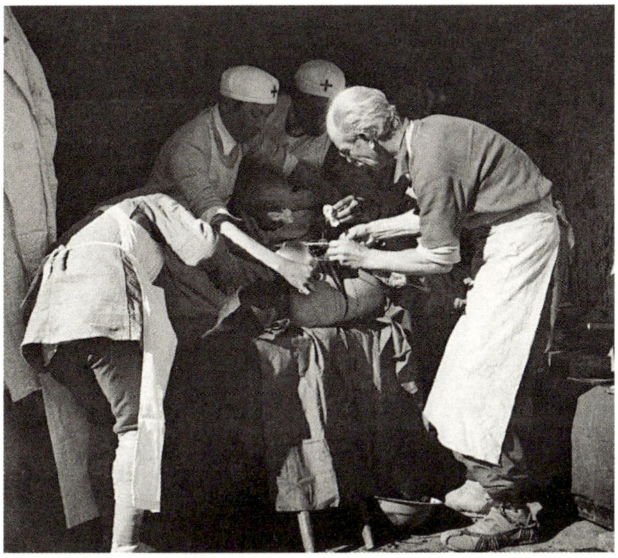

白求恩在前线为八路军伤员做手术

71台手术。他救治的伤病员术后状况良好，手术治愈率超过了第一次世界大战和西班牙内战时的治愈率。从1938年3月底到1939年11月，他在八路军第一二〇师、晋察冀军区等几十个战地医院工作过。在冀西和冀中，他多次亲临前线救护伤员，参加了广灵公路伏击战、留韩战斗、大团汀战斗、宋家庄战斗和齐会战斗等。他和他的医疗小队在距离齐会仅3.5千米的一个小庙里，在激烈的炮声中，69个小时里为115名伤员施行了手术。在战火硝烟中冒着生命危险奔波，夜以继日地工作，成为白求恩全身心投入中国人民抗战事业的真实写照。

白求恩不仅全力救治八路军伤病员，还着力提高八路军野战医院的医疗水平。在极为艰难的情况下，他创办模范医院、特种外科医院，加强医治救护工作，规范医疗医护程序，提高医院管理水平。根据八路军艰苦抗战的特点，建立起"马背医院"。他巧妙设计的"药驮子"，打开可以当手术台，收起放在马背上就可以迅速驮走，里面的各个抽屉可携带一个手术室、一个包扎室和一个药房的全部药品，可以满足100次手术和

白求恩（左）与贺龙（中）、美国医生布朗（右）在山西岚县

500次包扎的需求。

白求恩把培养八路军医务人员作为极端的重要工作来抓。他认为："外国医疗队不仅直接运用技术工作，最重要最有价值的任务是帮助训练人才，这样纵然离开，他们自己也能担负起救治任务来。"他亲自指导晋察冀军区20多个军分区和旅的卫生部部长、科长和医生的学习；亲自培训八路军医务人员；编著了非常实用的20多种教材，如《战地救护须知》《战场疗治技术》《战地外科组织治疗方法草案》等，发给各野战医院；提出创办一所卫生学校的建议，并得到军区首长的采纳。他用半个月时间，将自己的工作经验和八路军传统经验进行了总结概括，写成了一部14万字并附有119幅插图的书，即《游击战中师野战医院的组织和技术》。在书中，他把名不见经传的土办法专辟一章进行了介绍：木锯可作离断刀，丝线可以代替羊肠线，纱布和硬纸板可做麻醉口罩，木棍可以当夹板使用，等等。这是著作等身的白求恩的最后一部著作，凝聚着他的心血和对中国抗战事业的无限热忱。

白求恩在生活上从来不要任何照顾，穿八路

军的土布军装和草鞋，吃小米饭，用土豆蘸盐当菜吃，把同志们送来的水果都给了伤病员。为了照顾好白求恩的生活，毛泽东亲自打来电报，指示晋察冀军区每月给白求恩100元津贴。但白求恩坚决谢绝，说："在其他大夫每月只拿1元，而司令员自己每月只拿5元这样一笔'巨款'的时候，如果认为我能接受每月100元的津贴，是不可思议的。"他把工作当成唯一的使命，除了工作，还是工作。在战斗紧急时，白求恩连五六个小时的睡眠也达不到。

1939年10月，日军对晋察冀抗日根据地发动了冬季大"扫荡"。白求恩在前线为伤员做手术时被手术刀刺破了手指，不幸被细菌感染，但仍然在伤病非常严重的情况下，坚持为伤员检查治疗。仅11月3日，就为13位八路军官兵做了手术。在心脏即将停止跳动的时刻，他还惦记着中国的抗战事业，寄语同志们："努力吧！向着伟大的路，开辟前面的事业。"1939年11月12日，白求恩在河北省唐县黄石口不幸病逝，终年49岁。

毛泽东得知白求恩逝世的消息后，于12月21日写下了著名的《纪念白求恩》一文："一个外国人，毫无利己的动机，把中国人民的解放事业当作他自己的事业，这是什么精神？这是国际主义精神，这是共产主义精神，每一个中国共产党员都要学习这种精神。"

2009年，白求恩入选"100位为新中国成立作出突出贡献的英雄模范人物"。

雁宿崖、黄土岭战斗遗址

雁宿崖、黄土岭战斗遗址位于河北省保定市涞源县银坊镇黄土岭村。1939年11月，在抗日战争北岳区反"扫荡"战役中，八路军晋察冀军区部队在黄土岭地区对日军设伏，击毙了日军独立混成第二旅团旅团长阿部规秀中将，这是自全民族抗战爆发以来中国军队击毙的日军军衔最高的军官，极大地鼓舞了全国军民的抗战信心，给日军以沉重打击。日本朝野震动，哀叹："名将之花凋谢在太行山上。"

为了纪念此次战斗的胜利，1985年10月29日，地方政府将寨头村击毙阿部规秀的战场遗址小院列为县级文物保护单位。1987年8月，在黄土岭村南的小山上修建雁宿崖黄土岭战役胜利纪念碑，以及纪念亭、陈列馆等设施。

从白石口到雁宿崖一段，两面是高山，中间

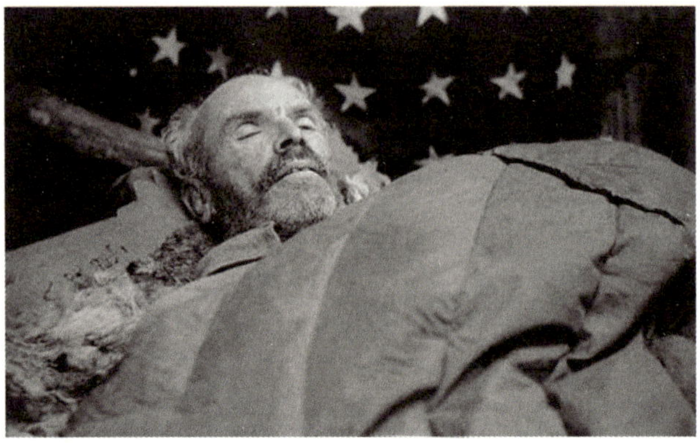

白求恩病逝

雁宿崖黄土岭战役胜利纪念碑

是一条四五十米宽的峡谷，这里就是雁宿崖伏击战的战场。其东不远处就是黄土岭，岭东侧的教场村山坡上有一个独立的农家小院，就是阿部规秀丧命的地方。纪念碑位于黄土岭南的小山上，建在垂青亭中，碑身正面“雁宿崖黄土岭战役胜利纪念碑”由聂荣臻元帅题写，背面是雁宿崖黄土岭战斗的经过。垂青亭是一座四方亭，飞檐翘角，上覆琉璃瓦。

垂青亭后面小山更高处，是一座两层仿古楼阁，名为“杨成武纪念馆”，里面展示了抗战时的真实照片、报纸及枪炮等文物。

日军随军记者拍摄的阿部规秀被击毙现场照片，阿部规秀的尸体已经被运走，同他一起被炸死的还有一头小毛驴

雁宿崖、黄土岭战斗遗址是涞源县重点文物保护单位。

经党中央、国务院批准，国务院于2015年8月13日公布，雁宿崖、黄土岭战斗遗址被列入《第二批国家级抗战纪念设施、遗址名录》。

知识链接

黄土岭战斗

1939年10月下旬，日军华北方面军第一一〇、第二十六师团各一部，和独立混成第二、第三、第八旅团各一部，共2万余人，分多路对晋察冀抗日根据地北岳区进行冬季“扫荡”。11月3日，由涞源县城出动的日军独立混成第二旅团独立步兵第一大队主力，被八路军部队歼灭于雁宿崖。针对日军每遭打击必急于报复的特点，晋察冀军区第一军分区迅即做好连续作战的准备，隐蔽待机。4日清晨，日军独立混成第二旅团旅团长阿部规秀中将率独立步兵第二、第四大队共1500余人，再次向雁宿崖、银坊方向急进，企图寻歼第一军分区主力。

阿部规秀

晋察冀军区即令第一军分区司令员兼政治委员杨成武统一指挥第一、第三、第二十五团，游击第三支队，第三军分区第二团，第一二〇师特务团等超过6个团的兵力，在民兵的配合下，先以少数兵力激怒日军，再将其诱至有利地形予以歼灭。

5日清晨，日军进至张家坟一带，八路军游击第三支队、第一团各一部节节抗击，诱其深入；第二十五团、游击第三支队各一部，前出至涞源城东五回岭、浮图峪，城西灰堡、石佛袭扰和迷惑日军。当晚，日军主力进至司各庄等地，扑空后即大肆烧杀抢掠。6日，日军在游击队的引诱下，于黄昏进抵黄土岭。杨成武决心于黄土岭东北上庄子至寨头之间峡谷伏击日军。遂以第一团及第二十五团一部并加强第一军分区炮兵连占领寨头东南、西南高地；第三团占领上庄子东南高地；第二团占领黄土岭东北高地；特务团由神南庄北进，从黄土岭东南方向加入战斗。当夜，阿部规秀发现黄土岭西北有八路军部队活动，感到有被围歼的危险。

黄土岭战斗中，杨成武（右一）在前线指挥作战

7日清晨，阴雨绵绵。日军冒雨向上庄子、寨头方向边侦察边交替掩护前进，企图避开八路军主力，绕道返回涞源城，但却始终未能发现两侧高地上的数千名伏兵。15时，当日军全部进入设伏地域时，预伏的八路军第一团、第二十五团一部迎头阻击，第三团和第二团分别从西、南、北三面包围，展开猛烈攻击。日军猝不及防，急忙抢占上庄子东北高地，并向寨头阵地反扑，双方展开激烈的山地争夺战。16时许，第一团指挥员发现在黄土岭与上庄子之间的一座独立农家小院附近有多名日军指挥官活动，即令迫击炮连对准目标轰击。后证实，击毙的指挥官中有阿部规秀。经数小时激战，日军被歼过半，余部被压至上庄子附近峡谷底部。当夜，日军残部连续突围10余次，均被击退。

与此同时，驻涞源、蔚县、易县、满城、唐县、完县（今顺平县）的日军第一一〇、第二十六师团及独立混成第二旅团余部多路向黄土岭方向火速增援。各县、区游击队广泛开展袭扰活动，以牵制增援的日军。8日，被围日军在5架飞机的掩护下，向上庄子西北方向突围。第一团和第二十五团一部把突围的日军拦腰截断，并包围被阻截在上庄子的200余名日军。约400名日军突围至上庄子西北高地，继续向司各庄方向逃跑。第二团从右翼、第三团从左翼迂回追击，与逃跑日军展开激战，特务团亦及时赶至和第三团从左翼加入战斗。在给突围和被围日军再次杀伤后，晋察冀军区和第一二〇师参战部队撤出战斗。

这次战斗，毙伤日军900余人，打死日军中将指挥官阿部规秀，缴获大量军用物资，打击了侵华日军的气焰，鼓舞了全国军民的抗战信心。

聂荣臻（前左）、杨成武（前右）检阅黄土岭战斗胜利归来的参战部队

热河革命烈士纪念馆

热河革命烈士纪念馆位于河北省承德市双桥区翠桥路西9号，是为了纪念抗日战争和解放战争中牺牲在热河（今内蒙古中部、南部）大地上的革命烈士而修建的设施。原称热河革命烈士纪念馆，始建于1956年，1965年建成，1967年更名为承德革命烈士纪念馆，1979年恢复原名。

纪念馆坐西面东，依山势而建，占地面积8万余平方米，主要建有大门、纪念亭、纪念碑、陈列馆等纪念设施，分布于馆区中轴线上。

大门由4个同等高度方柱组成，花岗岩贴面。侧门门额上均有李运昌题写的“热河革命烈士纪念馆”。

热河革命烈士纪念馆大门

进入大门拾级而上，依山就势建有台阶98级，寓意中国人民永远不忘“九一八”国难。甬道两侧是接待室和热河革命烈士纪念馆馆史展览室，还有两座仿古纪念亭，即流芳亭和景仰亭，表现的是后人对先烈事迹的“流芳”，还表现了后人对为民族和革命牺牲的英雄的“景仰”。

革命烈士纪念碑立于百米甬道尽头，建于1957年，占地1200平方米，碑高31.6米，由花岗岩砌筑，其建筑风格、碑身式样、汉白玉浮雕均仿自天安门广场人民英雄纪念碑。碑身正面镌刻朱德题写的“革命烈士永垂不朽”金色大字。背面是由原热河省政府题写的一则碑文。热河革命纪念碑气势威武雄壮，通常举行公祭大会时，都会选在前面广场。

革命烈士纪念碑

陈列馆位于纪念碑的后面，建筑面积1500平方米，由3座呈“品”字形排列的展室构成，传统宫殿式建筑风格。主馆悬挂萧克题写的“陈列馆”牌匾，馆内展有“热河革命史展”，展线300余延米，分两个展厅，上限起于1919年五四运动，下限至1955年12月31日热河省建制撤销。第一展厅包括序言、“塞北早春播星火 革命运动现高潮”、“烽火漫天遭外辱 不屈不挠求光复”3个部分，分别展出“热河”名称的由来及热河建置沿革、热河早期革命斗争、热河沦陷后热河人民的抗日抗争。

第二展厅展出解放战争至热河省撤销时期的历史，包括“风云变幻毁和平 军民携手保家园”和“生产自救度灾荒 重建家园有吃穿”两部分，综合运用声光电等现代化展示手段，通过展出文物169件（套）、各类雕塑5组11个、图片500余幅、场景复原4处，反映热河军民在中国共产党的领导下不屈不挠、艰苦卓绝的革命斗争史实。

陈列馆

热河革命烈士纪念馆是国家级烈士纪念设施、全国爱国主义教育基地、河北省爱国主义教育基地。

经党中央、国务院批准，国务院于2015年8月13日公布，热河革命烈士纪念馆被列入《第二批国家级抗战纪念设施、遗址名录》。

知识链接 陈镜湖

陈镜湖，字印潭，号小秋，化名李铁然，1901年10月25日出生于热河省建平县（今属辽宁省）富山乡南井村；1918年考入天津直隶省立一中，1922年8月考入南开大学，1923年加入中国社会主义青年团，同年经李大钊介绍加入中国共产党。1924年被党派到冯玉祥部任热河民军司令、内蒙古特别民军第二纵队司令。1927年当选为内蒙古党代表，出席在武汉召开的中共第五次全国代表大会。1930年底中共内蒙古特委遭破坏，陈镜湖负起内蒙古党的领导责任。1932年9月被选

陈镜湖烈士

为临时特委书记，同年底去上海向党中央汇报，被任命为中共内蒙古特委书记。1933年日军侵犯热河时，曾组织蒙汉抗日同盟军，被任命为参议。1933年春，奉党的指示到张家口以抗日同盟军参议的身份参加冯玉祥领导的察哈尔抗日同盟军筹备工作，同年5月12日在去张北点验抗日武装途中，遭反动民团伏击牺牲，时年32岁。

知识链接 孙永勤

孙永勤，1893年出生于热河省兴隆县（今属河北省）黄花川孙杖子村。自幼习武，崇尚忠义，性格直爽，敢于扶弱抑强，1931年九一八事变后，积极参加抗日救亡活动。热河沦陷后，孙永勤于1933年12月12日宣告成立民众军，并出任军长。到1934年4月，队伍发展到5000余人。1934年5月，孙永勤将民众军改名为“抗日救国军”，以总队为单位分散活动在青龙、兴隆、承德、平泉、迁安、遵化等县，不断打击日伪军。之后，因日、伪军大举“围剿”，抗日救国军伤亡惨重。

孙永勤烈士

1935年5月，在日本关东军的疯狂围堵下，腿部负伤的孙永勤为解决部队军需给养问题被迫带队入关。为不给侵略者造成进占华北的口实，他决定寻机突围，重返长城以北山区。不料未及冲出，便被日本关东军纠集的1万余武装层层围困，被迫坚守在遵化境内的茅山。日军动用飞机、大炮对抗日救国军阵地进行轰击。5月24日，孙永勤在指挥少数部队掩护主力向热河方向突围时壮烈牺牲，时年42岁。

2014年9月1日，孙永勤入选国家《第一批著名抗日英烈和英雄群体名录》。

马本斋纪念馆

马本斋纪念馆位于河北省沧州市献县本斋回族乡本斋村北，是为了纪念民族英雄马本斋而建，其前身是马本斋母子烈士陵园。马本斋于1944年2月病逝后便安葬在这里。1954年，烈士灵柩迁往石家庄华北烈士陵园安葬。1985年在原址上重建马本斋烈士陵园。纪念馆始建于2001年春，完工于2005年8月。2010年建成新馆。

马本斋纪念馆占地面积约7万平方米，分南、北两院，由展馆、塑像、升旗台、矮墙、大门等组成。

从纪念馆院门进入便是一座大广场，东、西两侧分别是母子湖，中间连接一条绕景区一周的小河。广场左侧是收集了全国130多位将军书法家书法作品的百将碑廊，这些作品都是缅怀马本斋司令员的。广场中央是马本斋骑马雕像，两侧分别是辅馆。雕像背后便是马本斋纪念馆的主馆。

纪念馆主体部分是典型的伊斯兰风格，大门入口设穹隆，两侧是火焰券柱廊，墙面上有伊斯兰建筑风格的窗子，走进去后是一级级台阶。

马本斋纪念馆的主体部分展示的是马本斋烈士的生平事迹，分为9部分：第一部分“苦

马本斋骑马雕像

难童年”，展现的是马本斋少年时期的生活；第二部分“上下求索”，展现的是马本斋青年时期投军入伍的经过；第三部分“奔向光明”，展现的是马本斋在民族危亡时刻组织成立抗日义勇军；第四部分“千里驰骋”，展现的是马本斋率领回民支队浴血抗敌的事迹；第五部分“母子英雄”，展现的是马本斋和母亲的英雄事迹；第六部分“冀中血战”，展现的是马本斋带领回民支队与日军在冀中英勇奋战的事迹；第七部分“威震山东”，展现的是马本斋在鲁西北与敌人作战的事迹；第八部分“以身殉国”，展现的是马本斋因病魔侵袭而长眠鲁西北大地的事迹；第九部分“永远活在人们心中”，展现的是马本斋离去后为人们留下的宝贵精神遗产——他对党的忠诚、坚贞和伟大的献身精神，将永远激励着后人。

马本斋纪念馆是全国爱国主义教育基地、全国首批民族团结进步教育基地、河北省爱国主义教育基地。

经党中央、国务院批准，国务院于2015年8月13日公布，马本斋纪念馆被列入《第二批国家级抗战纪念设施、遗址名录》。

马本斋纪念馆

知识链接

马本斋和回民支队

马本斋，中国抗日战争时期八路军冀中回民支队创建人和领导人。原名马守清，1902年生，河北省献县人，回族。1921年投身奉军，后入东北讲武堂学习，毕业后由排长逐级升至团长。

1931年九一八事变爆发后，马本斋因不满蒋介石对日不抵抗政策，弃官返乡。1937年七七事变爆发后，马本斋在家乡组织回民义勇队，奋起抗日。1938年春，马本斋率回民义勇队参加八路军，改编为冀中军区回民教导总队，任总队长。同年10月，马本斋加入中国共产党。他在入党申请书中写道：“我决心为回族的解放奋斗到底，而回族的解放，只有在共产党领导下才能实现。”“我心甘情愿把我的一切献给伟大的中国共产党，献给回族解放和整个中华民族的解放而奋斗的伟业。”1939年，教导总队改称冀中军区回民支队，马本斋任司令员。他十分重视政治工作，严守部队纪律，维护民族团结，并钻研游击战术，总结斗争经验，回民支队的战斗力不断提高，人数也迅速发展到2000多人。1940年5月，马本斋运用围点打援战法取得衡水康庄战斗胜利，歼灭日、伪军150余人，缴获大批军用物资，受到晋察冀军区司令员聂荣臻的赞扬。随后，马本斋率领回民支队参加百团大战，在深县（今深州市）南北地区破击交通线，摧毁日、伪军据点和伪政权组织，积极配合主力作战。

从1941年起，日、伪军调集重兵对冀中抗日根据地反复“扫荡”“蚕食”，根据地斗争形势严峻。马本斋率领回民支队转战深（县）南、无极、白洋淀、大清河、子牙河等地，先后作战数十次，

冀中回民支队队员表演刺杀

歼敌数百人，有力地配合了根据地军民的反“扫荡”、反“蚕食”斗争。

被回民支队打得心惊胆战的敌人恼羞成怒，于8月27日将马本斋的母亲抓起来，强迫她给儿子写信劝降。马母严词拒绝：“杀剐存留，全凭你们，要我写信万万不能。”这位英雄母亲绝食七日而死。噩耗传来，马本斋含泪写下：“伟大母亲，虽死犹生，儿承母志，继续斗争！”马母大义凛然的民族气节和舍身为国的英雄壮举令冀中抗日军民为之动容，激励着马本斋和他的回民支队更加坚决地打击日本侵略者，使回民支队成长为“无攻不克、无坚不摧，打不垮、拖不烂的铁军”。

1942年6月，回民支队被伪军包围在阜城高纪庄，马本斋率队突围转移到冀鲁边区。同年秋，马本斋出任冀鲁豫军区第三军分区司令员兼回民支队司令员。1943年11月，马本斋指挥回民支队参加濮阳八公桥战斗，提议采用“牛刀子钻心”战术，对取得战斗胜利起到重要作用。1944年2月7日，马本斋在山东莘县病逝。毛泽东题写挽词：“马本斋同志不死。”周恩来赠挽：“民族英雄，吾党战士。”朱德的挽联是：“壮志难移，回汉各族模范；大节不死，母子两代英雄。”

据统计，在全国抗战期间，冀中军区回民支队运用游击战术，以地道战、地雷战、麻雀战、破袭战、推磨战等方式巧妙打击日、伪军，共进行大小战斗870余次，歼敌3.6万余人，战果辉煌，被毛泽东赞誉为“百战百胜的回民支队”。

2009年，马本斋入选“100位为新中国成立作出突出贡献的英雄模范人物”。

陈庄歼灭战旧址

陈庄歼灭战旧址位于河北省石家庄市灵寿县岔头镇横山岭水库旁的陈庄村，是抗日战争时期陈庄歼灭战的发生地。陈庄在抗日战争时期是晋察冀边区政治、经济、文化与军事要地，当时很多后方机关，如边区政府、抗大二分校、边区公安局、粮食局、边区银行等都曾在这里驻扎。1939年9月25日，日军将晋察冀边区政府的后方基地作为目标进行“扫荡”，在他们回窜的路上，贺龙、聂荣臻率八路军一二〇师、晋察冀军区部队及抗大二分校学员队在陈庄设伏，日军1380人被歼灭。这次战役是河北抗战史上的一次“模范的歼灭战”，

陈庄歼灭战陈列馆展厅内的贺龙与聂荣臻雕像

是我党我军一次性歼灭日军最多的战斗之一。

陈庄歼灭战旧址占地面积约3.7万平方米，包括南昙花楼、北昙花楼、跌骨崖3部分，旧址范围内建有陈庄歼灭战陈列馆、陈庄歼灭战纪念碑、陈庄歼灭战烈士墓碑、陈庄歼灭战烈士墓群、贺龙指挥部旧址等纪念设施。

陈庄歼灭战陈列馆占地面积6000余平方米，建筑面积1636平方米，展陈面积1391平方米。馆内展陈内容包括“陈庄歼灭战”“抗大二分校”“千年古县灵寿”3部分，用人物雕塑、抗日战争时期历史照片、历史文物、模拟场景和声光电半景画等全面展示了陈庄歼灭战的辉煌胜利和抗大二分校敌后办学的奇迹。馆内收藏有很多文物，如贺龙将军使用过的书包、相册、军用地图，还有缴获的武器弹药等；馆内还收藏有胡耀邦、张宗逊、刘道生、孙毅、黄新廷、吕传赞、洪毅和张敏等人为陈庄歼灭战所作题词，以及贺龙给横山岭水库的题词等。

陈庄歼灭战陈列馆

陈列馆西南方向横山岭主峰上，茂盛的翠柏错落有致，这里坐落着陈庄歼灭战纪念碑，也是陈庄歼灭战烈士墓群及孙毅将军骨灰撒放处所在地。

陈庄歼灭战纪念碑为汉白玉石料雕成，由碑身和碑座组成，通高3米，其中碑身高2米，呈五棱形；碑座高1米，为束腰式形状。碑身正面镌刻着“陈庄歼灭战纪念碑”阴刻楷书大字，其余5面详细记载了陈庄歼灭战的经过。纪念碑是1959年纪念陈庄歼灭战胜利20周年所立，时值灵寿与正定两县合并，故署名“正定县人民委员会”。

纪念碑不远处，是在陈庄歼灭战中牺牲的烈士墓群及孙毅将军骨灰撒放处。

陈庄歼灭战旧址是河北省爱国主义教育基地。

经党中央、国务院批准，国务院于2020年9月1日公布，陈庄歼灭战旧址被列入《第三批国家级抗战纪念设施、遗址名录》。

陈庄歼灭战纪念碑

知识链接

陈庄战斗

1939年8月，八路军第一二〇师主力奉命由冀中区西越平汉铁路，转移到北岳区的河北省行唐县境内进行整训待命，并参加巩固北岳区的斗争。9月上旬，第一梯队到达北岳区，开展隐蔽整训。

9月25日凌晨，驻石家庄及正太铁路沿线的日军独立混成第八旅团第三十一独立大队及驻灵寿、行唐、正定、无极四县的伪军共1500余人，在旅团长水原义重少将的指挥下，自灵寿县出动向慈峪镇大举进犯，企图采取所谓“山地讨伐的‘牛刀子’新战术”，寻歼八路军主力，摧毁晋察冀抗日根据地的后方基地——陈庄。

陈庄，位于河北省灵寿县西北部山区，距离县城只有100多里，是多山的灵寿仅有的一个较大盆地。镇子里住有800多户人家，是晋察冀边区的南部重镇，战略地位和物资供应都占有重要地位。当时这里是晋察冀边区的经济、文化中心和军事要地，晋察冀边区政府、公安总局、边区银行、抗大第二分校、八路军第一二〇师供给处等许多后方机关在此驻扎。

在获悉日军行动后，第一二〇师师长贺龙、政治委员关向应和晋察冀军区司令员兼政治委员聂荣臻决心以少数兵力节节抗击，诱敌深入，而后集中优势兵力将进犯日军歼灭于运动中。据此，命令第三五九旅七一九团在慈峪以北地区，正面抗击，吸引敌人；第三五八旅七一六团、独立第一旅二团、独立第一支队和抗大二分校等部，隐蔽集结于陈庄东南口头镇、秦家台、牛下口等地区，准备向进犯日军的侧后突击，并在正面部队配合下，将日军歼灭于东西岔头至南北谭庄地区；晋察冀军区第四军分区五团在慈峪以南地区监视日军行动。

25日晚，日、伪军进占慈峪。26日拂晓，继续北犯，在南北伍河及北霍营地区遭第七一九团阻击后，于当日午后退回慈峪，并伪装向灵寿撤退。27日拂晓前，日、伪军除留部分兵力据守慈峪外，主力1000多人轻装急进，秘密沿鲁柏山南麓小路，经南燕川、湾子里、长峪奔袭陈庄。

陈庄歼灭战中，贺龙与关向应观察地形

由于敌军来势凶猛，晋察冀军区部队一面顽强阻击，一面掩护边区领导机关和抗大二分校迅速撤出陈庄。贺龙、关向应和聂荣臻等判断敌人孤军深入，增援和补给困难，必将迅速撤离陈庄，并针对敌人一般不沿原路撤退的特点，立即调整部署：第七一九团、第三五八旅第四团分别担任曲阳、行唐方向的警戒；第七一六团、独立第一旅二团、独立第一支队，分别由口头镇、秦家台、牛下口进至陈庄以东磁河两岸的东、西寺家庄及冯沟里地区设伏，歼灭进犯之敌。并令独立第一支队和独立第一旅二团各派1个营进至长峪地区，截歼可能从原路返回之敌。

上午11时，日军第三十一独立大队等部占领陈庄。这天恰是农历八月十五，中国传统的中秋佳节。深受中国汉唐文化影响的日本人称之为“十五夜”或“中秋名月”，在这天也同样有赏月的习惯，叫“月见”，并吃用江米粉做成的“月见团子”。日军见偷袭陈庄得手，又赶上过节，更加得意和兴奋。但他们做梦也没有想到，这一招并不高明，这是第三十一独立大队在人世间最后一次“月见”了。

28日拂晓，日、伪军放火焚烧陈庄后，洋洋得意地沿磁河大道东撤。10时许，撤退的日、伪军全部进至冯沟里、坡门口伏击区域。独立第一支队、第七一六团一营、独立第一旅二团突然发起攻击，以猛烈的火力向敌人射击。猝不及防的日、伪军被打倒了一大片，在发觉中了八路军的伏击后，立即组织力量向东实施强攻，企图打开一个缺口突围出去。

东面是伸向磁河的一个突出而又光秃的小山包，名叫叠谷崖，由第七一六团一营据守。叠谷崖如同一道闸门，死死地卡住了敌人向东逃跑的路。日军以2个中队的兵力向这个小小的山包发起了疯狂的进攻。一营指战员沉着应战，连续打退了日军的4次冲锋、3次肉搏，阵地坚如磐石。日、伪军被压制在河沟里，成群地挤在一起，既无法发扬火力，又无处藏身，急得像热锅上的蚂蚁，团团乱转。一股日军北涉磁河，企图抢占东、西寺家庄的高地，遭到预伏在北山上的第七一六团三营猛击，狼狈地逃回了南岸。

见向东、向北都碰了钉子，日、伪军转向南面，以高家庄、坡门口为依托，猛烈攻击南面青山第二团的阵地，企图抢占有利地形负隅顽抗，寻找突破口。第二团英勇抗击，特别是九连、十连打得异常顽强，伤亡也越来越大。

14时，第四团从牛家下口赶至石嘴，占领坡门口以东阵地，从而彻底截断敌人向东逃窜的退路，将敌人四面包围，压缩在坡门口、冯沟里地区。天黑后，第七一六团和第二团发动攻击，占领了这个地区日军的前沿阵地，第四团和独立第一支队则分别攻占坡门口以南和冯沟里以西高地，进一步缩小包围圈。战至当夜23时，日、伪军被全部压缩在冯沟里、坡门口两个村寨里，做最后的垂死挣扎。

被围的日、伪军不断告急，驻灵寿县城的日军也着了慌，急忙向慈峪镇增兵300余人，连同原先留在那里的四五百人，于16时向南北伍河、白头山地区扑来，企图打通到坡门口的大路。第七一九团在白头山顽强阻击，多次打退增援日军的攻击，使敌前进不得。

29日拂晓，被围日、伪军见待援无望，遂施放毒气，乘机集中兵力突破第二团阵地，企图登上鲁柏山，夺路南逃。第五团先敌抢占了鲁柏山制高点，挡住残敌去路，迎头痛击。而后第七一六团、独立第一支队及第二团尾追赶到，又将逃敌包围于鲁柏山北侧鞍部万寺院地区。日、伪军死伤惨重，兵无斗志，不断发电报紧急求援。从战后缴获的日军电文中知道，当时敌人发出垂死哀号："现在西侧鞍部苦战，刻下身边忧虑，望至急以飞机送弹药粮秣，并增派讨伐队。"

很快，天空中出现3架日机前来助战。但由于双方已混战在一起，展开白刃格斗，日机无法扫射轰炸，在天上转了几个圈子后飞走了。没过多久，又飞来了3架日机，用降落伞投下几大包弹药和饼干，但大部分落到了八路军的阵地上。黄昏时分，八路军对被围之敌发起总攻。刹那间，山上枪炮齐鸣，硝烟弥漫，杀声震天。第七一六团五连的战士们首先从东侧冲上山，后续部队和西侧的第五团的战士们也相继冲到山上，同敌人展开肉搏。在英勇的八路军战士面前，敌人死的死、伤的伤，大部被歼。有十几个敌人从南侧的陡坡滚下去，钻进万寺崖偏僻的山沟里，次日清晨被民兵、游击队一一俘获，无一漏网。就这样，曾骄横一时的日军第三十一独立大队全军覆灭，大队长田中省三也被击毙。

30日晨，慈峪方向的日军又增加200多人和3辆坦克，企图绕道向沙湾方向北进，接应残敌，被及时赶来增援的第四团击退，无法前进。下午，在得知进犯陈庄的第三十一独立大队等部已被歼灭后，日军遂撤出战斗，经慈峪退回灵寿县城。至此，战斗全部结束。

陈庄战斗是抗日战争相持阶段中八路军取得的一次大捷，被八路军参谋长叶剑英称赞为“抗战以来最模范之歼灭战”。此战历时6天5夜，八路军集中6个团的兵力，全歼进犯陈庄之敌，并击退慈峪方向的援敌，共毙伤俘日、伪军1380余人，其中俘虏日军16人，缴获山炮3门、轻重机枪20余挺、长短枪500多支、掷弹筒9个、无线电台1部、降落伞5个、战马数十匹以及一批军用物资，给进犯边区之敌以沉重打击，丰富了八路军山地运动歼敌的经验，提高了边区军民粉碎敌人“扫荡”的胜利信心。

遵化市长城抗战烈士陵园

遵化市长城抗战烈士陵园位于河北省遵化市城西25千米的石门镇石门四村，是当年长城抗战中在喜峰口和罗文裕等地牺牲的抗战英烈的安眠之处。始建于1933年，落成于1935年4月20日。其最初被称作“二十九军抗日烈士陵园”，后来又被称作“义地”“荣复军人石门农场”，2005年改为“遵化市长城抗战烈士陵园”，2016年起翻新重建。

烈士陵园坐北向南，四周青砖围墙，占地面积约3.9万平方米。据说当时建造这座陵园的材料是从天津市蓟州区的清乾隆年间重臣傅恒墓取来的砖瓦木料。原大门上方横悬着一块大匾额，写着“二十九军抗日烈士陵园”字样，1937年毁于日军手中。现在的大门为三门四柱牌坊式大门，门额上书“英烈千秋”。

遵化市长城抗战烈士陵园大门

陵园北侧是第二十九军阵亡将士公墓，墓园占地约1.3万平方米。大宝顶为青砖结构，底沿周长16.7米，腰围14.5米，高2.3米。葬有长城抗战后从冷口、喜峰口和罗文裕等地拾得的烈士尸骨36麻袋。墓碑至今依然完好地伫立原地，高2.4米，宽0.8米，厚0.3米。碑阴无字。碑阳额书“永垂不朽”，上款“国民政府军事委员会北平分会建”，中书“阵亡将士公墓”，下款是“中华民

阵亡将士公墓

国廿四年四月　日张桐林王醒民监修”。

公墓旁另建有280座阵亡将士墓，其中有3座军官墓，都立了碑，通过碑上刻字，可以了解烈士的姓名、籍贯和所属部队等情况。

陵园中部为纪念区，建有两座烈士纪念碑、纪念广场等；南部建有石牌楼、横碑等。

烈士纪念碑是新修的，由原西北军将领的后人共同集资建成。其中一座石碑正面是遵化市长城抗战烈士陵园简介，背面是国民革命军第二十九军长城抗战史略。另一座石碑，有第二十九军军长宋哲元将军亲笔所题“宁为战死鬼，不做亡国奴”。

遵化市长城抗战烈士陵园是唐山市文物保护单位、唐山市爱国主义教育基地。

经党中央、国务院批准，国务院于2020年9月1日公布，遵化市长城抗战烈士陵园被列入《第三批国家级抗战纪念设施、遗址名录》。

烈士纪念碑

知识链接　长城抗战之喜峰口、罗文峪作战

1931年，日本帝国主义侵占东北三省后，为割断东北抗日部队与关内的联系，扩大并巩固伪满洲国的疆界，进而蚕食华北，决定由关东军司令官武藤信义指挥第六、第八师团，混成第十四、第三十三旅团，骑兵第四旅团和航空兵、海军各一部4万余人及伪军3万多人，企图攻占热河（今分属河北、辽宁和内蒙古）、古北口以东的长城一线，伺机进占冀东。

国民党政府在中国共产党、全国人民和国民党内爱国人士一致要求抗日的压力下，由军事委员会北平分会代理委员长张学良（3月12日起由何应钦接替）指挥，先后调集14个军20余万人，以保卫热河并依托长城阻止日军进关。在长城东段喜峰口、罗文峪一线，从3月初至4月中旬，中国守军第二十九军与日军进行了激烈的争夺战。

3月9日，日军混成第十四旅一部攻占喜峰口关门。当天刚接防的第二十九军三十七师一〇九旅二一七团在团长王长海的率领下实施反击，毙伤日军百余人，夺回关门。但在日军疯狂反扑下，第二一七团寡不敌众，伤亡500余人，被迫撤退，喜峰口关门复被日军占领。随后两天，第三十七师与进攻喜峰口第二道关门及两侧高地的日军混成第十四旅展开肉搏战，两侧高地多次易手，双方伤亡惨重。日军遂以一部守关门，主力集中长城北侧待机。

11日夜，第二十九军三十七师乘日军疲惫之际，以约2个旅的兵力采取迂回夜袭战术，并发挥自己的特长，组织大刀队与日军展开肉搏，重创日军，摧毁其火炮10余门。此后在第三十八师一部配合下，经5昼夜正面抗击与迂回敌后作战，终于夺回喜峰口阵地，迫使日军停止进攻，在喜峰口和董家口、铁门关、潘家口等地对峙。

喜峰口大捷一扫九一八事变以来国民党军队接连败退的颓势，极大地鼓舞了全国人民抗战的信心，民众纷纷组织慰问、褒奖活动。驻扎在长城其他各关口的中国军队各部也多次进行激战，顽强防守，给予日军重创。

驻守喜峰口的中国守军

日军见进攻喜峰口失利，遂以第四旅团于17日由快活林进攻罗文峪、山楂峪。驻守该地的第二十九军暂编第二师顽强抗击，并实施迂回反击。激战3昼夜，阵地易手10余次，最终日军不敌而败退。至4月8日，日军混成第十四旅团和骑兵第四旅团各一部，复在飞机、重炮支援下猛攻喜峰口附近的老婆山、孩儿岭、摩天岭、滦阳城、龙井关等中国守军阵地。激战6天，日军均被第二十九军击退。但由于日军于11日突入冷口，第二十九军腹背受敌，只得奉命于13日撤离喜峰口，继续担负兴城镇、潵河桥至罗文峪一带守备任务。15日至21日，第二十九军在潵河桥、南北团汀，击退了企图渡滦河西进的日军。

在长城抗战的喜峰口、罗文峪作战中，第二十九军发扬“宁为战死鬼，不做亡国奴”的牺牲报国精神，在宋哲元、张自忠、佟麟阁、赵登禹、何基沣等爱国将领的指挥下，与日军展开激战，给骄横一时的日军以沉重的打击，自己也付出了巨大牺牲，表现了中国广大爱国官兵为反抗侵略而具有的高尚的抗战热情和顽强的抵御能力，激发了全国人民抗日救亡运动的高涨。著名的《大刀进行曲》正是因此战而诞生。

冀南山底抗日地道遗址

冀南山底抗日地道遗址又被称为“邯郸抗日地道遗址”“邯郸市峰峰矿区山底抗日地道遗址”，位于河北省邯郸市峰峰矿区义井镇山底村，是抗日战争时期规模最大、如今保存最完整、巷道最长的地道。

山底村一面靠山，三面环沟，从古至今都是兵家必争之地。冀南山底抗日地道遗址，南宋末年开始挖掘，抗日战争时期进行了拓展和延伸，形成各家各户相连通、进退得宜的抗战地道。遗址现存9条共计1626米主巷道、304米副巷道、13666米支巷道、2个大洞室、6个小藏身洞关口、4个陷阱、2个直通枯井的地道、1条通往西山的地道等，总长度15.6千米。地道大体都是1米左右宽，但由于地势起伏，高的有1.7米上下，低的1.2米左右。地道深埋在地下5—7米，地道遗址内

冀南山底抗日地道遗址

恒温，常年保持在22℃，冬暖夏凉，十分舒适。

冀南山底抗日地道遗址内，迂回洞口、陷阱、枪眼、防毒门、兵工厂等都保存完好。主巷有上下复洞，洞口的开关盖和开关门花样繁多，具有防水、防毒和防火的作用，还可以防破坏和防封锁，各转角处有枪眼、陷阱和暗洞。地面上村民家中有伪装地道与射击孔，如灶底、树洞、水井、碾盘底或是野外的崖边等。地道阡陌相连，是名副其实的地下战斗堡垒。

抗日战争时期，山底村村民就是利用地道的有利形势进行抗日活动，在保护自己的同时，扭转了战场局势，也为扩大敌后根据地做出了贡献。山底村也因此被晋冀鲁豫边区政府授予“抗日模范村”的优秀称号。

冀南山底抗日地道内景

另外，山底村村民还在党的领导下自制了很多武器，如明雷、暗雷、石雷、拉雷、子母雷、吊雷等；还在村外建围墙和炮楼，村中构筑防御工事，如暗堡、墙壁射击孔等，创造出了地雷战的打法，并与地道战结合在一起，消灭敌人，保卫家乡。

最近几年，山底抗日地道遗址在不断改造升级，增加了山底抗日地道纪念馆、中国抗日地道体验馆等。其中中国地道体验馆里，山底村内各家的地道出入口，如驴槽式地道口、锅台式地道口、土炕式地道口、踏板式地道口、衣箱式地道口、立柜式地道口、水井式地道口、碾盘式地道口、草垛式地道口都被浓缩在了一座四合院内，看着平平无奇，但其实这些地道出入口都与核心景区的地道遗址相连。

冀南山底抗日地道遗址凝结了山底人民的智慧，也为我们留下了宝贵的财富，是河北省爱国主义教育基地。

碾盘地道口

经党中央、国务院批准，国务院于2020年9月1日公布，冀南山底抗日地道遗址被列入《第三批国家级抗战纪念设施、遗址名录》。

知识链接　冀南抗日根据地

冀南抗日根据地位于河北南部，依托太行山

脉，东面跨卫河至山东省，南面是豫北和鲁西的广大地区，还有津浦、平汉铁路从腹地穿过，背靠太行山根据地，战略地位十分重要。

冀南抗日根据地是晋冀鲁豫抗日根据地的一部分。1938年1月，八路军第一二九师三八六旅副旅长陈再道任东进纵队司令员，率500余人的队伍来到冀南隆平地区，开辟冀南敌后抗日根据地。当时日军在冀南地区只占领了重要城市和交通枢纽，陈再道率部到来，令冀南抗日斗争的局面有了新进展。2月中旬，第一二九师骑兵团在宋任穷的带领下，来到冀南展开抗日游击活动。3月，中共冀鲁豫省委（不久改为中共冀南区委）、冀南抗日军政委员会成立。4月，冀南军区成立。冀南抗日根据地初现规模。

八路军第一二九师骑兵团

至1938年8月，冀南抗日根据地以南宫为中心，南北从漳河、卫河至沧石路，东西从津浦路至平汉路的格局基本形成。1944年5月，冀南军区与冀鲁豫军区合并后建立新的冀鲁豫军区。同一时间，中共冀鲁豫分局建立。

冀南抗日根据地是中国共产党在平原地区最早开辟的抗日根据地之一，为全国平原抗战提供了范例。冀南根据地的创建是一次伟大的实践，是冀南军民团结一致、艰苦抗日的真实写照。它展现了冀南抗战精神，那就是无所畏惧的英雄主义精神和艰苦卓绝的奋斗精神。

中国人民抗日军政大学陈列馆

中国人民抗日军政大学（以下简称“抗大”）陈列馆位于河北省邢台市信都区浆水镇前南峪村，是中国第一所反映中国人民抗日军政大学校史的专题陈列馆。1986年，在原抗大校址建起一座纪念碑。陈列馆是在抗大旧址基础上建立的，始建于1997年，竣工于1999年。“中国人民抗日军政大学陈列馆”馆名为杨成武将军题写。

中国人民抗日军政大学陈列馆总规划面积为5平方千米，展陈面积为2888平方米，主要由抗大群雕、抗大陈列馆主建筑、抗大纪念碑、抗大旧址群和抗大碑林5个部分组成。

中国人民抗日军政大学陈列馆全景

陈列馆的前广场上是抗大群雕《烽火熔炉》。群雕由青铜铸成，总长14.5米，高7米，抗大校旗舒展开来，抗大教育委员会主任毛泽东立于中央，左、右两侧是抗大校首长滕代远和何长工，他们与抗大教职人员站在一起，将抗大在太行山的岁月演绎出来。

陈列馆主建筑内有序厅、主题厅和西展厅3个展厅，共展出图片、实物和文物1290件。展厅内运用半场景和场景复原等艺术手法，还有声、光和电等现代陈列手段，展现了抗大的战斗、历程和发展成就。

《烽火熔炉》群雕

序厅中央有一黑色花岗岩卧碑，上面刻着金色的前言。其中最显眼的是毛泽东制定的教育方针和校训：教育方针是“坚定正确的政治方向，艰苦朴素的工作作风，灵活机动的战略战术”；校训是“团结、紧张、严肃、活泼”。迎面墙上挂着抗大校旗、校门照片。东面墙壁上是八路军军歌，西面墙壁是抗大校歌，整个展厅庄重而严肃。

主题厅由“黄河之滨·英雄集结”“华北敌后·岁月峥嵘”“突围返陕·东北办学”“抗大旗帜·插遍中国”“群星闪烁·继往开来”5部分组成。展厅陈列了大量文物、照片和图表等，将当年抗大的学习和战斗生活一一展现出来。2017年，陈列馆增加了“八路军总部军工部”“东北老航校”两个专题展览，填补了军事院校历史发展上的空白，更加全面地展现了中国人民解放军军事院校的发展历程。

抗大陈列馆序厅

西展厅是前南峪展厅。在前南峪村发展史的基础上，用“饥饿贫穷多苦难，改天换地不畏艰”“改革开放促发展，艰苦创业谱新篇”“开发旅游，再现辉煌”“推进社会主义新农村建设”“继往开来不停步，与时俱进绘新图”来展现邢台山区的发展变化，共展出240件文物和图片等文史资料，建设有6处雕塑、沙盘和造型，展现了伟大的抗大精神。

陈列馆馆藏丰富，共展出360件文物、550幅历史图片，其中有展示生活用具、武器、教学笔记以及相关书刊等，有抗大教材珍贵文献，还有抗大5周年纪念章、滕代远在抗大用过的炕桌、抗大第四期毕业证书、抗大教员的教学笔记、抗大文工团用过的汽灯等馆藏文物。

抗大纪念碑位于纪念碑广场，周围松柏苍翠，与纪念碑一起组成“雄碑拥翠”，是标志性建筑之一。纪念碑落成于建校50周年时，用汉白玉制成，高13米。正面是由胡耀邦同志题写的“中国人民抗日军事政治大学纪念碑”镏金大

抗大陈列馆内一景

字；背面是原抗大总校副校长何长工写的“邢台浆水抗大总校太行山驻地纪念碑”；东侧中央是抗大总校代校长徐向前元帅写的“继承和发扬抗大光荣传统，为改变老区的面貌而努力”；西侧中央是开国上将李志民所题的“抗大精神永放光芒”。

抗大旧址群是全国规模最大的革命遗址之一，

中国人民抗日军事政治大学纪念碑

也是保存非常完整的一处革命遗址。浆水川沿岸的40余个村子里有很多八路军和抗大机构驻地，校部驻前南峪、政治部驻浆水村、供给处驻河东村、卫生处驻安庄，另有学员队、上干科、陆军中学等。现抗大观瞻区内，抗大总校副校长滕代远、教育长何长工同志旧居是典型太行山风格，青石砌就，红石板屋顶，四周是校部直属单位旧址，如抗大总校军政委员会会议室、政治教育科、军事教育科和图书馆等。

校首长旧居

抗大碑林于2002年落成，占地面积800平方米，其中主要是碑刻，这些碑刻上有的是党、政、军领导人的题词，有抗大校首长、抗大名人、书法家等的题词。碑刻中的文字内容肯定了抗大作为抗日战争时期大学对中国革命和建设的贡献。

中国人民抗日军政大学陈列馆是全国爱国主义教育示范基地、河北省爱国主义教育基地。

经党中央、国务院批准，国务院于2020年9月1日公布，中国人民抗日军政大学陈列馆被列入《第三批国家级抗战纪念设施、遗址名录》。

《抗大烽火耀太行》雕塑

知识链接

抗大精神

抗大精神是中国人民抗日军事政治大学在办学治校实践中所锻造的革命精神。

1936年6月1日，中共中央、中央军委将中国工农红军学校改称中国工农红军大学。1937年1月19日，更名为中国人民抗日军事政治大学，简称“抗大”。抗大学员以从部队抽调干部为主，并招收从全国各地奔赴延安的爱国青年。毛泽东多次到校作报告和讲课，并为抗大制定了“坚定正确的政治方向，艰苦朴素的工作作风，灵活机动的战略战术”的教育方针，“团结、紧张、严肃、活泼”的校训和理论联系实际的教学原则。

延安时期的抗大露天演讲

抗大在办学和治校过程中，始终把提高学员的政治觉悟作为首要任务，注重把思想政治教育作为中心环节，开展党的路线方针政策教育，着力培养学员坚定的政治立场和政治信念，把学员培养成为无产阶级革命战士。面对经费短缺、师资力量薄弱、物资保障匮乏的种种困难，抗大的广大教职学员坚持自力更生，自己动手挖窑洞、建校舍、开荒种粮、纺线织布、抄讲义、做器材，并广泛开展“不浪费一粒米、不多用一文钱”的节约运动。靠艰苦奋斗，抗大“越抗越大”，培养了大批能吃苦能负重的革命战士。抗大组织学员认真学习毛泽东的军事论著，使学员了解掌握和灵活运用持久抗战的战略战术；成立军事研究室，及时搜集、整理和研究战例、战法，编写教材，增强教学的针对性和有效性；组织参观团、考察组到部队学习，开展军事训练或战斗演习，提高学员的战略战术水平和组织指挥能力，培养了大批敢打仗、能打仗、会打仗的战斗骨干。

抗日战争时期，抗大克服重重困难，取得了蓬勃发展，相继建立了14所分校、5所陆军中学和1所附设中学，培养干部10多万人，其中许多成为中国共产党和人民军队的高级干部，为党和军队的发展壮大，为夺取抗日战争和解放战争的胜利，也为社会主义革命和建设事业的发展奠定了重要的组织基础。所铸就的抗大精神，是中共中央和毛泽东把马克思列宁主义原理同中国革命实际结合起来的产物，是全党集体智慧的结晶，成为中国近现代军事教育史上一面鲜艳夺目的光辉旗帜。

冀南烈士陵园

冀南烈士陵园位于河北省南宫市南大街103号，是为纪念抗日战争时期牺牲在冀南抗日根据地的5万余名革命烈士而修建的设施。建于1946年3月。

陵园占地面积22万平方米，主要建有烈士纪念塔、烈士纪念碑、烈士骨灰室、冀南革命斗争纪念馆、烈士公墓、烈士纪念亭、英烈堂、铭碑廊、烈士英名墙等纪念设施。

冀南烈士纪念塔

位于冀南烈士陵园中心的冀南烈士纪念塔是陵园主体建筑，占地面积891.5平方米，建于1965年。塔高29.5米，塔身和圆形塔基用青石砌成。塔身正面有汉白玉镶嵌的毛泽东题词“为国牺牲永垂不朽”，背面为邓小平题写的“冀南烈士纪念塔”。

纪念塔后东西两侧各建有一座烈士纪念碑。

烈士纪念碑

纪念碑建于1948年，高9.9米，碑身刻有原冀南区党政军领导人马国瑞、杨秀峰、陈再道、李菁玉、刘志坚、范若一的题词。

冀南革命斗争纪念馆位于纪念碑北侧，占地面积754平方米，始建于1973年，2010年扩建，馆名由原冀南军区首长胥光义题写。二层建筑，展厅面积1400平方米，展线300米，分3个大厅。中厅立有刘伯承、邓小平和徐向前的全身塑像，展现他们率领八路军第一二九师开赴冀南平原、创建冀南抗日根据地时的形象。东厅和西厅通过200余幅照片、文字、实物、景观、多媒体、场景复原等展示手段，再现冀南人民在土地革命、抗日战争、解放战争中的辉煌历程和做出的巨大贡献。

冀南革命斗争纪念馆

烈士公墓占地面积460平方米，建于1959年，安葬历次革命战争中牺牲的634名无名烈士。墓丘两侧各有一个直径6.5米的巨型花圈，墓前纪念碑高11.5米，刻有宋任穷、王任重、刘志坚的题词和中共南宫市委、市政府的献词。

烈士骨灰室占地面积490平方米，建成于1977年，安放51名新中国成立后牺牲烈士的骨灰。

烈士公墓纪念碑

烈士纪念亭1986年落成，是具有民族风格的双层八角亭，高10米，木质结构，亭内立有2米高的八棱形汉白玉碑，上刻有徐向前、陈再道、王任重的题词和冀南区近千名县团级以上烈士的姓名。

烈士纪念亭

英烈堂占地面积320平方米，建于1999年，陈列100余位著名烈士的石雕像和遗物。铭碑廊中黑色花岗石上展示34幅冀南烈士的遗诗和原冀南区领导人的题词、题字及现代著名书法家的作品。烈士英名墙长400米，墙面上收录在冀南区牺牲的5万余名烈士英名。烈士单身墓安葬有抗日战争时期壮烈殉国的模范县长郭企之、游击队队长刘文信等100位烈士。

冀南烈士陵园是全国重点烈士建筑物保护单位、全国爱国主义教育示范基地、河北省爱国主义教育基地。

经党中央、国务院批准，国务院于2020年9月1日公布，冀南烈士陵园被列入《第三批国家级抗战纪念设施、遗址名录》。

冀南烈士陵园全景

知识链接

冀南区1942年秋季反“扫荡”

太平洋战争爆发后，日军为继续扩大侵略战争，提出“变华北为大东亚作战兵站基地”“建立华北参战体制”的新方针，妄图以此达到“以战养战”之目的。于是对各敌后抗日根据地展开连续的残酷“扫荡”。

地处华北平原的冀南抗日根据地形势十分严峻。从1942年1月起，日、伪军对冀南区“扫荡”的规模越来越大，次数愈加频繁。经过“四二九”大合围、“六一一”大合围等几次大规模“扫荡”后，冀南抗日根据地被严重分割，原已得到解放的地区不少又变成了敌占区和游击区，除了各军分区还分散保留着一些零星小块地区外，只剩下在邱县以北、威县以南、平乡以东，长不过20千米、宽只有四五千米的窄窄的一长条地块了。日、伪军还在占领区实行“囚笼”政策，到处挖封锁沟，在沟的外沿筑有3米多高的封锁墙，每隔二三千米建一座碉堡，以堡为点，与公路和封锁沟、墙纵横连接成网，把冀南分割成格子网和“囚笼”，每块网都在日、伪军碉堡火力的直接控制下，夜间在电线杆上挂灯照明，日夜封锁。冀南军区部队回旋游击的空间受到很大限制，大部队无法活动，甚至营连单位和游击队活动也很困难。

为打破日、伪军的“蚕食”和“扫荡”，恢复和扩大抗日根据地，冀南军区司令员陈再道、政治委员宋任穷根据中共中央北方局和八路军野战政治部的指示，在组织领导和斗争方式上进行转变，将基干兵团分散成武工队或小部队，挺进敌占区，广泛开展政治攻势和群众性游击战争，并加强侦察和情报工作，随时掌握敌人的活动情况，不被其假象所蒙蔽。同时大力精简机关，把部分人员充实到战斗部队去，有的机关分散到群众家中，以适应残酷斗争形势的需要。继续加大侦察情报工作的力度，在冀县、枣强、郑家口、南宫、衡水、德州等地加强或增设了情报站。冀南军区部队从8月21日起，首先向8月初侵入大名以东地区的伪“东亚同盟自治军”发起进攻，激战10余天，共歼敌3个半团，鼓舞了抗日军民的斗志。

从“六一一”大合围后，特别是自青纱帐长起来后，日、伪军就很少外出“扫荡”，把精力主要用于加强据点防御，修碉堡，挖外壕，派特务潜入或接近根据地，侦察获取情报。秋熟之际，枣强地区各据点的日、伪军都很平静，没有出动，但加强了向大营、恩察、卷镇、郑家口等主要据点的给养、弹药运输。这种反常的平静引起正在枣强西南里祥一带活动的冀南军区领导人的高度警觉，综合分析各情报站的报告和侦察的情况，判断敌人可能在近期又要进行大“扫荡”。

9月1日，中共冀南区委、行署和军区发出反“扫荡”工作指示，要求后方机关注意隐蔽，做好随时转移的准备；各主力部队和地方武装积极破坏日、伪军主要交通干线，袭扰据点，打乱其“扫荡”计划，并加强对重要据点的侦察监视，及

活跃在大清河上的八路军冀南军区一部

时掌握日、伪军活动情况。

果然，仅仅过了几天，各据点的日、伪军就相继出动，兵分数路对冀南区一些小块地区进行“扫荡”，企图把冀南军区部队压缩到狭小范围。

11日，日、伪军大举调兵遣将，拉开了大合围的架势。其中，从德州出动的日、伪军2000余人进驻龙华镇，准备南下；从衡水出动的日、伪军1000余人集结于团村；故城各据点的日、伪军300余人集结在獐鹿；南宫据点的日军骑兵100余人、伪军200余人增至垂杨，另一部增至南白塔、北赞古、段芦头等据点。同时又向枣强的大屯、大营、恩察等据点增兵上千人。当天下午，冀南军区从枣强里祥、瓦窑一带向南转移20多里，继续侦察日、伪军动向，以准确判明其行动方向。黄昏时分，根据各方面的情报进一步证实了此次日、伪军的行动目的就是合围在枣强里祥一带活动的冀南军区领导机关和第六军分区部队。入夜后，军区机关、部队迅速转移，于12日拂晓到达垂柳以西的大寺庄地区。与此同时，第六军分区机关和第十九团等部也跳出合围圈，转移到外线。

果然几个小时后，日、伪军就开始行动了。日军第四十一师团和独立混成第七、第八、第九旅团各一部及部分伪军共1万余人，附汽车400多辆、骑兵600余人，并出动3架飞机，以秘密集结、突然合围的战法，对枣强以南公路两侧地区进行大规模“扫荡”，妄图一举将冀南党政军领导机关合围歼灭，史称“九一二”大合围。其中，进驻龙华镇的日、伪军乘坐汽车百余辆，在抵达郑家口后即分成两股，一股700余人乘坐汽车48辆，分别经饶阳店、十二里庄向西和西北推进；另一股700余人乘坐汽车50余辆，并200余骑兵，经红庙向饮马河、白佛寺、马村、嘉会一带推进。驻团村的日、伪军2000余人，分别经吉利、董故庄向王均、师友一带推进。驻枣强的日、伪军2000余人，进至边庄、卷镇、里祥一带。驻大屯、大营、恩察的日、伪军500余人，进至娄子、南北石村一带。驻垂杨、冀县的日、伪军进至冯村、瓦窑及其西北一带。

12日夜，冀南军区机关、部队从大寺庄出发，越过邢临公路的封锁沟、墙，安全转移到威县以南的香城固地区。敌人周密计划、精心部署的大合围，就这样扑了空，连八路军的影子也没有见到，敌人气急败坏，就地分散进行“清剿”、驻剿，大肆屠杀无辜群众，制造了“王均惨案”，在王均村屠杀无辜群众311人。同时还大肆进行掠抢，仅在枣南县就抢走大牲畜737头、肥猪1170余头。敌人的烧杀抢掠，给枣南人民带来深重的灾难，“村村添新坟，户户有哭声”。

为粉碎敌人的“扫荡”，冀南军区部队和地方武装积极开展游击战争。有的进入“清剿”区，利用青纱帐打击日、伪军及特务；有的则袭击日、伪军交通运输线、后方据点。

14日，第六军分区骑兵连在王均北的郑家庄，毙敌5人。第十九团一部在清河、黄金庄间和杜家楼、华庄间设伏，歼敌一部。17日，第十九团七连在郑家口以南的曹官屯，将外出抢掠之敌击溃，击毙日军7人，俘虏伪军4人，缴获轻机枪1挺、步枪2支。20日，第十九团和故城县大队各一部，袭击三郎之敌，解救修路群众千余人，并在枣强、王均间的杨苏村外青纱帐里设伏，击毙日军1人、战马1匹，缴获步枪1支。21日，第二十一团一部在枣强以西的程玉屯设伏，歼灭日本枣强宪兵队15人。另一部在卷镇东面的西果村，击溃日军30余人。22日，第十九团四连、十二连一举攻克故城北东辛庄据点，全歼守敌29人，缴获长、短枪26支。23日，第十九团六连袭击大营东北的陡河据点，击毙日军7人。

在此期间，第六军分区部队和广大群众利用雨季，对日、伪军修筑的公路和封锁沟、墙广泛地破击。同时，第二军分区部队为配合第六军分区枣南地区的反“扫荡”作战，先后攻克新河南的苏田、广宗西北的大柏社、宁晋西南的褚家庄等5座炮楼。至24日，“扫荡”的日、伪军先后返回原驻地。日军指挥官在恩察向参加“扫荡”的德州宪兵队讲话时，也不得不承认：“此次未见到八路军，未得到胜利，是不够本的。”

在这次反“扫荡”作战中，冀南军区部队吸取了过去的教训，在战役侦察工作上有了明显的加强，及时查明敌人主要据点的兵力增加和主要交通干线兵力物资运输等情况，不为敌人制造的谣言、假象所迷惑；正确判断了敌人合围的地区和合围开始的时间，机关部队适时转到外线，并在外线、内线积极打击敌人，共攻克日、伪军据点、碉堡59处，破坏封锁沟、墙69千米，击毁汽车5辆，歼灭日、伪军4000余人，缴获各种枪2000余支（挺），收复了被日、伪军侵占的大部分地区，并开辟了许多小块抗日游击根据地和游击区。

白洋淀雁翎队纪念馆

白洋淀雁翎队纪念馆位于河北省雄安新区安新县白洋淀文化苑景区内，是为了纪念抗日战争时期活跃在白洋淀地区共产党领导下的群众抗日武装雁翎队的英雄事迹而修建的纪念设施。1990年7月初，白洋淀雁翎队纪念馆开始筹建，8月25日正式开馆，杨成武、吕正操等参加开馆仪式并题词。2002年迁建至白洋淀文化苑景区，2004年重新对外开放。

白洋淀雁翎队纪念馆建筑面积2566平方米。大门外观状似古代城楼，大门两旁内侧对联是“弘扬革命传统，彰显雁翎精神”，外侧对联是“六秩回眸一塘荷蕊皆含血，八年抗日满淀芦花尽请缨”。门上方是吕正操将军题写的馆名。馆内珍藏260多幅珍贵历史图片和100多件历史文物，是抗日战争时期军民浴血奋战抗击敌人的见证。

白洋淀雁翎队纪念馆

纪念馆内展陈，分设序厅和8个单元，通过大量翔实的历史照片、文献资料和珍贵的文物、形象的雕塑等，以及运用电光声、三维动画立体成像、大屏幕投影等现代化技术手段，生动再现了闻名中外的白洋淀雁翎队英勇顽强、机智灵活地打击日寇的生动场面和光辉的战斗历程。

进入纪念馆序厅，一面大型铜浮雕墙矗立眼前，上面刻画了雁翎队乘船出发抗击日寇的场景，并写着“水上奇兵雁翎队”。雁翎队是一支水上游击队。据馆内资料记载，卢沟桥事变之后，安新县于1938年建立了抗日民主政府。1939年，以白洋淀地区大张庄和郭里口等附近村子的村民为主建立起一支共产党领导下的抗日武装队伍，他们以白洋淀为天然屏障，用简单的大抬杆枪、火枪和鱼叉等武器，与日军进行游击战争。因为火枪和大抬杆枪的引火处易被水打湿，所以插上雁翎。又加上猎户过去行围打猎时，诸多小船行驶像雁群飞翔的“人”字形，因此这支队伍便起名为“雁翎队”。

雁翎队使用过的船只和缴获的大炮

第一单元为“山河沦陷”，介绍了白洋淀地区的基本情况，中国共产党成立初期在白洋淀及周边地区的活动，主要介绍七七事变后日军向华北地区发动全面进攻，河北全境沦陷。在党的领导下，白洋淀人民开展了轰轰烈烈的革命斗争。

第二单元为“全民抗战”，介绍了抗日战争全面爆发后，中国共产党确定了建立抗日民族统一战线，广泛发动群众，开辟抗日根据地。在党组织的领导下，白洋淀人民进行了轰轰烈烈的抗日斗争，有力地抗击了日本侵略者。

第三单元为“雁翎队的创建”，介绍了日本侵略者的暴行，激起白洋淀人民的奋起反抗。在冀中区党委领导下，白洋淀人民组成了雁翎队。雁翎队员们利用芦苇荡的天然优势，战练结合，加紧进行军事训练，不断提高作战本领，在茫茫的水域中与敌人展开了机智灵活的战斗。

第四单元为“雁翎雄风”，雁翎队成立后，通过水上阻击战、端岗楼拔据点、锄奸斗争、冰上游击战等形式，与日伪军展开了殊死斗争，取得辉煌战绩，还先后为上级党政机关输送优秀干部、战士600多名，上缴大量武器装备，被冀中军区评为抗日先进集体，谱写了抗日战争的辉煌篇章。

《雁翎雄风》雕塑

第五单元为“鱼水情深”，在如火如荼的抗日战争中，白洋淀人民全力支持雁翎队抗日斗争。他们缝制棉衣、破冰捕鱼、护送伤员，不顾个人安危掩护雁翎队，做出了巨大牺牲，与雁翎队建立了深厚的鱼水深情。

第六单元为“文艺刀兵”，雁翎队的动人事迹感动着战地记者和文学艺术家。这是一支星光璀璨的文艺大军，有孙犁、杨沫、杨朔、周巍峙、沙可夫、田间、康濯、沙飞、魏巍、萧军、周而复等，他们深入血与火的硝烟中，创作了大量家喻户晓、妇孺皆知的文艺作品，全方位地展示了这支水上奇兵的光辉战绩。突出的是石少华的大量摄影作品和孙犁的《白洋淀纪事》，以及徐光耀的《小兵张嘎》，孔厥、袁静的《新儿女英雄传》等电影的剧照。这些作品从不同方面反映了雁翎队和白洋淀人民的抗敌斗争事迹，展现了白洋淀人民的英姿。

第七单元为“走向胜利”，1944年，中国共产党领导的敌后抗日武装开始转入局部反攻。雁翎队迅速恢复发展武装力量，配合主力部队展开攻势，于1945年8月实现白洋淀地区全境解放。雁翎队为中国人民抗日战争的胜利做出了巨大贡献，铸就了不朽的雁翎精神。

石少华摄影作品《雁翎队攻克赵北口大据点》

第八单元为“浩气长存”，歌颂了与日军长期作战中形成的雁翎队精神，与天地同在，与日月同辉，将永远激励全国各族人民克服前进路上的一切艰难险阻，为实现中华民族伟大复兴而奋斗。

白洋淀雁翎队纪念馆是保定市爱国主义教育基地。

经党中央、国务院批准，国务院于2020年9月3日公布，白洋淀雁翎队纪念馆被列入《第三批国家级抗战纪念设施、遗址名录》。

知识链接

雁翎队

雁翎队是白洋淀上的一支抗日游击队，由渔民和农民组成。他们在芦苇丛生的白洋淀上与敌人作战，用枪排、大抬杆枪和火枪这些简单的武器，谱写了一曲抗日赞歌。

雁翎队组建后，便与日、伪军展开斗争，他们在中共安新县委的领导下，在白洋淀通过水上阻击战、冰上游击战，端岗楼、拔据点等各种形式与敌人周旋。雁翎队队员头顶荷叶，嘴衔苇管的形象永远定格在了白洋淀上。

雁翎队活跃于白洋淀上，而这条水路沟通天津和保定，是日军运输大批物资的必经路线。雁翎队为打击日军后勤运输线，经常在水上艰苦作战，可以说是“天当被，地作床，芦苇是屏障”。有一次，雁翎队获悉日军满载军火物资的船要从白洋淀上通过，与敌人战斗了半个小时，缴获100多支枪及船上的军火物资。

雁翎队就是在这样的作战中不断发展，截至1945年白洋淀地区全境光复，雁翎队的人数也增

战斗中的雁翎队

加至120余人，是最初的6倍，在与日、伪军70余次的交战中击毙日、伪军近千人。因此，雁翎队有了“淀上神兵”的美誉。在这一次次战斗中，充分体现了雁翎队——勇敢斗争、聪明灵活的雁翎精神，展现出了中华民族的民族气节。

冀中烈士陵园

冀中烈士陵园位于河北省河间市曙光西路66号，是为了纪念抗日战争时期及其他时期牺牲在冀中这片热土的革命烈士修建的设施。始建于1956年，当时被称作“河间市烈士陵园”。1993年6月扩建为冀中烈士陵园，1999年4月正式开馆。2015年增建一座烈士纪念广场、6座冀中地区著名抗战人物雕像。

冀中烈士陵园占地1.85万平方米，包括冀中革命烈士纪念馆、革命烈士纪念碑、260座有名烈士墓、刻有2921位烈士英名的烈士英名墙等。

冀中革命烈士纪念馆

陵园正门向北敞开，大门东侧是由当时的中共中央政治局常委宋平题写的“冀中烈士陵园”6个大字。从正门走进去就是冀中烈士陵园广场，广场面积约1500平方米，两侧是苍翠的柏树，南面是冀中革命烈士纪念馆、无名烈士墓，在一条直线上，二者之间的中轴线上矗立着革命烈士纪念碑。纪念馆建筑面积约500平方米，馆内有各种实物和照片110余件，分为土地革命时期、抗日战争时期、解放战争时期3部分。纪念碑用花岗岩制成，高11米，碑身正面为毛泽东题写的“英勇牺牲的烈士们千古”，碑座正面镌刻着原冀中军区司令员吕正操题写的碑名“冀中革命烈士纪念碑”。纪念碑两侧是贺龙、黄敬、林铁、吕正操、杨成武和孙毅等的正面半身雕像。

冀中烈士陵园是沧州市爱国主义教育基地。

经党中央、国务院批准，国务院于2020年9月1日公布，冀中烈士陵园被列入《第三批国家级抗战纪念设施、遗址名录》。

冀中革命烈士纪念碑

知识链接　冀中抗日根据地

冀中抗日根据地包括今河北中部河间、献县、泊头、任丘和肃宁等地。这里是中国共产党最早创建的平原抗日根据地之一。

冀中，即河北省中部，古为燕赵之地，位于北平（今北京）、天津、保定、石家庄、沧州之间，平汉、津浦、德石、北宁铁路穿行其中，公路干线四通八达，大清河、永定河、滹沱河、子牙河、潴龙河、拒马河贯穿全境。这里是华北平原的主要部分，平畴阔野，一望无际，村镇密布，人口众多，可谓物华天宝、人杰地灵，自古多慷慨悲歌之士。

七七事变后，冀中的国民党军及各级政府纷纷弃地南逃，日军在占领北平、天津后，大举南下，很快进占保定、石家庄、沧州等地。仅仅3个多月，冀中境内的铁路沿线及主要城市均沦于日寇的铁蹄之下。

1937年10月14日，东北军第五十三军六九一团团长吕正操率部在河北晋县小樵镇起义，宣布脱离国民党，所部改称人民自卫军。之后便留在冀中平原，在这里与日本侵略者进行斗争。人民自卫军成立后，即在中共保属省委领导下，与共产党领导的抗日武装——河北游击军密切配合，开展游击战争，初步创建了冀中抗日根据地，其范围包括津浦路至平汉路之间、平津至沧石路之间的广大地区。1938年春，冀中平原成立行政公署，召开第一次代表大会，成立冀中军区，人民自卫军与河北游击队合编为八路军第三纵队，由吕正操担任司令员，成为冀中抗日的一股重要武装力量。为坚持华北平原敌后抗战、彻底粉碎敌人对冀中区的围攻，考虑到冀中抗日根据地没有八路军主力部队，抗日武装人数虽多，但部队新、战斗力不强，难以粉碎日军的大规模“扫

1942年5月，八路军第三纵队司令员兼冀中军区司令员吕正操在前线指挥作战

荡”，根据中央军委的命令，1939年1月25日，贺龙、关向应率领八路军第一二〇师主力挺进冀中。

在多次取得反“围攻”、反“扫荡”、反“蚕食”斗争的胜利后，冀中抗日根据地不断发展，不断壮大，从最开始的38个县发展至后期的51个县，有将近千万的人口。在抗日战争时期，冀中人民始终都是八路军部队的坚强后盾，他们给部队送物资，掩护八路军战士，将一切都奉献给了抗日事业。1942年，日军对冀中平原实行“三光”政策，给冀中抗日根据地造成重创。冀中军民团结一致，坚持抗日游击战争，采用机动灵活的战术，如地道战、地雷战和青纱帐战役等，与日军顽强斗争，最终扭转了局面。

在全国抗战期间，冀中根据地军民沉重打击了日本侵略者的嚣张气焰，造就了一支经得起考验的队伍，为抗日战争赢得最终胜利做出了贡献，为人民留下了宝贵的精神财富，展现了冀中军民不怕牺牲、坚贞不屈的爱国主义精神。

山西省

平型关大捷遗址

平型关大捷遗址位于山西省大同市灵丘县西南30千米的蔡家裕、小寨、乔沟、白崖台及关沟一带，是为了纪念八路军出师以来打的第一个大胜仗——平型关大捷而建设的革命设施。1970年，北京军区主持修建了该纪念馆，由杨成武将军亲自题写馆名。1990年，聂荣臻元帅建议对这里进行修缮。2006年进行改建、扩建，并重新布展，2007年9月完工。

遗址保护面积8.6平方千米，包括13个景点，分别是门区广场、主战场乔沟、老爷庙争夺战遗址、将帅广场，以及平型关大捷纪念馆，还有纪念碑、一一五师指挥所旧址、平型关关口、驿马岭等。

平型关大捷主战场乔沟

平型关大捷主战场在乔沟，目前其入口处是一个门区广场，面积约6000平方米。广场上有大型浮雕墙，主要包括平型关大捷简介、遗址景点分布图，还有平型关大捷的一些战斗场面介绍。乔沟全长4千米，东北—西南走向，自秦汉以来就是交通要道，承担着沟通京冀与太原的重责。1937年9月25日7时左右，八路军第一一五师为配合第二战区的国民党军队防守平型关，第六八五团与六八六团埋伏在乔沟东侧，第六八七团埋伏在乔沟西侧，对日军第五师团（板垣师团）第二十一旅团的后续部队及辎重车队进行伏击。经过6个多小时的激战，取得了最终的胜利。

老爷庙争夺战遗址是整个乔沟战场的最高点，同时也是战斗最激烈的地方。现在老爷庙进行了修复。

老爷庙争夺战遗址

将帅广场面积3000平方米，为纪念一一五师这支八路军主力部队，采用了115级大理石台阶。广场正面是10尊铜像，他们是平型关大捷的主要参战将领，分别是林彪、聂荣臻、陈光、徐海东、萧华、杨得志、李天佑、张绍东、陈锦秀、杨成武。铜像的两侧刻着毛泽东、朱德、王稼祥、彭德怀、任弼时、聂荣臻等中央军委与八路军领导人及各级将领、老战士的一些讲话摘录、诗词、题词，其内容皆与平型关大捷有关。

平型关大捷参战主要将领雕像

平型关大捷纪念馆坐东朝西，主体是两层建筑，建筑面积为825平方米，位于乔沟南侧大约1千米处的山坡阶地上。杨成武将军题写馆名。基本陈列由序厅、3个独立单元的主展厅与半景画馆组成，陈列着大量图片、文献资料及文物，利用绘画、景观复制、造型、声光与视频等多种技术

平型关大捷纪念馆

与艺术手法，重现了平型关大捷这场经典战役的场景，让人们可以对那段历史有一个更具象的感受。

纪念碑矗立在纪念馆东侧1千米处的山岭上，修建于1977年。纪念碑基座高1.15米，代表着八路军一一五师；碑座与碑身的高分别为1.937米与9.25米，代表1937年9月25日，即平型关大捷发生的时间。碑正面刻着由杨成武将军题写的“平型关大捷纪念碑”，背面则记述了平型关大捷的战斗过程及重大意义。

平型关大捷纪念碑

第一一五师指挥所旧址也是林彪、聂荣臻的临时住所旧址。平型关战役结束后的当晚，在白崖台村西的一个小窑洞内，林彪、聂荣臻、孙毅进行了休息。参谋人员在这里将平型关战斗的战果汇报给两位首长，并对下一步任务进行了讨论。这个小窑洞一直保存完好，至今依然可以看到原貌。

平型关关口位于距离灵丘县城35千米的关岭上，在灵丘西南与繁峙东北的交界处。这段修筑于战国时期的长城，南北走向，隋时重修，明时加宽加高，现存的就是明代内长城。平型关就位

于这段内长城上，是其中一个重要的关隘。由于关塞建筑的形状像一个瓶子，因而宋代与金代分别称作“瓶型塞”“瓶型镇”，明代称作“瓶型岭”，清代才开始称作平型关。平型关关口修筑时采用券拱形式，门额上镶石匾，刻着“平型关”3个大字。但在1939年大雨持续40天时，这里出现了塌毁，早期遗址早已不见原貌。平型关战役开始前，林彪为了侦察乔沟的地形，曾经来到关口拱门前，并登上了北面山头察看平型关东侧的地形地貌。

平型关关口

驿马岭位于灵丘城30千米处，海拔达1385米，是灵丘县东部山区与河北涞源沟通的一个重要隘口。当年杨成武率领的一一五师独立团，遵照师部的统一部署，在这里阻击日军，最终歼敌300多人，为师主力牵制了自涞源来的援兵，是师主力平型关伏击战胜利的强有力保证。1995年9月，在抗战胜利50周年之际，灵丘县人民政府在驿马岭隘口西北竖碑建亭，碑名由杨成武将军题写。

平型关大捷遗址是全国重点文物保护单位、全国爱国主义教育示范基地、山西省红色文化遗址。

驿马岭战斗纪念碑

经党中央、国务院批准，国务院于2014年8月24日公布，平型关大捷遗址被列入《第一批国家级抗战纪念设施、遗址名录》。

知识链接　平型关大捷

抗日战争时期，八路军第一一五师在山西省东北部平型关地区，对日军进行伏击战并取得胜利，是八路军首战告捷的一次作战。

1937年8月，日军以北平（今北京）、天津地区为出发地，兵分三路沿平绥、平汉、津浦铁路线展开进攻。9月中旬，沿平绥铁路西犯的日军关东军察哈尔派遣兵团占领大同后，以主力沿同蒲铁路南下，向雁门关进攻。与此同时，已侵占阳原、蔚县、广灵的日军华北方面军第五师团，继续向浑源、灵丘进攻，企图突破平型关、茹越口，协同关东军察哈尔派遣兵团击溃中国第二战区国民党军主力，打开晋北通路，实现右翼迂回，配合华北方面军主力歼灭平汉铁路沿线的中国第一战区国民党军主力。在日军的进攻下，国民党军第六、第七集团军退守雁门关、茹越口、平型关内长城一线，企图凭借有利地形和既设阵地阻止日军进攻，保卫山西腹地。同时，要求八路军先头部队尽快挺进晋东北协同其坚守内长城防线。

八路军第一一五师主力开赴平型关前线

为了配合第二战区国民党军作战，阻滞日军的攻势，9月中旬，八路军第一一五师师长林彪、副师长聂荣臻率部进至平型关以西大营镇等待机会，以第三四三旅前出至平型关东南上寨隐蔽集结，第三四四旅向上寨机动。

平型关位于山西省繁峙、灵丘两县邻接处，为内长城重要关隘。9月20日，日军第五师团第二十一旅团一部占领灵丘县城；22日，进占平型关以北东跑池；23日，八路军总部命令第一一五师向平型关、灵丘间出动，相机侧击向该线进攻之敌。第一一五师受命后，决定利用平型关东北的有利地形，以伏击手段歼灭由灵丘向平型关进犯的日军，配合国民党军内长城的防御作战。师部率主力于当夜进至平型关以东冉庄、东长城村地域，并令独立团、骑兵营插到灵丘与涞源之间和灵丘与广灵之间，截断交通线，阻敌增援。

24日，第二战区第六集团军给第一一五师送来“25日平型关出击计划”，拟以8个团兵力，配合第一一五师向平型关以东的日军出击。同日，第一一五师组织营以上指挥员进行实地勘察，并确定部署：第三四三旅六八六团占领小寨村至老爷庙以东高地，实施中间突击，分割歼灭沿公路开进的日军，而后向东跑池方向发展进攻；第六八五团占领老爷庙西南至关沟以北高地，截击日军先头部队，协同第六八六团围歼进入伏击地域的日军，并阻击由东跑池回援的日军，而后协同第六八六团及防守平型关的国民党军夹击东跑池的日军。第三四四旅六八七团占领西沟村至蔡家峪以南高地，断敌退路，并阻击由灵丘和浑源方向来援的日军；第六八八团进入东长城村地域为师预备队。为隐蔽行动企图，达成战斗的突然性，各部队当晚冒雨进入阵地，并于25日拂晓前完成了战斗准备。

25日晨，日军第五师团第二十一旅团一部和师团辎重部队等，沿灵丘至平型关公路西进。7时许，日军全部进入第一一五师设伏地域。由于

八路军第一一五师战士在平型关公路两侧设伏

道路狭窄，雨后路面泥泞，其车辆人马拥挤堵塞，行动缓慢。第一一五师立即抓住有利战机，突然以步枪、机关枪、手榴弹的猛烈火力，给日军以大量杀伤，并乘其惊慌混乱之际发起冲击。第六八五团迎头截击，歼灭日军一部。第六八七团将日军后卫部队分割包围于蔡家峪和西沟村，并将抢占韩家湾北侧高地的一股日军迅速歼灭，切断了日军退路。第六八六团第一、第三营勇猛地冲向公路，同日军展开白刃格斗。日军死伤惨重，但仍利用车辆辎重作掩护进行顽抗，其中一部还企图抢占公路西侧老爷庙及其附近高地掩护突围。第六八六团三营迅速冲过公路，先于敌军占领了老爷庙及其以北高地，与公路东侧部队对日军构成两面夹击之势，并将日军压迫于老爷庙至小寨村的峡谷之中。被围日军连续向老爷庙疯狂反扑，企图突围，均被扼守该地的第三营击退。为解救被围日军，先期进占东跑池的日军一部回援，被第六八五团阻击。日军第五师团师团长板垣征四郎急令其在蔚县、涞源的部队速向平型关增援，又被第一一五师独立团、骑兵营阻击于灵丘以北和以东地区，并在灵丘以东腰站毙伤其300余人。

被围于老爷庙至小寨村的日军，在6架飞机的掩护下，再次猛攻老爷庙及其附近地区，仍未得逞。接着，第六八六团集中全力，在第六八五团和第六八七团各一部协同下，将被围的日军全歼。13时许，战斗结束。随后，第三四三旅向东跑池一带日军展开攻击。由于国民党军未按预定作战计划出击，致使东跑池的日军于黄昏由团城口突围。

此战，第一一五师发挥近战和山地战的特长，以劣势装备一举歼灭日军精锐第五师团第二十一旅团一部1000余人，击毁汽车百余辆、马车200

平型关战役胜利后的八路军第一一五师一部

辆，缴获步兵炮1门、轻重机枪20余挺、步枪1000余支、军马50余匹及大批其他军用物资，牵制了日军第五师团的进攻，支援了平汉铁路和同蒲铁路线上的国民党军作战。平型关大捷是八路军出师华北前线的首战，也是全民族抗战爆发后中国军队主动对日作战取得的第一个重大胜利，沉重打击了日军的嚣张气焰，打破了侵华日军所谓“不可战胜”的神话，大大振奋了全国军民的抗战信心，提高了中国共产党和八路军的声望，在抗战史上写下了光辉的一页。

百团大战纪念馆（碑）

百团大战纪念馆（碑）位于山西省阳泉市狮脑山，是为了纪念中国人民在中国共产党领导下艰苦抗战的历史，弘扬百团大战中革命先烈英勇献身的伟大爱国主义精神而修建的设施。1985年9月3日，百团大战纪念碑奠基；1986年4月5日正式动工；1987年6月30日正式完工，建起了百团大战纪念建筑群，包括纪念碑、“长城”、添翠楼、钟楼、蘑菇亭等。1995年8月15日，为纪念抗日战争胜利50周年，中共阳泉市委、市人民政府又建了百团大战纪念馆。该馆总占地面积约6.21万平方米。

百团大战纪念碑俯瞰

百团大战纪念碑

百团大战纪念碑坐北向南，包括1座主碑、3座副碑、1座大型圆雕、2座题字碑、4座烽火台和227米蜿蜒起伏的“长城”，最高处有三角形平台，大理石主碑就屹立在那里。主碑高40米，宛如一把锋利的刺刀插在了狮脑山的最高峰，寓意百团大战发生在1940年，是中华民族不畏强暴、威武不屈抗击侵略者的象征。主碑正面是彭真同志题写的“战绩辉煌永垂史册”几个大字，两侧分别是徐向前同志题写的“参加百团大战的烈士们永垂不朽”、薄一波同志题写的“百团大战，抗日战争中最光辉的一页，必将载诸史册，永放光芒”。

3座副碑的形状像军旗，象征着参加百团大战的3支大军，分别是八路军第一二九师、一二〇师、一一五师。碑之间的距离为105米，代表参加百团大战八路军参战部队共有105个团。副碑上有6块巨大的锻铜浮雕，生动地反映了百团大战中军民“出击”“破路”“攻坚”“支前”“转移”“胜利”的情景。

碑群前面有一座女性形象的大型铜雕，称作《奋起的母亲》，寓意我们的祖国母亲正在经受苦难，但她却不会就此沉沦，为了挣脱锁链而奋起反抗。

《奋起的母亲》大型铜雕

从主碑所在的三角形平台往下，与第一座题字碑之间有3层阶梯，代表百团大战的3个阶段。第一座题字碑的正面，刻着由书法家沈鹏题写的“百团大战纪念碑”7个大字，背面则是百团大战示意图；第二座题字碑的正面刻着《百团大战纪念碑记》，背面刻着《狮脑山战斗纪略》，皆由中共阳泉市委、市政府撰写。

碑的东、西两侧共设有4座烽火台，由227米的“长城”连接起来，寓意中国人民军队在中国共产党的领导下，就像钢铁长城一样坚不可摧。

《百团大战纪念碑记》

纪念碑以西400米是百团大战纪念馆。纪念馆外部以“基石”为形象，代表人民军队在中国共产党的领导下，为中国人民的美好生活而不畏生死，为抗战的最终胜利打下了坚实基础，就像是基石一样托起了中华民族的脊梁。纪念馆中展出了大量文字资料、照片、文物、雕塑、景观等。馆内分为上层和下层，展览一共有8个部分，包括序厅、“号角吹响”“运筹帷幄 战略布阵”“百团出击 破袭交通”“乘胜追击 攻坚据点”“英勇合击 反敌‘扫荡’”“辉煌战绩 永载史册”以及尾厅。当人们置身其中，可以深刻了解到百团大战的那段光辉历史。共展出图片470余幅，文物228件，文字展板161块，场景7个，二层的半景画《鏖战狮脑山》气势恢宏，生动逼真。

百团大战纪念馆

百团大战纪念馆（碑）是全国爱国主义教育示范基地、山西省红色文化遗址。

经党中央、国务院批准，国务院于2014年8月24日公布，百团大战纪念馆（碑）被列入《第一批国家级抗战纪念设施、遗址名录》。

知识链接　百团大战

1940年夏秋，日本帝国主义乘德国法西斯军队在西欧和北欧迅猛推进、美国的战备尚未完成、英国又无力东顾之机，积极准备实行“南进”政策，攫取英、美、法、荷等国在东南亚和西南太平洋上的殖民地。在中国战场，日本加紧对国民党政府的军事讹诈，疯狂轰炸重庆，扬言要“南取昆明，中攻重庆，北夺西安”，同时加紧进行政治诱降活动，并以主要力量继续进攻抗日根据地，特别是在华北，日军疯狂推行所谓“肃正建设计划”和“囚笼政策”，大力修建公路、铁路，挖壕筑堡，由点连线，由线成面，企图分割摧毁各抗日根据地，以进一步巩固其占领区。

华北敌后抗日根据地面临着严重的困难，八路军活动日渐困难，物资供应尤为紧张。刘伯承曾生动地比喻说：“从‘囚笼政策’的意义上来说，铁路好比柱子，公路好比链子，据点好比锁子。”日寇现在正忙于装置这样一个“囚笼”，企图把我抗日根据地的军民分割开来，永远做它屠刀下的羔羊，任其宰割。

为粉碎“囚笼政策”，争取华北战局更有利的发展，进而影响全国的抗战局势，配合正面国民党友军作战，以消除国民党军妥协投降的危险，争取时局好转，八路军总部决定趁青纱帐和雨季的有利条件，发起一场破袭华北日军占领的交通线和据点的大规模战略性进攻战役。7月22日，朱德、彭德怀、左权向第一二〇、第一二九师和晋察冀军区下达战役预备命令，决定以不少于22个团的兵力，大举破袭正太铁路。同时要求对同蒲、平汉、津浦、北宁、德石等铁路及华北一些主要公路线，也广泛开展破击，以配合正太铁路破袭战。

全长249千米的正太铁路，东起平汉铁路上的河北正定，在崇山峻岭间蜿蜒向西，横贯太行山脉，至榆次与同蒲铁路接轨，直抵山西太原，把巍巍太行劈作两截，是沟通河北平原和山西高原，连接平汉、同蒲铁路的纽带。同蒲铁路从大同到蒲县，把山西切为东西两半，正太铁路则把山西省东半部又切为南北两半，沿线上有日军在华北的重要燃料基地阳泉、井陉煤矿，也有天险娘子关。它既是日军在华北的重要战略运输线之一，同时还是对抗日根据地进行破坏的重要封锁线之一，具有重要的战略意义。

8月8日，朱德、彭德怀等正式发布《战役行动命令》：晋察冀军区约10个团破击正太铁路石家庄至平定（不含）段，同时分派部队对津浦、平汉、德石、沧石铁路的指定地段进行宽正面破袭，阻止可能向正太铁路增援之敌，相机收复某些据点；八路军第一二九师以主力8个团附总部炮团1个营，破击正太铁路平定（含）至榆次段，同时分派部队对平汉、德石、邯大、同蒲、白晋、临屯铁路之指定地段进行宽正面破袭，阻敌向正太铁路增援，相机收复某些据点；第一二〇师破击平遥以北的同蒲铁路和汾离公路，并以重兵置于阳曲南北地区，阻敌向正太铁路增援，同时派部破袭晋西北交通，相机收复若干据点。参战兵力总计为105个团约27万人，另有许多地方游击队和民兵参战。战役开始后不久，朱德、左权即作出指示：“正大战役是抗战以来华北军队积极向敌进攻之空前大战，总合兵力共约百个团，故名‘百团大战’，以便向外扩大宣传。”从此，“百团大战”闻名中外，永垂史册。

8月20日22时，一颗颗红色信号弹腾空而起，各方八路健儿如猛虎下山，英勇地冲向敌人的车站、据点。霎时间，枪炮声、爆炸声响彻整个正太路，震撼了华北大地。

战役首先在娘子关打响。娘子关，正太路上冀晋两省交界的咽喉，三晋门户。这里山势陡峭，易守难攻，号称“天下第九关”。当夜，晋中地区大雨倾盆。晋察冀军区在司令员兼政治委员聂荣臻的指挥下，以18个步兵团、1个骑兵团又2个骑兵营、5个游击支队，在部分炮兵和工兵配合下，组成左、中、右3个纵队，分别向正太铁路东段日军独立混成第八旅团大部和独立混成第四旅团一部展开攻击。经过3个小时的反复冲杀，右纵队终于啃下了这块硬骨头，收复娘子关。随后大量破坏日军工事，将关东铁路桥炸毁，缴获了大批电线。与此同时，向娘子关至微水段进攻的中央纵队连克蔡庄、地都、北峪、南峪等日军据点，并破坏两座桥梁。攻击井陉煤矿的中央纵队一部，在矿工支援下，破坏了煤矿的主要设施，并搬走了大部物资，致使该矿停产半年之久，损失达1亿日元。23日，因石家庄方向的日军大举增援，加之连日降雨，河水泛滥，严重妨碍作战行动，晋察冀军区部队遂转移兵力，对铁路、桥梁、隧道实施全面破击。

在晋察冀军区发起破袭战的同时，8月20日晚，第一二九师在刘伯承、邓小平的指挥下，以8个团、8个独立营的兵力，组成左翼破击队、右翼破击队和中央纵队，对正太铁路西段日军独立混成第四旅团大部和独立混成第九旅团一部展开猛烈攻击，另以2个团会同平定、辽县（今左权）、榆社等地方武装，分别对平辽、榆辽公路进行破击，并牵制各点守敌，保障主力侧后的安全。

左翼破击队经过激战，攻占芦家庄上湖车站，全歼守敌原田大队的一个中队和伪军一部，并生擒敌车站站长。随后，和尚足、马首等车站也相继被攻克。与此同时，右翼破击队一部攻击桑掌和铁炉沟等据点，歼日军130余人。

21日，为阻止日军从侧背攻击破路部队，第一二九师命令第三八五旅旅长陈锡联指挥第十四、第七六九团等部抢占阳泉西南4千米处的狮脑山高地，以牵制驻守阳泉的日军独立混成第四旅团。从23日起，阳泉日军在飞机掩护下对狮脑山阵地发起疯狂进攻，还施放毒气弹以配合。第三八五旅在旅长陈锡联的指挥下，据险扼守，英勇奋战。激战至26日，奉命撤出狮脑山，转移至龙门、上庄一带，继续执行破路和作战任务。至此，第三八五旅在狮脑山坚守6昼夜，毙伤日军炮兵中队长中岛以下400余人，保障了破击部队翼侧的安全。

经数日激战，第一二九师控制了正太铁路西段除阳泉、寿阳以外的大部分据点及火车站，严重破坏了该段的路轨、桥梁、隧道，使正太铁路西段陷于瘫痪。

在同蒲铁路北段，第一二〇师也在师长贺龙、政治委员关向应的指挥下，以20个团的兵力全线出击，于20日晚攻克忻县（今忻州市）至静乐间日军最大据点康家会，歼灭据点内和由静乐增援之敌，缴获大批战利品。由大同以南至太原以北以及邻近的铁路、公路、电线、堡垒也同时被破坏，同蒲铁路在很短的时间内即被切断。

为配合正太铁路和同蒲铁路北段的破击战，第一二九师和晋察冀军区还令所属部队出动50多个团的兵力，在游击队和民兵的协助下，对平汉、平绥、北宁、同蒲、白晋、津浦、德石等铁路线和一些主要公路，以及日军占领的许多据点，进行了广泛的破击和袭击。

截至9月10日，经过20天的浴血奋战，日军"钢铁封锁线"——正太铁路沿线铁轨、车站、桥梁、涵洞等均被破坏，北宁、同蒲、平汉铁路被截断，其他纵横于华北的白晋、沧石路及各地公路线亦被截肢碎骨，日军华北主要交通线全部陷入瘫痪。百团大战第一阶段——交通破击战胜利结束。

在第一阶段作战中，日军遭到空前的惨败，伤亡2900余人，据点守备受到强烈震动，汉奸、伪军更是惶恐不安。由于创痛太重，日军华北方面军司令部把此役称为"挖心战"，以后将每年此日作为"挖心战"纪念日。

9月16日，为进一步扩大战果，八路军总部发出第二阶段作战命令：第一二〇师主力对同蒲铁路北段宁武至轩岗段进行彻底破坏，再次切断同蒲铁路北段的交通；晋察冀军区主力破击涞源至灵丘公路，并夺取涞源、灵丘县城；第一二九师重点破击榆社至辽县公路，收复榆社、辽县。八路军转入战役的第二阶段——攻坚战，继续破坏日军交通线，重点攻占交通线两侧及深入抗日根据地的日、伪军据点。

22日，晋察冀军区以8个团、3个游击支队、2个独立营分别组成左翼队、右翼队和预备队，发起涞（源）灵（丘）战役。当晚22时左右，右翼队开始攻击涞源城。激战通宵，第一团攻占了东、西、南城关，大部敌军退入城内防守；第二团攻击插箭岭的三甲村，夺下1个堡垒，并占领村庄大部；第三团进攻东团堡，将馒头山阵地攻下，全歼守敌；进攻白石口的游击第三支队也夺占了1座敌堡。但由于缺乏攻坚器材，日军顽强抵抗，猛烈反击并施放毒气，未能得手，我军不得不相继撤出战斗。

23日，右翼队向聂荣臻报告：据昨晚战况，我军攻击涞源及外围据点的兵力过于分散，提议改变部署，只留一部监视城内敌人，先集中兵力扫除外围，而后再攻涞源城。当晚，第一、第二团各一部在炮火的配合下，猛攻涞源城东三甲村据点。战士们冒着枪林弹雨，越过重重障碍，夺下该据点，全歼守敌180余人。

与此同时，第三团猛攻东团堡。驻守东团堡的井田士官大队一贯以凶狠、顽固和武士道精神十足著称。第三团与井田大队170余人，展开了一场惊心动魄的血战。战斗中，日军大肆施放毒气，致使第三团中毒者达300余人。激战至24日夜，第三团终将村庄周围堡垒全部攻下。残敌退据村中继续负隅顽抗。25日下午，第三团攻入村中，与敌展开白刃战。残敌22人将武器、物资纵火焚烧，跳火自尽。

从23日起，日军相继向涞源城大量增兵，但多被击退。28日中午，由张家口增援的日军3000余人乘坐汽车，在20辆坦克、4架飞机的掩护下，进抵涞源城。右翼队遂转移兵力于灵丘、浑源方向。

10月2日，晋察冀军区下达涞灵战役第二期作战命令：由邓华率领4个团、1个支队、2个营的兵力，向灵丘、浑源、广灵地区出击。8日拂晓，灵丘日军急调古子河、南坡头据点250余人，合击第二团设在太安岭附近的阵地。第二团坚持到下午，在毙伤日军50余人后，转出合击圈。当晚23时，第一团一营、第六团一营以迅雷不及掩耳之势，分别袭击南坡头、抢风岭据点。战至次日晨，攻克据点，歼守敌大部。9日，由大同增援浑源的日军1000余人乘坐汽车70多辆，驶至黄嘴子。当晚，该敌一部由小路进占抢风岭。10日上午，另一部由黑家沟向桃沙西北攻击，遭到第六团二营的顽强阻击。晋察冀军区遂主动退出战斗，立即转移到适当位置休整备战。历时18天的涞灵战役，共歼灭日、伪军1000余人，缴获了大量枪支弹药和军用物资。

在晋西北，第一二九师决定以第三八六旅和决死第一纵队2个团组成左翼队，以第三八五旅附第三十二团组成右翼队，于9月23日发起榆（社）辽（县）战役，向驻守榆辽公路的日军展开攻击，一举消灭榆社至小岭底线上之敌，收复摧毁敌据点公路，并乘势以主力向辽县（今左权县）进展，相机收复辽县。

榆社至辽县公路，是日军楔入晋西北抗日根据地的平辽公路前锋段。日军早就企图把这条公路向榆社西南延伸，经武乡与白晋路连接，以达到增强调动兵力的机动性、分割太行区的目的。在榆辽公路上，设有榆社、沿壁、石匣、管头等7个城镇与村落据点，由日军独立混成第四旅团的池边大队主力守备，工事坚固，装备精良。

9月23日23时，左翼队第三八六旅主力部队开始向榆社发起进攻。激战至30日，左翼队攻占榆社县城，歼日军400余人。

榆辽战役打响后，辽县日军立即西援。右翼队预伏在狼牙山的部队迅速将其击退。24日，沿壁、王景、小岭底、铺上等4个据点相继被攻克。在王景村战斗中，第三十八团1个营以神速的动作直扑日军碉堡，用密集的火力射击，并投进1枚燃烧弹，40余名日军在绝望中自杀。右翼队的下一个进攻目标管头，是榆辽路上较大的日军重点设防据点。由于地形所限，八路军在占领1座碉堡后，未获进展。于是留小部继续围困，大部转攻石匣。经一昼夜激战，攻克石匣，歼灭日军50余人，俘虏12人。29日夜，第十三团一营用地雷、手榴弹猛轰，占领管头，全歼守敌。

此时，和顺、武乡的日军同时出援，第一二九师遂决定停止进攻辽县县城，转移兵力于红崖头、官地垴地区伏击由武乡出援的日军。第三八五旅在向伏击地域开进途中，与日军援兵先头部队遭遇，双方随即展开激战。经15小时激战，日军虽被消灭过半，但余部依托有利地形进行顽抗，双方形成对峙。同时由和顺出援的日军突破新编第十旅狼牙山阻击部队阵地。在这种情况下，第一二九师遂主动撤出战斗，榆社复为日军占领。此役共歼日军近1000人。

在冀南，第一二〇师为配合涞灵、榆辽地区的作战，对同蒲铁路北段再次进行大规模的破袭，切断了该线交通。第一二九师所属冀南军区以12个团的兵力，对日军正在修筑的德石铁路和邯济铁路以及一些重要公路线进行了破击，共歼日、伪军1700余人。

在冀中，冀中军区部队于10月1日发起任（丘）河（间）大（城）肃（宁）战役。至12日，在任丘、河间、肃宁等地攻克日、伪军据点29处，破坏公路150千米，歼日、伪军1500余人。

第二阶段作战，八路军攻克日、伪军据点多处，平毁了部分封锁沟、墙，沉重地打击了伪政权组织，进一步扩大了抗日根据地。华北日军遭到八路军连续重创后，深感八路军对其威胁的严重性，为稳定局势，巩固占领区，遂纠集第三十六、第一一〇师团和独立第一、第九混成旅团等部2万余人，从10月6日起，先后对华北各抗日根据地进行大规模的报复“扫荡”，百团大战遂转入第三阶段——反“扫荡”。

10月6日，沁县、襄垣日军在榆社、辽县日军的配合下，以近万人的兵力，对中共中央北方局、八路军总部等领导机关所在的太行抗日根据地榆社、辽县、武乡、黎城等地进行“扫荡”。这次报复性“扫荡”与以往不同，更加残酷，更为野蛮，而且是连续的、反复的、持久的。每占领一个城镇，即以此为依托，派出小股兵力四处“清剿”。一旦发现八路军主力或领导机关，马上出动大股兵力分进合击；合击扑空，再分散成若干小股，齐头并进，反复搜索。所到之处实行烧光、杀光、抢光的“三光”政策。

19日，八路军总部下达反“扫荡”作战命令，要求各部队“应集结适当位置休整，准备坚决歼敌一至两路，广泛开展游击战争，打击敌人，分散部队”“我党政军民密切配合，深入战争动员，领导清室空野”，坚决消灭进犯之敌，粉碎日军的“扫荡”。

20日，日军调集1万余人，分别由和顺、辽县、潞城、武安等地出动，从东西南北4个方向，分进合击，进抵清漳河两岸，重点“清剿”中共中央北方局、八路军总部、第一二九师机关和边区党政机关所在地——麻田、左会间及涉县一带。

太行区军民在敌“扫荡”沿途不断实施截击，袭扰敌人。27日，日军窜至预定合击区后，转入“分区扫荡”。其中由武乡、辽县合击桐峪、黄崖洞的日军，除以一部留在黄崖洞一带继续“清剿”外，另一部由武乡出发的冈崎大队突然向西回窜，企图取道蟠龙以东山地，返回武乡。对这支孤军深入太行根据地腹心地区的日军，彭德怀十分恼火，决定由第一二九师三八六旅旅长陈赓统一指挥第三八五、第三八六旅和新编第十旅主力及决死第一纵队2个团等部，务必围歼之。

29日，气势汹汹的冈崎大队窜至显王村后，即赶着沿途抢掠的400多头骡马，沿武乡关家垴山下的大路继续西窜。刚刚出发进至芝麻角、漆树凹一带，冈崎大队就遭到第三八六旅七七二团等部侧击，残部退至山脊上的关家垴村，抢占制高点，企图固守待援。八路军参战各部相继赶到关家垴地区，激战至11月4日，歼灭冈崎大队残部400余人。关家垴战斗中，彭德怀到距敌人控制的垴顶500米处作近距离观察。当他足抵壕沿，手捧望远镜，仔细观察敌人阵地时，记者徐肖冰拍摄下了这一历史的瞬间，为人们留下了八路军在敌后艰苦卓绝、英勇战斗的写照。

在华北大地，在太行山区，在晋西北地区，到处燃烧着反“扫荡”的烽火。八路军不顾连续作战的疲劳，采取灵活机动的战术与敌周旋，历

八路军副总司令彭德怀亲临前线指挥作战

时两个月，迫敌收缩和退却，反“扫荡”取得了重大胜利。

从10月13日起，日、伪军以万余人“扫荡”平西抗日根据地。11月9日，日军又以万余人“扫荡”北岳抗日根据地，并占领了晋察冀军区领导机关所在地阜平。平西和北岳抗日军民以内外线相配合，广泛开展游击战，连续伏击、袭击日军后方交通线。日军举步维艰，自顾不暇，难以实现预期作战计划。据俘虏供称，经半个月的战斗，伤亡达三分之一左右；有的部队半个月没有洗过脸，不敢解毯睡觉，也吃不饱饭，士兵情绪极为低落。在此情况下，日军主力纷纷撤回原地，留驻阜平城、王快镇等地的日军1000余人则筑堡修路，企图长期据守。12月3日，晋察冀军区各主力兵团以游击动作向阜平、王快集结。至14日，共进行大小战斗100多次，毙伤日军300余人。日

军在守则被袭、行则被击的威胁下，恐惧疲惫已达极点，加之1个月来消耗过大，在阜平如坐针毡，于1941年元旦被迫放弃阜平城。1月4日，晋察冀军区部队克复王快镇，反“扫荡”取得胜利。

从11月17日起，日军第四十一师团、独立混成第九旅团出动7000余人，分别从同蒲路、白晋路，向太岳区的沁源及其以北地区合击。八路军第一二九师所属太岳军区将主力编成沁（源）东、沁（源）西两个支队，采取避其锐气、打其弱点的战术，在游击队和民兵的配合下，在沁河两岸活动，寻机打击日军。至27日，在官滩、胡汉坪战斗中歼灭日军近300人，迫使其于12月5日撤退。

从12月10日起，日军又集结2万多兵力，先后由大武、岚县、离石、静乐、汾阳、文水、交城、宁武等20余地出发，兵分3路，以兴县、临县地区及岢岚、静乐以南地区为重点，对晋西北抗日根据地进行“扫荡”。至23日，占领了除保德、河曲以外的所有县城和大部集镇。此时，晋西北部队由于在百团大战前两个阶段中损失的人员还来不及补充，部队缺额较大，亟待休整。八路军第一二〇师部队和晋西北地区群众实行空室清野，坚持“区不离区，县不离县”的游击战，少数部队以营为单位分散打游击，并组织精干游击队深入敌后袭扰敌人，“使进入边区之敌不论昼夜，不论行止都受到我军扰乱、袭击”。同时集中部分主力部队破击日军后方交通线，攻击日军修路队和运输队，共歼灭日、伪军2500余人，迫使日军于1941年1月下旬全部撤出晋西北抗日根据地。

在历时105天的百团大战中，八路军在地方武装和广大人民群众的紧密配合下，仅前3个半月就作战1824次，毙伤日军2万余人、伪军5000余人，俘虏日军280余人、伪军1.8万余人，拔除据点2900多个，破坏铁路470余千米、公路1500余千米，缴获各种枪支5800余支、各种炮50余门。同时，八路军也付出了伤亡1.7万余人的重大代价。

百团大战是在世界反法西斯战争处于低潮、中国抗战面临困难、妥协投降气氛甚浓的形势下，八路军在华北地区发动的一次规模最大、持续时间最长的带战略性的进攻战役，严重地破坏了日军在华北的主要交通线，收复了被日军占领的部分地区，沉重地打击了华北日军，牵制了日军对西北、西南大后方的进攻，打乱了日军侵华部署，有力地支援了正面战场，同时对坚持抗战、遏制当时国民党顽固派妥协投降暗流、争取时局好转起了积极作用，进一步鼓舞了全国人民夺取抗战胜利的信心，提高了中国共产党和八路军的声威。在这次战役中，中国共产党领导的华北敌后抗日军民齐心协力，前仆后继，同日本侵略者浴血奋战，充分表现了中华民族不屈不挠的战斗精神。百团大战在中国抗日战争史上写下了光辉的一页。

八路军总部王家峪旧址和纪念馆

八路军总部王家峪旧址和纪念馆位于山西省长治市武乡县东35千米处丘陵山区的韩北镇王家峪村。抗日战争时期的1939年秋至1940年6月，八路军总部和中共中央北方局驻扎在这里，其所属机关、部队驻扎在王家峪及周围的下合、西堡、蟠龙、上北漳、下北漳、西营镇、枣林等村。朱德、彭德怀、左权、刘伯承、邓小平、杨尚昆、罗瑞卿、陆定一、何长工等老一辈革命家在此召开了多次重要的军事、政治会议，举办了朱德总司令祝寿会、太行文化人座谈会，部署了百团大战作战计划等，是太行抗日根据地的指挥中心。1964年，旧址陈列复原并对外开放，真实还原了八路军总部的原貌，建立起纪念馆。

八路军总部王家峪旧址和纪念馆

八路军总部王家峪旧址和纪念馆占地面积3.7万平方米，主体建筑由3个连通的农家院落、14孔窑洞、15间土瓦房组成，有总部首长旧居、总部参谋处、秘书处、作战科、通信科、机要科、管理科、马棚、“红星杨”、“将军树”等旧址，以及总部旧址陈列馆等。

旧址西院有接待室、参谋人员住室、总部马棚；中院为总司令部参谋处、秘书处、刘少奇临时住处和朱德总司令、彭德怀副总司令、左权副参谋长、警卫员等的住室；东院为刘伯承、邓小平、陈赓、陈锡联、李达等回总部开会时的住室。

目前，整个旧址共设有10个展厅，展厅内有918件革命文物和400多张历史照片，向人们展示了老一辈革命家艰苦奋斗和艰辛生活的真实情景，讲述了八路军英勇抗敌、保卫河山的英雄壮举。

八路军总部王家峪旧址和纪念馆是全国重点

邓小平、刘伯承、陈赓、陈锡联等回总部开会时居住的院落

文物保护单位、全国爱国主义教育示范基地。

经党中央、国务院批准，国务院于2014年8月24日公布，八路军总部王家峪旧址和纪念馆被列入《第一批国家级抗战纪念设施、遗址名录》。

纪念馆部分展览室

知识链接　太行精神

太行精神是国家和民族处于危亡的关键时刻，中国共产党人领导太行儿女所展现的“不怕牺牲、

不畏艰险；百折不挠、艰苦奋斗；万众一心、敢于胜利；英勇奋斗、无私奉献”精神，是数千年来中华民族精神的积淀和延续。

太行山，又名五行山、王母山、女娲山，位于山西省与华北平原之间，是中国东部地区的重要山脉和地理分界线。纵跨北京、河北、山西、河南4省市，山脉北起北京市西山，向南延伸至河南与山西交界地区的王屋山，西接山西高原，东临华北平原，呈东北—西南走向，绵延400余千米。它是中国地形第二阶梯的东缘，也是黄土高原的东部界线。

这里地势险峻，峭壁如林，居高临下，易守难攻，历代为兵家必争之地，是开展游击战争的天然战场。全国抗战期间，八路军总部和第一二九师师部等领导机关驻在太行山区，动员太行山的800万劳苦大众和广大人民投身到抗日救亡的洪流中。工人、农民、知识分子和广大青年学生争先恐后地参加抗日武装，每个城镇和乡村都出现了“母亲叫儿打东洋，妻子送郎上战场”的动人场面。“村村像军营，人人都是兵，抗日根据地，一片练武声”，抗日的烽火在太行山熊熊燃烧。在一个封闭落后山高崖险的山区坚持抗战八年；在一个没有任何物资接济和给养的环境中发展、成长、壮大；一个没有现代武器装备，有的只是“小米加步枪”的军队，要对付拥有现代飞机大炮、数倍于自己的疯狂侵略者，并且最后还取得战争的胜利，根据地军民遭遇了多少艰难困苦，经历了多少浴血奋战！在严峻的天灾人祸面前，根据地军民没有粮食自己种，没有衣物自己织，没有水源自己挖，没有蔬菜自己种。从八路军的总司令、部队首长、地方干部到普通士兵和老百姓，军民和衷共济、共渡难关，正是这种军民一家、艰苦奋斗的精神，共产党才赢得了群众，赢得了战争。

1939年河北曲阳青年踊跃报名参加八路军

抗日战争是一场中华民族抗击日本侵略者的全民战争，为了全中国人民的利益，中国共产党人顾全大局、团结民众、英勇斗争、无私奉献。据不完全统计，从1937年10月到1944年10月，太行区八路军第一二九师主力部队对日、伪军作战共19777次，毙伤日、伪军120241人；太行区的民兵、自卫队共作战33716次，毙伤俘日、伪军11409人。解放战争时期，在“解放全中国”的号召下，太行区人民积极动员起来，踊跃参战，又有144267人加入到人民子弟兵的行列中。近8000名干部营陆续调往全国各地，为全中国的解放做出了太行根据地特有的贡献。中国共产党带领全国人民依靠这种精神，在赶走了日本侵略者后，又全力支援解放战争；也正是依靠这种精神，全国人民努力开展社会主义现代化建设，使贫穷落后的中国发生了翻天覆地的变化。

2021年9月，党中央批准了中央宣传部梳理的第一批纳入中国共产党人精神谱系的伟大精神，太行精神被纳入其中。

忻口战役遗址

忻口战役遗址位于山西省忻州市忻府区忻口镇忻口村，是抗日战争时期著名的忻口战役的发生地。

忻口从汉代开始便是内地通往大漠的军事要地。忻口战役是全面抗战爆发以来国共两党军队在华北战场最大规模的一次联合御敌战役。忻口战役遗址南北长1000米，东西有500米宽，主要包括战备窑洞、204高地以及纪念碑、纪念墙等。

战备窑洞修建于1935年至全面抗战爆发前，共修筑47孔窑洞，位于忻口村北的后沟到红崖湾之间。各窑洞均约3米宽、4米高、20多米深。用石头水泥所筑。洞门的上面有石垛，垛下面有块横匾，匾上有“第×号”的字样。这些窑洞在忻口战役中发挥了重要作用，被中国军队用来指挥作战、储放军火、安置伤员及隐藏战马。

战备窑洞

其中的第九号窑洞，曾经是国民党将领陈长捷的指挥所。第六号窑洞上还有“办公室”的字样，第七号窑洞上有“民国二十六年夏日第二十五团二营”的字样，这里应该是当时的团、营的驻地。办公号窑洞很容易就可以看到顶端的石壁，进深相对来说要浅很多。普通的窑洞则特别深，其中一些相邻的窑洞是互通的，而那些互通的窑洞的拱门上，两洞编号是并列显示的。比如最北端的两个窑洞，其拱门上就刻着“第一第二号”，这里曾经是总指挥兼第九军军长郝梦龄将军指挥作战的地方。10月15日晚上，郝将军与第五十四师师长刘家骐是从这里前往前线，在指挥作战时牺牲。

第一第二号窑洞

南怀化保卫战英灵纪念碑

204高地位于山岭沟壑之间，是重要的战略咽喉。忻口战役中战斗最激烈的一场拉锯战就是发生在这里，一天一夜中，204高地经历了13次易手，经过多次冲杀，中国守军第四团只剩下一百来人。今天，这里只留下了20千米的孤山，以及漫山的杂草，每到下雨时，当年的子弹头就会裸露出来。204高地长满了杂草，掩盖了一条荒芜的小路。这条小路也很重要，当年的日军为封锁这里，架了4挺机枪。同时这里也是总指挥兼第九军军长郝梦龄将军受伤和牺牲之地。2012年，204高地所在的南怀化村，在高地不远处，立起一座高12.6米的纪念碑，上书“一九三七年忻口战役南怀化保卫战英灵纪念碑”。

忻口战役纪念墙

忻口战役遗址标志碑在战备窑洞前的山根底下，碑身面向公路。从1986年立碑开始到现在，看上去破损严重。石碑正面是纪念碑文《忻口抗战记》，背面是部分阵亡的将士名单。

忻口战役纪念墙屹立在108国道边的土山上，在忻口村外的一条沟里。该纪念墙高10余米，汉白玉制，下面是一座四四方方的台座。墙的正面有题词“忻口战役纪念墙”；下面则是一组浮雕，是夜袭阳明堡机场、忻口炮战的场景；右侧面是共产党与国民党军队的部分阵亡官兵的姓名，国内罕有这样的记录方式。背面是由忻州市委、市政府撰写的介绍参战部队，以及惨烈战斗的纪念碑文。碑文中详细介绍了最为惨烈的204高地的战役，以及毛泽东对战役的评价。

罪证碑指的是两块石碑，是日本侵略者侵略中国所无法抵赖的铁证。当年，日军侵占忻口后，为炫耀己方的战绩，在忻口村与下王庄公路旁各立一块石碑，忻口村的石碑上有“忻口镇战迹”字样，下王庄的石碑正面也是“忻口镇战迹”，背面是“昭和十三年一月北川部队建之”。

忻口战役遗址是全国重点文物保护单位、山西省爱国主义教育基地。

经党中央、国务院批准，国务院于2014年8月24日公布，忻口战役遗址被列入《第一批国家级抗战纪念设施、遗址名录》。

知识链接

忻口战役

1937年8月，日军占领平津后，在沿津浦、平汉路大举南侵的同时，分兵两路沿平绥路，向察哈尔（今分属河北、山西、北京、内蒙古）、山西、绥远（今属内蒙古中部、南部）进攻。9月13日，日本关东军察哈尔派遣兵团占领山西大同，随即以一部向丰镇进攻，主力向雁北地区进攻。日军第五师团从河北宣化、新保安西下，连陷广灵、灵丘、浑源等晋东北城镇。9月下旬，日军统帅部命板垣征四郎率第五师团及察哈尔派遣兵团主力进攻山西内长城防线，企图向太原发展进攻。

中国第二战区司令长官阎锡山指挥所部退守内长城的平型关、雁门关、神池一线，以第六集团军总司令杨爱源为右地区总司令，指挥3个军防守平型关东西一线；以第七集团军总司令傅作义为左地区总司令，指挥4个军防守雁门关东西一线；以第七十一、第七十二师为预备军，位于繁峙；令第十八集团军（八路军）朱德总司令以第一一五、第一二〇、第一二九师分别驰援平型关、雁门关、五台山配合作战。

9月21日，日军第五师团先以2个步兵大队从浑源翻越高山南下，袭击守军第十七军侧背。23日，占领团城口，以第二十一旅团由灵丘南进，从正面进攻平型关，遭守军第三十三军第七十三师顽强抗击。24日，日军猛攻平型关正面。傅作义率预备军2个师增援，并亲临指挥，双方伤亡惨重，日军正面攻击未能得逞。当晚，驰援平型关的八路军第一一五师在师长林彪、副师长聂荣臻的率领下，冒雨设伏于平型关两侧山地有利地形。25日，一举歼灭板垣第五师团一部千余人，击毁汽车百余辆。

日军在平型关受挫后，察哈尔派遣兵团以混成第十五、第二旅团东进策应，于27日进击繁峙以北的茹越口，守军第三十四军第二〇三旅坚决抵抗。激战中，日军炮弹如雨，旅长梁鉴堂不幸阵亡。28日茹越口陷落，29日繁峙失守，威胁平型关侧背。阎锡山下令将所部撤向忻口组织防御。忻口右托五台山，左倚云中山，地势险要，是晋北通向太原的门户。

10月1日，日军统帅部命令板垣征四郎率第五师团和察哈尔派遣兵团进攻太原。同日，国民政府军事委员会下令调第十四集团军增援忻口，与日军展开会战。阎锡山决定以第十四集团军及配属部队共8个军为中央集团军，由卫立煌指挥，在忻口正面组织防御；以第十八集团军（欠第一二〇师）及第一〇一师、第七十三师、新编第二师为右集团军，由朱德指挥，在滹沱河南岸罗圈沟、峨口占领阵地，并以一部挺进敌后，威胁日军左翼；以第六集团军2个师1个旅及第一二〇师为左集团军，由杨爱源指挥，在黑峪、阳方口占领阵地，并以一部挺进敌后，威胁日军右翼；以第三十四、第三十五军为预备集团军，由傅作义指挥，控制于定襄、忻县（今忻州市）地区。

2日，察哈尔派遣兵团混成第二旅团从代县向崞县（今原平市崞阳镇）进攻，遭到守军第十九军的顽强抗击。4日，日军进攻受阻后，混成第十五旅团绕过崞县进攻原平。9日，日军在猛烈炮火和坦克、飞机的掩护下，攻占崞县，合击原平。

原平为日军南下太原的必经之地。中国军队只有守住原平，才能为主力集结忻口争得时间，否则，日军将直逼太原，战局一发不可收。中日双方均深知其中的利害关系，于是，一场血战在原平打响了。

镇守原平的是第三十四军第一九六旅，旅长姜玉贞奉命“虽剩一兵一卒，也得在原平死守7天”。战斗进行得异常残酷。血战至12日，原平城破，第一九六旅被重重包围，与日军展开肉搏巷战，最后全旅伤亡殆尽。

忻口位于同蒲铁路上，是太原的北部屏障，也是保卫太原的最后一道防线。原平失陷当天，第二战区副司令长官卫立煌率援军第十四集团军抵达忻口后，即调整部署：以郝梦龄指挥中央兵团（辖第九、第十九、第六十一、第三十五军），守备忻口山岭及其左侧川道；以李默庵指挥左翼兵团（辖第十四军和第七十一、第六十六师等），控制云中山；以刘茂恩指挥右翼兵团（辖第三十三、第十七、第十五军），控制五台山。部队展开于忻口以北龙王堂、南怀化、大白水、南峪一线，抗击日军。

13日，板垣征四郎指挥5万日军向忻口进攻。以第五师团为左翼，主攻南怀化；以混成第十五旅团、堤支队（相当于大队）为右翼，进攻大白水；以混成第二旅团、大泉支队（相当于大队）负责内长城二线守备。

日军第五师团集中飞机30余架、重炮40余门、坦克50余辆实施猛攻。中央兵团据险扼守，士气旺盛。忻口山岭连日鏖战，炮火猛烈，南怀化阵地几得几失，战况惨烈。16日，中央兵团实施反击，争夺南怀化高地。第九军军长郝梦龄亲赴南怀化前沿，指挥部队与日军展开拉锯战，不幸中弹阵亡。一同阵亡的还有第五十四师师长刘家麒。独立第五旅旅长郑廷珍在率部攻击南怀化南端之敌时，陷入重围，高呼“谁先为国死，谁最光荣”，杀入敌阵肉搏，以身殉国。第六十一军军长陈长捷、第十九军军长王靖国相继接任中央兵团总指挥，始终坚守忻口阵地。

在中国守军奋勇抗击下，日军损兵2万余人，于22日、27日、29日先后增调3个联队驰援，却始终攻不下南怀化。日军见正面进攻不逞，便改用迂回战术，以2个师团沿正太路攻击晋东要地娘子关。正在配合国民党军进行忻口保卫战的八路军，遂以主力南下娘子关，相继在灵丘、广灵、蔚县、平型关、宁武、雁门关袭击日军后方，配合忻口正面作战。19日夜，第一二九师第七六九团夜袭阳明堡机场，毁日机24架。至11月初，八路军各师连继取得长生口、七亘村、黄崖底和广阳伏击战的胜利，以伤亡300余人的代价，歼敌1800余人。对此，卫立煌十分钦佩，称赞八路军“是复兴民族的最精锐的部队”。

忻口战役期间八路军主动出击，占领涞源插箭岭烽火台

10月26日，日军攻占娘子关，沿正太铁路向西追击，在击退第四十一军的阻击后，于11月2日占领寿阳，迅速逼近榆次，危及太原。同日，忻口守军奉命退守太原，忻口战役遂告结束。

此役，中国守军顽强战斗，英勇抗击，大量

消耗日军有生力量，牵制了日军沿平汉铁路南下的作战行动。但由于娘子关方面防范疏漏，被日军乘虚而入，致使忻口战役失败。

左权将军殉难处

左权将军殉难处位于山西省晋中市左权县城南60余千米的麻田镇北艾铺村南十字岭的峰顶。为纪念殉国的左权将军，山西省辽县于1942年9月更名为左权县，左权将军牺牲地十字岭于1965年5月更名为左权岭。

左权将军殉难处纪念设施包括：汉白玉左权将军殉难处纪念碑、左权将军殉难处纪念亭、左权将军铜像等。

汉白玉左权将军殉难处纪念碑高70厘米，宽105厘米，厚60多厘米，上书“左权将军殉难处”。

左权将军殉难处纪念碑

石灰岩纪念碑则矗立在左权将军的临时埋葬地。1985年至1987年，在左权将军殉难的地方，当地县人民政府修建了左权将军殉难处纪念亭。纪念亭坐北朝南，占地面积243.63平方米，高11米，是一座仿古飞檐翼角纪念亭。纪念亭悬挂一匾额，是由徐向前元帅亲题的“左权将军纪念亭”。亭内正中的位置有一座纪念塔，高4.5米，汉白玉制，呈正方形，塔身正面刻着“左权同志永垂不朽”8个金色大字；左面是朱德总司令的题词“名将以身殉国家，愿拼热血卫吾华。太行浩气传千古，留得清漳吐血花”；右侧则是邓小平的题词手迹“怀念左权同志”；背面是彭德怀副总司令撰写的简单介绍左权将军战斗历程的左权同志碑志。主碑四周还竖有8块石碑，镌有朱德、彭德怀、周恩来、刘伯承、邓小平等撰写的纪念文章。

左权将军纪念碑

纪念亭在2007年维修过一次，2012年左权将军殉国70周年之际，纪念亭又进行了一次全面维修，增设了“十字岭英雄纪念碑”及左权将军铜像。

在抗战胜利70周年之际，为缅怀先烈，当地政府在“左权将军殉难处”修建了英烈墙，上面刻有抗日战争时期牺牲在左权县的2.2万多名英烈的名字。

左权将军殉难处是山西省重点文物保护单位、山西省红色文化遗址。

经党中央、国务院批准，国务院于2014年8月24日公布，左权将军殉难处被列入《第一批国家级抗战纪念设施、遗址名录》。

左权将军纪念碑亭

八路军副参谋长左权

知识链接 左权

左权，中国工农红军和八路军高级指挥员，军事家。1905年生于湖南醴陵黄茅岭的一个贫苦农民家庭。幼年丧父，8岁入私塾读书。17岁时考入县立中学，参加中国共产党领导的社会科学研究社，开始接触马克思主义。1924年3月入孙中山的建国陆海军大元帅府军政部陆军讲武学校，同年11月转入黄埔军校第一期学习。1925年2月加入中国共产党。毕业后在黄埔军校教导团任排长、连长，曾参加讨伐军阀陈炯明的两次东征作战。同年12月赴苏联，先后在莫斯科中山大学、伏龙芝军事学院学习。

1930年回国后到中央苏区，任中国工农红军学校第一分校教育长，后任新十二军军长。1931年12月，奉命参与联络指导国民党军第二十六路军宁都起义。起义部队改编为工农红军第五军团，左权任第十五军政治委员，后任军长兼政治委员，率部参加赣州、漳州等战役。1932年6月因“左”倾冒险主义领导者实行宗派主义干部政策，遭到诬陷，被撤销军长兼政治委员职务，调任红军学校教官。1933年初，任中央革命军事委员会作战局参谋，同年12月任红一军团参谋长，参加中央苏区第五次反“围剿”作战。1934年10月参加长征，参与指挥所部突破国民党军的四道封锁线、占领施秉城、强渡大渡河、攻打腊子口等战斗。到陕北后参与指挥直罗镇和东征等战役。1936年5月任红一军团代理军团长，率部参加西征战役。同年11月，与军团政治委员聂荣臻，在前线指挥红一军团和红十五军团一部进行山城堡战役，歼敌1个多旅，毙伤俘敌1200余人，迫使国民党军停止了对陕甘苏区的进攻。

全国抗战爆发后，左权历任八路军副参谋长、八路军前方总指挥部参谋长，后兼八路军第二纵队司令员，协助朱德、彭德怀指挥八路军开赴华北前线，开展敌后游击战争，扩大抗日武装，创建抗日根据地。1938年2月日军进犯山西临汾地区与八路军总部遭遇，他指挥警卫部队迂回侧翼，伏击日军，掩护了总部机关和群众的安全转移；4月在晋东南地区参与指挥反击日军“九路围攻”；11月主持召开八路军晋东南部队参谋长会议，制定八路军各级司令部暂行工作条例，健全司令部工作机构，促进了司令部的业务建设。为提高部队军政素质，从1939年起，他先后3次组织整军，并注重开展对新战士的政治教育和利用战斗间隙整训部队，提高部队战斗力。在此期间，他领导创建黄崖洞兵工厂，扩大军工生产，有力地支援了敌后抗日根据地。1940年8月，在华北协助彭德怀指挥八路军发起大规模的交通破袭战，即“百团大战”，歼日、伪军近4万人，极大地振奋了全国人民争取抗战胜利的信心。同年12月主持召开八路军首次后勤工作会议，统一财务制度，作题为《论我军的后勤建设》的报告。1941年3月在八路军后勤政治工作会议上强调指出“政治工作是我军的生命线”，强调政治工作在后勤工作中的重要性。同年11月，为保卫黄崖洞兵工厂，他指挥八路军总部特务团抗击日军第三十六师团一部的疯狂袭击，激战八昼夜，以较小的代价歼敌千余人。1942年5月，日军对太行区抗日根据地进行“铁壁合围”大“扫荡”。25日，左权在山西省辽县麻田附近指挥部队掩护中共中央北方局和八路军总部等机关突围转移，在十字岭突围战斗中被炮弹击中头部壮烈牺牲。

左权是抗日战争时期八路军牺牲的最高将领。朱德曾写下《悼左权同志》一诗：“名将以身殉国家，愿拼热血卫吾华。太行浩气传千古，留得清漳吐血花。”晋冀鲁豫边区政府为纪念左权的不朽功绩，决定将辽县更名为左权县。2009年，左权被中央宣传部、中央组织部等11个部门评为“100位为新中国成立作出突出贡献的英雄模范人物”之一。

大同煤矿万人坑遗址纪念馆

大同煤矿万人坑遗址纪念馆位于山西省大同市大同煤矿煤峪口矿建新街1号。建立该纪念馆，一方面是为了揭露日本侵略者在中国人民抗日战争时期对大同煤矿工人所犯累累的罪行；另一方面是告诫我们要不忘历史，自强不息，以实现中华民族的伟大复兴。日军占领大同煤矿的8年里，6万余名中国矿工丧生，较大的“万人坑”就达20余处。其中煤峪口矿的“万人坑”最著名。2010年9月18日，在该“万人坑”遗址建成大同煤矿万人坑遗址纪念馆。

大同煤矿万人坑遗址纪念馆占地面积33.7万

大同煤矿万人坑遗址纪念馆

平方米，建筑面积5000平方米，展厅面积3500平方米。纪念馆中陈列了许多珍贵的图片及实物资料，利用背景雕塑、幻影成像、多媒体技术、场景再现等多种现代科技手段，展示了大同煤矿万人坑遗址。

纪念馆展陈的主题是“牢记历史，珍爱和平，面向未来，振兴中华”。主题之下分成了6部分：“觊觎矿藏，蓄谋已久”“荼毒大同，霸占煤矿”“野蛮开采，疯狂攫取”“奴役矿工，灭绝人性”“累累白骨，铁证如山”“铭记历史，珍爱和平”。

大同煤矿万人坑遗址纪念馆是全国重点文物保护单位、全国爱国主义教育示范基地。

经党中央、国务院批准，国务院于2015年8月13日公布，大同煤矿万人坑遗址纪念馆被列入《第二批国家级抗战纪念设施、遗址名录》。

大同煤矿万人坑遗址

知识链接 日寇魔掌下的煤矿工人

1937年9月，日军侵占了大同煤矿，在之后的8年时间里，共计掠夺1400万吨煤炭，导致6万多矿工悲惨死去。死难的矿工遗体最终形成了20余个“万人坑”。这些累累白骨无一不在揭示着日军对中国人民所犯下的罪行。

日本本国的资源不够，只能采取“以战养战”计划，而大同煤矿的煤炭就是它的目标之一。日军占领了大同煤矿后，对矿工实施“以人换煤”的政策，大量矿工被摧残致死，甚至尚存一口气的也被扔在了大同矿区的荒山野滩、废弃矿井中，逐渐形成了20余处“万人坑”。其中国内保存较完整、规模较大的则是煤峪口南沟的“万人坑”。

日军对山西煤炭资源进行掠夺性开采。其间，山西大同煤矿矿工死亡高达6万人。图为大同煤矿煤峪口矿南沟万人坑

这些矿工大多是日军骗招或是强掳来的，有的来自山东，有的来自河南，有的来自江苏等地。他们乘坐“闷罐”火车，一批一批地被押送到煤矿，然后被关进一间间房子内，房内空间十分拥挤。为防止他们逃跑，日军还在他们住的地方设了岗楼，架起了铁丝网。

矿工的生存条件很差，一开始还有衣服穿，但是到了后期，衣服也没有了，只剩下裹在身上的水泥袋子。他们吃的是半生不熟的饼子，是由高粱、米糠、花生皮混合而成的；喝的水也不是干净的水，而是井下的污水。

矿工每天由矿警与宪兵押送至工作的地方，连续工作十几个小时后，再被押送回住的地方。当然也有些劳工，因为不堪折磨而逃跑，但是被抓回来后，会受到严厉的酷刑，有的直接被打死，有的则被狼狗咬死。

矿工生病后，日军也不会进行救治，而是将其隔离起来，断掉病人的饮食，用不了多久，这些人就都咽气了。基本上每天都会有三四个矿工死去，多的时候一天内会死去20多人。在初期，死亡的矿工数量较少，所以都是由杂工来抬这些尸体。等到1943年，矿工大量死去，杂工已经不够用了，于是日军设了“抬尸队”，分班轮流来抬尸体，而有的确实咽气了，有的则是昏迷了，但他们还有感知，眼睛会流泪。这些矿工通常都被扔到各处，可能是一条山沟，可能是一处废弃的矿井，任何一处杳无人烟的地方都可以成为他们的埋骨地。

矿工生前悲惨，死后也悲惨。这些埋葬他们尸骨的“万人坑”，深刻地揭露了日军对中国人民犯下的累累罪行。

1940年，日军占领大同煤矿后一名六七岁的小矿工

平型关烈士陵园

平型关烈士陵园位于山西省大同市灵丘县武灵镇灵源村，是为纪念抗日战争时期牺牲在平型关战役中的八路军指战员而修建的设施，1962年7月开始建造，1965年9月25日完工，原名“灵丘县烈士陵园”，2002年9月更名为“平型关烈士陵园”。

平型关烈士陵园占地面积4万平方米，建筑面积3000多平方米，主要建筑有烈士纪念堂、烈士塔、纪念碑、展览厅及烈士坟茔等。

烈士纪念堂是一座两层楼的建筑，堂内录有1002位各个历史时期牺牲的灵丘籍烈士名字。灵丘县在迁葬烈士遗骨上做了很多努力。县政府在修建陵园时，发动了全县的群众，迁回了那些牺牲在平型关大捷中埋葬在乔沟、驿马岭及冉庄一带的烈士遗骨，还有牺牲在抗战各次战斗中的烈士遗骨。

烈士纪念堂

烈士塔是一座六角攒尖顶的六边形三层砖塔。

纪念碑在纪念堂的后面，在六角攒尖顶的亭内。纪念碑上刻有文字，正面是“平型关烈士精神永垂不朽”，背面则是有关平型关大捷的介绍，以及

烈士纪念碑亭

在共产党领导下，灵丘人民艰苦抗日的战斗过程。

烈士坟茔由两部分组成，包括主墓区与附墓区。主墓区有坟墓24座，安葬着在平型关战役中牺牲的八路军指战员，还有同时期牺牲的566位烈士遗骨。附墓区安葬着牺牲于修建京原（北京—原平）铁路时的74位指战员遗体。陵园东墓区则安葬着86位烈士的遗体，是在修建京原铁路和灵丘空军机场时牺牲的烈士。

平型关烈士陵园是国家级烈士纪念设施、山西省爱国主义教育基地。

经党中央、国务院批准，国务院于2015年8月13日公布，平型关烈士陵园被列入《第二批国家级抗战纪念设施、遗址名录》。

知识链接

平型关

平型关位于山西省灵丘县白崖台乡西南部的平型岭上，东北距灵丘县城30千米，西南至繁峙县城80千米，为内长城重要关隘。东接恒山，西连五台山，内长城横亘其上，两峰对峙，三面环山，因地形如瓶，故此得名。金时为瓶形镇，明清时称平型岭关，民国后改称今名。

平型关始建于明朝正德六年（1511年），与内长城同时修筑，关城据平型岭之口，呈正方形，城高6米，城周900余丈。东、南、北各置一门，门额上刻“平型岭”三个大字。关门坐西朝东，门洞用券栿相间的方法筑成，高4米，宽2.7米，可谓峻岭雄关。明嘉靖二十四年（1545年）、万历九年（1581年）及清代，曾多次增修。

地处灵丘与繁峙交界处的平型关，北有恒山如屏高峙，南有五台山巍然耸立，海拔都在1500米以上。两山相接，其间为一条东北—西南走向的狭窄地堑式低地，而平型关所处的平型岭正是这一带状低地中的隆起部分。低地中间从关沟至东河南镇为一条狭长古道，名曰乔沟。沟长约13千米，沟底狭窄，底宽仅2至3米，两侧陡峭如削。站在谷底，有“两岸连天，界无缺处”之感。由于恒山和五台山都是断块山，十分陡峻，构成晋北巨大交通障碍，故这条带状低地便成为河北平原北部与山西北部相通的最便捷孔道。一条东西向古道穿平型关城而过，东连北京西面的紫荆关，西接雁门关，彼此相连，结成一道坚固防线，是东通冀西、西抵雁门关的必经之路，地理形势十分险要，为历代兵家必争之地。

历史上，匈奴、突厥、鲜卑、契丹、女真、

1937年，八路军在平型关活动

蒙古等部族，多经平型关入侵中原，骚扰内地。明清时期，平型关是北京西面的重要屏藩，明清两朝京畿恃以为安。尤其是明嘉靖、万历年间，蒙古瓦剌、鞑靼部经常侵扰我国北部边境地区，多从平型关侵入中原腹地。嘉靖三十二年（1553），蒙古鞑靼部首领俺答汗率兵大举南侵，深入浑源一带，攻陷平型关，继攻灵丘、广昌（今河北涞源）等地，直逼京西紫荆关。明将陈凤率军抵抗，蒙古军受挫后转袭繁峙、蔚县、延庆等地，并屠掠延庆等城。在明军与百姓的顽强阻击下，又遇连日下雨，蒙古鞑靼部被迫撤退北归。抗日战争时期，八路军第一一五师在平型关地区伏击日军，一举歼灭日军第五师团1000余人，取得了震惊世界的平型关大捷。此战是全民族抗战爆发后中国军队主动对日作战取得的第一个重大胜利，打破了侵华日军"不可战胜"的神话，极大地鼓舞了全国军民抗战必胜的信心，同时也极大地提高了中国共产党和八路军的声望。

太行太岳烈士陵园

太行太岳烈士陵园位于山西省长治市英雄南路东华门街67号，是为了纪念抗日战争时期牺牲在太行太岳地区的八路军和决死队烈士，以及解放战争时期牺牲在太行太岳地区的烈士而修建的设施。1946年3月在晋冀鲁豫边区参议会第一届第二次会议上决定修建，始建于1950年4月，落成于1952年10月。在2001年、2002年及2006年分别进行了改扩建。

太行太岳烈士陵园坐北向南，占地面积约10万平方米。为明代沈王府遗址，原有城门、城墙、府第等，现只有西北一部分土城墙保留下来。目前主要纪念设施有太行太岳烈士纪念塔、太行太岳英烈事迹陈列馆、烈士墓等。大门两侧有"英雄功劳换来民族幸福，烈士血汗奠定国家安全"楹联，为八路军老战士戎子和亲笔题写。

太行太岳烈士陵园大门

太行太岳烈士纪念塔在陵园的中心，高达23米，在陵园里十分显眼。塔前有广场，占地共计2000平方米。碑身内是大青石，汉白玉贴面，以通身洁白象征烈士洁白无瑕的高尚品质。碑身正面有原晋冀鲁豫边区人民政府主席程子华题写的"太行太岳烈士纪念塔"，背面是邓小平题写的"人民永远纪念着你们"。碑的底部四面刻着刘伯承、徐向前、杨秀峰等领导同志的题词，还有薄一波撰写的碑文。

烈士纪念塔的正北方向是英烈事迹陈列馆，是一座现代建筑，平面布局呈"品"字形，主体呈灰色，门前矗立着8根白色立柱，庄严肃穆。前屋檐横幅"英雄功劳换来民族幸福，烈士血汗奠定国家安全"，正门上方"太行太岳英烈事迹陈列馆"馆名由薄一波题写。进门首先看到的是毛泽东、周恩来、刘少奇、朱德、邓小平等党和

太行太岳烈士纪念塔

国家领导人的巨幅画像，四周为33位烈士的遗像及骨灰盒，其中有八路军副总参谋长左权等5位高级将领，活捉侵华日军驻山西总顾问铃木川山郎少将的太行一等杀敌英雄赵亨德，强渡大渡河十八勇士之一周平烈士等。

纪念塔东、西两侧分别是太行革命根据地纪念馆和太岳革命根据地纪念馆，主要陈列抗日战争和解放战争时期太行太岳根据地发生的重大历史事件、主要战役战斗，以及涌现出的120多位烈士的画像、照片及部分实物。

太行太岳英烈事迹陈列馆

陈列馆的北侧是占地1000平方米的烈士墓区，由东、西两部分构成，东侧葬有108位烈士，西侧葬有56位烈士。在东侧烈士墓区内，安葬着爱国将领、原国民革命军九十八军军长武士敏将军等，周围种植了苍松翠柏，衬托着白色墓丘与墨玉墓碑，十分肃穆。

太行太岳烈士陵园是国家级烈士纪念设施、全国爱国主义教育示范基地。

经党中央、国务院批准，国务院于2015年8月13日公布，太行太岳烈士陵园被列入《第二批国家级抗战纪念设施、遗址名录》。

知识链接

太行太岳区1942年反“扫荡”

太平洋战争爆发后，日军华北方面军制定1942年度《治安肃正建设计划大纲》，集结大量兵力重点对晋察冀边区冀东、冀中区和晋冀鲁豫边区太行、太岳区进行大规模的毁灭性“扫荡”，以巩固其占领区并掠夺大量的人力、物力、财力，使之成为“大东亚战争兵站基地”。面对更加复杂、严重的对敌斗争形势，八路军第一二九师师长刘伯承、政治委员邓小平根据中共中央北方局、八路军总部的指示和日军的动向，积极部署太行、太岳抗日根据地的反“扫荡”作战，采取“敌进我进”、内线与外线斗争相结合的方针，以主力适时转移外线，以一部兵力和地方武装坚持内线斗争。

1942年2月3日，日军第一军指挥第三十六师团和独立混成第四旅团主力，以及第一一〇师团、独立混成第一旅团各一部及伪军共1.2万余人，分别由辽县（今左权县）、沁县、襄垣、潞城出发，

烈士纪念碑林

采用“铁壁合围”“捕捉奇袭”等战法，奔袭中共中央北方局和八路军总部驻地太行区北部的桐峪、洪水、王家峪，开始了对太行抗日根据地的“扫荡”。中共中央北方局和八路军总部等领导机关及主力大部先行转移。日、伪军奔袭扑空后，即展开于和顺县羊蹄凹、龙王，辽县左会、黄漳，武乡县蟠龙、石板等地区进行“辗转清剿”，掳掠烧杀，实行“三光”政策，甚至施放糜烂性毒剂残害抗日根据地军民。坚持内线斗争的第一二九师三八五旅和新编第一旅各一部，结合地方武装及民兵，对日、伪军广泛展开袭击、伏击，日、伪军伤亡甚众，转而采取“反转电击”战法，3次合击八路军总部所在地麻田、桐峪，5次合击太行军区第二军分区机关，但均无所获。

与此同时，转移到外线的太行军区部队对白晋、平汉铁路部分路段和交通线进击，破路炸桥，袭击据点，两次攻占沁县车站，使白晋铁路5天未能通车。日、伪军陷于腹背受击的境地，被迫于20日撤回黎城地区。

26日，日军第三十六师团等部由黎城地区出动，对太行区南部平顺地区进行“扫荡”。第一二九师新编第一旅二团和太行军区第四军分区三十二团各一部利用险要地形，先后在烟驮村、虹梯关和老马岭等地伏击日、伪军。日、伪军遭打击后，于3月2日由平顺地区撤退。第一二九师及时集结新编第一旅和第三八五旅各一部，设伏于平顺以南之南寨里，毙伤日、伪军200余人，并乘胜袭击长治、路城、壶关间日、伪军据点，摧毁部分伪政权和伪组织。

日军在“扫荡”太行抗日根据地的同时，以其第四十一师团及第三十六师团各一部共7000余人，于2月2日凌晨由安泽、霍县（今霍州市）、灵石、介休、沁县、府城镇出动，奔袭驻唐城、

抗战时期，八路军第一二九师领导人（左起：李达、邓小平、刘伯承、蔡树藩）在山西

郭道地区的太岳军区领导机关。日军一再压缩包围圈，太岳军区机关适时分批转移，日军扑空后即在沁源地区进行“清剿”。20日，日军结束对太岳北部地区的“扫荡”，以一部兵力转向沁水地区，主力南下至临汾至屯留公路沿线，开始对太岳南部地区进行“扫荡”。21日，日军分兵19路南北夹击唐村、孔滩、东峪地区，企图消灭第一二九师三八六旅主力。同时，国民党顽固派的4个团也乘机进占四十里峪的八路军阵地。在此严峻情况下，第三八六旅主力及时跳出日军合击圈，并于东峪以北关爷岭毙伤日军200余人。第一二九师另一部阻击顽军于三岔河，予以有力打击。至28日，日军结束“扫荡”。

八路军第一二九师及所属太行、太岳军区在粉碎日军春季大“扫荡”后，及时总结经验，加强战备，并派出干部协助地方党政机关指挥民兵作战。各军分区沿日军可能进犯的道路布置了秘密情报网。从5月中旬起，日军华北方面军为实现消灭中共中央北方局、八路军总部和第一二九师主力，并策应其对冀中抗日根据地“扫荡”的目的，以第一军等部共3万余人的兵力，采取“捕捉奇袭”“铁壁合围”“辗转清剿”等战法，对太行、太岳抗日根据地发动更加残酷的夏季大“扫荡”。14日，日军第三十六师团主力和第六十九师团一部共7000余人，首先开始“扫荡”太岳南部地区，两次奔袭和合围驻沁河两岸东峪、马壁地区的第三八六旅。该旅迅即向北转移，并袭扰临屯公路上的日军据点，使日军合围扑空，后方交通受到威胁。19日，第三十六师团主力转向太行北部地区。第六十九师团一部在太岳抗日根据地军民的不断打击下，也于28日撤退至浮山、府城等据点。在开始“扫荡”太岳南部地区后，日军集中第三十六师团，独立混成第三、第四旅团主力及独立混成第一、第八旅团各一部共2.5万余人的兵力，采用“铁壁合围”“捕捉奇袭”等战法，于5月19日对中共中央北方局和八路军总部所在地太行北部地区进行“扫荡”。独立混成第三、第四旅团主力和独立混成第一、第八旅团各一部，由平汉铁路石家庄至安阳段和正太铁路沿线各据点出动，先后进抵峻极关、上庄、下庄及阳邑西北高地一线，从东、北两面向八路军总部驻地推进；第三十六师团主力由长治、襄垣、武乡、辽县等地出动，进至砖壁、桐峪地区，从西、南两面向八路军总部驻地推进。至24日夜，各路日军构成对窑门口、青塔、偏城、南艾铺地区的合围。

25日，日军万余人集中炮火并在6架飞机轮番轰炸下，以南艾铺为目标发起攻击。中共中央北方局机关和八路军总部在第三八五旅七六九团一部奋力掩护下，分别向西、北、南3个方向突出重围。八路军副参谋长左权在十字岭指挥部队突围作战中壮烈牺牲。当日黄昏，日军攻占南艾铺。26日，日军转入“辗转清剿”，捕捉、杀戮抗日根据地的干部和群众。为挫败日军的“清剿”行动，太行军区除以地方武装和民兵坚持内线斗争外，主力分别向日军后方补给线和城镇据点展开破袭战。30日，第三八五旅七六九团一部在民兵的配合下，设伏于辽县城东南苏亭镇，歼日军140余人。31日，新编第一旅一部奇袭长治日军机场，击毁飞机3架、汽车14辆、油库2座。与此同时，第三八五旅另一部乘日军后方空虚，一度袭入虒亭、五阳、黄碾等据点。太行、太岳区的地方武装和民兵也在平汉、白晋、同蒲和正太等铁路沿线展开破击战，有力配合了内线部队的反“扫荡”作战。

八路军第三八六旅旅长陈赓（右二）在抗日前线，胸前挂着缴获日军的相机

6月上旬，“扫荡”太行北部地区的日军退至邯郸至长治公路沿线及清漳河两岸地区。9日，日军第三十六师团以1.2万余人的兵力，“扫荡”太行南部地区。八路军第一二九师直属队及新编第一旅一部共2000余人，被合围于涉县西南的石城、黄花地区，处境险恶，但在师长刘伯承指挥下，乘夜暗从日军合围部队的间隙中跳出合围圈。日军合击未逞，于20日撤退。10月8日，日军开始推行第五次“治安强化运动”，企图在政治上实行怀柔、欺骗政策，瓦解抗日根据地人民群众的抗日意志；在经济上进行封锁，掠夺战略物资，摧毁根据地的物质基础；在军事上进行连续不断的全面“扫荡”，寻歼八路军领导机关和主力部队。

10月20日，日军对太行、太岳抗日根据地同时发动“扫荡”。在太行区，日军第三十六师团和独立混成第四旅团各一部及部分伪军共9000余人，对和（顺）西、武（乡）东两个中心区实行合击，进入根据地后，捕捉民兵，杀害群众，抢劫粮食和各种战略物资，并赶修临时运输线，外运掠夺物资。八路军第一二九师及所属太行军区采取内线坚持与外线出击相结合，主力军、地方军和民兵相结合的方针，广泛开展群众性的游击战争，反击日军的“扫荡”。内线部队掩护群众进行有组织的转移，采用各种战术手段，积极打击日、伪军，协助民兵捕捉间谍，镇压汉奸。外线部队挺进至正太、白晋铁路及部分主要公路沿线，与当地民兵相结合，广泛开展游击战，破坏日军运输线，打击日军抢粮活动；同时组织多支武装工作队对平定、昔阳等地日、伪军据点开展政治攻势。日军受到不断打击后，被迫于11月12日全部撤回原据点。

在太岳区，日军第六十九、第三十六、第三十七师团各一部共7000余人，于10月20日合击太岳军区领导机关，扑空后转入“辗转清剿”。太岳北部地区中心区沿交通线附近的群众实行空室清野，在部队和民兵的掩护下进行有组织的转移。沁源城关及附近地区群众1.2万余人也全部转移。外线部队不断对日军的后方进行袭击、伏击。决死队第一纵队三十八团一部设伏于沁源西北芦家庄，利用有利地形，歼日军350

在根据地内“扫荡”的日军一部

余人。其他外线部队还袭击同蒲铁路沿线的辛置车站，伏击临（汾）屯（留）公路上的日伪军筑路部队。30日起，日军在沁源、阎寨、中峪店、交口、绵上等地构筑据点，修复临屯公路西段和安泽至亢驿间交通运输线，企图长期“驻剿”。

太岳区军民遂展开英勇顽强的反筑路斗争，不断袭击、破击，使日军的筑路计划无法实现，并以地雷战、麻雀战袭击日军据点，使日军行止不安。11月18日，日军主力相继撤离，但留置第六十九师团1个大队及部分伪军长期据守沁源县城及阎寨等11个据点。太岳北部地区军民遂展开了围困沁源县城的长期斗争。

太行太岳区1942年反“扫荡”共歼灭日、伪军8800余人，挫败日军消灭中共中央北方局、八路军总部和第一二九师主力的企图，坚持和巩固了抗日根据地。

抗日五专署旧址

抗日五专署旧址

抗日五专署旧址全名“山西省第五行政区督察专员公署旧址”，位于山西省长治市城区五马街道办事处南石槽村。1938年10月，领导组织长治地区抗日斗争的政权机构抗日五专署正式成立，以专员戎子和、主任秘书杨献珍为核心，领导附近12个县的抗日工作。1940年8月，冀南、太行、太岳行政联合办事处成立，抗日五专署完成了历史使命。1945年底长治收复后，平顺兴安里兵工厂（前身是黎城县黄崖洞八路军兵工厂）迁往此地，抗日五专署旧址成为新成立的刘伯承兵工厂办公所在地。

抗日五专署旧址属明末清初的棚楼式建筑，占地面积2117平方米，建筑面积900平方米。主体为一进院落布局，坐北朝南，分东、西、中3院，共有房屋60余间。目前开辟为5个展室，分为统战形成、武装自卫、经济建设、抗战教育及政权建立5个部分，介绍了抗战时期专署辖区内长治、长子、屯留、潞城、平顺、壶关、晋城、高平、阳城、陵川、沁水、浮山等12个县的政权建设工作。山西抗日五专署是抗战初期以民族统一战线形式建立的抗战政权，是唯一一个经我党彻底改造的专署级政权，是山西省7个专员公署中唯一旧址保存完好的专员公署，是唯一有完整历史资料的专员公署。

抗日五专署旧址是山西省爱国主义教育基地、

抗日五专署旧址院落

长治市爱国主义教育基地。

经党中央、国务院批准，国务院于2015年8月13日公布，抗日五专署旧址被列入《第二批国家级抗战纪念设施、遗址名录》。

知识链接 八路军在长治的抗日斗争

抗日战争时期，山西省长治市因其重要的地理位置，该地区沁水县小东岭村、襄垣县苏村、屯留县故县镇、潞城县北村、武乡县砖壁村、王家峪村等地，先后有八路军总部与中共中央北方局驻扎。朱德、彭德怀等老一辈的革命家也曾经在这里领导八路军与抗日群众进行抗日斗争。中国军民万众一心、英勇奋斗、不怕牺牲，铸就了伟大的太行精神，为中国人民抗日战争的最终胜利，以及世界反法西斯战争的最后胜利做出了卓越的贡献，同时也将红色精神留在了这片土地上。

抗战时期，八路军的条件十分艰苦，装备特别落后，物资特别匮乏，后勤保障也不充足，但八路军凭着英勇不屈和坚强的意志，团结和发动群众，将群众武装起来，并建立抗日根据地，仅靠"小米加步枪"与装备远胜自己的日本侵略者作战，夺取了一个又一个胜利，创造了无数个经典战例，如神头岭之战、长乐村之战、关家垴之战、黄崖洞保卫战、百团大战、沁源围困战等。面对日军的"扫荡""围攻"和"蚕食"，中国共产党领导下的八路军更是创造出灵活机动的战术，如地雷战、窑洞战、急袭战、伏击战、围困战、破袭战等，打得日本侵略者魂飞魄散。

山西省沁源县太岳军区司令部旧址

抗战时期，中国共产党领导的八路军，在长治地区建立了抗日民族统一战线，将群众发动起来并助其建立抗日民主政权。抗日军民在战斗的同时，还要坚持生产，共同铸就了华北敌后的重要抗日堡垒。当年，长治地区只有100余万人，总共筹措了1亿多公斤军粮，支前民工达45万，参军参战的达9万多人，牺牲2万多烈士，告别家乡南下北上的干部达2.5万多人。长治是一座名副其实的英雄城。

全民族抗战爆发之初，太行、太岳抗日根据地是没有军事工业的。八路军进驻长治后，逐渐有了军事工业，并不断发展壮大。其中的黄崖洞兵工厂，研制出了"五五式"步枪、"五〇"掷弹筒、"五〇"炮弹，生产力最高的时候，每个月可以产出430支步枪，200多门掷弹筒，3000多发炮弹，一年的产量可以装备16个团。可以说，长治诞生了中国的兵器工业。

抗战时期的长治，到处都是战场，到处都是英雄，在这里留下了很多国家级文物保护单位，以及红色文化旧址与纪念地，如八路军总部王家峪旧址、砖壁旧址、北村旧址，黄崖洞兵工厂旧址等。透过这些遗址遗迹，可以看出长治人民为抵御外敌入侵、保卫国家所做出的努力，他们不畏艰险、不怕牺牲、勇于战斗的精神，值得后人永远铭记。

黄崖洞革命纪念地

黄崖洞革命纪念地位于山西省长治市黎城县北黄崖洞镇上赤峪村西。1939年7月，八路军总部军工厂将榆社韩庄修械所迁到黄崖洞水窑山进行扩建，到1941年发展成700多人的兵工厂，能够生产步枪、刺刀、掷弹筒等各类武器和弹药，年生产量可装备16个团，成为抗战时期八路军创建的规模最大的兵工厂，有“人民军工摇篮”的美誉。

黄崖洞水窑山兵工厂旧址

1941年11月，日军调集5000余兵力，大举进犯黄崖洞兵工厂。守备兵工厂的八路军总部特务团和当地民兵密切配合，在八路军副总参谋长左权、特务团团长欧致富、政委郭林祥的指挥下，经过8个昼夜的浴血奋战，歼敌千余人，成功地保卫了兵工厂。

1942年9月，为纪念在保卫战中牺牲的革命烈士，在水窑山中建起了一座烈士公墓和一座7米高的纪念碑，碑上刻着43位烈士的英名和原八路军总部特务团团长欧致富撰写的碑文。

1971年，山西省委又修建了烈士纪念塔，纪念塔正面刻“黄崖洞保卫战殉国烈士纪念塔”。

1942年修建的黄崖洞保卫战烈士墓

1985年，人民政府对黄崖洞遗址进行大规模修整，修复了兵工厂厂房，新建了牌楼、展览馆、镇倭塔等纪念设施。牌楼正中是邓小平亲题的“黄崖洞”3个大字。

黄崖洞保卫战殉国烈士纪念塔

展览馆前依次竖立了14块石碑，分别刻着薄一波、李雪峰、陈志坚、欧致富等领导人的题词。馆里有大量珍贵史料和实物。

此外，黄崖洞革命纪念地还有很多革命遗迹，包括兵工厂车间、供销社、厂卫部、弹药库、保卫战碉堡、掩体、战壕、将军屋、战士营房遗址及烈士陵园等。

黄崖洞革命纪念地是全国爱国主义教育示范基地、山西省爱国主义教育基地。

经党中央、国务院批准，国务院于2015年8月13日公布，黄崖洞革命纪念地被列入《第二批国家级抗战纪念设施、遗址名录》。

知识链接

黄崖洞保卫战

黄崖洞兵工厂是八路军在抗日根据地建立的时间最早、规模最大的兵工厂，地处山西黎城县北部的深山之中。由于这里的石壁呈黄色，且崖壁上有一个天然石洞，因此得名“黄崖洞”。周围布满了奇峰突兀的峡谷，悬崖峭壁绵延几十千米，不仅风景独特，而且地势险要，易守难攻。

1938年11月，毛泽东考虑到八路军、新四军等抗日武装的武器装备无法满足抗日战争的需要，在党的六届六中全会上第一次提出，要设法在每个抗日根据地建立起小的兵工厂。1939年5月，八路军总部为解决枪支弹药匮乏的情况，成立了军工部。1939年7月，根据朱德总司令和左权副总参谋长的指示，军工部在黄崖洞的水窑山建立了第一个兵工厂，这就是黄崖洞兵工厂。

黄崖洞兵工厂从1940年生产出第一批步枪起，便成为八路军生产武器装备的重要基地。到1941年下半年，已拥有工人700名、机器设备40部，并开始制造五〇炮（掷弹筒）和炮弹，最高月产炮200门，弹3000发，年产可装备16个团，被朱德总司令、彭德怀副总司令誉为“八路军的掌上明珠”。黄崖洞兵工厂是华北敌后根据地建设最早、规模最大的兵工基地，是八路军武器弹药的主要供给地。

随着时间的推移，这个兵工厂慢慢引起了日军的注意。为了解决这个心腹大患，日军多次派人来侦察、“扫荡”，企图彻底摧毁这个兵工厂。日军的行动引起了八路军总部的高度重视。当时担任黄崖洞兵工厂保卫工作的，是八路军总部特务团，在彭德怀和左权的领导下，特务团的战士们开始积极准备防御工作，利用黄崖洞的地形优势，建立起了一个环形防御工事。

1941年11月8日，驻潞安地区日军第三十六师团和第四独立混成旅团各一部，并配有工兵、骑兵共5000余人，装备山炮、迫击炮、掷弹筒等精良武器，杀气腾腾地分两路向黄崖洞扑来，妄图一举摧毁黄崖洞兵工厂。11日，日军主力部队到达黄崖洞附近，当天下午开始向黄崖洞第四守备区发起了进攻。八路军特务团的战士们接连打退了日军的10余次进攻，战斗一直持续到天黑。

黄崖洞保卫战T035号碉堡

夜幕降临后，日军考虑到黄崖洞山势险峻，在黑夜中无法辨清方向，才下令停止进攻，等待后续部队增援。

12日清晨，日军对黄崖洞的地形进行了侦察，又开始对黄崖洞展开进攻。16时左右，日军开始用炮火猛攻我军的前沿阵地，防御工事遭到严重破坏。日军利用这个突破口，开始向特务团守卫的阵地发起了冲锋。战士们坚守阵地、奋起还击，并与日军展开了肉搏战。一场恶战结束后，守卫阵地的18名战士只剩下7人没有受伤。战士们一直拼死坚持，但最终还是因为寡不敌众，被日军占领了前沿阵地，部队转入第二线阵地。

黄崖洞兵工厂弹药库

13日，日军指挥官用望远镜观察八路军阵地，发现在两个断崖中间的高地上有一个缓坡，于是决定从这里进攻。日军首先对我军阵地进行炮轰，然后发起猛攻，遭到八路军战士的迎头痛击，伤亡惨重。之后日军利用优势火力，占领了黄崖洞部分阵地。14日，战斗进入胶着状态。

15日，日军增强了火力，重机枪、山炮、迫击炮一齐开火，分3路进攻水窑口。八路军战士在三面被围的情况下，奋勇作战，接连打退了日军的几次进攻。16时，日军又兵分两路进行猛攻，还使用了燃烧弹和毒气弹，但目的未能得逞。连续不断的炮火声在山谷中回荡，震耳欲聋。日军在连续4天的进攻中，伤亡近1000人，却只向前突破了几百米。

16日，日军源源不断地把重武器运上战场，甚至还用上了火焰喷射器。守卫在水窑口阵地上的战士奋勇迎敌，打退了日军10余次进攻，黄崖洞的石壁上布满了血迹。在强大的火力掩护下，日军最终进攻到特务团的碉堡前，用燃烧弹炸毁碉堡，用火焰喷射器向我防御工事内扫射。特务团八连八班的班长王振喜带着满身火焰，率领战士冲出工事，对日军展开了猛烈的反击，有的战士干脆带着燃烧的烈焰紧紧抱住日军，与敌人同归于尽，坚守水窑口阵地的12名八路军战士全部英勇牺牲！

17日，八路军为避免出现更大的伤亡，主动撤离阵地。撤退前，战士们在阵地上布满了地雷。日军向工厂区展开进攻时，果然进入特务团事先布好的地雷阵，伤亡惨重。18日，八路军第一二九师加入战斗，日军溃逃，八路军重新收复黄崖洞所有防区，黄崖洞保卫战胜利结束。

八路军总部特务团一部

黄崖洞保卫战中，八路军总部特务团以不足1500人的兵力，抗击了5000多装备精良的日军的疯狂进攻，鏖战8个昼夜，取得了歼敌1000余人，其中毙敌850人的战果，而自身伤亡166人，以5.3∶1的战绩“开中日战况上敌我伤亡对比空前未有之纪录”。该团被八路军总部授予“黄崖洞保卫战英雄团”光荣称号。

八路军太行纪念馆

八路军太行纪念馆位于山西省长治市武乡县城内太行街363号，是中国唯一一座全面反映八路军抗战历史的大型专题纪念馆。1988年9月3日中国人民抗日战争胜利43周年之际，正式建成并对公众开放，邓小平同志题写了馆名。2005年8月15日，纪念馆二期扩建工程胜利竣工。2015年抗战胜利70周年之际，馆内又进行了提升建造。

纪念馆占地面积14.8万平方米，其中建筑面积1.9万平方米，主要有八路军抗战史陈列馆、八路军将领馆、百团大战半景画馆、临时展览馆、窑洞战景观、八路雄风碑林公园、八路军抗战纪念碑、八路军将领组雕等。

纪念馆平面布置采用中国建筑传统的中轴对称布局。纪念馆正前是一座高大的八路军纪念碑，然后是面积达2万平方米的广场，广场中央矗立着象征八路军将领光辉形象的八路军主要将领组雕——《太行山》。

广场中轴线两侧分别为东馆，临时展馆、办公区；西馆，观众服务中心。主展馆八路军抗战史陈列馆分布在广场北侧，背依凤凰山，东眺马牧河，坐北朝南，依山而建，与八路军将领组雕、凤凰山、八路军抗战纪念碑彼此呼应，呈“一”字形排布，强化了广场、雕塑、主展馆、凤凰山、纪念碑这一贯穿纪念馆的中轴线，使室内、室外展览空间和馆区环境、参观景点得到了统一协调，融传统风格和现代气息为一体，气势雄浑。

从空中俯瞰，八路军抗战史陈列馆为“工”

八路军太行纪念馆全景俯瞰

八路军太行纪念馆主展馆和东西配馆

字形布局，两侧是平顶现代建筑，中堂尖顶为传统建筑。主题展览“八路军抗战史陈列”，展陈面积8000平方米、展线长1450米，展出图片、图表609幅，文物1091件，油画作品13幅，木刻版画36件，并辅以仿实景观、雕塑、多媒体演示等16组。由序厅、6个陈列厅、休息厅、抗战文化墙等构成。

序厅中央《太行山》浮雕上题写着“太行精神 光耀千秋”8个气势恢宏的大字，凝聚着中国共产党所领导的八路军在太行山英勇抗击日本侵略者的丰功伟绩。两侧屹立着8根镌刻有八路军抗战重要历史事件的四方铜柱，象征着中国共产党和八路军是8年全面抗战的中流砥柱。鲜花绿叶丛中掩映着一尊汉白玉组合卧碑，碑身顶端是由八路军军帽和橄榄枝构成的铜质图案，象征着英勇无畏的八路军将士前仆后继，为和平而战；碑身两侧则镶嵌有小米加步枪、大刀和地雷拼构的图案，这些具有典型意义的八路军文物元素符号，展示了八路军和太行山地区群众艰苦卓绝的抗战历程。

八路军抗战史陈列馆序厅

展览具体内容分为6个部分：第一部分为“日本全面侵华，八路军出师抗日”；第二部分为“开展敌后游击战争，创建抗日根据地”；第三部分为“粉碎日军‘扫荡’，巩固和发展抗日根据地”；第四部分为“战胜严重困难，坚持敌后抗战”；第五部分为“进行局部反攻，恢复和扩大抗日根据地”；第六部分为“进行全面反攻，夺取抗日战争最后胜利”。展览以珍贵的图片、文物为基础，综合运用声、光、影技术，配以幻影成像、立体景观、触摸屏等辅助手段，展示了八路军同日本侵略者进行斗争的历史，主要展品有白求恩战地手术场景复原、狼牙山五勇士雕塑、抗战联盟旗、八路军行军锅、百团大战战役部署图和响堂铺战斗中缴获的汽车发动机残骸等。其中，最具代表性的是长达80米的“八路军抗战文化墙”，集中展示抗战时期八路军部队及根据地出版的图书、报刊、绘画等文化艺术珍品，形成了一条视野广阔、信息量较大的展览辅线。

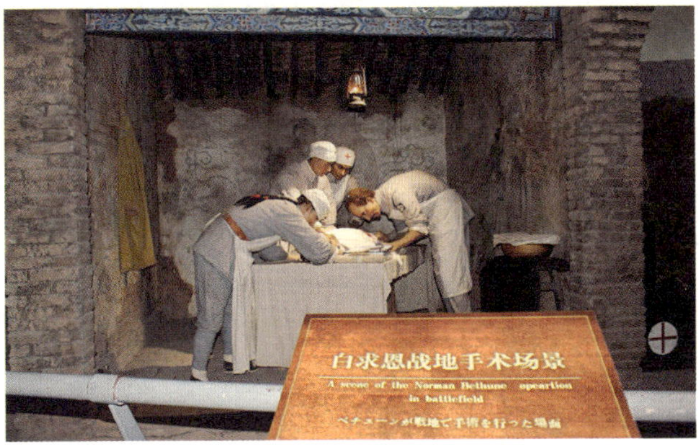

白求恩战地手术场景复原

抗战武器陈列

百团大战半景画局部

题词厅陈列有邓小平、杨尚昆、聂荣臻、徐向前、刘华清等党和国家领导人以及210余位省军级以上领导人的题词。

影视厅占地260平方米，有80个座位，放映30部爱国主义教育影视资料片。展厅陈列着3000余件革命文物，其中30余件为国家一级文物。如红军长征用过的行军锅、国际友人在太行用过的外文打字机、朱德总司令赠给民间医生弓应卯的手杖等。

八路军将领馆位于主展馆西侧，主要展示1937年7月全国抗战爆发后，以朱德、彭德怀为代表的八路军将领率领抗日将士创建敌后根据地，同日本侵略者进行了英勇顽强的战斗，为民族独立和人民解放建立了不朽的功绩。展览共分10部分，以八路军组织序列为主线，集中展示了958位抗日战争时期旅级以上的八路军将领的简介，同时展示了八路军1955年至1965年被授予少将以上军衔的将领名录，以及抗战时期牺牲的八路军团级以上将领名录728人。

百团大战半景画馆位于八路军抗战史陈列馆东面。该馆在国内首次以半景画的形式，运用声、光、电等多媒体手段，全景式再现了抗战时期八路军百团大战的情景。半景画由400平方米油画和480平方米仿真置景构成。

《太行山》组雕位于八路军太行纪念馆内中轴线上，是2005年八路军太行纪念馆扩建改陈工程的项目之一。组雕于2009年9月26日落成，反映了抗战时期朱德、彭德怀、叶剑英、林彪、聂荣臻、罗荣桓、刘伯承、徐向前、贺龙、邓小平、左权共11位八路军将领的形象，长10米、宽3.5米、高3.8米，是目前国内展示人物最多、体量最大的八路军领袖群雕。

《太行山》组雕

八路军抗战纪念碑

八路军抗战纪念碑也称“八路丰碑”，位于凤凰山巅，旨在铭记八路军将士在中国民族解放史上的丰功伟绩。碑身呈四棱形，用白色大理石贴面，上书“八路军抗战纪念碑”8个镏金大字，高19.37米，寓意1937年抗日战争全面爆发。碑身两侧为镌刻着谷穗与长枪的铜质图案，象征八路军依靠“小米加步枪”打败日本侵略者。碑后为长达30米的弧形浮雕墙，浮雕背面刻有抗战时期728位血洒疆场的八路军正团级以上干部的英名录，昭示后人继承和发扬八路精神，中华民族才能实现真正意义上的伟大复兴。

八路雄风碑林公园位于凤凰山山林地带，由孙毅将军题写园名，主要展现开馆以来，党和国家领导人、八路军将领、省军级以上领导、社会人士等共300多人为八路军太行纪念馆的题词，碑林面积8000平方米，依凤凰山地形排列布局。

窑洞战景观依托凤凰山而建，是在抗战时期遗留下来的窑洞战旧址基础上修复扩建而成的长达1000米的一座窑洞战演示实景。其内部构造与地道相似，采用立体音响技术、仿真技术，通过绘画、造型、声光等展示手段，再现根据地军民利用窑洞与敌斗争的战争场面。在抗日战争中，八路军将士和各根据地民兵，发明了多种游击战术，窑洞战就是其中的一种。太行山区多属黄土丘陵地貌，根据地军民将所居住的窑洞进行深挖，改造成彼此相通、能藏能打、相互依托的隐蔽作战网。

窑洞战景观

除了基本陈列外，纪念馆自建馆以来，还独立策划或与国内外同行携手合作，相继推出了“太行精神光耀千秋”“八路军总部在太行”“党风楷模周恩来”“从皇帝到公民”“二战时期日军对妇女的犯罪图片展”等20余个专题陈列，这些专题展览不仅是基本陈列的补充和深化，而且为进一步加强爱国主义教育发挥了重要作用。

八路军太行纪念馆是国家一级博物馆、全国爱国主义教育示范基地。

经党中央、国务院批准，国务院于2015年8月13日公布，八路军太行纪念馆被列入《第二批国家级抗战纪念设施、遗址名录》。

知识链接

太行山区的抗日斗争

太行山地处京晋冀豫4省市边界，山峦连绵不断，地势极为险要，西面是三晋大地，东面是华北平原，北面是内蒙古高原，南面是黄河，军事战略意义十分重要。全民族抗战爆发后，太行山区成为八路军建立敌后抗日根据地，开展华北游击战、坚持长期抗战的战略基地。

七七事变后，国共两党建立了抗日民族统一战线，中国共产党领导下的八路军主力东渡黄河，来到山西抗日前线，积极配合国民党军队正面作战。11月8日，太原被日军占据，标志着在华北以国民党军队为主的正面战场基本结束，以中国共产党领导的八路军成为敌后抗日斗争的主力，从此开始了游击战时期。到次年3月，日军已经控制了山西境内的大中城市及铁路沿线与公路干线，而中国共产党则活跃在广大的农村地区，以太行山、吕梁山为依托，开辟了晋察冀、晋绥、晋冀鲁豫三大敌后抗日根据地并展开全面游击战，配合国民党军正面战场，撑起了全国持久抗战的大局。

八路军开赴华北抗日前线

即使是在抗日战争最艰难时期，中国共产党领导下的各根据地抗日民主政权也十分关心人民群众的生存及发展。在建设根据地政权时，首先考虑的是人民的利益，那些在政府机关工作的人员领的都是低额津贴，行政人员的生活费与津贴还比不上当地雇农的工资。1943年7月，邓小平发表重要文章《太行区的经济建设》，专门强调了有必要加强根据地的经济建设。同年9月，邓小平又在晋冀鲁豫边区生产大会上提出要开展大生产运动，并阐述了其意义，就是要帮助人民搞生产。会议要求太行军区每人开荒两亩，而且还制定了一系列劳动力组织与生产制度上制定了一系列措施，对调动部队与机关人员生产积极性起到了很大作用。根据相关统计，仅太行军区在1944年就开荒超过12万亩，生产的杂粮、土豆、蔬菜和手工业、商业等收入，折合成小米是970万余斤，可以满足部队办公费用、杂支费等花销。

中国共产党与边区政府着力改善民生，积极推动对群众有利的社会改革，根据当时的战争需要，以及根据地自身的特点推行各项政策。边区政府还实行减租减息、厉行节约、整理村财政、肃清贪污浪费、发展集市贸易等工作，以减轻根据地人民过重的负担，改变人民生活贫苦的现状，以及商品经济落后的情况。1942年至1943年间，河北西部、河南北部、山西东南部陆续遭遇旱灾，持续时间长，一时间疾病流行，耕畜死掉，人口减少，加上日、伪军的抢掠，使得边区人民的生活更加艰难。边区政府坚持从人民群众的利益出发，采取了一系列抗灾措施，帮助当地人民度过自然灾害。当时，各根据地政权都发出号召，鼓励群众大力开展生产度荒，想方设法发展农业生产，为受灾严重的地区减少交公粮的数量。在1942年10月至1943年6月间，边区人民政府拨款235万元、拿出小米20万斤，将灾民组织起来，开渠修坝，在漳河两岸修筑十几条大堤，开辟了万余亩滩地，开通了山西黎城漳北大渠与河北涉县漳南大渠，增加了6783亩水田。此外，太行区党政军民为赈济灾民，展开了一场节约运动，部队每人每天节约1两小米，地方干部每人每天节约2两小米。

抗日战争取得胜利，离不开根据地人民的大力支持，“兵民是胜利之本”。太行根据地群众纷纷加入到抗日队伍中，找出了长年不用的长矛、大刀、土枪、土炮，将自己武装起来，组成自卫队，担负站岗放哨、送信带路、运输等任务。各山头之间，各村之间，为了方便联络，为了及时掌握日军的活动，还设置了“消息树”与“鸡毛信”等联络信号。各地涌现出很多抗日群众团体，如农救会、工救会、青救会、妇救会、儿童团等，一时间抗战热潮空前高涨。

大生产运动中，八路军某部官兵在开荒种地

民兵组织大多来自根据地群众。太行根据地的民兵战时打仗，平日里坚持生产，当敌人出现时掩护群众有计划地转移，并积极配合正规部队的作战行动，在太行根据地的创建与发展中发挥了重要的作用。太行根据地的民兵参与了很多战役战斗，如神头岭战斗、响堂铺伏击战、粉碎日军“九路围攻”等。在反“扫荡”、反“蚕食”作战中，太行民兵攻击据点、切断公路、割断电线、炸毁桥梁、袭击运输线，也会抓汉奸、囤公粮、参与“双减”运动。他们利用熟悉地形的优势，创造出了麻雀战、地雷战等各种战法，积极打击日、伪军。抗日战争时期，太行地区参加八路军的群众达到117573人。当时只有14万人的武乡，参加工、农、青、妇和儿童团等群众抗日团体的就达到9万人，参加八路军等抗日部队的青壮年达到4.1万人。八路军第一二九师最初进入太行山时只有9000多人，正是有了人民群众的支持，到1945年9月已经发展到了将近30万人。可见，根据地人民在抗日战争中给予了八路军巨大的人力支持。

根据地青年报名参军

太行根据地的广大群众，不只在人力上支持抗战，还在财力物力上提供保障。既使在自身财力物力并不充足的情况下，依然为抗战提供物资，将粮食、被服以及其他军需物资不断地送往前线。同时他们还承担战勤服务，组建了担架队、运输队、警戒队，运送物资、救护伤员、打扫战场、维持治安，在抗日中发挥了重要作用。百团大战时，晋中地区的广大群众积极参战，储备干粮熟食、破路工具，为过往部队提供保障。根据相关统计，仅战役的第一、第二阶段，晋中地区就出动了2万民兵，动员7万多群众，征调4500头牲口，供应1.4万石军粮，1800根电线杆、100多万斤柴草、3万双军鞋、2万斤蔬菜、1000多只羊。

抗日战争时期，太行山根据地人民积极参军参战，并大力发展生产，为八路军提供保障。日军屡次大规模进攻，对太行根据地进行报复性“扫荡”。太行区的人民也付出了惨重的代价——死亡的、下落不明的、沦为难民的、失去家人的、患上疾病的不计其数。根据相关统计，仅太行、太岳区就有25.6万人惨遭杀害，163.6万人被拷打，9.26万人致残。此外，太行区有48.8万人被掳走，太岳区有9.3万人被掳走，成为日军的苦工。太行根据地人民的物资损失十分严重。由于日军修筑大量军事设施，占据良田，破坏土地，严重破坏了农业生态环境。同时，日军还对太行根据地直接抢掠粮食和牲畜，烧毁民房。根据相关数据统计，日军在太行区烧抢粮食1205.61万石，征派4938.8万石，抢掠牲畜27.98万头；在上党区烧抢粮食2.8亿余斤，征派3.81万余斤，抢掠牲畜14.78万头。美国人白修德等人在描述日军的行为时说：“日本人刚过去，他们在乡下留下了到处焦

被日军“扫荡”后的村庄

黑的破坏痕迹，有时骑马走过许多烧光了的乡村，走了一整天，只见一堆堆的废墟。”从中可以想象太行地区人民的艰难。

太行根据地军民在中国共产党的领导下，前仆后继、英勇抗战，与全国人民一起打败了日本侵略者，取得了抗日战争的胜利，谱写了一曲英雄赞歌，成为中国抗战史中的光辉篇章。

李林烈士陵园

李林烈士陵园位于山西省朔州市平鲁区井坪镇平万路1号南山公园，是为了纪念抗日民族女英雄李林烈士及革命战争年代和社会主义建设时期牺牲在平鲁地区的烈士而修建的设施。始建于1964年，原名“平鲁县烈士陵园”。1980年李林烈士雕塑落成；1992年李林烈士纪念馆建成；2000年经全国侨联倡议更名为“李林烈士陵园”；2002年塑造了李林烈士青铜骑马像；2010年6月，经国务院批准迁建于现址。

李林烈士陵园占地面积约6.7万平方米，建筑面积2.52万平方米，主要建有李林烈士事迹陈列室、革命斗争史纪念馆、李林烈士青铜骑马塑像、烈士纪念广场、革命烈士纪念碑、烈士浮雕墙、墓区等纪念设施。

李林烈士陵园纪念广场占地面积2万平方米。李林烈士铜像矗立在广场上，雕像高4米，基座高2米，重现了李林的飒爽英姿，展现了一个横枪跃马、驰骋沙场、英勇无畏的抗日英烈形象。

纪念广场向北陵园正中矗立着一座方形庑殿顶革命烈士纪念碑。纪念碑高19.40米，象征李林在1940年牺牲，正面刻着“为国牺牲永垂不朽”8个大字。

纪念碑后面是60级台阶，两侧有汉白玉浮雕

李林烈士陵园全景

李林烈士铜像

墙，长和高分别为58米、5米，西侧浮雕表现在平鲁抗战时期发生的主要事件，东侧浮雕表现一些抗日英雄人物及事迹。

陵园东侧是气势宏伟的仿古建筑，主要有办公区、李林烈士事迹陈列室、平鲁革命斗争史纪念馆，建筑面积5200平方米。陈列室陈列历史文献3万多件，照片300余幅，有薄一波、康克清、张国基的题词，还有李林的手稿和照片等大量珍贵实物，采用了声、光、电技术，通过电子翻书、弧幕投影、幻影成像、电子沙盘、场景复原、场景效果、多媒体触摸屏等高科技手段，展现了李林的光辉事迹，也呈现了平鲁的革命斗争史。

革命烈士纪念碑

烈士浮雕墙

陵园北侧是墓区，有李林墓与在平鲁土地上牺牲的其他64位烈士墓。这里还有李林烈士纪念碑和其他烈士的纪念碑，以及白辛庄与张崖沟惨案纪念碑。

李林烈士陵园是国家级烈士纪念设施、山西省爱国主义教育基地。

经党中央、国务院批准，国务院于2015年8月13日公布，李林烈士陵园被列入《第二批国家级抗战纪念设施、遗址名录》。

知识链接　抗日英雄李林

李林是福建龙溪（今龙海市）人。原名李秀若，生于1915年，幼年侨居荷属爪哇（今属印度尼西亚）。1929年随养母回国后成为厦门集美中学的学生，九一八事变后，李林读《木兰辞》有感，挥笔写下了誓言："甘愿征战血染衣，不平倭寇誓不休。"1933年冬先后到上海、北平（今北京）继续学业。1936年，考入北平民国大学政治经济系，成为中国共产党领导的中华民族解放先锋队

李林烈士墓

的一员。此时，她开始接触到马列著作，认真学习马列思想与革命理论，还深入各阶层群众中去做抗日宣传。同年12月12日，国民党政府在上海逮捕救国会“七君子”，北平学联为抗议此次事件组织了一次大规模游行，李林是大学游行队伍的旗手。1936年底，李林加入中国共产党，随即赴太原参加山西牺牲救国同盟会举办的国民师范学校军政训练班，任特委宣传委员兼女子第十一连党支部书记。

1937年全民族抗战爆发后，李林坚决要求到前方杀敌，后被派往大同，任牺盟会大同中心区委宣传部部长，后随晋绥边区工作委员会到雁北抗日前线，宣传和组织工人、农民、学生参加抗日武装。11月，任八路军第一二〇师雁北抗日游击队第八支队队长兼政治部主任。1938年6月，部队被改编为第一二〇师独立第六支队骑兵营，李林任教导员，在雁北各地转战，取得了很多胜利。李林英勇善战，在马背上双手开枪的英姿深入人心；她领导有方，率领骑兵营立下赫赫战功，在雁北地区威名远播。边区人民都对她称赞有加，而日军和汉奸则十分痛恨她，张贴了很多活捉李林的悬赏布告。

李林烈士

决死第二、第四纵队和暂编第一师部分领导人合影。前排左起：张文昂、雷任民、李林（女）、金少英；二排左起：张国声、罗贵波、苏谦益

1940年1月，晋西北军民代表大会上，李林被推举为晋西北行政公署委员和专署秘书主任。会议期间受到了贺龙的亲切接见。4月，日、伪军对晋绥边区的第九次“扫荡”开始。这次日、伪军集结兵力1.2万，来势汹汹。26日，日、伪军包围了晋绥边区特委、第十一行政专员公署机关，以及群众团体等500多人。机关和群众急需突围，李林虽已怀孕3个月，但毅然率领骑兵营勇猛冲杀，吸引日、伪军。她知道突围困难，便在战斗

时将身上的文件包埋到岩石缝隙里，然后叮嘱身边的通讯员记住位置，等战斗结束后再来取走文件交给组织。通讯员在她的掩护下成功突围，但李林与骑兵营的其他几个战士们却被敌人围困在郭家窑村后的阴凉山坡。此时，李林已经多处负伤，但依然抗击日军。直到手枪中只剩下最后一发子弹时，她毅然将最后一颗子弹打入了自己的喉部。李林牺牲时才25岁，用年轻的生命谱写了一曲壮歌。

李林牺牲后，中共中央妇工委在延安召开追悼会，中共妇委向晋绥边区发来唁电，中共中央机关报《新中华报》、重庆的《新华日报》等多家媒体刊载了李林牺牲的消息、通讯和纪念文章，中共中央晋绥分局机关报《新西北报》，发表了《悼李林同志》的社论。1940年5月，特委、专署、抗联数百人在郭窑村举行了隆重的李林同志追悼会。2009年，李林入选“100位为新中国成立作出突出贡献的英雄模范人物”。

麻田八路军总部纪念馆

麻田八路军总部纪念馆位于山西省晋中市左权县麻田镇上麻田村。1941年7月起，八路军前方总部、野战政治部、后勤部、卫生部、军工部，中共中央北方局、北方局党校、新华社华北分社、鲁迅艺术学校以及一二九师司令部等机关移驻麻田镇周围，这里成为抗战前线的活动中心，被誉为“太行山的小延安”。

纪念馆依托八路军总部旧址于1980年建立并对外开放，是拥有展陈面积最大、文物实物最多、展示内容最全面、展示手段最先进的八路军总部专题纪念馆，总占地10.3万平方米，展陈面积6556平方米，分为旧址和新馆两部分，馆藏革命文物6300件。

麻田八路军总部纪念馆新馆

麻田八路军总部纪念馆包括八路军前方总部旧址，邓小平旧居，左权、罗瑞卿旧居，北方局旧址，北方局党校旧址，新华日报社旧址，鲁艺学校旧址，后勤部旧址，总部科室旧址，武军寺彭德怀旧居，下南会刘少奇旧居，太行新闻烈士纪念碑，左权将军殉难处，陈毅《过太行山书怀》诗墙等。新址是以缅怀左权将军等老一辈无产阶级革命家和八路军最早新闻战士为主题的纪念馆，

纪念馆新馆内八路军总部及北方局领导人群雕

以凭吊、休闲、旅游综合发展为一体。

八路军前方总部旧址是一座一进四合院，坐北朝南，砖木结构，一共有房屋30多间。当时八路军总部在选址时，需要满足两个条件：既要在村边，也要有前后门。当年符合这个条件的就是财主刘三柱的这处房子。此后，这个大院就成为八路军总部的指挥中心，彭德怀、邓小平、刘伯承等老一辈革命家在这里指挥华北人民的敌后抗战。目前主要有八路军总部历史、抗战中的中共中央北方局、太行山革命根据地的新闻工作、华北抗日根据地首府左权等陈列。纪念馆利用声光电等现代技术重现了当年的战斗场景。其中，西边四间是彭德怀副总司令宿办室，宿办室内保留了彭德怀当时居住时的样子，外面的房间陈列了与彭总相关的生平及抗战的照片实物等，呈现了彭总的一些生活用品，以及他指挥八路军抗战的场景。

邓小平旧居在上麻田村内，是一座坐西向东的院落，院落内是5间砖瓦楼房，是八路军一二九师政委邓小平兼任北方局代理书记时的居所。邓小平在麻田时，夫人卓琳也居住在这里，长子邓朴方也在这里出生。1998年3月，麻田八路军总部纪念馆工作人员通过走访当地百姓，遵照“修旧如旧”的原则复建。旧居内陈列着“小平同志在太行”图片展，呈现了邓小平在太行山的战斗生活。

麻田八路军总部旧址院落

邓小平宿办室

八路军副参谋长左权旧居原本是一座教堂。左权兼任情报处处长，他就是在这个教堂中为民族独立与解放事业贡献了自己所有的聪明才智。左权将军殉难处位于麻田镇东北方向北艾铺村南1千米处的十字岭峰顶。

太行新闻烈士纪念碑位于麻田镇清漳河畔西山村南200米处西山脚下，面向东北大羊角村（新闻烈士殉难地），于1986年5月28日落成。高7.5米，碑座为方形，四面凸阶，雕栏环绕，碑身为四方形，正面镌杨尚昆1985年题词：“太行新闻烈士永垂不朽！”右侧面镌陆定一题词：“1942年5月，华北新华日报社社长何云等四十余位同志壮烈牺牲。烈士们永垂不朽。”左侧面镌《何云同志简历》一文，介绍了这位热血洒在太行山上新闻战士的战斗历程。背面镌何云、李竹如等太行新闻烈士芳名录。

麻田八路军总部纪念馆是国家级重点文物保护单位、全国爱国主义教育示范基地。

左权旧居

经党中央、国务院批准，国务院于2015年8月13日公布，麻田八路军总部纪念馆被列入《第二批国家级抗战纪念设施、遗址名录》。

太行新闻烈士纪念碑

知识链接 八路军在麻田的抗日斗争

麻田镇是历代兵家要地，位于太行峡谷当中，地处山西与河北的交界之处，清漳河畔，周围是陡峭山壁，地势险要。全民族抗战时期，这里曾长期驻扎过中共中央北方局、八路军前方总指挥部、八路军野战政治部等首脑机关，很多老一辈无产阶级革命家，其中包括6位元帅。他们曾长期在这里工作和生活，在这里指挥整个华北抗战。

八路军总部在麻田驻扎时，正是敌后抗日根据地极度困难时期，也是夺取抗战胜利的关键阶段。为应对当时的局面，八路军总部按照中共中央的指示和部署，根据华北的实际情况，指挥反“扫荡”、反“蚕食”和反“治安强化运动”斗争，广泛组织地方武装、坚持华北抗日斗争、保卫根据地。根据地政权建设、财经、军工、后勤、文教等各项工作，都得到了巩固和发展。

1941年春至1942年12月底，日军连续5次发动“治安强化运动”，都被八路军总部领导的抗日军民粉碎。在日军发动的1942年夏季“扫荡”中，左权指挥部队掩护总部机关突围时，就在麻田东北部的十字岭附近牺牲。辽县人民义愤填膺，万人签名向边区政府提出请求，要将辽县更名为左权县，纪念以身殉国的左权将军。

彭德怀在麻田八路军总部驻地

1943年初，由于日军多次疯狂“扫荡”，国民党顽固派实施封锁，以及百年难遇的大旱灾，根据地面临极大的困难。中共中央为此制定了多项政策，广泛开展独立自主的山地游击战，并采取一系列措施，加强军工、经济、文化、教育的建设。中共中央北方局与八路军总部认真贯彻执行，为救济当地灾民，自1943年4月1日起每人每天节约1两小米。此外，总部首长还带领麻田军民在清漳河沿河两岸修筑灌渠、人力水车、小型电站，使麻田480多亩旱地变水田，在满是乱石的河滩构筑堤坝、疏浚清漳河、填入淤土，形成能够种植庄稼的田园。彭德怀亲自出马，在武军寺村外开荒种地，帮助群众一起做田间事宜。据相关数据统计，左权县是一个山区小县，仅仅只有7万人口，却在八路军总部首长们的带领下，新开垦荒地、河滩地达1.86万亩，参加纺织的妇女也新增1078人，粮食产量比计划超出1万石，最终彻底打破日军的“囚笼”政策，一起度过了那段艰难的岁月，使得根据地军民有了物质保障，看到了战胜困难的希望，坚定了抗战必胜的信心。

邓小平十分重视军工事业及后勤建设，先后在芹泉镇高峪村建立3所主要生产步枪的军工部，在土棚村建立4所主要生产刺刀的军工部，在麻田镇尖庙村和云头底村分别建立机器厂、八二迫击炮厂，在苏公村建立炮弹一厂等军工企业；为了保障部队供给，还在芹泉镇小南庄村建立染布所，在拐儿镇天门村建立鞋厂，在麻田镇苏公村建立饼干厂，在附近的东隘口、羊角、泽城等村建立医院。

随着世界反法西斯战争战场上的不断胜利，中共中央和北方局决定发起反攻。于1944年先后在春夏秋冬发起局部反攻，1945年5月29日进行了更大的反攻并取得空前战绩。8月15日日本宣布无条件投降。

1942年9月18日，辽县各界人民在西黄漳村召开左权县命名大会

晋绥边区革命纪念馆

晋绥边区革命纪念馆位于山西省吕梁市兴县蔡家崖乡蔡家崖村。这里原是晋绥开明绅士牛友兰的宅院与花园，当地人称之为“花园院”。1940年1月，山西省第二游击区行政公署在此成立。1941年8月改称“晋西北行政公署”；1943年11月，更名为“晋绥边区行政公署”。1942年，八路军晋绥军区司令部、第一二〇师师部移驻过来后，成立了中共中央晋绥分局，这里成为晋绥政治、经济、文化的中心。贺龙、关向应、林枫、续范亭等一些晋绥党政军的主要领导人在这里长期战斗和生活，毛泽东、周恩来、朱德等中央领导也先后在这里居住。1943年晋绥干部会议就是在这里的晋绥军区礼堂召开的。毛泽东主席在会上发表了《在晋绥干部会议上的讲话》《对晋绥日报编辑人员的谈话》，阐明了土地改革和新民主主义革命时期的总路线、总政策，对全国

新老解放区的土改、整风工作，以及全国解放战争的胜利产生了深远影响。

晋西北行政公署旧址

1952年，兴县人民政府公布这里为军政机关纪念地，1962年成立了晋绥边区政府旧址纪念馆，1979年改馆名为“晋绥边区革命纪念馆”。2008年在旧址西南侧建晋绥边区革命纪念馆新馆，2011年7月竣工，11月21日正式开馆。

晋绥边区革命纪念馆旧址即原中共中央晋绥分局、晋绥边区政府、晋绥军区司令部旧址，分为一大一小两个院子，占地面积6578平方米。建筑物主要为石拱窑洞、砖包大门、起脊瓦房、覆瓦歇厦等，充分体现了20世纪三四十年代晋西北地方民居特色。目前，这里对外开放的原状陈列有毛泽东、周恩来、任弼时、贺龙等旧居，有晋绥干部会议会址、对晋绥日报编辑人员谈话旧址、六柳亭等原状陈列，还有晋绥边区革命斗争史陈列室、毛主席在蔡家崖革命活动展览、贺龙同志生平事迹展览等辅助陈列。

晋绥边区革命纪念馆旧馆

纪念馆新馆与旧馆隔条马路，馆前广场上矗立着军民抗战群雕，栩栩如生。馆内布展面积6000余平方米，陈列内容共分7个部分，从九一八事变日本加快侵华步伐开始，到中华人民共和国成立，通过大量的革命文物和历史资料，突出展现了晋绥根据地党政军民可歌可泣的革命斗争史。

纪念馆中藏有丰富的革命文物与历史资料，馆藏文物4300余件，对于研究晋绥革命史十分方便。收藏有毛泽东的笔砚，贺龙的文件包，林枫的马镫，牛荫冠的毛毯、针线包，边区军民用过的兵器、工具、衣物、粮票等珍贵图片或实物，十分珍贵。

晋绥边区革命纪念馆是全国重点文物保护单位、山西省爱国主义教育基地。

晋绥边区革命纪念馆新馆

经党中央、国务院批准，国务院于2015年8月13日公布，晋绥边区革命纪念馆被列入《第二批国家级抗战纪念设施、遗址名录》。

知识链接　晋绥抗日根据地的建立

全民族抗战时期，中国共产党领导的八路军和敌后抗日军民创建了19个重要抗日根据地，晋绥抗日根据地是其中之一。

1937年9月下旬，贺龙、关向应等率领的八路军第一二〇师主力8200人，按照党中央与中央军委的命令挺进抗日前线，进入晋西北的管涔山脉，与当地党组织与民众抗日武装结合，广泛地发展武装群众，展开兵民结合的武装斗争。不久，续范亭等率领的第二战区民族革命战争战地总动员委员会（简称“动委会”）、山西新军部队1万余人，进入晋西北地区。在中共晋西北临时区委领导下，以及牺盟会及动委会的支持下，八路军广泛宣传抗日救国十大纲领及统一战线政策，安定了社会秩序，建立了武装自卫队，建立了工、农、青、妇等抗日救亡团体，开辟晋西北抗日根据地。至1938年1月，第一二〇师已经发展到2.5万人，晋西北各县都建立了抗日自卫队或游击队，每支队伍的人数都在1000—2000人。

八路军第一二〇师师长贺龙

1938年5月14日，朱德、彭德怀、贺龙等接到毛泽东的电示，在平绥路以北大青山地区，建立游击根据地。7月，第一二〇师命令李井泉等率大青山支队进入雁北；8月，挺进绥远（今内蒙古中部、南部）；9月初，越过平绥铁路，进入大青山地区，与当地的蒙汉抗日游击队会合；9月下旬，大青山支队一部留在绥中，继续进行抗日活动，主力部队则挺进务川、百灵庙以西地区，展开游击战争。至12月，以大青山为依托，开辟了3块游击根据地，分别是绥西、绥南、绥中根据地，后逐渐扩展，与晋西北根据地连成一片，晋绥抗日根据地开始形成。

在中国共产党的领导下，八路军与汉、蒙古及回族等各民族人民团结起来，一起粉碎日、伪军的“扫荡”。与此同时，对国民党顽固派发起的摩擦事件给予坚决反击。晋西北在中国共产党的统一领导下，成为坚固的抗日民主根据地。

1940年初，中共中央决定建立统一领导晋西北、晋西南及大青山地区的最高领导机关晋西北军政委员会，由贺龙、关向应分别担任正副书记。11月，中共中央批准建立晋西北军区，司令员由贺龙担任，政治委员是关向应，副司令员是续范亭。1942年5月，中共中央决定，撤销晋西北军政委员会，成立中共中央晋绥分局。8月，晋西北军区更名为晋绥军区。

八路军第一二〇师师长贺龙（左）、政治委员关向应（右）在前线指挥作战

晋绥抗日根据地屹立于黄河以东地区，犹如一道坚固的屏障，保护着陕甘宁边区的门户，将日军始终挡在了门户之外，保卫了延安及党中央，保障了党中央与敌后各根据地之间交通线的畅通。

山西国民师范旧址革命活动纪念馆

山西国民师范全名“山西省立国民师范学校”，其旧址革命活动纪念馆位于山西省太原市杏花岭区五一北路245号，是太原市唯一保存下来的较完整的革命旧址。1984年正式筹建纪念馆，1991年9月18日正式开馆。

山西省立国民师范学校始建于1919年6月，是阎锡山为培养全省小学教师创办的一所专门的师范学校。它由3个部分组成，包括校本部、体育场、农场。校园整体占地20万平方米，有教室、办公室、宿舍以及实习工房，一共290多间。开设的科目包括：国语、数学、历史、军事训练、实习工厂等，在当时是太原市中等专业学校当中的佼佼者，拥有最大规模、最好的教学条件和设施。

山西国民师范旧址革命活动纪念馆

山西国民师范旧址革命活动纪念馆建成后进行了修复，但规模已大不如前，整体占地7000平方米。按照当年的原本风貌，集中、有代表性地将部分设施修复。门外增建了一个照壁，上面介绍了国民师范的革命活动，另外还建了配套的东陈列廊、西展厅、接待室。馆内展出内容极为丰

富，有图片、图表、照片及文物等。两层办公楼及图书馆内的展览，包括分为12个部分的主题展和一些辅助展，内容有山西国民师范原址模型、牺牲救国同盟会展、山西抗敌决死队战斗历程展、中共太原地区斗争史展等，这些展览从不同的角度为人们展示了国民师范各阶段的光辉历史，重现了一些革命活动的场景。1997年由彭真题词的“山西建团纪念碑”落成，2000年增挂“太原革命历史陈列馆”牌子。

山西国民师范旧址牺盟会誓言

山西国民师范旧址办公楼

山西国民师范旧址革命活动纪念馆是山西省文物保护单位、全国爱国主义教育示范基地。

经党中央、国务院批准，国务院于2020年9月1日公布，山西国民师范旧址革命活动纪念馆被列入《第三批国家级抗战纪念设施、遗址名录》。

知识链接　牺盟会

牺牲会全称是“山西牺牲救国同盟会”，是中国共产党在抗战时期实际领导山西地区抗日民族统一战线的组织。

在中国共产党的推动下，牺盟会于1936年9月正式成立。由阎锡山担任会长，赵戴文担任副会长，薄一波担任总会常务秘书，主持日常工作。

山西省立国民师范学校有着光荣的革命历史，曾经是第一、第二次国内革命战争时期，以及全民族抗战爆发前夕，中国共产党在山西的重要活动基地，是徐向前、薄一波等无产阶级革命家接受马列主义启蒙教育，并走上革命道路的地方。这里秘密建立了山西省第一个社会主义青年团支部，还有许多党、团外围组织，包括九一八读书会、山西互济会、社会科学联合会、红军之友社等，即使在革命低潮时期，这里的革命活动依然秘密进行，播下了很多革命火种。阎锡山发现国民师范的革命活动后，从1934年下半年开始停止招收新生。1935年，北平爆发了一二·九运动，太原各大中学校在国民师范大礼堂开会并成立“太原学生抗日救国联合会”。

牺盟会成立后，至1937年秋，在山西省立国民师范学校举办“军政训练班”“民训干部教练团”，战地总动员委员会军事部在这里举办“游击干部训练团”。学员源自20多个省市及海外华侨，都是进步知识青年，为中共培养军政干部4000多名。这里还诞生了山西第一支抗日武装——山西青年抗敌决死队，奠定了创建山西新军的基础，抗日武装力量得到加强。

1937年5月1日，牺盟会在太原文瀛湖（海子边）举行盛大的庆祝国际劳动节群众大会

山西省牺盟会全省第一次代表大会于1937年9月召开，大会推行中国共产党的全民族抗战路线。会议改组总会机构，7名常务委员中，只有梁敦厚不是共产党员；17名执行委员中有13名共产党员。总会下设的各委员会主要负责人，在山西省各地先后建立的各中心区或办事处的领导成员，也都是共产党员。从此，牺盟会成为中国共产党领导的抗日民族统一战线的组织。1937年至1939年11月间，山西省立国民师范学校是中共山西省工作委员会（公开）、牺盟会的办公地点，开展抗日活动，并做出重要贡献。

1940年8月，各抗日根据地政权得到了巩固，也建立了很多抗日群众团体，牺盟会也结束了其使命。晋东北的牺盟会承担着抗敌后援会的任务，到1942年才正式结束。

八路军总司令部北村旧址

八路军总司令部北村旧址位于山西省长治市潞城区店上镇北村。1938年10月25日，八路军总司令部同中共中央北方局迁来此地驻扎，直到1939年7月8日离开，一共驻留256天。在此期间，朱德、彭德怀、左权等在这里领导和指挥了华北抗日根据地的游击战争和反“扫荡”、反“摩擦”斗争，建立了晋东南农、工、青、妇、武、文抗日救国总会。

八路军总司令部北村旧址分布在北村、中村、南村，3个村之间相隔均不到1千米，呈三角形分布。

八路军总司令部北村旧址

中村东北面石窑沟有座老爷庙，是当年八路军朱德总司令住的地方。韩双胜院是政治部驻地，是一座坐北朝南的三进院落，现在只存中院、后院。中院都是平房，而后院则是楼房。北楼有5间，是办公室与会议室；东楼有三间，是政治部副主任傅钟的住处；西楼有三间，是工作人员的住处。村南头的杨黑毛院是司令部政治处的驻地，是一座坐北朝南的二进院落，东房三间是政治处主任康克清的住处，西房三间与南房4间是房东杨黑毛一家的住处。里院现存5间北房，是当年的政治处办公室，按照原貌保存了下来。

北村有一座杜氏大院，是八路军总司令部所在地，也是彭德怀副总司令、左权副参谋长和参谋部、北方局党委驻扎的地方。该院是一座四合院，砖木结构，占地800多平方米。旧址大门上挂着由杨尚昆题于1990年3月8日的镏金匾额，上面有“八路军总部北村旧址”字样。院内有7间主房，当年是作战室，现在是纪念馆，陈列着历史照片236幅，实物56件，历史资料50多万字。彭德怀副总司令住在三间东上房里，左权副参谋长住在两间东下房里。

八路军总司令部作战室旧址，现在为纪念馆

南村是后勤部与总医院的驻地，村中墙上隐约可见当年留下的标语“保卫晋东南抗日根据地”。

八路军总司令部北村旧址是全国重点文物保护单位、山西省红色文化遗址。

经党中央、国务院批准，国务院于2020年9月1日公布，八路军总司令部北村旧址被列入《第三批国家级抗战纪念设施、遗址名录》。

知识链接

八路军总部在北村和砖壁村

八路军总部挺进太行山后，长期驻扎的第一站是潞城北村。北村位于太行山西麓的鹿台山脚下，漳水之滨，西面是屯留，北面可以望见襄垣，是依山傍水的好地方。北村十分隐蔽，进退得宜。

纪念馆内复原陈列

八路军总部驻北村时，不仅要面对日、伪军的疯狂“扫荡”，还要面对顽军的经济封锁。八路军总部各机关带领北村人民一起展开了生产自救活动，以减轻人民负担，解决敌后抗日根据地的经济困难。朱德、彭德怀身体力行，亲自拿起锄头去北村的南山坡开荒耕种。

八路军总部在北村驻扎了256天，其间一边搞生产，一边指挥部队与日、伪军作战。1939年4月16日，左权的婚礼就是在北村举行。7月15日，日、伪军九路围攻晋东南抗日根据地，总部机关从潞城北村进驻砖壁村指挥作战，粉碎了日军对晋东南的围攻与“扫荡”。10月11日，总部机关由砖壁村迁到西南10千米处的王家峪。1940年6月27日，日军占据王家峪以后，总部又迁回砖壁村。彭德怀与左权就是在砖壁村指挥了著名的百团大战。

百团大战过后，八路军总部又一次迁移，来到辽县（今左权县）的武军寺。

1942年5月，反“扫荡”作战后，总部又一

八路军总部砖壁村旧址

次进驻砖壁村。这时左权已经殉国，他的追悼会就是在这里召开的。八路军总部多次驻扎砖壁村，其间这里召开过多次党政军的重要会议，刘伯承、邓小平、徐向前、陈赓等八路军领导人经常过来开会，在这里作出了很多重要决策。

武乡县八路军烈士陵园

武乡县八路军烈士陵园位于山西省长治市武乡县丰州镇里庄村，是为安葬散落在武乡各地的抗日烈士遗骸、铭记八路军在抗战中的贡献而修建的设施。抗日战争时期，八路军总部曾5次进驻武乡，武乡境内战事频繁，曾发生过长乐村战斗、关家垴战斗、百团大战等，许多八路军战士牺牲以后，由于当时战事紧迫，只能就地掩埋。这些散落在各地的遗骨，有的是因为地形的变化，也有的是因为埋葬地太过偏远，还可能因为是外省籍战士，很难得到妥善安置。据不完全统计，武乡县境内共有烈士墓群30处，散葬墓2684座，约3600人。2014年11月，武乡县开始建设武乡县八路军烈士陵园，启动了“八路军零散烈士集中

武乡县八路军烈士陵园全景

安葬工程”，收殓散落武乡各地的烈士遗骸，以铭记这些烈士为抗战胜利做出的贡献。

武乡县八路军烈士陵园占地面积20万平方米，其中7.33万平方米为墓区，共13个平台，其中轴线东边有6个安葬平台，轴线西边有7个安葬平台。不远处的山顶上，矗立着雄伟的长乐村战斗纪念碑。

由于烈士遗骸较多，当地政府分多次集中安葬，2015年8月28日集中安葬1738名，2016年4月2日集中安葬524名，2019年4月4日集中安葬4名，2022年4月2日集中安葬57名。4次烈士安葬一共有2323名烈士，其中1067名是武乡籍八路军烈士，13名是武乡籍其他革命时期的烈士，608名是外省或外县籍烈士，635名烈士并没有留下籍贯和名字。

武乡县八路军烈士陵园是山西省红色文化

烈士墓区局部

遗址。

经党中央、国务院批准，国务院于2020年9月1日公布，武乡县八路军烈士陵园被列入《第三批国家级抗战纪念设施、遗址名录》。

知识链接 **砖壁村**

武乡县是革命老区，地处太行太岳之间，全民族抗战时期，是八路军总司令部的驻扎地，也是朱德、彭德怀等老一辈无产阶级革命家长期战斗与生活的地方。

武乡县被称为“八路军的故乡，子弟兵的摇篮”，几乎“村村住过八路军，户户出过子弟兵”。当时的武乡县只有14万人，但是参军参战的就有4.1万，牺牲的有2.1万。其中有一个革命家庭出了6位烈士；还有一个普通家庭，全家为国捐躯。

武乡县东南的太行山深处有个砖壁村，东面依山，南面、北面与西面被悬崖环绕，地形险要，易守难攻，八路军总部“三进三出”，长时间在此驻扎。砖壁村有“没有围墙的八路军抗战历史博物馆”的美誉。

砖壁村有着绝佳的地理位置，就像是太行山半腰里伸出的半岛，通往山外的路只有村西的一条峡谷。这里视野开阔，易守难攻，方便隐蔽，是军事要地。按照当地百姓的说法，如果想要进村，就一定得钻沟爬坡才行。八路军总部就是在这里指挥军民与日、伪军进行作战的。

砖壁村的东部是占地1万多平方米的包含奶奶庙、玉皇庙、佛爷庙、李家祠堂等在内的建筑群。这里是八路军总部驻扎地。1940年，彭德怀、左权等就是在这里部署并指挥了著名的“百团大战”，打破日军的“囚笼”，牵制了日军兵力，也增强了全国军民抗战必胜的信心。

八路军在砖壁驻扎期间，出现了一件极难解决的事情，那就是老百姓吃水问题。八路军战士在不打仗的时候，在这里筑渠坝、打深井，一共打出了6口井，修了2个水池和1座军民坝，基本上解决了吃水、用水问题。

1942年5月，八路军总部开赴太岳区。

朱德（右）与彭德怀（左）在武乡县八路军总部

山西省武乡县八路军砖壁村总部旧址

町店战斗纪念园

町店战斗纪念园位于山西省晋城市阳城县町店镇町店村芦苇河南岸银匠山腰，是为了纪念町店战斗中牺牲的革命先烈而建造的设施。1990年在町店战斗遗址南塘口修建了町店战斗纪念碑；1995年建成町店战斗纪念园。2010年10月，在离此不远的芦苇河南岸银匠山腰新建了町店战斗纪念园，并重修了町店战斗英雄烈士公墓，重建了町店战斗烈士纪念碑。

町店战斗纪念园依山而建，占地面积1.15万余平方米，由町店战斗烈士纪念碑、町店战斗英雄烈士公墓、町店战斗纪念馆、星火广场和思源台5个部分组成。

町店战斗纪念馆位于半山腰，面积不到180平方米的展厅里，除了中间的町店战斗演示沙盘外，还设置了4个展区，依次为“日军暴行”“战斗经过”“微缩场景”“将星名录”，其中战斗经过用“战前态势”“受领任务”“昼夜行军”“勘察战场”“召开作战会议”“兵力部署”“战斗总结”“端氏会议”等8个小节进行了详尽的回顾，再现了町店战斗的全部过程。

町店战斗纪念馆

1990年建成的町店战斗纪念碑

町店战斗遗址位于纪念园里，这里至今还可以看到当年战斗的遗迹。1990年在町店南塘口修建的“抗日战争町店战斗纪念碑”为经幢式，青石雕成。离此不远处，登上566级台阶，新建的町店战斗烈士纪念碑巍峨耸立在银匠山的最高处。纪念碑高19.3876米，寓意町店战斗发生在1938年7月6日；碑座图案为蓝天白云，黄土碧海；碑文“町店战斗烈士纪念碑”由中共中央原军委副主席迟浩田亲笔题写。

纪念碑后不远处，就是町店战斗英雄烈士公墓，战斗中八路军将士约300多人为国捐躯，其中一些八路军战士永远长眠于此。

町店战斗纪念园是山西省红色文化遗址、山西省爱国主义教育基地、晋城市爱国主义教育基地。

新建的町店战斗烈士纪念碑

町店战斗英雄烈士公墓

经党中央、国务院批准，国务院于2020年9月1日公布，町店战斗纪念园被列入《第三批国家级抗战纪念设施、遗址名录》。

知识链接

町店战斗

1938年4月，八路军第一一五师第三四四旅（欠第六八九团）参加粉碎日军对晋东南地区的“九路围攻”后，留驻山西长治一带进行整训和扩兵。其间，扩充兵员3000余人，并进行了以投弹、射击和刺杀为主要内容的军事训练。

就在整训工作搞得热火朝天并取得显著成绩的时候，国民党第二战区副司令长官卫立煌决定准备反攻驻扎在侯马的日军。

6月底，日军第一〇八师团主力沿晋城至曲沃公路西进，驰援同蒲铁路南犯之日军。30日，八路军第一一五师命令第三四四旅主力即日开赴阳城一带，寻机歼敌，打击由晋城开往侯马的敌人援军，以配合国民党友军的行动。接受任务后，旅长徐海东、政治委员黄克诚亲率第六八七、第六八八团和新兵营组成的一个加强支队，从长子地区出发，一路南进，经高平县向阳城进军，于7月1日夜到达阳城以北的町店地区。

町店是阳城县的一座小镇，南北两面是山，一条不算宽的公路在两山之间沿町店东西向延伸。这里地势险要，只要占据南北两面的山头，便可居高临下，杀他个人仰马翻。部队刚刚宿营，旅部就接到师指挥所的一个通报：日军第一〇八师团的一个联队，将从晋城出发，路过町店去侯马，预计最近几天便会到达。

徐海东立即召开营以上干部会议。会上，徐海东强调，日军自恃装备优良，必然骄横麻痹。我们要利用这一点，把工事构筑在距大路200米甚至100米处，隐藏在敌人的鼻子底下，打他个措手不及。

7月6日上午，烈日当头，把人烤得火辣辣的。青纱帐里，指战员们伏在潮湿的泥土上，目不转睛地注视着前方。大约10点钟，负责正面观察的战士突然压低嗓门向第六八八团二营营长冯

八路军一一五师三四四旅旅长徐海东

志湘报告："营长，你看，来了。"

冯志湘抬眼望去，只见四五十辆汽车载着日军步兵，并有骑兵一部，气势汹汹地从晋城方向开来。日军疏于防备，根本没有料到这里会有伏兵，因此当骑兵过后，汽车进入二营正面伏击路段时，竟停止前进，日本兵纷纷从车上跳下来午休。因为天气太热，有的钻到汽车底下睡大觉，有的坐在树荫下打盹，还有几个日本兵竟脱光了衣服跳进路边的芦苇河里洗起澡来。冯志湘把手枪一挥，令全营利用地形、地物做掩护，迅速向日军靠近。500米、300米、100米，距离敌人越来越近了。

就在这时，在后边山头指挥位置上的徐海东一声令下，第六八七团二营率先向尾部敌人开火了，枪声、喊杀声顿时响成一片。日军遭到突然袭击顿时大乱，纷纷向芦苇河南岸逃去。第六八八团二营指战员一跃而起，猛虎下山般冲入敌群。稍远一点的用枪打，距离近的用刺刀捅，用梭镖扎。

五连三排有个战士外号叫"傻大个"，长得人高马大，平时不爱说话，打起仗来也不吱声。只见他紧闭双唇，瞪大双眼，一梭镖就捅死一个敌人。一个日军从汽车底下钻出来，拼命爬到汽车上面去摸枪，"傻大个"赶上去，照他后背上就是一梭镖。这个日本兵大叫一声，倒在地下再也不动弹了。

最狼狈的当属那些正在河里洗澡的日本兵。战斗打响后，一个个赤身裸体地往岸上爬。在前面的刚离开水面，就被八路军的刺刀捅死；后面的见势不妙，掉过头来就往水里游。一阵枪声过后，一个个都葬身河中。

不过，缓过神来的日军倚仗精良的装备和武士道精神，依托河堤开始疯狂反扑。第六八八团边打边撤，在町店北边的松树岭上进行阻击。日军集中火力，用步枪、机枪、小钢炮等所有武器，一齐向八路军阵地开火。一时间炮火轰鸣，子弹横飞，沙石乱溅，强大的火力压得人抬不起头来。

第六八八团利用山沟、田埂作掩护，狠狠地回击敌人。六连连长郭本银素有"神枪手"之称，百米之内枪响靶落。此时，他隐蔽在一块大石头后面，不慌不忙，一下一下地扣动着扳机。随着10声清脆的枪响，10个敌人应声倒下。日军急红了眼，一个军官举着指挥刀，"呀呀"地驱赶着日本兵继续往上冲。郭本银抬手就是一枪，只见那个日本军官晃动了下身子，栽倒在地，不动了。日本兵见自己的指挥官被打死了，便一股脑地退了下去。就这样，日军冲上来，被打下去；再冲上来，又被打下去。一直激战至15时，日军先后发动6次冲锋，始终未能冲上阵地。

这时，第六八七团二营从后侧飞速跑来，最前面的是营长蔡家永。只见他肩扛一支崭新的三八式步枪，腰里还挂着一束无柄手榴弹。显然，那是刚刚缴获的战利品。

“怎么样，老蔡，你那里打得不错吧?”冯志湘问道。

“不错，挺过瘾。”蔡家永抹了抹满是烟灰的脸，讲起了他们战斗的情况。

原来，尾部敌人在二营的打击下，死伤严重，不得不向中间的敌人靠拢。敌变我变，蔡家永也率部赶到这里来了。两个营兵合一处，决定要大战一场。突然，一发炮弹在不远处落下，炸起的石块、沙土呼啸着四处飞散。紧接着，一发发炮弹铺天盖地而来。炮火一延伸，日军又蜂拥而来。

当先头敌人距离不足30米时，冯志湘大喊一声:“打!”一束束的手榴弹，雨点般地飞入敌阵。与此同时，两侧的部队也一齐开火。顿时，机枪声、步枪声，连同手榴弹的爆炸声，响成一片。日军被打得血肉横飞，如同无头苍蝇一般四下乱窜。就在冯志湘要下令反冲锋时，日军的一发炮弹呼啸而来，正好落在掩体内。特派员何传州当场牺牲，冯志湘也负了伤。与此同时，由周庄西援的日军也开始向第六八七团三营阵地发起攻击。三营坚守阵地，打退日军多次攻击，使之增援未果。激战至18时，第三四四旅重创从沁水增援町店之日军一部，并于20时左右趁夜幕主动撤出战斗。

此战，八路军第三四四旅共歼日军500余人，缴获重机枪8挺、轻机枪30挺、步枪900余支、掷弹筒100余具、迫击炮33门、战马130余匹和其他军用物资，击毁汽车20余辆，沉重打击和迟滞了日军西援的行动，有力地策应了国民党军在侯马地区的作战。

左权烈士陵园

左权烈士陵园位于山西省晋中市左权县北街社区陵园街，是为了纪念以身殉国的左权将军及在抗战中牺牲在左权县境内的革命英烈而建，始建于1945年9月，在原万寿宫旧址上建成，称“左权烈士祠”。1946年初具规模，改名“左权烈士陵园”。2009年进行了大规模扩建。

左权烈士陵园坐北朝南，二进四合院式，占地面积约3335平方米，建筑面积1092平方米。陵园大门是三门四柱三楼仿古牌坊，匾额上刻有“左权烈士陵园”6个烫金大字。沿陵园中轴线向北依次为八角纪念亭、左权将军纪念馆，另有八角七层烈士塔。

左权烈士陵园大门

八角纪念亭前方耸立着左权将军立身石膏像，底座上写有“左权将军1905—1942”。在纪念亭二层中间悬挂着邓小平题词的“怀念左权将军”

匾额。亭里矗立着六棱纪念碑，正面是朱德总司令为纪念左权将军书写的悼念诗句：“名将以身殉国家，愿拼热血卫吾华。太行浩气传千古，留得清漳吐血花。”旁边有彭德怀副总司令亲自撰写和手书的《左权同志碑志》，依次还有刘伯承、叶剑英、罗瑞卿等领导人为左权将军的题诗、题词、传记碑文等。

纪念馆前矗立着左权将军全身铜像。

左权将军纪念馆原为左权将军纪念亭，1957年改建为纪念馆，建筑面积255.8平方米。入口悬挂刘华清题写的“左权将军纪念馆”。主题展览由“青春年华”“红色铁流”“华北抗战”“军事著作”“烽火家书”“精神永存”6个部分组成，展示了左权将军投身革命、戎马一生的事迹。馆内珍藏有照片、实物资料，中央领导人在左权将军殉国后题写的悼词等，展现了左权将军的革命生涯。

左权烈士陵园内景

左权烈士陵园是山西省红色文化遗址、左权县文物保护单位。

经党中央、国务院批准，国务院于2020年9月1日公布，左权烈士陵园被列入《第三批国家级抗战纪念设施、遗址名录》。

知识链接　彭德怀为左权将军题写的墓志全文

左权同志，湖南醴陵人，幼聪敏，性沉静。稍长读书，即务实用，向往真理尤切。一九二五年，参加中国共产党，献身革命，生死以之。始学于黄埔军校，继攻于苏联陆大。业成归国，勠力军事，埋头苦干，虚怀若谷。虽临百险，乐然不疲，以孱弱领军长征，倍见积极果决之精神。中国红军之艰难缔造，实与有力焉。迨乎七七事变，倭寇侵凌，我军奋起抗敌，作战几遍中原。同志膺我军副参谋长之重责，五年一日，建树实多。不幸一九四二年五月二十五日清漳河战役，率偏师与十倍之倭贼斗，遽以英勇殉国，闻得年仅三十有六。壮志未成，遗恨太行。露冷风凄，恸失全民优秀之指挥；隆冢丰碑，永昭坚贞不拔之毅魄。德怀相与也深，相知更切，用书梗概，勒石以铭。是为志。

彭德怀敬撰

一九四二年双十节

白求恩模范病室旧址

白求恩模范病室旧址位于五台县耿镇镇松岩口村，是抗日战争时期白求恩救治八路军受伤将士的地方。1938年6月，白求恩从延安来到晋察冀军区后方医院，为改善后方医院的医疗环境，治疗伤员，培养医护人员，对松岩口村的龙王庙进行了改建，亲自主持和设计了模范病室，把西方先进的医疗技术和管理方式运用于中国战场。

1938年9月松岩口模范病室开幕典礼后，胡仁奎、聂荣臻、邓拓、白求恩、宋劭文、潘自力、娄凝先合影（从左至右）

1940年，病室被日军烧毁。1969年，当地县委县人民政府在病室旧址旁修建了白求恩纪念馆。1974年在病室遗址上进行了原貌重建，陈设也按照原样恢复。

白求恩模范病室旧址坐北朝南，为一进四合院。南房东侧一间为大门，面宽一间，硬山顶，中置隔板，门檐下悬挂“五台山松岩口白求恩模范病室旧址”牌匾。

进入大门，迎面是一棵有800年历史的大松树。院内现存北房，面宽三间，进深三椽，前出廊，硬山顶，中间开门，两边间开窗，原为龙王庙正殿，白求恩将此房改建成手术室，正中间是手术台的位置。东耳房是医务室，西耳房是消毒室，均为小三间，硬山顶。

白求恩模范病室旧址

东配房面阔八间，西配房面阔十间，均为硬山顶，当时作为病房。南房为原来龙王庙的戏台，面阔三间，卷棚顶。模范病室落成后，在此戏台举行了隆重的落成典礼，白求恩还上台发表讲话。大门东侧有一间小房子，这是当年的洗涤室。

白求恩模范病室旧址东侧50米建有白求恩纪念馆。纪念馆坐北朝南，占地面积近4000平方米。从大门走进去，先看到的是一座白求恩全身

龙王庙正殿是改造后的手术室

西侧病房

雕像，雕像后面是纪念碑，高7米多，上面刻有毛泽东写的《纪念白求恩》。从纪念碑绕过去直接就是纪念馆了。首先来到序厅，看到的是一组镀铜像，描述的是白求恩与他的医疗队在战场上的场景。西展厅主要展出诺尔曼·白求恩大夫的生平；东展厅有丰富的图片、实物展出。

展厅有一张照片很显眼，照片中是白求恩在加拿大的住宅，十分奢华。其实，白求恩生活优越，在1928年时已经是加拿大维多利亚皇家医院的外科主任了。但他在中国抗日战争爆发后，却没有待在舒适的家里，而是在1938年3月亲自率领一支医疗队来到中国延安。当时，毛主席与八路军总部挽留他在总部，但是他却坚决要去晋察冀边区，去战斗最激烈的地方，去发挥他的所长。5月，白求恩一抵达边区的五台县金库村便投入到了紧张的工作当中。

在东展厅里有一则日记，是白求恩在1938年8月21日写的：“全天动手术，我的确累了，一共做了10个，其中5个重伤。”“我的工作如此重要，以至于从清晨5点半到晚上9点钟没有一分钟休息。”另外，还有一段话：“过去的生活曾引诱过我，但为了理想，那些日子就让它一去不复返了

白求恩纪念馆主要设施

白求恩在加拿大的故居

吧，这儿的生活相当苦，而且有时候非常艰难，但我过得很快乐——我已选定了道路。我是共产党员。”

白求恩模范病室旧址是全国重点文物保护单位、全国爱国主义教育示范基地。

经党中央、国务院批准，国务院于2020年9月1日公布，白求恩模范病室旧址被列入《第三批国家级抗战纪念设施、遗址名录》。

知识链接 《纪念白求恩》

毛泽东

（1939年12月21日）

白求恩同志是加拿大共产党员，五十多岁了，为了帮助中国的抗日战争，受加拿大共产党和美国共产党的派遣，不远万里，来到中国。去年春上到延安，后来到五台山工作，不幸以身殉职。

一个外国人，毫无利己的动机，把中国人民的解放事业当作他自己的事业，这是什么精神？这是国际主义的精神，这是共产主义的精神，每一个中国共产党员都要学习这种精神。列宁主义认为：资本主义国家的无产阶级要拥护殖民地半殖民地人民的解放斗争，殖民地半殖民地的无产阶级要拥护资本主义国家的无产阶级的解放斗争，世界革命才能胜利。白求恩同志是实践了这一条列宁主义路线的。我们中国共产党员也要实践这一条路线。我们要和一切资本主义国家的无产阶级联合起来，要和日本的、英国的、美国的、德国的、意大利的以及一切资本主义国家的无产阶级联合起来，才能打倒帝国主义，解放我们的民族和人民，解放世界的民族和人民。这就是我们的国际主义，这就是我们用以反对狭隘民族主义和狭隘爱国主义的国际主义。

白求恩同志毫不利己专门利人的精神，表现在他对工作的极端的负责任，对同志对人民的极端的热忱。每个共产党员都要学习他。不少的人对工作不负责任，拈轻怕重，把重担子推给人家，自己挑轻的。一事当前，先替自己打算，然后再替别人打算。出了一点力就觉得了不起，喜欢自吹，生怕人家不知道。对同志对人民不是满腔热忱，而是冷冷清清，漠不关心，麻木不仁。这种人其实不是共产党员，至少不能算一个纯粹的共产党员。从前线回来的人说到白求恩，没有一个不佩服，没有一个不为他的精神所感动。晋察冀边区的军民，凡亲身受过白求恩医生的治疗和亲眼看过白求恩医生的工作的，无不为之感动。每一个共产党员，一定要学习白求恩同志的这种真正共产主义者的精神。

白求恩同志是个医生，他以医疗为职业，对技术精益求精；在整个八路军医务系统中，他的医术是很高明的。这对于一班见异思迁的人，对于一班鄙薄技术工作以为不足道、以为无出路的人，也是一个极好的教训。

我和白求恩同志只见过一面。后来他给我来过许多信，可是因为忙，仅回过他一封信，还不知他收到没有。对于他的死，我是很悲痛的。现在大家纪念他，可见他的精神感人之深。我们大家要学习他毫无自私自利之心的精神。从这点出发，就可以变为大有利于人民的人。一个人能力有大小，但只要有这点精神，就是一个高尚的人，一个纯粹的人，一个有道德的人，一个脱离了低级趣味的人，一个有益于人民的人。

雁门关伏击战遗址

雁门关伏击战遗址位于山西省忻州市代县雁门关镇太和岭村黑石沟，是为了纪念雁门关伏击战而留存的一处遗址。

雁门关伏击战是继平型关大捷之后，八路军取得的又一次较大的胜利。1937年10月，为配合正面战场国民党军队与日军展开的忻口战役，八路军第一二〇师三五八旅七一六团在代县的广武、雁门关、太和岭间设伏，伏击战取得成功，毙伤日军500余人，击毁汽车30余辆，切断了日军的供给线。

雁门关伏击战遗址南北长1000米，东西宽200米，分布面积约20万平方米。现在雁门关伏击战遗址保存有被炸毁的桥墩，山体崖壁上镌刻着“雁门关伏击战遗址”几个鲜红醒目的大字；下面还刻有雁门关伏击战简介。

雁门关伏击战主战场黑石沟

雁门关伏击战遗址是代县爱国主义教育基地。

经党中央、国务院批准，国务院于2020年9月1日公布，雁门关伏击战遗址被列入《第三批国家级抗战纪念设施、遗址名录》。

雁门关伏击战遗址

知识链接 雁门关伏击战

雁门关伏击战是八路军在平型关大捷之后打的又一场较大的胜仗。

1937年9月，日军侵占大同以后，继续向南进犯，目标直指太原。中国军队在忻口一线调集重兵组织防御。这时八路军第一二〇师刚刚进入山西，昼夜兼程赶赴晋北前线，增援第二战区的国民党友军作战。

第一二〇师师长贺龙在对敌情我情及战场环境深入分析后，认为同蒲铁路已被破坏，日军南下的交通运输线只有两条：一条从大同经雁门关至忻口；一条由灵丘经平型关、繁峙至忻口。第一二〇师可在雁门关附近设伏，待日军经过时，突然发起攻击，切断其交通补给线，以配合正面战场作战。第一二〇师兵分三路，一路由张宗逊、李井泉率第三五八旅第七一五团由崞县（今原平县崞阳镇）南下，突袭忻口西北20余千米处的南北大常，从侧翼打击日军；一路由第三五九旅进至崞县以西，协助第七一五团作战；一路由团长贺炳炎、副团长廖汉生率第三五八旅第七一六团在雁门关设伏歼敌。

八路军一二〇师三五八旅部分干部

10月16日，贺炳炎得到情报，大同日军集结了300多辆汽车，满载武器弹药，要经雁门关南下忻口。17日黄昏，贺炳炎、廖汉生率部进至雁门关大道不远的王庄、秦庄宿营。随后，带领各连连长到黑石头沟勘察地形。到了黑石头沟，他们爬上山顶，只见一条公路蜿蜒曲折，从雁门关盘旋而下，由西向东在黑石头沟绕了一圈。公路西面是悬崖峭壁，北面是陡坡，顺公路向南不远有座石拱桥。贺炳炎说："这真是一个理想的设伏地形，我们就在这设伏，打敌人一个措手不及。"贺炳炎与廖汉生商量后，决定把一营、三营埋伏在陡坡南北，由三营担任主攻，同时，令一营一连负责警戒阳明堡之敌，三营十一连埋伏在桥西，断敌退路。18日凌晨，部队沿着羊肠小道，悄然进入预设阵地。八路军指战员匍匐在沟坎里，一动不动地注视着前方，等待日军运输车进入伏击阵地。在焦急的等待中，东方泛起了鱼肚白。贺炳炎站在山顶观望，见公路上仍一片沉寂。有的战士开始烦躁起来，不时抬头向山下张望。贺炳炎立即提醒各连："沉住气，千万不要暴露。"

贺龙（右一）与周士第（右二）、关向应（右三）、甘泗淇（右四）在雁门关前线观察地形

10时许，伴随着马达的轰鸣声，北面公路突然尘土飞扬。战士们抑制不住内心的兴奋，拧开了手榴弹盖，紧盯着北面公路。日军运输车队在大摇大摆地行进，三营向贺炳炎报告："南面阳明堡方向又开来100多辆！"贺炳炎与廖汉生经过分析后认为：日军经常通过南北会车时加强警戒，敌人兵力增多，会给战斗增加许多困难。愈是这样，日军愈有恃无恐，愈可出敌不意，打敌措手不及！于是，果断下达命令："坚决吃掉它们！"

这时，日军汽车已进入伏击圈。南来车队大部是空车，而北来车队坐满了荷枪实弹的日军士兵，驾驶室内的日军军官还不时探出脑袋张望。车队交会时，车上的日军士兵一阵骚动，叽里哇啦打着招呼。待两车队全部开进黑石头沟，在最狭窄处交错时，贺炳炎一声令下："打！"顷刻间，步枪、轻重机枪向日军愤怒地喷着火舌，手榴弹落地开花。日军士兵被炸得鬼哭狼嚎、血肉横飞。短暂混乱后，日军组织兵力企图反扑。狭路相逢勇者胜，不待日军展开，十一连指战员冲向日军，枪声、喊杀声交织在一起，双方展开了激烈的白刃战。在殊死较量下，日军3次疯狂反扑被打退。

搏斗中，指导员胡觉三发现3个日军士兵围着一个八路军战士拼杀，他大喝一声，挥舞大刀，冲了上去，与战友一起将3个日军消灭。后在冲锋途中，胡觉三发现汽车下藏着一个日军士兵。为抓俘虏，他高喊着"缴枪不杀"，但负隅顽抗的日军士兵举枪射击，胡觉三不幸前胸中弹，壮烈牺牲。激战至12时，日军残敌狼狈逃离战场，窜向广武。贺炳炎、廖汉生下令尽快打扫战场，同时将日军车辆全部炸毁。驻扎在阳明堡的日军得知后，赶忙派兵增援，但在日军援军到来之前，第七一六团早已安全撤离。

兵法云："兵者，诡道也。"为持续打击日军，贺炳炎利用日军麻痹心理，决定在雁门关再次设

在山西雁门关以南黑石沟被八路军第一二〇师击毁的日军汽车

伏，伏击地点放在从广武至雁门关的公路垭口处。一营、三营分别部署在公路东、西两侧，伏击日军南行的运兵车队。战前，第七一六团做了充分准备，军民齐心协力破坏了黑石头沟附近的7座桥梁和电话线，但骄狂的日军全然不放在眼里。20日上午，在飞机坦克的配合下，日军200多辆汽车缓缓驶向雁门关。为避免再遭伏击，日军在广武就下了车，步兵大队跟在坦克后面负责开道，人在前，汽车在后。敌变我变，贺炳炎、廖汉生决定“打了就走，不与敌缠斗”。与敌激战2个小时，歼敌百余人，三营王祥发营长率部占领了雁门关，将胜利旗帜插在这座著名的关塞上。随后，第七一六团胜利撤出了战斗。

雁门关两次伏击作战，歼灭日军500余人，击毁汽车30余辆，沉重打击了日军的嚣张气焰，鼓舞了中国军民的抗战意志。南京国民政府特对八路军第七一六团进行通令嘉奖，海内外报纸也大力宣传雁门关伏击的战果，称之为“雁门关大捷”。

内蒙古自治区

大青山抗日游击根据地旧址

大青山抗日游击根据地旧址位于内蒙古自治区呼和浩特市武川县大青山深处德胜沟乡蘑菇窑村，境内峰峦起伏，连绵不断，西脑包山、东脑包山、华尖山、大平顶山、小平顶山、大特山、银贡山几座高峰由西往东依次排列，山与山之间有韭菜沟、肖夭子沟、老赖沟、德胜沟、李齐沟五大沟以及30余条支沟穿插其间，抢盘河、德胜河常年流水不断。山大沟深，林木繁茂，地形十分险要，在抗日战争中，大青山区以其特定的位置，成为整个大青山抗日游击根据地的中心地带。

新中国成立后，这里的很多八路军抗战遗迹都得到妥善保护。1964年，内蒙古自治区将大青山抗日根据地旧址列为重点文物保护单位。1985年建大青山英雄纪念碑。1997年对德胜沟八路军大青山支队司令部旧址、蜈蚣坝伏击战旧址、井尔沟八路军窑洞和李齐沟郝区政府等革命遗址、遗迹进行了修复、重建，恢复了原貌。2005年，新建了大青山抗日游击根据地展馆、大青山革命烈士陵园等设施。

大青山抗日游击根据地旧址历史遗迹主要集中在德胜沟，很长一段时间，这里是八路军大青山支队司令部的所在地。当时这里设有卫生队、教导队、电台等机构。现保存有李井泉、姚喆等领导同志居住过的窑洞，以及当时部队生活中用过的石磨、树墩等器具。

大青山抗日游击根据地展馆是一座红色建筑，矗立在离旧址不远的高地之上，建筑面积1600平方米。沿着高高的阶梯进入展馆，迎面看到的是一幅大青山抗日游击根据地的立体地图。这幅地图从宏观上展现了大青山抗日游击根据地的全貌。展厅根据大青山抗日游击根据地发展的不同阶段设置了以“抗日战争”“大青山之鹰”“全民抗战”“决战大青山”“抗战胜利”为主题的5个展厅。各个展厅通过翔实的图片、珍贵的文物，展现了当时八路军和当地人民在中国共产党的领导之下与日军进行的艰苦卓绝的斗争。电台、战刀、手榴

德胜沟大青山支队司令部遗址

大青山抗日游击根据地展馆

弹、火盆、粮袋、火镰等，每一件珍贵文物都为我们再现了曾经那段峥嵘岁月。

大青山英雄纪念碑位于可可以力更镇南大街西侧人民公园内，1986年10月3日落成，占地面积约900平方米。碑正面向东，前方建有两座复古式凉亭，北面为光荣院，西面为大青山革命英雄事迹陈列馆。纪念碑由碑顶、碑身、碑座和台基组成，总高度20米，底边长30米。碑身用钢筋混凝土浇筑而成，大理石贴面，呈四棱塔形，正面是杨植霖题写的“大青山英雄纪念碑”几个红色大字，背面镶嵌同样内容的蒙古文碑心石。碑身部分运用民族风格的图案浮雕装饰，选用万年青连续图案石雕装饰，犹如一个万古长青的花环。碑身左、右两面各镶嵌面积约1.2平方米的浮雕。碑座分上、下两层，正面有凸起的碑石，上刻“1938—1985”的字样；下层正面镶嵌磨光汉白玉碑石，刻有纪念碑文，背面是同样内容的蒙古文碑文。碑座左、右两面各有一幅汉白玉浮雕，分别是“蒙汉军民团结创建根据地”和“打击敌人欢呼胜利”的场面。台基分上、下两层，为斧剁石：上层平台四角各有一方形灯台，与海棠式汉白玉栏杆相连接；下层平台四角各有一平面大花台。

大青山英雄纪念碑

大青山抗日游击根据地旧址是国家级烈士纪念设施、全国爱国主义教育示范基地、内蒙古自治区爱国主义教育基地。

经党中央、国务院批准，国务院于2014年8月24日公布，大青山抗日游击根据地旧址被列入《第一批国家级抗战纪念设施、遗址名录》。

大青山革命烈士陵园

知识链接

大青山抗日游击根据地

大青山抗日游击根据地是在中国共产党的领导下创建的抗日根据地，位于内蒙古自治区境内。大青山抗日游击根据地的建立对中国共产党领导的抗日斗争有着重要的战略意义。

大青山抗日游击根据地横亘在内蒙古高原中部，是陕甘宁边区和晋西北抗日根据地的屏障。同时根据地还建立起了连接苏联和蒙古的秘密交通线，担负着中共中央与共产国际联系纽带的作用。

党中央和毛泽东很早就认识到大青山地区的重要战略价值，多次致电八路军第一二〇师，要求他们抽调兵力，在大青山地区开辟抗日游击根据地。1938年6月，遵照党中央和毛泽东的指示，第一二〇师抽调第三五八旅第七一五团、师骑兵营1个连和第二战区民族革命战争战地总动员委员会保安游击第四支队，共2300余人，组成大青山支队。由李井泉任支队长兼政治委员，姚喆担任参谋长，从山西省五寨县出发，突破重重阻碍，挺进大青山地区开展游击战，着手建立抗日游击根据地。

八路军第一二〇师一部在第三五八旅政治委员李井泉等的率领下进入大青山地区

经过几个月的战斗，大青山支队在绥（绥远，今内蒙古中部、南部）南、绥中、绥西建立抗日游击根据地。面对迅猛发展的抗日根据地，日、伪军惊慌失措，调集重兵进行“扫荡”。大青山支队在当地群众的配合下，积极开展反“扫荡”作战，经过数十次战斗，大青山支队击溃了敌人的进攻，歼灭日、伪军2000多人，巩固了根据地。随后，大青山支队积极发动当地群众参加抗日斗争，在各地建立党支部，成立抗日民主政权，让包括蒙古族同胞在内的各界群众了解中国共产党及其领导的抗日武装。在各界群众的大力支持下，大青山支队实力不断增强，根据地面积也在不断扩大，与晋西北抗日根据地连成了一片。

敌人不甘心抗日武装在大青山脚下蓬勃发展，不断派兵对根据地发动进攻。尤其是1941年，由于根据地大量兵力被抽调到其他地方作战，根据地内的武装力量有所削弱，敌人趁机发动更加残酷的“扫荡”，导致根据地面积不断缩小，绥中抗日游击根据地一度丧失。但根据地的军民并没有被眼前的困难所吓倒，坚持斗争，不惧牺牲，顽强战斗，牵制了大量的日、伪军，为抗战的胜利做出了巨大贡献。

战斗在大青山地区的八路军第一二〇师骑兵部队

在大青山抗日游击根据地军民抗击日寇、保家卫国的战斗过程中涌现出了一大批感人至深的英雄人物和英雄事迹，他们用自己的实际行动践行了对祖国和家乡的热爱，在中国共产党的领导下，他们抛头颅洒热血，用自己的血肉之躯铸就了抗战救国的不倒长城。张兰女是根据地的一位普通妇女，在中国共产党的感召下，她为抗日战士送吃送穿，成为抗日支前的模范。后来她不幸被捕，面对敌人的严刑拷打，她坚定革命理想，没能让敌人从她的嘴里得到任何有价值的情报；根据地村民白生宝，知道八路军战士没有磨盘的消息后，冒着生命危险，凭借血肉之躯硬是将上百斤重的石磨盘沿着羊肠小道突破敌人的封锁背到了八路军的驻地，让战士们可以吃上磨过的粮食；贫苦农民张润喜在八路军来到大青山后，积极参加革命工作，为八路军采购了许多急需的物资。有一次八路军扩充骑兵急需200副马鞍，张润喜在接到这个任务后，乔装打扮进入归绥（今呼和浩特）城里采购马鞍。当时日、伪军为了遏制抗日武装的发展，对马鞍这样的军需用品控制得非常严格，虽然张润喜采购了马鞍，但如何将马鞍运出城成了一件非常棘手的事情。这件事没有难倒聪明的张润喜，他通过仔细观察，发现日、伪军虽然对进出城车辆盘查严格，但唯独对运送大粪的车辆不加盘查，敌人受不了粪车上的那股味儿。于是张润喜就找了一辆粪车，将马鞍放到粪车底部，上面盖上浮土和大粪，就这样大摇大摆地赶着粪车出了城，将马鞍送到了八路军手上。

像上面这样的英雄事迹在大青山还有很多，在人民群众的大力支持下，八路军大青山支队不管在多么艰难的条件下都坚持在这一地区游击作战，打击敌人，最终领导根据地的人民迎来了抗日战争的胜利。

1942年晋绥军区塞北军分区司令员姚喆（左一）等在大青山反“扫荡”作战中

世界反法西斯战争海拉尔纪念园

世界反法西斯战争海拉尔纪念园位于内蒙古自治区呼伦贝尔市海拉尔区铁路工人新村北部，是在日本关东军海拉尔军事工事的基础之上改造而成的世界反法西斯战争纪念设施，于2008年建成。

日本关东军在海拉尔的军事工事修建于1934年至1937年，占地面积21平方千米，共有5个主阵地及4个辅助阵地，其中北山阵地规模最大、设施最全面、结构最复杂。这一工事是日本侵略者发动侵略战争的铁证，在日寇的奴役下无数中国劳工为修建工事失去了生命。

世界反法西斯战争海拉尔纪念园的大门是一座非常有特色的建筑，大门右侧是一辆苏联T34坦克，威风凛凛。大门的左侧，坦克正对着的方向是两座摇摇欲坠的炮楼，显示日寇在这里的统治走向灭亡。两座建筑之间矗立着一座高大的雕

世界反法西斯战争海拉尔纪念园门口的坦克模型

塑，雕塑展现的是中苏蒙三国战士在攻陷日军海拉尔要塞后欢庆的场景。在园区内精心地建造了45级台阶，寓意1945年抗战胜利时的光辉岁月。进入园区的道路两旁是坦克碾轧出的履带印，以一种庄严而肃穆的方式带我们走入曾经的那段历史。园区的山坡之上是数十辆苏军坦克，让人仿佛置身于当年钢铁洪流席卷战场时的壮观场景，而炮台、战壕、坑道更烘托出了浓浓的战争氛围。

世界反法西斯战争海拉尔纪念园门口的日军炮楼

海拉尔要塞遗址博物馆是园区主要的建筑，该博物馆设有4个展厅9个展示单元。展厅内通过大量的文字资料、珍贵的历史照片和地图，以及战争实物，通过各种高科技声光电技术的配合，形象地展示了日军占领海拉尔时期犯下的累累罪行，以及当地人民在中国共产党的领导下反抗侵略，救亡图存的英雄事迹。

第一展厅展示的内容是日军发动九一八事变后，苏炳文将军在海拉尔成立东北民众救国军反抗日军的入侵，发动著名的“海满”抗战，在条件异常艰苦的条件下通过中苏红色秘密交通线坚持抗日斗争。第二展示厅通过大型沙盘等实物展示了日军占领海拉尔时期征用中国劳工修建庞大的军事工事，展现了中国劳工的悲惨遭遇，以及日军修建工事的目的，同时通过高科技手段全景展现了苏军与日军之间进行的诺门罕战役的情景。第三展厅展示了抗日战争后期，在东北抗联的配合策应之下，苏联和蒙古军队向日本关东军发动进攻，击溃日军，收复海拉尔的情景。第四展厅则展示了改革开放以来海拉尔的发展历程，展现了海拉尔作为我国向北开放前沿的城市，对外积极合作交流，大力发展经济，将祖国建设得越来越好的新形势。

除了上面的地面建筑，地下要塞工事也是世界反法西斯战争海拉尔纪念园的重要组成部分。

海拉尔纪念园主题雕塑和海拉尔要塞遗址博物馆

海拉尔要塞遗址博物馆第四展厅内一景

要塞工事的北山部分，地下工事设施齐全，规模庞大，建筑材料均使用混凝土浇筑，坚固异常。工事由一条主干道和多条支干道相连接，干道总长度达4000余米，在地下工事上方建有30多座暗堡和大炮阵地，火力配置充足。这些工事生动再现了当年这里的战争场景，陈列的衣服、武器、日用品，向人们展示着当时这里曾经发生的点点滴滴。

海拉尔要塞地下主干道

世界反法西斯战争海拉尔纪念园是全国爱国主义教育示范基地、呼伦贝尔市爱国主义教育基地。

经党中央、国务院批准，国务院于2014年8月24日公布，世界反法西斯战争海拉尔纪念园被列入《第一批国家级抗战纪念设施、遗址名录》。

知识链接

攻占海拉尔要塞

1945年8月9日，苏军第三十六集团军从3个方向对海拉尔要塞发起进攻。右翼由集团军副司令福明柯中将指挥，负责进攻满洲里、扎赉诺尔方向的日军；左翼由第二军军长洛帕京中将指挥，负责进攻牙克石、免渡河及大兴安岭方向的日军；中路由第八十六军军长列武年科夫少将指挥，由第九十四师、第二一〇师、独立坦克第二〇五旅等部队担任主攻，渡过额尔古纳河，对海拉尔要塞发动猛攻。

8月9日0时20分，进攻海拉尔的战斗打响，第三十六集团军开始强渡额尔古纳河。在水陆两用汽车的掩护下，第八十六军先遣部队开始渡河作战。至9日6时，全部渡过额尔古纳河，向海拉尔方向快速推进。此后，第八十六军九十四师和二一〇师也陆续抵达海拉尔城下。经过短时间的休整和侦察后，第八十六军于11日14时开始对海拉尔要塞内的日军发动进攻。苏联空军对海拉尔要塞进行了猛烈轰炸，日军敖包山、北山（含北松山、南松山及东山等）阵地遭遇重创。轰炸过后，第九十四、第二一〇师对要塞发动进攻，攻克了日军大量的地堡和火力点。日军利用坚固的工事负隅顽抗，给进攻的苏军造

1945年8月8日，苏联对日宣战。9日，苏军出兵中国东北，向日本关东军发动全线进攻

成大量伤亡。

11日夜，负责攻打满洲里、扎赉诺尔方向的苏军右路纵队在完成既定进攻任务后，南下直插海拉尔，从北面对海拉尔要塞发动进攻。但海拉尔要塞坚固的防御工事让苏军打得异常艰苦。龟缩在要塞内的日军依托工事顽抗，苏军猛攻3天，依然无法拿下海拉尔要塞。

海拉尔要塞的日军防御工事遗址

鉴于战事的胶着，苏军加大了攻击部队的火力配置和部队数量，包括第九十四、第二九三、第二一〇师，机炮第一、第二旅加农炮团、榴弹炮团、迫击炮团、大威力榴弹炮团及两个独立坦克营和空军部队在内的苏联军队，全部投入到这场攻坚战当中。

日军依托工事不断对进攻的苏军造成杀伤，苏军则依靠强大的进攻火力不断蚕食日军的阵地。在兵力和火力上占据压倒性优势的苏联军队付出了巨大的代价，在攻击了7天8夜之后将要塞攻下。在这场战斗中，苏军中竟然涌现出了7位舍身炸碉堡的战斗英雄，足见这场战斗之惨烈。

8月17日清晨，要塞内的日军挂起白旗向苏军投降，海拉尔要塞终于被攻下。

诺门罕战役遗址陈列馆

诺门罕战役遗址陈列馆位于内蒙古自治区呼伦贝尔市新巴尔虎左旗阿木古郎镇，诺门罕战役遗址景区内，为了纪念苏联红军与日本关东军于1939年发生的诺门罕战役而修建，建成于2007年10月25日。

诺门罕战役遗址占地面积100万平方米，陈列馆建筑面积为2264平方米，是一座密封的碉堡造型建筑，使用石灰色岩石装饰，馆内氛围肃穆凝重。

诺门罕战役遗址陈列馆大门

陈列馆总共有4层，一、二层重点展示了诺门罕战役进行时的场景。一层设有放映厅，播放《诺门罕的记忆》《苏日二战交锋录》等专题片，向参观者展示当时战争发生始末及战争的场景。展厅还通过图片、文物等生动地介绍了这场关乎第二次世界大战发展走向的大战。

三层是专门讲述细菌战的展厅，当时的日本侵略者在战争濒临失败的时刻，丧心病狂地使用了细菌武器，妄图扭转他们失败的命运。尽管如此，日本终究吞下了这次战役失败的苦果，在苏联这里碰了个头破血流后，被迫南下与英美对决。这一展厅通过文物及图片直观地向参观者展示了日军当时发动细菌战的场景，让世人深刻认识到日本侵略者毫无人性的可憎面目。

陈列馆的第四层为观景台，登上观景台可以全方位观看当时发生这场战争的主战场，几十年之后，参观者依然能感受到当时在这里发生的那场大战的震撼。

诺门罕战役遗址陈列馆与和平广场

诺门罕战役遗址除陈列馆之外，还有多处景观设施，景区的雕塑景观群由12辆树脂制T26型坦克模型组成，在不远处的草坪上还停着一架真实的战斗机。在景区和平广场的中心区域，挂着一口祈福和平的大钟，大钟高3.2米，重达6吨。钟身上铭刻的文字讲述了诺门罕战役的经过及对和平的祈愿。在大钟南侧是两座铜铸浮雕墙，浮雕墙上铸刻着诺门罕战役的场景。

此外，还有万人焚尸坑、将军庙、火炮阵地、日军野战医院遗址、胡鲁斯台河战争遗址等。

诺门罕战役遗址陈列馆是内蒙古自治区重点文物保护单位、内蒙古自治区爱国主义教育基地。

经党中央、国务院批准，国务院于2014年8月24日公布，诺门罕战役遗址陈列馆被列入《第一批国家级抗战纪念设施、遗址名录》。

树脂制T26型坦克模型

知识链接

诺门罕战役

1939年5月至8月，日本和伪满洲国军队与苏联和外蒙古（今蒙古国）军队在今中蒙边境诺门坎地区发生的大规模武装冲突，史称诺门罕战役。此役历时135天。双方参战部队达20余万人，共出动大炮500余门，飞机900架，坦克、装甲车上千辆。战役以日本的惨败结束。

日本在1931年发动九一八事变，占领中国东北，与十月革命后建立起来的苏联发生冲突，双方在中蒙边境不断发生摩擦。1938年7月，日本关东军第二十三师团进驻海拉尔，同年10月，苏联派远东军第五十七特别军进驻蒙古，与日军针锋相对，双方剑拔弩张，大战一触即发。

1939年5月11日，蒙古第二十四国境警备队由西岸涉水到哈拉哈河以东地区放牧。企图北上入侵苏联的日军以此为借口发动进攻，诺门罕战役就此爆发。

日本关东军先发制人，第二十三师团搜索队队长东八百藏部对驻守在哈拉哈河以东的蒙古军队发动进攻，蒙古军队后撤至哈拉哈河以西。

呼伦贝尔地区达斡尔族秘密情报组为诺门罕战役和苏军出兵东北提供各种战略和战术情报，负责人哈斯巴特尔（坐者）在海拉尔以开办学校为掩护收集情报，后被日军逮捕杀害

5月21日，蒙古军队重整旗鼓，在苏军的协助下，突破哈拉哈河，夺回被日军攻占的阵地。

28日，东八百藏率领骑兵迂回到蒙古军队的指挥部，重创了蒙古军队，第六师师长沙日布阵亡。突围的第六师政委丕勒杰、顾问瓦西里耶夫重新集结部队，将孤军深入的东八百藏部包围，东八百藏被击毙，所率部队几乎全军覆没。

诺门罕地区发生的战争引起了苏联最高统帅部的高度重视，斯大林认为应该凭借此战打击日军的嚣张气焰，让其不敢再窥视苏联。于是决定派重兵前往诺门罕，并任命年轻将领朱可夫为第五十七特别军军长，全权指挥此次战役。

朱可夫抵达诺门罕前线后，对第五十七特别军的备战非常不满。两军已经开战多日，可特别军的司令部还在距前线120千米远的地方。而且部队的训练松散，对前线战事应对迟缓，对日军无法形成有效的打击。朱可夫上任后做的第一件事就是将第五十七特别军的司令部迁往哈拉哈河西岸附近的哈玛尔达瓦山下。

随后，开始调兵遣将，在塔木察格布拉格、桑贝斯（今乔巴山）等地开辟野战军用机场，为大量战斗机的进驻做准备。同时还调运了大量军需物资和兵力。

在此期间，日军第二十三师团在师团长小松原道太郎的带领下开赴诺门罕前线。另外，日本关东军司令部还调派第一坦克联队和第二飞行联队支援第二十三师团。

从6月22日开始，苏日双方围绕诺门罕地区制空权展开了激烈的争夺战。一时间诺门罕上空战机纷飞，不时有战机被击中从天空坠落。双方激战3天，最终苏联空军掌握了这一地区的制空权。

日本关东军并不甘心就此丧失制空权，6月27日，从海拉尔起飞上百架战机，直扑苏军野战机场，给苏联空军造成巨大打击，大量飞机被炸毁。轰炸过后，日军地面部队开始对苏军阵地发

朱可夫（前排左一）在诺门罕战役前线

苏军部队在诺门罕向日军发动进攻

动进攻。

面对来势汹汹的日军，朱可夫派出150辆坦克、154辆装甲车、90门大炮和全部飞机及其他部队对日军发动猛烈的反攻。这里地形开阔，无险可守，日军完全暴露在苏军的火力攻击之下，无法组织有效反击，成为苏军炮火下的活靶子。

遭受重创的日军，一边从各方调集军队，一边丧心病狂地发动细菌战，企图以泯灭人性的方式扭转战局。但日军的企图并没有得逞，苏军依然牢牢把握着战局的主动权。

经过一段时间的休整，日军重新集结2.5万人，于7月23日再次对苏军发动进攻。次日，苏军发动反攻，夺回了被日军攻占的阵地。双方陷入拉锯战，不断投入兵力。日军在海拉尔组建了第六军，准备投入到战役当中。而苏联则将第五十七特别军扩编为第一集团军，同时把大量的作战物资源源不断地运往诺门罕前线。

8月20日凌晨，苏蒙联军对日军发动总攻，在强大的火力支援下，很快就将日军防御工事摧毁。26日，日军第二十三师团被苏蒙联军包围，经过数天激战，除少量士兵突围外，大部被歼灭，损失惨重。

此后日军放弃了再次集结兵力继续作战的想

苏军在清点被击毙日军的钢盔

法，向苏联提出和谈请求。苏联同意了日本的停战要求，双方于9月11日签署了停战协议，诺门罕战役结束。

此战，日军损失1.7万余人（苏方资料为日军、伪满军共损失约6.1万人），苏蒙军损失1.85万余人。苏军武器装备先进，机动能力强，坦克兵、航空兵与步兵密切配合，是其取胜的主要原因。

土默特左旗青山烈士陵园

土默特左旗青山烈士陵园位于内蒙古自治区呼和浩特市土默特左旗察素齐镇把什村西北的大青山山麓，是为了缅怀和安葬土默特旗各族革命烈士而建的设施。始建于1966年，占地1.92万平方米，名为“大青山烈士陵园”。2012年扩建，陵园占地面积超过6.48万平方米，更名为“青山烈士陵园”。

青山烈士陵园大门

陵园石牌坊大门正中央挂着“青山烈士陵园”匾额，两侧则是一副挽联，一侧挽联为“功同日月先烈英名垂青史”，另一侧挽联为“誉满山河英雄遗志展宏图”，表达了对长眠于此的革命先烈的崇敬之情。

陵园内从整体上分为纪念瞻仰区和烈士安息区两个区域，纪念瞻仰区的主要建筑有革命烈士纪念碑、纪念广场、革命烈士事迹陈列馆等。位于陵园中央位置的革命烈士纪念碑高22米，上写“革命烈士永垂不朽”8个大字。纪念碑前的纪念广场占地达5000余平方米，可以供万人同时凭吊先烈。

革命烈士纪念碑

陵园内安葬着著名烈士贾力更和国际主义战士福岗留等44位烈士的遗骨，墓碑上镌刻着烈士的业绩。

1988年3月，土默特左旗青山烈士陵园被内蒙古自治区政府核定为“自治区级重点烈士纪念建筑物保护单位”。

经党中央、国务院批准，国务院于2015年8月13日公布，土默特左旗青山烈士陵园被列入《第二批国家级抗战纪念设施、遗址名录》。

烈士墓区局部

知识链接　贾力更

贾力更原名康富成，蒙古族，1907年5月出生在内蒙古自治区土默特旗。1922年进入土默特旗高等小学读书，期间参加“抵制日货运动”，表现出极大的爱国热情。1925年2月，贾力更来到北京，就读于北京蒙藏学校附中。在这里受到了李大钊、邓中夏等中共早期领导人的革命熏陶，阅读大量进步书籍，接受了马克思主义思想。震惊中外的五卅惨案爆发后，贾力更积极参加中国

贾力更烈士

共产党组织领导的罢课、游行示威等活动。同年加入中国共产党。

1926年初，受党组织委派，贾力更南下广州，到毛泽东主办的第六届农民运动讲习所，学习如何更好地开展农民运动，组织农民反抗地主劣绅的压迫。期间，贾力更到海丰地区实地考察了当地的农民运动，积累了斗争经验。当年10月，贾力更回到自己的家乡归绥（今呼和浩特），担任中国共产党绥远（今内蒙古中部、南部）地区农村部部长，农民运动特派员。贾力更积极发展党员，建立党组织，组织农民建立农民协会，开展农民运动。

在贾力更的领导下，农民运动在绥远积极展开，大批农民参与其中，积极争取自己的利益。贾力更带领毕克齐农民取得了反清丈土地斗争的胜利，保护了农民的利益，让农民看到了自身蕴藏的无尽力量，农民运动形势更加高涨。

四一二反革命政变爆发后，贾力更接受党的安排去蒙古学习，后进入赤色职工国际中国工人俱乐部任干事兼会计。

全民族抗战爆发后，贾力更回到归绥，领导土默特旗人民进行抗日救国斗争，以货郎、小贩的身份为掩护，寻找打击敌人的机会。1938年秋，贾力更组织武装力量潜入到日军在大同北卧虎湾军火基地，炸掉了日军的军火库，日军损失惨重。

1939年9月，中国共产党土默特旗蒙古工作委员会成立，贾力更担任书记。他组织成立了蒙古抗日游击队，打击日军及其走狗。同时还多方筹措物资，支援八路军大青山游击队的抗日斗争。1940年初，贾力更担任中共绥西地委蒙民部部长，8月任绥察行政公署蒙政处处长。在积极开展抗日斗争的同时，贾力更还组织力量护送当地进步青年到延安学习，培养党组织未来的革命力量。先后有33名进步青年在他的护送下到延安进行学习。

1941年3月19日，贾力更组织第四批进步青年去延安学习。行进途中，遭遇到日军的围堵，贾力更组织力量掩护青年学生突围。在学生安全冲出敌人的包围圈后，贾力更被敌人的子弹击中，壮烈牺牲。

贾力更烈士墓

百灵庙抗日武装暴动纪念碑

百灵庙抗日武装暴动纪念碑位于内蒙古自治区包头市达尔罕茂明安联合旗百灵庙镇女儿山山顶，是为了纪念发生在1936年2月21日的百灵庙蒙政会保安队抗日大暴动所建的设施。1989年初，内蒙古自治区党委、政府决定在百灵庙不远的女儿山上修建纪念碑，让后人缅怀当年先烈们为了保卫祖国、抵抗日寇做出的英雄事迹。同年10月，纪念碑建成。

百灵庙抗日武装暴动是在中国共产党的领导

百灵庙抗日武装暴动发生地百灵庙

下发动的，是百灵庙蒙政会保安队爱国官兵反对投降日军、主张抗日杀敌的一次革命暴动。这次暴动由时任中共西蒙工委书记乌兰夫领导，云蔚、云继先、朱实夫等实际指挥，表达了蒙古族人民要求抗日、保家卫国的爱国诉求，展现了在中国共产党的领导下蒙古族同胞逐渐觉醒、抗日热情日渐高涨的爱国主义精神。暴动之后，这支武装逐渐发展成为内蒙古地区一支重要的蒙古民族抗日武装队伍。

纪念碑建在峭拔的山顶之上，坐东朝西。纪念碑基座为大理石材质，右侧为抗日武装骑兵群雕，一匹四蹄腾空的战马上骑着一位手握战刀的战士，战士高举战刀，展现出一副勇往直前、奋勇杀敌的英雄形象，以及一种威武雄壮、所向披靡的雄姿。

纪念碑为方锥形，总高25.8米，其中碑身高20米，左、右两侧党徽下用汉蒙两种文字镌刻着由时任全国人大常委会副委员长布赫亲笔题写的“百灵庙抗日武装暴动纪念碑”字样。塔基上有中共内蒙古自治区委员会、内蒙古自治区人民政府撰写的碑文，简要介绍了百灵庙抗日武装暴动的经过及其重要的革命价值和意义。

百灵庙抗日武装暴动纪念碑

百灵庙抗日武装暴动纪念展厅

百灵庙抗日武装暴动纪念碑是全国重点文物保护单位、全国爱国主义教育基地、内蒙古自治区爱国主义教育基地。

经党中央、国务院批准，国务院于2015年8月13日公布，百灵庙抗日武装暴动纪念碑被列入《第二批国家级抗战纪念设施、遗址名录》。

知识链接 百灵庙抗日武装暴动

百灵庙抗日武装暴动是内蒙古百灵庙蒙政会保安队爱国官兵在中国共产党的领导下发动的一次反对对日投降、坚决抵抗日寇的爱国起义暴动。这场暴动打响了内蒙古民族武装抗击日军的第一枪，有力打击了日军妄图西进吞并中国内蒙古地区的嚣张气焰，表明了内蒙古各族人民反对日军侵略，保卫祖国、保卫家乡的坚强决心。

在百灵庙抗日武装暴动爆发之前，内蒙古地区的抗日形势已经非常危急。日军在1931年发动九一八事变后，占领辽宁、吉林、黑龙江3省的同时，将侵略的魔爪伸向了内蒙古东部地区。此后几年，日军一直对内蒙古中西部地区虎视眈眈，不断渗透，妄图将内蒙古中西部地区吞并。

对于内蒙古地区的革命运动，中国共产党一直以来都非常重视。为了促进内蒙古地区革命运动的发展，中国共产党制定了一系列针对内蒙古地区革命斗争形势的方针和政策，为内蒙古地区革命运动的发展指明了方向。为推动内蒙古地区的革命发展，党组织派出大批党员干部来到内蒙古地区开展革命运动。特别是党中央在胜利结束长征到达陕北之后，内蒙古的党员干部群众受到极大的鼓舞，革命形势日渐高涨。

而国民党当局对于内蒙古地区也非常重视，多次派人来与内蒙古王公贵族接触，希望能将内蒙古中西部地区掌控在自己手中。一时间，各方势力相互角力，内蒙古的革命形势非常严峻。

早在1934年，内蒙古本地王公就在德穆楚克栋鲁普亲王的串联下成立了“蒙政会”，并建立了1000余人的保安队。国民党的特务、日军派出的间谍纷纷拉拢这支队伍，希望内蒙古反动王公可以为己所用。

在这支队伍建立之初，中共就非常重视这支队伍，派出朱实夫、云清、赵诚等党员干部进入这支队伍，宣传革命思想，策反队伍中的爱国官兵。

朱实夫烈士

在日军的威逼利诱之下，以百灵庙蒙政会秘书长德穆楚克栋鲁普亲王为首的内蒙古反动王公贵族贪图日军给出的利益，置民族大义于不顾，积极与日军媾和，内蒙古中西部地区面临着被他们出卖的危险。

在党中央的指示下，以乌兰夫为首的内蒙古党组织决定在内蒙古地方保安队中发动暴动，将这支队伍发展成为一支抗日队伍。暴动之前，队伍与国民政府绥远省（今内蒙古中部、南部）主席傅作义取得联系。傅作义当即表示支持保安队发动暴动，会发兵接应暴动队伍。

按照暴动之前制订的计划，暴动将于1936年2月22日23时30分举行。21日，百灵庙蒙政会新兵中队副队长云蔚发现敌人的举动异常，担心暴动的消息走漏，于是他紧急与蒙政会保安处二科科长云继先、三科科长朱实夫商议，最后决定将暴动时间提前24小时，确保暴动的成功。

暴动开始后，参加暴动的官兵分6路展开行动：一路警戒德王府“袍子队”可能发动的进攻；一路夺取暴动队伍撤退时要经过的路口；一路攻打军械库，夺取武器；一路攻打稽查处和看守所；一路捣毁敌人的电台，切断与外部的联系；一路攻占蒙政会行政机关。各路队伍按照计划同时开始暴动，很快就完成了各项任务。暴动后的保安队正式宣布脱离德王府控制，抗击日寇，保家卫国。

抗日战争时期的乌兰夫

得到保安队发动暴动的消息后，反动王公派出军队对暴动队伍进行追击。在达尔罕旗黑沙图，暴动队伍与前来追击的反动军队发生激战。经过6个小时的激战，暴动队伍击溃了蒙古王公的反动军队，继续南下。

22日14时，暴动队伍与前来接应的傅作义部队会合，暴动队伍被傅作义改编为绥境蒙旗保安总队，云继先为总队长，朱实夫为上校副总队长。

此后德王府一直试图将这支队伍拉回到他们的反动阵营，为此秘密策动暴动队伍哗变，利用安插在暴动队伍中的眼线杀害了暴动领导者之一云继先，造成暴动队伍的混乱。关键时刻，以乌兰夫为首的共产党员稳定了暴动队伍，傅作义也出兵消灭了参加哗变的队伍，转危为安。

云继先烈士

后来这支队伍改编为蒙古独立混成旅，由共产党员白海风担任旅长。队伍逐渐成长为内蒙古大草原上一支强大的抗日武装，给予日军沉重的打击。这支队伍自成立以来就一直在中共的领导下，有力地保障了陕甘宁边区的安全。

抗联英雄园

抗联英雄园位于内蒙古自治区呼伦贝尔市阿荣旗那吉镇东山山顶，是中共阿荣旗旗委、旗政府为纪念在革命战争年代及和平建设时期英勇牺牲的革命烈士而修建的设施。1955年建成东山革命烈士陵园；2004年9月，阿荣旗旗委、旗政府决定在原东山革命烈士陵园的基础上扩建为抗联英雄园，通过宣传抗联战士的英雄事迹，弘扬革命烈士的爱国主义精神，让广大人民群众缅怀革命先烈，感受先烈们为了新中国的成立而做出的努力和牺牲。

最初的东山革命烈士陵园占地1200平方米，由一座纪念碑和烈士墓地两部分组成。纪念碑基座平台占地110.5平方米，碑高13.5米，正面书“革命烈士永垂不朽”。烈士墓地安葬有28位烈士的遗骨，包括东北抗联第三路军第三支队政委高禹民，中队长刘中学，战士冯振和、闫福春等人，以及在祖国和平建设时期献身的董秀泉、韩立荣、张春生等28位烈士。

抗联英雄园《抗日烽火》雕塑

扩建后的抗联英雄园占地面积40万平方米，园内环境庄严肃穆。新建了抗联纪念馆，根据抗联英雄在阿荣旗战斗事迹为主题的《抗日烽火》《七勇士》《兴安密林》等16座雕塑，以及英雄亭、民族亭、缅怀亭、报国亭、精忠亭和勿忘亭6个纪念亭，形象展现了抗联战士在阿荣旗这片土地上度过的艰苦战斗的岁月。

走进抗联英雄园，首先看到的是中纪委原常务副书记韩光题写的园名“抗联英雄园”5个大字，抗联名将、黑龙江省原省长陈雷所题“抗联精神昭日月，英雄伟绩育后人”挽联镶嵌在园门两侧。

《兴安密林》浮雕

步入院内，一尊尊雕塑向后人展示着当时抗联战士在阿荣旗这片热土之上战斗的场景，让我们依稀还能感受到当年抗联战士与日寇作战的峥嵘岁月。

《七勇士》雕塑，展现的就是东北抗日联军第三路军第三支队政委高禹民与6名战士同日军英勇战斗的场景。当时，高禹民和几名战士被日军围困，面对敌人的劝降，高禹民和战士们坚持理

《七勇士》雕塑

想信念，他们视死如归，与敌人战斗到最后一刻，最终全部壮烈牺牲。

抗联纪念馆通过展出大量抗联战士的遗物以及缴获敌人武器和实物、图片，展现了抗联战士在条件异常艰苦的条件下坚持战斗，保家卫国的英雄壮举。

在纪念馆北侧的树林深处，保留着建于1959年的革命烈士纪念碑，供人们瞻仰。纪念碑旁边是革命烈士长眠的地方，烈士们在接受后人祭拜的同时，看着今天祖国的强大，人民生活的幸福，他们也可以含笑九泉了。

革命烈士纪念碑

在抗联英雄园北门的墙壁之上，刻着由东北抗联的创始人李兆麟所作的《露营之歌》，这首歌当年激励着无数抗联战士奋勇向前，为保卫祖国同日寇勇敢战斗。今天我们看到这首战歌，依然能感受到当年抗日英雄为了保卫祖国和人民，与日军英勇作战时的激情与豪迈。

抗联英雄园是内蒙古自治区爱国主义教育基地、呼伦贝尔市爱国主义教育基地。

经党中央、国务院批准，国务院于2015年8月13日公布，抗联英雄园被列入《第二批国家级抗战纪念设施、遗址名录》。

呼伦贝尔东北抗联纪念馆

知识链接

抗联三进呼伦贝尔

九一八事变后，内蒙古东部地区落入日军的魔爪之下。不堪忍受日军欺凌，不愿做亡国奴的内蒙古各族人民进行了坚决的斗争。在中国共产党的领导下，东北抗日联军给予了日军沉重的打击。1939年底至1942年，东北抗日联军3次进入呼伦贝尔地区进行抗日斗争，打击了日军的嚣张气焰，掀起了当地民众的抗日热潮。

1939年12月，东北抗联第三路军组成远征军，在总指挥冯治纲的带领下第一次进入呼伦贝尔，受到了当地民众的热烈欢迎。抗联战士在这里与日、伪军进行了多次战斗，消灭了大量敌人。1940年2月3日，抗联队伍进入阿荣旗境内，与日本关东军遭遇。经过激烈的战斗，包括总指挥冯治纲在内的5人英勇牺牲。队伍被迫暂时退出呼伦贝尔地区，返回嫩江以东休整。

冯治纲雕像

高禹民雕像

1940年9月，以王明贵为队长、高禹民为政委、王钧为参谋长的东北抗联第三路军第三支队再次进入呼伦贝尔地区，力图在这里开辟抗日游击区。但进入呼伦贝尔阿荣旗地区没多久就遭遇了日军的围攻。11月30日，第三支队开始突围战斗。为了掩护大部队突围，高禹民带领6名战士断后掩护，最终全部壮烈牺牲。突围出去部队在呼伦贝尔地区坚持战斗了一段时间后，于1941年1月退入苏联境内休整。

1941年6月，苏德战争爆发，日本关东军蠢蠢欲动，准备进攻苏联，与德军形成夹击之势。为了抗日大局，抗联队伍再次进入呼伦贝尔地区活动，发动群众进行抗日斗争，扰乱日军后方，牵制日军。9月下旬，抗联队伍遭到日、伪军包围。经过激烈战斗，抗联队伍打退了敌人的多次进攻，但自身损失也很惨重，第九支队政委郭铁坚、参谋长曹玉奎等指战员壮烈牺牲。剩余的抗联战士在指导员孙志远的带领下突围到阿荣旗地区继续坚持战斗。1942年秋，抗联队伍撤出呼伦贝尔地区，前往苏联休整。

东北抗日联军三进呼伦贝尔，是在异常艰苦的条件下进行的军事斗争，为推动内蒙古东部地区的抗日斗争做出了巨大的贡献。面对装备精良的日本关东军，抗联战士不惧强敌，明知困难重重，依然前赴后继，3次进入呼伦贝尔地区作战，先后有200多名抗联指战员牺牲在这片土地上，展现了中国人民不惧强敌，保家卫国的坚定决心。

巴彦汗日本关东军毒气试验场遗址

巴彦汗日本关东军毒气试验场遗址位于内蒙古自治区呼伦贝尔市鄂温克族自治旗巴彦托海镇巴彦汗山的西部，是日本关东军在侵华战争时期为研制生化武器而建造的生化武器试验场遗存建

毒气试验场遗址

筑和设施，是日本侵略者在我国东北地区修建的最大的生化武器试验场。试验场的每一寸土地、每一座建筑、每一件残留文物，无不控诉着日本侵略者在我国犯下的累累罪行。

巴彦汗日本关东军毒气试验场遗址占地约110平方千米，在这片广袤的土地上，分布着大量日军当年修建的毒气实验设施及军事作战设施。这些设施类型主要包括堑壕、交通壕、汽车和坦克掩蔽部、单兵坑、指挥所、大小牲畜及小动物坑等20余种。现在保存完好的设施主要集中在6个地方，分布于：西南部的设施主要为单坑；北部的设施为交通壕；西北方向的设施大部分是大坑，用来容纳汽车和战车；东北部分布有大量的堑壕、交通壕、战车大坑及单兵掩体等设施；东南方向的高地之上则是多种形式的毒气实验工事。

毒气试验场掩体遗址

当年，巴彦汗日本关东军毒气试验场的修建对于中国人民而言是一场巨大的灾难。大量的中国劳工被日军驱赶到这里修建毒气实验设施，不计其数的劳工在修建这些工事的过程中累死、病死，或被集体处决而死。这些劳工去世后的尸体被就地掩埋，形成了令人触目惊心的“万人坑”。时至今日，当风沙吹过这片土地，偶尔还会有累累白骨露出，这些白骨向世人倾诉着他们当年悲惨的命运，向全世界控诉着日本帝国主义当年在中国土地上犯下的罪行。

巴彦汗日本关东军毒气试验场遗址是全国重点文物保护单位、内蒙古自治区爱国主义教育基地。

大久野岛毒气储藏库

经党中央、国务院批准，国务院于2015年8月13日公布，巴彦汗日本关东军毒气试验场遗址被列入《第二批国家级抗战纪念设施、遗址名录》。

知识链接　死亡之箱

侵华战争时期，日军为了研制生化武器，在中国东北地区进行了大规模灭绝人性的人体实验。被用作人体实验的人一旦被送入实验装置就不可能活着出来，大量的中国人民惨死在日军的暴行之下。

为了进行毒气实验，日军研制了一种名叫“死亡之箱”的实验工具。这种工具由上、下两个正方体组成。上面的正方体是由厚厚的铁板围成，下面的正方体上、下两面由铁板构成，四周则是坚固的钢化玻璃。上面的铁板正方体是产生毒气的装置，下方的玻璃正方体则用来进行毒气实验。实验启动的时候，实验者被强行关入下方的玻璃正方体内，上方产生的毒气被缓缓注入下方的玻璃正方体，实验者在下方正方体内痛苦地死去。

曾经有一对母女被关入实验箱内，面对日军注入的毒气，母亲尽管痛苦万分，但还是出于母性的本能将自己的女儿牢牢地压在身体下，希望可以挽救女儿的生命。但无济于事，最终这对母女双双惨死在死亡之箱中。

还有一个实验，作为实验对象的一名男子被关入死亡之箱中。随着毒气的注入，男子痛苦万分，竭力嘶吼，身体拼命地蠕动，但根本无济于事，在经历了痛苦的折磨之后，男子最终口吐白沫，眼睛上翻、四肢僵硬，痛苦地死去。

上面这两个案例只是日军在巴彦汗日本关东军毒气试验场进行的毒气实验中的典型案例。在整个侵华战争时期，日军在这里进行了无数次这样的实验，残害了大量的中国人，犯下了罄竹难书的暴行。

侵华日军在做防空防毒演习

五原抗日烈士陵园

五原抗日烈士陵园位于内蒙古自治区巴彦淖尔市五原县隆兴昌镇五原抗战纪念园内，是为了纪念抗日战争时期五原大捷中为国捐躯的679名将士而修建的设施。最早是由傅作义将军于1940年派人在五原大捷后修建的一座抗日烈士墓。1942年，当时的绥远省（今内蒙古中部、南部）政府又拨专款对烈士墓进行修缮，并且在原有建筑的基础上新修了内蒙古五原抗战纪念馆、纪念碑等建筑，傅作义将军亲自为纪念碑题写了碑文。2005年，中共五原县委、县政府在烈士陵园原址进行复原修葺，2007年竣工。

五原抗日烈士陵园大门

五原抗日烈士陵园占地面积约10万平方米，主体建筑包括牌楼式大门、傅作义将军雕像、纪念碑、烈士名录纪念墙、纪念馆、烈士墓冢等。

烈士陵园大门牌楼为三门四柱砖混牌楼式建筑，有中间宽、两边窄的3个门洞，中间门洞上方书写“五原抗日烈士陵园”8个遒劲有力的大字。大门宽28米，高12米。

牌楼式大门前广场中央矗立着一尊高7米的

傅作义将军雕像

傅作义将军骑马铜像。

进入牌楼式大门，是五原抗日烈士纪念碑，基座占地面积1940平方米，寓意五原抗战在1940年打响。纪念碑基座高2.4米，分两层平台。第一层平台有8步台阶，寓意绥远人民对日长达8年的浴血奋战和傅作义将军率领第八战区军民英勇抗战；第二层平台有11步台阶，寓意五原人民继承先烈精神，一心一意谋发展。碑座高3.22米，寓意五原抗战于1940年3月22日取得胜利。碑身高13米，代表了五原地区13个民族的人民对英雄的敬意。碑身呈抽象的三剑形，代表参加五原抗战的3个主力师。碑身三面贴汉白玉，正面镌刻傅作义亲笔题写的“五原抗日烈士纪念碑”9个大字。

五原抗日烈士纪念碑

纪念碑后方是烈士名录纪念墙，宽17.5米，高4.5米，正面是由内蒙古政协原副主席傅守正亲笔撰写的“五原大捷”4个大字，下方文字记载了五原战役的战斗经过及战果，还刻有五原大捷的战斗场景。背面镌刻着这场战斗中牺牲的679位烈士的名字。

烈士名录纪念墙

纪念墙后是墓冢所在地，679位烈士仍像生前那样以军人的方阵整齐地排列着。排在最前面的两座墓冢分别是在此次战斗中牺牲的最高将领河套地区警备旅第二团团长贾晏如和第三十五军新三十二师第九十五团第一营营长赵寿江。为了悼念这两位英勇牺牲的烈士，傅作义于1942年在五原西部地区设置晏江县（今属五原县）。

烈士墓冢局部

五原抗战纪念馆占地面积3868平方米，展示内容围绕共产党领导下的抗日救亡运动，分为“山河破碎，奋起救亡”“中流砥柱，青山巍峨”“正面迎敌，同仇敌忾”“众志成城，走向胜利”4个展区18个单元，共展示图片1000余张、历史文物400余件，展示了从1931年至1945年内蒙古的抗战历程。

五原抗战纪念馆

五原抗日烈士陵园是内蒙古地区纪念抗日战争、进行爱国主义教育的红色旅游景区。

经党中央、国务院批准，国务院于2015年8月13日公布，五原抗日烈士陵园被列入《第二批国家级抗战纪念设施、遗址名录》。

知识链接

五原大捷

1940年初绥西战役后，日军绥西警备司令水川伊夫、五原特务机关长桑原荒一郎指挥警备军、五原特务机关及其特务队、宪兵队、伪蒙军和伪绥西联军等部共3000余人，驻防五原及其附近地区。

中国第八战区副司令长官傅作义决心乘日军兵力薄弱之机，采用“掏心战术”和“引水阻援”战术，攻取位于河套平原腹地的绥远（今内蒙古中部、南部）重镇五原。具体部署是：由第三十五军新编第三十一、第三十二师和绥远游击军、五临警备旅进攻五原；骑兵第六军向五原西侧新公中、西商之敌进行攻击；新编第五旅在大佘太、西山嘴地区，新编第六旅在万和长地区阻敌增援；第三十五军第一〇一师为总预备队。

傅作义将军

3月18日，黄河开始解冻，滔滔河水灌满了后套平原上的大小渠道。土地化冻松软，道路泥泞，日军坦克、汽车、重炮的行动受到极大限制。傅作义认为这是发动反攻的最好时机，遂下令各部队于19日夜间秘密进至各自的进攻出发位置，20日夜对五原新旧两城及外围各据点同时发起攻击，一举歼灭守敌。

攻城部队组成的“掏心突击队”采用隐蔽方式，利用夜色的掩护，灵活机动地向守敌靠近。20日午夜进至城门处，利用捕俘获得的敌人口令，迅速占领城门。“掏心突击队”蜂拥进入新城，然后向各自预定目标发动袭击。守敌从睡梦中惊醒，仓促应战。经过1个多小时的猛烈战斗，攻占城内大部据点。敌残部逃到屯垦办事处和平市官钱局等据点，凭借坚固工事负隅顽抗。

新编第三十一师孙兰峰部闻城内枪声大作，知道“掏心突击队”已得手，遂开始向西关和黑头圪堵之敌发起猛烈进攻。守敌凭借工事和障碍物掩护，以绵密的火力阻止该部前进。新编第三十一师采取用炸药包爆破院落墙壁的方式，逐步向前推进，战况异常激烈。团长贾世海亲临前线指挥，率部反复冲击，胸部中弹，壮烈牺牲，官兵伤亡亦重。战至21日晨9时左右，占领了西关和黑头圪堵两据点。

新编第三十二师袁庆荣部于21日2时发起攻击后，由于后补红和广盛西外围地势平坦开阔，无遮蔽物，守敌利用院落和工事，用密集火网向攻击部队扫射，战况惨烈。赵寿江营长亲率1个连向敌据点连续冲锋，头部中弹，以身殉国。全营官兵仅剩7人，仍坚持战斗。3时，第一〇一师师长董其武从总预备队抽调兵力增援，在攻城炮兵的支援下歼灭守敌大部，中午占领广盛西，并乘胜进攻旧城。

21日上午，新城城内由于敌机飞临轰炸，地面敌人投掷瓦斯弹，进行疯狂反扑，“掏心突击队”连续冲锋五六次，均未得手，其余各处战况也多不顺利。傅作义深恐攻城失利，遂亲临前线督战，同时命令孙兰峰派新编第三十一师副师长兼第九十一团团长王雷震组织师前进指挥所，率领第九十一、第九十二团进入新城与“掏心突击队”会合作战，使攻击再次掀起高潮。中午时分，旧城守敌向东溃逃。傅作义遂重新调整部署，集中力量解决新城之敌。15时，大佘太援敌到达乌加河畔。新城守敌凭借坚固工事、围墙拼死顽抗，用机枪扫射，并施放毒气。攻城部队进攻受挫，伤亡很大。

22日，攻城官兵虽英勇作战，终因无重武器，未有大的进展。此日，乌加河桥方向战斗异常激烈。日军出动6架飞机、数十门火炮疯狂轰炸，步兵在炮火掩护下妄图抢修桥梁，强行通过。打援部队坚守桥头堡阵地，用火力阻敌架桥。激战一日，日军终不能架桥。别处增援的日军欲渡过乌拉壕，但因乌拉壕被炸开，到处一片汪洋，公路被淹没，人车不能通行，只好望洋兴叹。15时，傅作义下令：“进城部队应迅速拔除敌人据点，使增援敌人绝望，以减轻打援的一〇一师的压力。”经研究决定，先拿下平市官钱局，然后再攻击屯垦办事处。连长孙英年献策，用山炮平射，摧毁守敌的碉堡工事。当晚，中国军队利用义和渠坝坡遮掩，秘密将炮运来安置在距敌仅百米之遥的义和渠西岸。午夜开炮，日军司令部周围火光冲天，墙倒屋塌。中国军队迅猛突入，一阵手榴弹、大刀攻击，将守敌大部歼灭，水川伊夫等乘乱逃走，日军司令部被彻底摧毁。

23日上午，五原新城内仅存屯垦办事处和民众教育馆两个据点。经整日反复冲击和激烈战斗，日军虽施放毒气，最终也未能逃脱被歼灭的命运。至16时许，屯垦办事处被占领，民众教育馆也于黄昏前被攻克。五原攻城得手的消息传至乌加河桥，打援部队士气倍增，展开猛烈攻击，日军势穷力竭，不得不撤退。

24日，日军驻蒙军骑兵集团主力、第二十六师团一部和固阳警备队、大佘太警备队等部进至五原周围，反攻五原。傅作义为避免与敌决战，令部队撤至五原西北和西南地区，占领有利地形，待机歼敌。26日，日军进入五原。27日，傅作义部扒开乌加河南堤，河水向五原附近泛滥。日军被困，恐遭围歼，急向包头撤退。傅作义部分路截击，再创日军，于3月28日复克五原。

此役，中国军队共击毙绥西警备司令水川伊夫、五原特务机关长桑原荒一郎等以下日、伪军3000余人。五原大捷的消息传出后，举国欢腾，军民振奋。国内各党派团体纷纷发电祝贺或派代表团前来慰问，携带各党政社团和社会名流（包括国民政府主席林森）题词的百余面红缎锦旗。著名作家老舍、音乐家冼星海也前来慰问。许多爱国华侨组成慰问团，不远万里从香港专程前来慰问。国内各报纸以头版头条消息报道，赞誉五原战役，傅作义也因此获得国民政府授予的青天白日勋章。

侵华日军阿尔山要塞遗址

侵华日军阿尔山要塞遗址位于内蒙古自治区兴安盟阿尔山市，是侵华日军在我国内蒙古和东北地区修筑的17座军事要塞之一。作为日军抵御苏联进攻的要塞之一，阿尔山要塞曾被日军寄予厚望，希望能凭此要塞抵御苏联红军的进攻。阿尔山要塞所在的这道防线也被日军自诩为“东方的马其诺防线”。而日军的阿尔山防线也遭遇了与马其诺防线相似的命运。第二次世界大战末期，苏联红军对日宣战，苏联红军在攻打阿尔山要塞的过程中直接绕过了阿尔山要塞阵地，以“闪电战”的方式直接插到阿尔山要塞的后方，切断了要塞内日军逃跑的路线，将这里的日军全部歼灭。

五岔沟要塞是阿尔山要塞西南部的主要阵地，建有飞机场，在各山岭主峰上建有大量碉堡、指挥所、野战工事、交通壕、兵营等军事设施

阿尔山要塞的修建，给中国人民带来了深重的苦难，为了修建阿尔山要塞，中国劳工被驱赶到这里修筑工事，在日军非人的虐待下，大量劳工惨死在这里。

阿尔山要塞由花炮台阵地、五岔沟机场、南兴安隧道、碉堡、阿尔山车站等组成。

花炮台阵地位于阿尔善河上游河谷地带，主要建筑包括日军指挥部、营房、碉堡、暗堡、观察所、车库、发电室、军犬舍、水井、铁器加工铺、劳工棚、防坦克壕等，日军指挥部保存较为完好，是一座长170余米的隧道式建筑，内部共设有房间12间。

五岔沟机场位于阿尔山市五岔沟镇，这里地处洮儿河冲积平原上，地势平坦，主要由飞机跑道、飞机库、弹药库、地面掩体等建筑组成。

阿尔山要塞花炮台阵地遗址，其主体建筑长170米，是一处拥有指挥部、反坦克壕、坦克库、观察所、发电室及营房的永久军事工事

南兴安隧道、碉堡位于阿尔山市白狼镇南兴安，由隧道、碉堡两组建筑组成。南兴安隧道是一条贯穿南兴安山、长度达3218.5米的隧道，隧道内设置有避车洞、排水沟、渗水井等建筑设施；在这里还修筑有碉堡两个，分别位于南兴安隧道东西入口处，为混凝土结构，共6层，地下2层，地上4层，建筑面积600平方米。

南兴安碉堡

阿尔山车站位于阿尔山市内，是一座砖石结构建筑，坐东朝西，建筑面积671.49平方米，共分3层。

侵华日军阿尔山要塞遗址是全国重点文物保护单位、内蒙古自治区重点文物保护单位。

经党中央、国务院批准，国务院于2015年8月13日公布，侵华日军阿尔山要塞遗址被列入《第二批国家级抗战纪念设施、遗址名录》。

知识链接　阿尔山游击战

从1936年开始，东北抗日联军某部战士王长生化名“王山”，奉上级命令来到阿尔山地区宣传抗日思想，组织当地民众开展游击斗争。在王长生的带领下，由十几个爱国青年组成的抗日游击队活跃在阿尔山地区。

王长生带领游击队袭击日本人的伐木场，解救在那里遭受苦难的劳工；抢夺日军的粮食给养，刺杀日军的情报人员，偷袭日军的哨所。这些行动给日本侵略者造成了很大的打击，极大地干扰了日军在这一地区的统治，阻碍了其抢夺阿尔山地区物质资源的行动。

日军对于王长生带领的抗日游击队异常恼怒，派出重兵“围剿”。在艰苦的斗争条件下，游击队出现了叛徒，将游击队驻扎的营地位置告诉日本人。日军偷袭了游击队的营地，游击队遭到严重挫折，大部分游击队员牺牲。王长生带领几名游击队员突围出日军包围圈，转移到明水河、五岔沟一带继续坚持战斗。

在王长生的努力下，游击队在明水河一带再次发展壮大起来，成为日军的眼中钉，时刻威胁着日军的统治。1938年至1942年间，抗日游击队在这一地区坚持了4年的抗日斗争。日军对游击队恨之入骨，调集重兵“围剿”。游击队再次遭受重创，索伦丰林大坝一战，损失惨重。王长生带领剩余的战士突围后驻扎于突泉县宝石镇地区活动。

1942年夏，阿尔山地区游击队的主要领导人王长生、白永盛等先后被日军抓获，最终惨死狱中，阿尔山游击斗争陷入低潮。

华北军第五十九军抗日阵亡将士公墓

华北军第五十九军抗日阵亡将士公墓位于内蒙古自治区呼和浩特市新城区海拉尔大街54号公主府公园内，是为了纪念1933年长城抗战中牺牲的傅作义率领的华北军第七军团第五十九军将士而建设的设施。于1933年9月动工，1934年春竣工。公墓竣工之后，傅作义将军亲自召开绥远（今内蒙古中部、南部）各界人士纪念长城抗日阵亡将士大会，悼念在长城抗战中阵亡的烈士们，他专门派人从战场运回并种下了367棵象征春天、爱情与美好理想世界的山桃树，让这些战场上的山桃树陪伴长眠于此的英烈。

初建的华北军第五十九军抗日阵亡将士公墓建有纪念碑一座、纪念堂一所。1982年重新修缮，增建了陈列室；2019年再次修缮。

纪念碑高12米，呈三棱柱形。纪念碑正面是傅作义亲笔题写的碑名——华北军第五十九军抗日阵亡将士公墓。在碑名下方基座的石碑上，刻着由胡适撰文、钱玄同书写的碑文，详细描述了华北军第五十九军将士在傅作义将军带领下英勇抗击日军进攻的全过程，展现了将士们保家卫国的爱国主义精神。在碑身的两侧，镌刻着在这次战斗中牺牲的英烈的名字，让人们永远记住他们为了民族的独立、国家的安全做出的伟大牺牲。另外两面刻着阵亡将士的名字。

华北军第五十九军抗日阵亡将士公墓纪念碑

由纪念碑再向北走几十步，就是烈士纪念堂。烈士纪念堂也叫烈士祠堂，为三开门歇山顶传统建筑，正门上面悬挂有“气壮山河”4个大字的横匾，系国民政府主席林森题字。两侧楹联为蒋介石题写：“碧血洒荒原终使乾坤留浩气；青山瘗忠骨怕闻鼙鼓动哀思。”纪念堂东西廊宇内是各界颂功的诸多碑碣，均排列有序围绕在绿荫紫陌之间。

再向北是烈士公墓，碑碣并列成行，整齐肃穆，好像当年整队待发的勇士，是时园景清幽，

烈士纪念堂

愈发令人想起当年惨烈战斗之悲壮。

最初，公墓建成后等来的并不是被后人瞻仰、故旧缅怀情形，而是在日本当局的抗议声中改变面貌。根据1933年5月31日中日双方签订的《塘沽协定》第四条“不可用刺激日本感情之武力团体”，1935年10月，国民政府发布《邦交敦睦令》，明令“对于友邦，务敦睦谊，不得有排斥及挑拨恶感之言论行为”，要求删除“抗日”字样。何应钦下令消灭一切抗日标志。傅作义一方面应付找上门来兴师问罪的日本人，另一方面要安抚与日军不共戴天的军中部属。思量再三，经请示南京政府后，“华北军第五十九军抗日阵亡将士公墓”被改为“华北军第五十九军长城阵亡将士公墓”，同时将胡适所撰碑文用钢筋水泥板掩盖加以保护，并在覆盖的水泥板上另刻“精灵在兹”4个字。而烈士纪念堂内，全国各地送来的匾、联、铭、赞，凡有“刺激性”的语句一一迁毁。

1937年呼和浩特沦陷，华北军第五十九军抗日阵亡将士公墓遭到日军破坏，墓碑基座被毁坏得残破不堪。

华北军第五十九军抗日阵亡将士公墓是内蒙古自治区重点文物保护单位。

经党中央、国务院批准，国务院于2020年9月1日公布，华北军第五十九军抗日阵亡将士公墓被列入《第三批国家级抗战纪念设施、遗址名录》。

改名后的华北军第五十九军长城阵亡将士公墓纪念碑落成仪式

伟烈丰功碑

知识链接 《华北军第五十九军抗日阵亡将士公墓碑》（碑文）

胡适撰，钱玄同书。

中华民国二十二年三月，日本军队侵占了热河，全国大都震动。从三月初旬，我国的军队在长城一带抗敌作战，曾有过几次很光荣的奋战，其间如哲元部在喜峰口的苦战，如徐廷瑶军关麟徵、黄杰两师的中央军队在古北口南天门一带十余日的血战，都是天下皆知的。但这种最悲壮的牺牲终于不能抵抗日军最新最猛烈的武器。五月十二日以后，东路中国军队全退却了，北路中国军队苦战三昼夜之后，也退到了密云。五月二十一、二两日，北平以北的中央军队，都奉命退到故都附近集中。二十二日夜，北平（今北京市）政务整理委员会委员长黄郛开始与敌方商议停战。五月二十三日的早晨四时，当我国代表接受了一个城下之盟的早晨，离北平六十余里的怀柔县（今怀柔区）附近正开始一场最壮烈的血战。这一战从上午四时直打到下午七时，一千多个中国健儿用他们的血洗去了那天的城下之盟的耻辱。在怀柔作战的我方军队，是华北军第七军团第五十九军，总指挥即一九二七年北伐战争中以孤军守涿县（今涿州市）八十八日的傅作义军长。他们本奉命守张家口。四月二十九日，他们奉令开到昌平待命增援，令下之日全军欢呼出发，用每小时二十里的跑步赶赴阵地。五月一日全部到达昌平，仅走了二十四小时。五月十五日，第五十九军奉令开到怀柔以西，在怀柔西北高地经石厂至高各庄的线上构筑阵地。十七日复奉令用主力在此阵地后方三十余里的半壁店，稷山营的线上构筑主阵地。他们不顾敌军人数两倍的众多，也不顾敌军武器百倍的精利，他们在敌军飞机的侦察轰炸之下，不分昼夜赶筑他们的阵地，他们决心要在这最后一线的前进阵地上，用他们的血染中华民族历史的一页。二十三日天将明时，敌军用侵华主力的第八十师团的铃木旅团的川田旅团的福田支队，向怀柔正面攻击。又用铃木旅团的早田联队作大规模的迂回，绕道袭击中国军队的后方。正面敌军用重野炮三十门，飞机十五架，自晨至午不断地轰炸，我方官兵因工事的坚固，士气的镇定，始终保持着高地的阵地。那绕道来袭的早田联队也被中国军队拦击，损失很大。中国军队所埋的地雷杀敌也不少。中国军队的隐蔽工事仅留二寸见方的枪孔，必须等到日军接近，然后伏枪伏炮齐击，用手掷弹投炸。凡日军的长处到此都失了效用。敌军无法前进，只能向我高地阵地，作极猛烈的轰炸。有一次敌军笪×中队攻进了我右方的阵地，终被中国军队大力迎击，把阵地夺回。中国军队虽无必胜之念，而人人具必死之心。有全连被敌炮和飞机集中炸死五分之四，而阵地屹然未动的；有袒臂跳出战壕肉搏杀敌的；有携带十几个手掷弹，伏在外壕里一人独立杀敌几十个的。到了下午，他们接到北平军分会的命令，因停战协定已定局，令他们撤退到高丽营后方，但他们正在酣战中势不能遽行撤退，而那个国耻的消息，又正使他们留恋这一个最后抗敌的机会，直到下午七时，战势渐入沉寂状态，中国军队才开始向高丽营撤退，敌军也没有追击。次日，大阪《朝日新闻》的从军记者观察中国军队的高地阵地，电传彼国，曾说："敌人所筑的俄国式阵地，实有相当的价值，且在坚硬的岩石中掘成良好的战壕，殊令人惊叹！”又云：“看他们战壕中的遗尸，其中有不过十六七岁的，也有很像学生的，青年人的狂热可以想见了。”怀柔之一战，第五十九军战死的官和兵共三六七人，受伤的共四八四人。五月三十一日停战协定在塘沽签字后，第五十九军开至昌平集结。凡本军战死官兵未及运回的，都由军部雇本地人民就地掩埋，暗树标志。六月全军奉命开回绥远复员。九月怀柔日军撤退后，傅将军派人备棺木、殓衣，到作战地带寻得官兵遗骸二百零三具，全数运回绥远，绥远人民把他们葬在城北大青山下，建立抗日战死将士公墓，并且辟为公园，垂为永久的纪念。公墓将成，我因傅作义将军的嘱托，叙述怀柔战役的经过，作为纪念碑文，并作铭曰：“这里长眠的是三百六十七个中国好男子！他们把他们的生命献给了他们的祖国，我们和我们的子孙来这里凭吊敬礼的，要想想我们应该用什么报答他们的血！”

绥蒙抗日救国会旧址纪念馆

呼和浩特绥蒙抗日救国会旧址纪念馆位于内蒙古自治区呼和浩特市玉泉区玉泉二巷11号，与玉泉井毗邻，是为了纪念抗日战争时期在呼和浩特积极组织抗日救国运动的革命先烈而设立的纪念馆，原为始建于清雍正二年（1724年）的财神庙。

绥蒙抗日救国会旧址纪念馆占地面积2410平方米，建筑面积1186平方米，是一座前后两进的四合院建筑，坐北朝南，砖木结构，仿照山西的财神庙而建，由山门、大殿、献殿、东西配殿、大殿两侧的东西厢房、戏台组成。2006年修缮时

绥蒙抗日救国会旧址纪念馆大门

新增了后罩楼。2009年在后罩楼布置了绥蒙抗日救国会陈列展览，展示绥蒙抗日救国会的兴起及斗争的历史。2019年，在后罩楼一楼布置了“不忘初心，牢记使命”主题展览，并新建了一间视听室，进一步丰富了展陈表现形式。

在抗日战争时期，绥蒙抗日救国会积极奔走，发动广大人民群众支持抗日斗争，筹措物资，有力地支援了大青山抗日革命根据地的抗日斗争。

纪念馆后罩楼

绥蒙抗日救国会旧址纪念馆是内蒙古自治区重点文物保护单位。

经党中央、国务院批准，国务院于2020年9

月1日公布，绥蒙抗日救国会旧址纪念馆被列入《第三批国家级抗战纪念设施、遗址名录》。

知识链接

刘洪雄

刘洪雄，1907年生，内蒙古归绥（今呼和浩特）人。从小入私塾读书，1924年考入山西太原国民师范学校。在这里，他结识了共产党员王瀛。在王瀛的熏陶下，刘洪雄接受共产主义思想，积极向党靠拢，于1926年6月加入中国共产党。

刘洪雄烈士

1927年，国民党反动派发动了四一二反革命政变。在这个艰难的时刻，刘洪雄受党组织派遣，前往北京门头沟煤矿开展煤矿工人革命斗争工作。他在这里建立了党支部，并领导煤矿工人进行了罢工。

九一八事变爆发后，日军侵占中国东北。刘洪雄赶赴东北参加抗日义勇军，在某师担任通讯大队长的职务，跟随部队转战于白山黑水间。在后来的一次战斗中，刘洪雄不幸负伤，被迫离开部队，回到家乡疗伤。

1933年，冯玉祥和吉鸿昌等人组建察哈尔民众抗日同盟军。刘洪雄遵照党组织的安排，在抗日同盟军中担任团长，参与了解放康保、宝昌、沽源、多伦等地的战斗。抗日同盟军失败后，刘洪雄再次回到家乡，以小学教员的身份作掩护，积极宣传抗日思想，开展抗日活动。

1937年，全民族抗战爆发后，刘洪雄两次试图组织抗日武装，但都未能成功。为了更好地开展抗日斗争，刘洪雄改变策略，成功打入日、伪军内部，一度担任日本宪兵队的参谋。他利用自己的职务之便安插大量共产党员在敌人内部任职，开展抗日工作。

为了更好地发动群众，刘洪雄以蒙疆道教会为掩护，以财神庙为活动据点，积极开展抗日活动，为支援大青山抗日根据地做出了巨大的贡献。

1933年5月26日，察哈尔民众抗日同盟军在张家口成立。图为同盟军总司令冯玉祥在做抗战动员

1940年8月，以财神庙为据点的抗日活动中心被日军破坏，刘洪雄也被逮捕。

刘洪雄在狱中遭受了残酷的刑罚，日军试图从他的口中获取党的机密，但刘洪雄始终守口如瓶，以视死如归的决心面对日军的酷刑。9月，日军将他残忍杀害。

乌不浪口抗日烈士陵园

乌不浪口抗日烈士陵园位于内蒙古自治区巴彦淖尔市乌拉特中旗德岭山镇四义堂村，是为了安葬在乌不浪口阻击战中牺牲的官兵而建设的烈士陵园，共有148名官兵安葬在这里。

1940年五原战役胜利后，傅作义将军派人收殓乌不浪口战斗中阵亡官兵的遗骸，共找到148名官兵的遗体。这些官兵的遗体被安葬在乌不浪口西侧靠山向阳的坡地之上，被称为乌不浪口烈士公墓。刚建成之时，由于条件所限，设施相对简陋，当时每个墓穴长2米，宽1米，土石堆砌而成，坐北朝南。墓地四周垒砌石墙，墙高2.5米，厚0.5米。整个公墓依山而筑，呈长方形，南北长约35米，东西宽约23米，占地面积800平方米。

乌不浪口抗日烈士陵园烈士墓地

公墓落成之时，傅作义主持举行了隆重的抗日阵亡将士悼念大会，让烈士入土为安。

1995年，乌拉特中旗旗委旗政府将乌不浪口烈士公墓定名为“乌不浪口抗日烈士陵园”，并于同年对陵园进行修缮和扩建，现在陵园占地面积5000平方米。在原有设施的基础之上，墙体由原来的砖砌改为了水泥混凝土墙；原来的土石堆砌墓冢全部改为水泥造型，白色墓碑整齐排列，但148名烈士仅有83人有姓名，其余的为无名英雄墓；还增建200平方米的纪念广场，新建大型纪念碑一座，上书“抗日民族英雄永垂不朽”；另有大型浮雕两座。

烈士纪念碑

乌不浪口抗日烈士陵园是内蒙古自治区文物保护单位、乌拉特中旗爱国主义教育基地。

经党中央、国务院批准，国务院于2020年9

月1日公布，乌不浪口抗日烈士陵园被列入《第三批国家级抗战纪念设施、遗址名录》。

知识链接 乌不浪口阻击战

1939年冬，第一次长沙会战爆发。为防止日军从塞北调兵支援湘北，傅作义率部对盘踞于绥远（今内蒙古中部、南部）包头的日军发动突然袭击，歼灭日、伪军3000多人，击毙日军联队长2人，击毁战车百余辆，给予日军重创，粉碎了日军调兵南下的企图，有力策应了长沙会战中第九战区的作战。

遭遇重创的日军调集重兵报复。1940年2月初，日军出动2万余人，以及汽车、装甲车、坦克、飞机，在师团长黑田重德师的指挥下，向绥（远）西发动报复性进攻。为延缓日军攻势，中国守军在乌不浪口列阵阻击日军的进犯，2月1日早晨，日军开始在四义堂的正北、乌不浪口的正东枣林口子大沙滩集结兵力。第三十五师第二〇五、第二〇六、第二〇八团3个团3000余人在乌不浪口、四义堂构筑防御阵地，准备抵御日军的进攻。

时值冬季，天气异常寒冷，第三十五师的将士们爬冰卧雪，在阵地上严阵以待。中午时分，战斗打响。日军首先出动飞机和大炮对第三十五师阵地狂轰滥炸。紧接着，日军的坦克、装甲车、汽车等机械化部队也向第三十五师的阵地发起进攻。

狡猾的日军首先发起试探性进攻，派出4辆战车抵近到第二〇八团阵地前，停留了一会儿后，留下一辆战车原地不动，另外3辆战车返回。让第二〇八团战士以为这辆战车出现了故障，于是跃出战壕，准备俘虏这辆战车。谁承想这是日军的诡计，当战士们靠近战车的时候，日军突然开火，十几名战士应声倒下，诡计得逞的日军战车这才扬扬得意地离去。

抗日八十一军三十五师民族英雄烈士纪念碑

试探性进攻结束后，日军出动大批战车和步兵向第二〇八团的阵地冲了过来。第二〇八团随即与日军展开激烈的战斗。

战斗进行得异常激烈，日军尝试了多次进攻，始终无法突破中国军队的防御阵地。最后，丧心病狂的日军使用了毒气弹，中国士兵遭到毒气攻击，出现胸闷、头痛、呕吐等症状，战斗力严重下降，日军趁势发动进攻，第二〇八团阵地失守，被迫退守第二道阻击防线。

用毒气弹进攻得手后，日军更加肆无忌惮地

向中国守军阵地投放毒气。同时日军的机械化部队发动的一轮又一轮进攻让中国军队疲于应对，最终中国军队不得不选择撤退，在撤退的过程中又遭遇了日军的包抄，损失惨重。鉴于乌不浪口前线战事吃紧，傅作义派出精锐第一〇一师前来增援，但依然无法抵挡日军的毒气弹和机械化部队，最终不得不放弃乌不浪口，撤出战斗。

乌不浪口之战，中国军队以必死的决心与装备精良的日军展开决战，战士们在两天两夜的战斗中水米未进，在恶劣的天气条件下苦苦坚持战斗。此战，第三十五师阵亡1000余人，受伤1000余人，但成功迟缓了日军的行动，为其他兄弟部队赢得了重新部署、转移包抄的时间，挫败了日军妄图全歼第八十一军的企图。

辽宁省

“九·一八”历史博物馆

“九·一八”历史博物馆位于辽宁省沈阳市大东区望花南街46号，坐落于震惊中外的九一八事变发生地——南满铁路柳条湖路段遗址的东南侧，是为了纪念著名的九一八事变而建的博物馆。其前身是1991年建成的九一八事变纪念馆。1997年9月在原残历碑和地下展厅的基础上开始扩建，改名“九·一八”历史博物馆；1999年9月18日正式落成开馆，并由江泽民同志题写了馆名。

“九·一八”历史博物馆总占地面积3.5万平方米，建筑面积1.26万平方米，展览面积9180平方米，展线长510米。主体建筑采用了碑与馆相结合的形式，地上部分是残历碑、广场，地下部分则是展厅。

“九·一八”历史博物馆

进入广场首先映入眼帘的就是残历碑。残历碑的碑身像是一本巨大的残缺台历，因而才被称作“残历碑”，它是博物馆的标志性建筑。残历碑的框架由混凝土浇筑而成，表面贴了一层花岗岩，坚固且挺拔，展现了中国人民坚贞不屈的气节。主体正面累累弹痕，昭示了日军侵华的野蛮罪行，而且采用艺术加工后组成了骷髅群，正在呻吟呐喊着，似乎在控诉着日军对中国犯下的种种罪状。残历碑的右面，刻着一个让人悲痛的日子：“1931年9月18日，农历辛未年八月初七”；左面刻着由著名书法家杨仁恺题写的九一八事变的史实。

残历碑

广场西侧有当年日本人建造的“炸弹碑”——九一八事变柳条湖爆破地点碑。九一八事变发生以后，在南满铁路爆破现场，日本关东军为方便对爆破地点的指认，而设立了一个写着“昭和六年九月十八日支那兵线路爆破地点”的木板牌。1938年，日本关东军将这个木板牌改建成了水泥碑，以炫耀其策划并发动的九一八事变。炸弹碑高近7米，上面较宽，下面较窄，到顶部时分成三叉，与炸弹的尾翼十分相似。原先在炸弹碑的下面，是一座石砌的基座，高2—3米，基座正面刻着“爆破地点”。远远望去，整座碑犹如一枚冲入地面的炸弹，也因此得名。抗日战争胜利后，这座碑被推倒。1991年，它被迁到了残历碑广场，作为一个重要历史证据，让我们勿忘国耻，勿忘日军发动的九一八事变。

炸弹碑

警世钟

残历碑广场的西南角上，悬挂着一口铜铸的警世钟，高为2.38米，直径1.6米，重达4.2吨。钟的正面铸有“勿忘国耻”；背面是记述九一八事变经过的铭文，除此之外，上面还有呐喊的人面浮雕，代表着抗争与奋斗。每年的9月18日，勿忘九一八撞钟鸣警仪式都是在这里举行的。

站在广场的位置，向北面望去，可以看到在陈列馆入口的墙体上，镶嵌着一组巨大的、采用46吨青铜浇铸而成的雕塑。该雕塑的主题是“国难”。整体是东北沦陷的场面。

博物馆内一共有7个展厅，其中展出800多幅照片，300多件实物，将近100件文献和档案资料，19组大、小型的场景，4尊雕塑，20多幅油画和国画等，14台电脑触摸屏，2台大屏幕电视录像机。馆内采用了现代科学技术，并配备了许多现代化展馆设施，如分区广播、影视报告厅、电子阅览室、多媒体电脑系统、国际互联网等，其中陈列了大量有关九一八事变的史实资料，是国内外唯一一个全面反映该事件的历史博物馆，为我们揭露日本侵略者发动九一八事变后对中国人民所犯下的累累罪行，还有当时东北沦陷区人民水深火热的生活，以及中国人民不屈不挠地反抗帝国主义侵略的事迹。

序厅是个不规则的方形，周围的墙壁皆饰有

大型浮雕《奋起》

花岗岩石板，镶嵌了白色山脉浮雕起伏绵延，特别是在有灯光的情况下，白色山脉会倒映下来，投射在地面的黑色大理石上，二者形成了一个整体，呈现出了一幅壮美景象，一幅白山黑水图，象征着我国广大的东北地区。地面的中间是一座卧碑，呈金字塔形状。碑的顶部是一块象征着抗日烽火永不熄灭、民族英灵浩气长存的红宝石。碑的四面分别是中文、英语、日语以及俄语写就的碑文。

“九·一八”历史陈列序厅

第一个展厅主要陈列的是九一八事变的历史背景。

第二个展厅主要陈列了两个方面内容：一方面是九一八事变的爆发，另一方面是东北沦陷的场景。日军的侵华先从东北开始，同时也将灾难带给了东北人民。东北沦陷后，日军对东北人民残杀凌辱，百姓由于不堪忍受而开始了流亡生活。这一展厅中有一个雕塑，其主题为“流亡恨”，在创作时，从著名歌曲《松花江上》汲取了灵感，展现了自从九一八事变后，东北沦为日军的统辖区，东北人民不得已放弃了世代生活的故土，从而踏上了流亡的生活。

第三展厅陈列的是日军侵占我国东北地区后的血腥统治。

第四展厅陈列的是东北人民抗击日军的情景。

溥仪“即位诏书”

第五展厅陈列了三个方面内容：一方面是全国的抗日战争，一方面是东北的光复，还有一方面是日本侵略者的最终下场。

第六展厅陈列的是铭记历史以及对和平的向往，还要时刻警惕日本军国主义，以免它们再一次卷土重来。展厅中有一座雕塑，被称作“感谢中国养父母碑”。它的主体是一对中国农民夫妻牵着一个日本的小男孩。1945年，日本成为战败国，大约有5000多名日本孤儿被遗弃，他们没有回到日本，其中最大的只有13岁，最小的才刚出生几天。他们被自己的国家遗弃了，是中国的老

感谢中国养父母碑

百姓不计前嫌，以德报怨，养育了他们。

博物馆里还有许多蜡像，生动而逼真，再现了当时一些历史场景，有七三一部队残忍血腥的人体试验，也有八路军战士的生活与战斗等。你可以看到日军所犯罪行的罪证，包括一些运尸车以及细菌弹等；你还可以看到一些死难通报的物品，有手表、烟嘴以及子弹头等；你还可以看到一些八路军缴获或用过的物件物品，有日军军旗、武器。

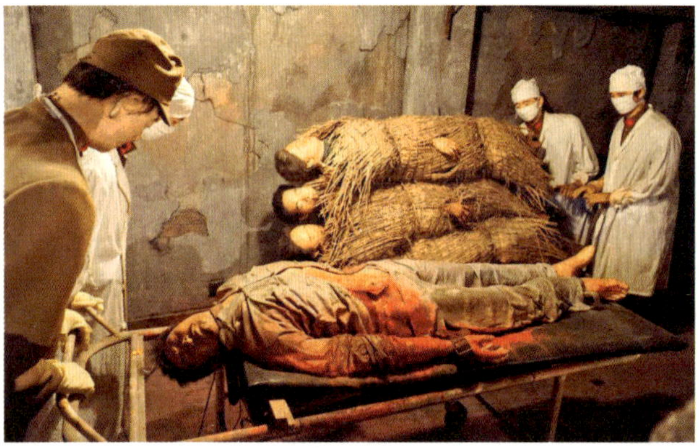

日本七三一部队人体试验场景蜡像

"九·一八"历史博物馆是迄今为止国内外唯一一个全面反映九一八事变历史的博物馆。它为我们展现了日本侵略者策划、发动九一八事变，以及在东北沦陷后对中国东北的残酷统治。同时也展现了在中国共产党的领导下，东北人民以及全国人民不屈不挠、浴血奋战，并最终取得抗战胜利的历史。

"九·一八"历史博物馆是国家一级博物馆、全国爱国主义教育示范基地。

经党中央、国务院批准，国务院于2014年8月24日公布，"九·一八"历史博物馆被列入《第一批国家级抗战纪念设施、遗址名录》。

知识链接

九一八事变

九一八事变是日本军国主义推行大陆政策的一个重大步骤，是其发动全面侵华战争的序幕。中国人民奋起反抗，拉开了世界反法西斯战争的序幕。

事实上，日本帝国主义侵略中国图谋已久。自明治维新以来，日本打破闭关锁国的藩篱，脱亚入欧，在成功转向现代化的进程中，逐步走上武力扩张的军国主义道路，将侵略魔爪伸向曾经的友好邻邦。1868年4月6日，日本明治天皇在下达的诏书中提出对外扩张的总方针，宣布要"经营天下，安抚汝等亿兆，欲开拓万里波涛，布国威于四方"。通过发动甲午战争、参加八国联军侵华和旨在争夺中国东北地区的日俄战争，日本相继侵占中国领土台湾和澎湖列岛，并取得在中国驻军、开矿、办厂等特权。第一次世界大战期间又借口对德国宣战，出兵山东，占领青岛及胶济铁路，并提出企图灭亡中国的"二十一条"，急欲变中国为其殖民地。1927年6月27日至7月7日，日本首相田中义一为制定侵略中国的总方针而召开臭名昭著的"东方会议"，会后在给日本昭和天皇的奏折中提出"惟欲征服支那，必先征服满蒙；如欲征服世界，必先征服支那"的扩张纲领。此后，日本在政治上日益军国主义化，在经济上加速国民经济军事化，逐步成为第二次世界大战的东方策源地。

20世纪30年代初空前严重的资本主义经济危机，给日本以沉重打击，进一步加剧了其国内的阶级矛盾。日本政府为转嫁危机，缓和国内矛盾，摆脱困境，加速了以武力侵略中国的步伐。1931

年6月，日本陆军中央部制定了《解决满洲问题方策大纲》，将侵略的矛头直指垂涎已久的东三省。他们一面积极备战，一面大施淫威，逼迫张学良解决“满蒙悬案”，妄图使东北成为日本的殖民地。但张学良态度坚决，日本帝国主义决定“要用武力严惩张学良”，遂在东北地区频频挑起事端，先后制造了万宝山事件和中村事件，蓄意为发动侵略战争找借口。

张学良连连向蒋介石请示机宜。正忙于指挥对中央苏区第三次“围剿”的蒋介石于8月16日电令张学良：“无论日本军队此后在东北如何挑衅，我方应不予抵抗，力避冲突，吾兄万勿逞一时之愤，置民族国家于不顾。”这就是著名的“铣电”。

张学良非常痛恨日本在东北的侵略行径，加上杀父之仇（1928年的皇姑屯事件中，其父张作霖为日本关东军所害），与日本帝国主义是不共戴天的。但他一直认为日本军力强大，中日一旦开战，仅以东北一隅是绝难取胜的，要抗日必须尽全国之力；同时他又幻想事事忍耐、不挑衅可以使日本侵略者找不到借口，打不还手可以避免事态扩大，取得西方列强的同情和干预，并把平息中日战争的希望寄托在国际联盟身上。于是对蒋介石的不抵抗政策深信不疑，并忠实地执行了这一方针，要求东北各军政长官严格遵守。

8月下旬，日本驻朝鲜的两个师团移防到图们江沿岸举行大规模水陆演习；9月上旬，日军在奉天（今沈阳市）城北举行军事演习，公然进行武力挑衅；关东军司令部也由大连迁至奉天。

眼见东北战事一触即发，正在北平（今北京市）养病的张学良于9月初致电张作相、荣臻等东北军高级将领：“奉密电令，我国遵守非战公约，不准衅自我开。特令遵照。”

9月18日22时许，关东军独立守备队岛本中队的河本末守中尉以巡查铁路线为名，带领数名士兵向柳条湖走去。他们一面从旁边观察北大营的兵营，一面选定离兵营约800米往南去的地点，河本亲自把炸药装置在铁轨下，并点燃导火索。随着“轰”的一声巨响，预先埋伏好的日军在坦克掩护下向北大营发起突然进攻。震惊世界的九一八事变就此爆发。

九一八事变是日本帝国主义精心策划，早有预谋的。早在1930年末，关东军便着手选择并确定沈阳柳条湖为挑衅地点。1931年6月，板垣征四郎、石原莞尔拟好“柳条沟铁路爆发计划”，即用炸药将位于北大营附近的柳条湖南满铁路炸毁，并以此为借口，向东北军发动进攻。计划要求关东军在一夜之内占领奉天城，并乘机大举进攻占领东北全境。

虽说日军早有预谋，但在事变发生时，关东军在东北的部队仅有1个师团和旅顺重炮大队，另有铁路守备队6个大队，全部兵力加起来也只有1万余人。参加进攻沈阳的日军仅是1个联队和2个铁路守备大队。而驻守北大营和沈阳附近东山嘴的东北军有2个旅共计6个团，另外城内还驻有3个警察总队，兵力占绝对优势。因此日军在开始进攻时，仍小心翼翼，用不装引信的炮弹进行试探。见东北军毫无反应后，这才放心大胆地展开攻击。

当时驻守北大营的是东北军第七旅。当晚事发时，旅长王以哲回城里家中过夜。日军发起进攻后，参谋长赵镇藩一面用电话通知王以哲，一面又请示东北军总参谋长荣臻。正在北平协和医院养病的张学良携同夫人于凤至和赵四小姐，当晚前往前门外中和戏院观看梅兰芳表演的京剧《宇宙锋》。戏演到精彩处时，随从副官匆匆来报，荣臻从沈阳打来长途急电。张学良立即返回医院，接到荣臻的电话报告："驻南满站的日本联队，突于本晚十时一刻，袭击我北大营，诬称我方炸毁其柳河铁路路轨，现已向省城进攻。我方已遵照蒋主席'铣电'的指示，不予抵抗。"

张学良听后顿感震惊，当即命令荣臻随时报告日军动向。但不久，与奉天的联系就中断了。张学良感到事态严重，连夜在协和医院召集在北平的东北军高级将领开会。

会上，张学良首先向大家通报了日军进攻北大营的情况，表示"日本人图谋东北由来已久，这次挑衅的举动，来势很大，可能要兴起大的战争。我们军人的天职，守土有责，本应和他们一拼，不过日军不仅是一个联队，它全国的兵力可源源而来，绝非我一人及我东北一隅之力所能应付，现在我们既已听命于中央，所有军事外交均系全国整个的问题，我们只应速报中央，听候指示。我们是主张抗战的，但须全国抗战；如能全国抗战，东北军在第一线作战，是义不容辞的……总期这次的事件，勿使事态扩大，以免兵连祸接，波及全国。"

张学良随即将荣臻的报告内容电告南京国民政府，并请示如何处置。军事委员会办公厅主任熊斌转达蒋介石的指示：不能打。并告知张学良，外交部已电告国联，听候国联处理。

就在张学良忙于请示南京国民政府的同时，驻北大营的东北军第七旅官兵们正面临着一场血与火、生与死的考验。

荣臻向张学良请示后，立即向赵镇藩下令："不准抵抗，不准动，把枪放到库房里，挺着死，大家成仁，为国牺牲。"然而，在日军屠刀面前，不愿引颈就戮的第七旅广大爱国官兵是万难接受不抵抗命令的。

早在事变发生前，王以哲曾专门召集全旅上校以上军官和情报人员开会，研究对付意外事件的应变之策。经反复研究，会议决定采取"衅不自我开，作有限度的退让"的对策，即：如果日军进攻，在南北东之间待日军进到营垣七八百米的距离时，在西面待日军越过铁路时，即开枪迎击；在万不得已的情况下，全军退到东山嘴子附近集结，候命行动。

此时，日军已从西、南、北三面接近营垣，情况万分危急。如不果断采取措施，第七旅将遭全军覆没之灾。生死关头，赵镇藩和第六二〇团团长王铁汉等人毅然下令对入侵日军予以还击。北大营保卫战打响了。

战斗中，第七旅广大爱国官兵同仇敌忾，以劣制装备英勇抗击武器精良、突然袭击的日本侵略军。战斗进行得异常残酷激烈，一直持续到19日凌晨3点多。第七旅虽顽强抵抗，但终因仓促应战，加之王以哲和另外两个团长事变当夜均不在营中，部队指挥混乱，无法组织起有力的反击，伤亡不断增加。赵镇藩见败局已定，为避免全军覆没，只好下令突围。按事先订好的计划，第七旅一部由北大营向南、北两面拼死出击，以掩护非主力部队从东面向东山嘴子一带撤退。经过一番殊死搏杀，第七旅终以伤亡290余人的代价，杀出日军重围，日军仅以24人的伤亡就占领了北大营。至10时，日军相继攻占奉天、四平、营口、凤凰城、安东（今丹东市）等南满铁路、安奉铁路沿线18座城镇。

1931年9月18日夜，日军进攻东北军驻地北大营，炮轰沈阳城。图为日军在沈阳外攘门上向中国军队进攻

20日上午，张学良召集在京的学者、名流、政客和东北军高级将领等27人，商议应变大计。经反复研究，决定仍是听命于中央，依靠国联对付日本。会后，张学良向全国及南京政府发表通电，大意是：据东北军参谋长荣臻将军报告，日本军队9月18日22时开始向我驻扎在北大营的东北军第七旅官兵开火。我军为了避免事态扩大，坚持不抵抗政策，没有进行还击。而日军不但缴了我方士兵的械，还纵火焚烧了北大营，这些情况我们已经向各有关当局作了报告……日军公然不顾事实真相，颠倒黑白，诬称中国人炸掉了南满铁路，并声称他们进攻中国兵营是出于自卫，事实并非如此，甚至在日军火烧北大营时，我军都没有进行抵抗。不久，张学良接到蒋介石密电：日军行动，可作为地方事件，望力避冲突，以免事态扩大。一切对日交涉，听候中央处理。

然而，日军并未因此停下侵略东北的步伐。9月19日凌晨3时55分，日军向长春发起突然袭击。驻守长春地区的东北边防军第二十三、第二十五旅和炮兵团得到的命令仍然是“急速撤走，不准抵抗”。面对日本侵略军的嚣张气焰，不愿做亡国奴的东北军爱国官兵群情激昂，自发奋起抗击。无奈由于仓促应战，局面十分被动，加之重武器库很快被日军占领，东北军手里只有轻武器，许多官兵甚至是赤手空拳。激战至次日，一部被缴械，一部撤往榆树等地，长春陷落。

20日，中国共产党中央委员会发表《为日本帝国主义强暴占领东三省事件宣言》，谴责日本帝国主义的侵略。22日，中共中央通过《关于日本帝国主义强占满洲事变的决议》，提出组织东北游击战争，打击日本侵略军。

然而，在日本帝国主义的诱降政策和南京国民政府的不抵抗政策驱使下，驻洮南的东北军洮辽镇守使张海鹏、驻山城镇的东边镇守使兼辽宁省防军第一旅旅长于芷山等一大批东北军高级将领，纷纷率部投降，甘心沦为汉奸。东北边防军驻吉林副司令长官熙洽也打着“奉命不抵抗”“避免事态扩大”的幌子，暗中勾结日寇，率部投降，将吉林的大好河山出卖给日本侵略者，成为中华民族的千古罪人。至1932年2月初，日军侵占了黑龙江省主要城镇。3月1日，日本帝国主义的傀儡、清废帝溥仪出任“执政”的伪满洲国发表“诞生”通电。

就这样，由于蒋介石坚持不抵抗政策，日本侵略军在不足半年之内，迅速占领东三省省会及主要城镇，东三省沦为日本殖民地，3000万同胞在日寇铁蹄下惨遭蹂躏。

中国（沈阳）审判日本战犯法庭旧址陈列馆

中国（沈阳）审判日本战犯法庭旧址陈列馆位于辽宁省沈阳市皇姑区黑龙江街77号，是国内仅存的一处新中国审判日本战犯特别军事法庭遗址。建成于1954年，原是中国科学院东北分院俱乐部。1955年被改造为利群电影院分院。1956年6月9日至7月20日，临时作为审判日本战犯的法庭使用。1957年，更名为北陵电影院，于2002年停业。2011年中国（沈阳）审判日本战犯法庭旧址陈列馆建设项目立项，2014年5月18日开放。

中国（沈阳）审判日本战犯法庭旧址陈列馆为复古式斜檐闷顶二层小楼，建筑面积2160平方米，展陈面积1100余平方米。蓝灰色的罩面，黄色的琉璃瓦，正中央四根红漆的柱子从地面直抵二层的屋檐，有月亮门、月亮窗。从整体上看，这栋建筑呈中西合璧的风格，既有苏联的建筑特色，又具有中国古典建筑之美。

中国（沈阳）审判日本战犯法庭旧址陈列馆

从陈列馆正门走进去，在对面墙体的中央位置，首先看到的是分外醒目的4个大字“正义审判”。整个陈列馆内含复原陈列与史实陈列，展览形式多样，既有文字、照片、文物、史料等展览形式，也有图表以及音像等一些特别的展览形式，展现了1956年4月9日至7月20日，中华人民共和国最高人民法院特别军事法庭，在沈阳对日本36名战犯进行公审的历史。

陈列馆内“正义审判”

从陈列馆展出的照片、文字介绍可以了解到，1954年3月，新中国最高人民检察署在全国各地的相关部门中，抽调了将近千人组成侦讯工作团，前往抚顺、太原战犯管理所展开工作。侦讯工作全部完成后，按照全国人大常委会的决定，最高人民法院组建了特别军事法庭并着手准备对日本战犯的审判工作。1956年6月9日至19日，最高人民法院特别军事法庭在沈阳第一次开庭，就审理了日本8名战犯，包括日本陆军第一一七师团长铃木启久及其他几名战犯；7月1日至20日在沈阳第二次开庭，共审理了28名战犯，包括伪满洲国国务院总务厅厅长武部六藏以及其他几名战犯，将他们分别判处12—20年的有期徒刑。

陈列馆一层为复原陈列，二层为史实陈列。馆内的审判大厅，复原后十分逼真，令人震撼。其中按1∶1比例制作的蜡塑，重现了当年审判时的真实情境。审判长站在主席台上，朗声宣读判决书，台下是昂首站立的工作人员，包括证人席、鉴定席、检察员、翻译、记录员、书记员、辩护

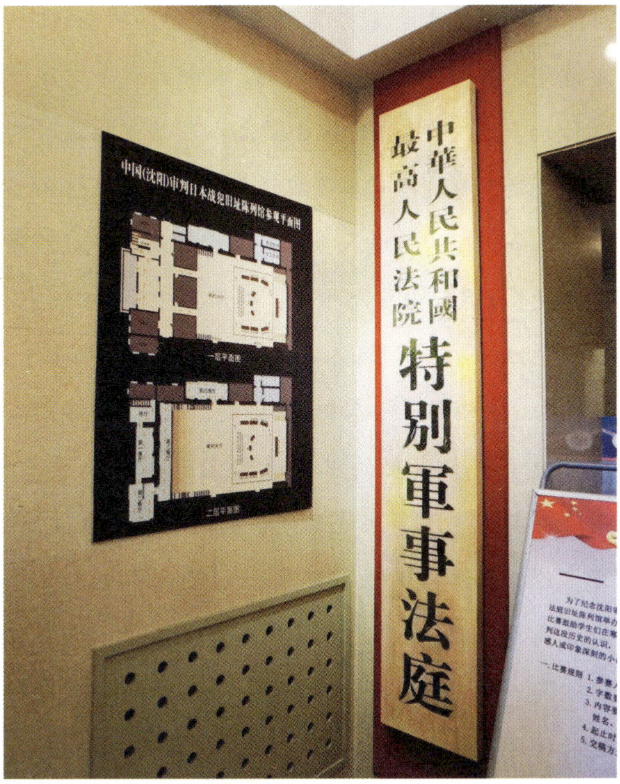

当时悬挂在旧址陈列馆门口的“中华人民共和国最高人民法院特别军事法庭”匾牌

中国（沈阳）审判日本战犯法庭审判场景复原

席等，而等待中国人民正义审判的36名日本战犯，他们都做低头认罪状。

审判大厅北侧的房间里，将远东国际军事法庭的审判进行史料陈列。由美国、中国、英国、苏联、加拿大、法国、澳大利亚、荷兰、印度、新西兰、菲律宾11个国家组成的远东国际军事法庭，于1946年5月3日至1948年11月12日开庭审判日本战犯。这场审判一共历时两年半，中间经历了调查、取证、诉讼及开庭，最终使得日本25名甲级战犯伏法，有7人被判绞刑，其中包括东条英机、广田弘毅、土肥原贤二等。

东京审判中被判处绞刑的广田弘毅被带出法庭

沈阳审判是一场正义的审判，审理的36名日本战犯全部认罪，并接受了法律的制裁。这是一次彰显国家主权、依照国际法进行的审判；它是正义的、和平的、光明的审判，是中国人民期盼已久的审判，是值得永远铭记的一个历史片段。

中国（沈阳）审判日本战犯法庭旧址陈列馆是全国重点文物保护单位、全国爱国主义教育示范基地。

经党中央、国务院批准，国务院于2014年8月24日公布，中国（沈阳）审判日本战犯法庭旧址陈列馆被列入《第一批国家级抗战纪念设施、遗址名录》。

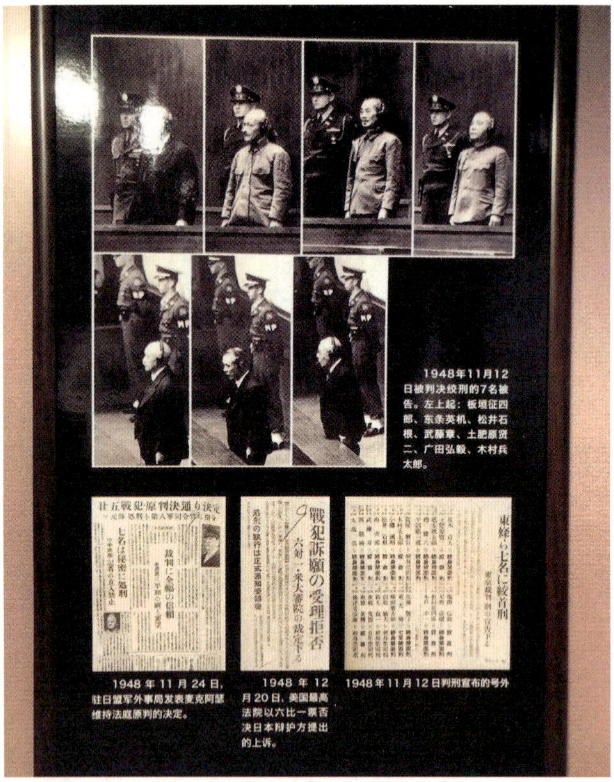

远东国际法庭日本战犯法庭审判结果展示

知识链接 沈阳特别军事法庭审判日本战犯

1945年8月8日，苏联对日宣战。9日，苏军出兵中国东北，给日本关东军以沉重打击。日本投降后，60多万战俘被苏军关押至苏联境内。苏联军事法庭对其中在中国犯下了严重战争罪行的2000多名战犯进行了审判。根据不同情节予以判刑，绝大多数战犯从1949年6月起被分批释放回国。此外还有近千名没有经过审判的日本战犯在苏联的战犯收容所内收押。新中国成立后，毛泽东向苏联提议，将关押在苏联的日本战犯移交中国政府进行处理。经苏联外交部部长安德烈·雅奴阿列维奇·维辛斯基请示后，斯大林同意了中国方面的请求。

1956年4月25日，在中华人民共和国第一届全国人民代表大会常务委员会第三十四次会议上，通过了《关于处理在押日本侵略中国战争中战争犯罪分子的决定》，决定由最高人民法院组成特别军事法庭，对这些日本战犯进行审判，并且任命了特别军事法庭的组成人员：最高人民法院特别军事法庭庭长1名，由贾潜担任；副庭长2名，由袁光、朱耀堂担任；审判员8人，分别是张向前、牛步东、杨显之、王许生、殷建中、郝绍安、张剑、徐有声。

由于日本战犯的犯罪行为主要在中国东北，最后决定特别军事法庭开庭审判的地址设在沈阳。经讨论，选择当时沈阳市皇姑区的利群电影院作为最高人民法院特别军事法庭的所在地。利群电影院是一座中国近代式建筑，由于刚刚扩建更新过，场地大小和结构都很合适，而且安全性和保密性高。当时，电影院设有后门，审判时日本战犯都是从那里出入，而在电影院后门不远处，有一个螺旋形防空洞作为暂时押解地，那些从抚顺押解来的战犯进入法庭前就被关押在这里。

1956年6月3日，最高人民检察院对在中国押解的45名日本战犯提起公诉。最高人民法院特别军事法庭两次开庭，分批对铃木启久、武部六藏等36名日本战犯进行审判。

6月9日至19日期间，最高人民法院特别军

1956年6月9日，中华人民共和国最高人民法院特别军事法庭审判长袁光宣布开庭审判日本战犯

事法庭对8名日本战犯进行审判，他们分别是日本陆军第一一七师团师团长铃木启久中将、第五十九师团师团长藤田茂中将、第五十九师团五十三旅团旅团长上坂胜少将、第三十九师团师团长佐佐真之助中将、第五十九师团五十四旅团旅团长兼济南防卫司令官长岛勤少将、第一三七师团三七五联队联队长船木健次郎大佐、前日本关东军第七三一部队一六二支队支队长榊原秀夫少佐、第三十九师团二三二联队本部俘虏监督军官兼情报宣抚主任鹈野晋太郎中尉。

中华人民共和国特别军事法庭审判长是袁光，审判员有张向前和牛步东。国家检察机关出席法庭的是首席检察员王之平，检察员权维才、田志洪、王宝祺。律师徐平、王敏求、孙仆、邓毅、韩凤路，作为被告辩护人出席。此外，还有从北京专程前来的中国人民政治协商会议全国委员会的代表，全国各民主党派、各人民团体、中国红十字会的代表，沈阳市工厂、机关、学校的代表，一共有1400多人到法庭旁听。全国各大报社、电台的记者对全部审判过程进行现场采访，并向全世界进行报道。

中华人民共和国最高人民法院特别军事法庭审判长袁光（中），审判员张向前（右）、牛步东（左）复原蜡像

1956年6月9日8时30分，中华人民共和国最高人民法院特别军事法庭正式开庭。审判长袁光首先核实各被告人的身份，再由国家公诉人首席检察员王之平宣读起诉书。然后法庭对被告人的犯罪事实进行调查。

法庭最先审判的是铃木启久。1941年12月至1944年10月间，铃木启久率所属部队在河北省冀东地区和河南省浚县等地，制造了集体屠杀和平居民的罪行6起。经法庭证实确有其事，铃木启久对所犯罪行供认不讳，并诚恳表示谢罪。

法庭继续对藤田茂、上坂胜、佐佐真之助、长岛勤、船木健次郎5名被告人进行审问；证实鹈野晋太郎杀害和平居民与被俘人员33名，并对被俘人员实施各种刑罚的罪恶事实；对前关东军第七三一部队一六二支队支队长榊原秀夫少佐进行调查，证实其在1942年11月至1945年8月期间率领部下在黑龙江省犯下的罪行，培养细菌、制造细菌武器，准备细菌战，还做活人实验，杀害4位和平居民。经庭审调查证实，8名被告人都犯有严重罪行，都是战争罪犯分子。在有力的证据、证人与证词面前，被告人都当庭认罪。

铃木启久说："对于自己的残暴行为，起初曾企图隐瞒，但在中国人民对我人道主义待遇的感召下，启发我进行了反省，认识了自己犯下的罪行。根据我的罪行，我在法庭上本无辩护的余地，但是，法庭给我指定了辩护人，还告诉了我在法庭上的权利。我感谢中国人民，我诚恳地谢罪。"

藤田茂说："现在我认识到，对中国进行的残暴的侵略战争，不仅对中国人民犯下了滔天的罪行，同时，也给日本人民带来了空前的灾难。今天，通过代表6亿中国人民意志的法庭，向中国人民特别是受害者们表示痛改前非，真诚接受法庭的裁判。"

其他被告人也都对他们的罪行表示忏悔，愿诚恳接受法庭的正义裁判。

日本战犯向被害者亲属磕头请罪

经过3天的合议，19日8时30分，法庭开庭宣判：判处铃木启久20年徒刑，藤田茂、上坂胜各18年徒刑，佐佐真之助、长岛勤各16年徒刑，船木健次郎14年徒刑，鹈野晋太郎、榊原秀夫各13年徒刑。

1956年7月1日至20日，中华人民共和国最高人民法院特别军事法庭在沈阳第二次开庭，对伪满洲国国务院总务长官武部六藏、总务厅次长古海忠之、伪满洲国宪兵训练处处长斋藤美夫少将、伪司法部司法矫正总局局长中井久二、伪奉天省警务厅厅长兼地方保安局局长三宅秀也等28名日本战犯进行了审判。

出席特别军事法庭审判的人员有：最高人民法院特别军事法庭庭长贾潜任审判长，杨显之和军法上校王许生是审判员。最高人民检察院首席检察员李甫山，曹振辉、胡春雨、李放、郭春来、毛志奇、高正权、孟武楼、李瑛、王志武任检察员。被告人由关梦觉等19名律师为其辩护。中国人民政治协商会议全国委员会的代表，沈阳市工厂、学校、机关、团体和驻军的代表，一共400多人来到法庭旁听。

国家公诉人宣读了中华人民共和国最高人民检察院对武部六藏等28名战争犯罪案的起诉书，起诉书上列举了各被告人的犯罪事实。起诉书列举315件档案书刊、360件证人证词、被害人与被害人亲属的控诉书642件、被告人的供词等大量材料证据，证实了这些人所犯下的罪行。法庭在读完起诉书后，对被告人进行一一审问。面对如此铁证，被告人没有狡辩，都当庭认罪。

法庭在对武部六藏进行审讯时，由于武部六藏病重，不能够到法庭听审，特别军事法庭派

日本战犯鹈野晋太郎在法庭上

出审判员杨显之，国家公诉人曹振辉，被告辩护律师关梦觉、赵敬文，来到被告人居住的地方进行讯问。1940年7月至1945年8月期间，武部六藏任伪满洲国国务院总务长官，以辅佐伪满洲国国务总理行使职权的名义，总揽伪满洲国傀儡政府的所有行政权力，对整个伪满洲国的政治、经济、文化事务进行把持，任职期间策划并操纵伪满洲国傀儡政府制定和实行了一系列罪恶法令，如《治安维持法》《思想矫正法》《保安矫正法》《时局告别刑法》等，以控制和镇压东北人民的反日活动。以"治安肃正"的名义，在黑龙江、吉林和热河（今分属河北、辽宁和内蒙古）等地多次对东北抗日民众实行抓捕、屠杀和囚禁，而且在热河大批驱逐和平居民，毁灭和平村镇，制造了大量无人区。单是1943年春季至秋季，便在热河驱逐18万户居民，将他们集中在3000多个"集团部落"内，对他们肆意残害。

古海忠之作为武部六藏实施罪行的主要辅助者，参与操控伪满洲国傀儡政府，参与策划制定了很多侵略政策与法令。1935年10月至1945年8月期间，古海忠之任伪满洲国国务院主计处处长、经济部次长、总务厅次长，参与策划制定并推行第一次《满洲产业开发五年计划》，掠夺中国东北人民财富，以支援日本的侵略战争。1941年参与策划和推行第二次《满洲产业开发五年计划》《战时紧急经济方策要纲》，加紧掠夺我国东北地区的煤、铁、铝、石油等战略物资，支持日本帝国主义扩大侵略战争。

在押的伪满洲国皇帝溥仪出庭做证，在法庭上对被告人武部六藏和古海忠之操纵伪满洲国政府，统治并奴役中国东北人民的罪行进行了详细供述。在押的伪满洲国国务院总务厅次长王贤伟和伪满交通部大臣谷次亨、伪满外交部大臣阮振铎、伪满司法部大臣阎传绂、伪满经济部大臣于静远等，也证实了对武部六藏和古海忠之的控诉。

末代皇帝溥仪（左二）出庭做证古海忠之（右一）操纵伪满洲国政权的事实

国家公证人首席检察员李甫山指出，经庭审调查，完全证实本案被告人武部六藏等28人均属罪恶重大的战争犯罪分子，所行罪恶得到完全证实。李甫山向法庭提出，不要姑息被告人，应给予其应有的惩罚，以伸张正义，维护我国的主权和世界的和平。被告人古海忠之等战犯都做了论罪陈述，表明自己受到中国人民的人道主义待遇，对自己曾经对中国人民犯下的重大罪行表达忏悔，最后向中国人民表达自己谢罪的诚意。古海忠之说："我深深地认识到我是一个公然违反国际法和人道原则、对中国人民犯下了重大罪行的战争犯罪分子，我真心地向中国人民谢罪。对于我这样一个令人难以容忍的犯罪分子，6年来中国人民始终给我以人道主义待遇，同时给了我冷静地认识自己罪行的机会。由于这些，我才恢复了良心和理性。我知道了真正的人应该走的道路，我认为这是中国人民给我的，我不知道怎样来感激中国人民。”

法庭经过评议，于1956年7月20日上午8时开庭宣判。特别军事法庭最终决定，判处武部六藏、斋藤美夫各20年徒刑、古海忠之18年徒刑、其他各战犯也根据其不同罪行，判处了12~18年不等的徒刑。

最高人民检察院宣布，对于其他在押的日本战犯免予起诉并宽大处理。从1956年6月至8月期间，这些人分三批释放。此外，还对已经判刑的45名日本战犯，陆续进行假释和减刑。到1964年4月，这些关押在中国的日本战犯全部处理完毕。

新中国对日本战犯的审判是一场正义的审判，是一场由中国人担任审判官的审判，开创了历史的先河，令世界为之惊叹。日本战犯在法庭上都低下了头，诚恳地忏悔并认罪。

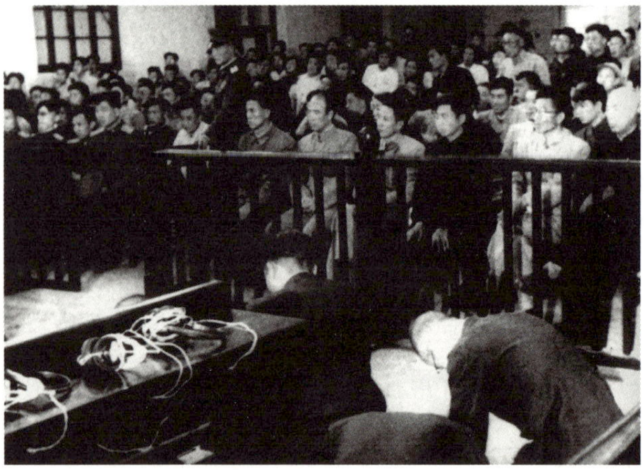

日本战犯在法庭上跪地谢罪

阜新万人坑死难矿工纪念馆

阜新万人坑死难矿工纪念馆位于辽宁省阜新市太平区孙家湾街道新园街1号，是为了纪念日伪统治时期被日本侵略者残害的矿工，在万人坑基础上建设的。孙家湾南山原为日伪统治时期埋葬死难矿工及抗暴工人的墓地，是日本侵略者残害矿工所犯滔天罪行的铁证。1968年9月阜新矿务局在原址建成阶级教育展览馆，1992年9月更名为阜新煤炭博物馆，2007年10月移交阜新市政府管理并改称现馆名。

阜新万人坑遗址

阜新万人坑死难矿工纪念馆占地面积约56.97万平方米，建有阜新万人坑遗址陈列馆、抗暴青工遗骨馆、死难矿工遗骨馆、白骨厅、典型遗骨馆以及纪念碑等，是东北境内保存最完整和规模最大的一处死难矿工遗址。

阜新万人坑遗址陈列馆于2015年8月15日建成并正式对外开放，2023年9月28日《掠杀与抗争——阜新万人坑死难矿工史实展》正式展出，展览共分为“百里煤田 阴谋霸占”“疯狂掠夺 惨绝人寰”“勇于抗争 不屈不挠”“日本投降 欢庆胜利”“铭记历史 和平发展”5个部分，通过雕塑、复原场景、油画的有机组合，以大量文字、实物及照片等珍贵历史资料揭露了日本侵略者造成10多万劳工死亡的罪恶事实。同时，展览还翔实展

阜新万人坑遗址陈列馆

示了阜新人民不甘压迫、奋起反抗的抗争史。

抗暴青工遗骨馆，长16米、宽2米、深不足1米，埋葬的是因发动“新邱下菜园子暴动”而被日本侵略者残害致死的青年工人。抗暴青工的遗骸是多层摆放的，最多处可达5层。从一具张开嘴巴的遗骨可以看出，他当时并没有死亡，他也许是暴动的组织者，或是参加暴动的积极分子，受日本人的残害被扔进大坑活埋。其他遗骨也有很多都是嘴巴张开状，仿佛在呼喊着亲人或怒骂着侵略者。

死难矿工遗骨馆，是掩埋死难矿工最集中的地方，分为南、北两个群葬大坑，共露出遗骨

死难矿工遗骨

110具。在日本侵略者的奴役下，煤矿瓦斯爆炸、冒顶、透水、火灾、煤尘爆炸等事故频发，造成大量矿工死亡，控诉了日本侵略者“要煤不要人”的血腥罪恶。

白骨厅是将散落在漫山遍野、残缺不全的死难矿工遗骨聚殓在一起，故名“白骨厅”。占地45平方米。

典型遗骨馆，展示遗骨被发掘时的形态——有的肢体残缺，有的颈部勒着铁丝，有的在被活埋时左臂挡在脸上，用力挣扎……再现了当时中国劳工被日本侵略者迫害致死的真实惨状。

为缅怀被侵略者残害致死的中国劳工，1968年曾建立了“日伪统治时期死难矿工纪念碑”一座，原碑通高17.88米，其中碑身高11.76米。2015年重新修建的纪念碑位置和高度与原碑一致，碑名改为“阜新万人坑死难矿工纪念碑”，背面题写了新祭文，须弥座四周各有一组浮雕塑像，分别展示了九一八事变后，阜新煤矿劳工的苦难生活及“特殊工人”的暴动场景。

阜新万人坑死难矿工纪念碑

阜新万人坑死难矿工纪念馆是全国重点文物保护单位、全国爱国主义教育示范基地、辽宁省爱国主义教育基地。

经党中央、国务院批准，国务院于2014年8月24日公布，阜新万人坑死难矿工纪念馆被列入《第一批国家级抗战纪念设施、遗址名录》。

知识链接 阜新煤矿反日暴动

日本发动九一八事变后占领整个东北，成立伪满洲国。为掠夺中国的煤炭资源，疯狂地奴役矿工，给矿工带来了沉重灾难。与此同时，为适应战争的需要，要开采更多煤炭资源，但由于伪满洲国的劳动力不充足，便将主意打到了各战场上的战俘身上，将这些“特殊工人”分别押送至东北各煤矿，让他们从事繁重的苦役。

当时，日本每年驱使的中国劳工达到200多万，其中来自华北的“特殊工人”则占据了相当大一部分。按照《伪满洲国史》的记录：每年被送往东北煤矿上的“特殊工人”大约有10万人。从1941年初至1943年5月，前后被押送到阜新煤矿的“特殊工人”就有10批。根据不完全统计，日本侵略者共押送9300多人到阜新煤矿，他们分别来自石家庄、保定、太原、徐州、德州、济南、青岛等地。

日本侵略者对“特殊工人”的管理极为严格，采用的是企业管理与军事镇压相结合的方式，配备了严密的管理机构及严酷的办法。“特殊工人”要统一集中在可以容纳百十人的大房子里，与普通劳工不在一起关押，四周还设置了外墙或者是电网。“特殊工人”都是被持枪押着去上工。他们被编成小组，如果有一个人犯错，其他人一起受连累，如果有一个人逃跑，其他人则被惩罚一起坐牢，如果发现有反满抗日的言行，便会马上被处死。

“特殊工人”的生活很艰苦，大房子里没有任何可以御寒的草席被褥，很多人被冻死，吃饭吃不饱，主食是高粱米、发霉的高粱面、橡子面、豆饼以及豆腐渣等。他们刚到阜新就被赶往矿洞，被奴役着去开采煤炭，面临着高强度作业。恶劣的生存环境，以及突如其来的疾病，一旦生病不是饿死就是病死，每天都有大量的人死去。为了加强这里的血腥统治，还设立了“海州工人辅导所”，那些敢于反抗的“特殊工人”就被关押在这里。他们还建立了直属于伪满司法部大臣管理并受司法矫正总局指导与监督的矫正辅导员，配枪看押那些所谓的“政治犯”，而这些政治犯在他们眼中是“重大政治嫌疑”“逃跑嫌疑”“煽动逃跑嫌

日军在中国东北掠夺物资，运往日本

死难矿工墓地

疑”的人。

对于日、伪军的野蛮压榨和遭受到的非人待遇，“特殊工人”，尤其是八路军战俘与抗日根据地干部，都具有较高的觉悟，即使被困牢笼，也依然斗志满满。这些“特殊工人”中的共产党员，在如此恶劣的情况下，秘密串联并建立党支部或是党小组，将工人组织起来，发动大家一起与日、伪军斗争。

其中原抗大二分校三团宣传股股长李振军，原抗大二分校政治主任教员朱韬连同其他几位党员，将新邱采炭所秘密建立的党支部更名为新邱特支。之后他们组织并领导了“九二”下菜园子“特殊工人”大暴动，震动了整个阜新地区。但由于没有武器，只有少数有幸出逃，大部分都被关押了起来。李振军后来被高德塞北支部营救了出来，加入了高德的“特殊工人”大队。当时新邱特支与塞北支部合并，并更名为十月特支。李振军担任了这支队伍的书记。他们总结了新邱下菜园子大暴动失败的教训和经验，也调整了策略，展开了新一轮的对日斗争。

新邱下菜园子暴动没有成功，但展现了共产党人不怕牺牲、坚贞不屈、英勇反抗的民族气节，沉重打击了日本侵略者，鼓舞了被日寇奴役的阜新人民。它表明阜新煤矿工人的抗日斗争已经发展到了由党组织领导的集体斗争，同时也在一定程度上破坏了日军掠夺阜新煤炭的计划。

新邱采炭所“特殊工人”抗日暴动处工棚

抚顺战犯管理所旧址陈列馆

抚顺战犯管理所旧址陈列馆位于辽宁省抚顺市新抚区宁远街43号，原为日本侵略者囚禁抗日志士修建的监狱，始建于1936年，当时称“抚顺典狱”。1945年8月15日日本投降后，被国民党政府接收，改名为“辽东第四监狱”。1948年10月，抚顺解放后由人民政府接管，改称为“辽东第三监狱”。1950年将其改为抚顺战犯管理所。

抚顺战犯管理所旧址陈列馆

在抚顺战犯监狱关押的战犯中有伪满洲国国务院总务厅官武部六藏，次长古海忠之，日本陆军第一一七师团中将师团长铃木启久，第五十七师团中将师团长藤田茂，第三十九师团长佐佐真之助等日本战犯982人。有伪满皇帝爱新觉罗·溥仪和各部大臣等伪满战犯71人。有原国民党第十二兵团司令黄维等蒋介石集团战犯354人。中国人民政府在对各类战犯改造期间实行了人道主义的宽大政策，通过耐心细致的教育和改造，最终使昔日犯下滔天罪行的日本战犯，在中国特别军事法庭的正义审判面前低头认罪，把伪满战犯和国民党战犯改造成为热爱祖国、热爱和平的人。

抚顺战犯管理所理发室旧址

1959年，爱新觉罗·溥仪被特赦从监狱获释。1956年至1964年4月，日本战犯先后免予起诉和特赦回国，其他战犯于1975年前后特赦全部释放，抚顺战犯管理所随即撤销。1986年5月，经国务院批准，将其改造为抚顺战犯管理所陈列馆。1986年7月10日，作为战犯管理所旧址对外开放。此后又新建了综合陈列馆、改造末代皇帝陈列馆、日本“中归联”活动陈列馆。

2010年，恢复建设了当时关押日本战犯的五所、六所两处监所以及铁工厂和大礼堂，恢复布展了一所、三所、俱乐部、露天舞台、面包房、消毒室、运动场、菜窖、放映室等原有设施。利

抚顺战犯管理所溥仪临时居住室

用铁工厂、大礼堂新建了改造日本战犯陈列馆，陈列了600余张图片和400余件实物。新增了400多平方米的改造末代皇帝专题展览，展出图片200余张、实物80余件。

目前抚顺战犯管理所旧址陈列馆占地3万平方米，建筑面积1万平方米。整个陈列馆分为3个部分，分别为改造日本战犯历史陈列、改造末代

抚顺战犯管理所向抗日殉难烈士谢罪碑

皇帝专题展、战犯生活区、监室及劳动场所，其中包含30多处景观，有当年战犯学习与生活的监舍、俱乐部、医务室，以及伙房、花窖与室外舞台等，通过修建维护使其恢复了原貌。

抚顺战犯管理所旧址陈列馆是全国重点文物保护单位、全国爱国主义教育示范基地。

经党中央、国务院批准，国务院于2014年8月24日公布，抚顺战犯管理所旧址陈列馆被列入《第一批国家级抗战纪念设施、遗址名录》。

抚顺战犯管理所旧址陈列馆俯瞰

知识链接

抚顺战犯管理所里的日本战犯

1950年夏，982名日本战犯从苏联被引渡到中国，押送到抚顺战犯管理所。这里原本是日本关东军关押抗战人士的监狱，而战犯中的一人还在这里做了10年典狱长。在他的印象中，这里每天都是酷刑与死亡。但很快他就发现这里早已不是当年残害仁人志士的酷刑场，只有门窗上的钢条还提醒着他所犯的罪行，其余的明显已经被改造过了。这里生活设施一应俱全，不但有一个大的运动场，还有锅炉房可以提供暖气与热水，而且还配备了理发室、图书馆、面包房以及活动俱乐部等。战犯们在这里可以吃饱穿暖，如果生病了，还可以去治病，穿着与当时老百姓一样的列宁装，而这些显然不该是战犯该享受的。当年他们设置焚尸炉，用中国人做细菌实验等等，坏事做尽了，他们不相信中国人的好心，这种强烈的对比反差使他们觉得这里很恐怖。

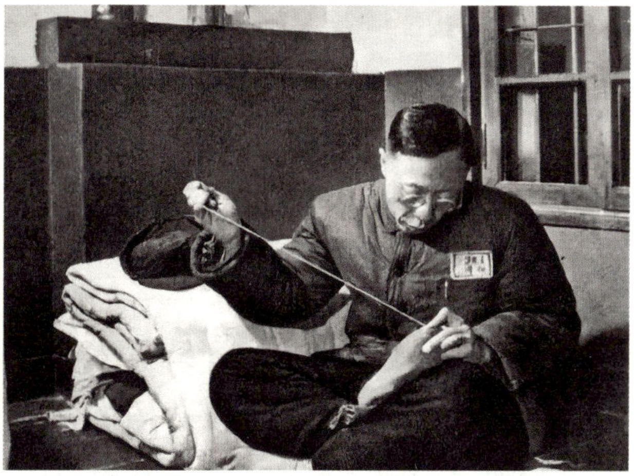

溥仪被关押在抚顺战犯管理所期间，自学针线活，缝补袜子

直到真正接受改造的过程中，战犯们才发现自己是以小人之心度君子之腹了。中国人平等待人，而他们却越发惭愧了。其中还发生了很多感人的事情：比如藤田秀夫这个刽子手，由于在战争中断掉了一条腿，走不了路，每次都是由温久达医生背着去医务室检查的。他深受感动，后悔自己曾经对中国人民犯下的罪行。原伪满洲国国务院总长官武部六藏进了抚顺战犯管理所后，突发脑溢血而导致瘫痪，如果是从前的伪满典狱，这种情况只有等着被活埋。但是在这里有衣穿，有饭吃，而且还有护士细致地照顾。这一照顾就是5年，他连一次褥疮都没有生过。他感动得哭了。中国人秉持着以德报怨的君子之风，唤醒了这些日本战犯的良知，他们开始忏悔曾经的罪行，

也开始正确地审视自己。

当这些日本战犯还活着并且活得很有尊严的消息传到他们在日本的家属那里时，觉得这简直太不可思议了，都上书日本政府反省自己的行为，与中国重修旧好。1955年，日本战犯可以与家人通信了。1956年特别军事法庭审判前夕，这些战犯与家人相见。他们在激动之余觉得更加惭愧了，于是纷纷决定认罪。

1956年6月21日，经过中国特别军事法庭的审判，有45名日本战犯被判处了8~20年的有期徒刑，而且是从1945年起算刑期。罪行较轻的日本战犯被“免于起诉，即行释放”。这些日本战犯没想到他们还能得到这样的结果，都哭得不能自已。1964年9月3日，日本最后一批战犯被释放，回到了自己的国家，之后一直致力于恢复中日邦交上，为中日友好奔走。

日本战犯在抚顺战犯管理所接受改造时的情形

东北抗联史实陈列馆

东北抗联史实陈列馆位于辽宁省本溪市本溪满族自治县小市镇滨河东路的本溪水洞附近，是辽宁省首个纪念东北抗日联军战斗历史的专题纪念馆。2005年7月开工建设，2007年5月建成开馆。

东北抗联史实陈列馆占地6.9万平方米，建筑面积5040平方米，陈列面积3000平方米。陈列馆建筑庄严肃穆，外墙采用了乳白石材与橙黄木板相间的样式，营造出一种深山林海的氛围。周围山水环绕，树木葱郁，地势开阔，环境优美。迄今为止，纪念馆征集了1000多件与东北抗联相关的照片、史料及实物。

陈列馆内主要分为3个部分，包括序厅、主展厅、英烈厅，此外还有多功能影视厅等综合

东北抗联史实陈列馆

服务区。

序厅侧面的墙壁上，镶嵌了群体浮雕，是抗联英雄手挽手、肩并肩一起保家卫国的形象，浮雕上方书写着“抗联英烈 名垂青史”。抗联浮雕与装饰石材一起，打造了“白山黑水，林海雪原，抗联英雄”的主题。砌筑阶梯采用了辽东特有的古朴刚硬的青石板，含名垂青史的意思。第一层阶梯一共有11级，代表东北抗联的11个军。第二层阶梯一共有14级，代表东北抗联的14年抗战。第三层阶梯8级、第四层阶梯6级，一共14级，代表的是中国14年抗战历史。

东北抗联史实陈列序厅《抗联英烈　名垂青史》群雕

主展厅分两部分：第一部分是对抗联的整体介绍，展示了抗联情况、历史背景、组织建制、重点活动区域等；第二部分是对抗联斗争史实的说明，展示了东北的抗日烽火、各地主要义勇军的兴起、抗日统一战线的形成以及抗联的主要战役等。

英烈厅里是第三部分与第四部分：第三部分展示了抗联的英烈形象，采用画像、塑像、蜡像等展出形式，还原了抗联在东北地区，尤其是辽宁地区的主要将领及知名人物；第四部分是含有领袖题词题字、知名书画、抗联遗址纪念碑、东北抗联书籍、影视作品、纪念活动等为主的纪念性展厅。展厅利用科学合理的陈列展现，配以人性化的设计理念，生动还原了东北抗联当年的战斗生活。

陈列馆内《八女投江》雕塑

馆内珍藏了千余件革命文物，其中有杨靖宇、周保中、王德泰等东北抗联将领使用过的物品，也有日本九二式重机枪、日本关东军使用过的保温水壶等战利品。

纪念馆利用大量史料、照片、图表、文物、实物，采用浮雕与场景复原的形式，结合抗联重要的历史事件、人物、战役等，为我们再现出了东北抗联艰苦卓绝的14年抗日战争史实，东北抗联的建立沉重打击了日本侵略者，对新中国解放和成立做出巨大贡献。

纪念馆不但为我们展示了东北抗联的一个个英雄形象，更展示了他们热爱祖国、宁死不屈、英勇抗战的民族气节，是他们一起谱写了一曲抗日赞歌。

东北抗联史实陈列馆是全国爱国主义教育示范基地、辽宁省爱国主义教育基地。

密林露营场景复原

经党中央、国务院批准，国务院于2014年8月24日公布，东北抗联史实陈列馆被列入《第一批国家级抗战纪念设施、遗址名录》。

知识链接

东北抗日联军

东北抗日联军简称“东北抗联”，是中国共产党创建和领导的在辽宁、吉林、黑龙江三省抗击日本帝国主义侵略，反对伪满洲国统治，独立坚持14年游击战争的人民武装。

1931年9月18日，日本关东军蓄意炸毁沈阳北郊柳条湖附近铁路路轨，反诬中国军队所为，以此为借口，向沈阳北大营进攻，制造了震惊中外的九一八事变，发动局部侵华战争。国民党政府采取不抵抗政策，致使日军迅速占领辽宁、吉林、黑龙江三省。九一八事变后，中国共产党代表全民族的利益，连续发表宣言和作出决议，坚决反对日本帝国主义的侵略，号召全国人民“以民族革命战争，驱逐日本帝国主义出中国”，并派遣干部加强中共满洲省委，开展东北地区的抗日斗争。中共满洲省委根据中共中央的指示精神，从1931年10月开始，陆续派出省委、省军委及有关方面的负责人杨林、杨靖宇、赵尚志、童长荣、冯仲云、夏云杰、王德泰等，还有部分朝鲜共产主义者，赴南满、东满和北满等地组织了10余支抗日游击队，开展游击战争。东北各族人民和东北军部分爱国官兵在中国共产党的影响、协助或领导下，纷纷奋起组织成救国军、自卫军、大刀会、红枪会等抗日武装，共50余万人，统称“东北抗日义勇军”，抵抗日军侵略。但由于缺乏统一领导，加之没有后勤保障等原因，在不到一年间内即陆续遭到挫败而大部失散。其间，中共满洲省委派省委军委书记周保中和共产党员李延禄等，到东北抗日义勇军的一些部队中进行团结改造工作，建成绥宁反日同盟军、抗日救国游击军。至1933年春，在南满、东满、吉东、北满等地30余个县境，开辟了磐石红石砬子、延吉王隅沟、汤原太平川、饶河暴马顶子等数十个小块抗日游击区，先后进行了磐石地区、渔浪村、学田地反“讨伐”作战和参与攻克巴彦、安图、东宁、虎林县城等千余次战斗。

1933年1月26日，中共中央发出“一·二六指示”，要求满洲省委加强党的领导，克服“左”倾关门主义，建立反日统一战线，扩大游击战争。5月16日，中共满洲省委据决定，以游击队为基础，组建东北人民革命军。至1936年初，相继成立了7个军，建立了8个抗日游击根据地。其中，第一军（杨靖宇任军长兼政治委员）在磐石、河里；第二军（王德泰任军长，魏拯民任政治委员）在延吉、和龙、珲春、汪清；第三军（赵尚志任军长，冯仲云任政治部主任）在珠河（今尚志市）；第四军（李延禄任军长，何忠国任政治部主任）在密山、勃利；第五军（周保中任军长，胡仁任政治部主任）在绥宁；第六军（夏云杰任军长，李兆麟任政治部主任）在汤原；第八军（汪雅臣任军长，侯启刚任政治部主任）在五常等地；由饶河游击队改编的第四军第四团在虎林、饶河。东北人民革命军各军在游击根据地内普遍建立反日会、农民协会、农民自卫队、妇女会、儿童团等组织，河里、珠河等地还建立抗日地方政权。同时积极开展反日武装统一战线工作，多方团结争取东北抗日义勇军余部共同作战。其活动区域达到辽宁省东部、吉林省东南部和黑龙江省部分地区共50余个县境，进行了数千次战斗，攻克日、伪军占领的数十个城镇，打破日、伪军多次“讨伐”，部队发展到1万余人，成为坚持东北抗日游击战争的中坚力量。

根据中共中央的抗日救国政策和东北抗日斗争的发展形势，1936年2月20日，东北的中共组织和东北人民革命军领导人决定将东北人民革命军改称“东北抗日联军”。东北人民革命军第一至第六军依次改称东北抗日联军第一至第六军，第八军改称第十军。另以第四军第二师为基础编成第七军（陈荣久任军长，郑鲁岩任政治部主任），活动在虎林、饶河、抚远地区。同时进一步加强对东北抗日义勇军、山林队的团结教育和领导，陆续编成了第八军（谢文东任军长，刘曙华任政治部主任）、第九军（李华堂任军长，许亨植任政治部主任）、第十一军（祁致中任军长，金正国任政治部主任），分别活动于勃利、方正、桦川等地。东北抗联发展到11个军，总人数达3万余人。

1936年3月，中共满洲省委撤销，先后成立中共南满、吉东、北满省委。东北抗联陆续编成3个路军，分别归三省省委领导。第一路军辖第一、第二军，杨靖宇任总司令兼政治委员，王德泰任副总司令，魏拯民任总政治部主任；第二路军辖第四、第五、第七、第八、第十军以及王荫武领导的救世军、姚振山领导的义勇军，周保中任总指挥，赵尚志任副总指挥，崔庸健任参谋长；第三路军辖第三、第六、第九、第十一军，李兆麟任总指挥，冯仲云任政治委员，许亨植任总参谋长。

东北抗联的建立及其逐步发展壮大，严重威胁日本在东北的殖民统治。1936年4月，日本关东军和伪满洲国军政部制定“三年治安肃正计划”，调集重兵进行大“讨伐”。从1936年4月至1937年上半年，东北抗联各军采取留少数兵力在游击根据地内坚持斗争，以大部兵力跳出日、伪军的“讨伐”包围，扩大游击区的方针，以打破“讨伐”，各军分别开展了西征、北进和扩展游击区的作战。经数千次战斗，共歼灭日、伪军1万余人，不仅取得了反“讨伐”作战的胜利，而且把游击区扩展到70余个县境，建立了南满、吉东和北满3大片抗日游击根据地。

1939年夏，东北抗日联军第一路军警卫旅一部

七七事变后，日本帝国主义发动全面侵华战争，东北抗联的战略任务由独立作战转变为配合

全国其他抗日战场共同抗战，通过紧密依靠群众，广泛开展游击战，积极打击日、伪军。第一、第二军在东南满地区主动出击，先后攻克抚松县庙岭和辉南县城，至1937年底进行较大战斗30余次，歼日、伪军1500余人。1938年春夏转战辑安山区，在通化至辑安（今集安市）铁路沿线开展破袭战，歼日、伪军1000余人。第四、第五、第七、第八、第十军在吉东广大地区积极进攻，战斗数百次，歼日、伪军数千人。第三、第六、第九、第十一军活动于松花江下游、小兴安岭，作战420余次，歼日、伪军7600余人。

1938年下半年，日军在东北兵力增至8个师团，连同伪军和警察总计达60余万人，强化殖民统治，采取保甲连坐法和增建集团部落等手段，隔离抗联与人民群众的联系，同时加紧军事“讨伐”、政治诱降和经济封锁，连续进行“三江大讨伐”“东南满大讨伐”“吉林、间岛、通化三省联合大讨伐”，企图彻底“歼除”东北抗联。

为打破日、伪军大规模“讨伐”，东北抗联采取各种措施顽强斗争。政治上，加强党的领导和思想教育，纯洁内部，以提高在艰难条件下坚持斗争的能力。经济上，采取在深山密林中建立后方基地，开办兵工厂、被服厂，建立密营储存必需的物资和粮食等措施。军事上，以转战、远征的战略行动跳出包围圈，以打破日、伪军的“讨伐”。7月，东北抗联第二路军主力从宝清、牡丹江地区，向五常、舒兰地区西征。由于受到日、伪军的围追堵截，仅一部进入五常县境。分散活动的部队与日、伪军顽强作战，涌现出“八女投江”等英雄壮举。8月，第三、第六、第九、第十一军主力从汤原、萝北、绥滨地区陆续远征，年底先后到达海伦、德都地区，并在德都县朝阳山一带建立了游击根据地。第一路军从老岭地区向桦甸、濛江（今靖宇县）山区转移，挫败了日、伪军在东南满地区的“讨伐”。1939年，第二路军在吉东地区进行反“讨伐”作战200余次，歼日、伪军2000余人。第三路军在黑嫩平原20余县战斗数百次，歼日、伪军数千人，牵制日、伪军数万人。东北抗联在转战、远征中英勇奋战，虽遭到很大损失，但取得歼灭日、伪军1万余人的胜利。在此期间，中共中央扩大的六届六中全会给杨靖宇和所有东北抗日部队发出慰问电，称赞东北抗日部队是“在冰天雪地里与敌周旋7年多的不怕困苦艰难奋斗之模范”。

1939年秋冬，日、伪军继续进行疯狂“讨伐”。由于斗争形势恶化，东北抗联减员较多。1940年1月，中共吉东、北满省委决定将各路军缩编为支队，继续在极端困难情况下进行小群分散游击战。第一路军为打破日、伪军的全面大“讨伐”，实行分散游击方针，在长白山区展开艰苦的反“讨伐”作战。杨靖宇率警卫旅转战濛江一带，历时50多天，作战40余次，未能全部冲出重围。最后杨靖宇只身与敌周旋5昼夜，于2月23日在濛江县城南保安村附近的三道崴子牺牲。此后，第一路军编为第一支队，继续在绥芬河、东宁地区进行分散游击战。第二路军将第七军和第五军一部编为第二支队后，和第五军另一部及第十军继续在完达山区进行分散游击活动。第三路军将原有的第一至第四支队依次改为第三、第六、第九、第十二支队，继续在松嫩平原坚持游击战，打击日、伪军。

1941年，日军在东北屯兵增至16个师团，总兵力达90万人，继续进行更加残酷的“讨伐”。

东北抗联的后方密营遭到破坏，大片游击根据地丢失，游击区缩小到不足10个县，加之自然条件恶劣，部队减少到不足2000人。针对极端艰难的形势，中共吉东、北满、南满省委确定了保存实力、培养干部、坚持斗争的方针。此时，东北抗联已与苏联远东军建立了联系。1941年冬季，抗联部队转至苏联境内组成南、北野营，并不断返回东北，开展游击活动。1942年8月，南、北野营合编为东北抗联教导旅，周保中任旅长，李兆麟任政治副旅长，崔庸健任参谋长，下属4个教导营和1个通信营。野营和教导旅时期进行了系统的军事训练和政治学习。同时还派遣10多个小分队返回东北，在北满、吉东、东满和辽吉边区进行游击活动，侦察敌情，开展群众工作，一直坚持到抗日战争胜利。

1945年5月，德国战败。抗联教导旅为协同苏联红军向中国东北进军，加强临战训练并制定配合苏军作战的行动计划。7月，派出数百名指战员到苏军中进行训练，月底空降到牡丹江、磐石、海拉尔、赤峰、长春、满洲里等18个地区，执行侦察日军火力点，袭击日伪后方机关和为苏军担任向导等任务。8月，抗联部队配合苏军迅速收复了佳木斯、牡丹江、齐齐哈尔、哈尔滨、长春、沈阳等57个战略要地，解放全东北。而后在苏军协助下，抗联部队在各地发动群众，摧毁日伪残余势力，维持社会秩序，并积极恢复和发展中共组织，扩充军队。9月中旬，东北抗联教导旅扩建为东北人民自卫军，周保中任总司令兼政治委员。到10月中旬部队发展到4.8万人。10月底，与挺进东北的八路军、新四军合编为东北人民自治军。

东北抗日联军在非常困难的环境里，独立奋战14年，历尽艰辛，战斗数万次，牵制与消灭大量日本关东军和伪满洲国军及警察，振奋了民族精神，推动了全国抗日救亡运动，有力地支援和配合了其他抗日战场的作战，为中国抗日战争的胜利做出了重要贡献。

中共满洲省委旧址纪念馆

中共满洲省委旧址纪念馆位于辽宁省沈阳市和平区皇寺路福安巷3号，是一座社会科学类历史遗址专题博物馆。1927年10月至1936年1月，中共满洲省委是中国共产党在东北所设的最高领导机构，1927年10月至1932年1月，福安巷3号为满洲省委驻地。新中国成立后曾更名为中共满洲省委旧址文管所。1985年旧址恢复原貌正式对外开放。1992年，将原位于沈河区惠工街4段宏业南里2号的刘少奇旧居按原貌易地重建在中共满洲省委旧址北院，正式对外开放。2003年中共

中共满洲省委旧址纪念馆、刘少奇旧居纪念馆大门

满洲省委旧址进行扩建，在中共满洲省委旧址南院增设中共满洲省委历史陈列展厅。2007年9月，中共满洲省委旧址文管所正式更名为中共满洲省委旧址纪念馆。

中共满洲省委旧址纪念馆占地面积2500平方米，展览面积740平方米，坐北朝南，具有20世纪20年代初的风格，是当时典型的民居建筑。展览主要分为4个部分，包括中共满洲省委历史陈列、中共满洲省委旧址复原陈列、刘少奇旧居复原陈列、中共沈阳地方史陈列。

中共满洲省委旧址是一栋硬山式青砖瓦房，面阔六间，进深一间，东侧四间是中共满洲省委机关在1927年至1929年间的办公地。东首间是厨房和餐厅（当时雇一名女佣做饭看门），次间为秘书处工作人员张光奇的办公室，第三间是客厅（会议室），第四间是中共满洲省委第一任书记陈为人及其妻子韩慧芝的卧室，西侧两间为场景复原。

中共满洲省委旧址

刘少奇旧居是一座硬山式民宅，采用青砖灰瓦所筑，坐北朝南，正房六间，1929年7月至1930年3月，刘少奇担任第五届中共满洲省委书记时在此秘密居住。

中共满洲省委历史陈列展

“中共满洲省委历史陈列展”为中共满洲省委历史陈列展厅内基本陈列，陈列面积270平方米，为全封闭灯光照明。展览以时间为线索，层次分明，条理清晰，展出图片176张、文献资料32件、实物28件，并配合使用沙盘、声电等现代化手段，再现了中共满洲省委历时8年又3个月的历程。

中共满洲省委旧址纪念馆是全国爱国主义教育基地、辽宁省爱国主义教育基地。

经党中央、国务院批准，国务院于2015年8月13日公布，中共满洲省委旧址纪念馆被列入《第二批国家级抗战纪念设施、遗址名录》。

知识链接　中共满洲省委

中共满洲省委是1927年至1936年，中国共产党设在东北地区的最高领导机构。1927年八七会议后，中共中央根据会议决定将顺直（今河北省）省委组织部部长陈为人派到东北，开展组建中共满洲省委的工作。

1927年10月24日，在哈尔滨道里区中国十三道街48号（今西十三道街14号），也就是中共党

陈为人烈士

员阮节庵家，召开了东北第一次党员代表大会。出席大会的党员代表有14人，分别来自哈尔滨、吉林、长春、沈阳、大连等地，代表东北地区200多名共产党员。会议选举出中共满洲省临时委员会，书记由陈为人担任，并将沈阳定为省委机关所在地。

中共满洲省临委成立后向东北各地党组织发布了第一号通告，通告满洲省委的成立，同时发布了《我们在满洲的纲领》《满洲工人运动决议案》《满洲农民运动决议案》。

1928年9月，召开东北地区的第三次党员代表大会，决定中共满洲省临委改为中共满洲省委。1929年10月通过《满洲党目前政治任务决议案草案》，对于东北地区党的工作步入正轨起了重要的指导作用。1930年8月，中共满洲省委改组为中共满洲总行动委员会。10月，又恢复为中共满洲省委。

1931年九一八事变后，满洲省委机关遭到破坏。1932年初，满洲省委机关由沈阳迁到哈尔滨。由于工作和斗争的需要，省委机关经常变换地址，在当时的道外十六道街、道里中国三道街、偏脸子、南岗花园街、河沟街、人和街、小戎街都设过省委机关。

1933年夏，满洲省委机关转移到小戎街2号，即满洲省委机关秘书长冯仲云的家。当时，省委领导和省军委领导经常在这里开会，研究东北人民抗日斗争的策略、方法，并形成诸多文件。党中央的许多重要文件，如“一·二六”指示信等，都是从这里向东北各级党组织及各抗日游击队发出的，在领导东北人民开展抗日斗争中起着总指挥部的作用。满洲省委从这里输送了大批优秀干部到东北抗日斗争第一线，杨靖宇、赵尚志、周保中、李兆麟、赵一曼等都是从这里奔赴抗日第一线，与日本帝国主义进行了殊死的斗争。

设在哈尔滨市南岗区小戎街2号的中共满洲省委机关旧址

1936年1月，中共满洲省委撤销。其间选举产生了14届省委，省委书记先后由陈为人、王立功、刘少奇、李子芬、林仲丹、陈潭秋、张应龙、罗登贤、李实、李耀奎、马良、杨光华担任。之后，又先后成立了中共哈尔滨特委、中共南满省委、中共吉东省委、中共北满省委，继续执行满洲省委的工作。

中共满洲省委成立后便领导东北各阶层人民，

展开了反对日本帝国主义侵略的一系列斗争。尤其是九一八事变后，中共满洲省委领导东北抗日游击战，建立民族统一战线，组织中国共产党领导下的抗日武装，沉重打击了日伪殖民统治。

沈阳二战盟军战俘营旧址

沈阳二战盟军战俘营旧址位于辽宁省沈阳市大东区地坛街30–3号，是第二次世界大战时期日军在沈阳设立的专门用来关押在太平洋战场被俘的盟军的战俘营，当时被称作“奉天俘虏收容所”，是日本人设立的18座战俘营中的一座，也是保留最完整的一座。这里曾经关押过来自美国、英国、加拿大、澳大利亚、荷兰、法国6个国家的战俘2000多人。

沈阳二战盟军战俘营旧址占地面积将近5万平方米。现存的建筑主要包括：1号战俘营房及附属用房、日军看守所、战俘营医院、水塔和锅炉房烟囱等。而根据当时日方文档的记载，战俘营东西长约320米，南北宽约150米，建筑主要包括战俘居住的3处营房，1处医院，1处日军办公用房；附属建筑有厨房、食堂、猪舍、厕所以及供暖锅炉房等。

青铜组雕《抗争》，以被关押在沈阳二战盟军战俘营中的美英等国士兵为形象，通过战俘的身体造型和深邃的目光表现战俘们虽身陷囹圄却坚毅、勇敢、不屈的斗争精神

第二次世界大战时，日本设立的战俘营主要包括军令战俘营与军政战俘营两种，前者属于临时的，具有较大流动性；后者是固定的，用于长期关押战俘。沈阳的战俘营属于军政战俘营，曾经有大批盟军的高级将领被关押在这里。当年的战俘营，四周围着高大的、设有电网的围墙，围墙内大概5米的地方，还设置了铁丝网；围墙四角建有岗楼，用于巡视站岗。其中战俘营中钢筋混凝土灌注的锅炉房烟囱，是战俘营遗址当中的最高建筑。

战俘营里的厂房、水塔和烟囱

通过历史旧照，可以看到奉天战俘营的高墙与其中整齐的房子，四周广阔的田地。战俘营东北是浆洗房、卫兵室两栋楼。南面是监舍3栋：第一栋是中捷独身宿舍，位于三层红楼的位置；第二栋是原中捷技校，位于大白楼的北侧；第三栋是原中捷宿舍7栋，是现存的监舍。

战俘营遗址陈列馆利用原来的厂房改建而成，占地717.9平方米，建筑面积1455平方米。陈列馆外部加筑了金属装饰板，浅灰颜色，涂刷了一层清漆，可以用来防水。它的正面与左、右两侧的钢板墙面上，斜切出几条闪光带，下宽上窄，是探照灯划破了夜空的象征，也是当年白色恐怖笼罩在战俘头顶的象征。

利用厂房建立起来的陈列馆

沈阳市政府在改建陈列馆时，还特意建造了一面死难者碑墙。碑墙上记录在战俘营中死去的240名盟军战士的姓名。他们被关押了将近3年的时间，其间受尽痛苦与磨难，随时面临着疾病、寒冷、饥饿与死亡。第二次世界大战时期，日军统治下的战俘营里死亡率达到了16%。死难者名录下有雕塑花圈3个，墙上是盟军战俘关押的时

死难者碑墙

间“1942.11.11—1945.8.15”。

当年，战俘营的东南角，属于战俘居住的主体营房，一共3座，1座营房可容纳640名战俘。现在，沈阳二战盟军战俘营遗址还有基础建筑留存下来，其中就有1号战俘营房。1号战俘营经过复原后，可以通过参观展区里的木质大通铺，感受当年战俘们的艰苦生活。营房每层通道的两侧，各有两排双层木床，从而组成5个单元，在两排双层木床之间，设置了俄式取暖炉。据说，当时一层有10个单元，每个单元4层床铺关押8名战俘，一共关押320名战俘，两层关押640名战俘，简直是人挤人。

战俘营监舍内景

陈列馆内特意辟出了一块用来展示盟军战俘漫画的展区。盟军战俘1475号威廉·克里斯蒂·沃特克、438号巴顿·富兰克林·品森和1658号马康·弗蒂尔，虽然面临着极为恶劣的生存环境，但是依然用自己手中的铅笔，创作了上百幅漫画，表现了当时战俘的劳作与生活情况，

见证了那段在战俘营里的历史，是十分珍贵的历史资料。

禁闭室陈列馆位于现存的日军办公用房内，通过史料记载以及战俘回忆，将日军办公室及关押战俘的禁闭室复原。日军办公室的地板是木质的，另外还设置了办公桌与电话。禁闭室是一个幽暗小屋，里面什么也没有，只有不足2平方米。当战俘“犯错”时，便会被关进去。

战俘绘制的漫画

沈阳二战盟军战俘营里的盟军战俘，他们面临着繁重的劳役及各种非人折磨。尤其是奉天战俘营里的战俘们，日本人记录在案的处罚就达到了84次。名册中标注了“重营仓”与“重谨慎”，分别是单独禁闭与一般禁闭的意思。根据相关记录，有3名战俘被单独禁闭30天，这是最长的单独禁闭时间，而就算是一般禁闭时间也有25天。

沈阳二战盟军战俘营当时由日军关东军丰台南独立守备步兵第一大队看守。奉天俘虏收容所的最高长官由松田元治担任，日军各类专职管理人员由初期的61人增加到1945年的154人。

日军沈阳战俘营是用盟军战俘的生命和苦难

日军岗楼

写就的，对于研究当年的历史具有重要意义，同时也带给人们思考，让人们牢记历史，珍惜和平。

在第二次世界大战的历史上，沈阳盟军战俘营的存在，是人道主义原则被肆意践踏的见证，是人性惨遭蹂躏的见证，更是中国战场在第二次世界大战中的历史地位的见证。

沈阳二战盟军战俘营旧址是全国重点文物保护单位。

在为日军工作的盟军战俘劳动场景复原塑像

经党中央、国务院批准，国务院于2015年8月13日公布，沈阳二战盟军战俘营被列入《第二批国家级抗战纪念设施、遗址名录》。

知识链接 沈阳二战盟军战俘营里的盟军高级将领

沈阳二战盟军战俘营里关押了来自美国、英国、中国及东南亚国家在内的大批盟军战俘。日军在这里关押、虐待和残害盟军战俘，肆意践踏国际法，是日本法西斯对盟军战俘施以暴行的最好见证。

1944年，东北沈阳战俘营接管了来自台湾花莲战俘营的34名盟军高级将领，其中有5位中将、4位少将、4位总督、2位大法官。日军将这批高级战俘关押在奉天（今沈阳）的原因，一方面是由于东北有着便捷的交通，是日军重点打造的亚洲经济中心；另一方面是由于东北的地理位置与朝鲜接壤，一旦有什么意外状况发生，便可将这批战俘迅速转移到朝鲜。

日军对这批高级战俘，看管时区别于普通士兵。每人可以有单独一间房，还有行军床可睡，另外还提供了取暖的羊毛被及羊毛毯等，而且不会随意遭到虐待殴打。他们不做杂役，在战俘营里是自由的，圣诞节时甚至还可以聚会喝酒。但是到了战争后期，物资紧缺时，他们面临温饱问题，而且始终被严密监视着。

1945年8月15日，日军宣布无条件投降，16日盟军发起“火烈鸟行动”，次日解放奉天战俘营。8月27日，34名高级战俘乘坐飞机离开沈阳，随即苏联红军解散战俘营，并释放了千余名战俘。1946年，对日军暴行的审判由刚刚成立的远东国际军事法庭全权审理。法官分别来自中国、美国、澳大利亚、英国、苏联以及法国等国家。在他们的共同审判下，判定日本对待战俘的暴行确实存在，这是公然违反了《日内瓦公约》内的若干国际法则。同年，上海军事法院接到诉讼，被告人是奉天盟军战俘营的负责人，最终这些日本军官罪名成立，被判处监禁或是死刑。

盟军战俘的遭遇令人愤怒，同时也告诉我们要铭记历史，珍爱来之不易的和平。

沈阳二战盟军战俘营里的日军看守

几个蹲在地上干活的日军就是昔日战俘营的看守，站着监督日军战俘劳动的就是已经被解放的盟军战俘

抚顺平顶山惨案纪念馆

抚顺平顶山惨案纪念馆位于辽宁省抚顺市新抚区南昌路17号，是为了纪念日军制造的平顶山惨案而修建的纪念馆。九一八事变以来，辽宁人民对侵略者的反抗，引发了其血腥报复。1932年9月15日，日军在抚顺平顶山蓄意制造了平顶山惨案。1951年4月5日，为悼念遇难同胞修建了平顶山殉难同胞纪念碑。1970年夏开始发掘平顶山惨案遗址，将掩埋在此的平顶山惨案遇难者的遗骸发掘出土，于1972年9月16日就地建成纪念馆性质的“平顶山殉难同胞遗骨馆”。2006年4月开始对遗骨馆进行改扩建，改称“平顶山惨案遗址纪念馆”，新建了平顶山史实陈列馆、幸存者证词碑苑等，2007年9月16日建成并对外开放。

平顶山惨案遗址纪念馆大门

抚顺平顶山惨案纪念馆占地面积约16.5万平方米，建筑面积近8000平方米。主要纪念设施有主题雕塑《毁灭》、平顶山惨案史实陈列馆、平顶山惨案遗址馆、平顶山殉难同胞纪念碑以及纪念碑苑等。

纪念馆大门装饰有黑色大理石面墙，上书“抚顺平顶山惨案纪念馆”，庄严肃穆。进入大门，首先看到的是主题雕塑《毁灭》，青铜铸成，主体造型如同一本翻起的历史残页书册，中央一组写实人物雕塑，再现了惨案发生的一幕，殉难3000余人的血腥数字将警示后人永远铭记这段惨痛历史。雕塑背面文字介绍了这起震惊中外的“平顶山惨案”的情况。

平顶山惨案主题雕塑《毁灭》

主题雕塑后面是平顶山惨案史实陈列馆，占地面积4708平方米，外观色调以灰色、黑色为主，白色线条点缀，给人以沉重压抑之感。大部两层，局部一层。内设有序厅、第一展厅、第二展厅、第三展厅、第四展厅、多功能厅、临时展厅以及文物库房及附属用房。序厅正面由3块仿制的巨石组成背景，其中两块巨石中间是一组白色叠放成堆的尸体，以写实的高浮雕真实地再现了日本侵略者屠杀平顶山村民的情景。另两块巨石上刻着“抚顺平顶山惨案史实展”。序厅一端的仿制巨石上刻着“1932.9.16”“3000”一串数字，分别是平顶山惨案发生的时间和遇难者同胞的死亡人数。

第一展厅“东北抗战 辽东沦陷”，展现了自甲午战争和日俄战争以后，日本不断染指我国东

平顶山惨案史实陈列馆

平顶山惨案史实陈列馆序厅

死难者名录（局部）

北，扩大侵略范围，悍然发动“九一八”事变，侵占我国东北的过程，东北各阶层人民与爱国官兵纷纷组织抗日队伍，进行武装抵抗，揭开了东北抗日游击战争的序幕。第二展厅“惊世暴行 惨绝人寰”，风起云涌的辽东抗战给日本侵略者以沉重的打击，日军为镇压人民的反抗在东北各地实行了泯灭人性的法西斯殖民统治，1932年9月16日制造了惨绝人寰的“平顶山惨案”，3000余名无辜同胞惨死在日军屠刀下。第三展厅“抗战胜利 审判战犯”，1945年8月，美国在日本广岛、长崎先后投下两颗原子弹，苏联对日宣战，出兵中国东北，中国军民展开全面大反攻，遭到重创的日本于1945年8月15日宣布无条件投降。中国人民经过14年浴血抗战，终于取得抗日战争的伟大胜利。抗战胜利及新中国成立后，中国政府在多地成立审判战犯法庭，先后对在押的日本战犯进行了正义的审判。第四展厅“勿忘国耻 珍爱和平”，以警示后人永远牢记日本军国主义占我领土、杀我同胞的屈辱历史，永远铭记抗日先烈们的英勇事迹。

继续前行，就是平顶山惨案遗址纪念馆，占地面积2137平方米，建在下凹的大屠杀现场遗址上，保存较为完好，是日本侵略者屠杀中国人民的不容辩驳的铁证。馆内分为序厅、遗骨池和尾厅三部分。其主体遗骨池长80米，宽5米，存放了较完整的殉难同胞遗骨800多具，遗骨还保持着刚刚发掘出来的样子，可以看出既有老人，也有妇女儿童，还有孕婴与残疾人，震撼人心，让人们深刻认识到日本侵略者的残暴，以教育人民牢记历史，勿忘国耻。

平顶山殉难同胞纪念碑屹立在平顶山上苍松翠柏之间，碑身用白色花岗岩修成，镶嵌着黑色大理石碑文。碑高19.32米，象征着抚顺人民对1932年平顶山惨案的沉痛悼念。纪念碑正面镌刻“平顶山殉难同胞纪念碑”10个楷书大字，背面

平顶山惨案遗址纪念馆

刻着记述惨案史实的碑文。碑底座66.6平方米，碑基座面积1026.6平方米，碑前翠柏相映，庄严肃穆。

纪念碑苑，记录了当年惨案发生时幸存者的亲身经历，更是对日本侵略者泯灭天良的兽性控诉。

抚顺平顶山惨案纪念馆是全国重点文物保护单位、全国爱国主义教育示范基地。

经党中央、国务院批准，国务院于2015年8月13日公布，抚顺平顶山惨案纪念馆被列入《第二批国家级抗战纪念设施、遗址名录》。

平顶山殉难同胞纪念碑

知识链接

平顶山惨案

平顶山惨案是侵华日军在九一八事变后进行的第一场针对无辜平民的大规模屠杀。

1931年日本制造九一八事变，占领了中国东北地区，中国军队大部从东三省撤出，然而东北各族人民和东北军部分爱国官兵在中国共产党的影响、协助或领导下，纷纷奋起组织成救国军、自卫军、大刀会、红枪会等抗日武装，统称东北抗日义勇军，抵抗日军侵略。日军为了报复义勇军的抗日行动，开始对平民进行惨绝人寰的屠杀行动。

1932年9月15日，中秋之夜，辽宁民众抗日自卫军约1200人在梁聚夫的带领下，从平顶山村经过去攻打日本占据的抚顺矿山，并在平顶山将日军的仓库、工厂、派出所、事务所等烧毁，然后又攻打东岗、老虎台、杨柏堡、东乡和古城子，还袭击了日军的杨柏堡采炭所，采炭所所长渡边宽一以及自卫团团长平岛善作等七八名日本人被杀。抚顺日军为了报复抗日武装，迁怒平顶山村的普通百姓，认为这里的居民“通匪”，对平顶山的居民进行屠杀。

9月16日上午，日军控制了平顶山地区，借

制造平顶山惨案的日本侵略者头目

照相名义，逼迫平民与矿工来到村南的洼地里。它的北面有铁丝障，西面有陡峭断崖，东面是6挺蒙上红布的机枪。13点许，日军开始用机枪扫射人群，立刻倒下一大片，活着的人们冲向南面，但被日军提前设防，冲出去的幸存者很少。平顶山村3000多名同胞被射杀后，日军用汽油焚烧了他们的房子。日军在撤走时发现还有幸存者，便立刻用刺刀刺死，各种惨叫声嘶心裂肺。屠杀持续到了黄昏时分，到处都是鲜血和尸体，凄惨无比。

次日，日军雇用朝鲜人去平顶山村毁尸灭迹，把死难者的尸体堆到山下，浇上汽油焚烧，然后用炸药崩山将尸体埋起来。为了掩盖罪证，日军还在大屠杀现场拉上铁丝网，让劳工在这里铺设铁道。然后又以守备队的名义下令抚顺县（今抚顺市）县长在平顶山村、栗家沟和千金堡的废墟上，制作假的房子并拍成照片。制造惨案的日军指挥官亲自去抚顺县署"借款"，用"借"到的5万元让国联调查团的新闻记者"闭嘴"。之后，日本还在全县发出布告，说是谁若是收留了平顶山大屠杀中的幸存者，谁便是"通匪"，要处死其全家。

平顶山大屠杀，被杀平民达3000多名，其中妇女与儿童就占了三分之二，全家被杀绝者达400多户，房屋被烧毁800多间，只有100多名幸存者。其中绝大多数由于负伤没有及时救治，因伤重死亡，最终幸存下来的人只有四五十人。

平顶山惨案遗址遗骨池部分死难者

平顶山惨案，是九一八事变后，日本法西斯大规模屠杀中国平民的开始，也是日军实施"三光"政策的开始，后来的日本军队更是纷纷效仿，开始大规模屠杀平民，对中国人民犯下滔天罪行。

赵尚志纪念馆

赵尚志纪念馆位于辽宁省朝阳市双塔区中山大街2段，是为了纪念民族英雄赵尚志而修建的纪念馆。2007年9月23日开工建设，2008年10月25日正式开馆。

赵尚志纪念馆占地面积6.2万平方米，建筑面积6000平方米，布展面积4400平方米。俯视整个建筑可以看到平面为一个方正的"尚"字。主要纪念设施有赵尚志骑马铜像、赵尚志纪念馆、纪念广场等。

进入赵尚志纪念馆，首先映入眼帘的是赵尚志将军骑马铜像，身着戎装，英姿飒爽，双目炯炯有神凝望远方，充满坚定的革命信念。

纪念馆高11米，正面长为34米，象征着赵尚志将军11岁离开家乡以及34年短暂而壮丽的人生。馆名由国家军委原副主席、国防部部长迟浩田题写。纪念馆总体设计以弘扬尚志精神为主题，以其革命战斗的一生为主线，突出展现了抗日民族英雄赵尚志的精神实质和光辉业绩。

纪念馆展陈中利用电子音像、半景画以及声光电等手段，重点对颠覆日军军列、木炮打宾州（今宾县）、冰趟子战斗和最后的战斗等重要战役进行详细解读，再现了赵尚志誓死抗日、坚贞不

赵尚志将军骑马铜像

屈的光辉形象和斗争精神。

进入纪念馆，序厅里是一组大型群雕——《民族魂》，表现了中国人民英勇抗击日本帝国主义、为争取民族独立解放而努力的不屈精神。

主展厅分为上层与下层，基木陈列分为8个部分：第一部分是“忠义之家，刚烈少年”，主要展现了赵尚志一家皆忠烈；第二部分是“寻求

赵尚志纪念馆

真理，投身革命”，主要展现了赵尚志先后成为哈尔滨市许公中学、黄埔军校第四期的学生，后投身革命两次被捕，在牢狱里待了4年的时间；第三部分是“武装抗日，威震北满”，主要展现了日本侵略者制造了九一八事变后，赵尚志成长为抗日民族英雄的事迹；第四部分“白山黑水，铁血三军”和第五部分“治军治校，文韬武略”，主要讲述赵尚志的战斗经历和不朽的功勋；第六部分是“面对挫折，忠贞不渝”，主要呈现了赵尚志面对敌人的抓捕和围剿所做出的抗争；第七部分是“将军蒙难，血染梧桐”，主要利用一个大型的幻影成像系统，呈现了赵尚志将军的牺牲过程；第八部分是“中华英魂，浩气长存”，主要展现的是赵尚志将军牺牲后，人们如何通过不同的纪念方式来怀念这位民族英雄，以及如何争相传颂他的丰功伟绩与革命精神。

《民族魂》雕像

赵尚志将军故居紧邻陵园，为原址重新修缮，占地面积4000平方米，为一座二进四合院建筑。

故居门前右侧矗立着“民族英雄赵尚志之碑”，碑文由著名碑碣学家李铁城先生撰书，高度概括了赵尚志将军英勇善战、矢志不渝的一生。

故居内正房5间，门房7间，两侧厢房各3间，为辽西地区小凌河流域百年老宅的建筑风格。故居内陈列着见证赵尚志成长以及赵家满门忠烈的珍贵文物。

赵尚志将军故居

赵尚志烈士陵园距纪念馆60千米，位于尚志乡尚志村的将军山上，依山而建，气势雄伟，匠心独运。陵园占地约2.4万平方米，由陵园大门、陵园大道、纪念广场、纪念碑、浮雕墙、纪念堂、墓室、武器陈列场等部分组成。

陵园大门“赵尚志烈士陵园”题字，由中央军委原副主席张万年上将题写。陵园门口62步台阶，寓意赵尚志颅骨62年后被发现。

纪念碑题字“赵尚志烈士永垂不朽”，由中央军委原副主席、国防部部长迟浩田上将题写。纪念广场长宽均62米，寓意6月2日晚6时20分找

赵尚志烈士陵园大门

到赵尚志颅骨。纪念碑高14米，寓意抗日战争持续进行了14年最终获得胜利。位于纪念堂中心的墓室内，原安葬着赵尚志将军的颅骨。棱台形墓室，底座是24米的正方形，寓意方方正正；墓室斜边长10米，同底边相加为34米，寓意赵尚志34岁牺牲。墓室由黑白大理石覆面，寓意赵尚志一生战斗在黑山白水之间。

赵尚志纪念馆是全国爱国主义教育示范基地、

赵尚志烈士纪念碑

辽宁省中共党史教育基地。

经党中央、国务院批准，国务院于2015年8月13日公布，赵尚志纪念馆被列入《第二批国家级抗战纪念设施、遗址名录》。

知识链接

赵尚志炮打宾州

赵尚志是东北抗日联军的主要创建人和领导人，与杨靖宇齐名，号称“南杨北赵”。

赵尚志，1908年生于辽宁省朝阳县。1919年春，随家迁居哈尔滨。早年投身学生爱国运动。1925年加入中国共产党，是东北地区最早的党员之一。同年到广州准备投考黄埔军校。但招生已结束，赵尚志反复游说校方，终于成为第五期学员。1926年，他回东北从事革命活动，曾两次被捕入狱，严守党的秘密，坚贞不屈。九一八事变后经组织营救出狱。

1932年春，赵尚志任中共满洲省委军委书记。为加强党对反日武装的领导，同年6月化名李育才，来到巴彦游击队，任参谋长。在东兴城战斗中，赵尚志左眼负重伤，后潜回哈尔滨家中养伤。但因伤势过重，左眼失明，眼下颧骨部位留下了3个新月形伤痕。

1932年赵尚志（前排中）与巴彦抗日游击队部分成员合影

1933年初，巴彦游击队失败，部队完全离散，赵尚志受到开除党籍的错误处分。直到1935年1月12日，中共满洲省委作出《关于恢复赵尚志党籍的决议》，对赵尚志坚持不懈地开展反日武装斗争做出了应有的肯定评价。但1933年初的赵尚志，出狱刚一年，仗打败了，身无分文，瞎了一只眼，又丢了党籍，觉得很委屈，给朋友刘树屏写了一首小诗：“风打麦波千层浪，雁送征人一段愁。披靡无数夕阳下，谁肯国土付东流。”母亲十分心疼儿子，瞎了一只眼是小事，可不能再掉脑袋丢条命。为了拴住儿子的心，四处张罗给他说媳妇。赵尚志却发誓：不赶走日寇，誓不成家！

1933年3月，赵尚志投奔在宾县附近活动的反日义勇军孙朝阳部，任参谋长，继续抗日。后因孙朝阳部处境危急，日特借机挑拨，鼓动孙朝阳加害赵尚志。得知消息后，赵尚志于10月4日夜，与李启东、李根植、王德全等7人携带机枪1挺、长短枪11支，脱离孙朝阳部，来到珠河县（今尚志市）中东铁路南六道河子。中共珠河中心县委得知这一消息后，立即派出李福林、朱新阳等6名党、团员加入赵尚志的队伍。10月10日，珠河东北反日游击队在珠河县一面坡成立，赵尚志任队长，李福林任政治指导员。成立大会上，赵尚志庄严宣誓：“我珠河东北反日游击队全体战士，为收复东北失地，争回祖国自由，哪怕枪林弹雨，万死不辞，赴汤蹈火，千辛不避，誓必武装东北三千万同胞，驱逐日寇海陆空军滚出满洲，为中华民族的独立解放奋斗到底！”

珠河东北反日游击队在赵尚志的率领下，联合当地的山林队、大刀会、红枪会等抗日群众武装，活动于哈尔滨东部山区，开展抗日游击战争。12月初，在罗家店打退了40余名日、伪军的进攻；

随后在火烧沟反击战中击溃100余名日、伪军的进攻，击毙敌大队长等20余人；月底，在宾县（今宾州）七区党的地下组织帮助下，消灭了反动地主兼保卫团团长刘林祥部，缴枪13支、子弹千余发，并解决了游击队的过冬物资。至当年底，珠河东北反日游击队已发展到60余人，游击区域也逐步扩大，形成了以三股流为中心的中东铁路道南游击区。

1934年3月，根据中共满洲省委和珠河中心县委关于贯彻中共中央“一·二六”指示信精神，建立反日统一战线的决定，珠河东北反日游击队联合“青林”抗日义勇军在珠河县侯林乡召集“北来”“爱民”“友好”“七省”等10多支抗日义勇军、山林队首领举行联合会议。在“不投降、不卖国、反日到底；没收日本帝国主义及其走狗一切财产和土地充作战费；保护民众利益，武装群众，共同反日，允许群众反日组织的自由”等三项条件下，达成联合抗日协议，并成立东北反日联合军总司令部，一致推举赵尚志为总司令。

4月，赵尚志率领化装成伪军的游击队员一连袭击了老虎窝、新开道、古扎子3个伪警察署分驻所，缴枪40余支。随后又攻占了地势险要的秋皮囤、黑龙宫等据点，消灭了反动的大排队武装，缴获了大批棉布及其他物资。后来用这些棉布做了许多军服，使游击队的服装整齐起来。不久，赵尚志率领游击队向道北地区活动，攻占了五区小街，缴获步枪20余支，并焚烧了伪警察所。通过上述战斗，珠河反日游击队很快建立起以侯林乡、秋皮囤、黑龙宫为中心的游击区，极大地推动了哈东地区的反日浪潮。

为积极打击日、伪军，进一步推动哈东反日斗争形势，遵照满洲省委的指示，赵尚志与各义勇军首领经过共同协商，决定联合进攻哈东重镇、宾县县城——宾州镇。这里距哈尔滨只有120里路，是日伪当局在哈东地区的一个重要据点。城防坚固，4个城门都修筑有炮台，上设岗楼，城墙外还建有一个很陡的土崖子，四周设置暗堡，城壕上架有电网。城内驻有40多人的日军警备队，以及伪警察大队和自卫团数百人。盘踞城里的日、伪军依仗城高墙厚，平日欺压百姓，无恶不作。为给百姓报仇，壮大游击队的声威，赵尚志决定攻打宾县城。由于当时游击队武器装备十分简陋，攻打如此坚固的县城，是要冒很大风险的。但艺高人胆大的赵尚志决心啃下这块硬骨头。

经过精心准备后，5月9日，赵尚志下达了攻城命令。之前，他给城里的伪县长李春魁打了个电话，直截了当地问他是投降还是要打。在李春魁眼中，赵尚志的游击队无异于土匪，不过是群乌合之众，攻打县城简直就是不自量力，找着上门送死，便答复：任你来打！

10时许，赵尚志率领游击队来到县城南杨家烧锅驻扎。这时，宾县伪警备队在日军指导官指挥下尾追而来。赵尚志率队在城南驼腰岭采取诱敌战术与之周旋，在占领北小岗有利地势后，向敌猛烈射击，毙敌10余人。残敌不支，向县城溃逃。赵尚志趁势率部追击逃敌至宾州城下，并在各路抗日义勇军1000余人和当地老百姓400多人的配合下，从东、南、西三面将县城包围。困守城内的敌人这时才害怕起来，一面依托城墙向外胡乱射击，一面“在一小时之内打七次电话，向哈尔滨关东军求救”。游击队并未攻城，只是不断地喊话，规劝伪军不要当亡国奴，掉转枪口打日本人。守城的日、伪军放下心来，以为游击队没有胆量攻城，只是虚张声势罢了，警惕性渐渐松懈下来。

入夜后，赵尚志见时机已到，命令部队做好攻城准备，以主力攻打南门，北门留作敌人逃跑之路，派一队人马在北门外设伏，并推出了他的秘密武器——柳木炮。游击队员们向炮膛里装上约20斤的火药和15斤的碎铧铁。只听一声巨响，南门城墙被轰开了一个大豁口。硝烟尚未散尽，游击队少年连10余名战士冲入城内。据参与此战的一位游击队少年连战士回忆：勇敢的少年连战士冲进城内后，闯进南门附近的一个伪警察所，只见十几名伪警察或跪或卧，抱着头，浑身发抖。战士们让他们赶快站起来，他们指着桌上一个带火药味的东西，胆怯地说："快要爆炸了。"战士们一看，原来是攻城时柳木炮打进来的铁秤砣。10余名少年连战士冲进城内约一里地，见大部队未能攻入城内，他们便很快退出。

5月10日上午，战斗仍在激烈地进行着。驻哈尔滨日军一个大队及伪军近千人，由满家店方向前来增援。同时数架日军飞机从哈尔滨飞来，在攻城部队上空盘旋轰炸、扫射。为避免不必要的损失，赵尚志下令停止进攻，并在撤退途中击落日机1架。当时的《盛京日报》曾报道："匪首"赵尚志带领1000余众于9日下午2时半分三路蜂拥扑来。该"匪团"凶悍异常，愈逼愈近，遂将县城包围，开始猛攻，守城警团亦努力还击，杀声震地，炮火连天。此战，游击队伤亡6人、被俘1人，共毙伤日、伪军70余人，击落敌机1架，极大地震撼了哈东地区的敌人，鼓舞了当地人民的抗日热情，扩大了珠河东北反日游击队的影响。

"木炮打宾州，声威震敌胆"的故事在珠河以至北满地区广为流传，赵尚志令东北地区的日、伪军闻风丧胆。敌人对他又恨又怕，无奈地发出了"小小的满洲国，大大的赵尚志"的哀鸣。

知识链接

冰趟子伏击战

1937年初，松花江中下游地区已经聚集了近万人的东北抗联部队，抗日斗争异常活跃。日本关东军司令部将这一地区视为北部战线上的"心腹之患"，决定集中兵力进行"三江大讨伐"。

2月，东北抗日联军第三军军长赵尚志率第三军少年连和第一、第五、第六师各一部共200多人，向海伦、通北等地远征。这次远征异常艰苦。"朔风漫卷雪风扬"，部队在零下三四十摄氏度的严寒中行军，夹杂着雪花的凛冽寒风像刀割一样打在指战员的脸上，夜间露宿在冰雪密林中更是家常便饭。战士们的衣服破烂不堪，许多人被冻伤。而敌人的严密封锁又给部队给养造成极大困难。粮食吃尽，只好宰杀心爱的战马为食，"马肉吃光吃马皮，马皮吃完吃橡子"。赵尚志率部与敌人苦苦周旋，多次发生激战，进抵海伦与通北交界的山里，与活动在这里的蔡近葵第五师一部会合。

这时，伪滨江省公署警务厅派筑谷警正专程来海伦督促伪警团"围剿"第三军。北黑线上的

赵尚志烈士

日军守备队和伪军部队步步进逼，形成前阻后追的合围之势。为摆脱被动局面，打破敌人的“讨伐”计划，赵尚志当机立断，调整部署，一面命令张光迪率第六师留在海伦、通北坚持斗争，继续开辟新游击区；一面任命蔡近葵为第一师师长，与远征部队一同向通北东山里转移，诱敌深入，伺机设伏，计划狠狠打击一下敌人的嚣张气焰。出发前，他对指战员们说：“现在的情况是前有敌人阻截，后有敌人追击，他们的目的无非是消灭我军，或把我军赶进深山老林，陷于冻饿的绝境。我们要将计就计，把鬼子引进山里，打一次硬仗，让敌人尝尝苦头，知道中国人民是不好惹的。”一路上，远征部队不断设下小规模的伏击战，每次都毙伤日、伪军数十人。恼羞成怒的敌人紧追不舍，急于报复。

3月初的北国寒风凛冽，通北山区的春天依然是大雪纷飞、冰雪覆盖。赵尚志率部沿着运送木材的山道向通北山里开进，日、伪军700余人尾随其后。当部队来到一处山路狭窄、两侧山坡树林茂密的地方时，赵尚志命第六师一部20余名战士，在前方隐蔽设伏，诱敌深入；又命其他部队，前进一段路程后，沿山脊返回山路两旁的半腰处，待机伏击。

不多时，一长串马爬犁出现在前方，爬犁上坐着100余名日、伪军。“砰！砰！砰！”前方打响了。马爬犁上的日、伪军立刻人仰马翻，敌人纷纷滚下爬犁，趴在雪地上拼命抵抗。打了一会儿，敌人发现抗联兵力不多，便集中力量发动进攻。战士们边打边撤，巧妙地把日、伪军引入山腰处伏击圈。赵尚志看见敌人冲上来后，一声令下，顿时4挺机枪同时怒吼，日、伪军应声倒地，死的死，伤的伤。敌人慌忙后撤，仓皇而逃。日军一大尉军官当场被击毙，死伤30余人。战士们还缴获了一批武器弹药、毛毯等物品。赵尚志认为敌人绝对不会甘心失败，一定会调来大批军队再次反扑，进行报复，于是决定部队迅速前进，甩开敌人，来到绥棱县以北80里一个叫“冰趟子”的地方。

冰趟子原名黑风口，地形呈南北走向，两山夹一沟，西面小山海拔345米，东面小山海拔360米，为通北县城从西向东进入山沟通往小兴安岭密林深处的必经关隘。这里是片开阔的沼泽地，两面小山环抱，林木茂密，山泉常年流淌。夏天水草茂盛，百花盛开，林间蝉鸣鸟唱，流水潺潺。冬季泉水从山上流下来，在山路北面冻结成一层高低不平、溜滑难行的冰甸子，冰面宽约1.5千米，长约3.5千米，如同一条白色的冰道，故称之为“冰趟子”。当时冰趟子是原始森林，人迹罕至。小山林间有4座伐木工人住的木营房和炭窑，每个屋子能住一二百人，里面有用汽油桶做成的火炉，可以烤火取暖。路北是一片狭长的冰川和河沟，沟边则是树林。道南是岗岭起伏的小山，山上布满低矮稠密的杂木丛，以及用石头垒成的防野兽围墙。

兵法云：隘形者，我先居之，必盈之以待敌。险形者，我先居之，必居高阳以待敌。意思是说：在狭长的山谷里，要抢先占领，并用重兵封锁隘口，等待敌人的到来；在险峻之地，要抢先占领制高点，巧妙设伏，居高临下，打击敌人。赵尚志仔细观察了地形后，认为这里入口处狭窄险要，可派一部分兵力埋伏在沟口两侧的山林中。冰川两侧设置伏兵，既可以截断敌人的退路，又可以打击敌人的援兵，于是决定在这里布置一个“口袋阵”，痛击追兵。随即召开作战会议，研究战斗部署。会上，赵尚志风趣地说：“冰趟子这地方不错，坚固的四座木营可以做固守阵地，沟的两侧山林可以设伏兵。沟口狭窄险要，既可打援又可截断敌人的退路。只要我们能守住阵地，把日本兵引到冰川上，他就像秃子头上的虱子一样，无处藏身。别说他有五十道（武士道）精神，就是有六十道、七十道也白搭。”

面对武器装备精良、人数占优的日、伪军，抗联战士毫无惧色，士气高昂，个个摩拳擦掌，纷纷表示要与敌人决一死战。赵尚志命令连夜构筑工事，设立伏击圈，专等敌人上钩。战士们在每个木营的墙上都挖了一排排枪眼，院子的矮墙上也构筑了工事，还用冰雪浇筑了交通壕，在山路南的沟林旁也布置了伏击阵地。指挥部设在东北角山上，可以俯视整个战场，随时掌握战斗情况，便于指挥作战。为迷惑敌人，赵尚志派战士沿冰趟子前行一段距离，在雪地上留下一行脚印，再兵分两路迂回到冰趟子两侧稠密的树林中设伏。

3月7日，日军竹内部队守田大尉率日、伪军800余人，气势汹汹地沿山沟口向冰趟子木营攻击前进。敌人顺着脚印渐渐进入伏击圈，先头部队依旧是探路的伪军。赵尚志果断地下达射击命令，伪军中队长当场毙命，其余伪军狼狈逃窜。日军指挥官命令200余名日军在机枪和炮火的掩护下，向木营凶猛扑来。山路、冰层上布满了敌人。哪知冰面光滑站不住脚，有的鬼子滑倒了，有的鬼子摇摇晃晃站不稳，队伍很快就乱作一团。

这时，抗联的6挺机枪和200多支步枪一齐猛烈射击，子弹、手榴弹雨点般地飞向敌群。由于冰面溜滑，又毫无隐蔽物，日军只能趴在冰面上还击，被打得人仰马翻，溃不成军。敌人第一次进攻吃了亏，第二次改乘运送物资的马爬犁，猛烈地向抗联阵地冲击，战斗一时处于胶着状态，进行得异常激烈。

抗联战士依靠有利地形，沉着应战，打退了敌人的多次冲锋。敌人久攻不下，恼羞成怒，指挥官嗷嗷大叫，狂舞战刀命令士兵冲锋。为了牵制敌人，减轻正面部队压力，赵尚志派多股小部队，从两侧密林和北部河沟中拦腰突袭敌人。敌人仗着人多势众，武器精良，集中攻打正面木营。20多名日军一度占领了左侧一个木营，情况危急。赵尚志果断命令少年连趁敌人立足未稳，坚决夺回阵地。少年连代理排长赵有财带领2个班，勇猛地冲向敌人，展开英勇的搏斗。经过数次激烈残酷的争夺，左侧木营阵地终于失而复得。

一直战至入夜，气温骤降，达到零下三四十摄氏度。大树被冻得嘎巴嘎巴直响，枪油凝固，枪被冻得拉不开栓，无法打响，士兵的手指也冻得毫无知觉，不能弯曲扣动扳机。早有准备的赵尚志，把部队一分为二，一部分坚守阵地，另一部分撤到木营屋内烤火取暖，然后轮番替换，继续战斗。趴在冰面上作战的日本兵可就惨了，早就冻得全身麻木僵硬，枪冻得拉不开栓，机枪也变成了哑巴。冰上又滑，不敢前进，许多负伤的鬼子就这样生生给冻死了。抗联部队依托木营顽强阻击，另以小股部队隐藏在道北河沟里，拦腰射击敌人的侧翼。由于河沟隔着一大片冰冷光滑的冰面，敌人只能集中火力攻打木营，而因天黑无法瞄准，敌人的数次进攻均被打退了。

半夜后，枪声渐渐稀落。赵尚志估计敌人可能要撤退，就命令部队加强沟口的堵击力量。果然不出所料，敌人见势不妙，停止攻击，用马拉的大爬犁拉着成堆的尸体开始撤退。抗联战士在沟口处与敌人激战一小时，又杀伤了大批敌人。

此战，赵尚志在武器装备敌优我劣、人数敌众我寡的情况下，采取巧妙的伏击战术，充分利用有利的地形，率领抗联将士发扬英勇顽强的战斗精神，共歼灭日、伪军300余人，其中击毙200余人，击伤、冻伤100余人。日军守田大尉、津田庆一准尉、曹长高山五朗、天野松治、伍长三井勇三等7名军官被击毙。同时缴获1挺机枪、大批武器弹药及马匹、粮油、米肉、服装、军毯等物资。而抗联部队仅有7人牺牲，无1人冻伤。

冰趟子战斗是赵尚志指挥抗联第三军远征部队取得的最大的一次胜利，也是抗联斗争史上敌众我寡、以少胜多的著名战例之一。这次战斗沉重地打击了日本侵略者的嚣张气焰，极大地鼓舞了抗战军民的士气。

东北抗日义勇军纪念馆

东北抗日义勇军纪念馆位于辽宁省本溪市桓仁满族自治县桓仁镇东关村，是为了纪念东北抗日义勇军的光辉业绩而建设的专业展馆，也是目前唯一经国家批准的集中展示义勇军抗战史实的纪念性场馆。于2017年7月兴建，2018年9月建成开放。

东北抗日义勇军纪念馆是一座三层建筑，建筑面积2990平方米，展陈面积2300平方米。一层展示东北抗日义勇军的战斗历程，包括序厅、主题展厅；二层是国歌厅、东北抗日义勇军将士名录厅；三层是多功能厅和文物库房。

东北抗日义勇军纪念馆

进入纪念馆，首先看到的是一组东北抗日义勇军巨幅雕塑，刻画了英勇善战的东北抗日义勇军形象。中间是高大威猛的以共产党为首的义勇军将领形象，背后的旗帜上有“东北抗日义勇军”字样；两侧画面中的义勇军战士呈各种姿态，有的正在射击，有的正在驰骋，有的正在隐蔽，展现了义勇军的作战姿态，让人们如临其境，感受到了他们转战于东北各地作战时的英勇果敢。

东北抗日义勇军巨幅雕塑

主题展陈共分为5个部分：第一部分“东北义勇军早期抗战”，分为4个单元：第一单元“日本侵略中国东北”，第二单元“中国共产党发出抗日号召”，第三单元“辽宁抗日义勇军的兴起”，第四单元“吉林、黑龙江抗日义勇军的早期抗战”；第二部分“东北抗日义勇军英勇抗战”，分为5个单元：第一单元“东北抗日义勇军与国联调查团”，第二单元“辽宁抗日义勇军的对敌斗争”，第三单元“吉林抗日义勇军的对敌斗争”，第四单元“黑龙江抗日义勇军的对敌斗争”；第五单元“国内及国际社会对东北抗日义勇军的声援”；第三部分“东北抗日义勇军坚持抗战”分为4个单元：第一单元“日伪对东北抗日义勇军的镇压”，第二单元“东北抗日义勇军参加长城抗战”，第三单元“坚持抗战的东北抗日义勇军”，第四单元“中国共产党与东北抗日义勇军”；第四部分“东北抗日义勇军与《义勇军进行曲》”分为3个单元：第一单元“《义勇军进行曲》的诞生”，第二单元“《义勇军进行曲》的传播和影响”，第三单元“《义勇军进行曲》与国歌”；第五部分是结束语。

《〈义勇军进行曲〉与国歌》雕塑

馆内共展出416幅历史图片，另有刀枪、炮弹、书刊、瓷器等9大类别文物共计535件，多方面、多角度展示了东北抗日义勇军在中国共产党的带领及指导下奋勇向前的抗战历程。

东北抗日义勇军纪念馆是全国爱国主义教育示范基地。

经党中央、国务院批准，国务院于2020年9月1日公布，东北抗日义勇军纪念馆被列入《第三批国家级抗战纪念设施、遗址名录》。

知识链接　东北抗日义勇军

1931年九一八事变后，东北各族人民和东北军部分爱国官兵在中国共产党的号召和影响下，自发组成的民众抗日武装。

九一八事变日本帝国主义侵占东北时，东北军政当局执行蒋介石的不抵抗命令，所属20余万东北军，除部分爱国官兵参加抗日义勇军外，大部分退入关内，一部分投敌，致使日军仅用不足半年时间，迅速占领东北三省省会及主要城镇。在民族危亡之际，中国共产党号召群众进行武装抗日。东北各阶层群众和东北军、警察部队的部分官兵纷纷组成义勇军、救国军、自卫军、大刀会、红枪会等抗日武装，统称为“东北抗日义勇军”。这些武装部队无统一领导和编制，各自具有相当的独立性；军费靠自筹或全国人民捐助；主要用轻武器或是大刀长矛，以游击战为主要作战方式打击日军。义勇军高举“誓死抗日救

东北抗日义勇军长枪会

国”“还我河山”的旗帜，在极端艰苦的条件下，同日本侵略军展开英勇的武装斗争。其经历大体分为3个阶段。

第一阶段：东北军民奋起抗日（1931.9~1932.2）。

九一八事变发生时，辽宁省警务处处长黄显声率领部分警察部队抗击日军，后往辽西地区将民团和地方保安部队组成民众抗日义勇军。10月初，曾任凤城县（今凤城市）公安局局长的邓铁梅在该县建立东北民众自卫军。此时，辽宁义勇军遍及各地。11月，由在北平（今北京市）的东北社会名流组织的东北民众抗日救国会，将辽宁各地及热（热河省，今分属河北、辽宁和内蒙古）东、蒙边地区的义勇军，以路军和支队为基本建制单位，统一改称“东北民众自卫义勇军”。到12月末，共编成22路共7万余人。

吉林省义勇军主力由东北军部分爱国官兵组成。首先是团长冯占海率部抗日，随后旅长李杜、邢占清、赵毅等人也宣布抗日，在五常、拉林、双城和榆树等地抗击日军。1932年1月31日李杜等在哈尔滨成立吉林自卫军。该部在哈尔滨保卫战中与日军激战5日后撤出，转移至巴彦、宾县，吸收哈尔滨以东各县抗日武装，总数达5万余人。2月，东北军营长王德林建立中国国民救国军，接连攻克敦化、蛟河等县城，部队发展到近2万人。

黑龙江省义勇军创建于江桥抗战之后。1931年11月，东北军将领马占山率部在齐齐哈尔以南嫩江桥一带奋战月余，抗击日、伪军进攻。而后撤至海伦地区，吸收各抗日武装组成义勇军约5万人。

至1932年2月底，东北抗日义勇军发展到近20万人，在各地开展游击战，打击日伪军。

第二阶段：抗日斗争蓬勃发展（1932.3~10）

东北军部分爱国官兵在锦州多次与日军激战，延缓了日军对锦州的侵占。图为辽西义勇军在阵地上抵抗日军

伪满洲国建立后，日本帝国主义为稳定其殖民统治，不断对义勇军进行“讨伐”。义勇军主动出击，部队迅速发展壮大，是年夏秋达鼎盛时期，总人数约50余万人。

辽宁省义勇军发展到58路、数十个支队约25万余人。1932年5月，东北民众抗日救国会将辽宁义勇军划分为5个军区，彭振国、王化一、唐聚五、刘振东、高文彬分任各军区总指挥，在60余县开展抗日斗争。各路义勇军频繁出击，破铁路，炸桥梁，先后攻克锦西（今葫芦岛市）、通辽、岫岩、新宾、抚顺等数十座县城，控制了广大地区。8月下旬，第二十一、第二十四路义勇军多次袭击沈阳城，一度占领东塔机场，震惊了日伪当局。

吉林省义勇军发展到15万余人。其中，以李杜为总司令的吉林自卫军，1932年3月在夹信子、桶子沟等地抗击日军。4月初，该部5万余人从依兰出发，分兵三路反攻哈尔滨，战斗月余。因依兰失守，部队减员到2万人，遂转至梨树（今属鸡西市）一带开展游击战。此时，冯占海部改称吉林救国军，在反攻吉林、攻占拉林等战斗中，部队发展到7万余人。以王德林为总司令的中国国民救国军于1932年3月在镜泊湖地区连续组织4次伏击战，并取得宁安、敦化等战斗的胜利，部队扩展到6万余人。

黑龙江省民众抗日救国义勇军总司令部于1932年5月在海伦成立，马占山任总司令，共8万余人。该部于呼海铁路、齐克铁路沿线频频出击，在松浦镇、安达、海伦等战斗中取得很大胜利。9月，海（海拉尔）满（满洲里）护路军总司令苏炳文宣布抗日，建立东北民众救国军，所部3万余人在富拉尔基一带抗击日军。10月，马占山率部反攻齐齐哈尔，使日、伪军惊恐不安。在此期间，义勇军在103个县的广大地区进行数千次战斗，给日、伪军以沉重打击。

第三阶段：散而复聚坚持战斗（1932.11—1940）

日军为消除蓬勃发展的东北抗日义勇军对自己的威胁，于1932年秋冬先后动用共近20万日、伪军警，分别对各地义勇军进行大“讨伐”。在强敌进攻下，义勇军由于自身存在的许多弱点，加之得不到国民党政府的支援，导致被各个击破，大多数部队主要领导人离队，部队大部分瓦解。计有14万余人伤亡，4万余人投降、被俘，6万余人脱离队伍；1万余人随马占山、苏炳文、李杜、王德林等人退至苏联境内，后赴新疆；近5万人转入热河参加抗战；还有15万余人在日军“讨伐”时分散潜伏东北各地坚持斗争。

1933年春夏，日、伪军暂停“讨伐”后，义勇军又重新聚集起来，恢复活动，继续战斗。其中保持原组织系统的7万余人，分散各地山林的义勇军6万余人，另有重新组成的义勇军2万人。此时的东北抗日义勇军积极参加中国共产党提出的抗日民族统一战线，主动接受中共的领导，一部分加入中共领导的抗日武装或与之联合战斗，一部分继续独立战斗。

辽宁省义勇军5万余人，多次打破日、伪军“讨伐”，一部分坚持到1936年，而后加入共产党领导的东北抗日联军第一、第二军。另千余人战斗至1938年冬。吉林省义勇军6万余人，英勇战斗数年后，余部改编为东北抗日联军第四、第五、第七、第八、第九、第十军。另有数千人战斗到1940年。黑龙江省义勇军2万余人坚持斗争数年后，余部加入东北抗日联军第三、第六军和改编后的第十一军，还有少部分战至1940年。热河省义勇军2万余人，在热河沦陷后继续战斗，有近千人坚持到1940年前后。

被抗日义勇军破坏的铁路和日军军用列车

东北抗日义勇军坚持抗日斗争10年，战斗2万余次，毙伤俘日军5万余人、伪军6万余人，给日、伪军以沉重打击；义勇军也遭受了严重损失。东北义勇军的英勇战斗，充分体现了中华民族敢于抵御外侮的大无畏的爱国主义精神；为建立东北抗日武装统一战线和创建东北抗日联军提供了条件和经验；推动了东北抗日斗争的发展，对中国抗日战争的胜利做出了重要贡献。

虎石沟万人坑纪念馆

虎石沟万人坑纪念馆位于辽宁省营口市大石桥市南楼经济开发区东北2千米的圣水寺村。这里原本是南满矿业开发株式会社大石桥工厂的采矿区，是日军侵占东北时杀害中国劳工的集中埋葬墓地。1964年，相关部门组织挖掘了虎石沟的部分万人坑，修建了鞍钢大石桥镁矿阶级教育展览馆，1991年进行了修缮，更名为大石桥虎石沟万人坑纪念馆。1997年建副馆，2004年重建主馆与副馆。

虎石沟万人坑纪念馆

虎石沟万人坑纪念馆占地面积5000平方米，建筑面积1200平方米，在万人坑遗址上建成。主场馆建在万人坑遗址的边缘，馆内分为序厅、万人坑场景、矿山血泪、监狱场景、镁山怒火、抗战胜利6个部分，分别介绍了日本是如何取得在东北的开矿权、大石桥镁矿的开发及经济战略价值、日本对中国东北矿产资源掠夺的统计等，真实揭露了日本侵略者对镁矿进行的掠夺性开采、残忍手段、劳工的深重苦难等，深刻表现了在我党领导下矿工及广大人民群众与敌人进行的不屈斗争，再现了共产党人及广大矿工英勇无畏的斗争精神。其主体是万人坑场景，挖掘深度仅3米，露出白骨7层，在方圆不到140平方米的地方就有尸骨171具。在深达18米的万人坑中，全部遗骸大约有1.7万具。根据相关史料记载，这里当年由日满矿业开发株式会社占据，是日本人的镁矿场。日本人掳来大批中国人，让他们在这里采矿，不但限制矿工的自由，而且还缺衣少食，生病后根本就不给治疗，天天都有因过度劳累死去的劳工。对于这些死去的劳工，日本侵略者只是用草袋裹尸，然后扔到了虎石沟里。万人坑是日本帝国主义侵略中国不容辩驳的铁证。

万人坑发掘出的部分骸骨

虎石沟万人坑纪念馆是营口市市级文物保护单位。

经党中央、国务院批准，国务院于2020年9月1日公布，虎石沟万人坑纪念馆被列入《第三批国家级抗战纪念设施、遗址名录》。

知识链接　被日本侵略者欺压的中国抚顺矿工

在抗日战争时期，东北有这样的一个特殊群体，饱受日本侵略者的欺压，终日劳作还食不果腹。他们就是中国东北地区的矿工。以抚顺为例，此地在过去是“千金寨”，在关外十分出名。但在1905年日俄战争后，日本侵占了这里。之后的40年里，抚顺矿工被折磨致死的人不计其数，预估有25万至30万人。

抚顺地区的矿工，有的是受骗而来，基本上是来自山东、河北一带的农民；有的本就是当地破产的农民。矿工们的生存条件极其恶劣，居住在容纳一两百人的“大房子”里，有些拖家带口的工人居住在“臭油房”里，食物紧缺，没有衣物，每天12个小时以上都在劳动。有的孩子就生在矿区，他们赤条条地来，然后由于饥饿而赤条条地死去。

“铭记历史，珍爱和平”

矿井作业没有任何安全设备，经常会发生爆炸或起火。矿工的安全得不到保障，时刻面临着死亡威胁。1917年，大山坑瓦斯爆炸，日本却封住了坑口，以减少煤炭损失，最终在矿井里的917个矿工被活生生烧死。1923年，老万坑内着火了，日本矿主采用了一样的处理方法，结果烧死了69名矿工。1928年，大山坑漏水，淹死了482名矿工。大多数矿工死后，尸体被扔到了南花园的一个山沟里。里面全部是遭到残害而死去的矿工们，被称作“万人坑”。这些矿工们的悲惨遭遇是日本侵略者的滔天罪证。

侵华日本关东军护路守备队盘山分队旧址陈列馆

侵华日本关东军护路守备队盘山分队旧址陈列馆位于辽宁省盘锦市双台子区胜利街东段13号，是日军在侵略我国东北时期在盘山火车站线修建的碉堡式炮楼兼营房，用来保障沟营铁路军需物资供应补给以及调转兵力，并同时成立了关东军护路守备队分队部。始建于1932年，由于这座建筑全部用红砖建成，因此而得名“小红楼”。新中国成立后，盘锦市政府投入资金进行修复。2004年基本恢复了原貌。

侵华日本关东军护路守备队盘山分队旧址陈列馆

小红楼占地面积450平方米，建筑面积198平方米，是当年盘山县最高的建筑。房顶是预制的平台，上层设有瞭望楼，站在楼顶可以看到南北铁路列车，东北可以望见盘山县城，北面3千米以内尽收眼底。房顶设有布满垛口，用来防御的女儿墙。小红楼东南角有一个布满射孔的圆形碉堡，西北角也有一个同样的碉堡，只要在碉堡内，便可防御各个方向的袭击。

小红楼建成后，日军会将抓捕来的很多抗日志士，关押在小红楼里，并对他们进行严刑拷打。日本关东军就是在这里密谋，制造了河南大屠杀。

侵华日本关东军护路守备队盘山分队旧址陈列馆是全国重点文物保护单位、辽宁省爱国主义教育基地。

圆形碉堡

经党中央、国务院批准，国务院于2020年9月1日公布，侵华日本关东军护路守备队盘山分队旧址陈列馆被列入《第三批国家级抗战纪念设施、遗址名录》。

知识链接 盘锦抗日英雄

盘锦是东北抗日义勇军的起源地之一，曾涌现出大批抗日英雄。他们积极响应中国共产党发出的抗日救国号召，在中国东北地区与日本侵略者作战，誓要打倒侵略者，将其赶出中国。

1931年9月18日，日本帝国主义制造了九一八事变。事变发生后的第五天，在辽河两岸的盘锦大地上，出现了4位绿林好汉，分别是张海天（原名张贺年，号“老北风”）、项青山（原名项国学，又名项忠义，号“青山”）、蔡宝山（原名蔡全义，又名蔡济民，号“宝山”）和盖中华（原名盖凌香，号“中华”），他们组织抗日义勇军，率领抗日壮士活跃在辽河、大凌河一带，对日军展开作战，打击了日军的嚣张气焰。

东北义勇军骑兵

1931年10月的一天，义勇军接到上级坚决阻击由营口进攻盘山的日军的命令。义勇军先锋队与日军交火后，另一支队伍在日军必经之路上设障。第二天，蔡宝山带领700人，分成四路，进攻辽南重镇牛庄日军开设的8家店铺，烧毁了日军的中马当铺，攻打了海兴隆烧锅。15点，日军增援部队到达，蔡宝山率部队撤出。次日，由高崇民、杜重远率义勇军700多人，再次分成4路攻打牛庄，日、伪军警死伤12人，而义勇军仅4人受伤。

日本关东军特派陆军大佐仓冈繁太郎等人去沈阳收编义勇军，妄图“以华治华”。10月29日，张海天、项青山、盖中华、蔡宝山等人接到招降书，决定将计就计，由张海天、项青山、盖中华诈降，并报告黄显声，实施锄奸灭寇计划。第二天，大雾弥漫，义勇军包围了三道沟，张海天等人生擒了大汉奸凌印清，项青山、盖中华则抓获了仓冈繁太郎等日寇。在审讯了凌印清等3名汉奸后，将其枪毙。

这是盘山人民进行抗日斗争中取得的首次大胜利，不但对日本侵略者造成了沉重打击，还鼓舞了人们的抗日信心。张海天、项青山的英勇行为，获得了张学良的奖赏，分别获得了1块带有张学良肖像的金壳怀表、1把战刀，另外还有5万块大洋奖赏。盘山一带越来越多的民众加入抗日义勇军，多地燃起了抗日烽火。

11月20日，在田庄台，项青山部与日军展开激战，毙伤日军17人。21日，在海城李家窝堡，张海天部与日军激战，两方互有伤亡。26日，日军偷袭盘山，项青山、张海天率领义勇军一部迎击，将其击退。12月2日，项青山率部攻入牛庄，俘虏几十人，缴获百余支步枪以及千余发子弹。22日，项青山第二次攻入牛庄，俘虏几十人，缴获300多支步枪及近万发子弹。

从12月初开始，日本关东军分兵3路，进犯锦州。张海天、项青山、盖中华、蔡宝山率义勇军3000多人，以及东北军第十九旅铁甲车队，进行抗击。26日晚，张海天率义勇军与日军展开巷战，毙伤日军50多人。27日，夺回田庄台，并乘胜追击，与东北军护路军一起合围大洼火车站，击退日军。两次胜利极大地激励了广大民众抗日救国的信心。

高振鹏（中）与张海天（右）等

1932年1月14日，日军集结兵力进攻沙岭，企图消灭义勇军主力，然后攻占盘山地区。张海天、项青山、盖中华、蔡宝山马上调集3个大队，以优势兵力围住沙岭，激战一夜，毙伤日军100多人，击毙日军大尉河野基英，取得了沙岭大捷，粉碎了日军的计划，打击了日军的嚣张气焰。项青山、张海天、盖中华、蔡宝山等人所率领的抗日义勇军也日益发展壮大，人数达到了3万多人。

1932年5月28日，辽宁民众救国会正式将辽南抗日义勇军命名为“东北民众抗日救国军第二军区”，由李纯华担任司令。在盘山境内的主要武装有：第二路军（司令项青山）、第三路军（司令张海天）、第十一路军（司令蔡宝山）。9月，东北民众抗日救国第二军区改为东北义勇军第二军团，李纯华任代总指挥。

1932年11月，日军集结重兵，对辽南地区开始“扫荡”，抗日武装陷入缺粮无援的境地。李纯华召开各路军司令会议后决定从辽南撤出，去热河（今分属辽宁、河北、内蒙古）接运救国会拨给义勇军的枪支弹药。但部队在阜新附近遭到日、伪军的埋伏，因张海天旧病复发，去北平（今北京市）治病，项青山、张秉林（张海天之子，暂代司令）、盖中华与李纯华率领各路军一起冲破日军封锁，先后抵达热河，领取弹药后就地休整。

1933年3月，日军侵占热河省省会承德后又向长城一带进犯，形势更加危急。李纯华接受国民党军孙殿英部的改编。项青山带队伍去了山海关，在寻找东北军的途中意外身亡。张海天率部来到张家口，参加冯玉祥的察哈尔抗日同盟军，在作战中负伤后去北平医治，于1939年病逝于北平。盖中华则被叛徒杀害。

从1931年10月到1933年初夏，东北各阶层人民和爱国官兵奋起抗日，纷纷组织抗日义勇军等多种形式的抗日队伍

吉林省

伪满皇宫博物院暨东北沦陷史陈列馆

伪满皇宫博物院暨东北沦陷史陈列馆原为日军占领我国东北时期扶植的伪满洲国傀儡皇帝爱新觉罗·溥仪的皇宫，位于吉林省长春市宽城区光复北路，是中国现存的三大古代宫廷建筑之一。其前身是民国时期管理吉林、黑龙江两省盐务的吉黑榷运局官署。九一八事变后，末代皇帝溥仪在日本人的协助下来到东北，1934年3月1日举行登基大典，成为伪满洲国的傀儡皇帝，伪满皇宫进行了较大规模的扩建，先后修建了怀远楼、同德殿、东御花园、防空地下室、假山、嘉乐殿、建国神庙等建筑。1962年12月，伪满皇宫陈列馆正式成立。东北沦陷史陈列馆在2006年九一八事变75周年之际竣工，2011年，伪满皇宫陈列馆更名为伪满皇宫博物院。

伪满皇宫博物院占地25.05万平方米，建筑面积13.7万平方米，其中主体部分建筑面积4.6万平方米，其余为附属建筑。主体部分以中和门为界限分为内廷和外廷两部分。内廷建筑主要包括缉熙楼、中西膳房、御花园、同德殿、书画库等，是溥仪与他的家眷生活的地方，相当于他在紫禁城中的“后宫”。过了中和门就是外廷，这里的建筑包括勤民楼、怀远楼、嘉乐殿、宫内府、日本宪兵室等，是溥仪处理政务的地方。但是严格意义上讲，溥仪在这里的所谓政务不过是表演罢了，在日本人的监视和摆布下，溥仪已完全沦为了日军欺骗国际舆论的“提线木偶”。

伪满皇宫博物院大门

勤民楼内《日满议定书》签字桌

除了主体部分，伪满皇宫附属建筑包括御用汽车库、马厩、跑马场、花窖、禁卫军营房、铁路专用线、建国神庙、祭祀管理机构、近卫军营房等设施。这些建筑风格繁杂，有中式建筑，也有西洋建筑。

从兴运门进入伪满皇宫外廷，再穿过与之相对的迎晖门，一座灰色基调的二层楼房便会出现在眼前，这便是勤民楼，外廷最重要的一栋建筑，地位相当于北京故宫的太和殿，1934年3月1日溥仪曾在这里举行了“登基典礼”。

勤民楼

勤民楼原是吉黑榷运局的办公楼，溥仪迁入后取清朝祖训“敬天法祖，勤政爱民”之意，将这座二层小楼更名为勤民楼，但对于溥仪来说，勤民楼只不过是一座无公可办的“朝政大殿”。勤民楼是一栋砖木结构的二层方形圈楼，建筑面积1200余平方米，建筑风格中西杂糅，既有中式的木质檐廊和老虎窗，也有欧式的立柱和穹顶。楼中部为天井，二层建有檐廊式平台。一层南、北两侧大门相通，正门在南侧，称为“承光门”。这座颇具欧陆风情的大门可以说是伪满时期的“第一名门”，出名并非因为建筑本身，而是它在当时的新闻报纸上出镜率极高。溥仪、日伪各级官吏常常会在承光门前合影，随后合影照就会被刊登在伪满的各大报刊上，用来粉饰太平。

勤民殿里的“宝座”

勤民楼的北侧，一段长15米的空中封闭式渡廊将它与怀远楼相连。怀远楼是1933年7月建的一栋二层楼房，主要作为溥仪祭祀祖先的场所，功能上类似于北京的太庙。怀远楼平面呈矩形，东西长32.5米、南北宽18.2米，建筑面积近1200平方米。一、二层窗户窗楣采用了俄式建筑中常见的平券式和圆形券式装饰手法。

怀远楼

从勤民楼向南，穿过中和门便进入了内廷，溥仪和皇后婉容的寝宫缉熙楼便出现在面前。缉熙楼原是1928年由吉黑榷运局建筑设计科设计的吉黑盐务稽核处办公楼，建筑面积1300余平方米，是一座南北窄、东西宽的长方形二层砖木楼房。二楼的西侧和西南侧是溥仪居住的地方，相当于紫禁城中的乾清宫，由于勤民楼“无公可办”，又担心同德殿里面有日本人安装的窃听器，所以这里就成为溥仪活动最多的地方。缉熙楼二楼的东侧是婉容的卧室，相当于紫禁城里的坤宁宫。紫禁城的坤宁宫曾是溥仪和婉容的婚房，而缉熙楼婉容的卧室却成了她的冷宫。

缉熙楼

穿过同德门，便能见到内廷中的另一栋重要建筑——同德殿。同德殿是日本人为溥仪及其家眷设计建造的临时宫殿，地上地下共3层，建筑面积3707平方米。其主体为钢筋混凝土结构，外墙贴米黄色面砖，采用黄色琉璃瓦覆顶，瓦当和滴水处分别有篆书“弌德”“弌心”字样，寓意“日满一德一心”。整体建筑风格，既采用了中国传统宫殿样式和日式古典建筑的许多构件，又融入了西方建筑元素，属于近代折中主义范畴。作为精心为溥仪设计的临时性宫殿，内部功能划分十分具体，设施也很完备。一楼是办公和娱乐的场所，设有广间、叩拜间、候见室、便见室、中国间、钢琴间、台球间、日本间和电影厅等房间。

同德殿

一楼布局中值得一提的是通高二层的广间，这里曾是溥仪举行家宴的场所。广间作为整个建筑中一个巨大的共享空间，四周由粗大的方柱支撑，方柱表面贴人造大理石。

同德殿的东北处有一座十分不起眼的二层灰色小楼，建筑样式中规中矩。但是不要让它不起眼的外表所欺骗，这座二层小楼可是一座货真价实的“藏宝楼”，里面曾经收藏着溥仪从北京故宫偷运出的包括王羲之真迹、宋版书、清代皇帝墨迹在内的大量珍贵文物。因为收藏着如此多的书画真迹，这里也被称为“书画楼”。但让人遗憾的是，1945年8月11日溥仪仓皇出逃后，他未能带走的大量珍贵文物竟惨遭士兵劫掠，大量流失，令人惋惜。

书画楼

伪满皇宫里面有4处建筑是从未在北京城出现过的，它们是位于内廷东部的御用游泳池、御用防空洞、建国神社和“天照大神”防空洞。

内廷除了缉熙楼、同德殿、书画楼等主要建筑之外，四周还有曾作为中膳房、茶房、西膳房、司房等使用的青砖单层瓦房及西、东两处御花园。

为了更好地保护和研究伪满皇宫，国家对伪满皇宫进行了保护和修缮，并在此基础上建立伪

东北沦陷史陈列馆

满皇宫博物院暨东北沦陷史陈列馆，让更多的人看到当时的历史原貌。

东北沦陷史陈列馆位于伪满皇宫东部，占地面积2.65万平方米，建筑面积达1.06万余平方米，共4层，地下1层，地上3层。顶层为交流展厅，展览面积约1200平方米。现已相继推出纪念九一八事变75周年“百名将军书画展”“馆藏日本书画展”“日军侵华漫画展”等10余个专题展览。主展厅展览空间约4200平方米，展出的是大型基本陈列“勿忘918——日本侵略中国东北史实展览”，展览由沦陷篇、残暴篇、抗战篇三大板块构成，共展出历史照片1200余张，珍贵文物1000多件，采用了声、光、电等高科技手段。展览以大量且无可辩驳的史实、实物、资料，全面真实地展示了东北沦陷的屈辱历史，深刻揭露了日本军国主义武力侵占中国东北、炮制伪满洲国傀儡政权、推行法西斯殖民统治的罪行，歌颂了中国共产党领导东北人民的抗日战争和中华民族同仇敌忾，在世界反法西斯战争中坚守东方战场，与世界人民一道共同夺取抗日战争与世界反法西斯战争最终胜利的伟大壮举。

东北沦陷史展陈的《日满议定书》签订场景复原

伪满皇宫博物院暨东北沦陷史陈列馆是国家一级博物馆、全国重点文物保护单位、全国爱国主义教育示范基地。

经党中央、国务院批准，国务院于2014年8月24日公布，伪满皇宫博物院暨东北沦陷史陈列馆被列入《第一批国家级抗战纪念设施、遗址名录》。

知识链接

东北沦陷

日本军国主义者觊觎中国之心由来已久，并一直把侵略中国作为既定国策。1931年9月18日，日本关东军经过精心策划，自行炸毁了南满铁路柳条湖附近的一段路轨，并布置假现场，反诬称是中国军队所为，遂以此为借口，炮轰奉天（今沈阳）北大营中国军队驻地。这就是震惊中外的九一八事变。

在进攻北大营的同时，日军紧锣密鼓地向奉天进攻。由于东北军绝大多数部队执行了“不抵抗”的命令，未进行有组织的抵抗，几近溃不成军撤往抚顺、清原。6时30分，日军攻占北大营。至10时，日军相继攻占奉天、四平、营口、凤凰城、安东（今丹东）等南满铁路、安奉铁路沿线18座城镇。

长春位于南满铁路的北端，是东北地区的重镇，战略位置十分重要。19日凌晨，日军第二师团第三旅团主力、骑兵第二联队、独立守备第一大队分别进攻长春宽城子、二道沟、南岭。驻守长春地区的东北边防军第二十三、第二十五旅和炮兵团自发奋起抗击。战至次日，一部被缴械，一部撤往榆树等地，长春陷落。21日，东北边防军驻吉林省副司令长官公署参谋长熙洽投敌，所部大多投降，日军第二师团主力进占吉林。同日，日军朝鲜军增派的混成第三十九旅团和两个飞行中队进抵奉天，支援关东军作战。

10月1日，洮南镇守使张海鹏投敌，旋奉日军命令派所部3个联队向黑龙江省会齐齐哈尔进犯。16日进至嫩江桥时，被黑龙江省防军守桥部队击退。为阻止日、伪军进犯，守军将嫩江铁路桥的第1、第2、第5号桥炸毁。26日，日军第二师团第二十九联队进占四洮铁路沿线主要车站、城镇。黑龙江省政府代主席兼代东北边防军驻（黑龙）江副司令长官马占山指挥3个旅又5个团共1.6万余人进行江桥抗战，在江桥、大兴、三间房、昂昂溪等地予日军嫩江支队、第二师团以沉重打击。战至18日晚，终因伤亡惨重、粮尽弹绝而弃守齐齐哈尔，撤往克山、海伦，并在海伦组建黑龙江省政府，继续组织抗日。19日，日军占领齐齐哈尔。

日军在攻占黑龙江省主要城镇后即回师奉天，准备进攻辽西地区。12月28日，第二师团主力由田庄台、营口间渡过辽河向锦州进犯。30日，混成第三十九旅团由奉天、新民向打虎山（今大虎山）进犯。1932年1月2日，第二十师团司令部率混成第三十八旅由奉天进抵石山（今属凌海市），次日进占锦州。驻守锦州的东北边防军奉命撤往河北滦东地区和热河（今分属河北、辽宁、内蒙古）。

1932年1月3日，日军侵占锦州

1月28日晚，日军第三旅团由长春向哈尔滨进攻，随即又从辽西地区调第二师团北上增援。31日，以原依兰镇守使兼第二十四旅旅长李杜为总司令的吉林自卫军奋起进行哈尔滨保卫战。经

5天激战，自卫军伤亡惨重，被迫撤往宾县，继续在哈东地区组织抗日斗争。2月5日，日军攻陷哈尔滨。随后，日军分兵向退守海伦的黑龙江省政府和退守宾县的吉林省政府进攻。

3月1日，日本帝国主义的傀儡、清废帝溥仪出任“执政”的伪满洲国发表“诞生”通电。至此，东北三省沦陷，成为日本殖民地。

杨靖宇烈士陵园

杨靖宇烈士陵园位于吉林省通化市浑江东岸靖宇山，是为了纪念抗日战争时期伟大的抗日英雄杨靖宇而建设的陵园。始建于1954年7月，1957年9月竣工落成，1958年对外开放，2003年至2005年进行大规模维修和改扩建。

杨靖宇烈士陵园东西长200米，南北宽100米，占地面积2万平方米。主要建有杨靖宇铜像、陵堂、陵墓、陈列室、东北抗日联军纪念馆等纪念设施，均属古典式琉璃瓦覆顶建筑。

大门朝西，有正门和两侧的侧门，均为深绿色铁制栅栏式。在正门的门楣之上有“靖宇陵园”4个大字，字后面装饰着红五星和蓝色卷云图案。

杨靖宇烈士陵园大门

进门之后是一条甬道，沿着甬道进入陵园，在甬道的正前方，可以看到一尊杨靖宇将军的戎装铜像挺立在建筑前面，身穿大衣、头戴皮帽的杨靖宇将军手中扶着枪匣，目光炯炯有神地眺望着前方，看着祖国的万里河山，让人感受到杨靖宇烈士生前的浩然正气和抗日救国的英姿。铜像基座为黑色花岗岩材质，基座正面镶嵌着“民族英雄杨靖宇将军”9个铜字，由时任第六届全国人大常委会委员长彭真同志题写。

杨靖宇烈士雕像和陵堂

在甬道的尽头，是杨靖宇烈士的陵堂和墓室。由5座琉璃瓦覆盖的传统建筑组成，其中陵堂和墓室作为主体建筑居于中间，另外4座偏殿作为陈列室分列两侧。灵堂的门前出廊，廊前檐下有4根石柱与斗拱相连。灵堂有三扇四扉敞门，其中中间一扇较大，为正门，左右两扇略小。在正门的上方挂一竖匾，上书“陵堂”两个镏金大字。在陵堂的正中，有一尊杨靖宇将军的半身石膏塑像，塑像基座为乳白色大理石材质，基座上镌刻着杨靖宇将军的简历。塑像后是一樘四门扉，在门的上方放置着一块横匾，上面是朱德同志为杨靖宇烈士题写的“人民英雄杨靖宇同志永垂不朽”

陵堂内景

几个大字。

在陵堂的后方，即杨靖宇将军的墓室。墓室的墙壁雪白，搭配以雪花卷云和花朵的石膏图案。墓室正中间水磨石棺座之上，放置着白丁香木棺椁，杨靖宇将军的遗体就长眠在此，接受着后人的瞻仰和悼念。

在陵堂两侧的陈列室中，通过烈士的遗物、相关文献、照片等资料向悼念者展示着杨靖宇将军一生为党和国家的事业做出的伟大贡献，让人们感受杨靖宇烈士的爱国主义精神。

杨靖宇烈士陵园是国家重点烈士纪念建筑保护单位、全国爱国主义教育示范基地。

经党中央、国务院批准，国务院于2014年8月24日公布，杨靖宇烈士陵园被列入《第一批国家级抗战纪念设施、遗址名录》。

东北抗日联军纪念馆

知识链接

杨靖宇

杨靖宇是东北抗日联军创建人和领导人之一。原名马尚德，曾化名张贯一。1905年2月出生于河南确山李湾村一户贫苦的农民家庭。1923年秋，入河南省立第一工业学校读书，开始接触马列主义，参加爱国学生运动。1926年夏，加入中国共产主义青年团。不久，回家乡从事农民运动，后当选为确山县农民协会会长。1927年4月参与领导确山农民暴动，指挥起义军攻克县城。同年6月，加入中国共产党。大革命失败后，组织确山起义，任确山农民革命军总指挥。1928年秋到开封、洛阳等地从事秘密革命活动。1929年6月，在上海中共中央举办的干部训练班接受短期培训后被派往东北；7月，任中共抚顺特别支部书记，领导煤矿工人运动。他在河南和东北地区期间，曾先后5次被捕入狱，屡受酷刑，从未屈服。

杨靖宇烈士

1931年九一八事变后，杨靖宇先后任中共哈尔滨市道外区委书记、哈尔滨市委书记、哈尔滨市委书记兼满洲省委代理军委书记。1932年秋，他以中共满洲省委代表身份到南满巡视工作，按照中国工农红军的经验整顿游击队，建立政治工作制度，将当地反日义勇军改编为中国工农红军第三十二军南满游击队，任政治委员。此后，率部转战吉林磐石地区，粉碎日、伪军多次“讨伐”，扩大游击队，创建了以磐石红石砬子为中心的游击根据地。

1933年9月，杨靖宇将南满游击队改编为东北人民革命军第一军第一独立师，任师长兼政治委员。为打破日、伪军的“讨伐”，他率师主力南渡辉发江，采取“敌合我分，敌进我退，乘敌之虚，各个击破”等游击战术，指挥所部取得奇袭三源浦、智取凉水河子、攻占八道江等战斗的胜利。他积极开展抗日统一战线工作，于1934年4月在濛江县（今靖宇县）陈家砬子联合17支抗日武装成立抗日联合军总指挥部，任总指挥。11月，独立师发展为东北人民革命军第一军，杨靖宇任军长兼政治委员，率部开创了南满抗日武装斗争的新局面。其间，被选为中华苏维埃共和国中央执行委员。

1935年4月，杨靖宇率主力西进至辽宁省新宾县等地开辟辽东抗日游击区，扩大了南满抗日游击区。9月，指挥所部与第二军西征部队在濛江那尔轰会师，打通了东满与南满游击区的联系。针对日、伪军的连续“讨伐”，提出“地形不利不打”“不击中敌人要害不打”“付出的代价太大不打”“对当地人民损害大不打”等作战原则，采取“走”、“拖”、南北转战、东西分进等游击战术，率部取得梨树甸子等战斗的胜利，建立了河里、那尔轰、老秃顶子等抗日游击根据地。

1936年6月，杨靖宇任东北抗日联军第一军军长兼政治委员。7月，主持召开中共东满、南满特委和第一、第二军主要领导干部联席会议，决定将第一、第二军合编为东北抗日联军第一路军，任总司令兼政治委员。会议还决定，以一部兵力远征热河（今分属河北、辽宁和内蒙古）、绥远（今内蒙古中部、南部）地区，以求打通与中共中央和关内红军的联系，开辟新的抗日游击区。会后，杨靖宇指挥第一军主力两次西征至辽阳、铁岭等地，扩大了抗日联军的政治影响和活动区域。同年冬，指挥第一路军采取内线作战与外线作战相结合的方针，粉碎日、伪军“北部东边道九县大讨伐”，沉重地打击了日、伪军，扩大了游击根据地，使南满与东满游击区连成一片。

1937年全民族抗战爆发后，为执行中共中央提出的“全力牵制东北敌军，扰乱敌人后方，配合关内抗战”的指示，杨靖宇指挥所部积极开展抗日游击战争，主动向日、伪军出击，连续取得攻克抚松庙岭和辉南县城，进攻本溪县同沟、宽甸县四平街、桓仁县榆树沟等战斗的胜利。同年底，被推选为中共第七次全国代表大会准备委员

蒿子湖密营遗址，杨靖宇曾在此战斗

会成员。1938年春，率部转战至辑安（今集安）山区，在通化至辑安铁路沿线开展破袭战，指挥夜袭老岭隧道工程、蚊子沟和长岗伏击战等战斗，威震东北，配合了全国的抗日战争。

日、伪军连遭打击后，调集重兵加紧对东北抗日联军的军事进攻、经济封锁和政治诱降，同时以巨额赏金悬赏对杨靖宇进行缉捕。在极端艰难的条件下，杨靖宇以“头颅不惜抛掉，鲜血可以喷洒，而忠贞不贰的意志是不会动摇”的崇高气节，继续坚持战斗，指挥所部先后取得岔沟突围，攻克木箕河、大蒲柴河等战斗的胜利，挫败了日、伪军1938年秋冬季“讨伐”。中共六届六中全会曾致电以杨靖宇为代表的东北抗日武装，表示慰问，赞誉其为“冰天雪地里与敌周旋7年多的不怕困苦艰难奋斗之模范”。

从1939年8月起，日、伪军警共7万余人采用“分兵驻守，随时出动”“分进合击，穷追搜捕”以及封锁要路等手段，向东南满地区发动秋冬季“讨伐”。杨靖宇指挥东北抗联第一路军，在极端险恶的条件下展开反“讨伐”斗争。为保存实力，减少牺牲，与中共南满省委书记兼抗联第一路军副总司令魏拯民等于10月初在桦甸县（今桦甸市）头道溜河召开中共南满省委和第一路军主要领导人会议，决定将队伍化整为零，分散活动。会后，杨靖宇率第一路军总部警卫旅转战于濛江一带，不断给日军以打击。由于环境恶劣和战斗残酷，特别是日、伪军紧紧追击，部队减员严重。到1940年2月18日，杨靖宇身边仅有的2名战士也在寻粮途中牺牲。此后，他孤身一人与敌周旋5个昼夜，于23日在吉林濛江三道崴子壮烈牺牲。残暴的日军割下他的头颅，剖开他的腹部，发现他肠胃里尽是枯草、树皮和棉絮，没有一粒粮食。杨靖宇不畏困难、威武不屈、战斗到最后一息的英雄气概，使日军也为之震惊。为了纪念这位民族英雄，人民政府于1946年将濛江县改为靖宇县。2009年9月，杨靖宇入选“100位为新中国成立作出突出贡献的英雄模范人物”。

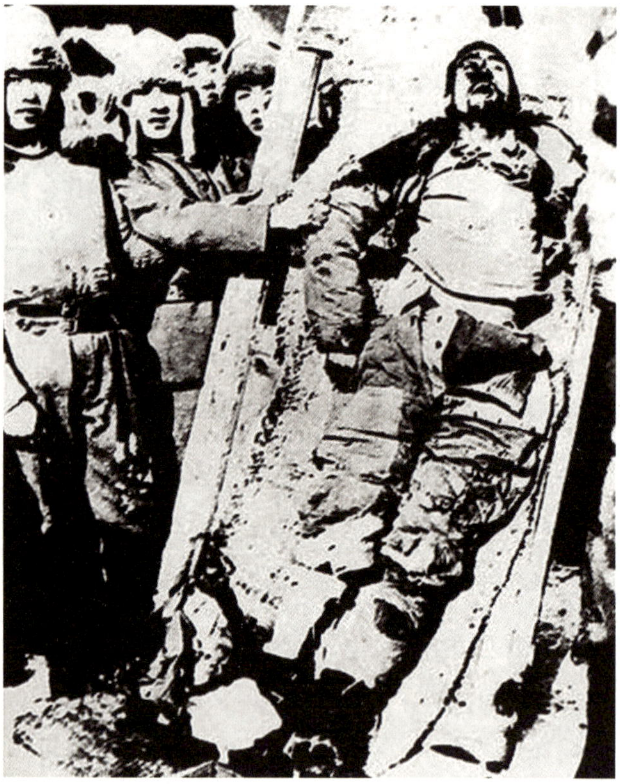
杨靖宇牺牲后照片

吉林市革命烈士陵园

吉林市革命烈士陵园位于吉林省吉林市船营区环山路27号北山公园北山西峰上，是为了纪念在抗日战争、解放战争、抗美援朝和社会主义建设时期牺牲的烈士而修建的设施。始建于1952年，原名北山革命烈士陵园，1991年更名为吉林市革命烈士陵园，后经多次改扩建。

吉林市革命烈士陵园坐北朝南，占地面积约

吉林市革命烈士陵园

1.6万平方米，主要建有革命烈士纪念塔、革命烈士纪念馆和革命烈士墓区等设施。

革命烈士纪念塔始建于1953年，1956年10月建成。位于烈士纪念馆对面的山坡之上，是一座等边五棱形石塔，花岗岩材质，塔高29.6米，底座占地面积3472.5平方米。塔顶装红五星。塔身五面镶10米高黑白相间水磨石，正面刻“革命烈士纪念塔”镶金边大字。其他四面分别刻毛泽东题“死难烈士万岁”、刘少奇题“中华人民的优秀儿女万古千秋”、朱德题“浩气长存”和周恩来题“革命烈士永垂不朽”。

革命烈士纪念塔

革命烈士纪念馆始建于1987年。建设时间历时8年，于1995年4月建成向公众免费开放。该纪念馆占地面积5443平方米，建筑面积1634平方米，是一座传统四合院琉璃瓦起脊建筑，是东北地区介绍抗联英烈事迹最多、最集中的纪念馆。纪念馆展陈面积达518平方米，共设有3个展厅，共陈列实物170件、照片（画像）316张、图表11幅，馆藏烈士文字资料400余万字。其中第一展厅为抗日英雄魏拯民的陈列专馆，第二展厅和第三展厅分别展出了抗日战争时期、解放战争时期、抗美援朝时期、社会主义建设时期牺牲的22位烈士的英雄事迹。

吉林市革命烈士纪念馆和魏拯民烈士塑像

烈士墓区始建于1954年，占地6000平方米，从1956年开始葬入烈士遗骨。后陆续有400余位烈士遗骨及去世的革命军人被葬于此。

在烈士墓区的正中矗立着一尊塑像，这是抗日民族英雄魏拯民烈士的塑像，魏拯民烈士在抗日战争时期曾经担任东北南满省委书记、东北抗日联军第一路军副总司令，在杨靖宇将军牺牲后，他继任东北抗日联军第一路军总司令，继续带领抗联战士抗击日寇。在魏拯民烈士塑像的两侧，是安葬革命烈士的墓区。安葬在这里的烈士，既有经历过土地革命和抗日战争的红军田国浩、吴铁智烈士；也有解放战争时期牺牲的地下党员范啸谷烈士；同时还有很多在祖国和平建设年代卫国牺牲的烈士，如为抢救国家财产牺牲的孙桂芝烈士，像雷锋一样乐于帮助他人的共产主义战士陈宝俊。

烈士墓区

吉林市革命烈士陵园是国家级烈士纪念设施、吉林省爱国主义教育基地。

经党中央、国务院批准，国务院于2015年8月13日公布，吉林市革命烈士陵园被列入《第二批国家级抗战纪念设施、遗址名录》。

知识链接 **魏拯民**

魏拯民，东北抗日联军高级指挥员。原名关有维，字伯张，曾用名冯康。1909年2月3日出生在山西省屯留县王村一个农民家庭里。1926年加入中国共产主义青年团，1927年1月加入中国共产党。先后在北京、河南安阳等地进行革命宣传活动。

魏拯民烈士

九一八事变后，魏拯民被派到东北工作，先后担任中共哈尔滨市道外区委书记、市委书记，发动和组织群众进行抗日斗争。1934年冬被派到东满，后任中共东满特委书记，参与领导创建东北人民革命军第二军，任政治委员，联合东满地区各抗日武装开展游击战。1935年夏曾赴莫斯科参加共产国际第七次代表大会。1936年3月任东北抗日联军第二军政治委员，同军长王德泰指挥所部北上牡丹江地区和远征南满地区，打通与吉东和南满的联系，与抗联第一、第五军配合作战，扩大抗日游击区。同年7月，任中共南满省委书记、东北抗联第一路军总政治部主任，参与指挥所部挫败日、伪军1936年冬季“讨伐”。

七七事变后，魏拯民率部在辉南、抚松、濛江（今靖宇县）、金川、桦甸等地打击日、伪军。1938年5月任第一路军副总司令，协助杨靖宇率部先后挫败日、伪军1938年和1939年秋冬季“讨伐”，曾指挥大沙河、寒葱岭等战斗。1940年2月杨靖宇牺牲后，魏拯民率领部队坚持斗争。1941年3月8日，在桦甸牡丹岭战斗中牺牲。

知识链接 **东北抗日联军第二军**

东北抗日联军第二军是中国共产党创建和领导的，主要在吉林省东南部坚持抗日游击战争的人民武装。

1932年，中共东满特委先后创建了延吉、和龙、安图、汪清、珲春抗日游击队，开辟了10余个抗日游击根据地。1934年夏，以各游击队为基础，组建了东北人民革命军第二军独立师，共900余人。1935年5月30日，独立师扩编为东北人民革命军第二军。王德泰任军长，魏拯民任政治委员，刘汉兴任参谋长，李学忠任政治部主任，辖4个团、1个游击队，共1200余人。随后，主力分进绥宁和敦（化）额（穆）地区，派西征部队进入濛江（今靖宇县），打通了与东北反日联合军第五军和东北人民革命军第一军的联系，扩大了抗日游击区。

1936年3月，东北人民革命军第二军改称东北抗日联军第二军，下辖第一、第二、第三师、教导团和少年营，约2000人。此后，第二师在东满、绥宁配合第五军作战；军部率第一、第三师西进桦甸、抚松、濛江、临江、长白等地，发展了长白山抗日游击区。7月，第二军编入东北抗日联军第一路军，各师依次改称第四、第五、第六师。

七七事变后，第二军各部主动出击，取得袭击辉南县城等战斗的胜利，至年底部队发展到4000余人，歼灭日、伪军2500人。

1938年7月，第一路军改编为3个方面军和1个警卫旅。第二军独立旅和军教导团编入警卫旅。11月，第六师改编为第二方面军。1939年8月，第四、第五师合编为第三方面军。

10月，日、伪军对第一路军进行残酷“讨伐”。第一路军在长白山区极端艰苦的环境中坚持斗争，部队遭受严重损失。1940年秋冬，余部转移至苏联境内整训。1941年3月，编入东北抗日联军第一支队。1942年8月，第一支队编入东北抗联教导旅。

活动在吉林省桦甸地区的抗联部队一部

老黑沟惨案遗址

老黑沟惨案遗址位于吉林省舒兰市东南部90千米的新安乡联合村，是九一八事变后日军占领东北时期制造的一起屠杀惨案的遗迹，当年惨案发生的地点叫老黑沟。为了悼念惨案中英勇牺牲的烈士和无辜的遇难者，让后世记住当年中国人民遭受的苦难，1995年，中共舒兰市委、市政府和榆树沟乡党委，在老黑沟惨案发生的地方修建了老黑沟惨案遗址纪念碑。

纪念碑园共占地1000平方米，共有一座主碑、两座辅碑，均为大理石材质，主碑高4米，碑身正面刻有“老黑沟惨案遗址”，主碑两旁是两座辅碑，碑身正面分别刻着“勿忘国耻”“兴我中华”，背面则是对老黑沟惨案的概述和惨案发生示意图。

老黑沟惨案遗址是全国重点文物保护单位、

老黑沟惨案遗址纪念碑

吉林省爱国主义教育基地。

经党中央、国务院批准，国务院于2015年8月13日公布，老黑沟惨案遗址被列入《第二批国家级抗战纪念设施、遗址名录》。

知识链接　老黑沟惨案

九一八事变后，中国东北地区被日军侵占。日军烧杀掳掠，无恶不作。不甘心当亡国奴的中国人民组织起来，活跃在白山黑水之间打击日军，为东北地区的抗日斗争做出了贡献。

当时，在舒兰、五常一带山区活跃着一支“反日山林队”，由抗日英雄宋德林领导。他们熟悉这一带山地地形，灵活与日军周旋，伺机打击敌人，令日军防不胜防。

日军发动了大规模的“讨伐”行动，企图彻底消灭反日山林队。但是在当地老百姓的掩护下，反日山林队的战士们在山林间穿梭，成功躲过日军的“围剿”，在时机合适的时候还会伏击日军，让其付出惨重的代价。

日军的数次“讨伐”都没能消灭反日山林队，这全都有赖于当地百姓对这些抗日英雄的保护。日军派出便衣密探打探情况，知道当地老百姓支持反日山林队，尤其是一个叫老黑沟的地方，长80里的区域内分布着老杉松、桦曲柳顶子、青顶子、柳树河子、榆树沟等村屯，更是反日山林队补给的重要来源。

1935年5月29日，日军第三十八联队第三大队来到了老黑沟，对手无寸铁的百姓进行了长达10天的惨无人道的屠杀。从5月29日到6月7日10天的时间里，整个老黑沟宛若人间炼狱，到处都是杀戮，到处都是尸体。被日军残杀超过1000人。

在桦曲柳顶子，日军将百姓堵在房子里杀害，随后烧房焚尸。还有百姓被日军赶到树林边的几个事先挖好的坑中，活埋杀害。多年后，人们在这里的一个大坑中挖出了30多个人头骨。

制造“老黑沟惨案”的日军第三十八联队联队长长田路朝一，后被我军击毙

在老黑沟月牙泡，日军杀死了300多名百姓，泡子里的水都被染成了红色。这是日本侵略者对中国人民犯下的又一泯灭人性的滔天罪行。

延边革命烈士陵园

延边革命烈士陵园位于吉林省延边朝鲜族自治州延吉市公园街烟集路8号，人民公园北侧的

延边革命烈士陵园全景

西山，是为了纪念在抗日战争、解放战争、抗美援朝和社会主义革命时期牺牲的烈士而修建的设施。始建于1980年5月，原名延吉市烈士陵园，1992年4月在原址改建并更用现名。后历经2001年、2006年、2012年3次改扩建。

延边革命烈士陵园坐北朝南，占地面积约3.7万平方米，建筑面积6165平方米。主要建有牌楼、革命烈士纪念碑、大型雕塑、延边革命纪念馆、英烈墙、革命烈士墓群等纪念设施。

牌楼即延边革命烈士陵园的大门，在牌楼之上挂着由时任中顾委副主任宋任穷题写的园名“延边革命烈士陵园”。

进入陵园大门，映入眼帘的是革命烈士纪念碑，碑高19.28米，寓意从1928年开始，延边人民在中国共产党的领导下开始走上革命道路，为新中国的建立贡献力量。碑的正面是有时任中共中央总书记江泽民同志题写的“革命烈士永垂不朽”8个大字，其旁边附有朝鲜文。纪念碑的两侧是两组雕像，东侧雕像展现的是延边抗日军民勇敢抗击日寇侵略的场景；西侧雕像展现了延边各族人民为了革命的胜利踊跃支援前线的场景。

走过纪念碑，在纪念碑的后方是延边革命纪念馆。纪念馆正厅摆放着一座以长白山为背景的英雄雕塑，展现了延边各族人民在中国共产党的领导下不惧危险，勇敢反抗侵略，谋求祖国解放的英雄气概。

革命烈士纪念碑和雕像

延边革命纪念馆

英烈墙

展馆内从“先驱者的足迹”“星火燎原起征程”“抗日烽火燃神州”“迎接抗战胜利曙光”“共筑钢铁长城”“战略反攻解放东北”“五星红旗迎风扬”“众志成城抗美援朝”“和平时期涌现英模”等9个方面全面展示了延边人民在中国共产党的领导下如何抵抗日本侵略者，又如何从那个积贫积弱的旧社会通过努力奋斗，取得令人瞩目的建设成就，展示了在这个光荣的进程中一位又一位革命烈士为了我们伟大的祖国做出的贡献。

在纪念馆的北侧，由21块花岗岩组成的群山连绵造型的英烈墙出现在人们的眼前，英烈墙上镌刻着延边革命和发展的各个历史阶段牺牲的共17733名英烈的名字，还有时任全国政协副主席赵南起为英烈墙题词：“延边革命烈士永垂不朽！”

在陵园之中，有一块刻着“千秋正气”的石碑非常显眼，它坐落在陵园的中央，是延边人民为了悼念在解放长春的战斗中牺牲的延边英雄朴洛权而设立的，以此缅怀朴洛权烈士，怀念他为新中国的诞生做出的巨大贡献。

纪念碑的后面是延边烈士陵园的烈士墓群，

烈士墓群

安葬着600位各个时期牺牲的烈士。他们为延边的解放，为新中国的诞生做出了巨大贡献。

在烈士墓群的北侧有一座骨灰堂，用来安放那些在和平年代为延边发展做出过突出贡献的已经过世的老干部，让他们与英烈一起接受人民的瞻仰。

延边革命烈士陵园是国家级烈士纪念设施、全国爱国主义教育示范基地、吉林省爱国主义教育基地。

经党中央、国务院批准，国务院于2015年8月24日公布，延边革命烈士陵园被列入《第二批国家级抗战纪念设施、遗址名录》。

知识链接 寒葱岭战斗

寒葱岭战斗，是东北抗日联军第二军在吉林省敦化县寒葱岭对日、伪军进行的一次著名的伏击战斗。

1936年3月，东北抗日联军第二军军长王德泰、政治委员魏拯民，为打破日军“讨伐”，巩固并发展游击区，决心率部主动出击：由第二师代师长兼参谋长陈翰章、政治委员王润成率所部北上宁安、东宁、额穆一带，配合东北抗日联军第五军作战；由王德泰、魏拯民率第一、第三师西进桦甸、抚松、濛江（今靖宇县）、临江、长白等县，留一部分兵力在敦化、延吉一带进行游击活动，率主力部队向安图、桦甸转移，为攻打安图、开辟发展长白山抗日游击区做准备。王德泰认为要想打下安图，就要首先拔除安图、敦化、桦甸三县交界的大蒲柴河镇敌人据点。这样，盘踞在敦化的敌人势必前来增援。于是，第二军派一支小部队攻击桦甸以东的大蒲柴河镇，另派一支小部队在敦化以南开展活动，诱敌出巢。同时，把主力部队埋伏在敦化玉皇庙一棵松附近，届时出其不意地打击敦化出援之敌。

寒葱岭抗日英雄纪念碑

大蒲柴河镇位于敦化西南70多千米处，因大蒲河而得名。清初为禁垦围场，光绪末年始有零散住户。九一八事变后归桦甸县（今桦甸市）管辖。4月初，第一师进至敦化县城与桦甸县城东部大蒲柴河镇之间的玉皇庙附近隐蔽待机；第三师进至敦化以南地区开展游击活动，引诱敦化之敌出动，相机歼灭之。

6日，第一师以少部兵力佯攻大蒲柴河镇，摆出一副不攻下不罢休的阵势。敌人果然上当。次日，驻守敦化的日军500余人和伪警察大队250余人出动，气势汹汹地向大蒲柴河镇前进。王德泰立即命令主力部队连夜急行军，向敌必经之路寒葱岭挺进。

寒葱岭位于大蒲柴河镇腰岔子屯以北约15里处，是寒葱岭南坡的一条狭长的山谷，南北长5里，东西宽1里，沟口小，形如袋状。横亘东西的寒葱岭是松花江与牡丹江的分水岭，最高海拔1000多米，岭南之水注入松花江，岭北之水注入牡丹江。这里杂草、灌木丛生，树高林密，遮天蔽日，为敦化通往大蒲柴河镇的必经之地。

8日拂晓，第一师赶到寒葱岭北山，隐蔽埋伏于山北坡大道两侧的树丛和沟壑之中；第三师第十、第十二团担任封锁寒葱岭沟口的任务，堵住敌人的退路。9时30分，日军小分队六七十人进至寒葱岭口附近搜索，由于抗联战士隐蔽得十分巧妙，未被敌人发现。日军大队人马在前、伪警察大队在后，大摇大摆地沿着崎岖陡峭的山路，向寒葱岭岭顶行进。

中午时分，日、伪军完全进入抗联的伏击地域。当日军先头部队接近岭顶时，抗联预先埋设的地雷突然爆炸，炸得日军血肉横飞，鬼哭狼嚎。日军队形顿时大乱，四处躲藏，胡乱开枪射击。第一师部队趁机向日军发起猛烈进攻，仅用10分钟，即将日军先头部队60多人全歼，其余日军拼力抵抗。抗联部队组织交叉火力，猛烈射击。冲锋队冲入敌阵，展开白刃格斗，日军伤亡过半，残部夺路而逃。与此同时，封锁沟口的第十、第十二团击毙伪警察大队数十人，并将余部全部俘获。

激战至16时，寒葱岭战斗胜利结束，共毙伤日、伪军260余人，俘270余人，缴获步枪500余支、轻机枪16挺、小口径炮10门、电台2部，以及大量的粮食和弹药。被敌人抓去运送弹药的300名民夫也全部获得释放。

丰满万人坑遗址

丰满万人坑遗址即吉林市劳工纪念馆，位于吉林市丰满区江南乡孟家村东山，是1937年至1942年日军建造丰满大坝期间掩埋死去的中国劳工尸体的场所，是日军在侵占我国东北时期对中国人民犯下滔天罪行的罪证之一。1963年，丰满

吉林市劳工纪念馆大门

发电厂在万人坑之上修建了简易的尸骨陈列厅，次年修建了劳工纪念碑。1997年，吉林市总工会、市文化局在遗址之上建成了吉林市劳工纪念馆。

吉林市劳工纪念馆占地面积1.4万多平方米，建筑面积1580平方米，由苦难劳工史实陈列展厅、遗骨陈列厅、中国丰满罹难劳工纪念碑、工人慰灵塔4个部分组成。现存较完整的遗骨有35具、出土文物38件、照片400余张，是日本帝国主义为达到长期霸占中国的目的，对中国进行经济掠夺，残酷迫害、奴役中国人民的历史铁证，是“警示后人，勿忘国耻”的生动教材。

中国丰满罹难劳工纪念碑

“松花江电力发电所”是日军占领我国东北时期建设的一项重要水力发电设施。这项工程当时被日军称为“亚洲第一大工程”。从1937年开始，日军在丰满地区建造水力发电站需要的大坝。为了建造大坝，日军从吉林本地及山东、河北等地通过欺骗、强征等手段找来约11万青壮年来到工地上劳动。当时大坝工地上的劳动条件非常恶劣，日军为了加快施工进度，用残暴的统治欺压工地上的劳工，劳工们在恶劣的工作条件下每天超负荷劳动。在日军的欺压下，大量的劳工病死、饿死、冻死、累死和被各种惨无人道的刑法折磨、迫害致死。

一旦劳工死亡，冷血的日军就将这些劳工的尸体扔到附近的大山之中，这些大山中有3条100多米长、6米宽、4米深的天然沟壑，日军将劳工扔到这里就地掩埋。在建造大坝的5年时间里，被折磨致死的劳工高达数万人，在这些沟壑之中形成了万人坑。

遗骨陈列厅

对于自己犯下的滔天罪行，日军欲盖弥彰，1941年在丰满万人坑南约1500米处建了一座“慰灵塔”，表面上表示他们对逝去的劳工的哀悼，但这不过是欺骗世人的伎俩罢了。塔用浅褐色天然石块制作，背面的铜牌铭文（日文）中称：“在任务紧迫，劳动力不足的情况下，已经接收的工

工人慰灵塔

人劳动是何等艰苦，这是不言而喻的。由于过度劳累而牺牲，则成为势所必然。”

这座“工人慰灵塔”石碑是伪满洲国劳工协会打着安慰死难劳工的旗号修建的假慈悲面具，实际上只是惧怕遭到劳工的罢工和反抗。碑名“工人慰灵塔”是伪满洲国第一任水利电气局局长直木伦太郎书写。

苦难劳工史实陈列展厅

丰满万人坑遗址是全国重点文物保护单位。

经党中央、国务院批准，国务院于2020年9月1日公布，丰满万人坑遗址被列入《第三批国家级抗战纪念设施、遗址名录》。

知识链接

丰满大坝上的劳工血泪

日军侵占中国东北地区之后，妄想将其作为他们以战养战的战略后方，便大兴土木，疯狂掠夺资源。从1936年开始，日军开始谋划在松花江上建一座水电站发电。1937年4月，被称为“亚洲第一大工程”的松花江水力发电所丰满大坝正式开工建设。大坝为混凝土重力坝，长1080米，高91.7米，坝体混凝土量194万立方米。这在当时确实是一项巨大的工程，需要大量的人力进行工程建设。于是日军就开始在中国东北地区四处抓壮丁，从山东、河北等地欺骗不知实情的人来工地干活。来到丰满大坝工地上干活的劳工多达数万人。

1938年6月，大坝开挖岩基

丰满大坝从1937年破土动工到1943年春开始发电，仅仅用了5年多时间，在当时生产力水平低下、机械化程度不高的情况下，建成如此浩大的工程，所需劳工数量之多，劳动强度之大可想而知。据记载，当时约有20万劳工参与修建大坝。每天平均有1万~1.2万名劳工修建大坝，最多时有1.8万名劳工。

劳工们一旦来到丰满，一条腿就算踏入了鬼门关。为了防止劳工逃跑，日本人在松花江北设下层层铁丝网，外有丰满警察署武装警察站岗把守，内有监工、大小把头、拉杆盯梢。劳工们每天要工作10多个小时，稍有怠慢，就会遭到拳打脚踢。他们衣不蔽体，食不果腹，没有任何劳动安全保障，死伤无数。如果有人想要逃跑，警察署、日本监工、把头等就会把他抓住当场打死。

在吉林市发现的《松花江第一水电所工事写真帖》中，有关劳工日常生活的几幅照片真切地反映出当时中国劳工的悲惨境地。写真帖上不少劳工衣衫褴褛，表情木然。为了御寒蔽体，许多劳工只能把麻袋或者水泥袋套在身上。写真帖中的一幅照片说明写道：“1.2万名劳工分成两班，昼夜轮换。”劳工们没有一点休息时间，稍不留心就会遭到毒打。“汉奸把头似虎狼，十个难有九个活。”据汉奸原东兴利二掌柜、把头王海彬交代，1940年前后，他在丰满打死7人，打伤无数。劳工纪念馆尸骨厅里展出的部分尸骨中，从受损的骨骼上看，有的是被铡死的，有的是被钉死的，其中不乏童工。

1941年，修建中的丰满大坝

1938年以后，由伪满水力电气建设局工程处指定孟家村东山附近一带的沟坡为死难劳工的埋葬区。那里有3条100多米长、6米宽、4米深的天然沟壑，抛尸浅埋了无数的中国劳工。当年因死难劳工过多，这里白骨蔽野，成为野犬吞尸的凄凉恐怖世界。

1941年5月，“满洲劳工协会”以大量劳工死亡怕激发罢工反抗，遂召开劳工大会，为死者建“工人慰灵塔”。原丰满警察署署长野琦茂作供认：“每天平均有2名工人死亡，7年就有5110人死亡。”

新中国成立后，为纪念死难劳工，人民政府建立了丰满劳工纪念馆。1964年，在纪念馆前为死难者建起一座纪念碑，上面镌刻“不忘阶级苦，牢记血泪仇”。

丰满万人坑

辽源市二战盟军高级战俘营旧址展览馆

辽源市二战盟军高级战俘营旧址展览馆位于吉林省辽源市西安区人民大街4907号，是为了再现第二次世界大战时期日本在辽源市关押盟军战俘的战俘集中营在其旧址上建设的展览馆。2015年8月正式落成并对外开放。

辽源市二战盟军高级战俘营原名奉天俘虏收容所第二分所，占地面积2.8万平方米，展馆面积2097平方米，展陈文物200多件。让人们了解了当初盟军高级战俘在此处被关押时的情况。

战俘营旧址原有的20多间囚室，现仅存5间。还有地下室、地下通道和新修缮建成的约360平方米日军辽源高级战俘营旧址史料展室。是我国现存的唯一的一所盟军高级战俘营旧址，是日本法西斯罪行的铁证，也是中国军队和盟国军队并肩作战共同抗击法西斯的见证。

高级战俘营旧址展览馆主题雕塑

战俘营遗址高级战俘关押室

展览馆展览内容主要包括“太平洋战火”“黑色的囚程”“将军的故事”“战俘的遭遇”“活着回家”“远逝的背影”“二战时期大事记”7个部分内容。主要讲述美军中将温莱特等多个国家的盟军高级军政要员及其随从人员在这里度过了饱受煎熬的267个日夜。

辽源市二战盟军高级战俘营旧址是我国重点

高级战俘营旧址展览馆

文物保护单位、中国华侨国际文化交流基地。

经党中央、国务院批准，国务院于2020年9月1日公布，辽源市二战盟军高级战俘营旧址展览馆被列入《第三批国家级抗战纪念设施、遗址名录》。

知识链接 被日军俘虏的盟军战俘

第二次世界大战期间，日军在太平洋战争中俘虏了大量的盟军战俘，为此修建了数十座战俘营来关押这些战俘。辽源市二战盟军高级战俘营就是其中之一。该战俘营始建于20世纪30年代，属日式建筑。曾经关押过包括驻菲律宾美军总司令乔纳森·温莱特和马来亚英军总司令阿瑟·珀西瓦尔陆军中将在内的一批盟军高级战俘。日军在1945年战败之后，为了掩盖罪行，在投降前大量销毁有关关押战俘的证据，包括辽源市二战盟军高级战俘营在内很多战俘营的资料都被销毁，致使很长一段时间里人们根本不知道辽源市二战盟军高级战俘营的存在。直到2004年，美国一个研究日本二战侵略历史的考察团来到辽源考察，才让尘封多年的二战盟军高级战俘营重见天日。2010年，对辽源市二战盟军高级战俘营进行抢救性修复，保护了这一历史遗址，为第二次世界大战时期日寇的暴行再添罪证。

1941年，日军偷袭珍珠港，太平洋战争爆发。位于东南亚的菲律宾成为日军攻击的首要目标。美国在菲律宾驻军达数万人，但在日军凌厉的攻势下，数万美军成为日军的战俘，包括美国驻菲美军的总司令温莱特也成了日军的俘虏。

为了安置多达9万人的美菲战俘，日军建造了许多座战俘营。这些战俘从最初被俘的巴丹半岛被日军一路押解抵达在东亚地区所设的战俘营：菲律宾的吕宋岛、马尼拉战俘营，中国台湾战俘营，朝鲜半岛战俘营，中国奉天战俘营等。

在一路北上的过程中，这些地点就好像一道道鬼门关等待着战俘们去闯。从巴丹半岛到吕宋岛转运的过程中，有大约1.6万名战俘死去，这一段历史也被称为盟军战俘“巴丹死亡行军”，是日军在第二次世界大战中犯下的滔天罪行之一。在这段“死亡行军”的路上，少得可怜的食物供给根本无法支撑盟军战俘的长途行军，不断有盟军战俘倒地死去。

巴丹死亡行军

另外，日军在通过海路转运战俘的过程中，由于日军船只未按国际惯例悬挂红十字标志从而遭受盟军炮击，数万盟军战俘因此而丧生。

即使安全抵达日军设立的战俘营的盟军战俘，生活也没有得到改善，在战俘营要从事繁重的劳动，与此相对应的是他们并不会得到足够的食物，每个人都骨瘦如柴。在遭受肉体折磨的同时，他们还要接受日军精神上的摧残。就连驻菲美军最高长官温莱特，在战俘营里也经常遭受日军的羞辱和殴打。他在自己的自传中披露自己曾经在盟军战俘营中的遭遇：一名身体健壮的日本兵看到温莱特走过，上来不容分说就给了温莱特一记耳光，温莱特没有求饶，而是倔强地站在那里，等待他的是一记又一记耳光，对方只是日军的普通士兵，而温莱特则是数万驻菲美军的最高统帅，不难看出当时在战俘营中盟军战俘经历了怎样的屈辱折磨。

东北沦陷时期辽源矿工墓陈列馆

东北沦陷时期辽源矿工墓陈列馆位于吉林省辽源市西安区安家街道泰安大路5048号，是依托辽源矿工墓建设的一座近现代重要史迹陈列馆，呈现了日军占领东北时期辽源煤矿工人的悲

辽源矿工墓遗址陈列馆

惨遭遇。辽源矿工墓过去被称为“方家坟”“万人坑”，是在1963年被挖掘整理的，1964年对外展出。1973年建立“阶级教育展览馆”。2007年12月更名为东北沦陷时期辽源矿工墓陈列馆。2015年实施辽源矿工墓陈列馆展陈提升工程，并重新开馆。

辽源矿工墓保护范围20万平方米，分为陈列展示区和墓地遗址两大部分。

陈列展示区建有辽源矿工墓遗址陈列馆，建筑面积1055平方米，基本陈列主题为“历史见证殖民劫难——辽源矿工墓遗存及史实陈列”，共分成6个单元：序幕“煤城西安”、第一单元“侵占矿山”、第二单元“矿工血泪”、第三单元“矿山风云”、第四单元“辽源光复”、尾声“公祭与警示”。陈列了众多文物资料，生动地展示了辽源矿工的悲惨境遇与苦难，真实地揭露了日本殖民统治的残酷与黑暗，见证了日本侵华时期所犯下的反人类罪行。

《历史见证殖民劫难》主题雕塑

墓地遗址占地近6万平方米，现有8处尸骨展馆，保存着反映不同时期及不同形态的197具完整的死难矿工遗骨及20余具零散的矿工遗骨。在墓地西坡还有一处“炼人炉”遗址，虽经历半个多世纪，至今仍可见一尺多厚的骨灰和焦土，周

尸骨展馆内景

围山坡上分布着3000多座矿工坟。

在矿工墓中心山岗上耸立着死难矿工纪念碑，馆区的一角建有一座由128块警示碑组成的碑林，突显了矿工墓的爱国主义教育阵地的作用。

东北沦陷时期辽源矿工墓陈列馆是全国爱国主义教育示范基地。

经党中央、国务院批准，国务院于2020年9月1日公布，东北沦陷时期辽源矿工墓陈列馆被列入《第三批国家级抗战纪念设施、遗址名录》。

日伪统治时期辽源煤矿死难矿工墓碑

知识链接　辽源矿工血泪

在日军占领中国东北时期，位于吉林省的辽源煤矿变成了人间炼狱。为了掠夺这里的煤炭资源，日军压榨虐待这里的煤矿工人。在整个抗日战争时期，有8万煤矿工人死在了日军的魔爪之下。辽源煤矿矿工墓里的累累白骨就是日军当年犯下的罪孽的最直接证明。这里的每一具遗骸都在向世人诉说着他们遭遇的苦难，控诉着当年日军的暴行。

辽源煤矿工人是日军从当地以及河南、河北、山东、山西等地通过诱骗、抓捕、逼迫等方式弄来的。这些劳工在进入辽源煤矿的那一刻，就已经进入了鬼门关。在这里他们没有自由，没有生命的保障，每天要从事长达十四五个小时的高强度劳动，而工作环境却毫无安全性可言。当时日军在辽源煤矿实行的是“以人换煤”的策略，为了最大限度地攫取这里的煤炭资源，根本不管煤矿工人的死活。发生矿难的时候，日军首先要做的不是去想办法救人，而是封死洞口，避免不必要的麻烦，让陷入绝境中的工人失去最后生机。

在辽源煤矿，日军以各种残忍的手段对待敢于反抗的工人。当有人反抗他们的暴行的时候，日军就会将这些人扔进绞刀机中绞碎，然后用水冲掉，达到杀一儆百的效果。为了防止矿工们互相联络接触反抗管理，日军规定煤矿工人休息的时候躺着不许睁眼，不许互相说话，上厕所不能穿衣服。可怜的矿工在这里不被当人看，平时只能拿一个水泥袋当衣服穿，人格尊严遭受极大的侮辱。

蔡家柜大把头蔡九龄甘心当日本侵略者的走狗，残酷剥削压榨迫害矿工，被矿工称为“屠杀矿工的刽子手”。矿工死后，蔡九龄不仅把死亡矿工家属应得的一点“抚恤金”揣入腰包，还在死亡矿工的尸身上“揩油水”，把矿工尸体上仅剩的一点破烂衣裳、水袜子（后开门的胶鞋）扒下来，卖给新来的矿工。1944年一年间，有600多名矿工死在矿坑内，蔡九龄令其爪牙把死亡矿工留下的物品扣下，一次卖得伪币1400多元。

“屠杀矿工的刽子手”蔡九龄塑像

在日军及其帮凶的折磨下，大量的矿工饿死、累死、病死、体罚致死，每天都有很多矿工的尸体从矿坑被抬出去。对这些矿工的尸体，日军并不会给予他们最后的尊严，而是一扔了之，导致煤矿附近的山沟中到处都是死去矿工的尸体。后来山沟中堆满尸体，没有地方再抛尸了，日军就建起了炼人炉，将死去矿工的尸体扔进炉子中烧掉。据后来幸存的矿工回忆，有的时候很多矿工还没有彻底死去，就被日军扔进炉子里烧掉了。日军的行为惨无人道，毫无人性可言。

整个抗日战争时期，日军从辽源煤矿掠夺走了1550万吨煤炭，而每一吨煤炭都是用中国矿工的生命换来的。在原来辽源煤矿工人坟墓的基础上建起的东北沦陷时期辽源矿工墓陈列馆，以详尽的史料和一具具遇难矿工的遗骸控诉当年日军在这里犯下的暴行，向世人展示日本侵略者毫无人性、丧尽天良的无耻行径。同时警醒后人要努力建设祖国，使伟大祖国繁荣昌盛。

杨靖宇将军殉国地

杨靖宇将军殉国地位于吉林省白山市靖宇县城西南濛江乡靖宇村东。为了纪念杨靖宇将军，缅怀杨靖宇将军的英雄事迹，1962年5月在杨靖宇将军牺牲的地方修建了纪念碑，供人们凭吊瞻仰英雄的事迹，寄托哀思。1965年修建纪念塔。1978年重建纪念碑和纪念塔。

杨靖宇将军殉国地占地面积约10万平方米，从前到后依次为前导区、中心区和旅游区，纪念设施主要包括牌楼、雕像、正气亭、台阶、拱桥、纪念碑、纪念塔等。

前导区的主要建筑物是牌楼、将军雕像和正气亭。牌楼是整个纪念设施的正门，这一建筑为古式黄色琉璃瓦建筑，牌楼的正上方牌匾正面是由陈云同志亲笔题写的“杨靖宇将军殉国地”

杨靖宇将军殉国地大门

8个金色大字，牌匾的背面是由郭沫若题写的“浩气长存”4个金色大字。

在牌楼的前面，摆放着一对高1.9米的汉白玉石狮，另有陵园说明碑和牌楼说明碑，介绍了杨靖宇将军殉难地的大致情况。

走过牌楼，是一段长120米、宽10米的水泥甬道，甬道直通前导区中心广场，广场中最引人注目的建筑就是杨靖宇将军的雕像了，这尊雕像立于1989年8月，采用浅褐色花岗岩雕琢而成，立于3米高的大理石基座上，基座正面是彭真同志题写的“民族英雄杨靖宇将军”9个金色大字。

杨靖宇将军雕像

在雕像的后面，有一座四角形的亭子，被称为“正气亭”，站在亭中，可以观望中心区全貌。

在中心区，有纪念碑、护碑亭、常青树、纪念馆和纪念塔等设施。其中纪念碑高5.34米，碑身正面刻着“人民英雄杨靖宇同志殉国地”正楷大字，背面刻有杨靖宇将军简历。在纪念碑的后面，是一棵松树。杨靖宇将军在牺牲之时，背靠大树与日军战斗到了生命的最后一刻。原来的那棵树已经枯死，为了祭奠英烈，人们在纪念碑旁又栽种了这棵树，被称为“常青树”，意指将军是松柏常青，永存人间。在纪念碑西侧有一座面积约200平方米的二层楼，这里是杨靖宇将军纪念馆，馆内通过大量的实物、照片，再现了将军殉国前在濛江（今靖宇县）90天的战斗历程。

纪念碑亭和常青树

位于纪念碑南面的纪念塔是纪念地的重要建筑，钢筋水泥结构，坐落在两层基座上，塔高15米，塔身正面刻有朱德同志题“人民英雄杨靖宇同志永垂不朽”金色大字，基座每层设5步台阶，四周架设钢管扶栏。

登上纪念设施的最高点雄风亭，殉国地风光尽收眼底。杨靖宇将军就是在这里与日军浴血奋

杨靖宇烈士纪念塔

战，用自己的宁死不屈诠释了什么是民族气节，什么是中华儿女该有的骨气。

杨靖宇将军殉国地是国家级烈士纪念设施、全国爱国主义教育示范基地。

经党中央、国务院批准，国务院于2020年9月1日公布，杨靖宇将军殉国地被列入《第三批国家级抗战纪念设施、遗址名录》。

知识链接

杨靖宇将军牺牲身后事

杨静宇悲壮殉国后，遗体曾遭到日本侵略者剖尸，身首也长期分离，历经3次下葬和18年的辗转，直至20世纪50年代才魂归通化（杨靖宇烈士陵园）。

1940年2月，在日、伪军的残酷“围剿”下，跟随杨靖宇转战长白山区的队伍仅剩下两名警卫员，其余均壮烈牺牲。即便如此，面对伪满通化省警务厅厅长岸谷隆一郎发出的“劝降信”，杨靖宇理都不理，而是继续与敌人战斗。到2月18日，两名警卫员也牺牲了，只剩下杨靖宇一人。

2月23日中午，孤身一人的杨靖宇在吉林濛江县（今靖宇县）三道崴子附近的山上遇见4个砍柴的人，希望他们能给自己一些粮食和一双棉

东北抗日联军密营作战室和瞭望哨

鞋，并表示愿意多付钱。当中一个名叫赵廷喜的是保安村甲长，竟认出了杨靖宇，恬不知耻地“劝降”，声称“满洲国对投降的人是不杀头的”。杨靖宇断然拒绝：“我是中国人，不能做这样的事情，如果我们中国人都投降了，中国就完了。”

告别杨靖宇后，赵廷喜立即下山，向日本特务李正新讲了这件事。李正新立即向伪满濛江县警察本部告密，随后伪警佐西谷命令赵廷喜带路，去“围剿”杨靖宇。

日、伪军沿着雪地上的脚印在濛江三道崴子追上了杨靖宇。杨靖宇临危不惧，边开枪边往后撤，直至过河后靠在一棵大树上。这时岸谷隆一郎出现，亲自来“劝降”，做最后的“努力”，但杨靖宇依旧不理，用手枪继续射击。最终岸谷隆一郎向伪军机枪手、前抗联士兵、叛徒张奚若下达“干掉他”的命令，杨靖宇寡不敌众，身中数弹殉国，时年35岁。

为了证明是杨靖宇本人，岸谷隆一郎找来了叛徒程斌辨认。在确认无误后，2月24日由张奚若等汉奸用铡刀铡下杨靖宇的头颅。日军惊讶于杨靖宇没有吃的，是如何熬过这些天的，于是在濛江县民众医院剖开了他的胃，竟发现里面没有一粒粮食，只有无法消化的树皮、草根和棉絮。在场的敌人无不震惊，面对杨靖宇的遗体三鞠躬。岸谷隆一郎不禁感慨：“虽为敌人，睹其壮烈亦为之感叹，大大的英雄！”

为庆祝所谓的“胜利”，日军将杨靖宇的头颅装进带有玻璃的木箱内，先在通化周边县市进行“示众”，然后被送往伪满首都新京（今长春）。

据说，岸谷隆一郎把杨靖宇的头颅作为战利品送给他的上级——日本关东军“讨伐”司令官野副昌德。结果，野副昌德一连数日噩梦不断，

梦见一个大汉高呼“还我头来”。于是，他将杨靖宇的头颅存放于关东军司令部医务课，作为医学标本保存起来，又下令于1940年3月5日在濛江县西山关帝庙召开“慰灵祭”大会，准备了一口棺材，请木匠刻了一个头颅，与杨靖宇尸身合在一起，然后由日本僧人超度念经和焚香供酒。大会结束后，葬有杨靖宇的棺木被运往附近的保安村西岗上，由关东军挖坑堆坟，岸谷隆一郎题写木牌作为墓碑，上书“杨靖宇之墓，通化省警务厅长岸谷隆一郎昭和七年三月五日立”，是为杨靖宇将军第一次下葬。

日军为杨靖宇将军举行祀奠仪式

抗战胜利后，1945年10月，东北人民自治军解放了濛江并成立了人民政府。新政府成立后，第一件事就是宣布将濛江县改名为靖宇县并重新安葬杨靖宇的灵柩，得到全县各届人士一致响应。当时县城内几家大型商号，像庆聚源烧锅和李兴武油坊等，都带头捐款，为修墓筹集资金和所需建筑材料。

1946年2月，杨靖宇新墓落成，地点仍在当时的保安村，墓碑正面刻有“抗日民族英雄杨靖宇将军之墓”字样，后面则是青砖砌成的墓室，里面葬有杨靖宇棺木。落成仪式暨追悼大会由时任辽东省主席张学思和东北民主联军（1946年1月由东北人民自治军改称）杨靖宇支队政委刘培植等人主持，抗联老战士纷纷跪在墓前失声痛哭，场面极为感人。会后靖宇县公安局还在墓室前对赵廷喜和李正新执行枪决。是为杨靖宇将军第二次下葬。

1948年长春解放前夕，中共地下党成员李野光从一个名叫铃木的日本人那里得到线索，说原关东军医务部库房内有两颗人头。李野光第一时间就向党组织进行了汇报，而地下党长春市委也指示李野光一定要想尽办法搞清楚人头的由来。最后李野光通过老同学、当时在长春亚光医院和国民党军中担任医生的地下党员刘亚光，得知国民党军在接收关东军医务部的器材和物资的时候，将其全部运往了长春医学院。在刘亚光的协助下，两颗人头终于找到，均用福尔马林药水泡在玻璃缸里，经过仔细辨认，一颗为东北抗日联军第三方面军总指挥陈翰章，另一颗正是杨靖宇。对于这两颗英烈的头颅，由刘亚光暗中进行保管，直到长春解放后才上交给组织。1948年12月，陈翰章和杨靖宇的头颅被送至哈尔滨东北烈士纪念馆，供民众瞻仰。

新中国成立后，在东北人民政府的主持下，由东北建工局设计，北京文物局古建筑施工队施工，一座崭新的中式风格烈士陵园在吉林通化落成，是为今天的杨靖宇烈士陵园。1958年2月23日，为纪念杨靖宇殉国18周年，中共中央正式在新落成的杨靖宇烈士陵园举行隆重的公祭大会暨迁葬仪式，杨靖宇之子马从云代表家属发言，杨靖宇生前的抗联战友、时任黑龙江省委副书记于天放，以及原东北抗联第一路军政治部主任、时任冶金工业部下属企业副总经理的伊俊山等人也

移送杨靖宇将军遗体大会

纷纷发言，深情缅怀杨靖宇将军。

与此同时，装有杨靖宇遗骨的棺材从靖宇县保安村起灵，运往通化杨靖宇烈士陵园，将军的头颅也从哈尔滨东北烈士纪念馆迎出，由专列运往通化。当专列抵达通化火车站的时候，全市干部群众自发站列在路的两旁，向抗日英雄表达最崇高的敬意。

为了能让将军永久地安息，有关部门先是开棺，采取石膏塑形的方式，将杨靖宇头颅和下半身遗骨拼接在一起，然后盖上五星红旗，殓入新的黑漆木棺，再罩上黑色丝绒，放进杨靖宇烈士陵园灵堂室内。原先民众还可以进入灵堂直接瞻仰木棺，现在室内已经完全封闭，以示对将军的尊重，是为杨靖宇将军第三次，也是最后一次下葬。

敦化市烈士陵园

敦化市烈士陵园是为了安葬东北抗日联军的著名将领陈翰章烈士和其他在革命战争年代牺牲的革命烈士而修建的陵园。始建于1946年11月。

敦化市烈士陵园包括两部分，一部分位于敦化市北山公园内，主要设施包括烈士纪念塔、烈士展览馆、烈士墓区、纪念雕塑和纪念广场等；另一部分在翰章乡翰章村，这里建有专门安葬陈翰章烈士遗骨的陈翰章烈士陵园，主要建筑包括碑林区、雕像区、纪念碑区、烈士展室、烈士墓区、绿化区及停车场等。

陈翰章烈士陵园大门

北山公园内的敦化市烈士陵园，烈士纪念塔修建于1975年，塔高25米，正面是“革命烈士纪念塔”，其他面分别有抗日名将周保中、原吉东警备第二旅旅长邓克明和政委袁克服，原敦化地委副书记刘俊秀和原敦化县县长马运海等人的题词。其中周保中的题词为“抗日救国，功勋不朽。虽然洒去不少鲜血，抛却无数头颅，毕竟赢得河山还我，使倭寇屈膝低首，万年遗臭。诸先烈史无前例的英勇苦斗，象征着黑水白山正气千秋”，写出了抗战14年东北人民付出的巨大牺牲，同时也写出了抗联英烈不屈的抗争精神，最终赢得的民族独立、河山永固。

山脚下的革命烈士展览馆，建于2007年5月，展馆以“日寇下的敦化、敦化人民抗日斗争”“民族英雄、抗日脊梁”“砸碎旧世界，建立新中国”“抗美援朝、保家卫国”“建设栋梁、社会楷模”等内容布展，通过图像与实物相结合的方式

敦化市烈士陵园烈士纪念塔

展现了烈士们在战争中的战斗生活。其中包括大量烈士遗物，让我们可以真切地感受到烈士当年在艰苦的环境下克服困难，为了祖国和人民英勇战斗的英雄气概。

烈士墓区安葬着284位烈士，英烈榜上记录了敦化籍和在敦化牺牲的1706名烈士名字。纪念雕像描述了土地革命战争以来各历史时期革命前辈英勇奋斗的战斗历程。

敦化市烈士陵园烈士墓区局部

翰章乡翰章村陈翰章烈士陵园，门楣上的园名由吉林省原省委书记巴音朝鲁同志题词。正门两侧碑林，刻有领袖、开国元勋、各界知名人士和抗联老战士对烈士的颂词。

陈翰章将军雕像用花岗岩雕刻，由中央军委原副主席、国务委员兼国防部部长迟浩田上将为雕像题词，高2.7米，象征陈翰章生命的27年。

陈翰章纪念碑碑身高19.13米，象征将军1913年出生。碑身镌刻“陈翰章将军永垂不朽”，为全国政协原副主席赵南起同志题词。四面各设立27级台阶，寓意陈翰章27岁牺牲。

陈翰章将军雕像及纪念碑

陈翰章将军墓高6.14米，纪念将军的诞生日期，外观为八面形，象征陈翰章为满族八旗子弟，石棺雕刻党徽和五星图案。

敦化市烈士陵园是国家级烈士纪念设施、吉林省爱国主义教育基地。

经党中央、国务院批准，国务院于2020年9月1日公布，敦化市烈士陵园被列入《第三批国家级抗战纪念设施、遗址名录》。

陈翰章将军墓

知识链接

陈翰章

陈翰章，满族，1913年出生于吉林敦化。12岁入敦化县（今敦化市）私立宣化小学读书。1927年3月，入敦化县私立敖东初级中学读书，是该校学生自治会负责人之一，主编校刊《敖中》，参加吉林人民抵制日本修筑吉会铁路的爱国运动。其间加入共产主义青年团。1930年底在敦化县私立教育馆从事民众教育工作。

九一八事变后，陈翰章秘密组织反日会，在民众讲演所开展反日宣传活动。1932年9月，毅然投笔从戎，加入国民救国军，任总司令部秘书长，参加攻打宁安县（今宁安市）的战斗。同年冬加入中国共产党。1933年随部队在敦化、宁安一带开展游击战。1934年春被派往北平（今北京市）、天津进行抗日救国活动。同年6月调任绥宁反日同盟军工农义务队政治指导员。1935年2月，任东北反日联合军第五军第二师参谋长，率部在宁安、额穆、敦化、蛟河等地打击日、伪军，屡立战功，威震敌胆，当地群众传颂着：“鬼子遭了殃，出门遇见陈翰章。”日伪当局惊恐地称陈翰章的部队是活动“最为显著”的“有力之匪”。

陈翰章烈士

1935年秋，日军逮捕了陈翰章的父亲陈海和妻子邹氏，许以高官厚禄，威逼利诱陈海把儿子找回来，并威胁说：不找回儿子，就别想活着出去。无奈之下，陈海只好带着儿媳跋山涉水，在宁安县陡沟子附近找到了已离家三年的陈翰章。当得知这一切后，陈翰章坚定地对父亲说：“自古忠孝难两全，请允许儿子抗日救国。我决心抗日，就是全家人都被日本人杀了，我也决不投降，坚决不当亡国奴！”临别前，他再三叮嘱父亲，回去后就说没找到他，千万不要上敌人的当。为了不连累妻子，陈翰章劝其择人另嫁。

1936年1月，陈翰章任东北人民革命军第二军（不久改编为东北抗日联军第二军）第二师参谋长；7月任中共南满省委委员；9月12日，指挥所部取得了穆棱县代马沟袭击970次军用列车胜利；随后任中共道南特委常委、代理第五师师长。1937年3月，任中共吉东省委委员；同年秋，任第五师师长，率部转战于东满、吉东一带，在敦化县沙河沿一举歼敌100余人；后转驻宁安县镜泊湖畔，与敌周旋。入冬，又返回东满，在珲春的四道沟、汪清的三岔口等地多次袭击敌人，夺取武器装备和军用物资。陈翰章治军严明、足智多谋、战功卓绝，被人们誉为“镜泊英雄”。

1939年7月，陈翰章任东北抗联第一路军第三方面军指挥，与第一路军副总司令魏拯民指挥部队攻点打援，取得攻占安图大沙河等战斗的胜利。后又成功地指挥了寒葱岭伏击战、智取额穆县城（今额穆镇）等战斗。从这年秋冬季起，日、伪军对抗联实施更为频繁和残酷的“讨伐”。陈翰章率领缺衣少食的抗联战士，在冰天雪地里赤足空腹与敌人浴血拼杀。1940年12月5日，陈翰章率部在镜泊湖北湖头袭击高岗木材作业所。8日，陈翰章转战至镜泊湖南湖头附近小湾沟密营，被伪通化省警察“讨伐”大队包围，壮烈牺牲，年仅27岁，实践了他“死也不当亡国奴”的誓言。丧心病狂的日军残忍地割下了陈翰章的头颅，送往伪满洲国邀功，后被存放于关东军司令部医务课，作为医学标本保存。陈翰章的遗体则被日军运回他的老家敦化县游街，后在乡亲们的帮助下埋葬于半截河屯的山坡上。

新中国成立后，陈翰章的头颅被安葬在哈尔滨烈士陵园。直到2013年陈翰章诞辰百年之际，6月13日，中共吉林省委、吉林省政府举行了陈翰章烈士身首合葬暨公祭仪式，将陈翰章将军头颅从哈尔滨烈士陵园请回吉林省敦化市与遗体合葬。

黑龙江省

东北烈士纪念馆

东北烈士纪念馆位于黑龙江省哈尔滨市南岗区一曼街241号，是中国共产党在大城市建立的第一个规模较大的永久性纪念馆。建立于1948年10月10日，是在中共中央东北局、东北行政委员会、东北军区等领导部门的重视和老一辈革命家的亲切关怀下建立起来的。自筹建之日起，即得到东北解放区党政军各界人士的热烈拥护和大力支持。数十年来历经并入、移出、改扩建及增设等变化，迄今形成一个机构多个展馆，包括东北烈士纪念馆、东北抗联博物馆、中共黑龙江历史纪念馆、革命领袖视察黑龙江纪念馆、东北抗联精神陈列馆5个编办备案展馆和一个内设馆伪满洲国哈尔滨警察厅旧址陈列馆。

东北烈士纪念馆总建筑面积1.62万平方米，展陈面积6200平方米。

东北烈士纪念馆

东北烈士纪念馆设在伪满洲国哈尔滨警察厅旧址，是一座西欧古典主义风格的建筑，建成于1931年，日伪时期被哈尔滨警察厅占用，赵一曼烈士就曾经被囚禁在这里。1947年，经东北民主联军政委罗荣桓提议，以这所建筑为馆址筹建东北烈士纪念馆。1948年10月10日开馆。馆内基本陈列包括两个：“黑土英魂——东北抗日战争和解放战争时期烈士事迹陈列”和“伪满洲国哈尔滨警察厅遗址及罪恶展”。

东北沦陷时期明信片上的哈尔滨警察厅

“黑土英魂——东北抗日战争和解放战争时期烈士事迹陈列”，展示了在东北14年艰苦卓绝的抗日战争中，为中华民族的独立和解放英勇不屈、浴血奋战、前仆后继的抗日英烈的事迹。主要展出164位烈士的事迹、712位烈士的名录、照片478张、图表10幅、景观8处、艺术品66件，其中包括罗登贤、杨靖宇、赵尚志、赵一曼和李兆麟等烈士的照片及事迹。

展览由序厅和主题内容5个部分组成：序厅

“黑土英魂——东北抗日战争和解放战争时期烈士事迹陈列”

主要展示日本侵华政策的制定与战争准备以及反日先驱的斗争事迹；第一部分“民族危亡时刻”，主要展示日本侵华战争的爆发——九一八事变、中国抗日战争的第一次战役——江桥抗战和东北抗日义勇军爱国将领的斗争事迹；第二部分“创建人民抗日武装”，主要展示中国共产党创建东北反日游击队、东北人民革命军和该时期抗日英烈的典型活动和事迹；第三部分“夜幕下的抗日斗争”，主要展示在日伪统治中心从事地下斗争的共产党员、爱国青年和国民党爱国志士的事迹；第四部分“东北抗日武装的脊梁”，主要展示东北抗日联军的建立和发展，以东北抗联为主体的社会各阶级、各阶层、各民族以及不同国籍的抗日英烈的事迹；第五部分“抗日战争的最后胜利”，主要展示东北抗联教导旅配合苏军出兵东北对日作战，取得东北抗日战争和世界反法西斯战争的最后胜利。

抗联战士雕像

纪念馆在展示烈士的生平事迹时，尤其注意打动人心的细节，以此来表现抗日英烈崇高的品质。比如西征的抗联部队在寒冷的林中雪地里行军时，战士们或是扑到火里，或是站着就冻僵了，而李兆麟将军的《露营之歌》却始终陪伴并鼓舞着他们。还有杨靖宇将军，在绝粮5天时，依然与日军艰苦作战，直到死亡的最后一刻，而日军却发现他的腹中只有些草根、树皮及棉絮时，也低下了头。

杨靖宇将军雕像和事迹陈列

“伪满洲国哈尔滨警察厅遗址及罪恶展”，通过展示伪满哈尔滨警察厅在政治、经济、思想、文化等方面对哈尔滨地区人民的残暴统治，来揭露日本侵略者残酷镇压东北人民的罪行。展出照片224张、图表3幅、景观6处，办公室恢复8处。展览分“魔网”“罪恶”“覆灭”3个部分。

伪满洲国哈尔滨警察厅遗址及罪恶展厅一景

东北抗联博物馆位于东北烈士纪念馆隔壁的一曼街243号，展厅面积9063平方米，陈列面积1725平方米，展线长355米。展出文物文献397件、历史图片492张，藏品总数约1.386万件。陈列分6个部分16个单元24组。基本陈列“抗战十四年——东北抗日联军历史陈列”，以丰富的文、图、物展示，系统全面的历史知识结构和完美的形式设计，赢得了专家学者和广大观众的一致好评，成为开展东北抗联历史研究和进行爱国主义教育的展陈典范。

“红旗·黑土·丰碑”展览设在中共黑龙江历史纪念馆，以丰富的历史文物、翔实的文史资料，以及现代化多媒体表现形式，全面生动地记述了党带领黑龙江人民进行革命、建设和改革的光辉历程，充分展现了黑龙江儿女为民族独立解放英

《勇赴国难》雕塑

勇斗争及做出的巨大贡献，充分展现了黑龙江各族人民艰苦奋斗、为社会主义建设事业谱写的创业新篇，充分展现了黑龙江全省人民开拓创新、科学发展铸就的新的历史辉煌。

历史纪念馆馆藏丰富，既有抗联军事斗争、密营生活、文化学习及群众支援等反映抗联斗争生活的文物，也有一些珍贵的革命文物，如杨靖

“红旗·黑土·丰碑”展览主题雕塑

宇穿过的大衫、赵尚志使用过的手枪、赵一曼使用过的大碗及给儿子宁儿写的信、李兆麟牺牲时穿过的血衣等。还有日军暴行的罪证，七三一部队的细菌弹弹壳等。

革命领袖视察黑龙江纪念馆位于南岗区颐园街1号，是一座法国巴洛克式二层建筑，建成于1923年，占地面积3000平方米，建筑面积1943平方米。原是波兰商人葛瓦利斯的私人住宅，1946年成为松江省委和哈尔滨市委接待处，新中国成立后，毛泽东、周恩来、刘少奇、朱德、宋庆龄、张闻天等党和国家领导人来黑龙江视察时都曾在这里工作和居住过。1977年2月建设为“毛主席视察黑龙江住址纪念馆”，1998年8月改称现名。现馆内藏有历史照片、资料、文物、文献近3000件，其中珍贵文物720余件，重要珍贵文物26件。

2019年6月17日，东北烈士纪念馆加挂东北抗联精神陈列馆牌子。

东北烈士纪念馆是国家一级博物馆、全国爱国主义教育示范基地。

经党中央、国务院批准，国务院于2014年8月24日公布，东北烈士纪念馆被列入《第一批国家级抗战纪念设施、遗址名录》。

知识链接　李兆麟

“铁岭绝岩，林木丛生，暴雨狂风，荒原水畔战马鸣。围火齐团结，普照满天红。同志们！锐志哪怕松江晚浪生。起来哟！果敢冲锋，逐日寇，复东北，天破晓，光华万丈涌……”这是东北抗日联军的创建人和领导人之一——李兆麟和战友们创作的《露营之歌》。这首歌在抗日岁月成为激励抗联勇士报国雪耻、英勇杀敌的有力精神支柱。

李兆麟原名李超兰，化名张寿篯，满族。1910年11月2日出生于辽宁辽阳铧子乡小荣官屯（今属灯塔市）。九一八事变后，他到北平（今北京市）参加抗日民众救国会，在平西一带进行抗日救亡活动，后回家乡组织抗日义勇军。1932年5月加入中国共产主义青年团，同年转入中国共产党。不久被派到本溪煤矿从事工人运动。次年8月调中共满洲省委军委工作，先后赴海伦、珠河（今尚志市）等地参与创建抗日武装。

李兆麟烈士

1934年起，李兆麟先后任珠河反日游击队副队长、哈东支队政治委员、东北抗日联军第六军政治部主任、北满抗日联军总政治部主任。曾与赵尚志指挥打宾州，克五常堡，与李延禄部配合袭击洼洪，攻占林口，指挥老钱柜等战斗，创建松花江下游汤原抗日游击根据地。1939年5月，任东北抗日联军第三路军总指挥，率部开展松嫩平原游击战，攻克讷河、克山、肇源等县城。李兆麟十分重视部队的政治工作，善于做宣传鼓动工作，参与创作的《露营之歌》，对抗联部队起到了激励斗志的作用。

从1939年秋冬季起，日、伪军持续进行疯狂的“讨伐”。东北抗联遭受严重损失，由3万余人锐减至不足2000人，大片游击根据地丢失，杨靖宇、魏拯民等领导人相继牺牲，不断有部队因作战失利越国界退入苏联。李兆麟和周保中等组织整训在苏联境内的东北抗联部队。1942年8月，任东北抗联教导旅政治委员（后改为政治副旅长），协助旅长周保中对部队进行军事、政治整训，提高官兵的思想认识和技战术水平，加强组织纪律性，为东北抗联部队的发展壮大积蓄了骨干力量，同时陆续派小部队返回中国东北，执行侦察、收集情报等任务。

抗日战争胜利后，李兆麟参与领导东北抗联教导旅主力返回东北，开展维持社会秩序、肃清反革命残余势力、恢复和建立中共党组织、建立人民军队和人民政权等工作，任滨江省（后并入黑龙江省）副省长、中苏友好协会会长等职。面对当时东北复杂险恶的形势，他把个人安危置之度外，积极揭露国民党反动派的内战阴谋，坚定地说：“如果我的血能擦亮人民的眼睛，唤起人民的觉悟，我的死也是值得的。”1946年3月9日，李兆麟在哈尔滨被国民党特务杀害，时年36岁。哈尔滨市将道里公园改名为兆麟公园，以示纪念。

2009年，李兆麟入选“100位为新中国成立作出突出贡献的英雄模范人物”。

侵华日军第七三一部队罪证陈列馆

侵华日军第七三一部队罪证陈列馆位于黑龙江省哈尔滨市平房区新疆大街47号，是侵华日军第七三一部队违背国际公约、在中国进行惨无人道的人体细菌试验的铁证。日本战败，为了掩盖罪行，在撤离时对试验基地的设施进行了大规模的销毁和破坏。1982年，黑龙江省人民政府为保护第七三一部队遗留的罪证遗址，确定了23处较为典型的遗址予以保护。同时，哈尔滨市人民政府与平房区人民政府开始筹建第七三一细菌部队罪证陈列馆，1985年建成临时陈列室对外开放。1991年开始筹建新陈列馆。1995年8月15日，侵华日军第七三一部队罪证陈列馆正式对外开放。

侵华日军第七三一部队遗址

陈列馆主要包括两大部分：罪证陈列馆和罪证遗址。

罪证陈列馆即侵华日军第七三一部队罪证陈列馆新馆，建筑面积约1万平方米，展览面积约5000平方米。陈列馆新馆的外观设计，类似于飞机黑匣子，创意取材于大地被割裂后的灾难场景，让人们更直观地体会到第七三一部队的野蛮以及所犯下的反人类罪行。“黑匣子”象征着第七三一部队总部四方楼，设计者又在此基础上对空间进行了切割、扭转、塌陷，营造出一种反人性的空间体验。内部陈列日军的罪证，通过珍贵史料、文物、视频等，为我们讲述着日本第七三一部队在中国进行人体实验等罪恶行径。

侵华日军第七三一部队罪证陈列馆

罪证陈列馆刚开馆之时，展出第七三一部队进行细菌战的罪证文物就达1万余件，其中包括第七三一部队野外饮食用水设备滤水器、装小动物的铁质笼子、用于饲养进行细菌实验小动物的竹质小筐、瓷质的细菌弹堵盖、铝质的细菌培养箱、陶瓷细菌弹头等。纪念馆在开馆之后，又搜集征集大约800件（套）史料或文物，其中就有2018年第一次向社会公布的侵华日军在华北的各个师团配备专门实施细菌战的北支甲第一八五五部队成员名册等。

铝质细菌培养箱

罪证陈列馆里有一面展示国际公约节选内容的墙，这是确认日本第七三一部队罪行的法律依据。第七三一部队罪恶滔天，他们进行的人体实验是反人类、反文明、反伦理的暴行。第七三一部队展开了包括鼠疫、霍乱、伤寒等在内的大量细菌实验和研究，他们购买了白鼠等大批实验用的小动物，对跳蚤、虱子、苍蝇及蚊子等传染媒介物进行了大量繁殖，然后将它们大规模放到野外去实验，为在中国展开生物细菌战做准备。1945年，日本宣布投降的前夕，向第七三一部队所在的细菌工厂投放了炸弹，以掩盖他们做细菌实验的罪证。然后将那些携带了鼠疫细菌的动物赶到了附近的村屯，造成大量当地百姓感染鼠疫而死亡。

陶瓷细菌炸弹展示

陈列馆里还展出了第七三一部队人体实验报告书的部分内容。当时第七三一部队设置了专门的细菌研究部，日本侵略者利用专门的渠道，将大批中国人、苏联人及朝鲜人送到这里，这些人当中不分男女老少，甚至婴儿都会被日军注入鼠疫、霍乱、破伤风及炭疽等细菌，然后记录实验数据，等到他们没有了利用价值后就会被残忍处死或是活体解剖。日本第七三一部队在中国第一次实施生物战，是在1939年5月至9月，当时中蒙边境正发生诺门罕战役，日本第七三一部队在水源地投入了霍乱等细菌。

焚尸炉烟囱遗址

罪证遗址即第七三一部队遗址，是细菌武器研究、实验及制造的基地，是日本侵华战争时期留存下来的最大规模的、最重要的试验细菌武器历史遗迹。1945年8月，日本法西斯在宣布无条件投降前夕，第七三一部队为了掩盖其研制细菌武器、发动细菌战的罪行，杀死了全部被关押的

毒气实验室

400多名抗日志士，并炸毁了“四方楼”和动力班锅炉房、焚尸炉等重要设施。目前尚存的重要遗址仅有23处。

侵华日军第七三一部队罪证遗址作为当今世界范围内保存下来的第二次世界大战时期规模最大的细菌战研究和实验的遗址群，同波兰的奥斯威辛集中营具有同等重要的历史意义，对研究战争史、揭露第二次世界大战日本军国主义的侵华暴行具有重要价值。

侵华日军第七三一部队罪证陈列馆是全国重点文物保护单位、全国爱国主义教育示范基地。

经党中央、国务院批准，国务院于2014年8月24日公布，侵华日军第七三一部队罪证陈列馆被列入《第一批国家级抗战纪念设施、遗址名录》。

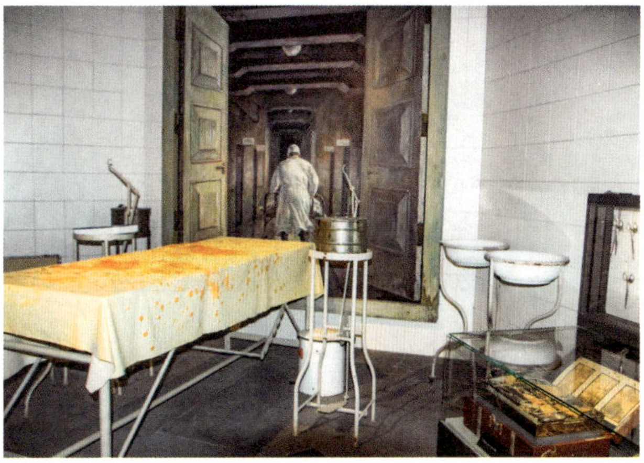

解剖室场景复原陈列

知识链接

恶魔第七三一部队

每一个爱好和平的中国人和日本人，都不会忘记在第二次世界大战时期，中国大陆的战场上，曾经有过一个臭名昭著的侵华日军第七三一部队。

20世纪30年代初期，日本帝国主义通过武力占领中国东北，后来发动全面侵华战争，中华大地上到处燃起了战争的硝烟。随着日本军国主义的铁蹄，一支不带机枪大炮的特殊部队，也悄悄地溜进了中国。他们在黑龙江省哈尔滨市南部约20千米的平房地区，营造了一个方圆6000平方米的特别军事区域，开始了他们见不得人的罪恶勾当。

这支部队就是臭名昭著的日本陆军关东军第七三一部队。部队长是双手沾满中国人民鲜血的日本陆军中将石井四郎。1933年石井四郎到中国东北筹建细菌部队，后成为第七三一部队第一任部队长。

石井四郎

日本关东军第七三一部队，是日本军国主义进行细菌战的特种部队，在战略上占有重要地位。日军所谓的“小小的哈尔滨，大大的平房”，在某种意义上正说明了这一点。就其规模来说，属世界上最大的细菌工厂；就其地位来说，归属日本陆军省、日军参谋本部和日本关东军司令部多重领导。

第七三一部队对外称“关东军防疫给水部”，分设第一部（细菌研究）、第二部（实战研究）、第三部（防疫给水研究）、第四部（细菌生产）、总务部、训练教育部、器材供应部和诊疗部，并在林口、海林、孙吴、海拉尔设4个支队，在大连设有卫生研究所。拥有细菌战研究人员2600余人，其中将级军官5名，佐级军官30余名，尉级军官300余名。直属各个部以及各个支队都配备佐级军官负责，对一些重要部门都配备了少将级军官负责。附属细菌实验场设在拉滨铁路线上的背荫河站以东1000米处。1933年该细菌试验场转移到平房站，并于1935年开始筹建新的细菌实验基地。1938年，细菌实验场秘密建造初具规模，关东军司令部发布命令，将第七三一部队周围方圆120平方千米的地域划为特别军事区域，把距部队5000米以内的地方变成了“无人区”。

第七三一部队建筑旧址全貌

1939年，经过大量的活体实验后，第七三一部队完成了部分研究课题，并第一次将生产出来的伤寒、霍乱等细菌偷撒在诺门罕战场上。此后，又相继在中国南方的宁波、金华、义乌、常德等地进行频繁的小规模的细菌战。其最大规模的一次细菌战是在山东的鲁西地区，这次细菌战主要使用的霍乱菌，伤害人数达20万人。

在这个被称作平房的特殊军事区里，原来就有一个叫平房的小村镇。第七三一部队到达以后，强行赶走了这里的1000多户居民，霸占了民房，用铁丝网围起了一个禁区，并建起了许多新的设施，包括飞机场、铁路专线、监狱、各种实验室和能容纳3000人的宿舍楼，是封闭式细菌武器基地。

在这个暗无天日的基地里，日本人把大批无辜的中国人、朝鲜人和苏联人当作实验的对象，并且给这些用来做实验的人起了个名字，叫“马鲁他”，日语就是“圆木”的意思。

在第七三一部队里，有一批披着医生外衣的衣冠禽兽，他们大都是被石井四郎招来从事各种医学研究的专家。为了生产出惨无人道的、大规模杀伤力的细菌武器，他们以文职人员的身份被分配在各个实验室，从事专门的实验研究工作。其中有昆虫、病毒、鼠疫、赤痢、炭疽、霍乱、血清、伤寒、结核、立克次氏体、跳蚤、药理、伤理等项目的研究。他们针对中国的气候、土壤和疫情等具体情况，进行认真的分析实验，准备为彻底消灭中国人积极地加紧工作。

被关在监狱里的人，是他们随意进行活体实验的对象。第七三一部队的恶魔们从来没有把这些人当人看待。在他们的眼里，“马鲁他”不过是一些可以任他们刀砍斧剁、随意加工的“木头”。

高大的焚尸炉的烟囱，整日地冒着呛人的黑烟。支离破碎的尸体被一车车从各个实验室推到焚烧尸体的小屋外，像一堆堆木柴一样堆放在冰天雪地里，等待着专门烧尸的日军把他们焚化。

为了实验一种新研制出的鼠疫菌炸弹，1944年2月的一天，40多名“马鲁他”被日本兵用刺刀押上了蒙着帆布的大卡车。4个小时以后，汽车在一片白茫茫的雪地停了下来。“马鲁他”被赶下了车，朝不远处的一根根立柱走去。

原来，这里就是第七三一部队专门进行细菌战的活人实验地——安达特别实验场。这里除了

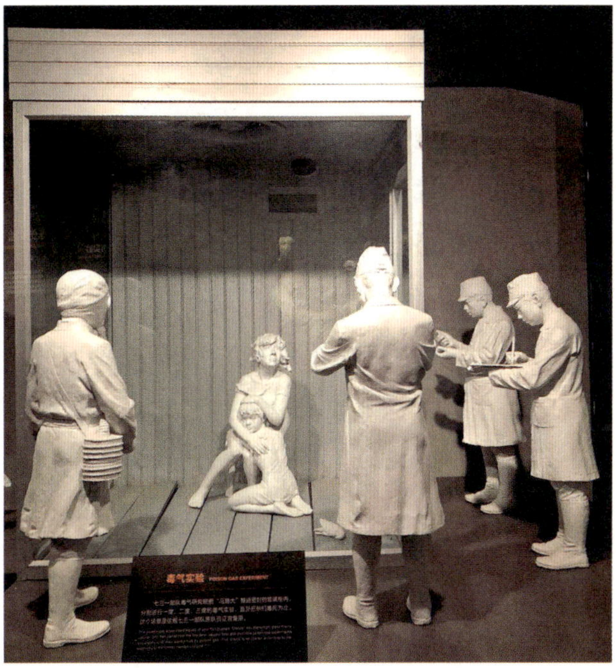

毒气实验场景复原

荒山野岭以外，方圆几百里杳无人烟。在这个实验场里，第七三一部队不知残酷地杀害了多少人。在这里，刽子手们曾多次进行鼠疫、病毒、跳蚤等细菌武器实验，甚至还进行过化学武器实战实验。有时，他们还把活人塞进破旧的装甲车、坦克车里，然后用火焰喷射器进行射击，被关在里面的“马鲁他”，有的被烧得焦黑，有的被闷死。

这一次来这里实验的所谓鼠疫菌炸弹，实际上是一种开花弹。是用一根根细长的圆铁筋扭出麻花棱，然后再切成1厘米长的小铁条。在这些小条条的麻花棱缝隙里，抹满鼠疫杆菌，再装进一个大弹壳里。当炸弹爆炸时，利用炸药的力量把弹壳炸开，使这些带有鼠疫杆菌的小铁条，四处散开，传播鼠疫。

按照实验要求，每隔30米竖一个柱子，一字排开，40多根十字架形的柱子连起来长达1000多米。在每个柱子上，都捆着一个蒙着眼睛、戴着铁帽、套着铁板护胸的“马鲁他”。这样的装饰，

并不是害怕这些“马鲁他”被炸死，而是不希望他们被炸弹里的铁条直接刺透头部或胸部而立刻死亡。他们要得到的是，当这些“马鲁他”被击伤以后，鼠疫杆菌在人体内产生怎样的反应。

一切都准备好了以后，一颗鼠疫菌炸弹放在了这排十字架的中间部位。随着一声巨响，这40多名“马鲁他”再次成为罪恶的第七三一部队的牺牲品。除了在实验室里对活人进行实验以外，第七三一部队在侵华的战争中，也多次使用细菌战。1940年，日军用飞机散布鼠疫疫蚤，结果鼠疫流行，使几千人丧生。1942年，日军在湖南常德投下了第七三一研制的鼠疫疫蚤，造成这个地区的鼠疫流行，死难者无数。

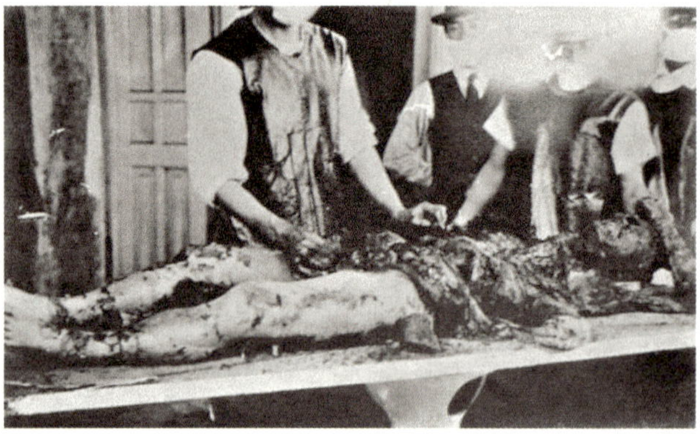

人体活体解剖

罪恶的日本第七三一细菌部队，就是这样在石井四郎的指挥下，用惨不人道的手段，进行细菌武器研究实验的。第二次世界大战结束后，第七三一部队的丑闻被公布于众。

据原第七三一部队的一些队员交代和国际专门调查组织的调查结果表明，日本陆军关东军第七三一部队从创建到解散的十几年间，至少试验了8种类型的特种细菌炸弹，并用于侵华战争中，给中国人民带来巨大灾难。

孙吴日本侵华罪证陈列馆

孙吴日本侵华罪证陈列馆位于黑龙江省黑河市孙吴县城东，是一座展示日军在我国东北地区暴行的罪证陈列馆。始建于1983年，原址位于孙吴县文化局办公楼内，于2009年迁至孙吴侵华日军军人会馆遗址，经数次扩建。匾额上是由抗联老战士陈雷题写的馆名。2013年3月建成对外开放。

孙吴与苏联隔江相望，地理位置极为特殊，因而成为日本关东军建设军事基地的第一选择。1932年秋，日军入侵孙吴后，沿着“逊奇官道”抵达逊别拉河的河谷平原，修建铁路、要塞、营区，日军随即在此屯兵，到1941年，这里的日军已经达到了8万。

孙吴日本侵华罪证陈列馆（原日军办公大楼遗址）

孙吴日本侵华罪证陈列馆包括两部分：孙吴县侵华日军军人会馆遗址陈列馆和日本关东军胜山要塞遗址。

孙吴县侵华日军军人会馆遗址是亚洲现存单体建筑面积最大、保存最为完整的慰安所遗址，是日本关东军实施慰安妇制度的见证地之一。孙吴日本侵华罪证陈列馆即设在此处。始建于1939

年，整体建筑面积3344平方米，占地3万余平方米。当时称日本关东军将校俱乐部，内部设有舞厅、影院、酒吧、浴池等各种享乐设施，布置得极为豪华，服务对象级别高，服务设施齐全。日军占领孙吴时期，建立了数十处所谓的“军人会馆”，其实就是“慰安所”，强征中国及朝鲜妇女做慰安妇，供驻守日本军人发泄兽欲。

孙吴日本侵华罪证陈列馆有藏品5000多件，“侵华罪证陈列”是其基本陈列，展示内容主要包括“日军侵占中国东北”“日伪统治时期的孙吴”“关东军军事要塞——东方马奇诺防线”“抗战胜利，要塞覆灭”4个部分。

慰安妇罪证陈列

罪证陈列馆序馆里陈列着大量图片与文字资料，展现了日本侵略中国的野心与罪行。通过历史图片展示知道，早在1927年6月日本内阁的“东方会议”上，当时的日本首相田中义一向日本天皇呈上了著名的“田中奏折”，在这份奏折中，他宣称：“欲征服支那，必先征服满蒙；欲征服世界，必先征服支那。”为了达到这些不可告人的目的，日军策划发动了九一八事变，并扶持了伪满洲国。

文物展柜里有一本回忆录，上面有着这样的记述：日军建造驻守的孙吴“胜山”要塞，在当年这庞大的工程完成后，将3000名中国劳工进行了集体屠杀，所以这里也被称之为“幽灵阵地”。1941年，伪满洲国确立了《劳动新体制要纲》并实行“国民皆劳”的政策，驱赶了大批劳工到孙吴，投入到这庞大的军事工程当中。有关曾家堡、三甲屯大型劳工群葬地的一些图片上，看到的是数不清的白骨。还有一张张劳工控诉书揭露了日军迫害劳工的事实。

孙吴日本侵华罪证陈列馆展厅一景

展馆还展示了与日本关东军第七三一部队第六七三支队有关的事情，他们在孙吴也是罪行累累。第六七三支队支队长先后由佐佐木义孝少佐、西俊英中佐等担任（兼任第七三一本部训练部部长），人员也从最初的30余人，到日本投降时已逐渐增长至120人，达到了与第七三一本部一样的人数。孙吴基地为扩散细菌，培育了大批寄生虫，生产了大量鼠疫及霍乱等传染病细菌，还有用来防疫的血清。展馆里陈列着大量的图片、文字资料以及鼠笼、实验器皿。另外，在孙吴县城东面和西面有两处细菌基地遗址，其中包含了实验用的人体解剖室、生物制品地下储藏室以及动物饲养间。日本侵略者曾对孙吴的3000名劳工进行了抽血，以进行细菌实验与生产。

第七三一部队第六七三支队抽血场景复原

展馆还陈列着日军遗留的毒气弹。迄今为止，发现日军在孙吴留有150、105、753种口径的毒气弹513发，以及一些瓦斯罐、火焰筒。孙吴北山的地下，埋着日军遗留的114箱毒气弹。日军投降后曾经丢弃了很多化学武器，对当地群众造成了巨大的伤害。

虽说战争的硝烟已经散去，但是当年日本侵略者制造细菌武器、残害中国人民的历史却不会被遗忘。在陈列馆中，可以看到当年使用过的防毒面具、日本战刀、老鼠笼等，它们将我们带回了

日军战刀

当年的岁月中，我们会永远铭记历史，以史为鉴。

日本侵略者出于军事目的，从1938年开始构筑用来抵御及伺机进攻苏联的大型要塞——胜山要塞。日军设置了两道防线，首先是一系列的江岸监视哨，用高倍望远镜便可以严密观察苏联的动向；然后是胜山主阵地，设有胜武屯指挥部、宿舍和后勤补给部门。这项建设工程范围涵盖了20多千米，包括地上与地下工程。这些庞大的工程是日本侵略者用刺刀威胁3000余名劳工用8年时间建造而成的。

胜山要塞步兵警备中队营房遗址

地面阵地每隔20米，便有4个炮台遗址，从地下到地上有供大炮升降的10余米深的发射井。胜山地面阵地中的设施包括防坦克沟、铁丝网、散兵壕、炮台、机枪掩体等；地下兵舍在大山腹部浇铸高强度的水泥，并对洞口进行伪装，看起来与山体别无二致，地下不但有发电照明装置，还有医院、炊事房、水井、通风与空气消毒装置。如今，我们可以在陈列馆内看到胜山要塞全景，一览当年地下的工事群、集群炮台、监视哨。

孙吴日本侵华罪证陈列馆是全国重点文物保

胜山要塞地下指挥中心遗址

护单位。

经党中央、国务院批准，国务院于2014年8月24日公布，孙吴日本侵华罪证陈列馆被列入《第一批国家级抗战纪念设施、遗址名录》。

知识链接　孙吴人民抗击日军

孙吴县位于中国东北的黑龙江省北部，由于其独特的地理位置，当年日本侵占东三省后，在此地修建了规模庞大的军事要塞群，包括兵舍、碉堡及战壕等，成为日本帝国主义的侵华罪证。

日本制造九一八事变后，关东军将近10万的兵力，驻扎在逊别拉河畔。他们野心勃勃，在北部正面修筑军事要塞，以方便观察河对岸的苏联军队动向。为此，日军采用欺骗等手段，从关内招来将近10万劳工和大批战俘，然后分批送往孙吴。劳工在日军的逼迫下，每天不但要进行大量劳动，而且还要忍饥挨饿受冻，甚至还要被毒打枪杀。日本侵略者残酷虐待中国战俘与劳工，在他们身上注射各种细菌，包括鼠疫、伤寒及霍乱等几十种细菌，并殃及孙吴及孙吴一带群众，以致大批人和牲畜死亡。日本侵略者坏事做尽，所

日军抓捕中国劳工

到之处皆是灾难。他们或骗或掳中国、朝鲜等国妇女做“慰安妇”，对她们的身体和心理造成巨大的伤害，甚至有的人还失去了宝贵的生命。日本侵略者屠杀修建胜山要塞的3000多名劳工时，遭到了劳工的激烈反抗，但因缺少武器，最终还是惨死在了日军的枪炮之下。

日军在东北的残暴统治，遭到了东北人民的强烈反抗。很快，在黑龙江畔、逊别拉河两岸燃起了抗日的烽火。从1933年9月到1936年2月，东北抗日联军第三路军三支队在王明贵、王钧的领导下，一直在孙吴一带打游击战，多次重创关东军。支队长王明贵更是立下壮志：“不赶走日本鬼子，誓不罢休。”他们截粮草，袭铁路，成为孙吴人民抗日的先锋，也同时鼓舞着更多的人民，加入到抗日的激流当中，誓死保卫祖国和家乡。

侵华日军东宁要塞遗址

侵华日军东宁要塞位于黑龙江省牡丹江市东宁县三岔口镇南山村北2千米的勋山上，是日军为抵御苏联进攻而修筑的军事设施。1999年5月，东宁县在勋山要塞一个300平方米的地下仓库内，建立了东宁要塞陈列馆并正式对外开放。2005年10月18日，在勋山要塞遗址旁边，东宁要塞历史陈列馆正式落成开馆。2008年正式命名为东宁要塞博物馆。

东宁要塞历史陈列馆俯瞰

1934年至1939年，在中国东北与苏联接壤的边境地区，日本关东军修筑了一系列军事要塞，其中就包括东宁要塞，它是东部的军事重地。

东宁要塞是亚洲最大的军事要塞，是第二次世界大战的最后战场，被称作“东方马奇诺防线”。东宁要塞从1935年春开始修建，修建要塞的劳工，有日本采用欺骗的手段从中国山东、河北、吉林榆树等地招聘来的，也有中国战俘。参与东宁要塞修建的劳工与战俘，共计17万余名。中国劳工与战俘要面对苛刻的生存环境，每天因饥饿、伤病死亡的劳工就有数十个，还有一些是被日军杀害的。有一个地方方圆2万多平方米，其中就有千余个大大小小的坟包。日军还从日本、朝鲜、中国征来千余名慰安妇，在东宁设立慰安所20多个。这些慰安妇遭遇了身体和心理的摧残，不少人因此而丧生。

《劳工祭》雕塑。修建东宁要塞群期间，日军骗招、强征中国战俘和劳工保守数字有17万多人，其中修筑要塞核心工事的劳工大部分被日军屠杀

侵华日军东宁要塞遗址的勋山要塞入口处有一个纪念碑，由中央军委原副主席张万年题词，上面刻着“勿忘国耻、强我中华”字样。广场的中心有两块碑，一块是苏联红军烈士纪念碑，一块是由李德生上将题词的“第二次世界大战最后战场”纪念碑。广场左、右两侧也各有一块碑，分别是劳工殉难纪念碑、抗联英雄纪念碑。广场

苏联红军烈士纪念碑和东宁要塞遗址陈列馆

很宽阔，可以容纳万余人活动。

在东宁迄今已发现多处地下军事要塞，包括勋山、朝日山、胜洪山、母鹿山、409高地、麻达山、三角山、甘河子、阎王殿、北天山等。现已开放的是藏在大山深处的勋山要塞。在东宁要塞的一系列工程当中，勋山要塞只是一个中型要塞。勋山要塞方圆5公顷，与俄罗斯隔河相望。要塞里的暗堡隧道里更像一座迷宫，隧道高1.8米，宽1.5米，纵横交错，上下相连，最深处距地表15米。

要塞中建有一系列设施，包括指挥所、医疗所、无线电室、铁车库房、升降井、排水沟、蓄水沟、暖气管道、储备仓库、弹药库、电机房、兵舍、火力发射点、防毒气的双层隔离门等，皆采用钢筋混凝土构筑而成。

地下炮兵阵地场景复原

地下指挥所场景复原

侵华日军东宁要塞遗址是全国重点文物保护单位、全国爱国主义教育示范基地。

经党中央、国务院批准，国务院于2014年8月24日公布，侵华日军东宁要塞被列入《第一批国家级抗战纪念设施、遗址名录》。

知识链接　日军在东宁要塞的罪恶

东宁要塞位于东宁这座小城，河对岸就是俄罗斯。东宁要塞当时是亚洲最大的军事要塞，是个庞大的系列工程，包括保密工程、重点工程、一般工程及附属工程。其中任何一项工程，建造时都需要重体力劳动。因为修建要塞，致使17万余劳工死亡。

日本侵占东北后，由于东北地区地广人稀，缺乏劳动力，于是伪满政府便从华北地区以骗招、强征、抓捕的方式，将劳工运送到东北，让他们进行要塞建设。全面侵华战争爆发后，日军还将中国战俘也运送至东北充作劳工，而这些中国战俘被称作“特种工人”，由日军直接管理，让他们从事重体力劳动，被日军残酷虐待致死的人不计其数。

劳工的生存环境极其恶劣，只能在洞里吃饭，每天最少要工作12个小时，由于太过疲劳，经常会伤到人。劳工也没有趁手的工具，使用的是日

东宁要塞入口

军没开刃的小铁锨，很钝且把短，根本就挖不动战壕。大铁锨是挖到3米以后才能使用的，而且还得自己去背那些挖出来的土。他们每天高强度劳动，但居住的地方特别简陋，是水沟旁自己扎的席棚子，每个席棚子里有百余人居住，大铺上只有一层草帘子。他们吃得也很差，是玉米面掺橡子面的窝头，菜就是盐水泡黄豆；衣服也没得穿，自己的衣服烂掉后只能在身上绑水泥袋子，天寒时许多人被冻死。

修筑东宁要塞的劳工很少有逃出去的。由于修筑的是绝密的军事工程，所以每到工程即将结束时便会被秘密屠杀。日军采用注射毒药、暗地里枪杀、诱骗活埋、细菌实验的卑劣手段虐杀劳工。比如1943年，在东宁要塞猛虎山工事完工后，日军借用“庆功会”的名义用重机枪对几千名中国战俘及劳工进行了扫射。

侵华日军除了残杀劳工外，还建立了“慰安所”，迫害了很多妇女。根据相关统计，东宁要塞群的慰安所曾经达到59个，有2000多名慰安妇。经过考证，现在已发现的慰安所遗址已经有39处，同时还发现了大量相关的资料，这些都是日军罪行不容辩驳的铁证。

从1994年至今，已经对劳工坟墓进行了3次发掘，清理发掘的劳工坟墓有23座。大部分墓葬没有任何遗物及棺木，墓葬的封土极浅，可见埋葬时有多么敷衍。出土的遗骸有各种姿势，可见他们生前遭遇了多么非人的虐待。发掘出土的随葬品极少，只有几颗白色纽扣、顶针1枚、皮带卡1个、烟袋嘴1个、伪满洲国1角硬币3枚。

东宁劳工墓地见证了日本奴役残害中国劳工的事实。除了已经发现的这些在要塞设施外围的残骸，那些修筑深山密林中的秘密军事工事的劳工们肯定也被日军血腥屠杀了，但是他们埋葬在何地尚不清楚。

东宁要塞地下医院复原场景

“八女投江”殉难地

“八女投江”殉难地位于黑龙江省牡丹江市林口县刁翎镇三家子村西北的柞木岗东侧，为纪念东北抗日联军第二路军第五军妇女团8位女战士英勇抗日、集体沉江、壮烈殉国而修建的设施。1980年，“八女投江”殉难地的位置得到确认。1982年，为纪念八女投江烈士，修建了八女投江纪念碑；1995年，林口县人民重建了纪念碑、纪念馆。

八女投江纪念碑前方是5000多平方米的纪念

“八女投江”殉难地标志碑

广场。纪念碑高10米，正面刻大字“八女英魂光照千秋”，背面雕刻有《“八女投江”殉难地志铭》:“东北抗日联军第五军在指导员冷云同志率领下，有杨贵珍、安顺福、胡秀芝、郭桂琴、黄桂清、王惠民、李凤善八位女战士，于一九三八年十月在此地与日寇英勇作战，投江殉国，为缅怀先烈，教育后代，特立此碑，以志纪念。”碑文仅百余字，简要记叙了东北抗日联军8位女战士在东北抗联西征途中，与日本侵略者英勇作战，终因寡不敌众而投江殉国的惨烈经过，阐述了立碑纪念的缘由，令人肃然起敬。

八女投江纪念碑

纪念碑左侧是八女投江遗址纪念馆，占地面积1552平方米。外形中部凸起，两侧呈波浪状，象征着八女英雄为了民族的独立和解放舍生取义，投入波涛汹涌的乌斯浑河。纪念馆内共4个展厅，分别是序厅、展厅一、展厅二、展厅三。序厅展陈八女英雄雕像及东北抗联将士英勇抗击日寇的大型浮雕，生动地再现了东北抗联将士14年的战斗史。展厅一由“蒙尘岁月”“八女英雄”“西征”“壮烈殉国”4个部分组成，生动地再现了东北抗日联军8位女战士英勇无畏的牺牲精神和民族精神。展厅二由“重要战事”“中流砥柱”“八女英烈光照千秋”3个部分组成，重点讲述东北抗日联军在党的领导下，在刁翎地区英勇抗击日军的历史。展厅三为临时展厅。

展厅陈列有康克清1986年题词“八女英灵永存史册”，王震1990年8月4日题词“向抗日烈士致敬”，还有周保中、李延禄等人题词。还展出了8位女烈士的生平简介、图片和部分烈士遗物。

八女投江遗址纪念馆

“八女投江”殉难地是国家级烈士纪念设施、黑龙江省爱国主义教育基地。

经党中央、国务院批准，国务院于2014年8月24日公布，“八女投江”殉难地被列入《第一批国家级抗战纪念设施、遗址名录》。

知识链接

八女投江

1938年10月，东北抗日联军8名女官兵，在顽强抗击日本侵略军的战斗中投江殉国，表现出了中华儿女同日军血战到底的英雄气概，在人民群众中广为传颂。8名女官兵隶属于东北抗日联军第二路军第五军妇女团，她们是指导员冷云，班长胡秀芝、杨贵珍，战士郭桂琴、黄桂清、王惠民、李凤善和被服厂厂长安顺福。

冷云，原名郑志民，1915年出生，黑龙江省桦川县人。1931年入桦川县立女子师范学校读书。九一八事变后，积极参加抗日救国活动。1934年加入中国共产党，在佳木斯从事秘密抗日活动。1936年，与具有爱国思想的吉乃臣（后改名周维仁）一起加入东北抗日联军第五军，后经组织批准两人结为革命伴侣，志同道合，共同进行抗日斗争。冷云先在军部秘书处做文化教育工作，后调到第五军妇女团担任小队长和指导员。1938年夏，冷云强忍丈夫牺牲的悲痛，离别刚刚出生两个月的女儿，随第五军第一师西征，任妇女团政治指导员。

位于牡丹江市江滨公园的《八女投江》群雕

在西征队伍中，妇女团的战士们和男战士一样跋山涉水，英勇作战。7月12日参加了攻打楼山镇战斗。10月上旬，该部在牡丹江地区乌斯浑河渡口与日、伪军千余人遭遇。已行至河边准备渡河的妇女团的上述8名成员，为掩护大部队突围，毅然放弃渡河，在冷云的率领下，分成3个战斗小组，与日、伪军展开激战。她们主动吸引日、伪军的火力，使部队主力得以迅速摆脱日、伪军的攻击，但是她们却被敌军围困于河边。在背水作战到弹尽的情况下，面对日、伪军逼降，誓死不屈。她们毁掉枪支，挽臂涉入乌斯浑河，集体沉江，壮烈殉国。牺牲时，她们中年龄最大的冷云23岁，最小的王惠民才13岁。

为弘扬八女先烈的精神，1986年9月7日在牡丹江市举行“八女投江纪念碑”奠基典礼。时任全国政协副主席、全国妇联主席的康克清为工程奠基题词：“八女英灵，永垂不朽！”

2009年，八女投江当选“100位为新中国成立作出突出贡献的英雄模范人物”。

哈尔滨烈士陵园

哈尔滨烈士陵园位于黑龙江省哈尔滨市动力区体育街1号，主要为纪念自抗日战争以来牺牲的244位革命烈士而修建的设施。始建于1948年，陵园最初安葬着东北人民解放军炮兵司令朱瑞将军的灵柩。后历经多次改扩建。现在的园名“哈尔滨烈士陵园”由张爱萍题写。

哈尔滨烈士陵园占地面积4.2万平方米，主要建有革命烈士陵墓、革命烈士纪念馆、革命烈士诗抄碑林、无名烈士雕塑、烈士浮雕墙、英名录碑、抗联英魂雕塑等纪念设施。

中国人民解放军炮兵创始人朱瑞将军的陵墓位于陵园中心。1952年哈尔滨市民政局对朱瑞将军墓进行了规划重建，1953年10月建成。陵墓为正方形，混凝土材质。墓基地下的墓穴内置棺椁；墓前为墓塔，通高7米，汉白玉和红色花岗

哈尔滨烈士陵园大门

岩贴面，塔顶端立一铁质红五星，塔身上部正面镶嵌“朱瑞将军墓”5个金色大字，塔座正中竖写烈士传略；墓前建有能容纳4000人进行祭悼活动的广场。

朱瑞将军墓

1954年，陈翰章、汪亚臣两位将军的遗首被移出东北烈士纪念馆，安放在哈尔滨烈士陵园的朱瑞将军墓两侧。陈翰章将军墓基座呈正方形，墓身是圆形。墓碑的正面刻有“陈翰章将军之墓”，背面是阴刻碑文，由原东北抗日联军第二路军总指挥周保中撰写。汪亚臣将军墓基座同样呈正方形，墓身却是方形，四面都有台阶。建有墓室，中设有平台，上面有广口瓶与有机玻璃罩，以方便装殓烈士遗首。墓碑正面阴刻楷书黑字“汪亚臣将军之墓”，背面是纪念碑文。

陈翰章将军墓

汪亚臣将军墓

1958年10月，陵园迁入原本在东北农学院实验林场安葬的红二方面军创始人之一、松江军区首任司令员卢冬生将军的灵柩。卢冬生将军墓呈长方形，中间是墓穴，上面建有锥形墓塔，表面贴了一层黑色大理石。墓塔正面阴刻楷书金色大字“卢冬生将军墓”。墓塔前有一块灰黑色大理石碑，正面阴刻楷书金字“卢冬生同志之墓”。背面刻有两则碑文，分别由老战友贺龙元帅、罗坤山所撰。

烈士事迹陈列馆、烈士灵堂建在朱瑞将军墓的后侧。陈列馆的面积为300平方米，陈列大量珍贵的历史图片、文字资料及实物，展出了朱瑞将军和其他著名烈士生平事迹。烈士灵堂建于1972年，陈列着哈尔滨市1628名烈士的英名录，

卢冬生将军墓

安放着152位烈士的骨灰盒。

革命烈士纪念馆庄严肃穆，位于陵园的东侧，2008年4月对外开放。展陈面积867平方米，主题为《为了明天》，分为“曙光初照”“抗日先驱”“为了新中国”“保家卫国”“和平年代”“金色少年”6个部分。馆内展出130多件展品，包括24位烈士的英雄事迹，通过革命烈士的感人事迹、珍贵文物、详细资料等，为参观者提供爱国主义教育，以及举办参谒祭扫活动。

革命烈士纪念馆

无名烈士雕塑由红色大理石底座、钢盔、冲锋枪和花瓣造型组成，基座上有“名垂青史，魂系华夏”8个字，寓意祖国和人民永远缅怀为了民族解放和人民幸福而光荣牺牲的千千万万个无名英雄。3组烈士浮雕由花岗岩雕塑而成，全长46米、高5.4米，以纪念碑的形式和象征性手法，刻画杨靖宇、李兆麟、赵一曼、朱瑞等烈士的光辉形象。

哈尔滨烈士陵园是国家级烈士纪念设施、全国爱国主义教育示范基地。

无名烈士雕塑

经党中央、国务院批准，国务院于2015年8月13日公布，哈尔滨烈士陵园被列入《第二批国家级抗战纪念设施、遗址名录》。

知识链接　朱瑞

朱瑞，中国人民解放军高级指挥员。1905年9月13日出生于江苏省今宿迁市宿城区龙河镇朱大兴庄一个书香门第家庭。1924年加入中国共产主义青年团。1925年赴苏联，先后在莫斯科中山大学、克拉辛炮兵学校学习。1928年加入苏联共产党，后转为中国共产党。1930年春回国，先后任中共中央特派员、长江局军委参谋长兼秘书长。1932年1月到中央苏区，历任红十五军、红三军政治委员，红五军团政治委员，红一军团政治部主任。率部参加了南雄水口等战役和第四、第五次反“围剿”作战。1934年10月参加长征。懋功会师后，任红一方面军政治部主任。到达陕北后，参加了东征、西征等战役。1936年12月任红二方面军政治部主任。

朱瑞烈士

全民族抗战爆发后，朱瑞任中共中央北方局军委书记。后调任八路军驻第一战区联络处处长，从事对国民党军将领的统战工作，同时指导恢复整顿中共直南、豫北特委，在晋豫边区、太行南区等地创建抗日游击队，为建立晋冀豫抗日根据地创造了条件。同时创办华北军政干校，培养了一批抗日军政干部。1938年11月任北方局组织部部长。1939年5月任八路军第一纵队政治委员，与司令员徐向前赴山东统一指挥中共在苏（北）鲁的部队。后兼任山东军政委员会书记、中共中央山东分局书记，领导军民开展敌后游击战争，巩固抗日民族统一战线，为巩固和发展山东抗日根据地做出了重要贡献。1943年12月入中共中央党校学习。1945年4月，出席中国共产党第七次全国代表大会。会后，任延安炮兵学校代理校长。

抗日战争胜利后，朱瑞率延安炮校师生赴东北，搜集日、伪军遗弃的武器，积极发展炮兵部队。1946年10月起先后任东北民主联军和东北军区炮兵司令员，兼炮兵学校校长，培养了大批炮兵骨干，建立了炮兵部队，在东北解放战争中发挥了巨大作用，为人民解放军炮兵的建设奠定了基础。1948年9月，率炮兵部队参加辽沈战役。10月1日，在攻克义县后，到前沿阵地总结炮兵开辟突破口的情况和经验时，不幸触雷牺牲，时年43岁。中共中央在唁电中指出：“朱瑞同志在中国人民解放军的炮兵建设中功勋卓著。”

2009年，朱瑞入选“100位为新中国成立作出突出贡献的英雄模范人物”。

东北野战军炮兵阵地

江桥抗战纪念馆

江桥抗战纪念馆位于黑龙江省齐齐哈尔市泰来县江桥蒙古族镇江安社区，是为了纪念抗日民族英雄马占山打响的抗日第一枪而建立的设施。马占山将军在嫩江桥边“首赴国难”，是一项伟大的壮举，值得人们永远铭记。2004年，江桥镇党委、政府在江桥抗战公园内建设江桥抗战纪念馆。2008年8月14日纪念馆正式开馆。馆名由时任全国人大常委会副委员长周铁农题写。

江桥抗战纪念馆包括江桥抗战纪念地遗址、纪念馆两大部分。

纪念地遗址建有纪念公园，占地4万余平方米，有嫩江哈尔葛大桥桥墩，伪满时期建设的嫩江大桥桥墩、桥头碉堡遗址，日本占领时期江桥铁道守备队遗址，关东军驻江桥守备队大营碉堡、地下工事遗址。

江桥抗战纪念地

走进江桥抗战纪念地，迎面就是抗战英雄纪念墙，上面雕刻着英雄们英勇抵抗侵略者的画面，纪念墙的另一面雕刻着马占山将军亲笔写下的4个大字“还我河山”。不远处就是当年江桥抗战原址——嫩江哈尔葛大桥，原有的木桥早已不复存在，代之而起的是新建的一座铁桥。原木桥的桥墩地基处，有一道围起来的铁栏杆，内立一块“省级文物保护单位”碑，上书：“1931年11月4日，这里爆发了震惊中外的江桥抗战，打响了中国人民有组织有规模武装抗日的第一场战役，揭开了中华民族武装抗日战争的序幕。”伪满时期建造的嫩江大桥铁桥也不复存在，仅剩桥墩残留。不过，铁桥的桥头碉堡保留了下来。附近还保留有沦陷时期江桥铁道守备队遗留下来的碉堡等。

当年的江桥桥头碉堡

江桥抗战纪念馆占地1.1万平方米，建筑面积1522平方米，展厅面积800平方米，设序厅、展厅、沙盘室等，陈列了近百余件江桥抗战将领使用过的实物、抗击日军所用武器、侵华日军物证和大量珍贵图片。

纪念馆前是马占山将军骑马铜像，铜像雕刻得栩栩如生，宛如马占山将军正驰骋疆场，指挥着千军万马奋勇杀敌，距离马占山将军雕像不远的两侧，还有抗日将领苏炳文和反满抗日爱国人士伊作衡的纪念碑，以缅怀为了民族大义而献身

马占山将军骑马铜像

的英烈们。

纪念馆馆内有两个展厅，1号展厅面积308平方米，陈列着200多幅历史照片及实物，包括马占山在嫩江血战、马占山亲自前往前线视察，马占山在江桥抗战中发表的讨日通电等。2号展厅的中央是一个128平方米的沙盘，重现了在江桥抗战时期，从江桥至齐齐哈尔市70多千米内的地形、地势及地貌，还有马占山军事布防的状况。通过声光电现代化手段，使参观者犹如置身江桥抗战的现场。

江桥抗战是九一八事变之后打响的抗击日本侵略者的第一枪，也是世界反法西斯战争的第一枪。

江桥抗战纪念馆

江桥抗战遗址是全国爱国主义教育示范基地、黑龙江省爱国主义教育基地。

经党中央、国务院批准，国务院于2015年8月13日公布，江桥抗战纪念馆被列入《第二批国家级抗战纪念设施、遗址名录》。

知识链接 马占山

马占山，字秀芳，1885年生于奉天怀德（今吉林省公主岭市）。1903年，由于不满当地劣绅地主的欺侮，马占山离家跑到黑虎山落草。因精明强干、为人豪爽、重义气，兼有一身骑射的好功夫，被推举为绿林头目。1904年日俄战争在中国东北爆发，马占山看到家乡人民遭受帝国主义蹂躏的苦难，决心不再在绿林中混迹下去，去寻找为民族建功立业之路。1905年，接受清朝官府收编，出任怀德县游击队哨官，从此开始了行伍生活。因作战勇猛得到奉天后路巡防营统领吴俊升的赏识，于1911年升任四营中哨哨长。中华民国成立后，所部改编为中央骑兵第二旅，由连长递升至团长。1925年起历任奉军第十七师骑兵第五旅旅长、骑兵第十七师师长、骑兵第二军军长。1928年奉军缩编，改任黑龙江陆军步兵第三旅旅长。次年任黑龙江省骑兵总指挥。1930年调任黑河警备司令兼第三旅旅长。

九一八事变后，马占山被张学良委任代理黑龙江省政府主席兼代东北边防军驻（黑龙）江副司令长官，不顾蒋介石的不抵抗政策和辽宁、吉林两省相继陷落的孤立困境，于1931年11月4日率部

马占山将军

奋起进行江桥抗战，打退日、伪军多次进攻，鼓舞了全国人民的抗日爱国热情。终因力尽援绝，撤至海伦。17日被国民政府任命为黑龙江省政府主席。

1932年2月，马占山一度屈服于日本关东军的压力，任伪黑龙江省省长和伪“满洲国”军政部总长，受到全国舆论谴责。4月1日从齐齐哈尔秘密出走，7日抵达黑河，通电反正，重新举起抗日大旗，并致电国联调查团揭露日本制造伪“满洲国”内幕。5月，他联合省内旧部和民团、乡勇在海伦组织黑龙江省民众抗日救国义勇军，被推为总司令，率部在黑龙江省南部、吉林省北部铁路沿线和山林地区打击日、伪军，后因孤立无援、寡不敌众，于12月退入苏联境内。

1933年6月，马占山返回上海，见热河（今分属河北、辽宁和内蒙古）失守、长城抗战失利、华北危急，便跑到庐山面见蒋介石，要求回东北继续抗日，但未获蒋应允，被任命为军事委员会委员，闲居天津。其间与东北爱国人士杜重远、阎宝航、栗又文等交往甚密，并在共产党员孙达生等人的影响下，表示愿联络张学良停止内战，一致抗日。1936年1月被授予陆军中将，12月到西安，支持张学良、杨虎城逼蒋抗日爱国行动，参与了西安事变。

全民族抗战爆发后，马占山被蒋介石任命为东北挺进军总司令，率部转战晋、绥（绥远，今内蒙古中部、南部）、陕等省，其间曾在延安住了一段时间，受到毛泽东的接见，对中国共产党提倡的抗日民族统一战线有了进一步了解。毛泽东在中央大礼堂出席延安各界欢迎马占山的晚会上，发表了热情洋溢的讲话：“今天开会欢迎始终如一抗战到底的马占山将军。中国古代社会即是欢迎有始有终的人，一直到今天都是这样，半途而废的人不被人所欢迎。抗日是一件大事，要始终如一，抗战到底。现在有些投降派，半途而废，他们是虎头蛇尾。我们要和马将军一道，和全国抗战的人一道，抗战到底。”1945年6月，马占山出任第十二战区副司令长官。

抗日战争胜利后，蒋介石为抢占东北抗日胜利果实，设立东北行营和保安司令部，委任马占山为委员。1945年9月初，马占山奉蒋介石命令，率部配合傅作义部进犯绥东和察西等解放区。在遭到重创后，以到北平（今北京市）治病为由请假。1946年10月，任东北保安副司令长官，但一直在北平养病。直到1947年4月，在蒋介石的多次催促下才来到沈阳就职。1948年8月任东北“剿总”副总司令。此时，马占山见东北战场上国民党军大势已去，便称病寓居北平。平津战役期间，蒋介石曾派飞机接马占山去南京。马占山认为国民党政府必败，拒绝南逃，并接受北平中共地下党的要求，邀请邓宝珊来平，一起劝说傅作义和平起义。

新中国成立后，马占山因身体多病一直深居简出。1950年6月的一天，马占山突然接到毛泽东托人打来的电话，邀请他出席人民政协全国委员会一届二次会议。遗憾的是，此时马占山已重病缠身，无法参加会议。11月，病入膏肓的马占山自知将不久于人世，便立下遗嘱：“我亲眼看见我中国在毛主席和中国共产党之领导下，全国人民获得解放，新民主主义已顺利实现，人人安居乐业。我生平之新型国家，已建设起来。我虽与世长辞，但可安慰于九泉之下。我嘱尔等务须遵照我的遗嘱，在人民政府的英明领导下，诚心诚意去为新中国的建设努力奋斗到底，实事求是做事为人，不可稍懈。”11月29日，马占山在北京病逝，享年65岁。

知识链接 江桥抗战

1931年9月18日，日本关东军蓄意炸毁沈阳北郊柳条湖附近铁路路轨，反诬中国军队所为，以此为借口，向驻奉天（今沈阳）北大营的中国军队进攻，制造了震惊中外的九一八事变，发动侵华局部战争。由于以蒋介石为首的国民党政府对日本的侵略采取不抵抗政策，日军在几乎没有遇到抵抗的情况下，只用不到一周时间便占领了辽宁省和吉林省的大部，下一个目标就是黑龙江省。

当时东北军在黑龙江省驻有省防军步兵3个旅、骑兵2个旅和炮兵团、工兵营、保安队等，共计约3万人。日军为了弥补兵力不足，将投降的东北军编成伪军，以张海鹏所部3个团3000余人为先锋，于10月16日沿洮昂铁路向黑龙江省泰来地区发动进攻。骄横狂妄的日、伪军原以为可长驱直入，一举荡平黑龙江。但现实大大出乎他们的意料，他们在嫩江桥附近遭到了东北军步兵第三旅的迎头痛击。

对于日寇的侵略行径，黑河警备司令兼东北军步兵第三旅旅长马占山早已义愤填膺，而且他的老上司、对他有多年提携之恩的吴俊升在三年前皇姑屯事件中被日本人炸死了。当时他就发誓要“公仇私恨，必报复之”。面对伪军的大举入侵，马占山指挥所部奋起抗击。双方激战一夜，伪军死伤过半，张海鹏只得收拾残部仓皇南逃。为阻止日、伪军进犯，守军将嫩江铁路桥的第1、第2、第5号桥全部炸毁。

19日，张学良委任马占山代理黑龙江省主席兼军事总指挥。次日，马占山在省城齐齐哈尔新建成的大礼堂举行就职典礼。会后，他分别向南京国民党政府、各院部会，北平张副司令、锦州东北边防军司令长官公署和各省、市及黑龙江省各县发出通电：“占山遵电令于本月20日驰抵省垣，就职视事。当兹边围垂危，千钧一发，牺牲所惜，陨越堪虞，惟望远锡箴视……”表示保卫国土的抗战决心。

为阻止日军进攻，被中国军队拆毁的嫩江第5桥

为鼓舞斗志、激励将士，马占山亲自致电前线官兵，勉励他们奋勇杀敌，保家卫国。同时发布悬赏购买民族败类张海鹏首级的公告：“张贼叛变，罪止张贼一身，其部下如不反抗国军，决不横加株连。尔军民人等，如能将张贼活擒来辕献俘，或携其首级来献者，在职军人立即加升二级，并奖大洋一万元，百姓赏大洋二万元。”

恼羞成怒的日军决定亲自出马，进攻黑龙江。27日，日本齐齐哈尔特务机关长林义秀以关东军司令官代理名义向马占山发出所谓的最后通牒，要求黑龙江省政府在11月3日前修竣嫩江桥，否则，日方将以实力掩护自行修复。同时，关东军以第二师团第十五旅团第十六联队主力为主组建嫩江支队，任命滨本喜三郎大佐为支队长，陈兵江桥，准备进攻并伺机夺取齐齐哈尔。马占山大义凛然，断然拒绝了这一无理要求，指出：“南满铁路对于洮昂路仅有借款关系，债权者不能代债务者修理工程，且洮昂路并非江省政府所属，不能代为承认由满铁兴修，可由江省政府代为通知洮昂路自行修理可也。”不肯善罢甘休的林义秀随即又提出：“嫩江桥不得为战术上使用；至11月3日止，南北两军各由桥梁撤退十千米以外地点，至修竣为止；不承认上述要求或妨碍修理者，认为对日军有敌意，即行使武力。”

面对日本侵略者的嚣张气焰和武力威胁，马占山召开军事会议商讨对策。会上，有人表示日军来势凶猛，不可抗御，主张撤出阵地。马占山拍案而起，声色俱厉地说：“吾奉令为一省主席，守土有责，不能为降将军。且吾出身绿林，位重未阁，亦何惜一死！”会后，马占山发表抗日宣言，增调本省驻军16000余人，部署在嫩江桥及以北地区，准备迎敌。江桥位于三间房、泰来之间，是南北交通要冲、洮昂铁路跨越嫩江的必经之路。日军进犯齐齐哈尔，必须首先占领江桥。

11月4日，4000多名日、伪军在飞机、铁甲车和野战炮的支援下，向驻守江桥的东北军发起猛攻。守军在马占山的指挥下，奋起抵抗，首挫敌锋。震惊中外的江桥抗战就此爆发。

江桥抗战自11月4日开始，至19日结束，历时16天。这是东北军自九一八事变后，第一次针锋相对的大规模的抗击日本侵略军的阵地战，也是对抗蒋介石“不抵抗主义”的第一次大反击。

5日，日、伪军分三路再次向江桥阵地猛扑过来。守军抱定“人在阵地在”的决心，视死如归，以正面抗击、翼侧迂回的战法，重创敌军，再次将敌击退。据日方统计，此日血战，日、伪军共死伤官兵1400余人。6日拂晓，日军增调的2个大队到达江桥。当日，日、伪军携野炮20余门、重炮8门、飞机8架、铁甲车4列，对嫩江北岸的大兴车站发起进攻。守军顽强抵抗，再次予敌以重创。

江桥抗战以来，这一天的战斗最为激烈。马占山也亲赴前线，冒着枪林弹雨指挥战斗。守军自早至晚，苦战一天，重创日军，滨本步兵联队几乎被全歼，高波骑兵联队也伤亡殆尽。战后，日军哀叹是自到东北以来损失空前的一次。

马占山清醒地认识到形势已愈发不利。连日激战，敌机和重炮狂轰滥炸，工事全部遭到破坏，已无屏障可守；部队孤军奋战，伤亡甚重，一时得不到补充；而日军大批增援部队正向江桥集结，敌我力量对比悬殊。为保存实力，马占山果断下令放弃大兴车站，连夜向北撤到距江桥50华里的三间房一带，在汤池、三间房、昂昂溪等地设置三道防线，筑壕坚守，抗击日、伪军。

在东北军的英勇抗击下，狂妄骄横的日寇屡遭重创，不得不从长春、吉林调集长谷旅团2个联队，天野旅团步、炮兵各1个联队，投入江桥前线。与此同时，东北军苏炳文、程志远一部也由扎兰屯、满洲里开来，加入江桥抗战。

7日，马占山电请国民政府火速予以增援，称：“占山守土有责，一息尚存，决不使失尺寸之地，沦于异族。惟有本我初衷，誓与周旋，始终坚持，绝不屈让。海内明达，其谅鉴焉。”这番气壮山河的豪言壮语再次向世人展示了中华民族不甘屈服、抵御外侮的精神。

是日晨7时，大战重新开始。东北军发起反攻，重新夺回江桥阵地，共毙伤日军600余人、伪军1000余人，双方在江桥再次形成对峙局面。至此，江桥抗战第一阶段宣告结束。

江桥抗战使全国人民及海外华侨备受鼓舞，

纷纷捐款捐物声援马占山。北平（今北京市）救国会致电称赞马占山："此次暴日侵我黑省，举国同愤，将军保土卫民，孤军血战，忠勇义烈，钦佩莫名，尚祈整饬军旅，继续奋斗，收复失地，还我河山！"著名教育家陶行知赋诗一首《敬赠马占山主席》："神武将军天上来，浩然正气系兴衰；手抛日球归常规，十二金牌召不回。"《京津泰晤士报》发表社论称：马占山是"在充满灾难的中国里，中国高级官吏堪称道仅有的一人……"东北青年学生组织援马义勇军，准备开赴前线，抗击倭寇；就连肇东一带的蒙古王公也召集兵马，表示愿意听从马占山的指挥，共抗日寇；一再鼓吹"不抵抗主义"的南京国民政府此时在全国人民一致抗日的呼声下，不得不传令嘉奖马占山部；连日来一直背负着"失地卖国"骂名的张学良精神为之大振，致电嘉奖马占山：自代理黑龙江省主席和军事总指挥以来，"亲临阵地，威声传播，中外交推"，并任命他为东北边防军驻江副司令，所有驻黑省军队一律归其节制指挥，在江桥"死守到底"。

眼见在江桥损兵折将却没捞得半点好处，日军便改变策略，玩弄其惯用的软硬兼施的伎俩，由军事进攻为主、政治诱降为辅，改为以政治诱降为主、军事进攻为辅的方针。

8日，关东军司令官本庄繁向马占山提出警告："马主席如欲避免日军进入齐齐哈尔，应速披沥诚意。"当晚，林义秀将所谓诚意条件用短札形式交给了黑龙江省外交主任王春。信中称："考察目前之时局，避免战祸，维持地方秩序的唯一方法，为马主席于此时下野；同时黑省政府与张海鹏之间实行和平授受政权，除此之外，别无良策。"

12日，本庄繁向马占山发出所谓的"最后通牒"，提出三点要求：一是马占山立即下野；二是东北军从齐齐哈尔撤退；三是出于保障洮昂线安全之考虑，日军将向龙江东站移动。并限定马占山必须于12日夜12时以前做出答复，否则一切后果自负。

当夜，马占山正式答复日方，称："一、下野本无不可，但须有中国中央政府命令，派人前来，方能交代，如张海鹏一类者，虽有中央命令，亦不交与政权；二、关于退兵一事，在我国领土，我国有权，非日本所得干涉；三、昂昂溪站为中国与苏俄合营之铁路站，贵军要求进兵，殊与芳泽代表在国联声明'日本无领土野心'一语，自相矛盾。且余奉命保守疆土，在未奉到命令让渡与日本前，碍难办到。同时在法律和事实两方面，亦非贵国所应要求。"马占山义正词严地驳斥了日军的无理要求，再次维护了中华民族的尊严。

见威逼马占山屈服失败后，气急败坏的日寇调集重兵准备发动新一轮进攻。这时，围困江桥的日军计有步兵第四、第二十九、第三十、第十联队，骑兵第二、第二十八联队，以及2个野炮兵联队。

12日，也就是本庄繁向马占山发出"最后通牒"的当天，日军发动了大规模的进攻。双方激战一天，日军占领了前后宫地、张花园。13日下午，日军集中步、骑兵3000余人，在飞机、铁甲车和重炮的配合下，向汤池、乌诺头、新立屯发起猛攻。马占山亲临前线指挥，守军奋勇杀敌。激战一直持续到黄昏，日军进攻多次均无功而返。14日，日军卷土重来，向汤池蘑菇溪间阵地猛扑过来。守卫阵地的东北军与来犯之敌鏖战达15个小时，打退了敌人的多次冲锋。16日，不甘心失败的日军重新集结兵力，在10架飞机、8门重炮和数辆坦克的掩护下，直扑三间房阵地。激战一天，日军再次铩羽而归。

17日，日军第二师团主力等增援部队陆续到达大兴前线，共集结步兵11个大队、野炮3个大队、重炮1个大队、骑兵2个中队、工兵1个中队、飞行2个中队12架飞机约6000人及伪军一部。第二天，日军在第二师团长多门二郎统一指挥下，以第十五旅团、混成第三十九旅团第七十八联队等部为右翼队，第三旅团等部为左翼队，在炮兵和航空兵支援下，分由孤店、汤池向三间房主阵地发动全面进攻。日军先以重炮对三间房阵地狂轰滥炸，8时许发起总攻击。三间房阵地上，弹如雨下，火光冲天。马占山亲率所部拼死抵抗，“双方激战甚烈，血肉相搏，我军伤亡之极大”。但东北军广大爱国官兵同仇敌忾，枵腹血战，拼死肉搏，击退了日军一次又一次的疯狂进攻。血战至黄昏时分，守军终因连日鏖战，只剩下4000余人，弹尽粮绝，渐不能敌，三间房、大兴防线相继失守，省城齐齐哈尔已无险可守。马占山在伤亡惨重、求援无望的情况下，为避免全军覆没，被迫于当夜下令撤出阵地，向海伦方向转移。撤退前，他接到大汉奸张景惠的诱降电话：“无论如何，兵士先退，君可不退，留在省城，与日军从长计议。”马占山断然拒绝，表示：“占山自信系一好男儿，绝不降日本；阁下如降日本，则人各有志，不必相强。”19日晨，日军占领齐齐哈尔。

江桥抗战是东北爱国官兵自发奋起抗击日本侵略者的伟大壮举，虽然最终失败了，但他们在内缺弹药、外无援军、装备低劣的困境中，坚守江桥十余日，使日军集中数万精兵对此弹丸之地却久攻不下，并屡遭重创，损兵折将数千人，沉重地打击了日本侵略者的嚣张气焰，向全世界展现了中华民族不畏牺牲、抵御外侮的精神，同时也极大地鼓舞了全国人民，振奋了民族精神，使越来越多的中华儿女投身到抗日救国的洪流中。

战后，著名的《国际协报》曾评论道：“马占山及黑省一般将领，将来纵因不能敌，终归失败，其丰功伟绩，在中国历史上，亦终有不能磨灭湮灭者也。”

1932年10月出版的《九一八周年痛史》中对江桥抗战做了高度评价：“沙塞孤军，苦战半月，开我国反日民族战争之先声，振全国抗日救国之精神，所关甚大，虽败犹荣。”

侵华日军虎头要塞遗址博物馆

侵华日军虎头要塞遗址博物馆位于黑龙江省虎林市虎头镇虎东山，是一座专题性博物馆。1999年4月正式开工建设，2001年8月正式对外开放。

虎头要塞修建于1934年至1939年间，是侵华日军为对抗苏联而逼迫10万中国劳工秘密修筑的军事设施。它是一个永久性军事工程，正面宽12千米，纵深为6千米，包括虎东山前沿阵地，虎北山侧翼阵地，猛虎山主阵地，虎西山、虎啸山后援阵地。阵地表面分布着军用机场及大型火炮

虎头要塞地下工事

阵地。地下各种功能俱全，是十分庞大的工程。1945年8月8日，苏联红军出兵东北。8月15日而当日本投降的消息传来时，虎头要塞的日本守军拒绝投降，战争一直持续到8月26日才结束。

侵华日军虎头要塞遗址博物馆建筑面积1874平方米，展厅面积800平方米。展厅一共有两层，一层展厅主要展出包括东北沦陷、日伪统治下的虎头镇、虎头要塞概貌等；二层展厅主要展出“劳工的血和泪”“虎头要塞之战”“历史呼唤和平”等内容，侵华日军和苏联红军当时使用的枪支弹药、衣物、相关资料、图片等，以及虎东山地下遗址工事。

博物馆与地下历史遗址相通。地上展厅展出了大量侵华日军的实物和罪证及苏联红军攻占虎头要塞的史料；地下展厅展示了虎头要塞中设施最全的虎东山遗址，再现了战争之残酷和日军之野心。

博物馆外，虎东山顶立着一块由苏联红军设计的苏联红军纪念碑，以纪念反法西斯战争的胜利。纪念碑碑高9.7米，碑身为白色，俗称“小白塔”。

军用神社位于博物馆入口西南侧，是当年日军侵华之罪证。

侵华日军虎头要塞遗址博物馆是全国重点文物保护单位、全国爱国主义教育示范基地。

侵华日军虎头要塞遗址博物馆

苏联红军纪念碑

经党中央、国务院批准，国务院于2015年8月13日公布，侵华日军虎头要塞遗址博物馆被列入《第二批国家级抗战纪念设施、遗址名录》。

知识链接

虎头要塞

虎头要塞是侵华日军构筑的军事基地，坐落在黑龙江省鸡西市虎林市虎头镇完达山余脉中。

虎头镇位于哈巴罗夫斯克（伯力）与符拉迪沃斯托克（海参崴）的中心点上，不仅是扼制苏联远东乌苏里地区的咽喉，也是远东苏军进入中国东北腹地的捷径，具有极为重要的战略位置。日本关东军在虎头建要塞的目的也就昭然若揭了，他们要以此作为战略基地，为进攻苏联做准备。

虎头要塞与苏联仅隔一条伊曼河，南北处于连子山至虎北山范围内。中心区域正面宽12千米，纵深6千米。方圆几十千米内或大或小的要塞达十几处。由5个阵地组成，包括猛虎山、虎

1945年8月19日苏军攻占虎头要塞后缴获的日军75毫米要塞炮

北山、虎东山、虎西山、虎啸山。其中的猛虎山为主阵地；虎东山、虎北山为前沿阵地，形似一个钳子，在猛虎山两翼呈护卫的阵势；虎西山、虎啸山在主阵地之西，是猛虎山后方的第二线阵地。

猛虎山主阵地由3座底山组成，为中猛虎山、东猛虎山、西猛虎山，四周为沼泽，形成一道天然屏障，不易通行。日军虎头国境守备司令部就设在中猛虎山，与东猛虎山制高点直线距离350米，与西猛虎山距离300米，与乌苏里江相距约2000米。地下工事的中心是中猛虎山，既有指挥所、通讯室，也有士兵休息室、伙房、浴池、粮库、弹药库、发电所等，而且还有直通山顶观测所的竖井，没有通风口、排气孔、反击口等通道。

日军构筑虎头要塞是一项工程大、时间长、用人多却保密性极强的庞大工程。日军所用的劳工总计达10万多人，而这些劳工无一例外地全是中国人。在七七事变之前，修筑虎头要塞的中国劳工主要来自伪满各地和关内等地，日伪当局通过抓捕“浮浪”、强征伪满“报国队”、诱骗关内农民等手段，将大量中国劳工秘密送往虎头修筑要塞。七七事变之后，大量中国战俘也被强制从事虎头要塞工事的修筑。这些人在日军刀枪的威逼下从事着种种繁重的劳役，并遭受非人的待遇。食物的缺乏及超强度的体力劳动，使大批劳工被活活累死、饿死，即便活到最后也逃不过日军残忍的集体屠杀。劳工尸体被直接抛入草甸子，或弃于荒野山林，被野狼撕咬啃噬，惨不忍睹。

虎头要塞暗堡遗址

经过6年的折磨，要塞终于施工完成，日军举行庆祝宴会，将生存下来的俘虏、劳工人员数百人集中在猛虎谷的洼地里，用酒菜欺骗劳工说是犒劳大家。可是当宴会进行到高潮时，日军架起的重机枪喷出了火舌，中国劳工堆积起来的尸体将洼地填平，没有当场死亡的劳工被日本士兵当作实验品打毒针或直接扔进江里。可以说，虎头要塞是用中国劳工和战俘的累累白骨堆积而成的。

饶河抗日游击队纪念碑

饶河抗日游击队纪念碑位于黑龙江省饶河县饶河镇小南山主峰下的缓坡处，是为了纪念抗日战争时期牺牲的饶河抗日游击队官兵修建的设施。始建于1985年，1986年9月3日落成。

饶河抗日游击队纪念碑园区南临乌苏里江，背靠小南山，占地面积约4万平方米，主要建有饶河抗日游击队纪念碑和饶河革命烈士纪念馆等纪念设施。

纪念碑由花岗岩石及钢筋混凝土砌成，包括碑身和碑座，占地面积2032平方米。碑高16.6米，表面镶嵌青灰色大理石，顶端为一座持枪前进抗联战士形象的雕像，高6.9米，由14块花岗岩雕塑而成。纪念碑正面和背面分别刻有黑龙江省原省长陈雷题写的“饶河抗日游击队纪念碑”“抗日先烈永昭千秋”。背面题词下面是一则碑铭：

饶河抗日游击队纪念碑

一九三一年九一八事变，东三省沦为日本帝国主义殖民地。三江一带，虽有李杜、高玉山等爱国将士坚持抵抗，终因财殚力竭，寡不敌众。一九三三年末，饶境遂陷于日寇铁蹄之下。际此民族危急关头，中国共产党饶河中心县委，在中国共产党及满洲省委领导下，唤起民众，组织抗日游击队，在各族人民的积极支持下，队伍迅速壮大，由抗日联军四军四团，进而为二师，为七军，凡二千名健儿，或阵前，或敌后，与日寇展开殊死搏斗，前仆后继，足迹遍及那丹之岭，碧血荐于三江之野，凡十有二年，敌寇闻风而丧胆，在国际反法西斯阵线及国内各抗日战场的配合下，终于取得最后胜利。烈士英灵永在，若陈荣久、李学福、张文偕、李斗文、朴振宇、王汝起、姜克智等，乃万千英杰之中坚，中华优秀儿女之代表，功垂百世，浩气千秋。幸此升平，抚今虑昔，敢不竭诚！中华振兴，昭明万代，因是勒铭以为之志焉。

碑座呈方形，设两层平台，每层高2米左右。四围建有雕刻松针、松果图案的石栏杆。

纪念馆位于纪念碑北面，建成于1990年，上覆红色琉璃瓦。纪念馆与纪念碑的东西两侧分别建有回廊，各长50米，占地面积400余平方米。

饶河抗日游击队纪念馆

饶河抗日游击队纪念碑是全国重点文物保护单位、国家级烈士纪念设施。

经党中央、国务院批准，国务院于2015年8月13日公布，饶河抗日游击队纪念碑被列入《第二批国家级抗战纪念设施、遗址名录》。

知识链接

陈荣久

陈荣久，1904年出生于吉林省宁安县（今宁安市）东京城镇三家子村一个贫苦农民家庭。少年时期，因家庭生活贫困，没能读书，在家务农。后因生活所迫入东北军当兵。1931年九一八事变后，陈荣久目睹日军的残暴和罪行，在军营中指责国民党“不抵抗”的卖国政策，将东北拱手奉让；同时激励战友不要投降，坚决抗日，其爱国精神得到了战友的同情和支持。当连长率队投降时，他和那些主张抗日的士兵一起，缴了连长的枪，举行起义，投奔了抗日救国军。不久，抗日救国军改编，陈荣久任新编第五连连长。在他的领导下，队伍不断扩大，士气高涨，先后积极活动于穆棱、海林、宁安等地，多次与日军交战。

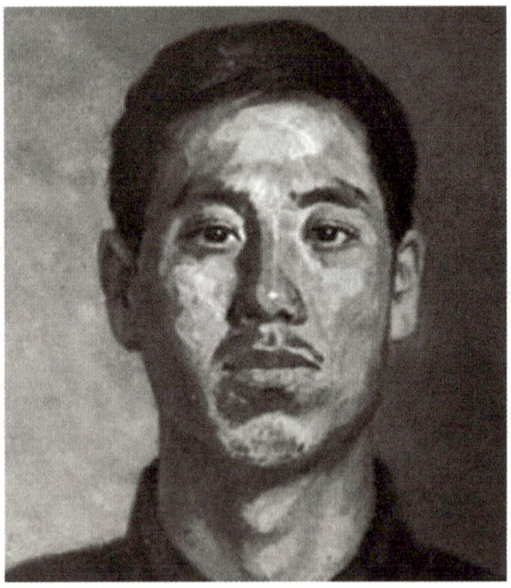

陈荣久烈士

陈荣久爱憎分明，坚决反对、拒绝执行救国军个别首领制造的内部自相残杀的做法，深得士兵拥护。在中华民族危急关头，陈荣久抗日决心坚定不移，1933年2月，率部到宁安参加共产党人李延禄创建的抗日救国游击军，任游击军军部副官，参加和指挥二道沟子、东京城、马莲沟等多次战斗。同年5月，根据中共满洲省委和吉东局的指示，为扩大吉东地区的抗日武装力量、建立游击区，抗日游击军赴密山地区活动。陈荣久在密山参加和指挥部队与日、伪军进行多次战斗，给日、伪军以沉重打击，被称颂为“岳武将军”。在共产党的教育下，陈荣久的阶级觉悟不断提高，进一步坚定了为中国革命和抗击日本帝国主义侵略战斗到底的信念。

1933年6月，陈荣久加入中国共产党。同月，抗日游击军被改编为东北人民革命军第四军。次年春，军长李延禄去上海向上级组织汇报军情，以争取全国各界人士支援东北的抗日斗争，陈荣久被委任为军部代理政委职务，与杨太和一起加强对部队的政治思想教育和整训工作，使部队上下团结，士气旺盛，纪律严明。与此同时，他还伺机率部打击敌人，在密山平阳镇、向阳等地与日、伪军交战多次，缴获一批武器，装备了部队。其间，他积极开展对反日山林队的争取与收编工作，为第四军的发展做出重大贡献。

1934年秋，陈荣久受党组织委派，去苏联莫斯科东方大学学习。1936年秋，从苏联学成回国，被派往虎林、饶河，以东北人民革命军第四军第二师为基础组织建立东北抗日联军第七军。11月15日，东北抗日联军第七军正式宣告成立，陈荣久担任军长兼第一师师长。

1937年春，日、伪军对虎（头）饶（河）地区抗日游击根据地和抗联第七军进行疯狂的春季大“讨伐”，妄图消灭新成立的抗联部队。为粉碎敌人的企图，3月初，陈荣久率队分兵几路截击敌人。他率150余人在饶河县西北小南河天津班一带活动。3月6日，日军驻饶河县参事官大穗久雄率日军百余人向抗联第七军逼近，陷入抗联部队的埋伏圈中，双方激战3个多小时。正当第七军发起冲锋时，饶河县日、伪军警200多人从后路围攻上来，陈荣久指挥全军奋力还击，激战中身负重伤，仍坚持在山岗上指挥部队英勇杀敌。在腹背受敌、敌众我寡的情况下顽强战斗到18时，陈荣久指挥部队转移，途中不幸中弹，壮烈牺牲。时年33岁。

1984年，在黑龙江省饶河县大顶子山北屏岭山旁修建了陈荣久烈士牺牲地标志碑。2004年9月1日，经党中央、国务院批准，陈荣久被列入第一批在抗日战争中顽强奋战、为国捐躯的300名著名抗日英烈和英雄群体名录。

赵一曼雕像

尚志烈士陵园

尚志烈士陵园位于黑龙江省尚志市北环街92号，是为了纪念抗日民族英雄赵尚志、赵一曼等革命烈士而建的设施。1965年，周恩来总理批准建设尚志烈士陵园，1986年陵园建成并对外开放。

尚志市原名为珠河县。1946年11月，在赵尚志烈士牺牲4年后，为纪念这位抗日民族英雄，改称尚志县，1988年撤县建市。尚志市是东北抗日联军第三军的发祥地，也是其抗日游击根据地。赵尚志率第三军在龙江大地上与日军作战，沉重打击了日本侵略者。而抗联第三军第二团的政委就是赵一曼。

赵尚志雕像

尚志烈士陵园占地面积3.6万平方米，主要建有珠河抗日游击队纪念碑、抗日烈士赵尚志赵一曼纪念馆、烈士塑像等纪念设施。

珠河抗日游击队纪念碑经周恩来批示修建，占地面积553平方米。碑高15.65米，碑基宽27.65米、长20米，碑座为正方形，边长2.4米。碑通体为磨光花岗岩，汲取朝鲜民族建筑风格，具有朝鲜人民参与中国抗联斗争的历史内涵。碑文由抗联老战士、时任黑龙江省副省长陈雷题写。碑后还建有赵尚志、赵一曼等烈士纪念碑11座。

纪念馆为两层仿古建筑，歇山顶，重檐红瓦，红柱白墙，檐下彩绘，建筑面积1250平方米，1986年筹建，为纪念世界反法西斯战争和中国人民抗日战争胜利60周年于2005年重新布展。馆内

珠河抗日游击队纪念碑

藏有文物232件，展陈有反映赵尚志、赵一曼等革命烈士事迹的图片、资料和实物，绘制有赵尚志率游击队木炮打宾州的半景画，展示东北抗联第三军将士与在艰难困苦环境中奋力抗击日军的情景。

尚志烈士陵园是国家级烈士纪念设施、黑龙江省爱国主义教育基地。

经党中央、国务院批准，国务院于2020年9月1日公布，尚志烈士陵园被列入《第三批国家级抗战纪念设施、遗址名录》。

抗日烈士赵尚志赵一曼纪念馆

知识链接 东北抗日联军第三军1936年冬季反“讨伐”

1937年，东北抗日联军第三军在军长赵尚志、政治部主任张寿篯（李兆麟）的率领下，纵横驰骋于北满松花江两岸广阔区域，不断发展壮大，扩编为11个师6000余人，游击区也扩大到近40个县境，鼓舞人民反日斗争情绪持续高潮，令日、伪当局极为不安和恐慌。

这年秋，伪满洲国军政部依据日本关东军司令部“治安肃正计划”的规定，制定了以松花江中下游地区宾县、木兰、通河、汤原和依兰5县为中心的“讨伐”计划。日本关东军第九师团师团长为地区防卫司令官，指挥第九师团与佳木斯地区的伪军，对活动于这一地区的抗联第三军及李华堂、谢文东等领导的抗日义勇军和山林队，进行大“讨伐”，妄图聚而歼之。10月，大批日、伪军开始包围游击区，层层修筑工事，设置据点；在游击区内，烧毁散居住户民房，强迫群众归屯并户，建立“集团部落”，实行“十家连坐”的保甲制，严密封锁道路，致使抗日联军同人民群众的联系被割断，抗日游击活动日趋困难。

为打破日、伪军的大“讨伐”，在中共北满临时省委的领导下，珠河（今尚志市）、汤原中心县委和抗联第三、第六军党委于9月18日在汤原县帽儿山北坡召开联席会议。根据“向新区发展，向日满统治环节薄弱的隙缝中突击”的策略，会议决定兵分两路，留少部兵力在松花江下游两岸坚持斗争，赵尚志率主力突围向西北远征，到日伪统治比较薄弱的铁力、海伦等地区开辟游击区。

为提高广大干部战士对西征行动的认识，第三军司令部发表《为反对秋冬季“讨伐”告一切反日部队及全体战士书》，指出：东北反日游击运动是不平衡的，有的地方有反日部队，有的地方没有，或者少有反日部队的活动。敌人“讨伐”的兵力部署也并不一样，有的地方非常多，有的地方很少。因此，各反日部队如果能奋勇沉着，在敌人采取各种战术大举进攻时，突破包围，保存实力，开辟新的游击区，便一定能取得胜利。

会后，赵尚志立即组织部队西征，以第一师一部200余人为先遣队，在政治部主任李熙山（许亨植）的率领下，由汤原出发，翻越小兴安岭主脉，经东兴到庆城，与在此地活动的李振远第九师会合后继续前进。经过两个多月的艰难行军，于11月间到达铁力，同张光迪第六师胜利会师。3支队伍共计2000余人，在铁力东山里开展游击活动，筹集粮食，建立密营，为迎接主力部队做准备。

活动于松花江南岸地区的第二师和第三师，在第三师政治部主任吴景才的率领下，从宾县境内横渡松花江，经汤原，穿越人烟稀少的山林地区，于11月相继到达铁力东山里。该部200余人在八道岗孙灵阁山附近同日军500余人遭遇，先敌抢占有利地形，顽强激战1天半，共击毙日军80余人，缴获机枪1挺、战马30余匹。

11月，第三军司令部直属部队政治保卫师、少年连，以及第一、第五师大部混合编成500余人的骑兵部队，在赵尚志的率领下，由汤原老钱柜岭西出发，顶风冒雪，踏上了艰难的西征之路。

这已是第三军一年中的第二次西征。第一次西征是在这年3月，为巩固和扩大第三、第六军在松花江北岸汤旺河流域所建立的后方根据地，并与在松花江南岸活动的第三军第一、第二、第四团相呼应，同时为配合向江南桦川、依兰开展活动的第六军及其他抗联部队，赵尚志率军司令部保卫营、少年连和第五、第六团共300余人，由汤旺河后方根据地出发，西征木兰、巴彦、东兴、庆城、铁力、海伦等地。

东北抗日联军第三军一部整装待发

第一次西征历时三四个月，于当年夏初顺利进抵木兰县境内，遂以蒙古山为基地，在东向通河、西向巴彦地域开展游击活动，先后收编40多支义勇军小部队，把第五、第六团扩编为第五、第六师。不久，鉴于日、伪军集结重兵于滨北一线，西征部队遂返回汤原后方根据地休整。

第二次西征开始后，由于此前第三军各支先遣部队的活动已经引起日伪当局的警觉，从各地抽调大批日、伪军集结于汤旺河根据地周围。西征部队在一连突破敌人的数道封锁线后，行至木兰县蒙古山时，又被日、伪军“讨伐”部队发现，紧追不舍。

为摆脱敌人的围追堵截，赵尚志采取声东击西之策，故意放出风声，说要渡江南进，攻打呼兰城、袭击哈尔滨。果然，日、伪军在获悉这一“重要情报”后，立即抽调追击主力增援呼兰以东的巴彦县城。见敌人中计，赵尚志指挥部队突然挥师北上，向庆城、铁力急速挺进，成功地摆脱了日、伪军的追击。日、伪军发现第三军行动方向后，知道又上了赵尚志的当，急忙调动北泽旅团自西截击，又调动佐佐木旅团和几个伪军混成旅及绥化、海伦等县的日、伪军守备队、“讨伐队”沿途阻击包围，并调动次尾大佐所率1个旅团和伪军第十六混成旅1个营紧追不舍。但为时已晚，西征部队灵活机动，避敌主力，于12月到达铁力，与先遣队及第六、第九师会师。

这时，先遣队等部已经初步打开局面，基本扫除了这一地区的日伪据点，收编了一些义勇军、山林队，开辟了铁力、庆城、绥棱等新游击区。但赵尚志了解到部队在开辟新区的斗争中存在着诸多违反群众纪律、侵害群众利益的行为，如烧街、牵走群众的马匹等，立即召开大会，整顿部队，并向群众赔礼道歉，及时消除了西征先遣队造成的不良影响。

在部署了进一步开辟铁力、庆城游击区工作后，1937年2月，赵尚志率第三军少年连和第一、第五、第六师各一部共200多人，继续向北远征。日、伪军“讨伐”部队立即在沿途布置兵力加强防守，同时派兵追击。3月初，西征部队行至海伦冰趟子时，利用有利地形伏击前来追击的日、伪军800余人，以少胜多，毙伤敌300余人，取得一场酣畅淋漓的大胜。

冰趟子战斗后，西征部队重新调整兵力，决定第六师留在海伦、铁力一带坚持游击活动，消灭海伦东山里日、伪军，建立第三军游击活动的后方基地；赵尚志率领第一师和少年连150人，继续向通北龙门一带挺进。西征部队行进在人迹罕至的林海雪原中，每天只能在零下三四十摄氏度的雪地里露宿，冻伤冻死的战士不断增多。而敌人在途中和沿山入口处布置重兵，进行严密封锁和层层阻击，西征部队给养发生严重困难，数度出现断粮，只得宰食瘦弱不堪的战马充饥，极度疲惫。但将士们并没有被这些艰难困苦吓倒，保持着高昂的斗志，高唱《四季游击歌》继续前进。

3月下旬，西征部队行至龙门附近的炭窑，获知日军竹内部队町田少佐率“讨伐队”乘坐20多张爬犁进山的消息。赵尚志决定伏击这股敌人，遂命令少年连的50余名骑兵埋伏在龙门东南12千米的山口两侧树林中。27日下午，当日军“讨伐队”的爬犁进入伏击圈时，骑兵发起突然而又猛烈的攻击，一举全歼町田少佐、渡边孝雄准尉、小山三男军曹等21人，缴获轻机枪1挺、掷弹筒1个、步枪20余支，取得龙门伏击战的胜利。

龙门战斗后，日军不断增加兵力跟踪追击，并派出飞机侦察、轰炸。西征部队在行军途中不断与强敌遭遇，伤亡也越来越大。赵尚志决定将部分多余的枪支埋在森林里，轻装前进。当行进至小兴安岭北麓逊河附近时，只剩下百余人了。

4月18日夜，西征部队在距逊河县（今并入逊克县）松树沟西南方无底河畔露营休息。由于行军过于疲惫，派出的6名岗哨都睡着了，被跟踪而至的日、伪军包围袭击。此战共牺牲30余名战士，战马全部丧失。赵尚志率70余人奋力突出重围，踏上返回汤原后方根据地的归途。由于没有战马，抗联将士们顶风冒雪徒步行进在小兴安岭的密林中，每天只以榛子、松子为食。至月底，西征部队终于突破敌人的围追堵截，胜利返回汤原根据地。

在这次历时半年的艰难西征中，赵尚志率抗联第三军突破日、伪军的无数次围追堵截，行程2000余里，在粮食断绝的情况下靠宰杀战马，采摘榛子、松子为食，历经大小百余战，付出巨大牺牲，也取得重大胜利，缴获大批武器弹药，牵制日、伪军大量兵力，粉碎1936年秋冬“大讨伐”，开辟了庆城、铁力、海伦等新的游击区，扩大了抗联在北满的影响，为在德都、嫩江地区开展抗日游击活动打下了基础。

在第三军主力部队西征的同时，担负留守任务的第一、第五师一部和军部直属留守第一团，以及活动在下江地区的第四师等部，主动出击，牵制敌人的兵力，配合主力远征。

1936年11月底，第五师师长景永安率50多名骑兵、200多名步兵经汤原、鹤立（今鹤岗市鹤立镇）进抵黑龙江边的萝北县城。第五师联合义勇军，集中400余人的兵力袭击萝北县老沟、火烧营采金场，解决了部队的装备和给养问题。随后，第五师兵分三路袭击佛山（今嘉荫县）县城。佛山位于黑龙江中游右岸、小兴安岭北麓东段，是中苏国境线上的重镇。城内驻有伪满洲国境监视队1个连，以及伪县公署和伪警察署。经过充分侦察后，第五师于12月1日发起突然攻击。首先捣毁无线电台、有线电话，切断县城与外界的通信联系，然后解除伪国境监视队的武装，烧毁伪县公署、伪警察署和日本参事官寓所，共击毙日军副队长桥本中尉以下9人、伪警长董宪洲以下3人，击伤日、伪军8人，俘虏伪县长夏虞卿等8人，伪县公署吉村参事官在逃跑途中被冻死。同时缴获步枪50支、手枪1支、子弹千余发，马90多匹，现款7万元，电台1部，以及被服、地图文件等。佛山一战，极大地震动了伪三江省汤原、萝北、绥滨一带的日、伪军，有力地鼓舞了抗日军民的士气，同时也积极策应了第三军西征部队。不久，第五师胜利返回汤原后方根据地。

活动于依兰、方正、林口一带的第三军第一师一部，在师政治部主任兼哈东游击队总司令李福林的率领下，于1937年1月袭击林口县城，毙敌10人，缴获步枪15支。随后在小道沟附近袭击延寿警察大队等部，击毙伪警察15人，缴枪13支；在夹信子伏击日军西山大尉所部，击毙日军20人。4月，李福林率少年连和警卫连170余人在通北县二道河子北山，陷入敌人重兵包围。战斗中，李福林英勇牺牲，时年30岁。

与此同时，第四师在师长郝贵林、政治部主任金策的领导下，活动于松花江下游的宝清、富锦一带，开辟新的游击区，牵制日、伪军，积极为西征部队筹集军费。

从1936年10月起，抗联第三军各师分头出击，英勇顽强，取得许多胜利，活动区域从松花江流域的汤原、依兰、通河、方正、木兰、巴彦至小兴安岭山脉的铁力、庆城、绥棱；从北黑（北安—黑河）铁路沿线的海伦、通北、北安、龙门至黑龙江沿岸的逊河、奇克、佛山，纵横数千里，大小上百战，毙伤日、伪军800余人，俘虏300余人，缴获了大量的武器弹药和军用物资，有力地打击了日、伪军，成为日伪当局的“心腹大患”。

汤原烈士陵园

汤原烈士陵园位于黑龙江省佳木斯市汤原县京抚路中段，是为了纪念在抗日战争以来牺牲的烈士而修建的设施。始建于1960年，后经数次改扩建。

汤原烈士陵园占地5万平方米，主要由3个部分组成，分别是烈士纪念塔、烈士纪念碑、墓区。

烈士纪念塔建于1960年10月，高25米，纪念塔塔身上有“烈士纪念塔”5个红色大字，下部镶嵌汉白玉碑文，记载着九一八事变后东北被侵占的史实，在中国共产党的领导下，汤原人民坚持14年抗战，抵御日本侵略者，捍卫国土和家园，为此不怕牺牲的伟大精神。烈士纪念塔左侧是当时松江省（今黑龙江东南部）政府主席冯仲云的题词：“兴安岭麓，松花江岸，革命烈士，浩气长存！”右侧刻有时任松江省政府副主席李延禄的题词：“烈士血染汤旺河，千载流芳万古歌！”

烈士纪念塔

碑林建于1998年，至今立有纪念碑25座，纪念在汤原一带进行过抗日活动的团职以上及有代表性的烈士。

陵园内有抗联文化长廊，长度80米，由4部分组成，分别是东北抗联、抗联六军、八大战役、中心县委等有关内容，在第三、第四长廊的连接处，建有一座四角凉亭。长廊两侧是介绍汤原革命烈士的内容，包括北抗联发展壮大过程以及著名将领、主要战役等。

烈士墓园中的烈士群雕区

烈士墓区建有烈士墓332座，其中有名烈士墓322座，无名烈士合葬墓10座安葬无名烈士300余名。其中安葬有东北抗日联军第六军军长夏云杰、参谋长冯治纲和第十一军政治部主任金正国等著名烈士。

汤原烈士陵园是国家级烈士纪念设施。

经党中央、国务院批准，国务院于2020年9月1日公布，汤原烈士陵园被列入《第三批国家级抗战纪念设施、遗址名录》。

烈士墓区

知识链接 夜袭汤原城

“夜袭汤原”战役发生在汤原县。汤原县在松花江北，与佳木斯相距仅仅几十千米，属于伪满洲国三江省的重镇之一。当时的汤原地区有多支抗日组织，如抗日救国会、青年游击连、打狗队等，在中国共产党的领导下进行抗日活动。

“夜袭汤原”就是在这样的背景下发生的。1937年5月，一份情报出现在了中共汤原中心县委，内容是日军要血洗汤原抗日武装。当时的汤原县城已经来了大批日、伪军，并携带大量武器弹药，而且还派来日本高级军官17名，前来督导这次战役。然而，当时抗日联军第六军的主力部队正在远征海伦，汤原境内的留守部队只有百余人，敌我力量悬殊，形势十分危急。

第六军参谋长冯治纲决定攻打汤原县城。下属有些疑惑：我们这么少的兵力，能够打下敌人重兵防守的县城吗？冯治纲说要“擒贼先擒王，先下手为强”，还说“我们的人数可不止这几百个”。下属被参谋长的话弄糊涂了。

冯治纲烈士

5月17日傍晚，冯治纲率领第六军第二十八团等部急行军，向汤原城隐蔽进发。这时，下属才明白冯参谋长话中的意思，原来附近的群众在听说日寇要血洗汤原抗日武装的消息后，十分愤怒，都主动前来要求参战。他们来自游击队、青年肃反队、大刀队、红枪会、农民自卫军等，或是拿着土枪土炮，或是拿着大砍刀，或是扛着红缨枪，或是拿着洋油桶，或是背着鞭炮，都趁着夜色的掩护，快速向汤原县城而来。

半夜时刻，抗联队伍到了汤原县城外，在内应的帮助下打开城门，成功控制了大碉堡并收缴了伪军一个排的枪支。接着，抗联队伍来到县政府大院，进去后分成两部分，分别控制了日本军官与伪县长、日本守备队。没过多久，汤原县城里的群众也加入了战斗，与其他地方守卫的日、伪军打了起来。由于抗联地下工作人员的策动，县政府大院旁的300多名伪军没多久便放弃抵抗，而日本守备队的40多名日军则被抗联全部消灭。

凌晨3时，部队交替掩护，抬着缴获的迫击炮、机枪、步枪，大车上满载着子弹、炮弹和其他军用物资，迅速撤出汤原城，消失在深山密林中。

此战，抗联第六军第二十八团在当地群众武装的大力协助下，成功地夜袭汤原县城，营救出中共党员和群众70余名，毙伤俘日、伪官吏和军警100余人，缴获迫击炮3门、各种枪70支、子弹3.5万发、军马35匹。

上海市

上海监狱陈列馆

上海监狱陈列馆位于上海市虹口区长阳路147号，黄浦江畔的提篮桥监狱内，是一所反映我国监狱发展历程的陈列馆。提篮桥监狱是一座有着悠久历史的监狱，始建于1901年，由10余幢楼房组成，建筑精良，规模宏大，一度被称为“远东第一监狱”。上海监狱陈列馆是在其中一幢6层高的十字监楼的基础上改造而成的。1999年12月29日，上海监狱陈列馆正式开馆。

上海监狱陈列馆入口

上海监狱陈列馆一层的中国监狱史料展厅按照中国古代监狱、中国近代监狱以及非司法系统监狱3个部分进行布展，在240平方米的展区内精心陈列，介绍从夏商时期到新中国成立之前4000年的监狱面貌。

中国古代监狱，从夏商周时期起，一直到元明清时期，通过大量的监狱模型、史料照片，以及复原的刑具等，展示了中国古代监狱的发展历程和各自的特点。如宋代的囚车，明代的虎头牢、死囚洞，都形象地展示了当时社会环境下的监狱风貌。

上海监狱陈列馆牢房

中国近代监狱，则是通过多个监狱模型来呈现。其中包括湖北武昌模范监狱的立体模型、河南开封的“八封楼监狱”模型，在这些模型直观展示的基础上再配以许多珍贵的历史照片，展示了当时监狱在押犯人生活、劳作的场景，让人们了解近代监狱的样子。

非司法系统监狱部分，是对我国近代以来这一特殊监狱类型的展示。这些监狱包括国民党当局设立的江西上饶集中营、贵州息烽集中营、重庆渣滓洞、白公馆，还有帝国主义在我国土地上设立的各种类型的监狱。这一部分监狱类型的介绍，已经超越了监狱知识的范畴，是对当年国民党反动统治以及帝国主义在我国的国土之上欺压百姓、为非作歹的控诉。在陈列现场展示的是当年国民党的集中营关押革命志士时使用的带有铁刺的木笼，将当时国民党反动派镇压革命，迫害革命者的残酷手段展露无遗。

上海监狱陈列馆的二楼，是抗日战争胜利后中国境内第一次审判日本战犯法庭的所在地。在这次审判中，先后有47名日本战犯受到了正义的审判。这些战犯中包括日本第十三军军长泽田茂中将、日本驻台湾第十军区参谋长谏山春树中将，日本第三十四军司令、香港总督田中久一中将，第三十四军参谋长镝木正隆少将等。

上海监狱陈列馆的三楼是一间绞刑行刑室。在这间18平方米大的房间里，地板中间是一个1.8平方米的方孔，方孔上是两块可以活动的木板，按动机关，木板就会打开，被执行绞刑的囚犯就会突然落下，失去生命。在方孔的上方是行刑用的绞刑架和绞索。这个房间里的绞刑架和活动地板都是当年的原物，很有历史价值。1946年4月22日上午，经过审判后，镝木正隆等被判处死刑的5名日本战犯在这幢楼内被执行了绞刑。而执行绞刑的这间行刑室被完整地保留下来，今天作为爱国主义教育的素材向广大人民群众展出。

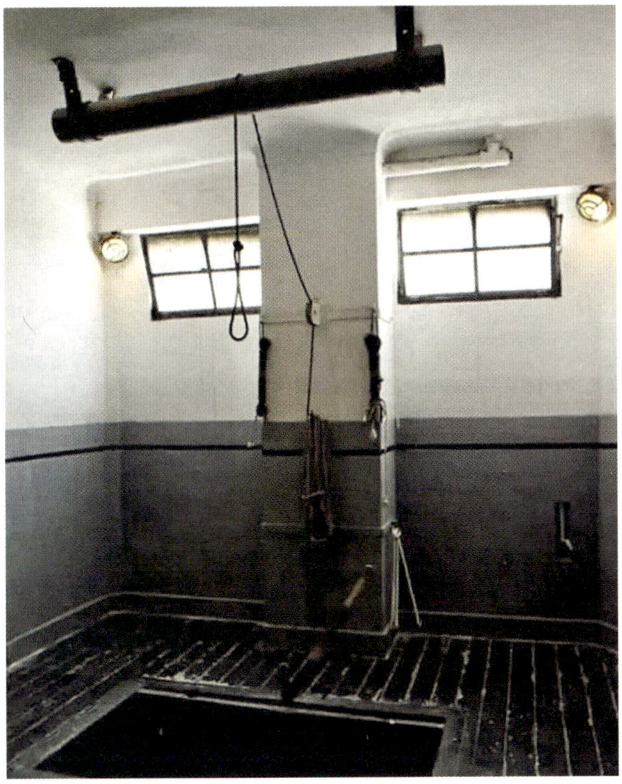

绞刑行刑室

上海监狱陈列馆是全国重点文物保护单位。

经党中央、国务院批准，国务院于2014年8月24日公布，上海监狱陈列馆被列入《第一批国家级抗战纪念设施、遗址名录》。

知识链接 处决日本战犯

1944年，第二次世界大战已经进入尾声，同盟国开始筹划对战犯的审判工作。为此，在英国伦敦成立了盟国战犯审判委员会，并拟定了《国际战犯法院公约》和《联合国引渡战犯公约》，同时在《波茨坦公告》中也明确提到要严惩战犯。

1945年8月15日，日本宣布投降。9月2日，日本代表正式签署无条件投降书，第二次世界大战宣告结束，对战犯的审判也提上了议事日程。盟国在欧洲设有纽伦堡法庭审判纳粹德国战犯，在日本东京也设立了远东特别军事法庭审判日本战犯。在中国，同样设立了多个军事法庭审判第二次世界大战时期在我国犯下过滔天罪行的日本战犯。这些法庭中既有国民政府设立的军事法庭，也有由美军组建的军事法庭。

位于上海提篮桥监狱的军事法庭就是由中国战区美军总司令约瑟夫·魏德迈所组建。抗战胜利后，提篮桥监狱也关押过汉奸以及一些日本战犯。有47名日本战犯在此接受审判，其中自杀的安藤利吉陆军大将是第二次世界大战期间在中国境内自杀毙命的日军最高将领。1946年初，美军军事法庭在这里对日本战犯进行了审判。审判分别在1946年1月24日和2月18日两次开庭，包括日军第三十四军参谋长镝木正隆在内的18名战犯得到了正义的审判。1946年2月28日，法庭对战犯作出判决，曾经在中国犯下滔天罪行的镝木正隆等5名战犯被判处死刑，其余13人除一人无罪释放外，均依法判处有期徒刑。

1946年4月22日上午8点，在上海提篮桥监狱十字楼（即现在的上海监狱博物馆）的三楼，战犯镝木正隆被执行绞刑。随着他脚下活动踏板的打开，这个双手沾满中国人民鲜血的战争魔头得到了应有的下场。他也成了在中国被处决的第一名日本战犯。

从1946年4月到1948年9月，在提篮桥监狱刑场共处决了19名日本战犯，其中5人被美国宪兵队执行绞刑，14人被中国法警在室外刑场执行枪决。

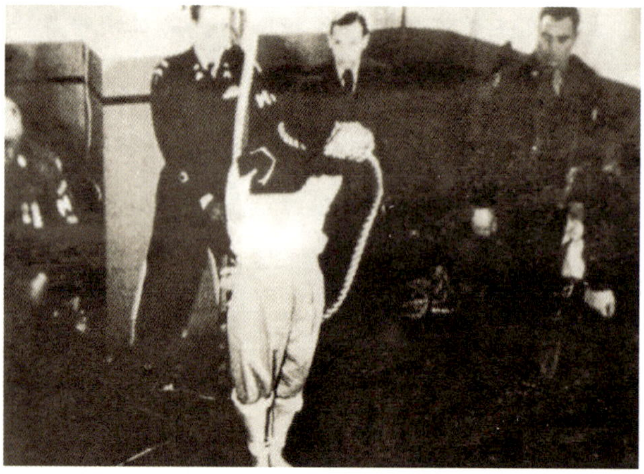

日本战犯在提篮桥监狱被处以绞刑

上海淞沪抗战纪念馆

上海淞沪抗战纪念馆位于上海市宝山区友谊路1号临江公园内，是为了纪念在淞沪抗战中牺牲的中国军人和不屈的抗战精神而建设的设施。于1999年3月24日动工兴建，2000年1月28日建成开馆。

上海淞沪抗战纪念馆采用塔馆合一的建筑风格，共12层，塔高53米。第一、第二层为陈列区，第三层为馆藏区，第四层以上为塔式建筑，顶层为观景台，站在这里可以远眺长江口，整个宝山尽收眼底，当年爱国将士就是在这里与登陆的日寇浴血奋战。建筑总面积3490平方米，展厅面积1500平方米，室外展示区域近8000平方米。纪念馆通过大量的图片、史料、文物、光影资料完整地展现了一·二八和八一三两次淞沪抗战中中国军队英勇顽强抗击日军的情形。

上海淞沪抗战纪念馆

在纪念馆第一、第二层设置了3个展厅供群众参观。其中第一展厅的主题为“抗日战争与上海”，包括“全国救亡运动的前期中心”“侵华日军法西斯暴行的重创地”“对日作战的军事战略要地”“全民族抗战的重要基地”“抗战文化的发祥地”“国际互助的桥梁和纽带”“迎接抗战的最后胜利”7大主题，通过大量的文物、史料、图片以及美术作品翔实地展现了抗日战争以来上海人民不惧强敌，积极抵御外辱的爱国主义精神。

纪念馆前的上海淞沪抗战纪念碑

第二展厅作为主展厅，以“血沃淞沪”为主题，全面展示了1937年淞沪抗战的3个月时间里上海人民和爱国官兵保家卫国，与日寇浴血奋战的英雄壮举。包括“中国抗日战争的爆发”“八一三淞沪会战”“上海抗日救亡运动的高潮”“日军在上海的暴行”“正义的声援”“历史的审判”“弘扬爱国主义精神”等7个主题，展览以文物、史料及图片的方式呈现，其中包括淞沪会战时期各作战部队往来的电文、手令、官兵的家书、嘉奖令，还有当时的军事地图、军械、军服等，同时还运用声光电等科技效果，更生动地展现淞沪会战中爱国将士守卫国土的英勇表现，也揭露了日军在侵占上海过程中的一系列暴行，控诉了日军的侵略行为，还原了淞沪会战的始末和激烈的战场争夺，展现了中华儿女守卫国土，寸土必争的英勇气概。

展厅内一景

第三展厅是“抗战文化系列——张明曹抗战美术作品展”，通过著名美术家张明曹创作的关于抗日战争为主题的画作，通过绘画艺术的形式向世人呈现抗日战争时期中国人民在民族危亡的时刻，奋起抗战，勇敢抗击日军的画面，展现了中国人民团结一致、保家卫国的爱国主义精神。

上海淞沪抗战纪念馆是上海市爱国主义教育基地、上海党史教育基地。

经党中央、国务院批准，国务院于2014年8月24日公布，上海淞沪抗战纪念馆被列入《第一批国家级抗战纪念设施、遗址名录》。

知识链接

淞沪会战

淞沪地区位于长江口、杭州湾之间，扼长江门户，其中上海是中国最重要的经济、金融中心和最大的国际贸易港口，在政治、经济和军事上具有重要的战略地位。

七七事变爆发后，日军在华北扩大战争的同时，又积极策划侵占上海。1937年8月9日17时，日本海军陆战队中尉大山勇夫、水兵斋滕要藏驾车强行驶入上海虹桥机场。中国守军在劝告无效下，被迫开枪将其击毙。驻沪日军以此为借口，要挟中国政府撤走上海保安部队，撤除所有防御工事。遭拒绝后，即动员驻上海4000人的海军陆战队及舰艇登陆人员、日侨义勇团共1万余人紧急备战。10日，日本海军第三舰队司令官长谷川清在吴淞一带集结大小舰艇30余艘，驶入黄浦江示威，并急调在日本佐世保待机的舰艇和陆战队开赴上海。11日，由日本国内派遣的舰队抵达上海。这时，中国国民政府军事委员会密令京沪警备司令张治中率第八十七、第八十八师到上海杨树浦及虹口以北严密布防。同时令海军阻塞长江江阴航道，令空军主力由华北向上海方向转场。13日，日本海军陆战队由虹口向天通庵车站至横浜路段开枪挑衅，再以一部向宝山路、八字桥、天通庵路进攻。中国守军奋起抗击，将日军击退，淞沪会战拉开了帷幕。同日，国民政府军事委员会下令将张治中部改编为第九集团军。

1937年8月13日，淞沪会战爆发。图为中国军队在上海闸北环形工事内向日军射击

14日，中国政府外交部发表自卫抗战声明，表示决心要以武力保卫国家的领土和主权。是日拂晓，中国军队开始向日军发起反攻，空军协同地面作战，轰炸日本海军陆战队司令部和第三舰队，炸伤旗舰“出云”号。下午，18架日机空袭杭州笕桥机场。刚刚奉命从河南周口店紧急移防的中国空军第四大队27架战机，在大队长高志航的率领下，不顾飞机余油不多、气象条件恶劣，毅然起飞迎敌。高志航旗开得胜，击落日机1架，首开中国空战史击落敌机的先例。在他的带领下，第四大队的飞行员们奋勇争先，不到半个小时，就又击落日机2架，击伤1架，日机被打得溃不成军，纷纷鼠窜逃命。中国空军无一伤亡，首战以3∶0告捷。这就是中华民族抗日战争史上著名的八一四空战。为了纪念首次空战胜利，国民政府将8月14日定为空军节。15日至16日，中国空军在京沪杭上空共击落日机40余架。17日，中国海军派出鱼雷快艇驶至上海外滩再次击伤“出云”号。

15日，日本政府决定组建上海派遣军，任命松井石根大将为司令官，立即增派第三、第十一师团到上海。第九集团军向日军发起多次围攻，第八十七师攻占日本海军俱乐部，第八十八师冲入日军坟山阵地，但由于日军死守待援，进攻受阻。19日，从西安调来的第三十六师投入战斗。20日，中国最高军事当局将全国划分为5个战区，上海、苏南、浙江为第三战区，冯玉祥任司令长官，总兵力约30万人，重点防守沿江吴淞、宝山、月浦、浏河一线。

22日，日上海派遣军先头部队开始在杨树浦附近登陆。第九集团军侧翼受到威胁，反击作战遂告中止。23日，日军第三、第十一师团由长江南岸的张华浜、吴淞等地强行登陆。第三战区临时将长江南岸守备区扩编为第十五集团军，由陈诚兼总司令，并抽调3个军予以加强。日军第三师团第一梯队在张华浜附近登陆时，遭到张治中部警察总队顽强抵抗。在第三师团主力登陆后，警察总队不支，撤至南泗塘河西岸据守。张治中遂组织第八十七、第三十六师反击，挫败日军进攻，双方隔河对峙。日军第十一师团第一梯队在川沙口和石洞口地段登陆时，第十五集团军刚编成，部队尚未到达指定位置。日军迅即攻占狮子林炮台、月浦和罗店，随后分路向浏河、宝山进攻。下午，陈诚所部先后赶到，第十八军协同第五十四军实施反击，于23日晚收复罗店，24日收复月浦、狮子林和宝山。25日，日军第十一师团后续梯队登陆，第十五集团军反击受阻。为了连接和扩大登陆场，日军第十一、第三师团向罗店、宝山攻击前进。中日两军在这一线阵地展开殊死争夺，其中以罗店争夺战最为惨烈。日军的强大炮火将小小的罗店化为一片焦土。中国守军众志成城，个个奋勇杀敌。双方不断增调援军，最终形成层层包围、阵地犬牙交错、短兵相接的胶着态势。两军展开近战肉搏，反复冲杀，伤亡都极为惨重。中国军队前仆后继、奋不顾身的精神，使日军胆战心惊，将罗店称为“血肉磨坊”。

日军见罗店受阻，遂于9月5日改变战术，转而进攻宝山。日军用舰炮、飞机猛烈轰炸，并以战车攻击。守卫宝山的第十八军九十八师五八三团三营官兵在营长姚子青率领下沉着应战，击退日军多次进攻，顽强坚守至7日，日军以战车攻击城门，集中海陆空火力轰击，全城燃起烈火，该营官兵全部壮烈殉国，宝山失守。

战至10日，日军将两块登陆场连成一片。第十五集团军给予日军重大杀伤，但自身严重减员，于13日奉命撤出月浦、杨行、新镇等阵地；第九集团军奉命放弃宁沪铁路以东的大部地区。至17日，中国军队撤至北站、江湾、庙行、罗店、浏河一线，与日军对峙。中下旬，日军新增调第九、第十三、第一〇一师团及重藤支队（台湾旅）到上海，加入上海派遣军战斗序列。21日，蒋介石亲自兼任第三战区司令长官，并令第二十一集团军火速增援淞沪战场。

10月1日，日海军、航空兵协同地面部队发起新的攻击。北路日军进攻广福、陈家行，南路日军强渡蕴藻浜，向大场、南翔进攻。中国守军顽强抗击。战至15日，日军突破蕴藻浜，蒋介石急调第二十一集团军加入中央军序列，以3个师从大场附近向南路日军反击，另以左翼军4个团在广福南侧向北路日军反击。但因日军海陆空全力反扑，中国守队粮弹补给十分困难，加之天气

淞沪会战中，日军施放毒气后，戴着防毒面具与中国军队作战

恶劣，连日阴雨，苦战至26日，三路攻击大军约3万人牺牲，庙行、大场失陷。苏州河北岸的中央军腹背受敌，于27日放弃北站、江湾阵地，向苏州河南岸转移。撤退中，第八十八师五二四团团副谢晋元率一营452名官兵，继续坚守苏州河北岸的四行仓库，孤军奋战四昼夜，于31日奉命退入公共租界。

日军大本营在10月初决定将侵华战争主要进攻方向从华北转向上海方面后，便急从华北、东北、国内抽调部队，组建第十军援沪。11月5日，第十军司令官柳川平助率第六、第十八、第一一四师团及国崎支队（第五师团第九旅团），突然在杭州湾的金公亭、金山卫间登陆，策应上海派遣军实施迂回包围。当时杭州湾北岸的中国守军大部已调去支援上海市区作战，只有第六十三师的少数部队守备，猝不及防。日军占领沿海地段后，迅即以第六师团进攻松江和闵行，以第十八师团进攻金山和广陈。第三战区急调第六十二、第七十九师分别阻击日军，均未成功。6日，日军攻占金山。7日，上海派遣军和第十军合编为华中方面军，由松井石根统一指挥，企图对上海守军迅速达成合围。战局急转直下，蒋介石于8日下令前线部队向福山、常熟、苏州、吴江转移。12日，日军占领上海，淞沪会战宣告结束。

是役历时3个月，日军参战兵力达9个师团22万余人，伤亡9万余人；中国军队参战兵力共6个集团军约70个师计70余万人，伤亡25万余人。淞沪守军浴血奋战，使日军被迫转移战略主攻方向，打破其3个月灭亡中国的迷梦，为中国沿海工业的内迁赢得了时间，激发了中国军民的抗战热忱。

四行仓库抗战纪念馆

四行仓库抗战纪念馆位于上海市静安区（原闸北区）光复路1号，是为了纪念以抗日英雄谢晋元为首的“八百壮士”修建的设施，是上海唯一的抗日战争遗址类爱国主义教育基地。1985年9月3日，遗址被上海市文物保管委员会命名为“八百壮士四行仓库抗日纪念地”；1995年8月13日，建筑所属单位百联集团在楼顶加盖了第七层，建成了八百壮士英勇抗日事迹陈列馆；2015年8月13日，四行仓库抗战纪念馆落成开馆。

上海四行仓库抗战纪念馆

四行仓库建成于1935年，是位于上海静安区的一座钢筋混凝土结构的6层大厦，占地面积6000平方米，原来是金城银行、中南银行、大陆银行及盐业银行4家银行的仓库，故名四行仓库。淞沪会战中爱国将士在这里英勇抗击日寇的事迹让这里不再单单是一座仓库，而成为爱国将士英勇抗击日寇的爱国精神的象征。

四行仓库抗战纪念馆是四行仓库抗战纪念地的核心部分，周围有晋元纪念广场、四行仓库纪念墙、纪念雕塑等。

四行仓库的第一到第三层为纪念馆，总建筑

面积约3800平方米。其中第一、第二层为常设展厅，第三层为临时展厅。

上海四行仓库抗战纪念地之晋元纪念广场、四行仓库纪念墙

四行仓库抗战纪念馆以“四行仓库保卫战”为基本陈列，内容分为“血鏖淞沪”“坚守四行”“孤军抗争”“不朽丰碑”4个部分，加上序厅、尾厅共6个部分，全面展示了谢晋元为首的八百壮士在这里不惧强敌、英勇抗击日寇的壮举，同时也展现了八百壮士在淞沪会战结束退守租界后不屈抗争的历史。

序厅，开篇是谢晋元在奔赴淞沪战场前写给妻子的一封家书，展现了在国难当头之际，谢晋元舍弃小家保卫大家的英雄爱国主义精神。

“血鏖淞沪”展示了历时3个多月的淞沪抗战中，广大爱国官兵前仆后继，同仇敌忾，粉碎了

谢晋元战前写给妻子的“一封家书”

日本侵略者“三个月灭亡中国”的狂妄企图，在中国人民抗日战争史上留下英勇悲壮的一页。

“坚守四行”，通过一系列战斗还原场景，以时间线为主轴，身临其境地展示四行仓库保卫战中，中国军队第八十八师二六二旅五二四团一营的八百壮士在谢晋元的率领下，以方寸之地抗击穷凶极恶的日本侵略军，激战4个昼夜，打退日军10余次疯狂进攻，毙伤日军200余人。

“孤军抗争”，展示了八百壮士奉命撤离进入公共租界，被租界当局滞留在胶州路兵营，坚贞不屈，继续进行抗日斗争，展现了不畏强暴的民族气节。

四行仓库抗战纪念馆内雕塑《浴血奋战》

“不朽丰碑”，展示了淞沪抗战时期以及上海“孤岛”时期，中共上海党组织坚决执行党的全民族抗战政策，领导各抗日救亡团体和广大群众，开展各种形式的抗日救亡运动，推动上海的抗日救亡运动向着更深入持久的方向发展。

尾厅是对这次战斗的颂扬。

展馆通过大量实物、雕塑及现代声光电科技展现了当时抗日英雄与日寇浴血战斗的场景，表达了对八百壮士英雄壮举的赞颂与缅怀。

四行仓库抗战纪念馆是全国重点文物保护单位。

四行仓库保卫战烈士墙

四行仓库保卫战最高指挥官、团副谢晋元（中）及4位连长，后排左起邓英、雷雄、上官志标、唐棣的合影

经党中央、国务院批准，国务院于2015年8月13日公布，四行仓库抗战纪念馆被列入《第二批国家级抗战纪念设施、遗址名录》。

知识链接　谢晋元与八百壮士

谢晋元，中国爱国将领。字中民，1905年出生，广东镇平（今蕉岭）人。1925年，入黄埔军校第四期。1926年毕业后参加北伐战争。历任国民革命军排长、连长、营长等职。1935年，任第八十八师补充团团副、师部参谋。翌年任第八十八师第二六二旅参谋主任。

1937年七七卢沟桥事变爆发后，谢晋元于8月随部开赴上海参加淞沪会战。9月，任第二六二旅第五二四团团副，率部坚守北火车站近两个月。10月26日，日军攻陷庙行、大场。苏州河北岸的中央军腹背受敌，被迫放弃北站、江湾阵地，向苏州河南岸转移。谢晋元率部在闸北西面的观音堂附近完成掩护主力撤退任务后，于27日奉命率第一营452人，号称“八百壮士”，死守苏州河畔的四行仓库。

四行仓库，是一座钢筋水泥6层高楼，墙厚楼高，易守难攻，并储有大量物资。“八百壮士”凭着满腔热血，孤军奋战4昼夜，打退了日军多次进攻，毙伤日军200余人。

上海和全国民众被他们的抗日壮举强烈地震撼了，争相慰劳，捐献物品。何香凝女士曾高度评价道：“殉国之将士，将因为你们而愈伟大；前线的将士，将因为你们而愈英勇；全国同胞将因为你们而愈加团结；国际人士，也将因为你们而愈加主张正义了。”

年仅15岁的女童子军杨慧敏冒着生命危险，乘夜幕只身游过苏州河，给“八百壮士”送去了一面国旗。次日，苏州河畔挤满了向楼顶迎着朝阳飘扬的国旗招手致意的人群。

10月31日，在掩护主力撤退任务完成后，蒋介石亲自下令，谢晋元率“八百壮士”撤离四行仓库。进入公共租界后，即被公共租界当局解除武装，羁禁于胶州路兵营。

在被羁禁期间，谢晋元仍严格训练部属，拒绝日伪威逼利诱，保持民族气节。11月，晋升为上校团长。1941年4月24日，被叛兵刺杀身亡。5月8日，被国民政府追授为陆军少将。中华人民共和国成立后，被追认为革命烈士。

国歌展示馆

国歌展示馆位于上海市杨浦区荆州路151号国歌纪念广场西南侧，是为了展示中华人民共和国国歌《义勇军进行曲》的诞生而修建的纪念设施。2009年新中国成立60周年前夕建成并对外开放。

国歌展示馆总建筑面积为1500平方米，展厅由序厅、国歌诞生厅、国歌纪念厅、国歌震撼厅、我和国歌厅等6个厅组成。展厅通过大量文物的展示展现了这首歌曲诞生过程中发生的故事，以及当时这首歌对团结全国人民抵抗日本侵略者发挥的巨大作用，还有这首歌曲被选为国歌所经历的事件。

国歌展示馆

展示馆外是国歌纪念广场，广场占地面积为2.7万平方米，是以唱片为原型进行设计的一座圆形广场。广场后面有一座以五星红旗和军号为元素的主题雕塑，与展示馆相得益彰，共同展现了国歌对于我们国家和民族的重要意义。

国歌展示馆是全国爱国主义教育示范基地。

经党中央、国务院批准，国务院于2015年8月13日公布，国歌展示馆被列入《第二批国家级抗战纪念设施、遗址名录》。

国歌展示馆中的聂耳雕像

知识链接　聂耳

聂耳，原名聂守信，是中华人民共和国国歌《义勇军进行曲》的曲作者，中国著名音乐家，一生创作了数十首革命歌曲。他用自己的音乐，为中国无产阶级革命音乐的发展指明了方向，为中国音乐创作树立了光辉的榜样。

1912年2月14日，聂耳出生在云南省昆明市，很小的时候父亲就去世，因此家庭贫困，聂耳在母亲的抚养下慢慢长大。

聂耳从小勤奋好学，在学校里成绩优异。但是贫困的家庭让他的求学之路充满坎坷。小学的时候因为交不起学费，他不得不从昆明县立师范附属小学转学到昆明私立求实小学，因为他优异的成绩，求实小学减免了他的学费。聂耳从小就对音乐有着浓厚的兴趣，跟一位精通中国民族乐器的邻居大叔学习乐器的吹奏。来到求实学校后，他担任了学校学生乐团的指挥。

小学毕业后，聂耳考入云南第一联合中学。在这里遇到了一位名叫柏希文的法国教师，聂耳不但向他学习英文，同时也向他学习音乐基础理

人民艺术家聂耳

论以及钢琴的演奏。也是在这里，聂耳开始接触到很多进步书刊，积极参加爱国学生运动。

初中毕业后，聂耳进入云南省立第一师范学校高级部外国语组学习。在这里结识了一位名叫张庚侯的音乐教师，聂耳开始跟他学习小提琴。期间，聂耳加入了中国共产主义青年团，并积极参与革命活动。1928年11月至1929年5月，为了追求自己的理想，聂耳辍学加入“学生军”，可惜这次失败的参军经历并没有让他实现自己的理想，只能辗转回到自己的学校，继续自己的学业。

1930年，在聂耳从云南省立第一师范学校毕业前夕，因为长期积极参加革命活动，引起了反动派的注意，面临被捕入狱的危险，聂耳被迫逃离学校来到了上海。

在上海，聂耳为了谋生一边从事各种工作，一边继续自己的革命理想，加入中国共产党领导的反帝爱国组织“反帝大同盟”。1931年，聂耳在报考“明月歌剧社”的过程中得到了主考官黎锦辉的赏识，被破格录取。黎锦辉还为他改名为聂耳。在这里，聂耳师从乐队首席王人艺、外籍教师普杜什卡刻苦学习小提琴。

1932年，聂耳退出“明月歌剧社”，并在田汉的介绍下加入左翼剧联，积极向党组织靠拢。1933年，聂耳加入中国共产党。此后聂耳进入多家影视公司工作，负责影片的音乐制作工作。

1935年，是聂耳生命中最为重要和光辉的一年。在这一年年初，他开始为电影《风云儿女》创作主题曲，这首由田汉作词的歌曲被命名为《义勇军进行曲》，即后来中华人民共和国的国歌。

国歌展示厅中电影《风云儿女》拍摄现场场景复原

聂耳的革命行为遭到国民党反动派的迫害。为了避免被逮捕，聂耳于1935年4月15日离开上海，准备途经日本去往欧洲考察学习。但是在途中发生意外。1935年7月17日，聂耳在日本藤泽市游泳时不幸溺水身亡。中华民族痛失这一伟大的音乐巨擘，但是他留下的《义勇军进行曲》却作为我们伟大祖国的国歌让后人世代传唱，永远不忘记国家曾经的苦难，激励着一代又一代人努力奋斗，建设祖国。

2009年，聂耳入选“100位为新中国成立作出突出贡献的英雄模范人物”。

金山卫城南门侵华日军登陆处

金山卫城南门侵华日军登陆处位于上海市金山区金山卫镇南安路87号，这里原是金山卫城南门的所在地，同时也是日军登陆后杀害当地百姓的刑场所在地。1984年3月，金山卫城南门侵华日军登陆处被上海市人民政府公布为日本帝国主义侵略上海遗址纪念地。1985年9月，当时的金山县（今金山区）政府开始建立碑亭等一系列纪念设施，纪念阵亡将士和遇难的同胞，控诉和铭记日军的暴行。

金山卫城本是建造于明朝时的海防卫所，曾与威海卫、天津卫、镇海卫被称为四大名卫。在淞沪会战中，日军从这里登陆，实现对中国军队侧翼的突破，淞沪会战形势急转直下，最终导致了中国军队在这场会战中的失败。

金山卫城南门侵华日军登陆处

当时，近10万日军从这里登陆，守卫在金山卫的中国将士面对人数和武器装备都占据优势的日军毫不畏惧，与日军殊死搏斗，但寡不敌众，最终只有30余人突围，其余全部殉国，金山卫陷落。登陆后的日军如毫无人性的野兽，对金山卫的老百姓大肆屠杀，制造了骇人听闻的“十月初三”惨案。

1984年起，侵华日军登陆处几经扩建和修缮，已建成抗日主题石雕壁画、中心雕塑、“十月初三”惨案记事碑墙、抗日故事紫砂浮雕壁画、

《历史见证》雕塑

被害乡民纪念墙、古城墙遗址和日军碉堡、警世钟亭、金山卫城南门侵华日军登陆处碑等纪念设施。在城楼之上，建造了侵华日军在金山的暴行主题陈列室。

警世钟亭

经党中央、国务院批准，国务院于2015年8月13日公布，金山卫城南门侵华日军登陆处被列入《第二批国家级抗战纪念设施、遗址名录》。

知识链接 金山卫保卫战

金山卫保卫战是淞沪会战中的一场战斗，这场战斗可以称之为淞沪会战的转折点。日军凭借此战在中国军队侧翼实现登陆，战局急转直下。

淞沪会战前，金山卫防卫非常薄弱，只有少数地方军警在此巡逻。淞沪会战打响后，第八集团军第六十二师开始在此布防。但由于淞沪战场正面战斗吃紧，这里的大部分部队被抽调走，只留下少数部队驻守。

1937年11月5日，海上大雾弥漫，危机四伏。日军分乘115艘舰船向金山卫海岸发起登陆作战。此时金山卫守军已经被抽调无几，只剩下一个营部和两个连的战士驻守。而就是这支仅剩的部队也接到了被抽调的命令，准备开拔。但就这时，日军的进攻开始了。来不及多想的营长张子隆马上率领部队抵抗日军进攻，一时间金山卫海岸枪声密布，金山卫保卫战打响了。

张子隆带着自己手下300多名士兵奋力抗击日军，但在日军飞机大炮的轰炸下根本无力抵挡。日军很快就建立滩头阵地，开始大规模登陆。此时的张子隆已经身负重伤，肠子都流了出来，但是他还是强忍剧痛坚持战斗，最后壮烈牺牲。而参与战斗的部队除30余人突围外，全部壮烈殉国。除了张子隆率领的部队，在金山卫驻守的盐警、蛇王堂炮台的守军等都奋起抵抗日军，壮烈殉国。到7日夜，金山卫沦陷。

金山卫的失陷，使淞沪战场上的中国军队侧翼安全无法保障，陷入被日军夹击的危险境地之中，最终导致淞沪会战的失败。

侵华日军罗泾大烧杀遇难同胞纪念地

侵华日军罗泾大烧杀遇难同胞纪念地位于上海市宝山区罗泾镇海星村水源涵养林内，是为了纪念在淞沪会战时上海宝山区罗泾镇被日军杀害的同胞而设立的设施。1984年3月19日，上海市文物管理委员会将当年发生惨案的地方设立为“侵华日军罗泾大烧杀遇难同胞纪念地”，并在此立石碑一座，石碑上镌刻“上海市抗日战争纪念地”几个字。

纪念地坐落在新川沙河口南侧，即当年日军登陆的海塘处，始建于1973年。2003年8月13日，上海宝山区人民政府在侵华日军罗泾大烧杀纪念地兴建纪念碑一座，占地60平方米。纪念碑样式是一座石钟，碑高1.65米，面宽0.9米，重5.3吨。底座宽1.4米。钟上刻着“警钟长鸣，永志不忘”几个字。碑座的正面刻有“侵华日军罗泾大烧杀遇难同胞纪念碑”几个字，东、西两侧分别用中、

《金山卫风云》抗日雕塑

侵华日军罗泾大烧杀遇难同胞纪念碑和纪念墙

英两种文字镌刻碑文，中文为：

一九三七年八月二十三日（农历丁丑年七月十八日）凌晨，日军第十一师团于宝山川沙河口登陆，四处烧、杀、淫、掠，频频制造血案……日本侵略军登陆百日之内，罗泾地区惨遭杀害的无辜百姓二千二百四十四人，烧毁房屋一万零九百零八间，罪行累累，罄竹难书。当地群众将日军登陆烧杀之日——农历七月十八日定为总忌日，以悼念遇难亲人，铭记国耻。特勒石纪事，永志不忘！

另有“侵华日军小川沙登陆处”石碑，高1.65米，碑阴刻有1937年8月23日，日军在此登陆后所犯下的罪行。前事不忘后事之师，抗日战争是中华民族的一次生死考验，更是中国人民的一场巨大劫难。罗泾镇人民的悲惨遭遇也是当时中国人民悲惨遭遇的一个缩影，同时这也是后来人努力建设祖国、不让悲惨的历史重演的动力。

侵华日军罗泾大烧杀遇难同胞名录

经党中央、国务院批准，国务院于2020年9月1日公布，侵华日军罗泾大烧杀遇难同胞纪念地被列入《第三批国家级抗战纪念设施、遗址名录》。

知识链接

罗泾大烧杀

淞沪会战爆发后，中日双方出动大量军队展开激战。会战初期，因为本土作战的缘故，中国军队在战场上稍占优势。但日军紧急往淞沪地区调集援军，并伺机在中国军队侧翼登陆，打破战场上相持的局面。

1937年8月23日，农历七月十八日，日军在罗泾地区发起登陆作战，准备不足的中国军队被打了个措手不及，防线很快就被突破。

登陆后的日军在罗泾镇对手无寸铁的中国百姓展开屠杀，见人就杀见房子就烧。江边一个叫闻家宅的小村，几十间房子顷刻间就化为火海，村民闻爱生一家三代9口人活活被烧死在房子里。村里的其他百姓，即使没有被火烧死，也被日军枪杀刺死，现场似人间炼狱，惨不忍睹。在一个名为赵家宅的小村子里，村民赵志冲因为妻子即将临盆，无法逃跑，于是就带着一家老小躲到附近一处坟地里，但自己的幼子由于害怕哭出了声被日军发现，结果一家人惨遭日军毒手。

像这样的惨案在罗泾大烧杀中数不胜数，短短几天时间，被日军杀害的可以查实的无辜百姓就达2244人，这是中国人民的巨大灾难，也是日军难以饶恕的滔天罪行。

日军在上海地区残杀中国人

江苏省

侵华日军南京大屠杀遇难同胞纪念馆

侵华日军南京大屠杀遇难同胞纪念馆位于江苏省南京市建邺区水西门大街418号，是为了纪念南京大屠杀中死难同胞而建设的设施。1985年8月15日，纪念馆建成并对外开放。1995年、2005年、2015年又分别进行了二期工程、二期工程扩建和三期新馆建设。

侵华日军南京大屠杀遇难同胞纪念馆选址在南京大屠杀江东门集体屠杀遗址及遇难者丛葬地，通常又被称作“江东门纪念馆”，是一座实证性及遗址型专史纪念馆，也是我国唯一的一座与侵华日军南京大屠杀相关的专题陈列馆，同时还是国家公祭日主办地，承载着中华民族在抗日战争中最痛苦的记忆和伤痛。

侵华日军南京大屠杀遇难同胞纪念馆

纪念馆总占地面积10.3万平方米，建筑面积5.7万平方米，展陈面积达2万平方米，馆藏20多万件文物史料。

纪念馆的一期工程占地面积3万平方米，建筑面积5000平方米。展示主题是“生与死”“痛与恨”，建成了史料陈列厅、电影放映厅、遗骨陈列室及藏品库等建筑。建筑恢宏而肃穆，由灰白大理石垒砌而成，采用史料、文物、建筑、雕塑、影视等方式，复原了“南京大屠杀”这一特大惨案。纪念馆的正大门左侧，是邓小平同志手书的馆名：“侵华日军南京大屠杀遇难同胞纪念馆”。陈列包含三大部分，包括广场陈列、遗骨陈列、史料陈列。

南京大屠杀史实展

广场陈列由3个外景陈列构成，分别是悼念广场、祭奠广场、墓地广场。悼念广场内有一个十字架样式的标志牌，上部刻着南京大屠杀发生的时间。此外，还有《倒下的300000人》抽象雕塑、《古城的灾难》大型组合雕塑、和平鸽等。还包括刻有馆名的纪念石壁、苍翠的松柏、采用中英日三国文字刻着“遇难者300000”的纪念墙。墓地广场上铺有鹅卵石及枯树，断垣残壁上还有3组大型灰色石刻浮雕，在院内道路两旁有17块小型碑雕，记载着部分与南京大屠杀相关的史实。

悼念广场

此外，还有很多景观，比如大型石雕母亲像、遇难者名单墙、赎罪碑、绿树、草坪等，营造出一种凄惨的景象，点明了纪念馆的主题。遗骨陈列室，其外形如一个棺椁，其中陈列着从1985年

《冤魂呐喊》雕塑，左侧塑造一位呐喊者冤魂手指苍天发问，右侧表现的是平民被屠杀的场面

建馆到其所在的江东门“万人坑”中挖出的部分遇难者的遗骨。1998年4月之后，又在该纪念馆所在的江东门“万人坑”的土层中，新发掘遇难者遗骨208具。

纪念馆的二期工程，展馆设计成了外形宛如一座拔地而起的船头造型，被称作“和平之舟”。但从侧面看则像一把断掉的军刀，从空中看像是一个化剑为犁的立面，寓意深刻。前半部分是“白骨为证，废墟为碑”，后半部分是“人类家园，走向和平”。整个建筑设计可以概括为“死亡·和平”。馆内的陈列，遵照“牢记历史，不忘过去；以史为鉴，开创未来”的指导思想，注重用史实来说话。扩展了“人类的浩劫——侵华日军南京大屠杀史实展”基本陈列，新增了“胜利—九四五”与“‘万人坑’遇难同胞遗骸展览”两个小型专题展览。

侵华日军南京大屠杀遇难同胞纪念馆二期场馆侧看像一把断裂的日本军刀，以表达对侵华日军罪恶行径的痛恨

二期工程建成后展馆面积为7.4万平方米。一期展馆陈列的文物只有百余件，而二期工程的文物增加到了3000余件。新馆将原馆遗址及场馆部分完整保留了下来，然后各自向东向西延伸开来。

东部那拔地而起的“船头”是一个展厅，其中陈列十分丰富，周边是一个可供上万人集会的肃穆的广场，中部是原纪念馆的遗址悼念区，西部的开阔区域是和平公园的所在地，到处是郁郁葱葱的树木。

《家破人亡》雕塑

展览陈列区的面积达9000余平方米，陈列了许多文物，如南京八卦洲埋尸记录、金陵女大教师程瑞芳的日记等。展览陈列区包括基本陈列“侵华日军南京大屠杀史实展”、专题陈列“胜利1945”两大内容，前者主要展示了侵华日军在南京制造大屠杀的史实，后者展示的是一些史料，主要包括日本侵华为中华民族带来的深重灾难，还有1945年9月9日的南京受降典礼、审判日本战犯、华北受降典礼、华南受降典礼以及中国台湾受降典礼等。

侵华日军南京大屠杀史实展

纪念馆内包含遇难同胞遗骸遗址陈列，展示了南京大屠杀遇难者遗骸。展馆通过相关图片及文物，展示出了1985年、1998年的两次发掘与考证的过程。

二期新馆在展陈方面有了显著变化：第一，新增南京保卫战的内容，对日军轰炸南京的内容进行了扩充；第二，新增加了大量文物及影视资料，影视资料原本只有4部，现在增加到了100余部，而且还在新展览中大量运用近几年最新发现的一些史料及文物等；第三，新展在表现形式上更加具有说服力与感染力。新馆中新增的一些内容，有参与过南京大屠杀的日本老兵的证词，4000名幸存者等历史证人的个性化档案，当时施援的外籍人士的专题资料等。

三期工程同样以灰色为主色调。主体建筑纪念馆与胜利广场共占地2万余平方米，主体建筑一共有3层，负一层与一层是展览所在地。建筑东面高，西面低，东侧高十二三米。胜利之路的16米火炬台要稍微高些。该建筑最具特色的是四周都有灰色立柱支撑。灰色立柱再加上中央的椭

《圣洁》雕塑

圆形广场，寓意着万众一心。建筑的东立面有象征着七七事变的77根立柱。

三期工程在协调、呼应已建成的纪念馆的基础上，还有着独属于自己的风格。二期工程营造的是沉重哀悼的主题，但三期工程不只这样，还突出表现了另一种更积极的主题，如圆满、胜利以及浴火重生。新建的三期新馆从江东中路步行过一座小桥即可到达。最先看到的是胜利广场。广场是一片草坪，十分开阔，呈椭圆形，约8000平方米，可供1万人在此集会，可以举行一些重大的纪念性活动。广场建成椭圆的形状，寓意着抗战的胜利与圆满。由于中国战区的日本投降仪式于1945年9月9日在南京举行，广场边的两条路径俯瞰像两个“9”，所以它也被称作“九九广场”。

侵华日军南京大屠杀遇难同胞纪念馆三期工程俯瞰

广场不是平的，外围被抬高，而纪念馆就在这被抬高的广场下。广场两侧是坡道，沿此向上是面积为七八千平方米的屋顶公园，参观者站在屋顶上可以俯瞰四周的景色。

胜利广场的四周，是围了半圈的铁红色墙体，最顶端是一个标志物，看起来像是一个“7”的形状，这便是“胜利之墙”。这堵墙采用钢板喷硫酸的方式，使其加快生锈，等锈到一定程度时，再用溶液洗掉并使其固化。胜利之墙看起来宛如一只凤凰，那“7”字形的标志物，可以看作是凤凰的头部；后面的墙体，可以看作是凤凰的身体与尾巴，它将中国比作那只浴火重生的凤凰，最终取得了抗日战争的胜利。铁红的颜色也表达了抗日战争的胜利来之不易，是无数革命先烈付出了鲜血与生命而换得的。这面胜利之墙一直延伸，直到广场下面的纪念馆内。

胜利之墙的后面，便是进入两面高墙之中的胜利之路，它随着坡道渐渐上升，一直往前走，直到其制高点的火炬台。平日里，这里有两束灯光射入空中，每逢重大活动时便会燃起火炬台上的“胜利之火”。

纪念馆的序厅是一个椭圆柱体，直径大约20

米。序厅里有自动扶梯，参观者可以通过它到负一层参观。序厅内通过声、光、电等现代化手段来展示图片及影像资料，延展了纪念馆的空间。

胜利之墙

纪念馆建造时为体现环保理念，充分运用种植屋面、透水混凝土地面、太阳能光伏发电、自然光利用、风道拔风、中水回收等节能环保措施，建成了一座绿色的、节能的、环保的建筑。展馆里通过千余张图片，展示了“中国战区反法西斯战争胜利暨审判日本战犯史实大型主题展览”，其内容包括抗战胜利、受降、审判战犯、战后国际秩序等。另外还有江苏仪征发现的侵华日军河用炮艇、从云南征集来的盟军军用吉普车等一些文物。

纪念馆里有一幅长8米、宽3.3米名为《审判谷寿夫》的大型油画，它是纪念馆委托南京艺术学院创作的，所创作的内容发生在1947年2月，当时中国政府正在对侵华日军乙级战犯谷寿夫进行审判，画中塑造了401个人物形象，包括中国法官、证人、社会各界群众、日本战犯等，其中细节之处还包括遇害同胞的头骨遗骸、勘验笔录等一些法庭的重要证据，以此来纪念中国战区日军投降签字典礼70周年。这幅油画就在新馆负一层展出。

谷寿夫被押往刑场

纪念馆主要分为基本陈列、专题陈列与临时展览3个部分。基本陈列的主体是“侵华日军南京大屠杀史实展”，呈现了日军在南京犯下的罪行，表达了“人类的浩劫”的主题。基本陈列共分5个部分：第一部分是“南京沦陷前的形势”；第二部分是“日军入侵南京与守卫军展开南京保卫战”；第三部分是“南京——人间的活地狱”；第四部分是“国际安全区不安全”；第五部分是“对制造南京大屠杀的日本战犯进行审判”。

专题陈列主要包括“日军侵华暴行”“14年艰苦抗战”“胜利大受降”“正义的审判”“珍爱和平”5个部分。

临时展览主要有“南京展出南京大屠杀幸存者画像”“铭记12.13展”“日本青年摄影师镜头中的南京大屠杀幸存者——宫田幸太郎先生摄影作品展”“南京大屠杀幸存者画像（配诗）展”“苦难与抗争——旅顺大屠杀史实展”“《在中国的韩人抗日武装斗争》展览”等。

纪念馆中陈列了大量文物，主要包括当年日军屠杀现场照片及历史档案资料；还有对于南京大屠杀惨案，一些中外人士写的纪实报道，出版的图书、报刊，另有千余位幸存者的名册、证言、证词、实物；当年参与了大屠杀的日军军官以及

侵华日军南京大屠杀遇难同胞纪念馆三期工程展馆外景

士兵的日记与供词；红十字会等慈善团体掩埋尸体的照片、统计表、证词、远东国际军事法庭和中国军事法庭审判南京大屠杀主犯松井石根、谷寿夫审判的照片及判决书等。馆内电影放映厅里播放着历史文献纪录片《侵华日军南京大屠杀》，可同时容纳200人。

陈列室里展陈文物共500多件，主要包括约翰·马吉的16毫米口径的摄像机、电影胶片4盘；约翰·拉贝、卡尔·京特、罗伯特·威尔逊等外籍证人的日记、信函、墓碑、手杖以及望远镜等；日本老兵东史郎等人的日记与勋章等；日军中国战区投降典礼受降桌；国民党军政要员，如李济深、张治中等对南京大屠杀惨案的题词及留言；侵华日军南京司令部曾用过的挂钟、保险柜及军旗；日军曾用过的指挥刀、机枪、手雷、炮弹、毒气弹、毒气武器箱，以及皮带、绑腿、军装、军毯、钢盔、啤酒瓶、饭盒、警报器等；日军焚尸时用过的汽油桶；日军残害市民时用过的铁钉；日军抢劫财物而毁坏的木箱子；还有日军当年发放的“良民证”及“支那事变纪念章”；1644细菌部队用过的手术剪刀、印章；慰安所日军的题

约翰·马吉照片和他用来拍摄南京大屠杀的摄像机

字墙、在紫金山战死的日军官兵碑等。

另外还有香港施禀谋用鸡血石创作的石刻，军旅诗人王久辛创作的长诗铜版墙《狂雪》、铜版路“留下历史证人脚步”，幸存者彭玉珍与倪翠萍的铜塑，十字架样式的《标志牌》《倒下的300000人》等抽象雕塑，铜质的《和平大钟》《古城的灾难》组合雕塑，“母亲的呼唤”为主题的花岗岩圆形雕塑，高浮雕《劫难·屠杀·祭奠》，组雕《逃难》，半身雕像《拉贝》《马吉》等。

侵华日军南京大屠杀遇难同胞纪念馆是国家一级博物馆、全国重点文物保护单位、全国爱国主义教育示范基地。

经党中央、国务院批准，国务院于2014年8月24日公布，侵华日军南京大屠杀遇难同胞纪念馆被列入《第一批国家级抗战纪念设施、遗址名录》。

和平女神雕像

知识链接 南京大屠杀

日本帝国主义发动的侵华战争，是一场欲使中华民族亡国灭种的屠杀和掠夺。日本侵略军极端的疯狂和野蛮，他们人性沦丧、兽行肆虐，任意践踏、蹂躏、屠杀中国百姓，虐待、残杀战俘，无视国际战争公约，进行化学战、细菌战，其罪恶罄竹难书。日军魔爪伸到哪里，哪里的中国军民就遭殃。南京大屠杀便是第二次世界大战中最臭名昭著的日军暴行。

1937年12月13日，随着南京城头的枪炮声逐渐消弭，血色的太阳出现在六朝古都上空，震颤中的都城在日军铁蹄与刺刀下陷入了恐怖，一场人类文明史上最为野蛮、最为残暴、最为黑暗的大屠杀开始了。攻入城内的日本侵略军人性沦丧，杀戮奸淫，抢掠焚烧，罪恶滔天，罄竹难书。

长江边被屠杀的中国同胞尸体

暴行——灭绝人性的杀戮。在日军眼中，中国人是只配成为掠夺、榨取、统治对象的劣等民族，“支那人”根本就不是人，是征伐与消灭的对象，不需要有任何的怜悯和同情。战后，日军士兵曾供述：“当时认为中国人是蝼蚁之辈，我们接受的教育就是这样。杀死蝼蚁之辈，还会受到什么良心责备吗?”正是这种畸形的民族优越感作祟，日军由人变成鬼，如屠宰动物般虐杀中国军民，不仅残杀已经放下武器的军人，还把屠刀挥向手无寸铁的平民，从中获取胜利的快感、征服的狂欢。

13日，数万名难民和解除武装的中国士兵在燕子矶被日军用机枪扫射，尚有余气者被乱刀戳毙；14日，在汉中门外集体屠杀7000余人；15日，9000余人被押往鱼雷营江边惨遭杀害……屠杀手段更是五花八门，惊天骇世。枪击、刺杀、砍头、刀劈、破腹、挖心、水溺、火烧、锥刺、摔掼、活靶、宫刑、穿刺阴户和肛门等等，无所不用其极。最令人发指的是，竟然出现了以杀人为乐的“百人斩”竞赛。第十六师团准尉向井敏明和野田毅曾约定：看谁能在完全占领南京之前首先用军刀杀死100名中国人。12月10日，二人在紫金山下相见，彼此手中都拿着砍缺了口的军刀。野田杀了105人，向井杀了106人，但确定不了是谁先达到100之数，因此决定重新再赌谁先杀满150名中国人。从11日起比赛又开始进行。东京《日日新闻》专门派出3名特派员进行连篇累牍的报道，写下“百人斩大战”“百人斩起记录”等按语，并将这两个野兽的照片刊在报上，日本国内一时“万口争传，誉为勇壮”。这种以国家的名义引诱恣意杀人为荣，带血腥味的邪恶令世界骇然。

为掩盖屠杀罪证，日本一面想方设法扣留各种媒体关于日军暴行的新闻稿，一面将遇害者的尸体抛入江中或焚烧后掩埋，妄图毁尸灭迹。战后南京城内外屡屡发现万人坑，那累累白骨便是对日军制造这一惨绝人寰的大屠杀的血泪控诉。

暴行——形同禽兽的奸淫。日军进攻南京前，情报部大雄一男在给陆军本部的报告中称：“能在中国女人身上得到满足，必将能够在中国领土上得到满足。占有中国女人，便能滋长占有中国的雄心。”攻入城中的日军，从高级指挥官到普通士兵，个个如衣冠禽兽，不分时间地点，无论老幼僧俗，就连怀有身孕的妇女和刚分娩的产妇亦遭强奸、轮奸。

向井敏明和野田毅

泱泱五千年文明古国的首都沦为侵略军肆虐发泄兽欲的魔窟。强暴、奸淫无时无处不在，朗朗乾坤、大庭广众之下，也毫不避讳，甚至还强迫中国民众观看，以获取胜利与征服的愉悦。远东国际军事法庭认定：在南京大屠杀期间，市内发生了2万起左右的强奸事件，“全城中无论是幼年的少女还是老年的妇人，多数都被奸污了。并且在这类强奸中，还有许多变态的和淫虐狂行为的事例”。南京敌人罪行调查委员会的调查结果是：“据主持难民区国际人士粗略统计，当时本市遭受此种凌辱之妇女不下8万人之多。”许多妇女被蹂躏后杀害，尸体还遭恣意侮辱。有的将乳房割下来，有的以刺刀戳穿下部，有的用木棒塞入阴户。手段之野蛮，暴虐之残忍，亘古未有。

暴行——肆无忌惮的抢掠。成群结队的日本兵在南京城内横冲直撞，出没于大街小巷，挨家逐户，破门砸锁，翻箱倒柜。不管政府机关、民居农舍，还是工厂学校、商铺教堂，凡钱财、古玩、字画、图书、机器、牲畜、粮食、衣服莫不劫取，可谓无地不抢、无物不掠，疯狂至极。日军所到之处，十室九空，连外国使馆也不放过。南京安全区国际委员会主席、德国纳粹党南京小组负责人约翰·拉贝在日记中揭露："日本人每10人至20人组成一个小分队，他们在城市中穿行，把商店洗劫一空。如果不是亲眼所见，我是无法相信的。"

据战后不完全统计，日军共抢劫"器具2406套又30.9万件，衣服5920箱又591.47万余件，金银首饰1.42万两又6345件，书籍1815箱又2859套、14.86万册，古字画2.84万余件，古玩7300余件，牲畜6200余头，粮食1200余万石……"最具讽刺意味的是，日军第十六师团师团长中岛今朝吾将蒋介石官邸的财物贴上封条，准备据为己有，竟也被手下士兵洗劫一空。中岛哀叹："看来只有放进保险柜里，否则放在哪里都没用。"

暴行——惨烈至极的纵火。除了屠杀、强奸、劫掠，日军还专门成立了放火班，肆无忌惮地四处纵火，以焚毁屠城罪行。战前，日军的作战命令中称"应尽一切手段歼灭敌军"，"如有需要，烧毁城区"。于是，六朝古都"焚烧之惨烈，亦无伦比。陷城之初，沿中华门迄下关江边，遍处大火，烈焰烛天，半城几成灰烬"。

远东国际军事法庭在判决书中认定："最重要的商店街太平路被火烧掉，并且市内的商业区一块接着一块、一个接着一个被烧掉了。日本兵竟毫无理由地把平民的住宅也烧掉。这类的放火在数天之后，就像按照预定的计划似的继续了六个礼拜之久。因此，全市约三分之一都被毁了……"

翻开世界近现代史，还没有哪座城市像南京这样惨遭异族军队的杀戮和蹂躏。在长达6周的血腥屠杀中，整个南京城变为日军兽行肆虐的屠宰场，尸骨如山，哀鸿遍野，断垣残壁，满目凄惨。据专家计算，南京大屠杀中罹难的30万同胞，如果手拉手连在一起，可以从南京延伸到200公里外的杭州，流出的血重达1200吨，尸体足以装满2500节列车车厢。人间活地狱般的屠杀场景令世界震惊，这是对人类文明的践踏和亵渎。

目睹暴行的美国记者德丁写道："攻占南京时，日军肆意屠杀、掳掠抢劫，其野蛮残酷之极达到中日开战以来前所未有的程度。日军毫无节制的残暴只能和欧洲中世纪黑暗时代或中世纪亚洲的征服者肆意摧残相匹敌。"《纽约时报》则形容为"远古野蛮时代发生的事"。就连法西斯盟友也为日军的残暴瞠目结舌。德国驻南京大使馆在发给国内的电文中称："犯罪的不是这个日本人，或者那个日本人，而是整个的日本皇军……它是一副正在开动的野兽机器。"

20世纪，世界上发生过多起反人类暴行，如德国法西斯在波兰奥斯威辛集中营对犹太人的屠杀。南京大屠杀也被称为东方的奥斯威辛，但其恐怖残忍指数足以令臭名昭著的纳粹毒气室自惭形秽。远东国际军事法庭中国大法官梅汝璈指出："奥斯威辛的屠杀是根据纳粹的种族仇视政策和希特勒政府的直接命令有计划、有系统的屠杀，并且屠杀是用一种方法（毒气）进行的；而南京大屠杀则系长官的放任、纵容下，由日本兽兵不分青红皂白、随心所欲地胡干乱干的……狂暴残虐的程度是世界历史上所罕见的。"

多行不义必自毙。人类历史上，凡是企图依靠暴力和杀戮统治人民、征服世界的恶魔，都逃脱不了自取灭亡的可耻下场——1945年9月9日，曾惨遭日军屠城暴行的南京，见证了侵略者投降的历史性时刻。1947年4月26日，随着一声清脆的枪响，南京大屠杀的主要刽子手谷寿夫在雨花台结束了他罪恶的一生。举行“百人斩”竞赛的日军少尉野田和向井同样也没有逃脱正义的严惩。杀人比赛整整10年后，1947年12月18日，两个丧心病狂的恶魔在南京被执行枪决。1948年12月23日23时30分，日本东京巢鸭监狱，双手沾满南京人民鲜血的松井石根被带上了绞刑架。

30万中国军民的冤魂让“南京大屠杀”成为世界历史上侵略与兽行的代名词，成为中国人民永远无法忘却的国家记忆。2014年2月27日，第十二届全国人民代表大会常务委员会第七次会议通过决定，将每年的12月13日设立为南京大屠杀死难者国家公祭日。国家公祭日的设立，表明中国人民反对侵略战争、捍卫人类尊严、维护世界和平的坚定立场。

知识链接

南京保卫战

1937年7月7日，日本帝国主义发动全面侵华战争，在遭到顽强抵抗后，便把摧毁中国军民抗战意志、尽快结束战争的希望，寄托在迅速攻占当时中国的首都南京上。淞沪会战结束后，日军华中方面军向参谋本部建议：“为了加速解决事变，要趁现在敌之颓势攻克南京。”12月1日，日军统帅部正式下达命令：“华中方面军司令官须与海军协同，攻占敌国首都南京。”于是，日军华中方面军司令官松井石根指挥7个师团，兵分两路向南京进击，其中4个半师团约10万大军直逼南京城下。

对中国政府来说，固守南京实在力有不逮。中国军队精锐刚刚在淞沪会战中遭受重创，临时调集的部队训练不足，况且防御南京是背水结阵，为兵家大忌。而首都的存亡，虽不能最终决定战争的胜负，但对国民的心理和精神影响巨大。南京不能不守，不战而弃首都“对上、对下、对国、对民殊难为怀”。匆忙之中，蒋介石定下了“短期固守”的方针，预期守1至2个月，并正式宣布迁都重庆，将统帅部迁至武汉，作为而后的抗战指挥中心。同时成立南京卫戍司令部，调集13个师及教导总队、江宁要塞、宪兵部队等部共11万余人编组卫戍军，任命唐生智为司令长官，指挥南京保卫战。

进攻南京的日军多为训练有素的老兵，每个师团配属1个炮兵联队，拥有200辆坦克、数百架飞机及海军舰艇支援，进行的是陆海空协同作战。反观中国守军，虽有14个师的番号，但构成庞杂，总兵力只有11万余人，配属的炮兵、坦克等重火器甚少，空军在此前的空战中损失殆尽，部队多为刚从淞沪前线后撤的疲惫之师，残破不堪。近四成的新兵甚至连最基本的射击要领还没有掌握，就走上了惨烈的战场，用鲜血与生命抵抗侵略者的进攻。

悲壮绝伦的南京保卫战首先从外围阵地争夺战打响。至6日，各路日军进抵栖霞山、汤山、淳化镇、秣陵镇，对南京构成三面合围之势。7日，日军对南京发起全面进攻，同时以机群舰炮狂轰滥炸。由于南京根本无险可守，完全暴露在日军炮火之下的中国守军，以“宁做战死鬼，不做亡国奴”的精神，浴血奋战，拼死抵抗。

紫金山，作为南京城东最重要的战略要地，自古就有“紫金山焚则金陵失”之语。坚守此地的中央教导总队原有3万人，淞沪会战后仅剩下不到一半兵力。然这支疲惫之师竟与日军浴血奋战了整整6天，直至南京城破接到撤退命令时，仍有一部分拒绝后撤，与敌死战，壮烈殉国。

雨花台，位于中华门外一个百余米的小高地，地势平坦，易攻难守。第八十八师第二六二旅旅长朱赤、第二六四旅旅长高致嵩率5000余众，与日军精锐第六师团近万人血战3天，宁死不退，最终弹尽援绝。在潮水般涌来的侵略军面前，守军毅然引爆几十箱手榴弹，与敌同归于尽。在付出3000多条生命的惨痛代价后，日军攻陷雨花台，旋即猛扑中华门。第八十八师残部2000余人据城死守。日军屡攻不克，调来重炮密集轰击，轰塌三处城墙。大批日军蜂拥而至，中国守军冲上前，“把他们的身体当作城墙”，“以阻遏一下敌人的长驱”。战后，日军的战报称：死于中华门防御战和巷战的中国军人近千人。

光华门，南京保卫战敌我争夺最为激烈之地。日军猬集在数十辆坦克后发起猛攻，守城的勇士们“绑了一身手榴弹向日军坦克车滚去”，用血肉之躯阻挡日军的铁甲战车。城门被日军炮火轰开一个缺口，数百名日军涌入城内。第八十七师第二五九旅旅长易安华亲率1个团反击，不幸中弹殉国。棉花堤、尧化门、杨坊山、中华门……一幕幕悲壮场面在上演。

南京沦陷，日军进入中华门

纵观整个南京保卫战，明知不可为而为之的中国守军凭一腔爱国热情背水一战，以对祖国的忠诚和生命弥补武器装备的不足，包括9名少将在内的近万名官兵壮烈殉国，其精神殊堪赞佩。英国路透社的电讯称：“中国军队抵抗日军血战时所流之血，将石子砌成之街道染成深红色。”而日军的战报中也经常出现“敌军顽强抵抗”“死守阵地”“进行了持续极为惨烈的肉搏战”等字眼。战场上毕竟是要靠实力说话的。古老的城墙和落后的武器，渐渐抵挡不住现代化兵器的攻击。

南京保卫战打响前，唐生智为表示破釜沉舟的决心，要求交通部部长俞飞鹏把下关到浦口间的渡轮撤走，只留下几艘小火轮和二三百只民船；随后又禁止任何部队和军人从下关渡江，违者开枪射杀。这为后来渡江撤退造成了非常大的麻烦。

12日下午，日军第十六师团已攻入中山门，突入城内；第十三师团则向乌龙山要塞猛攻；另以第九旅团横渡长江企图夺占浦口，切断中国守军唯一的北撤退路。眼见南京陷落已无可挽回，守城部队有全军覆没之危，唐生智根据蒋介石“如情势不能久守时，可相机撤退，以策后图”的电令，于当日17时召集师长以上将领开会。会上，唐生智简要说明战况，并提出分路突围的计划，征求意见，大家均无异议。“长官部参谋长周斓以印刷好了的命令发给每人一份，会议只历时20分钟就散了”。会后，唐生智即带着长官部人员自行登车前往下关渡江。

原定撤退计划是大部突围、一部渡江，但除第八十三军军长邓龙光执行了这个命令，率所部绕过栖霞山附近的日军间隙突围成功外，其余部队均未按命令执行，纷纷涌向下关，企图觅船过江。由于挹江门道路狭窄，各部争先恐后、互不相让，城门为之堵塞，军民自相践踏，局面失控。在日军猛烈袭击下，突围部队损失惨重，南京宪兵部队代理司令萧山令、第一五九师代理师长罗策群、第一六〇师参谋长司徒非等殉国。滞留南京城的数万中国守军大多选择放下武器混入难民中，结果惨遭日军屠杀。撤退组织混乱，缺乏预案，指挥失控，成为南京保卫战中最大的失误，造成的损失也是整个战役中最为惨重、最为沉痛的，直接将撤退演变成了溃败。

13日，历时13天的南京保卫战以中国军队的失败而告终。作为当时中国绝对的政治、文化、军事、经济中心和南北水陆交通枢纽，南京内城墙高大坚固，又有护城河作防卫依托，蒋介石调集国民党军大部分的机械部队以及全部德系装备师共约11万人固守南京。此战是中国军队在淞沪会战遭受重大损失的情况下进行的，尽管广大爱国官兵为保卫首都，不惜以血肉之躯抵御入侵之敌，但原计划坚守1至2个月的南京保卫战仅仅持续了一周多的时间便全盘溃败，其教训是惨痛而又深刻的。

南京抗日航空烈士纪念馆

南京抗日航空烈士纪念馆位于江苏省南京市玄武区钟山北麓，是为了纪念中、美、苏等国空军第二次世界大战时期在中国领空一起抗击日军的历史而建造的设施。1932年，国民政府修建了南京航空烈士公墓，先后安葬了为中国航空事业的发展而牺牲的中国及援华的苏联、美国、韩国航空人员170多名。日军占领南京后，航空烈士

孙中山题写的“航空救国”碑

公墓遭战火破坏。纪念塔被毁弃，墓地建筑被拆毁，公墓几乎成为废墟。

抗战胜利后，国民政府对公墓进行了大规模的修葺，重修后的航空烈士公墓基本恢复了原貌。其中牌楼、碑亭、祭堂位于同一条中轴线上。牌楼高8.35米，以钢筋混凝土建造，三间四柱，上部为火焰造型，正面上方的横额阴刻“航空烈士公墓”6个大字。两侧立柱上，分别镌刻着何应钦题写的挽联一副：“捍国骋长空伟绩光昭青史册；凯旋埋烈骨丰碑美媲黄花岗。”背面横额上有蒋介石题写的“精忠报国”4个字，立柱上分别还有他题写的挽联一副：“英名万古传飞将；正气千秋壮园魂。”

1985年重新修葺南京航空烈士公墓，在公墓上方建抗日航空烈士纪念碑，1995年落成。主要建筑包括原牌楼、东西庑、碑亭、祭堂、左右功德碑亭、顺山势而建的石阶、大平台、抗日航空

航空烈士公墓大门

烈士纪念碑、30块英烈碑、题词碑等地面建筑。碑亭内置“航空救国”碑一通，这4个字是1923年孙中山先生为元帅府航空局“乐士文”号飞机试飞成功题写的。2008年4月4日，在南京航空烈士公墓基础上扩建的南京抗日航空烈士纪念馆奠基，2009年建成。

南京抗日航空烈士纪念馆占地2万平方米，建筑面积2200余平方米。纪念馆主体呈三角形，前面是象征着中、苏、美三国一起抗击日军的《正义之神》雕塑。这尊雕塑非常雄伟，“正义之神”长着三头六臂，正骑着飞虎、拿着弓箭准备射向天空。三头，寓意中、美、苏三国的航空将士；飞虎代表“飞虎队”。雕像高8.14米，是为了纪念1937年8月14日中国空军对日作战取得胜利。

展览由馆内“奋勇抗战”“国际援华”“壮志凌云”“缅怀先烈”4个部分加上室外的实物展品一起组成，然后利用实物、文字、图片及影像等多种形式，展示了中国、美国、苏联等国家团结一致，共同抗击日军的历史。其中的“奋勇抗敌”展厅里，在一个钢制的平台上，停放着一架美国“霍克-3”驱逐机，平台下是坑坑洼洼的地面，像是街道遭到轰炸后的样子。

《正义之神》雕塑

“霍克-3”驱逐机

在一号展馆收藏着两件文物，是江苏籍航空烈士陈怀民使用过的东西，一件是他戴过的航空手套，一件是他使用过的银饰，是展馆征集文物时征集到的文物，属于这里的镇馆之宝。这副航空手套是陈怀民在“429空战”前夜，留给妹妹陈难的，他牺牲后，陈难一直珍藏着这副手套，直到1986年，她才将这副手套从长沙托人交给航空烈士纪念馆。

陈怀民的航空手套和银饰

另外，纪念馆中还有由原俄罗斯联邦驻华大使馆公使衔参赞陶米恒整理出的24份文件的电子版，是来自俄罗斯外交部档案馆的资料。另有“飞虎队”队长陈纳德夫人陈香梅女士捐赠的陈纳德将军的日记本及勋章等一批珍贵文物。通过这些文物，呈现当年抗日历史，纪念当年牺牲的抗日航空烈士。

纪念碑广场中央耸立着雄伟的抗日航空烈士纪念碑，建成于1995年9月。由两部分组成，高均为15米，用花岗石雕制成飞机机翼式样，一面碑文为中文，一面碑文为英文，上部构成象征胜利的“V”字形。中文碑镌刻着张爱萍将军手书“抗日航空烈士纪念碑”9个大字。在纪念碑的下方有4组浮雕，表现了中、美、苏空军将士奋勇杀敌，团结一心的动人场面。碑前有两组雕像，一组叫《出征》，一组叫《祝捷》。

抗日航空烈士纪念碑

纪念碑后方伫立着30座成弧形排列的英雄碑，黑色花岗岩石碑上用中、英、俄3种文字镌刻着自淞沪抗战至1945年9月间牺牲的4296位航空烈士的英名及生平事迹。公墓区共安葬170余名航空烈士，其中包括4名苏联飞行员和1名美国飞行员。

南京抗日航空烈士纪念馆是世界上第一座国际抗日航空烈士纪念馆。

经党中央、国务院批准，国务院于2014年8月24日公布，南京抗日航空烈士纪念馆被列入《第一批国家级抗战纪念设施、遗址名录》。

烈士纪念碑副碑

陈怀民烈士

知识链接 陈怀民

陈怀民生于1916年12月25日，江苏镇江人。原名陈天民。参军后，希望成为一个“有所作为，爱国怀民”的人，改名为陈怀民。

1932年一·二八事变后陈怀民毅然参加蔡廷锴领导的第十九路军学生义勇军，活跃于上海吴淞一带，与日本侵略者作战。1933年1月至1936年，陈怀民在杭州笕桥中央航空学校学习。毕业后成为中国空军第四大队少尉飞行员，在保卫华北、上海、南京的战斗中，都有陈怀民的身影。

1937年9月，日军集结300多架飞机，对南京进行空袭，陈怀民与战友们在空中与敌机战斗，最终击落敌机1架，击伤4架。陈怀民在4架敌机的包围中奋力冲杀，不料被敌机击中了所驾驶飞机的油箱，只得在长江迫降，致使他的鼻骨折断。

1938年2月，陈怀民在支援武汉的战斗中，被敌机击中了座机，只得跳伞逃生，最终伤到了腿部。同年4月10日，陈怀民独自驾驶飞机，从台儿庄上空飞过，进行低空侦察任务。返航时遇到了敌机，他驾驶着座机撞向一架敌机，然后跳伞逃生。

陈怀民多次面临死亡，但是从未害怕，反而更加勇敢坚毅，抗日救国的信念也更加坚定了。1938年4月28日，陈怀民在参战的前一天，专门回了一趟家，看望自己的双亲。当晚，陈怀民在宿舍写下一篇日记：“在家中，我很想把自己的心情向父母亲讲讲。我怕他们难受，又怕他们为我的安全担心，故话到嘴边又咽下去了。我常与日机在空中作战。打仗就有牺牲，说不定哪一天，我的飞机被日机击落，如果真的出现了那种事情，你们不要悲伤，也不要难过。我是为国家和广大老百姓而死，死得有价值。如果我牺牲了，切望父母节哀，也希望哥哥、姐姐、弟弟、妹妹继续投身抗日，直到把日本侵略者赶出中国。”

4月29日，侵华日军海军航空兵佐世保航空队为给日本天皇献上“天长节”寿礼，出动36架飞机，对武汉进行空袭。陈怀民与战友们按照指

南京抗日航空烈士纪念馆内陈怀民登机复原场景

令驾机飞抵武汉上空，与敌机展开了战斗。陈怀民首先击落了一架敌机，然后又瞄上了另一架敌机。这时5架敌机一起朝他猛烈射击。陈怀民身受重伤，飞机的油箱着火，但是他却放弃了跳伞求生的机会，反而驾驶飞机冲向附近的一架敌机，同归于尽。

陈怀民以身殉国，鼓舞了战友，用时30分钟便击落21架敌机，其中有11架战斗机、10架轰炸机，取得抗日战争以来空战的最大胜利。

中国战区侵华日军投降签字仪式旧址

中国战区侵华日军投降签字仪式旧址位于江苏省南京市玄武区原南京军区大院内，是1949年9月9日举行中国战区侵华日军投降签字仪式的地方。建成于1929年3月。南京陷落前先后是中央陆军军官学校大礼堂、中国陆军总司令部大礼堂。现在是中国人民解放军东部战区军史馆。

中国战区侵华日军投降签字仪式旧址

中国战区侵华日军投降签字仪式旧址坐北朝南，两层钢筋混凝土结构，共占地1530平方米，坡屋顶上覆着灰色波纹金属瓦，带有法国文艺复兴时期宫殿式建筑的特点。在中央主要入口处的门廊前面，有8根爱奥尼亚式巨柱，门廊的顶部是钟楼；东侧与西侧入口处的墙壁上，各自饰有爱奥尼亚式立柱4根，上面各有1座高高的塔楼。中央的主要入口处，有拱门3个；东侧入口处有1个拱门，西侧同东侧一样。大礼堂的北面是讲台，后面设了休息室。

1945年9月9日9时，中国战区侵华日军投降签字仪式在此举行。目前，大礼堂内陈设有当时日军投降签字仪式的复原场景，生动形象。

中国战区侵华日军投降签字仪式旧址是全国重点文物保护单位、江苏省文物保护单位。

经党中央、国务院批准，国务院于2014年8月24日公布，中国战区侵华日军投降签字仪式旧址被列入《第一批国家级抗战纪念设施、遗址名录》。

旧址内侵华日军投降签字仪式复原蜡像

斯大林、杜鲁门、丘吉尔的画像。

整个受降会场呈“口”字形布局。在正面墙前，摆放着一张宽大的长桌，上铺白布，为受降席，坐北朝南，在受降席桌子的正前方，放置着一个座钟与一套中国文房器具。在受降席的对面，是一张较窄的长桌，为投降席。为了体现胜利者的尊严和地位，中方受降席的桌子比日方的桌子宽大约三倍，中方代表所坐的椅子是气派的雕花太师椅，而日方投降席的椅子则是普通的布包椅。

知识链接

中国战区日军投降签字仪式

1945年9月9日，中国战区侵华日军投降签字仪式在位于江苏南京的中国陆军总司令部大礼堂举行。

仪式举行前，中国方面对仪式的主会场及陆军总部做了精心布置，显得庄重大气而又肃穆威严。大门口悬挂着“中国陆军总司令部”的匾额。广场四周，旗帜林立，旗杆上高高飘扬着52个盟国的国旗，在每个旗杆前，并排站立着一名全副武装的中国士兵和一名宪兵。陆军总部大礼堂的正面，是一块用松柏枝扎的匾，上有“和平永奠”金色大字。在大礼堂正门上，悬挂着中、美、英、苏四国国旗。各个入口处都有士兵和宪兵守卫，戒备森严，气氛庄重。

会场的四周墙壁上，挂满了红、白、蓝三色布，天花板上悬挂着52个盟国的国旗。会场正面即北面墙上，挂着孙中山画像，画像左右是中华民国国旗和国民党党旗，下边是“和平”两字，在“和平”两字中间有一个象征胜利的“V”字。在对面（南面）墙上，挂着同盟国领袖蒋介石、

1945年9月9日，在南京受降现场外，挤满了拿着彩旗的南京市民

在受降席和投降席的两侧，是中外贵宾观礼席。应邀前来观礼的外宾及中国政府官员、中外记者共计405人，其中中国军官219人，文职官员51人，中国记者52人，同盟国代表47人，外国记者36人。中国方面主要官员有：第三方面军司令官汤恩伯、江苏省政府主席王懋功、南京市市长马超俊、接受计划委员贺衷寒，以及李明扬、郑洞国、冷欣、廖耀湘、蔡文治、彭孟缉、谷正纲、丁惟芬、顾毓琇等。外国来宾有：美国陆军少将麦克鲁、准将柏德若、海军少将迈思斯，英国海

思少将、法国保义上校，以及加拿大、苏联、荷兰、澳大利亚等国的军官。楼上是一般人员观礼席。在礼堂受降席与投降席的座位后面，都站立着全副武装的士兵与宪兵，戒备森严，气氛严肃。

8时开始，中外来宾陆续签名入场。8时45分，日军投降代表7人分乘3辆汽车，由中国军官引领到达会场。他们是：中国派遣军总司令官冈村宁次大将、总参谋长小林浅三郎中将、副参谋长今井武夫少将、参谋小笠原清中佐、日驻华海军舰队司令官福田良三海军中将、第十方面军（台湾军）参谋长谏山春树中将、第三十八军参谋长三泽昌雄大佐，他们代表中国派遣军、驻中国台湾军与驻法属印度支那北部驻军向盟军中国战区投降。早已在此等候的中外记者立即蜂拥而上，用镜头记录下这些昔日不可一世的战争魔头的落魄形象。

8时52分，中国战区中国陆军总司令、陆军一级上将何应钦率中国4位受降官入场，在正席就座；4位受降官是：第三战区司令长官顾祝同上将、陆军总参谋长萧毅肃中将、海军总司令陈绍宽上将、空军第一路司令张廷孟上将。何应钦居中而坐，左侧是陈绍宽、张廷孟，右侧是顾祝同、萧毅肃。

1945年9月9日8时45分，冈村宁次率领日军投降签字代表步入会场

对面是投降席，居中坐的是驻华日军最高指挥官陆军大将冈村宁次，左侧依次是小林浅三郎、今井武夫、小笠原清；右侧依次是福田良三、谏山春树、三泽昌雄。

在南京受降现场的日军代表，坐在左四的是冈村宁次

此时，投降席上的冈村宁次早已没有了从前的嚣张，十分沮丧地在投降书上签字、盖章，然后将那罪恶的佩刀交出。整个投降签字仪式显得漫长而肃穆。

签字仪式一结束，何应钦发表了讲话，向全世界宣告：日军投降签字仪式已在南京完成。此刻全场响起了如雷的掌声，此刻也是中华民族最为耀眼的时刻。之后，何应钦还宣告：这个日子是中国历史上值得纪念的日子，是艰苦抗战所取得的胜利，是中国迈向新世纪的起点。

中国战区侵华日军投降签字仪式具有深远意义，标志着中国人民抗日战争的完全胜利。

中国战区日军投降签字仪式现场

拉贝故居

拉贝故居位于江苏省南京市鼓楼区小粉桥1号南京大学鼓楼校区南园。抗日战争时期南京陷落后，拉贝先生表现出了无私的人道主义精神，拯救了大批中国民众。2003年，德国总统约翰内斯·劳在访问南京大学之后，对拉贝故居的修缮与改建做了积极的推动。2005年12月6日，南京大学与德国驻上海总领事馆、西门子公司签订了修缮故居的协议，在拉贝故居的原址上建立拉贝与国际安全区纪念馆和拉贝国际和平与冲突化解研究交流中心。

1932年夏，拉贝与金陵大学农学院院长谢金声签订了一份协议，内容是由学校将当时的小桃园10号建成一座具有办公与居住功能的房屋并出租给拉贝。拉贝全家从此在这里度过了7年的时光。

拉贝故居是一座德式两层小洋楼，坐北朝南，砖木结构，西式别墅，占地面积约1905平方米，建筑面积650平方米。青砖墙面，红色平瓦，白色拉线，屋顶有老虎窗采光，二楼上有一个小阁楼。庭院西南侧有一地下防空洞。小院内绿草成茵，浓荫蔽日，十分宜人。拉贝雕像矗立在小楼前，凝视远方。楼内红色楼梯和地板映着白墙，充满欧洲风情。一楼是客厅，现在有拉贝先生的生平介绍和他拍摄的照片，以及当年他使用过的家具。二楼是拉贝先生的书房和卧室，著名的《拉贝日记》就是在此完成的。

拉贝故居是全国重点文物保护单位、江苏省文物保护单位。

拉贝故居

拉贝故居庭院里的约翰·拉贝雕像

经党中央、国务院批准，国务院于2014年8月24日公布，拉贝故居被列入《第一批国家级抗战纪念设施、遗址名录》。

知识链接　约翰·拉贝

约翰·拉贝，1882年11月23日出生在德国汉堡。1896年父亲病逝，拉贝在初中毕业后不得不中断学业，到一家出口商行当伙计，后前往非洲东南部的葡萄牙殖民地莫桑比克的一家英国公司工作数年。

1908年8月，拉贝从德国汉堡启程来到中国北京，未婚妻道拉也随后来到北京。1910年10月，二人在北京结为伉俪。出于对中国文化的热爱，拉贝收集了大量有关北京的照片和绘画，并附以对近代北京社会生活方方面面的详细记录。1911年他应聘到位于北京东城苏子胡同的德国西门子驻北京分公司做会计兼文书，先后在北京、天津分公司工作，其间曾短暂回国。1931年11月，出任德国纳粹党南京分部副部长，开始书写《拉贝日记》。1934年，在他的住处（南京市广州路小粉桥1号）附近建造了一所德国学校。

1937年8月，日本侵略者对南京实施轰炸，拉贝匆匆离开避暑胜地北戴河，回到南京。后亲自参与设计，在他的庭院内造了一个防空洞，并对其进行了改造加固。11月22日，留守南京的外籍友人组成的国际委员会在平仓巷3号（今南京大学赛珍珠纪念馆）开会讨论成立一个南京平民安全区，推举拉贝担任主席。他说："由我出任主席，我不应再有丝毫的犹豫。我一生中最美好的青年时代都在这个国家愉快度过，我的儿孙都出生在这里，我的事业在这里获得了成功，我始终得到了中国人的厚待。"

南京安全区国际委员会主席拉贝（左三）和委员会部分成员

1937年12月，侵华日军开始袭击南京时，拉贝将其住所（同时也是办公地）作为南京安全区收容难民的25个国际安全区之一，保护了600多位难民。南京大屠杀期间，作为南京国际安全区主席的拉贝和其他国际友人一同，协同南京安全区国际委员会在其负责的不足4平方千米安全区内，拯救了超过25万名中国人的生命。《拉贝日记》中记载了侵华日军制造的惨案一共达500多件。他与他的同事们向国际求援，募资并购买粮食、药品，还有辛苦从上海弄来的能够抑制脚气蔓延的蚕豆。同时他也收获了来自难民的感激与尊敬。麦卡勒姆牧师为此特意谱写了一首歌曲《南京难民合唱曲》。

1938年2月，拉贝奉西门子公司之命离开南京，返回德国。南京安全区国际委员会给予他高度评价，中国国民政府授予其三色彩玉勋章。回国后，拉贝曾连续举行5场演讲，展示有关证据，揭露日军在南京的暴行。1945年5月，盟军攻占柏林后，拉贝被逮捕并受到审讯，后获释。由于拉贝曾是纳粹党员，只能在西门子公司担任办事员和译员，生活拮据，全家人住在一间小房子里。1948年，拉贝生活艰难到仅能给孩子煮菜汤、大人啃干面包、全家一度濒临饿毙的地步。消息传来，南京市民募捐1亿元，经国民政府批准按市价2000美元转汇至德国援助拉贝。

1950年1月5日，拉贝因中风去世，安葬在柏林西郊的威廉皇帝纪念教堂墓地。

抗日山烈士陵园

抗日山烈士陵园位于江苏省连云港市赣榆区班庄镇王洪爽村抗日山南坡，是为了纪念连云港市赣榆区抗日战争以来牺牲的烈士而修建的设施。始建于1941年，由八路军第一一五师教导二旅和原山东滨海区军民修建，经历了1941年至1944年、1952年至1986年、2001年至2011年三次扩建。

抗日山原名马鞍山，这里景色优美，气势恢宏，最高海拔为173米，素有“中国抗日第一山”之称。陵园依山而建，坐西朝东，占地面积24万多平方米。陵园共分8个坡段，363级台阶，主要建有烈士纪念塔、纪念堂、纪念馆、纪念碑、烈士冢等纪念设施。

抗日山烈士陵园主体园区里，每个坡段的建筑风格都不同。

在陵园的第一坡段上，主要有陵园大门、纪念广场，总计占地3600余平方米，可供1万余人同时参观，苏北、鲁南等地的数十万人，每逢清明时节都会前来凭吊，并举行一些大型的集会及纪念活动。

第二坡段建有抗日山革命烈士纪念馆和碑廊。

1941年，抗日山烈士纪念塔落成时，罗荣桓（后左三）、黎玉（后左四）、陈光（后左五）、萧华（后左六）、陈士榘（后左七）、符竹庭（前左三）、谷牧（前左四）等留影

革命烈士纪念馆建筑面积1245平方米，为一层中式殿堂，包括序厅和4个展厅，旨在纪念抗日战争中牺牲的烈士，歌颂为抗战胜利做出贡献的各界人士。序厅主题“滨海八年，抗战之光”，表现滨海抗日军民顶天立地、战无不胜的英雄气概。第一展厅的主题“奋起抗日——共产党是中流砥柱”，介绍刘少奇在赣榆开展工作和朱爱周县长、符竹庭将军的事迹。第二展厅的主题“抗战烽火——八路军、新四军是雄师劲旅”，主要介绍在滨海区参战主力部队、地方武装的情况和在赣榆及周边地区发起并组织的主要战斗和战役，包括青口战役和小沙东海战等。第三展厅

抗日山烈士陵园大门

的主题“军民团结、天下无敌——兵民是抗战胜利之本”，展现八路军、新四军浴血奋战、拯救人民于水火的情景；再现人民群众在共产党的发动与组织下参军、参战、参政、生产、支前的场面；陈述“沂蒙母亲”“八路妈妈”“沂蒙红嫂”的事迹。第四展厅的主题“千秋丰碑”，由“修建抗日山”“敬仰抗日山”“记忆抗日山”“热血抗日山”“丰碑抗日山”“印象抗日山”6个部分组成。

革命烈士纪念馆

第三坡段建有小沙东海战烈士冢。烈士冢有8.4米高，其前面立着三联碑。东碑有陈毅的题词“浩气长存”；西首碑是陈上渠的题词“英灵千秋”；中首碑题写“小沙东海战烈士冢”，后面是安葬了彭雄、田守尧等16位烈士的小沙东海战烈士冢。

小沙东海战烈士冢

第四坡段东侧建有一个高5.1米的圆锥形纪念碑，是国际友人波兰记者汉斯·希伯的纪念碑，上面有题词，分别来自当时山东军区司令员兼政治委员罗荣桓、副政委黎玉、政治部主任萧华。西侧是一座巨大的手榴弹形纪念碑，上书“日本国际友人金野博同志纪念碑”。金野博是日本秋田县人，1939年初应征入伍，被编入侵华日军第三十二师团长田大队。8月2日，在梁山战役中被俘。在八路军指战员的关怀、感召和“日人觉悟联盟”的耐心教育下，认识到日寇的侵略罪行，同情、支持中国人民的抗战斗争。1941年6月2日，金野博与另外4人组成在华日人反战同盟山东支部，7月7日参加八路军。1944年7月，金野博不幸被日军抓获，被秘密杀害于济南。就义前，他大义凛然，无所畏惧，不断地高呼：“打倒日本法西斯军阀！”

第五坡段有一座六角亭式建筑，由灰色花岗

希伯纪念碑

金野博纪念碑

岩所砌，这里是八路军第一一五师教导二旅政委、滨海军区政委符竹庭之墓。墓高5.2米，墓正面镶嵌符竹庭的彩色铜像，铜像由30多公斤子弹壳熔炼铸成，两侧是罗荣桓、黎玉、萧华和原滨海区专员谢辉、参议高赞非等人的题词，还有滨海区党委撰写的《竹庭悼文》。该陵园由符竹庭选址建设，让人难以预料的是，他在31岁时便牺牲在了日军的“扫荡”中，长眠在了这里。

符竹庭墓

第六坡段是高为8.3米的滨海区抗战烈士纪念塔。塔正面是碑名，落款山东省临时参议会敬献。塔基座一共有5面，各面镶嵌着石碑，上面记录着牺牲烈士的英名与战绩。

第七坡段是抗日烈士纪念堂，一层建筑，面积193.5平方米。八路军第一一五师教导二旅政治部在纪念塔快要建成时，在一个文件箱里，找到一本烈士花名册，随即决定建设抗日烈士纪念堂，以铭记这些烈士的英名。1942年8月，抗日烈士纪念堂开工建设；1943年7月7日，纪念堂建成。纪念堂里陈列着很多珍贵的抗战史料。纪念堂的前面是纪念碑，呈方锥体，柱高为4.15米，当年由八路军第一一五师教导二旅建立，正面刻“烈

滨海军区抗战烈士纪念塔

士英名垂千古”；东面是《抗日烈士纪念塔续序》，由一一五师教导二旅政治部所作；北面是《抗日五周年挽八路军阵亡将士》碑文，由朱德元帅所作；西面是《抗日烈士英名录》。

抗日烈士纪念堂

第八坡段在山顶，上面有1942年建立的抗日烈士纪念塔及烈士纪念亭，塔高14米。开工于1941年7月7日，落成于1942年7月7日。80多年来，抗日烈士纪念塔历尽风雨沧桑，依旧巍然屹立，成为抗日山烈士陵园的形象标志和滨海区抗日军民的精神丰碑。塔顶是一座八路军戎装塑像，其形象一手举旗，一手持枪。塔身正面有知名书法家、时任山东纵队第九支队团长武中奇书写的“抗日烈士纪念塔”7个大字；东面有“抗日烈士英名录”“抗日五年主要战绩”；西面是一则碑文，是由教导二旅政治部所撰。纪念塔落成典礼时，留下了一张照片，照片中可以看到罗荣桓、陈光、萧华、黎玉、谷牧、陈士榘等老一辈无产阶级革命家。这张照片一直保存了下来，现在就保存在第二坡段的革命烈士纪念馆内。

抗日烈士纪念塔

纪念塔西侧是花岗岩所砌的高为7.9米的六角烈士纪念亭。

墓区分东、西墓区。墓区有1642座烈士墓，安葬1800余位烈士的忠骨，塔碑上铭刻3576位烈士的英名，长眠着八路军及新四军将士，也有国内革命烈士的墓碑及国际友人的纪念碑，还有中国抗日将领及国民党爱国将领的事迹介绍。

烈士墓区局部

抗日山烈士陵园是国家级烈士纪念设施、全国爱国主义教育示范基地。

经党中央、国务院批准，国务院于2014年8月24日公布，抗日山烈士陵园被列入《第一批国家级抗战纪念设施、遗址名录》。

知识链接 青口战役和“青口十八勇士”

1941年初，侵华日军华北方面军在遭到八路军百团大战的沉重打击后，认为“中共具有惊人的实力”，要“对华北应有再认识”，遂决定改变过去单纯的军事进攻，转而采取军事、政治、经济、文化一体化的“总力战”，加强“治安肃正建设”，以实现巩固和扩大占领区，摧毁抗日根据地，完全占领华北的战略企图。

为配合日伪当局即将推行的第一次“治安强化运动”，这年2月，苏北地区的日军将赣榆县伪军2000余人编成“剿共军”3个团，准备与日军一起实施海上封锁，进而控制陇海铁路，企图实现“以战养战”的目的。为粉碎日、伪军的阴谋，扩大滨海区抗日根据地，沟通与华中及胶东抗日根据地的联系，八路军第一一五师决定由教导第二旅旅长曾国华、政治委员符竹庭统一指挥该旅第四、第六团和山东纵队第二旅一部发起进攻，夺取赣榆县（今连云港市赣榆区）重镇——青口。

位于赣榆城东南的青口镇，西邻山区，东濒黄海，因青口河穿城而过、东流入海而得名。自古以来，这里因山川之饶，享渔盐之利，加之交通便捷，成为苏北、鲁南地区重要的出海口和商品集散地，同时也是兵家必争之地。全民族抗战爆发前，镇里仅有名号的商铺就达240多家，人口5万余，为经济富庶之地。1939年2月，日本侵略军占领青口，扶持伪政府，修碉堡建炮楼，使其成为日伪统治赣榆地区的军事中心。

根据战前侦察，教导第二旅获悉赣榆、新浦、海州之敌总共4000余人，但伪军较多，战斗力不强。其中，青口镇里驻扎有日军100余人、伪军1000余人，另有伪军3个团分别驻守在赣榆县城及海头镇、兴庄、寺后、朱堵等外围据点。针对守敌兵力和布防情况，曾国华、符竹庭决心采取突袭战术，首先扫清青口外围据点，而后集中兵力歼灭青口之敌。

1941年3月19日晚，教导第二旅第六团两个营首先向海头镇伪军第二团发起进攻，青口战斗就此打响。第六团被滨海当地老百姓亲切地称为“老六团”，是个有名的红军团，其前身为平江起义部队。全民族抗战爆发后，被编入八路军第一一五师三四三旅六八六团，参加过平型关战役。1939年3月初，第六八六团随第一一五师师部由晋西挺进山东，到达鲁西郓城地区，首战樊坝，全歼伪军1个团，打开了运（河）西地区抗日局面。随后团主力东进南下，相继取得陆房突围、三打白彦等战斗胜利，开辟了以抱犊崮山区为中心的鲁南根据地。1940年4月，第六八六团与八路军东进抗日挺进纵队第六支队七团合编为鲁南支队，后被编为教导第二旅第六团，随旅部挺进滨海地区。

“老六团”果然名不虚传，经过彻夜战斗，歼灭伪军第二团一部，攻占海头镇，初战告捷。伪军第二团余部仓皇逃向兴庄据点。22日，第六团击退由青口向海头反扑的日、伪军300余人，并乘胜向朱堵、寺后、大沟的伪军第三团和兴庄的伪军第二团余部发起猛攻。激战至23日，除赣榆县城、青口镇及其以西的李城子、张城子据点外，其余外围据点均被攻克。至此，青口守敌陷于孤立态势，惶惶不可终日。

25日，教导第二旅对青口镇发起总攻。具体部署是：第六团第一、第三营主攻青口镇；第四团第三营、第六团第二营攻击青口镇以西据点；第六团一部在大官庄阻击赣榆城方向援敌，并控制海头镇一带；山东纵队第二旅进至南庄附近，牵制赣榆城伪军。

当日22时，第六团第一营首先从青口镇东南角突破守军防御。该营是“老六团”的主力，善打硬仗、恶仗，战士们冒着敌人猛烈的炮火，迅速突入镇内，向纵深穿插，并向两翼扩张。第三营及时跟进，与敌展开激烈的巷战。指战员们用刺刀和手榴弹多次打退敌人的反扑，攻入伪保安总队和日军宪兵队，占领敌军火库和粮栈。激战彻夜，守敌一部被歼，余部被压迫至镇西北及东南角碉堡内固守待援。与此同时，第四团三营、第六团二营分别对李城子、张城子据点发起攻击。在强大的军事压力和政治攻势下，伪军200余人全部缴械投降。

26日拂晓，驻新浦的日、伪军纠集600多人，分乘30余辆汽车，并配备4门火炮，在2辆坦克的掩护下，增援青口。镇里的日、伪军也在海面炮火支援下，乘机实施反扑。曾国华、符竹庭见攻城部队腹背受敌，再战不利，遂于天亮前主动结束战斗。

青口战役中，八路军教导第二旅和山东纵队第二旅一部共毙伤日、伪军200余人，俘虏伪军800余人，缴获各种枪支400余支，巩固和扩大了滨海区抗日根据地。

在这次战斗中出现了一个意外情况。攻城部队撤出青口镇时，负责殿后的“老六团”一连机枪班被敌人包围在镇内。班长原飞友带领战士们两次突围都没有成功，只得边打边撤，最后转移到火叉巷的一个院子里。

这时，东边院子也传来断断续续的枪声和日、伪军的号叫声。他们判断：这一定是兄弟连队的同志打击敌人！于是打通院墙取得联系。原来一排长赵本源和他带领的二班也未能撤出，被敌人困在院内。两个班汇合在一起共有18人。天色渐渐放亮，蜂拥而至的日、伪军将火叉巷围得水泄不通。赵本源、原飞友他们都清楚身陷敌人重围，突出去几乎是不可能的，只有和敌人血战到底，为主力部队撤退争取更多的时间。

面对日、伪军发起的猛烈进攻，战士们毫无惧色，沉着应战，顽强坚守院落。但毕竟众寡悬殊，孤军无援，在连续打退敌人的几次进攻后，8名战士先后壮烈牺牲。身负重伤的赵本源对原飞友说：“硬拼不是办法，你们要想办法出去。”为了不做俘虏，赵排长饮弹自尽。二班副班长双腿已被打断，生怕自己拖累其他战友突围，也开枪自戕。

很快，日、伪军又一次发起了进攻。战士们的子弹打光了，手榴弹也扔完了，原飞友看着手中心爱的机枪激动地说："同志们，我们人可以死，但武器不能完整地留给敌人！"战士们把枪上的扳机卸下来毁掉，有的端起上了刺刀的步枪，有的抽出背后的大刀，准备与敌人作最后的拼杀。

这时，一位白发苍苍的老大娘招呼战士们先到屋里躲起来。于是，8名战士分散到老百姓家里藏起来。日、伪军冲进院子里，八路军已不见踪影，老百姓也躲了起来，就开始挨家挨户地搜查。为了不连累乡亲们，原飞友和战友们纷纷从藏身处冲出来，和日、伪军展开肉搏。最终，8名战士力竭被俘。

在青口镇日伪据点里，残暴的敌人用尽各种残酷手段，对8名被俘八路军战士进行审讯。先是捆绑在柱子上，放狼狗去撕咬。狼狗恶狠狠地扑上去，一口一口地撕下战士们的皮肉。很快，8名战士浑身上下血肉模糊，但没有一人求饶。敌人又用铁棍、竹棒凶狠地抽打勇士们的头部和身躯……就这样，整整六天六夜，8名战士经受住敌人的各种严刑拷打，无人屈服。

青口敌人黔驴技穷，只好把8名战士押送到新浦日军宪兵队继续审问。8名战士又遭受非人的酷刑。凶残的日本宪兵将烧红的铁块烙在战士们的身上，把冒着火焰的煤渣塞进战士们的嘴里。但是，任凭皮鞭抽、铁棍打、恶狗咬、烙铁烧，8名战士始终没有屈服，不是破口大骂就是一言不发。日军宪兵用尽各种酷刑也没能摧毁八路军战士的坚强意志，最后决定将他们活活烧死，以报复青口失败之痛。

晚上，8名战士分别被捆绑在两个木桩子上，准备第二天行刑。负责看守的敌人满以为这8名八路军战士早就被折磨得体无完肤，已经毫无反抗之力，便放松了警惕，回屋睡觉去了。"他们哪里想到，你们临死前还是那样勇猛，能够挣断钢丝铁绳。"——这是八路军第一一五师政治部《战士报》记者白刃后来根据勇士的事迹写下的报道。

那天深夜，趁日军哨兵不注意，孟兆阁双手一直使劲地在暗中想法挣脱捆在柱子上的铁丝，虽然皮破肉烂，钻心疼痛，但终于挣脱了。接着，他又拼尽全力将捆在一起的原飞友、李会元、孙玉坤身上的铁丝一一拧开。正当他们想去解救捆在另一根柱子上的战友时，远处传来鸡叫声，还有日军哨兵巡逻的脚步声。

"你们快点走，天亮了一个也逃不出去，快走！"在战友们的再三催促下，原飞友、孟兆阁、李会元、孙玉坤等4人趁日军巡逻换岗的空隙逃了出来。没有跑掉的马培元、孙洪太、何北生、张秀格4名战士被敌人杀害。

在黎明前的黑暗掩护下，原飞友等4人踏上寻找部队之路。他们向着北斗星的方向，越过铁道一路小跑，跑不动就走，走累了就爬。在蹚过一条小河沟时，李会元、孙玉昆走散了。这时，原飞友也因伤势太重、失血过多，倒在地上。孟兆阁上前搀扶起原飞友勉强走了一会儿，也终因身体虚弱，精疲力竭，再也扶不动了。

原飞友对孟兆阁说："我走不动了，孟同志，你一个人回去吧。这里离鬼子很近，会被敌人追上的，咱们不能都落在敌人手里。"孟兆阁含泪点头答应，依依不舍地告别班长，艰难地向西北方向跑去。昼伏夜行，风餐露宿，终于找到了部队，回到战友的怀抱。1944年，孟兆阁在石沟崖战斗中英勇牺牲。

原飞友在目送孟兆阁离开后，鼓足力气，以顽强的毅力向前爬行。最后，奄奄一息的原飞友在青口附近被地方工作人员发现救回，送到后方医院抢救。到达医院的第二天，原飞友就因伤势过重，壮烈牺牲。据白刃记录，李会元、孙玉坤也回到了部队，但后来都在战斗中牺牲。

就这样，“老六团”的18名战士要么战死，要么在遭受严刑拷打的情况下凭借惊人的毅力返回部队，展现了视死如归、宁死不屈的民族气节，不畏强暴、血战到底的英雄气概，百折不挠、坚韧不拔的必胜信念，被誉为“青口十八勇士”，他们所在的一连也被命名为“青口十八勇士连”。但受限于当时的条件，“青口十八勇士”中只有9人的名字得以记录。他们是：赵本源、原飞友、孟兆阁、马培元、孙洪太、何北生、张秀格、孙玉坤、李会元。

为了铭记那段惊心动魄的战斗历程，为了缅怀为国捐躯的抗日英烈，1991年7月1日，中共赣榆县委员会、赣榆县人民政府在勇士当年浴血奋战的火叉巷口竖立“十八勇士纪念地”石碑；2017年3月26日，青口战斗胜利76周年之际，青口十八勇士纪念馆在火叉巷建成开馆。纪念馆采用传统与现代相结合的布展方式，通过图文展板、实物展品、沙盘模型、灯箱壁画、主题浮雕、投影幕、触摸屏、情景再现、随动音效等展陈手段，生动再现了十八勇士激战青口镇火叉巷的场景。2020年9月2日，经党中央、国务院批准，国家退役军人事务部公布“青口十八勇士”入选《第三批全国著名抗日英烈、英雄群体名录》。

刘老庄八十二烈士陵园

刘老庄八十二烈士陵园位于江苏省淮安市淮阴区刘老庄镇刘老庄村，是为了纪念抗日战争时期新四军第三师七旅十九团二营四连牺牲的82名烈士而修建的设施。始建于1943年刘老庄战斗结束后，1947年遭到国民党当局破坏。1955年重建，至2010年曾多次改扩建。

刘老庄八十二烈士陵园占地约32万平方米，集凭吊、游览、宣传、教育等功能于一体，是一座园林式纪念园。主要纪念设施包括八十二烈士墓、八十二烈士纪念碑、八十二烈士纪念馆、八十二棵青松林、壮志亭、红星广场、浴血刘老庄主题战壕、八十二烈士纪念林等主要纪念设施及景点。

刘老庄八十二烈士陵园大门

陵园的大门修建于1984年，是一座古典牌楼式建筑，门檐上是“八十二烈士陵园”，两侧是一副挽联，由1946年苏皖边区政府主席李一氓题写：“由陕西到苏北敌后英名传八路；从黄昏达拂晓全连苦战殉刘庄。”

烈士纪念碑修建于1992年，从远处望像是刺入天空的两支架立的钢枪。纪念碑的主体高为19.43米，寓意事件发生在1943年。底座是大理石砌成，碑身钢枪架立，二者构成了“八二”的字样。碑基有三层平台十八级台阶，代表具体时间是3月18日。纪念碑高高耸入云端，下方是“八十二烈士纪念碑”的碑名，由原新四军第三师副师长张爱萍将军题写。

八十二烈士纪念碑

纪念碑的前面是一个很大的广场，每年的3月18日至清明节前后，数以万计的人们会在此集会，举行祭扫纪念活动，对先烈的光辉事迹进行缅怀。纪念碑周围是纪念柱和碑廊，主要展现了刘老庄连的战斗过程，还有老一辈无产阶级革命家对八十二烈士英雄事迹的赞颂。纪念柱一共有10根，

纪念柱

立于纪念碑的正面，上面有青铜头像，形象是连长白思才、指导员李云鹏等，此外还有八十二烈士中已知的26名烈士名单也镌刻在了上面。

广场中央是由我国著名雕作大师钱大经创作设计、齐康院士任艺术指导的青铜雕塑《砥柱》，正面“砥柱”二字由周恩来总理书写，背面摘录在纪念抗日战争60周年大会上胡锦涛总书记的讲话，其中提到包括新四军“刘老庄连”在内的众多英雄群体，是“中国人民不畏强暴、英勇抗争”的杰出代表。雕塑展现了新四军奋勇抗敌、不怕牺牲的英雄气概。

《砥柱》雕塑

烈士墓区安葬着刘老庄战役中牺牲的烈士们。当年在结束刘老庄的战斗后，烈士遗骸由淮阴人民收殓，3天以后，第十九团指战员为缅怀烈士召开了追悼大会，淮阴县（今淮安市淮阴区）党政机关及人民群众，为烈士举行了纪念仪式，堆起了一座土墓，立有墓碑，上面刻有“新四军三师七旅十九团二营四连八十二烈士公墓”。1947年5月，国民党军第六十五师的一个连和还乡团百余人，将烈士陵园拆毁。

1955年，中共淮阴县委、县政府对烈士墓进行了重建，墓坐东朝西，墓体由钢筋水泥浇铸而

成，高8.2米，代表着82名勇士。立有白色大理石墓碑，正面上嵌着红五星和由李一氓同志再题的“淮阴八十二烈士墓”碑铭，南侧与北侧都镶嵌了大理石，南面大理石上是“英勇战斗，壮烈牺牲，军人模范，民族光荣”，由黄克诚将军题写。北面的大理石上则是“八二烈士，抗敌三千，以少胜众，美名万古传”，由张爱萍将军所作。

八十二烈士墓碑

壮志亭在烈士墓以北，始建于1955年，是一座八角碑亭，具有典雅而别致的造型。碑亭中间立着一块黑色墓碑，看起来格外巨大，碑的正面是“八十二烈士碑”6个大字，由当年县委书记陈书同题写。背面则是一则墓碑记，由苏皖边区政府主席李一氓在烈士牺牲三周年之际所撰。碑文真情实感，对当年的事迹进行了追忆。

壮志亭

纪念馆位于八十二烈士墓西侧，落成于2010年，由齐康院士领衔设计，总体结构呈金字塔形，建筑面积是4000多平方米，采用很多现代展示形式，如图片、半景画、电子地图、幻影成像、雕塑、实物、互动机枪等，呈现了八十二位烈士的英雄事迹及淮阴人民的革命斗争史。纪念馆有3层，一层陈列展示淮阴的革命斗争史，二层陈列展示刘老庄烈士的英勇事迹，三层陈列展示刘老庄连这个英雄连的光辉历史。

八十二烈士纪念馆

主题战壕在陵园的东部。2007年，在刘老庄战斗原址上，按照1：1的比例，重现了八十二烈士悲壮殉国的场景。战壕长82米，宽19.43米，有35组人物雕塑。

刘老庄八十二烈士陵园是国家级烈士纪念设施、江苏省爱国主义教育基地。

经党中央、国务院批准，国务院于2014年8月24日公布，刘老庄八十二烈士陵园被列入《第一批国家级抗战纪念设施、遗址名录》。

知识链接

刘老庄战斗

1943年3月16日，在江苏省北部抗日根据地淮海区进行“扫荡”的日、伪军1000余人，分11路合围驻六塘河北岸的淮海区党政领导机关。新四军第三师七旅十九团一部，为掩护淮海区党政机关安全转移阻击各路敌人。

17日，日、伪军进行第二次合击，第十九团一部在淮阴北老张集、朱杜庄一带，激战半日，于黄昏后突围，转移至老张集西北的刘老庄地区。18日凌晨，淮阴之敌3000多人，突然向六河塘方向猛扑过来。

刘老庄是淮阴城北20千米处的一个普通村庄，离淮沭公路不远，正处在淮阴城敌人向六河塘进犯的路旁。新四军第三师七旅十九团二营四连驻在刘老庄。当二营得到敌人“扫荡”的情报后，营领导立即命令四连在刘老庄阻击敌人，掩护领导机关安全转移。

四连是一支具有光荣传统的连队。早在北伐时期，这个连就是武昌城下叶挺亲自率领的铁军的一部分；红军时期，这个连又是红四军的一部分；抗战初期，被编入八路军第一一五师，曾参加过平型关战役。战士大多是北方人，为开辟苏北抗日根据地，从山东到苏北，从八路军到新四军，这个连队始终是一支英勇善战、敢打硬仗的优秀连队。

18日清晨，刘老庄阻击战打响。日、伪军按照伪军在前、日军随后的队形由陈集方向扑来。四连指战员沉着应战，打退了敌人的第一波攻击，击毙日、伪军20多人。稍后，日、伪军调整部署，分多路向刘老庄发起攻击。从东南方向发起进攻的日、伪军采用混合编队的形式，在火力掩护下交替前进，一步步向刘老庄逼近，被四连二排五班和六班击退。村庄西南是敌人的主攻方向，日、伪军在强大火力掩护下，轮番向四连阵地发起冲击。一排战士顽强抗击，使敌人无法前进，双方形成对峙状态。此时党政机关已经转移，从清晨到中午的6个小时战斗中，四连共打退敌人5次冲锋，完成阻击任务撤出阵地，沿村庄边的一条交通沟往西突围。

交通沟是苏北地区特有的一种交通通道，宽5尺，深4尺，在根据地内村连村，庄连庄，纵横交错，四通八达，既可以作为转移的交通通道，又可以当成作战的战壕，被称为“抗日沟”。突围中，日、伪军集中全部火炮对四连阵地进行炮击，交通沟无法经受炮火轰击，四连在第一轮炮击中伤亡10人。四连指战员迅速在交通沟的墙角底挖出单人掩蔽坑，继续与日、伪军战斗五六个小时，始终坚守阵地。

黄昏前，日、伪军集中更猛烈的炮火轰击四连阵地，四连伤亡人数过半。战斗中，连长白思才、政治指导员李云鹏负伤。傍晚时分，刘老庄周围已集结了数千日、伪军，形成了铁壁合围之态，在强大炮火的掩护下，以密集队形步步进逼，发起最后攻击。此时，四连全连只剩下20余人，机枪、步枪子弹不足千发。连党支部决定，坚持到天黑，再组织突围。四连战士们焚烧了文件，拆散了枪支，把零件埋进泥土里，为死难的烈士蒙上面容，跃出阵地，与敌人展开了肉搏战，再次击退敌人。连长、指导员、一排长先后牺牲，二排长和三排长身负重伤，全连只剩下十几个人。日、伪军稍作调整后，重新向四连阵地发起冲击。经过残酷的白刃战，阵地上的四连官兵终因寡不敌众，全部壮烈牺牲。

四连在刘老庄整整坚守了12个小时，毙伤日、伪军300多人，拖住了3000多日、伪军，粉碎了敌人的“扫荡”计划，胜利完成了掩护淮海区机关和群众转移的任务。朱德对这次战斗高度评价：“全连八十二人全部殉国的淮北刘老庄战斗，……无一不是我军指战员的英雄主义的最高表现。”陈毅赞叹：“烈士们殉国牺牲之忠勇精神，固可以垂青史而励来兹。”

新四军第三师七旅司令部、政治部命名四连为“刘老庄连”的锦旗

为了表彰四连八十二烈士忠勇殉国的英雄主义精神，新四军第三师第七旅命名四连为“刘老庄连”，并决定3月18日为“刘老庄八十二烈士纪念日”。淮海区党政机关和人民群众为永远纪念四连的英雄们，在他们浴血奋战的地方修筑了一座高大的陵墓。

2009年，刘老庄连入选“100位为新中国成立作出突出贡献的英雄模范人物”。

新四军纪念馆

新四军纪念馆位于江苏省盐城市亭湖区建军东路159号，是一座综合性纪念馆，全面而系统地反映了新四军的抗战征程。1986年10月，新四军纪念馆主馆区建成并开放；2009年10月，新四军纪念馆主展馆里创建了新四军人物纪念馆。

新四军纪念馆占地面积8万平方米，建筑面积1.3万余平方米，展览面积9000余平方米。主要由3个部分组成，分别是主馆区、重建军部纪念塔（建军广场）、新四军重建军部旧址（泰山庙）。馆藏大量相关文物。

新四军纪念馆主馆区

纪念馆主馆区坐落在建军东路北侧，南北长330米，东西宽110米，占地约3.3万平方米。广场正前方是江泽民同志题写的“新四军纪念馆”馆名的卧碑，卧碑从地面向上仰起，象征着新四军部队虽遭受皖南事变的重创，但在新军部和华中局的领导下迅速崛起，成为华中抗战的中流砥柱。

《东进》雕塑主体是一位年轻的新四军号兵形象。基座高3米，正面是陈毅手书“东进”。基座上年轻的号手纯铜制作，高4米，昂然挺立，奋力吹响新四军东进抗日的嘹亮号角。

《东进》雕塑的东、西两侧是两组高大的花岗岩雕塑，由半圆雕与高浮雕组合而成，高5米，宽7米，东边群雕是新四军指战员战斗画面“英勇战斗”，西侧群雕是华中人民支前画面“拥军支

《东进》雕塑

广场东侧浮雕《拥军支前》

前”，生动再现了华中军民一心，打鬼子、保家乡的历史场面。

纪念馆广场中央是重建新四军军部纪念碑，碑高4.5米，寓意为纪念新四军重建军部45周年而建，碑身正面镌刻着原新四军第五师师长李先念题写的碑名“国民革命军新编第四军重建军部纪念碑”；背面是原新四军第三师师长黄克诚撰写的“盐城会师记”；碑顶端的四周镌刻着4种不同

中国国民革命军陆军新编第四军重建军部纪念碑

时期使用的新四军臂章图案。纪念碑设计凝重大方、朴实庄严，与新四军主体建筑互为辉映。

新四军纪念馆是“四”字造型的现代化建筑，占地面积1.3万平方米，展厅面积超过6000平方米。正面上方，中间是新四军佩戴的“N4A”的臂章图案，蓝白相间，色调明快，设计简洁，外方内圆。两侧各有一幅140平方米的花岗石阴雕装饰画，造型就像两面迎风招展的红旗，寓意着八路军和新四军两支抗日的队伍会聚而成新的新四军队伍，内容分别是1940年10月新四军与八路军在盐城白驹狮子口胜利会师、1941年1月皖南事变后新四军在盐城重建军部的历史事件。

拾级而上，展厅门楣上悬挂着李先念题写的“国民革命军新编第四军重建军部纪念馆”金字匾额。

新四军纪念馆和《东进》雕塑

进入大厅，迎面看到的是蓝天白云的穹顶下，毛泽东起草的关于重建新四军军部的红色金字命令——《中国共产党中央革命军事委员会命令》，两侧是新四军10年征程的白色浮雕。重建新四军军部命令前，是1941年重建军部时的5位军部领导人的雕像，左起：政治部主任邓子恢、代军长陈毅、政委刘少奇、副军长张云逸、参谋长赖传珠。他们是新四军的核心和灵魂，领导新四军走向胜利和辉煌。

新四军纪念馆序厅雕塑

主题展览以时间为序，以新四军各师和华中各抗日根据地为经纬，分为4个部分：第一部分“铁军组建，开赴敌后”，主要介绍1937年至1940年新四军组建和挺进敌后开展抗日游击战争的这段历史；第二部分“重建军部，挺进华中”，主要介绍皖南事变的经过和重建军部的历史；第三部分“驰骋江淮，浴血奋战”，主要介绍1941年至1943年新四军各师坚持和保卫、巩固与发展敌后抗日根据地的历史；第四部分“战略反攻，夺取胜利”，主要介绍1944年到1947年新四军战略反攻、夺取胜利，以及胜利完成使命改编为中国人民解放军的历史。

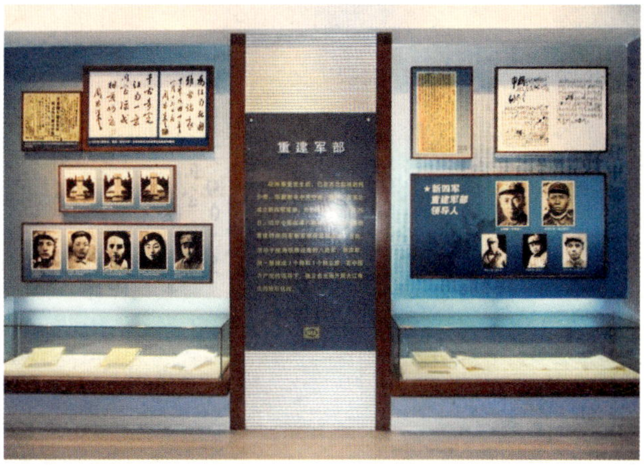

“重建军部”展示

主展馆内，《铁军忠魂》雕塑营造出山一样的气势，几名指战员在旗帜指引下作冲锋战斗姿态，神态坚定，英勇向前；通过光影变化展现《赣南游击词》的陈设，重现了新四军当时所处的艰苦条件，展示了将士们坚如磐石的坚定信念、斗志弥坚的豪迈胸怀。循着时间顺序往展览更深处走去，弹孔累累的旗帜、简陋的步枪、满是补丁的军服……一件件展品、一块块展板、一个个场景，展现了新四军浴血奋战的光辉历史。

《铁军忠魂》雕塑

新四军人物馆位于主展馆的东侧，是主展馆展陈内容的拓展和延伸，由新四军老战士、原中央军委副主席张震上将题写馆名。近3000平方米的展厅分上、下两层，以文字图片、实物、场景、电脑查询、音像等多种形式展示了新四军和华中抗日根据地近900位新四军杰出代表的光辉风采，开创了新四军英雄战士群像展览的先河。

新四军人物馆

馆内展览分为4个部分：第一部分“治国精英”，展示从新四军队伍中走出担任党和国家领导人的22位杰出代表：刘少奇、陈毅、李先念、邓子恢、黄克诚、谭震林、陶铸等，他们是共和国的栋梁；第二部分“将帅风采”，展示了新四军队伍中涌现的1位元帅、4位大将、9位上将、44位中将和290位少将的不朽功勋，另有1988年以后授衔将军3位；第三部分“群星璀璨”，主要介绍的是没有参加授衔，从事党政工作的省部级领导、各条战线上的精英人才以及新四军的挚友；第四部分“英烈千秋”，主要介绍叶挺、项英、周子昆、袁国平、彭雪枫、罗炳辉等一大批高级将领和优秀指挥员，还有更多不知姓名的烈士，他们没有能够听到新中国成立的隆隆礼炮声，没有能够接受祖国和人民的授衔授勋，他们用鲜血染红了五星红旗，用生命铸就了铁军军魂。

“英烈千秋”部分对项英、周子昆、袁国平的介绍

无名烈士纪念碑，碑身没有任何烦琐装饰，只有碑前铜铸火坛的火在静静地燃烧，象征着新四军将士铸就的铁军精神的不朽，象征着革命先烈在烈火中得以永生。

重建军部纪念塔位于建军广场，在建军路与解放路的交界处，占地200平方米，地处盐城市

新四军重建军部纪念塔

市区的中心位置，为盐城市地标性建筑。纪念塔由塔座和雕像两部分组成。青铜浇铸的新四军战士塑像高3.5米，长3.8米，重3250千克。远远望去，一位年轻英武的新四军战士，身背大刀，手握缰绳，骑在高扬前蹄的战马背上，面向太阳昂首前进，象征新四军东进盐城，开辟华中敌后抗日根据地的坚定信念和不屈精神。塔座黑色，由花岗岩砌成，高5米，四面呈梯形，正面向东，刻有"新四军重建军部纪念塔"字样，由原新四军第四师师长张爱萍亲题；背面是书法家鲍审手书，并经由张爱萍审定的碑文。

新四军重建军部旧址在建军西路118号，原址为泰山庙，又名东岳庙。1941年1月，震惊中外的皖南事变发生后，刘少奇、陈毅奉命在盐城重建新四军军部。泰山庙成为重建后的新四军军部机关和中共中央华中局驻地，刘少奇、陈毅等新四军领导人在这里指挥华中地区的抗日斗争。1986年10月与新四军纪念馆同时对外开放。

新四军重建军部旧址（泰山庙）大门

展览厅设在泰山庙大殿里，展出千余幅照片和大批文物史料，还有一批发绣、铁画、泥塑、油画等文艺作品，呈现出了新四军在华中坚持敌后抗战的相关史实。内容是按照时间先后，分为4个部分：第一部分"进军华中，开辟敌后抗日战场"；第二部分"重建军部，全面加强部队建设"；第三部分"坚持抗战，纵横驰骋江淮河汉"；第四部分"反攻作战，夺取抗战最后胜利"。展现了新四军在全面抗战时期各师及各抗日根据地的相关史实。

泰山庙正殿

新四军纪念馆是全国重点文物保护单位、全国爱国主义教育示范基地。

经党中央、国务院批准，国务院于2014年8月24日公布，新四军纪念馆被列入《第一批国家级抗战纪念设施、遗址名录》。

知识链接 **新四军**

1937年全民族抗战爆发后，按照国共两党的协议，除琼崖地区外，在江西、福建、浙江、安徽、河南、湖北、湖南、广东8省境内14块游击区坚持游击战的中国工农红军和游击队，改编为国民革命军陆军新编第四军（简称"新四军"）。同年12月14日，中共中央决定成立中共中央革命军事委员会新四军分会，以加强对新四军的领导。分会书记由中共中央东南分局（后改为东南局）书记项英兼任，副书记由陈毅担任。25日，在湖北汉口成立了新四军军部。

1938年1月6日，新四军军部移驻江西南昌，由叶挺、项英分别担任军长与副军长，参谋长、副参谋长分别由张云逸、周子昆担任，政治部主任由袁国平担任。下辖4个支队、1个特务营。第一支队由湘鄂赣边、湘赣边、赣粤边、皖浙赣边、湘南等地红军和游击队改编而来，由陈毅、傅秋涛分别担任司令员、副司令员，辖第一团、第二团。第二支队由闽西、闽赣边、闽粤边及浙南等地红军和游击队改编而成，由张鼎丞、粟裕分别担任司令员、副司令员，辖第三团、第四团。第三支队由闽北、闽东红军和游击队改编而成，张云逸兼司令员，副司令员由谭震林担任，辖第五团、第六团。第四支队由鄂豫皖边的红二十八军和鄂豫边游击队改编而来，司令员由高敬亭担任，辖第七团、第八团、第九团、手枪团。军部特务营由湘南、闽中等地红军和游击队改编而来。全军一共有1万多人。

1938年2月15日，新四军按照毛泽东的指示，以江苏境内的茅山山脉为中心，建立根据地，扩大新四军的影响，并在南京、镇江、丹阳、金坛、

周恩来（中）和新四军军长叶挺（右）、副军长项英（左）合影

宜兴、长兴、广德一线，与日军作战。新四军各支队先后往皖南、皖中地区集中。第一、第二、第三支队陆续抵达安徽省歙县岩寺地区，第四支队到了安徽省霍山县流波疃地区，军部则从南昌进驻岩寺，8月时移驻泾县云岭。

4月，第四支队来到皖中地区。5月12日，在蒋家河口战斗中取得胜利。4月下旬，军部组织先遣支队挺进苏南敌后，进行侦察任务。6月17日，取得韦岗战斗的胜利。6月、7月间，第一、第二支队先后进入江南敌后，来到镇江、句容、丹阳、金坛和江宁、当涂、溧水、高淳地区，以茅山为中心，创建了苏南抗日根据地。第三支队为策应第一、第二支队，挺进苏南后展开对敌作战。9月，彭雪枫按照中共河南省委的指示，率新四军竹沟留守处部队一部，向东进发。10月，与豫东抗日游击第三支队一部、先遣大队进行合编，成立新四军游击支队，进而开辟了豫皖苏边抗日根据地。

1939年1月，在李先念的带领下，新四军独立游击大队从竹沟南下豫鄂边区，与各地的抗日武装会合，后建立新四军豫鄂独立游击支队，并展开了豫鄂边区的抗日游击战争，以信阳四望山为中心，创建了抗日根据地。

2月下旬至3月中旬，周恩来到皖南新四军军部，传达中共中央发展华中的精神，与新四军领导人制定了发展战略：“向北发展，向东作战，巩固现在阵地。”之后，第一支队第六团与无锡、江阴等地的游击队合编为江南抗日义勇军，简称为“江抗”，取得了夜袭浒墅关战斗、虹桥机场战斗的胜利。5月，建立江北指挥部。6月24日高敬亭被错杀，随即整编第四支队。7月，第五支队组建成功。之后，第四、第五支队创建了皖东抗

1939年2月23日至3月14日，周恩来向新四军传达中共中央指示："向北发展，向东作战，巩固现在阵地。"图为周恩来与新四军军部人员合影

日根据地。统一整编了中共庐江、无为等地方组织领导的游击队，成立江北游击纵队，坚持在皖中地区抗战。11月，江南指挥部成立，统一领导苏南的部队。江南抗日义勇军西撤，与丹阳挺进纵队合编，称为挺进纵队，在扬州、泰州进行抗日。第四团一部北渡长江后与挺进纵队一部合编成苏皖支队，开辟天长、仪征、六合地区的根据地。11月下旬，刘少奇抵达皖东江北指挥部，在中原局会议中确定了发展华中的战略方针："向西防御、向东发展、开辟苏北。"

1940年1月，统一整编豫南、鄂中、鄂东等地的抗日武装，成立新四军豫鄂挺进纵队，继续发展鄂豫皖边抗日根据地。2月，新四军游击支队进行改编，成立第六支队，发展豫皖苏边抗日根据地。3月，第四、第五支队在刘少奇的领导下，在津浦铁路两侧10余个县建立了抗日民主政权，使得皖东敌后斗争有了新局面。4月23日，成立江南抗日救国军东路指挥部，统一领导东路的抗日斗争。4月，八路军第二纵队第三四四旅和新编第二旅主力共5个团南下，7月与新四军第六支队合编，成立八路军第四纵队。8月，八路军第四纵队第二旅第五、第六团，第四旅第七团，苏鲁豫支队第一大队，陇海南进支队与新四军第六支队第四纵队等进行合编，成立八路军第五纵队后进军淮海。同时新四军第五支队与八路军第五纵队主力一部一起开辟了淮（安）宝（应）地区。7月，建立苏北指挥部，之后创建苏中抗日根据地。新四军第二支队留在苏南茅山进行抗日作战。10月，国民党顽固派、江苏省主席兼鲁苏战区副总司令韩德勤部向黄桥进攻，新四军苏北指挥部被迫自卫，取得黄桥战役的胜利，后南下与八路军第五纵队一部会合。11月，建立华中新四军八路军总指挥部，对陇海铁路以南、长江以北地区的新四军和八路军进行统一指挥。新四军主力部队在1940年底已经发展到将近9万人。

1941年1月初，国民党顽固派制造皖南事变，扣押叶挺，项英、周子昆遇害，袁国平牺牲，新四军损失7000多人。17日，国民政府军事委员会下令将新四军番号撤销。中共中央针锋相对，下令重建新四军军部。25日，在江苏省盐城重建新四军军部。部队整编为7个师及1个独立旅。

4月，中共中央华中局和中共中央军委华中分会建立。随即召开华中军分会的扩大会议，提出了一个任务，就是要把新四军建成中国共产党领导的正规化人民军队。同月，苏中军区成立。5月，由八路军第四纵队改编的新四军第四师转移到津浦路以东地区，对皖东北抗日根据地进行巩固发展。7月，日、伪军在苏南苏州、常熟、太仓地区实施“清乡”运动，新四军第六师师部率第十八旅进行反“清乡”作战。10月，到苏中江都、高邮、宝应地区开辟新的抗日根据地。12月，日、伪军加大“扫荡”“清乡”，华中敌后战斗进入更残酷和艰苦的阶段。新四军各部队积极应对，进行根据地建设。地方武装与民兵到年底发展到了60多万人。

1942年1月至3月，中共中央华中局确定了斗争方针，并部署了之后的任务。2月，淮南军区成立。8月，浙东的三北游击司令部成立。11月，第一、第六师的领导机关合并。同月成立淮北军区。12月，苏北军区建立。新四军在日、伪军的

中共中央军委决定重建新四军军部，任命陈毅为代军长，刘少奇为政治委员。图为代军长陈毅（右五）、副军长张云逸（右三）与第四师部分干部合影

“扫荡”及“清乡”中，面积有所缩小，主力部队有所减少，但经过整风运动后，党的领导得到加强，部队军政素质有所提高。1943年3月皖江军区建立；12月，浙东抗日部队进行改编，成立新四军浙东游击纵队，浙东抗日根据地得到巩固。

1941年至1943年，华中敌后抗战进入到严重困难时期。新四军各部经过长期对日作战，主力部队发展到12万多人。1944年4月，日军发动豫湘桂战役，国民党军很快败退，河南广大地区沦陷。按照中共中央“发展河南、控制中原”的指示，7月至8月，新四军第四、第五师分别西进、北上，恢复豫皖苏边和发展豫中、豫南根据地。9月中旬，河南夏邑八里庄战斗中，第四师师长彭雪枫牺牲，师长由张爱萍接任。10月，鄂豫皖湘赣军区由第五师师长李先念兼任军区司令员、政治委员。新四军各部队在1944年，深入展开军政训练及拥军爱民运动，先后取得车桥、高沟杨口等战役战斗的胜利，歼灭5万多名日、伪军，粉碎日、伪军的“清乡”计划，恢复并扩大了华中的抗日根据地。

1945年春，新四军按照中共中央制定的战略任务，向东南发展。第一师3个团从苏中渡过长江南下，与苏南、浙东部队会合。1月，苏浙军区建立，下辖第一、第二、第三纵队，进军苏浙皖边区，并在天目山战役中取得了胜利。同时中央军委直接指挥的新四军第五师一部，与八路军南下支队配合，在发展湘鄂赣边根据地后继续南下湘粤赣边。新四军各部于1月至8月上旬发动春夏季攻势作战，转入战略反攻。8月8日，苏联对日本宣战。9日，中共中央主席毛泽东号召举行全国规模的反攻。10日至11日，各根据地抗日部队按照朱德总司令的命令，对所有敌占城镇和交通要

道展开全面反攻。新四军各部队在8月10日至9月2日，对日、伪军发动猛攻，歼灭5万多名日、伪军，基本上将长江以北、津浦铁路以东、陇海铁路以南地区的日、伪军肃清。日本签字投降后，中共中央制定战略方针，决定向北发展、向南防御。9月，新四军第三师调往东北。10月，新四军主力大部在军部的率领下向北移往山东。而在华中留守的新四军部队，在11月组成了华中军区与华中野战军。

盐阜地区民众欢送子弟参加新四军

1946年1月，山东的新四军和八路军，由新四军兼山东军区统一指挥。津浦前线野战军改为山东野战军。同时，新四军第五师、八路军第三五九旅、河南军区组成中原军区。1947年1月，新四军兼山东军区与华中军区合并组成华东军区，山东野战军与华中野战军合并组成华东野战军。

新四军主力部队和地方武装在经历过全民族抗战后，发展到31万余人，民兵及人民自卫武装发展到了96万多人，抗日战争时期一共歼灭31.7万多名日、伪军。

禹王山抗日阻击战遗址纪念园

禹王山抗日阻击战遗址纪念园位于江苏省邳州市戴庄镇李圩村，是在抗日战争时期禹王山战役战场遗址建立的纪念设施。

禹王山抗日阻击战遗址纪念园占地面积约16.5万平方米。靠310国道一侧有上山的入口，远远看去，便可以看到山巅高耸的纪念馆，纪念馆高达8米。多个纪念设施建筑主体，基本上都在山顶，沿山脊线形成了纪念轴线，由西向东依次为纪念广场、鉴池、纪念馆、战壕遗迹以及禹王庙等，最后指向陈瓦房村方向，那里曾经是禹王山战役首次交火的地点。

禹王山抗日阻击战遗址纪念馆

纪念馆建筑面积2200平方米，展陈面积1200平方米。地下8米，地上8米，分负一、负二层与地面一层。地面突出部分建筑的形状与碉堡的形状类似，结构层次分明，为三重叠落建筑，在主建筑周围围绕副建筑，寓意参加过禹王山抗日阻击战的3个师，分别是国民革命军第六十军第一八二、第一八三、第一八四师。

沿着纪念馆往西就是抗战时的战壕遗址。遗迹在修复时，尽量保持了原貌，外侧墙面的总长设计成了140米，按照每1米象征100名将士的原则，象征着在禹王山抗日阻击战中伤亡的1.4万余名将士。整个纪念轴线上铺设的石板阶梯，以踏步节奏而暗合了战役发生的时间，且梯段宽度不同，也暗合着战役进行的重要日期节点。

禹王山抗日阻击战战壕遗址

经党中央、国务院批准，国务院于2015年8月13日公布，禹王山抗日阻击战遗址纪念园被列入《第二批国家级抗战纪念设施、遗址名录》。

知识链接

禹王山阻击战

禹王山在苏鲁交界处，西面控制了运河，北面毗邻台儿庄，属于周边地区的制高点，具有极为重要的战略位置。

1938年4月27日晨，中国军队第六十军一八四师师长张冲，带领主力部队进占禹王山，在此后近1个月的时间里，与日军艰苦作战，用血肉之躯在禹王山构筑了一道坚固的防线。

碎岩石构成的禹王山，挖掘战壕具有较大难度，于是，张冲弄来2万条麻袋，对工事进行构筑。他在西南山坡设置师指挥部，并严格规定各指挥部之间的距离要保持在100米以内，展现了

第一八四师在禹王山上布防

全师官兵的坚定决心，誓要与阵地共存亡。禹王山的主峰阵地，由第一〇八五团三营营长何起龙率部守卫，而张冲是他的舅舅。

从4月28日开始，在飞机、大炮及坦克的掩护下，日军向禹王山主峰阵地进攻，并多次突击进入三营阵地。何起龙每次反击都冲在前面，直到最终牺牲。张冲的侄子张镇东及其随身警卫员也在这场战斗中牺牲了。

30日清晨，日军又一次全面进攻禹王山，突破了守军第一道防线多处并占领了山顶。第五四三旅一〇八三团三营三连连长李佐接到收复阵地命令，组织敢死队并亲率第三排往山顶冲，大部分战士牺牲。第二排也投入战斗，大部分战士也牺牲了，但山头阵地终于夺回。在山顶棱线1—2米处，战士们构筑射击掩体，然后将点连成线，并挖掘出呈鱼鳞状的坑道。日军集中重炮轰炸禹王山顶，摧毁了三连大部分射击掩体。三连的将士奋勇杀敌，将日军的多次进攻击退。由于伤亡太重，三连多次进行补充，战后统计，三连伤亡人数居然高达300人。

在禹王山阻击战中，第六十军与日军在进行了将近一个月的战斗，为武汉保卫战的部署赢得

了时间。第六十军官兵在禹王山阻击战中有13869人阵亡，430人失踪，4545人负伤，为抵抗日军侵略做出了巨大贡献。

新四军江南指挥部纪念馆

新四军江南指挥部纪念馆位于江苏省溧阳市竹箦镇水西村，距溧阳市区约18千米，原名新四军水西村革命旧址保管所，成立于1979年10月。1984年9月，新四军水西村革命旧址保管所更名为新四军江南指挥部旧址陈列馆，11月7日正式对外开放。1994年8月改用现名。

新四军江南指挥部旧址是始建于明万历年间的李氏宗祠，又名“光裕堂”。整座祠堂是三进四厢房的格局，其中有回廊、雕窗、斗拱、画梁，重修时保留了原始风貌。而政治部战地服务团等5处革命遗址都是民宅，砖木结构。

新四军江南指挥部司令部旧址

新四军江南指挥部纪念馆占地面积5万平方米，其中展厅面积1万平方米。核心区占地面积4万平方米，有5大部分纪念设施，分别是新四军江南指挥部司令部旧址、新四军江南指挥部史料展览馆、新四军廉洁思想教育馆、毛泽东像章陈列馆、陈毅元帅诗词将军法书碑廊；水西村中有4处，分别是司令部副官处旧址、司令部通信班旧址、政治部战地服务团旧址和政治部印刷所旧址；距核心区2千米有新四军一支队司令部旧址及铁军广场。

新四军江南指挥部司令部旧址陈毅与张茜雕像

司令部旧址现在是新四军江南指挥部展览馆，是整个园区的精髓所在。1938年11月新四军第一支队司令部从宋巷里移驻于此。1939年11月成为新四军江南指挥部司令部所在地。一进院右三间为通信科，左三间为灶间，中进右一间为侦察科，左一间为参谋长罗忠毅的办公室和住处，中三间为大型会议和开展文娱活动的场所。二进院右边间为总指挥陈毅的办公室兼卧室，1940年2月陈毅、张茜同志在此举行了简朴的婚礼；左边阁楼上为副总指挥粟裕的办公室兼卧室，楼下为机要员住处，中三间为机要科。1939年冬为解决住宿困难，粟裕同志带领机要科人员在后进天井内搭建了一个茅草棚，后为秘书长谢云晖的住处。

新四军江南指挥部司令部旧址会议室内景

1984年4月25日，遵照粟裕同志遗愿，他的部分骨灰由夫人楚青偕其子女敬撒在司令部旧址后进天井内。

新四军江南指挥部展览馆主立面由抽象的“N4A”组成，是一块横卧在江南大地上的不朽丰碑。碑身上的“N4A”及其袒露的红色折线裂口隐喻了新四军革命斗争的曲折历程，墙面深灰色的大理石渲染不朽丰碑的庄重，寓意永久的纪念。馆内展览内容分为“运筹帷幄”“东进北上”“建家立业”“威震敌胆”“民族忠魂”“华夏脊梁”6个部分，以极其珍贵的照片、实物及图表，通过多元的展示手法，并结合高科技的声、光、电和多媒体的手段，展示了新四军江南指挥部的战斗历程和丰功伟绩，也充分体现出现代博物馆融历史、文化、科技为一体的特征。

新四军江南指挥部史料展览馆暨新四军廉洁思想教育馆

展览馆的三楼是2010年新建的新四军廉洁思想教育馆。该馆是全国首家新四军廉洁思想教育馆，它创新地运用时空隧道、拓展曲折镜墙等现代手法，表达历史主题内容，具有很强的视觉冲击力。新四军廉洁思想教育馆，与新四军江南指挥部展览馆合成一体，既是新四军血肉情感的具象，也是新四军铁军精神的升华。

新四军老战士题书碑廊邻池塘而建，小巧玲珑、古朴典雅。廊名为中央军委原副主席、上将迟浩田题写，廊壁上镶嵌着56位新四军老战士的题书碑刻，字迹精雕细刻。

新四军江南指挥部纪念馆是全国重点文物保护单位、全国爱国主义教育示范基地。

新四军老战士题书碑廊

经党中央、国务院批准，国务院于2015年8月13日公布，新四军江南指挥部纪念馆被列入《第二批国家级抗战纪念设施、遗址名录》。

知识链接 新四军江南指挥部

1938年夏，新四军第一、第二支队在陈毅、粟裕及张鼎丞等人的率领下，先后挺进苏南敌后展开游击战，并发动组织群众及一切可以争取的力量联合起来进行抗日。到1939年4月，初步在茅山扎下根来。

8月，新四军军部决定设江南指挥部，以加强对第一、第二支队的统一指挥与领导。11月，在溧阳县（今溧阳市）水西村，建立了新四军江南指挥部，由陈毅、粟裕分别担任指挥、副指挥，统一领导苏南的第二团、第四团、新六团、“江抗”、挺进纵队及地方武装。新四军江南指挥部的建立，标志着新四军东进江南抗日发展到了一个全新的阶段。

江南指挥部建立后，在11月8日，便取得了延陵大捷的胜利，包括4名官佐在内的168名日军被击毙，3名日军成为俘虏，并缴获6挺轻机枪。这一战斗的胜利，树立了新四军的军威，振奋了全国人民的抗日信心，并坚定了全国人民的抗日信念。

12月，中共中央东南局决定建立中共苏皖区委员会，形成统一的领导体制，奠定了新四军北上发展的基础。

1940年7月，江南指挥部及其主力部队，在粟裕的带领下渡江北上，与挺进纵队、苏皖支队会合。后江南指挥部改称为苏北指挥部，指挥、副指挥分别是陈毅、粟裕。其留在苏南的新四军第二支队，由罗忠毅、廖海涛领导，同时指挥第三、第四团，并领导各县的地方武装一共3000多人，继续坚持抗日斗争，对外活动依然用江南指挥部的名义。皖南事变后，第二支队改编为新四军第六师第十六旅。

1940年5月新四军江南部队父子岭战斗中缴获的部分战利品

江南指挥部成立后，统一领导以茅山为中心的新四军主力部队以及地方武装部队，这是党中央及毛泽东提出“向东作战”的战略后，新四军挺进华中敌后抗日的一个重大战略部署，粉碎了日、伪、顽的多面夹击，而且对于巩固和发展苏南抗日根据地起到了一定的作用。同时培育了很多军政干部、抗日青年及医务技术人员，在后来建立苏中抗日根据地时成为中坚骨干力量。

常熟市沙家浜革命历史纪念馆

常熟市沙家浜革命历史纪念馆位于江苏省常熟市沙家浜镇芦苇荡路，是为了纪念和弘扬沙家浜抗日军民光荣传统而建立的设施。初创于1971

年，当时称“沙家浜革命传统陈列室”，1991年更名为“沙家浜革命传统教育馆”。2001年迁至沙家浜风景区并正式定名为“沙家浜革命历史纪念馆”，之后又经历了重修和改建。2021年11月6日，纪念馆正式落成开放。

沙家浜革命历史纪念馆

沙家浜革命历史纪念馆占地面积1.97万平方米，其中建筑面积4492平方米，展陈面积2400平方米，包括1800平方米的平面展示区，600平方米的声光电展示区。展览内容分为“建党及大革命时期”“土地革命时期”“抗日战争时期”“解放战争时期”“今日沙家浜”5个部分，展示了血战沙家浜、激战阳沟娄、伏击八字桥、夜袭浒墅关、奇袭虹桥飞机场等内容。

纪念馆前的瞻仰广场占地面积为1.33万平方米，在广场的中央屹立着大型群雕，以家喻户晓的郭建光、阿庆嫂等为原型，体现了沙家浜地区的军民鱼水情。两侧排列组合纪念柱，一共有18根，象征着新四军的18名伤病员。

常熟市沙家浜革命历史纪念馆是全国重点文物保护单位、全国爱国主义教育示范基地、江苏省爱国主义教育基地。

沙家浜革命历史纪念馆人物雕塑和浮雕墙

经党中央、国务院批准，国务院于2015年8月13日公布，常熟市沙家浜革命历史纪念馆被列入《第二批国家级抗战纪念设施、遗址名录》。

知识链接

革命现代京剧《沙家浜》

《沙家浜》是根据上海市人民沪剧团创作的现代沪剧《芦荡火种》改编而成的革命现代京剧剧目，由北京京剧团出品。该剧以新四军伤员在江苏常熟阳澄湖的沙家浜养伤期间，与日、伪军坚持斗争的真实故事创作而成的。讲述了新四军某部18名伤员在指导员郭建光的带领下，来到沙家浜养伤。他们与当地群众结下了深厚的友谊。日、伪军为挖出这批伤员，对沙家浜地区展开了疯狂的大“扫荡”。党组织为避开敌人锋芒，安排伤员转移到阳澄湖的芦苇荡，使敌人一无所获。日军并不甘心，命令“忠义救国军”进驻沙家浜，暗中查出伤员的下落。“忠义救国军”司令胡传魁、参谋长刁德一认为阿庆嫂消息灵通，肯定知道伤员下落，于是向她打听。阿庆嫂与敌人巧妙周旋，并引诱敌人开枪，枪声传到了芦苇荡，让藏身其中的伤员提高了警惕。沙家浜被敌人长期占据，阿庆嫂根据中共江阴县委指示，派沙四龙把伤员转移到红石村，沙四龙也参加了新四军。敌人找不到伤员，抓来群众拷问，但群众都闭口不答，敌人气急败坏之下，残忍地杀害了一些群众。几个月后，伤员痊愈，郭建光利用胡传魁举办婚礼之际，率领新四军战士组成突击排，连夜奔袭，杀回沙家浜，突然杀入婚礼现场，将敌人一举全歼。

《沙家浜》上演后获得巨大成功，1968年被确定为八部革命样板戏之一。后来又拍摄成电影，于1971年上映。

新四军联抗烈士陵园

新四军联抗烈士陵园位于江苏省南通市海安县墩头镇千步村，是为了纪念新四军联抗部队革命烈士而建立的设施。联抗部队全称为“鲁苏皖边区游击总指挥部直属纵队、鲁苏战区苏北游击指挥部第三纵队联合抗日司令部”，是共产党领导下的人民武装。陵园始建于1941年，始称“联抗烈士之墓”。新中国成立后，1963年开挖护园河道，1971年、1983年、1991年几次改扩建。1980年改称新四军联抗烈士陵园。

新四军联抗烈士陵园全景俯瞰

新四军联抗烈士陵园占地面积近3.34万平方米，建筑面积2600多平方米。四面环水，护园河宽12米、深2.5米。坐北朝南，主要设施有表门、纪念塔、明理堂、联抗司令员黄逸峰骨灰安葬处、新四军联抗纪念馆（含兴东泰特区委史料陈列室、新四军联抗烈士事迹陈列室）、联抗书画馆、逸峰阁、烈士墓等，由南向北围绕中轴线排列。

陵园大门形式独特，为12根白色立柱构成的表彰功绩形式的表门，中间两根最高的立柱构

新四军联抗烈士陵园表门

成大门。立柱顶端为起伏的火炬造型，联抗部队臂章标志是火炬，大小起伏的火炬寓意着抗日烽火将燃遍祖国大地。立柱之间的栅栏为大刀、长矛造型。门柱上的对联由当年联抗部队的司令黄逸峰题：“保卫地方国家抛却头颅洒尽热血；效忠民主真理做下榜样留得其名。”横批“浩气长存”。

进入园内，首先看到的是纪念碑，碑基占地面积69平方米，高16.1米，寓意陵园安葬着161名联抗将士。碑尖由红色五角星构成火炬造型。碑身正面刻“新四军联抗烈士纪念碑”，由原新四军第四师师长张爱萍题写。东、西两侧刻有对联：“愿将烈士血；唤醒国人魂。”此塔为1991年重建，最初的纪念塔建于1944年，高不足10米。

新四军联抗烈士纪念碑

新四军联抗纪念馆在纪念塔东侧，其前身是联抗历史纪念室。七开间，布展面积250平方米。进入馆内，首先看到的就是红铜制成的联抗大型浮雕，画面中的人物栩栩如生。馆内收藏珍贵的历史照片200多张，文物40多件，史料20多篇，生动展示了联抗的抗日活动和历史功绩。

明理堂为1991年翻建，保持初建时的建筑风格，是一座古典卷棚式建筑，四面围廊，面阔23米，进深约9米，“明理堂”匾额由黄逸峰撰写。步入明理堂，“联抗”两个大字熠熠生辉，黄逸峰英姿勃发。抬头仰望，顶棚上有在抗战中牺牲的联抗161名将士的英名。里面的展览突出了联抗英烈的事迹。

新四军联抗纪念馆

新四军联抗烈士公墓位于明理堂后，安葬161位抗日英雄的遗骸。墓碑上有“联抗烈士之墓”碑名，下边是烈士名单。

经党中央、国务院批准，国务院于2015年8月13日公布，新四军联抗烈士陵园被列入《第二批国家级抗战纪念设施、遗址名录》。

新四军联抗烈士公墓

知识链接

联抗部队

1940年10月，新四军在苏中地区积极建立抗日民族统一战线，团结一切可以团结的力量共同抗日。10日，陈毅在曲塘镇策划建立了一支特殊的抗日武装，以“鲁苏皖边区游击总指挥部直属纵队”和“鲁苏战区苏北游击指挥部第三纵队”的番号建立联合抗日“司令部”，简称“联抗部队”“联抗”，并且指定司令员由中共地下党员、国民党军中将黄逸峰担任。联抗部队的主要活动地区，在泰州至海安的通扬运河以北，海安至东台的串扬河以西，东台至兴化一线以南，兴化至泰州的官河以东，简称为兴东泰地区，这一地区被称作联抗防区。

黄桥战役胜利后，刘少奇、陈毅等根据苏北地区的实际情况，为团结各界人士共同抗日，而建立了联抗部队。

联抗部队建立后，承担着国民党部队与新四军的桥梁作用，在兴东泰地区活跃。联抗在复杂的形势中，在中国共产党的领导下，贯彻实施党的统一政策，团结一切可以团结的友军，对日、伪军进行打击，坚持敌后游击战争，保卫根据地的安全。

黄逸峰将军

联抗部队所在的苏中抗日根据地，是在抗日战争时期我党领导的19块根据地之一，是其中唯一的、具有较大影响的政治特区。党内建立了由黄逸峰、戴为然领导的中共兴东泰特区委员会，领导联抗防区的党政军及群众，开辟与巩固抗日根据地，打击与孤立破坏抗日斗争的顽固势力，团结一切中间势力，进行了4年极为艰苦的斗争。因为战争形势的变化，联抗于1944年10月撤销建制，部队正式编入新四军第一师战斗序列。

高邮市抗日战争最后一役纪念馆（高邮战役纪念馆、侵华日军向新四军投降处旧址）

高邮市抗日战争最后一役纪念馆（高邮战役纪念馆、侵华日军向新四军投降处旧址）位于江苏省高邮市熙和巷70号，是为了纪念抗日战争即将结束时中国人民对日最后一役而建立的纪念馆，也是当年侵华日军驻高邮最高司令官岩琦大佐向新四军举行投降仪式的地方。侵华日军向新四军投降处旧址作为纪念馆于2014年12月26日正式开馆。纪念设施主要有纪念馆主馆及其副馆等。2015年进行修缮，改名为高邮市抗日战争最后一役纪念馆对外开放。

纪念馆前是最后一役胜利广场，其标志碑高19.45米，寓意着1945年中华民族取得了对日最后一战的全面胜利。从甬道入口处至出口，一共设计了14个雕塑单元，包括“九一八”事变、卢沟桥事变及南京大屠杀等浮雕墙，象征着中国人民

抗日战争最后一役胜利广场标志碑

抗日战争最后一役胜利广场主雕塑

经历了14年极为艰苦的抗日斗争。然后是高12.26米的胜利广场主雕塑“胜利时刻”，代表高邮城的具体光复时间12月26日。雕塑的上部分，通过象征的艺术手法表现的国旗形象；中间是5名新四军战士正在庆祝抗日战争的胜利场景，栩栩如生，人们可以从中感受到胜利的兴奋之情；底部是浮雕芦苇荡。

广场的南部，刻有16个大字：“铭记历史 缅怀先烈 珍爱和平 开创未来”；北部则坐落着抗日战争最后一役纪念馆。

中西合璧的礼堂是侵华日军向新四军投降处旧址，建于1930年。这里原本是高邮最美的中山公园所在地，礼堂原是一座礼拜堂，1939年10月高邮被日军侵占后，便围上了铁丝网，成为日军驻高邮司令部的驻地，被高邮百姓称作日军“洪部”。高邮战役胜利后，1945年12月26日凌晨，新四军在这里举行了受降仪式。新四军华中野战军第八纵队政治部主任韩念龙作为新四军的代表，在这里接受了日军驻高邮最高长官岩崎大佐的投降。

高邮市侵华日军向新四军投降处旧址

抗日战争最后一役纪念馆即高邮战役纪念馆，在旧礼堂建筑的基础上建设而成，展陈面积近500平方米，分为序厅和6部分内容展示。进入序厅，宽10.6米、高3.6米的新四军攻城大型雕塑呈现在眼前，该雕塑以对日最后一役——高邮战役为历史背景，展现了新四军部队奋不顾身攻打高邮城的画面和老百姓肩抬担架、车送弹药支前的动人场景。

新四军攻打高邮城大型雕塑

展览的主题分为6个部分，分别是：第一部分“战前形势”，介绍国内形势、华中局势及高邮战局；第二部分“运筹帷幄”，电文展示战役部署；第三部分“战役过程”，城外战斗与攻城战斗场景及沙盘展示；第四部分“受降仪式”，包括受降仪式和日军军官向粟裕献刀两处蜡像场景；第五部分“制胜法宝”，展示了新四军“铁军”精神及军民鱼水情深；第六部分“战役意义”。整个展览包括76张图片及照片、17个板块、4个场景、1

侵华日军向新四军投降复原场景

组新四军展示群雕、1个沙盘模型及2个视频。纪念馆采用照片、实物、油画、场景、微电影等形式，呈现了高邮战役的全过程。

抗日战争最后一役纪念馆（侵华日军向新四军投降处旧址）是江苏省文物保护单位。

经党中央、国务院批准，国务院于2015年8月13日公布，高邮市抗日战争最后一役纪念馆（高邮战役纪念馆、侵华日军向新四军投降处旧址）列入《第二批国家级抗战纪念设施、遗址名录》。

知识链接

高邮战役

1945年8月15日，日本政府宣布无条件投降后，苏中地区的高邮、泰州、江都（今扬州）等城镇仍为日、伪军驻守，自恃兵多城固，妄图与新四军对抗。

位于苏中京杭大运河边的高邮，地处江淮平原南端，东邻兴化，南连扬州，西接天长，北界宝应，是一座中外驰名的古城，有着7000多年文明史和2000多年建城史。公元前223年，因秦王嬴政在此筑高台、置邮亭而得名。高邮不仅城高墙厚，碉堡林立，工事密布，而且北、南、东三面为水网地带，仅有一条运河大堤公路南北贯通，是一个可攻可守的军事要地。西面有高邮湖，东面是网状的水荡，北面有土城掩护，南面背靠国统区，随时可得到扬州国民党军的配合，易守难攻。城内驻有日军独立混成第九十旅团第六二六大队（后改称高邮警备大队）1000多人，另有伪军第二方面军第五军四十二师，共计6000余人。

12月，新四军华中野战军司令员粟裕、政治委员谭震林为消灭拒绝投降的日、伪军，并为阻止国民党军由扬州北上进攻解放区创造条件，决心发起高邮战役，具体部署是：以第八纵队主力攻占高邮城，以一部阻击扬州增援之敌和向高邮湖方向警戒；以第七纵队在地方武装配合下攻占高邮以南邵伯镇，然后集结于真武庙东南地区，准备打击扬州、泰州出援之敌；以第六纵队集结于樊川以南、丁沟以北、宗村以西地区，担任预备队；以华中军区特务团攻占高邮南的车逻据点，保障第八纵队侧翼安全；以苏中军区一部切断仙女庙至邵伯公路，控制运河、公路，主力集结于仙女庙以北、陈店以南地区，阻击北援之敌；以第一、第二军分区武装和民兵在扬州至泰州、扬州至口岸公路沿线摧毁日、伪军据点，并彻底破坏公路。

12月19日晚，高邮战役正式打响。参战各部在南北40千米、东西20千米的战场上，同时发起攻击。高邮城南30多千米的邵伯镇，驻有日军1个中队150余人、伪军1个团1400余人。第七纵队集中第五十五、第五十七、第五十九、第六十一团等部，对邵伯实施分路攻击。战至20日，攻占邵伯，歼日、伪军大部近千人，切断了高邮日、伪军南逃退路，然后以一部乘胜扫除邵伯以北、车逻以南全部据点，并沿邵伯、丁沟之线构成对扬州、泰州国民党军的防御阵地。

与此同时，第八纵队扫除高邮外围据点的战斗也打响了。在东北方向，第六十六团一夜之间就从双庙、泰山庙打到高邮城下的关帝庙。关帝庙有两座殿宇，山门前筑有碉堡，碉堡前挖有深沟，架设铁丝网。庙前还有一条小河围绕。五连突击班冒着敌人猛烈的火力从小石桥上冲过去，但过河后却给面前的深沟挡住。敌碉堡里的机枪不停扫射，压得人抬不起头来。不端掉山门前这个火力点，全连就无法运动上去消灭庙内敌人。

突击班长黄甫其就是本地人。小时候在关帝庙前的小河里洗过澡、摸过鱼，庙前庙后捉过迷藏，一草一木都很熟悉。他撬开附近一块石板，下面出现了一条阴沟，带领全班不管沟里的污水恶臭钻进去，出来时已到山门边敌人侧后。一阵手榴弹甩过去，把敌人打得晕头转向，死的死、伤的伤，剩下的全都当了俘虏。五连冲进前殿，庙内敌人退到后殿。有一股敌人爬到屋顶上，对着前殿又打机枪又扔手榴弹。黄甫其带着全班打穿侧面一排小房的墙壁，从一根立柱爬上屋顶，架起机枪扫射，把后殿屋顶上的敌人打得连滚带爬。五连趁势冲进后殿，全歼残敌，夺占了整个关帝庙。

在西北方向，第六十四团突破外围土城后，顺着高邮湖边公路向前发展。天亮后城内日军大队人马从北门冲出实施反击，但没走多远，就发现新四军夜间攻下面粉厂后已经插到北门边的一座小庙。日军害怕后路被断，只好退回城里。

中午时分，第六十六、第六十四团从北面攻到城边，第六十八团推进至南门外，第七十、第七十二团也已分别扫除完外围据点后兵临高邮城下。此时，日、伪军全部龟缩在城里，城楼上的警戒大部换上日军，不断在城上加修工事，并不时用速射炮连珠似地向外乱打一阵。三分示威，七分壮胆。第八纵队参战各部一面作攻城准备，一面对守军开展政治攻势。高邮城北门外10多米处就是密集的民房，新四军制作了许多写有醒目的日文大字的标语，如“日本天皇早已宣布无条件投降了”“你们为谁流血”“你们的父母姐妹正等待着你们”“放下武器，保证生命安全”，乘黑夜挂在老百姓房屋的墙上。一场内容丰富、形式多样的政治攻势就此展开。

就在这时，国民党军一面密令高邮城的日、伪军“共同固守待援”“坚决抵抗到底”；一面派第二十五军第一〇八师师长顾凤阳率领装备日械并配有日军顾问的1个加强团，伙同日军500余人、伪军近4000人，由仙女庙出动，进犯邵伯，并企图增援高邮。

事不宜迟，粟裕同第八纵队司令员陶勇根据高邮城内守敌防御特点，决定将主攻方向置于南、北两门，以第六十四团攻击北门、第六十八团攻击南门，攻入城后实施南北对进。

25日晚，第八纵队冒雨对高邮城发起总攻。先以猛烈的炮火轰击位于城东的日军司令部，并以一部佯攻东门，牵制守军主力。担任主攻北门任务的第六十四团，以一营二连、三连分别沿西北城墙角的两面向上攀登。

三连突击班长袁金生率全班从城北面蹚过护城河，迅速把梯子靠到城墙上。夜幕里，城墙黑压压的，显得特别高大，三根竹子扎接起来的梯子，爬上去“吱吱呀呀”的又软又滑，随时都有跌下去的危险。战斗组长蒋万全带头爬上去，眼看快到城头，突然伸出许多钩镰枪。这种特制的城防武器十分厉害，矛头带有弯钩，能刺能推能拉，即便刺不着人，还可以把竹梯推倒或拉歪。站在几丈高的竹梯上的人本来就摇摇晃晃的，只要被拉着一下就会摔下去。可突击班的战士动作更快，人还未到，手榴弹已扔上城头，借着爆炸烟雾弥漫的掩护，纷纷跃上城头。城上突破口阵地只有30多米宽，且处在日军的两面夹击中，更为困难的是突击班同后续部队失去联络，一个班孤零零地在城头上与守军展开激烈争夺战。袁金生马上派一名战士下城去联系，全班只剩下10个人。

城西北角原有一个碉堡，攻击开始时，第六十四团先用迫击炮抵近平射，将其炸掉。可碉堡里的日军并没有被全部打死，这时向突击班反扑过来。袁金生带着全班，沉着地用机枪和手榴弹顽强阻击，把这股日军击退。突然背后又冲上来10多个日军，袁金生带着全班迅速迎上去，展开肉搏战，一连刺倒数人，其余日军退了回去。就这样，突击班坚守在城头上，如一把锋利的尖刀把日军的城墙防线挑开一个缺口，又像一根钉子牢牢地钉在那里，使得北面西段城墙上的日军手忙脚乱。

二连从城角西边爬上城头，向南扩大突破口。但又遇到一个碉堡，机枪不停地射击着，把丈把宽的城墙封锁得严严实实。连长高锦标对指导员严安林说：“干脆我带人跳进城里，迂回到敌人碉堡后面去打！”恰好这时，敌人的机枪卡壳了，高锦标带领战士们勇敢地跳下去，从敌人背面发起攻击。腹背受敌的日军彻底丧失了抵抗的斗志，从碉堡里伸出一面小白旗，扔出枪支，投降了。

随后，三营、二营也相继登上城头，迅速向纵深发展，与守敌展开激烈的巷战。与此同时，第六十八团突破南门，第六十六团和高邮独立团从东门攻进城里，第七十、第七十二团一部随后跟进，投入巷战。经过七八次反复冲杀后，守敌收缩兵力，退守城东日军司令部所在地——“洪部”。第六十六团等部随即迅速向“洪部”攻击前进。在经过一番激烈的战斗后，残余日军在新四军强大的军事压力和政治攻势面前，终于放下武器投降。与此同时，苏中军区部队也击退了由扬州北援的国民党军第二十五军一〇八师顾凤阳部及日、伪军一部，并拔除宜陵、塘头等日伪据点10余处。

29日，高邮战役胜利结束，共歼灭日军1200余人、伪军8000余人，缴获各种炮80余门、枪

6000余支。其中，第八纵队在收复高邮的战斗中俘虏日军高邮警备大队大队长岩崎以下891人、伪军第四十二师师长王和民以下3493人。

高邮战役胜利后，参加祝捷大会的新四军部分团以上干部合影

此役，新四军成功地拔除了残存在华中解放区中心最后一个日、伪军据点，沉重地打击了国民党军利用日、伪军进犯解放区的企图，有力地牵制了国民党军沿津浦路北犯的行动，同时使华中解放区的苏中、苏北、淮南、淮北地区完全连成一片，极大地增强了解放区军民反对内战、保卫抗战胜利果实的信心。

泰州市烈士陵园

泰州市烈士陵园位于江苏省泰州市海陵区迎春西路115号，是为了纪念鸦片战争以来泰州籍和牺牲在泰州的烈士而修建的设施，主要为了纪念抗日战争时期牺牲的革命烈士。始建于1951年4月，原名“江苏省泰州专区革命烈士祠”，位于泰山公园内，修建有烈士纪念塔、烈士纪念桥、烈士纪念坊、革命烈士祠、烈士纪念碑亭；

泰州市烈士陵园大门

在西门桥西南侧建造了烈士陵园。1996年更名为“泰州市革命烈士纪念馆”。2007年泰山公园的烈士纪念设施迁至现址，2015年定名为“泰州市烈士陵园”，2010年改扩建，主要建有纪念塔广场、纪念塔、烈士墓区、陈列馆、综合办公用房等。

革命烈士纪念塔

泰州市烈士陵园占地面积约4.3万平方米，建筑面积约1万平方米。

革命烈士纪念塔位于陵园中部纪念广场中央，是陵园标志性建筑。纪念广场占地3200平方米。1951年4月由泰州专区行政公署始建，2004年10月因泰山公园扩建而拆除，2007年12月在现址重建。

纪念塔高36米，塔西面为毛泽东手迹“星星之火，可以燎原”，东面为陈毅题写的“革命烈士纪念塔”。重建时同期编录泰州市和泰县（今泰州市姜堰区）、泰兴、靖江、兴化、江都、高邮、宝应、仪征、六合等地1万多名革命烈士名录，建了烈士名录墙。

革命烈士及革命历史陈列馆位于陵园东侧，展陈面积7000平方米，按照时间的顺序，展陈重要的历史事件、人物及革命烈士生平，利用图片、文献、实物，运用现代化手段，如模型、塑像、沙盘、电子图、幻影成像、声光电场景、模拟造景等，重点呈现了在泰州革命史，甚至是中国革命史上具有重大影响力的事件，如靖江人民的抗英斗争、江浙地区第一个农村党支部的建立、红十四军在泰州、陈毅在泰州的统战工作，黄桥战役、苏中七战七捷、“中安轮”事件、人民海军诞生和渡江战役等。还系统地展现了一些著名烈士的英雄事迹，如中共江浙地区第一个农村党支部的创始人沈毅，苏中刘胡兰、高凤英，少年英雄周银海，特级英雄杨根思，国际主义战士郁建兴等。

革命烈士及革命历史陈列馆

烈士墓区共建有41座烈士墓及一个独立的沈毅烈士墓。

泰州市烈士陵园是国家级烈士纪念设施、江苏省爱国主义教育基地。

经党中央、国务院批准，国务院于2015年8月13日公布，泰州市烈士陵园被列入《第二批国家级抗战纪念设施、遗址名录》。

烈士墓区局部

知识链接

黄桥战役

黄桥战役是抗日战争时期，新四军苏北指挥部所属部队在江苏省泰兴县（今泰兴市）黄桥地区对国民党顽固派军队进行的自卫反击作战。

1940年春，坚持消极抗日、积极反共政策的国民党顽固派在第一次反共高潮被打退后，密令第三、第五战区和鲁苏战区的部队，大举进攻华中新四军。6月，新四军江南指挥部根据中共中央5月4日关于放手发展抗日力量、抵抗反共顽固派进攻的指示，为执行独立自主开辟苏北、发展华中敌后抗战的战略任务，率所属主力北渡长江，于7月初挺进苏北。下旬，遵照中共中央指示，组建新四军苏北指挥部，陈毅、粟裕分别任正副指挥，下辖第一、第二、第三纵队9个团，共7000余人。为建立以黄桥为中心的抗日根据地，苏北指挥部所属部队随即东进黄桥地区。8月，为策应新四军发展苏北，八路军第五纵队东进淮（阴）海（州）地区，形成南北配合、打开苏北抗战局面的有利态势。

新四军苏北指挥部旧址（原黄桥中学工字楼）

国民党军鲁苏战区副总司令兼江苏省主席韩德勤，自诩拥兵10万，视新四军苏北部队为心腹之患，企图先集中兵力进攻黄桥，消灭或驱逐立足未稳的新四军苏北部队，然后移兵北上，歼击南下的八路军第五纵队。苏北指挥部坚持有理、有利、有节的自卫立场，在八路军第五纵队的配合下，积极做好迎击韩德勤部进攻的准备，并灵活运用斗争策略，争取了驻泰州地区的鲁苏皖边区游击军李明扬、李长江部和曲塘一带的税警总团陈泰运部保持中立。

9月初，韩部分两路向南进攻。新四军被迫自卫反击，首战营溪，歼其先头部队保安第一旅2个团，进而攻取姜堰，歼守军千余人，并继续向韩德勤呼吁停止内战，团结抗日。韩德勤则以新四军必须退出姜堰为条件相要挟。苏北指挥部为顾全抗战大局，慨然允诺，让出姜堰，由李明扬、李长江部接防，还主动送给陈泰运部分枪械，进一步争取了“二李一陈”，使韩德勤更加孤立。然而韩德勤自恃兵多粮足、装备精良，以为新四军退出姜堰是胆怯，令其主力第八十九军（辖第三十三、第一一七师）和独立第六旅共1.5万余人为中路军，从海安、曲塘一线进攻黄桥；“二李一陈”部为右路军，5个保安旅为左路军，向黄桥两翼夹击。进攻总兵力达26个团3万余人，企图于黄桥地区聚歼新四军苏北部队。

陈毅、粟裕率领部队向黄桥开进

苏北指挥部鉴于决战不可避免，决定集中兵力，采取诱敌深入、各个击破的战法，于运动中歼击韩部。据此，部署第三纵队坚守黄桥；第一、第二纵队隐蔽集结于黄桥西北地区，作为突击力量。

10月4日，韩部第三十三师由分界直扑黄桥东北前沿阵地，实施猛烈攻击，一部突入东门。新四军第三纵队顽强反击，将其逐出。韩部第八十九军军部率第一一七师经古溪进至野屋基、何家塘一线；独立第六旅经高桥南进，企图袭击黄桥侧背。新四军第一纵队适时勇猛出击，一举将开进中的独立第六旅分割包围于高桥一带，经3小时激战，全歼该旅。

当日午夜，新四军第二纵队经八字桥插到分界，切断了第八十九军退路，协同第一、第三纵队形成三面夹击，将第八十九军主力分割包围于黄桥东北地区。5日中午，第一纵队第四团首先攻击其军部，第一团主力随后勇猛出击，各纵队旋即紧缩包围，奋勇冲杀。第八十九军军长李守维在逃跑中落水毙命。经火线喊话，第八十九军官兵纷纷缴械，主力于当晚被歼。6日，第二纵队又追歼该军余部于营溪，乘胜攻占海安、东台等地。韩德勤率残部千余人向兴化溃败。左路军各保安旅团陈兵运粮河东西之线，频频查询战况，企图坐收渔利的李明扬、李长江部和陈泰运部亦随之撤退。与此同时，八路军第五纵队由涟水东进，攻占阜宁、东沟、益林，歼韩部保安旅一部后，直下盐城。10日，新四军苏北指挥部所属第二纵队前锋与八路军第五纵队先头部队，于东台以北的白驹镇胜利会师。

黄桥战役中新四军缴获的迫击炮

黄桥战役期间，当地人民群众在中共苏北区委领导下，积极支援新四军作战，对保证战役的胜利起了重要作用。

此役，共歼国民党顽固派韩德勤部1.1万余人，其中俘虏3800余人。黄桥战役的胜利，奠定了苏北抗日根据地的坚实基础，打开了华中抗战的新局面。

泗洪县革命烈士陵园

泗洪县革命烈士陵园位于江苏省宿迁市泗洪县青阳街道山河路12号，是为了纪念抗日战争和解放战争时期牺牲于泗洪的烈士而修建的设施。始建于1954年，历经2002年、2009年、2015年3次改扩建。

泗洪县革命烈士陵园占地面积33万余平方米，建筑面积2.16万平方米。主要建有烈士纪念塔、纪念碑亭、英烈碑廊、淮北抗日民主根据地纪念馆、烈士墓区、革命烈士纪念馆等纪念设施。

烈士纪念塔位于陵园内东西中轴线上，高28米，塔身正面刻有邓子恢题写的“人民烈士永垂不朽”。塔的两侧建有英烈碑廊，碑廊石碑上刻

泗洪县革命烈士陵园大门

烈士纪念塔

有陈毅撰写的碑文和泗洪籍2800余位烈士的姓名。塔的前方是纪念广场。

淮北抗日民主根据地纪念馆位于陵园南侧，建筑面积2450平方米。外形似五角星状，象征共产主义精神永放光芒。陈列内容分为“燃起抗日烽火”“创建淮北抗日民主根据地”“打开淮北抗战新局面”“筑起抗日的铜墙铁壁”“夺取抗战最后胜利”“纪念缅怀永垂青史”“淮北抗日民主根据地廉政建设”7个部分，展示抗日战争时期江上青、张爱萍、刘瑞龙、彭雪枫、邓子恢等老一辈无产阶级革命家和淮北党政军民团结一心、浴血奋战的感人事迹。馆内馆藏十分丰富，陈列着344幅历史图片，18件雕塑，百余件珍贵文物。

烈士墓区位于纪念塔的西侧，占地面积8400平方米，分抗日战争时期、解放战争时期、新中

淮北抗日民主根据地纪念馆

国成立后3个烈士墓区，安葬有江上青、张永远、曹化东、喻尊霞等190位烈士。抗日战争时期烈士墓，其中17座是有姓名的烈士墓，60座是无姓名的烈士墓；解放战争时期墓区，其中19座是有姓名的烈士墓，47座是无姓名的烈士墓；新中国成立后的烈士墓区，一共为22座。烈士墓区建成后，对于弘扬烈士精神，发扬革命优良传统，传承民族精神，对后人进行红色教育等有着重大作用。

泗洪县革命烈士陵园内的江上青墓

革命烈士纪念馆位于纪念塔南北两侧，分南馆和北馆。建筑面积2600平方米，展陈面积4000平方米。南馆以彭雪枫将军革命历程为序，主要介绍彭雪枫将军开创河南革命根据地，挺进豫东，

领导新四军四师及泗洪人民进行反“扫荡”、反“蚕食”斗争，挥师西进收复失地到英勇牺牲等史实，同时展现解放战争时期泗洪人民为争取和平民主进行斗争的历史，并以雕塑的形式简要介绍了陈毅、张云逸、彭雪枫、张爱萍、邓子恢、刘瑞龙等老一辈无产阶级革命家在泗洪的革命斗争历程。

北馆突出展现从土地革命时期到抗日战争时期泗洪人民的革命斗争史，重点介绍的人物有皖东北抗日民主革命根据地奠基者、中共皖东北特支书记江上青烈士，“刘胡兰式”的抗日女英雄喻尊霞烈士。重点展现的历史事件有曹化东领导的石梁河暴动，江上青创建皖东北抗日民主革命根据地、“罗岗会谈”建立皖东北抗日民族统一战线，刘少奇指挥的江桥战斗，张爱萍领导的洪泽湖剿匪等。

纪念塔与位于两侧的革命烈士纪念馆

泗洪县革命烈士陵园是国家级烈士纪念设施。

经党中央、国务院批准，国务院于2015年8月13日公布，泗洪县革命烈士陵园被列入《第二批国家级抗战纪念设施、遗址名录》。

知识链接 淮北苏皖边区抗日根据地

淮北苏皖抗日根据地处于河南、安徽、江苏、山东四省的交界处，由3块根据地组成，分别是豫皖苏、皖东北、邳（县）睢（宁）铜（山），于1941年8月正式形成。因位于日军占据的军事重镇徐州、蚌埠、淮阴之间，承担着沟通八路军与新四军的作用，有着重要的战略地位。

1939年，豫皖苏边区抗日民主政权建立了豫皖苏边区联防委员会，由吴芝圃担任主任。11月，部队发展壮大到1.2万多人，改编为新四军第六支队，彭雪枫担任司令员兼政治委员。同年，皖东北地区先后有八路军胡炳云大队、苏皖纵队司令员兼政委江华带领的陇海南进支队、彭雪枫派章太牲带领的1个主力团等部活动，与日军展开作战。至1940年9月，皖东北根据地已经有了一定的规模。至1941年，新四军第三师九旅北上邳睢铜地区，与当地武装共同作战，建立了县委，统一了县政权，成为淮北抗日根据地的重要地区之一。8月，中共中央华中局决定建立淮北苏皖边区行政公署、中共淮北苏皖边区委员会以及淮北苏皖边区军政党委员会，对淮北苏皖地区的党政工作进行统一领导。从而正式形成了淮北苏皖边区抗日民主根据地。

1941年2月，新四军第三师九旅进攻洪泽湖以北重镇青阳镇，歼灭日伪军一个团。图为该旅进入阵地的情形

自1944年3月开始，新四军在淮北苏皖边区对日、伪军发动春季攻势，共歼灭日、伪军千余人。1945年8月，淮北军民猛攻津浦铁路西地区，先后收复宿迁、泗阳、五河、灵壁、永城、萧县等县城，淮北全境获得解放。

侵华日军南京利济巷慰安所旧址

侵华日军南京利济巷慰安所旧址位于江苏省南京市秦淮区利济巷，是侵华日军南京大屠杀遇难同胞纪念馆的分馆，是唯一一处被慰安妇指认过的建筑。旧址建筑群由国民党少将杨春普建于1935年至1937年间，被称作“普庆新村”。日本侵略者侵占南京后，将这里改造了一番，利济巷2号为“东云慰安所”，利济巷18号是“故乡楼慰安所”。2003年11月21日，在中日学者的努力下，幸存的朝鲜“慰安妇”朴永心来到南京，指认这里就是曾经的利济巷慰安所旧址。2015年12月1日正式开馆并对公众开放。

慰安所旧址陈列馆由8幢两层建筑组成，整体外观呈淡黄色，总建筑面积3160平方米。南部的“东云慰安所”里，关押的是现朝鲜籍、韩国籍妇女，主要接待的是日本的士兵；北部的“故乡楼慰安所”里，住着日本籍慰安妇，主要接待的是日本的军官。史学界的观点，在第二次世界大战时期，利济巷的慰安所旧址是亚洲规模最大、保存最完整的慰安所。另外在科巷南寿星桥口，还有“科巷南寿星桥口慰安所”。

侵华日军南京利济巷慰安所旧址

陈列馆的入口处，安放着主题雕像《慰安妇》，雕像刻画了3位慰安妇，其中一位的肚子隆起，再搭配虚弱的身形，只见她一手护住腹部，一手在另一位妇女身上搭着，她们的神情中充满着无助和绝望。怀孕慰安妇雕像不是凭空臆想出来的，是有原型存在的，是第二次世界大战时期随军记者拍摄的照片《怀孕的慰安妇》，她就是朝鲜籍慰安妇——朴永心，她当时在中国战场上怀孕了。

利济巷慰安所旧址前的主题雕像《慰安妇》

雕像的背后有一整面墙，上面都是泪痕。其中有13颗“泪滴”巨大，洒落在散发着古旧味道的墙面上，充满了悲怆的气息。右侧也有一面墙，上面是当年慰安妇的黑白头像照片，照片密密麻麻的，每张面庞都满含屈辱、愤怒，每个人都眼含泪水。

墙的下面是一小块裸露的黑土地，70多年过去了，但是慰安妇幸存者的眼泪却一直在流，浸着这片“黑土地”，也记录下了日军所犯下的罪行。

当年慰安妇黑白头像照片

陈列馆陈列着文物展品1600余件，图板400余块，照片680余幅，其中最为珍贵的是两件国家一级文物。一件是消毒剂高锰酸钾，由已逝的慰安妇雷桂英生前捐赠。这些高锰酸钾都是大型颗粒，当时的南京汤山原日军高台坡慰安所发给慰安妇，让她们作为卫生用品使用，是侵华日军施行慰安妇制度极为重要的罪证之一。另一件就

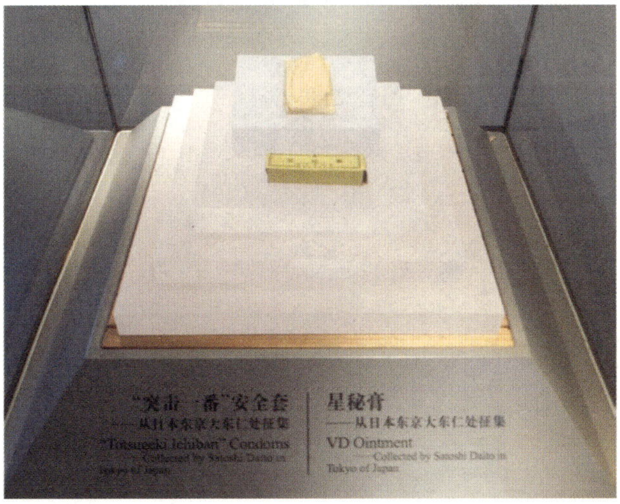

“突击一番”安全套和星秘膏

是内窥器，是松下富贵楼慰安所为慰安妇检查身体时所使用的用具。另外，日本友人大东仁处，还贡献出了当年的“突击一番”安全套和星秘膏。安全套上印着日军的标志及“突击一番”4个字。星秘膏是与安全套配套使用的。

陈列馆的陈列分为3个板块，分别是A区、B区、C区，虽说各有侧重点，但是整个展陈的灵魂就是“泪”。陈列馆顺着“泪”这条主线，设计了五大部分，包括“泪洒一面墙”“泪湿一片地”“泪滴一条路”，还有A区展览序厅里的“无言的泪”“流不尽的泪”，展现了慰安妇的那段黑暗岁月。

内窥器

“泪洒一面墙”属于南京利济巷旧址陈列馆的基本陈列，主题是“二战中的性奴隶——日军慰安妇制度及其罪行展”，反映了在第二次世界大战时期，日本军国主义用欺骗、掳掠及强迫等手段，从日本、朝鲜、韩国、中国等国，强征大量年轻女子，建立慰安妇制度，为日本军队服务，让她们成为性奴隶。同时还展现了日本在战败投降后，慰安妇制度的破灭，还有幸存的中国、朝鲜、韩国等国家的慰安妇，冲破世俗的桎梏，勇

敢地站出来，揭露侵华日军对妇女犯下的罪行，遣责日军施行的反人道的慰安妇制度。

“二战中的性奴隶——日军‘慰安妇’制度及其罪行展”

“泪湿一片地”也属于南京利济巷旧址陈列馆旧址的基本陈列，主题是“金陵梦魇——南京日军慰安所与慰安妇史实展”。主要展示的是日军占领南京后，制造南京大屠杀时期，开始建立慰安妇制度，并对其进行全面推行，在南京先后建立利济巷东云慰安所和故乡楼慰安所、福安里慰安所、下关得月楼慰安所等40多所慰安所。其中的女性很大一部分来自中国及朝鲜、韩国等国，她们不幸成为日军的性奴隶。其中的幸存者南京的雷桂英、朝鲜籍的朴永心和韩国籍的易英兰等进行了重点介绍，讲述了她们成为日军性奴隶的史实。

“泪滴一条路”有4座小楼，每个小楼里各有1个专题陈列，包括反映慰安妇制度在上海罪行的“专题陈列之一：沪城性奴泪”；反映侵华日军在中国20多个省、区及港、台实施慰安妇制度的“专题陈列之二：遍布中国的日军慰安所”；反映朝鲜半岛的女性被日军摧残与折磨及控诉日本政府的慰安妇幸存者的“专题陈列之三：伤痛记忆

中国军队从慰安所中解救的妇女

与控诉”；反映东南亚各国及部分白人女性沦为日军慰安妇的“专题陈列之四：众多国籍的性奴隶”，对日军在第二次世界大战期间对各国女性的伤害进行了控诉。

陈列馆二楼有一处浮雕《流不尽的泪》。浮雕只刻画了半身，是一个年老的慰安妇形象，它的眼中泪水不断，浮雕下方是“请您为她擦去眼泪吧”一行字。

《流不尽的泪》半身浮雕

侵华日军南京利济巷慰安所旧址是全国重点文物保护单位。

经党中央、国务院批准，国务院于2020年9月1日公布，侵华日军南京利济巷慰安所旧址被列入《第三批国家级抗战纪念设施、遗址名录》。

知识链接 日军的慰安妇制度

第二次世界大战时期，日军出台了慰安妇制度，并从中国、朝鲜等国欺骗、掳来女性，充当日军的性奴隶。慰安妇制度是在日本传统的封建主义及军国主义下所产生的扭曲的怪胎。

早在第一次世界大战末期，便有了慰安妇制度。1917年，俄国取得了十月革命的胜利，后日本向西伯利亚出兵，对苏俄革命进行干涉。当时因为战事不利，日军士兵情绪十分低落，于是便找苏俄妇女发泄，导致了大量强奸事件的发生，而且在日军中出现了大规模流行的性病，严重削弱了日军的战斗力。根据来自日本的相关统计，日军官兵死于性病的数字甚至超过了当时阵亡的数字，患有性病的日军士兵大约占到日军总数的20%，与日军一个师团相当。从那时起，日军高层为避免军队中性病大范围流行，削弱战斗力，就开始考虑掳掠占领国的女性为他们服务。

日本最早的慰安妇来自日本国内，是招募而来的妓女与良家妇女。在日本军国主义的迷惑宣传下，很多日本女子充当慰安妇，认为是在报效她们的国家。但是日本籍的妇女数量远远不够，于是日本又在朝鲜半岛强征慰安妇，通常都是16—20岁的花季少女，用威逼、诱骗等手段，将她们带到战场充当慰安妇。九一八事变后，日军又在中国大规模掳掠妇女，使其成为慰安妇。据统计，中国最少有20万妇女被迫成为慰安妇，其中大部分都因遭受凌辱死亡，幸存者很少，且留下了永无休止的伤痛。

日军在中国设立的慰安所

云台山抗日烈士陵园

云台山抗日烈士陵园位于江苏省南京市江宁区横溪街道云台山东南脚下的鸭塘自然村，是为纪念在云台山战斗中牺牲的65位新四军抗日烈士修建的设施。始建于1964年5月，最初叫“云台山抗日烈士墓”，主要有烈士墓、纪念亭和大理石纪念碑，将分散埋葬的烈士骸骨集中安葬于烈士墓穴。重建于1979年8月，增建了烈士纪念塔、烈士墓前宽敞的平台和牌楼式大门。1995年7月，对烈士纪念塔进行了改建，原本的水泥结构改成了花岗岩大理石贴面。2006年重修墓园，并将名称改为“云台山抗日烈士陵园”，新建了革命史料陈列室。

云台山抗日烈士陵园大门

云台山抗日烈士陵园占地面积1万余平方米，有烈士纪念碑、纪念亭、烈士纪念塔、陈列室和烈士墓园等设施。

陵园大门为三门四柱大理石牌楼，高8米，宽15.8米。进入大门，高大的纪念碑巍然屹立。纪念碑前面有大理石平台，十分宽敞。周围松青柏翠，庄严肃穆。主体建筑烈士纪念碑，底座长6米，宽5.5米。纪念碑高16.5米，宽5.4米，碑身由下往上，略微收缩，正面刻着贴金大字“云台山抗日烈士永垂不朽”。碑的上端装饰有红色五角星。

纪念碑后面的平台上是墓园，墓园为角边长6.7米的八角形，上建半球形坟墓一个，周长13.4米，高2米，坟前有高1.8米的墓碑，上书“永垂不朽”几个大字。墓中埋葬有云台山战斗中牺牲的新四军指战员。纪念碑和坟墓均用汉白玉护栏围起，护栏上刻有云纹、莲花纹。

云台山抗日烈士墓

革命史料陈列室占地面积300多平方米，展陈设5个篇章，分别为“抗日铁军”“挺进东南”“江宁烽火”“浩气长存”“深切缅怀”，展现了在抗日战争时期江宁地区的新四军英雄人物及英雄事迹。

云台山抗日烈士陵园是南京市江宁区著名的爱国主义教育基地。

经党中央、国务院批准，国务院于2020年9月1日公布，云台山抗日烈士陵园被列入《第三批国家级抗战纪念设施、遗址名录》。

烈士纪念碑

革命史料陈列室

知识链接

云台山战斗

1939年2月，新四军第二支队三团一营奉命执行破坏京芜铁路的任务。25日，一营进入江苏江宁云台山区后鸭塘村宿营。得到消息的日军马上集结了近千人的队伍，向一营宿营的地方围了过来。

26日拂晓，日军从山坡摸了上来。负责警戒的新四军战士开始以为是早起上山砍柴的当地村民，但随后发现山坡上的人影越来越多，意识到是日军攻上来了，马上鸣枪报警，云台山战斗打响。

接到哨兵警报的营长邱立生和教导员王荣春马上组织战士们做好战斗准备。这是非常惨烈的一场战斗，日军无论在兵力上还是在装备上都占据着绝对的优势，一营顽强抗击，邱立生和王荣春先后牺牲。最终有26名战士冲破日军的包围圈，突围成功，65名战士永远地长眠在这片土地上。

新中国成立后，为了纪念新四军在云台山进行的这场突围战，让牺牲的烈士安息，中共江宁（今江宁区）县委、县人民委员会在1964年5月兴建云台山新四军抗日烈士墓，集中安葬那些分散在各处的烈士。2006年，江宁区民政局重修墓园，并将名称更改为“云台山抗日烈士陵园”。

车桥战役烈士陵园

车桥战役烈士陵园位于江苏省淮安市淮安区车桥镇车北村，是为了纪念车桥战役中壮烈牺牲的新四军先烈而修建的烈士陵园。始建于1976年，扩建于1981年，1984年、1994年进行了两次整修。

车桥战役烈士陵园占地面积约6000平方米。陵园大门朝南，从大门进来后是一个巨大的广场，可供1.8万人举行祭扫活动。广场两旁种着苍翠的松柏，正面是车桥战役烈士纪念碑，高15米，上刻叶飞将军亲题的10个苍劲大字“车桥战役英烈永垂不朽”。祭扫广场的东西两侧，各建有一个六角亭，亭内各有一块石碑，分别刻着车桥战役的经过和53位烈士英名。

车桥战役烈士纪念碑

纪念碑往北是三间陈列室，坐北朝南。展示了叶飞亲自为车桥烈士陵园题写的题词“车桥战役英烈永垂不朽”原件，由粟裕同志整理的《车桥战役战斗经过》，曾如清同志对车桥战役的回忆文章，周国民、梁竹吉、陈挺、陈登农、周维生、束恂、龚力朝、葛春和、廖政国等同志对车桥战役的回忆录。另有在纪念车桥战役40周年之际，叶飞撰写的《华中敌后抗战史上的光辉一页》；1976年9月8日，粟裕同志写给车桥公社（现为车桥镇）党委的复信；曾涛同志的文章《谈车桥战役的后勤工作》；原新四军第一师司令部参

车桥战役陈列室

谋处编印的《车桥战斗详报》，此外还有《车桥战斗经过要图》以及《攻占战斗要图》等。

陈列室内还陈列着很多实物，如在车桥战役中使用过的迫击炮弹头、水壶、大锹、铲、砍刀等，还有在该战役中牺牲的部分烈士简历、张茂坤烈士的遗像等。

车桥战役烈士陵园是淮安市文物保护单位、淮安市爱国主义教育基地。

经党中央、国务院批准，国务院于2020年9月1日公布，车桥战役烈士陵园被列入《第三批国家级抗战纪念设施、遗址名录》。

车桥战役烈士名录碑亭

知识链接

车桥战役

1944年初，日军为打通大陆交通线，陆续从华中地区抽调部队南下参战。驻苏中、苏北地区的日军为弥补兵力不足，遂收缩防区，强化伪军，并加强对沿海地区的控制。此时，华中敌后战场形势发生了很大改观。苏中军区第四军分区的反“清乡”和第三军分区的反“清剿”斗争取得决定性胜利，逐步取得战争主动权，“今年消灭希特勒，明年打败小日本”的响亮口号传遍苏中各地。

遵照中共中央关于集中力量打击日、伪军，巩固与扩大抗日根据地的指示，新四军第一师兼苏中军区为进一步改善苏中地区的斗争局面，沟通苏中与苏北、淮南、淮北地区的战略联系，并为整风、整训工作创造比较安定的环境，开始把领导重心由以坚持原地斗争为主转为以发展为主，适时展开对日军的局部反攻。但苏中日、伪军力量仍相当强大，各分区被敌分割的局面还没有改变，党政领导机关经常处于游动状态。为改变这一被动局面，2月，新四军第一师师长兼苏中军区司令员粟裕在主持召开的苏中区党委扩大会议上，提出发起车桥战役的构想。

车桥镇，距淮安城东南20多千米，是联系苏中与苏北的枢纽，坐落在涧河两岸，东西长2里，南北约1.5里，河道上有5座桥梁，从高处俯瞰全镇，因形如繁体的“车”字而得名。车桥镇地理位置险要，居淮安县城、泾口镇、泾河镇、曹甸镇之间，南靠苏中水网地区，北接苏北平原，西临运河、洪泽湖，是新四军苏中、苏北、淮北、淮南四块根据地的交界处。

就在一年前，1943年2月，日军调集兵力向车桥、泾口地区发动“扫荡”，并在方圆数十里内建立了以车桥为中心，包括周庄、泾口、蚂蚁甸、杨恋桥、樊家河、张桥、塔儿头、曹甸、太仓镇等在内的10多处据点，将几块抗日根据地分割封锁。同时，车桥与沙沟、兴化城的日、伪军据点相呼应，使苏中军区第一、第二军分区联系受阻。

苏中区党委一致通过发起车桥战役的设想，决定由粟裕负责战役的全面指挥。粟裕随即又主持召开作战会议，研究具体的作战部署。会上，副师长兼副司令员叶飞详细介绍了有关车桥敌情：车桥镇守敌为日军1个小队40余人和伪军1个大队600余人，四周筑有大土围子，并筑有53座碉堡，构成绵密的交叉火力网。镇子四周围墙高达2丈，外壕宽1.5丈，壕中积水七八尺深，且与界河相通。以车桥为中心，外围还有十几个坚固的据点相拱卫，形成一个较完整的筑垒配系。

会议研究认为：车桥深沟高垒，防守严密，攻打车桥将是一场硬仗。但是，敌人所占据点之间空隙较大，又是日军华中派遣军驻扬州第六十四师团和驻徐州第六十五师团的结合部，两部之间的协同不便，这对我军进攻是比较有利的。我军可以楔入其结合部，对车桥、泾口之敌发起强大攻势，然后向曹甸方向发展，以打开苏中根据地的局面，控制苏皖边区的战略机动地区。

新四军苏中部队行军途中

经过反复权衡，会议决定先集中兵力打车桥。第一，因为车桥是该区敌军指挥中心，拿下车桥则泾口、曹甸孤立，便于我军而后进攻，扩大战果；第二，车桥处于敌中心地区，又有日军驻守，敌人以为比较安全，估计不到我会绕过外围打车桥，便于我军采取掏心战术，突然进攻，出奇制胜；第三，车桥周围地形比泾口更有利于攻击部队的接近；第四，车桥敌军虽然来援方向较多，但距敌两个师团驻地徐州和扬州都较远，一时得不到大部队增援，而且敌军主要增援的方向——距车桥6千米的芦家滩一线，有良好的设伏阵地，便于我军伏击来援之敌。

当时第一师第一、第七、第五十二团等部集结于泾口、曹甸一线以东地区，师指挥部位于收成镇。叶飞提出集中5个多团的兵力，采取攻点打援战法，先攻车桥后取泾口的作战方案。粟裕同意这一方案，强调说：“这次战役我们必须以重兵打援，要狠狠地打，才能确保整个战役的胜利。这次战役由叶飞同志负责具体指挥。”

1944年3月5日凌晨1时50分，战斗打响，攻城部队按预定计划出击。第三旅旅长陶勇亲自指挥第二纵队，采取远程奔袭手段，利用夜暗从日、伪军外围据点之间直插车桥，以隐蔽迅猛的动作，从南北两个方向直取车桥镇两翼。两路部队迅猛越过外壕，架起云梯，爬上围墙，展开攻击。

敌人做梦也没想到新四军会突然攻击车桥镇，一时被打得晕头转向，慌了手脚。新四军仅用25分钟便突破围墙，攻入镇内，随后在炮兵大队的配合下，以数个战斗小组分散突击，逐个消灭日、伪军火力点。碉堡里的敌人还在负隅顽抗，被誉为“飞将军”的六连战士陈福田，腰上别满手榴弹，背上梯子，冒着弹雨，架起梯子飞身爬上碉堡顶盖，抡起十字镐挖个窟窿，将一连串的手榴弹塞进碉堡，顽抗之敌被全部消灭。一连向围墙上的两个碉堡发起进攻时，战士蔡心田发挥百步穿杨的神技，将一枚手榴弹准确地从枪眼里投进碉堡。爆炸声中突击组冲了上去，全歼守军。

天亮时分，忽然狂风大作，满天黄沙。这在车桥镇是极为罕见的。当地老百姓啧啧称奇：“新四军有神灵保佑，天刮鬼风，帮助新四军打胜仗。”战至9时，新四军占领镇内全部街道，攻下10余座碉堡，全歼伪军一个大队，并将日军压缩在核心工事内。

苏中新四军对车桥的突然进攻，震惊了周围日军，纷纷乘装甲车和汽车从淮阴、淮安、泗阳、涟水等地驰援车桥。由宝应县城东北塔儿头、曹甸镇出动的日、伪军100余人，进至大施河时，触发地雷并遭新四军第五十二团等警戒部队阻击，被迫退回。驻淮阴、淮安、泗阳、涟水等地的日军第六十五师团第七十二旅团六十大队等部共700余人，由大队长山泽金夫大佐统率，分4批乘汽车驰援车桥。

车桥西北的打援地点设在芦家滩一带，南有宽20余米的涧河，水流湍急，河岸险陡，不易徒涉；北面是一片长约2里、宽约1里的草荡，芦苇密布，淤泥沉积；中间形成狭窄口袋形地域，淮安到车桥的公路由此穿越。来援之敌进入这个地域后施展不开，有利于阻击部队在此歼敌。第一团三营构筑了阻击阵地，并在阵地前沿敷设地雷；突击部队主力一营、二营和特务营隐蔽于芦家滩以北和西北一线，待机出击。

16时许，师指挥所接到第一团报告：淮安来援日军乘坐7辆卡车，已进至周庄附近。根据车辆和装载量判断，这股增援日军为240人左右。这天东北风大起，黄尘遮日，飞沙扑面。第一团三营战斗警戒分队在周庄与援敌接触后即撤回。援敌继续推进至韩庄附近，当进到阻击阵地约500米处时，遭到三营轻重机枪的猛烈射击。日军的火炮、轻重机枪和掷弹筒一起开火，但连续三次进攻都遭到沉重打击，最后被赶入三营预设的雷区。触发雷、引发雷，一阵接着一阵爆炸，炸得日军血肉横飞、鬼哭狼嚎，死伤60余人，锐气大挫。日军后续部队不敢沿公路前进，便向三营阵地迂回，企图绕过草荡。二营发现后，立即予以阻击，迫使日军缩回据点固守。

此时在车桥镇，陶勇率第二纵队开始总攻“碉堡中之碉堡”的敌军圩子。首先以迫击炮集中轰击外围阵地，接着以山炮轰击大碉堡，然后分为两路向固守小土围的敌军发起攻击，相继攻占暗堡、库房等处。日军1个小队大部被歼，残敌困兽犹斗，企图固守待援。激战至拂晓时分，敌人的援军大部被歼，困守车桥小土围内的日军也大部被消灭，残部乘隙逃往淮安。叶飞指挥部队乘胜扩大战果，至13日相继收复泾口、曹甸镇等据点10余处，车桥战役胜利结束。

此役，共摧毁日、伪军碉堡50余座，歼灭日军大队长三泽金夫大佐以下460余人（其中俘虏炮兵中尉山本一三以下24人）、伪军480余人，缴获步兵炮1门及大批武器弹药，打通了苏中与苏北、淮南、淮北地区的战略联系，巩固和扩大了苏中抗日根据地，实现了苏中抗战形势的根本好转。

阜宁县芦蒲烈士陵园

阜宁县芦蒲烈士陵园位于江苏省盐城市阜宁县芦蒲镇芦蒲村，是抗日战争时期盐阜区士绅和地方民众为庆祝反“扫荡”胜利、缅怀革命先烈而自发集资兴建的。始建于1943年9月，纪念塔原名全称为“国民革命军陆军新编第四军盐阜区抗日阵亡将士纪念塔”。1947年9月，国民党军窜进芦蒲，掘墓开棺毁尸，并炸毁了纪念塔，直到1959年9月重建。1984年增建了革命烈士光辉事迹陈列馆。2018年，在保留原有风格的基础上，对纪念塔周围的烈士墓群及纪念馆（不包括主塔及纪念亭）进行修复，建立芦蒲烈士纪念园。

阜宁县芦蒲烈士纪念园占地近3.3万平方米，建筑面积6600平方米，由烈士纪念塔、纪念碑、烈士墓群、纪念亭、纪念馆等组成。

阜宁县芦蒲烈士陵园大门

陵园坐北朝南，大门是三门四柱仿古式牌楼，高8.18米，由原南京大学文学院院长胡小石题词“浩气长存”。

进门不远就是盐阜区抗日阵亡将士纪念塔，始建于1943年，正面的“浩气长存”4个大字由时任新四军政委刘少奇亲笔题写，背面“国民革命军陆军新编第四军盐阜区抗日阵亡将士纪念塔”由新四军代军长陈毅题写。1959年复建的纪念塔占地约582平方米，总高17.3米，顶部的解放军战士铸铁像高1.8米，碑基高4.1米，塔身高11.4米。塔身正面为陈毅同志题词“立德立功　永垂不朽”，背面为邓子恢同志题词“英名不朽　浩气长存”。塔四周竖立的10块大理石纪念碑上，镌刻着新四军第三师以及盐阜区地方武装从1940年到1945年抗战时期为国捐躯的1760多名阵亡将士的名字，其中有团以上干部60多名，老红军300多名，第三师参谋长彭雄、第八旅旅长田守尧均在其中。

抗日阵亡将士纪念塔

纪念塔正后方中心路两侧分别建烈士英名墙一座，嵌刻着1854名阜宁籍革命烈士姓名，其中土地革命时期4名，抗日战争时期392名，解放战争时期1292名，新中国成立后166名。

纪念塔北侧、西侧设有烈士墓群，安葬革命烈士628名，其中集体无名烈士墓7座，分别是七烈士墓、潮河战斗三十二烈士墓、蒋顾战斗六十二烈士墓、单家港战斗二十二烈士墓、广伏桥战斗十八烈士墓、茭菱战斗十七烈士墓、益林战役二烈士墓。

东南侧有一座纪念馆。

阜宁县芦蒲烈士陵园是全国重点文物保护单位、江苏省爱国主义教育基地。

烈士墓区局部

经党中央、国务院批准，国务院于2020年9月1日公布，阜宁县芦蒲烈士陵园被列入《第三批国家级抗战纪念设施、遗址名录》。

知识链接

陈集歼灭战

1943年初，日军为确保其苏北与南京、上海、杭州之间占领区，加强对沿海重要港口的控制，进而腾出兵力执行机动作战任务，加紧调整兵力部署，对苏北抗日根据地进行大规模的“扫荡”。

为粉碎日、伪军的“扫荡”，保卫苏北抗日根据地，新四军军部召开紧急会议，研究决定军部和第三师师部转移到安全地带，主力部队也要跳出“扫荡”区。军部指示第三师兼苏北军区立即拟定盐阜区反“扫荡”作战计划；同时要求第一、第四师和第十旅及各地方武装，在苏中、淮北及淮海等地区积极袭击当面日、伪军据点和交通线，以配合盐阜区的反“扫荡”作战。据此，第三师师长兼苏北军区司令员和政治委员黄克诚，决心采取敌进我进、内线与外线、分散与集中相结合的战法，全面展开反“扫荡”作战，并决定由副师长兼第八旅旅长张爱萍统一领导第八旅和第七旅第二十一团及盐阜区地方武装在内线坚持斗争；师部及地方党政机关一部，分散转移至盐城以东与苏中交界地区隐蔽待机；第七旅主力转至淮海区，配合第十旅行动，积极策应盐阜区反“扫荡”作战。

1941年11月，新四军第三师副师长张爱萍（左五）同第四师第九旅旅长韦国清（左二），政治部主任张震球（左三）、副主任张震寰（左四）等在淮北泗县新圩子合影

受领任务后，张爱萍加紧筹备反“扫荡”工作，并以中共盐阜地委书记的身份发出《告党员书》，号召全区党员克服侥幸心理，树立必胜信念，动员并团结广大群众迅速备战，粉碎日寇的

大“扫荡”。

2月17日，日军调集驻苏鲁皖地区的第十七、第三十五师团及独立混成第十二旅团各一部及伪军徐继泰、李实甫、潘干臣等部共2万余人，出动装甲汽艇百余艘，在飞机大炮的掩护下，采取分进合击、海上封锁的拉网战术，以梳篦式数路并进，从西、北、南三面向盐阜区大举进攻，重点是盐河以东、射阳河以北地区。至19日，日、伪军以重兵合击根据地的重要村镇，先后进占阜宁、东坎等地，然后北至旧黄河，南至射阳河，向东构成一个大弧形包围圈。同时在黄海海岸的日军舰艇严密封锁了沿海港口，对根据地形成三面包围之势。随后在飞机掩护下，日、伪军以多路重兵齐头并进，向黄海之滨的八滩、六合庄、大淤尖地区，实施挨家挨户梳篦式反复搜索和“清剿”。

张爱萍沉着应对，指挥第八旅在地方武装和民兵配合下，灵活运用游击战术，以一部沿途阻击、袭扰、消耗和疲惫日、伪军，主力转至日、伪军侧后寻机反击，使日、伪军合围扑空。与此同时，第一、第二、第四师在苏中、淮南、淮北地区，广泛袭击当面的日、伪军据点和破坏交通线。第七、第十旅在淮海地区积极反击，相继攻克沭阳县城东南的钱集、西南的龙集等据点，歼灭日、伪军近千人。

从2月27日起，日、伪军又集中兵力对阜宁、滨海、淮安等地实行分区“扫荡”，并修筑公路，安设据点，建立伪政权。第三师内外线部队密切配合，积极打击敌人，相继袭击阜宁、湖垛等据点，给予日、伪军以大量杀伤。地方武装和民兵积极开展袭扰战，破坏交通线，摧毁伪政权，使日、伪军顾此失彼，到处挨打。至3月中旬，日、伪军对盐阜区“扫荡”已有月余，在根据地内新设30多个据点，主力开始撤到根据地边沿的大据点里集结，并有一部向外区撤退。为彻底粉碎敌人的“扫荡”，张爱萍决心抓住战机，迅速集中内线兵力，乘敌人主力撤退、新据点尚未稳固之际，实施反击，以收复被敌占领的重要村镇。

陈集曾为盐阜区根据地的政治、经济和文化中心。华中局和新四军军部所在地便在陈集附近的停翅港。在此次“扫荡”中，日、伪军在陈集新设据点，位于旬湖、阜宁、东坎据点之间。拔掉这个据点，有利于改变敌我态势，争得战场主动权。为此，张爱萍决定首先攻取陈集。他亲自率指挥部转移到阜宁中心区潢莹附近，命令第二十二团东渡盐河，隐蔽集结于旧黄河滨之芦浦地区；第二十三、第二十四、第二十一团迅速集结，各县独立团分别于本县区隐蔽集结，积极做好反击战的一切准备。

陈集守敌为日军第三十五师团林我夫大队崖畅野中队，共89人，装备有轻、重机枪和迫击炮，工事坚固并建有弹药库。中队部及主力驻在镇西的几所坚固民房里，另有一小部兵力驻在镇东北的太平庙。日军拆毁镇四周的桥梁，河里放置鹿砦，所驻房屋均挖有射击孔。镇中心筑起很高的瞭望台，全镇遍设碉堡和射击掩体，并对镇四周和主要交通要道的地形进行了改造。因为当时日军也刚安顿下来，连日修筑工事已很疲劳。敌疲我打，正是开展游击战的方针之一。

张爱萍分析，陈集是日军的中心据点，敌人在周围的据点皆布有重兵，攻击陈集必然会牵一发而动全身，打援是个大问题。如若阻击不了援军，要拔掉陈集这颗“钉子”便为一句空话。但由谁来担任主攻呢？当时，张爱萍手下虽有四五个主力团，但真正可担任主攻任务的，只有第二十三、第二十四团。由于第二十三团前不久在与日军的遭遇战中损失不小，主攻任务显然由第二十四团承担较为合适。

然而令大家感到意外的是，在作战会议上，张爱萍力排众议，决定由第二十三团担任主攻，并派特务营配合，其余部队担任阻击并袭击、牵制陈集外围据点之敌。张爱萍解释道："根据敌情分析，这次战斗打援较之攻击更重要，任务也更艰巨。若我晚上9点对陈集发起攻击，争取到第二天上午9点攻下来是有可能的。即使打不下来，如果阻击部队强，把敌从阜宁来的增援部队阻击住，就可以争取时间。进攻当然要用主力，但我们也不要搞得太死。如果打援更为重要，就要舍得拿出最好的部队来打。二十三团战斗力是弱一些，但只要二十四团打得好，减轻他们的压力，我相信他们是一定能出色完成任务的。这对二十三团来说，也是一个难得的锻炼机会。这样的安排，也是为了让他们打个翻身仗，把士气振作起来。"

会开完后，张爱萍又来到第二十三团，亲自向干部作动员："陈集这一仗很重要。它关系到我军能否继续在苏北站住脚。苏北的老百姓给我们吃、穿、住，我们难道就不能为老百姓除害吗？大家一定要抱定把敌人完全消灭的决心，来投入这次战斗。"动员后，他又同第二十三团的指战员一起研究了战法，提出要采取四面包围、多路而又有重点攻击的作战方法。"我们这次要用'火烧赤壁'的办法，多准备些弓矢，箭头上包上蘸过火油的棉花。我们要用这种武器来摧毁敌人的坚固防御工事。"

25日夜，月明星稀，清风习习。攻击部队隐蔽地来到陈集西北杂姓庄附近集结，迅速完成了对陈集的包围。张爱萍率旅警卫营、侦察队随第二十三团向陈集进发。沿途，根据地人民见新四军又回来了，一个个笑逐颜开，不顾被敌人发现的危险，悄悄地在村头等候迎接。在欢迎的群众行列里，一位老大娘领着孙女，怀里揽着一条狗。她轻轻地抚摸着狗微微扬起的脑袋，一边的孩子用手捂着狗的下巴，生怕它叫出声来。顿时，一股热流涌上了张爱萍的心头，根据地人民真是太好了。

攻击部队分北、东、南三路，直逼陈集。战斗即将打响，张爱萍来到担任攻击前锋的第二十三团二营五连。因为这一仗对全面收复根据地至关重要，而主攻方向能否一举突破成功又是战斗取胜的关键。所以，他必须亲自站在最前沿，才能及时地实施最有效的指挥。

21时许，张爱萍与尖刀班顺着交通沟向敌人接近。他们快速行进到陈集的圩河边，隐蔽在圩河边的土堆后面，观察着河对岸敌人的动静。这里离敌人只有100米。张爱萍发现在桥的那一头，有一个端着枪的敌人哨兵。要过桥就得先干掉这家伙。他仔细观察后，小声命令身边的尖刀班长："你带上两个战士，把刺刀当匕首用。当哨兵转过身时，迅速从背后抱住他，用刺刀解决他。不能让他出声。"

班长点点头，示意身边的两名战士，悄悄取下了刺刀，做好出击准备。当哨兵转到背向北时，张爱萍猛地一挥手，班长带着两名战士立即如旋风般冲过了桥，在敌哨兵还来不及转身时，刺刀已刺进了他的后背。

"冲进去！"张爱萍用力地向身后的连长挥了

挥手。攻击部队以迅雷不及掩耳之势冲进了敌人的营区，里面的日军尚在睡梦中，奇袭成功了。二营的战士们迅速悄声跟进，犹如神兵天降，机枪、手榴弹、蘸了油的火箭，一齐向敌营袭去。当日军从睡梦中被惊醒时，不是被烧死，便是被击毙。不一会儿，各主攻部队也都突入据点，与敌人展开了激烈的巷战。日军被这突如其来的攻击打蒙了，被压缩到一个三面临水的院落内，凭借强大的火力负隅顽抗。

战斗一时处于胶着状态。正在陈集东北部太平庙指挥所指挥作战的张爱萍接到报告，命令第二十三团团长胡继成："没有别的办法，还是火攻！"谁知大火点燃没多久，天公不作美，飘起了毛毛雨。胡继成心急如焚，那时打仗最怕拖，尤其是拖到白天，日军的增援部队一到，问题就难办了。

这时，张爱萍亲临前沿阵地，听取了胡继成的汇报，又去查看了敌情，立即下令将旅部特务营调上来，并对战斗做出新的部署。根据张爱萍的命令，形成四面包围的攻击部队故意网开一面，让出西边。原来，张爱萍用的是"佯顺敌意，开生以纵"之计。他要求西边的部队后撤时要让敌人看见，撤到陈集西北角后埋伏起来。同时，张爱萍又从旅部特务营和侦察队中，挑选了29人组成奋勇队，由教导员廖明义、党支部书记李军率领，加强对敌人的正面攻势。

在机枪的掩护下，奋勇队迅速占领与敌人只有一墙之隔的一间房子，并将机枪架在房顶上，向敌人猛烈射击，投掷手榴弹。随后，奋勇队的勇士们从房上跳下来，与敌展开白刃战。日军不支，一部在中队长崖畅野的带领下仓皇向西逃去。结果一头钻进张爱萍设好的埋伏圈里，全部被歼。

1943年初，新四军第三师第八旅在苏北阜宁县陈集全歼日军一个加强中队。图为新四军战士们在缴获品前留影

剩下来的20多个日军再也无法坚守，四处逃命。这时天早已大亮，枪声渐渐稀疏下来，从院子里走出十几个日军，双手把枪架在了自己的头顶上，乖乖地投降了。

至此，陈集守敌日军一个中队全部被歼灭。捷报传来，张爱萍赋诗一首《陈集歼灭战》：

风送春暖鱼水融，月照铁马虎胆雄。
千村人迎招手笑，百户犬卧抚怀中。
大圣扬威罗刹腹，小鬼跪向龟壳丛。
陈集歼敌获全胜，丧魂落魄寇技穷。

茅山新四军纪念馆

茅山新四军纪念馆位于江苏省句容市茅山风景区万福路1号，是为了纪念新四军总部驻守在茅山而兴建。1938年夏，陈毅、粟裕等同志率领新四军挺进苏南，创建了以茅山为中心的苏南抗日根据地，是中国共产党在华中敌后最早创建的革命根据地之一。1985年9月，建成了茅山新四军纪念馆，1995年建苏南抗战胜利纪念碑，1998年在原馆址的基础上进行了翻建。1999年3月15日，纪念馆新馆正式对外开放。2008年，茅山新四军将帅馆和苏南抗战英烈馆新展厅正式竣工。

苏南抗战胜利纪念碑园大门

苏南抗战胜利纪念碑前的陈毅与粟裕雕像

纪念馆占地面积16.33万余平方米，建筑面积2万余平方米，展览面积1.1万平方米。由主馆陈列区、国防教育区、纪念瞻仰区和茅山爱国主义活动中心4个部分组成。馆藏文物、史料等1万余件（套）、书画作品600余幅和红色图书1万余册。下辖苏南抗战胜利纪念碑园、新四军第一支队司令部政治部驻地旧址、新四军韦岗伏击战遗址、新四军后方医院旧址、新四军修械所旧址和新四军水坝遗址等。

陈列展览区由前后两座主体建筑构成，展馆造型别致，雄伟壮观。开设新四军苏南抗日斗争历史陈列馆、新四军将帅陈列馆、新四军英烈馆、新四军廉政建设史实馆、新四军先遣支队暨韦岗战斗历史陈列馆等5个专题陈列以及1个临时展览馆、1个红色旅游书屋。在磨盘山抗战遗址保护区，开设了新四军军工历史陈列和新四军卫生工作历史陈列。

主体展馆外是广场，占地数百亩，陈列着各类飞机及大炮等大型武器。馆内展厅建筑的正立面造型是茅山的三山，整座建筑庄严而肃穆。

展厅分为两层，在楼下的门厅中，屹立着陈毅元帅的古铜色全身塑像。身后是展厅，展览面积3700平方米。基本陈列为“新四军苏南抗日战争历史陈列”，分为“抗击日寇 八省健儿汇铁流”“挺进江南 开辟苏南根据地”“战略展开 挥戈东进再北上”“重创日伪 建设苏南根据地”“收复

茅山新四军纪念馆主展馆

失地 苏南军民迎胜利”5个部分，展出照片1100余幅、文物1970余件、文献史料210份、图表58个、艺术品（油画、雕塑、书法）19件、复原场景5个（韦岗战斗、陈毅与纪振纲、新四军江南指挥部旧址李氏宗祠、巫恒通在狱中、火烧竹篱笆）、音频视频10个（“南京保卫战”“南京沦陷”“跨国追捕百人斩元凶”“新四军浴火重生”“陈毅在茅山”“九里战斗”“谭老板”“儿子同志”“抗日名将廖海涛”“日本裕仁天皇广播投降诏书原版录音”）。还大量展出了反映侵华日军罪行的铁证，如武器弹药、防毒面具等装备和日军作战地图、画册和视频等。

《新四军苏南抗日斗争历史陈列》序厅雕塑

专题陈列有：“茅山魂——苏南新四军抗战英烈事迹专题展”，分为“血染疆场”“以身殉职”“英勇就义”“虎胆英勇”“同门忠烈”“巾帼英雄”“开明士绅”“文化先锋”“英雄少年”等部分；“风云江南——茅山新四军将帅陈列展”，分设元帅厅、大将厅、上将厅、中将厅、少将厅以及未受衔将军厅等7个部分；“新四军先遣支队暨韦岗战斗历史陈列”，分为“序言”“日寇入侵民族危亡”“组建先遣支队挺进江南敌后”“韦岗设伏首战告捷”“韦岗烽火燃遍大江南北”5个部分；“新四军廉政建设史实展”，分为“信念似铁蕴清廉”“建章立制筑基石”“艰苦奋斗倡廉洁”“楷模风范扬正气”“军民同心育作风”“精神永存铸丰碑”等8个单元。

新四军廉政建设史实展

纪念瞻仰区包括苏南抗战胜利纪念碑、“浩气长存”牌坊、胜利广场和陈毅与粟裕铜像，新四军小号手铜像、新四军小号手牺牲地等纪念设施。矗立在望母山巅的苏南抗战胜利纪念碑由原新四军第四师师长张爱萍题写碑名，“碑下放鞭炮、空中响军号”奇观被誉为“世界一绝”。在纪念馆后院和纪念碑陵园还安置有王必成、江渭清、吴仲超、段焕竞李珊夫妇、欧阳惠林等新四军老首长陵墓。国防教育区陈列了已退役的飞机、坦克、大炮等大型武器。

茅山新四军纪念馆是全国爱国主义教育示范基地、江苏省爱国主义教育基地。

经党中央、国务院批准，国务院于2020年9月1日公布，茅山新四军纪念馆被列入《第三批国家级抗战纪念设施、遗址名录》。

苏南抗战胜利纪念碑

知识链接 韦岗战斗

1938年4月24日，毛泽东致电中共中央军委新四军分会书记项英，指示新四军“主力开泾县、南陵一带，先派支队去溧水一带侦察”，并特别强调“须派电台及一有军事知识之人随去”。

新四军军长叶挺、副军长项英立即在鲍家村祠堂召开各支队领导人会议，决定从第一、第二、第三支队抽调部分团以下干部和侦察分队共400多人，组成先遣支队，由第二支队副司令员粟裕率领东进，实施战略侦察，摸清敌后情况。

5月4日，毛泽东致电新四军军部：在侦察部队出去若干天之后，主力就可准备跟行，在广德、苏州、镇江、南京、芜湖五区之间广大地区创造根据地，发动民众的抗日斗争，组织民众武装，发展新的游击队。陈毅立即率第一支队由皖南东进，沿着先遣支队开辟的路线向敌后挺进。6月8日，第一支队与先遣支队在溧水剧新桥胜利会师。

遵照中共中央关于创建以茅山为中心的苏南抗日根据地的指示，新四军广泛宣传抗日救国纲领，号召各阶层民众组织起来抗战，犹如黑暗中的一缕光明，照亮了江南大地。人们奔走相告，扶老携幼夹道欢迎，将希望寄托在英勇挺进的新四军身上。但当时，江南老百姓对抗战胜利普遍缺乏信心，对新四军也缺乏深入了解，心中不免嘀咕：“新四军好是好，可是队伍少，武器差，能打败日本鬼子吗？”国民党军更是瞧不起装备极差的新四军，很不客气地说：“你们军队有优良的纪律，作为一支政治宣传队是好的，如到前线去打仗，那请听下回分解好了！”

的确，刚刚完成改编的新四军面临着诸多困难，尤其是武器装备更是差到极点，枪支都已陈旧，子弹每人不过几发。粟裕的先遣支队只有两挺轻机枪，其余的武器五花八门，破旧不堪，有的缺少瞄准器，有的是长枪锯成了短枪，有的是埋在地下许久才挖出来的。但粟裕认为：苏南的形势和民众的情绪已向先遣支队提出了一个责无旁贷的问题，那就是尽快打一个胜仗！因为江南百姓需要用胜利来激发其抗日热情，鼓舞斗志；新四军指战员渴望用胜利来煞一煞日本侵略者的嚣张气焰。

经过一番深思熟虑后，粟裕的目光渐渐停留在地图上一个叫“韦岗”的地方。位于镇江西南30里的韦岗，是一片丘陵和小山地，这在水网密布的江南平原是不多见的。东侧有座海拔198米的赣船山，西侧有海拔455米的高骊山，镇（江）句（容）公路夹在两山之间，蜿蜒通过，是一个打伏击的好地方。经侦察，日军汽车南来北往，每天都有五六十辆，通行时间以上午8时至9时和下午16时前后最多。

恰好这时，第三战区司令长官部命令新四军“派兵一部，挺进于南京、镇江间破坏铁路，以阻击京沪之敌，务于3日内完成任务”。新四军军部决定，由粟裕率先遣支队及第一支队各一部共4个连，携带电台立即赶赴南京至镇江间的下蜀车站附近，执行破坏铁路任务。下蜀与韦岗相距不远。

6月15日夜，粟裕率部顶风冒雨抵达下蜀。在当地民众的帮助下，一举破坏了下蜀车站附近的铁路和电线，而后连夜撤到下蜀以南20千米处的东谢村休整。在村边一片竹林里，粟裕召开干部会，宣布在韦岗伏击日军车队的决定：副官处主任陈何龙带电台和勤杂人员留下隐蔽待命，他自己挑选八九十名精干的战斗人员，组成6个步枪班、1个机枪班、1个短枪班去执行伏击任务。

16日午夜，天正下着大雨，能见度极差，四周黑乎乎的一片。随着粟裕一声令下，参战部队从下蜀后山出发，消失在茫茫雨夜中。镇句公路两侧，山多林密，特别是韦岗至竹子岗一带，山道曲折蜿蜒。参战部队冒雨在湿滑的山路上艰难前行，于17日凌晨到达韦岗以南的赣船山口。

雨还在下个不停，指战员身上的衣服早已全部湿透。为了封锁消息，防止句容方面的日军北进而使伏击部队受到夹击，粟裕命令部队在赣船山的树林里休整待命。战士们抓紧时间检查装备，擦拭武器。黎明时分，粟裕进行了简短的战斗动员后，命令大家进入伏击阵地。

8时20分，从镇江方向传来汽车的马达声。日军野战炮兵第五旅团30多人分乘5辆汽车由镇江方向驶来，大摇大摆地驶进了伏击圈。先遣支队机枪班迎头就是一个齐射。汽车歪歪扭扭地冲出公路，撞到了路边的岩石上，不动了。也许是天正下着大雨，也许是公路弯道，后面的日军竟然没有发现前面的情况。过了几分钟，第二辆汽车仍旧毫无防范地驶进了伏击区，等待它的是新四军战士仇恨的子弹。机枪、手榴弹一阵猛击后，汽车翻入公路北侧的水沟里。坐在驾驶室里的日军少佐土井当场毙命。

这时，随后的3辆汽车接踵而至，车上有30余名日军。粟裕命令战士们猛烈开火，第三辆和第四辆汽车也先后被击中，瘫在了弥漫的硝烟中。第五辆汽车见势不妙，一个急刹车，停在新四军火力射程之外。日军纷纷跳下车，在公路两侧就地卧倒，以密集的火力负隅顽抗。粟裕命令吹起冲锋号，指挥战士们冲下山坡，围歼残敌。剩余的十几个日军见势不妙，架着伤兵，抬起死尸，爬上第五辆汽车，仓皇逃走了。

一场干净利落的伏击战只用半个小时就胜利结束了。先遣队共击毁日军汽车4辆，击毙日军少佐土井、大尉梅泽武四郎以下13人，击伤8人，缴获短枪2支、步枪20余支、日钞7000余元，还有日军军旗、战刀及车上的大批军需物资。

这是新四军挺进江南的第一战。诚然，韦岗伏击战算不上一场大战斗，但在江南这个国民党军一溃千里的沦陷区，其影响却极为广泛：不仅

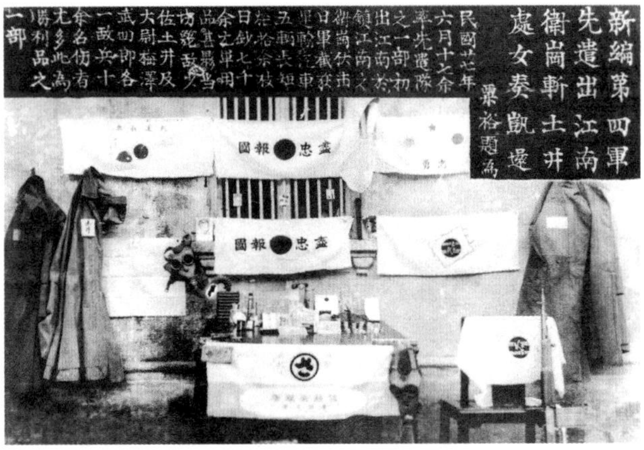

1938年6月，新四军第一、第二、第三支队派出先遣部队到达苏南，在江苏镇江西南的韦岗伏击日军，新四军在江南首战告捷。图为此次战斗的部分战利品

打破了日军不可战胜的神话，而且极大地鼓舞了江南人民的抗战热情。因为当时，国民党军在江南仍有数万之众的正规军，还有号称6万人枪的忠义救国军，但因“恐日症”盛行，“难以与日军交战”，多如牛毛的游击武装一个个都打着抗日的旗号，有的是力不从心，有的专门“游吃”“游劫”，更不敢主动与日军交战。而新四军说到做到，不但真敢打“萝卜头”（江南百姓给日军起的绰号，因其帽顶高耸），而且旗开得胜。这就使日军、国民党友军、广大民众及各种社会力量都对新四军刮目相看。

捷报传出，各地的各种报刊竞相报道，就连国民政府军事委员会也向新四军军部发出嘉奖电：“叶军长：所属粟部，袭击韦岗，斩获颇多，殊堪嘉尚。”新四军军部盛赞：“先遣队的确起了先锋作用，奠定了我们在江南发展和胜利基础”，并要求“在全军表扬，号召全军学习”。

粟裕兴奋之余，作诗一首：

新编第四军，先遣出江南。
韦岗斩土井，处女奏凯还。

陈毅策马赶往东圩桥，一个韦岗战斗缴获品的展览会正在祠堂里举行：好家伙，清一色的日本货——日本膏药旗、日钞、日军指挥刀、“三八大盖”步枪、钢盔、军大衣、皮鞋、望远镜……陈毅一首七绝《韦岗初战》脱口而出：

故国旌旗到江南，终夜喧呼敌胆寒；
镇江城下初遭遇，脱手斩得小楼兰。

中国革命纪念设施志
国家级抗战纪念设施、遗址卷

（下）

ZHONGGUO GEMING JINIAN SHESHI ZHI
GUOJIAJI KANGZHAN JINIAN SHESHI、YIZHI JUAN

李 涛 主编

北京出版集团
北京出版社

图书在版编目（CIP）数据

中国革命纪念设施志. 国家级抗战纪念设施、遗址卷
. 下 / 李涛主编. -- 北京 : 北京出版社, 2025. 9.
ISBN 978-7-200-19752-5

Ⅰ. K878.23

中国国家版本馆 CIP 数据核字第 202510QS62 号

策划统筹：黄雯雯
　　　　　豆广利
责任编辑：豆广利
　　　　　于　蕊
装帧设计：魏建欣
责任印制：齐　颖

中国革命纪念设施志　国家级抗战纪念设施、遗址卷
（下）
ZHONGGUO GEMING JINIAN SHESHI ZHI
GUOJIAJI KANGZHAN JINIAN SHESHI、YIZHI JUAN
（XIA）
李　涛　主编

*

北京出版集团
北京出版社　出版
（北京北三环中路 6 号）
邮政编码：100120

网　址：www.bph.com.cn
北京出版集团总发行
新华书店经销
北京华联印刷有限公司印刷

*

210 毫米×285 毫米　28 印张　665 千字
2025 年 9 月第 1 版　2025 年 9 月第 1 次印刷

ISBN 978-7-200-19752-5
定价：480.00 元（全两册）

如有印装质量问题，由本社负责调换
质量监督电话：010-58572393

目录

国外中国国家级抗战纪念设施、遗址

浙江省

大韩民国临时政府杭州旧址纪念馆

大韩民国临时政府杭州旧址纪念馆位于浙江省杭州市上城区长生路53—55号，是为了纪念朝鲜半岛被日本占领期间，流亡中国的朝鲜抗日志士在中国积极抗击日军的历史而建立的设施。

大韩民国临时政府杭州旧址纪念馆

1910年日本吞并朝鲜之后，大批朝鲜爱国人士流亡到中国进行抗日活动。1919年4月10日在中国上海成立大韩民国临时政府。1932年，流亡在中国的朝鲜抗日志士尹奉吉奉金九之命，在上海虹口公园投掷炸弹炸死日本上海派遣军总司令白川义则大将等要员，这一行动让世界震惊，同时也激起了日军的愤怒，他们大肆搜捕参与刺杀的抗日人士。大韩民国临时政府人员为了逃避日军的追捕，在中国进步人士的帮助下来到浙江的杭州、嘉兴等地继续从事反日复国斗争，大韩民国临时政府转移到浙江，开始了为期3年的“杭州时期”。在杭州的长生路湖边村、学士路思鑫坊、清泰第二旅社等处都留下了临时政府要员活动的足迹。

为了纪念这段抗日历史，2007年韩国独立运动湖边村旧址被开辟为大韩民国临时政府杭州旧址纪念馆。2012年修缮并重新布展。

纪念馆内政府办公室陈设原貌

湖边村旧址纪念馆初建于1926年，是时任国民党安徽省主席张义纯投资修建的新式石库门里弄建筑，占地2479平方米，建筑面积约1800平方米，共有68个单元。每个单元顶层有大阳台，二楼南向有木栏杆小阳台。韩国临时政府旧址位于当时沿街的湖边村23号，一楼一底一个阳台，为一个单元。大韩民国临时政府杭州旧址前面朝南有个小庭院，后面朝北是一扇后门，可通长生路。房屋建筑面积近100平方米。进门是一间不大的会客厅，也是临时政府会议室，房间的一边挂着大韩民国国旗，另一边悬挂着当时临时政府3位

朝鲜半岛独立运动家金九先生雕像

国务委员的照片。再进去是厨房。二楼则是两个卧室。

现在的大韩民国临时政府杭州旧址纪念馆，面积比旧址扩大了数倍，占地面积420平方米。两层共设有3个展厅，以影像、实物、图片、电子相册等形式展示当年的情景，复原当年旧貌。陈设有当年临时政府的迁徙图，还有当年中朝人民并肩战斗的事迹展览，等等。

经党中央、国务院批准，国务院于2014年8月24日公布，大韩民国临时政府杭州旧址纪念馆被列入《第一批国家级抗战纪念设施、遗址名录》。

知识链接　大韩民国临时政府

大韩民国临时政府，是朝鲜半岛沦陷时期朝鲜爱国志士在中国组织的流亡政府。该组织积极开展反日活动，一直为光复朝鲜、让朝鲜脱离日本的殖民统治而努力。

朝鲜沦为日本的殖民地后，日本废除了朝鲜原有的政府组织，成立“朝鲜总督府”，对朝鲜进行残酷的殖民统治。1919年3月1日，不堪忍受日本残暴统治的朝鲜人民发起了声势浩大的反日起义运动。这一运动给予日军沉重的打击，同时也让世人看到了朝鲜人民争取民族独立、消灭日本侵略者的坚强意志。

同年4月10日，流亡中国的朝鲜爱国志士在李光洙、孙贞道的提议下在中国上海召开独立运动代表会议，决定成立大韩民国临时政府，更好地领导朝鲜人民反抗日本侵略者的殖民统治，给予日军更有力的打击。

在这次会议中，选出了大韩民国临时政府的立法和行政机构。大会选举李东宁为议政院议长，孙贞道为副议长，李光洙、白南士为书记。新的政府放弃了之前朝鲜政府的君主制，采用了国务院总理制，李承晚被选举为大韩民国临时政府首任总理，另外选举安昌浩任内务总长，金奎植任外务总长，李始荣任法务总长，崔在亨任财务总长，李东辉任军务总长，文昌范（一说申锡雨）任交通总长，赵素昂为秘书长。由于当时特殊的政治形势，这些当选的政府官员很多都不在上海，无法有效履行自己的职能。为了保证临时政府的高效运行，大会又根据实际需要，选举出了各部门的次长实际主持各相关部门的工作。于是大会又选举申翼熙任内务次长、玄楯任外务次长、李春塾任财务次长、鲜于赫任交通次长、曹成焕任军务次长、南亨佑任法务次长。同时，大会还通过了告全体国民《布告》和告世界各国政府《宣

朝鲜义勇军、义勇队与中国人民一道抗击日本侵略者。图为朝鲜义勇军在刷写标语

言书》。向朝鲜人民和世界各国宣告了大韩民国临时政府的成立，标志着朝鲜人民的反日斗争有了政府的领导。

1920年12月，李承晚在上海宣誓就任大韩民国临时大总统。李承晚长期居住在美国，经营自己的政治势力，同时又贪恋权柄，拒绝给临时政府权力，导致临时政府在行动效率上处处被掣肘，无法高效领导朝鲜人民的反日斗争。临时政府内部矛盾重重，无法很好地发挥其作用。到1925年，矛盾无法调和的大韩民国临时政府议政院与李承晚公开决裂，发起弹劾，罢免了李承晚的总统职务，选举金九为大韩民国临时政府新的负责人。此后在很长一段时间里，金九作为临时政府负责人领导了朝鲜人民的反日斗争。

1932年，在大韩民国临时政府的策划下，朝鲜义士尹奉吉奉金九之命刺杀了日军驻上海派遣军的司令官白川义则大将，让日军见识到了大韩民国临时政府的厉害。同时，这次刺杀行动也给大韩民国临时政府带来了巨大的生存压力。为了避开日军的报复，临时政府选择离开上海，前往杭州等地继续开展工作。

在杭州的3年时间里，大韩民国临时政府在中国进步人士及杭州人民的支持下开展了积极有效的工作，领导了朝鲜人民的反日斗争。

中国全民族抗战爆发后，大韩民国临时政府迁往重庆，并在1940年9月17日成立韩国光复军总司令部。与此同时，大韩民国临时政府积极整合流亡海外的朝鲜抗日力量，如当时存在的大韩民国议会政府、汉城临时政府等组织，壮大了海外流亡政府的抗日力量。

大韩民国临时政府在韩国发展的历史上有着重要的历史地位，它的成立，正式废除了朝鲜上千年的君主制，成立了民国；成立了韩国历史上的第一个议会，选出了政府的第一任总理和各部门长官；通过了韩国的第一部宪法。

1940年9月17日，在中国政府的支持下，韩国光复军在中国重庆成立。图为韩国光复军总司令部成立典礼纪念

侵华日军细菌战衢州展览馆

侵华日军细菌战衢州展览馆位于浙江省衢州市柯城区罗汉井5号，这里原是衢州首批细菌战遇难者黄廖氏的故居，是为了纪念衢州细菌战的遇难同胞和揭发日军罪证而建立的展览馆。1998年开辟为展览馆。

侵华日军细菌战衢州展览馆

在抗日战争时期，日军曾经在衢州地区开展大规模的细菌战，生活在这里的中国人民遭受了细菌战的巨大伤害。从1940年日军在这里发动细菌展开始到1948年，衢州地区连续8年暴发大规模的传染病，累计发病30余万人，死亡5万余人。

细菌战衢州展览馆占地面积为300平方米，从七三一部队的罪行、衢州的深重灾难、为尊严而斗争、正义的呼声等多个角度全面展示了抗日战争时期日军在衢州地区开展灭绝人性的细菌战的历史，揭露了日军丧尽天良的战争行为，控诉日军犯下的滔天罪行，同时也警示后人建设自己强大的祖国，让历史不再重演。馆内除了大量的实物展品，还运用现代科技，通过纪录片、3D电影的方式呈现了日军在侵华战争时期犯下的罪行，以及给当地人民群众带来的无尽痛苦。

侵华日军细菌战衢州展览馆是浙江省爱国主义教育基地。

经党中央、国务院批准，国务院于2014年8月24日公布，侵华日军细菌战衢州展览馆被列入《第一批国家级抗战纪念设施、遗址名录》。

细菌战死难民众纪念碑

知识链接

侵华日军衢州细菌战

日军在侵华战争时期，曾多次发动细菌战，企图用这种毫无人性的战争方式迫使中国抗日军民屈服，给中国军民造成了巨大的伤亡。

日军执行细菌战的部队除了臭名昭著的七三一部队之外，还包括位于中国东北的侵华日军一〇〇部队、位于北平（今北京）的一八五五部队、位于南京的“荣”字第一六四四部队、位于广州的“波”字第八六〇四部队、位于长春的大陆研究所等细菌部队。尽管这些细菌部队不为世人所熟知，但他们所犯下的罪行丝毫不亚于七三一部队。日军通过细菌战在中国犯下了滔天罪行，而浙江衢州地区就是深受细菌战残害最为严重的地区之一。在整个抗日战争时期，浙江省包括衢州市在内的多个地区多次遭到日军细菌部队的攻击，造成了中国军民大量伤亡。

1940年10月4日，侵华日军一架飞机入侵浙江衢州上空，撒下大量带有鼠疫病菌的麦粒、粟粒、破布、纸包传单等物，开始对衢州实施惨无人道的细菌战。而在此之前，衢州并无严重的鼠疫等传染病疫情。此后，日军又在衢州多次投放鼠疫、炭疽、霍乱等病菌。

衢州的疫情刚开始仅限于衢县（今衢州市衢江区）城区，后逐步传播至衢州所辖的龙游、江山、开化、常山等地。在1940年到1948年的8年时间，衢州年年暴发严重的传染病疫情。直到1948年底，衢州疫情才得以控制。

衢州细菌战，造成衢州5万多人遇难，30万人染病，死亡加染病人数超过1945年日本的广岛原子弹爆炸事件造成的死伤人数。不只在浙江省，甚至在全国，衢州都是细菌战受灾最严重的地区之一。

台湾义勇队纪念馆暨台湾义勇队成立旧址

台湾义勇队纪念馆暨台湾义勇队成立旧址位于浙江省金华市婺城区酒坊巷84号，是抗日战争时期台湾义勇队参加抗日斗争时的革命遗址。为了纪念这支来自宝岛台湾的抗日队伍，2006年4月开始在台湾义勇队成立旧址之上，遵照修旧如旧的原则进行修缮，当年10月20日正式对外开放。

台湾义勇队纪念馆暨台湾义勇队成立旧址

台湾义勇队是抗日战争时期由中国台湾同胞组成的人数最多、影响力最大的一支抗日队伍，在中国人民抗日战争中发挥了应有的作用。这支队伍于1939年2月22日在浙江成立，由黄埔军校第二期毕业生李友邦将军担任队长，抗日的足迹遍及浙江、江西、福建、安徽、广西、重庆等多个地区，他们用自己的实际行动为祖国的抗日斗争贡献了力量。

李友邦将军铜像

纪念馆是台湾义勇队、台湾少年团成立地和第一所台湾医院所在地。它是一座砖木结构建筑，占地面积共213平方米，其中建筑面积为145平方米。馆内收藏当年的老照片60余张，文物近百件。纪念馆共有4个房间，其中第一个房间展出的是义勇队领导及两岸知名人士为纪念馆写的题词；第二、第三个房间是纪念馆的主展区，分为李友邦将军事迹、台湾义勇队事迹及台湾少年团事迹三个板块，全景呈现台湾义勇队在大陆参加抗战时的光辉事迹，展览通过老照片、与义勇队相关的实物及大量的文字介绍呈现。纪念馆的第四间房是接待用房。在纪念馆的廊檐下还专门设立了台湾义勇队队长李友邦将军铜像展区，供人们参观纪念。

与纪念馆一墙之隔的清代天井式建筑湘岩试馆，1939年曾作为台湾义勇队队员的宿舍。酒坊巷103号是当年李友邦将军的住所，占地198平方米，大门朝西，单层砖木结构。

台湾义勇队是两岸同胞共同抵抗日寇侵略、共赴国难的历史见证，是台湾人民热爱自己祖国最直接的体现。

李友邦将军办公处

经党中央、国务院批准，国务院于2014年8月24日公布，台湾义勇队纪念馆暨台湾义勇队成立旧址被列入《第一批国家级抗战纪念设施、遗址名录》。

知识链接

台湾抗日义勇队

卢沟桥事变爆发后，日军狂言要3个月消灭中国，中华民族面临着空前的生存危机。在生死攸关的时刻，全体中华儿女积极动员起来抗击日军，保家卫国，而宝岛台湾的同胞也是其中光荣的一员。

李友邦毕业于黄埔军校，全民族抗战爆发后，来到浙江金华，积极从事抗日救亡运动。作为台湾省人，他知道在中华民族面临巨大危机的关键时刻，台湾同胞要贡献自己的力量。同时，也清醒地认识到，要想让台湾摆脱日军的殖民统治，让台湾重新回到祖国的怀抱，就要将日军从自己

李友邦将军

的祖国赶出去。他计划将身在大陆的台湾同胞组织起来，加入伟大的抗日战争。这一想法得到国共两党的支持。中共浙江省委派出共产党员骆耕漠、张一之协助李友邦筹建台湾义勇队。国民党浙江省政府主席黄绍竑、福建省政府主席陈仪都非常支持李友邦的这一想法。

在国共两党的协助下，李友邦往返于浙江与福建之间，分两批将60名台湾同胞接到浙江金华。在第一批台湾同胞抵达后，1939年2月22日在浙江金华酒坊巷18号（现84号）台湾义勇队成立，台胞中的6名儿童组成了台湾义勇队少年团，李友邦担任台湾义勇队的队长兼少年团团长。1940年6月，台湾义勇队获得了国民政府军事委员会政治部批准，成为一支受国民政府军事委员会政治部领导的抗日队伍。台湾义勇队的规模也不断扩大，从最初成立时的30人发展到最高峰时的381人。

台湾义勇队成立之后积极开展抗日斗争，主要从事对敌政治工作，利用部分队员通晓日语的优势，翻译日军文件、审讯日军俘虏、获取日军情报等。还积极开展医疗救助工作，在浙江、福建等地

先后设立三家医院，为军人及军属、贫苦百姓免费看病。义勇队还通过演讲会、纪念会、募捐、出版图书等多种方式宣传抗日救亡思想，唤醒民众抗日救亡意识，掀起抗击日寇的浪潮。

台湾义勇队从1939年2月成立一直战斗到1945年抗战胜利。图为活跃在浙江金华的台湾义勇队

抗日战争胜利后，台湾回归祖国怀抱，台湾义勇队的成员回到台湾。台湾义勇队在抗日战争中贡献了自己的力量，很多队员献出了宝贵的生命，爱国主义行为受到了社会各界的广泛赞扬。他们用自己的实际行动展现了台湾人民的爱国主义精神，诠释了中华儿女同仇敌忾、共御外辱的血脉亲情。

侵浙日军投降仪式旧址和千人坑遗址

侵浙日军投降仪式旧址位于浙江省杭州市富阳区银湖街道受降村（原名宋殿村）。1945年8月15日，日本帝国主义宣布无条件投降，宋殿村被指定为驻浙江侵华日军投降的地点，国民政府在这里接受了日军的投降。今天的侵浙日军投降仪式旧址就是当年日军投降的地方。1995年对旧址进行修复，2014年起对侵浙日军投降旧址和千人坑遗址进行改扩建，总占地1.9万平方米，建筑面积2500平方米。2015年8月投入使用。

侵浙日军投降仪式旧址俯瞰

侵浙日军投降仪式旧址是一座土木结构、重檐亭式房屋，占地面积2900平方米，其中建筑面积为440平方米，坐北朝南。旧址中最为重要的建筑就是“受降厅”，就是在这间厅堂里，侵浙日军向中国受降代表投降。“受降厅”原来是宋殿村一户名叫宋作梅的地主家的厅堂。抗战的时候，这里被日军所侵占，曾经是日军第二十二师团三十联队三大队某中队的队部。

受降厅

1995年，在原旧址的基础之上修建了浙江人民抗战纪念馆。至2015年，纪念馆展厅面积为200多平方米，围绕“侵华暴行，铁证如山”“抗日烽火，烧遍全国”“欢庆胜利，严惩战犯”三大主题布展，通过200幅珍贵历史照片以及受降仪式上使用过的实物直观还原了当时驻浙江日军向我国受降代表投降时的场景。

侵浙日军投降仪式场景复原

在宋殿村南部有一座我国遇难同胞“千人坑”遗址，为了悼念遇难的同胞，当地政府在千人坑遗址立碑一座。遗址入口是一座千人坑纪念碑，正面是浙江省原省长李丰平题写的“千人坑遗址”5个大字，背面是介绍千人坑遗址的碑文。千人坑遗址建有一座有7级台阶的圆形平台，中间是黑色方形墓碑，正面是一个大大的“奠”字。墓后平台有半圈不高的黑色背景护栏，上面是部分死难者同胞的名录。

千人坑遗址

侵浙日军投降仪式旧址和千人坑遗址是全国爱国主义教育示范基地、浙江省爱国主义教育基地。

经党中央、国务院批准，国务院于2015年8月13日公布，侵浙日军投降仪式旧址和千人坑遗址被列入《第二批国家级抗战纪念设施、遗址名录》。

知识链接

中国抗战受降

1945年8月15日，日本宣布无条件投降。9月2日，在停泊于东京湾的美国“密苏里”军舰上，日本代表正式在投降书上签字，第二次世界大战宣告结束。

在中国战区，盟国共设立了16个受降区，接受日军的投降。这16个受降区分别如下：

山西受降区，受降仪式于1945年9月13日在太原的原日本第一军司令部举行。这一受降区的中国受降主官为第二战区司令长官阎锡山。在这一受降区投降的日军包括第一军、第一一四师团、第三独立旅团、第十独立旅团、第十四独立旅团等部。日军投降代表是华北派遣军第一军司令员澄田赉四郎。

浙江受降区，受降仪式于1945年9月中旬在杭州市富阳县（今杭州市富阳区）宋殿村的一个地主宅院中举行。这一受降区的中国受降主官为第三战区司令长官顾祝同。在这一受降区投降的日军包括第一三三师团、第六十二独立旅团、第九十一独立旅团以及部分海军陆战队等。受降仪式当天，顾祝同并没有出现在受降现场，委派第三战区副司令长官韩德勤出席受降仪式。日军投降代表是第一三三师团参谋长樋泽一治。

京（南京）沪受降区，中国受降主官为第三方面军司令官汤恩伯，投降的日军包括第十三军、第二十七师团、第六十师团、第六十一师团、第六十九师团、第八十九独立旅团、第九十独立旅团、第六军、第三师团、第三十四师团、第四十师团、第一六一师团、第十三飞行师团等部。汤恩伯以南京是中国战区对日受降典礼所在地为由，并没有举行受降仪式。

江西受降区，受降仪式于1945年9月14日在南昌中央银行大楼举行。这一受降区的中国受降主官是第九战区司令长官薛岳。在这一受降区投降的日军包括第十一军、第十三师团、第五十八师团、第二十二独立旅团、第八十四独立旅团、第七独立旅团等部。在受降当天，薛岳并没有到达受降现场，而是委派第九战区前进指挥主任第五十八军军长鲁道源出席受降仪式。日军投降代表是第十一军司令笠原幸雄。

长沙、衡阳受降区，受降仪式于1945年9月15日在湖南大学举行。这一受降区的中国受降主官是第四方面军司令官王耀武。在这一受降区投降的日军包括第二十军、第六十四师团、第八十一独立旅团、第八十二独立旅团、第六十八师团、第一一六师团、第十七独立旅团等部。日军投降代表为第二十军司令坂西一良。

广州、海南岛受降区，受降仪式于1945年9月16日在广州中山纪念堂举行。这一受降区的中国受降主官是第二方面军司令官张发奎。在这一受降区投降的日军包括第二十三军、第十三师团、第一二九师团、第一三〇师团、第十三独立旅团、第二十三独立旅团一部、第八十一独立旅团、第二十二独立旅团、第二十三独立旅团一部、海南岛警备部队等。日军投降代表为第二十三军司令田中久一。

1945年9月16日，广州中山纪念堂日军投降仪式上，日本代表签署投降书

湖北受降区，受降仪式于1945年9月18日在汉口中心公园举行。这一受降区的中国受降主官为第六战区司令长官孙蔚如。这一受降区投降的日军包括第一三二师团、第五独立旅团、第十一独立旅团、第八十五独立旅团、第十二独立旅团、第八十六独立旅团、第八十八独立步兵旅团等。日军投降代表是第六方面军司令冈部直三郎。

漯河、襄樊受降区，受降仪式于1945年9月20日在漯河山西会馆举行。这一受降区的中国受降主官为第五战区司令长官刘峙。这一受降区投降的日军包括第一一五师团、第十四独立骑兵旅团、第九十二独立旅团、第十三独立骑兵旅团、第四独立骑兵旅团等。日军投降代表是第十二军司令鹰森孝。

新汴受降区，受降仪式于1945年9月22日在郑州圣公会堂举行。这一受降区的中国受降主官为第一战区司令长官胡宗南。这一受降区投降的日军包括第十独立骑兵旅团、第一一〇师团、第六独立骑兵旅团等。日军投降代表是第十二军司令鹰森孝。

徐蚌受降区，受降仪式于1945年10月14日在安徽省政府会议厅举行。这一受降区的中国受降主官为第十战区司令长官李品仙。这一受降区投降的日军包括第七十师团、第一独立骑兵旅团、第六十五师团、第一三一师团、第六独立旅团等。日军投降代表是第六军司令十川次郎。

越北受降区，这是中国唯一的境外受降区，中国以战胜国的身份接受这一地区日军的投降，受降仪式于1945年9月28日在越南河内总督府举行。这一受降区的中国受降主官是第一方面军司令官卢汉。在这一受降区投降的日军包括第三十八军、第二十一师团、第二十二师团和第三十四独立旅团等。日军投降代表为第三十八军司令土桥勇逸。受降当天，除中日双方的代表，还有来自美国、英国、越南的代表参加了受降仪式。

潮汕受降区，受降仪式于1945年9月28日在潮汕前进指挥所举行。这一受降区的中国受降主官是第七战区司令长官兼第十二集团军总司令余汉谋。在这一受降区投降的日军包括第一〇三师团一部和第一〇四师团等。日军投降代表为第二十三军司令田中久一。两军主官都因故缺席，实际参加受降仪式的中国代表是第十二集团军副总司令徐景唐，日本投降代表则是第二十三军参谋长富田直亮。

热察绥受降区，受降仪式于1945年9月28日在归绥（今呼和浩特）举行。这一受降区的中国受降主官为第十二战区司令长官傅作义。这一受降区投降的日军包括第二十一独立骑兵联队、第二十四独立骑兵联队以及热河省（今分属河北、辽宁、内蒙古）内日军部队。日军投降代表是驻蒙军参谋长中川留雄。

平津受降区，受降仪式于1945年10月10日在北平故宫太和殿举行。这一受降区的中国受降主官为第十一战区司令长官孙连仲。这一受降区投降的日军包括第八独立旅团、第二独立骑兵旅团、第三独立骑兵旅团、第一一八师团、第九独立旅团、第七独立骑兵旅团、第一独立旅团、第二独立旅团等。日军投降代表是华北方面军司令兼驻蒙军司令根本博。

1945年10月10日，日本代表在太和殿前投降时低头认罪

台湾受降区，受降仪式于1945年10月25日在台北公会堂举行。这一受降区的中国受降主官为台湾警备司令陈仪。这一受降区投降的日军包括第十方面军、第九师团、第十二师团、第五十师团、第六十六师团、第七十一师团、第八飞行师团、第七十五独立旅团、第七十六独立旅团、第一〇〇独立旅团、第一〇二独立旅团、第一〇三独立旅团、第一一二独立旅团等。日军投降代表是最后一任台湾总督兼第十方面军司令

1945年10月25日，中国战区台湾省受降仪式在台北公会堂举行

安藤利吉。

山东受降区，受降仪式于1945年12月27日在山东省图书馆的大阅览室举行。这一受降区的中国受降主官为第十一战区副司令长官李延年。这一受降区投降的日军包括第四十三军、第四十七师团、第九独立骑兵旅团、第五独立旅团、第十二独立骑兵旅团及海军陆战队一部。日军投降代表是第四十三军司令细川忠康。

宁波樟村四明山烈士陵园

樟村四明山烈士陵园位于浙江省宁波市海曙区章水镇振兴东路，是为了纪念抗日战争、解放战争中牺牲在浙东四明山地区的烈士而修建的设施。始建于1944年，1951年初成规模，历经1992年、2009年两次改扩建，2011年4月对外开放。

陵园背靠大雷山冈，前面是樟溪河水，占地面积超过10万平方米，建筑面积达6200多平方米。主要纪念设施包括烈士纪念塔、鄞州革命烈士纪念馆、室外兵器陈列、题词墙、景观亭、烈士群雕、烈士墓等。

陵园由6个区域组成，分别是入口广场区、革命回顾区、瞻仰励志区、烈士墓区、爱国主义教育区、文物保护区。入口广场区中心设置一大理石艺术地雕，其上刻画鄞州革命史迹地图和方位标志。革命回顾区分为罗浦暴动第一枪铜雕和题词墙两部分，配置景观水面、林荫大树阵和五星水池，左、右两边有一对大型雕塑群。瞻仰励志区主要有革命烈士纪念塔和可容纳4000人的悼念广场。爱国主义教育区包括国防教育区和革命烈士纪念馆。文物保护区建有2座纪念碑亭和1座烈士墓。

纪念塔位于悼念广场中央，广场占地面积

樟村四明山烈士陵园正门

纪念塔后的烈士墓区

6254平方米。塔高44.12米，寓意1944年12月奠基。塔身为花岗岩饰面，线条简洁，正面刻有“革命烈士纪念塔”7个镏金大字。塔座四周镌刻4组浮雕图案，分别为“大嵩潮”“梅园旗”“樟溪血”“四明火”。

革命烈士纪念塔

烈士墓区位于纪念塔北侧，2011年3月建成，设烈士墓799座。墓区呈扇形分布，区内苍松翠柏，绿树成荫，庄严肃穆。

鄞州革命烈士纪念馆位于悼念广场东侧，2011年3月建成，建筑面积3519平方米，纪念馆陈列的主题为“传承”，意为把老一辈的革命精神代代相传。讲述从1923年起宁波人民在中国共产党的领导下，为争取自由民主和民族独立的可歌可泣的光辉历程。展陈分为6个部分：序厅“日月同辉”；第一部分“大潮初起，爝火不息”；第二部分“土地革命的不熄火炬”；第三部分“喋血四名，横扫虏顽”；第四部分“枕戈待旦，迎接解

鄞州革命烈士纪念馆

放”；第五部分“前赴后继，光耀河山”。

宁波樟村四明山烈士陵园是国家级烈士纪念设施、全国爱国主义教育示范基地。

经党中央、国务院批准，国务院于2015年8月13日公布，宁波樟村四明山烈士陵园被列入《第二批国家级抗战纪念设施、遗址名录》。

知识链接　后居桥突围战

1944年4月14日凌晨，新四军浙东游击纵队第五支队二大队四中队到鄞县（今宁波市鄞州区）西部集士港镇后居桥村宿营。伪保长、甲长闻讯后即向国民党顽军通风报信。

中午时分，村西边的哨兵发现国民党顽军逼近，鸣枪报警。围攻第四中队的顽军有600余人，分三路突袭，很快包围了后居桥村，妄图一举消灭第四中队。

第四中队迅速冲出村子，利用坟头、土堆、地坎等为掩护，组织火力还击顽军。中队长毛明孝率第一小队快速占领村外有利地形，组织火力阻击顽军过河进村；第二小队占领村西边的竹园，阻挡南面顽军；政治指导员肖张带领第三小队作为机动分队；另一个小组控制村东边的石板桥及一条木船，并掩护地方干部转移，当穿过小石桥时，被顽军发现，即以火力封锁。第二大队政治教导员陈行知看到顽军已从西、北两边蜂拥而至，部队突围无望，决定就地迎战，待坚持到天黑再伺机突围。不料，此时顽军的机枪突然扫射，陈行知壮烈牺牲。毛中队长见顽军不断过河，对第四中队威胁越来越大，下令反击，第一小队15名勇士在枪林弹雨中奋勇冲杀，伤亡8人。毛中队长又率第三小队向顽军阵地攻打。冲过一段开阔地后，第三小队13名战士牺牲7名。毛中队长头部、腿部多处负伤，仍坚持指挥直至壮烈牺牲。由于敌众我寡，第四中队战士伤亡过半。

傍晚，过河顽军越来越多，我军伤亡不断增加。趁着苍茫的暮色和顽军的疏忽，第一小队队长胡善琨带第一小队副队长郭亦绕、第三小队副队长李再庆等5名同志和1挺机枪突破重围；第二小队队长傅瑞康带领战士阻击南面顽军过河，以火力支援第一、第三小队战斗，击退靠近河岸的顽军，战斗到只剩他一人才突围而出。

战斗历时3个多小时，第四中队37名官兵牺牲，毙伤顽军近百人。战后，中共浙东区党委、浙东游击纵队政治部授予该中队“钢铁四中队”荣誉称号。

后居桥突围战烈士纪念碑

新四军浙东游击纵队司令部旧址

新四军浙东游击纵队司令部旧址位于浙江省余姚市梁弄镇晓岭街103号，当地人称“小源和”，曾经是新四军浙东游击纵队和浙东革命根据地的军事指挥中心所在地。

新四军浙东游击纵队司令部最初位于慈北鸣鹤场，后来随着游击纵队的发展及战事的需要，先后在茭湖、袁马等地驻扎。到1943年4月，新四军攻克了浙东重镇梁弄，游击纵队司令部移至梁弄镇内的小源和。

新四军浙东游击纵队司令部旧址大门

司令部旧址小源和是一座保存相当完好，同时具有地方建筑特色的清代四合院民居，坐北朝南，占地面积约600平方米。前后两进，前院是一座倒座平房，后进院是一座重檐硬山楼房，两侧有厢房，中间天井铺设石板，环境幽静而庄重。1992年在原有建筑基础之上进行了修缮，并建立了新四军浙东游击纵队军史陈列馆，通过大量的历史照片和革命文物展现当时浙东纵队领导浙东人民进行革命斗争的历史场景。共展出历史照片160余幅、图表10余张，各类历史文物、文献近百件。

新四军浙东游击纵队军史陈列馆

新四军浙东游击纵队司令部旧址是全国重点文物保护单位。

经党中央、国务院批准，国务院于2020年9月1日公布，新四军浙东游击纵队司令部旧址被列入《第三批国家级抗战纪念设施、遗址名录》。

知识链接

新四军浙东游击纵队

新四军浙东游击纵队是中国共产党领导下的一支抗日武装。抗日战争时期，这支人民武装在带领浙东人民抵抗日本侵略者的同时，还与国民党顽固势力做英勇的斗争，为浙东人民打败日本侵略者、赢得抗日战争的胜利做出了巨大贡献。

1942年8月，为了更好地领导浙东人民的抗日、反顽斗争，提升浙东各抗日部队的战斗力，经中共中央华中局批准，决定成立新四军浙东游击纵队。但考虑到当时的对敌斗争及抗日统一战线等问题，部队并没有使用新四军番号，而是以“第三战区三北游击司令部”的番号对中共领导的浙东部队进行统一指挥。军政委员会由何克希（化名何静）、张文碧、刘享云、连柏生四人组成，何克希任司令，谭启龙（化名胡志萍）任政委。所辖各部队也根据斗争形势的需要进行了改编。直到1943年12月22日，部队才遵照新四军军部的命令正式启用“新四军浙东游击纵队”的番号。

谭启龙

新四军浙东游击纵队下辖部队包括由余龙贵任支队长、林达（林有璋）任政委的第三支队；由王胜任支队长、邱相田任政委的第五支队；由蔡群帆任支队长、杨思一任政委的金萧支队；由朱亚民任支队长、姜杰任政委的浦东支队（后称淞沪支队）；由王仲良（王耀中）任总队长兼政委的三北自卫总队；由罗白桦任总队长、刘清扬任政委的南山自卫总队。另外，新四军浙东游击纵队还设有直属教导大队、海防大队和警卫大队等部队。

1945年1月，中央军委命令成立以粟裕为司令、谭震林为政委的苏浙军区，统一指挥苏南、浙东部队。浙东游击纵队被改编为苏浙军区第二纵队。

同年11月，奉中央军委命令，浙东部队北上并整编为新四军津浦前线野战军第一纵队第三旅，下辖第七、第八、第九团及旅属教导营、特务营、侦察连、通讯连、炮兵连等，共8500余人。张翼翔任旅长，何克希任政委。1946年1月，改称新四军山东野战军第一纵队第三旅。1947年2月，改编为华东野战军第一纵队第三师。1949年2月，改编为第三野战军第九兵团第二十军第六十师，下辖第一七八、第一七九、第一八〇团。

何克希

新四军苏浙军区旧址

新四军苏浙军区旧址位于浙江省湖州市长兴县煤山镇温塘村，是我国江南地区保存最完整的抗战革命旧址群之一。抗战后期，新四军苏浙军区司令部及党、政、军指挥机关和后勤保障机构均设在这里。围绕着司令部，分布着粟裕宿舍和办公室、新四军后方医院、疗养所、修枪所、兵工厂、苏南报社等革命旧址。1945年10月，新四军苏浙军区主力部队与地方干部渡江北撤，苏浙军区的历史使命完美结束。

新四军苏浙军区纪念馆

新四军苏浙军区旧址建筑群的总建筑面积达8849平方米。

苏浙军区司令部旧址是今天的新四军苏浙军区纪念馆的所在地，位于煤山镇温塘村。原是清朝咸丰年间建造的一处民宅，砖木结构，正屋是一座四面高墙前后两进五开间的走马楼，两侧有厢房，共有大小房间46间。整个建筑体现着清朝徽派建筑的庄严和典雅风格。当年苏浙军区成立大会就是在这座院子前面的空地召开的。1976年，在苏浙军区司令部旧址的基础上建立了新四军苏浙军区纪念馆。1985年由江渭清题写馆名。现纪念馆占地面积3400平方米，建筑面积2000余平方米。四周古槐参天，银杏华盖，松柏掩映，翠竹交织，百花吐蕊，绿草如茵。大门左右是江渭清、郭仲选同志题写的“新四军苏浙军区纪念馆”牌匾，庭院西侧为原新四军苏浙军区司令员粟裕将军骨灰撒放纪念碑，东侧是“军民鱼水情”雕塑，东侧前方是新四军苏浙军区纪念碑，碑上银金色“N4A”3个英文和数字缩写闪烁着耀眼的光芒。

粟裕同志骨灰敬撒处

新四军苏浙军区纪念碑

纪念馆内部布置庄严、肃穆。展览大厅正厅中，松柏和鲜花簇拥着粟裕将军的半身塑像，塑像后红丝绒帷幕上是叶飞同志的题词：“军民团结，无往不胜。”楼上楼下展陈面积1000平方米、展线900米，四大展厅收藏陈列着645件珍贵文物、480幅历史照片和近百幅老战士诗书画作品。这里有保留汗渍和血迹的“中共党证”，军区司令部发布的《新四军苏浙军区对日本驻军通牒》，军区司令部参谋处绘制的军用地图，油印的《论持久战》，有兵工厂用来铸造武器的“大风箱”，江南银行发行的“抗币”，报社油印《苏南报》的石印版上，有新四军穿过的服装、雨蓑、草鞋，用过的竹碗、大刀、土枪和缴获的战利品刺刀、钢盔、电话机；有从烈士遗骸上取下的子弹头，烈士遗物——作战笔记、私章、钢笔等实物；还有不少当时拍摄的表现根据地军民学习、生产、操练、集会、侦察、行军、战斗、支前、宣传、庆功等照片，使人萦回、使人沉思、使人振奋。

新四军苏浙军区纪念馆展览大厅入口和粟裕将军半身塑像

其中一幅反映当年苏浙军区创办“苏浙公学”的照片上，“这里没有黄埔军官，只有身经百战的老战士；这里没有学士博士，只有丰富经验的革命者”对联和“革命熔炉”横批，以及“学用一致，实事求是，埋头苦干的精神；遵守纪律，自动自治，团结互助的学风”横幅标语，字迹至今清晰可辨。

整个展览围绕“新四军在浙西”主题，从“新四军第十六旅挺进郎广地区，开辟抗日根据地”“新四军苏浙军区成立肩负战略反攻重任”“抗日民主根据地建设”“抗战胜利新四军奉命北撤”“缅怀革命先烈，继承革命遗志”“长兴抗日烽火”“老战士诗书画”和革命文物8个方面系统地记录了1943年秋至1945年10月新四军苏浙军区整个战斗历程，再现了当年新四军苏浙军区广大军民可歌可泣的光辉业绩，热情讴歌了粟裕、叶飞、刘先胜、钟期光、王必成、江渭清等将领的卓著功勋。

“新四军在浙西”军史陈列

纪念馆现管辖的新四军苏浙军区旧址遗迹有17处（点），现对外开放的旧址有：新四军苏浙军区第一纵队司令部暨纪念馆、新四军苏浙军区司令部、新四军苏浙军区政治部、新四军苏浙军区供给部、粟裕宿舍和办公室、新四军苏浙公学、新四军后方医院疗养所旧址等，这些革命旧址和旧址内展出的革命文物、历史照片、文献史料，系统地记录了以粟裕、叶飞、王必成、江渭清为领导的苏浙军区战斗历程，生动形象地反映了新四军苏浙军区抗日反顽斗争事迹和抗日根据地广大军民坚持抗战的辉煌业绩。

新四军苏浙军区旧址是全国重点文物保护单位、全国爱国主义教育示范基地。

新四军苏浙军区旧址全景

经党中央、国务院批准，国务院于2020年9月1日公布，新四军苏浙军区旧址被列入《第三批国家级抗战纪念设施、遗址名录》。

知识链接

天目山反顽战役

1943年12月，新四军第六师十六旅在旅长王必成、政委江渭清的率领下，进入广德北部山区，在广德、郎溪和长兴开辟敌后抗日根据地。

1945年1月6日，粟裕率新四军第一师南下，在广德与长兴交界的仰峰岕与第十六旅会师。13日，新四军军部转发中央军委电令，成立苏浙军区，任命粟裕为司令员，谭震林为政委（未到职），刘先胜为参谋长，萧望东任政治部主任，统一指挥苏南与浙江的新四军部队。主要任务是向浙西莫干山敌后行动，打通浙东与浙西的联系，建立向浦东、浙东前进的基地。

苏浙军区成立大会

苏浙军区下辖4个纵队。第一纵队由一直在这一地区坚持斗争的第十六旅整编而成，司令员王必成，政委江渭清；第二纵队由原浙东游击纵队整编而成，司令员何克希，政委谭启龙；第三纵队由南下的第三旅的3个团组成，司令员陶勇，政委阮英平；第四纵队由新四军第一师教导旅的3个团以及数百名地方干部组成，司令员廖政国，政委韦一平。另外，苏浙军区还在苏南及浙西地区建立3个军分区，第一军分区司令员熊兆仁，政委陈光，下辖独立第一、第三团以及江宁、句容、茅山等7个县的县总队。第二军分区司令员梅嘉生，政委陈立平，下辖独立第二团以及太湖、金坛、宜溧等7个县的县总队。第三军分区司令员贺敏学，政委周林，下辖特务团和安吉支队。

苏浙军区第一纵队在挺进莫干山沿途积极打击日、伪军，粉碎了安吉、梅溪等地日、伪军的侵扰，控制武康、德清两城，开辟了莫干山抗日游击区。同时，第三纵队以两个支队进入广德、誓节渡、泗安以南，配合第一纵队行动，以防国民党顽军切断第一纵队的后路，另一个支队在广泗公路南北地区，确保后方运输线的畅通。第二纵队除继续巩固四明山地区外，逐步向西发展，策应主力南进作战。

国民党第三战区发现新四军的战略意图后，连续调集重兵到浙西布防，企图阻止新四军东进，聚歼苏浙军区部队。粟裕指挥苏浙军区部队，被迫于天目山地区进行了历时5个月的自卫反击战，史称“天目山反顽战役”。

天目山第一次反顽战役。

1945年2月10日，新四军苏浙军区第一纵队由长兴槐坎出发，向莫干山挺进，沿途粉碎了安吉、梅溪等地日、伪军的阻挠，控制了武康、三桥埠、递铺一线。12日，第三纵队七支队进至安徽广德以南、柏垫以东地区。

正当新四军向日、伪军开展攻势作战之际，国民党第三战区指令苏浙皖挺进军第六十二师及

天目山战役组织指挥者、苏浙军区司令员粟裕

“忠义救国军”等共5个团的兵力，于2月12日由孝丰及其西北向新四军第七支队发起进攻。苏浙军区部队被迫自卫还击。14日，“忠义救国军”1个团再次猛攻上堡里，数次被击退。15日，第三纵队第八、第九支队投入反击战。战斗中顽军第六十二师2个团由孝丰经外白羊迂回至景坞里，企图截断第七支队归路，第八、第九支队与其展开激战。16日晚，第三纵队开始反击。第一纵队主力越过莫干山，由东向西切断了顽军向孝丰、天目山区的退路。17日，第一纵队在孝丰北塔山将顽军第六十二师第一八四团一部击溃，占领孝丰县城。18日，第一、第三纵队配合，于孝丰西圩市、渔溪口、大小王坑一线会歼“忠义救国军”一部，残部向天目山和宁国逃跑。此役，共歼国民党顽军1700余人，缴获迫击炮3门、重机枪12挺、轻机枪30余挺、步枪600余支，并解放孝丰城，控制了天目山北部地区。

天目山第二次反顽战役。

国民党顽军在进攻新四军遭失败后，于3月1日调集12个团的兵力，以第二十八军军长陶柳为前线总指挥，在“忠义救国军”的协同下，兵分四路向孝丰城合击，妄图重占孝丰城，驱逐新四军出天目山以北地区。3日，“忠义救国军”及第五十二师第一五六团，向孝丰城的牛山、八卦山的新四军第三纵队第八支队阵地发起进攻，其余顽军亦向孝丰城步步进逼。

苏浙军区部队一部反击顽军的进攻

4日至6日，顽军先后占领孝丰城外围白水湾、横路村、施善村、统里村、报福坛、上梅村、上市村等地。新四军苏浙军区守备部队在孝丰城周围与顽军展开激战，许多阵地经反复争夺，最终失而复得。第八支队由广德刘村打到小百店，在牛山、桃花山、乌石山一带阻击“忠义救国军”。7日晚，第一、第三纵队主力全线出击。第三纵队西出孝丰，进行穿插分割，在黄泥岗与顽军第五十二师一五六团展开激战，全歼该团。接着第一纵队又在孝丰城西南吉才坞、老石口歼灭顽军第一九二师一部，并在孝丰城南重创顽军第六十二师。

12日至27日，顽军各部分别由横湖、横畈、青云桥等地向新四军发动进攻，均被击退。此后顽军放弃临安，并从于潜、昌化之线逃跑。此次反顽战役历时24天，苏浙军区第一、第三纵队在两倍于己的国民党顽军的围攻下，各个击破，以少胜多，共歼国民党顽军1700余人，缴获迫击炮

4门、轻重机枪80余挺、长短枪800余支，并乘胜占领了东、西天目山，解放了临安县城（今杭州市临安区）。

天目山第三次反顽战役。

5月29日晚至6月1日，苏浙军区第一、第三、第四纵队的部分部队与顽军第七十九师激战3天，占领新登城。6月4日、8日、15日，苏浙军区部队分别撤离新登、临安，东、西天目山，主动集结孝丰西北休整。9日至18日，国民党第三战区集中14个师42个团共6.6万人，在第三战区副司令上官云相的指挥下，由第二十五集团军总司令李觉率领，向天目山地区发动大举进攻，企图攻占临安、天目山、孝丰，聚歼或撵走苏浙军区部队。

19日，顽军第五十二师主力第一五四团进至孝丰城西新桥头、百步村、西圩市一带，另一主力第一五五团进抵孝丰城西北虎岭关、小白店一线。隐蔽集结的苏浙军区部队在十分险恶的情况下，与国民党顽军在广（德）孝（丰）边境的白水湾、杭坑、桃花山等地血战。苏浙军区抓住战机，当晚集中6个支队向顽军左路进击，将顽军第五十二师第一五四、第一五五团分割包围。经一夜激战，将其全歼，为皖南事变死难烈士报了仇，同时歼灭顽军独立第三十三旅1个营。20日下午，新四军主动撤出孝丰城，将顽军右翼兵团主力四面包围。经两昼夜激战，至23日发起总攻，将顽军突击第一、第二纵队和第七十九师大部歼灭，残顽在混乱中向南逃窜。

苏浙军区第三纵队在天目山战役中缴获的重机枪

天目山第三次反顽战役，共歼顽军9000余人，并毙伤“国际突击纵队”第一纵队少将司令胡旭盱、第五十二师副师长韩德考、第七十九师参谋长罗先觉，彻底粉碎了国民党顽军聚歼苏浙军区主力，驱逐新四军出江南的狂妄企图，为坚持孝丰、莫干山、杭嘉湖敌后新区，打通与浙东的联系扫清了障碍。

安徽省

大通万人坑教育馆

大通万人坑教育馆位于安徽省淮南市大通区大通街道矿南社区，是为了悼念日军侵占大通煤矿时期被日军杀害的同胞，控诉日军在大通煤矿犯下的滔天罪行而修建的纪念设施。1943年春，日本侵略者强令矿工们挖了3条长20米、宽5米、深3米的大坑，将超过1.7万被迫害致死的矿工尸骨抛入坑内，形成了累累白骨的“万人坑”。大通万人坑教育馆始建于1968年，2009年5月经过重新修缮后向公众开放。

大通万人坑教育馆建立在遇难矿工的尸骨形成的万人坑基础上，占地面积共3.1万多平方米，建筑面积6900平方米，展陈面积2400平方米。包括大通万人坑纪念馆、碉堡、水牢、窑神庙等遗址。

大通万人坑教育馆地处森林中，南望绵延的舜耕山。馆区没有高楼大厦，全是一层的瓦房，只是在中心万人坑周围竖起了充满沧桑感的高大木头架，上书“牢记历史，珍爱和平”8个大字。馆内一段段催人泪下的文字解说，一张张泛黄的图片，一件件煤矿工人使用过的工具，一座座栩栩如生的人物塑像，无不在向后人诉说着矿工们曾经遭遇的苦难，这让我们更加珍惜今天的幸福生活。日军当时残害矿工的刑具、日军当时侵占大通煤矿时的沙盘示意图、矿工当时作业场景、万人坑下累累白骨，都让我们直观感受到日军的罪恶和矿工的悲惨。

大通万人坑教育馆

日军残害煤矿工人的刑具——钉笼

主题展览分为序厅、日军入侵、矿山沦陷、以人换煤、血腥统治、抗日斗争、铭记历史、尾厅8个部分。新增了日军侵占淮南煤矿罪证陈列，展陈图版共计100多块，各类实物展品100余件，其中50%以上图片资料、实物展品等为近年来新搜集、征集的日军侵占淮南煤矿重要罪证史料，尤其是馆内由3条累累白骨组成的“万人坑”，更是让人触目惊心。

白骨森森的遇难矿工遗骸

站后碉堡位于原大通火车站西面，现洞山东路与田大南路交叉口，圆筒状，砖石水泥结构，建于1943年。高14米，占地面积28平方米，上下三层，三层顶有平台，四周有垛墙。每层皆设有架设枪械的枪眼，是日寇在淮南地区修建的碉堡中最高的一座，是控制东西交通的制高点，以

站后碉堡

防止游击队袭击并监控矿区，成为日本帝国主义侵略中国、疯狂掠夺我国煤炭资源、残害我国矿工的历史铁证。而在淮南境内，日寇修建这样的碉堡足足有36座。

秘密水牢又名室内水牢，离大通万人坑遗址不远，建于1939年冬。原位于大通矿南门内东侧，因矿区开采塌陷，1968年按其原貌迁建于“万人坑”西北面。分为地上、地下两部分，地上被伪装成办公场所，地下是严密封闭的水牢。水牢长3.5米、宽2.5米、深3.2米，内部漆黑一片，阴森恐怖，只有4个小小的伪装成“烟囱”的透气孔，仅能透进微弱的光线和稀薄的空气，日军将抗日志士和矿工带到这里，进行关押、审讯和迫害。走近水牢向下看，一座座幽暗的牢狱如同深渊一般，让人感到窒息，仿佛还能够听到当年这里传出的痛苦惨叫。

秘密水牢

碉堡水牢位于大通矿南，原大通第一小学西北角，与秘密水牢同时建造。由石块砌成，整体为圆柱形，占地面积44.18平方米。分为地上、地下两部分，地面以上为碉堡，地面以下为水牢。碉堡水牢是当时日军为保护侵占大通煤矿时设置的

碉堡水牢

“警备队”而建的，原有4座，现仅存1座。

窑神庙位于大通二小校园北面，建筑面积约95平方米，是一座青瓦屋顶、斗拱飞檐的日式建筑，庙前有开阔的场地，庙内设有神龛，塑太上老君、火神和水神3尊神像。1941年正月，大通煤矿发生井下透水事故，工人余月和、李富先被埋井下超过19天未死，日军借此大肆渲染封建迷信，说是窑神保佑，遂纠集各包工头，扣除每个工人3个班的工钱，于1941年6月建造了这座窑神庙。窑神庙是日本军国主义及其走狗利用封建迷信进行思想统治和榨取工人血汗钱的工具。

窑神庙

大通万人坑教育馆是全国重点文物保护单位、安徽省爱国主义教育基地。

经党中央、国务院批准，国务院于2014年8月24日公布，大通万人坑教育馆被列入《第一批国家级抗战纪念设施、遗址名录》。

知识链接 大通煤矿

大通煤矿由商人林文瑞创建于1911年，煤矿刚成立时的名字叫安徽怀远县大通煤矿有限公司。公司成立后采用先进的管理方式，效益很好，单大通矿一个矿井年产量就达1.4万吨。

北洋政府时期，军阀混战，局势动荡，对大通煤矿的生产产生严重干扰，煤矿产量日益萎缩，最终不得不停产。

直到1923年，大通煤矿才迎来转机。在这一年，大通煤矿与一家名为保纪的公司达成合作协议，将煤矿租赁给保纪公司进行管理。拥有先进管理经验的保纪公司对大通煤矿的管理进行大刀阔斧的改革，促使产量在很短的时间里就获得了巨大的提升。与此同时，由于军阀混战，北方煤矿的煤炭无法顺畅地运往南方，这让大通煤矿占尽地理优势，南方的煤炭市场皆被大通煤矿占领。这段时间也是大通煤矿获得巨大发展的黄金时期。

1938年6月，日军占领了大通煤矿。为了掠夺这里的煤炭资源，日军对矿工进行极限压榨，采取“以人换煤”的手段压迫工人采煤。无数工人在日军的折磨下死亡，大通煤矿也因此成为

日军攻占淮南寿县

新中国成立后，挖掘“万人坑”场景

人间地狱。

为了逼迫工人采煤，日军采取了很多泯灭人性的手段虐待工人，诸如打活靶、蹲水牢、站钉笼、装麻袋等刑罚。大量工人要么活活累死，要么被残酷的刑罚折磨而死。在日军占领大通煤矿时期，大约1.7万人死于日军之手。尤其是从1942年秋至1943年春，几个月时间内就有1.3万多名矿工在日军的折磨下惨死，而这些同胞埋葬后形成的万人坑则是日军这些罪行的铁证。通过这种残暴的手段，日军从大通煤矿共掠夺了400余万吨煤炭。

随着抗日战争的胜利，大通煤矿劫后余生。1949年1月，大通煤矿被解放，煤矿回到了人民的手中，产出的煤炭不断地支援国家的建设。为了给国家生产更多的煤炭，大通煤矿的工人们干劲十足，工作热情高涨，成为全国人民学习的榜样。到1978年，大通煤矿的煤炭资源枯竭，煤矿也正式停产。

新四军军部旧址纪念馆

新四军军部旧址纪念馆位于安徽省宣城市泾县云岭镇罗里村及附近村落，是为了纪念新四军军部驻扎云岭时期而建设的纪念设施，是全国保存最为完整的新四军革命旧址群之一。1963年7月，新四军军部旧址纪念馆成立，陈毅元帅为纪念馆题写馆名。

云岭地区在新四军发展的历史上有着重要的意义，从1938年8月新四军挺进云岭至1941年1月皖南事变爆发，一直是新四军军部所在地。新四军军部驻扎云岭期间，指挥新四军与日军及伪顽进行了坚决的斗争，新四军也获得了快速的发展，从2万多人发展至近9万人。

司令部旧址（种墨园）

新四军军部旧址纪念馆占地面积2万平方米。主要建筑均为明清时代徽派建筑，规模宏大，古色古香。包括司令部、政治部、军部大会堂、中共中央东南局、修械所、教导队、战地服务团、烈士墓和叶挺桥等旧址和纪念设施。

司令部参谋处旧址位于云岭种墨园。种墨园建于清道光、光绪年间，原是罗里村地主陈冠群的宅院，由三进院落和一座小花园组成，共47个房间，建筑面积1638平方米。新四军军部进驻云岭后，军长叶挺、副参谋长周子昆和作战科科长李志高在这里居住、办公。周恩来到云岭新四军军部视察工作时，曾在叶挺的办公室下榻。国际友人史沫特莱、作曲家任光夫妇也曾在这里居住、办公。这里还设有作战科、通讯科、文印、摄影等机构。1939年下半年，司令部参谋处从大夫第迁至此厅堂办公。

司令部秘书处旧址位于云岭大夫第。大夫第建于清光绪年间，原是罗里村地主陈福骥的庄园，由正屋、边屋、门厅等组成，楼上楼下共64间房屋，另有院落及门楼，建筑面积达1280平方米。新四军军部进驻云岭后，副军长项英在此左侧楼房居住、办公，张云逸、罗炳辉等将领也在此住过。参谋处设在此屋厅堂。1939年参谋处迁至种墨园，秘书处遂搬此办公。军部秘书长兼秘书处负责人李一氓搬到此屋左侧厢房居住。

司令部旧址（大夫第）

政治部旧址位于汤村，距罗里村2.5千米，是一座清代的建筑，是一个前后两进、三间两厢的院落，建筑面积2900平方米。袁国平、邓子恢等新四军领导人曾经在这里居住和办公。另外，当时政治部下设的组织、宣传、民运、敌工、抗敌报社等机构也在这里办公。

政治部旧址

大礼堂曾是新四军军部召开大会及开展各种

娱乐活动的场所，1939年2月周恩来来新四军军部视察的时候曾经在这里给广大新四军指战员做过报告。这座建筑建于清康熙年间，是当地陈氏家族的宗祠，后被新四军改造成礼堂。建筑规模宏大，总建筑面积达2900平方米，有前、中、后3个大厅，其中前厅的木质舞台是新四军当年改造这座建筑时修建的。

大礼堂旧址

修械所原是建于明万历年间的一座关帝庙，建筑总面积有822平方米，里面有许多精美的砖雕、木刻，有很高的艺术价值。新四军军部在这里驻扎的时候，这里被改造成修理枪械的场所，被称为“修械所”，我国军工先驱吴运铎曾经在这里工作。

修械所旧址

战地服务团俱乐部原为一座五间两厢的民居，前后两进，建于清光绪年间，原是当地陈氏家族的尚文厅，面积有414平方米。

战地服务团俱乐部旧址

叶挺桥是架于当地一条名叫叶子河上的一座桥，因为是由叶挺将军主持设计建造的，后世称之为“叶挺桥”。长8米、宽2米，建成于1938年冬天。原为木桥，后被国民党军破坏，中华人民共和国成立后复建为水泥桥。

新四军军部旧址纪念馆是全国重点文物保护单位、全国爱国主义教育示范基地。

除上述旧址外，新四军军部纪念馆还包括中共中央东南局旧址、新四军教导总队队部旧址、新四军抗日殉国烈士墓等。

经党中央、国务院批准，国务院于2014年8月24日公布，新四军军部旧址纪念馆被列入《第一批国家级抗战纪念设施、遗址名录》。

知识链接

新四军军部变迁

七七事变爆发后，日军发动全面侵华战争，中华民族面临着空前的危机。中国共产党以民族大义为重，摒弃前嫌，与国民党再次合作，建立抗日民族统一战线。1937年10月，根据国共双方达成的协议，将在江西、福建、广东、湖南、湖北、河南、浙江、安徽等南方八省坚持游击战争的红军和游击队改编为国民革命军陆军新编第四军，简称新四军，叶挺任军长，项英任副军长。

在新四军从创建到改编为华东野战军的近10年时间里，作为新四军指挥大脑的军部所在地经历了多次变迁，先后在湖北、江西、安徽、江苏、山东等地建立过军部。每一次变迁都是根据当时的政治、军事形势做出的抉择，在一次次的变迁中，新四军不断取得发展壮大。

新四军刚刚成立的时候，军部设在汉口胜利街332~352号。在这里，新四军完成了组织架构的搭建，配备了各职能部门，同时从延安抽调的将领、干部也陆续抵达，新四军军部初步成型。

汉口新四军军部旧址

1938年1月，新四军军部迁往南昌友竹路7号。在这里，新四军的领导机构正式确定，由叶挺任军长，项英任副军长，张云逸担任参谋长，袁国平任政治部主任，邓子恢任政治部副主任，周子昆任副参谋长。同时建立军部各职能机构，总部各项工作开始高效运转，指挥新四军一线部队具体开展整编工作。

4月，新四军移至安徽省歙县（今黄山市徽州区）岩寺镇的金家大屋。在这里，新四军完成了一线部队4个支队的建设，具体为第一支队驻潜口、王村；第二支队驻琶村、琶塘；第三支队驻王和村；第四支队驻霍山县流波疃，全军共1万余人。5月，完成整编的新四军遵照党中央的指示，北上到达茅山地区，着手准备创建抗日根据地的工作。新四军军部也离开岩寺，向太平县转移，在麻村驻扎。26日，新四军军部移至南陵县土塘村。在这里，新四军召开了成军以来的第一次全军政治工作会议和参谋工作会议。

8月2日，叶挺率新四军军部来到云岭，在这里驻扎了很长时间，直到1941年1月撤离。驻扎云岭时期，时任中共中央副主席的周恩来曾来到这里视察新四军工作，并传达中央对新四军的指示。

1939年2月，周恩来在云岭新四军军部期间和新四军部分干部合影（左起：陈毅、粟裕、傅秋涛、周恩来、朱克靖、叶挺）

皖南事变后，1941年1月25日，新四军在盐

黄花塘新四军军部纪念馆

城举行军部重建仪式。之后因为战争形势的需要，新四军军部不断迁移，先后在左家庄（今江苏省建湖县建湖镇）、刘家舍（今江苏省阜宁县南部）、陈集以及邻近的侉周村（今江苏省阜宁县阜城镇西南13千米处）、停翅港（今江苏省阜宁县阜城镇西南17千米处）、单家港（今江苏省阜宁县阜城镇西北20千米处）等地停驻。1943年1月10日，新四军军部移驻至黄花塘。黄花塘位于江苏省盱眙县城东南。在这里，新四军军部领导全军开展了整风、大生产、军政大整训等运动。

1945年2月28日，新四军军部移至位于江苏省盱眙县东南约50千米的千棵柳。在这里，新四军军部领导指挥新四军发起对日军的战略反攻，并最终取得抗日战争的伟大胜利。

1945年9月21日，新四军军部移驻淮阴，后因国民党军对淮阴发动进攻，新四军军部迁往山东临沂。12月3日，新四军军部与山东军区合并。1946年1月，新四军兼山东军区统一指挥华中、山东的新四军和八路军。津浦前线野战军改称山东野战军。1947年1月，新四军兼山东军区与华中军区合并，山东野战军与华中野战军合并，组成华东军区和华东野战军。

新四军江北指挥部纪念馆

新四军江北指挥部纪念馆位于安徽省合肥市庐江县汤池镇松元村相思林，是为了纪念新四军江北指挥部进行抗日斗争而修建的纪念馆。1939年5月，新四军江北指挥部在庐江汤池建立；1940年3月，新四军江北指挥部撤离此地。1994年纪念馆建成并开放。2005年进行了改扩建。

纪念馆门前有4尊骑着骏马的青铜雕像，是根据馆内的一张真实照片雕刻而成的，从左到右分别是叶挺、赖传珠、罗炳辉和张云逸。

纪念馆前骑马雕像

纪念馆占地面积超过6600余平方米，建筑面积约4000平方米，展陈面积260平方米。主体建筑坐北朝南，为徽派五开间四合院建筑，融入中国传统建筑格调，白墙青瓦，庄严肃穆，有房屋22间。院内两侧竖立着叶挺、张云逸、徐海东、邓子恢、罗炳辉、赖传珠6位新四军及江北指挥部领导人的半身铜像，栩栩如生。

新四军江北指挥部纪念馆

馆内展厅分为8个板块，通过大量珍贵的历史照片和文献资料展现了当年指挥部成立后领导江北新四军部队不断发展壮大、东进抗日的历史。8个板块分别为“日军侵华暴行”“抗战中坚新四军”“四支队东进抗日”“江北游击纵队坚持皖中”“新四军江北指挥部”“第五、六支队在皖东”“皖南事变”“二师的诞生”，真实再现了新四军在皖中、皖东抗日的英雄业绩，是新四军江北指挥部真实历史面貌的生动写照，热情讴歌了江北指挥部将士不畏艰难困苦、不怕流血牺牲的伟大革命精神。

新四军江北指挥部纪念馆是安徽省爱国主义教育基地。

经党中央、国务院批准，国务院于2015年8月13日公布，新四军江北指挥部纪念馆被列入《第二批国家级抗战纪念设施、遗址名录》。

纪念馆里的蜡像，表现军民情深

知识链接 新四军江北指挥部

新四军江北指挥部是为了更好地整合我党领导下的江北抗日武装而成立的指挥机构，为华中地区的抗日斗争做出了重要贡献。

1938年10月日军攻占武汉后，抗日战争进入战略相持阶段。新的战争形势，促使新四军要进行新的战略部署，以便更好地打击日军，争取战场的主动权。

1939年3月，新四军军长叶挺和副军长项英致电毛泽东主席，提出设立新四军江北指挥部的想法，希望通过江北指挥部更好地整合江北抗日力量，打开皖东地区的抗日局面。4月，中共中央批准成立新四军江北指挥部，指出：江北指挥部应成为华中我武装力量之领导中心。

接到中央指示后，叶挺于4月27日带领邓子恢、赖传珠、罗炳辉、孙仲德等人渡江北上，来到庐江汤池主持建立新四军江北指挥部。到5月中旬，新四军江北指挥部正式成立，由张云逸兼任指挥，徐海东、罗炳辉任副指挥，邓子恢兼任政治部主任，赖传珠任参谋长。

1939年，罗炳辉与叶挺等在东汤池镇新四军江北指挥部合影（左起：叶挺、赖传珠、罗炳辉、张云逸）

江北部队整编为第四支队、第五支队及江北游击纵队。其中第四支队司令员为徐海东，政委为戴季英，下辖第七、第九、第十四团及教导大队；第五支队由原第四支队第八团扩编而成，司令员为罗炳辉，政委为郭述申，下辖第八、第十、第十五团及教导大队；江北游击纵队是在原第二支队第四团一营的基础上扩编而成，司令员为孙仲德，政委为黄岩。

部队整编完成后，除留少量部队继续在皖中地区坚持抗日斗争外，主力部队开赴皖东，通过游击战的方式打击日军，同时积极发动群众，宣传抗日思想，发展党在当地的组织，创建新的根据地，打开皖东地区的抗日局面。

当时新四军第四支队主要活动在津浦路西地区。经过两个多月的浴血奋战，新四军第四支队先后取得将军岭、玉屏山、九龙岗等战斗的胜利，成功开辟了以定远藕塘为中心的皖东津浦路西抗日游击根据地。

新成立的新四军第五支队活动于津浦路东地区。1939年9月，驻扎在滁县（今滁州市）的日、伪军向新四军发起攻击。新四军第五支队在复兴集设下埋伏，击溃来犯之敌，并乘胜追击，于当晚进攻来安县城，消灭日、伪军100余人，首战告捷。

11月，不甘心失败的日军再次对新四军发动进攻。第五支队在司令员罗炳辉的带领下二打来安，巧妙地避开日军的埋伏，出其不意地消灭了日军，日军仓皇逃窜。新四军第五支队开辟了以半塔为中心的津浦路东抗日根据地。

江北游击纵队兵分三路于淮南铁路两侧执行抗日任务，保障了江北新四军队伍与皖南军部的联系。

新四军在皖东地区取得的一系列胜利，大大振奋了当地人民的抗日信心，为新四军实施开辟皖东、发展皖东的战略打下了坚实的基础。

至1940年底，江北新四军各部在江北指挥部的指挥下，出色完成了守住路西、保卫路东，

1939年，徐海东（左二）在新四军江北指挥部合影

积极配合苏北抗日斗争的任务，部队发展到2万多人，通过大小200余次战斗，歼灭日、伪军达9000余人，巩固了皖东抗日根据地的发展。

1941年1月皖南事变爆发后，中共中央在盐城重建新四军军部，全军改编为7个师和1个独立旅。江北指挥部撤销，第四支队、第五支队合并组成第二师，张云逸任师长，政委为郑位三。江北游击纵队与从皖南事变突围出来的部队组成第七师，张鼎丞任师长，政委为曾希圣。

戴安澜烈士墓

戴安澜烈士墓位于安徽省芜湖市镜湖区赭山公园南坡半山腰，是为了纪念抗日英雄戴安澜将军建设的纪念设施。1942年5月26日戴安澜将军牺牲后，举国悲痛。1943年4月1日，在广西全州香山寺隆重举行国葬，国共两党领导人纷纷赠挽诗、挽词和挽联。秋天，戴安澜将军灵柩由广西全州迁葬于此。1954年，人民政府对戴安澜烈士墓进行修缮。1956年，戴安澜将军被追认为革命烈士，陵墓按照烈士陵墓标准予以保护。1978年和1982年，进行两次大规模修复。1984年4月4日正式对外开放。2007年8月，在戴安澜将军墓前，塑造了一尊戴安澜将军铜像。

戴安澜烈士墓占地面积336平方米。修缮后的戴安澜将军墓掩映在苍松翠柏间，面对着大赭山，墓前有宽敞的祭台，墓冢依山而建，呈半圆形，混凝土结构，直径约5米，高2米，墓前竖立一块高1.2米、宽0.6米的墓碑，碑上镌刻着时任民革中央主席王昆仑题写的“戴安澜烈士墓”，苍劲有力。1979年对墓地重新整修时，竖立了多块石碑。墓冢左碑铭刻毛泽东、周恩来、朱德、彭德怀、邓颖超等先辈当年题赠的挽诗、挽词、挽联；右碑是将军生平简历。墓群和地面采用花岗岩蘑菇石粘贴，有汉白玉护栏和上下两座瞻仰台。

戴安澜将军铜像

戴安澜烈士墓

戴安澜烈士墓是芜湖市重点文物保护单位、爱国主义教育基地。

经党中央、国务院批准，国务院于2015年8月13日公布，戴安澜烈士墓被列入《第二批国家级抗战纪念设施、遗址名录》。

知识链接

戴安澜

戴安澜，字衍功，号海鸥。生于1904年，安徽无为人。1910年进塾馆读书，取学名炳阳。1922年，考入由陶行知任校长的南京安徽公学学习。1924年3月，从在粤军第四师任团长的叔祖父戴端甫的来信中，获悉国共两党合作创办黄埔陆军军官学校的消息，便与本乡一批热血青年奔赴广州，参加国民革命军，当二等兵。同年底，考入黄埔军校第三期入伍生队，改名安澜，自号海鸥，以表达自己要力挽狂澜，为振兴中华贡献自己的一生，要像大海风暴中的海鸥一样去勇敢搏击。在校期间，他受到孙中山新三民主义的影响，接受周恩来、恽代英等共产党人的教育，先后参加了讨伐陈炯明的战斗和平定滇系军阀杨希闵、桂系军阀刘震寰叛乱的战斗。

戴安澜将军

1926年，戴安澜从黄埔军校毕业后，参加北伐战争，历任国民革命军排长、连长、营长、副团长等职。1928年5月，戴安澜亲历日军制造的济南惨案，对日本帝国主义惨无人道的侵略行径无比愤慨，决心要与日寇拼杀到底，直至将他们全部赶出中国。1930年参加蒋冯阎中原大战。1932年参加对鄂豫皖革命根据地的第四次“围剿”作战。1933年，任第十七军二十五师一四五团团长，参加长城抗战，率部在古北口西南5千米的南天门一带，与日军血战3昼夜，重创日寇。战斗中，戴安澜身先士卒，指挥若定，英勇负伤，荣获五等云麾勋章。

全民族抗战爆发后，戴安澜升任第十三军七十三旅旅长，先后率部在河北漕河、漳河等地阻击日军。其间，教育官兵振奋精神，坚定抗日必胜信心，指出：日军“虽争城得地不少，已出于力战求胜之下策，较之初期欲用不战而胜之上策及连战连胜之中策，已损失甚多”，并认真总结作战中的经验教训，制定作战要诀：“长兵要短用，短兵要长用；低兵要高用，高兵要低用。能够这样，才能做到势险节短，因敌制宜，也才能战无不胜，守无不固。”

1938年初，戴安澜率部从华北战场转入第五战区。3月参加徐州会战。台儿庄一役中，他指挥所部在山东郯城、向城、洪山镇（今均属苍山）一线顽强抗击日军。日军猛扑数十次都没有得逞。战后升任第十三军八十九师副师长，并获国民政府颁发的华胄荣誉奖章。8月参加武汉保卫战，率部在江西瑞昌、湖北阳新之间阻击从九江进犯的日军第九师团。该师团在日军中素以凶狠顽强著称，然而每前进一步都遭到戴部的痛击，先后补充兵员达9次之多。

1939年，戴安澜升任第五军二〇〇师师长。该师是由1936年创建的战车营发展起来的，是当时中国军队第一个也是唯一的机械化师，武器装备精良，官兵训练有素。在宣誓就职时，戴安澜表示："尽竭全力，练成劲旅，为国驰驱，歼彼倭寇。"同年11月，戴安澜率部参加桂南会战，担任正面主攻，三失三克昆仑关，击毙日军前线指挥官第五师团第十二旅团旅团长中村正雄少将。激战中，戴安澜被日军的炮弹弹片击穿左背，身负重伤，仍坚持指挥战斗。在友军配合下与日军反复激烈争夺，最终收复昆仑关口，并坚守住阵地。戴安澜因战功卓著，获国民政府颁发的四等宝鼎勋章。何应钦代表蒋介石主持召开南岳会议，总结昆仑关战役，高度赞扬戴安澜为"当代之标准青年将领"。国内外报刊在报道此战时，也盛赞他颇具北宋大将军狄青的风度。

1941年12月，太平洋战争爆发，日本对美国、英国宣战。1942年初，日本大举进攻缅甸。为保障中国国际交通线滇缅路（中国昆明—缅甸仰光）畅通，中国政府根据《中英共同防御滇缅路协定》，派遣10万人组成中国远征军第一路。2月下旬，应驻缅英军总司令胡敦请求入缅参战。3月，戴安澜奉命率部赴缅。出征前，他亲自向部属作动员，勉励官兵英勇杀敌，扬威国外，为国争光。20日，日军第五十五师团向东吁外围阵地发起攻击。坚守在此的第二〇〇师鏖战12昼夜，予日军以沉重打击，完成防御任务后奉命撤离。

由于盟军作战缺少协同，多头指挥等原因，使中国远征军始终处于被动态势。4月29日腊戍失守，5月1日曼德勒陷落，5日中国云南怒江惠通桥西岸地区被占，远征军被迫先后回撤。5月18日，戴安澜率部在北撤途中遭日军伏击，身负重伤。26日，在缅北南坎西南的茅帮村殉国。10月16日，戴安澜被国民政府追晋为陆军中将。29日，美国政府授予其懋绩勋章。

1943年4月1日，国民政府在广西全州香山寺为戴安澜举行了隆重的国葬仪式，有万余人参加。国共两党的领导人纷纷送来挽诗、挽联和花圈。毛泽东写下著名的《五律·挽戴安澜将军》："外侮需人御，将军赋采薇。师称机械化，勇夺虎罴威。浴血东瓜守，驱倭棠吉归。沙场竟殒命，壮志也无违。"中华人民共和国成立后，中央人民政府追认戴安澜为革命烈士。

2009年，戴安澜入选"100位为新中国成立作出突出贡献的英雄模范人物"。

藕塘烈士陵园

藕塘烈士陵园位于安徽省滁州市定远县东南30千米处的藕塘镇塔山。根据1942年5月9日皖东津浦路西抗日根据地召开的路西参议会第一届第二次会议，为褒扬革命先烈、鼓舞士气、教育人民，修建抗日烈士纪念塔。1942年仲秋在藕塘北岗动工兴建，由于战事不断，工程延期至1944年夏建成，并在纪念九一八事变的9月18日举行了陵园落成典礼。1946年5月，新四军奉命撤离了该地区，藕塘烈士陵园被国民党反动派炸毁。此后又经历了1964年原址重建、1978年扩建和2011年移址重建。

1944年9月18日，纪念塔落成典礼

陵园主要包括烈士纪念塔、革命纪念馆等建筑。

1944年建成的陵园坐北面南，占地面积约1.33万平方米。陵园正门匾额为“民族之光”。陵园中央为宝塔式烈士纪念塔，高24米，塔顶上屹立用银杏木雕刻的手持长枪、头戴军帽、脚打绑腿、身背背包和斗笠的新四军战士雕像。塔的正面刻有“陆军新编第四军第二师抗敌阵亡将士纪念塔”，塔前立有镌刻第二师师长罗炳辉、政委谭震林撰写的“国民革命军陆军新编第四军第二师烈士纪念碑记”。纪念塔两侧分别建立了踏血亭、挺进亭。

1946年6月，国民党军大举进攻淮南津浦路西地区，新四军被迫战略转移。藕塘烈士陵园被先后进驻藕塘的国民党军第一三八师和新编第七十七师拆除、炸毁，直至夷为平地。

1964年4月，经安徽省委、省政府批准，时任国务院副总理谭震林批示，决定在原址重建藕塘烈士陵园，并在同年底建成。陵园占地面积约2.67万平方米，烈士纪念碑高24米，混凝土结构，两层底基。纪念碑南北两面刻有“人民英雄永垂不朽”8个大字。碑底座的四面塑有八路军、

国民革命军陆军新编第四军第二师烈士纪念碑记

新四军和人民解放军的战斗画面，银灰色的栏杆围绕在纪念碑的四周，栏杆下20多级台阶将主塔托起。

烈士陵园于1978年进行续建和扩建。纪念碑南侧是革命纪念馆，为一厅三室，建筑面积360

1964年在原址重建的烈士纪念碑

平方米，展陈面积300平方米。馆内陈列有土地革命战争、抗日战争和解放战争时期的实物、图片、先烈们的遗像等资料，以及关于路西抗日根据地战略要图的沙盘和载有1万多名烈士的英名录。

1978年建的藕塘革命纪念馆

1978年建的藕塘烈士陵园大门

2011年迁址重建的藕塘烈士陵园坐落于藕塘镇南侧，占地面积26万平方米，建筑面积约1.57万平方米，2015年9月建成并对外开放。主要建有人民英雄纪念碑、纪念馆、烈士墓群、广场和纪念亭等纪念设施。

新建的纪念碑竖立于陵园核心位置，为整个陵园的制高点。纪念碑由碑身和碑座组成，总高

2011年迁址重建的烈士陵园入口

24米，代表新四军第二师在皖东；碑身高度19.39米，代表1939年刘少奇来到定远创建皖东革命根据地；碑身侧面宽3米，代表刘少奇在藕塘召开了3次中原局会议。碑身正面沿用毛泽东题写的“人民英雄永垂不朽”。

2011年迁址重建的纪念碑

新建的藕塘革命纪念馆，建筑面积约4053平方米，分为序厅、曲阳星火厅、抗日烽火厅、津浦路西三年游击战争厅、将星风采厅、思源厅、缅怀厅、战地黄花分外香厅等，展示历史革命文物千余件。

烈士墓群在烈士纪念碑北面，建有277座烈士墓穴，呈扇形梯式分布，并植有梅花、杜鹃、

2011年迁址重建的纪念馆

松柏等树种。踏血亭、挺进亭位于悼念广场两侧。

藕塘烈士陵园是国家级烈士纪念设施、安徽省爱国主义教育基地。

经党中央、国务院批准，国务院于2015年8月13日公布，藕塘烈士陵园被列入《第二批国家级抗战纪念设施、遗址名录》。

烈士墓群局部

知识链接

定远战斗

1939年冬，皖东地区斗争形势异常复杂。这年10月下旬，国民党军第二十一集团军总司令兼安徽省政府主席廖磊病逝，其职位由同属桂系的李品仙接任。李品仙到皖后积极反共，解散一切进步团体，企图将活动于淮河流域及陇海路东段以南附近地区的新四军“压迫于大江以南，或相机剿灭之”。

当时，国民党军第一七六师副师长谭何易率1个团进驻下塘集附近。第五区督察专员兼第十游击纵队司令李本一所部第二支队柏成均部驻古河，第一支队刘子清部驻马厂，另以1个直属大队驻管家坝。国民党皖北行署主任兼第十二游击纵队司令颜仁毅所部第二支队、特务大队驻高塘铺、杭家圩一带；第一支队主力驻桑家涧，1个大队驻红心铺东南小四子，1个中队驻定远至三和集间的谢庄。这些顽固派军队认为皖东地区的新四军除第七、第八团等稍有战斗力外，其余不堪一击，气焰十分嚣张，大肆进行反共宣传，联络、组织谢黑头、王柱东、陈金华等反动地方武装，不断制造摩擦，攻击、捕捉新四军人员。为避免双方冲突，新四军曾数次抗议，但始终无效。

1940年1月，中共中央中原局为坚持敌后抗日战争，贯彻中共中央关于“在淮南应有严正的态度对付一切摩擦，在有理有利的条件下亦应给武装进攻者以反击”以及统一江北党、军领导等指示，将新四军江北指挥部前敌委员会改为皖东军政委员会，同时撤销中共苏皖省委，成立中共皖东津浦路东省委和皖东津浦路西省委。随后，刘少奇在江北指挥部召开中原局会议，制定了向西防御、向东发展、开辟苏北，以及坚决反摩擦的斗争方针，明确要求“将皖东全部、江苏一部化为巩固根据地，坚决肃清反动，坚决建立政权，四、五支队应由一万扩大到四万以上，决不让任何反动派隔断我徐州浦口区域”。

活动在津浦路西的新四军第四支队，除积极

打击敌人外，还根据刘少奇关于猛烈扩大部队、准备对付国民党顽固派进攻的指示，到处发动群众，发展抗日武装，迅速扩大部队。至2月，支队由4000多人发展到6000多人，地方游击队也得到迅猛发展。

2月26日，日、伪军出动1000余人进占藕塘以北的三和集。与此同时，华中国民党顽固派也蠢蠢欲动，准备向皖东地区的新四军江北部队展开大规模进攻。

27日12时许，颜仁毅第十二游击纵队第二支队、特务大队由高塘铺、杭家圩出发，以护送点验人员名义，经谭家巷企图乘机进犯新四军驻大桥指挥部。在遭到严词拒绝后，即退至谭家巷之线修筑工事，与新四军形成对峙。

下午，李本一第十游击纵队第一支队由大马厂向大桥方向开进，企图配合颜仁毅部，合击新四军江北指挥部。当进至滁县（今滁州市）界牌集（今属定远县）东南时，遭新四军第四支队七团有力阻击，被迫窜至界牌集固守。入夜后，第七团强攻界牌集，于28日11时许将这股顽军全部击溃。

3月初，李品仙奉蒋介石密令，调集所部第一七六师1个团越过淮南铁路，配合第十、第十二游击纵队和保安第五团等部共6000余人，分三路围攻合肥以北青龙厂一带的江北游击纵队和定远以南大桥地区的江北指挥部及第四支队；素有“摩擦专家”之称的国民党江苏省政府主席兼鲁苏战区副总司令韩德勤也在苏北调集兵力，准备大举进犯津浦路以东的第五支队。两股顽军企图东西夹击，消灭新四军江北部队或赶往江南，强占第四、第五支队开创的淮南抗日阵地。

在此紧要关头，中共中央中原局根据党中央指示，向李品仙呼吁“停止内战、团结抗日”，提出双方“以淮南路为界，分区抗日”的倡议。在遭到无理拒绝后，刘少奇和新四军江北指挥部指挥张云逸等决心在韩德勤部尚未出动前，集中主力于津浦路以西，首先反击威胁最大的李品仙部，制止其东进，以求巩固路西抗日根据地，而后挥戈东向，击破韩德勤部的进攻。

当时，新四军江北指挥部及直属队驻大桥、张家巷一带，独立团驻周家岗一带。第四支队七团驻章广集附近，第九团驻庙后戴一带，第十四团驻红心铺地区。第五支队主力第八、第十五团与苏皖支队，正在津浦路东来安、六合地区集结，准备西援；第十团在盱眙、半塔、涧溪一带活动。

根据张云逸的部署，第四支队在滁县界牌集、定远大桥地区全力抗击顽军，以第七团在南线反击进占界牌集的李本一第十游击纵队；以第九团保卫大桥，抗击从定远来犯的颜仁毅第十二游击纵队；以第十四团乘顽军后方空虚，“机动拿下定远城，粉碎反共军合击我指挥部之企图，求得先发制人”。第五支队主力和苏皖支队迅速赶赴路西，准备协同第四支队向进攻大桥地区的顽军展开坚决反击。江北游击队由含山、和县地区北进，从侧后袭击顽军，配合作战。

3月2日，第十四团由红心铺南调。颜仁毅见有机可乘，命令第一支队由桑家涧向高塘铺方向集结。

鉴于第十二游击纵队第二支队、特务大队已占领谭家巷一带且已筑工事，不宜正面强攻，第四支队决定主动跳出包围圈外，奔袭定远城，同时调动第十二游击纵队脱离工事回援，求得在运动中歼灭。具体部署是：以第十四团（欠第二营）、第九团为左纵队，进攻定远城。其中，第十四团主力为第一梯队，担负攻城任务；第九团为第二梯队，担负解决突围之敌任务，并坚决打击援兵。以第七团为右纵队，担任警戒，并掩护第五支队主力及苏皖支队安全西援。

4日凌晨3时许，左纵队第十四团主力、第九团分别由安子集西南岗胡和义和集、庙后戴一带出发。经张家巷、东朱巷、东三十里店、东棣店、双庙，于11时进抵定远城郊。按照作战部署，第十四团主力布置城西北王庄一带，控制北门、西门；第九团主力靠近南门，警戒东门、南门。

此时，定远城内顽军毫无察觉。战斗打响后，第十四团迅速突入城内。顽军斗志全无，三五成群地弃枪逃跑，只有少数负隅顽抗。国民党定远县县长吴子也乘混乱之际，化装悄悄溜出城外，侥幸逃脱。15时许，第十二游击纵队1个营企图增援定远城。当进至严桥时，侦知新四军在南门外已严阵以待，遂不敢再向前。

定远城内战斗至18时结束，新四军共毙伤顽军40余人，俘虏70余人，缴获轻机枪2挺、长短枪300余支、子弹18万发、电台1部及其他军用物资一批。第九团主力随即向七里桥一带转移；第十四团1个营留守定远，1个营向严桥方向警戒。

5日下午，第十二游击纵队主力全部集结于高塘铺之线，企图实施反扑。第四支队决定坚决歼灭这股顽敌。当晚，第九团主力由七里桥向十里畈、岗上、陆许家、郭家一带推进，向高塘铺、杭家圩方向待命攻击。第十四团第一营在七里桥、第三营在定远，分别担任警戒。

6日凌晨4时，第十四团第一营即从七里桥向严桥、康家圩方向推进，协同第九团对高塘铺发起攻击。第十二游击纵队大部由地方土匪、流氓、地痞组成，简直是一群乌合之众。由于平时缺少训练，仗着手里有枪，欺负老百姓还可以，在面对作战勇猛的新四军时就再也威风不起来了。因此战斗打响后，很快便溃不成军，竞相逃命。战至14时，除约500人逃至吴家圩、杭家圩外，顽军大部被歼，副司令商业勤以下580余人被俘。其间，第四支队特务营奉命经老人仓堵击逃敌，毙伤顽军200余人。

在左纵队奇袭定远城的同时，右纵队第七团首先将正向界牌集、大桥一线进犯的第十游击纵队击溃，接着在王子城与顽军第一七六师一部发生遭遇战，将其击溃。

7日，第五支队司令员罗炳辉在接到中原局和江北指挥部关于火速支援路西的电令后，亲率支队主力从来安县屯仓出发，星夜驰援。9日，越过日伪津浦路封锁线，进入路西地区。11日夜，第五支队主力与苏皖支队向驻扎在施家集的国民

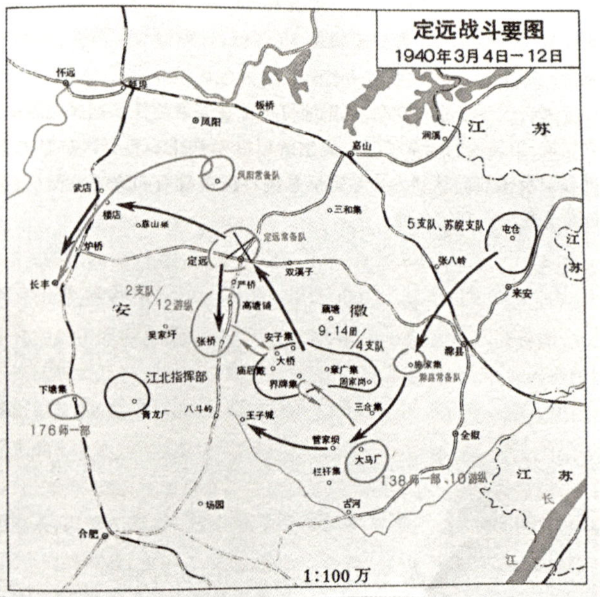

定远战斗要图

党滁县常备大队和天长别动大队发起进攻，全歼该部顽军700余人，随后乘胜进击，在管家坝击溃第十游击纵队1个营，将李本一部赶回古河。与此同时，江北游击纵队新七团袭击了含山、和县两县城顽军，新八团在肥东青龙厂歼顽保安团一部和谢黑头土顽百余人。

随后，第四支队在第五支队和苏皖支队的密切配合下，乘胜扩大战果，取得松树刘战斗的胜利。至12日，第四支队共歼灭顽军第十二游击纵队大部、第十游击纵队一部2000余人，其中俘虏1000余人，缴获了一批枪支弹药，并成立了淮南地区第一个县政权——定远县抗日民主政府，巩固了路西抗日根据地的形势。

宿州烈士陵园

宿州烈士陵园位于安徽省宿州市埇桥区雪枫路1号，是为了纪念彭雪枫将军以及自新民主主义革命以来牺牲的宿州籍革命烈士而修建的设施，又称“雪枫公园”。1951年9月动工兴建，1959年5月建成，后经多次改扩建。

宿州市烈士陵园西门

陵园占地面积近11万平方米，主要建有彭雪枫汉白玉雕像、革命烈士纪念碑、彭雪枫纪念馆等。各建筑由南到北依次排列在陵园的中轴线上。

陵园西门上刻有“宿州市烈士陵园”园名。坐北朝南，南门的门楼上刻有军委原副主席张震题写的“雪枫公园”，由近至远分别为彭雪枫雕像、烈士纪念碑、彭雪枫纪念馆。

雪枫广场占地面积1.8万平方米。中间的彭雪枫将军汉白玉雕像高达8米，落成于1956年。基座上刻有吴芝圃、张震撰写的《彭故师长传略》，介绍彭雪枫的革命历程。彭雪枫将军是抗日英雄，是新四军的优秀将领，他的牺牲是我军我党及我国人民的巨大损失。

彭雪枫将军汉白玉雕像

烈士纪念碑矗立在彭雪枫将军汉白玉雕像后，是一座由花岗岩砌成的塔形纪念碑，1956年建成，1974年重建。纪念碑高26.7米，基座边长为44米。正面镌刻着由陈毅元帅题写的“革命先烈永垂不朽”。在纪念碑的前方是碑前广场，面积3000平方米。

彭雪枫纪念馆建筑面积1100平方米，于1989

烈士纪念碑

年在彭雪枫殉国45周年时竣工并对外开放，为徽派建筑风格，青砖黑瓦、挑梁斗檐，主殿为全木质结构，馆名由张爱萍题写。展陈面积400平方米，分为3个展厅。中厅为彭雪枫将军生平陈列馆，通过数百幅珍贵的照片及大量的革命文物展示了彭雪枫将军革命战斗的一生；东厅是淮海战役纪念厅，作为三大战役之一的淮海战役，奠定了解放战争胜利的基础；西厅是宿州市革命烈士事迹展厅，展现了从新民主主义革命以来一批又一批革命先烈为了新中国成立，为了宿州市的解放不怕牺牲、前赴后继的英雄伟绩。

烈士墓园位于陵园西区，占地面积约7000平方米，2013年底建成，安葬烈士352名。

彭雪枫纪念馆

宿州烈士陵园是国家级烈士纪念设施、安徽省爱国主义教育基地。

经党中央、国务院批准，国务院于2015年8月13日公布，宿州烈士陵园被列入《第二批国家级抗战纪念设施、遗址名录》。

知识链接 新四军第四师西进战役

1944年4月，日军实施打通纵贯平汉铁路南部沿线地区的计划，即豫中会战计划，国民党军一溃千里，河南省沦陷。中共中央为进攻侵入河南的日军，发展河南敌后抗战新局面，拯救沦陷区人民，从战略上将华中、华北、陕北三大战略区连接起来，于5月11日电示华中局、北方局、冀鲁豫分局和鄂豫边区党委，“应分担发动与指导河南及皖北人民抗日游击战争的任务。中央决定：在郑州以西地区，由北方局负责；平汉路以东之豫东地区，由冀鲁豫分局负责；豫南及皖北地区，由华中局及豫鄂边区党委与淮北区党委负责”。要求各部迅速派出干部党员深入敌后，组织和领导河南人民抗日游击战争。

7月25日，中共中央又发出向河南敌后发展、控制中原的指示，确定以八路军太行、太岳军区各一部南下开辟豫西地区；冀鲁豫军区将抗日根据地扩大到豫东睢（县）杞（县）太（康）地区；新四军第五师一部沿平汉铁路两侧向北发展，开辟豫南抗日根据地；第四师一部西进豫皖苏边区，首先进入萧县、永城、夏邑、宿县（今宿州市）地区，然后打通与睢杞太地区的联系，相继控制新黄河以东地区。

根据中共中央指示，华中局和新四军军部

决定以第四师主力5个团执行西进任务，以恢复1941年5月撤出的豫皖苏边区抗日根据地。

第四师受领任务后，确定由师长彭雪枫、参谋长张震、政治部主任吴芝圃率第十一旅第三十一、第三十二团，第九旅第二十五团和骑兵团及萧铜独立团一部，从泗南、泗宿等地西进，到达萧县、永城地区建立前进阵地；师政治委员邓子恢留路东主持工作，坚持原地斗争。

8月15日，彭雪枫、张震、吴芝圃等率第四师主力誓师西进。20日，以淮北军区第四军分区独立团等部，由灵璧以北地区西进宿西、宿（县）蒙（城）怀（远）地区，策应主力作战。21日，西进部队从铜山、宿县边境越过津浦铁路后，遭到据守萧县、永城、宿县地区国民党顽军苏北挺进军的无理阻拦。第十一旅被迫自卫反击。

淮北党政军领导人欢送彭雪枫率部西进时留影（左起：刘瑞龙、彭雪枫、邓子恢、张震、吴芝圃）

津浦路西的小朱庄位于萧县以南，由号称“铁军”的顽军第四十纵队王传授部驻守。该部经过一年多的苦心经营，在小朱庄内修筑了坚固的工事。23日13时，第十一旅第三十一团从小朱庄西、南实施主要突击；第三十二团由西北方向实施攻击，一举突入圩内。经过3小时的激战，将顽军大部歼灭。余部从东南角突围逃跑时，被埋伏在河沟里面的新四军骑兵团包围，杀伤大部，余部被迫投降。

小朱庄一战，西进部队首战告捷，共击毙顽军纵队司令王传授及其部下354人，俘虏纵队副司令王忠鼎及其部下1040人，缴获轻、重机枪40余挺，步枪千余支，从而打开了西进的通道，也震撼了路西土顽。顽军第二十八纵队第三支队支队长吴信元率部1700余人起义，经军部批准改编为萧县独立旅。

彭雪枫（左3）、张震（左2）等在小朱庄战壕内指挥战斗

25日，第十一旅和第九旅第二十五团乘胜向西进击，击溃窜至永北僖山、保安山一带的顽军第二十八纵队主力，残部在纵队司令刘子仁的率领下向西逃窜。26日，西进部队主力尾追至亳县（今亳州市）东白庙、武河沿附近。接着，又打退了日、伪军2000余人的跟踪袭扰，并乘胜对日、伪军展开攻势作战，连克永城东南的黄庄、菊集、马庄等据点。至9月上旬，迅速恢复了萧县、永城、宿县3个县和15个区的抗日民主政权，组建1000多人的地方武装，为继续西进创造了有利条件。

国民党军第一战区企图乘西进部队立足未稳，重占萧县、永城、宿县地区。9月2日，汤恩伯命令暂编第一军军长王毓文统一指挥4个师和7个纵队，南以涡河骑兵第八师和暂编第十四、第三十师及苏北挺进军4个纵队，从涡阳、蒙城地区由南向北，进犯永城、萧县；北以陇海路北的苏北挺进军司令耿继勋、第十三纵队司令刘瑞岐残部南下；东以津浦路东的第三十三师段海洲部、第十四纵队苗秀霖部等西进；西以永城西第二十八纵队刘子仁余部东进，企图以绝对优势兵力，从东、西、南、北四面合击西进部队。

9月6日，为实行自卫反击，新四军军部根据中共中央军委指示，决定成立临时指挥部，由彭明治任司令员、韦国清任政委，统一指挥第七旅第十九、第二十团和第九旅第二十六、第二十七团，首先截击津浦路东的顽军段海洲、苗秀霖等部，然后再攻击由涡河南岸北犯的顽军主力，以配合第四师主力西进。同时决定路东、路西部队统归彭雪枫指挥。

10日，中央军委发出关于击破豫东、淮北国民党顽军的指示：第四师西进部队在萧、夏、永地区部署反顽战场，准备迎击来犯之顽军；淮北部队消灭段海洲、苗秀霖部于萧、永地区；第三师七旅进入泗南、灵壁一线，必要时越过津浦路增援；八路军冀鲁豫军区以最快的速度调集部队，向南消灭耿继勋、刘瑞歧残部，并打通与路南彭雪枫部的联系；在宿西的宿东游击支队加强活动，牵制涡阳、蒙城地区的顽军；水东地区部队就地开展游击，牵制涡南顽军北进。

为避免遭顽军夹击的危险，11日，西进部队集中第三十一、第二十五团和骑兵团，在夏邑县太平集以东八里庄、小楼子、张庄地区，全歼顽军第二十八纵队二支队1000余人，俘虏支队长李光明和副支队长李良五、程青山及其部下官兵500余人。就在战斗即将胜利结束时，亲临前线指挥的彭雪枫不幸被流弹击中，以身殉国，年仅37岁。

八里庄战斗结束后的第二天，即1944年9月12日，顽军第三十三师和第十四纵队共6个团，由津浦路东灵北地区的高楼、渔沟出动西进。新四军第七旅第十九、第二十团，第九旅第二十六、第二十七团和第一师十八旅五十二团予以迎击，在宿县东北周场、刁山地区歼顽军第三团全部和第一、第二、第八团各一部共1000余人，余部向双沟、时村等日伪据点附近溃逃。

13日，中共中央电令调张爱萍任第四师师长，韦国清任第四师副师长。20日，在宿县、灵壁以北截击段、苗的战斗结束后，韦国清率第二十六团赶赴津浦路西，留第七旅在灵壁以北地区监视段、苗残部。

国民党顽军屡遭打击后，竟与驻徐州、商丘的日伪军沆瀣一气，相互勾结，进攻新四军第四师西进部队。10月12日，顽军暂编第一军军长王毓文向所属暂编第十四师、骑兵第八师、暂编第三十师、第五纵队魏振铎部、第二十八纵队刘子仁部、第二十九纵队蒋心亮部、第十三纵队刘瑞歧和杨昆山残部、津浦路东的第三十三师段海洲部、第十四纵队苗秀霖残部、陇海路北的苏北挺进军耿继勋部、第三纵队冯子固部，发出“进剿”

新四军第四师西进部队在行军途中

命令，企图集中4个师、1个挺进军、6个纵队及地方顽伪合流武装共3万余人的优势兵力，采取南北合击战法，消灭新四军第四师西进部队于永夏地区。

为挫败顽军计划，统一路西各部队的作战指挥，新四军军部决定增调第三师七旅西援，并组成路西战役野战司令部，以韦国清为司令员，彭明治为副司令员，张震为参谋长，吴芝圃为政治部主任，统一指挥路西第三师七旅、第四师第九、第十一旅及骑兵团等部队进行自卫作战。

14日，王毓文将暂编第三十师部署在涡阳、龙山、石弓一线，自率主力渡涡河向北推进。以骑兵第八师在右，暂编第十四师在左，各配属部分挺进纵队，并暗中勾结永城的日伪军，依托永城东北各日伪军据点向薛家湖、洪河集、保安山进攻。同时命令刘子仁率2个挺进纵队向太邱集、保安集前进。各部在统一号令下，步步为营，攻击前进，每日仅行二三十里，便停下来构筑工事。

15日，新四军第十一旅在骑兵团的配合下，神速插入顽军背后，配合第三师七旅，在保安山以北地区，一举歼灭顽军第十三纵队杨昆山部千余人，刘瑞歧率残部北窜，第二十八纵队刘子仁部闻讯西逃。

16日，南路顽军向萧、永地区进犯。新四军路西战役野战司令部决心“乘敌立足未稳予以歼灭”，命令第二十六团连续两夜进行试探性攻击，但均未能得手，遂果断改变策略，以第十一旅和第九旅一部在永城东北的保安山、芒砀山、奶奶山等地构筑阵地，凭坚固守；第七、第九旅一部及骑兵团待机出击。

18日，顽军主力抵达保安山麓。19日，顽军步骑兵6000余人向山城集以西夫子岩、吕楼、李楼以及山城集以北后窑、窑山集发起猛烈进攻。坚守这一地区的新四军第十一旅和第九旅二十五团顽强阻击，给顽军以重大打击。

20日，顽军继续集中兵力向保安山新四军西进部队阵地猛攻。战况胶着，形成对峙。这时，八路军冀鲁豫军区部队3个团兼程南下支援。当夜，第七旅二十团派1个营插入顽军后方，进行袭击和侦察活动。结果，这个营突袭了王毓文的暂编第一军军部和暂编第十四师师部，俘虏顽军数百人。顽军误认为新四军开始大举反击，惊慌失措，全线动摇，纷纷后撤。

21日拂晓，路西战役野战司令部查明情况后，即下令全线出击，运用跟踪追击、平行追击和截击等战术追歼逃敌。韦国清亲自在路旁做动员：“不惜一切代价，以最快速度勇猛追击。”第二十六团率先出动，勇往直前。一营6个小时前进40千米，连打3仗，歼顽军数百。追至酂阳集附近，再次歼灭顽军千余人。随后，西进部队挥师向南，直逼涡阳城下。23日，转而攻占涡阳东北龙山集，歼顽军暂编第三十师八十九团。

24日，八路军南下部队在涡阳东北的曹市集与新四军西进部队胜利会师，并肩作战，将顽军赶回涡河以南，取得歼灭顽军3600余人的重大胜利。

25日，八路军、新四军转兵龙山集，再歼顽军暂编第三十师十八团，恢复了涡北县政权。接着又歼灭盘踞在年围子的顽军第三十二挺进纵队韩金山部2000余人，恢复了宿蒙县（今属蒙城）和宿怀县（今属怀远）政权。至此，基本恢复了豫皖苏抗日民主根据地。

11月1日，中共中央向华中局和军部指出：新四军第四师西进部队应抓紧有利时机，迅速巩固涡河以北阵地，打通与睢杞太地区的联系。据此，路西部队对涡北地区残留的顽伪一体的武装展开清剿。至11月上旬，基本肃清活动在萧、宿、永、夏地区的土顽。

在第一、第三师一部的密切协同下，第四师西进部队经过4个多月的奋战，共歼灭日、伪军和国民党顽军1.3万余人，拔除据点36处，建立了8个县级抗日民主政权，控制了东起津浦铁路、西至商（丘）亳（县）公路、北自陇海铁路、南迄涡河地区，人口约250万，完成了恢复豫皖苏边区的任务，为战略反攻扩大了前进阵地。

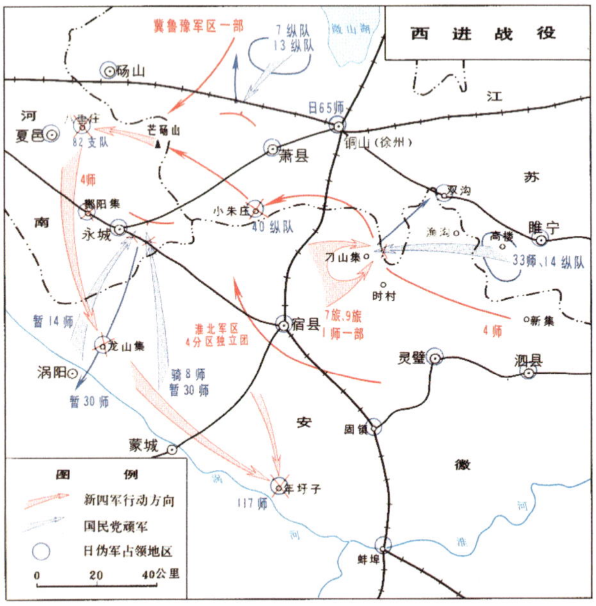

西进战役示意图

野寨抗日阵亡将士公墓

野寨抗日阵亡将士公墓位于安徽省潜山市天柱山镇野寨街50号野寨中学校园内的椅形山上，是为了安葬1939年至1940年在皖西南及鄂东南的潜山、桐城、怀宁、英山等县与日军作战的国民革命军第四十八军一七六师985位抗战阵亡将士

景忠园，抗日烈士的长眠之地

而建设的公墓。公墓始建于1942年，1943年竣工。

公墓占地约2万平方米，主要建筑包括忠烈祠、景忠厅、景忠园、浩然亭、光岳亭、觉后亭、纪念碑等。

忠烈祠是供奉抗战英烈牌位和祭祀英烈之所，1996年迁建于此。坐北朝南，面阔五间，单檐歇山顶，三面木柱檐廊，内壁嵌有国民党军政要员碑刻7方。墙体系用宋代兴化塔砖砌成，建筑面积134平方米。门前雄踞着一对造型古朴的石狮。门上方“忠烈祠”大匾金光闪闪，两旁廊柱上悬挂着由国民革命军第四十八军军长苏祖馨题写的楹联：“负弩效前驱碧血黄沙殉一死；遗骸正丘首青山白骨共千秋。”祠内红木神龛上方悬挂匾额“忠烈千秋”，内设三层供台，神龛前立柱上

忠烈祠

由国民革命军第八十四军军长莫树杰题写的楹联：“为国家保障山河抗战捐躯洵不愧杀身成仁舍生取义；闻鼙鼓缅怀将士昭忠表烈永难忘丹心贯日浩气凌云。”两侧墙上分别悬挂着第一七六师师长谭何易撰写的《一七六师抗战阵亡将士忠烈祠祭文》《本师抗战阵亡将士公墓祭文》。祠内壁镶嵌有抗日军政要员碑刻、公墓创建人范苑声先生题写的奠基碑和由丘清英记述第一七六师抗战经历的题刻。

忠烈祠的正前方是主墓区，占地面积3432平方米。烈士们长眠的墓冢是一块长20米、宽25米的长方形墓地，墓地的周围建有汉白玉栏杆。烈士们的遗骨就安放在墓冢内的陶罐里面，共安葬985名烈士。有“忠烈永留”碑。

国民革命军一七六师抗日烈士公墓

浩然亭矗立于墓前，与校门相望，青瓦红柱，飞檐翘角，古朴庄严，正气浩然。建于1943年，1996年迁建于此，2015年修缮。设计者将第四十八军一七六师番号数字暗含其中：亭内有两圈木立柱，每圈8根，两个8；亭为双檐顶，每层8个角，又两个8，共4个8，寓意为“48军”。亭顶有一根长梁，长梁左右两侧各有3根短梁，共6根短梁；1根长梁，6根短梁，共7根梁，组成八方亭架，寓意为“一七六师”。

浩然亭

觉后亭，原为四角砖石结构，嵌楹联一副，文已佚失，位于校园中部山岗南端，毁于“文革”。1993年于原址复建，1994年竣工，《重修觉后亭记》和捐赠名单勒石于亭后。

光岳亭原址位于校园西山，和浩然亭、觉后亭共同见证了大别山那段可歌可泣的抗战史和野寨中学的创校史。但由于历史原因，光岳亭已损毁多年。2010年复建。亭材花岗石取自孔孟之乡山东嘉祥，亭名由著名书法家启骧题写。“光岳”二字语出三光五岳，寓意“光耀南岳”，取抗日阵亡将士浴血抗战、光耀南岳之义。

景忠厅是野寨抗日阵亡将士公墓的享堂，造

景忠厅

型独特，为典型民国建筑风格，建筑面积95.7平方米，是公墓建成以来唯一留存的历史建筑，内有碑刻2方。2015年辟为“抗战纪念馆”。

椅形山上原有一座纪念塔，始建于1943年，后毁。2015年异地复建，位于忠烈祠后。塔身由12块花岗岩砌成，高9.85米，塔身正面由中国国民党名誉主席吴伯雄题写“陆军第一百七十六师阵亡将士纪念塔”，背面由全国人大常委会原副委员长、民革中央主席周铁农题写“抗战英烈永垂不朽”。

纪念塔正面和侧面

纪念塔背面

野寨抗日阵亡将士公墓是全国重点文物保护单位、安徽省爱国主义教育基地。

经党中央、国务院批准，国务院于2020年9月1日公布，野寨抗日阵亡将士公墓被列入《第三批国家级抗战纪念设施、遗址名录》。

知识链接 国民革命军第一七六师的抗战足迹

国民革命军第一七六师前身是蒋光鼐、蔡廷锴指挥的第十九路军。1932年1月28日，淞沪抗战爆发，面对日军的进攻，第十九路军毅然反击，但因为得不到国民政府的支援，最终失败，退出上海，奉调来到福建。在福建“剿共”前线，第十九路军愤慨于蒋介石的不抵抗政策导致山河沦丧，于是发动兵变，要求蒋介石抗日。但这次事变很快被镇压下去，第十九路军编制被撤销。后来，一部分第十九路军将士来到广西，

国民革命军第十九路军军长蔡廷锴

成为桂系军阀部队，改编成第一七六师。

1937年7月7日，卢沟桥事变爆发，日本帝国主义发动全面侵华战争。战火很快就漫延到长江流域。8月13日，淞沪会战爆发，第一七六师再次奔赴自己曾经战斗过的地方，参加淞沪会战。

淞沪会战中，第一七六师随第四十八军在陈家行、苏州河、支塘等地与日军进行激烈的巷战、白刃战，多次打退日军的进攻。全师上下伤亡惨重，官兵伤亡超过半数，团长及以下军官阵亡80多人，其中团长3人、副团长2人、营长4人。

从淞沪战场撤下来后第一七六师退至浙江孝丰县休整。但很快日军就尾随而至，第一七六师来不及休整就接到掩护集团军主力部队撤退的任务。他们且战且退，出色地完成了掩护任务，来到天目山脚下的告岭。告岭是翻越天目山的必经之路，也是扼守金华、桐庐等地的咽喉要道，如果告岭被日军攻占，浙江的门户就会大开。第一七六师并未接到防守告岭的指令，但毅然留下一个团防守告岭，阻断日军翻越天目山进攻金华、桐庐等地的通道。

淞沪抗战中，准备出击的第十九路军敢死队

告岭阻击战，是第一七六师奔赴抗日战场以来经历的又一场恶战，虽连续打退了日军4次猛烈进攻，但也付出了较大伤亡代价。此战，第一七六师阵亡排长2人，特务长1人，战死、冻死士兵50余人，战伤、冻伤官兵80余人。

此后，第一七六师再次踏上征途，来到安徽合肥，参加徐州会战。第一七六师布防在淮河一线，与日军隔河对峙。其间多次击退企图渡河的日军。此后，在日军集结兵力准备强渡淮河时，第一七六师袭击日军据点，牵制日军渡河行动。后来第一七六师又奉命前往浍河南岸，守卫第五战区司令部的安全。

1938年8月，第一七六师奉命穿越大别山，参加武汉外围的黄梅反攻战。当时中国军队准备发动武汉会战，为阻止黄梅的日军支援武汉，第一七六师奉命攻打驻扎在黄梅的日军。8月18日凌晨，攻击黄梅的战斗打响，第一七六师将士不畏死亡，奋勇争先，先后攻克葫芦岭阵地、松山咀阵地。此后，日军调集重兵疯狂反扑，第一七六师拼死抵抗，损失惨重，被迫撤退。此战是第一七六师经历的最为惨烈的战斗之一，全师牺牲3000多人。

抗战进入相持阶段后，在师长区寿年的率领下，第一七六师在霍山等地开展抗日斗争，多次与日军激战。

1939年5月，第一七六师攻打被日军占领的安庆。此战是为了粉碎日军的虚假国际宣传而组织的战斗。当时日军攻下安庆后，向国际吹嘘安庆稳定繁荣，并邀请英美海军参观。于是从5月1日开始，第一七六师受第二十一集团军司令部指示，发动对安庆的攻击。此次攻击共消灭日军数百人，焚毁弹药库2所、飞机库数间。9月，第一七六师再次在安庆与日军交战。日军偷袭驻守横山的第一七六师第五二六团，被守军击败，此战消灭日军200余人。11月，第一七六师再次攻击驻守在宿松、望江、安庆、枞阳的日军。此次战斗，第一七六师多路出击，与日军展开激战。在这场历时37天的安庆冬季攻势中，第一七六师给予了日军有力打击，迫使日军不得不向安庆增兵以补充损失的兵员。

1940年7月16日，日军偷袭无为，攻陷无为城。第一七六师奉上级命令，执行夺回无为城的战斗。从7月20日至8月24日，第一七六师先后对无为城发动3次进攻。但因日军防守严密，未能攻克。10月16日，日军突袭潜山，潜山失陷。第一七六师决定发动收复潜山的战役。19日，战斗打响。第一七六师五二六团从北、西、南3个方向攻城，日军无法阻挡，从东门撤出。第一七六师穷追猛打，日军狼狈逃窜。此战，第一七六师消灭日军数百人，击沉日军舰艇1艘，击落飞机1架。

1942年底，日军集结重兵向大别山区进犯，妄图将包括第一七六师在内的抗日力量消灭。此时第一七六师各部正驻扎在桐城、庐江一带。1943年初，第一七六师伏击日军，歼敌数百人，给予日军重创。

抗战后期，第一七六师与新四军第七师联手伏击进犯大横山的日军，在大横山东北麓歼灭日军300余人。

1945年8月15日，日本帝国主义宣布投降，第一七六师的将士们同全中国的同胞终于迎来了这一光荣的时刻，这是全体中国人用不屈的意志和巨大的牺牲换来的。

大别山烈士陵园

大别山烈士陵园坐落在大别山腹地的安徽省安庆市岳西县天堂镇老街路1号，是为了安葬和悼念大别山地区战争年代牺牲的革命烈士而建设的设施。始建于1958年，原名岳西烈士陵园；1999年扩建；2007年更名为大别山烈士陵园；2009年再次扩建。

陵园坐东朝西，占地面积6.6万平方米，建筑面积约1.8万平方米。整个陵园环境清幽，风景优美。陵园依山傍水，绿树成荫。园内依次建有大别山烈士纪念馆、烈士纪念碑、红军亭、英雄群雕、百步台阶、烈士墓群等纪念设施。

大别山烈士陵园大门

大别山烈士陵园的大门是一座牌楼式青砖黛瓦仿古建筑，肃穆庄重，给人一种浓郁的厚重感，让人不由得对这里产生肃然起敬之感。

穿过大门之后，是气势恢宏的台阶，这些台阶将近百步，拾级而上，可以看到一组巨型的英雄群雕，由花岗岩雕成，刻画以王步文烈士为代表的英雄群体为人民求解放前仆后继的形象。基座上有李先念题写的“向牺牲在大别山区的烈士们致敬”。在群雕的后面，镌刻着2000多名岳西籍烈士的名字，让人们永远记住他们为了这片土地的解放做出的伟大贡献。

英雄群雕

在英雄群雕的南面，是雄伟的革命烈士纪念碑，碑高13.5米。这是一个有着特殊含义的数字，寓意为了新中国的成立有13.5万大别山儿女献出了自己宝贵的生命。纪念碑由乳白色巨石砌成，正面是由朱德总司令亲笔题写的“革命烈士永垂不朽”8个镏金大字。在纪念碑的周围，竖立38根大理石立柱，寓意岳西县有3.8万名岳西优秀儿女为了新中国的成立献出了宝贵的生命。

革命烈士纪念碑

纪念馆位于纪念碑正后方百余米，为仿古建筑，双层重檐，长廊环绕。展厅左侧有一幅名为“浴血大别山”的巨型油画，右侧为李先念、徐向前的题词和鄂豫皖革命根据地形势图（1927—1937年），正中是一幅名为“热血春秋”的大型浮雕，浮雕背面刻录2000多位岳西籍烈士的英名。馆内展厅分为6个部分，重点介绍大别山区党组织建立，黄麻起义、商南起义、六霍起义和请水寨暴动四大武装暴动的爆发，红四方面军、红二十五军和红二十八军3支主力红军的组建，鄂豫皖革命根据地的形成，大别山三年游击战争和刘邓大军挺进大别山区的历史，以及中共安徽省委首任书记王步文、红二十八军政委高敬亭等百余位著名英烈的生平事迹。馆内珍藏有朱德、李先念、徐向前等党和国家领导人的题字和革命文物566件（幅），其中国家一级文物8件、二级文物15件。

大别山革命烈士纪念馆

沿着台阶往上走，就是烈士们的长眠之地。烈士墓群包括中共安徽省委首任书记王步文单体墓、陵园南墓区、陵园北墓区和红军老战士墓区，安葬有各个时期牺牲的烈士866位。王步文单体墓位于陵园的最高点，掩于松柏林间，从展馆背面经51级台阶即是。王步文单体墓的东侧为陵园南墓区，安葬有844位烈士。陵园北墓区位于群雕的西北部，安葬有红三十四师团长方乔南、红二十八军一路游击师政委林承祥、中共潜山工委书记吴云霞等数十位先烈。红军老战士墓区位于群雕东北部梅桃园中。

烈士陵园南墓区

烈士陵园北墓区

在红军老战士墓区背坡，建有纪念在大别山诞生或战斗过的红十一、红十二、红二十五、红二十七、红二十八军和红四方面军的红军亭。在南墓区附近建有岳北三大暴动纪念亭廊，旨在纪念1930年前后在岳西北部地区爆发的包家河、头陀河和黄尾河三大农民暴动。距英雄群雕以东30米处建有请水寨暴动纪念亭。

大别山烈士陵园是国家级烈士纪念设施、安徽省爱国主义教育基地。

红军亭

经党中央、国务院批准，国务院于2020年9月1日公布，大别山烈士陵园被列入《第三批国家级抗战纪念设施、遗址名录》。

知识链接

岳西青天畈谈判

1937年7月7日，日军悍然发动卢沟桥事变，当地中国驻军奋起抵抗，全民族抗战由此爆发。在生死存亡的历史转折关头，只有全民族团结抗战才是生存和发展的唯一出路。中国共产党高举抗日的大旗，在卢沟桥事变发生第二天就通电全国，号召“全中国同胞，政府，与军队，团结起来，筑成民族统一战线的坚固长城，抵抗日寇的侵掠！”“国共两党亲密合作抵抗日寇的新进攻！”中共中央指示南方各地红军和游击队同当地国民党军队进行谈判，联合抗日。

由于国民党军队包围封锁，鄂豫皖边区党组织和红军与党中央长期失去联系，无法了解全国形势、获得党中央的指示。红二十八军政委高敬亭偶然从国民党报纸上看到有关国共合作抗日的消息，为证实这一消息的准确性，他率部从鄂东前往皖西，寻找中共鄂皖特委书记何耀榜。

7月13日，在岳西县南田村，高敬亭与何耀榜会面，并看到《中国人民对日作战的纲领》《中央关于抗日救国运动的新形势与民主共和国的决议》等文件。高敬亭认真阅读，反复分析研究后，对国共合作确信无误，于次日召开干部会议。鄂豫皖边区党组织和红军主要领导人坚决贯彻党的抗日民族统一战线纲领，以国家利益、民族大业为重，不计旧仇宿怨，决定在党中央未派领导人来之前，以红二十八军的名义向国民党豫鄂皖边区督办公署提出停止内战、一致抗日的停战谈判倡议，并派何耀榜代表红二十八军，与国民党地方当局谈判。

15日，高敬亭派人将关于停战谈判问题致国民党豫鄂皖边区督办公署督办卫立煌的函，送至岳西县第三区蛇形岗炮楼。当日即收到对方同意停战谈判的回复，但卫立煌却命令国民党军第三十二师将高敬亭、何耀榜及所率部队包围于鹞落坪、大岗岭、南田村一带，妄图以武力胁迫红二十八军屈服投降。同时又散布流言，称“若归顺国军，官晋一级，给优厚薪俸”，企图用高官厚禄诱惑红军游击队。

在错综复杂的斗争中，高敬亭、何耀榜等立场坚定，坚持独立自主的原则，保持高度的警惕性，要求国民党军第三十二师后撤，并命令红二十八军、游击队、便衣队等武装做好随时战斗的准备。同时在政治上及时揭露国民党当局利用金钱、官职诱降的阴谋，宣传停止内战和团结抗日救国，使卫立煌的阴谋未能得逞。

18日，卫立煌的全权代表、高级参谋刘刚夫到达岳西县后，命令第三十二师后撤10千米。20日，何耀榜与刘刚夫等人在岳西县政府大厅就停战谈判进行了初次磋商，商定由双方代表组成停战谈判委员会和协议起草委员会，并决定从22日起在岳西青天畈上青小学正式举行停战谈判。

从22日起，鄂豫皖边区红军游击队与国民党地方当局进行停战谈判。何耀榜提出应以停止内战、一致抗日为共同遵循的方针；红军在中共中央的领导下保持人民军队的性质；番号暂定为“鄂豫皖工农抗日联军”，正式番号应由两党中央决定；红军游击队在3个月内完成集中。经过激烈争论，双方于27日达成停战协议，谈判获得成功。

28日，双方在岳西县九河朱家大屋举行停战协议签字仪式。高敬亭（化名李守义）、何耀榜代表鄂豫皖红军游击队出席签字仪式。高敬亭和刘刚夫分别代表双方在停战协议书上签字。

岳西青天畈谈判初步实现了鄂豫皖边区的国共合作，为红军游击队改编为新四军、建立抗日民族统一战线、实现从土地革命战争到抗日战争的伟大战略转变打下了基础。

岩寺新四军军部旧址纪念馆

岩寺新四军军部旧址纪念馆位于安徽省黄山市徽州区滨河南路39号（原岩寺镇后街荫山巷7号），是为了纪念新四军军部在岩寺时期进行抗日斗争而建的设施。新四军正式成立后，第一、第二、第三支队和特务营奉命于1938年2月至4月到达皖南岩寺地区集中进行整编点验和军政训练，4月5日起军部机关设在岩寺镇的金家大院。

岩寺新四军军部旧址纪念馆前的进士第牌坊

岩寺既是南方八省游击队的集中地，又是新四军的成军地，还是新四军东进抗日的出征地。岩寺新四军军部旧址纪念馆于2005年建立，2013年4月28日正式对外开放。占地总面积1.7万平方米，其中建筑面积达5400平方米。旧址及纪念地包括军部旧址金家大院（含叶挺住处、政治部驻地、项英住处），军部机要科所在地洪桥，新四军练兵场、点验处文峰塔及凤山台等。

岩寺新四军军部旧址纪念馆

新四军军部旧址金家大院目前是岩寺新四军军部旧址纪念馆所在地。这是一组清末皖南古民居建筑群，由4幢三间两层的砖木结构楼房构成，这些建筑中既有叶挺、项英等新四军领导人的住处，也包括当年新四军军部政治部等部门办公的场所。在新四军军部旧址纪念馆前立着叶挺、项英、张云逸、袁国平、周子昆、邓子恢等新四军领导人的塑像。纪念馆由序厅、图片展览厅、实物陈列厅、放映厅组成，通过历史图片及新四军曾经使用过的物品，展现当年新四军在这里驻守整编时的点点滴滴，让我们直观感受当年新四军在这里活动的情景。展览分为序厅、岩寺集结、誓师东进、军民情深、抗日烽火、铁军传承六大部分。

岩寺新四军军部旧址纪念馆前的新四军领导人塑像

当年新四军在这里驻扎的时候，包括军部机关及其下属机构卫士排、军需处、参谋处在内的机构都设在军部附近的百姓家中。

机要科旧址洪桥，位于军部东百米处，是一座建于明代的三孔石桥，桥上建廊，横跨颍溪河水。桥西有10平方米的小屋“香积”，为当年新四军军部机要科（电台）驻地。叶挺将军也曾在这里与

机要科旧址洪桥

当地百姓促膝谈心，宣传党的抗日思想。

离金家大院旧址不远的地方还有凤山台、文峰塔，这是当年新四军在岩寺集中整编时的点验处、练兵场。凤山台为红色岩石砌筑，原通往徽州府（今黄山市徽州区徽城镇）的大道从中而过。台上原有楼阁。1938年4月20日，叶挺、陈毅等军部主要负责人在凤山台阅兵，召集新四军官兵接受国民党第三战区的点验，后来人们称凤山台为“点将台”。旁边的文峰塔始建于明嘉靖二十三年（1544年），七层八面，现高62米，是古徽州最高的建筑。

岩寺新四军军部旧址纪念馆是全国重点文物

凤山台和文峰塔

保护单位、安徽省爱国主义教育基地。

经党中央、国务院批准，国务院于2020年9月1日公布，岩寺新四军军部旧址纪念馆被列入《第三批国家级抗战纪念设施、遗址名录》。

知识链接　岩寺整编

新四军成立后，军部的建设及部队的整编工作有条不紊地进行。1938年4月5日，新四军军部从江西南昌移至安徽歙县（今黄山市徽州区）岩寺，军部设在岩寺的金家大院。根据新四军军部的安排，分布在南方各省的红军游击队到皖南地区集中，接受整训。

自主力红军长征开始后，留在南方八省的红军游击队就开始艰苦的游击战争。全民族抗战爆发后，国共第二次合作，抗日民族统一战线形成。根据国共双方的协议，留在南方八省的红军游击队改编为新四军。而岩寺整编，使这些经历血与火洗礼的队伍第一次会聚在一起。

自皖南整训的命令发出后，大部红军游击队克服重重困难向岩寺靠拢，最终在规定的时间到达岩寺，进行了编组、点验，对新成立的新四军队伍从政治、军事、后勤等各个方面进行培训和补充，提升广大指战员的政治觉悟和军事素养，提升队伍的战斗力。

岩寺整编对新四军各部的武器装备进行了补充。整编之前，新四军的武器装备普遍落后简陋，枪械都是一些老旧的“老套筒”“汉阳造”，更多的战士是提着梭镖和大刀与敌人战斗的。岩寺整编后，新四军各部获得了一些武器弹药的补充，使部队的战斗力获得了一定程度的提升。

除了武器装备的提升，这次整训还对新四军

新四军部分领导人在皖南的合影（左起：陈毅、项英、袁国平、李一氓、朱克靖、粟裕、叶挺）

的战术战法进行了有针对性的培训。新四军未来的战场主要在华中地区，这一地区的一大特点就是湖泊众多，平原广布。这就要求新四军要根据实际的地形特点制定行之有效的战术战法，并在全军推广。除了战术战法的提升，此次整训更为重要的是对广大官兵思想的统一，提升大家的思想认识，站在民族大义的高度看待事关民族存亡的抗日战争，提高思想觉悟，统一思想，坚定抗日救国的目标。

与此同时，新四军在岩寺整编时期积极进行抗日宣传，开展当地民运工作，与当地百姓建立良好的关系，为新四军后来在这里开展抗日斗争打下了坚实的基础。

1938年4月，新四军第二支队集中在皖南歙县岩寺进行整编

岩寺整编，在新四军发展的历史上有着重要的意义。分散在各省的红军游击队通过这次整编，被编为4个支队，组织结构更加完善，部队战斗力更加强大。整编完成后，部队即奔赴抗日战场，参加伟大的抗日斗争。

新四军第四支队纪念馆

新四军第四支队纪念馆又称“新四军皖西革命纪念馆”，位于安徽省六安市舒城县高峰乡东、西港村，是为了缅怀新四军第四支队的战斗历程而建设的纪念设施。2007年对旧址进行修缮，扩大陈列展览面积，对散落民间的革命文物进行抢救性征集。同时，在旧址左侧的山上建烈士塔和大型汉白玉浮雕等纪念性景观。重修后的新四军第四支队司令部旧址韦家大屋被命名为“新四军皖西革命纪念馆”。2008年5月建成并正式对外开放。

新四军四支队纪念馆占地总面积达1.2万平方米，分为两大部分，包括东港村新四军第四支队

新四军皖西革命纪念馆牌坊式大门

政治部旧址韦家大屋和西港村新四军第四支队司令部旧址。

韦家大屋在民国时期是舒城大族韦氏的老宅，典型的徽派古民居。1938年6月，高敬亭司令率新四军第四支队来到舒城，韦氏家族即把这座老宅腾出让给第四支队作为办公地点。

东港村政治部旧址韦家大屋包括4个部分，进门正对面是政治部复原陈列和高敬亭将军卧室及作战指挥室，陈列有第四支队战士们使用的武器、缴获的战利品、生活用品及发展生产的农具；中间是作战指挥室和卧室；右边是战史陈列馆，共分为3个部分，分别是红二十八军的辉煌历史、新四军第四支队的赫赫战功和高敬亭将军的丰功伟绩。另外，政治部旧址旁还建有新四军第四支队革命烈士纪念碑及战斗英雄浮雕。

新四军四支队纪念馆

新四军四支队纪念馆战斗英雄浮雕和革命烈士纪念碑

西港村新四军第四支队司令部旧址原是钝斧庵，纪念设施共分为3个部分，包括200多米长的进馆栈道、红军广场及司令部旧址。其中司令部旧址分为前厅和后厅两大部分，前厅主要介绍了新四军第四支队的发展历史，配有叶挺、高敬亭等6位将军的浮雕，并展示第四支队战士们使用的武器、战地沙盘等；通往后厅道路的两侧分别有电讯室、起居室；后厅介绍了当时主要的战役，并以声光电、情景再现等形式进行展示。

西港村新四军第四支队司令部旧址

新四军四支队纪念馆是安徽省重点文物保护单位。

经党中央、国务院批准，国务院于2020年9月1日公布，新四军四支队纪念馆被列入《第三批国家级抗战纪念设施、遗址名录》。

知识链接　鄂豫皖边区三年游击战争

土地革命战争时期，中国工农红军主力长征后，留在湖北、河南、安徽3省边界地区的红军和游击队，同国民党军进行了3年游击战。

1934年11月，中国工农红军第二十五军离开鄂豫皖边区长征后，国民党军一方面以18个团的兵力尾追红军，另一方面又以68个团的兵力，外加10多个保安团和反动民团，对鄂豫皖边区继续进行“清剿”。无数党员干部和革命群众在“清剿”中被杀害，苏区残垣断壁，一片焦土，在大化坪、漫水河、金家寨等地，出现连绵数十里的无人区。

这时，留在鄂豫皖边区的红八十二师、中共皖西北道委和皖东北道委领导的红军第一至第三路游击师、颚东北独立团和若干游击队，已不足3000人，且被分割在鄂东和皖西北地区。在皖西北道委的指挥下，红八十二师和游击师在舒城、潜山、霍山、立煌（今金寨县）等县进行游击战。12月初，红八十二师在霍山县长山冲遭遇国民党军第六十五师截击，损失过半，师长周世觉牺牲，中共鄂豫皖省委常委、皖西北道委书记高敬亭将余部整编为红二一八团，任命罗成云为团长，熊大海任政治委员，兵力近700人。

1935年2月1日，高敬亭率红二一八团到达立煌县抱儿山，与方永乐率领的鄂东北独立团会合后，收到鄂豫皖省委长征前留给他的指示信，方知省委率领红二十五军已离开鄂豫皖边区西征。为落实省委指示，继续坚持鄂豫皖边区斗争，2月

新四军四支队纪念馆前的高敬亭塑像

3日高敬亭在太湖县凉亭坳（今属岳西县）召开干部会议。会议认为，红军主力西征后，根据地几乎全被国民党军占领，必须积极寻找新的立足点，创建新的游击根据地。会议决定将红二一八团和鄂东独立团合并，重建红二十八军，高敬亭任政治委员，统一领导边区的党政军工作。红二十八军暂辖红八十二师和手枪团，红八十二师下辖红二四四团和特务营，师长罗成云、政委方永乐，全军约1000余人。这是红二十八军第三次组建。

红二十八军重建后，转战鄂豫皖边区，采取灵活机动的游击战术和巧妙的斗争策略，活捉安徽省财政厅厅长余谊密，取得梓树坪战斗、界岭阻击战、桃岭伏击战等战斗的胜利，消灭了敌人部分有生力量，粉碎了敌人的“三个月清剿计划”。

1935年2月16日，高敬亭在潜山县（今潜山市）驼岭白果树召开会议，认为这里山高林密，不利于国民党军的大部队运动，早年又是六霍起义、请水寨暴动所在地和红军中央独立第二师的大本营，群众基础很好，决定在舒城、霍山、潜山、太湖四县边区建立游击根据地，并决定成立中共皖西特委，任命徐成基为特委书记，负责开辟游击根据地；同时，从红二十八军抽调200名指战员组成红二四六团，隶属皖西特委指挥，作为游击根据地的基本武装力量。此后，舒（舒城）霍（霍山）潜（潜山）边区苏维埃政府及中共舒霍潜边区委、宿松县委、岳西县委、宿黄（梅）边区委等党组织相继建立；便衣队及地方武装得到较快发展；中共皖西特委的主力武装红二四六团发展到500余人，第四、第五、第六路游击师和皖潜独立营等武装相继组建，总兵力近千人。

1935年4月，蒋介石重新布防，制订“二个月清剿计划”。5月，红二十八军在霍山县黄尾河

（今属岳西县）召开会议，决定红军主力西进桐柏山，后东返潜山，使敌人“清剿”再次落空。

1935年6月，中共皖西特委机关由枯井园迁至鹞落坪门坎岭。8月，高敬亭决定将红二十八军大本营设于鹞落坪，以鹞落坪为中心指挥主力红军、地方游击队和各地便衣队坚持鄂豫皖边区游击战争，并建立红二十八军后方机构，设立红军山林医院、商店、被服厂、修械厂、交通站等。

为在敌军重重围困中求得生存并消灭其有生力量，1935年7月2日，高敬亭在太湖县店前河（今属岳西县）召开会议，总结半年来游击战争的经验，会议制定“四不打”作战原则：“敌情不明不打，地形不利不打，伤亡过大不打，缴获不多不打”；会议还就军事斗争方略、作战形式、作战区域、战术手段做了明确规定。店前河会议之后，红二十八军采用新的军事指导原则指挥作战，取得了黄茅尖、珠屋庙、冶溪河一系列战斗的胜利。店前河会议还做出大力发展红军便衣队的决定。便衣队是由不穿军装的几个或十几个红军指战员组成的一个作战行动小分队，实际上是党政军三位一体的武装工作队。便衣队受主力红军和地方党组织领导，负责建立游击根据地，执行苏维埃的政纲法令，宣传党的主张；安置伤病员，解决兵源给养，搜集情报，配合作战，建立和发展党组织。由于便衣队的组织形式符合客观斗争形势的需要，1937年春，在鄂豫皖边区的22个县共有便衣队80多个，武装人员600多人。

1936年1月，为强化“清剿”，国民政府设潜山、太湖、霍山、舒城四县边区，新置岳西县。2月，蒋介石又制订“五个月清剿计划”，调卫立煌为豫鄂皖边区“剿共”总指挥，采取“堡垒推进”的手段，企图消灭红二十八军。为此，红二十八军及时调整作战方针，确定红军以营为单位分散活动，跳出包围圈，在便衣队的配合下深入敌后打击敌人，使敌人的“清剿”又一次落空。

1936年9月，为加强对皖鄂边区的领导，高敬亭将中共皖西特委改为中共皖鄂边区特委，管辖舒城、桐城、望江、潜山、太湖、岳西、宿松、英山、罗田、蕲春、黄梅等县党的工作。特委由何耀榜任书记，机关设立于门坎岭，后迁至大岗岭。

西安事变后，蒋介石背信弃义，加紧对南方八省红军游击队的“清剿”。1937年春，卫立煌对鄂豫皖边区发动了“春季清剿”。遭到失败后，接着又布置了“三个月清剿计划”。为强化“清剿”指挥权，4月27日，国民政府军事委员会改豫鄂皖边区主任公署为豫鄂皖边区督办公署，任命卫立煌为督办，统一执掌军政大权。卫立煌在策略上实行“军令统一”“军政协同”，在军事上增强力量，并进行移民并村、制造无人区，妄图割断红军与人民群众之间的联系，还实行五户连坐，以加强控制，致使红军损失严重。为保存力

时任新四军第四支队司令员的高敬亭

量，避免更大损失，红军分散应敌，使国民党反动派妄图消灭红二十八军的阴谋宣告失败。

7月13日，高敬亭与何耀榜在岳西县南田村会合，收到中共中央关于停止内战、国共合作抗日的有关文件。两天后，高敬亭以红二十八军的名义向国民党地方当局发出和平谈判倡议。7月22日，红二十八军代表何耀榜与国民党豫鄂皖边区督办公署督办卫立煌的全权代表刘刚夫，在岳西县青天畈上青小学正式谈判，高敬亭以红二十八军政治部主任李守义的身份参加谈判。历时6天，双方达成协议，于7月28日在岳西县九河朱家大屋举行签字仪式。岳西谈判首开南方八省国共两党地方谈判成功的先河。8月上旬，高敬亭率领红二十八军手枪团从鹞落坪出发前往湖北黄安（今红安）县七里坪集中整编。1938年2月，红二十八军被改编为新四军第四支队，共3100余人。

福建省

永安抗战旧址群

永安抗战旧址群位于福建省永安市，是抗日战争时期国民党福建省政府战时各单位及各界进步文化人士在永安活动时的场所旧址。

永安处于群山环绕之中，东部和西南部属于戴云山脉，西北部属于武夷山脉的东南坡。抗日战争爆发后，国民党福建省政府从安全角度考虑，将福建省省会从福州临时迁往永安，永安作为福建省省政府驻地的时间长达7年半之久。随着省政府的迁入，这座一直以来籍籍无名的闽西山城一下子热闹起来，除了省政府各大办公单位，还有大量的共产党人、爱国进步人士也来到这里进行抗日活动。他们用手中的笔作为刀枪向日寇宣战，鼓舞人民坚持抗战、保卫国家。一时间永安成为中国东南抗战文化的一面旗帜。当时，永安有9家出版社、19家印刷厂、15家书店，出版了13种报纸、129种期刊、700多种图书，为推动全面抗战做出巨大贡献。

永安文庙。抗战期间，为福建省国民政府办公厅、政干团、民政厅、水利局等省直单位办公场所

目前，在永安抗战旧址群中，保存完好的建筑包括挹秀楼、渡头宅、复兴堡、永安文庙、春谷山庄防空洞、刘氏宗祠、刘氏祖屋、材排厝、棋盘厝、大夫第、燃藜堂、上新厝、团和厝、萃园、定和宅等。

挹秀楼建于1945年，是由曾经担任过永安县参议会参议员的刘韵韶所建，留学法国的永安人黄曾樾先生设计，是一座西洋风格建筑，2005年8月修缮之后被开辟为永安抗战文化名人馆。

挹秀楼

另外，渡头宅是抗战文化人士羊枣被捕的地方；复兴堡是抗日战争时期中国国民党直属台湾省党部办公的地方；春谷山庄防空洞是抗日战争时期陈仪、刘建绪等国民党福建省政府大员居住的地方；刘氏宗祠是抗日战争时期福建省教育厅办公的地方；刘氏祖屋是抗日战争时期创办的《老百姓报》编辑部办公的地方；材排厝是抗日战争时期最高法院闽浙赣分庭工作人员居住的地方；

棋盘厝是抗日战争时期福建省教育厅督导处，《福建教育》《国民教育指导月刊》《中等教育》等期刊出版单位办公的地方；大夫第是福建省交通驿运管理处办公的场所；燃藜堂是福建省教育厅厅长居住的地方；上新厝是福建省高等法院审判厅所在地；团和厝是福建省高等法院检察署办公的场所；萃园是福建省防疫大队的办公场所。这些建筑遗址，都是当年永安作为福建省临时省会的岁月中，各单位部门、各社会贤达一直努力共同抗日的历史见证。

吉山村的定和宅，省高等法院职员居所旧址

国民党中央直属台湾党部旧址复兴堡

永安抗战旧址群是全国重点文物保护单位。经党中央、国务院批准，国务院于2015年8月13日公布，永安抗战旧址群被列入《第二批国家级抗战纪念设施、遗址名录》。

知识链接　羊枣

杨潮，原名杨廉政、杨九寰，笔名羊枣，著名新闻记者、军事评论家和翻译家。

1900年5月8日，杨潮生于湖北省沔阳县（今仙桃市）一个封建大家庭，父亲杨会康是清末举人。在17位兄弟姐妹中，杨潮排行第四。杨潮少年读私塾，14岁考入北京清华学校。1919年五四运动爆发，杨潮积极投身于爱国学生运动，当年被清华学校开除。经过五四运动洗礼的杨潮，目睹帝国主义列强的侵略，国家的日益衰败，认定了实业救国的道路，改名为杨九寰，考入唐山工业专门学校机械科。1921年该校并入上海交通大学，杨潮也随之转入上海交通大学机械系就读，与陆定一是同学。1923年，杨潮以全系第二名的优异成绩毕业于上海交通大学，后任职于上海京沪、沪杭甬铁路管理局考工科。由于杨

羊枣烈士

潮爱好音乐和戏剧，因而曾业余从事明月歌舞社活动。1926年，杨潮加入了有志于电影事业的同仁组织的俭德会，在上海闸北经营百星电影院，与帝国主义在租界经营的大光明等电影院竞争。1930年又在汉口开办百星影院，但因得罪当地流氓，影院被捣毁，损失惨重。不久上海影院亦被帝国主义挤垮，俭德会影业全部破产，债台高筑。1932年，为清偿债务，杨潮向父亲求援，遭到拒绝。自此，杨潮与他的封建家庭断绝了关系。

1932年，杨潮的六妹杨刚从北平（今北京）来到上海。杨刚是1930年在燕京大学加入中国共产党的党员，是北方左翼文艺运动发起人之一。在杨刚的帮助下，杨潮明白了只有中国共产党领导的人民革命才能救中国。为追求真理，开始勤奋攻读《资本论》《共产党宣言》等大量马列主义著作，不倦地追求真理，坚信马列主义，决心与共产党共同战斗。

1933年，在上海的白色恐怖环境中，杨潮结识了一些共产党员和进步作家。年初，经周扬介绍，杨潮加入中国左翼作家联盟，下半年加入中国共产党。

1934年，杨潮担任“左联”宣传干事，并参加“文艺理论研究委员会”。他在“左联”报刊和陈望道主编的《太白》半月刊、《申报》副刊《自由谈》、《中华日报》副刊《动向》等报刊发表杂文和科学小品，并以“杨丹苏”的笔名翻译出版了《今日之苏联国》一书，全面介绍世界上第一个社会主义国家——苏联；9月，又在《文学新地》创刊号上发表译作《马克思论文艺》。这年秋天，杨潮担任了“左联”宣传部负责人。他曾与鲁迅有过两次书信往来，将自己有关文艺理论方面的译作请鲁迅先生校阅。

1935年，杨潮辞去上海铁路局的职务，到桂林在陈望道主持的广西省立师范专科学校任教。他撰写了《现阶段学生运动的检讨》《民族抗日统一战线》等文，发表在桂林的《月牙》杂志上。1936年6月，广西师专停课，杨潮回到上海，在塔斯社上海分社任翻译。1937年上海沦陷，他仍坚守在上海“孤岛”，为报刊撰写社论、专论，分析抗战形势，鼓舞民众必胜信心。

1939年底，杨潮离开上海到香港，在金仲华主编的《星岛日报》任军事记者，开始用“羊枣”笔名撰写文章。在香港的两年间，在《星岛日报》《世界知识》《华商报》等报刊发表了近百万字的军事评论及译文。期间，还参与了范长江等人发起组织的“中国青年新闻记者学会”，并在其附设的青年新闻学院授课。1940年，担任国际新闻社编委，为该社撰写了许多专论。

1941年底，太平洋战争爆发，香港沦陷。经党组织营救，一批进步作家撤到内地，羊枣也到达桂林，撰写出版了《太平洋的暴风雨》一书。1942年4月，经国际新闻社介绍，他到湖南衡阳主编《大刚报》。经羊枣主笔数月，即以内容进步、消息迅速而受到读者欢迎，日销万份。1943年6月，因《大刚报》坚持不载国民党中央通讯社充斥反共言论的电讯，羊枣受到特务迫害，不久被解聘。

1944年春，日军发动打通大陆交通线的豫湘桂作战，在衡阳的多数进步文化工作者准备西撤。羊枣精辟地分析了形势，认为日军打通湘桂、粤汉铁路以后，将顾此失彼，兵力分散，东南一隅可能出现偏安局面。于是，他决定到东南一带开辟抗日宣传阵地。

1944年6月，经金仲华介绍，通过谌震向福建省政府主席刘建绪推荐，羊枣受聘来到福建战时省会永安。刘建绪聘其为福建省政府参事、福建省研究院社会科学研究所研究员兼政治研究组组长。7月底8月初，他又被永安的一家进步报纸《民主报》的总编辑颜学回（国民党内坚持抗日爱国的左派人士）聘为该报主笔，撰写社论和专论。8月13日羊枣在《民主报》“每周评论”栏发表了署名文章《只有牺牲才有胜利》，除热情地赞扬衡阳军民坚守孤城45天的爱国牺牲精神之外，也鞭挞了这时的国民党最高当局消极抗战、被动挨打的局面。至1945年6月底羊枣被捕前，他在该报发表的社论、专论就有76篇，约12万字。

与此同时，为扩大宣传阵地，羊枣建议创办一种国际时事刊物，定名为《国际时事研究》，立即得到福建省社科所所长王亚南和研究员章振乾，省政府秘书长、爱国进步人士程星龄的支持，并请刘建绪题写了刊名，使刊物顺利出版发行。《国际时事研究》是羊枣在永安全力主编的一个刊物。1944年9月1日创刊，到1945年6月25日止，共出了39期，每期2万多字，其中二分之一的篇幅是羊枣的文章。

1944年底，美国新闻处东南分处从南平迁至永安，羊枣被聘为顾问，为国际新闻特辑撰稿。羊枣精通英文，每天在该处阅读大量的英文资料，为撰写论文提供了优越条件。

羊枣不仅是杰出的军事评论家，也是杰出的政论家。他在《国际时事研究》上发表的《方兴未艾的欧洲政争》等一系列论文，对当时各国所采取的政治策略的历史背景及现实需要，做出令人信服的分析，教给人们从“两个社会经济体系的对立”和“资本主义社会的内在矛盾”这两个支配历史事件的基本因素去分析欧洲和国际政治，引导读者穿过历史的迷雾，去寻求纷繁万端的世界政治军事演变的本质。

羊枣在永安的一年多时间里，夜以继日，不知疲倦地工作。他一面广交各界进步人士，热情帮助青年，举办时事讲座，一面写评论，献身进步文化事业。

1945年7月，国民党顽固派在永安制造了一起以迫害羊枣等进步文化人士为主要对象的永安大逮捕事件。7月15日，羊枣被顽固派特务逮捕。在一个月中，特务在永安和福建各地逮捕了29人，拘留和软禁各1人。这一事件就是震惊中外的“羊枣事件”，亦称“永安大狱”。

羊枣被捕处——渡头宅

羊枣被捕后，先囚禁于永安吉山的福建省保安司令部监狱，8月6日被解往江西铅山，囚于国民党第三战区直属联络站。抗战胜利后转羁杭州。他在狱中同国民党特务进行坚决斗争，大义凛然，还翻译了美国作家克拉伦斯·戴的长篇小说《我的爸爸》。国民党第三战区司令顾祝同以少将衔待遇引诱羊枣为他们办报，要他写“悔过书”“参加国民党”。羊枣不屈于威胁利诱，严词拒绝。

由于精神的折磨和肉体的摧残，1946年1月11日，羊枣被虐死于杭州狱中，时年46岁。

大田“第二集美学村”旧址

大田“第二集美学村”旧址位于福建省三明市大田县均溪镇玉田村，是抗日战争时期厦门集美学校迫于当时的战争形势内迁大田县之后的办学旧址。当时包括集美高级农林职业学校、集美高级商业职业学校、集美高级水产航海学校，以及三校联合创办的集美职校附属玉田国民学校，共4所学校在这里办学。

大田“第二集美学村”旧址陈嘉庚雕像

集美学校是爱国华侨陈嘉庚先生于1924年1月在福建厦门创办的学校，学校旨在为国家培养有用的人才，建设祖国。抗日战争爆发后，随着厦门的陷落，集美学校被迫内迁。最初学校迁往安溪县，后又迁至大田县。今天的大田“第二集美学村”旧址就是集美学校1938年5月至1945年8月在大田县的办学遗址。

大田“第二集美学村”旧址保存完好的建筑包括顺善堂、正旺祖祠、来宜堂、观音堂、中庭厅、梓房祖祠高平堂、滴光堂、文派祖祠高平堂、集和堂、积善堂、聿脩堂、六行堂、启文堂及紫来堂等，校舍共28座，占地面积约14.5万平方米，另有仙亭山防空袭“森林课堂”约200万平方米。

集美高级水产航海学校旧址

顺善堂在当时是集美学校教职工办公的地方，老师们在非常艰苦的条件下在这里坚持教书育人；正旺祖祠、梓房祖祠高平堂、六行堂是当时集美高级农林职业学校的所在地；来宜堂是当时教职工宿舍所在地；观音堂、滴光堂、启文堂是当时集美高级商业职业学校的所在地；中庭厅是当时陈嘉庚先生居住的地方；文派祖祠高平堂是当时集美职业学校校舍及抗日救亡剧社的所在地；集和堂是当时集美高级水产航海学校的所在地；积

集和堂内景

善堂是陈村牧和庄纾两位先生居住过的地方；聿脩堂是集美职校附属玉田国民学校的旧址，同时集美高级水产航海学校也曾在此教学；紫来堂是集美职校（商科）教室与宿舍旧址。另外，还有森林课堂旧址等建筑。当初陈嘉庚先生对集美学校倾注了大量的精力，他特意在学校建筑之上亲手题写“诚毅”二字，以此来勉励在这里学习的莘莘学子，直到今天，部分建筑上依然能看到这两个字。

抗日战争胜利后，集美学校迁回了原来的校址，结束了在大田县的办学历程。

大田“第二集美学村”旧址是全国重点文物保护单位、福建省文物保护单位。

经党中央、国务院批准，国务院于2020年9月1日公布，大田“第二集美学村”旧址被列入《第三批国家级抗战纪念设施、遗址名录》。

知识链接

华侨领袖陈嘉庚

陈嘉庚

陈嘉庚是中国著名的爱国华侨领袖、企业家、教育家，伟大的社会活动家和慈善家。

陈嘉庚，原名陈甲庚，1874年10月21日出生于福建省泉州府同安县集美社（今厦门市集美区）。1882年，陈嘉庚进入南轩私塾，开始学习“四书”“五经”等古代经典。1891年，陈嘉庚远渡重洋，去新加坡谋生，并在父亲经营的顺安米店里帮忙。1893年，陈嘉庚回国成婚，并于次年创办了“惕斋学塾”。1895年，陈嘉庚远渡重洋再往新加坡。三年后，因母亲去世，陈嘉庚再次回国，为母亲奔丧并处理后事。

1903年，陈嘉庚再次去新加坡，次年筹集到一笔资金，成功开办一家名为“新利川”的菠萝罐头厂。1905年，陈嘉庚又开办一家日春黄梨罐头厂。次年，陈嘉庚和别人一起合办开设恒美熟米厂。1910年，陈嘉庚在泰国开设谦泰黄梨厂，并成功当选为新加坡中华总商会协理，同年加入中国革命同盟会。

1912年，陈嘉庚一家回国，开始筹办集美学校，并和他人在厦门开办大同罐头厂。1918年，集美师范和集美中学正式开学，与此同时，陈嘉庚开始筹办新加坡南洋华侨中学。次年，新加坡南洋华侨中学正式开学。1921年2月，陈嘉庚对集美各校进行整组，并将总校命名为“集美学校”。同年，陈嘉庚通过认捐创办厦门大学。

1937年8月15日，为支援祖国抗日战争，陈嘉庚发起并成立“马来亚新加坡华侨筹赈祖国伤兵难民大会委员会”，出任主席一职。1938年10月，陈嘉庚被推举为南洋华侨筹赈祖国难民总会主席。1941年，陈嘉庚连任南洋华侨筹赈祖国难民总会第二届主席，同时创办南洋华侨师范学校。1942年初，日军南下入侵新加坡，陈嘉庚暂时去往印度尼西亚避难。

1943年8月，陈嘉庚开始撰写《南侨回忆录》，次年4月完稿。1945年8月15日，日本宣布无条件投降，陈嘉庚于同年10月6日飞抵新加坡。

1940年3月，爱国华侨领袖陈嘉庚（中）率“南洋华侨回国慰劳视察团”慰问抗战军民

1946年，陈嘉庚在新加坡创办《南侨日报》。次年，陈嘉庚召开新加坡华侨大会，反对荷兰殖民军屠杀印度尼西亚巨港华侨的暴行。1949年5月，受毛泽东主席之邀，陈嘉庚回国，参加中国人民政治协商会议筹备会议。同年9月，出席全国政协第一届全体会议，被推选为常务委员。10月1日，参加中华人民共和国中央人民政府成立典礼，被推选为中央人民政府委员、华侨事务委员会委员。次日，出席中国保卫世界和平大会，并在大会上致辞。

1950年，陈嘉庚回到故乡集美村定居，并亲自主持修建集美大学和厦门大学两所学校的校舍。1954年9月，出席第一届全国人民代表大会第一次会议，成功当选全国人大常委会委员。1956年，当选中华全国归国华侨联合会主席。1959年，当选全国政协副主席，同年创办厦门华侨博物院。1961年8月12日，陈嘉庚在北京病逝，被安葬在集美鳌园。

陈嘉庚一生为了中国民族教育、抗日战争以及新中国的成立，做出了不可磨灭的历史功绩，被毛泽东盛赞为“华侨旗帜，民族光辉”。陈嘉庚的历史影响，主要表现在兴办实业、支持抗日、反对内战、兴办教育及慈善事业等方面。

在兴办实业方面，陈嘉庚是马来西亚地区最大橡胶园开垦者之一，先后开办过菠萝罐头厂、橡胶制品厂，以生产橡胶鞋、轮胎和日用品为主，并先后在国内各地及南洋和世界各国大埠，全都开设了分销店。此外，还创办了米厂、木材厂、冰糖厂、饼干厂、皮鞋厂等实业。1925年，陈嘉庚的营业范围遍及五大洲，成为南洋华商领袖。

在支持抗日方面，陈嘉庚一方面号召华侨捐款捐物，另一方面亲自去南洋各地举行演说，动员人们共同反抗日本侵略。1946年，中国内战爆发后，陈嘉庚以南洋华侨筹赈祖国难民总会主席的身份，向美国总统和国会致电，抗议美国对蒋介石政府的支援。同时还对蒋介石召开的国民大会进行抵制，公开指责他是“一夫独裁，遂不惜媚外卖国以巩固地位，消灭异己，较之石敬瑭、秦桧、吴三桂、汪精卫诸贼，有过而无不及”。

在兴办教育方面，陈嘉庚始终致力于中国民族教育事业的发展，先后创办了惕斋学塾、集美高初两等小学校、女子小学，以及师范、中学、幼稚园、水产、商科、农林、国学专科、幼稚师范、厦门大学等教育机构，此外，陈嘉庚还在1921年组建同安教育会，在同安创办40多所小学。除大力兴办发展国内的民族教育外，还竭力在新加坡创办华文学校，于1919年创办新加坡南洋华侨中学，是南洋地区的华侨最高学府。

在慈善事业方面，陈嘉庚非常重视募捐活动。1906年11月江苏洪涝灾害、1908年漳州水灾、

1940年11月13日，陈嘉庚到大田看望集美联校师生

1917年天津水灾、1918年潮汕地震、1920年威海饥荒、1922年潮汕风灾、1924年广东水灾，以及1929年陕甘旱灾等灾害发生后，陈嘉庚都在第一时间亲自发起募捐活动，并且带头募捐，为受灾地区筹集赈灾基金，帮助灾区人民渡过难关。

一生建树颇多的陈嘉庚，1950年回到家乡定居后，生活过得十分艰苦朴素。无论是住所还是吃穿用度，都极尽节俭，甚至在晚年为自己制定了每天5毛钱的伙食标准，经常以番薯粥、花生米、豆干及腐乳配鱼为食，过得非常清贫。即使在外出进行公务活动时，陈嘉庚也将节俭的生活作风落实到底，他会将煮的咸稀饭装在保温杯里，再带上一些油条，要是外出公务的路上饿了，就随便找个地广人稀的地方，席地而坐填饱肚子，然后继续去办事。

周恩来总理盛赞他“为民族解放尽最大努力，为团结抗战受无限苦辛，诽言不能伤，威武不能屈，庆安全健在，再为民请命”；江泽民称赞他“是著名的爱国华侨，他一生为祖国、为人民做了许多好事……陈嘉庚先生报效祖国的赤子之心令人敬佩，他热心教育令人称颂、敬仰，厦门人民、福建人民、全国人民都应该怀念他、学习他”；中国侨联称赞他“在海外创办实业的奋斗精神和心系桑梓的爱国情怀被世人传颂；他一生倾资兴学、赤诚报国的义举，深为海内外人士所敬仰”。

2009年，陈嘉庚入选“100位为新中国成立作出突出贡献的英雄模范人物”。

江西省

庐山抗战纪念馆

庐山抗战纪念馆位于江西省九江市庐山市牯岭镇河西路506号，是为了纪念国共第二次合作谈判、全民族团结抗战局面形成而建立的设施。始建于1934年，原名庐山牯岭图书馆，是民国时期庐山的三大建筑之一。20世纪70年代，改为庐山博物馆。2009年9月26日改为庐山抗战纪念馆并正式开馆。

建设中的庐山牯岭图书馆

庐山抗战纪念馆见证了国共第二次合作的达成，在中国抗日战争的历史上有着重要的意义。早在1936年西安事变发生之时，中国共产党就从民族大义出发，和平解决西安事变，由周恩来带领中共谈判代表团登上庐山，与国民党就共同抗日的问题进行谈判。1937年卢沟桥事变爆发，中华民族面临着空前的生存危机，在历史的关键时刻，中国共产党向全国人民发出通电："平津危急！华北危急！中华民族危急！只有全民族实行抗战，才是我们的出路！"中国共产党号召"全中国同胞、政府与军队，团结起来，筑成抗日民族统一战线的坚固长城，抵抗日寇的侵略！国共两党亲密合作，抵抗日寇的新进攻！"

庐山抗战纪念馆门前的巨石，象征中华民族抗战不屈不挠的决心和气概

为了建立抗日民族统一战线，1937年7月中旬，周恩来再次率领中共代表团来到庐山与国民党谈判，就建立抗日民族统一战线的问题进行深入沟通。经过双方协商，最终达成协议，中国共产党在国民党中央通讯社发表《中共中央为公布国共合作宣言》，蒋介石发表谈话，承认中国共产党的合法地位，国共第二次合作正式达成。此后，蒋介石在庐山发表了《抗战宣言》，国民政府也发表了《自卫抗战声明书》，表明了准备抗击日军侵略的态度。中华民族全民族抗战开始了。

庐山抗战纪念馆为3栋联立的两层中国宫殿式建筑，是庐山东谷第一座由中国人设计并建造

西安事变和平解决后，中国共产党多次就国共合作的具体事宜与国民党进行谈判。图为国共和谈代表周恩来（中）、叶剑英（左）、张冲（右）合影

的大型建筑。占地面积1410平方米，高12米，3栋联体的房屋呈一字排开，每栋之间有侧廊连接，正中一栋门前建一传统中国式门楼，突出其中心地位。屋顶飞檐翘角，覆以绿色琉璃瓦。其外观极具中式韵味，但仔细看却又全是西式建筑结构，其门窗是典型的欧美别墅风格。在周边都是西洋别墅的环境下，既别具中国特色，又稳重优雅。

庐山抗战纪念馆

作为抗战纪念馆开放后，陈列展览面积1200余平方米，展陈庐山抗战史料，以序厅、国共和谈、抗战宣言、浴血抗战4个部分为主要展陈内容，重点展示国共第二次合作与庐山抗战两大主题。通过大量历史文物和史料，展示民族危难时刻国共双方摒弃成见，合作抗日的历史事件。复原了庐山谈话会会场、保安十一团指挥部等场景，着重介绍了庐山在国共第二次合作、中国抗战史上的重要地位。

庐山谈话会会场复原陈列

经党中央、国务院批准，国务院于2014年8月24日公布，庐山抗战纪念馆被列入《第一批国家级抗战纪念设施、遗址名录》。

知识链接

国共庐山谈判

西安事变和平解决后，中国共产党和国民党开始就停止内战、红军改编、合作抗日等进行谈判。从1937年2月至9月，周恩来、叶剑英等人先后在西安、杭州、庐山和南京四地同国民党进行5次谈判，最终扫除了重重障碍，实现了第二次国共合作。

2月8日，南京政府军事委员会西安行营主任兼第一集团军总司令顾祝同率南京政府的军队和平进驻西安，蒋介石委派他为国民党方面在两党谈判中的代表，以后又增派张冲、贺衷寒参加。中国共产党方面以周恩来为谈判代表，后来增派叶剑英参加。从2月10日至3月12日，周恩来、叶剑英同顾祝同、张冲、贺衷寒谈判，双方就共产党在适当时刻公开、苏区政府改为中华民国特区政府、红军改编为国民革命军、扩大民主、分期释放在狱的共产党员等问题达成了初步的协议。

当时国民党正在准备召开五届三中全会，为了促进国民党政策的转变，中共中央于2月10日致电国民党三中全会，提出实行国共两党合作抗日的五项要求和四项保证。这是中国共产党第一次公开提出的实现国共合作的条件，得到了全国人民的拥护。2月21日，国民党五届三中全会通过《关于根绝赤祸之决议案》，虽提出取消红军等要求、取消苏维埃政府、停止赤化宣传、停止阶级斗争，但此决议案实际上接受了国共两党合作抗日的政策，从而使抗日民族统一战线初步形成。

西安谈判后，周恩来于3月下旬飞抵杭州，同蒋介石直接会谈。周恩来表示，中共为国家和民族的利益，谋求同蒋介石和国民党合作，但决不能忍受投降收编之诬蔑，并说明中共拥蒋的立场系站在为民族解放、民主自由、民生改善的共同奋斗的纲领上。蒋介石在谈话中承认中共有民族意识、革命精神，是新生力量，但要中共检讨过去的决定，不必谈与国民党合作，只是与他合作，拥护他为领袖，并称具体问题好解决。

6月4日，周恩来到达庐山。8日至15日，同蒋介石进行了多次会谈，宋美龄、宋子文和张冲也参加这次会谈。周恩来先提交中共中央提出的《关于御侮救亡、复兴中国的民族统一纲领（草案）》，内容包括3个部分52条：争取民族独立，反对日本帝国主义；实现民权，保障人民自由；实现民生幸福，建立国防经济。随后又向蒋介石申述来此以前所准备的各项意见。在这些意见中，没有包括蒋介石提出的同他个人合作的问题。

蒋介石在这次会谈中的态度，同在杭州时相比，发生了很大变化，给谈判设下许多新的障碍。本来蒋介石在杭州谈判时，提出要中国共产党先拿出一个合作的纲领，但这次庐山谈判却完全撇开周恩来带来的《关于御侮救亡、复兴中国的民族统一纲领（草案）》，另外提出一个成立国民革命同盟会的主张，企图在“国民革命同盟会”的名义下，从组织上把共产党溶化在国民党内。对于国共合作中急需解决的具体问题，蒋介石推翻了在杭州时作过的许多承诺，如红军改编后可在3个师以上设总司令部，改为“三个师以上设政治训练处指挥之”，并公然说“请毛先生、朱先生出洋”，各边区的武装也要“实行编遣，其首领须离开”。周恩来当即表示，有关国民革命同盟会的组织，事关重大，必须请示中共中央后决定；有关红军指挥机关和边区人事安排等问题，不能同意，并严词驳斥要朱、毛“出洋”的安排。双方争执很久，后经宋子文、宋美龄、张冲往返磋商，仍无法解决。

6月18日，周恩来回到延安。中共中央书记处在研究蒋介石的意见后，为了顾全大局，尽可能地照顾了蒋介石所提的要求，在新方案中作了重大让步，但拒绝或限制其中一些极端无理的要求，为以后的谈判打开了通路。26日，南京方面电邀周恩来再上庐山，继续谈判。7月初，周恩来起草了《中共中央为公布国共合作宣言》的草案。随后偕同博古、林伯渠经西安，于7日到达上海。当天晚上爆发了震惊中外的卢沟桥事变，日本帝国主义发动了全面侵华战争。中国守军奋起还击，全民族抗战从此开始。

事变发生的第二天，中共中央发出《中国共产党为日军进攻卢沟桥通电》，向全国同胞呼吁："平津危急！华北危急！中华民族危急！只有全民族实行抗战，才是我们的出路。"号召全国同胞、政府与军队"团结起来，筑成民族统一战线的坚固长城，抵抗日寇的侵掠"。周恩来等人随后再次来到庐山，向蒋介石递交《中共中央为公布国共合作宣言》，表示"愿在蒋指挥下努力抗敌，红军主力准备随时出动抗日，已令各军十天内准备完毕，待令出动，同意担任平绥线国防"。但蒋介石的态度却十分冷淡。周恩来后来说："我们带去起草好的宣言，他要动手改两句，那时候我们还客气，同意他修改了两点。但修改了他也不发表，总想把共产党合法这一点抹杀掉！"

这次会谈是在周恩来、博古、林伯渠同蒋介石、邵力子、张冲之间进行的。激烈的争执发生在红军改编后的指挥和人事问题上。蒋介石对这一点看得特别重，而且更倒退了。在第一次庐山谈判时，他曾表示，3个师以上的政治机关可以代行指挥权，并说："我要你们指挥，你们亦实能指挥，这是没有问题的。"但这次谈判时，蒋介石又改口了。7月14日，他通过张冲告诉周恩来：要求红军改编后各师直属行营，政治机关只管联络，无权指挥。15日，周恩来致函蒋介石："华北炮火正浓，国内问题更应迅速解决，其最急者为苏区改制与红军改编之具体实施"，指出蒋介石上述要求同六月庐山谈判所谈"出入甚大，不仅事难做通"，且"恐碍此后各事之进行"。

17日，洛甫（张闻天）、毛泽东致电周恩来、博古、林伯渠，提出"为大局计，可承认平时指挥人事等之政治处制度，请要求设正副主任，朱正彭副。但战时不能不设指挥部，以资统率"。同日，蒋介石在庐山发表准备抗战的谈话，声明"如果战端一开，就是地无分南北，年无分老幼，无论何人，皆有守土抗战之责任，皆应抱定牺牲一切之决心"，但实行只限于政府和军队抗战、反对人民总动员的片面抗战路线。当时，蒋介石正在庐山召开有各方面军队要员参加的庐山谈话会，听取他们对国事的意见，但不允许周恩来、林伯渠、博古出席，实质上仍不允许中共公开活动。

18日，周恩来将急需确定的具体问题写成12条，其中包括洛、毛的上述意见，通过宋美龄交给蒋介石。但蒋介石仍坚持红军在改编后不设统一的军事指挥机关。周恩来当即严正表示：蒋对红军改编后指挥与人事的意见，我党决不能接受。

由于谈判已陷于僵局，周恩来等随即离开庐山，飞往上海。20日，毛泽东致电周恩来、博古、林伯渠："日军进攻之形势已成，抗战有实现之可能。""我们决采取蒋不让步、不再与谈之方针。"21日，周恩来等电告朱德、彭德怀等红军将领："在庐山，我们力争无效，遂来宁、沪暂观时局变化，如中日全面开战，则《宣言》即可发表。"

8月上旬，国民政府在南京召开国防会议。周恩来、朱德、叶剑英作为中共代表参加会议，并具体阐明中共关于全国抗战的战略及作战原则，指出战略上应是持久的防御战，战役上应是速决战以及运动战，并主张在敌军后方广泛开展游击战。共产党在南京实际上取得了公开合法活动的地位，但国共谈判的进展却仍不顺利。8月12日，蒋介石派康泽见周恩来，对《中共中央为公布国共合作宣言》提出了许多无理要求。周恩来等当即表示：有的可以研究，有的不能同意。但就在第二天，日本侵略军突然发动对上海的大规模进攻，战火燃烧到南京政府统治的心脏地区。在蒋介石看来，中日之间的全面战争再难避免，迫切需要红军开赴抗日前线共同作战。于是，国共谈判长期拖延不决的状况随之得到改变。22日，按照国共两党达成的协议，国民政府军事委员会宣布中国工农红军改编为国民革命军第八路军（简称八路军）。25日，中共中央军委发布命令，将在陕甘宁边区的中国工农红军主力改编为八路军。从8月下旬起，八路军3个师的主力陆续由韩城等处东渡黄河，经同蒲铁路开赴抗日前线。9月22日，国民党中央通讯社发表《中共中央为公布国共合作宣言》。23日，蒋介石发表实际上承认共产党合法地位的谈话。

经过前后半年多艰难曲折的谈判，在客观形势发展的推动下，第二次国共合作终于实现，开始了全民族抗战的新局面。

抗日阵亡将士陵园

抗日阵亡将士陵园位于江西省宜春市上高县县城东郊的镜山南坡，是为纪念抗日战争时期上高会战中抗日阵亡将士而修建的设施。1941年，中国军队第十九集团军在上高会战结束后，为了纪念会战中阵亡的将士，在镜山战场遗址修建了抗日烈士墓，墓为圆顶，三座并立，墓前立墓碑，正面是罗卓英将军书写的“上高会战阵亡将士墓”，两侧及其后刻有400余名阵亡将士名单。后年久失修。1991年，为了纪念上高会战胜利50周年，上高县人民政府重建烈士墓，命名为“抗日阵亡将士陵园”。

抗日阵亡将士陵园大门

抗日阵亡将士陵园占地面积2.3万平方米，建筑面积6600平方米，布局仿南京中山陵，由门坊、台阶、会战亭、抗战标语墙、罗卓英诗刻碑、墓碑墓冢6个部分组成。

陵园大门为三门四柱牌坊式大门，用汉白玉建成，上覆黄色琉璃瓦，横额上有国防部原部长张爱萍将军手书的“抗日阵亡将士陵园”8个大字。陵园内有128级台阶，共分5个层次，每层次之间留有休息平地。周围有苍松翠柏环绕，庄严肃穆。

拾级而上，不远处就是一仿古凉亭，名为“会战亭”，亭内有一青石碑，碑文刻“上高会战抗日阵亡将士陵园重修记”。亭东侧墙上嵌有石碑数块，上刻有上高会战总指挥罗卓英将军书写

会战亭

的赣北大捷4首诗词，西侧有一堵上高会战时留下的抗日标语墙，上写“军爱民，民拥军，军民合作打日本”。

继续前行，陵园最高处矗立着一块巨大的长条形花岗岩石碑，上刻有时任北京卫戍副司令张西尧手书“上高会战抗日阵亡将士墓”11个隶书大字。碑后是3个大型圆顶衣冠冢，合葬了9000多名在上高会战中牺牲的中国军队将士的衣冠，以纪念他们为民族独立而做出的不朽功绩。墓后林木葱郁，当年的战壕、防御工事依稀可辨。

抗日阵亡将士陵园是全国重点文物保护单位、江西省爱国主义教育基地。

经党中央、国务院批准，国务院于2014年8月24日公布，抗日阵亡将士陵园被列入《第一批国家级抗战纪念设施、遗址名录》。

知识链接　上高会战

1941年3月15日至4月9日，中国军队第十九集团军与日军第十一军在以上高为核心的赣西北10多个县市的广大地域进行了一次大规模会战，即为“上高会战”。日方称之为“锦江作战”“鄱阳扫荡战”。

上高地处赣西腹地，位于江西省宜春市中部。东界高安，南邻新余、分宜，西接宜春、万载，北连宜丰，地扼湘赣通衢要冲。县的设置始于东汉，因居民多由河南省上蔡县迁移而来，故亦称上蔡；晋改望蔡，仍为怀念家乡之意。五代南唐时以县境地势高，又居锦江上游，故改名上高。境内蒙、末二山雄峙于西南，敖山列嶂于县北，均属幕阜山脉余脉；蒙山主峰白云峰，海拔1004.2米，为全县最高点。古有“商旅要栈”之称，今有“赣中粮仓”之誉，自古以来为兵家必争之地。

上高会战前中日双方的态势为：日军第十一军司令官园部和一郎指挥2个师团、1个独立混成旅共4万余人，在第三飞行联队支援下，由南昌、安义、西山、厚田街等地兵分三路向高安、上高地区疯狂进犯，企图以分进合击战法一举消灭驻防上高等地国民党军第九战区第十九集团军主力，攻占上高，掠夺赣北物资，打通湘赣要道，进逼重庆，迫使国民党当局投降。为粉碎日军进犯，第九战区副司令长官兼第十九集团军总司令罗卓英指挥4个军11个师及江西地方部队共10万人参战，分设三条抵抗线，运用磁铁战术，逐级抵抗，诱敌深入，集中兵力包围歼灭日军。其中以第七十、第四十九军一部依托既设阵地，采取节节抗击战法将日军诱至上高附近，而后以第七十、第四十九军一部主动向两翼转移至外线，变内线防御为外线进攻，协同第七十四军于上高地区围歼进犯日军。

1941年3月15日，北路日军第三十三师团由安义沿潦河向西进犯，中路日军第三十四师团由西山沿锦江左岸向上高进攻，南路日军独立混成第二十旅团由河口夏南渡锦江，沿江右岸向灰埠进犯。中国军队第七十军左翼部队依托潦河两岸既设阵地节节抗击，消灭日军第三十三师团一部。

19日，日军第三十三师团由村前、花桥向安义回撤。同日，日军第三十四师团在第七十军右翼部队抗击下，进至上高既设阵地前沿。第四十九军主力由樟树西渡赣江，追截向灰埠前进之南路日军，歼其一部。南路日军占领灰埠后于20日北渡锦江，与中路日军会合。

20日起，日军在数十架飞机掩护下，向上高第七十四军阵地连续发动猛攻，守军顽强抗击，外围阵地多次易手，日军终未能攻入上高核心阵地。此时，第七十二、第七十、第四十九军分别从北、东、南三个方向逼近上高日军。24日，将日军包围于上高东北之南北5千米、东西15千米包围圈内。日军第十一军司令部急令第三十三师团由安义回援。25日，日援军经村前抵棠浦、官桥附近与第三十四师团取得联系，掩护该部撤退。26日夜，日军主力突出重围向高安退却。第十九集团军各部乘势追截，先后攻占官桥、杨圩等地，27日再次包围日军并歼其一部。28日，日军残部突破合围圈，分两路向高安、奉新溃退。中国军队分途追歼日军，至4月2日先后收复奉新、西山等地，恢复了战前态势。

此役，中国军队成功运用诱敌深入战术，在中共上高地下党的密切配合和上高广大民众的全力支持下，历经25天浴血奋战，以劣势装备打败了装备精良的日本侵略军，毙伤日军1.5万余人，彻底粉碎了日军战略意图，取得了抗日战争以来罕见的胜利。上高会战被誉为“媲美台儿庄胜利的赣西北大捷”和“抗战四年来最精彩之战”，永久载入中华民族抗日战争史册。中国军队伤亡2万余人，上高民众也付出了巨大牺牲，全县被烧毁民房1500栋，20多个村庄被烧成废墟。

南昌新四军军部旧址陈列馆

南昌新四军军部旧址陈列馆位于江西省南昌市西湖区友竹路7号，是新四军成立之初在南昌设立的军部所在地。原为北洋军阀张勋的公馆，始建于1915年，后来国民党江西省主席朱培德、第三军军长王钧都曾在这里居住。1938年1月6日新四军军部由汉口搬迁至此，至4月4日撤离，在这里确定了新四军的主要领导人，机构设置初具雏形。并组织指挥南方八省红军游击队下山改编为新四军，直接指挥了新四军4个支队的组建和整编工作。南昌因此成为新四军的诞生地之一。4月4日新四军军部离开南昌后，中共中央东南分局和新四军驻赣办事处从东书院街的危家大屋移驻于此继续坚持工作，直到1939年3月南昌沦陷前夕才撤离。1987年，在旧址的基础上开始兴建南昌新四军军部旧址陈列馆，1988年1月6日正式对外开放。2008年起进行改扩建，2011年6月重新对外开放。

改扩建完成后的南昌新四军军部旧址陈列馆分为旧址保护区、陈列展示区、纪念广场区3个部分，占地面积约3.73万平方米，总建筑面积1.16万平方米。

旧址保护区主要包括新四军军部旧址主楼、两栋二层砖瓦楼房及一栋平房。这些建筑风格独特、中西合璧，富有历史底蕴。建筑风格为法式，兼糅中国建筑的特色。

南昌新四军军部旧址陈列馆大门

主楼坐北朝南，四周有回廊围绕，廊口呈拱形，楼的四角均有一个六角亭，楼亭错列，别具一格。南面回廊16根立柱上的石雕造型匀称，狮子滚绣球、喜鹊衔梅等景物栩栩如生，引人入胜。镶嵌在16座拱形门上的古瓷版画是民国初年之佳作，人物、山水画等题材，充满着生活气息，极具艺术价值。旧址中，每面窗扉上方都雕有精巧的砖雕画，一窗一景，窗扉如画框，妙趣横生。

1938年1月6日起，新四军军部驻扎在此并正式对外办公，同年4月军部离开南昌，开赴抗日前线。在此期间，新四军大小党政会议、战时军事指挥均在此。楼下是当时军部各部门办公房间，楼上是军首长叶挺、项英、张云逸、曾山、黄道、周子昆、邓子恢、赖传珠、陈丕显等老一辈无产阶级革命家工作、生活的房间。

新四军军部旧址主楼

新四军军部旧址两座副楼

主楼后面的平房为传达室、警卫连住房。

陈列展示区是一座新建的两层楼房，建筑面积4833平方米，展厅以“铁的新四军”为主题布展，展线长度为600米，陈列文物500余件，陈列面积达3000平方米，反映了新四军从建立到浴血抗战的光辉历程。展厅还采取了景观复原、大型投影、多媒体互动、电子书阅览、电子沙盘展示等科技手段，形象生动地展示新四军军部设立在南昌时的场景。

纪念广场区占地面积约1.34万平方米，这里安放了叶挺、项英、陈毅、张鼎丞、曾山、黄道、张云逸、袁国平、周子昆、邓子恢等新四军领导人的半身塑像，广场栽种松柏、竹子等植物。

南昌新四军军部旧址陈列馆是全国重点文物保护单位、江西省文物保护单位。

经党中央、国务院批准，国务院于2015年8月13日公布，南昌新四军军部旧址陈列馆被列入《第二批国家级抗战纪念设施、遗址名录》。

陈列展示区

叶挺在新四军南昌军部

知识链接 新四军军部在南昌

国民革命军陆军新编第四军（简称“新四军”）是抗战初期根据国共双方达成的协议，由南方八省坚持游击斗争的红军游击队改编而成，这是一支由中国共产党领导的抗日武装。在建军之初，新四军军部经历多次迁移。在南昌的新四军军部首次公布了自己的番号和军长，健全了自己的组织机构，开始全面展开新四军的集中和整编工作。在安排协调各地红军游击队前往皖南接受整编的工作完成后，新四军军部结束了在南昌的工作，前往安徽泾县云岭。

在南昌成为新四军军部所在地之前，后任新四军副军长的项英就已经多次在南昌与国民党当局进行谈判，协商南方八省红军游击队改编为新四军的事宜。

1937年12月25日，新四军军部在汉口成立。此后，根据新四军改编工作的需要，新四军军部于1938年1月6日移至南昌三眼井高升巷（今西湖区友竹路7号）张勋公馆。国民党当局核准了由中共提名的新四军领导人名单：军长叶挺、副军长项英、参谋长张云逸、副参谋长周子昆、政治部主任袁国平、副主任邓子恢。

1月12日，新四军军部领导及中共中央从延安抽调的支援新四军的干部，还有南方各省红军游击队的领导人在南昌新四军军部相聚，在叙谈久别重逢的革命感情的同时，针对新四军下一步队伍的改编工作传达中央的指示，做出具体的安排。根据这次会议的精神，确定各红军游击队统一前往安徽歙县（今黄山市徽州区）岩寺进行整编。根据中央的安排，新四军下设4个支队：活跃在湘鄂赣边、赣粤边、湘赣边、湘南及皖浙赣边等地的红军游击队组成新四军第一支队，由陈毅担任支队司令员，傅秋涛担任副司令员；活跃在闽赣边、闽西、闽粤边及浙南等地的红军游击队组成新四军第二支队，由张鼎丞担任支队司令员，谭震林（后粟裕）担任副司令员；活跃在闽北、闽东的红军游击队组成新四军第三支队，由张云逸兼任支队司令员，后谭震林担任副司令员；活跃在鄂豫皖边的红军游击队组成新四军第四支队，由高敬亭担任支队司令员。另外，活跃在湘南、闽中等地的红军游击队改编为军部特务营。新成立的新四军全军共10个团，1万余人。

会议结束后，各边区游击队开始按照会议的要求向岩寺集合。新四军军部也结束了它在南昌的工作，前往岩寺。

万家岭大捷纪念园

万家岭大捷纪念园位于江西省九江市德安县翰林路，是为了纪念抗日战争时期中国军队在江西德安取得万家岭大捷而修建的纪念园。建成于2012年。2015年8月启动提升改造工程，并开建万家岭大捷陈列馆。2018年12月20日完工。

万家岭大捷纪念园建在万家岭战役战场遗址之上，整个纪念园占地8.5万平方米。博阳河从中穿过，老南浔铁路桥串联东、西两区。东区建有陈列馆及游客服务中心、静思园、无袖战士群像等景观，西区有纪念碑、纪念墙浮雕、三位将军骑马像等景点。

大门“万家岭大捷纪念园”由德安籍中国工程院院士袁隆平题写。大门及游客中心造型既象征着万家岭地势起伏，又象征着中华民族在抗日战争中不畏牺牲、坚持斗争曲折而又光荣的道路。

万家岭大捷纪念园大门

游客中心和陈列馆

陈列馆总建筑面积约1670平方米，是纪念园内一座标志性建筑，分为上、下两层。外墙面采用灰色清水混凝土，使建筑富有历史沧桑感和厚重感；立面开窗模仿射击口内小外大的特征，外墙上部采用弹痕的形式，让人们体验战争的激烈和残酷；大门采用3块高耸倾斜的钢板搭接而成，象征胜利的火炬。室内布展分为序厅、保卫大武汉、浴血万家岭、盛名不朽、铭记历史、尾厅等共11个展区，主要有四大特色亮点：武器装备和单兵装备对比、全息投影沙盘、战争体验和全景画馆、静思曲廊。展陈内容以弘扬伟大的抗战精神为主题，以铭记历史、珍爱和平、开创未来为落脚点，客观再现万家岭大捷全过程。

万家岭大捷陈列馆

回望门雕塑以一封家书的形式，将当年万家岭抗日名将吴逸志的“万家岭战场题词”展示给观众，让人们感受先烈们在民族存亡之秋的悲壮心情和爱国情怀。并巧妙借用阳光投射的作用，在大地上映出诗中“忆”“当年”“德安”等字样，从而点出整个万家岭纪念园缅怀先烈的主题，弘扬爱国主义精神。

在万家岭大捷中参战的将士现在已无法全部

回望门雕塑

收集他们的英名。万家岭战役将士墙，根据文史资料，将能够确认有代表性的抗日将士，用浮雕形式镌刻于将士墙上，彰显当年的抗战业绩，缅怀英勇捐躯的无数先烈。

静思园入口石碑，镌刻着万家岭大捷最高指挥官薛岳将军题写的“死中求生，亡中求存”，喻示抗日烽烟已经散尽，历史教训值得沉思，中华民族生生不息的奋斗精神长留天地。

静思园水景雕塑，依据中共主办的《新华日报》1938年10月11日社论《论南浔路的胜利》的内容雕刻而成。社论指出：“南浔以西的伟大胜利，的确发挥并且超过了沂口、平型关、徐州等战役的优点，所以才收到更大的歼灭效果。”高度评价了万家岭大捷。

静思园石碑

以国民革命军第六十六军敢死队为原型塑造的无袖勇士群像，突出体现了中国军队将士的勇与谋。整组雕塑刻画的敢死队队员个个脱光上衣作为标志，手拿长刀和短刀，摸到刘鞔鼓村日军第一〇六师团指挥部，摸到有袖子的人就是一刀，以迅雷不及掩耳的气势对敌实施斩首行动，日军指挥部被中国军队捣毁，失去统一指挥的日本兵在万家岭地区像无头苍蝇一样乱窜。

无袖战士群像

南浔铁路建于1907年，1916年完工，由清政府投资建成，是抗日战争时期重要的运输线。纪念园桥头碉堡有两个，日军修建，东区的碉堡高10米、直径4米，二层钢筋混凝土结构。西区的碉堡高4.8米、直径3.2米，一层钢筋混凝土结构。这两座桥头碉堡建于1939年秋，是日军为防止中国抗日游击队破坏日军的交通线而建，是日军侵略中国的历史见证。

南浔铁路老铁路桥

万家岭大捷纪念碑依据叶挺将军发给薛岳将军的贺电“并平型关、台儿庄鼎足而三，盛名当永垂不朽”而建，蕴含鼎立千秋、江山永固之意。碑高19.38米，暗指战役发生的时间是1938年。

万家岭大捷战役纪念墙（浮雕）由下而上分为4个部分：第一部分“我军同仇敌忾，万众一心”；第二部分“战场前赴后继，地空一体”；第三部分“日寇使用毒气，灭绝人性”；第四部分“举国欢庆胜利，老幼同乐”。

万家岭大捷纪念碑

三位将军骑马像是万家岭大捷高级指挥员铜铸像：左为第九集团军司令、万家岭战役总指挥吴奇伟，中为第九战区司令长官、第一兵团总司令薛岳，右为第一兵团参谋长吴逸志。

万家岭大捷是1938年9月底至10月初，发生在德安的一次震惊世界的抗日大捷，是抗战初期与平型关大捷、台儿庄大捷鼎足而三的三次大捷之一。

三位将军骑马像

经党中央、国务院批准，国务院于2015年8月13日公布，万家岭大捷纪念园被列入《第二批国家级抗战纪念设施、遗址名录》。

知识链接

万家岭大捷

1938年5月，日军在攻陷徐州后，决定先以一部分兵力攻占安庆，作为进攻武汉的前进基地，然后派主力沿淮河进攻大别山以北地区，由武胜关南下攻取武汉，另以一部沿长江西进。后因黄河决口，被迫终止沿淮河主攻武汉的计划，改以主力沿长江两岸进攻。

6月初，第六师团从合肥南下；波田支队（相当于旅团）由芜湖溯江西进，向安庆进攻。中国守军第二十六、第二十七集团军节节阻击。12日，波田支队攻占安庆，继续沿江西进。13日，第六师团攻占桐城后，转向西南方向进攻，17日攻陷潜山。至7月初，日军在江北占领太湖、望江以东，在江南占领江西湖口以东的长江沿岸地区。4日，日军华中派遣军调整战斗序列，由其司令官畑俊六指挥第二、第十一军，负责对武汉的作战。以第十一军沿长江两岸主攻武汉；第二军沿大别山北麓助攻武汉。日军先后投入作战的兵力共9个师团、1个旅团、2个支队（相当于旅团）和2个野战重炮旅团、2个战车联队，航空兵3个飞行联队各型飞机300余架，海军第三舰队各型舰艇120余艘。共约25万人。另以华中派遣军直辖的5个师团分别担任对上海、南京、杭州等地区的警备任务，以巩固后方，保障此次作战。

7月下旬，波田支队沿长江西进。8月10日，波田支队在瑞昌东北的港口登岸，24日与第九师团攻陷瑞昌，随后继续沿长江西进。日军进攻瑞昌的同时，其第一〇六师团从九江沿南浔铁路南犯。中国守军第一兵团第二十九军和第四、第八军等部依托庐山两侧及南浔铁路北段的有利地形进行顽强抗击，日军进攻受挫。8月20日，日军第一〇一师团从湖口横渡鄱阳湖增援，突破第二十五军防线，攻占星子，协同第一〇六师团企图攻占德安，夺取南昌，以保障西进日军的南侧安全。第一兵团总司令薛岳以第六十六、第七十四、第四、第二十九军等部协同第二十五军在德安以北的隘口、马回岭地区与之激战，双方形成胶着状态。

9月底，日军第一〇六师团第一二三、第一四五、第一四七联队和第一〇一师团第一四九联队孤军深入，进至德安县城以西18千米处的万家岭地区。这一地区包括大小金山、狮子崖、张古山、老虎尖，面积30余平方千米。大小金山、狮子崖系南北走向，东西两侧为峡谷，周围均系100至200米的丘陵起伏地，主峰大金山高程339米。南部的南峡至乌石门是一条起伏连绵，高达200至500米东西走向的横断山脉，系德安西部南北通路的天然障碍，仅有狮子崖、层岭（官山）、孤山（151高地）两侧有数条隘路起伏较小，较易通过。薛岳指挥第四、第六十六、第七十四军等部从侧后迂回，将其包围。日军第二十七师团一部增援，在万家岭西面白水街地区被第三十二军等部击退。

10月7日，中国军队发起总攻，激战3昼夜，多次击败日军反扑。日军由于孤立无援，补给断绝，战至10日，其4个联队大部被歼，史称“万家岭大捷”。

马垱炮台遗址

马垱炮台遗址位于江西省九江市彭泽县马垱镇马垱山，距彭泽县城16千米，离九江市约40千米，抗日战争时期中国军队曾经在这里与日军发生激战。

马垱炮台是一座古老的炮台，始建于清朝道光年间，是长江江防的重要军事要塞。自建成以来一直受到重视，数次加固。1927年，国民政府再次对马垱炮台加固，并派兵在这里驻防值守。1937年，为了防止日军溯江进犯，当时的江西省江防委员会征用民工对马垱炮台江防工事进行加固，修建了阻塞线控制长江航运，在阻塞线周围修建碉堡和炮台，在长江布置了三道水雷。1938年6月，武汉会战爆发，作为长江江防的前沿阵地，马垱炮台成为保卫武汉安全的第一道屏障。中日双方在此发生激战，虽然中国将士英勇杀敌，但寡不敌众，炮台最终失守。

马垱炮台旧照

马垱炮台修建在马垱山之上，现遗址占地面积约6000平方米，炮台共分三级，一级炮台建在马垱山的最高处，面积达200平方米，有高3米、宽3.5米、深30米的砖石砌成的防空洞。二级炮台位于马垱山山腰之上，是一座由乱石垒成的高2米、直径4米的圆形土台。三级炮台位于马垱山矶头之上，炮台面积30平方米，有一个高3.5米、宽4米、深35米的砖砌防空掩体。

日军占领马垱炮台后，对炮台大肆破坏，以发泄对这座要塞给他们造成巨大损失的不满。被日军破坏后的炮台，至今只剩下三座空炮台和砖石砌成的战壕、隧道掩体，三座炮台遗迹尚可辨认。

经党中央、国务院批准，国务院于2015年8月13日公布，马垱炮台遗址被列入《第二批国家级抗战纪念设施、遗址名录》。

修复后的马垱炮台入口

知识链接

马垱炮台保卫战

1938年6月初，日军华中派遣军第六师团从合肥南下，波田支队（相当于旅团）由芜湖溯长江西进，向安庆发起进攻。中国守军第二十六、第二十七集团军节节阻击。12日凌晨，大雨倾盆。波田支队在日本海军第三舰队20艘舰艇护送下，偷袭登陆得手，于当日攻陷安庆，正式拉开进攻武汉的序幕。

地处长江中游的马垱，位于江西省彭泽县境内，与安徽省相接。长江右水道经马垱山下，江面狭窄，水流湍急，素有“长江天堑”之称。此时，马垱炮台成为保卫武汉、阻挡日军前进的前哨阵地。

中国军队在马垱炮台部署了重兵防守，海军江防第二总队、海军陆战支队第二大队、江防第三总队第一大队皆部署在马垱炮台附近。在马垱炮台之上由两个步兵营待命作战，炮台附近的长江沿线也驻有重兵，防止日军登陆。另有第十六军主力驻守在马垱山西南地区，在必要的时候可以为马垱炮台提供支援。

理论上说中国军队对马垱炮台的防御已经非

常完备，但是当日军进犯的时候，却因一些人为因素导致马垱炮台的防守出现问题，给了日军可乘之机。

原来在日军进犯时，第十六军军长李韫珩正在为他创办的“抗日军政大学”举行结业典礼，几乎所有的中下级军官都被要求来参加结业典礼，导致防守部队指挥系统失灵，日军进攻的时候，阵地上没有军官指挥，部队战斗力严重下降，很多部队面对日军的进攻一触即溃。马垱炮台附近多处阵地丢失。

此后，日军继续向马垱炮台进犯，企图穿过湖荡地区进攻中国守军的防御阵地。湖荡沿线中国军队顽强抗击，给日军造成了大量伤亡。日军调集重兵进攻长山阵地中国守军，并在战斗中使用了毒气弹，趁机攻占了湖荡地区。接着对马垱要塞的前沿阵地香山、香口猛攻。在占领香山、香口阵地后，对长山阵地发动进攻。驻守长山阵地的中国军队在守备第二总队总队长鲍长义的指挥下奋力反击，给日军造成了重大杀伤。一时间双方陷入胶着。

中国军队派第十六军一六七师支援长山阵地。该师驻守在彭泽，师长是薛蔚英。长山前线将士拼死抵抗，急盼援兵，但薛蔚英却以大道必然有日军阻击为由，让上万人的部队走山路驰援前线。缓慢的行军速度与前线形势的危急形成了鲜明的对比。

6月26日上午，苦等援军不到的长山阵地守军弹尽粮绝，最终无法坚持，阵地被日军占领。薛蔚英率领的第一六七师赶到长山阵地的时候已是下午，阵地早已被日军攻下多时。这个贻误战机的师长在战后以“畏敌如虎，贻误战机”的罪名被执行枪决。

日军在攻下长山阵地后，继续对马垱炮台发起进攻，失去屏障保护的马垱炮台最终被日军攻陷。日军对马垱炮台大肆破坏，武汉失去了一道阻挡日军前进的屏障。

老虎山抗日英烈陵园

老虎山抗日英烈陵园位于江西省宜春市高安市龙潭镇龙潭村，是为了安葬在第三次长沙会战中牺牲在高安的中国陆军新编第三军第十二师673名有名字的抗日将士而建设的陵园。1942年2月，新编第三军军长杨宏光、副军长兼第十二师师长张与仁、副师长蒋文光共同主持修建第三次长沙会战高奉战役阵亡烈士公墓，1983年5月改名为“老虎山抗日英烈陵园”。

老虎山抗日英烈陵园纪念碑杨宏光题词

陵园占地面积约1万平方米，主要由陵园广场、纪念塔和墓区组成。

纪念塔呈三棱尖柱形，像一把军刺直插云霄，高6.73米，象征高奉战役中牺牲埋葬在这里的有名字记载的673名烈士。正面刻着“陆军新编十二师第三次长沙会战高奉战役阵亡烈士之公墓”镏金隶体大字，两侧镌刻了新编第三军副军长兼第十二师师长张与仁的亲笔题字（原碑临摹）。塔基呈四方体，正面为军长杨宏光的题词，后面为张与仁题写的墓志铭，两侧镌刻的是英烈们的名字。

陵园两旁的墙壁上分别嵌着两行镏金字“落后就会挨打”“国强才能民安”。下面刻着高安抗日战场阵亡将士英名。墙壁上还写着日军侵华的罪行，涉及政治、经济、军事等各个方面，以及日军惨绝人寰的大屠杀事件。

抗日英烈纪念塔

烈士墓区局部

纪念塔的身后，是抗日英烈的墓茔，庄严肃穆。

经党中央、国务院批准，国务院于2020年9月1日公布，老虎山抗日英烈陵园被列入《第三批国家级抗战纪念设施、遗址名录》。

知识链接

高奉战役

1941年12月8日，日军偷袭珍珠港，太平洋战争爆发。为牵制中国军队支援英、美在太平洋方面的战斗，并策应日军占领香港和南洋各地，防止中国军队乘机收复失地，日军第十一军司令官阿南惟几奉命集结第三、第六、第三十四、第四十师团，独立第十四、第十八旅团，3个支队（相当于大队）及航空兵一部共12万余人，企图在汨罗江两岸歼灭中国军队第九战区主力。第九战区司令长官薛岳指挥13个军、1个挺进军、1个飞行大队等30余万人，采取逐次抗击、诱敌深入战法，企图在捞刀河、浏阳河之间围歼日军。24日，第三次长沙会战打响。

为策应湘北方向作战，赣北日军第三十四师团、独立混成第十四旅团于25日分别从安义、箬溪向西发动进攻，直逼高安。位于江西省中部偏西北的高安县，西通长沙，东拱南昌，境内属鄱阳湖平原地域，地势北高南低，中间舒缓平坦，总体为低山丘陵与河谷平原相间的马鞍形，地形复杂多样。华林山群峰对峙，山峦起伏连绵，树木参天。华林寨仅有南面一个进出关隘，其他三面则是峭壁悬崖，形成“一夫当关、万夫莫开”的天然“屏嶂罩”，为历代游击重地。南部有蒙山、墨山余脉延伸，中部偏南荷岭、枫岭横亘其中，蛇丘垄岗，错落不定，蜿蜒多呈波浪状，是典型的丘陵地区，便于机械化部队实施机械作战行动。境内公路纵横交错，四通八达，锦河穿城而过，系贯通湘赣的公路要冲，水陆交通皆宜。驻守这一地区的中国军队为新编第三军和赣保纵队，由第九战区副司令长官罗卓英坐镇指挥，指挥部驻扎在上高。新编第三军军长杨宏光，军部驻扎在高安灰埠镇卢家圩；新编第三军副军长兼第十二师师长张与仁率部沿高安境内的大城镇高邮、祥符镇、瑞办、石脑镇、龙潭镇布防，师部驻扎在高安上湖乡珠湖村；新编第三军第一八三师师长李文彬率部沿高安的大城镇赤田、汪家、伍桥、肖坊、华林及奉新车坪等地布防，师部驻扎在高安村前镇肖坊村。两师构成弧形战略防御，以阻击进犯的日军，赣保纵队负责守卫高安县城两岸。

25日，为尽快突破湘赣公路，日军第三十四师团集中兵力向第十二师防御阵地进攻，高奉战役就此打响。第十二师依托莲花山、米岭山阵地，顽强抗击日军的进攻。激战中，日军使用了毒气弹和燃烧弹。第十二师官兵冒着毒气，苦战不退。26日至28日，战斗尤为激烈，第十二师不畏牺牲浴血奋战，多次展开肉搏战，击退日军的进攻，并予以重大杀伤。

1942年1月4日，进攻长沙城的日军在守军的顽强抗击下屡屡受挫，被迫于当晚趁夜色脱离战场。赣北日军也开始向奉新、南昌方向撤退。第九战区遂令参战各部发起反击，对日军实施堵击、截击和追击。新编第三军和赣保纵队遵令展开反攻，收复一度失守的高安县城，并乘胜追击，于6日前恢复战前态势。

此役，中国守军毙伤日军大队长以下1600余人，粉碎了驻赣日军西进、打通湘赣公路与湘北日军会合的企图，为第三次长沙会战的胜利做出了重大贡献。

山东省

胶东革命烈士陵园

胶东革命烈士陵园位于山东省烟台市栖霞市桃村镇英灵山上，主要为了纪念抗日战争中牺牲在胶东地区的20850名烈士而修建的设施，是中国共产党带领人民群众建成的最早、纪念抗战烈士最多、占地面积最大的抗战烈士陵园。始建于1945年，原名“英灵山烈士陵园”。新中国成立后，党和政府拨专款修建了通往烈士纪念塔的775级石阶路及山两侧的盘山路，铺设烈士纪念堂前7308平方米的纪念广场，改建烈士事迹展室等。1989年更名为“胶东革命烈士陵园”。

胶东革命烈士陵园大门

陵园占地超过50万平方米，坐北朝南，由中、东、西三路组成，为中国传统的建筑风格，建有胶东抗日烈士纪念塔、纪念堂、烈士名录永垂千古塔、烈士芳名塔、募捐塔、碑亭、著名烈士墓等纪念设施。

陵园整体布局呈“中”字形。胶东抗日烈士纪念塔位于英灵山山巅，始建于1945年5月1日，8月15日落成。高21.37米，呈六面锥形，由960块不同形状的花岗岩砌成，正面题“胶东抗日烈士纪念塔”，基座刻有5716名烈士的英名及纪念塔碑文，记载胶东8年全面抗日战争的斗争史。塔西70米处立有任常伦铜像，像身高2米、重2.5吨，手持步枪，作警戒状，底座高2.6米。

胶东抗日烈士纪念塔

中轴线南端山脚下的烈士纪念堂建筑面积608平方米。始建于1946年春，1980年整修为烈士事迹展室，展陈10位著名烈士的事迹。1991年进行重新整修，展陈39位著名烈士的事迹和114位烈士的珍贵遗物。2007年进行建园以来规模最大的一次改造扩建，并重新布展，形成具有现代化革命教育功能的纪念堂。

战史厅里主要以文字的形式，介绍了发生在胶东大地上的7个重大历史事件，将“一一·四”

农民暴动、天福山武装起义、雷神庙战役、马石山反“扫荡”战斗、海阳地雷战、长沙堡战役、胶东保卫战重大历史事件的相关内容都清晰地展现了出来。同时还陈列着许世友、李耀文等18位共和国将军名录，他们都曾在胶东大地上与日军作战过；陈列着我军在土地革命时期、抗日战争时期、解放战争时期、抗美援朝时期曾经缴获并使用过的一些武器，共50余件。展柜内还陈设着一些文物，可以看到天福山武装起义时用过的军旗，雷神庙战役中击落敌机缴获的物品，海阳地雷战保存下来的地雷等。

烈士纪念堂

英烈厅里展出的是土地革命时期、抗日战争时期及解放战争时期3个历史时期的英烈事迹，其中包括理琪、王文、任常伦、夏侯苏民及解文卿等39位烈士相关的事迹，77米长的展线陈列着烈士相关史料图片，95件烈士遗物。此外，展厅内为了增强教育效果，还运用了音响、沙盘及雕塑等多种呈现形式。

拾级而上，为中共胶东特委书记、山东抗日救国军第三军司令理琪之墓，于1945年从文登崔家口迁建至此，墓高2.5米，用牙山花岗岩砌成八棱形，顶部由12块弧形石砌成圆顶，墓后建有铭刻烈士传略的汉白玉石墙。墓两侧有东西两条与盘山路相接的小路，分别被命名为王文路和任常伦路。

理琪烈士墓

烈士芳名塔位于纪念堂后台阶山路的东侧，始建于1946年秋，塔高9米，正面刻有“烈士名录永垂千古”，背面刻有3342名烈士的英名。与

烈士芳名塔

夏侯苏民烈士墓

之相对的山路西侧为胶东著名战斗英雄、胶东第五旅十三团团长夏侯苏民烈士墓，由花岗岩堆砌而成。东西墓壁上镶嵌晶山大理石板，刻有烈士的生平传略。

陵园东西路各建有盘山路，入口处各立牌坊一座。东侧牌坊刻有“浩气长存”，西侧牌坊刻有“英名千古”。

西路过牌坊自下而上有胶东区青救会主任林江之墓，建于1946年；山东军区一级战斗英雄任常伦、胶东爆炸大王王克山、胶东特等劳动模范王彩春烈士墓，又称“三英墓”，墓两侧及背面刻有烈士传略，始建于1945年春；东面下侧有八路军山东纵队第五旅第十三团团长李绍桥、第十四团团长梁海波、第十五团政委蔡戎泉三位烈士之墓，又称“新三英墓”，始建于1965年。“新三英墓”前方的大石块上刻有原胶东区行政公署主任曹漫之的题词：“为正义而流血，为人民而牺牲，烈士们的丰功伟绩将永远为胶东八百万人民牢记弗忘。”

“浩气长存”牌坊

三英墓

西路再向上有群英亭，又名英雄亭，建于1946年春，下侧高大的岩石上刻有原胶东区党委组织部部长赵明新的题词：“为国家抗日寇抛头颅流热血乃英雄本色，为群众干革命受艰苦丢性命是男儿榜样。”

东路穿过牌坊建有烈士墓群，占地面积8087平方米，267名烈士长眠于此，均为长方形石砌墓。向上有烈士名录永垂千古塔。塔始建于1945年，塔高8.5米，上面刻有11792名烈士的英名。

沿路而上有中共东海地委书记兼东海区司令员于克恭烈士墓。由此而上不远处有胶东区党委书记、行政公署主任王文烈士墓，于1945年从文

烈士墓局部

登迁建于此，由106块弧形花岗岩分17层堆砌而成，墓顶竖四面塔形碑，刻有烈士传略。墓西北方有胜利亭，寓意“胜利永恒，万古千秋”，原名民主亭，建于1945年。

胜利亭东北面有观日亭，又名和平亭，因西、南、北三面均为高山遮挡，唯向东可通视，故曰观日亭。沿王文墓向上走的岩石上刻有原胶东区党委宣传部部长、胶东参议会参议长徐宗尧为王文的题词：“和蔼可亲德可尊，胶东群众戴军恩。鞠躬尽瘁犹诸葛，留得典型万古存。”

烈士名录永垂千古塔

胜利亭

胶东革命烈士陵园是国家级烈士纪念设施、山东省重点文物保护单位。

经党中央、国务院批准，国务院于2014年8月24日公布，胶东革命烈士陵园被列入《第一批国家级抗战纪念设施、遗址名录》。

知识链接 胶东区1942年冬季反“扫荡”

1942年11月21日，日军独立混成第五旅团主力、第五十九师团和独立混成第六、第七旅团各一部共1.5万余人，由莱阳、栖霞、福山、牟平等地出动，在伪军5000余人的配合下，开始对胶东抗日根据地进行拉网合围大“扫荡”。这次大“扫荡”分为三个阶段：第一阶段，合围烟（台）青（岛）公路以东栖（霞）牟（平）海（阳）莱（阳）边的牙山、马石山地区为中心的地区，企图歼灭胶东区的党、政、军领导机关和主力部队；第二阶段，合围胶东区东部的东海地区；第三阶段，合围烟青公路以西地区，企图聚歼受胶东军区指挥的机动部队山东军区第五旅主力。

针对日军此次大“扫荡”特点及以往反“扫荡”作战经验，山东军区所属胶东军区确定“保存有生力量，保卫根据地，分散活动，分区坚持”的方针，并以烟（台）青（岛）公路为界，将主力部队和地方武装分为两个指挥系统：路西部队归山东军区第五旅指挥，路东部队归胶东军区直接指挥。同时提出了敌人要“拉网”，我们就破“网”的战斗口号，要求各部队以团、营或连为单位，划分地区，分散活动，带领群众开展游击战争，粉碎日、伪军拉网合围大“扫荡”。

日、伪军深入根据地后，多路分进合击，密集平推，互相保持火力联系，边压缩，边搜索。白天摇旗呐喊，步步紧逼，无山不搜，无村不梳，烧草堆，掘地堰，清山洞，连荒庵野寺及巴掌大的小土地庙也不漏过；夜晚沿合围圈点火，岗哨密布，控制山头，封锁要道，在山隘口还设置了带响铃的铁丝网，企图将八路军压缩到牟平西南的马石山狭小地区聚而歼之。

八路军除留少数部队坚持内线斗争外，胶东军区第十六、第十七团和山东军区第五旅主力等部则以连为单位分散活动，寻机突围。抗大胶东分校一部趁日、伪军合围圈“网口”尚未收紧之际，由牙山绕到日、伪军背后。随后在地方武装的配合下，大破烟青公路栖霞、福山段，并三次袭击福山城，给日、伪军造成很大威胁。在海阳、莱阳边区活动的第十七团一部，夜晚被日、伪军围困于朱吴北山。指挥员沉着应战，趁凌晨时刻夜黑风高、日军人困马乏之际，率部隐蔽贴近日、伪军封锁线，突然以一排手榴弹将昏睡中的日、伪军炸蒙，部队突围而出，仅伤1人。

24日夜，日、伪军合围马石山，莱阳、海阳、栖霞等地群众2000多人被围困在山上。执行任务途经马石山的第十三团第七连10名战士，毅然留下来带领乡亲们连夜突围。他们和地方干部、民兵一道，往返数次冲破日军的“火网”，护送出群众1000多人。

拂晓后，当他们再次杀进重围抢救群众时，被日军团团包围在山峦上，全排战至最后一人，全部壮烈殉国。日、伪军攻占马石山后，将抓捕到的500多名群众全部杀害，老弱妇孺，无一幸

胶东区1942年冬季反“扫荡”中民兵配合八路军作战

马石山烈士陵园中的马石山十勇士浮雕

免，制造了惨绝人寰的“马石山惨案”。

在日、伪军“扫荡”之初，胶东军区司令员许世友率军区机关和第十七团一营等部，由西向东，隐蔽穿越日、伪军的合击圈，一气插到日伪据点附近，接着东行冯家村，绕道棘子园。等日、伪军回师向东“拉网”之际，又改奔西北方向，飞插临近胶东日军大本营烟台的鹊山后，在敌人鼻子底下隐藏起来。待摸清敌人行踪后，继续西行。抵达烟青公路时，正好碰上大批日、伪军自莱阳、栖霞向烟台开进，遂隐蔽于距烟青公路不足500米的柳家庄，安然无恙，不久胜利返回根据地。整个穿插行动中，许世友率队行程200多千米，未损一兵一卒，保存了胶东军区指挥机关，实施了对反“扫荡”斗争的不间断指挥。

28日，日军调整部署，在牟平、海阳一线构成断绝网，继向文登、荣城地区推进，并以军舰6艘、汽艇20艘封锁海岸线，以5000余人封锁烟台至海阳公路，由西向东平推，企图围歼胶东军区机关和由马石山突围出来的部队。胶东军区一部及第十六、第十七团等部，以营、连为单位分散向西突出合围圈。此时，山东军区第五旅主力驰骋在烟青公路以西地区，灵活巧妙地从侧背狠狠打击敌人，炮击平度，袭扰招远，连战夏甸、驿道、朱桥、日庄等日伪据点。自26日起，胶东军区主力部队与地方武装结合在南、北、西海区相继举行大破袭，炸桥破路，伏击日、伪军，切断多处烟潍（县）、烟青公路交通，有力地牵制了日、伪军“扫荡”。

12月中旬，日、伪军两次“张网”西进，接连合围牙山、磁山和蚕山、崮山地区。坚持牙山区斗争的抗大胶东分校，协同民兵广泛开展地雷战、麻雀战，打得日、伪军胆战心惊，草木皆兵。下旬，日、伪军“扫荡”中心转向烟青公路以西地区。21日，日、伪军以7000多人在平（度）招（远）莱（阳）掖（县，今莱州市）边区，向第五旅进行大规模“扫荡”。

第五旅除以小部队配合地方武装民兵坚持内线斗争外，主力适时跳到外线敌占区作战，并先后在福山猴子沟、莱阳北孔家等地设伏，给敌人以沉重打击。日军精心策划的冬季大“扫荡”，不仅未能寻歼到八路军主力，反而损兵折将，疲惫不堪，不得不于12月底收兵回窜。至此，胶东抗战史上规模最大、时间最长的“扫荡”，被彻底粉碎。

1943年2月18日建立的马石山殉难军民纪念碑

知识链接

任常伦

任常伦，抗日战争时期八路军战斗英雄。1921年生于山东黄县（今龙口市）一个贫苦农民家庭。1940年8月参加八路军。1941年6月加入中国共产党。历任战士、班长、副排长。抗日战争中，任常伦作战机智勇敢，参加战斗120余次，负伤9次，多次出色完成战斗任务。

1940年12月，任常伦所在部队攻打山东掖县（今莱州市）郭家店日军据点。这是他首次参加战斗，因没有配发枪支，就用大刀同日军拼杀，并夺得三八式步枪1支。1941年3月，在攻打海阳县（今海阳市）发城伪军据点战斗中，任常伦率领一个战斗小组冒着敌人的密集火力，用铡刀劈鹿砦，为部队开辟进攻通路。完成任务后，他又主动配合第二战斗小组攻击伪军碉堡，烧毁碉堡大门，登上碉堡顶部，投入集束手榴弹，全歼伪军1个排。此次战斗中，任常伦3次负伤，仍坚持作战，直到夺取最后胜利。1942年12月，在猴旨沟伏击战中，任常伦带领两名战士最先跳上日军汽车，展开肉搏，身上两处负伤，忍痛拼杀，直至战斗结束。1944年2月，在莱阳县（今莱阳市）河源西沟战斗中，任常伦身负重伤不下火线，指挥全班打退40余名日、伪军的进攻。同年8月，任常伦被八路军山东军区授予“一级战斗英雄”称号。11月在海阳县长沙堡伏击日军战斗中，任常伦率一个班抢占小高地并连续击退日军3次反扑。当日军第4次组织百余人向小高地进攻时，全班弹药用尽，他带头冲入敌群，同数倍于己的日军展开白刃格斗，连续刺死日军5人后，中弹牺牲。

战后，胶东军区将其生前所在第五旅第十四团第二营第五连命名为“任常伦连”。其家乡孙胡庄被黄县人民政府命名为“常伦庄”。胶东烈士陵园英灵山上树有任常伦的全身铜像。

2009年，任常伦入选“100位为新中国成立作出突出贡献的英雄模范人物”。

地雷战纪念馆

地雷战纪念馆位于山东省烟台市海阳市文山街11号海阳博物馆，是为了纪念抗日战争时期海阳地雷战的英雄事迹而建立。纪念馆原位于地雷战遗址所在地——赵疃村，20世纪60年代开放。1991年馆藏文物移交海阳市博物馆，以充实“海阳革命斗争史陈列”，原展馆撤销。1999年，海阳市博物馆迁至文山街11号，在其中设置地雷战纪念馆临时展览。2006年，独立设置地雷战纪念馆。

纪念馆馆舍面积2700平方米，展览面积2200平方米，展览共分为6个部分。第一部分“民族危急，共赴国难”；第二部分“地雷战日寇丧胆，

地雷战纪念馆

纪念馆展览大厅内景

卫海防壮我国威”；第三部分“反扫荡105天动魂魄，盆子山60余村响雷声”；第四部分“英雄造雷乡，雷乡出英雄”；第五部分“光辉事迹垂青史，革命精神照后人”；第六部分“实现新跨越，建设新海阳”。

整个展览陈列了200多幅图片，200多件文物，其中有当年民兵用过的土炮、大刀、长矛、铁雷、石雷、埋雷工具、学习材料、瓦解伪军的传单及模范、英雄人物的遗物等，突出展现了海阳人民在抗日战争时期，利用地雷展开地雷战及麻雀战的抗战事实，生动再现了当年在海阳大地上发生的伟大的战斗场景。

地雷战纪念馆是全国重点文物保护单位、全国爱国主义教育示范基地。

展出的各种地雷

经党中央、国务院批准，国务院于2014年8月24日公布，地雷战纪念馆被列入《第一批国家级抗战纪念设施、遗址名录》。

知识链接

海阳地雷战

抗日战争时期，华北抗日根据地军民在反“扫荡”、反“蚕食”斗争中，发挥人民战争的威力，采取内线与外线、游击战与运动战相配合，以及敌进我进的“翻边战术”，组织了游击兵团、平原游击队、铁道游击队、水上游击队和敌后武工队等多种人民武装，采用破击战、地道战、地雷战、麻雀战等多种作战形式，英勇顽强地打击敌人，使貌似强大的敌人防不胜防，到处挨打，淹没在人民战争的汪洋大海之中。其中，地雷战便是敌后抗日军民的伟大创造。在中国共产党的领导下，以赵守福、于化虎、孙玉敏等为代表的山东海阳民兵，克服艰苦条件，在各村建立地雷加工厂，制造了种类繁多的地雷，创造了30余种埋雷方式，有力打击了侵华日军的嚣张气焰。

1940年2月，日军从青岛入侵行村，又攻占海阳县城，在凤城、鲁古埠、行村、大山所等地设置了据点，对当地群众进行残酷统治。在栖霞、烟台等地盘踞的日、伪军也经常窜入海阳，对这里进行“扫荡”；日军勾结国民党顽固派残害当地人民。只赵疃村一个地方，日军就杀害了300余名群众。对此，海阳人民建立各种抗日组织，利用手中的大刀、长矛、土枪、土炮，与日、伪军展开了战斗。

1943年春，海阳武委会召开了各区武委会会议，介绍了平度大泽山区民兵用地雷战杀敌的经验，然后还讲述了埋雷方法，并给各区发了几枚铁制的地雷，让其安排下面村庄进行地雷研发试验。

山东海阳在胶东半岛南部，具有多山丘陵的复杂地形，适宜广泛开展地雷战。1943年5月，各村用地雷毙伤日、伪军士兵多人，提高了全县民兵的斗志。之后，民兵与当地群众将地雷战普及开来，成功运用到反“扫荡”斗争当中。

但随即而来的问题是，铁雷稀缺，难以供应，

民兵埋地雷

赵守福（左）、于化虎（中）、孙玉敏（右）

后来民兵创造性地造出了石雷。通过试验，证实了其威力，县、区武委会进行了推广，让全县民兵都学习制造石雷的方法。海阳县民兵通过钻研，创造出了拉雷、踏雷、连环雷、子母雷、头发丝雷、飞行雷、水雷等30多种地雷。

民兵在与日、伪军作战时，战术灵活多样，从一开始的“等敌雷”发展到“飞行埋雷、飞行爆炸”的战法，每次都可以出其不意击杀敌人。日、伪军的每次“扫荡”，也会被这些地雷炸得损失惨重。日、伪军想方设法对付地雷战，而民兵们则按照“敌变我变”的原则，对敌人进行打击。1944年9月，驻扎在行村据点的日、伪军被八路军队主力部队与民兵打得逃向了青岛。1945年5月，海阳民兵对盘踞在盆子山区的日、伪军实行地雷战，并最终取得了胜利。

在整个抗日战争时期，海阳人民配合主力或独立作战上千次，歼敌1000多人，缴获600多件武器，造就了抗日模范村9个，县级以上民兵英雄600余名，其中获得全国民兵英雄称号的有赵守福、于化虎、孙玉敏。海阳还获得了很多光荣称号，如民兵工作模范县、战斗模范县、支前模范县等。

马石山烈士陵园

马石山烈士陵园位于山东省乳山市诸往镇乳山主峰马石山南侧上石硼村，是为了纪念在“马石山惨案”中牺牲的抗日军民修建的设施。1943年1月25日，胶东区行政公署建“马石山殉难军民之墓”，2月18日建立“马石山殉难军民纪念碑”。1970年10月计划建烈士陵园，1971年动工，1972年10月完工。2000年立“马石山反扫荡突围战纪念碑”。2015年改扩建。

陵园占地面积约5.4万平方米，主要建筑物有革命烈士纪念塔、抗日烈士纪念堂、马石山十勇士纪念馆、乳山革命纪念馆、烈士墓区、革命烈士英名录墙、马石山反“扫荡”突围战纪念碑等纪念设施。

革命烈士纪念塔建于1972年，位于马石山主峰的顶端，海拔467米。塔基周长为5.6米，塔高

马石山烈士陵园全景

为16米，是一座由大理石砌成的六棱形建筑，正面刻着“革命烈士纪念塔”。1942年11月，日、伪军2万余人对胶东抗日根据地进行大“扫荡”；24日，日军残杀了500多名抗日军民，制造了“马石山惨案”。在纪念塔的南面，建有马石山十勇士纪念馆、乳山革命纪念馆、烈士陵园宣传教育中心、烈士墓区等。

革命烈士纪念塔

抗日烈士纪念堂在马石山主峰的南坡，建筑面积330平方米，正中大门上额书“浩气长存”。纪念堂前建有纪念广场，面积3335平方米。1985年，由许世友上将、林浩少将为纪念堂题词。大厅内的墙上，挂着夏云超、张寰旭、林江、于已午等烈士的遗像。西厅内陈列着“马石山惨案”的文字简介和烈士遗物，反映了“壮丽的史诗，英雄的业绩”的主题。东厅内陈列着当年日军残杀中国民众的照片和反映“马石山惨案”的版画。

抗日烈士纪念堂

马石山十勇士纪念馆是为了纪念当年反“扫荡”中已经突围的10名八路军战士，在班长王殿元的带领下，为掩护群众转移而3次冲进日军的包围圈，将千余名被困群众救出来，后全部牺牲。2014年12月建成了这座两层结构的纪念馆，建筑面积1585.5平方米，其中陈列着反“扫荡”相关的史料，分为“胶东抗战简史”“日寇制造马石山惨案的罪行”“马石山十勇士及其他英雄群体视死如归、舍生取义救民众的英雄事迹”“军民情深、血肉相连同生死的事迹”“缅怀先烈”5个部分。

马石山十勇士纪念馆

烈士墓区在马石山十勇士纪念馆的西侧，墓区面南背北，建成于2014年12月，建设面积1100平方米，修建了150个墓穴，其中安葬着在马石山反“扫荡”突围战中牺牲的乳山、海阳、牟平地区的革命烈士。

烈士墓区

乳山革命纪念馆是一座单层建筑，于2014年12月落成并投入使用。建筑面积为572平方米。一共有8个展示区，分别是“胶东革命摇篮——乳山革命史”“星火燎原——中共牟海（乳山）党组织创建”“轰轰烈烈——拥军支前”“大爱无疆——胶东育儿所”“薪火相传———胶东公学”“千锤百炼——胶东兵工厂”“功不可没——北海银行制版印钞厂”“革命先驱——部分早期中共党员简介”，将在抗日战争时期，胶东与乳山军民支援部队建设、团结一致对日作战、军民鱼水情的宏伟历史画卷一一呈现了出来。

乳山革命纪念馆

马石山烈士陵园是国家级烈士纪念设施、山东省爱国主义教育基地。

经党中央、国务院批准，国务院于2014年8月24日公布，马石山烈士陵园被列入《第一批国家级抗战纪念设施、遗址名录》。

知识链接 马石山十勇士

1942年11月21日清晨，天色阴沉，朔风骤剧。日军独立混成第五旅团主力、第五十九师团和独立混成第六、第七旅团各一部共1.5万余人由莱阳、栖霞、福山等地出动，在伪军5000余人的配合下，多路奔袭栖霞、牟平、海阳、莱阳，在南北不过90千米、东西仅75千米的地域内实施“拉网合围”，企图将胶东八路军主力和党政军机关压缩到牟平西南的马石山狭小地区聚而歼之。

日、伪军深入胶东抗日根据地后，白天摇旗呐喊，步步紧逼，无山不搜，无村不梳，烧草堆，掘地堰，清山洞，连荒庵野寺以及巴掌大的小土地庙也不漏过；夜晚野地宿营，沿合围圈烧起堆堆篝火，岗哨密布，控制山头，封锁要道，在山隘口还设置了带响铃的铁丝网，企图布成天罗地网，将八路军一网打尽。日、伪军得意地夸口说：“只要进入合围圈内，天上飞的小鸟要挨三枪，地上跑的兔子要戳三刀。共产党、八路军插翅难逃！”

“敌人向东我向西，山峦沟壑任纵横”。敌人的“网”张得越大，空隙也就会越多。胶东军区的干部、战士绝大多数是土生土长的胶东子弟，人亲地熟，如鱼得水。

然而，敌人的“网”愈收愈紧，反“扫荡”斗争形势也愈加严峻起来。位于胶东半岛乳山西北隅的马石山，西毗海阳，北接牟平，山势蜿蜒险峻，奇石嶙峋，群峰巍峨，主峰海拔467.4米；岭长谷深，林木葱郁，山域面积约20平方千米，至今仍保留着原始森林的特有风貌。相传远古时候，曾为天将降伏神马当过上马石，得名“上马石山”，后来逐渐把“上”字去掉，称为“马石山”。

马石山是这次日、伪军的重要合围点。当时，马石山附近的党政军机关、兵工厂、医院和数千名群众，大部分突围出去，但也有部队由于指挥不够灵活，受到了一些损失。11月23日傍晚，莱阳、海阳、栖霞等地的地方干部、民兵和群众共2000多人，被日、伪军围困在马石山上。敌人在山下燃起层层火堆，密布岗哨，形势万分危急。

就在这时，八路军胶东军区第五旅十三团七连六班执行完任务，恰好路过马石山，发现地方干部和群众身陷绝境。在没有上级命令的情况下，六班的10名战士义无反顾地决定留下来帮助他们突围。

这是一场力量对比极为悬殊的战斗，10名八路军战士面对的是数千穷凶极恶、武装到牙齿的敌人，但他们同仇敌忾，早已把生死置之度外。宁可自己丢掉性命，也要保护百姓安全，这就是人民军队永恒不变的信念与坚守。

初冬时节的马石山夜色茫茫，寒风刺骨。四周山梁上，燃起的簇簇火堆，层层叠叠，仿佛一条条吞吐着烈焰的凶恶的火龙，把黑夜变成了白昼。枪声、炮声、战马的嘶鸣声和日、伪军的号叫声，不时从四面八方传来。敌人满以为这次“拉网合围”成功了，把八路军主力围在山上，只等天明以后“收网”。

在敌众我寡的情况下，硬拼肯定不行，只能采用智取的办法。六班长王殿元具有丰富的作战经验，他先与战士和部分地方干部、民兵、群众研究突围路线，并安慰群众不要惊恐、听从指挥。经过仔细侦察，王殿元决定利用敌人包围圈大、兵力较疏且敌明我暗、我军善于夜行等有利条件实行突围。随后，他集合全班，把群众分成两队，宣布行动纪律：全体战士一律枪上刺刀，压满子弹，随时准备投入战斗；所有人员都要坚决服从命令，不得擅自行动；在没有突出合围圈前，任何人不许说话，不许咳嗽，也不许发出响声。

夜深时，王殿元和战士们一手提着上了刺刀、压满子弹的步枪，一手握着揭开盖的手榴弹，带领群众在黑漆漆的夜幕掩护下出发了。行至山脚处，只见间隔数十米就有熊熊燃烧的篝火，光影下游动着敌人的巡逻兵。王殿元和几名战士悄悄地摸上去，一声不响地干掉了敌人的哨兵，护送第一批数百名群众成功突围。随后，王殿元他们第二次进入包围圈，很快就找到了海阳县的上百名群众。当他们准备如法炮制，趁着暗夜带领群众再次突围时，又得知还有大批群众被困在山上。王殿元当机立断，决定把9名战士分成3个小组，自己带一组战士打通突破口，引导海阳县群众就近跳出包围圈；另外两组战士收拢零散群众，从突破口送出后，再次返回解救被困群众。就这样，六班的10名战士和地方干部、民兵一道，两度冲破敌人设置的重重“火网”，先后护送救出群众1000多人。

拂晓时分，当他们第三次闯入包围圈后，敌人发现情况异常，鸣枪赶来。这时，摆在王殿元他们面前有两个选择：一是趁敌人还没有完全清醒过来，迅速冲出包围圈，就可以安全转移；二是留下来拖住敌人，尽可能地给群众突围争取更多的时间，但这无疑是一条绝路。王殿元毅然决然地选择了后者，带领全班战士向相反的方向冲去，吸引敌人的注意力。

此时天已放亮，大批敌人蜂拥而上。激战中，一名战士中弹牺牲，王殿元也负了伤。他们且战且退，最终将敌人引上了马石山的峰顶。

“八路的！跑不了的……”寒风中传来敌人得意的叫嚣。但由于不了解山上八路军的兵力情况，敌人一时也不敢硬冲，只能一会儿用机枪扫射，一会儿架起小炮轰，一会儿又一小股一小股地试探着轮番冲击。在连续打退了日、伪军的多次进攻后，王殿元身边只剩下两名战士，子弹也打光了，仅有最后一颗手榴弹。为了不当俘虏，王殿元他们毅然拉响手榴弹，与敌人同归于尽。

马石山突围战是人民军队爱民传统的典型范例，体现出共产党“人民至上”的红色基因，是一座永远矗立在人民心中的伟大丰碑。壮烈殉国的10名八路军战士被誉为“马石山十勇士”，他们是王殿元、赵亭茂、王文礼、李贵、杨德培、李武斋、宫子藩，还有3名战士没有留下姓名。

被围在马石山上的地方工作人员、民兵和群众，在六班战士英勇战斗、视死如归精神的鼓舞下，也纷纷用木棍、石头与冲上来的敌人展开殊死拼杀，宁死不屈。丧心病狂的日军在攻占马石山后，露出极端凶残的本性，把魔爪伸向手无寸铁的群众，把抓捕到的500多名群众全部杀害，老弱妇孺，无一幸免，制造了骇人听闻的“马石山惨案”。

战后，在惨案遗址上找到一条已被战火烧焦的皮质手榴弹袋。这条八路军战士使用过的手榴弹袋，新中国成立后被中国人民革命军事博物馆收藏，成为一件珍贵的革命文物，见证了那场惨绝人寰的血腥大屠杀，以及“马石山十勇士”舍身救群众的英雄壮举，同时也诠释了我党我军始终把人民放在心中最高位置的根本政治立场。

20世纪70年代，当地人民在马石山主峰南侧修建烈士陵园，筑起一座高16米的大理石质革命烈士纪念塔，建有马石山十勇士纪念馆，通过历史资料、图片、文物和复原景观等，揭露日本侵略军对中国人民犯下的暴行，缅怀十勇士视死如归、舍生取义救民众的英雄壮举。

华东革命烈士陵园

华东革命烈士陵园位于山东省临沂市兰山区陵园前街4号，地处金雀山与银雀山之间的山脚下，沂河西岸，是一座大型纪念性建筑群，是为了纪念第一次大革命时期至解放战争时期华东地区牺牲的革命先烈而修建的设施。1949年2月，中共中央华东局和山东省人民政府为纪念在抗日战争和解放战争中牺牲的华东地区革命烈士而决定动工修建，1952年建成，原名“临沂革命烈士陵园”。1987年10月更用现名。之后又进行了多次修葺与增建。

华东革命烈士陵园由我国著名建筑家梁思成主持设计，是华东地区最大的革命烈士陵园。陵园占地面积近20万平方米，包括19座纪念性建筑物，有塔、堂、亭、墓、廊等。整体采用中轴对称式布局，仿古建筑，南大门及主体建筑革命烈士纪念塔、革命烈士纪念堂都在一条中轴线上分布着，东西两侧则对称分布着粟裕、罗炳辉、汉斯·希伯等著名烈士墓与纪念亭等建筑物。

革命烈士纪念塔处于陵园的中央，奠基于1949年4月28日，落成于1950年5月1日，属于纪念馆初建时的两大主体建筑之一，而另一个主体建筑是位于北面的革命烈士纪念堂。

纪念塔高45米，呈五面立体塔形，由花岗岩、石灰石及钢筋水泥所筑，分为3个部分，分别是塔座、塔身及塔顶。塔顶有大型景泰蓝制五角星，塔身正面有毛主席亲题的“革命烈士纪念塔”。塔座镶着10块石碑，刻有山东省人民政府建塔碑记，还有刘少奇、朱德、刘伯承、陈毅、邓小平等党和国家领导人的题词，有5幅石质浮雕镶在题词碑的上方，展现了抗日战争所取

华东革命烈士陵园大门

革命烈士纪念塔

主要建筑呈对称分布的华东革命烈士陵园

得的伟大胜利，还有孟良崮战役国民党军整编第七十四师被消灭时的战斗场面。塔座外廊5个角各有2根石柱，石柱顶端各有一个雕塑，塑有工农兵青妇支前拥军、站岗生产、参军参战、支援战争的10组人物形象，突出展现了中国革命是属于人民的战争、取得的胜利是人民的胜利的主题。

革命烈士纪念堂，奠基于1949年5月15日，落成于1950年7月1日。该建筑属于双层仿古宫殿式，由石灰岩与水泥所筑，东西长和南北宽分别为45米、19.6米，高为21.4米。纪念堂内有块影壁，上面刻着周恩来的题词“人民革命的烈士们永垂不朽”，背面有任弼时的题词“你们的功绩永垂不朽”。堂内的巨大石质多联碑上是烈士英名录，是我国从大革命时期至解放战争时期25年的时间里，那些在沂蒙山区战斗、工作，还有沂蒙山区在外地牺牲的烈士的英名62576位，其中有372名属于县团级以上。这6万多名烈士当中，3万多名都是沂蒙籍的，其余烈士分别来自全国16个省、市、自治区，还有一部分是国际主义战士。

革命烈士纪念堂

抗日浮雕长廊，是1992年3月所建的亭廊式建筑，具有清朝建筑风格。环廊内建了好几个小亭子，有勇士亭、流芳亭、和平亭。室内陈列着石质形象浮雕，一共有9组33幅，雕刻于1950

年，主要内容是战斗故事题材，人物生动，事迹感人。

革命烈士公墓高为9.9米，整体看上去像个“山”字，寓意人民江山稳固，这里集中安葬着建国初期散葬的19位有名字的烈士与18位无名字的烈士。

革命烈士公墓

仰风承志亭是一栋仿清代双层飞檐的八角亭，建造于1999年。亭内有1950年雕刻的半身石质雕像，包括华东野战军副参谋长张元寿、山东军区八师师长兼政委王麓水、新四军第一师政委刘炎、中共鲁南区党委书记赵镈的雕像。

仰风承志亭

粟裕骨灰撒放处位于以烈士纪念塔为中心的东南方向。

罗炳辉烈士墓呈对称“十”字形，也就是直线四角塔形，建于1950年，高为11米。墓顶用将军在五次反“围剿”战斗中获得的勋章来装饰。墓身的四周，可以看到刻有刘少奇、朱德、周恩来、任弼时等老一辈无产阶级革命家的题词，还雕刻了表现罗炳辉将军关爱士兵和群众，制定方案并深入前线指挥战斗的场景的4幅小型浮雕，雕刻技法十分细腻，让人感到很亲切。罗炳辉是云南省彝良县人，生于1897年，是讨袁护法护国战争、北伐战争的参与者。后来加入红军，红军时期曾经担任团长、纵队司令、红十二军军长、红九军团总指挥等职。他为掩护我军主力部队的长征胜利，遵照命令牵制住日军，功劳巨大。抗日战争全面爆发后，罗炳辉曾经先后担任新四军第一支队副司令员、第五支队司令员、江北指挥部副指挥，新四军二师副师长、师长，新四军副军长兼山东军区副司令员等职。1946年4月，蒋介石大举进攻苏皖鲁解放区，当时，罗炳辉即使重病也执意出征。6月21日，他由于过度疲劳而突发脑溢血，最终不幸逝世。

罗炳辉烈士墓

罗炳辉将军石像亭，即瞻容思功亭，与仰风承志亭相对，与仰风承志亭同样是八角重檐亭，门额上的“瞻容思功”4个金字，系陈毅所题，亭内置罗炳辉戎装石雕像。亭内罗炳辉将军石像高1.9米，按照1∶1的比例将将军本人完全复制了出来，展现其高大而有气势的形象，让我们看到了罗炳辉将军生前的风采。

瞻容思功亭

汉斯·希伯烈士雕像

汉斯·希伯墓呈六面体塔形，高9.4米，落成于1963年11月1日。墓身上层是双层皇冠的形状，墓身是六角立体塔形。为纪念汉斯·希伯的英雄事迹，在其牺牲48周年之际，1989年10月，雕刻了高为2.2米的大型汉白玉雕像。汉斯·希伯雕像，两臂交叉置于胸前，双手分别拿着钢笔和采访本，神态安详，目光深邃，凝视着前方。汉斯·希伯祖籍波兰克拉科夫，曾经5次来中国，是国际主义新闻战士、太平洋学会记者、德国共产党员，为中国的抗日事业献出了宝贵的生命。

张元寿烈士墓是华东野战军副参谋长张元寿的墓。墓是螺旋梯形，落成于1950年6月1日，高为9.2米。墓形的设计，源于张元寿生前的一个习惯：喜欢运动和爬山。人们可以沿着环墓石阶去到墓顶，上面刻有陈毅、张劲夫、张震、叶飞同志的题词。墓壁的四周镶嵌着反映张元寿抗日战争时期的主要事迹的23幅小型浮雕。张元寿1932年加入中国共产党，历任红军总供给部部长、新四军兵站站长、华东野战军副参谋长等职。1947年3月，张元寿在淄博张店进行战场巡视的

张元寿烈士墓

时候被敌机扫射牺牲，年仅34岁。

刘炎烈士墓高9.1米，呈立体巨轮形，落成于1950年7月1日。墓身上刻有陈毅、杨立三等同志的题词。刘炎生于1904年，湖南省桃源县人。1927年，刘炎参加秋收起义，先后担任连党代表、团政治委员、新四军一师政委兼苏中军区政委等职。1946年6月，刘炎患上了疾病，但是依然随军来到了山东解放区，11月20日，42岁时病世于沂南西桃花村。

刘炎烈士墓

王麓水烈士墓高9.5米，呈四面体形，落成于1950年5月1日，当时他的职务是八路军山东军区第八师师长兼政委。王麓水生于1913年，江西省萍乡县（今萍乡市）人，1932年成为一名中国共产党党员。1939年3月，随第一一五师抵达山东，历任八路军鲁南军区政委兼鲁南区党委书记、山东军区第八师师长兼政委等职位。曾经带领部队将坏事做尽的刘黑七给灭掉了。1945年12月13日，王麓水带领第八师在解放藤县（今滕州市）县城时，不幸被子弹击中，年仅32岁。王麓水牺牲后，藤县曾经被称作麓水县，以表彰其伟大功绩。

王麓水烈士墓

陈明、辛锐烈士墓高9.3米，呈六面亭式。正面有谷牧同志的手书碑文。陈明、辛锐墓是从沂南梭庄烈士陵园迁葬过来的。陈明曾经是山东战时工作推行委员会（山东省政府的前身）副主任兼任秘书长，辛锐曾是山东姊妹剧团团长，两人是革命夫妻。1941年底，日伪军集结5万多人，对沂蒙山区进行“铁壁合围”大“扫荡”，这对夫妻先后殉国。当时，陈明39岁，辛锐只有23岁。

陈明、辛锐烈士墓

常恩多烈士墓高9米，呈柱体，全石结构。1982年，从莒南县坊前迁葬到华东革命烈士陵园。墓正面的碑文、墓志铭，由全国著名书法家启功书写。

华东革命烈士陵园是国家级烈士纪念设施、全国爱国主义教育示范基地。

经党中央、国务院批准，国务院于2014年8月24日公布，华东革命烈士陵园被列入《第一批国家级抗战纪念设施、遗址名录》。

常恩多烈士墓

知识链接　罗炳辉

中国工农红军和新四军高级指挥员，军事家。原名罗德富，曾用名罗南煌。1897年12月出生于云南彝良大河区阿都乡偏坡寨。1915年入滇军当兵，曾参加讨袁护国战争。1922年参加护国战争，历任滇军排长、连长、营长。1926年7月参加北伐战争，在国民革命军第三军任营长。在攻克南昌的牛行等战斗中率部冲锋，战功卓著。1927年蒋介石发动反革命政变后，因对军中腐败现象不满，被怀疑是共产党员，于1928年冬被遣离部队。

1929年春，罗炳辉任江西省吉安县靖卫大队大队长，7月秘密加入中国共产党。同年11月15日率部起义，参加中国工农红军。历任团长、纵队长。1930年6月起任红十二军代理军长、军长，在朱德、毛泽东的指挥下，率部参加了文家市、第二次打长沙和吉安等战斗。在中央苏区第一次反“围剿”中，率部参加龙冈战斗和东韶追击战。中央苏区第二次反“围剿”中，率部参加中村、广昌、沙溪等战斗。1931年8月，率部参加中央苏区第三次反“围剿”中的莲塘、良村、黄陂战斗获胜后，奉命伪装主力，向北佯动，攻占乐安，威胁临川，造成直趋南昌之势，将参加“围剿”的国民党军主力4个师从中央苏区中心区拖住半个月，出色完成了掩护中央红军主力西移和休整的任务，对粉碎这次“围剿”起了重要作用。同年9月，指挥所部进军闽西，连克武平、上杭等城，扩大了闽西苏区。1932年春，兼任福建军区司令员。7月率部赶赴粤北参加南雄水口战役，重创进犯的国民党军。后转至中央苏区北线作战，攻占南丰城。10月，所部与红二十二军合编，任红二十二军军长。旋参加建（宁）黎（川）泰（宁）战役，率部日行70千米，连克泰宁、邵武两城。1933年2月至3月，率部参加黄陂、草台岗战斗。9月下旬，中央苏区第五次反“围剿”开始不久，任新组成的红九军团团长。1934年4月率部参加广昌保卫战，8月护送北上抗日先遣队出征过闽江。在完成艰险任务中，因智勇兼备，屡立战功，获中央革命军事委员会颁发的二等红星奖章，两次当选为中华苏维埃共和国中央执行委员。同年10月，率部参加长征，突破第四道封锁线时，在湘江以东与追堵的国民党军连日激战，掩护中共中央和军委机关同志渡江。

1935年3月四渡赤水后，罗炳辉奉命率部佯装主力，迷惑、吸引和牵制国民党军。在1个多月中，率部单独在主力翼侧行动，机动灵活地转战黔滇川康边境，行程1000余千米，布疑阵，出奇兵，取得老木孔、瓢儿井等战斗的胜利，后又夺占宣威、会泽等城。5月在西昌附近与主力红军会师，6月带病指挥部队奇袭天全成功。中央红军和红四方面军会师后，担任由红九军团改称的红三十二军军长。所部划归以红四方面军为主组成的左路军，转战川康边。1936年7月，所部改归红二方面军建制，在北上途中，率部担任方面军后卫，多次与尾追之敌战斗。11月，率部参加山城堡战役。1937年后入中国人民抗日军事政治大学和中共中央党校学习。

1936年，罗炳辉与“红小鬼”在甘肃成县

全民族抗战爆发初期，罗炳辉以八路军副参谋长名义，在八路军武汉办事处从事抗日民族统一战线工作。1939年1月任新四军第一支队副司令员，5月任第五支队司令员，率部由皖中挺进津浦铁路以东，开辟皖东抗日根据地，指挥部队三打来安城，痛击“扫荡”、抢粮的日伪军。

1940年，罗炳辉任江北指挥部副指挥兼第五支队司令员，次年起任新四军第二师副师长、师长兼淮南军区司令员，转战于淮河以南、长江以北的津浦铁路两侧，发展壮大部队，积极开展抗日游击战争，并及时反击国民党顽固派军队的进攻，巩固和扩大了淮南抗日根据地。他重视战役战术研究，提出以伏击与运动游击为特色的“梅花战术”：部队驻地按梅花桩式部署，对来犯之敌实施多点打击，并运用于实战，取得十二里岔伏击战、金牛山反袭击战等多次战斗的胜利。同时注意从严治军，言传身教，强化部队战术技术训练，大力培养和提高干部素质；重视地方武装和民兵建设，全面提高战斗力；亲自编写了《指挥员实用手册》《民兵战术》等教材，并经常给基层指挥员上军事课。

1945年8月，罗炳辉虽身患重病，仍在前线坚持指挥所部参加大反攻，解放苏皖边界的六

1939年，新四军第五支队领导人郭述申（左一）、罗炳辉（左三）等在江苏盱眙地区合影

合、定远、嘉山、天长等城。9月任新四军第二纵队司令员，率部赶赴鲁南，列入津浦前线野战军（1946年1月7日改称“山东野战军”）序列，参加界河伏击战，攻克韩庄，粉碎国民党军从徐州沿津浦路北上、进犯解放区的企图。1946年4月，罗炳辉任新四军第二副军长兼山东军区副司令员。6月，正值国民党军向解放区大规模进攻前夕，赶赴鲁南前线指挥了6月上中旬的讨逆作战，攻克枣庄等地。21日，在返回临沂途经兰陵时突然病情恶化，不治逝世。枣庄战役由此成为罗炳辉32年军旅生涯的最后一仗。朱德题词：“革命到底死而后已，精神不死万古长存。”

2009年，罗炳辉入选“100位为新中国成立作出突出贡献的英雄模范”。

费县烈士陵园

费县烈士陵园位于山东省临沂市天蒙景区大青山胜利突围旧址、费县薛庄镇北11千米处，西王庄东侧，北临祊河，是为了纪念大青山胜利突围战及英勇牺牲的英烈而建设的设施。始建于1951年，后经多次改扩建。

陵园东西宽145米、南北长147米，占地面积2万余平方米。主要建有大青山胜利突围纪念碑、革命烈士纪念堂、革命烈士纪念馆、英雄雕塑、烈士安息区等纪念设施。

纪念碑位于陵园最高处的纪念广场上，建于1997年。碑高19.41米，基座边长为11.30米，寓意1941年11月30日大青山胜利突围。碑身正面刻有迟浩田题写的“大青山胜利突围纪念碑”。纪念广场中间为集会活动场地，两侧各设立大青山突围战斗中的4位英雄人物雕塑，北侧自西向东分别为程克、邱泽民、闫捷三、周纯全雕像，南侧为辛锐、汉斯·希伯、王立人、陈明雕像。

纪念堂位于大门正北80米处。纪念堂中室正中安放木质纪念碑一座，刻有毛泽东手迹“生的伟大，死的光荣”。两旁悬挂8块烈士谱，铭记费县抗日战争以来在武装斗争和社会主义建设时期英勇献身的指战员、地方工作人员、民兵等1400多名烈士英名及其籍贯和牺牲地；东西墙有解放战争时期革命烈士传略。纪念堂东室陈列1979年

费县烈士陵园全景

大青山胜利突围纪念碑

对越自卫还击战中英勇献身的13名烈士遗像和传略。西室陈列有解放战争时期鲁中南地区部分战役的辉煌战果文字介绍及烈士骨灰盒、烈士勋章、立功证书等革命历史文物。纪念堂东侧是原铁道游击队政委张鸿仪烈士墓、纪念碑。纪念堂右侧矗立华东一级人民英雄刘加其烈士的花岗石塑像。

大青山胜利突围纪念馆

纪念馆内展览分为“创建沂蒙根据地”“浴血突围大青山”“青山作证英名存”“沂蒙精神铸辉煌”4个部分，再现大青山胜利突围的场景。

烈士安息区主要有烈士墓区、烈士碑林及抗大碑林3个部分，烈士墓区里安葬着有名烈士800余位、无名烈士3000余位，还有刘加其、陈明、辛锐、张鸿仪、汉斯·希伯等著名烈士。

费县烈士陵园是国家级烈士纪念设施、全国爱国主义教育示范基地。

烈士墓区局部

经党中央、国务院批准，国务院于2014年8月24日公布，费县烈士陵园被列入《第一批国家级抗战纪念设施、遗址名录》。

知识链接 沂蒙山区反“铁壁合围”

沂蒙山区反“铁壁合围”是抗日战争时期，八路军第一一五师和山东纵队在山东省沂蒙山区开展反击日军大规模“扫荡”的作战。

1941年，日本帝国主义在德国法西斯节节胜利的刺激下，企图挑起太平洋战争，将中国变为其发动大东亚战争的后方“兵站基地”，进一步掠夺当地的人力物力资源。在继续对国民党当局实行政治诱降为主、军事打击为辅政策的同时，集中兵力对中国共产党领导的各抗日根据地进行反复“扫荡”。

7月，冈村宁次担任日军华北方面军司令官，扬言在4个月内彻底消灭华北的共产党和八路军。其调集日军5个师团、6个混成旅团的各一部和部分伪军共7万余人，对华北抗日根据地进行毁灭性的大“扫荡”。

1941年秋，日中国派遣军总司令官畑俊六纠集山东境内日军5万余兵力，准备对沂蒙山区抗日根据地发动疯狂的大“扫荡”。具体部署是：第三十二师团和独立混成第十旅团主力配置于新泰、蒙阴、平邑、费县地区；第二十一师团和独立混成第三、第六旅团主力配置于沂水、莒县地区；第十七师团主力、第三十三师团一部配置于临沂地区。日军企图首先构成对临沂、沂水、蒙阴三角地带的封锁线，然后以多路多梯队的分进合击，对沂蒙山区形成“铁壁合围”之势，妄图消灭山东八路军主力，彻底摧毁沂蒙山区抗日根据地。

9月11日，中共中央北方局和中央军委华北分会发出关于粉碎日军进攻、克服新的困难、坚持华北抗战的指示。9月13日，中共中央和中央军委发出《关于加强山东军政领导和统一作战指挥的指示》，决定：山东分局暂时由朱瑞、罗荣桓、黎玉、陈光组成，朱瑞为书记；山东纵队归八路军第一一五师指挥，配合作战；山东纵队及第一一五师两个军政委员会组成山东军政委员会，罗荣桓、黎玉、陈光、萧华、陈士榘、罗舜初、江华7人为委员，罗荣桓为书记。

10月初，中共中央山东分局和山东军政委员会根据日军向山东大量增调兵力的动向，判断日军有可能集中优势兵力，对以沂蒙山为中心的抗日根据地进行大规模的“扫荡”。为粉碎日军的“扫荡”，指示全区党政军民紧急动员起来，做好一切准备工作。同时决定避敌锋芒，由第一一五师代师长陈光、政委罗荣桓统一指挥第一一五师和山东纵队，待日军“扫荡”开始后，即以一部留沂蒙山区坚持战斗，主力分散转移到外线打击日军。

1941年八路军第一一五师代师长陈光、政委罗荣桓与司令部、政治部部分人员合影（左起：陈光、赖可可、萧华、罗荣桓、梁必业、王秉璋、陈士榘、王立人、杨尚儒、苏孝顺、张雄）

11月2日，日军第十二军司令官土桥一次中将亲自督战，指挥第十七、第二十一、第三十二师团，独立混成第五、第六、第十旅团主力，以及各地伪军共5万余人，向沂蒙山区突然发动多路、多梯队的“铁壁合围”。这是抗日战争时期日军在山东地区发动的规模最大的一次“扫荡”。

3日晚，罗荣桓率第一一五师师部移驻至青驼寺东北的留田村。4日拂晓，蒙阴、沂水、莒县的日、伪军突然向山东纵队领导机关驻地马牧池发动偷袭。山东纵队领导机关人员与警卫部队同日、伪军激战一天，于当夜分散转移到沂水西南的南墙峪地区，又遭到日、伪军的合围。经奋战突围转移至新泰西南的石莱一带，跳出了敌人的合围圈。

5日晨，日、伪军2万余人兵分十一路，向留田一带合围过来。此时，驻留田的有中共中央山东分局、山东省战时工作推行委员会、第一一五师师部等党政军领导机关，共有两三千人，而战斗部队却只有第一一五师的1个特务营和山东分局的1个特务连。

当晚，罗荣桓、陈光立即召集第一一五师政治部主任萧华、参谋长陈士榘和中共山东分局书记朱瑞等人召开紧急会议，研究情报和突围方向，最后会议决定向南突围。19时许，罗荣桓、陈光带着几个老乡当向导，跟着前卫部队，借着朦胧的月色，沿着崎岖的山道快速前进，后面是机关人员和收容队。天亮前，部队顺利地通过三道封锁线，到达费县东北的护山庄宿营。就这样，几千人的队伍没费一枪一弹，无一人伤亡，安全地突破了5万多敌军的“铁壁合围”。

在沂蒙地区行进的日军

扑空后的敌人恼羞成怒，开始进行分区“清剿”，到处设据点、修炮楼、挖壕沟、抓壮丁、抢粮食，挨村逐户地搜查抗日军民，灭绝人性地推行“三光”政策，甚至施放毒气和进行细菌战，制造无人区，疯狂报复。许多农舍被洗劫一空，不少村庄被烧成废墟，抗日根据地遭到严重破坏。

面对日益严峻的斗争形势，为打破日、伪军的“清剿”，罗荣桓等人研究决定：第一一五师教导第二旅、山东纵队第二旅主力继续在外线打击、牵制日伪军；第一一五师师部率山东纵队第二旅、抗大第一分校、蒙山支队各一部和山东分局警卫连重返沂蒙山区，开展内线斗争。

自“扫荡”开始后，日军就被八路军牵着鼻子在沂蒙山区里兜圈子。几万大军频繁调动，路途遥远，饱受根据地群众、地方武装坚壁清野和不断袭扰的困苦。日军绞尽脑汁，无论变换何种方式手段，每次行动都无一例外地扑空，半个多月过去了，连八路军主力的影子也没有找到。

14日，土桥一次卷土重来，调集7000余兵力对山东分局和第一一五师师部所在地沂蒙山区进行反复合击。

第一一五师师部和山东分局领导机关迅速转

抗日战争时期的山东民兵组织

移到费县东北的大谷台。这里地形隐蔽，又较为富裕，遂决定在此休整两天，补充粮秣。

17日午后，尾随而来的日、伪军对大谷台进行合击。罗荣桓、陈光等人判断日军主力在西面，决定东越临沂至蒙阴的公路，进入沂蒙山区。不料，日军的大队人马也正由北向南，沿临蒙公路运动。

敌众我寡，硬拼肯定不行。罗荣桓等人果断命令部队退至路旁的山林隐蔽，保持肃静。虽然数千人马挤在一个小山窝里，但由于严守纪律，竟没有发出任何响声。待日军通过后，部队迅速由西向东疾进，鬼使神差般跳出了日军的包围圈，安全转移到凤凰山下。

第二天一大早，日军集中炮火对着大谷台周围空荡荡的山头开始猛烈轰击，一直持续到天黑。

19日晚，特务营秘密回到日军的中心据点垛庄附近，趁合击大谷台的日军还没有返回垛庄前的时机袭扰日军，消灭日军20多人。

29日夜，山东分局、山东省战时工作推行委员会、第一一五师师部机关一部，在1个特务连的掩护下，向临沂至蒙阴的公路西侧大青山转移。30日天亮时分，部队在大青山突遭日军重兵合击。为掩护机关转移，特务连在兵力处于极端劣势的困境下，同日军展开了殊死的战斗。终因敌众我寡，部队遭受到很大损失。山东省战时工作推行委员会秘书长陈明夫妇、第一一五师锄奸部部长王立人、国际友人汉斯·希伯等人遇难。

1941年12月8日，太平洋战争爆发。日军将留在沂蒙山区巩固点线的主力部队约6000余人撤出。撤退之际，日军又分九路合击了天宝山西南的常庄、白彦一带。正在这一带的山东分局、第一一五师师部及鲁南军区及时转移。不久，日军开始南撤，山东分局和第一一五师师部等领导机关也由天宝山区转往滨海区。

中旬，临沂的日军对滨海区进行“扫荡”，遭到教导第二旅和山东纵队第二旅的内外夹击。

八路军在守卫沂蒙山区

23日，在沂蒙山区已站不住脚的日、伪军，开始陆续分路向外围据点撤退。八路军第一一五师和山东纵队各部队乘势向日、伪军发起了声势浩大的攻势，一面截击、尾击撤退的日、伪军，一面袭扰留在根据地内的日、伪军，破坏交通，拔除据点，相继收复了蒋庄、朱满、大桥、马牧池、岸堤、河阳等村镇。与此同时，地方武装和游击队也积极袭击日、伪据点，破坏交通要道，开展反伪化、反抓丁、反抢掠、反搬往敌占区活动，并用搬空、藏空、躲空的“三空”办法对付日军的“三光”政策，有力地配合了八路军主力部队的反“扫荡”斗争。至28日，基本恢复了沂蒙山区根据地，历时50余天的反“扫荡”斗争胜利结束了。

在近两个月的反“扫荡”斗争中，第一一五师和山东纵队共歼灭日、伪军2200余人，攻克据点160余处，挫败了日军的“铁壁合围”，保存了有生力量。但抗日军民也付出了巨大代价，部队伤亡1400余人，群众被杀害和抓走1.3万余人，粮食被抢走160余万斤，根据地面积缩小1/2。

台儿庄大战纪念馆

台儿庄大战纪念馆位于山东省枣庄市台儿庄城区西南郊，是为了纪念台儿庄战役而建的设施。筹建于1992年10月12日，正式对外开放是在1993年4月8日。2006年起进行了改扩建，2008年4月8日对外开放。

纪念馆占地面积3.4万平方米，总建筑面积6000平方米。展览馆有3个展室，展厅面积1400平方米，馆内展出了千余件台儿庄大战时中日双方的资料和文物。书画馆内珍藏着将近千件书画作品，都是参战的将士和亲属，以及一些著名书画家与政界人士的书画。整个纪念馆将展览馆、书画馆和全景画馆巧妙地融合在了一起，肃穆而宏伟。

台儿庄大战纪念馆

馆前有38级台阶，寓意着中日台儿庄大战发生在1938年。白色天棚由24根立柱支撑，是中华民族顶天立地并永远屹立于世界民族之林的象征。纪念馆馆名的题写者，是著名书法家启功先生。主体建筑前，立有台儿庄大战纪念碑，由国防部原部长张爱萍将军题写碑名，由全国人大常委会原副委员长程思远撰文、著名书法家权希军书写的碑文：

台儿庄大捷是抗日战争初期中国军队继平型关大捷后的又一重大胜利。一九三八年春，日军板垣师团自胶济线南下直逼临沂，矶谷师团沿台枣支线挺进，欲速取台儿庄以图徐州，贯通津浦。坐镇徐州的第五战区司令长官李宗仁以孙连仲部防守台儿庄，以汤恩伯部在峄北附敌之背。日军凭借精良的武器装备疯狂进攻。我国将士同仇敌忾，不畏牺牲，浴血奋战。刘震东司令在莒县壮烈殉国，王铭章师长血洒滕县（今滕州市）。在台儿庄，日军一度占领城寨四分之三，孙连仲所部寸土必争，死力支撑，使我军完成对敌合围。四月六日，孙、汤各部发起攻击，将敌一举击溃。是役，历经月余，歼敌万余，击落日机两架，缴获战车五十余辆，大炮三十多门，枪支万余。创八年抗战之伟绩，扬中华民族之雄风。五十五年过去，爱国将士冲锋的呼喊犹在耳畔，惊魂夺魄的场面似在眼前。先烈精神不朽。萦怀于斯，勒石永志。

台儿庄大战纪念碑

纪念馆内的全景画馆，是我国唯一的以抗战为题材的大型全景画馆，呈十八边形，筒式建筑，高28米，直径43米，建筑面积为3100平方米。包括5个部分，由绘画、地面塑形、灯光、音响和解说组成，将历史与艺术融合在一起，重现了中国军队在台儿庄战役中英勇奋战并最终获胜的历史过程。同时用几场典型战斗场景，如北大门激战、清真寺争夺战、西北门争夺战等作为表现的重点。整个画面高为16.5米，周长为124米，画面首尾相连，呈圆周形，巨幅画面结合生动的地面塑形，再配上特殊的灯光和立体音响，营造

全景画馆藤县保卫战中的王铭章

出了浓烈的战斗气息。

台儿庄大战纪念馆是国家一级博物馆、全国重点文物保护单位、全国爱国主义教育示范基地、山东省爱国主义教育基地。

经党中央、国务院批准，国务院于2014年8月24日公布，台儿庄大战纪念馆被列入《第一批国家级抗战纪念设施、遗址名录》。

知识链接

台儿庄战役

1937年12月，日军侵占南京后，第十三师团北渡长江，进至安徽池河东岸的藕塘、明光一线；第二军从山东青城、济阳间南渡黄河，占领济南后，进至济宁、蒙阴、青岛一线。为打通津浦铁路，使南北战场连成一片，日军决定实行南北对进，首先攻占华东战略要地徐州，然后沿陇海铁路西取郑州，再沿平汉铁路南夺武汉。

徐州是津浦铁路和陇海铁路的枢纽，是山东、江苏、河南、安徽四省要冲，自古便是兵家必争之地。当时，中国军队控制着徐州，不仅北可威胁济南，南可进逼南京，而且把持了中国军事上的大动脉——陇海铁路。

1938年1月下旬，日军先后调集8个师团另3

个旅团、2个支队（相当于旅团）约24万人，分别由华中派遣军（1938年2月18日由华中方面军改编）司令官畑俊六和华北方面军司令官寺内寿一指挥，从南北两端沿津浦铁路向徐州进攻。

中国军队由第五战区司令长官李宗仁指挥，先后调集64个师另3个旅约60万人，以主力集中于徐州以北地区，抗击北线日军南犯，一部兵力部署于津浦铁路南段，阻止南线日军北进，以确保徐州。在南线，由于中国军队的英勇抵抗，南路日军始终未能渡过淮河，双方形成隔河对峙的局面。在北线，日军企图兵分两路南下：一路由板垣征四郎的第五师团沿胶济铁路西进，进逼鲁南要地临沂；一路由矶谷廉介的第十师团沿津浦路南下，攻占台儿庄，实现两路会师，进而攻占徐州。

2月下旬，日军东路第五师团从山东潍县（今潍坊市）南下，连陷沂水、莒县、日照，直扑临沂。中国守军第三军团第四十军等部节节抵抗。第五十九军奉命驰援，于3月12日到达临沂北郊的沂河西岸，协同第四十军实施反击。激战5昼夜，中国军队重创日军，迫其向莒县撤退。

西路第十师团长濑支队（相当于旅团）从济宁地区西渡运河，向嘉祥进攻，遭第三集团军顽强抵抗，进攻受挫。濑谷支队（相当于旅团）沿津浦铁路南进，于3月14日由邹县（今济宁市邹城区）以南的两下店进攻滕县（今滕州市）。守卫滕县的是川军第四十一军第一二二师。师长王铭章不愧是川军中的一名虎将，指挥全师与敌血战，死守城池，并致电军长孙震“决心死拼，以报国家”。苦战至17日，王铭章殉国，滕县失守。

20日，日军濑谷支队南进连陷临城（今薛城）、枣庄、韩庄后，不顾第五师团和第十师团长濑支队在其两侧进攻受阻，孤军深入，向台儿庄突进。

台儿庄位于徐州东北30千米的大运河北岸，津浦铁路台枣支线及台潍公路的交叉点上，扼守运河的咽喉，是徐州的门户。境内地势南北高，中间低，自西向东渐低呈倾斜状。西南部为东西绵亘近百里的低山丘陵，称为黄丘山套，雄峙苏鲁之间。山套里峰峦起伏，林密路隘，自古为藏龙卧虎之地。境内河网纵横，京杭大运河、伊家河，由微山湖东自西向东平行流贯区境，大沙河（古承水）、涛沟河分别于中、东部自北而南注入运河，水、陆交通便利。日军一旦攻占台儿庄，便可策应津浦路南线日军攻势，一举拿下徐州。李宗仁估计日军可能会孤军深入，便主动放弃峄县（今枣庄市峄城区）、枣庄，令第二集团军总司令孙连仲率部固守台儿庄，第二十军团军团长汤恩伯率部让开津浦铁路正面，转入兰陵及其西北云谷山区，诱敌深入，待机破敌。

23日，日军由枣庄南下，在台儿庄北侧的康庄、泥沟地区与中国守军警戒部队接战。24日，濑谷支队在航空火力支援下向台儿庄发动猛攻。先以飞机投弹、大炮轰击。2个小时内，小小的台儿庄便落下近万发炮弹，阵地、工事全部被摧毁。然后又以轻、重机枪作纵深射击，压制中国守军火力，掩护步兵冲锋。第三十一师九十二旅旅长、守城总指挥王冠五将指挥部设在战斗最激烈、距台儿庄北城门不足200米的清真寺内。中国守军沉着应战，待日军爬城及半时，机枪、步枪齐射，手榴弹齐扔。如此反复攻防，连日厮杀，双方伤亡惨重。巷战最激烈的时候，王冠五曾在一天里两三次被部属从炸塌的房屋中扒出来。

27日，日军不断增加兵力，配以坦克、重炮实施轰击，濑谷支队主力一部突入北门。第三十一师与敌展开拉锯战，寸土必争，伤亡甚重。为坚定守城信心，与敌人决一死战，王冠五下令炸断运河桥，破釜沉舟，并传令："士兵打完了，连、营、团长上，连、营、团长阵亡了，我就填上去，直至全体将士阵亡，决不后退一步！""台儿庄是全体将士的光荣所在，也是我军官兵的坟墓，虽所剩一兵一卒，也誓与阵地共存亡！"全体官兵齐心浴血奋战，临屋而战，一堵墙一间房地争夺。有时敌我仅一墙之隔，互相凿洞射击，就是墙上的一个枪眼，双方都奋力争夺。

正在徐州督战的蒋介石见台儿庄战事危急，电告李宗仁：若失阵地，将处分战区司令官及所有旅长以上军官。李宗仁一面下令死守台儿庄，一面急令第二十军团主力向台儿庄机动，拊敌侧背，与第二集团军形成夹击之势，并令第三集团军进至临城、枣庄以北，断敌退路。

日军为解台儿庄正面之危，于29日令第五师团坂本支队（相当于联队）从临沂驰援，进至兰陵北面的秋湖地区，即被第二十军团第五十二军卷击包围。

31日，中国军队将进入台儿庄之敌完全包围。4月3日发起全线反攻，攻入台儿庄，与敌展开街垒战。激战4天，于6日晚10时，歼灭日军濑谷支队大部、坂本支队一部共万余人。其余日军残部于7日向峄城、枣庄撤退。

台儿庄战役是中国军队取得的一次重大胜利，沉重打击了日军的嚣张气焰，遏制了日军侵华凶猛势头，粉碎了日军"三个月灭亡中国"的计划，极大地振奋了国人的抗日精神，鼓舞了全国军民坚持抗战的必胜信心。

铁道游击队纪念园

铁道游击队纪念园位于山东省枣庄市薛城区临山路东首，是为了纪念八路军第一一五师苏鲁支队所属的鲁南军区铁道大队而建立的设施。始建于1994年8月15日，1995年8月15日举行落成典礼。

纪念园占地面积约9万平方米，建有纪念碑、影视城、义和炭场、鸽子楼、正泰国际商行、碑廊等建筑物。站在纪念园的最高点，可以看到东面的枣庄新城和微山湖美景，还可以看到薛城美景和山间屹立的碑亭。

铁道游击队纪念园全景

铁道游击队纪念碑是纪念园里的主体建筑，占地2000平方米。1995年8月15日举行了揭牌仪式，郑惕、杨广立、刘金山等25位老铁道游击队员参加。纪念碑高33米，顶部是一尊铸铜人物塑像，形象是一位持枪冲杀的游击队战士。底座的正面刻有碑文，两侧是表现游击队奋勇杀敌场景的花岗岩浮雕。碑前及两侧的8级台阶代表的是8年全面抗日战争。碑身的正面造型是一个竖起的路轨，体现了游击队员们在铁路线上英勇作战的深刻含义；还有50根道木，寓意着世界反法西斯战争和中国人民抗日战争胜利50周年。碑身中央有8个金箔贴面大字，是由原国家主席杨尚昆亲题的“铁道游击队纪念碑”。

铁道游击队纪念碑

铁道游击队纪念馆为火车头造型，是纪念园的核心建筑，占地6700余平方米，总建筑面积1.15万平方米，展陈面积约6000平方米。由序厅、火车主题大厅和主题展览展厅等10个展区组成。纪念馆正门上方的“铁道游击队纪念馆”由迟浩田上将题写，两侧雕塑由国际著名雕塑家、中国美术馆馆长吴为山教授创作。火车主题大厅陈列着一辆民国时期老式蒸汽机车，长达54米，地面有铺满了碎石的铁轨、陈旧的枕木，让人们仿佛穿越到抗日战争时期的铁道线上。主题展览展厅分为6个部分，即“抗日烽火燃鲁南”“初露锋芒显身手”“铁道飞虎出奇兵”“凝聚力量同抗日”“沙沟受降载史册”“红色基因代代传”，全面展示铁道游击队在中国共产党领导下英勇不屈、浴血抗战的传奇历史。

铁道游击队纪念馆

纪念碑往东大约150米处，是“三雄墓”，墓主人分别是铁道游击队第二任大队长和副大队长刘金山、王志胜，第四任政委赵明伟，三座墓之间只有百米的距离。整个墓葬区植有很多绿树和鲜花，庄严肃穆。

刘金山烈士墓

为纪念中国人民抗日战争暨世界人民反法西斯战争胜利60周年，2005年建造了影视城，占地33万多平方米，分为3期建设，是红色旅游经典景区和全国最大的具有民国风格的影视拍摄基地。

义和炭场是一个情报站，1938年10月5日所建。情报站的站长由刘洪（原型之一是铁道游击队第一任大队长洪振海）担任，执行搜集情报，秘密发展抗日武装力量，夺取武器并支援部队的任务。对于日军在铁路沿线上的兵力部署、后勤供应和物质运输等情况，在炭场的掩护下，情报站总能掌握及时确切的消息。1940年1月26日，铁道游击队正式成立。然后一直活跃在津浦线上，执行各种杀敌任务，屡建功勋。

影视城

鸽子楼始建于1932年，处于老洋街南首的中心街口（现在百货大楼以北），是沿街的门面房，一共有两层，一层主要售卖日用百货，旁边的房子是大洋照相馆；二层是主人居住的地方，顶房养了很多鸽子，每到傍晚时分，鸽群便在这里盘旋，成为枣庄的一个标志性建筑，而这里也由于鸽子而得名。因为这里人流密集，是商业聚集中心，所以鸽子楼的东山墙很显眼，从来都是海报、寻人启事、各方面信息的张贴处。因此，但凡人们进城，都要去鸽子楼逛逛，不然就算不得进城。

鸽子楼

正泰国际商行源于日军在1939年1月在枣庄火车站南开设的“正泰洋行”，又被称作“枣庄国际公司”。洋行里设有大掌柜、二掌柜和三掌柜，根据史料记载，他们都是日本在侵华战争中的高级军官，只是由于伤残而退到了幕后，经营起洋行，其实是日军设于枣庄的特务机关，进行间谍活动。

正泰国际商行复原

碑廊在纪念碑的后方，碑文由郑惕、刘金山、王众青等老游击队领导，以及薄一波、徐向前、杨得志、迟浩田等重要领导人题写。

铁道游击队截军列、打洋行、扒火车、炸桥梁，让日伪军闻之色变，有效地巩固和扩展了鲁南抗日根据地。他们在战火纷飞的情势下，护送刘少奇、陈毅、罗荣桓、萧华等首长和千余名指战员，从华中、山东前往延安。在抗击日本侵略者上，铁道游击队一直处于最前线，创造了神奇的功绩，涌现出了一批具有传奇色彩的英雄，成为薛城历史上最绚丽的红色资源。

影视城合盛号当铺

铁道游击队纪念园是全国爱国主义教育示范基地、山东省爱国主义教育基地。

经党中央、国务院批准，国务院于2014年8月24日公布，铁道游击队纪念园被列入《第一批国家级抗战纪念设施、遗址名录》。

知识链接 铁道游击队

铁道游击队是抗日战争时期活跃在山东鲁南地区的一支抗日武装，隶属于八路军第一一五师苏鲁支队。他们依靠群众，开展游击战术，扒火车、炸铁路、除汉奸，灵活机动地打击日本侵略者，并成功地护送过刘少奇、陈毅、罗荣桓、萧华、叶飞等高级领导干部穿越津浦铁路，顺利通过敌占区。

铁道游击队自1938年夏由洪振海、王志胜建立的抗日情报站的基础上发展而来，一开始被称作“枣庄铁道队”，后来正式建队后，被称作“鲁南铁道队”，后与临城（今枣庄市薛城区）南北两支铁道队合编，这就是鲁西铁道大队，被称作“鲁南军区铁道大队”，还有一个响亮的别称“飞虎队”。

铁道游击队第一任大队长洪振海

铁道游击队是以抱犊崮山区抗日根据地为基础，依托枣庄人民，以临城为中心建立的。主要活跃在津浦铁路支线临（城）枣（庄）段、枣（庄）台（儿庄）段，津浦铁路干线的韩（庄）兖（州）段、兖（州）徐（州）段以及运河两岸和微山湖区。铁道游击队将临城作为据点，因为这里是临枣和津浦铁路的连接处，也是日军防守的主要阵地。铁道游击队在铁道线上、微山湖中，打响了与日军战斗的游击战争。

铁道游击队在铁道沿线上进行了多次战斗。1940年8月下旬的一天夜晚，洪振海、王志胜带队袭击正泰国际商行，仅用三四分钟的时间，战斗便结束了。1941年5月，铁道游击队又一次袭击日军洋行，击毙日军谍报队员13人。1940年10月，铁道大队在一辆从青岛开往临城的货车上，截获了一批药品，并及时运往了鲁南军区。1941年6月，铁道大队袭击日军的押款车并缴获8万多法币。8月，铁道大队对津浦铁路韩庄段进行了破坏，使日本运兵军列脱轨。9月，将峄县（今枣庄市峄城区）至临城铁轨拆除了1.5千米，并砍断了百余根电线杆，切断了日军的通信和交通。11月初，铁道大队联合运河支队、滕沛大队、微湖大队、边联支队，缴获一大批物资，为鲁南军区抗日武装解决过冬的困境。皖南事变后，铁道游击队成功开辟的秘密交通线，可以由华中盐城地区北上经山东南部西去延安。在1942年至1944年，铁道游击队先后安全护送千余名干部往返延安。

鲁南铁道大队炸毁的日军火车

1945年8月，日本天皇宣布投降后，在峄县和临城一带驻扎的日军，却拒绝向铁道游击队投降。但当乘坐的铁甲专列走到沙沟站附近时，才发现前后的铁路都被毁掉了，1000多个日军携带8挺重机枪、130多挺轻机枪和2门山炮等轻重武器，向不足百人的铁道游击队投降，为中外军事受降中十分罕见的一幕。12月底，铁道大队经过整编后，只留两个连队隶属于鲁南铁路，其余的百余人则被编入鲁南军区特务团。大队长和副大队长分别调任鲁南铁路局副局长、鲁南铁路局办公室主任。

滕州市烈士陵园

滕州市烈士陵园位于山东省滕州市大坞镇仁山村，主要为了纪念抗日战争时期滕州籍以及牺牲在滕州的烈士而修建的设施。始建于1962年，原位于滕州市市区东北部京福高速公路西侧，距市区1千米，原名滕县烈士陵园。1985年改为现名。2006年改建，迁至现址。2008年对外开放。

陵园占地面积近42万平方米，建筑面积1.14万平方米。主要建有鲁南人民抗日武装起义纪念馆、鲁南人民抗日武装起义纪念碑、著名烈士纪念碑亭、英烈园、国防科技教育城及大型兵器陈列广场等纪念设施。

陵园大门为牌坊式建筑，三门四柱，灰白花岗岩砌成，门楣横刻“滕州市烈士陵园”7个金色大字。

鲁南人民抗日武装起义纪念馆正对大门，建筑面积4200平方米，主要由序厅、党建厅、抗战厅、解放厅、滕州辉煌之旅、缅怀厅等组成。序厅重点展示为民族独立和民族解放做出突出贡献的王铭章和王麓水两位师长的丰功伟绩。中央有一组大型高浮群雕，寓意抗日军民在艰难困苦中

滕州市烈士陵园

奋勇向前的大无畏精神，体现民族团结和保家卫国的英雄气概。浮雕两侧悬挂国共两党领导人给王铭章、王麓水两位师长的挽词，其中毛泽东为王铭章师长题写的挽词是：“奋战守孤城，视死如归，是革命军人本色；决心歼强敌，以身殉国，为中华民族争光。”

鲁南人民抗日武装起义纪念馆

党建厅主要展示中国共产党的创立及中共滕县（今滕州市）地方组织建立的情况。抗战厅展示内容主要分为3个部分：一是鲁南人民抗日武装起义；二是中共滕县县委的建立、演变及斗争；三是滕县保卫战。解放厅主要展示滕县人民在党的领导下，积极配合山东部队保卫抗战胜利果实，阻击国民党军向解放区进攻，发起津浦路战役并获得胜利，滕县城解放后进行政权建设和开展反奸诉苦、土地改革、参军参战、支援前线等运动的史实。

鲁南人民抗日武装起义纪念馆内景

馆内建有“滕县保卫战”“铁道游击队”“解放滕县城”等大型多媒体主题情景剧场，馆藏文物120件，其中国家级文物33件。

鲁南人民抗日武装起义纪念碑位于纪念馆后方，碑高38米，象征1938年鲁南人民在党的领导下，打响抗击日寇、保家卫国的第一枪。纪念碑两侧分别有王铭章、王麓水、马立训、洪振海、陈金合等12位著名烈士的纪念碑亭。

英烈园位于纪念碑北，占地面积3000平方

鲁南人民抗日武装起义纪念碑

米，滕州市散葬烈士墓均集中于此，设有名烈士墓区和无名烈士墓区，共安葬烈士790名。每座有名烈士墓前安置一块将军红大理石卧碑，按姓氏笔画排列，呈梯田状依山势而建。

无名烈士墓区

国防科技教育城由载人航天工程模拟演示厅、武器装备厅、航天科技厅、放映厅、将军业绩厅等组成。各展厅以互动及虚拟现实等高科技手段展示航天科技与未来，以实物及仿真和模拟体验技术重点展示我国陆、海、空武器装备的发展历程，以及航天事业取得的辉煌成就。

大型兵器陈列广场主要展陈有轰-5型飞机、火炮、东风1号近程地对地战略导弹、歼-6型战斗机、歼教-5型飞机、地空防空红2导弹、东风

国防科技教育城

21中程弹道导弹等。

滕州市烈士陵园是国家级烈士纪念设施、全国科普教育基地。

经党中央、国务院批准，国务院于2014年8月24日公布，滕州市烈士陵园被列入《第一批国家级抗战纪念设施、遗址名录》。

知识链接

鲁南起义

1937年10月初，日军沿津浦铁路南侵山东，国民党山东省政府主席兼第五战区副司令长官韩复榘所属地方官吏和部队，稍作抵抗即仓皇南逃，大部溃败至陇海铁路附近，一部分投靠日军当了汉奸。

10月中旬，中共山东省委书记黎玉等根据中共中央及中共中央北方局的指示，在济南召开省委紧急会议，决定组织领导全省各地人民举行武装起义，并制定了分区实施计划。在此前后，省委派出从中共中央、中共中央北方局来的一批干部（内有红军干部数十名）和本省一批干部，分赴各地恢复和建立党组织，组织抗日武装和发动抗日武装起义。至1938年初，先后在冀鲁边，鲁西北，胶东天福山，长山县（今并入邹平市）黑铁山，鲁东牛头镇、蔡家栏子、瓦城，鲁中徂徕山，泰西，鲁东南等地成功发动了一系列武装起义，组建抗日武装。3月，日军进逼徐州。中共苏鲁豫皖边区特委书记郭子化领导沛县、滕县（今滕州市）、峄县（今枣庄市峄城区）等地的党组织，分别发动武装起义，在鲁南地区迅速燃起抗战烽火。

5月下旬，三支起义武装在枣庄以北的凤凰山、南塘一带会合，编为“苏鲁人民抗日义勇总队”（后改称“苏鲁人民抗日义勇队第一总队”），张光中任总队长，何一萍任政治委员。此后，中

共临沂县（今临沂市）组织成立的“临郯青年抗日义勇队第一总队”和中共费县组织掌握的费县南部大炉一带的民团，也编入第一总队。第一总队迅速发展至近千人，大力开展抗日游击战争。为配合国民党友军正面战场作战，多次在临（城）枣（庄）公路上伏击日军辎重部队，破坏津浦铁路临城（今枣庄市薛城区）至滕县段的日军交通运输，沉重地打击了日军和汉奸，初步创建了鲁南抗日根据地。

淄博市革命烈士陵园

淄博市革命烈士陵园位于山东省淄博市周村区南郊镇大埠山，是为了纪念新民主主义革命时期牺牲在淄博的烈士而修建的设施，特别是以“一马三司令”为代表的抗日战争时期牺牲的烈士。始建于1948年，原名周村革命烈士陵园，位于周村城区中心，1999年迁至现址，2000年3月更名为淄博市革命烈士陵园。

淄博市革命烈士陵园坐南朝北，占地面积7.3万平方米。主要建有大门、铸铜雕塑、革命烈士事迹纪念馆、烈士墓区、革命烈士纪念碑和碑亭

淄博市革命烈士陵园大门

等纪念设施。

陵园布局以“大门—纪念馆—纪念碑”为中轴线，左右对称。大门宽25米、高8米，向外呈环抱之势，门额上刻有著名书法家王一川题写的“烈士陵园”4个金色大字。正门有3个门洞，侧门左右各4个门洞，正门中间门洞两侧方柱内外两面饰有日、月、山、河4幅陶瓷浮雕，寓意革命先烈与日月同辉、与山河同在。

铸铜雕塑立于游园广场中央，高6.2米，底座上刻有“为了明天”。雕塑为一个解放军战士身挎长枪、肩托幼童、脚踏日本国旗和国民党帽子的形象，表达革命先烈为人民打天下、为后人谋幸福的主题。广场建有“十大功劳园”“桃花园”“玉兰园”“梅园”“吉祥园”“牡丹园”等多个绿化园地。

《为了明天》铸铜雕塑

拾级而上，可以看到一个纪念广场，面积3万多平方米。广场分三层，在大埠山山腰间平整展开。二层广场的两侧，分别建有两座碑亭，一个是“浩气长存”碑亭，一个是“南疆烈士”碑亭。

碑的背面，共刻有329位烈士英名。

三层广场上，有革命烈士事迹纪念馆。布展内容以时间为序、以事件和人物为主要内容，采用图文结合的形式，再现淄博革命史场景。

革命烈士事迹纪念馆

被誉为“一马三司令”的鲁中著名抗日民族英雄马耀南、马晓云和马天民烈士的墓地位于纪念馆外中央台阶东侧。墓穴均用白色大理石建成，上面刻有五星和花环。墓南侧分别立有墓碑，上面镶嵌烈士生前照片；墓东侧太湖石上镌刻徐向前题词：“马耀南、马晓云、马天民烈士永垂不朽。”中央台阶两侧建有反映抗日战争、解放战争的陶瓷壁画。台阶西侧依次是迟浩田、聂凤智等领导人为解放周村所作题词。

徐向前为马耀南、马晓云和马天民烈士题词碑

纪念馆后为烈士墓区，安葬烈士756名。通往纪念碑的台阶两侧，茵茵绿草中，有450座黑色大理石烈士卧碑。

革命烈士纪念碑位于山顶，与纪念馆之间有108级台阶。纪念碑形似三把利剑耸立于山巅，寓意抗日战争、解放战争、和平建设三个时期。碑高19.99米，寓意建于1999年；碑正面红色大理石上刻有毛泽东手书“革命烈士永垂不朽”；碑身两侧分别刻有碑文；碑下部为三层大小不一的底座，象征已被推翻的压在人民头上的三座大山；碑周围有三条断开的锁链，象征中国人民在中国共产党的领导下英勇斗争而挣脱苦难。

革命烈士纪念碑与烈士墓区

陵园的西侧，从15米的绿化带通过，则是安葬着900多位在淄博做出突出贡献的革命老干部的功德园。

淄博市革命烈士陵园是国家级烈士纪念设施、淄博市爱国主义教育基地。

经党中央、国务院批准，国务院于2015年8月13日公布，淄博市革命烈士陵园被列入《第二批国家级抗战纪念设施、遗址名录》。

知识链接

一马三司令

“一马三司令”是对鲁中著名抗日英雄马耀南、马晓云、马天民三兄弟的尊称。他们出身于山东省长山县（今淄博市周村区）的名门望族，全民族抗战爆发后变卖家产参加抗日。大哥马耀南曾任八路军山东纵队第三支队司令员，二弟马晓云曾任渤海军区第六军分区副司令员，三弟马天民曾任山东人民抗日救国军第五军第一支队司令。兄弟三人投身抗日斗争，率部在鲁北地区开展游击战，屡败日寇，威震敌胆，先后牺牲于抗日战场，其事迹被民谣传颂：“一马三司令，得了抗日病，专打日本鬼，保护老百姓。”

马耀南，字楚华，生于1902年。自幼聪颖好学，毕业于山东省立第一中学。1924年考入天津北洋大学机械工程系。九一八事变后，积极投身抗日救亡运动。任长山中学校长期间，建立“教学研究会”，开办“民众夜校”，培养了大批抗日骨干。1937年12月，与共产党员姚仲明、廖容标合作，组织黑铁山起义，成立山东人民抗日救国军第五军（后改编为八路军第三支队），任司令员。1939年7月在桓台县牛王庄突围时牺牲。2014年入选首批300名著名抗日英烈和英雄群体名录。马晓云，生于1906年。早年参加东北军，1938年组建抗日武装，后任八路军团长、渤海军区副司令员。1944年8月在青城王家庄战斗中牺牲。马天民，生于1910年。1937年参加抗日，曾任支队司令、独立营营长，擅长游击战。1939年10月因叛徒出卖牺牲于长山县。

“一马三司令”是中国共产党领导下全民族抗战的缩影，展现了知识分子与民众联合抗日的典范，其事迹至今在齐鲁大地传颂。由中央广播电视总台、中国人民解放军八一电影制片厂等单位联合出品的电视剧《一马三司令》，以艺术形式再现马耀南三兄弟的革命历程和英雄事迹，2019年在中央广播电视总台电视剧频道播出。

八路军抱犊崮抗日纪念园

八路军抱犊崮抗日纪念园位于山东省枣庄市山亭区北庄镇双山涧村，是为了纪念八路军第一一五师在抱犊崮的战斗历程而建立的设施。纪念园建设项目于2011年立项，规划占地面积2万平方米，分两期建设，2013年9月正式开工建设，2014年8月1日开园。

抱犊崮抗日纪念园建筑面积约6000平方米。一期工程建有7个历史展馆和6个功能性场馆。

八路军抱犊崮抗日纪念园入口

7个历史展馆包括八路军第一一五师纪念馆、第一一五师政治部、第一一五师司令部、王麓水纪念馆、鲁南区党委、鲁南行署、鲁南军区，展示了八路军第一一五师在鲁南的光辉历史，以及鲁南军民的抗日革命历史，对八路军在鲁南地区与群众鱼水一家亲，军民团结抗日并取得最终胜利的伟大功绩进行了重点介绍。

八路军第一一五师司令部旧址内景

6个功能性场馆分别是抱犊崮剧社、八路军抗日夜校、八路军被服厂、枪械所、八路军食堂、八路军军粮作坊。将石碾、石磨等石器和粮囤、鏊子、农耕用品等鲁南民俗文化元素有机融入景点，将抗战历史和民俗文化一一呈现出来。园区还根据地形和山势巧妙地引入了山泉，形成了自然的泉石景观。还建设了1处哨所（碉堡）、10余个大小亭子、3组雕塑以及一些配套服务设施。

抱犊崮抗日纪念园陈士榘、陈光、罗荣桓、彭畏三雕像

二期工程主要建成八路军抱犊崮抗日纪念广场、抱犊崮抗日根据地纪念碑和主题纪念馆，另有练兵场、打靶场、跑马场等。抱犊崮抗日根据地纪念碑位于纪念广场中间，高19.39米，寓意第一一五师于1939年进驻抱犊崮山区。碑身设计为两把钢枪靠在一起，既是一个“八”字，又是一个“人”字，寓意八路军第一一五师扎根抱犊崮山区，与鲁南人民共同抗战。碑身中间正面镶嵌“八路军抱犊崮抗日纪念碑”，背面镶嵌“人民英雄永垂不朽”红色大字，碑身顶端有红色五星，寓意八路军和鲁南人民的革命精神永远照耀在抱犊崮山区。

抱犊崮抗日纪念广场和纪念碑

八路军抱犊崮抗日纪念园是山东省爱国主义教育基地。

经党中央、国务院批准，国务院于2015年8月13日公布，八路军抱犊崮抗日纪念园被列入《第二批国家级抗战纪念设施、遗址名录》。

知识链接 鲁南区1940年春季反“扫荡”

鲁南，即山东省南部，指位于津浦铁路以东、沂河以西，滋（阳，今兖州）临（沂）公路以南、陇海铁路以北的广大地区，主要包括临沂、费县、滕县（今滕州市）、邹县（今邹城市）、峄县（今枣庄市峄城区）、郯城等县。境内群山连绵，溪流纵横，四季风光，绚丽多彩。令人称奇的是，山峰生得古怪，四周陡峭，形同圆柱，当地人称之为崮。这里地势险峻，崮崮相连，据说有七十二崮，抱犊崮便是其中之一。和许多崮一样，它的顶端平坦，可以种田，然而爬上去却很不容易。人们顺着开凿出来的石窝攀登而上，但耕牛赶不上去。传说古时候有个老汉抱了一头小牛犊上去，喂大后用以耕地，抱犊崮由此得名。峄县、临沂、费县、滕县之间的山区，也因之称为抱犊崮山区。

全民族抗战爆发之初，鲁南地区形势复杂，除国民党军溃散部队外，遍布着众多的地方主武装，人数少则三五十，多则成百上千，但无论多少，头目都称司令，据说也有72个之多。他们都接受了国民党政府的委任状，但有的又明里暗里同日、伪军相互勾结。中共苏鲁豫皖边区特委在鲁南地区先后发动多次起义，建立抗日武装。1938年夏，中共领导的苏鲁人民抗日义勇队第一总队已超过千人，鲁南人民抗日自卫团、鲁南民众抗敌自卫军、临郯费峄边联庄会武装、临郯青年救国团抗日义勇队等也各有数百人不等。在八路军山东纵队和鲁南人民抗日武装的共同努力下，至1939年春，以抱犊崮山区东部、东南部为基本活动区的抗日根据地初步形成，为扩大和巩固鲁南抗日根据地创造了有利条件。

随着八路军第一一五师主力挺进山东，冀鲁边、鲁西北、清河、胶东、鲁中、鲁西、鲁南、湖西等抗日根据地得到迅速发展。1939年6月21日，毛泽东电示八路军总部："将一一五师师部、六八六团及萧华纵队一部开赴津浦路东、胶济路南之山区，以巩固鲁南根据地。"据此，第一一五师政治委员罗荣桓提出以抱犊崮山区为中心，向北向西北连接大块山区，向南向东南发展大片平原的战略构想。

9月初，第六八六团由鲁西进抵鲁南抱犊崮山区。但除少数开明地主外，这里的地主武装或因不了解八路军而心存疑虑，或因立场反动而采取敌视态度，关闭寨门，既不让八路军进村，也不准老百姓同八路军来往。通过深入宣传党的抗日救国政策，广泛发动群众，发展抗日武装，建立抗日民主政权，积极打击日、伪、顽军及反动地主武装，至当年底，抱犊崮抗日根据地已扩展到东南至郯码、东至苍山、西至滕邹边、北至梁邱一带，鲁南抗日根据地初步形成。此时，第一一五师代理师长陈光、政治委员罗荣桓也先后来到费县大炉（今属苍山县）。

1940年初，第一一五师取得白彦战斗的胜利，进一步扩大了鲁南抗日根据地，为向北面的天宝山区发展扫清了道路，同时也极大地威慑着日军津浦、陇海铁路的安全。4月14日，日军第十二军纠集第三十二、第二十一师团和独立混成第六、第十旅团各一部及部分伪军共8000余人，分别从邹县、滕县、枣庄、峄县、临沂、费县等据点出动，向抱犊崮山区进行春季"扫荡"。

此次大规模的"扫荡"，各路日、伪军互相策应，从根据地边缘开始，首先"扫荡"费县以南的崮口和滕县以东的山亭等根据地边缘区，采取逐层修建据点、步步为营的战术，向腹心地区推进，企图乘青纱帐起之前，一举消灭第一一五师主力，摧毁鲁南抗日根据地。

针对日军企图和"扫荡"特点，陈光、罗荣桓决定采取内线与外线相结合的方针进行反"扫荡”作战。师部率特务团和边联支队，在地方武装的配合下坚持内线作战，掩护主力转移至外线作战；第六八六团和山东纵队第六支队第七团活动于费县西北，教导大队、东进支队、苏鲁支队分别转移至崮口山区、郯码地区、滕（县）费（县）边地区，峄县支队和运河支队活动于峄县以西地区。至20日，教导大队等部数次摆脱合击，使日军扑空。苏鲁支队一部在大炉以南的王庄、薄石板一带阻击近千名日军的进攻，掩护师部安全转移后转到外线。

21日起，日、伪军向抱犊崮山区中心推进。为缩小目标、便于机动，留在内线坚持作战的师司令部、政治部和鲁南区党委都分散活动，在抱犊崮山区东麓的大炉、车辋、埠阳一带灵活穿插，与日、伪军周旋，使其疲于奔命，并在大炉以西的宗光峪、滕县东部的核桃峪、车辋以西的潘庄等地主动出击，牵制敌人。

当时，罗荣桓率领师政治部机关与敌进行“捉迷藏”，身边只有第三连的百余名战士，多次避开日、伪军的合击，也曾数度遇险。

一天拂晓，哨兵突然发现北面有敌情。这时，第三连去执行任务了，保卫罗荣桓和政治部机关的只剩下一个警卫排和一个班。罗荣桓果断命令一个班掩护政治部机关向南转移，自己率另外三个班爬上村旁的山头，监视敌人行动。

这时，东北角和西北角也都发现敌人，但正面被山挡着看不清楚。突然间，罗荣桓发现山下有几匹无人看守的洋马，便对警卫班长罗贵明说：“你们派几个人下去看看，把洋马牵来。”警卫班的战士绕到山下一看，原来敌人的大队人马都隐蔽在山沟里。他们急忙回来报告。罗荣桓听后不慌不忙地说：“不要着急，山下的敌人还没有发现我们，再等一等。”这个判断非常准确，正面山下的敌人虽近在咫尺，却没有发现八路军。两翼的敌人虽直线距离很近，但因山路崎岖，一时也过不来。

罗荣桓举起望远镜，沉着地观察着。当他预计政治部已转移到安全地带，敌人相距已不到200米时，才下令转移。

与此同时，转入外线作战的部队不断伏击、袭击日、伪军。教导大队在崮口同日、伪军500余人激战，毙伤其一部。第六八六团一部在费县西北流峪和常庄地区（今属平邑县），击退日、伪军800余人的进攻，接着又在陈家庄、辄沟一带毙俘日、伪军400余人；第六八六团另一部袭击了赵家楼，歼日、伪军120余人。苏鲁支队在滕费边界地区伏击日军400余人，毙伤其100余人；随后从山亭东南横岭、磨泉突破日军800余人的包围，安全转移。峄县支队和运河支队在峄县西南褚楼、罗庄与日军3000余人展开激战，击毙日军300余人。东进支队多次击退企图占领郯城东部马头、重坊的日军。山东纵队第六支队第七团在费县西北仲村、岳家村（今属平邑县）一带不断袭击日军据点。

在鲁南抗日军民的打击下，日军不得不于4月30日开始收缩兵力，至5月5日全部撤回据点，结束“扫荡”。

此次反“扫荡”作战，八路军第一一五师主力部队和地方武装进行大小战斗30多次，共毙伤俘日、伪军2000余人，重创配合日、伪军“扫荡”的国民党鲁苏战区新编第三十六师刘桂堂部，保卫了以抱犊崮山区为中心的鲁南抗日根据地。

梁山歼灭战遗址纪念园

梁山歼灭战遗址纪念园位于山东省济宁市梁山县水泊街道独山村，是为了纪念梁山歼灭战而修建的设施。1939年，八路军第一一五师对日军发动的梁山歼灭战就发生在这里。此战的胜利对日军是一个沉重的打击，加大了我军在鲁西地区的政治影响，振奋了广大群众的抗日士气，也坚定了他们抗战必胜的信念。

梁山歼灭战遗址纪念园

梁山歼灭战遗址纪念园由两部分组成，分别是1955年修建的梁山革命烈士陵园、2012年修建的梁山歼灭战纪念馆。至今经过了多次修缮与扩建。

梁山革命烈士陵园占地约2.7万平方米，位于青龙山南麓，分为瞻仰区、烈士墓区、绿化区3个部分，建有革命烈士纪念塔，革命烈士纪念馆，梁山战斗纪念碑，周海斌、赵云德红军烈士碑，晋冀鲁豫边区参议员杨静斋烈士碑，张秋县殉难烈士纪念碑等。园内安葬了为国捐躯的革命烈士816人，其中有名烈士374人，无名烈士396人，较著名的革命烈士有杨静斋、田子珍、杜跃华、赵云德等。

革命烈士纪念塔是陵园的中心建筑，总高

烈士墓区局部

25.5米，塔顶上镶嵌着直径为0.9米的红五角星；塔的正面竖书“革命烈士纪念碑”镏金大字；东面有中共梁山县委的题词“白骨换来胜利果，鲜血育成自由花”；西面是梁山县人民政府的题词“革命烈士的英灵永远活在人民心中”；背面是梁山县兵役局的题词“为人民的解放事业而奋斗的精神永垂不朽”。塔座对联“梁山石畔借书革命事例；人民心里永念烈士遗风”。纪念塔周围是烈士

革命烈士纪念塔

墓区。

革命烈士纪念馆位于陵园北端的最高处，建筑面积560平方米，为七间五廊两耳房的现代建筑。门联“丹心映山河；青史昭日月”，横批“大烈千秋”。馆内正中间陈列的是梁山县1289名烈士英名录，东西两侧是两幅大型油画，四周是发生在梁山境内的著名战斗画展和著名烈士的生平事迹画展，并陈列着革命烈士的遗像、遗物等。

革命烈士纪念馆

梁山战斗纪念碑位于革命烈士纪念塔西侧30米处，由花岗岩、大青石构筑而成。正四棱柱形，碑高6.7米、占地20平方米，正面镌刻着“梁山战斗纪念碑”镏金大字；背面碑文记述了梁山战斗的经过；东西两侧刻有欧阳文、戴润生、阎学增、段君毅等20余位领导同志的题词。

晋冀鲁豫边区参议员杨静斋烈士碑位于纪念塔东侧30米处，青石结构，高6.3米，是1946年晋冀鲁豫边区政府、边区临时参政会和南旺、昆山、汶上、东平等5县群众为纪念著名抗日英雄杨静斋烈士而立。正面徐达本题“名馨湖山”行草大字；背面记载有杨静斋烈士的主要功绩；两侧雕刻有杨勇、宋任穷、段君毅、万里等领导人

梁山战斗纪念碑

题写的挽词。杨勇题写“继先烈遗志奋战不息”；万里题词“纪念杨老先生忠实作人民的卫兵”。

张秋县殉难烈士纪念碑位于纪念馆西南50米处，1945年4月原张秋县抗日人民政府为纪念抗战中死难烈士而立，原立于银山公社的石庙村，建陵园时迁来。碑身为正八棱柱形，高6米，圆顶、大青石结构。碑身正面刻有“张秋县殉难烈士纪念碑”。周围刻有“你们的死重于泰山、为人民捐躯英灵荟萃”等各界代表题词；背面有宋任穷、杨勇、王宏坤题词：“你们的热血，换取群众的解放；你们的精神，永远活在群众的心中。”

梁山歼灭战纪念馆占地约7500平方米，包括半包围的主体场馆、中央标志塔两部分。标志塔是整个纪念馆的核心，高25米，内部可分为两层，底层作为纪念馆的特殊展厅，上面是通高的展厅，螺旋楼梯盘旋而上，在楼梯平台有突出的

晋冀鲁豫边区参议员杨静斋烈士碑

岛式平台，可以驻留观看内壁设置的展品。这座标志塔采用强调竖直方向的构件围绕圆形塔楼的方式构成，既厚重庄严又带有力量和动感张力。竖向构件的形态象征着战士们用来保卫国家和人民的武器——长枪，它们同时也是为国捐躯的将士们的化身，它们围成一圈，紧紧团结在一起抵御外敌。

环绕标志塔的围廊部分是纪念馆的常规展厅，以图文形式展出纪念梁山抗日歼灭战的各种资料。常规展厅两端是出入口，面向标志塔的一面墙壁有汉白玉浮雕，浮雕和标志塔之间用6米宽的水池隔开。围廊建筑以低矮的姿态衬托标志塔，同时围合出纪念广场，是一个可以举行各种爱国主义教育的场所，也是一个可以纪念来之不易的胜利和缅怀革命先烈的场所。

梁山歼灭战遗址纪念园是山东省爱国主义教育基地。

经党中央、国务院批准，国务院于2015年8月13日公布，梁山歼灭战遗址纪念园被列入《第二批国家级抗战纪念设施、遗址名录》。

梁山歼灭战纪念馆

知识链接

梁山战斗

地处鲁西南的梁山，位于运河以西、黄河南岸，古时曾多次被溃堤的黄河水所包围，汪洋数百里，故称水泊梁山，因小说《水浒》描写过一百单八将在此聚义的故事而闻名于世，至今仍留有聚义厅、黑风口、宋江马道、断金亭等地名。金代以后，由于河徙水退，梁山四周逐渐干涸变为平地。梁山虽名为山，其实并不高，充其量不过是平地上隆起的几个百余米高的小山包而已。正所谓“山不在高，有仙则名”，抗日战争时期八路军在此上演了一出有声有色的战争活剧。

1939年3月樊坝战斗后，八路军第一一五师第六八六团团长兼政治委员杨勇奉命率该团第三营、教导队和师直2个连等部，在鲁西地区开辟抗日根据地。

鲁西，指津浦铁路以西、济（宁）菏（泽）公路以北地区。黄河贯穿其间，将鲁西分为南北两区。黄河以南以运河为界又分为运（河）西、泰（山）西两部分，黄河以北则划分为鲁西北、运（河）东南两部分。八路军挺进鲁西后，短短数月间，这一地区的抗日力量就得到蓬勃发展，使驻山东日军大为恐慌。

7月上旬，鲁西八路军采用以连为单位，分散打游击的方式，粉碎了日军第十二军及华北方面军直辖兵团对鲁西抗日根据地的“扫荡”。随后，在梁山西北的黑虎庙正式建立八路军第一一五师独立旅，杨勇任旅长兼政治委员，何德全任参谋长，欧阳文任政治部主任，下辖3个团。

月底，日军抽调第三十二师团1个大队及伪军一部共400余人，在大队长长田敏江少佐的带领下，由滋阳（今兖州）进至汶上。别看这个长田敏江官不算大，军衔也不高，但据说是日本天皇的亲戚，来华之前还受过天皇的召见。因名列皇亲国戚的缘故，特别骄横。这次，长田少佐领受了护送炮兵野尻小队连同野炮2门、重炮1门到另一支部队去的任务。

8月1日，这股日、伪军携带3门炮从汶上城出发，经靳口西渡运河，进抵梁山地区。此时，第一一五师代师长陈光、政治委员罗荣桓正率师指挥所、师直特务营和骑兵连等部，在梁山地区活动。

接到敌情通报后，陈光、罗荣桓经认真分析得出判断：这股敌人是孤军深入，既无后续部队，也无策应掩护。梁山周围并没有敌人的据点，稍远一点的东平、济宁、郓城、阳谷等地，敌人都没有增兵。我方兵力虽然只有师部4个连，但青纱帐已起，便于隐蔽活动。加之杨勇的独立旅就在梁山以南不过30里的地方，随时可前来增援。而敌人并不知我方虚实，我们的攻击可以做到出其不意，只要动作迅猛果敢，全歼这股敌人是完全可能的。

随后，陈光、罗荣桓登上梁山南坡的半山腰，勘察地形。只见东南方向茫茫一片高粱和玉米，一直伸展到天边。从汶上过来的大路由高粱、玉米丛中穿过，路两旁高高的青纱帐正是伏击敌人的绝好地方。西南方向一里开外的原野上，耸立着一座孤零零的小山包，名叫独山，像一头卧地的黄牛，既不高也不陡，却是这一带的制高点。在独山周围散布着若干民房，是个被称作独山庄的小村子。村南面紧靠大路有个车马店和作坊，还有几座石灰窑。

看过地形后，陈光、罗荣桓下定战斗决心，命令师特务营3个连和骑兵连前往阻击、滞缓、疲惫敌军；独立旅第一团第三营（欠第九连）火速赶至独山庄以南地区设伏，争取歼灭来敌一部或全部；独立旅第一团主力负责警戒汶上可能来援之敌。

部署完毕后，师部由梁山宋江寨以北的前集转移至后集的天帝庙。这时，独立旅政治主任欧阳文奉命赶来，负责战场的勤务工作。在师前沿指挥所里，他见到了手摇大蒲扇、正津津有味地阅读《水浒》的罗荣桓，不免有些惊讶。欧阳文一面询问敌情及师首长的决心，一面不时瞥一眼罗荣桓手中的《水浒》。罗荣桓晃动着手中的书，笑着说：“在梁山脚下看《水浒》，打鬼子，多有意思啊！”欧阳文恍然大悟，也感到这个历史巧合真的有意思。不过，在赵宋年间，梁山的英雄好汉打击的是官军，而八路军今天要消灭的却是穷凶极恶的日寇。

2日上午，长田少佐神气十足地率部，按伪军打头，接着是日军，步兵、骑兵、炮兵的顺序进抵王府集。骑兵连突然给予袭扰，随即后撤，节节阻击，中午时分将敌诱至梁山南麓前集庄附近。埋伏在庄里庄外的特务营2个连猛烈开火，歼敌一部。日、伪军见势不妙，遂向西北方向突围，窜至马振杨村时，又遭到特务营1个连的袭击。结果，步兵堵住炮兵，骑兵又冲散了步兵，一下子伤亡40多人，伪军也全部被打散。下午，日、伪军退守梁山西南麓的独山庄及独山高地。

此时，担任主攻任务的独立旅第一团第三营在团长周海斌、政治委员戴润生的率领下，经10千米的急行军，从汶上蔡林集赶到独山脚下。该营是一支有着光荣传统和优良战斗作风的部队，前身为红一方面军第三军团的主力团。班长以上干部和多名战士大都经历过长征的考验，全民族抗战爆发后，又经历了平型关战役、广阳伏击战、午城井沟战斗的锻炼。1938年底，第三营随第六八六团开赴山东途经晋东南抗日根据地时，曾接受朱德总司令和彭德怀副总司令的检阅，被朱德誉为“干部团”。

根据当前敌情，第三营迅速制定作战方案：第十连担任主攻，由南面向独山庄发起攻击；第十一连配备2挺重机枪，由北面攻击独山，在攻占制高点后，主力由东向西配合第十连向敌进攻；第十二连由西面攻击，在攻占庄西独立土墙院后，沿山脚配合第十连向敌纵深发展；重机枪连为营预备队，跟随营指挥所在第十连后面行动。周海斌、戴润生还特意交代在全歼敌人的同时，务必要把大炮夺到手。

天黑后，第三营各参战连队利用青纱帐和夜幕的掩护，悄悄进入进攻出发阵地。晚8时半左右，总攻打响。嘹亮的冲锋号音划破长空，指战员们在轻、重机枪的火力掩护下，从东、南、西三面向独山庄发起攻击，勇猛地扑向敌人。顿时机枪声、手榴弹爆炸声和喊杀声响成一片，震撼着大地。各连相互配合，协同作战，与日、伪军展开激烈争夺。

第三营一部抢占独山制高点后，依托有利地形，切断日、伪军退路。同时集中10余挺轻、重机枪和所有迫击炮、掷弹筒，居高临下向困守独山庄内的日、伪军猛烈射击。日、伪军多次突围未逞，被迫退守石灰窑和大车店里负隅顽抗，企图固守待援。战斗进行了五六个小时，被围日、伪军也已被消灭大部。但眼看天快亮了，有的干部担心敌人援兵赶到，自己将处于不利地位。

关键时刻，第一一五师政治部秘书长苏静奉陈光、罗荣桓命令来到第三营了解战斗情况，并通过电话向师部汇报。罗荣桓听完汇报后说：“你们面前这伙敌人是支孤军，现遭我痛击，伤亡惨重，他们必定会固守待援的。但是汶上方面敌人空虚，如果有援兵，最早在明天中午才能到达。师部已派出部队警戒。要告诉大家不要顾虑敌人增援，当前形势发展对我非常有利，要集中力量，一鼓作气，穷追猛打，争取十点以前全歼残敌。”

战士们在火力掩护下，勇猛地冲进敌人困守的院子，登上屋顶，抡锹舞镐，挖开数个窟窿，向屋内扔集束手榴弹，炸得敌人血肉横飞。屋内残存的敌人再也支持不住了，破门而出，向青纱帐里逃窜。师部骑兵连及时赶到，飞马扬刀扑了上去。战士们挥动着闪闪发光的大刀片，奋力砍杀，像秋风扫落叶一样杀得敌人人仰马翻。独山庄附近的老百姓也纷纷出来，活捉四散逃跑的敌人。战至3日晨，日、伪军大部被歼，余部向汶上逃窜。战后打扫战场时，在一个洼地发现了长田敏江的尸体。

此战，共毙伤俘日、伪军400余人，其中击毙日军少佐长田敏江以下300余人，俘虏日军13人，缴获炮3门、轻重机枪20余挺、长短枪150余支、战马50匹。胜利的消息迅速传开，周围的老百姓纷纷拉着西瓜、猪肉、鸡蛋前来慰问八路军。人们像赶集一样地参观缴获的大炮。不仅是老百姓，就是八路军里的老兵也没见过这样大的家伙。

梁山战斗创造了在兵力相当、装备处于劣势的条件下，全歼日军一个大队的模范战例，为巩固鲁西抗日根据地、开展平原游击战争打开了新的局面，受到八路军总部的表彰。战前，许多指战员对于平原作战缺乏信心，战后士气大振，提高了广大指战员坚持平原游击战的信心和勇气。同时也大大鼓舞了鲁西群众的抗日热情。仅仅半个月，梁山和东平湖一带就有3000多名青年参加八路军。

泰安市岱岳烈士陵园

泰安市岱岳烈士陵园位于山东省泰安市岱岳区祝阳镇陈良村，是为了纪念泰山地区在抗日战争中牺牲的烈士而修建的设施。始建于1946年7月，1956年曾进行修复，1980年、1988年、1993年、2013年多次进行改扩建。

岱岳烈士陵园占地3.3万平方米，建筑面积600平方米，展览面积1000多平方米。主要纪念设施有纪念牌坊、纪念碑、浮雕墙、烈士墓区、展览馆等。

纪念牌坊建于1946年，坊额正面题刻“抗日烈士公墓”，左右两边立柱楹联为“壮志凌霄汉；丹心照千秋”，落款“林乎加敬题”。坊额背面、立柱背面分别有赵笃生、姚新府等人的题词。牌坊东西两侧各配石碑一座，碑正面分别刻吴瑜、

岱岳烈士陵园纪念牌坊

孙明、郝崑、尹子明、张雨航等人的题词。碑背面刻“碑记”，亓伟撰写碑文。

纪念广场占地2800平方米，广场中心建有高19.46米的“人民烈士永垂不朽”纪念碑一座，寓意1946年建园。广场北侧东、西各建有一处16米长、2.5米高的浮雕墙，上面分别有反映泰安抗日

烈士纪念碑

时期重要战役事件及烈士英名录。

烈士墓区分为东、西两个区域。东区主要安葬陵园内原有348座烈士墓，统一为砖石结构，安葬着徂徕山抗日武装起义、泰西抗日武装起义、二王庵突围战、佟家庄伏击战、梁家林战斗等抗日战争中牺牲的烈士；西区是岱岳区零散烈士墓集中管理区，迁建烈士墓500座，统一为大理石结构。

岱岳革命史展览馆

烈士东墓区局部

展览馆第一展厅展示内容

岱岳革命史展览馆是岱岳烈士陵园的重要纪念设施，分为6个展厅。

序厅“沧桑岱岳，薪火传承”，展示的是红旗造型的形象墙和英勇杀敌的战士雕塑，顶部造型为从中共泰安支部建立到新中国成立的时间轴，墙面的两侧分别展现岱岳区革命战争时期的重大事件。

第一展厅“早期革命，不屈不挠”，展示的是1925年至1937年岱岳区党组织初建时的主要历史事迹，突出展示岱岳区的三个“一”：第一个党支部泰安支部；第一个农村党支部中共大汶口特别支部；第一个县委中共泰安县委。

第二展厅“浴血抗战，前赴后继”，展示的是1937年7月至1945年8月岱岳区英勇抗日的历史事迹，是本馆的重点部分，运用半景画、雕塑、油画及多媒体技术等多种展陈手法来再现历史事迹。主要内容有徂徕山起义和夏张抗日武装起义。

第三展厅“翻身解放，党群同心”，展示的是1945年9月至1949年10月岱岳区解放战争时期主要历史事迹，重点突出“党群同心”，利用现代高科技多媒体影像技术表现泰安战役场景。

第四展厅“光辉足迹，永励来者”，展示的是在革命战争中岱岳区著名烈士的事迹。

尾厅“辉煌岱岳，继往开来”，展示的是中华人民共和国成立后当家做主的岱岳人民紧跟党探

展览馆第二展厅展示内容

索前进，在这片染血的土地上取得的社会主义革命和建设的巨大成就。

泰安市岱岳烈士陵园是山东省爱国主义教育基地。

经党中央、国务院批准，国务院于2015年8月13日公布，泰安市岱岳烈士陵园被列入《第二批国家级抗战纪念设施、遗址名录》。

知识链接 泰西起义

1937年10月，日军侵入山东。拥有十万大军的国民党山东省政府主席韩复榘却在日军进攻面前望风而逃，致使山东15余万平方千米的大好河山轻易沦于敌手。根据中共中央关于迅速发动群众、开展游击战争、建立抗日根据地的指示，中共山东省委决定在冀鲁边、鲁西北、胶东天福山等10多个地区举行武装起义，建立抗日武装力量。

11月，中共山东省委派张北华等人到泰（山）西地区指导和协调武装起义准备工作，很快就组织了一支群众自卫武装。1938年1月1日，这支武装在泰安城西南的夏张镇举行起义。中旬，起义武装与中共泰安组织及肥城进步人士葛阳斋组织的抗日武装会合，组成“山东西区人民抗敌自卫团”，张北华任主席。自卫团攻克肥城，袭击界首镇日军。2月，中共长清县组织建立的武装编入自卫团。3月，自卫团在泰安城南津浦铁路线上的黑虎泉翻倒日军弹药车1列，毙伤日军20余人；在泰安城北万德车站附近破坏日军交通运输。至此，部队已发展到2000余人。

肥城烈士陵园

肥城烈士陵园位于山东省肥城市安站镇东陆房村凤凰山南麓，是为了纪念在陆房战斗以及在肥城其他战斗中牺牲的烈士而修建的设施。始建于1972年，2014年12月起进行了大规模改扩建。

肥城烈士陵园占地面积超过4.7万平方米，主要有纪念碑广场、陆房战斗纪念碑、陆房突围胜利纪念馆、无名烈士纪念广场、烈士墓区等设施。

肥城烈士陵园全景

纪念碑广场占地1万平方米，宽大开阔，是悼念人民英雄的场所。其左右两侧是兵器广场，总面积1100平方米，陈列了飞机、坦克等多种大型兵器。

经过宽广的纪念广场，首先看到的是陆房战

斗纪念碑。纪念碑高8.8米，碑身由双曲线围合而成，代表陆房突围战过程中所采用的两种战斗方式——运动战和突围战。碑身主体为一棵大树托着花蕊造型，代表八路军第一一五师担负着由延安到山东传播抗日烽火的任务。碑身正面镌刻着原总参谋长杨得志将军题写的碑名“陆房战斗纪念碑”，左右两面分别刻有陆房战斗的年份“1939”。碑身背面刻有《陆房战斗五十周年立碑铭志》，叙述了陆房战斗的背景、经过和意义。

陆房战斗纪念碑

纪念碑后是陆房突围胜利纪念馆，建筑面积5300多平方米，馆名由中央军委原副主席迟浩田上将题写。纪念馆主体建筑分上、下两层，综合运用声光电科技与多元化视听手段，以新颖独特的艺术形式，生动再现了陆房战斗中八路军将士绝地反击、奋勇歼敌的壮烈场面，人民群众舍生忘死、助力突围的血肉之情。展陈以陆房突围战为主题，分为序厅、第一展区“抗战烽火，风起云涌”、第二展区“铁流东进，建功泰西”、第三展区“绝地反击，胜利突围”和结束语5个部分。

序厅展示的是《陆房突围战》主题雕塑，雕塑前的数字“511”便是战斗发生的时间5月11日。

陆房突围胜利纪念馆

雕塑描绘了陆房战斗中八路军战士镇定自若、浴血奋战，当地群众舍身带路、踊跃支前的场景。

第一展区“抗战烽火，风起云涌”，描绘了九一八事变、卢沟桥事变、国共合作等重大历史事件，以及日军沿津浦铁路入侵山东、泰西抗日武装起义、山东西区人民抗敌自卫团浴血奋战等内容。

第二展区“铁流东进，建功泰西”，展示了八路军第一一五师遵从党中央指示到达泰西地区，创建泰西抗日根据地进行武装斗争的光辉事迹。

第三展区“绝地反击，胜利突围”，采用油画

《陆房突围战》主题雕塑

和声光电科技手段结合的方法，详尽描绘了陆房突围战斗的经过。

结束语对陆房战斗的意义和伟大的抗日精神进行了高度赞扬。

纪念碑和纪念馆两侧是烈士墓区，安葬着2371名在陆房突围战和其他战斗中牺牲的烈士。

烈士墓区局部

无名烈士纪念广场位于陵园的西北，建有长39米、高7.6米的英烈墙，墙体精选优质花岗岩，以陆房战斗发生时间“1939.05.11”为主题，以壁葬形式保存烈士骨灰，安葬了陆房战斗中英勇牺牲的178名无名烈士。

无名烈士纪念广场英烈墙

肥城烈士陵园是山东省爱国主义教育基地。

经党中央、国务院批准，国务院于2015年8月13日公布，肥城烈士陵园被列入《第二批国家级抗战纪念设施、遗址名录》。

知识链接

陆房战斗

为巩固华北抗日局面，加强山东的抗日力量，在中国共产党扩大的六届六中全会上，毛泽东提出“派兵去山东”。1938年9月27日，由八路军第一一五师三四三旅政治部、旅直属队、第六八五团第二营和第一二九师工兵连等部组成的八路军东进抗日挺进纵队越过津浦路，进抵冀鲁边的山东省乐陵县，成立冀鲁边军政委员会，揭开了挺进山东的序幕。

随着武汉、广州的相继沦陷，抗日战争进入相持阶段。日军加紧对国民党实行政治诱降，而把主要兵力转移到其后方，用以对付共产党。与之相呼应，国民党顽固派也转为消极抗日，积极反共，加紧对共产党、八路军制造摩擦。而山东起义后组织的抗日武装既缺乏经验，又缺少干部，派八路军主力去山东已刻不容缓。

11月25日，毛泽东、王稼祥、滕代远致电彭德怀，指出：陈、罗率师部及陈旅主力（两主力团）全部去山东、淮北为适宜……陈、罗东开时，拟分布于新老黄河间广大地区，包括津浦（路）东西、胶济（路）南北在内。据此，朱德、彭德怀电示第一一五师代师长陈光、政治委员罗荣桓：已到达晋东南附近的第六八五团以苏鲁支队名义先行入鲁。12月间，苏鲁支队到达湖西地区，与湖西人民武装起义组成的山东抗日义勇队第二总队合编，改称苏鲁豫支队。

1939年初，为稳定鲁西地区的形势，八路军第一二九师三八六旅、第一一五师三四四旅六八八团等部相继进入鲁西北。3月1日，陈光、罗荣桓率第一一五师师部和第六八六团，以东进支队的名义，经干涸的老黄河进入山东省鄄城县境。次日到达郓城县与轩楼、状元张楼一带，极大地加强了鲁西的抗战力量。

4月初，陈光、罗荣桓率第一一五师师部和第六八六团主力由郓城地区进入运河以东、泰山以西地区，同该师东进抗日挺进纵队津浦支队及山东纵队第六支队会合。按照“依山伴湖向外发展”的方针，向东平、汶上、宁阳地区发展，奇袭草桥，攻克围里、葛石店，连战连捷，消灭伪军1000余人，击退日军两次进攻，瓦解有万余人的反动会道门“红枪会”，扫除敌人沿汶河设立的全部据点，巩固和扩大了泰西抗日根据地。

泰西抗日根据地的蓬勃发展，特别是八路军第一一五师部队迭挫日、伪军，迅速发展壮大，如同一把插入敌人心腹中的尖刀，严重威胁着济南、泰安和津浦铁路中段，引起了日军极大恐慌。

5月初，山东日军最高指挥官、第十二军司令官尾高龟藏亲自指挥从济南、泰安、肥城、东平、汶上、宁阳等17个城镇调集的兵力8000余人，配属汽车、坦克100余辆，各种火炮100余门，兵分9路，向泰西抗日根据地扑来，妄图消灭第一一五师主力部队。

5日至7日，日、伪军先后“扫荡”了大汶河南岸的东平和汶上地区。其间，罗荣桓到活动于东平龙固、猴亭一带的东汶支队，传达中共六届六中全会精神，着重阐述了统一战线中的独立自主问题，并检查工作、指导反“扫荡”斗争。

8日，日、伪军开始向宁阳、肥城地区进犯，继之实施向心推进，逐步紧缩包围圈。第一一五师师部、第六八六团、津浦支队与鲁西区党委机关等，共3000余人，陷入包围圈内。当晚，陈光在肥城中固城村召开会议，决定立即向西南东平地区转移。

9日上午，中共泰西地委书记段君毅和山东纵队第六支队领导率该支队第三团担任前卫，第一一五师师部、中共鲁西区委、泰西地委及国民党肥城县长兼河北民军田家滨部随后转移。当行至肥城孙伯区岈山东麓之刘庄时，陈光感到西南汶（河）南是平原，大部队转移到平原地区不便与敌周旋，还是山区保险，加上又探知汶河南岸发现敌情，遂临时决定后续部队北去，向大峰山转移。

此时，前卫部队因地形熟悉，已按原定方案顺利突围。第六支队第七团、第一一五师教导大队与师供给部、卫生部各一部也顺利转移至津浦铁路以东地区。

10日，第一一五师师部等由刘庄转移至肥城安临站区之上庄（今沟北村）。当晚，陈光召集第六八六团团长张仁初、政治委员刘西元，津浦支队支队长孙继先等研究突围方案，决定连夜向大峰山区转移。

11日0时，部队紧急出发。当先头部队行至仪阳区北僧台村南时，与肥城南下之日、伪军遭遇。陈光率部队边打边撤，退至陆房地区。

位于山东肥城安临站乡的陆房，始建于唐，原名南寨，后演变为六房、陆房、东陆房。与周围10余个村子同处于一个山地丘陵盆地中，东西宽约2.5千米，南北长约5千米。八面环山，西面是肥猪山，西北面是黄土岭，北面是凤凰山，东北面是东山岭，东面是蛤蟆山、长山，东南面是望鲁山，南面是鸠山，西南面是岈山。这些山高低错落，海拔在300至400米。其中，西面的肥猪山是陆房地区山岭的主峰，南北长五六里，山高崖陡。

此时，第一一五师师部、第六八六团（欠第三营）、津浦支队与鲁西党政机关共3000余人，被日军重重包围在方圆不足10千米的陆房一带，形势万分危急。陈光连夜在陆房村召开紧急会议，做出战斗部署，要求部队在11日拂晓前做好战斗准备。

会后，各部队立即进行简短的动员。随即，第六八六团第一营教导员王六生带领第三、第四连抢占陆房西边的肥猪山；第一营副营长徐敬元带领第二连抢占岈山；第二营抢占鸠山、横山、凤凰山；师特务营和津浦支队抢占陆房以北、以东的制高点。师指挥所设于肥猪山东南面的小安家林内。第六八六团指挥所从陆房移至肥猪山坳的簸箕掌。部队抢占有利地形后，迅速做了战斗准备。

拂晓，日、伪军在猛烈的炮火掩护下，全线发起攻击。第六八六团、津浦支队和师特务营凭险据守、沉着应战，打退了日、伪军多次冲击，坚守住阵地。与此同时，津浦支队和师特务营也给予日、伪军以沉重打击。

15时左右，日、伪军又集中兵力猛攻岈山、肥猪山制高点。第六八六团浴血固守，连续击退日、伪军多次冲锋。激战中，日、伪军200余人曾一度突破第六八六团和津浦支队的结合部，逼近第一一五师师部隐蔽地。危急关头，孙继先亲率津浦支队1个连与师警卫连、泰西独立团80余人，以迅猛的反击打退突入之敌，重新封闭了缺口。

第一一五师等部尽管已经与日、伪军整整激战了一天，滴水粒米未进，但指战员斗志高昂，誓与敌人血战到底，与阵地共存亡。战斗最激烈时，师部通信员给王六生送去陈光的亲笔信：命令你部，不惜一切，坚守阵地。王六生对通信员说：回报师首长，请他们放心，人在阵地在，我们营就是剩下1个人，也要坚持到底！

天色渐渐暗淡下来，不善夜战的日、伪军遂就地宿营，继续包围陆房，企图待天明再次发起攻击。这时，罗荣桓从东平县龙崮村东汶支队来电称，龙崮一带没有敌情，可以向南突围。陈光当即与师参谋处长王秉璋研究决定，分三路向龙崮村方向突围。但是从哪条路突围呢？日、伪军为防备八路军突围，除以重兵把守陆房周围各要道关口外，还四处燃起堆堆篝火。火光闪处，敌军哨兵戴着钢盔、端着上有明晃晃刺刀的步枪来回巡逻。

正在焦急之时，当地一名群众自告奋勇为八路军当向导，走西南方向的小道，经老鹰嘴翻过岈山山顶。师机关和部队立即做突围动员，规定遇上情况，不到万不得已不准开枪。同时埋藏了不便携带的物品，对受撞击易发出声响的锅盆等均捆垫绳草，骑兵用棉布包裹马蹄，并向日、伪军封锁线派出警戒和骚扰小分队，以迷惑敌人。

当晚22时许，部队在夜幕掩护下，悄无声息地沿着山间小路，向西南方向分路突围。刘西元率第一营在前面开路，师直机关和中共鲁西区委走在中间，张仁初带第二营殿后。

12日拂晓，第一一五师师部和第六八六团主力等部涉过汶河，到达汶上县云尾、北陶、南陶宿营，次日转移至东平县无盐村。孙继先率津浦支队及师特务营、骑兵连，护卫中共泰西地委机关及田家滨部，穿过赵家村、郝家村间宽仅几十米的狭窄地带，沿白家庄干河，经九山沟、黑风口顺利突围，于12日黎明时分过汶河，到达汶上县。第六支队第二团第二营在营长张杰带领下，从岈山西之双山突围至东平县荣花村。

当日上午，日军重新发起总攻，先以猛烈炮火向岈山、肥猪山轰击，随后气势汹汹冲上山头，却发现八路军早已没有踪影。日军在陆房村四周兜了一圈，什么也没捞着，又抓来当地老百姓逼问八路军去向，结果还是一无所获。恼羞成怒的日军逼迫东陆房村15名村民穿上从地下挖出的八路军服装，照相后予以枪杀，以冒充其“辉煌战绩”，并在报纸上吹嘘，他们取得了“消灭八路军一万多人的赫赫成果”。

此战，八路军第一一五师等部伤亡200余人，毙伤日、伪军1200余人，其中包括日军大佐在内的50多名军官。成功突围，为坚持泰西抗日根据地并开创山东抗战新局面保存了骨干力量，影响所及震动全国。

天福山革命遗址

天福山革命遗址位于山东省威海市文登市文登营镇“天赐福地”——天福山上，是为了纪念天福山起义而在其旧址建设的设施。1972年建立了天福山起义纪念塔，1974年建立了天福山起义纪念馆。2015年，纪念馆进行了整体改造提升，以传承和弘扬天福山的革命精神。

天福山革命遗址占地面积为6.92万平方米，

天福山起义旧址入口

建有天福山起义纪念馆、天福山起义纪念塔、起义会议遗址、竖旗地址、林一山纪念地等设施。

天福山起义纪念馆建筑面积1020平方米，采用声、光、电、雕塑、多媒体等多种展陈手段，营造出浓厚的历史氛围。展览主要分为“唤醒民众求解放”“天福山上举义旗”“抗战胜利奠根基”“天福铁军展雄风”“人民群众是靠山”5个部分，增设了观众互动区、电子留言区。现场馆展览文物300多件。

天福山起义纪念馆

天福山起义纪念塔塔高12.24米，象征天福山起义的时间“12月24日”。用汉白玉与青石所筑，碑身正面是郭沫若题写的“天福山起义纪念塔”，基座正面阴刻毛泽东手迹“星星之火，可以燎原”。整个塔屹立于天福山山顶，雄伟而壮观。

起义会议遗址指的是在天福山起义时，胶东特委的临时会议旧址，处于天福山的半山腰上，现在仅保存下来5间房屋，周围是翠竹掩映以及茂密的古树名木。遗址房间内陈列着1组泥塑，重现了当年的会议场景；园内有1株老梨树，已经有100多年的历史了，虽然中途被雷劈过，但还是十分繁茂，结满了果实，成为那段历史的见证；院墙外是一个广场，这是当年胶东特委书记理琪发布起义动员令的地方。

竖旗地址在东面山顶上，当年天福山起义时，

天福山起义纪念塔

军旗就竖在这里。这里建有红旗亭等纪念建筑物，以供游客参观游览。

临时会议旧址

林一山纪念地是已故长江水利委员会创始人林一山的纪念地，展厅主题是“林一山治水事迹展”。

天福山革命遗址是全国爱国主义教育示范基地、山东省重点文物保护单位。

经党中央、国务院批准，国务院于2015年8月13日公布，天福山革命遗址被列入《第二批国家级抗战纪念设施、遗址名录》。

竖旗地址

林一山纪念地

知识链接

天福山起义

天福山位于山东胶东半岛的文登县（今威海市文登区）境内。1937年12月，中共胶东特委书记理琪等以1935年起义失败后保留下来的昆嵛山游击队为骨干，在天福山举行武装起义，组成“山东人民抗日救国军第三军第一大队”。1938年1月中旬，胶东特委又领导了威海起义，成立“山东人民抗日救国军第三军司令部”，理琪兼任司令员。2月，所属第一大队攻克牟平县（今烟台市牟平区）县城，俘伪县长以下170余人，理琪在牟平城南雷神庙战斗中牺牲。3月，起义武装一部收复福山县（今烟台市福山区）县城，并在莱阳花园头村毙伤日军70余人。

在此期间，中共蓬莱县（今烟台市蓬莱区）组织建立的武装编入第三军第三大队，并攻克蓬莱县城，成立蓬莱县抗日民主政府。中共掖县（今莱州市）党组织建立的武装编为“胶东游击第三支队”，并攻克掖县县城，俘伪县长以下200余人，成立掖县抗日民主政府。中共黄县（今龙口市）、牟平、即墨、莱阳等县党组织建立的几支武装也编入第三军。

4月中旬，第三军总部率主力一部到达黄县后，将胶东起义武装编为第一、第二、第三、第四路和“胶东游击第三支队”，部队发展到7000余人，并成立黄县抗日民主政府。

知识链接

血战雷神山

1938年2月初，日军侵占烟台后，兵分东、西两路，分别向蓬（莱）黄（县，今龙口市）掖（县，今莱州市）诸县与牟平地区进犯，并且建立了牟平县（今烟台市牟平区）伪政权。12日，山东人民抗日救国军第三军与中共胶东特委机关到了昆嵛山区的崔家口附近，收到共产党员贺致平寄来的一封信。信里说准备攻打牟平城的事情，还说原国民党牟平县保安大队大队长张建勋也会加入。胶东军政委员会决定在日军没有站稳脚跟之际，奔袭牟平城。

当天傍晚，胶东特委书记理琪率领第三军第一大队及特务队，从崔家口向牟平县城长途奔袭。13日拂晓时分，部队来到牟平城外的小山岗。理琪等人侦察地形并制定出战斗方针后，第三军迅速向牟平城靠近，趁敌人不备，南路对城门进行猛攻，迅速占领城楼，并直逼伪牟平县政府。东路也很顺利，敌人没有接战就撤回城里，第三军立即追击。没过多久，两路攻城队伍在伪县政府门前会合，摧毁伪政权并活捉170多人，其中包括伪县长宋健吾、伪公安局局长、伪商会副会长等军政人员，并缴获百余支枪支。10时左右，第三军教育并释放了大部分俘虏，只押着宋健吾等几个主要官员，携带着缴获的枪支弹药，从牟平城撤出。

第三军撤到1500米外的雷神庙后休息待命，理琪、林一山等则开会研究下一步的行动。中午，雷神庙突然被包围了，原来是从烟台赶来的将近百名装备精良的日军。此时，情势危急，日军逼近围墙和大门。理琪指挥部队沉着应战，严密封锁南大门。敌人火力十分猛烈，我军在大殿及东夹道，东厢房、西厢房及西南角落构成交叉火力，对敌人猛烈反击。南倒厅的窗口也有人严密封锁，并打退了敌人的多次进攻。敌人一看正面久攻不下，便从屋外爬上屋顶，想要从上面进行火力压制。

山东牟平雷神庙

理琪在中弹负伤的情况下，依然继续指挥战斗。指战员们英勇奋战，不怕流血牺牲，多次打退敌人的冲击。恼羞成怒的敌人朝房子放火，烧塌了南倒厅，战士们向东西厢房转移，然后继续战斗并坚守阵地。

雷神庙战斗一共打了六七个小时。第三军指战员20多人在武器装备简陋、人数也不占优势的情况下，多次打退敌人的进攻。最终毙伤50多名日军，击落了一架飞机，取得了最终的胜利。而理琪、杜梓林等4人却在这场战斗中不幸牺牲，林一山、宋澄等也身负重伤。

沂水革命烈士陵园

沂水革命烈士陵园位于山东省临沂市沂水县城西北13千米的沂城街道荷叶官庄村跋山西南麓，是为了纪念葛庄战役及其他战斗中牺牲的烈士而修建的设施。始建于1944年12月（沂北行署建），原址在河西村北，建园时安葬的49名革命烈士都是在葛庄战役中牺牲的，名为“沂北县革命烈士陵园”。1959年，跋山水库在修建时，把河西革命烈士陵园的220名烈士的遗骨迁到了跋山西南坡。以此为基础，1960年建立了沂水县最大规模的烈士陵园，并更名为“跋山革命烈士陵园”。1990年改为现名。

沂水革命烈士陵园总面积4万平方米，坐东朝西，背依草木葱茏的跋山，面对山势陡峻的无儿崮，绵延起伏的远山，右边是有山有水的跋山水库，可谓是依山傍水的好地方。主要建筑包括大门、纪念馆、碑亭、革命烈士纪念塔、葛庄战

沂水革命烈士陵园大门

役抗日烈士纪念碑、烈士墓区等。

陵园大门属于牌楼式建筑，高和宽分别为11.4米、10.4米，两重飞檐，雕梁画栋，门楣是白色花岗岩，上面镶嵌着国务院原副总理张爱萍手书“沂水革命烈士陵园”8个大字。从大门进去，对面是依山而筑的台阶，一共有150级。

沿着台阶往上走，来到第一个平台上面，左侧与右侧各有题词碑亭一座，陈列着32通题词碑，是由时任中央军委副主席、国务委员兼国防部部长迟浩田，中共中央山东分局原书记郭洪涛等老一辈革命家和省军级以上领导人所题。

第二个平台，是始建于1981年的陈列馆，改建于1994年，回廊式建筑。2014年新建沂水革命纪念馆，建筑面积2000余平方米，展陈面积1600平方米，共分为5个展厅，主要展示葛庄战斗、对崮山战斗、仙崮顶抗击战等，展示了沂水人民的革命斗争史，以及烈士的生平事迹，呈现了一部地方革命斗争史。陈列馆南侧25米处是革命烈士纪念堂。

沂水革命纪念馆

第三个平台，是著名烈士之墓，建有各种风格的陵墓，其中郑植立、李清漪、石玉龙、苏丽泉、侯宜禄、周毅和王宏等军政领导人都安葬在这里。

题词碑亭

烈士墓区局部

踏上第四个平台，其左右两侧有碑亭，其中有题词碑，是时任沂水县县委书记李鸿翔、县长王法义、县人大常委会主任吉秀章、县政协主席卢修田等领导人亲题。

第五个平台上的南北两侧分别有一座公墓与一座纪念碑，是从沂北县革命烈士陵园（河西革命烈士陵园）迁来的。北侧的墓碑正反两面都刻着4个大字，分别是“烈士公墓”与“浩气长存”，左右两面刻着烈士英名，一共有220位；南侧有纪念碑，上面刻着“为国争光”4个大字，背面则刻纪念碑文。

烈士公墓

陵园最上层耸立着革命烈士纪念塔，于1994年8月正式落成。纪念塔两侧有辅碑，后面有烈士名录碑，它们一起构成了以纪念碑为主的碑群。主纪念塔高17.5米，基座是蓝色花岗石所筑，塔身采用的是黑色大理石，上嵌有金色大字“革命烈士纪念塔”。辅碑高4.1米，碑身上各嵌有3块纪念碑，记载了沂水境内的重大革命事件。烈士名录碑有32平方米，上面刻着沂水籍烈士3877名和外地烈士654名。主碑、辅碑在一起，呈山字形构图。碑下是象征养育烈士的沂山、沂水的蜿蜒渠水。纪念碑的后面是烈士墓区，葬有革命烈士1422名。

革命烈士纪念塔

沂水革命烈士陵园是山东省重点革命烈士纪念建筑物保护单位。

经党中央、国务院批准，国务院于2015年8月13日公布，沂水革命烈士陵园被列入《第二批国家级抗战纪念设施、遗址名录》。

知识链接

葛庄战斗

1944年8月中旬，驻山东日、伪军连遭打击后，调集万余人的兵力，在日军第五十九师团师团长细川中康统一指挥下，由临沂、莒县、日照、赣榆等地出动，分13路对滨海区进行“扫荡”，企图寻歼山东军区指挥机关。

为挫败日、伪军企图，山东军区抓住日、伪军兵力不足、顾此失彼的弱点，决定在全区范围发起秋季攻势。胶东军区在民兵配合下，采取分区作战、交错进行的方式，对胶东日、伪军发起进攻，收复文登、荣成两座县城，攻占古岘、旧店、水道、龙口等据点130余处，歼日、伪军5000余人，使胶东4个军分区连成一片。

9月初，日军第五十九师团及伪军第三方面

军一部，经沂水城分东西两路向博山、临朐撤退。八路军山东军区所属鲁中军区司令员王建安、政治委员罗舜初，决定抓住敌人分散的时机，集中所属第一、第二、第四、第十二团等部，分别在沂水城西北葛庄和陶沟（今草沟）地区设伏，歼灭西路日、伪军。

3日晨，西路日、伪军由沂水城分左右两路北撤。下午，沿沂河西侧回撤的左路伪军1200余人进至陶沟、岳庄时，埋伏在此的第四团和特务营以正面堵截、翼侧迂回战术，将其包围。同日，沿沂（水）博（山）公路行进的右路日军450余人及伪军500余人进入葛庄伏击区，第一团突然发起冲击。日、伪军仓促应战，企图抢占葛庄东岭高地。第一团随即与日、伪军展开激烈争夺，进行白刃格斗，将日、伪军压缩到岭下。日、伪军以山炮、机枪火力作掩护，连续发动5次冲击，均被第一团击退。黄昏时分，第二、第十二团加入战斗，协同第一团发起猛攻。日、伪军伤亡惨重，退到葛庄西小岭负隅顽抗。

激战至4日中午，左路伪军除200余人逃窜外，其余均被歼灭。下午，右路日、伪军企图向南突围，八路军分两路跟踪追击，将其大部歼灭。

此战，鲁中军区共毙伤日军300余人、伪军1300余人，缴获山炮1门、迫击炮4门。

山东省政府和八路军一一五师司令部旧址

山东省政府和八路军一一五师司令部旧址也是中共山东分局、山东省政府诞生地，位于山东省临沂市莒南县大店镇中心街128号。大店位于鲁东南，是一座文化名镇，具有悠久的历史。其中的庄氏庄园是明万历年间建筑。八路军第一一五师入驻莒南时，当地乡绅将这里献出来作为其师部驻地。该址在山东省政府建立时基本完整，但是因为历史原因及保护不善，曾经庞大的明清庄园如今只余下“四余堂”和“居业堂”两个堂号的旧宅，分别是山东省政府和八路军一一五师司令部旧址。2005年，经过全面修复后，新建了山东省政府成立纪念馆、八路军一一五师司令部纪念馆等。2009年1月1日对外开放。

山东省政府和八路军一一五师司令部旧址大门

山东省政府和八路军一一五师司令部旧址占地4.6万平方米，建筑面积1.2万平方米。除山东省政府旧址、八路军一一五师司令部旧址外，还包括10个厅局旧址：公安总局、财政局、民政厅、实业厅、司法厅、教育厅、卫生总局、发改委、交通总局、审计厅，还有沂蒙根据地群众工作展馆、山东抗日根据地纪念馆以及曹玉海纪念馆等。现存馆藏文物1200余件，展示珍贵图片1万余张，以丰富的资料和实物，生动再现了八路军第一一五师的丰功伟绩和山东省政府诞生的光辉历程。

山东抗日根据地纪念馆

四余堂由堂主庄孝光主动捐献。1945年8月13日，中国共产党领导下成立的全国第一个省政府——山东省政府在此宣布成立，院内现设有省政府会议室、黎玉办公起居室、刘居英办公起居室等原状展陈，记录并展示峥嵘岁月里的红色印记。

山东省政府成立纪念碑

居业堂是八路军一一五师暨山东军区司令部旧址。1943年3月，新的八路军山东军区在莒南成立，统一指挥山东境内的八路军山东纵队和第一一五师部队作战，这座院落成为中共山东省最高的军事指挥机关。作战指挥室内的莒南县地形地貌沙盘还原了战争时期莒南县的红色印记。老一辈无产阶级革命家刘少奇、罗荣桓、陈毅、萧华、谷牧等也在这里工作和战斗过很长时间，为中国革命做出重大贡献。这里曾经有“小延安”的美誉。

八路军一一五师司令部旧址纪念碑

山东省政府和八路军一一五师司令部旧址是全国重点文物保护单位、全国爱国主义教育示范基地。

经党中央、国务院批准，国务院于2015年8月13日公布，山东省政府和八路军一一五师司令部旧址被列入《第二批国家级抗战纪念设施、遗址名录》。

知识链接

八路军第一一五师

第一一五师是抗日战争时期，中国共产党领导的八路军三个主力师之一，创建晋察冀、晋西南与晋冀豫及山东等抗日根据地，开展游击战争，坚持持久抗战。

全民族抗战爆发后，根据同国民党当局达成的协议，中国工农红军主力部队改编为国民革命军第八路军，简称八路军。1937年8月25日，红一方面军第一、第十五军团及第七十四师，改编为八路军第一一五师，林彪任师长，聂荣臻任副师长，周昆任参谋长，罗荣桓任政训处主任，萧华任副主任，下辖第三四三、第三四四旅和独立团、教导队、骑兵营、炮兵营、工兵营、辎重营，共1.55万人。29日，中共中央决定，由林彪、聂荣臻、罗荣桓、周昆、萧华组成第一一五师军政委员会，林彪任书记。10月22日，中共中央决定在八路军团以上部队恢复政治委员制度和政治部（处）名称。聂荣臻任师政治委员（后罗荣桓），罗荣桓任师政治部主任；萧华任第三四三旅政治委员，黄克诚任第三四四旅政治委员。

8月22日和25日，第一一五师分两批由陕西省三原县出发，经韩城县芝川镇东渡黄河，沿同蒲铁路向晋东北抗日前线挺进。炮兵营、辎重营留延安，隶属八路军后方留守处。9月25日，林彪、聂荣臻指挥师主力首战平型关，歼灭日军1000余人，取得了全民族抗战开始后中国军队主动寻歼日军的第一个大胜利，打击了日军的气焰，提高了八路军的声威，鼓舞了全国军民抗战的信心。为配合忻口会战，师独立团、骑兵营和第三四四旅随后在晋东北和察南、冀西打击日军后方部队，先后收复县城10余座。10月28日，第一一五师师部率第三四三旅随八路军总部由五台抵达寿阳以南地区，与第一二九师共同打击沿正太铁路及其南侧西犯的日军，取得广阳伏击战的胜利。

太原沦陷后，第一一五师遵照中共中央关于“以山西为主要阵地支撑华北抗战，独立自主地开展游击战争”的决定，分兵打击日军，创建抗日根据地。在第一一五师主力由晋东北南下的同时，聂荣臻率独立团、骑兵营、教导队大部和总部特务团一部及党政干部，共约3000人，留在五台地区。11月初，在山西省五台、浑源、广灵和河北省阜平等14个县的范围内，初步创建了晋察冀抗日根据地。11月7日，成立晋察冀军区，聂荣臻任司令员兼政治委员，辖4个军分区。11月下旬至12月下旬，在第三四四旅配合下，晋察冀军区粉碎了日军对晋察冀抗日根据地的“八路围攻”。

1937年11月，第一一五师师部率第三四三旅随八路军总部移至山西省洪洞、襄垣、屯留地区，发动群众，扩充兵员，创建以吕梁山脉为依托的晋西南抗日根据地。12月，增建了第三四三旅补充团。1938年2月中旬，日军由祁县向晋西南进攻。为保卫黄河河防，第一一五师师部率第三四三旅进至灵石、孝义以西地区，并派出工作队赴石楼、永和等县发动群众，组织抗日武装。3月1日，林彪在隰县被阎锡山的晋军误伤，后返回延安。第三四三旅旅长陈光代理师长，与罗荣桓指挥部队在道路曲折、地形复杂的午城、井沟地区，连续打击西犯的日军。9月中旬，又分别在汾（阳）离（石）公路上的薛公岭、油房坪、王家池地区连续取得伏击日军的胜利，挫败了日军西渡黄河的企图，为创建晋西南抗日根据地奠定了基础。

1938年2月，第三四四旅转属第一二九师指挥。为牵制与打击进攻晋南、晋西的日军，第三四四旅在正太铁路娘子关至井陉段袭击日军据点，并抽调大批干部，协助地方发动群众，扩充新兵。4月，新编成的第一一五师第五支队在晋东南地区参加反“九路围攻”作战。同月下旬，第五支队和第六八九团在第一二九师副师长徐向前率领下挺进冀南，协同兄弟部队收复了临清、高唐、夏津、枣强、永年、成安、肥乡等县城，开辟了卫河以东、以西和漳河以北广大地区。7月，第三四四旅主力向晋南挺进，在阳城、沁水之间打击由晋城西进的日军，取得町店伏击战的胜利。与此同时，第五支队和新建的津浦支队，由冀南进抵鲁北乐陵、宁津地区，与当地中国共产党组织领导的抗日武装会合。9月下旬，萧华率第三四三旅机关干部100余人到达乐陵县城，将当地抗日武装统一整编为八路军东进抗日挺进纵队，辖第五、第六支队和津浦支队。随后又成立了津南、泰山、宁津、鲁北等游击支队。到1939年上半年，部队扩大到2万余人，创建了津南、鲁北15个县的冀鲁边抗日根据地。9月，第五支队进入鲁西北。同月下旬，萧华率纵队机关和主力一部进至鲁西。

为加强山东抗日武装力量，巩固和发展山东抗日根据地，第一一五师主力部队陆续向山东进军。1938年11月，第三四三旅六八五团由晋西出发，12月改称苏鲁豫支队，下旬到达微山湖以西丰县，1939年2月，与山东纵队挺进支队等当地抗日武装合编，粉碎了日军大规模“扫荡”，巩固扩大了以丰（县）沛（县）为中心的湖西根据地。6月，所属部队进行整编后，支队扩大为旅级，辖第一、第四、第七大队，总兵力达8800余人。在此前后，第四大队留在湖西，第一大队挺进苏皖边，开辟了以泗县为中心的皖东北根据地。直属队与第七大队挺进豫皖边，配合山东纵队陇海南进支队和新四军游击支队开辟了以永（城）夏（邑）萧（县）宿（县，今宿州市）为中心的豫皖苏抗日根据地。1938年12月，第三四四旅组建特务团、独立团等，挺进鲁西南地区。1939年2月，旅机关部分干部和直属分队进入鲁西南地区。3月，与先期到达的独立团、特务团等，以及当地部队合编为冀鲁豫支队。至年底，部队发展到7000余人。

1938年12月，第一一五师奉命将第三四三旅补充团与晋西的3个游击大队合编为师独立支队，留晋西坚持斗争；陈光、罗荣桓率师直属队和第六八六团以东进支队名义，由晋西出发，于1939年3月2日到达山东郓城地区。4日，首战樊坝，全歼伪军1个团，打开了运（河）西地区抗日局面。第六八六团直属队大部与第三营和师直两个连留在运西坚持斗争，其余部队于7日继续东进，到达泰（山）西的东平地区，与山东纵队第六支队会合。4月，罗荣桓在中共泰西地区高级干部会上提出依（泰）山傍（东平）湖，向外扩展，创建泰西根据地。5月，师直属队、第六八六团和到达鲁西的津浦支队及地方武装，在肥城以南的陆房地区粉碎了日、伪军5000余人的九路围攻。8月，八路军第一纵队成立，徐向前为司令员、朱瑞为政治委员，第一一五师归第一纵队指挥。

晋东南地区的第三四四旅主力于1939年7月至8月，配合第一二九师粉碎了日军对太行区的“扫荡”。12月，国民党顽固派掀起第一次反共高潮，派兵向晋西、冀南、太岳、太行地区的八路军和山西新军进攻。1940年1月中旬，第三四四旅协同第一二九师，歼灭了向太（行山）南根据地进攻的国民党顽军一部，恢复了太南部分地区。2月，第三四四旅编入八路军第二纵队。4月，第二纵队进抵冀鲁豫边区，随后南下豫皖苏边区，7月与新四军第六支队（欠第四总队）合编为八路军第四纵队。

1939年7月至10月，第一一五师直属队与第六八六团和津浦支队，分批东越津浦铁路，由鲁西进入鲁南地区建立根据地。津浦支队到达临沂、费县地区后，编入山东纵队第二支队。师部率随营学校、第六八六团和新扩编的特务团进入鲁南腹地抱犊崮山区，与山东纵队苏鲁支队会合，开辟了以抱犊崮山区为中心的鲁南根据地；1940年1月又发展到郯（城）码（头）平原地区；4月至5月，粉碎了日、伪军8000余人对抱犊崮山区的“扫荡”，开辟了天宝山区抗日根据地；7月，以一部兵力东渡沭河，打通向滨海区发展的通路；至年底，完成了开辟鲁南抗日根据地的战略任务，打通了鲁南与鲁中、湖西、鲁西区的联系。

第一一五师主力进入山东后，部队迅速发展，至1940年10月已达7万余人。为适应持久抗战的需要，遵照中央军委和八路军总部指示，第一一五师对部队进行多次整编。在鲁西，1940年3月，将进入鲁西的东进抗日挺进纵队主力和第一一五师独立旅等部合编为新的第三四三旅，杨勇任旅长，萧华任政治委员。4月，成立鲁西军区（机关由第三四三旅机关兼），萧华任司令员兼政治委员。东进抗日挺进纵队第五支队与山东纵队第六支队合编为运河支队，原师独立旅第一、第二团与山东纵队第八支队合编为黄河支队。6月，苏鲁豫支队第三大队由湖西调往华中，黄河支队调入湖西地区坚持斗争。3月至8月，驻鲁西地区的部队先后配合冀中、冀南军区部队讨伐了国民党顽军石友三部。在鲁南，第一一五师于1940年初将地方武装分别编为临（沂）郯（城）费（县）峄（县，今枣庄市峄城区）边联支队、沂河支队、尼山支队、峄县支队、运河支队。4月，将苏鲁豫支队第二大队扩编为东进支队，第六八六团与东进抗日挺进纵队第六支队第七团合编为鲁南支队。7月，陈士榘率独立支队由晋西到达鲁西，参加讨伐石友三部战役后，将第二团留鲁西坚持斗争；10月，独立支队机关和第一团开进费县与师部会合。同月，成立鲁南军区，张光中任司令员，邝任农任政治委员。边联、沂河、尼山、峄县和鲁南运河支队调归该军区建制。从10月至1941年3月，第一一五师将所属部队整编为教导第一至第六旅。1941年6月，八路军第二纵队新三旅和新二旅第四团编为第一一五师教导第七旅。

1941年，敌后抗日根据地进入最艰难的时期。第一一五师与山东纵队在日、伪、顽军夹击的困难形势下，互相配合，坚持独立自主与自力更生的方针，战胜了严重困难，为转入恢复再发展的新阶段创造了条件。1月，教导第一旅编为新四军第三师第七旅。第一一五师直属队和教导第二旅进入滨海南部地区后，3月同山东纵队第二旅一部攻克青口等8个日、伪军据点，解放了从赣榆到柘汪的沿海地区。7月7日，鲁西军区与冀鲁豫军区合编为新的冀鲁豫军区，教导第七旅编入八路军第二纵队建制。8月19日，中共中央书记处决定山东纵队归第一一五师指挥，组成山东军政委员会，罗荣桓任书记。9月下旬，教导第六旅南下清河区，在山东纵队第三旅一部配合下，打通了冀鲁边区和清河区的联系。11月至12月，第一一五师同山东纵队在沂蒙山区粉碎了日、伪军5万余人“铁壁合围”大“扫荡”。

1942年春、夏季，第一一五师指挥山东各部队派出若干小分队深入敌占区，采用“敌人打到我这边来，我就打到敌人那边去”的“翻边战术”，反击日、伪军的“扫荡”“蚕食”。8月，根据中央军委指示进行精兵简政，实行主力军地方化，山东纵队改为山东军区，归第一一五师指挥。10月至11月，第一一五师先后指挥驻鲁中部分部队和胶东军区部队，粉碎了日、伪军各1.5万余人的“扫荡”。1943年3月，根据中共中央决定，第一一五师和山东军区合并为新的山东军区（仍保留第一一五师番号），实行一元化领导。罗荣桓任山东军区司令员兼政治委员、第一一五师政治委员兼代师长，黎玉任副政治委员，萧华任政治部主任。辖鲁南、鲁中、滨海、胶东、清河、冀鲁边军区（1944年1月清河军区与冀鲁边军区合并为渤海军区）。第一一五师和山东军区所属旅和支队番号撤销，部队统一整编为13个主力团，一部充实地方武装。

八路军第一一五师从1937年8月至1943年春，先后在山西、察哈尔（今分属河北、内蒙古）、河北、山东、江苏、河南、安徽等省抗击日军的进攻，反击日、伪军的“扫荡”“蚕食”和封锁，不断开辟、发展和巩固抗日根据地，歼灭日、伪军18.2万余人。从1944年至1945年春、夏季，山东军区连续发动攻势作战，歼灭日、伪军11万余人，收复县城11座，使各军区连成一片。在1945年全面反攻中，歼灭日、伪军6万余人，解放了除济南、青岛等少数大城市之外的山东大片地区，为夺取抗日战争胜利做出了重大贡献。

滨海革命烈士陵园

滨海革命烈士陵园位于山东省临沂市临沭县城临沭街道叠翠路1号，是为了纪念抗日战争时期牺牲在滨海地区的烈士而修建的设施。其前身是“临沭县革命烈士陵园”，始建于1942年6月，坐落在临沭西南部岌山东麓，1943年至1944年，日军“扫荡”时两次炸毁陵园，两次重建。1947年被国民党当局破坏。1968年迁至现址。1990年6月更名为“滨海革命烈士陵园”。

陵园占地12.27万平方米，总建筑面积3200

滨海革命烈士陵园

平方米，建筑风格仿南京中山陵。主要设施以大门至小横山顶的纪念塔为中轴线，共有8个坡段，分布有仿古穿堂式大门、战士群雕、滨海革命纪念馆、革命烈士纪念堂、无名革命烈士墓、第一一五师纪念亭、抗日英雄纪念碑、革命烈士纪念塔、将帅题词碑廊、语录碑、白涛墓等。

陵园大门为五彩斗拱、仿古穿堂式五开间建筑，雕梁画栋，斗拱飞檐，“滨海革命烈士陵园”匾额系国务院原副总理谷牧题写。

前行不远，绿草如茵的草坪中矗立着大型八路军战士群雕“同仇敌忾”，雕像由三男一女4位战士组成，他们手握钢枪、高举战旗、怀抱地雷怒视前方。雕像两侧是将帅题词碑廊，廊内30余块黑色大理石碑，分别镌刻着徐向前、谷牧、张震、萧华、陈士榘、谭启龙、谷牧等人的题词，铁画银钩，气度非凡。

拾级而上到第二坡段，座落着滨海革命纪念馆，原名为滨海区革命斗争史陈列馆。进入馆内，映入眼帘的“滨海八年，抗战之光”8个大字，笔走龙蛇，为陈毅元帅题写。展厅利用丰富的图片、文字，生动展现了滨海区的革命斗争

“同仇敌忾”八路军战士群雕

滨海革命纪念馆

将帅题词碑廊

第一一五师纪念碑亭

史。展览主要分3个部分：第一部分“光荣的滨海”，记录了刘少奇、罗荣桓、朱瑞等老一辈无产阶级革命家和国际友人汉斯·希伯等在滨海地区的革命实践和光辉足迹；第二部分“战斗的滨海”，反映了抗日战争时期和解放战争时期发生在滨海地区的重大历史事件；第三部分“滨海中心区——临沭”，集中展现了中共山东分局、第一一五师师部、山东省战工会和中共中央政治局委员、新四军政委刘少奇在临沭工作、战斗的史实。

纪念馆东侧是第一一五师纪念碑亭，是一座古朴而典雅的建筑，记录了第一一五师在滨海革命斗争中创下的伟大功绩。不远处是白涛墓。

纪念馆西侧是无名革命烈士墓，建于2000年清明前夕，360位无名烈士长眠在这里。墓座东西宽20.44米，寓意2000年4月4日清明时建成。墓上有4块碑，象征来自各地的无名革命烈士以及其革命精神弘扬四方；碑高81厘米，寓意“八一”建军节；4块墓碑组成了上半圆和底半圆，分别代表天和地，寓意“顶天立地，心昭日月”的革命先烈。无名革命烈士墓的西侧，紧紧相依的是革命烈士墓群，现在有569座烈士墓。

继续向上，便是革命烈士纪念堂，堂内陈列着毛泽东、刘少奇、周恩来、陈毅等老一辈革命家的题词，另有著名烈士的英雄事迹介绍。墙壁上镶嵌着近2000名革命先烈的英名。

抗日英雄纪念碑在第五个坡段上，碑文记载了西山前村这个山东省第一个抗日模范村的情况，还有抗日民族英雄张作洪的英雄事迹。

革命烈士纪念塔伫立在第八个坡段上，建于1968年，塔高14米，塔身正面刻毛泽东书写的“革命烈士纪念塔”镏金大字，基座上嵌有塔铭，镶有12幅汉白玉浮雕，内容包括中共一大代表王尽美、日照暴动、抗日烽火、一一五师进驻滨海、刘少奇来滨海指导抗战、赣榆战役等，展现新民主主义革命时期滨海区革命斗争概貌。

无名烈士墓区局部

革命烈士纪念塔

滨海革命烈士陵园是全国爱国主义教育示范基地、山东省重点烈士纪念建筑物保护单位。

经党中央、国务院批准，国务院于2015年8月13日公布，滨海革命烈士陵园被列入《第二批国家级抗战纪念设施、遗址名录》。

知识链接 郯城战斗

全民族抗战爆发后，山东滨海地区一直是敌我双方争夺十分激烈的地区。进入1942年秋，日军为控制沿海出海口，掠夺盐滩财富，断绝滨海抗日根据地的经济来源，遂向滨海中心区压缩推进，并遍设据点，施行新的“蚕食”。

1943年1月，驻郯城、临沂、沙河等地的日、伪军对沭河两岸进行“蚕食”，并大肆修筑临沂至青口的公路和重沟至郯城的堡垒封锁线，企图切断滨海与鲁南和华中的联系，进一步与沙河、新浦之敌配合，夹击滨海抗日根据地南端，逐步把八路军挤出滨海地区。

为反击日、伪军的“蚕食”，贯彻“敌进我进”的方针，策应冀鲁边、清河地区反“扫荡”斗争，八路军第一一五师教导第二旅旅长曾国华、政治委员符竹庭，决心乘郯城日、伪军倾巢出动，城中兵力薄弱之机，运用“敌人打到我这边来，我就打到敌人那边去”的“翻边战术”，以第四、第六团各一部，在地方武装和民兵的配合下，对日军在鲁南苦心经营多年的后方兵站基地——郯城发起进攻。具体部署是：以第六团第三营为主攻部队，从城南进攻；以第四团第三营为助攻部队，从城北攻城。同时，由第四团团长贺健率1

个连和临沭县独立营，包围醋大庄及其附近地区据点；第六团政治委员刘西元率1个营和海陵独立旅，负责监视赣榆、新浦方向之敌，保障攻城部队的侧后安全。

郯城地处鲁东南，北依沂蒙，南临淮海，为山东之南大门。县城坐落于临沂至新安镇之间，距西部商业重镇马头仅9千米，两地在军事上可互相策应，历史上常并称郯马。城东为绵亘48千米的马陵山，西部蝎子山、黄山、兰山、虎山、庙山等皆为孤山，东西有沭河、沂河并流境内，为苏鲁之咽喉要地。日军侵占郯城后，筑起高11米、宽9米的城垣和深7米、宽6米的外壕及38个碉堡，工事坚固，成为一座完全堡垒化的城镇，由日军1个小队和伪军一部驻守。八路军在尚无重武器的情况下，要啃下这块硬骨头，绝非易事。

战役发起前，为迷惑和牵制敌军，教导第二旅先以一部兵力在1000多民兵的配合下围攻醋大庄、禹屋等据点，并破坏了临沂至郯城的公路交通，把进行“蚕食”的日、伪军牵制在沭河沿岸，使其不能回援和机动，同时对临沂至郯城公路进行大破坏。

1月19日拂晓，教导第二旅的进攻部队乘郯城日、伪军守备空虚之机，以突然动作奔袭位于日、伪军后方的郯城，进至待机地域。当晚，担任主攻的第六团三营迅速攻占城南关，首先将外城门炸毁，突破郯城南门外层城门。但因据守的日、伪军用沙包将城门堵塞，依托坚固工事以密集火力顽固死守，致使进攻部队突破受阻，遂撤出战斗。

如不能迅速拿下郯城，不但周围据点的日、伪军会倾巢出援，外出“扫荡”的日、伪军主力也会掉转头实施反扑。攻城部队将陷于敌军两面夹击的被动局面，形势极为不利。为确保攻城，第四团政治委员吴岱率领该团第一营（欠第二连）和旅部特务二连，放弃攻打临沂东南石村据点，赶来郯城担任打援。同时，第六团团长贺东生亲自率领第三营干部，对城南地形逐段进行仔细观察，并组织大家认真研究攻城作战方案。一致认为，攻城的突破口选在南城门的东面最为理想。因为占领南关后，敌人明显加强南城门的守备，而城东南角虽有一座大碉堡，但戒备较差；同时南门往东200米处有一座民房靠近外壕，可作为攻击出发点，大大缩短攻击距离。民房后边是一座天主教堂，把机枪配置在教堂的钟楼上，可以压制正面城墙上和南门楼敌人的火力点。贺东生把攻城任务交给第三营第八连。

20日22时许，担任助攻的第四团第七、第九连率先向北门发起攻击。顿时，枪声、爆炸声和指战员的呐喊声像响雷一般划破夜空。在南门，第八连冒着密集的火力封锁，在宽深沟壕上架桥，发起猛攻。连长陈朝山把全连最优秀的投弹手集中起来，每人携带一筐手榴弹，在城根下一字排开。在他的指挥下，投弹手准确地把一颗颗手榴弹投向城头，将敌人的火力压制住。突击队趁机竖梯登城，打开突破口。登上城墙的8名战士陷入守敌的重兵围攻之中。他们十分清楚，在敌众我寡的情况下，硬拼是不行的，只有想办法拖住敌人，争取时间，为后续部队登城创造条件方为上策。于是抢占了一个掩体，用碎砖乱石和敌人的尸体挡住通道，准备坚守。先是从东南角大碉堡里冲出一股敌人，被战士们用手榴弹给打了回去。随后，南城门楼的敌人也蜂拥而至，猛扑过来。8名战士沉着应战，打退了敌人一次又一次的冲击。

这时，城下又重新架起梯子，贺东生和陈朝山亲自率领第二排增援上来，与8名战士一起将敌人击退，然后立即向南城门的敌人猛打猛冲过去。敌人不支，纷纷向城里败退，第八连穷追不舍。第三营营长姚世锋、教导员袁洪辉率第七、第九连及时赶到，很快肃清了城门楼上的残敌，并迅速沿南大街向北进攻。据守在十字街口的敌人，用两挺机枪严密封锁街口，使进攻部队受阻。陈朝山命令战士们挖墙打洞，逐屋逐院同敌人展开争夺战，并展开政治攻势，使守城伪军大部瓦解、残部退缩城中。

与此同时，第四团第七、第九连也成功地突破北城墙杀入城内。首尾受攻的敌人惊恐万状，不断向周围的据点发出求援信号。战至21日拂晓，城内日、伪军已大部被歼，残部退集到伪县政府大院内顽抗待援。上午，距郯城9千米的码头镇据点出动日军1个中队和伪军400余人驰援。当进至白马河与西关之间时，遭第四团一营和旅部特务二连的迎头痛击。特务二连从侧面杀入敌阵，展开白刃战，一下将敌人队形打乱。第一营趁机全力出击，毙伤日、伪军200余人，残敌逃回码头镇据点。

郯城内的战斗也已接近尾声，第四团第九连用炸药炸开伪县政府的后墙，战士们潮水般冲入大院。在“缴枪不杀”的喊声中，200多名伪军纷纷放下武器投降，只有龟缩到大碉堡内的日军顾问滕元、指导官多田和1个小分队仍负隅顽抗。第六、第四团连续用两包炸药对大碉堡实施爆破。随着震天动地的巨响，第一包炸药把碉堡炸出一个大洞，第二包炸药将碉堡彻底炸塌。碉堡里面的日军当场被炸死8人，剩下的7人从残垣断壁中爬出来举手投降。

郯城攻克后，教导第二旅等部乘胜向郯城周围扩张战果。至23日，一鼓作气连克归义、小埠、大埠、红花埠等日、伪军据点18个。

此战，教导第二旅采用“翻边战术”，乘虚急进，奔袭郯城，以神速动作进迫城垣，一举突破成功，共毙伤日、伪军400余人，俘虏日军7人、伪军政人员600余人，缴获迫击炮2门、掷弹筒3个、轻机枪3挺、步马枪800多支、汽车4辆、粮食200多万千克。并乘胜扩大战果，夺取18处据点，开创了八路军山东部队攻克日军坚固设防城镇的先例，有力地策应了冀鲁边、清河区八路军进行的反“扫荡”斗争。教导第二旅第六团第八连被山东军区授予“郯城战斗模范连”的荣誉称号。

山东《大众日报》很快就报道了这一胜利消息，并以《庆祝我军新年大捷》为题发表社论。延安新华社也发出消息，对此战的胜利给予高度评价：“我一一五师驻滨海、沂蒙各部连日袭击日寇，并一举攻克郯城，予敌‘蚕食’以重大打击，实为1943年伟大的胜利之第一击。”

知识链接

赣榆战斗

1943年11月，日军第十二军对鲁中、清河区进行大规模“扫荡”，并令驻赣榆县城伪军第七十一旅出兵策应，向北“蚕食”，企图打通海（州）青（岛）公路。

为策应鲁中、清河区的反“扫荡”作战，滨海军区司令员陈士榘、政治委员符竹庭根据山东军区指示，决心乘伪军未动，先发制人，以第六团（欠1个营）、第二十三团、海赣独立营及海陵独立团一部，攻取赣榆城。

19日晚，滨海军区参战部队隐蔽进入城北、城南待机位置。午夜，化装成送粮农民的突击队进至城东北门，在地下工作人员接应下，消灭城门哨兵，占领城楼。担任主攻的第六团一营随即冲入城内，迅速歼灭了宝塔、文庙、警察所、盐务所等处伪军。与此同时，第六团第二营及第二十三团第一、第二营分别从城西北和城南突入城内。伪军第七十一旅一四二团经过事先争取，按兵不动。进攻部队在火力掩护下，集中兵力对伪军旅部和第一四一团发起攻击。激战至20日晨，伪军大部被压迫到旅部驻地固守待援。上午，驻青口的日、伪军200余人两次向赣榆城增援，均被第二十三团三营、海赣独立营等部击退。中午，攻城部队一面实施突击，一面开展政治攻势敦促伪军投降。伪军旅长在待援无望、军心动摇的情况下，于下午率残部1600余人缴械投降。26日，在反击日军袭击旦头的战斗中，符竹庭牺牲。

冀鲁边区革命纪念园

冀鲁边区革命纪念园位于山东省乐陵市朱集镇旅游路99号，是为了纪念冀鲁边区军民在党的领导下波澜壮阔的革命历史。2014年9月19日正式落成开园。

纪念园占地面积12.4万平方米，建筑面积2.5万平方米，主要由休闲广场、冀鲁边区革命纪念馆、烈士碑林、纪念广场（人民英雄纪念碑、烈士墙）、常大娘之家（体验式地道）5个部分组成。

纪念园入口是三门四柱仿古牌坊，飞檐翘角，横额题写“枣乡红韵”，既体现了乐陵的特色，也展现出纪念园的主题。

冀鲁边区革命纪念园大门

挺进广场主题雕塑是一组人物形象，由昂着头、肩并肩的工人、农民、军人组成，具有深刻寓意：我们党代表的是工人阶级的利益，是其先锋队，引领着中国前进的方向；我们的国家是以工人阶级为领导、以农工联盟为基础的国家；革命的胜利与武装斗争密切相关，我们的军队来自

挺进广场主题雕塑

并依靠人民，始终将人民的利益放在第一位。雕塑的下方是记载冀鲁边区发生的4个历史事件的浮雕。南侧雕刻的是萧华挺进冀鲁边区；东侧雕有黄夹起义；北侧雕刻的是万人挽留牟宜之；西侧雕刻的事迹与乐陵籍抗日名将宋哲元有关，他所领导的中国军队第二十九军打响了全面抗日战争的第一枪。

冀鲁边区革命纪念馆，是一组中国传统建筑风格的宫殿式建筑群，单檐歇山顶，建筑面积5000平方米，由中央军委原副主席迟浩田题写馆名。建筑中的红色，既代表着冀鲁边区枣林结出的红枣的颜色，也象征着革命先烈流过的鲜血。建筑中的白色，象征着边区人民爱党爱军及无私奉献的精神，象征着革命先烈对党的事业和人民的幸福忠贞不渝的精神；建筑中的灰色，含有庄重而肃穆的寓意，反映了后人对革命先烈的缅怀之情和深深的敬仰之情。

冀鲁边区革命纪念馆

馆内采用图版、文字、实物及绘画、模型、场景、展柜、多媒体等多种形式，将一些重大事件、活动以及著名人物重点表现出来，呈现出边区军民在中国共产党的领导下的壮丽革命史。序厅的中央雕塑，反映了在中国共产党的领导下冀鲁边区的英雄儿女奋勇杀敌、全力支前的场景。一共有5个单元：第一单元“孕育形成”，介绍了从五四运动到中国共产党创立、大革命时期，冀鲁边区的革命史；第二单元“发展壮大”，介绍萧华率八路军东进抗日挺进纵队进入冀鲁边区后，冀鲁边区发展壮大的情况；第三单元“艰苦奋战”，介绍面对异常艰苦的抗战形势，冀鲁边区军民同仇敌忾、艰苦奋战、不屈不挠的抗战精神；第四单元“全力支前”，介绍解放战争时期发展为解放区的渤海区人民参军支前的情形；第五单元“传承红色基因”，主要介绍冀鲁边区抗日根据地的历史地位和贡献。

革命纪念馆序厅

烈士墓区，一共有1003名革命烈士在此长眠。而在抗日战争时期，整个冀鲁边区牺牲的军民达到了10余万人，其中县团级以上干部有90余名。

人民英雄纪念碑，碑高9.3米，寓意烈士纪念日是9月30日。碑身正面刻有毛泽东手书“人民英雄永垂不朽”金色大字，样式仿天安门广场

人民英雄纪念碑

上的人民英雄纪念碑。纪念碑两侧建有总长24米的烈士墙，代表着冀鲁边区的24个县，其范围涉及河北与山东两省；墙高3.7米，则代表着冀鲁边区革命根据地是1937年形成的。墙上刻有烈士名录，一共有30215名，其来源包括冀鲁边区24个县区，烈士英名将永远铭记在这片土地上。

常大娘之家展馆是以革命妈妈刘香蕙为主题，呈现了她在抗日战争时期带着全家，侦敌情、养伤员和送情报，为抗日游击队员做饭和缝衣，为伤员喂水喂饭，同时还在自家挖了可以藏身的地道，先后有60余名军政干部被她护佑过，她成为同志们口中的“常大娘”。

常大娘之家

经党中央、国务院批准，国务院于2015年8月13日公布，冀鲁边区革命纪念园被列入《第二批国家级抗战纪念设施、遗址名录》。

知识链接

冀鲁边起义

1937年7月7日，日本帝国主义制造了七七事变，发动全面侵华战争。为实现灭亡中国、变中国为其独占殖民地的企图，日本采取速战速决的战略，大举向华北增兵。中国共产党高举抗日的大旗，在事变发生的第二天就通电全国，号召“全中国同胞，政府，与军队，团结起来，筑成民族统一战线的坚固长城，抵抗日寇的侵掠!”全国人民群情激愤，声讨日本侵略军。

早在这年春，山东乐陵县一带就有中国共产党的秘密组织开展活动。7月15日，中共津南工委（10月建立中共鲁北特委，1938年3月改称中共冀鲁边区委）书记于文彬等在河北东南部的盐山县成立华北民众抗日救国会，并在其周围各县设立分会，领导人民开展抗日救亡活动。与此同时，中共盐山、乐陵、宁津、庆云、无棣等县组织相继组建抗日武装，并在盐山县旧县镇集结，成立华北民众抗日救国军，领导人为于文彬、马振华等。救国军攻克了盐山城东南日、伪军据点五堡，毙伤俘日、伪军200余人。不久，救国军改称国民革命军别动总队第三十一支队。

1938年1月底，第三十一支队攻克盐山城，歼日军30余人、伪军400余人。于文彬在战斗中牺牲。2月至4月，第三十一支队又先后攻克无棣、乐陵、庆云等县城，部队发展到2000余人，建立了乐陵、庆云、南皮三县抗日民主政府。

知识链接 冀鲁边区1942年夏季反“扫荡”

1942年6月上旬，日军华北方面军为全面控制冀鲁边区，确保其对河北省中部地区“扫荡”的翼侧安全，以第五十九师团一部和独立混成第七旅团及部分伪军共1万余人，采取“拉网合围”“分区清剿”的战法，对冀鲁边区进行残酷的“扫荡”。

根据敌强我弱的形势，八路军第一一五师教导第六旅旅长兼冀鲁边军区司令员邢仁甫（后叛变投敌）、政治委员周贯五，决心将主力部队和地方武装化整为零，突破日、伪军的合围，转移到外线开展游击战。

6月9日，日、伪军分别从德县（今德州市）、连镇、泊镇（今泊头市）和沧县出动，向东进行合围。19日，冀鲁边区第一分区党政军机关和冀中区参观团在鬲津县（今分属东光、宁津、南皮）大单家、小单家和宫柳林、王柳林等地（今均属东光）被包围，同2000余日、伪军展开激战，共毙伤日、伪军300余人，但自身也遭受重大损失，第一军分区司令员石景芳、政治委员杜子孚等300余人在突围中牺牲。下旬，冀鲁边军区特务营和第十六团一部，深入宁津县长官南部、盐山县圣佛寺西北部和乐陵县王相（今属河北南皮）一带，袭击日、伪军据点，以牵制日、伪军的“扫荡”。

在此期间，冀中军区第二十三团一部向东部沿海地区转移，在途经沧县东南的西卷子、中卷子、东卷子时，遭到日、伪军1000余人包围。激战终日，毙伤日、伪军500余人，突出重围。冀鲁边军区回民支队在青城县（今黄骅、孟村大部及海兴、盐山、沧县一部）的杨寨、帮张（今属孟村）一带被日、伪军包围，该支队第二大队大部牺牲。7月3日，冀鲁边军区第十八团和从冀中突出重围的武装宣传队70余人，在沧县以南的大七拨（今属南皮）被日、伪军包围，突围时有170余人牺牲。下旬，第一军分区一部在东光县灯明寺一带被日、伪军合围，经顽强奋战，突出包围。月底，日、伪军一部向无棣县北部小山、邢王文（今属海兴）一带进犯。冀鲁边军区机关和第十六团一部在地方武装配合下，转移途中，多次击退日、伪军的进攻，摆脱了包围。至8月中旬，日、伪军收缩兵力，结束“扫荡”。

在历时2个多月的反“扫荡”作战中，冀鲁边军区部队共毙伤日、伪军2000余人，使日、伪军全面控制冀鲁边区的企图未能得逞。但冀鲁边抗日根据地遭到严重破坏，抗日军民受到了较大损失。

鲁西北革命烈士陵园

鲁西北革命烈士陵园位于山东省聊城市莘县大王寨乡东丈八村西北隅，与莘县县城相距约20千米，是为了纪念抗日战争时期在鲁西北牺牲的烈士而修建的设施。陵园原址为元末时期的建福寺，1945年原冀南行署为纪念在抗日战争中献身于鲁西北的936名先烈而改建，称“丈八烈士陵园”。2006年、2013年两次对陵园进行改造，并于2013年10月更名为“鲁西北革命烈士陵园”。

鲁西北革命烈士陵园坐北朝南，占地面积约6.8万平方米。主要建有古典式门楼、纪念塔、纪念馆、烈士墓等纪念设施。

门楼是一座三门四柱牌坊式建筑，飞檐翘角，庄重古雅，门额刻有“鲁西北革命烈士陵园”金色大字。

鲁西北革命烈士陵园门楼

纪念塔是一座三层八角的楼阁式砖木结构建筑，占地面积100平方米，塔高19.46米，寓意1946年修建。下部基座是一座正方形砖台，其高为3米，边长11米，四周镶嵌着有关重大影响的历史事件和英雄人物的8块汉白玉浮雕。台座四周镶嵌汉白玉护栏。塔身的纪念碑碑身共8面，正面镶嵌着用旧碑改刻的红色大字塔名“革命烈士纪念塔”，其他7面上分别刻着“鲁西北烈士陵园纪念碑”碑文、“鲁西北军民抗战八年简表”、“克复莘县城记”、“肖张史三烈士传略”，另外3面则刻有烈士英名录，烈士分别来自莘县、冠县、临清、武训、馆陶、永智6县和其他地区，共936位，其中有3名师级干部，10名团级干部，6名营级干部，9名连级干部，102名排级干部，

革命烈士纪念塔

643名班长和战士。纪念塔顶尖处有一颗巨大的红五星。

纪念馆位于纪念塔北40米处，为仿古式建筑，整个展厅长42米，宽13米，加上1米高的水泥台，共高8米。展陈面积360平方米，陈列着肖永智、张炳元、史钦琛、范筑先、谢作霖、段永年等烈士的革命事迹及书信遗物。

鲁西北革命烈士陵园纪念馆

纪念馆正北是鲁西北全体党政军民于1945年7月7日修建的26座烈士墓及2012年为散葬烈士集中管理修建的480座烈士墓。其中有全国著名烈士八路军第一二九师新八旅政委，冀南军区第三、第七军分区政委兼鲁西北地委书记萧永智，莘县首任县委书记、鲁西北地委书记张炳元，筑先纵队政治部主任史钦琛等。

萧永智烈士墓

鲁西北革命烈士陵园是山东省文物保护单位。

经党中央、国务院批准，国务院于2015年8月13日公布，鲁西北革命烈士陵园被列入《第二批国家级抗战纪念设施、遗址名录》。

知识链接 萧永智

萧永智也作肖永智，八路军冀鲁豫军区第七军分区政治委员。1915年出身于湖北省黄安县箭厂河乡肖家湾村（今属河南新县）一个农民家庭。1930年4月，参加中国工农红军，在红一军军部当通讯员，次年调任红四方面军第十师少共团委书记，1932年5月加入中国共产党。6月，带领20多名战士偷袭敌军1个营，创造了速战速决、以少胜多的模范战例。同年，又率领百余名红军战士吸引牵制了敌军1个师的进攻，掩护了鄂豫皖中央分局和红四方面军总部2万余人安全转移。1935年随红四方面军长征，曾任军宣传队队长、师宣传科科长、师政治部主任等职。

1937年全民族抗战爆发后，任八路军第一二九师三八六旅七七二团政治处主任、副政治委员、政委，先后参加神头岭、响堂铺等战斗。1939年调任八路军第一二九师东进先遣纵队政治委员（李聚奎任司令员），率部队到鲁西北一带开辟抗日革命根据地，一面积极歼灭日、伪军，一面宣传党的政策和主张，扩大八路军的影响。

1940年5月，先遣纵队与筑先纵队合编为第一二九师新八旅，张维翰任旅长，萧永智任政治委员。1941年，萧永智去太行山北方局党校学习，同年秋学习结束回到冀南。1942年12月主力部队与军分区合并后，任冀鲁豫第三地委书记兼第三军分区政治委员。1943年7月，第三军分区划为冀南军区第七分区，任第七地委书记兼分区政治委员。

1943年，日军集中兵力实行“机动扫荡”。为了粉碎日军新的进攻，冀南军区决定对敌出击，组织了卫东战役。当时，萧永智腿部伤残，行动不便，组织决定派他去太行山学习，但他坚持要打完这一仗再走。9月22日，萧永智率部到达山东临清陈官营。23日晨8点，驻聊城、临清的日军广濑旅团数千人，分两路合围陈官营。萧永智在率部突围时不幸中弹牺牲，时年28岁。

鲁西南烈士陵园

鲁西南烈士陵园位于山东省菏泽市曹县韩集镇曹楼村，坐落在原始社会新石器时期至汉代文化遗址——安陵堌堆之上。是为了纪念在“九二八”反“扫荡”作战中牺牲的烈士而修建的设施。始建于1943年冬，由冀鲁豫边区第十地委、专署，根据冀鲁豫边区党委、行署的决定动工兴建，最初安葬朱程司令员、袁复荣专员等著名革命烈士。此后在鲁西南革命根据地斗争中牺牲的烈士多安葬于此。中华人民共和国成立后，又陆续接纳了抗美援朝、对越自卫还击战及在社会主义革命和建设中牺牲的烈士。

鲁西南烈士陵园大门

陵园占地4.3万平方米，主要建有鲁西南革命纪念馆、鲁西南抗日烈士纪念塔、纪念碑亭等设施。

陵园大门位于陵园南侧正中央，造型古朴典雅。进入大门，两侧各建有一个爱国自卫战争殉难烈士纪念碑。左侧碑亭为钢筋混凝土结构，黄瓦红柱，六角六脊。亭里的碑呈方锥形，碑正面刻有“气壮山河”，东西两侧刻有单位和个人的题词。右侧碑正面刻“爱国自卫战争中殉难烈士纪念碑”，其旁刻352位烈士的英名。

爱国自卫战争中殉难烈士纪念碑亭

纪念馆位于陵园中央，为两层仿古歇山式建筑，建筑面积1200平方米，展陈面积1000平方米，分为序厅、革命烽火厅、浴血抗日厅、红旗漫卷厅、大地忠魂厅、亲切关怀厅、曹县新貌厅7个部分，展示鲁西南地区的革命历史及改革开放以来取得的成就。革命烽火厅采用五星造型，透光吊顶，象征中国共产党领导下的鲁西南革命。正面的主题浮雕展现鲁西南革命群众为争取民族独立、人民解放不怕牺牲、英勇奋斗的伟大精神。

鲁西南革命纪念馆

左侧墙壁上挂1943年鲁西南抗日根据地区域图，右侧挂鲁西南地区革命历史大事年表，记述大革命时期至1949年9月鲁西南区撤销建制，在此发生过的重大革命事件。

馆内设有多媒体触摸屏查询相关资料。浴血抗日厅展示鲁西南抗日根据地的创建历程和根据地军民在党的领导下抗击日寇、反击国民党顽军等可歌可泣的英勇故事，再现“三村斗争”“王厂血战”“收复曹县城”等重大历史事件。红旗漫卷展厅展示刘邓、陈粟大军鏖战鲁西南的历史，鲁西南人民全力拥军支前，为新中国的成立付出的巨大牺牲和做出的重要贡献。大地忠魂展厅展有鲁西南专署首任专员刘齐滨、继任专员袁复荣、鲁西南军分区司令员朱程、曹县抗日民主政府县长王石钧、民主政府县长王雪静烈士的塑像，烈士墙上有21位著名英烈和65位革命烈士的照片、画像及2317名曹县籍英烈的姓名。

红旗漫卷展厅内一景

革命英雄纪念碑位于纪念馆正前方，碑高14.8米，正面刻“鲁西南革命英雄纪念碑”10个镏金大字，为集录毛泽东书体。碑身高9.28米，隐含王厂战斗发生在1943年9月28日。

革命英雄纪念碑

鲁西南抗日烈士纪念碑亭位于纪念馆正后方，建在高14米的安陵堌堆顶端，碑亭黄瓦丹柱，六角攒尖式。纪念碑四面锥体，高2.6米，宽厚各0.6米，碑座为3层石阶，高0.85米，顶高0.55米。碑顶四面各镌五角星1颗，正面横刻魏碑体“死重泰山”4字，竖刻“鲁西南抗日烈士纪念碑”10个大字。上款“鲁西南党政军民全体同志公立”。碑的左右两面为挽词，有冀鲁豫军区第五军分区司令员赵基梅、副司令员李东潮，冀鲁豫军区第

鲁西南抗日烈士纪念碑

二分区宋励华率全体指战员，政委刘星、副政委陈之开，冀鲁豫第十专署、鲁西南工农青妇抗日救国联合会等的挽词，碑阴为纪念碑碑文。该碑立于1945年1月，鲁西南抗日根据地党政军民所立。虽然历经了近80年的风风雨雨，仍保留着原貌。

烈士墓区位于纪念馆右侧和后方。安葬的革命烈士，既有鲁西南革命根据地的主要创建者、鲁西南专署第一任专员刘齐滨以及继任专员袁复荣，也有冀鲁豫军区第五军分区司令员朱程、冀鲁豫军区豫东纵队政委魏克仁，曹县民主政府县长王雪静、冀鲁豫军区第五军分区副司令员周柱安等。

著名烈士墓区

卧碑一共有9块，均由鲁西南专署在抗日战争时期所立，上面记载着26位革命烈士的生平事迹，记录了朱程、王石钧、秦兴体、杨履谦等烈士的光辉一生。在解放战争时期，地主还乡团曾对这里进行了多次破坏，多亏了当地群众，他们自发地把碑保存了下来，新中国成立后，这些卧碑被集中安置，在西南革命烈士纪念堂里进行了保存。2013年，鲁西南烈士陵园在改扩建时，卧碑移到了著名烈士墓区东侧进行集中安放。

鲁西南烈士公墓碑亭，由鲁西南抗日根据地

朱程、王石钧、秦兴体等26位烈士卧碑

党政军民立于1945年1月，安葬着无名烈士。墓碑周围刻满了10多处挽词，是当年社会各界人士为其题写的。这些挽词内容十分质朴，虽笔迹不同，但情真意切，表达了鲁西南人民对革命先烈的深深感激，还有深切怀念。

无名烈士墓占地3.3万余平方米，是无名烈士的合葬墓，共安葬了1万多名烈士，大部分是野战部队的解放军指战员，其中大杨湖战役中牺牲的烈士有4000余人，基本上都安葬在此地。

无名烈士纪念广场，有多处无名烈士公墓，曹县县委、县政府在无名烈士墓前立了以无名烈士为主题的浮雕。

鲁西南烈士陵园是国家级烈士纪念设施、全

鲁西南烈士公墓碑亭

无名烈士纪念广场

国爱国主义教育示范基地。

经党中央、国务院批准，国务院于2015年8月13日公布，鲁西南烈士陵园被列入《第二批国家级抗战纪念设施、遗址名录》。

知识链接　冀鲁豫边区1939年反“扫荡”

冀鲁豫边区指冀南、鲁西南、豫北交界地区，既是山西和山东、华北与华中的结合部，也是联结这几个地区的交通枢纽，战略地位相当重要。

1938年9月，八路军第一一五师三四四旅代旅长杨得志奉命率一部兵力开辟冀鲁豫边区抗日根据地，同时配合第一二九师部队袭击日、伪军据点、车站，破坏平汉、道清铁路线，策应国民党军正面战场的作战。年底，第三四四旅所属部队大部从豫北、冀南返回太行山，以第六八七团与六八八团各一部合编为旅独立团。

为进一步推动冀鲁豫边区的抗战形势，创建和巩固平原抗日根据地，1939年2月，杨得志和第三四四旅政治部主任崔田民率该旅补充团、特务团，由山西高平地区东进，越过平汉铁路，挺进冀南、豫北地区。3月，进至河南滑县道口镇以东地区，与由地方武装组织的黄河支队、冀鲁豫第五支队等部合编成冀鲁豫支队，杨得志任司令员，崔田民任政治委员，下辖4个大队，共4700余人，标志着中国共产党在冀南、豫北、鲁西南地区的抗日武装实现了统一领导。

冀鲁豫支队建立后，立即开展群众工作和统一战线工作，扩大抗日武装，开展游击战争。在政治上，严格执行“三大纪律八项注意”，广泛宣传党的抗日主张，积极争取广大群众和开明绅士的拥护与支持。在军事上，积极行动，以灵活机动的游击战术打击日、伪军，先后取得夜袭金乡县城、单县白浮图战斗、曹县苗堤圈战斗的胜利，扩大了共产党和八路军的影响。同时对国民党顽固派军队、土匪和封建武装坚决予以打击，团结争取了一些绿林武装头目，收编改造了其中的部分武装。经过几个月的艰苦奋战，初步扭转了冀南、豫北、鲁西南地区的混乱局面，开辟了冀鲁豫边区抗日游击区。

6月24日，日军驻河南新乡、山东滋阳（今兖州市）和河南开封地区的第十四师团主力及第三十二、第三十五师团各一部，在从北面向南进攻的第十、第一一四师团各一部配合下，共调集1.5万余人、汽车300余辆，分7路向鲁西南及濮阳地区“扫荡”。此次，日军采取分进合击的战术，以菏泽、东明为中心，企图歼灭冀鲁豫边区的抗日武装并摧毁抗日根据地。

活动于定陶地区的冀鲁豫支队7000余人，在杨得志、崔田民的指挥下，以一部兵力前出金乡、曹县地区阻击日军，掩护主力撤出定陶向西南方向转移。7月1日，冀鲁豫支队正在定陶城内召开庆祝中国共产党成立18周年大会，日军突然从东、西、南三面逼近城垣。支队迅速组织分路突围：刘震、李雪三率第一大队在城东徐庄与日军遭遇，发生激战，在歼敌一部并击毁汽车5辆后突出包围圈；覃健、常玉清率第二大队在城西阻击日军，掩护支队机关和第三大队转移后，分散突围至曹县东南集结。尔后，第一大队在菏泽、东明间，第二大队在考城（今属兰考）、曹县间，第三大队在长垣、滑县间，第五大队在曹县、定陶间，利用青纱帐为掩护积极开展游击，先后袭击了张庄和曹县、滑县等地的日军。

日军遭连续打击后，集中兵力于菏泽西北的高庄集，分四路由北向南齐头并进，实行“梳篦扫荡”，企图在菏泽、曹县、考城间寻歼冀鲁豫支队主力。冀鲁豫支队又分散转移，使日军处处扑空，徒劳往返，疲于奔命。至9日，日军大部回撤，以一部兵力控制菏泽、定陶、东明、城武（今成武）、单县、巨野、考城等县城和交通线，对冀鲁豫边区的第一次“扫荡”就此结束。

在反“扫荡”作战中，冀鲁豫支队不断发展壮大，于8月间组建青年挺进大队。至此，全支队已发展到万余人，圆满完成了八路军总部赋予的“整编、扩大部队”的任务。9月，杨得志、崔田民就冀鲁豫支队的下步行动，向中央军委和八路军总部建议：一是东进，过津浦铁路进入山东，归建第一一五师指挥，以泰山为依托，创建抗日根据地；二是西返，过平汉铁路，以太行山麓为依托，创立抗日根据地。中央军委鉴于冀鲁豫边区战略地位的重要，复电指示冀鲁豫支队应做好长期打算，在这一区域坚持平原抗日游击战争，继续创建和巩固冀鲁豫边区平原抗日根据地。

根据中央军委的这一指示，冀鲁豫支队积极配合当地的党组织，加强抗日政权建设，于9月下旬在东明、长垣、菏泽、濮阳、滑县交界处，建立五县联防办事处，同时大力发展抗日群众团体和地方武装，形成“以我为主”的抗战新形势。

10月8日，驻菏泽日军约1个联队，附骑兵、炮兵各一部，沿济（宁）长（垣）公路直扑冀鲁豫支队驻地毕寨。冀鲁豫支队顽强抗击，毙伤日军300余人，于黄昏转移。入夜，又出动两个连袭击日军骑兵分队驻地，杀伤一部，缴获军马20余匹。9日，日军撤回菏泽。20日，日军调集5000余人，附汽车、坦克和骑兵，分三路合击冀鲁豫支队。杨得志、崔田民率支队在曹县、菏泽、东明、考城4县交界地区，先后给予进犯之敌以有力打击，然后分路转移至东明以西和单县西南一带活动。至月底，粉碎了日军的第二次“扫荡”。

11月8日，不甘失败的日军又从平汉、津浦、陇海铁路线抽调约1个师团的兵力，配备800余辆汽车、数十辆坦克，分多路对曹县桃园集一带实施“扫荡”，企图一举围歼冀鲁豫支队主力于鲁西南地区。冀鲁豫支队为避敌锋芒，以一部袭扰、迟滞敌人，主力于11日夜跳出包围圈，使日军的第三次“扫荡”企图再次落空。

在持续数月的反“扫荡”斗争中，冀鲁豫支队以灵活机动的游击战术，共毙伤日军近千人，挫败了日军寻歼冀鲁豫边区八路军主力的企图，坚定了当地群众的抗战信心，为巩固和发展冀鲁豫边区平原抗日根据地创造了有利条件。

鲁中抗日战争展览馆

鲁中抗日战争展览馆位于山东省济南市莱芜区汶阳东大街43号，是为了纪念鲁中地区抗日军民为中华民族的解放勇于牺牲而修建的设施。其

莱芜战役纪念馆和鲁中抗日战争展览馆全景

前身是莱芜战役纪念馆东馆。2015年1月15日，经市委市政府研究决定，在其基础上建设鲁中抗日战争展览馆，以献礼中国人民抗日战争暨反法西斯战争胜利70周年。

鲁中抗日战争展览馆以抗日战争时期鲁中地区（主要包括临朐、沂源、莱芜、章丘、新泰、泰安、蒙阴、费县、沂水、安丘、益都、淄川、博山、历城、泗水、沂南等县市区）抗日根据地、抗日民族统一战线的建设、抗日战争的历史事实作为主脉络，将鲁中各界在抗日战争时期的巨大功绩真实地展现了出来，同时揭露了日本侵略者对鲁中人民犯下的罪孽，呈现了鲁中人民对祖国的热爱，以及英勇顽强和不怕牺牲的革命精神。

展览馆建筑面积3400平方米，展陈面积3000平方米。展览馆由上、下两层组成，共展出700多幅图片，15处场景，600多件文物，馆内主要包括英烈长廊、序厅和4个展厅。

英烈长廊右边的东墙上，刻有鲁中40位著名烈士的事迹；左边是刻有鲁中9430位烈士英名的烈士碑墙。序厅中设有主题雕塑，其内容是全民抗战；还有大型的LED电子屏，播放的是抗战的原始史料片。左右两侧的墙上，分别展示山东人民抗日战争大事记、中国人民抗日战争大事记。序厅两侧有群山浮雕，表现鲁中地区的地形

鲁中抗日战争展览馆

鲁中抗日战争展览馆主题雕塑

特征以山地为主；正面有主题雕塑，呈现了八路军、游击队、民兵、国民党军队团结一致，共同抗战的场景。第一至第四展厅分别展示了“日军的暴行”“抗日根据地的发展历程”“著名战役战斗”“英模人物事迹”的相关内容。

鲁中抗日战争展览馆是山东省仅有的一处反映鲁中区全民抗战的综合性场馆。展览馆建成后，形成了东馆是鲁中抗战展览馆、西馆是莱芜战役展览馆的全新格局，为社会各界进行红色教育提供了更好的平台。

鲁中抗日战争展览馆是山东省爱国主义教育基地。

经党中央、国务院批准，国务院于2020年9月1日公布，鲁中抗日战争展览馆被列入《第三批国家级抗战纪念设施、遗址名录》。

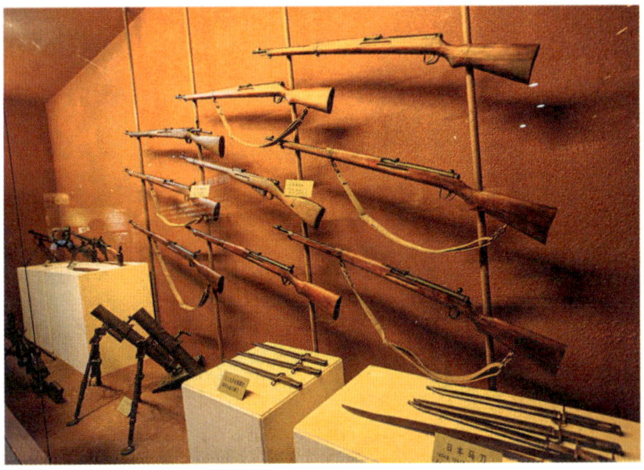

八路军缴获的日军武器

知识链接 鲁中区1940年秋季反“扫荡”

八路军第一一五师主力进入山东后，坚决贯彻执行中共中央、中央军委的命令指示，在第一纵队的统一指挥下，与山东纵队并肩作战，巩固和扩大了山东抗日根据地。1940年8月，中共山东省党政军领导机关在驻地临沂青驼寺举行山东省各地代表“联合大会”。

8月16日，获知消息的日军调集驻临沂、费县、蒙阴的日、伪军1500余人，分3路进行“扫荡”，企图袭击与会代表。情况万分危急，八路军山东纵队副指挥兼第一旅旅长王建安和第一旅政治委员周赤萍，指挥山东纵队特务第二团和第一旅第一、第二团，以小部队沿途截击日、伪军，集中兵力在闵家墩、张家庄，将由临沂北犯的日、伪军200余人击溃，毙敌50余人。同时在垛庄附近毙伤由蒙阴南犯的日、伪军一部。

18日，3路日、伪军会合进占青驼寺，与会代表转移至张庄、孙祖。19日晨，400余名日、伪军由青驼寺向孙祖一带进犯。当进至孙祖以南的罗圈崖、鼻子山时，遭到八路军第一旅第一、第二团的伏击。激战一天，八路军毙伤敌100余人，其余日、伪军向西北方向溃逃，第一旅等部乘胜追击，收复青驼寺和垛庄。

9月4日，日、伪军出动1400余人，再次进占青驼寺。5日晨，山东纵队特务第二团将由青驼寺向大官庄进犯的日、伪军百余人包围，毙伤敌60余人。6日下午，从临沂出援的日、伪军200余人与青驼寺日、伪军会合，赶修工事，企图固守。7日晚，特务第二团在地方武装配合下，向青驼寺发起猛攻，与日、伪军展开激烈的巷战和白刃格斗。战至8日晨，毙伤日、伪军100余人，收复青驼寺。

此次反“扫荡”，山东纵队第一旅等部共毙伤日、伪军350余人，攻克据点20余处，挫败了日军的“扫荡”企图，巩固了鲁中区抗日根据地。

黑铁山抗日武装起义纪念馆

黑铁山抗日武装起义纪念馆位于山东省淄博市张店区四宝山街道太平村铁山西麓的黑铁山，是为了纪念黑铁山抗日武装起义而修建的纪念设施。1995年奠基，1996年8月1日正式开馆。

黑铁山抗日武装起义纪念馆占地面积4533平方米，建筑面积1317平方米。主要有纪念碑、纪念馆、纪念壁和烈士坊等一些纪念性建筑物。

黑铁山抗日武装起义纪念碑

黑铁山抗日武装起义纪念馆

黑铁山抗日武装起义纪念碑屹立于黑铁山主峰西侧半山腰上。碑的设计独具一格，形状像是两支并立的“三八式”步枪，顶端连接部的造型是一把锋利的刺刀。碑高21.71米，象征着武装起义部队是一支在1921年7月1日诞生的中国共产党领导下的人民武装。碑身由钢筋混凝土筑成，镶贴了花岗石。正面刻着“黑铁山抗日武装起义纪念碑”镏金大字，由徐向前元帅题写。碑阴的黑色大理石上刻有碑文。

纪念馆的主体是两层楼结构，大门匾额上是由张震将军题写的“黑铁山抗日武装起义纪念馆”。纪念馆的展厅里，迎面是镏金毛体大字“义旗从这里举起”。两侧一边是“黑铁山起义歌”，一边是“八路军山东人民抗日游击第三支队队歌”。左侧展出的是当年悬挂五军军旗的古槐枯树干，背后是黑铁山起义指挥部旧址的图片。整个纪念馆展厅，展出面积600平方米，陈列展品35件，包括黑铁山起义部队使用过的枪、刀、桌椅等办公生活用品，也有从战场上缴获来的日军的战刀、汽油桶、饭盒、手榴弹等实物。还陈列着200多幅图片与图版，介绍了黑铁山起义过程；陈列着30多幅题词绘画，皆由参加过黑铁山起义的老将军和老前辈亲题；陈列着老将军、老前辈的回忆录、文集、通信、照片原件，共计150多

《义旗从这里举起》

份。另外，还有100多篇有关黑铁山起义的国内外媒体报道。

纪念馆展厅布展共分为8个部分，从“抗战爆发”至“前事不忘，后事之师”，将黑铁山起义的全过程进行了较为完整的介绍。

展陈的文物

纪念壁和烈士坊建于中国共产党建立80周年之际。纪念壁位于纪念馆以南，与纪念碑、纪念馆呈三角形分布。纪念壁高8米，长24米，寓意纪念壁的建造时间。正面上额刻有15个大字，为“黑铁山抗日武装起义烈士永垂不朽”，两侧壁刻着“前事不忘，后事之师”，由中共军委原副主席、国防部原部长迟浩田上将所题写。壁心则是“黑铁山抗日武装起义英烈谱”，刻有56位著名英烈的生平事迹，皆是1938年前参加黑铁山起义并在部队中担任营级以上职务牺牲的烈士。纪念壁背面的上额，为由中央军委原副主席张万年上将题写的“发扬攻坚老虎精神努力建设过硬部队”。两边壁一边刻着杨成武上将所题的“军中骄子”，一边刻着洪学智上将所题的“攻坚老虎”。壁心刻有“黑铁山抗日武装起义将领名录”，共刻有79名将领的生平简介，他们是1938年前参加黑铁山起义而为国捐躯的烈士。整个纪念壁面用黑色石板镶贴而成，这些石板高为0.8米，宽为0.6米，一共有480块。上面刻有4万字。顶部用琉璃瓦装饰，二龙戏珠卧脊，整体看起来十分宏伟壮观。

纪念壁

纪念壁东南100米处是烈士坊，是黑铁山烈士陵园的主体建筑，南北走向，南北两座坊门之间连接着长80米、高8.5米的大壁。坊门、大壁上下边框上，皆镶贴有微石雕面石板，顶部为仿长城垛口式大砖墙。烈士坊刻有将近10万字，为1400多名革命烈士的生平简介，而这些烈士来自张店区（含高新区）200多个村。整个烈士

烈士坊（局部）

坊建筑长度将近100米，而且建于山坡地带，恢宏庄严。

烈士坊前面是一片草坪，上面安放着许多半身雕像，主要是黑铁山抗日武装起义领导人姚仲明、廖容标、马耀南、赵明新的形象。廖容标的雕像前，安葬着山东人民抗日救国军第五军司令员廖容标中将及夫人汪瑜的遗骨。烈士坊南部草坪内，安葬着南萍、张辑光等8位老将军的半身铜像，他们都是从黑铁山抗日武装起义中走过来的英雄。

黑铁山抗日武装起义纪念馆是山东省爱国主义教育基地。

经党中央、国务院批准，国务院于2020年9月1日公布，黑铁山抗日武装起义纪念馆被列入《第三批国家级抗战纪念设施、遗址名录》。

廖容标雕像

姚仲明雕像

赵明新雕像

马耀南雕像

知识链接

黑铁山起义

1937年9月，日军在占领北平（今北京）、天津后，先后调集8个师团、4个旅团共30万余人，分3路在华北地区展开战略进攻。其中一路沿津浦路南犯山东。大敌当前，国民政府山东省主席、第三集团军总司令韩复榘的10万大军略作抵抗即退却南逃，致使山东大部相继沦入日寇之手。广大工人、农民、知识分子和有识之士，迫切要求团结抗日，救亡图存。

10月，中共山东省委在济南召开秘密会议，具体讨论了全省发动抗日武装起义的策略问题。会议认为，国民党在山东的统治势力较强，我党的力量较为薄弱，而且山东有众多的地主、土匪武装，多为日伪顽直接控制，争人、争枪、争地盘，更增加了创建抗日根据地的困难。经反复讨论，会议最终决定，选择韩复榘溃逃、日军尚未全面占领山东及其立足未稳之时，全省行动，揭竿而起，发动武装起义。针对日军首先会沿铁路、公路干线设立据点，分割山东的军事行动计划，省委决定按东西南北中将山东划为10余个区，并计划在冀鲁边、鲁西北、鲁中、泰西、泰安、徂徕山、沂蒙山区、临朐一带、鲁东淄博矿区、长山、昌潍、寿（光）广（饶）博（兴）一带和胶东地区，分别建立10个军或10个支队。

会后，中共山东省委派姚仲明、廖容标来到长山县（今并入邹平市）开展武装起义筹备工作。他们很快就与长山县中学校长、进步人士马耀南密切合作，领导长山中学进步学生和当地抗日积极分子在长山、邹平、桓台、淄川（今属淄博）等地秘密开展游击战训练。12月26日，在黑铁山下太平庄举行武装起义，正式成立“山东人民抗日救国军第五军”，廖容标任司令员，姚仲明任政治委员，马耀南任行动委员会主任兼参谋长。此时，中共淄博矿区工委等组织起来的武装编入第五军。

1938年1月中旬，第五军夜袭长山县城，随后进入长白山区开展工作。日、伪军为了报复，从周村调集400余人发起进攻。第五军在群众配合和支援下，扼守高地数处，激战终日，毙伤敌100余人，余敌狼狈窜回。此后，第五军先克邹平，继之与淄川、益都、章丘、临淄等地党组织的武装会合，并攻克淄川。至5月，第五军发展到6000余人。

马鞍山抗战遗址

马鞍山抗战遗址位于山东省淄博市淄川区太河镇小口头村南，是为了纪念在马鞍山保卫战中牺牲的先烈而建立的设施。始建于1945年，1982年、1985年多次进行修缮和改建。

马鞍山抗战遗址纪念园规划面积51平方千米，建筑面积8000平方米，主要有纪念碑、纪念馆、战斗遗址、怪石林、钟鼓楼、华光寺等景点。

马鞍山抗战纪念馆

马鞍山抗日烈士纪念碑建于1945年，通高2.7米，六棱柱形，碑身正面镌刻着原鲁山区专员徐化鲁题写的“气壮山河”4个镏金大字；西南面铭刻着在马鞍山保卫战中牺牲的27名烈士的姓名；西北面镌刻着原博山县县长毛梓材的《马鞍山抗日烈士赞》题词：“奇男儿，守空山，频将敌伪截断。飞机大炮山可撼，壮士英风不变！审知军械势悬殊，浴血运石仍抗战。拚头颅，使敌伪惊服；这气节，教人民敬念。山或崩，石或烂，烈士精神终古焕！”碑身东北、东南面及南面镌刻着博山县政府起草的悼念马鞍山抗日烈士的碑文。

1982年，政府为保护纪念碑，用水泥加筑了碑亭。并对登上山峰的台阶、护栏、山峰掩体、指挥所遗址进行了修整。

马鞍山抗日烈士纪念碑

马鞍山抗战纪念碑

1985年，将廖容标、冯毅之、钱钧、李伯秋、吴瑞林的题词和诗词刻在了主峰多处悬崖石壁上。后修建了盘山公路，将山上原有的玉皇阁、华光寺等建筑进行了恢复，对烈士祠堂进行了重修，塑造了“一门忠烈”烈士群雕，并修建了凌云阁等景点，在东峰百米高的悬崖上有一个正气凛然的八路军头像，高10多米，象征着马鞍山战斗中牺牲烈士的不屈灵魂，有“英雄魂”之称。

马鞍山抗战遗址是山东省重点文物保护单位。

经党中央、国务院批准，国务院于2020年9月1日公布，马鞍山抗战遗址被列入《第三批国家级抗战纪念设施、遗址名录》。

知识链接

沂蒙山区1942年秋季反“扫荡”

1942年秋，日军第十二军司令官土桥一次中将计划对沂蒙山抗日根据地进行“拉网合围”式大“扫荡”。为隐蔽企图，狡猾的土桥事先施放烟幕弹，扬言要集中兵力“扫荡”滨海区。10月下旬，集结于临沂的日军第三十二师团主力3000余人，向沂河、沭河以东地区推进，制造要“扫荡”滨海区的假象。

此时，山东党政军领导机关都驻在滨海地区。中共山东分局和山东军政委员会相继发出准备反“扫荡”的紧急指示，准备坚壁清野，疏散机关、部队和群众。八路军第一一五师政治委员罗荣桓通过分析各地送来的情报判断，如果敌人决定合围滨海，四面的敌情必定有异常变化。可是在滨海区北面的潍坊和南面的连云港，并未发现敌人异常的动向。他据此怀疑，所谓“扫荡”滨海，很可能是敌人故意抛出的假情报，主张先不要急于转移，一面部署反“扫荡”计划，一面密切关注敌人的动向。

果不出罗荣桓所料，10月25日，集结于新泰、蒙阴的日军第五十九师团主力5000余人，兵分3路向岸堤、坦埠、高湖地区推进，企图合击第一一五师教导第一旅和鲁中军区部队；集结于沂水的日军独立混成第五、第六旅团主力6000余人，分路星夜进犯汶河南岸和沂河沿岸的斜午、河阳、葛沟等地。而就在同一天，驻滨海甲子山一带的山东军区领导因疏于侦察，判断有误，匆忙率机关、直属队和省战时工作推行委员会、中国人民抗日军事政治大学第一分校、新编第一一一师（起义后由中国共产党领导）各一部等，转移到沂蒙山区的南墙峪，误入日军预定的合围地区。

26日，日军第五十九师团一部在高湖、孙祖扑空后，遂分路进犯垛庄、蒙山、代庄、朱位等地，与独立混成第五、第六旅团主力完成对沂蒙山公路等要道的封锁。27日，日、伪军1.2万余人在7架飞机、数十门大炮配合下，分成12路突然对南墙峪地区展开“拉网合围”。

山东军区政治委员黎玉、副司令员王建安率军区和省战工会领导机关、所属鲁中军区机关大部迅即向北转移，跳出重围。但山东军区后勤部、抗大第一分校、鲁中军区第二军分区、新编第一一一师机关等部和民兵、群众共8000余人，未能及时转移，陷入重围之中。鲁中军区后勤处政治委员张玉华率机关人员和警卫排及铜井金矿警卫连，袁仲贤率抗大第一分校部分学员和鲁中军区青年团100余人，新编第一一一师副师长郭维城率师机关及独立团等部，依托南墙峪南侧的仙崮顶等高地，凭险据守，顽强作战，毙伤日、伪军200余人，一直坚持至黄昏后，分路突出重围。

此战，抗大第一分校上干队副队长徐奕贵、在校学习的鲁中第二军分区第一团副团长刘怀文、新编第一一一师独立团团长侯光忠等牺牲，抗日第一分校学员队在仙崮顶阻击战中伤亡较大。

日军未达成合围全歼目的，便佯称回撤，实则集中沂水城、东里店、大关等据点的日、伪军8000余人，于11月2日拂晓兵分11路，突然向转移至对崮山地区的山东军区机关和部队实施合围。第一一五师教导第一旅首先发现敌情，速向东南进至沂水城东，摆脱了日、伪军。正在转移的山东军区和省战工会领导机关在芝麻峪发现日、伪军合围企图后，立即折向西南。当到达对崮山时，天已破晓，日、伪军正从四面八方逼近。黎玉、王建安和军区政治部主任江华等指挥山东军区特务营、鲁中军区第二军分区第一团，迅速抢占对崮山有利地形，凭险据守，鲁中第二军分区主力负责掩护山东军区机关寻机突围。

10时左右，日、伪军在飞机、重炮配合下，从西、南、北三面向对崮山发起进攻。山东军区机关、鲁中军区等部英勇抗击。战至下午13时许，弹药基本打光，指战员使用刺刀、石头与日、伪军展开拼杀，连续击退日、伪军8次冲击，一直坚持至黄昏，山东军区机关分路突出包围。在掩护突围战斗中，山东军区特务营500余名指战员英勇拼杀，大部牺牲，剩下的14名官兵被日、伪军压迫到对崮山东端。在营长严雨霖的带领下，他们誓死不当俘虏，跳下悬崖，6人壮烈牺牲，其余8人被救回。

对崮山战斗，山东军区等部伤亡和失去联络者达600余人。其中，山东省战工会秘书长李竹如，鲁中第二军分区第一团团长刘毓泉、政治委员王锐、政治处主任张圣符，中共鲁中区第二地委组织部部长潘维周等牺牲，黎玉负伤。随后，日、伪军又接连对蒙阴东北的大崮、莱芜东部的铁车和常庄一带进行合围，但均扑空。

9日，日、伪军1000余人以淄河流域博山以东的马鞍山（今属淄博市淄川区）为中心，再次进行“拉网合围”。马鞍山是扼守沂蒙山区通往清河平原的门户，地理位置十分重要。山势陡峭，东西两顶相连成凹形，远望形似马鞍，故得名“马鞍山”。正在马鞍山养伤的鲁中军区第二团副团长王凤麟，率领伤病员及军属共31人，以仅有的1支狙击步枪、8支土钢枪和数百发子弹、40余枚手榴弹，凭险据守，击退日、伪军多次冲击。

10日，日、伪军增至数千人，在飞机和炮火掩护下，发起一次又一次猖狂进攻。王凤麟在伤痛难支的情况下，仍拄着拐杖指挥抗击。没有武器的伤病员和军属们，在益都县（今青州市）参议长冯旭臣的带领下，用石块当武器，击退了日、伪军一次次冲击。

血战至黄昏，共歼日、伪军200余人。但终因弹尽粮绝，寡不敌众，除4人跳崖幸免于难外，其余27人壮烈牺牲。王凤麟用仅剩的一颗子弹自杀，以身殉国；冯旭臣和儿媳、女儿及3个孙女，全部英勇牺牲，被赞为“一门忠烈”；山东纵队政治部教育科科长于平、中共鲁中区委组织科科长李成仕、鲁中区联合办事处民政处副处长谭克平等，也为抗战流尽了最后一滴血，另有6名重伤员被毫无人性的日、伪军放火烧死。

为策应山东军区机关等突围，第一一五师师部指挥鲁中邻区各部队，向当面日军广泛出击，有效地牵制了日、伪军兵力；地方武装和广大民兵也积极开展游击战、地雷战，破击公路，支援了沂蒙山区的反“扫荡”斗争。至11月中旬，日、伪军撤出沂蒙山区。

此次反“扫荡”，共毙伤日、伪军600余人，挫败了日军的“扫荡”，保住了沂蒙山区抗日根据地。但由于日、伪军兵力处于优势，至1942年底，沂蒙山区抗日根据地缩小为南北35千米、东西50余千米的狭小区域。其中，泰南区的根据地仅占该区面积的八分之一，游击区占四分之一，其余均为敌占区；泰山区大部分村庄被敌占领。

玉皇顶抗日武装起义遗址

玉皇顶抗日武装起义遗址位于山东省莱州市文昌北路29号玉皇顶革命烈士陵园内，是1938年3月发生玉皇顶抗日武装起义的遗址。1954年，掖县（今莱州市）人民为纪念浴血奋战的革命先烈，在玉皇顶上修建了玉皇顶革命烈士陵园，后历经扩建。

玉皇顶是一座方圆500多米的高高凸起的圆形大丘，玉皇顶革命烈士陵园就建在玉皇顶抗日武装起义遗址上。占地面积5.7万平方米，建筑面积3000余平方米，建有莱州革命烈士纪念馆、烈

玉皇顶抗日武装起义大型浮雕墙（局部）

士纪念亭、革命烈士纪念碑、玉皇顶抗日武装起义大型浮雕墙、烈士墓区及著名烈士纪念碑亭和无名烈士纪念碑亭等纪念设施。

烈士纪念馆始建于1977年，坐西朝东，建筑面积1200平方米，展区面积900平方米。厅内迎面是毛泽东手迹“死难烈士万岁”，两侧是周恩来、朱德题词“永垂不朽”和“浩气长存”。北面陈列着18位著名烈士的生平事迹，讴歌了先烈们不屈不挠、浴血奋战、英勇献身的革命精神；南面陈列着烈士英名录。纪念堂附楼设有烈士骨灰室，存放着120位烈士的骨灰。

莱州革命烈士纪念馆

革命烈士纪念碑位于烈士墓区北端广场中心，高18米。整座纪念碑雄伟壮观，底座全部用花岗岩毛石砌成，平台栏杆全部用汉白玉大理石砌成，正面镌刻着“革命烈士永垂不朽”8个镏金大字，背面有碑文。

此外，还有著名烈士纪念碑、无名烈士纪念碑、精神永垂纪念碑、光荣千秋纪念碑、胶东八路军历次战役牺牲将士纪念碑、河南战役牺牲烈士纪念碑，张振山、徐世仁、李铁民、刘凤泉等烈士的纪念碑等。

烈士墓区立有烈士纪念碑12座，安葬着1563位革命烈士的遗骨。

经党中央、国务院批准，国务院于2020年9月1日公布，玉皇顶抗日武装起义遗址被列入《第三批国家级抗战纪念设施、遗址名录》。

革命烈士纪念碑

知识链接

玉皇顶起义

1937年7月7日，全民族抗战爆发，10月，中共山东掖县（今莱州市）领导人郑耀南，在掖南整顿党组织并展开抗日救亡活动。同时，中共山东省委派遣在国民党东北军搞兵运工作的共产党员张家洛回到家乡掖县。10月下旬，中共掖县县委决定，每一个分区委各建一支半公开的抗日武装。12月，为统一全县各派抗日武装，中共掖县县委派张家洛、李勋臣等人代表县委领导的人民抗日武装，前去与国民党掖县民众抗敌前进队谈判。28日，两方达成协议，决定建立一个统一的掖县民众抗敌动员委员会（以下简称“民动”）。一个月后，掖县6个分区委普遍建立起抗日武装。

1938年2月1日，掖县县城被日军侵占。日军

日伪时期掖县县政府旧影

委任掖县地方治安维持会会长刘子容为掖县县长，并组建伪县政府和伪保安队、伪公安局。

对此，中共掖县县委确定了中心任务：抗敌除奸，开展广泛的游击战，并迅速建立军政抗敌政府，尽可能地争取各区区队并在各乡镇建立自卫团。县委依据不同情况，采取不同方式，争取二区队、六区队、七区队和其他区队各一部分，同意接受“民动”领导并参加武装起义。

3月8日晚，起义各部抵达城北的玉皇顶。起义指挥郑耀南下达命令：“武装起义，攻打掖县城，活捉刘子容。”各路起义部队来到掖县城下，包围了县城。刘子容向日军求援未果，只得下令死守县城。9日早上，起义指挥部决定展开政治攻势，瓦解伪军的军心。10时伪军头目打开城门投降，起义部队占领县城，以最快的速度，收缴了伪保安队、伪警卫队的枪支，并救出了在押群众，活捉了刘子荣。

郑耀南烈士

牛头镇抗日武装起义纪念碑和陈列馆

牛头镇抗日武装起义纪念碑和陈列馆位于山东省潍坊市寿光市台头镇巨淀湖畔，是为了纪念牛头镇抗日武装起义而修建的设施。2019年12月29日正式开馆。

牛头镇抗日武装起义纪念碑矗立在巨淀湖畔，建于1993年。碑高27.5米，碑座高6米，碑上有“牛头镇抗日武装起义纪念碑”12个金色大字。

陈列馆建筑面积4200平方米，布展面积3100平方米。展馆有6个展厅，分别为“风云激荡”“起义壮举”“东征西进”“征战四方”“红色芦荡”等，通过牛头镇抗日武装起义和八路军鲁东游击队第八支队的征战历程，利用主题雕塑、大型浮

牛头镇抗日武装起义纪念碑

雕、场景复原、大型半景画，再加上声、光、电、多媒体等现代技术，突出展现了寿光儿女奋勇抗敌、不怕牺牲的大无畏精神，呈现出我党拯救民族于危亡之际的伟大担当。

牛头镇抗日武装起义陈列馆

经党中央、国务院批准，国务院于2020年9月1日公布，牛头镇抗日武装起义纪念碑和陈列馆被列入《第三批国家级抗战纪念设施、遗址名录》。

知识链接 牛头镇起义

牛头镇起义亦称“鲁东起义”。1937年12月29日，在中共鲁东工委和寿光县委领导下，张文通、马保三等率领山东寿光县城北牛头镇附近的抗日游击队员举行武装起义，成立“八路军鲁东抗日游击第八支队”。1938年1月，中共鲁东工委书记鹿省三等在潍县（今潍坊市）蔡家栏子领导附近抗日骨干力量，成立“八路军鲁东抗日游击第七支队”。随后，在昌邑县（今昌邑市）瓦城和潍县东曹庄建立的抗日武装编入第七支队。4月2日，第七、第八支队会师，联合袭击了昌邑城北日、伪军据点柳疃，歼日、伪军一部。6日，第七、第八支队合编为“八路军鲁东游击指挥部”，马保三任司令员，鹿省三任政治委员。10日，指挥部率部队向掖县（今莱州市）活动，中旬与胶东游击第三支队会合。随后东上黄县（今龙口市），同第三军指挥部会师，继续开展抗日斗争。至6月，部队发展到5000余人，并给天福山起义后成立的山东人民抗日救国第三军以有力支援。

徂徕山抗日武装起义磨山峪旧址

徂徕山抗日武装起义磨山峪旧址位于山东省泰安市岱岳区房村镇磨山峪村北的徂徕山南麓，是徂徕山抗日武装起义爆发的地方。1944年11月，泰安县（今泰安市）抗日民主政府为牺牲的烈士建墓立碑，称“磨山峪烈士墓群”，新中国成立后更名为“泰安徂徕山烈士陵园”。1988年，建立了徂徕山起义纪念碑；2010年，以徂徕山抗日武装起义磨山峪旧址为依托，建立了纪念馆等设施。

徂徕山抗日武装起义磨山峪旧址纪念设施包括徂徕山烈士陵园、中共山东省委和起义部队及地方抗日政府驻地旧址、徂徕山抗日武装起义纪念馆3个部分。

徂徕山烈士陵园是在烈士墓群的基础上建成的。纪念平台长70米，宽15米，面积为1050平方米。始建于1944年，由泰安县抗日民主政府为参加徂徕山抗日武装起义和八路军山东人民抗日游击队第四支队牺牲的烈士而修建，当时为土墓，共计100余座，墓碑上刻有烈士英名、籍贯、牺牲时间、立碑时间等内容。新中国成立后，大部分烈士被家人迁回故乡，少部分烈士长眠于此（其中一座为合葬墓）。2009年对烈士的封土墓进行了维护。2017年对烈士墓群进行了修缮，全部改为砖石结构。同年迁入9座徂徕山起义领导人和老战士的墓葬。

1938年1月1日，中共山东省委组织发动泰安、新泰、莱芜、泗水等地群众和平津沦陷区的流亡学生，在徂徕山脚下马头山的四禅寺（俗名“大寺”）旧址庄严誓师，宣布抗日武装起义，编为八路军山东人民抗日游击队第四支队。起义后，山东省委和起义部队一部分转移到磨山峪村东北的邵地山上（现磨山峪抗日旧址）驻扎，为开辟鲁中抗日根据地奠定了基础。

徂徕山烈士陵园

徂徕山起义地点四禅寺

1987年，为纪念徂徕山抗日武装起义50周年，在徂徕山起义旧址四禅寺附近修建徂徕山抗日武装起义纪念碑。碑身由573块泰山花岗岩砌成，高23米，寓意泰安党组织从1926年建立到1949年新中国成立，一共奋战了23年。从山下至纪念碑，共有5段50级盘道，寓意着徂徕山起义50周年。碑身正面“徂徕山抗日武装起义纪念碑”，由徐向前元帅所题；背面碑文，是由徂徕山抗日武装起义的老战士、著名书法家武中奇所撰。而现在的四禅寺是1996年在原址复建的。

起义部队驻地旧址为民国中式建筑风格，面阔五间，进深一间。建筑檐高3米，总高4.6米。为单层结构硬山顶，黄草屋面，木质窗棂。

徂徕山抗日武装起义纪念馆始建于2010年，占地面积3300平方米，建筑面积2128平方米，展

徂徕山抗日武装起义纪念馆

示面积1800平方米。2020年，在迎接中国共产党成立100周年之际，纪念馆的展览进行了整体改造提升，对其进行了重新设计和制作，改造后的展览内容分为5个部分，分别是“抗日号角”“烽火齐鲁”“英雄徂徕”“钢铁党军”“永恒纪念”。展览通过翔实的资料、丰富的图片、珍贵的文物，以及新颖的展陈手段，全面反映了在抗日战争初期，山东人民面对侵略者挺身而出、奋起抵抗的历史事迹和光辉历程。展厅门口，镶嵌着中央军委原副主席、国防部部长迟浩田上将为纪念馆所作的题词。

序厅里有主题雕塑《中流砥柱》，庄严肃穆、大气恢宏。“烽火齐鲁”“英雄徂徕”在徂徕山背景壁画的衬托下十分显眼。一幅幅珍贵的图片，一块块图文并茂的展板，呈现了山东抗日武装起义的悲壮历程。还有第四支队的军旗、简朴的武器、布满锈迹的军号、指挥员的望远镜等，共计2629件文物陈述了抗日队伍的红色故事。每一尊逼真的雕塑，每一组生动的立体场景，都重现了当年抗日武装的战斗场面。缀满补丁的军装和有破洞的旧布鞋，送饭的提篮，还有破损的担架，体现了军民之间的深情厚谊。

徂徕山抗日武装起义磨山峪旧址是全国重点文物保护单位、山东省爱国主义教育基地。

经党中央、国务院批准，国务院于2020年9月1日公布，徂徕山抗日武装起义磨山峪旧址被列入《第三批国家级抗战纪念设施、遗址名录》。

徂徕山抗日武装起义纪念碑

《中流砥柱》主题雕塑

知识链接

徂徕山武装起义

徂徕山位于鲁中地区，北近泰山，南接蒙山，东连莲花山、沂蒙山，西通泰西大峰山，具有良好的天然屏障，既是齐鲁大地的“心脏”，又是津浦路的必经之地。1937年秋，日军侵入山东后，中共山东省委认为如在徂徕山地区起义成功，就可以控制北面的泰（安）新（泰）、泰（安）莱（芜），南面的新（泰）汶（大汶口）以及西面的泰（安）汶（上）几条公路和津浦铁路等交通要道，便于与全省其他地区进行联系。此外，徂徕山一带有较好的群众基础，适合发动抗日武装起义。

1938年1月1日，中共山东省委书记黎玉、省委宣传部长林浩和红军干部洪涛、赵杰等领导“中华民族解放先锋队”部分队员、平津和济南的流亡学生及泰安“抗日民众自卫团”等，在徂徕山大寺举行武装起义，成立“八路军山东人民抗日游击第四支队”，洪涛任司令员，黎玉任政治委员，林浩分管政治部工作。第四支队经过一段时间的政治教育和军事训练，积极展开了对日、伪军的斗争。

1月26日，在小汶河南岸、大汶口至新泰公路间的寺岭伏击日军，歼敌10余人。2月28日，在泰安至新泰公路间的四槐树村设伏。7时许，七八辆满载日军的汽车由泰安方向驶来。当汽车通过公路桥时，参战官兵引爆预先埋设的地雷，同时以猛烈的火力向敌人射击，炸毁敌汽车4辆，歼灭日军大佐以下40余人，而自己无一伤亡。随后，第四支队分南北两路活动：北路向莱芜、博山、淄川地区发展，一度进占莱芜城，攻克博山城，歼灭了守城伪军；南路向新泰、蒙阴、费县、泗水地区发展，并于4月28日再克莱芜城，俘伪县长以下300余人。这期间，博山、临沂县兰陵（今属苍山县）、莒县十字路（今莒南县城）和沂水县建立的武装编入第四支队，部队发展到4000余人。

大青山革命烈士陵园

大青山革命烈士陵园位于山东省临沂市沂南县双堠镇东梭庄村，是为纪念在大青山战斗中牺牲的革命英烈修建的设施。始建于1944年10月，因处于战争年代建造较为简陋，1985年进行了修缮，2000年、2006年又进行了改扩建。

陵园占地面积1.67万平方米，主要纪念设施有大青山突围纪念馆、抗日烈士公墓碑、抗日烈士纪念碑、抗日烈士公茔碑、烈士墓区及纪念活动广场等。

陵园大门是三门四柱牌坊式建筑，高8米，主入口宽6米。大门上方横额上有“大青山烈士陵园”7个金字。

大青山革命烈士陵园大门

进入牌坊式大门，迎面就是大青山突围纪念馆，纪念馆建于2006年，是一座高标准的大型纪念馆。中央军委原副主席迟浩田上将题写了“大青山突围纪念馆”馆名。馆内包括史料展厅、影视厅、接待厅等，展示的资料生动翔实，再现了八路军将士同沂蒙人民一道在反扫荡中建立的丰功伟绩。

大青山突围纪念馆

抗日烈士公茔碑

烈士墓区局部

经过纪念馆，在烈士墓区的前面，中央碑亭内立有一块三角尖顶石碑，高4.23米，正面刻有“抗日烈士公茔”6个大字，其余两面一面刻着“英灵犹在”，另一面刻着“浩气长存”。

碑后面是烈士墓区，共有313座烈士墓。其中安眠着在大青山战斗中牺牲的八路军第一一五师敌工部部长王立人、抗大一分校二团政委刘惠东、蒙山独立支队政委刘涛、山东省战工会审计处主任李子敬等烈士，还有省战工会副主任兼秘书长陈明。国际友人汉斯·希伯最初也葬在这里，后来迁葬到华东革命烈士陵园。

陵园的最高点上屹立着抗日烈士公墓碑，建于1944年7月，是园内主要建筑物之一。碑高4.1米，正面刻有“抗日烈士碑”5个大字，背面刻有碑文，记载抗日英雄们的光辉事迹，其他两面刻有汉斯·希伯、陈明、刘涛、刘惠东、李子敬、辛锐、甄磊等烈士英名，共计297名。

大青山革命烈士陵园是山东省重点烈士纪念建筑物保护单位。

经党中央、国务院批准，国务院于2020年9月1日公布，大青山革命烈士陵园被列入《第三批国家级抗战纪念设施、遗址名录》。

抗日烈士碑

知识链接

大青山突围战

1941年秋，日军侵华日军中国派遣军总司令畑俊六纠集山东境内日军5万余兵力，准备对沂蒙山区抗日根据地发动疯狂的大“扫荡”。11月2日，日军第十二军司令官土桥一次中将亲自督战，指挥第十七、第二十一、第三十二师团，独立混成第五、第六、第十旅团主力，以及各地伪军共5万余人，以“铁壁合围”“辗转电击”“分割封锁”“抉剔”“清剿”等作战手段，向沂蒙山区突然发动多路、多梯队的“铁壁合围”。这是抗日战争期间日军在山东地区发动的规模最大的一次“扫荡”。

2日晚，驻蒙阴、沂水、莒县的日、伪军隐蔽出动，于4日拂晓突然偷袭蒙阴东南的八路军山东纵队领导机关驻地马牧池。山东纵队领导机关人员与警卫部队同日、伪军激战一天后，分散转移到沂水西南的南墙峪地区，又遭日、伪军的合围，经奋战突围转移至新泰西南的石莱一带。5日，驻临沂、费县、平邑、蒙阴、沂水、莒县等地日、伪军出动2万余人，分11路在飞机、坦克的配合下，将山东分局、山东省战时工作推行委员会、八路军第一一五师师部等领导机关包围在临沂以北的留田一带狭小地区。面对强敌，第一一五师政治委员罗荣桓率部出其不意，从日、伪军重兵包围的间隙中，迅速隐蔽地通过封锁线，安全转移。

日、伪军多次合击未达目的，遂自12日开始进行分区“清剿”。为保卫抗日根据地，第一一五师命令教导第二旅、山东纵队第二旅主力继续在外线打击、牵制日、伪军，山东分局和第一一五师师部则率山东纵队第二旅、抗大第一分校、蒙山支队各一部，返回沂蒙山区，开展内线斗争。

29日，师特务营和山东纵队第二旅1个营，准备攻击孙祖北面绿云山的日军。为防备敌人增援时机关受损失，山东分局、山东省战时工作推行委员会、第一一五师师部机关一部，在1个特务连的掩护下，向临（沂）蒙（阴）公路西侧的大青山转移。行动前，在大青山一带活动的抗大第一分校来电报告：那边没有发现敌人的重兵。没料到日军在接连失利后也学“乖”了，连夜出动埋伏在大青山各隘口。

位于费县、沂南、蒙阴三县交界处的大青山海拔近700米，是沂蒙山抗日根据地的中心，曾有“小延安”之称。30日天亮时分，队伍开进大青山，突遭日军重兵合击。一个混成旅团的日军用密集的炮火实施猛轰，大青山烟尘滚滚，火光冲天。

由于战场狭窄，地形复杂，而且被日军包围的队伍绝大多数是非战斗人员，形势万分危急。

为掩护机关转移，特务连在兵力处于极端劣势的困境下，以大无畏的英雄气概，同敌人展开决死的战斗。机关人员则按战前组织的机关战斗班、排、连，英勇战斗，分散突围。最终因敌众我寡，遭受到很大损失，近千人牺牲。山东省战时工作推行委员会秘书长陈明、辛锐夫妇，第一一五师敌工部部长王立人，国际友人、德国记者汉斯·希伯等人在突围战斗中壮烈牺牲。

渊子崖烈士纪念塔

渊子崖烈士纪念塔位于山东省临沂市莒南县板泉镇渊子崖村，是为纪念在渊子崖保卫战中死难的烈士修建的设施。始建于1944年5月。

1941年，千余名日军对渊子崖村疯狂进攻，全村男女老少都上场，凭借着自制的土枪和土炮，以及农具、大刀等，与日军作战，体现了中华民族坚强不屈的精神。这就是渊子崖保卫战，是中国抗战史上农民自发组织的最大规模的保卫战。《解放日报》发表社论称赞其为“村自卫战的典范”，渊子崖也因此而获得了“中华抗日第一村”的美誉。

“中华抗日第一村”

纪念塔坐北朝南，六角七级宝塔形，采用当地特产的红色水成岩条石砌成。塔底周长18米，塔高9米，周围有护栏。塔座、塔身共三层，塔顶三层，塔尖一层，层间皆系飞檐石雕，塔身为正六边形。塔身第一层正面刻有《沭水县烈士塔纪略》，介绍了渊子崖保卫战的历史背景，记载了党和人民团结抗日的英勇事迹，呼吁广大人民为夺取抗战的最后胜利而勇敢向前，其余5面共铭刻了242位烈士的英名；塔身第二层刻有陈士榘、谢辉、高赞非等当时党政军领导人的题词；塔身第三层南面刻有“烈士纪念塔”5个大字。塔内中空，塔尖顶端有一只风向和平鸽。

烈士纪念塔

纪念塔南侧有三间纪念馆，建于20世纪70年代。

渊子崖烈士纪念塔是山东省爱国主义教育基地。

经党中央、国务院批准，国务院于2020年9月1日公布，渊子崖烈士纪念塔被列入《第三批国家级抗战纪念设施、遗址名录》。

知识链接

渊子崖抗日保卫战

1941年12月19日8时许，日、伪军千余人兵分两路，将山东省沭水县渊子崖村（今属莒南县）包围。日军用大炮轰炸村子，很多群众被炸死炸伤，也炸毁了很多房屋。村自卫团及男女老少共计300余名，都跟着村长和自卫团团长，拿着土炮、土枪、大刀、长矛在围墙上据守，英勇抗击日军，多次打退日军的进攻。之后，日军猛攻相对薄弱的东北围墙。村民们在纷飞的弹火中用门板和石块堵上缺口，日军一旦靠近，便用枪打，家里没有枪的，便用石块砸，用锨、铲、钩等农具打。

面对日军的进攻，渊子崖村民以血肉之躯，用落后的武器守卫自己的家园，抵御残暴的侵略者，与装备精良的日本士兵殊死搏斗，悍不畏死。

渊子崖抗日保卫战场景复原塑像

日军攻入村子，与自卫团和村民展开巷战。年轻的自卫队队员林端五用铡刀砍死敌人，自己也牺牲了。其父看到儿子牺牲，便不顾危险，冲向日本兵，用长矛捅死敌人，但是他也不幸被刺中。林庆海在点燃火药罐扔向围攻的敌人时，自己也被烧死。林庆宝、林清义、林九星等十几位老人，与日军拼杀时不幸牺牲。战斗持续到傍晚，全村牺牲147人，房屋被烧毁833间，粮食、遗物、家具和牲畜都损失巨大。后来山东纵队第二旅第五团1个连和县、区部分武装赶来加入战斗，终将日军击退。沭水县委宣传部部长徐坦在战斗中身负重伤，板泉区委书记刘新一、区长冯干三、区委宣传委员赵同、区中队副队长高秀兰和十几名区中队队员牺牲。

渊子崖抗日保卫战是悲壮的，但也是充满民族气节的，有力打击了日军的嚣张气焰，振奋了人们的抗日精神。

苏村烈士陵园

苏村烈士陵园位于山东省聊城市莘县张寨镇苏村，是为了纪念苏村抗日阻击战中牺牲的126位抗日烈士而修建的设施。始建于2010年10月1日，2012年10月建成并对外开放。

陵园占地2万平方米，建筑面积4500平方米，主要纪念设施有纪念广场、人民英雄纪念碑、纪念亭、莘县革命历史陈列馆、莘县革命公墓等。

人民英雄纪念碑矗立在纪念广场上，碑高19.44米，寓意莘县的解放日期是1944年。纪念碑的底座四周刻有以苏村阻击战为主题的浮雕，表现军民一心打赢苏村阻击战的场景。

纪念广场的两侧，分别建有一座莘县革命烈士纪念亭，亭中的纪念碑上刻有自土地革命以来莘县籍牺牲的烈士名录，一共有2210位。烈士英名，万古流芳。

人民英雄纪念碑和莘县革命历史陈列馆

莘县革命烈士纪念亭

莘县革命历史陈列馆分为上、下两个展室，从土地革命时期、抗日战争时期、解放战争时期、莘县革命遗址等方面介绍莘县的革命历史。

苏村阻击战革命烈士墓区是苏村阻击战中牺牲的126位指战员的三座合葬墓，位于莘县革命公墓的中心。在其周围，是2012年以来先后迁葬的383位烈士墓。

经党中央、国务院批准，国务院于2020年9月1日公布，苏村烈士陵园被列入《第三批国家级抗战纪念设施、遗址名录》。

革命烈士墓区

知识链接

鲁西区1940年春反“扫荡”

鲁西，概指津浦铁路以西、济（宁）菏（泽）公路以北地区，是连接华北与山东抗日根据地的枢纽，具有十分重要的战略意义。八路军第一一五师部队进入鲁西地区后，迅速创建鲁西抗日根据地，党政军建设取得很大发展，令日军坐立不安。1940年4月，日军驻鲁西地区第三十二师团及伪军各一部共1600余人，对鲁西抗日根据地进行“扫荡”。

八路军第一一五师独立旅旅长兼政治委员杨勇决定采取分兵出击、各个破敌的战法，进行反“扫荡”作战。4月17日，驻东阿、寿张等地的日、伪军500余人，分路向鲁西区党政军领导机关所在地昆山（今梁山县）进犯。独立旅在斑鸠店击退日、伪军200余人，并伏击了由寿张出动的300余名日、伪军，共歼日、伪军300余人。24日，驻郓城的日、伪军500余人北犯肖皮口，独立旅予以阻击，毙伤敌150余人。在此期间，苏鲁豫支队在支队长彭明治指挥下，攻歼金乡县周花园据点日、伪军，俘虏日军3人、伪军40余人，缴获步枪40余支。4月下旬，驻济宁、金乡、鱼台的日、伪军600余人，向地处南阳湖中心小岛的苏鲁豫支队军需补给基地南阳镇进犯，苏鲁豫支队一部与其激战终日，击毙日、伪军近百人。

此次反“扫荡”历时近1个月，八路军第一一五师独立旅等部共毙伤日、伪军500余人，俘虏40余人，保卫了鲁西抗日根据地。

知识链接　鲁西区1941年初反“扫荡”

1941年1月中旬，日军第三十二、第二十一师团各一部7000余人及伪军一部共1万余人，配属坦克20余辆、汽车300余辆，在10余架飞机支援下，从济宁、菏泽、临清、大名出动，采取隐蔽长途奔袭的手段，对以濮县（治今范县西南濮城镇，今并入范县）、范县、观城（今并入莘县）为中心的鲁西抗日根据地进行“扫荡”，企图合击八路军第一一五师教导第三旅。

18日凌晨，日、伪军发动突然袭击，对在观城、范县以南马集、苏村、红庙、颜村铺、龙王庙等地的鲁西地区党政机关、教导第三旅旅部、第七团和由冀南地区南下执行战略机动任务的八路军第一二九师新四旅形成包围。教导第三旅旅长杨勇、政治委员苏振华决心以特务营营部率第九、第十连在苏村阻击牵制敌人，掩护鲁西区党政机关、旅机关和新四旅突围转移，而后采取分散行动、避实击虚、寻机歼敌的方针，反击日、伪军的“扫荡”。

上午，日、伪军先头部队1000余人，在空中和地面的火力配合下，对苏村反复实施攻击，并施放毒剂。特务营与日、伪军展开殊死搏斗，连续打退其多次进攻。激战至11时，完成了掩护任务，被十几倍于己的日、伪军包围。日军先以猛烈炮火轰击，随后以坦克掩护步兵反复冲击，同时以飞机实施空中轰炸。特务营指战员英勇抗击，连续打退日军的多次进攻，但数次突围未果。战至傍晚，仍坚守村落。残暴的日军竟施放毒气，攻占了苏村。特务营参战官兵除身负重伤的副教导员秦昌银等数人幸存生还外，其余126人壮烈牺牲。

第七团与日、伪军激战1小时，掩护旅机关、鲁西区党政机关突出重围，一部疏散隐蔽，其余转移到观城以西的冀鲁边界地区。新四旅冲出日、伪军合围圈，于19日到达郓城、鄄城地区。第七、第八团突围后，分别到达寿张、阳谷以东和郓城西部地区。

19日后，日、伪军对范县、莘县、聊城、东平、郓城等县，分区进行“清剿”，挨村搜查，掠夺物资，破坏抗日组织。旅机关和直属队在韩张集、观城地区与敌周旋；第七团在阿城、张秋镇地区，第八团在郓城至黄河一线，相机打击日、伪军；进至巨野、嘉祥地区的第九团，围困、袭扰南纸坊、济宁等城镇的日、伪军据点，破袭菏泽至济宁公路。至2月上旬，疲惫不堪的日、伪军退回原据点休整，结束了“扫荡”。

这次反“扫荡”历时1个月，八路军教导第三旅等部共毙伤日、伪军700余人，挫败了日军的“扫荡”企图，巩固了鲁西抗日根据地。

湖西革命烈士陵园

湖西革命烈士陵园位于山东省菏泽市单县南城街道健康路1号，老城区东南部的湖西公园内，是为了纪念抗日战争中牺牲于湖西抗日根据地的革命烈士而修建的设施。始建于1945年，原名“湖西区抗战烈士陵园”。于1952年由原湖西地委更名为“湖西革命烈士陵园”；1984年重修烈士纪念塔，增建西、南两座大门等；1992年改扩建。

陵园占地面积17.3万平方米，主要建有湖西革命烈士纪念塔、湖西革命烈士纪念堂（英雄阁）、奠基者群雕、浩然亭、抗日战争纪念亭、烈士纪念亭、革命烈士单墓和公墓等纪念设施。

陵园南大门为三门四柱牌楼式大门，单檐彩绘门楼，高10米，钢筋混凝土结构并用水刷石封

湖西革命烈士陵园南大门

面。门额上刻有“湖西革命烈士陵园”，是由中共山东原省委书记、著名书法家舒同题写。陵园西大门为两层牌坊楼建筑，门上方横额上刻有杨得志题写的园名“湖西革命烈士陵园”。

湖西革命烈士纪念塔屹立在古琴台旧址上，东、西、北三面被水环绕，南面与大堤相连。原名为“湖西区抗战烈士纪念塔”，建造于1945年11月。由于数十年风雨剥蚀、国民党军炮击以及地震的影响，塔身受损倾斜。1984年5月，经省民政厅批准，对这里进行了重建，1986年3月完工。纪念塔占地面积为1200平方米，青石结构，有3层平台。第三层平台的正面，刻有“永垂不朽”与纪念碑文，背面刻有“浩气长存”。塔身由红色花岗岩所筑，钢筋混凝土结构，高和宽分别为26.74米、4.5米，方锥形状，上面刻有胡耀邦同志的题词“湖西革命烈士纪念塔”，整个建筑高大宏伟。

湖西革命烈士纪念塔

湖西革命烈士纪念堂即英雄阁，位于红色大道以南，与湖西革命烈士纪念塔隔河相望，是仿古式两层建筑，建筑面积1500平方米，顶上覆盖着黄琉璃瓦，檐角高挑。二楼正面的居中位置，

匾额上有“英雄阁”3个苍劲大字。一楼四周建有回廊，有36根通红的大柱，气势宏伟。内用沙盘、雕塑、油画、图片、文字等表现手法，运用声、光、电等现代技术，还有枪、炮等实物，呈现出了在土地革命时期、抗日战争时期、解放战争时期湖西区壮丽的革命历史。内部分为正厅和东、西展厅。正厅中央塑有英雄群像，北墙上镌刻1800余名革命烈士英名。东、西展厅展陈照片170余幅，以及烈士遗物、历史资料、统计图表等，反映湖西地区革命斗争史，介绍抗日战争时期牺牲的苏鲁豫区党委统战部部长王文彬、湖西区首任专员李贞乾、红军团团长肖明、湖边地委妇女部部长常俊亭和解放战争时期牺牲的解放军旅长吴大名等13位著名烈士的生平事迹。

英雄阁

《奠基者》群雕高6.6米，长和宽分别为5.6米、2.3米。群雕中的抗日军民，有的挥刀，有的提枪，指挥员和小战士分别举着望远镜，吹着冲锋号，显得斗志昂扬。群体身躯前倾，作冲锋状，线条粗犷浑厚。立于雕塑前便不由得让人振奋。群雕后部基座上，刻有“红色湖西”铭文。

浩然亭位于古涞河南岸，英雄阁正东100米处。原是烈士公墓亭。1992年在对烈士陵园进行

《奠基者》群雕

改建时，改为纪念亭，2008年更名为浩然亭。浩然亭是座八角亭，双层仿古式，钢筋混凝土结构，高为18米。绿琉璃瓦顶象征着英烈们的草绿军帽，8根立柱象征着英烈们坚贞不屈的精神，中间一条旋转楼梯则象征着艰难曲折的革命征程。浩然亭十分宏伟雄壮。

抗日战争纪念亭在烈士塔东北400米处，重檐翘角，高15米，直径5米，由青石筑成，6根柱子，柱上有苍龙浮雕，内有荷花浮雕与其他景物等。

吴大名烈士墓建于1952年，高7.2米，青砖水泥结构。1992年初，烈士墓进行了重新建造，建筑为双层仿古六角叠式，橘红色琉璃瓦罩顶，中下部分由青石筑成，有4个六棱形窗户。门的正上方刻有题词，是刘伯承元帅亲题的“人民解放军阵亡旅长吴大名之墓”。门前两边立柱上的楹联是“过草地走雪山披肝沥胆救祖国；战章逢挫强敌碧血丹心为人民”，由原湖西行署专员刘清训、原湖西军分区司令员刘金山所题。亭子的中间，屹立着吴大名烈士半身汉白玉雕像，底座上刻有吴大名烈士的简历，亭子下面安葬着棺木。

李贞乾烈士墓建于1952年，墓的构造类似于

浩然亭

吴大名烈士墓

吴大名墓。门正上方匾额题写的“李贞乾烈士永垂不朽”，是由原湖西地委书记潘复生所题。门前两边有立柱，上面有原湖西专署专员尚格东、原湖西地委副书记王香圃的题词，为“当年神州陆沉义旗举唤起千万健儿开展抗日根据地；今朝山河解放懿范垂湖西激励广大群众巩固人民共和国”。亭子的中央是李贞乾烈士的汉白玉雕像，底座上刻有李贞乾烈士的简历，亭子下面安葬着棺木。

烈士英名碑位于陵园中部吴大名烈士墓、李贞乾烈士墓两座烈士墓的西侧，上面刻有2438位烈士的英名，碑名由时任山东省委书记梁步庭题写。

烈士英名碑

烈士英名碑往西是湖西革命烈士纪念亭，亭内有宋任穷的题词。4座烈士公墓环绕于纪念亭周围，安葬革命烈士2641名。

湖西革命烈士陵园是国家级烈士纪念设施、山东省爱国主义教育基地。

经党中央、国务院批准，国务院于2020年9月1日公布，湖西革命烈士陵园被列入《第三批国家级抗战纪念设施、遗址名录》。

知识链接

湖西抗日根据地

山东省南四湖（南阳湖、独山湖、昭阳湖、微山湖）以西的湖西地区自古就是战略要地，历来为兵家必争之地。新中国成立前频繁的战乱给当地人民带来深重的灾难，长期残酷的封建统治与压迫更使人民受尽苦难，湖西人民在险恶的环境中养成了勇敢顽强、不屈不挠的斗争精神和吃苦耐劳、坚忍不拔的坚强品格。为求生存，他们不断起义，反对封建压迫和兵匪的祸害。

在五四运动和第一次国内革命战争浪潮的推动下，湖西地区革命斗争进入一个崭新的阶段。1921年底，湖西就有中国共产党的活动。1925年中共徐州支部建立，而后铜山、萧县、砀山、宿县（今宿州市）、菏泽、济宁、永城等地相继建立党组织。他们积极宣传马列主义，发动工人、农民、学生投入反帝反封建的革命斗争。四一二反革命政变后，全国革命转入低潮，但由于国民党反动势力尚未扩展到北方，湖西出现对革命发展有利的形势。党的工作重点由城市转向农村，党组织有了较快发展，党员人数最多时发展到近2000人。农民斗争也由过去自发的、松散的、单纯的斗争，发展到自觉的、有组织的政治斗争。虽过程曲折，但革命的火种没有被扑灭，在白色恐怖下，许多共产党人仍然同敌人进行顽强不屈的斗争，为后来建立全区统一的党组织创造了有利条件。

抗日战争时期，湖西地方党组织不断发展壮大，党员人数由抗战初期的千人左右，猛增至近万人，建立了党的统一领导，同时建立了人民军队和政权，开辟了湖西抗日根据地，成为华中、山东根据地同华北、延安联络的重要通道。因靠近津浦、陇海铁路干线和周边中心战略城市，这里始终是日、伪、顽激烈争夺的地区。

湖西地方党组织及所领导的军队坚决执行党中央和上级党委的战略部署，在主力部队的支持和兄弟部队、友邻地区的配合下，坚持和发展了敌后游击战，粉碎日、伪军多次大“扫荡”和国民党顽军的摩擦。据不完全统计，抗日战争时期，湖西人民武装共作战3000余次，消灭日、伪军1.5万余人，顽军1万余人，地方武装发展到2万多人，民兵5.5万多人，根据地得到不断巩固和发展。

知识链接

李贞乾

李贞乾，1903年出生于江苏省丰县李新庄。1927年任丰县师范学校校长，后调任丰县中学校长，1935年春与原中共睢宁县委书记、中共徐（州）海（州）(蚌）埠特委秘书、当时在丰县中学任教的孙叔平结为密友。在孙叔平的影响下，李贞乾认识到共产党领导的革命道路是唯一正确的道路。1936年，绥远抗战爆发，在李贞乾、孙叔平的领导下，学生开展了援绥抗战活动。七七事变后，李贞乾组织成立了丰县青年抗日救国服务团，举行了抗日救亡大会。国民党当局极为恐慌，扬言要解散服务团。李贞乾知道后，义愤填膺，亲自到国民党县党部辩理。不久，李贞乾退出国民党。

1938年，李贞乾正式加入中国共产党，并在

李贞乾烈士

家乡成立丰县抗日游击队第六中队。1938年5月，丰县沦陷，李贞乾回到李新庄家中带头捐助抗日活动。6月，李贞乾率领丰县抗日武装与沛县、砀山、单县的抗日武装会师丰县渠楼，成立苏鲁人民抗日义勇队第二总队。同年夏，日军从砀山沿公路向单县进犯，李贞乾运用游击战术，率队埋伏在公路两侧，瞅准时机袭击日军，打死打伤日军数十人。不久，抗日义勇队第二总队主力暂时撤离丰县根据地，千余日、伪军趁机突袭李新庄。驻守李新庄的丰县二区队顽强抵抗，区队长李坤若牺牲，盘踞丰县北部的伪军头子王献臣将其头颅悬门示众。李贞乾的四弟李秉公被日军活活烧死，母亲等16口家眷被抓。日、伪军扬言：如果李贞乾不缴枪投降，就把他全家人泼上煤油烧死。李贞乾回复："我心疼亲人，但更痛恨侵略者！宁可牺牲全家，决不向敌人屈膝。"

1938年9月，李贞乾指挥第二总队与丰县、沛县、萧县、砀山、单县的抗日武装力量集中到丰县北部围歼王献臣部，战斗21天。同年底，八路军苏鲁豫支队向盘踞在丰县崔韩庄的汉奸马世芬及王献臣的老窝发起进攻，湖西抗战局面全面打开。

1939年2月，李贞乾率军南下，越过陇海线，与日、伪军交战10多次，屡建奇功。温山战斗后，李贞乾奉命北撤，对经常向抗日根据地袭扰的国民党鱼台县县长朱启森部发起反击，一举歼灭顽军700余人，活捉朱启森。

1941年4月，李贞乾引导在国民党丰县常备队第十中队任中队长的三弟李秉真扩编鱼台县独立营，活动在丰、鱼边境。

1942年12月20日，日军在第三十二师团师团长石井一郎的统一指挥下，纠集济南、徐州等地日、伪军1万余人，采取"铁壁合围"的战术，分7路进攻湖西根据地，发起空前的"万人大扫荡"。八路军第一一五师教导第四旅首长和地委、专署领导共同商定，决定由第十团掩护专署机关向单县东南方向突围。由于专署机关没有按时出发，在驻地单县马桥一带被敌包围。李贞乾果断决定：警卫连第一、第二排掩护干部群众和伤病员突围，他带领留下的干部和战士进行阻击。在突围过程中，李贞乾不幸中弹牺牲。时年39岁。

河南省

彭雪枫纪念馆

彭雪枫纪念馆位于河南省南阳市镇平县建设东路378号，是为了纪念我党我军优秀的革命家和军事家彭雪枫同志在其故乡修建的设施。始建于1984年，1988年10月建成开馆。2004年进行了扩建。

彭雪枫纪念馆占地面积约2.46万平方米，主体建筑面积3916平方米。布局严谨，庄严肃穆，环境优美。由纪念广场、碑亭、碑廊、瞻仰大厅、展室、文物库房、办公区等组成。

彭雪枫将军戎装铜像

纪念广场苍松翠柏，鸟语花香。入口处的巨石上镌刻有时任国家主席杨尚昆同志题写的馆名“彭雪枫纪念馆”，广场中心矗立着高3.2米的彭雪枫将军戎装铜像。左右两侧分别为“彭雪枫将军传略”碑亭和“彭雪枫纪念馆馆志”碑亭，另各有长达百米的碑廊。左侧碑廊为党和国家领导人为彭雪枫将军所写的挽联、题词；右侧碑廊为全国著名书法家为彭雪枫将军所写的挽联、题词，共39块碑文。

彭雪枫将军铜像后是坐北面南、钢筋水泥结构的主体建筑彭雪枫纪念馆，纪念馆由两部分组成。前为八角形的瞻仰大厅，后为展室，平面呈“回”字形，融现代特色和民族风格为一体。瞻仰

彭雪枫纪念馆大门

大厅门两侧为中共中央委员会1945年为悼念彭雪枫将军题写的挽联："为民族为群众二十年奋斗出生入死功垂祖国；打日寇打汉奸千百万同胞自由平等泽被长淮。"

瞻仰大厅内中间是彭雪枫将军汉白玉雕像，高3.4米，他身着长衫，气宇轩昂。背景墙砂岩浮雕镌刻着高山、黄河、青松，寓意彭雪枫将军崇高的革命气概。雕像两侧为毛泽东、朱德、刘少奇、彭德怀、陈毅为彭雪枫共致的悼词："二十年艰难事业，即将彻底完成，忍看功绩辉煌，英名永在，一世忠贞，是共产党人好榜样；千万里破碎河山，正待从头收拾，孰料血花飞溅，为国牺牲，满腔悲愤，为中华民族悼英雄。"

瞻仰大厅内景

主体建筑共3层，内设5个展室1个报告厅。一楼展线长268米，共展出图片650余幅，实物50余件，用14个部分全面系统、生动形象地展示了彭雪枫将军由一个贫苦农民的儿子成长为一个共产主义先锋战士的奋斗历程和可歌可泣的光辉一生。

基本陈列"彭雪枫将军生平事迹展览"共3个展室，分为14部分："峥嵘岁月稠 风华正茂时""理想壮青春 革命志不移""万里赴戎机 一路奏凯歌""铁肩担大义 沥血铸长城""播火大中原 抗日风雷动""雄风啸陇海 威震豫皖苏""火线育英才 治军三件宝""长淮挥金戈 洪泽饮战马""风雨结连理 战火砺真情""晴空响霹雳 浩气贯长虹""壮哉身殉国 遗爱万民怀""忠诚彪千秋 英灵铸丰碑""正气行天地 品行启后代""继承英烈志 接力绘宏图"。

展室内一景

彭雪枫将军故居位于县城南约3.5千米的雪枫街道办事处七里庄村，包括3间北房和2间东厢房、4间牛棚、3间草料房。

彭雪枫纪念馆是国家级烈士纪念设施、全国爱国主义教育示范基地、河南省爱国主义教育基地。

经党中央、国务院批准，国务院于2014年8月24日公布，彭雪枫纪念馆被列入《第一批国家级抗战纪念设施、遗址名录》。

知识链接　彭雪枫

彭雪枫，中国工农红军和新四军高级指挥员，军事家，领导开辟豫皖苏边区抗日根据地。原名彭修道。1907年9月9日，彭雪枫出生于河南省南阳市镇平县七里庄一个贫苦农民家庭。1912年初随教私塾的祖父读书识字。1921年秋，投奔在天津教书的伯父彭延庆，并考入南开中学。1925年在北京育德中学读书时，积极参加五卅运动，被选为该校学生自治会会长。同年6月加入中国共产主义青年团。1926年转入北京汇文中学，同年9月加入中国共产党。后任汇文中学支部书记，负责北京东城的学生运动。1927年春参加北京南苑农民暴动。失败后辗转于北京、天津、烟台等地，从事秘密革命活动。

1930年初，彭雪枫到上海中共中央军委工作。同年5月被派到湖北阳新，任中国工农红军第五军第五纵队第三大队政治委员、红八军第一纵队政治委员。6月任红三军团第八军第六师政治委员，7月在攻打长沙战役中率部首先攻入城区。1931年底任红三军团第二师政治委员，次年8月在江西乐安，当叛徒带1个团投敌时，他亲往追赶，挽救了部队。1933年任红三军团第四师政治委员，所部在抚州（今临川县）八角亭遭敌包围，亲率师通信排反冲锋，击退敌人，转危为安。1934年先后任江西军区政治委员、红军大学政治委员和中央革命军事委员会第一局局长。曾获二等红星奖章。同年10月参加长征，任军委第一野战纵队第一梯队队长、红三军团第五师师长。1935年2月，部队缩编后任红十三团团长。在攻克娄山关、遵义城等战斗中率部担负主攻任务。同年9月任陕甘支队第二纵队司令员。到陕北后任红一军团第四师政治委员，率部参加直罗镇、东征等战役。后入中国人民抗日红军大学学习。1936年秋被派往太原等地，做团结各界爱国人士、联合阎锡山抗日的统一战线工作。

全民族抗战爆发后，彭雪枫任八路军总部参谋处处长兼驻晋办事处主任。曾应第二战区民族革命战争战地总动员委员会主任续范亭之邀，到山西大学讲授《游击队政治工作教程》，指出到敌后开展游击战争的必要性，阐明游击队政治工作的地位、作用、任务、原则等内容，后由延安解放出版社印成单行本在各抗日根据地发行。1938年春调赴河南确山竹沟，任中共河南省委军事部部长，组织训练抗日武装。同年9月组建新四军游击支队，任司令员兼政治委员，率部挺进豫东敌后，广泛发动群众，开展游击战争，壮大抗日武装。而后东进，领导开辟豫皖苏区抗日根据地，任中共豫皖苏区委员会书记。1939年11月所部改称为新四军第六支队，任司令员兼政治委员。1940年7月，第六支队与八路军南下部队合编为八路军第四纵队，任司令员。1941年皖南事变后，任新四军第四师师长兼政治委员。1942年，兼淮北军区司令员，与政治委员邓子恢等领导军民同日、伪军及国民党顽固派军队进行了艰苦斗争，先后取得1942年冬季淮北反“扫荡”和1943年3月山子头战役的胜利，巩固和发展了淮北抗日根据地。其间，刻苦学习毛泽东军事著作，博览中外兵书，总结实践经验，对抗日战争的游击战术和政治工作问题进行论述，亲自编成《游击战术》《战略战术讲授提纲》等教材，经常到抗日军政大学第四分校授课，并主持创办第四师骑兵团、拂晓剧团和《拂晓报》。

1944年8月，为执行中共中央关于向河南敌后进军的指示，彭雪枫指挥所部进行西进战役。9月11日，在河南夏邑八里庄指挥作战时牺牲，年仅37岁。江苏省洪泽县和安徽省宿县（今宿州市）为彭雪枫修建陵墓和纪念碑。

2009年9月，彭雪枫入选“100位为新中国成立作出突出贡献的英雄模范”。

吉鸿昌将军纪念馆

吉鸿昌将军纪念馆位于河南省周口市扶沟县鸿昌大道与将军路交会处东南侧，是为了纪念著名抗日英雄吉鸿昌而修建的设施。原为扶沟县烈士陵园，始建于1962年，位于扶沟县城关镇吉祥中路，1964年建成。1979年在陵园内筹建吉鸿昌将军纪念馆，1984年建成。因规模太小，2006年12月选现址建吉鸿昌将军纪念馆新馆，2009年11月24日，吉鸿昌将军牺牲75周年之际开馆。

吉鸿昌将军纪念馆占地面积6.6万平方米，建筑面积1.6万平方米，陈列面积2600平方米，是全国规模最大的吉鸿昌个人纪念馆。截至2009年，馆内珍藏文物实物120件。馆内主要纪念设施有吉鸿昌将军铜像、吉鸿昌将军纪念馆主馆、鸿昌广场、国防教育园、廉政文化园等。

纪念馆大门形状由“吉鸿昌”三字汉语拼音声母JHC形象化构成，门楣上的“吉鸿昌将军纪念馆”8个大字于1995年吉鸿昌将军100周年诞辰时由江泽民同志亲笔题写。

在鸿昌广场正中央有吉鸿昌将军铜像，花岗岩砌成的底座上刻有“民族英雄吉鸿昌”几个大字，下面附吉鸿昌出生至为国捐躯时间：1895.10—1934.11。上面是重达6吨、身着戎装的吉鸿昌将军铜像，高7.9米。广场西侧是国防教育园，展示有空军某部赠送的一架退役歼-6教练战斗机，一辆退役坦克和两门大炮，以及其他武器。

吉鸿昌将军纪念馆大门

鸿昌广场

纪念馆在铜像正后方，江泽民同志在1995年题写“吉鸿昌将军纪念馆”馆名。馆内设瞻仰厅、吉鸿昌烈士厅、书画厅、扶沟英烈厅、多功能厅、廉政教育厅和半景画馆等。

吉鸿昌将军纪念馆

瞻仰厅正面墙壁上有聂荣臻题写的“民族英雄吉鸿昌”7个大字，题字下方是一幅长24米、高2.5米的大型红色岩石浮雕，内容以吉鸿昌真正爱民、宣誓入党、誓死救国、慷慨赴义等重大事件为场景，再现吉鸿昌将军辉煌悲壮的一生。浮雕正中央刻有吉鸿昌的名言：“人人奋勉，则团体巩固；有巩固之团体，才能救国救民；我辈亦能赖之以生存，愿与诸同志共勉之。”瞻仰厅左壁上，题有吉鸿昌气壮山河的就义诗：“恨不抗日死，留作今日羞。国破尚如此，我何惜此头！”展陈通过图片资料和珍贵文物，辅以雕塑、蜡像、模型、绘画和场景复原等形式，采用声、光、电、影等表现方法，再现吉鸿昌和扶沟籍部分烈士的英勇事迹。

吉鸿昌将军纪念馆瞻仰厅

吉鸿昌烈士厅展示了吉鸿昌将军波澜壮阔的军旅生涯、吉鸿昌将军出国考察、光荣入党、收复多伦等英勇事迹；书画厅展示有3封家书，视频直观展示吉鸿昌将军临刑前慷慨赴死、从容就义的决心，3封家书分别是吉鸿昌给夫人、兄弟、朋友的遗嘱；扶沟英烈厅展示了吉鸿昌将军热爱祖国、始终忠于党、恪守家训、造福百姓的精神，同时展示了在扶沟这片红色土地上的革命先烈和英雄人物，以及新时代扶沟县基本发展概况。

吉鸿昌将军纪念馆是国家级烈士纪念设施、全国爱国主义教育示范基地。

经党中央、国务院批准，国务院于2014年8

吉鸿昌将军纪念馆第一展厅展出的吉鸿昌将军当年定烧的“作官即不许发财”瓷碗

月24日公布，吉鸿昌将军纪念馆被列入《第一批国家级抗战纪念设施、遗址名录》。

知识链接 **吉鸿昌**

吉鸿昌，河南省扶沟人，原名吉恒立，字世五，抗日英雄，爱国将领。

1895年10月18日，吉鸿昌出生于河南省扶沟县吕潭镇，父母务农，家境贫寒，受家庭影响，吉鸿昌从小就有一颗炽热的爱国心。1913年加入

吉鸿昌将军

冯玉祥部，因吉鸿昌吃苦耐劳、聪明正直，骁勇善战，人称“吉大胆”，很快便得到冯玉祥的赏识，被提升为手枪连连长，而后又提升为营长。1921年，吉鸿昌回乡探亲，为让家乡贫苦出身的孩子都能够读书识字，创办了吕北初级小学，但凡贫困孩子，上学一律免费。

1925年10月开始，吉鸿昌先后任绥远省（今内蒙古中部、南部）督统署直辖骑兵团团长兼警务处处长、第十八师第三十六旅旅长。职务虽然在不断升迁，但吉鸿昌却始终铭记“当兵救国，为民造福”宗旨，也铭记父亲的谆谆教诲“作官不许发财”。吉鸿昌生活节俭，将平时的积蓄用来兴办学校或者做其他公益。他关心百姓，让部队严守纪律，从不扰民。同年，吉鸿昌认识了共产党员宣侠父等人，革命的思想由此开启。

1926年，吉鸿昌率部参加西安解围之战。1927年4月，吉鸿昌所部扩编为国民军第十九师，升任师长。随后率领部队攻克洛阳、巩县（今巩义市），强渡黄河，占领豫北重镇新乡，奉军被打得抱头鼠窜。第十九师屡屡获胜，被誉为“铁军”。1928年任第三十师师长，调防甘肃天水。1929年7月，吉鸿昌任宁夏省（今宁夏回族自治区）政府主席兼第十军军长，决心开发大西北，为百姓谋福利。1930年，吉鸿昌参加中原大战，失败后接受蒋介石改编，任第二十二路军总指挥兼第三十师师长，不久被派往潢川、光山一带“围剿”鄂豫皖苏区。吉鸿昌内心本不愿意进攻苏区，以生病为由到上海与中共党组织取得联系。蒋介石察觉后解除他的军职，强令出国考察。1931年，九一八事变爆发，吉鸿昌带着满腔热血请战，却被拒绝，被迫到欧美各国考察，沿途发表抗日演说。在国外，吉鸿昌曾因是中国人而被排斥，但他却仍以自己是中国人为傲，找来木牌写上“我是中国人”，佩戴在胸前。

1932年，一·二八淞沪抗战爆发，吉鸿昌收到消息立即回国寓居天津，为表达忧国报国的情怀，出版了《环球视察记》。同年，秘密与中共华北政治保卫局联系。8月，到湖北麻城宋埠策动旧部第三十师起义失败，潜回平津地区后加入中国共产党。受党的指派潜赴泰山联络冯玉祥出山组织武装抗日。随即变卖家产，购买枪械，联络

根据中共北方局关于在华北发动武装斗争的指示，1933年3月，吉鸿昌毁家纾难，在张家口与冯玉祥共组察哈尔民众抗日同盟军。图为1933年春，吉鸿昌在张家口

旧部。1933年5月，与冯玉祥、方振武等在张家口建立察哈尔（今分属河北、山西、北京、内蒙古）民众抗日同盟军，任第二军军长。旋任北路前敌总指挥，率部向察北日、伪军进击，连克康保、宝昌（今属内蒙古太仆寺旗、正镶白旗、正蓝旗）、沽源、多伦四县，将日军驱出察境。蒋介石反诬同盟军破坏国策，令何应钦指挥16个师与日军夹击同盟军。9月，吉鸿昌与方振武率部退至河北顺义、昌平（今均属北京市）一带，战至10月中旬弹尽粮绝而失败。

吉鸿昌在被押往北平（今北京市）的途中逃走。之后回到天津，组织成立中国人民反法西斯大同盟。吉鸿昌被选为主任委员，进行抗日民族统一战线工作。在他的住所天津法租界霞飞路40号，设立了秘密印刷所，印刷《民族战旗》报，宣传抗日，联络各方，准备重新组织抗日武装。

1934年11月9日晚，吉鸿昌在法租界秘密开会时遭军统特务暗杀受伤，被法国工部局逮捕，引渡到国民党天津市公安局。中共党组织多方营救无效，吉鸿昌部下准备在他被押解去北平时劫车，他得知后要求停止劫车行动，认为这种冒险行动不会成功，只会造成更多同志牺牲。11月23日，北平军分会举行了一场所谓的“军法会审”。吉鸿昌在法庭上义正词严地说：“我是中国共产党党员，由于党的教育，我摆脱了旧军阀的生活，而转到为工农劳苦大众的阵营里来，为我们党的主义，为全人类解放事业而奋斗，这正是我的光荣！”经蒋介石下令，24日下午吉鸿昌被杀害于北平陆军监狱，年仅39岁。他在给夫人胡红霞的遗嘱中写道：“夫今死矣，是为时代而牺牲……”吉鸿昌在刑场留下慷慨悲壮的绝命词：“恨不抗日死，留作今日羞。国破尚如此，我何惜此头！”

1945年，在中共七大会议上，吉鸿昌被授予革命烈士称号。2009年9月，入选“100位为新中国成立做出突出贡献的英雄模范人物”。2014年9月1日，入选首批300名著名抗日英烈和英雄群体名录。

冀鲁豫边区革命根据地旧址纪念馆

冀鲁豫边区革命根据地旧址也称濮阳单拐革命旧址，位于河南省濮阳市清丰县双庙乡单拐村，包括中共中央北方局旧址、中共中央冀鲁豫（平原）分局旧址、八路军冀鲁豫军区司令部旧址、冀鲁豫军区第一兵工厂旧址等，以及邓小平、宋任穷、王宏坤、黄敬等冀鲁豫边区领导人的旧居。抗日战争后期，这里是冀鲁豫边区政治、军事指挥中心，被称为“边区中枢”“平原首府”。

中共中央北方局冀鲁豫分局、冀鲁豫军区暨军工史迹纪念馆

冀鲁豫边区革命根据地旧址纪念馆属于遗址性革命史实纪念馆。历经数十年的风雨沧桑，许多旧址被老区人民保护完好，保留了民国时期中

原地区的建筑风格。1980年起，对旧址的保护开发工作正式启动，2004年清丰县委、县政府完成中共中央北方局旧址、中共中央冀鲁豫（平原）分局旧址、冀鲁豫军区司令部旧址的修复，以及邓小平、宋任穷、王宏坤等旧居进行了抢救性维修和复原陈列；2016年起，又相继完成了冀鲁豫边区抗战史实展馆建设及陈列布展，军区第一兵工厂复原陈列，20余处革命旧址、旧居修复布展和新建游客服务中心、民俗博物馆、抗战文化广场等30余项提升工程。

冀鲁豫军区纪念馆

冀鲁豫边区抗战史实展馆序厅

冀鲁豫边区抗战史实展馆

纪念馆占地面积约5.6万平方米，展陈面积5000平方米。主要由四馆、一群、一场、一中心组成。四馆分别为冀鲁豫边区抗战史实展馆、冀鲁豫军区纪念馆、军工史迹纪念馆、民俗博物馆；一群为43处旧居组成的旧址群；一场为抗战文化广场；一中心为游客服务中心。

冀鲁豫边区抗战史实展馆是一座现代风格建筑，建筑面积2648平方米，展陈面积1900平方米。展厅以历史背景为基础，展览分为7部分。序厅陈列着邓小平、苏振华、杨得志、黄敬、宋任穷、王宏坤、杨勇的雕像，背景是“英雄冀鲁豫”5个大字，庄严肃穆。

第一展区“山河破碎，全民救亡”，展示九一八事变、东北沦陷、《八一宣言》、卢沟桥事变、西安事变及全国抗日战线的形成；第二展区“浴血抗战，民族脊梁”，展示全面抗战爆发后，八路军东渡黄河开赴华北抗日前线，英勇的冀鲁豫边区人民纷纷拿起刀枪奋起抗战，配合八路军对日、伪军展开殊死搏斗的画面；第三展区“英雄壮士，卫我边区”，展示1941年到1944年冀鲁豫军区作战成果，以及抗战时期中国共产党所发挥的中流砥柱作用；第四展区“边区中枢，中原红都”，展示了1944年9月中共冀鲁豫分局和军区机关进驻单拐，以及1945年3月北方局代理书

九二式70毫米步兵炮

记邓小平带领北方局机关人员进驻单拐的情况；第五展区“正义必胜，走向复兴”，重点展出了冀鲁豫大反攻的战果，以及138位曾在冀鲁豫边区战斗生活的将军照片；第六展区展示了新中国成立以来取得的成就。展厅一角展示的“盖亮号”九二式70毫米步兵炮，就在此地兵工厂生产，这是我军兵工史上的第一门大炮。此种炮当时生产了7门。

冀鲁豫边区革命根据地旧址纪念馆包括冀鲁豫军区第一兵工厂旧址、中共中央北方局旧址、中共中央冀鲁豫（平原）分局旧址、八路军冀鲁豫军区司令部旧址等。

冀鲁豫军区第一兵工厂是旧址纪念馆的重要组成部分，是平原分局和军区搬迁至濮阳县后所建。位于村东路南，原是陈氏祠堂，面积1.34万余平方米。大门面北，正面为拱券砖石结构，其上用青砖砌成“山”字形。进入大门，迎面就是机器房（祠堂的正殿）。房门面南，阔三间，高丈余，硬山顶，前出厦，厦下顶柱上当年安装机器打的圆洞仍历历在目。东西两面山墙上有“点将台”“应战场”字迹。正殿前东西两侧，各有配房三间，砖木结构，前出厦，高八尺许，当年亦系机器房。

第一兵工厂旧址院落。该院落始建于咸丰元年（1851年），左右两侧是兵工厂开展劳动竞赛时设立的“点将台”和“应战场”

由此往后，又有南屋三间，系兵工厂办公室。该房东南30米处有水井一口，系当年兵工厂所凿。

第一兵工厂复原陈列，当年生产九二式步兵炮的场景。中国军工史上第一门九二式步兵炮就是在这里试制并制造成功的

当时，兵工厂制造出我军军工史上第一门大炮——“盖亮号”九二式步兵炮，现藏中国人民军事博物馆。

中共中央北方局旧址、中共中央冀鲁豫（平原）分局旧址、冀鲁豫军区司令部旧址位于兵工厂旧址西30余米，保存基本完好，目前作为纪念馆进行了复原陈列。

邓小平旧居位于平原分局旧址、军区司令部旧址北部，为三进的院落，平面呈曲尺形状。邓小平和卓琳的住室位于东院，坐北朝南，屋面后坡在中檩处变为平顶，后檐墙高出屋檐1米左右，结构独特，外观端庄，是单拐村一带独有的建筑风格，屋内还保存有邓小平同志在单拐村时期使用的桌椅等。

邓小平旧居

冀鲁豫军区领导同志居住旧址位于东西大街中心路南胡同内，大门面西，旧居原系楼房三间，大门仍保持原貌。杨勇同志旧居位于村之东半部路南胡同内，大门面西，住宅为瓦房两间，南山连接大门，青砖墙壁高约1丈，硬山顶，大门额上当时所标房号仍清晰可见。屋内，杨勇同志送给房东的棉鞋至今仍保存完好。宋任穷同志旧居位于杨勇同志旧居西面小胡同内，大门面南，原

军区政治部旧址

住的北屋现已改建。

此外，这里还有军区参谋部旧址、邓小平警卫员住室、王宏坤旧居等。

民俗博物馆有6所院落12座房屋，展示民俗传统、农耕文化与精神文明，分为“苍生”“礼仪”“文艺”“匠作”“变革”5个部分，陈列旧物有

民俗博物馆

粮票、布票、棉花票、老式灯盏、算盘、水壶、缝纫机、自行车、田耕生产工具、蓑衣等。

冀鲁豫边区革命根据地旧址纪念馆是全国重点文物保护单位、全国爱国主义教育示范基地。

经党中央、国务院批准，国务院于2015年8月13日公布，冀鲁豫边区革命根据地旧址纪念馆被列入《第二批国家级抗战纪念设施、遗址名录》。

知识链接 冀鲁豫边抗日根据地

冀鲁豫边抗日根据地是抗日战争时期，由中国共产党领导的敌后抗日武装，在河北、山东、河南三省交界的广大地区创建的抗日根据地。东至津浦路，西至平汉路，南跨陇海路，北至石德路、滏阳河。

1937年七七事变后，日军大举进攻，华北各地相继沦陷，国民党军队往南撤退，地方政权瓦解，平汉、津浦、陇海、石德四大铁路之间的地区都无军队守护。

1938年上半年，中共河北省委和山东省委根据中共中央指示，在冀鲁豫边地区积极发动群众，组织抗日武装，开展游击战争，初创了鲁西北、泰（山）西、（微山）湖西和直南（今河北北部、河南北部濮阳、清丰、南乐、长垣等地）等抗日根据地。12月，八路军第一一五师三四三旅六八五团进抵鲁西南地区。1939年2月，第三四四旅旅直一部进入直南地区。3月，第一一五师师部率第三四三旅旅部及第六八六团进入鲁西、泰西地区，先后取得樊坝、陆房、梁山等战斗胜利，冀鲁豫边抗日根据地初步形成。

1940年4月，八路军第二纵队率第三四四旅、河北抗日民军第一旅及第一二九师独立游击支队等部由太行山区挺进冀鲁豫边区，成立冀鲁豫军区和行政公署，第二纵队兼军区。同时，成立鲁西军区和行政公署，第三四三旅兼军区。1941年7月，为统一冀鲁豫边区和鲁西地区的军事指挥和加强抗日根据地建设，鲁西军区合并于冀鲁豫军区，仍由第二纵队兼军区，崔田民任司令员，苏振华兼任政治委员。两区党委和行政公署也随之合并，张霖芝任党委书记，晁哲甫任行署主任。

1941年至1942年，日、伪军对冀鲁豫边抗日根据地连续进行大规模“扫荡”“蚕食”“治安强化运动”，根据地遭到严重破坏，面积缩小，人口减少，困难重重。冀鲁豫边区实行精兵简政，主力部队地方化，开展整风运动和大生产运动，贯彻“敌进我进”和全面对敌斗争的方针政策，粉碎了日、伪军的多次“扫荡”，逐步度过严重困难时期。

1943年，冀鲁豫边抗日根据地的形势开始好转，向恢复和再发展阶段过渡。边区抗日军民继续贯彻“敌进我进”的方针，广泛开展敌占区的游击战争，粉碎日、伪军的“扫荡”“蚕食”，恢复和扩大抗日根据地；同时，深入开展整风运动和大生产运动，进一步实行精兵简政。为加强对中共冀南和冀鲁豫边两区的统一领导，11月，中共中央北方局根据中央政治局的指示，成立冀鲁豫分局（又称平原分局），黄敬任书记。

1944年，冀鲁豫边区抗日军民对日、伪军开展攻势作战，进一步扩大了根据地。5月，冀鲁豫分局所属冀南、冀鲁豫边区党委撤销，各地委直属平原分局。冀鲁豫军区与冀南军区合并，组成新的冀鲁豫军区，宋任穷任司令员，黄敬兼政治委员。冀鲁豫边行署与冀南行署合署办公。

1945年上半年，冀鲁豫边区抗日军民对日、伪军开展春、夏季攻势作战。5月，冀鲁豫边行署与冀南行署合并为冀鲁豫行署。8月，开展全面反攻，根据地面积进一步扩大，与太行、太岳、冀南三块抗日根据地基本连成一片。

杜八联革命纪念馆

杜八联位于河南省济源市西南黄河北岸，东起留庄，西至桐树岭，清朝时为杜里，由蓼坞、桥沟、泰山、祖师庙、毛岭、连地、马住、留庄8个行政村组成，民国时期实行保甲制，改成8个保，8个保为一个联保，故称“杜八联”。杜八联革命纪念馆位于坡头镇泰山村泰山顶，是为了纪念抗日战争和解放战争时期攻不破的“河防堡垒”济源杜八联的革命历史而修建的设施。始建于1995年，2015年重建并开馆。

杜八联革命纪念馆占地面积约1万平方米，建筑面积500余平方米。主要纪念设施有《河防堡垒》雕塑、纪念碑、革命纪念馆、县委办公旧址、展览回廊、泰山庙、烈士墓园等。

《河防堡垒》雕塑

穿过泰山村的门楼后，首先看到的是杜八联雕塑广场中间的《河防堡垒》雕塑，展现了抗战时期杜八联抗日军民英勇奋战的场景。

走上广场后面的高台，又是一个宽阔的广场，杜八联革命纪念馆位于此广场东面。纪念馆外的纪念碑上刻着两行大字“忠勇结成杜八联，壮烈创建小苏区”，形象刻画了峥嵘岁月革命烈士的英勇事迹。

杜八联革命纪念馆全景

杜八联革命纪念馆馆内分为6个展区，分别为“黄河怒吼”“众志成城”“浴血苦斗”“河防堡垒”“战旗高扬”“浩气长存”，采用沙盘景观、影像、油画和雕塑等多种展出形式，展示了杜八联辉煌的战斗业绩，展示了烈士的丰功伟绩，展示了杜八联勇敢坚强、敢于抗战、永不言败的革命精神。纪念馆内的实物，有葫芦舟、长矛、土枪、步枪、大砍刀等，展现了战争时期英雄们为民族独立和人民解放艰苦奋斗、不屈不挠的革命精神。

展厅内的“河防堡垒”部分展示有黄河葫芦队抗战往事。1944年春，日军集中兵力疯狂进攻河南，洛阳等地沦陷，八路军奉命南渡黄河，开辟豫西抗日根据地，因黄河两岸都有敌军把守，渡河成为难题。这时有丰富经验的“水上葫芦队”

担任了这项重任。他们腰缠葫芦，冒着敌人的枪林弹雨，为八路军探水护航。

杜八联革命纪念馆

纪念馆对面几孔修葺一新的窑洞，是抗战时期原济源县（今济源市）工委、县委、县南委所在地。

拾级而上，半山腰有一座碑亭，立着2块石碑，一块是杜八联事迹纪念碑，一块是豫西抗日先遣支队河清口渡河处纪念碑。1944年9月21日，由皮定均、徐子荣率领的八路军豫西抗日先遣支队，在杜八联抗日自卫团的护送下，经泰山村附近的河清和蓼坞渡口渡过黄河，到豫西开辟新的

原济源县工委、县委、县南委办公旧址

抗日根据地。

山顶上，有一座飞檐翘角的建筑，这是泰山庙。抗战爆发后，设在泰山庙内的济源公立第十六完小更名为“济源县杜八联抗日十六完小”，中共济源县委就曾在此办公。泰山庙内的土窑院，就是当年皮定均和徐子荣住过的地方。

毗邻泰山庙的杜八联革命烈士陵园，安葬着146位革命烈士。陵园内立着杜八联“革命十人团”的墓碑，杨伯笙、杜振华、史向生、杨廷佐等10人是杜八联抗日自卫团的中坚力量。

杜八联革命纪念馆是河南省爱国主义教育示范基地。

经党中央、国务院批准，国务院于2020年9月1日公布，杜八联革命纪念馆被列入《第三批国家级抗战纪念设施、遗址名录》。

泰山庙

知识链接

杜八联的锄奸斗争

杜八联自古为兵家必争之地。抗日战争与解放战争时期，这里是太岳革命根据地的门户，当

地的河清、蓼坞两个黄河古渡口是北上晋陕、南下中原的交通要道。在中国共产党的领导下，杜八联人民为保卫家乡、保卫黄河经历了艰苦卓绝的战斗，其中的锄奸斗争永载史册。

全民族抗战爆发后，这里的抗日斗争一直持续不断，从未停止过。当时，日本侵略者在大坡头建立司令部，在周围村庄设立7个碉堡，周围群众接连不断受到残害。当时的伪军汉奸借助日军的势力也无比猖狂，横行霸道，整日里欺压百姓，罪行累累。他们还充当日本人的密探，监视中共地下党活动，肆意抓百姓为日军做苦力。为打击这些汉奸的嚣张气焰，杜八联自卫团和中国共产党协同合作，展开锄奸行动。当时为日军效力的赵本文，经常欺压百姓，经地下党多次批评教育仍不知悔改，无比嚣张，后被地下党秘密处决。

1943年，因汉奸告密，杜八联自卫团三大队的枪支被日军缴获，大队长和九中队队长被抓。地下党使用反间计，除掉了告密的汉奸。同年，杜振华、杨廷佐受太岳根据地四地委指派展开敌工、情报工作，并在杜八联建立联络站，成立武工队。一天夜间，武工队员夜渡黄河，抓获了两个汉奸。4月，驻守瓮沟的国民党情报队在渡口一带欺压逃难群众，索要财物，引发众怒。杜八联自卫团武装人员在夜间突袭情报站，同时封锁蓼坞、河清两个渡口。之后，自卫团突袭卫佛庵一带两股反动武装，占领黄河渡口。

1944年，杜八联区委、区干部与太岳根据地四分区二支队相互协作，在连地村抓获了准备告密的汉奸，并公开将其处死。当时，杜八联周边有不少为日军效力的汉奸，他们经常为日本侵略者打探消息。杜八联军民下定决心，一定要做好联防锄奸工作。杜八联军民建立互通情报、互相监督、互相侦查、来往人员登记、布置群众秘密监视、公开清查户口等制度。他们在每个村庄成立民兵、自卫队、儿童团组织，群众的警惕性也非常高，一旦遇到陌生人，会第一时间向民兵反映情况，将其抓获审问，如确认是汉奸，就地处死。

在杜八联军民的严防死守下，为日军效力的汉奸不断遭受打击，一旦被抓获就会受到应有的惩罚。杜八联军民在革命战争时期的锄奸斗争，不仅保卫了自己的家园，还保护了黄河两岸地下交通线，同时也为人民军队挺进中原做出了巨大贡献。

湖北省

武汉市中山舰博物馆

武汉市中山舰博物馆位于湖北省武汉市江夏区金口街中山舰路特1号，是一座具有专题性、纪念性的博物馆，展示了抗日英烈不怕流血、不怕牺牲、甘愿为国捐躯的可歌可泣的革命事迹。1938年，中山舰在“武汉保卫战”中被日机轰炸沉入长江金口水域，沉睡59年后，于1997年被整体打捞出水。中山舰博物馆于1999年12月开始建设，2011年9月26日正式对外开放。这一年，13座反映武汉会战的雕塑也在纪念区金鸡湖畔落成。

博物馆由两幢相连的建筑构成，建筑面积1.1万平方米，其中展厅面积7010平方米。

武汉市中山舰博物馆

一进大门，首先映入眼帘的是一座庞大的军舰模型建筑，全钢结构，为舰体陈列厅。“舰首”直指长江，站在“舰身”的位置，远远望去，可以看到1998年建立的牛头山上的“海军阵亡将士纪念碑”。厅内为中山舰复原陈列，根据史料还原真实历史，按1925年中山舰原貌复原舰体外观及舰载装备、设施和部分舱室，保留了1938年武汉会战时的创伤痕迹。将舰体视为一个大文物陈列于博物馆舰体陈列大厅内，四周展出中山舰被整体打捞、修复、迁移的历史过程及中山舰大事记等相关辅助内容。《一代名舰中山舰》巨幅油画，高4米，宽16米，以三联画的形式并列呈现，分别展现了1922年孙中山指挥永丰舰平定军阀陈炯明叛乱，1938年中山舰在武汉长江金口水域与日军激战，2008年修复后的中山舰借助滚动气囊迁入馆内的3个重要历史瞬间。

中山舰舰体复原陈列

与舰体陈列厅相连的是外形呈三角形的三层建筑——史迹陈列室。一层为舰体陈列厅的一部分。二层史迹陈列展由3部分组成：第一部分主要介绍中山舰诞生的历史背景；第二部分主要介绍中山舰的风雨历程；第三部分介绍的是中山舰的修复、迁移和博物馆的建设。三层为出水文物精品陈列。中山舰整体打捞出水时，随之出水的各种类型文物近5000件，其数量之多、范围之广、价值之高，在中国近现代沉船打捞史上十分罕见。经遴选展出的铭牌标志、舰载设施、生活用品、武器装备四大类型的文物近200件（套），从不同角度反映了永丰舰至中山舰各个历史时期的政治、军事、经济、文化等社会活动及中山舰官兵们的精神面貌。展出文物品种繁多，有奖章、纪念章、印章、匾牌、铭牌等铭牌证章；有航海设施、动力设施、照明设施、测量设施等舰载设施；有轻重机枪、手枪、火炮、弹药等武器装备；有茶具、炊具、餐具、娱乐用品、文化用品等生活用品。

史迹陈列室

博物馆金口战役纪念区内，牛头山山顶立有中山舰遇难者纪念碑，纪念碑由25根石柱组成，每一根石柱都代表一位烈士，象征英勇迎战日本飞机、不幸阵亡的25名中山舰战士。

武汉市中山舰博物馆是国家一级博物馆、国家国防教育示范基地、湖北省爱国主义教育基地。

经党中央、国务院批准，国务院于2014年8月24日公布，武汉市中山舰博物馆被列入《第一批国家级抗战纪念设施、遗址名录》。

知识链接 风雨中山舰

永丰舰钢木结构，由日本三菱长崎造船所制造。长为65.8米，宽为9.83米，吃水深度为2.67米，排水量为780吨，航速为13.5节，设炮8门，船员编制108—140人。1910年，清政府向日本订购该舰，并派出李国圻、郑贞能前往日本三菱公司长崎造船所监造。

永丰舰

1912年，永丰舰建成下水。1913年，永丰舰完成交接仪式，并加入北洋政府海军第一舰队。永丰舰自加入中国海军以来，于1915年至1916年，响应孙中山先生号召，参加讨袁护国运动，首倡义举。

1922年，孙中山先生在广州蒙难，登临永丰舰指挥平叛斗争，长达50余天。在此期间，孙中山先生与全舰官兵生死与共，在平叛斗争中建立了深厚的感情。1925年，孙中山先生去世。为纪念孙中山先生，永丰舰易名为“中山舰”。

1938年，中山舰在武汉会战中，在长江金口水域被日机炸沉。

1923年8月12日广州蒙难周年纪念，孙中山先生在永丰舰上的主炮塔前与官兵合影，旁立女士为宋庆龄

1997年，沉睡江底59年的中山舰在湖北金口被整体打捞出水。1999年，中山舰博物馆成立。2001年，按照“整旧如旧，恢复原貌”原则，中山舰修复工作全面竣工。2008年，中山舰被迁移至中山舰博物馆舰体陈列厅。

张自忠将军纪念馆

张自忠将军纪念馆位于湖北省宜城市襄沙大道55号，是为了纪念抗日名将张自忠将军而修建的设施。1940年5月16日，张自忠将军在离此不远的新街乡罗屋村的长山上壮烈殉国，牺牲1周年时在殉难地立碑纪念。纪念馆于1991年5月建成开馆。

纪念馆坐北朝南，占地面积1.3万平方米，建筑面积747平方米，为古今结合四合院风格，富有民族气息。主要建筑包括门楼、景观水池、半身戎装像、纪念壁、碑廊、放映厅、事迹陈列室、字画室等。

张自忠将军纪念馆大门

张自忠将军纪念馆门楼匾额“张自忠将军纪念馆”，由时任全国政协副主席王任重题写。走进纪念馆，便能看到位于庭院正中位置的张自忠将军半身戎装像和纪念壁。两侧碑廊有20块石碑，仿刻毛泽东题写的“尽忠报国”、周恩来题写的“为国捐躯”、朱德题写的“取义成仁”，以及蒋介石题词“英烈千秋”、冯玉祥题词“荩忱不死”、李宗仁题词“英风不泯”，另有彭德怀、董必武、郭沫若、茅盾、田汉、徐悲鸿、老舍、臧克家等著名人士为张自忠将军题写的挽词手迹。

张自忠将军半身戎装像

纪念馆为7间高大的房屋，室内分为6部分，展出了张自忠将军的遗物、手迹、照片、地图等

300多件，其中有张自忠将军任天津市市长期间访问日本时穿过的西服，张自忠将军赠予部属的马鞍垫。事迹陈列室分为9个篇章，分别为序厅、“投笔从戎”“中华名将”“冀察从政”“驰骋沙场”“血染襄东”“最后的声音广播剧场”“同悼国殇”“将军与宜城”，将富有感情的文字、生动的图片、栩栩如生的雕像，以及声、光、电等多媒体结合，展示了张自忠将军铮铮铁骨、戎马一生的风范，更加能够让参观者感受到张自忠将军一生艰苦奋斗、百折不挠的精神。陈列室内还展出了张自忠将军的女儿张廉云写的挽联、民国三十五年（1946年）的荣哀状、1982年中华人民共和国民政部颁发的革命烈士证明书影印件等。字画室陈列有省市领导、国外友人、社会名流、著名书画家的字画。

张自忠将军殉国处纪念碑

宜城市区东北约30千米的新街乡罗屋村的长山上，是张自忠将军的殉难地，建有张自忠将军殉国处纪念园。在300多米高的山顶上，一座刻有“张上将自忠殉国处”8个大字的石碑庄严矗立，由95块青石垒砌而成，每块青石重达千斤，是1941年当地百姓肩挑背扛运到山顶的。95倒过来看是59，寓意59军，也象征张自忠将军倒下了。此碑后还有一座更为高大雄伟的纪念碑，2014年建成，碑高16米，中间有个白色子弹壳装饰高5米，代表张自忠将军5月16日殉国。纪念碑顶端有3颗五角星，寓意张将军三星上将军衔。其西麓还有一座公墓，是为了纪念张自忠将军及其同难官兵而修建的。

与张自忠将军同难官兵公墓

张自忠将军纪念馆是全国爱国主义教育示范基地。

经党中央、国务院批准，国务院于2014年8月24日公布，张自忠将军纪念馆被列入《第一批国家级抗战纪念设施、遗址名录》。

知识链接

张自忠

张自忠，字荩臣，后改荩忱。1891年8月11日出生于山东临清唐元村。中国著名抗日将领、民族英雄，是中国军队在抗日战争中牺牲的职务最高的将领之一。

张自忠自幼随曾任江苏省赣榆县巡检的父亲读私塾。1911年冬考入天津北洋法政学堂，第一次接触到孙中山三民主义学说和“驱除鞑虏，恢复中华，建立民国，平均地权”的资产阶级革命政纲，同年底加入中国同盟会。1914年投笔从戎，在冯玉祥部教导团军官队深造，后任营长、团长等职。1927年5月，升任冯玉祥部第二十八师师长兼潼关警备司令。翌年先后任第二十五师师长、开封警备司令和第二集团军军官学校校长。1929年升任第十一军副军长兼第二十二师师长。同年底部队缩编，任第六师师长。1930年5月参加蒋阎冯中原大战，次年所部被蒋介石收编，任国民党军第二十九军第三十八师师长。1933年，日军进逼长城，第二十九军血战喜峰口，张自忠担任前线总指挥，亲率所部重创日军。1935年底兼任察哈尔省（今分属河北、内蒙古）主席，1936年5月兼任天津市市长。

1937年七七事变后，张自忠于7月28日临危受命，代第二十九军军长宋哲元担任冀察政务委员会委员长、北平（今北京）绥靖主任兼北平市市长，与日军周旋。后见北平、天津已经无可挽救，于9月初化装逃离北平，辗转到达南京，11月回原部队，任第五十九军军长。1938年初率部参加徐州会战，2月增援淮北，攻克小蚌埠、曹老集等地，将日军驱逐回淮南；3月驰援山东临沂，协同友军重创日军，迫敌退回莒县，从而切断了津浦路北段日军的左臂，为之后中国军队在台儿庄围歼孤军深入的日军矶谷师团创造了契机；9月参加武汉保卫战，在河南潢川顽强抗击日军12天；10月，晋升为第三十三集团军总司令，守卫鄂西北襄樊一带。1939年，在随枣会战及冬季攻势中指挥右翼集团军，先后两次亲率精兵东渡襄河（汉水）截击日军，各歼敌一部。1940年5月，在枣宜会战时兼第五战区右翼兵团总指挥。5月1日，写信给参战集团军各将领："国家到了如此地步，除我等为其死，毫无其他办法。更相信，只要我等能本此决心，我们的国家及我5000年历史之民族，绝不至于亡于区区三岛倭寇之手。为国家民族死亡决心，海不枯、石不烂，决不半点改变。愿与诸弟共勉之。"5月6日，张自忠第三次率部由湖北宜城渡襄河截击日军，激战9昼夜，陷入日军重兵包围，在身负6处伤的情况下，仍坚持指挥作战。5月16日下午，在宜城南瓜店，张自忠壮烈牺牲，以身殉国，时年49岁。5月28日，张自忠的灵柩运抵重庆，蒋介石亲率军政要员在朝天门码头迎接。7月，国民政府追授张自忠为陆军上将。8月，延安召开张自忠将军追悼会，毛泽东、周恩来、朱德分别致挽："尽忠报国""为国捐躯""取义成仁"。11月16日，张自忠将军被安葬于重庆梅花山。

1982年4月16日，中华人民共和国中央人民政府追认张自忠为革命烈士。

2009年，张自忠入选"100位为新中国成立作出突出贡献的英雄模范"。

八路军武汉办事处旧址纪念馆

八路军武汉办事处旧址纪念馆位于湖北省武汉市江岸区长春街57号，是在抗日战争时期八路军武汉办事处旧址的基础上建立起来的设施，以纪念和缅怀周恩来、董必武等老一辈无产阶级革命家的丰功伟绩。办事处于1937年10月由董必武负责筹备建立。后中共中央代表团（对内为中共中央长江局）也在这里办公。1938年1月新四军军部迁往南昌后，由八路军武汉办事处代办新四军驻武汉办事处的一切工作。1938年12月25日武汉失守，八路军武汉办事处工作人员全部撤离武汉，旧址被日军占领。1944年旧址被美军飞机炸毁。1978年，人民政府重新修复旧址，建成八路军武汉办事处旧址纪念馆，1979年3月5日正式对外开放。叶剑英题写馆名。

1938年的八路军武汉办事处

办事处旧址原为日商大石洋行，坐西朝东，是一栋中西结合的近代建筑，四面建楼，中设庭院。南面主楼四层，两侧三层，北面为二层，院内有一楼梯直达四楼，院内建有花坛和喷水池。占地面积1777平方米，建筑面积2253平方米。纪念馆内复原陈列有：八路军武汉办事处办公室、副官室、接待室；中共中央长江局会客室、会议室、机要科、电台室；中共领导人周恩来和邓颖超、董必武、叶剑英、秦邦宪（博古）的住房兼办公室等。

宽敞的一楼大厅为“大武汉·1938”基本陈

八路军武汉办事处旧址纪念馆

列，另辟有“武汉抗战”“新四军与武汉”“孩子剧团”等辅助展览。大厅右侧复原有副官室、接待室、办公室。“大武汉·1938”基本陈列，着力宣传在中国共产党主张建立的抗日民族统一战线旗帜下，中华民族万众一心，共同抗日的历史功绩。陈列展分为4部分，分别为“抗日民族统一战线的巩固与发展”“抗日救亡运动中心的形成与辐射”“新四军组建东进与武汉保卫战”“坚持持久战夺取抗日战争全面胜利”，运用声、光、电等科学技术，生动展现武汉抗战的历史。接待室只放了一张桌子、一把椅子、一排长椅，无数爱国人士就在这里与中共领导人会面，奔赴全国各个

“大武汉·1938”浮雕

抗日根据地。接待室墙上挂着罗炳辉将军与爱国青年于青原的合影。

二楼有会客室和董必武的住房兼办公室。会客室里留下了周恩来、董必武、叶剑英等老一辈无产阶级革命家和许多外国友好人士的足迹。董必武的住房兼办公室，布置简朴，陈列着一件毛背心，这件毛背心最初是董老穿的一条毛裤，后经拆洗，编织成毛衣，最后又改成毛背心，一直到他逝世前还在使用。

会议室

三楼有会议室和叶剑英的住房兼办公室。在这间会议室，周恩来、邓颖超等人为抗战时期活跃于武汉的抗日儿童团体“上海孩子剧团”的孩子们举行了一场欢迎会。欢迎会上，孩子们讲述了从上海逃亡到武汉的经历，还演唱了团歌。现在墙壁上挂着一幅邓颖超与“上海孩子剧团”的合影。

叶剑英的住房兼办公室

四楼是中共中央长江局领导人的住房兼办公室，机要科和电台室也设在这里。四楼除少数机要秘书、电台工作人员外，不许外人上去，就连中共中央长江局和八路军武汉办事处的一般人员也不准随便上去。周恩来和邓颖超的住房兼办公室也在四楼。室内陈设简陋，就在这张办公桌旁，台灯下，周恩来同志为了中国革命，通宵达旦地工作，度过了多少个不眠之夜。

周恩来、邓颖超的住房兼办公室

八路军武汉办事处旧址纪念馆是全国重点文物保护单位、湖北省爱国主义教育基地。

经党中央、国务院批准，国务院于2015年8月13日公布，八路军武汉办事处旧址纪念馆被列入《第二批国家级抗战纪念设施、遗址名录》。

知识链接

八路军武汉办事处

1937年8月下旬，根据国共两党合作抗日的协议，在陕北的红军主力改编为国民革命军第八路军。为便于与国民党当局商讨共同抗日事宜和推动全民抗战，中共中央、中央军委决定以八路军的名义，在南京、上海、西安和武汉等国民党统治区的主要城市，设立公开、合法的办事机构。

9月下旬，中共中央派董必武到武汉筹备建立八路军武汉办事处。10月下旬，八路军武汉办事处在汉口府西一路（今民意一路）安仁里正式成立，由李涛（李湘龄）任处长。安仁里1号为董必武居住地，2号为董必武办公处，均为两层建筑。小巷位于闹市区，相对较为隐蔽，有利于开展工作。

11月12日，日军侵占上海，南京危在旦夕，八路军南京办事处工作人员分批撤往武汉。为应对时局，在报请中共中央批准同意后，八路军南京办事处与八路军武汉办事处合并，组成新的八路军武汉办事处。12月14日，中共中央决定在武汉设立中共中央长江局，成员有陈绍禹（王明）、周恩来、项英、秦邦宪（博古）、叶剑英、董必武等。同时，组成中共中央代表团，负责与国民党当局谈判。办公地点设在八路军武汉办事处内，实际上是两个机构，一套人马。

由于人员增加，机构扩大，办公用房便显紧张。经董必武出面与国民党汉口市政府协商，将汉口中街89号（今长春街57号）旧日租界大石洋行拨给八路军武汉办事处办公；洋行对门的90号作为招待所；路东的120号作为干部训练班使用；成忠街53号拨给新四军武汉办事处办公。12月下旬，八路军武汉办事处陆续迁至大石洋行，并于1938年1月1日正式对外办公。

八路军武汉办事处迁至大石洋行后，其机构和负责人重新做了调整。原八路军武汉办事处处

中共中央长江局在八路军武汉办事处召开会议

长李涛调到中共中央长江局参谋处工作，由钱之光接任处长。办事处下设总务科、运输科、经理科、副官室和招待所等科室。1月下旬，新四军军部迁往南昌后，新四军武汉办事处的工作由八路军武汉办事处代为办理。

按照国共两党达成的协议，八路军和新四军的军饷、服装、武器、弹药及医疗器材由国民政府供给。因此，办事处每月都到国民党政府去领取物资，然后将领取的物资转运到延安及八路军总部和新四军总部及各支队。但由于抗日队伍的不断发展壮大，而国民党当局划拨的军用品又有限，办事处需要自己采购各种急需的军需物资。此外，办事处还直接接受爱国华侨和国际友人捐献的物资和款项。中国人民的老朋友美国主教吴德施（Logan Herbert Roots）及其女儿费兰西丝小姐，向在武汉的外国朋友募捐，共收到10300元捐款。他们和安娜·路易斯·斯特朗（Anna Louise Strong）、艾格尼丝·史沫特莱（Agnes Smedley）一起将捐款送到八路军武汉办事处，亲手交给正在武汉开会的八路军副总指挥彭德怀。日本反战作家鹿地亘、池田幸子夫妇在武汉捐款，给八路军购置防毒防疫用品。

为了吸收进步青年到革命队伍里来，中国人民抗日军事政法大学、陕北公学、鲁迅艺术学院、中国女子大学、安吴青训班等先后在八路军武汉办事处设立了招生委员会，由董必武、罗炳辉、吴奚如等负责，办事处的工作人员负责接待、组织和护送工作。当时，报名的有工人、职员和其他各界人士，有来自湖北各县、南方各省的学生和进步青年，更多的是从敌占区逃出来的流亡青年，也有海外侨胞和港澳同胞，还有少数国民党下级军官和士兵。据不完全统计，仅1938年5月至8月，经八路军武汉办事处介绍和护送，途径西安去延安的进步青年就有880名。

1938年6月，日军以30万兵力沿长江两岸大举西进，马垱、九江、黄梅等地相继失守，武汉形势越来越紧张。8月初，中共中央指示长江局：“保卫武汉，重在发动民众，军事重在袭击日军之侧后，迟滞敌进，争取时间，务须避免不利的决战，至事实上不可守时，不惜断然放弃。”10月17日，日寇铁蹄已经逼近武汉。20日起，办事处工作人员分三批撤离武汉。

八路军武汉办事处是国共两党第二次合作的产物，在存在的一年时间里，光荣完成了党中央和八路军总部赋予的历史重任，见证了武汉人民为抗日救亡运动做出的努力，为抗日战争立下了不可磨灭的功劳。

中国共产党为动员民众保卫武汉做了大量工作。图为武汉军民举行保卫武汉大游行

石牌抗战遗址

石牌抗战遗址位于湖北省宜昌市夷陵区三斗坪镇石牌村，地处长江三峡第一湾的明月湾南岸，是抗日战争时期中国军队英勇抗击日军进犯西南的战斗遗迹。

抗战遗址占地面积约15.5万平方米。1943年，中国军队为阻止日军沿江而上进犯重庆，始终坚守石牌要塞，与10万日军展开殊死搏斗，取得了享誉世界的“中国的斯大林格勒保卫战”——鄂西会战的胜利。现保存完好和复建的遗址有炮楼、碉堡、战壕、炮台、弹药库、饮水池、防空洞、浴血池、野战医院、抗战纪念碑刻等，另建有纪念碑、纪念馆等设施。

纪念碑位于石牌村码头上方，建于2000年8月，坐落在石牌抗战旧址上。纪念碑为白色锥形

石牌抗战主要防御设施遗址

三面体，犹如一把从地面刺向空中的利剑，象征中国军民对日军的顽强抵抗。碑高8.15米，象征1945年8月15日日本投降；基座周长43.5米，是纪念石牌保卫战发生在1943年5月；碑身正面刻“石牌抗战纪念碑”，两侧刻有“石牌天险敌胆寒”等文字，碑座刻有“石牌抗战纪念碑记”，碑文为：

三峡雄关，石牌天险，古来兵家必争之地。第二次世界大战期，侵华日军先后攻占南京、武汉，国都被迫西迁重庆，石牌遂成拱卫陪都之国防要塞。一九四三年五月，鄂西会战，日寇十万众，意取石牌，逆三峡而逼重庆，以图完全侵占中华国土。中国军队最高统帅蒋介石急电：“严防死守，确保石牌。”陈诚、孙连仲、吴奇伟诸名将，受命率十五万大军英勇还击。众将士同仇敌忾，全身许国，激战月余，以伤亡一万余人的惨烈代价，击毙倭寇两万五千之多，暴敌溃败龟缩。石牌要塞名扬世界，此役被誉为“中国的斯大林格勒保卫战”。

缅怀英烈，壮我国威，时值日本天皇裕仁乞降五十五周年，特立此碑，并略镌史实以为记。

宜昌县人民政府二〇〇〇年八月十五日立

石牌抗战纪念碑

纪念馆建于2000年8月，位于长江明月湾口，建筑面积440平方米，展陈面积300平方米。馆名“石牌抗日纪念馆”由著名书法家欧阳中石题写。馆内设有凭吊缅怀大厅、多媒体展览厅、图文展览厅、实物展览厅4部分。主题展览“石牌抗战纪念展”，以文字、图片，以及部分抗战实物展示，分为8个篇章：序言、“石牌要塞保卫战简介”“石牌抗战名将录”“石牌保卫战中国军队指挥系统”“石牌保卫战作战主力十八军简介”“石牌保卫战日军作战序列”“吴奇伟萨凡奇长江三峡工程”“后继展望”。

石牌抗日纪念馆

纪念馆之后是纪念园，建筑面积约200平方米，在江边修复了碉堡、炮台、城墙等抗战工事、抗战纪念碑。

石牌抗战遗址还有保存完好的纪念塔、战壕、炮台、高射炮阵地、弹药库、饮水池、浴血池、野战医院、抗战纪念碑刻、忠烈祠、第三十一师部驻地等。其中“陆军第三十一师抗日阵亡将士纪念塔”遗址建在今石牌小学内，为国民革命军第三十军第三十一师师长乜子彬修建，其正面镌刻塔名，侧面刻写第六战区副司令长官孙连仲的题词“浩气长存”。

忠烈祠供奉的是第三十一师阵亡将士的牌位，牌位上刻有阵亡官兵的姓名、籍贯、军衔、阵亡地点，除此之外，忠烈祠还陈列着第六战区副司令长官孙连仲、江防总司令吴奇伟、第三十军三十师师长王震等将领的题词。

石牌抗战遗址是湖北省文物保护单位、宜昌

陆军第三十一师抗日阵亡将士纪念塔

石牌抗战遗址抗战工事

市文物保护单位。

经党中央、国务院批准，国务院于2015年8月13日公布，石牌抗战遗址被列入《第二批国家级抗战纪念设施、遗址名录》。

知识链接

石牌保卫战

1940年6月日军占领湖北宜昌后，国民政府制订了《拱卫陪都作战计划》，主要是以长江三峡为中心，凭借两岸的险要地形，层层设防，节节抵抗，并不断打击日军的后勤线，以达到保卫重庆的目的。

1943年2月，随着斯大林格勒保卫战的胜利，美军在太平洋战场也转入反攻，世界反法西斯战争形势一片大好。为了扭转局势，日本军部制订了《1943年度帝国陆军对华作战指导计划》，日军第十一军司令横山勇发动了“江南歼灭战”，纠集10万人、100架飞机对中国军队展开进攻，以歼灭驻守长江沿岸的第六战区主力和江防军，进而占领石牌，打开通往重庆的门户，逼迫中国投降。石牌要塞成为这次战役的关键，石牌保卫战对中国抗战至关重要。

在宜昌沦陷后，国民政府就营造了石牌要塞。1943年初，石牌要塞已经有大炮10余门，足以封锁水路，阻止日军沿江而上。5月22日，蒋介石给第六战区司令陈诚、江防司令吴奇伟发电，反复强调石牌要塞的重要性，命令要死守石牌。

到战役爆发前，聚集在石牌周围的中国军队达15万人，形成了以石牌要塞为核心的综合防御体系。具体驻守石牌的任务交到了第十八军。第十八军军长胡琏深感责任重大，立志战至最后一人，和石牌同存亡。他给家人留下遗书，对父亲、妻子表达了以死驻守石牌的决心："担任石牌要塞防守，孤军奋斗，前途莫测。然成功成仁之外，当无他途""石牌要塞守备，军人以死报国"。

25日，日军主力开始向西展开进攻，和驻守在长江两岸的中国军队交战，鄂西会战爆发。26日，第十八师在师长罗广文的带领下殊死抵抗，但在日军猛烈炮火的打击下，所驻守的冬青树阵地被突破。27日，中国军队发起夜战，才将日军阻挡在落布垴以东，稳住了防线。形势危急，石牌能否保住直接关系到鄂西会战的成败和陪都重庆的安危。

28日，日军第三、第十三、第三十师团共6万余人扑向石牌，石牌保卫战爆发。日军2000余人在飞机、大炮的支援下，通过长江水路登上石牌的外围南林坡、闵家冲阵地。驻守石牌的第十八军第十一师约1.8万人，在日军猛烈的炮火下伤亡惨重。

在南林坡阵地，日军在炮火的掩护下发动大规模冲锋。守军第十一师三十一团三营在营长冯威同的带领下，冒着日军的猛烈炮火发起反冲锋，经过残酷的白刃战，终于打退了日军的进攻。日军不断增兵，接连发动5次冲锋，三营官兵进行殊死抵抗，战斗之惨烈超乎想象。战至黄昏，三营下辖的两个连包括连长在内几乎全部殉国，剩下的七连也伤亡过半，但在连长李介的率领下仍以不足百人的队伍死守在南林坡，令日军难以前进一步。

南林坡战斗的同时，日军一部偷渡点心河，企图攻占石牌的制高点天台观。驻守天台观的中国守军虽然只有一个排30余人，但毫不畏惧，进行坚决阻击，击退了日军多次进攻，打死日军300多人。日军无奈转攻王家坝，也遭到中国军队殊死阻击，战斗陷入僵持。后日军增兵包围天台观，切断了守军与外界的联系，并派飞机对天台观进行猛烈轰炸，中国守军全部壮烈殉国。

29日上午，日军飞机对南林坡等中国守军阵地多次进行轰炸。当他们以为阵地上的中国守军已全部阵亡，冲到南林坡阵地时，不足百人的三营将士满身泥土从防空洞中跑出来，和日军展开新一轮殊死搏斗。战至下午，日军已经攻占石牌要塞大部分外围阵地，而南林坡阵地仍在中国军队手中。入夜，三营士兵奉命撤退，原本一个营的500余官兵仅剩42人。

30日上午，日军第三、第三十九师团全面进攻石牌要塞，战斗进入白热化。中国军队坚守每一处阵地、每一个据点，用刺刀、手榴弹和日军肉搏，日军每前进一步都要付出惨重代价。中国军队还派出狙击手专门射杀日军军官。当陈诚询问战况时，胡琏回答："成功虽无把握，成仁确有决心！"

31日，石牌周围阵地、据点全部沦陷，仅剩石牌要塞一座孤城。清晨，日军对石牌发起了全面总攻，胡琏率领的第十一师官兵奋勇杀敌，毫不退却，全都做好了为国捐躯的准备。中午，一股日军绕到石牌要塞背后进行偷袭，中国守军上自营长下至马夫、伙夫，和日军展开惨烈的白刃战。战至黄昏，日军留下2000多具尸体后撤退，而中国守军1500名将士为国捐躯。

6月2日，中国军队发起反击，日军撤退，石牌保卫战以中国军队的胜利而告终，被誉为“中国的斯大林格勒保卫战”。

战斗结束后，守卫石牌的国民革命军陆军第十八军第十一师伤亡惨重。10月，第三十军第三十一师在师长乜子彬的率领下接替第十一师防守的阵地，直至抗战胜利。

乜子彬率部驻守时期，在石牌建“陆军第三十一师抗敌各战役阵亡将士纪念碑”和“陆军第三十一师抗日阵亡将士纪念塔”、“陆军第卅一师殉国烈士纪念碑”等纪念设施。

鄂豫边区革命烈士陵园

鄂豫边区革命烈士陵园位于湖北省孝感市大悟县城关镇长征中路39号，地处澴河东岸、江岗山西麓，是为了纪念鄂豫边区为革命事业牺牲的烈士而建立的设施。始建于1979年3月，1984年11月建成。1996年6月动工兴建中原突围烈士纪念碑，1998年4月落成。2010年进行修缮改造。

陵园占地面积约31.3万平方米，主要建有鄂豫边区革命烈士纪念碑、烈士纪念馆、中原突围烈士纪念碑、烈士祠、烈士墓、国防教育馆、英烈广场等纪念设施。

陵园名由原新四军第五师师长李先念题写。从大门进入，穿过宽阔的广场就是革命烈士纪念馆。纪念馆平顶，四周有高大的廊柱，极具民族

鄂豫边区革命烈士陵园全景

风格。展馆面积1420平方米，由1个序厅和两侧的8个展厅组成。序厅中主要为整体造型呈“V”字形、象征革命胜利的浮雕，浮雕主体为两组英烈托起的两座纪念碑，一座是李先念题词的鄂豫边区革命烈士纪念碑，另一座是江泽民题词的中原突围烈士纪念碑，中间镶嵌新四军第五师司令部旧址、中原军区司令部旧址。第一、第二展厅介绍土地革命时期，大悟籍和在大悟境内战斗过的著名英烈；第三、第四、第五展厅介绍抗日战争时期新四军第五师暨鄂豫边区著名英烈的事迹；第六、第七展厅介绍解放战争时期，特别是中原突围前后牺牲的著名英烈；第八展厅介绍大悟籍的37位开国将军的事迹。

烈士祠位于纪念馆的后方，建筑面积400平

革命烈士纪念馆序厅内景

方米，分为4个部分，分别为土地革命时期、抗日战争时期、解放战争时期，以及新中国成立后革命烈士骨灰堂，共有50多位英烈，其中包括吴祖贻、张文津、毛楚雄等。

纪念馆右侧的石阶通往鄂豫边区革命烈士纪念碑。纪念碑坐西向东，仿照天安门广场上人民英雄纪念碑修建，为花岗岩镶贴面，占地面积1600平方米，通高21.8米。碑座高5.1米，正面刻有“鄂豫边区革命烈士纪念碑”碑名，背面刻有中共湖北省委、省人民政府署名的碑文，南北两面分别雕刻反映土地革命、抗日战争时期鄂豫边区军民英勇不屈、顽强战斗的浮雕。碑身高16.7米，正面刻有李先念题写的“为革命事业英勇牺牲的烈士们永垂不朽”，背面刻有徐向前的题词：“继承和发扬革命先烈们的精神，为建设社会主义的四个现代化而奋斗。”

与鄂豫边区革命烈士纪念碑相对的是中原突围烈士纪念碑，位于陵园内金龟山山顶，坐东向西，占地面积1200平方米，碑长12米，高6.4米，形状为卧式军事地图，上面有三个大小不一的红色花岗岩箭头，象征着中原部队从三个方向突出重围，赢得胜利。碑身由呈弧形的花岗岩连接，象征着国民党军队30万大军重围。纪念碑的设计以军事地图呈现的包围与反包围箭头与弧线为形象语言，以此展示当时突围的情况。纪念碑的正面刻有碑名“中原突围烈士纪念碑”，由江泽民题写。

中原突围烈士纪念碑

鄂豫边区革命烈士纪念碑

烈士墓坐落在中原突围纪念碑的正北方，2003年动工，2008年建成投入使用，建有100个墓穴，目前安葬83位。其中有著名烈士张文津、吴祖贻、毛楚雄等；另有新中国成立后病故的开国中将1位、少将12位。每座墓碑旁都镌刻他们的生平简介和事迹。

鄂豫边区革命烈士陵园是国家级烈士纪念设施、全国爱国主义教育示范基地、湖北省爱国主义教育基地。

经党中央、国务院批准，国务院于2015年8月13日公布，鄂豫边区革命烈士陵园被列入《第二批国家级抗战纪念设施、遗址名录》。

烈士墓区局部

知识链接 鄂豫边区革命烈士纪念碑碑记

鄂豫边区，虎踞中原，峥嵘岁月，群雄奋起。为推翻帝国主义官僚资本主义和封建主义三座大山，争取民族独立和人民解放，边区人民在中国共产党领导下，前赴后继，英勇奋斗数十年。

建党初期，董必武、陈潭秋等为边区培训了大批革命骨干，点燃了革命的星星之火。北伐战争时期，边区农民运动风起云涌。大革命失败后，边区相继爆发著名的黄麻起义、商南起义和其他多处起义。学井冈山办法，建立人民政权，进行土地革命，实行武装割据，走乡村包围城市、最后夺取全国胜利的道路。红四方面军在徐向前等同志领导下，在这里英勇奋战，创建了鄂豫皖革命根据地。红四方面军主力西进后，广大群众先后协同红二十五军、红二十八军，又坚持了五年艰苦卓绝的武装斗争。

抗战时期，边区人民响应党的号召，积极投身抗日救亡运动。一九三九年，李先念等同志率部先后由河南竹沟南下，会合豫南、鄂中、鄂东抗日武装，坚决执行党中央和中原局指示，高举抗日统一战线旗帜，放手发动群众，广泛开展独立自主的敌后游击战争，使鄂豫边区迅速成为中原抗日的战略基地。一九四一年春，新四军五师建立。在人民群众全力支持下，五师健儿战胜了敌顽夹击和包围封锁的重重困难，取得了反“扫荡”、反“摩擦”斗争的节节胜利，先后歼灭了大量日伪军，开创了以大悟山为中心的纵横千里的鄂豫边区抗日民主根据地，为夺取抗战胜利做出了卓越贡献。

一九四六年初，中共中央中原局和中原部队主力转移宣化店地区牵制了国民党军队三十余万于鄂豫边区，在战略上配合了全国各解放区的反内战斗争。面对敌人的步步进逼，中原军民同仇敌忾，奋力自卫。三月，党中央派董必武前来慰问。五月上旬，周恩来代表中共邀美、蒋代表到宣化店视察，揭穿国民党反动派假和谈、真内战阴谋，对突围作了战略部署。六月下旬，国民党悍然发动进攻。中原人民子弟兵按党中央和毛主席的部署突破重围，取得了战略坚持和战略转移的胜利，拉开了第三次国内革命战争的序幕。此后，边区军民坚持了艰苦的游击战争牵制敌人，紧密配合刘邓大军向大别山区的战略反攻，全力支援了南下作战的解放大军，为推翻蒋家王朝建立新中国，立下了巨大功勋。

在漫长的革命战争年代，国内外敌人对鄂豫边区实行野蛮的“三光”政策，兽蹄所至，尸横遍野，庐舍成墟，惨绝人寰。但是，不论敌人何等凶残，斗争多么艰险，边区军民在毛泽东思想指引下，始终一往无前，浴血奋战。千千万万烈士为了人民利益，有的冲锋陷阵，牺牲于枪林弹雨之中；有的坚贞不屈，就义于敌人屠刀之下。慷慨悲歌，动天地，泣鬼神。仅以大悟为例，从一九二七年徐海东领导建立农民自卫军起，到新中国诞生，武装斗争从未间断，牺牲约六万人。

青山处处埋忠骨，碧血点点染江河。我们抚今追昔，当永远铭记革命前辈之丰功伟绩，坚决继承先烈遗志，向着共产主义目标继续奋进！

革命烈士永垂不朽！

中共湖北省委员会

湖北省人民政府

一九八四年十月五日

宜昌市夷陵区南边抗日将士陵园

宜昌市夷陵区南边抗日将士陵园位于湖北省宜昌市夷陵区黄花镇张家口村（原名南边村），是为了纪念宜昌保卫战中牺牲的中国军队第七十五军预备第四师将士修建的设施。

抗日战争时期，宜昌市夷陵区黄花镇张家口村一带是第七十五军预备第四师驻地，野战医院就设在张家口村，在保卫宜昌的战斗中，许多伤员都被送到这里，因为伤员人数较多，来不及救治，再加上医疗条件有限，前线阵亡和因伤牺牲的战士都被安葬在这里，约有3000名。预备第四师撤离时，在此立碑建亭设置陵园，当时陵园占地面积约2万平方米，纪念碑碑身题写“七十五军预备第四师阵亡病故官兵纪念碑”，落款为“师长傅正模敬题”“中华民国三十年夏四月”。经过多年的风雨洗礼，陵园相关设施几乎已无遗存。

2010年4月，宜巴高速公路修建期间，在山坡下挖掘出大量英烈骨骸，一段尘封已久的抗战历史再次被人们回忆起来，同时也引起社会广泛关注，中央、省、市领导先后做出重要批示，开

宜昌市夷陵区南边抗日将士陵园俯瞰

始筹建宜昌市夷陵区南边抗日将士陵园，并于2015年7月开始修建，2016年4月竣工，陵园尊崇“尊重历史、原地重建、庄重俭朴、园林环保、鸟瞰陵园、形似花园”的设计理念。

宜昌市夷陵区南边抗日将士陵园占地面积2万平方米，种植松柏等常青树3000株，代表这里是3000名抗日将士英灵安息的地方。陵园主要包括两部分，分别为纪念广场区、瞻仰陵墓区。纪念广场占地面积7689平方米，位于高速公路临河外侧、纪念园前部，使用青石铺设地面，以摆放花坛为主。瞻仰陵墓区占地面积约1.15万平方米，位于高速公路下、临山内侧。纪念广场区和瞻仰

宜昌市夷陵区南边抗日将士陵园

陵墓区之间用陵园主体纪念墙隔开，纪念墙长44米、高8米，其含义为中国经历了8年艰苦卓绝的全面抗战，上书“宜昌市夷陵区南边抗日将士陵园”。

经党中央、国务院批准，国务院于2020年9月1日公布，宜昌市夷陵区南边抗日将士陵园被列入《第三批国家级抗战纪念设施、遗址名录》。

知识链接

重修南边抗日将士陵园记

巍峨青山埋忠骨，浩然正气耀千秋。

宜昌夷陵居三峡门户，扼川鄂咽喉，当楚蜀要冲，素为兵家必争之地。抗日战争进程之中，这一战略地位又一次凸显。上海、南京、武汉相继失守后，国民政府于1937年11月西迁重庆，宜昌成为最后的国门——拱卫陪都的重要关隘、西南大后方的最后屏障、西迁人员和物资的转运基地、中国军队后勤保障交通枢纽。日军更是将宜昌作为“联结华北、华南，控制最西端的交通要冲”和“海军航空轰炸重庆的中继基地”，在占领前后长达6年中，对宜昌实施了疯狂的轰炸、野蛮的进犯。宜昌大地成为敌我交战的重要战场和前沿阵地后，中国军队勇救危亡，喋血江关，组织实施了“枣宜会战”、“宜昌反攻战”和以石牌保卫战为中心的“鄂西会战”三次战役，无数中国军人和宜昌人民用血肉筑起的长城，挡住了日军西进的步伐，为抗战胜利做出了重大的贡献，付出了巨大的牺牲。

抗战时期，宜昌市夷陵区原黄花乡南边村一带是中国军队第七十五军预备第四师驻地，该师野战医院设金鱼坪这里。其间，前线阵亡和医院病故的3000多位将士骸骨都安葬于这片山坡之上。预四师撤离宜昌时，在此立碑建亭，形成一个近30亩地的陵园。碑面书“七十五军预备第四师阵亡病故官兵纪念碑”，落款为“师长傅正模敬题”“中华民国三十年夏四月”。

经过70多年的岁月消磨之后，陵园原有的碑亭已几无遗存。2010年8月，宜巴高速公路兴建，于此开挖路基时挖掘出大量英烈骨骸，得以引起社会广泛关注，受到党和国家领导的高度重视，时任国家主席胡锦涛做出了“核实情况，妥善处理”的重要批示。

2010年底，中共夷陵区委、区人民政府听取社会各界的呼吁，结合区内还有黄花场“陆军第三十二军一四一师抗日阵亡将士公墓”、雾渡河岔路口“七十五军抗日阵亡将士公墓场”等遗址的情况，向市、省政府提交了重建抗日将士陵园的报告，2011年，得到湖北省委、省人民政府批准。此后，组织进行了方案设计、资金筹措，与高速公路建设单位、城建规划部门、土地管理部门协调，完成了高速公路改建、土地征用、招标投标等工作。新建的陵园于2015年7月动工，2016年1月竣工。

重修的宜昌市夷陵区南边抗日将士陵园，尊崇了“尊重历史、原地重建、庄重俭朴、园林环保、鸟瞰陵园、形似花圈”的设计理念。主体工程包含纪念广场区和瞻仰陵墓区。纪念广场位于高速公路临河外侧、纪念园前部，面积7689平方米，由青石地面和花坛组成。瞻仰陵墓区位于高速公路下及临山内侧，面积11538平方米。两区中间是陵园主体纪念墙，高8米，长44米，寓意中国经历了8年艰苦卓绝的抗战，此处是中国军队预备第四师抗日将士陵园。共占地30亩的园陵中，植松柏等常青树3000株，寓意陵园为3000抗日将士英灵安息之所。

重建南边抗日将士陵园，主旨在于落实习近平总书记提出的“铭记历史、缅怀先烈、珍视和平、开创未来”的指示精神，在于彰显驻守宜昌的中国军队和宜昌人民在伟大的抗日战争中做出的贡献和牺牲，在于为宜昌广大民众提供缅怀祭奠抗日阵亡将士的纪念场所，在于为宜昌的青年学生提供爱国主义教育、国防教育和中华民族传统美德教育的基地，在于宣传宜昌的抗战历史，弘扬伟大的抗战精神，在于告慰为国家为民族逝去的英烈，人民永远记得你们！

峡江忠魂，山高水长；英烈不朽，日月齐光。

捐躯用命，抗战救亡；碧血丹心，光芒万丈。

永志国殇，世代不忘；雪耻弥患，报国图强。

复兴中华，实现梦想。神州锦绣，地久天长！

抗战先烈丰碑长存！

民族英雄永垂不朽！

2016年元月

鄂南抗日根据地指挥中心旧址

鄂南抗日根据地指挥中心旧址位于湖北省鄂州市临空经济区沙窝乡保团村麻羊垴，是抗日战争时期鄂南抗日根据地指挥机关战斗过的地方。

鄂南抗日根据地指挥中心旧址所在的麻羊垴，又名天平山，方圆10余千米，山高林密，地势险要，对于开展游击战争具有得天独厚的优势。分布于此的中共鄂南中心县委、鄂南指挥部、鄂大工委和鄂大政务委员会旧址，鄂南抗日根据地指挥中心纪念碑、张体学军事指挥台、抗日烈士陵园等革命遗址等，是人们缅怀革命先烈的圣地。

进入鄂南抗日根据地指挥中心旧址，首先映入眼帘的是一座三门四柱的牌坊，青石制成，庄严肃穆，门额上书“鄂南抗日根据地指挥中心旧址”。牌坊后是鄂南抗日根据地指挥中心纪念碑，高大挺拔。旁边的青石上刻着一副题字：“五十年历程已过主，重游革命故地万象新；云盖宝寺有功，革命历史遗迹，永存后世。”这两行字是曾在鄂南根据地战斗过的新四军老战士谭道如、鲁明健于1992年题写的。

鄂南抗日根据地指挥中心旧址牌坊

千年古寺云盖寺，始建于东汉时期，历经多次兴毁，1980年在原址重建，具有江南传统建筑风格，结构精巧，古朴典雅。抗战时期，寺院住持主动将寺院腾出来让给抗战将士，寺里的僧众团结一心，一边配合警卫掩护军政领导，一边和当地群众组织一起拆房献木、运粮草、挖战壕、修炮台、筑护城防御工事等。1942年至1945年间，这里是鄂南中心县委、鄂南抗日根据地指挥中心以及鄂大工委、鄂大政务委员会所在地。当时云盖寺僧众曾以池湖港为阵地，成立了“抗日十人团”，配合当地“船救会”“农救会”等抗日群众组织，组成地方“渡江游击队”，在鄂城、黄石等沿江据点日、伪的严密封锁下，安全接送我党政干部和新四军、八路军指战员往返大江南北。

鄂南抗日根据地指挥中心纪念碑

麻羊垴抗日根据地纪念馆位于麻羊垴云盖寺内，是抗日战争时期鄂（城）大（冶）政务委员会旧址。馆内收藏了抗战时期鄂大地区抗日斗争的有关史料遗物，如录像带、录音带、照片等；陈列有当时在此战斗过的老同志、老领导的回忆录，革命战争大事记、中共鄂南中心县委简介、麻羊垴战斗简介、池湖港水上交通站情况介绍、边币等。

张体学军事指挥台位于云盖寺东百米处，是1944年3月张体学指挥新四军第五师十四旅四十、四十一团和鄂大地方武装反击顽军马钦武、廖义华的地方。

麻羊垴云盖寺

新四军营房旧址在云盖寺不远处，现仍保存完好。抗日战争时期，新四军南下部队过江后，经常驻扎在这里进行休整，常年有新四军战士和南来北往的军事干部入住。

抗日烈士陵园内有麻羊垴战斗烈士纪念碑、新四军抗日烈士墓和抗日烈士王祈鑫之墓。麻羊垴战斗烈士纪念碑是1995年鄂州军分区在此竖立的石碑，以示纪念。新四军抗日烈士墓是新四军烈士柳班等三人的合葬墓，1943年他们在战斗中英勇牺牲。抗日烈士王祈鑫是鄂大财政干事，1943年在徐门村征收税款时与日军遭遇，不幸壮烈牺牲。

鄂南抗日根据地指挥中心旧址碑

鄂南抗日根据地红色文化纪念馆位于保团村村委会旁，建筑面积130平方米，共收藏史料图片23幅、战时文物17件，建设战斗雕塑1座。展览分为3个篇章，分别为“抗战热土”“麻羊烽火”“薪火相传”，详尽介绍了鄂南抗日根据地的创建与发展，新四军与麻羊垴革命群众在战斗中建立的深厚感情，鄂南人民与新四军不畏艰难险阻、

鄂南抗日根据地红色文化纪念馆

勇于斗争的革命故事。

鄂南抗日根据地指挥中心旧址是湖北省爱国主义教育基地。

经党中央、国务院批准，国务院于2020年9月1日公布，鄂南抗日根据地指挥中心旧址被列入《第三批国家级抗战纪念设施、遗址名录》。

知识链接 鄂南抗日根据地

1938年，日军攻占武汉，中共鄂南特委成立，积极组织发动群众，建立地方党组织，与日军展开了游击战，鄂南成为抗日游击区。

鄂南地区山深林密、地势险要，进可攻、退可守，十分有利于开展游击战争。1941年6月14日，毛泽东、朱德复电新四军代军长陈毅、政委刘少奇，同意新四军第五师提出的“坚持原地、开辟鄂南”战略计划。

1942年5月，新四军第五师接到军部指令，命令第十四旅渡过长江，挺进鄂南，创建以大幕山为中心的鄂南抗日游击根据地，以支援华中、华南抗日战场，同时牵制日军。8月，第十四旅在政委张体学的率领下来到谈家桥（现属大冶市），成立江南兵团指挥部和指挥部党委。月底，指挥部党委成立中共鄂南工委，领导鄂（城）大（冶）、樊湖、阳（新）大（冶）等沿江地区工委，以鄂（城）大（冶）敌后抗日根据地为中心展开工作，机关设在鄂大工委和鄂大政务委员会所在地鄂大根据地中心区保团村麻羊垴云盖寺。

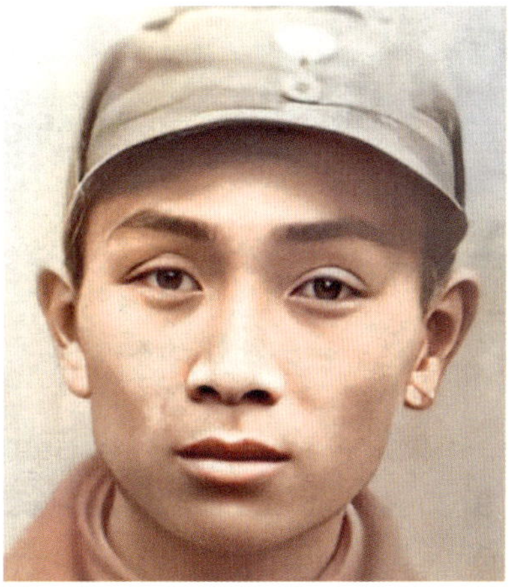
张体学

1943年4月，中共鄂南工委联合中共咸（宁）崇（阳）蒲（圻）中心县委成立中共鄂南中心县委，鄂南指挥部也一并成立。中心县委机关和鄂南指挥部均设在麻羊垴。鄂南的斗争形势形成了以鄂城沿江抗日根据地为依托，相机向鄂南山区纵深发展的格局。鄂南抗日斗争的蓬勃开展，令国民党顽固派感到惊恐，第九战区盛瑜所辖之顽军廖义华、马钦武部，多次侵犯麻羊垴。1943年夏，廖义华率部800余众进犯麻羊垴，新四军鄂南指挥部第四军分区司令员熊作芳率领2个营，在鄂大总队的配合下，一举将来犯之敌击溃，毙伤数十人、俘虏30余人，缴获电台1部、步枪30余支。

1944年3月，国民党顽军廖义华、马钦武部联合出兵1500余人，再次大举进攻鄂大抗日根据地，占领了麻羊垴及周边的杨思爱、康家湾等地。鄂大工委领导县、区武装奋力抵抗，并派人过江向新四军鄂豫边区第五军分区请求增援。第五军分区司令员兼政委张体学立即率领第十四旅第四十、四十一团开赴麻羊垴，会同鄂大地方武装对顽军予以坚决反击，歼100余人，缴获电台2部、机枪2挺，以及大批枪支弹药，给顽军以沉重打击。

1944年新四军第五师第十四旅指挥部旧址咸宁市崇阳县林家老屋

在鄂大工委的领导下，麻羊垴地区先后成立了农救会、妇救会、青救会、儿童团等抗日群众组织，并在沿江船民中成立了“船救会”。这些群众组织积极协助各级党组织，开展抗日宣传，发动群众，团结各方人士一致抗日。当地还先后建立了税务局、粮库、医务所、修械所、被服厂，不仅保障了根据地军民以及新四军主力部队的给养，还将粮饷、物资源源不断地送往豫鄂边区，有力地粉碎了日军的经济封锁。

1945年4月，中共鄂南中心县委并入鄂南地委后撤销，鄂南指挥部并入鄂南军分区后撤销。

赵家棚抗日烈士陵园

赵家棚抗日烈士陵园位于湖北省安陆市赵棚镇振兴街2号，是为了纪念在以赵家棚为中心的抗日民主根据地进行对敌斗争中牺牲的烈士修建的设施。始建于1984年3月，1985年10月竣工开放，2010年至2013年进行改扩建。

赵家棚抗日烈士陵园全景

陵园占地面积约12万平方米，有赵家棚抗日烈士纪念碑、赵家棚革命烈士纪念馆、大型浮雕墙、烈士广场、烈士墓群和怀念亭等纪念设施。

赵家棚革命烈士纪念馆

抗日烈士纪念碑高16.8米，占地面积约3000平方米，碑名“赵家棚抗日烈士纪念碑”，由原新四军第五师师长李先念题写，碑的正面有常青树，为1988年李先念与夫人林佳媚亲手栽种。环绕纪念碑一周，可以看到碑座上的一幅幅浮雕战斗场面，那是革命先烈与日军浴血奋战的场景。

赵家棚革命烈士纪念馆位于陵园西，占地面积1050平方米，馆名由刘亚洲上将题写。纪念馆采用声、光、电进行布展，有5个展室，分为9个部分：“序幕”“星星之火”“燎原之势”“铜墙铁壁”“迎接曙光”“中流砥柱”“铁蹄蹂躏”“碧血丹心”“缅怀先烈”。馆内珍藏抗战时期革命文物300余件，以及相关的党史资料。革命文物包含抗日战争时期出版的报刊资料，李先念亲手制作的桌子、使用过的水车，陈少敏用过的灯盏，抗日将士使用过的枪支以及其他生活用品等。

赵家棚抗日烈士纪念碑

大型浮雕墙的左侧刻有抗日英烈名录，记载着赵家棚地区牺牲的英烈名字；右侧有4块长方形汉白玉浮雕，上面记录着抗战时期的4个故事，分别为《抗战结同盟》《劳军双鹤乡》《伏击憨山寺》《张家冲会师》，故事充分体现了赵家棚地区军民团结一致的精神，他们的英勇事迹让后人永远铭记。

烈士墓群分布于以纪念碑为中心的坡地上，

赵家棚抗日民主根据地抗日英烈名录局部

是新四军独立支队挺进团及新四军第五师700余名革命烈士的长眠之地。

赵家棚抗日烈士陵园是湖北省爱国主义教育基地。

经党中央、国务院批准，国务院于2020年9月1日公布，赵家棚抗日烈士陵园被列入《第三批国家级抗战纪念设施、遗址名录》。

知识链接　赵家棚抗日民主根据地

赵家棚抗日民主根据地是李先念等开创的抗日根据地，以湖北安陆赵家棚为中心，东接大别山，西靠大洪山，北依桐柏山，南临江汉平原，包括安陆、应山、孝感等地区，方圆百余里，人口20余万，是豫鄂边区抗日民主根据地的重要组成部分，是豫鄂边区和新四军第五师（包括其前身豫鄂独立游击支队、豫鄂挺进纵队）的战略指挥中心和后勤保障基地。从1939年春创建到1945年8月抗战胜利，经历了曲折艰难而又波澜壮阔的历程，为抗日战争的胜利做出了重大贡献，在民族解放史上写下了光辉灿烂的一页。

赵家棚具有创建抗日根据地的优越条件，境内丘陵起伏，群山连绵，寿山、槎山、吉阳山、大小鹤山自西向东呈弧形展开，能攻能守，又地处桐柏山、大洪山、大别山之间，便于迂回。同时，这里是安陆最早创建中共党组织的地方之一，大革命时期农民运动如火如荼，土地革命战争时期是安北起义的中心区域和鄂豫皖苏区的一部分，具有良好的群众基础。

1938年，武汉会战时期，有志青年和各个抗日救亡宣传队开始在安陆、应山宣传活动，洪深剧团到赵家棚和双鹤桥地区开展救亡演出，老红军汪立波在应南、安北秘密建党，一系列的抗日活动为创建根据地奠定了基础。

1939年，李先念遵照中共中央和中央中原局指令，贯彻中共中央扩大的六届六中全会精神，召开安陆、应山、孝感三县接壤地区的国民党党、政、军代表人物和地方著名绅士联席会议，成立新四军挺进团，主持建立赵家棚区委，支持建立“抗日十人团”及各级基层党组织。同年秋，赵家棚抗日民主根据地具备建立的条件。

1939年7月至1940年2月，新四军成立第五、第六支队，豫鄂挺进纵队。图为豫鄂挺进纵队司令员李先念（右一）与其他领导人合影

此后，新四军豫鄂挺进纵队与地方抗日武装相互配合，进行了三打胡翼武、憨山寺伏击、赵家棚反“扫荡”、同心店伏击、白兆山战役、营盘山伏击、反“铁壁合围”等战役战斗，又通过开展对安应、襄花公路的破路运动，根据地逐渐得到发展。各级党组织、政权组织、群众团体纷纷建立，根据地经济建设全面开展。特别是“千塘百坝”运动声名远播，《解放日报》和延安广播电台都向全国抗日根据地做了报道。

1942年8月，在黄家柏树湾成立中共安（陆）

应（城）县委、县政府、县指挥部，赵家棚抗日民主根据地正式形成。随着抗日战争转入局部反攻阶段，赵家棚根据地乘势得到发展和扩大：巩固了槎山区、孙厉区、接官中心乡、崔吉区等基本区，开辟了特一区、特二区、特三区、特四区、特七区。通过开展“组织人民的大多数运动”，安应县成为边区第一县，槎山乡成为边区第一乡；通过粉碎日、伪军对赵家棚、孙家店、寿山的“扫荡”，智袭王家店车站，拔掉双路口据点等一系列战斗，保卫和巩固了根据地。赵家棚根据地自建立起，便成为豫鄂边区和新四军第五师的战略指挥基地和后勤保障基地，相继创办被服厂、榨油厂、兵工厂、军用地图绘制所、敌后医院、学校等。

为了抗日战争的胜利，赵家棚根据地的人民做出了巨大的贡献和牺牲。据统计，赵家棚抗日民主根据地军民与日、伪军进行了44次大型战斗，赵家棚英烈浴血奋战，消灭日、伪军数千人。赵家棚抗日民主根据地提供兵员4000余人，有姓名可查的抗日烈士800余人，谱写了一首壮丽的抗日战歌。

新四军第五师纪念馆

新四军第五师纪念馆位于湖北省孝感市大悟县城以南34千米处的大悟山南麓白果树湾，是为了纪念抗日战争时期新四军第五师在鄂豫边区浴血奋战而修建的设施。1977年开馆。

新四军第五师纪念馆是在新四军第五师旧址群的基础上修缮建立起来的，主要包括两部分：新四军第五师革命旧址群、新四军第五师纪念馆。

新四军第五师革命旧址群占地面积约8000平方米，总建筑面积4142平方米，分布在以白果树湾为中心方圆5千米范围的11个自然村中，包括新四军第五师司令部旧址群（含第五师军政首长住处、作战处、秘书处、参谋处、军需处、医务处、经济处、管理处）、第五师政治部旧址群（联络部、组织部、宣传部、锄奸部）、七七报社、抗大（中国人民抗日军事政治大学）第十分校、鄂豫边区党委办公室、鄂豫边区行政公署、鄂豫边区党校、第五师十三旅旅部、大山寺保卫战战场遗址和烈士纪念牌、八路军第三五九旅与新四军第五师会师地、蒋家楼子会址、礼南县政府、

新四军第五师纪念馆全景

新四军第五师司令部旧址建筑群

边区建设银行第二印钞厂、边区消费合作社、造纸厂、卷烟厂、毛巾厂、美军第十四航空队情报站、在华日人反战同盟第五支部、宋斌烈士墓等。

旧址群的房屋大都是清道光、咸丰年间的民居建筑，砖木结构硬山顶，小青瓦屋面。其中有的旧址原是宗氏祠堂，外墙青砖到顶，正屋前廊卷棚，室内方砖墁地，多间立柱梁架，石柱础雕刻各种各样的花式图案。部分旧址二层砖木结构，上房明间上下为鼓皮（当地明间柱之间的一种横木）、雕花装修。有的旧址造型别致，外墙顶沿彩绘花纹，色泽鲜艳，石雕双龙雄踞屋顶，通风叮当作响。旧址群体现了浓厚的民间建筑风格。

新四军第五师司令部旧址位于村庄南头，房屋为砖木结构，面阔三间，进深五间，四合院式，建筑面积300平方米。外间为正厅，中央一天井，上房为司令部办公室，下房为会客厅。天井后部为副政委兼政治部主任任质斌的宿舍，陈列有几件任质斌同志的遗物；其左侧内间上房为师长李先念的休息室，下间为办公室；右侧为警卫人员宿舍。在这里，李先念、郑位三、陈少敏等第五师领导运筹帷幄，率领全体将士，依靠人民群众，在3年多的时间里对日伪作战1260余次，歼灭日伪军4.3万余人。至1945年，创建了地跨鄂、豫、皖、湘、赣五省的抗日民主根据地，总面积达30万平方千米，队伍发展到5万余人。

新四军第五师司令部旧址

新四军第五师纪念馆在司令部北侧，建于1978年，也叫“新四军第五师抗战史陈列馆”，是一座顶部为三角形状的仿古建筑，威严肃穆，占地面积2779平方米。馆前广场上有一座李先念铜像，李先念当时是新四军第五师的师长，也是鄂豫边区的创建者。

纪念馆馆名“新四军第五师纪念馆”由新四军老战士王群所题；两边楹联“抗日铁骑披坚执锐驱虏寇；五师健儿立马横刀保家乡”，由原中国人民解放军军事博物馆馆长袁伟少将所题。进入馆内，首先看到第五师师长李先念、郑位三、陈少敏、任质斌的雕像，旁边“N4A”的标识闪闪发光。馆内主题展览由序厅、抗战历程厅、抗战英烈厅等组成，还有6个基本陈列展厅、1个临时展厅、1个多功能展厅。

新四军第五师纪念馆是全国重点文物保护单位、湖北省爱国主义教育基地。

经党中央、国务院批准，国务院于2020年9

李先念铜像

新四军第五师纪念馆

月1日公布，新四军第五师纪念馆被列入《第三批国家级抗战纪念设施、遗址名录》。

知识链接

新四军第五师

1938年冬，中共河南省委军事部部长李先念以新四军竹沟留守处部分人员和当地部分中共党员为基础，组成新四军独立游击大队，分赴豫南、鄂东、鄂中敌后，发展抗日武装，开展游击战争。

1939年1月，李先念率独立游击大队160余人从竹沟南下鄂中，执行中共中央赋予的挺进豫鄂边区、开创武汉外围敌后抗日根据地的战略任务。5月中旬，根据中共中原局的指示，独立游击大队与湖北省抗日游击大队许金彪部，应城县（今应城市）抗日游击队第三、第四支队合编为新四军挺进团。这支新合编的力量是武汉沦陷后，豫鄂边区的第一支新四军主力部队。

6月，中共豫鄂边区党委组织部部长陈少敏率干部及武装人员200余人，从应山、信阳、随县（今随州市）、桐柏交界的四望山南下，编入新四军挺进团。随即遵照中原局指示在养马畈召开党委扩大会议，组成新的鄂中区党委，陈少敏任书记，李先念任军事部部长，并决定将党领导的豫南、鄂中抗日武装统一整编为新四军豫鄂独立游击支队（后改称“新四军豫鄂挺进支队”）。此次会议不仅使鄂中区党委的领导力量得到加强，而且在鄂中敌后鲜明树起新四军的旗帜，使共产党在鄂中、豫南地区的抗日武装有了统一的指挥和领导。11月中旬，豫鄂边区负责人在四望山召开会议，决定组建新的豫鄂边区党委，统一领导豫南、鄂中、鄂东党的工作和抗日武装，并将该地区人民武装编入豫鄂挺进纵队，标志豫南、鄂中、鄂东党的武装力量实现全面统一，豫鄂边敌后抗战的中心也由豫南转移到鄂中。

1940年初，新四军豫鄂挺进纵队正式组建，李先念任司令员，朱理治任政治委员，下辖6个团、3个总队和1个随营学校，共9000余人。豫鄂挺进纵队组建后主动向鄂中地区日、伪军发起攻击，粉碎日、伪军的“扫荡”，自卫还击国民党顽固派对豫鄂边区的“清剿”，取得一系列的胜利，相继在豫南四望山、鄂中白兆山、南山和天（门）汉（川）湖区及襄河（汉水）以西地区，建立多块抗日根据地，成立具有政权性质的豫鄂边区联合办事处（后改为行政公署）。

1940年1月新四军豫鄂挺进纵队领导人合影（左起陈少敏、郑绍文、朱理治、李先念、刘少卿）

1941年1月，国民党顽固派制造了震惊中外的皖南事变，并宣布取消新四军番号。事变发生后，中共中央对国民党反共倒行逆施进行了针锋相对的斗争。20日，中共中央军委发布重建新四军军部的命令，任命陈毅为代军长，刘少奇为政治委员，全军整编为7个师、1个独立旅。豫鄂挺进纵队编为新四军第五师，李先念任师长兼政治委员，刘少卿任参谋长，任质斌任副政治委员兼政治部主任，下辖第十三、第十四、第十五旅，第一、第二游击纵队，豫鄂边区保安司令部、警卫团及随营军事学校。全师共1.5万余人。4月5日，新四军第五师全部组编完毕，李先念在湖北省安陆县（今安陆市）白兆山彭家祠堂就职通电：“职统率万众，誓在陈代军长、刘政治委员领导下，坚持抗日民族统一战线方针，为讨伐日寇、汉奸、亲日派而奋战到底，并亟望全国抗战党派、抗战将士、各界同胞与本师团结一起，为解放中华民族而共同奋斗到底。”

新四军第五师在鄂豫皖边区连续粉碎日、伪军的“扫荡”，建立了大悟山指挥中心。9月，以鄂东地方武装为主成立第三游击纵队。10月，为对付国民党顽军的进攻，配合新四军第二、第七师进行自卫作战，第五师第十四旅第四十二团和第四十一团先后挺进鄂皖边，创建了蕲（春）黄（梅）等小块根据地。11月，以第十五、第十三旅一部发起侏儒山战役，在汉川、汉阳、沔阳（今仙桃市）地区建立抗日游击根据地。在此期间，第一、第二游击纵队各一部同第十三旅和随营学校合并，一部改为地方武装；第三游击纵队与第十四旅第四十团合编为特务旅，广济县（今武穴市）独立团改编为新的第四十团。

1942年2月，新四军第五师以随营学校为基础，创办了抗大第十分校。同年春夏之交，实行主力地方化，部队建制进行调整，建立第一、第二、第三军分区。5月，第十四旅第四十一、第四十二团（欠1个营）分两批南渡长江，新辟了鄂南10个县的游击根据地，并向沿江湖区发展。7月，第五师由中共中央军委直接指挥。8月，以第十四旅为基础成立江南兵团（又称“鄂皖兵团”），建立第四、第五军分区（稍后合并为第四军分区）。12月，粉碎日、伪军1万余人对大悟山地区的“扫荡”。

1943年，新四军第五师克服连续两年日军封锁和自然灾害带来的困难，开展整风、整训、精兵简政和生产运动，加强抗日民族统一战线工作，团结各方面的进步势力，战胜了日、伪军春、夏季大“扫荡”，收复麻城、蕲春、云梦县城。3月下旬，为牵制鄂西、湘北日军，配合正面战场国民党军作战，以第十五旅和第三军分区部队挺进襄河以南和洞庭湖北岸河湖港汊地区，开展游击战争，年底建成洪湖和桃花山抗日根据地。

新四军第五师主要领导人雕像（左起：陈少敏、郑位三、李先念、任质斌）

1944年4月，新四军第五师加强瓦解敌军工作，促进日军反战活动的开展，在华日人反战同盟第五支部与地方武装配合下，在黄陂县长轩岭取得伏击日军的胜利。7月，以淮南支队5个连、信应独立第二十五团5个连和第三十八团第三营共1000余人北上，协同兄弟部队发展豫南、豫中地区的抗日斗争，至抗战胜利前夕，控制了南起信阳，北达叶县，东自正阳，西迄泌阳间1万多平方千米的土地，在10多个县境内建立了民主政权和抗日武装。10月，成立鄂豫皖湘赣军区，师部兼军区领导机关，下辖第十三旅、河南挺进兵团和5个军分区。

1945年2月，鄂豫皖湘赣军区为支援八路军南下支队挺进湘粤边，开辟五岭抗日根据地，以第四十、第四十一团渡过长江，会同南下支队创建湘鄂赣根据地，并成立了辖区第一至第五支队，东、西军分区和湘北军分区的湘鄂赣军区。7月，南下支队主力继续南进，湘鄂赣军区撤销，于8月成立了鄂南军分区。8月中旬，根据中共中央关于建立超地方性正规兵团的指示，以新四军第五师主力组成野战纵队参加抗日全面反攻。下旬，争取国民党豫南挺进军5000余人起义，并将其编入第五师野战纵队。10月中旬，为反击国民党军抢夺抗战胜利果实，发起桐柏战役。下旬，与八路军南下支队、河南军区和晋冀鲁豫军区水东第八团在桐柏县会师，组成中原军区。

至1945年8月全面反攻前，新四军第五师对日、伪军主要作战1260余次，毙伤、俘虏日、伪军4.3万余人。第五师伤亡1.3万余人，部队发展到5万余人，民兵30余万人。在跨越鄂豫皖湘赣交界地区的74个县境内，解放9万多平方千米的土地和1300万人口，建立7个专区38个县的民主政权。

湖南省

常德会战阵亡将士纪念公墓

常德会战阵亡将士纪念公墓位于湖南省常德市武陵区青年路文化宫旁，是为了纪念在常德会战中阵亡的将士而修建的设施。1943年11月，日军入侵常德城，中国军队第七十四军五十七师8000余名官兵在师长余程万的率领下与其展开殊死搏斗，经过16个昼夜的激战，阵亡将士5000余人。战后，第七十四军军长王耀武和常德县县长戴九峰决定修建常德会战阵亡将士纪念公墓，以缅怀为国捐躯的英魂。1944年正式动工，1945年抗日战争胜利后建成，后多遭损毁。1981年起恢复了部分原貌。1995年、2017年、2019年又多次进行修缮和扩建。

常德会战阵亡将士纪念公墓全景

公墓原占地8667平方米，以旧城墙为背景，面朝南方，呈巨大的扁圆形。1944年，第七十四军驻常留守处首先修建了矮花眼围墙，将阵亡将士的遗骨集中埋于其中，上面用青石板覆盖，形成一个长55米、宽45米、高0.8米的大方台。1945年，在第七十四军工程处的主持下重新进行修建，为民国风格的混凝土砖石结构建筑群。主体建筑包括纪念牌坊、士兵和士官公墓、将校墓、纪念堂、纪念塔各1座，纪念亭2座，基本呈南北轴线分布，周围环绕矮花眼围墙。

常德会战阵亡将士纪念牌坊

公墓的正门是一座高高耸立的三门四柱纪念牌坊，高8米、宽24米，牌坊上方是由第七十四军军长王耀武题写的“陆军第七十四军常德会战阵亡将士纪念坊”。牌坊4根方柱上方架着3块横匾：蒋中正题写的“天地正气”位于正面正中，陈诚题写的“碧血丹心”位于正面左侧，白崇禧题写的“旗常炳耀”位于正面右侧。背面，何应钦题写的“万古军表”位于正中，“忠贯日月”“气壮河山”位于两侧。镌刻在纪念坊正反两面方柱上的4副对联字字千钧，荡气回肠。正面内侧柱联由常德县参议会托邑绅李子新题撰、龙丕钦书写：“孤军浴血千秋壮；公墓埋忠万姓哀。”正面外侧由第六战区参谋长郭忏题写的柱联：“众志成城拼百战完此严疆猿鹤沧茫经浩劫；四郊多垒会诸军葳兹荩绩麒麟冯吊缅精忠。”背面内侧柱联：“壮志成仁衡岳云飞思烈士；丹心卫国楚江月冷吊忠魂。”背面外侧由何应钦题写柱联：“孤城持苦战断壁颓垣幸有旌铭怀伟绩；一塚共长埋青磷碧血独留碑碣表精忠。”

常德会战阵亡将士纪念坊背面

有如此之多的军政要员为之题字、题联，其规格之高，国内仅有。

从大门向里行走数十步，是一座高9米的纪念塔。其基座四方分别有时任中华民国考试院院长戴传贤、立法院院长孙科、监察院院长于右任、司法院院长居正的亲笔题词，碑身正面则是由王耀武题写的“陆军第七十四军常德会战阵亡将士纪念塔”。2017年起，常德市政府几次对公墓进行修葺，新增了常德会战主题雕塑以及文化墙浮雕。

常德会战阵亡将士纪念公墓是湖南省重点文物保护单位。

经党中央、国务院批准，国务院于2014年8月24日公布，常德会战阵亡将士纪念公墓被列入《第一批国家级抗战纪念设施、遗址名录》。

陆军第七十四军常德会战阵亡将士纪念塔

知识链接

常德会战

1943年10月，中国军队抽出7个军转战云南、印度，以配合盟军反攻缅甸并打通中印公路。

日军中国派遣军为打击中国第六战区部队，牵制中国继续向滇、印调动兵力，策应其南方军作战，遂令第十一军司令官横山勇指挥5个师团、5个支队（相当于联队）、1个飞行战队，先后集结于华容至弥陀寺一带，准备进攻常德。

日军作战部署：第一阶段，以主力第三、第十三师团、佐佐木支队、柄田支队、宫胁支队于暖水街一线全面发动攻击，突破中国军队第七十九军防线，占领暖水街西南地区。另以第一一六师团主力配合第六十八师团向安乡方面进攻，第一一六师团占领安乡、津市、澧县，第六十八师团占领南县及滨湖沿岸通往常德、汉寿必经之地。第二阶段，以歼灭中国军队第七十三、第七十四军为目的，第三、第十三师团及佐佐木支队，由石门进攻常德西南地区，第一一六师团主力由津市、澧县直攻常德，第六十八师团向常德以东汉寿进攻。第三阶段，在常德以南阻止中国第九战区援常部队。第四阶段，日军反转作战，恢复战前态势。

中国第六战区代司令长官孙连仲指挥4个集团军、1个兵团和长江江防军共12个军31个师，在第九战区2个兵团（共4个军11个师）及百余架飞机的配合下，以一部于南县和湖北公安、新江口、石牌一线占领既设阵地逐次抗击，以主力置于湖南暖水街、石门等纵深地区，待机反击。

常德前线的中国守军

11月2日，日军分兵向中国守军第二十九、第十集团军第一线阵地发起攻击，相继攻陷南县、公安后，主力继续向西推进。6日，日军进抵王家厂、暖水街地区，遭第十集团军第七十九军猛烈阻击。至11日，日军第三、第十三师团转向石门、慈利进攻，与第二十九集团军第七十三军等部展开激战；第六十八师团攻陷安乡后，前进受阻；第一一六师团迫近津市、澧县；第三十九师团向西进占仁和坪、聂家河、枝江一线，遭第十集团军第六十六军阻击，改取守势，负责掩护主力右翼。

13日，日军开始第二阶段作战。至18日，相继攻陷津市、澧县、临澧、石门、慈利等地，随后强渡澧水南犯。19日，第六战区第七十九军全力向石门、慈利之间挺进，攻击日军侧背；江防军第十八军由湖北三斗坪向湖南津市、澧县进攻，牵制日军；第九战区第十军等部，由湖南衡山等地逐次北上增援。21日，日军攻占桃源，22日攻占汉寿，25日夜向常德发起总攻。

常德守军第七十四军第五十七师师长余程万率全师官兵8000余人抱定“与城共存亡”“宁战死不投降”之决心，寸土必争，反复冲杀。中、美空军临空助战，重挫日军。与此同时，第六战区各部队由沅江、澧水两岸向常德进逼，先后收复慈利、桃源等地，对日军实施反包围。

日军不顾伤亡，继续猛攻常德，并施放毒气。第五十七师拼死力战，5700名官兵战死，2000余人负伤。至12月3日，全师仅剩数百人，常德沦陷。

日军中国派遣军总参谋长松井久太郎由南京往常德观音寺视察后报告：“此次常德作战敌防备坚固，我方损失甚多。参加总兵力5万余众，而因伤亡、患病、接受新兵等，减员1万，需要恢复战力。”

此时，各路中国军队开赴常德应援。7日，第九战区第五十八、第七十二军到达常德外围，协同第六战区部队向日军发起反击。9日，第五十八军会同第七十二军收复常德。日军开始全线撤退，中国军队跟踪追击。至1944年1月，日军退回原驻地，会战结束。

会战中，中、美空军以恩施、芷江、衡阳等地为基地，集中各种轰炸机及驱逐机100余架，先后出动1800余架次，对常德、藕池口、石首、华容等地日军实施轰炸攻击。

此战，中国军队共毙伤日军2万余人，击毙

中外记者参观中国军队在常德会战中缴获的日军战利品

厂窖惨案警钟亭

联队队长布上照一大佐、中畑护一大佐，击落日机25架。中国军队伤亡4万余人，第一五〇师师长许国璋、暂编第五师师长彭士量、预备第十师师长孙明瑾阵亡，第五十七师官兵大部分殉国，第十军、第七十三军伤亡惨重。

厂窖惨案遇难同胞纪念碑和纪念馆

厂窖惨案遇难同胞纪念碑和纪念馆位于湖南省益阳市南县西南隅的厂窖镇，是为了纪念在厂窖惨案中遇难同胞修建的设施。1965年起，湖南省人民政府成立调查组，专门派人对这一惨案进行调查取证，并且整理出大量的史料；1972年，厂窖惨案白骨坑遗址被发掘，在此遗址上竖立“千人坑”教育碑；1985年，用旧房改建厂窖惨案遇难同胞纪念馆，但较为简陋，建筑面积约220平方米，后建起了警钟亭等设施。1987年7月7日，厂窖惨案遇难同胞纪念碑落成。2009年，厂窖惨案遇难同胞纪念馆新馆和纪念广场的建设工作启动，2010年8月15日新馆正式对外开放。

纪念碑和纪念馆总占地面积超过4.5万平方米，建筑面积1600余平方米，修建有警钟亭、雕塑群、洗雪轩长廊、血水河等纪念设施。

厂窖惨案遇难同胞纪念馆整个建筑为二层砖混结构，建筑面积1600平方米。馆内陈列布展面积800平方米，设有两个展厅，分为“罪侵中华，祸殃洞庭”“疯狂屠戮，惨绝人寰”“英勇不屈，奋起反抗”“铁证如山，不容篡改”“铭记历史，珍爱和平”5个部分，共展出图片史料和实物600余件，同时，馆内还配有沙盘、电视大屏、空中翻书系统等展览辅助设备，以及一个可以容纳数十人的放映厅。

厂窖惨案遇难同胞纪念碑位于纪念馆的旁边，平台占地900平方米，地墁红砖，象征死难同胞的鲜血，周围设有护栏。碑身高19.43米，碑座高

厂窖惨案遇难同胞纪念馆

5.9米，这两个数字正好对应着厂窖惨案的日期——1943年5月9日。纪念碑碑身中间是汉白玉碑芯，上面书写着11个大字“厂窖惨案遇难同胞纪念碑”。碑座反面包镶有汉白玉碑文。

厂窖惨案遇难同胞纪念碑

碑座身后有通过绘画复原出的厂窖惨案画面和陈列室，碑左有警钟亭。

厂窖惨案遇难同胞纪念馆是全国重点文物保护单位、全国爱国主义教育示范基地。

经党中央、国务院批准，国务院于2014年8月24日公布，厂窖惨案遇难同胞纪念碑和纪念馆被列入《第一批国家级抗战纪念设施、遗址名录》。

知识链接

厂窖惨案

1943年2月，日军第十一军司令横山勇制订了“江南歼灭计划”，其主要目的是消灭中国第六战区主力第二十九、第十集团军等。5月5日，日军第三师团、独立混成第十七旅团、小柴支队（相当于旅团）、户田支队共5万余人兵分数路，向湖南省南县等地的中国军队发动进攻。

中国军队虽然进行了英勇抗击，但日军集中优势兵力，在飞机、大炮、坦克等先进武器的支援下，南县失守，第十五、第七十七、暂编第五师退往厂窖方向，计划经厂窖大垸向西撤退到常德。因通讯中断，第七十三军与第二十九集团军总部及第六战区失去联系。为了摆脱日军的围追堵截，避免陷入包围，第七十三军的主力部队分兵撤退，第十五师奉命向西撤退，第七十七师奉命向南撤退（两个师同时保护沦陷区2万多名难民）。暂五师约7000人负责阻击日军，迟滞日军的追击。

厂窖大垸扼洞庭湖西北水路交通要冲，是第七十三军西撤的必经之路。因为要保护难民，第七十三军主力部队行动迟缓，撤退途中大量难民和将士死在日军的猛烈扫射、轰炸下。而日军已经抢先一步，5月8日从水、陆两路向厂窖开进，将第七十三军万余名溃兵和2万多名难民、当地2万余名居民置于重重包围之中。在厂窖这个南北长约10千米、东西宽约5千米的狭长半岛上，5万多人全部成了日军的屠杀对象。

大屠杀从5月9日开始，日军日均屠杀中国军民1万多人。5月10日，约6000名难民逃至厂窖西部的黑洲子，日军飞机、步兵、骑兵轮番上阵：先是飞机投掷炸弹，俯冲扫射，接着步兵向人群投掷手雷，机枪扫射，然后骑兵冲入人群挥刀乱劈，难民几乎没有幸存。日军将尸体全部抛入河中，河水变成浓稠的血浆水，后来这里被人们称为“血水库”。瓦连堤边的肖家村27户人家129

人，被日军全部杀害，没有一人幸存，这段堤被称为“绝户堤”。被日军追捕的60多名难民躲进了瓦连堤的一个院子里，日军将其中20多名妇女赶进一所民房连人带房烧了个精光，又将30多名男子和小孩捆成一串用刺刀押着驱赶到水塘里全部淹死。

厂窖惨案中被残杀的中国同胞

日军挨家挨户搜捕，将老百姓和第七十三军溃兵成群驱赶至不同的地方进行惨绝人寰的屠杀，或用刀捅、砍杀，或让骑兵、汽车、坦克踩踏、碾轧，或火烧、活埋……最惨的莫过于妇女和儿童，3天里被奸杀的女性达2000多人，被虐杀的儿童近千人。

屠杀进行到第三天，日军让幸存者下水为其打捞溃败部队扔入河、湖中的枪支弹药，边逼人捞枪边杀害群众。同时在包围圈内搜捕幸存者，不分男女老幼，绝不留活口。

最后，日军掘开堤坝，引水将庄稼全部淹没，将所有的房屋、船只烧毁，将能带走的值钱的东西全部抢走。

厂窖惨案仅次于南京大屠杀，是日军侵华时期制造的第二大惨案。这次惨案3万余名中国同胞遇难，3000多间房屋被烧毁，2500多艘船只被损毁，被日军抢劫的粮食、衣物、牲畜不计其数，手段之残忍、人性之卑劣震惊全世界。

衡阳抗战纪念城

衡阳抗战纪念城是为了纪念衡阳保卫战中牺牲的英烈们而建的设施，位于湖南省衡阳市岳屏公园山顶。如今的纪念城主要设施有衡阳抗战纪念城碑、纪念馆、抗战牌坊、记功亭、忠勇亭、和平钟、抗日文化墙、衡阳保卫战铜铸群雕像等。

1944年6月22日，日军集中精锐兵力对衡阳展开进攻，衡阳军民奋起抵抗。该战役历时48天之久，衡阳损失惨重，军民伤亡巨大。抗日战争胜利之后，为了纪念在衡阳保卫战中牺牲的英烈，1946年12月18日，国民政府主席蒋介石正式将衡阳市命名为“衡阳抗战纪念城”，并决定修建相关纪念设施。1947年8月10日开始修建，1948年4月建成。主要包括抗战牌坊、纪念塔、记功亭、纪念堂等。1948年8月，又增建由蒋介石题字的

衡阳抗战纪念城纪念碑

衡阳抗战纪念城碑。

在衡阳抗战纪念城中，纪念城碑高高耸立，最为醒目。碑座为八方须弥座，寓意祈祷八方和平，永无战事。碑高18.16米，碑身由洁白的汉白玉和坚硬的花岗石砌成，看上去沉稳、肃穆。2007年4月14日，在对该碑进行修葺时，相关工作人员历经周折找到了当年蒋介石亲自写的手稿“衡阳抗战纪念城”7个大字。

另外还有一座纪念塔，塔前有两座记功亭和一座抗战牌坊，上面记录着英雄们的光辉事迹，以缅怀先烈。

抗战牌坊

纪念塔的西侧是衡阳抗战纪念馆，在原来的纪念堂基础上改扩建而成。走进纪念馆，首先映入眼帘的是一幅巨型雕塑“血染衡岳”，象征着衡阳军民团结一致，抵抗外侵的坚定信念。馆内设序厅以及4个展厅、1个多功能厅等。4个展厅分为不同的板块，即“战略之城”“大义之城”“悲壮之城”“英雄之城”，通过实物、绘画、投影等各种技术表现手段，重现了当时的战争场景。馆内还设置了抗战群英谱纪念堂，供缅怀衡阳抗战中牺牲的英烈。

衡阳抗战纪念馆

纪念馆的西南塑有一座军民人物铜雕——衡阳保卫战群雕，群雕高6.1米，2017年12月由纯铜铸造而成，重达11吨，基座面积达28平方米，高6.18米。从最初的泥塑模型到最后的铸造成功，工匠师傅们花费了一年多的时间。群雕上的勇士们神态各异，但是从他们栩栩如生的脸

衡阳保卫战群雕

上，能够看到军民同仇敌忾、视死如归的大无畏精神。

衡阳抗战纪念城是湖南省重点文物保护单位。

经党中央、国务院批准，国务院于2014年8月24日公布，衡阳抗战纪念城被列入《第一批国家级抗战纪念设施、遗址名录》。

知识链接 衡阳保卫战

1944年初，由于日军在太平洋战场上屡遭失败，日本大本营为保持本土与南洋的联系，决定发动“一号作战计划”，打通从中国东北直到越南的大陆交通线，同时摧毁沿线地区的中美空军基地，保护本土和东海海上交通安全。4月中旬，日军近15万人向郑州、洛阳地区发起进攻，至5月下旬打通了平汉线，并占领了河南大片国土。与此同时，日军第十一军司令官横山勇指挥8个师团、1个飞行联队和海军一部，共20余万人，以攻占湘桂铁路为目标，向湖南长沙、衡阳地区进攻。中国第九战区司令长官薛岳指挥4个集团军（共15个军）另2个军共约40万人，在空军（飞机181架）、友邻战区的支援下，以一部依托湖北通城东南山区、湖南新墙河南岸、沅江和益阳地区的既设阵地，节节抗击，消耗、迟滞日军；主力分别控制浏阳、长沙、衡阳及宁乡等要地，相机歼敌。

6月18日，日军占领长沙，接着将侵略的魔爪伸向衡阳。

衡阳地处粤汉铁路和湘桂黔铁路的交会点，是中国西南的门户和军事咽喉，战略地位非常重要。武汉会战后，衡阳成为与重庆、昆明并列的战时中国三大中心城市。驻守衡阳的是第十军，军长方先觉，下辖第三、第一九〇师和预备第十师10个团共1.76万余人。1944年6月1日，方先觉率领第十军到达衡阳后，马上展开了群众疏散工作和防御工事的修建。衡阳人民抗敌后援会发动民众炸毁桥梁，破坏通向衡阳的所有铁路和公路，以切断日军进攻路线。抗敌后援会和市政府、工会还组织数千名工人，征集木料120余万根，利用衡阳周围河湖、山丘和城墙、房屋，构筑起坚固的防御工事，城内各街道挖掘了战壕、散兵坑，修筑了暗堡、机枪掩体，拉起铁丝网等，构成坚固的防卫体系，以配合第十军保卫衡阳，并帮助撤离了所有百姓，使第十军无后顾之忧。

横山勇野心勃勃，计划迅速拿下衡阳，先后调集第六十八、第一一六、第五十八师团和第十三师团一部、第三十四师团针谷支队、第十一军直属重炮联队、独立山炮第五联队等投入进攻衡阳的战斗，总兵力约10万人。日军计划兵分三路进攻衡阳，以达到包围衡阳进而围歼中国守军的目的。中路由湘潭经衡山进攻衡阳正面；右路出湘乡经永丰进攻衡阳西南面；左路由醴陵出攸县、茶陵包抄衡阳东南面，切断第四战区国民党军由韶关北援衡阳的通道。

6月22日，日军出动飞机对衡阳城展开狂轰滥炸，第六十八、第一一六师团3万多人采取迂回战术进攻衡阳。

23日凌晨，日军第六十八师团强渡耒水，向第一九〇师防守阵地展开攻击，企图从南面围攻衡阳，首要目标是衡阳机场。第一九〇师第五七〇团奋勇抵抗，给日军造成重大伤亡，但自身伤亡很大，团长贺光耀身负重伤。日军攻入衡阳机场，第一九〇师师长容有略指挥第五六九团

中国守军在日军迫近衡阳空军基地时炸毁地面设施

奋起反击，以伤亡200余人的代价歼灭日军400多人。日军后续部队赶到后，容有略指挥部队破坏机场设施后退回主阵地。25日，第六十八师团渡过湘江，至26日傍晚占领机场。

27日14时，日军在飞机、大炮的掩护下，对第十军阵地发起猛攻。先用飞机、大炮狂轰滥炸，一时间烟雾弥漫，土木飞扬，而守军将士已提前躲进了预先挖好的战壕里。轰炸结束后日军开始像潮水一样扑向阵地，等待他们的是如雨点般的手榴弹和迫击炮弹。日军被炸得血肉横飞，鬼哭狼嚎。如此重复几次进攻，日军除了死伤惨重之外，丝毫没能前进。日军久攻不下，决定以毒气开路，实施重点突破，目标是守军阵地突出部的张家山阵地。日军第六十八师团和第一一六师团对张家山猛烈攻击，守军预十师第二十九、第三十团伤亡很大，但毫不退缩，利用防御工事顽强抗击，给日军造成了重大伤亡。战斗中，第一一六师团第一三三联队的两个大队长先后被击毙。

28日，日军第一一六师团抵达衡阳西郊，随后日军增援部队相继到达衡阳北部，完成了对衡阳的四面包围。日军出动1万多人进攻，用29门大炮猛烈轰击衡阳汽车站、火车站，甚至使用了毒气弹。中国军队凭借坚固工事奋力还击，毫不退缩，歼灭日军2000余人。日军第六十八师团师团长佐久间负重伤，在运回后方途中遇伏被击毙。

经过短暂休整和补充后，日军于7月11日发起第二次总攻击，第一一六师团第一三三联队仍然主攻张家山阵地，把仅存的预备队第三大队也派了上去。预十师在师长葛先才的率领下，英勇反击。日军在铺天盖地的手榴弹面前伤亡惨重，第三大队长被击毙。日军气急败坏地使用毒气弹，守军几乎全部战死。14日，日军终于占领中日两军反复争夺13次的张家山阵地，而日军刚任命的两位大队长又全部被击毙。

这时的衡阳城已被方先觉亲率的第三师打造成一个坚固的堡垒，城里的每一间房屋、每一条街道都成为让日军胆寒的战场。最初进攻衡阳的日军第六十八、第一一六师团在前一阶段战斗中伤亡超过8000人，战死1名师团长、1名联队长、6名大队长和几乎所有中队长，于是调来更加强悍的第十三师团和第五十八师团，向衡阳城垣投掷了大量的炸弹、燃烧弹和各种毒气弹。衡阳形势危急，蒋介石命令第九战区各军向衡阳增援，并从第四和第七战区各抽调一个军，加强战区的力量。在以衡阳为核心的上千平方千米地域内，双方展开角逐。中国援军尽力往衡阳突进，日军则拼命阻挡。第七十九军、第六十二军接近衡阳，但因损失惨重，无力突破日军阻击，没能够与衡阳守军会合。

衡阳城内，日军不断加大进攻力度，第十军的防御阵地不断被压缩，弹药和粮食也越来越少。方先觉将师部的机关后勤人员全部武装起来，补充到战斗部队，与日军展开了激烈的巷战。战斗一直持续了7天，日军的弹药再次消耗光，也没能拿下衡阳，只能再次停止进攻，补充军需。第十军伤亡也很大，物资难以运入，只能依靠空投下来的物资支撑，几乎到了弹尽粮绝的地步。

7月30日，经过10天的调兵遣将、调整部署，日军对衡阳发动了第三次总攻。先以飞机大炮向核心阵地和市区狂轰滥炸，然后数万日军从东、南、西三面猛攻核心阵地，战斗异常激烈。8月7日，日机和炮兵继续对守军核心阵地进行轰炸、扫射和施放毒气，步兵则趁机楔入。守军靠空投的粮食、弹药维系已相当困难，炮兵无炮弹御敌改成步兵。守军经46个昼夜盛夏酷暑的激战未得休整，食物缺乏，医药奇缺，弹药几乎耗尽，痢疾流行，非战斗减员严重，已没有阻止日军全面占领衡阳的能力。

战至8日，第十军伤亡惨重，且孤军无援，军长方先觉和4个师长被迫放下武器，衡阳陷落。部分中国守军战斗至最后一息，不肯投降，以身殉国。

衡阳保卫战历时48天，中国守军1.8万人，伤亡1.5万余人，其中阵亡7600余人，整个城市成为一片废墟。日军投入总兵力超过10万人，伤亡6万余人，其中死亡2万余人，包括1名中将。

南岳忠烈祠

南岳忠烈祠，全称为“南岳衡山抗战忠烈祠”，位于湖南省衡阳市南岳区衡山风景名胜区香炉峰下方，距南岳古镇4000米，是为了纪念抗日战争时期阵亡将士而修建的设施，是中国建筑最早、规模最大的抗日战争纪念设施之一，也是目前面积最大的抗战烈士纪念陵园。其建筑风格仿造南京中山陵。中华民族阵亡将士的总神位就设立在此处。忠烈祠于1938年开始筹备，1940年正式动工，1943年6月全部竣工。同年7月7日，在忠烈祠内举行了隆重的落成大典。张自忠、赵登禹、郝梦龄、佟麟阁等38名著名抗日将领第一批入祠。

蒋介石题写的匾额“忠烈祠”

南岳忠烈祠落成后，四周山头陆续建7座集体公墓、12座将军墓。1944年，南岳沦陷，南岳忠烈祠遭日军破坏。1987年，全国政协提出修复意见，之后由衡阳市政府全面负责修复工作。2012年6月，启动中国军队第三十七军六十师在湘北抗战中2128名阵亡将士集体公墓修复工作，2013年8月完工。2013年7月7日，为从缅甸接回的202位仁安羌大捷阵亡湖南籍将士总灵位举行安放仪式。2015年进行大规模维修。

南岳忠烈祠占地面积12万平方米，由祠宇和墓葬区两大部分组成。祠宇主体为仿木结构，为五进宫殿式建筑。坐北朝南，南北深320米，东西宽约70米，各建筑在中轴线上按照前低后高的地形分布，两侧松柏苍翠，庄严肃穆。

南岳忠烈祠全景

忠烈祠正门为石牌坊。该建筑有三孔拱门，上覆琉璃瓦，墙体为花岗岩方石砌城。在中间拱门上方，镶嵌着一块竖形汉白玉牌匾，镌刻着由抗日名将薛岳题写的“南岳忠烈祠”5个字。走进牌坊，广场开阔，松柏对称生于两侧，极为肃静。

忠烈祠正门石牌坊

经过广场，迎面为七七纪念碑。5颗石制巨型炮弹直指蓝天，代表着中国汉、满、蒙、回、藏等各民族团结一致、共同御敌的奋战精神。方形碑座正前方以及东西两侧分别用汉白玉嵌有“七七”二字，代表着1937年7月7日卢沟桥事变，中华民族团结一心，全面抗战。底座的背面是纪念碑的碑文，由薛岳题写：“寇犯卢沟，大波轩起。捐躯为国，忠勇将士。正气浩然，彪炳青史。汉族复兴，永湔国耻。”

七七纪念碑和纪念堂

过纪念碑，为三开间单檐歇山顶的纪念堂。明间正中间竖立着一块巨型石碑，正面刻“抗日阵亡将士永垂不朽”，背面镌刻《南岳忠烈祠纪念堂碑记》，东西两个次间用以陈列展览《南岳与抗战》。

走过纪念堂，展现在眼前的是两道平行纵列石阶，分段递上，总共有276级，从下往上看，仿佛要高入云端。大道中间的草坪上，镶嵌有大理石片砌成的“民族忠烈千古”6个大字，半坡间还设有一个小型的广场。

经过石阶为安亭战役纪念亭，亭中有纪念碑。该碑所纪念的是在上海淞沪会战中最后一次战役——安亭战役中英勇牺牲的烈士们。原本亭中的纪念碑刻有安亭战役史实，现改为无字碑，其意义在于烈士们的英雄事迹无以言表，只能用心去感受其永垂不朽的精神。另外在碑的左边竖着一块石碑，碑上写着“游人到此，脱帽致敬”

通往主体建筑的276级石阶

的字样，以表达人们要向这些烈士致以最崇高的敬意。

过纪念亭就是忠烈祠主体建筑享堂，这里是整个祠宇的最高处，也是人们进行祭祀活动的主要场所。享堂为“十”字形，正中堂额“忠烈祠”为蒋介石手书，在书写时，蒋介石故意将“烈”字少写一点，表示希望烈士少一点，胜利能够快一点。堂内靠后的位置突出一个祭坛，坛后竖着一块巨大的石碑，碑身中间竖刻着“抗日阵亡将士总神位”石碑，两侧为22次战役中阵亡将士的神位。

安亭战役纪念亭

享堂

抗日阵亡将士总神位

在享堂的东西两侧分列着汉白玉烈士纪念碑，这些石碑上展出了张自忠、佟麟阁等37位阵亡将领的生平事迹，以及孙中山的遗嘱和国民党要员的题词。从碑文的字里行间，我们都能感受到英烈们的豪情壮志以及浓厚的爱国情怀。

享堂内汉白玉烈士纪念碑

国民革命军第七十四军阵亡将士公墓

祠宇周围是苍松掩映的公墓区，其中有烈士个人墓葬和集体墓葬。集体墓有7座，分别是国民革命军第三十七军六十师、一四〇师，第七十四军，第十六军五十三师，第十四军，第七十军十九师和五十四师墓，最大的一座坟茔埋葬国民党第三十七军六十师原师长董煜收集的该师在湘北抗日阵亡将士的遗骸。个人墓有12座，分别安葬郑作民、孙明瑾、彭士量将军等。

南岳忠烈祠是全国重点文物保护单位、国家级烈士纪念设施、全国爱国主义教育示范基地。

经党中央、国务院批准，国务院于2014年8月24日公布，南岳忠烈祠被列入《第一批国家级抗战纪念设施、遗址名录》。

国民革命军第三十七军六十师阵亡将士公墓

知识链接

长沙会战

抗日战争时期，以第九战区为主体的中国军队与侵华日军第十一军在湖南长沙地区进行了3次大规模的攻防战，史称“长沙会战”或“长沙保卫战”。

1938年10月，日军攻占广州、武汉后，因兵力不足，战线过长，无力发动大规模的进攻。日军统帅部被迫调整其侵华方针：在政治上，对国民政府采取以政治诱降为主、以军事打击为辅的策略；在军事上，停止对正面战场的战略进攻，重点巩固东北、华北、华东等已有的占领区，对其后方的抗日军队采取进攻方式；在经济上，加紧对占领区的经济掠夺，力图“以战养战”。抗日战争进入相持阶段。

1939年9月，为打击中国军队的抗战意志，巩固武汉占领区，日军第十一军司令官冈村宁次集中第六、第三十三、第一〇一、第一〇六师团及2个支队10万余兵力，从赣北、湘北、鄂南3个方向进攻长沙，企图消灭中国第九战区部队。

第九战区集中15个军和1个挺进军共20余万人的兵力，在代司令长官薛岳的指挥下计划利用山岳江河有利地形组织防御，以逐次抗击、侧击战法消耗日军，诱敌至长沙附近包围歼灭。

在赣北方面，9月14日，日军第一〇六师团向会埠的中国军队第六十军发起进攻，以第一〇一师团一部向高安的中国军队第三十二、第五十八军进行牵制性攻击。中国守军阵地被突破，第六十军和第五十八军分别向宜丰、凌江口等地转移，第三十二军转移至锦江右岸之灰埠、袁浦一线。18日，日军攻占上富、村前街、斜桥等地后猛攻高安。19日，中国军队退守石鼓岭和石脑圩西南高地，阻止日军西犯。21日、22日，第三十二军与日军展开激战，收复高安、高城，进占马形山、赵家山一线。第七十四军进占斜桥、南山何。日军第一〇一师团退却。日军第一〇六师团主力由奉新向西进犯，突破第六十军第一八三师和第七十三军第十五师阵地继续西进。25日，中国军队展开反击，进驻甘坊、横街，切断了西进日军的退路。10月6日，中国军队第一集团军和第三十集团军奉命围攻日军，日军遭到重大损失后撤退，至13日退守靖安、奉新原阵地。

在湘北方面，9月18日，日军第六师团及奈良支队（相当于联队）强渡新墙河，向北岸守军第十五集团军第五十二军发起进攻，激战五昼夜，第五十二军被迫退至新墙河南岸。23日拂晓，日军第六师团及奈良支队在猛烈炮火的支援下强渡新墙河，上村支队（相当于旅团）在汨罗江口附近营田登陆，对第十五集团军形成夹击之势；第三十三师团由麦市南下企图消灭湘北中国军队。第十五集团军依据新墙河、汨罗江阵地抗击日军，予日军以重创后，于24日撤至汨罗江南岸。26日，第九战区各部在长沙附近不断侧击、伏击日军。27日至30日，日军分路南进，主力进至捞刀河北岸，直扑长沙以北的金井、永安市、上杉市、青山市、桥头驿等地。此时，日军由于补给困难伤亡增多，中途遭到中国军队的顽强阻击，被迫停止进攻，于月底相继北撤。第九战区命令第五十二、第三十七、第四军等部实施正面追击和侧后围堵。

在鄂南方面，9月21日，日军第三十三师团南犯，向中国军队第七十九军发起攻击，23日进占麦市、桃树港后，向汨罗江上游进犯。第二十七集团军和第七十九军在麦市附近与日军展开激战，给日军造成重大伤亡。至29日，日军攻占南楼岭、平江，第二十、第七十九军各一部在献钟、南楼岭、桃树港一带夹攻日军，主力向朱溪厂、龙门厂之日军追击。10月1日，第二十军收复龙门厂后向长寿街之日军侧击，第七十九军收复桃树港、麦市、献钟、嘉义。3日，日军第三十三师团主力与奈良支队会师于三眼桥，4日遭到第二十七集团军及第七十九军打击，分别向南江桥、麦市、通城方向退却。第十五集团军尾随日军追击，先后收复安定桥、长乐街、新市、汨罗等地。5日，日军全线撤退。至中旬，第一次长沙会战结束。

太平洋战争爆发前，1941年9月初，日军第十一军司令官阿南惟几指挥第三、第四、第六、第四十师团和4个支队（相当于旅团），配有战车第十三联队、野重炮第十四联队、独立野战重炮第十五联队第一大队及部分工兵、空军、海军部队，配有军舰20余艘、汽艇200余只、飞机100余架，总兵力达11.5万人，再次进攻长沙，企图击溃第九战区主力于湘北地区。第二次长沙会战爆发。

1939年第一次长沙会战中，中国军队在平江与日军展开巷战

为阻击日军进犯，第九战区司令长官薛岳指挥13个军、1个挺进军、2个飞行大队共30余万人对敌反击，计划采取诱敌深入的战术将其主力围歼在长沙东北地区。为策应长沙会战，中国最高统帅部命令第三、第五、第六战区对当面之日军发动攻势，以牵制日军兵力调动。

9月7日，日军第六师团对湘北大云山进行“扫荡”，以掩护其第三、第四、第四十师团在新墙河右岸集结。10日，第五十八军增援大云山，给日军以沉重打击。13日，第五十八军与日军第四十师团在甘田地区发生激战。17日，日军主力于新墙河北岸展开，完成了对湘北攻击的部署。18日拂晓，日军第四师团沿粤汉路向长沙前进；独立第十四混成旅团向洞庭湖南岸进发；第三、第六、第四十师团由港口至新墙市一线强渡新墙河，迅速突破守军正面防线，向南推进，中国军队凭借新墙河英勇阻击后，向右翼山地转移。19日，日军抵达汨罗江北岸地区。

为阻止日军，第九战区长官部电令第三十七、第九十九军坚守汨罗江南岸阻击日军；第十军协同第五十八、第四军于19日晨向日军侧击；第二十六军由金井向捞刀河以北疾进；第七十四军向浏阳河附近疾进，准备于长沙以北三姐桥、金井之线实施反击。日军破译了第九战区作战命令的电报，决定放弃原作战计划，命令各师团向东挺进，于捞刀河以北地区围歼从东面侧击日军的中国军队。

21日，日军强渡汨罗江，企图围歼右翼守军。第九战区各部陷入苦战，损失严重。第三十七军遭受重大伤亡向安沙地区撤退，又被日军包围于蒲塘地区，被迫突围转移至石鼓牛及天雷山之线。第七十四军从江西赶来增援，在春华山、永安市附近地区与日军展开激战，遭日本飞机轰炸，损失很大，被迫向南撤退。日军第四师团于26日渡过捞刀河，27日下午渡过浏阳河，28日攻入长沙。29日，日军第三师团一部攻抵株洲附近。

针对战场出现的反常情况，最高统帅部电令第九战区转移攻势，从各方调集增援部队陆续赶至战场投入战斗，将日军包围于捞刀河、浏阳河之间。长沙被围之日军与后方运输线已被切断，补给困难，遂于10月1日傍晚向北撤退。第九战区军部命令各部对日军展开追击。5日，中国截击部队在汨罗江以南地区与日军展开激战，迫使其向新墙河以北退却。9日，日军越过新墙河，恢复战前态势。第二次长沙会战结束。

太平洋战争爆发后，日军第二十三军进攻香港。日军决定再次发动对长江以南中国军队的进攻，从而牵制中国军队转运广东方向，阻止中国军队援助英军保卫香港。

日军第十一军司令官阿南惟几指挥4个师团、2个旅团、3个支队（相当于大队）及航空兵一部共12万余人，向长沙方向发动进攻，企图在汨罗江两岸歼灭第九战区主力。第九战区司令长官薛岳指挥13个军、1个挺进军、1个飞行大队等30余万人，采取逐次抗击、诱敌深入战法，拟在捞刀河、浏阳河之间地区包围歼灭日军。

1941年12月24日晚，集结于岳阳东南麻塘、新开塘一带的日军第六、第四十师团主力在新墙、潼溪街一线强渡新墙河，第三次长沙会战就此打响。25日晨，第三师团亦随第六师团之后徒涉过河。第二十军与日军激战竟日，一部与日军保持接触，主力向关王桥、王家坊山区后撤；第五十八军向西侧击日军，后撤至杨林。27日，第三师团于汨罗附近强渡汨罗江，南攻第九十九军，迫其退至营田、湘阴一线。29日，第六、第四十师团乘势于新市、长乐街渡过汨罗江，遭到第三十七军顽强抗击，激战至30日，第三十七军由浯口退至社港。独立混成第九旅团由岳阳前进至关王桥，并指挥泽支队掩护军主力左侧翼。

见进攻顺利，阿南惟几命令所部向长沙进攻。31日，日军进入捞刀河与浏阳河中间地区。1942年1月1日，第三师团渡过浏阳河，在20余架飞机支援下，向长沙东南郊猛攻。第十军顽强抵抗，激战一昼夜，白沙岭阵地失陷。2日，第四十师团主力集结于金井，保障翼侧安全；第六师团主力集结于㮾梨市，一部于长沙东北展开，向城内攻进。守军在岳麓山炮兵第一旅重炮火力支援下坚守阵地，击退日军多次进攻，并歼灭突入白沙岭阵地日军。3日，第三、第六师团在航空兵与炮兵协同下，再向长沙发起猛攻。此时，守军得到第七十三军第七十七师增援，奋力搏杀，战斗十分激烈。日军受到守军炮火压制，进

1941年12月中旬至1942年1月，日军调集超过12万兵力进攻长沙，发动第三次长沙会战，中国军队奋勇抗击。图为中国军队的机枪阵地

攻受阻，至4日因伤亡惨重，弹粮将尽，且第九战区调至长沙外围的10个军已从四面合围，向心攻击，遂被迫北撤。赣北日军第三十四师团、独立混成第十四旅团为策应湘北方向作战，于12月25日分别向上高、修水发动进攻，至1942年1月6日亦被守军击退。5日晨，湘北日军在航空兵掩护下，向东北突围。在中国军队前堵、侧击和追击下，伤亡惨重，至16日退至新墙河北岸，恢复战前态势。此役，日军遭重创，被毙伤5万余人。中国军队掌握了战役主动权，取得了第三次长沙会战的全面胜利。

中国人民抗日战争胜利芷江受降旧址和纪念馆

中国人民抗日战争胜利芷江受降旧址和纪念馆位于湖南省芷江侗族自治县芷江镇七里桥村，是一家全面反映中国人民抗日战争胜利受降的专题性纪念馆。1945年8月15日，日本政府宣布无条件投降，中国政府即电令侵华日军总司令冈村

宁次派投降代表速到芷江接洽侵华日军投降事宜。1945年8月21日至23日，日军投降签字特使今井武夫飞抵芷江请降，并接受了侵华日军投降的具体条款。

受降旧址是中国人民接受侵华日军投降的纪念地，是世界反法西斯战争暨中国人民抗日战争胜利的重要历史见证。为纪念这一重大史实，1947年2月，国民政府在芷江受降地建立了一座“受降纪念坊”。当时的受降会场于1985年修复开放，1995年进行扩建，新建了纪念抗战胜利展览馆等。

芷江受降旧址中国陆军总司令部

芷江受降旧址和纪念馆占地面积4万多平方米，主要包括受降纪念坊、中国战区受降旧址、中国人民抗战胜利受降纪念馆、受降专题史料陈列展馆、兵器陈列馆、受降亭等纪念性建筑物和少量辅助建筑物。

受降纪念坊被誉为“中国凯旋门”，是全球6座凯旋门之一。纪念坊通高11.52米，宽13.37米，厚1.4米，四周建有民国风格的护栏，占地面积320平方米。四柱三拱，其造型看上去就像是汉字“流血牺牲”的“血”字，寓意中华民族取得抗日战争的全面胜利是3500万同胞用生命、用鲜血换来的。整体建筑风格庄重典雅，威严肃穆。

受降纪念坊正面

坊上嵌刻有军政要员的题词、题联共12幅，均为其手迹，如蒋介石、李宗仁、何应钦、白崇禧、于右任、孙科等。正面主额“震古烁今”、主联“克敌受降威加万里；名城揽胜地重千秋”，均由蒋介石所题；东拱额“布昭神武”为于右任题；西拱额“武德长昭”出自李宗仁之手；侧联“得道胜强权百万敌军齐解甲；受降行大典千秋战史纪名城”为孙科所题。但坊名“受降纪念坊”不知何人题写，有人说系当时芷江县县长杨化育所题。

坊后主额“蔚为国光”、主联“㵲水明山祥启中兴永志受降三楚地；国家民族奋平外患还期耀德五洲畔”均由时任湖南省主席王东原所题；东拱额“光昭史绩”为居正题写；“丕震天声”为王云五题写；侧联“我武自维扬沧海依然归禹弓；受降昭盛典神州从此靖烟尘”为白崇禧所题。主额下刻有《芷江受降纪念坊记》，这段223字铭文讲述了日本投降的历史背景。

受降纪念坊背面

受降旧址由中国战区受降典礼会场旧址、中国陆军总司令部旧址、何应钦办公室旧址3栋建筑组成，建筑面积1072平方米，结构为鱼鳞板双层木结构平房。建于1938年，原是美军陆军第十四航空队驻地。会场旧址长约20米、宽约8米，大厅右边挂着一张孙中山先生的半身像，国民党旗、中华民国国旗两边有孙中山先生的著名遗言："革命尚未成功，同志仍需努力。"孙中山像前有几张排成弧形的桌子，上面铺着洁白的桌布，有如法官的案台。对面摆着另一张桌子和四把漆黑的椅子，作为投降代表的座位。如今旧址中采用声、光、电等高科技手法陈列展出许多重要文物及重要文献，如内部陈设的桌椅、沙发等都是原物。另外，还保留着当年中国陆军总司令部、何应钦办公室，其陈设也多为原物。

中国战区受降典礼会场旧址内景

中国人民抗战胜利受降纪念馆建于1995年，位于受降纪念坊右后侧，是一栋两层楼式建筑，占地面积1500平方米，采用金字塔式纪念性、牌楼式民族性、屋顶式地方性造型。馆内分为上、下两层，共3个展厅，设有"芷江——中国战区总受降地""芷江受降""和平万岁"3个基本陈列。馆内采用声、光、电等高科技手法陈列展出珍贵文物436件，资料照片625幅，美、英、苏、德、捷、法、日以及我国在第二次世界大战时期所使用的部分兵器数十件，纪念馆被誉为"抗战胜利受降博览窗"。

题词、书法作品展室陈列有先辈名将的著名题词，彰显着中华民族坚韧的情怀和不屈不挠的斗争精神。

中国人民抗战胜利受降纪念馆

资料展览室共陈列图片98幅，展示庆典、瞻仰、芷江受降评价、建设等各种活动内容，鼓舞后人不断奋进，勇往直前。

中国人民抗日战争胜利芷江受降旧址和纪念馆是全国重点文物保护单位、全国爱国主义教育示范基地、湖南省爱国主义教育基地。

经党中央、国务院批准，国务院于2014年8月24日公布，中国人民抗日战争胜利芷江受降旧址和纪念馆被列入《第一批国家级抗战纪念设施、遗址名录》。

中国战区受降典礼会场旧址外景

知识链接　芷江受降

湖南怀化芷江是通往中国西南的“滇黔门户”“黔楚咽喉”，自古以来就是兵家必争之地。抗战时期，芷江机场是第二次世界大战中盟军在东方的第二大军用机场。

1945年8月15日，蒋介石以中国战区盟军最高统帅名义，电令侵华日军总司令冈村宁次：“一、日本政府已正式宣布无条件投降。二、该指挥官应即通令所属日军停止一切军事行动，并迅速派代表至玉山接受中国陆军总司令何应钦之命令。三、军事行动停止后，日本可暂保有其武器及装备，保持现在态势，并维持所在地之秩序及交通，听候中国陆军总司令何应钦之命令。四、所有飞机及船舰应停留现在地，但长江内之船舰，应集中宜昌、沙市。五、不得破坏任何设备及物资。六、以上各项命令之执行，该指挥官及所属官员，均应负个人之责任，并迅速答复为要。”

同时，蒋介石任命何应钦为中国战区接受日本受降代表，并规定受降权限：秉承委员长之命，处理在中国战区内之全部敌军投降事宜；指导各战区、各方面军分区分期办理一切接受敌军投降之实施事宜；对中国战区内之敌最高指挥官发布一切命令；与中国战区美军人员密切合作办理美军占领区、盟军联合占领区，交防接防敌军投降后之处置；指导各战区、各方面军分区分期办理接受伪军投诚编遣事宜；负责处理南京伪组织政府，恢复南京及其附近之秩序；等等。

17日，冈村宁次复电蒋介石，派侵华日军副总参谋长今井武夫等，于18日乘飞机至杭州候命飞玉山。由于玉山机场跑道被雨水损坏，蒋介石电告冈村宁次，洽降地改为湖南芷江，并通知洽降使节于21日到达芷江，须随带中国大陆、台湾及北纬16度以北越南地区所有日军之战斗序

芷江受降旧址中国陆军总司令部内景

列、兵力位置等表册，代表人数不得超过5人。

20日，何应钦率中国陆军参谋长萧毅肃等随员及其他人员，由重庆飞抵芷江。同日，到达芷江的各方面军司令官有：第一方面军卢汉、第二方面军张发奎、第三方面军汤恩伯、第四方面军王耀武以及昆明防守司令部司令杜聿明和第三方面军副司令郑洞国、张雪中等。当晚，何应钦在芷江召开军政要员会议，宣布："从现在开始，这里是陆军前进总部，陆军总部奉命办理全国受降事宜。"接着宣读了具体内容：准备接待冈村宁次的投降代表；规定中国各战区军事长官受降接管有关事项，迅速将部队运往各沦陷区；成立南京前进总指挥所；迅速空运部队至上海、南京，接受日军占领区；21日举行投降仪式，考虑军衔对等原则，派萧毅肃参谋长主持，陈应壮少将改佩少校军衔负责接待日本降使。

21日，今井武夫一行8人乘日本飞机自汉口起飞，在中国空军飞机的监护下由汉口飞往湖南芷江。中午11时到达芷江。下午，中国战区日军洽降会议正式举行。至23日，中国受降代表将中国战区陆军总司令部备忘录第1至第5号交今井武夫转冈村宁次，详细规定了中国受降的事项。23日下午，洽降会议结束后，何应钦召见了日本乞降代表今井武夫，并告之日本投降书签字地点定为南京。

芷江见证了侵华日军副总参谋长今井武夫与中国陆军领导人洽降，并在投降备忘录上签字的经过。

芷江受降仪式现场

飞虎队纪念馆

飞虎队纪念馆位于湖南省怀化市芷江机场东面，距离县城2000米，是为了纪念中国空军美国志愿援华航空队（后改为美国陆军第十四航空队）——飞虎队在中国抗日战争中做出的巨大贡献而修建的，是中国人民抗日战争胜利受降纪念馆重要的辅助陈列馆，也是目前为止中国唯一一家全面反映陈纳德及所率领的飞虎队援华抗战的专题性纪念馆。纪念馆于2005年5月建成，9月对外开放，2011年建成飞虎队实物陈列馆，2017年再次进行改造并重新开馆。

飞虎队纪念馆包括飞虎队纪念馆（飞虎队实物陈列馆）、中美空军指挥塔旧址（第八作战指挥塔）和中美空军联队俱乐部旧址三栋建筑，占

飞虎队纪念馆大门

地总面积3.6万余平方米。

飞虎队纪念馆是一座环形建筑，外形酷似两架飞机，占地面积为1500平方米。馆内设有4个展厅，通过陈列大量的珍贵文物、实物和照片，采用高科技手段对场景进行复原，真实再现美国飞虎队援助中国抗击日军的英勇事迹和生活场景。在原中美空军指挥塔周围布置有五大雕塑，分别为正义之剑、和平之光、友谊之花、飞虎队队徽塑像和飞虎队将士塑像。另外，馆内还有中、美、苏三国空军的纪念碑，陈列的实物和文献也非常多，例如飞虎队用过的战斗机，飞虎队成员使用过的物品，甚至还有第二次世界大战时期修建芷江机场所用的石磙等。

飞虎队纪念馆全景

中美空军指挥塔旧址建于1938年10月，是一座三层砖结构楼房，整体为“丁”字形。第二次世界大战时期，它是芷江机场无线电指挥中心、发报中心，同时还是机要室、情报室、指挥室、作战室等，在对抗日军的上千次战斗中，陈纳德将军和中方芷江空军司令张廷孟就是在这里完成指挥工作的。

中美空军联队俱乐部旧址建于1944年4月，是一座砖木结构建筑，水泥地面，墙面用胶泥做成蜂窝状。在建筑的西南端进口处右下侧有一块

中美空军指挥塔旧址

奠基青石，上面镌刻着中英双语铭文“中美空军联队俱乐部　中华民国三十三年四月　空军第九总站站长高正明立”。

2016年底飞虎队纪念馆展出大量实物展品，包括在美国纪念珍珠港事件75周年飞虎队之夜活动中征集到的80多件物品和近些年征集到的飞虎队队员曾经用过的原物。另外，纪念馆还完整地记录了中国籍飞虎队队员牺牲队员的名字。

中美空军联队俱乐部旧址

经党中央、国务院批准，国务院于2014年8月24日公布，飞虎队纪念馆被列入《第一批国家级抗战纪念设施、遗址名录》。

飞行执勤室

知识链接 飞虎队

“飞虎队”前身是中国空军美国志愿援华航空队，由美国志愿人员组成，后改为美国陆军第十四航空队。它的缔造者和指挥者便是有“飞虎将军”美誉的陈纳德。

生于美国得克萨斯州的陈纳德，原名克莱尔·李·谢诺尔特。第一次世界大战中应征入伍，成为美国陆军飞行员。1937年4月，44岁的驱逐机上尉陈纳德被美国军方以耳聋为由劝退出现役。一个月后，陈纳德来到中国，出任国民政府上校航空顾问，自此开始了他在中国极富传奇色彩的战斗生涯。

1940年10月，陈纳德受蒋介石之托，返回美国通过官方和民间渠道为中国谋求战斗机。在罗斯福总统的支持下，陈纳德帮助中国购置了100架P-40型战斗机，并招募了200名美国空军退役人员。1941年7月，中国空军美国志愿援华航空队成立，陈纳德出任指挥官。志愿队在陈纳德的指挥下，活跃在中缅印战区，以弱克强，骁勇善战，先后作战120次，创下了击毁日机299架的空战奇迹，被人们誉为“飞虎队”。陈纳德也因此被罗斯福总统破格提升为美国现役空军少将。

1942年7月4日，志愿队并入美国陆军第十航空队，组建为第二十三航空大队，而后扩编为第十四航空队，陈纳德任司令。1943年7月，陈纳德出任中国空军参谋长。自此，中美空军开始联合对日反攻，威震长空。

国民革命军陆军第七十三军抗战阵亡将士公墓

国民革命军陆军第七十三军抗战阵亡将士公墓位于湖南省长沙市岳麓区桔子洲街道岳王亭路岳麓山赫石坡上，是为了纪念在三次长沙会战、常德保卫战和长衡战役中阵亡的国民革命军陆军第七十三军的将士而修建的设施。1946年由国民革命军陆军第七十三军最后一任军长韩浚派人修建此公墓。2000年到2004年，长沙市政府两次拨款对公墓进行了重修，2005年长沙市政府对其进行大规模修缮，2015年长沙市政府和岳麓区政府将公墓纳入岳麓山抗战文化园进行建设和保护。

公墓占地面积约2.33万余平方米，其中建筑面积2000平方米，主要包括墓塔、拜台、忠义观、墓庐、墓区和第七十七师抗战阵亡烈士纪念碑、第七十七师抗战阵亡烈士墓碑、龙泽春烈士纪念碑、杨季倜墓、乔确飞墓等。

踏上4段共163级2.5米宽的花岗岩台阶，到达用石头砌筑的高4.35米、宽11.5米的墓基，墓基两侧各有一条宽2.2米的石阶可到达公墓。公墓

第七十三军抗战阵亡将士公墓内的龙泽春烈士纪念碑

陆军第七十三军抗战阵亡将士公墓

坐西朝东，踞坡而建，墓前广场南北宽28米、东西纵深29米。广场中央建有墓塔，墓塔分为塔座和塔身两部分，总高7.2米。塔座四面皆有文字，正面文字为湖南省政府原主席程潜隶书题写的一副挽联：“誓死卫国家以昭来者；壮气塞天地是曰浩然。”其余三面分别为“名山忠骨，万古长存”“碧血丹心，光耀天地”“凛冽万古”。墓身为上细下粗方柱体，正面刻有王东原所题写的“陆军第七十三军抗战阵亡将士公墓”，左、右侧刻有“精神不死”“风云长护”等赞语。

墓塔后建有存放阵亡将士骨灰的墓室，墓室正面最高处6.2米，宽22.7米，纵深8.2米。墓门呈拱形，高2.7米，宽1.25米，题额“忠义观”，两侧有对联：“忠昭大麓；义塞苍冥。”进入观内有长约6米的甬道，正对甬道居中一室上书“军司令部直属部队”字样，这里存放的是国民革命军第七十三军司令部直属部队阵亡将士的骨灰；左、右各有两室，每室两进，四壁均有多层隔板用作存放骨灰坛，从左至右分别存放着暂编第五师、第十五师、第七十七师、第一九三师阵亡将士的骨灰。“文革”时期骨灰坛全部被毁，题款人的姓名全部被凿去。

墓塔南、北两侧的石壁上均有甬道，内侧题额分别为“蹈仁”“履义”，外侧题额分别为“崇德”“报功”，穿过两个甬道，可到达墓区，墓区内少部分抗战阵亡将士墓有墓碑。

在国民革命军第七十三军抗战阵亡将士公墓北侧约150米处，有陆军第七十三军第七十七师抗日阵亡将士纪念碑。该碑建于1942年，坐北朝南，通高5.2米，占地面积4.2平方米，各部分均为花岗岩材质。碑分为4层：一层为高出地面0.2米的正方形基座，西侧有中间高两边低的碑围，正面刻青天白日图案；二层高0.9米，平面呈方形，下部砌成坡状与基座相连，上部石棱突出呈半圆形；三层为边长0.7米的立方体，南北侧中部

忠义观

陆军第七十三军第七十七师抗日阵亡将士纪念碑和田广真墓

陆军第七十三军第七十七师抗日阵亡将士墓碑

内凿0.1米，形成边长0.4米的平面，雕刻有花纹，东、西两侧均以行书竖刻数行文字；四层为高3.1米的方锥体，四面均以行书竖刻文字，上施朱漆，正面书“陆军第七十三军第七十七师抗日阵亡纪念碑”，背面书“浩气长存”，东、西两侧也均有题字：“英雄百战无余敌”“党国千秋重此碑”。“文革”期间，该纪念碑遭到严重破坏，题字人姓名和底座的文字被毁。

纪念碑背后有石块砌筑的碑围，碑围中间嵌“陆军第七十三军第七十七师抗日阵亡将士墓碑”。墓碑上方碑框刻有青天白日图案，墓碑主体由3块黑色石板组成，高2米，宽2.3米，主体部分刻满阵亡将士名字。纪念碑左后侧是第七十七师师长田广真墓。

国民革命军陆军第七十三军抗战阵亡将士公墓是国家级烈士纪念设施。

经党中央、国务院批准，国务院于2015年8月13日公布，国民革命军陆军第七十三军抗战阵亡将士公墓被列入《第二批国家级抗战纪念设施、遗址名录》。

知识链接 国民革命军陆军第七十三军

国民革命军陆军第七十三军前身是湘军第三十五军。1929年3月，蒋桂战争爆发之后，第三十五军投靠蒋介石，被改编为第十五师。1930

年中原大战爆发后，第十五师被改编成为武汉行营第四路军，之后由第二十八军调遣。

1937年，全民族抗战爆发后，国民党军开始进行统一整编，第十五师扩编为第七十三军，王东原任军长，同时兼任第十五师师长，副军长则由陈孔达、彭松龄担任。第七十三军组建后，参加了淞沪会战。同年底，第七十七师师长罗霖被撤职，第七十七师一部被编入第十五师。在彭位仁担任师长时期，第十五师调归第八军指挥，在武汉会战中表现英勇。

1938年6月，王东原出任第三十四军团军团长兼第七十三军军长，下辖第十五师和原第六十九军第五十七师。12月，第七十三军隶属第二十七集团军，彭位仁接任军长之职，同时第十一军第七十七师转隶第七十三军。

1939年初，第十五师归建第七十三军。3月，第七十三军浩浩荡荡奔赴江西，参加江西会战，随后前往湖南平江、浏阳一带接受整补，参加第一次长沙会战，做出了巨大贡献。在之后的冬季攻势作战中，也发挥了极为重要的作用。

1940年夏，第七十三军改隶长江上游江防司令部，第六军暂编第五师转隶七十三军。

1941年，第七十三军隶属第二十集团军，先后参加了第二、三两次长沙会战以及浙赣会战，功绩卓著。

1943年，彭位仁升任第三十集团军副总司令后，汪之斌接任军长，韩浚任副军长。同年，第七十三军参加了鄂西会战和常德会战。在常德会战中，第七十三军作战异常勇猛，歼灭大量日军，同时自身伤亡惨重。在石门撤退时，第七十三军遭遇日军的袭击，全体将士誓死抵抗，暂编第五师师长彭士量亲自指挥部队奋力突围，不幸被机枪击中，阵亡殉国。常德会战结束后，汪之斌因指挥不力被免职，由彭位仁兼任。

第三次长沙会战后中国军队清理战场

1945年，第七十三军隶属第四方面军，彭位仁出任第四方面军副司令，军长由韩浚担任，副军长为陈为韩。所辖暂编第五师被裁撤，替换为第二十九军第一九三师。

抗日战争胜利后，国民党积极准备发动全面内战，将参加完湘西会战的第七十三军由湖南调往山东济南，改由第二绥靖区指挥。

大云山三战三捷摩崖石刻

大云山三战三捷摩崖石刻位于湖南省岳阳市岳阳县大云山国家森林公园内隆兴宫宫外石壁上，是原国民党第九战区副司令长官、第二十七集团军司令杨森为纪念中国军队在湘北会战“三战三捷”而留下的大型石刻。1942年8月，杨森在临湘县（今临湘市）县长王翦波的陪同下登上大云山检查布防工作，一时间回想起曾经与日军作战的场景及牺牲的将士们，于是决定在大云山刻碑纪念，写下了“三战三捷”巨幅字样。后由王翦波督刻，40多名工匠历时两个月完成。

“三战三捷”石刻

整个石刻为露天石刻，共分为3个部分，即“三战三捷”4个大字石刻、杨森题字碑文石刻、“三捷泉源”石刻。整块石壁宽为15.8米，高为11.3米，总面积达178平方米。

在石壁的东侧，雕刻着4个大字“三战三捷”，每个字大约2平方米，从右至左横向排列。在石壁的西侧，雕刻着65字的楷书注释碑文，内容为：

倭寇侵我中国，在湘北相持五年，中经大举犯长沙三次，赖民众协力，将士用命，都予击溃。国人正精诚团结，矢志澄清，勒石共勉。

杨森　题

大中华民国三十一年十二月

碑文从右至左竖写横排。在“三战三捷”石刻的东南方10米处，第二十军第一三三师师长夏炯再次题词“三捷泉源”，这4个大字为正楷阴刻，每个字面积大约1平方米。

如今这些石刻都保存完好，不仅是对战争中阵亡将士的怀念，也是中国军民抵御外敌侵略、

杨森题字碑文

“三捷泉源”石刻

奋起抵抗的历史见证。

大云山三战三捷摩崖石刻是全国重点文物保护单位。

经党中央、国务院批准，国务院于2015年8月13日公布，大云山三战三捷摩崖石刻被列入《第二批国家级抗战纪念设施、遗址名录》。

知识链接　**抗战时期的杨森**

杨森，原名淑泽，又名伯坚，字子惠，1884年生于四川广安。民国时期四川军阀集团核心人物之一。

1937年全民族抗战爆发后，杨森数次电呈蒋介石主动请缨。淞沪会战爆发后，9月1日，杨森率领第二十军从贵州徒步出发奔赴战场。第二十

军是川军中最穷的部队，装备异常简陋，上穿破旧的军衣，下着短裤、绑腿，脚穿草鞋，手握“老套筒”步枪，身背大刀、斗笠，沿着湘黔公路每天步行50多千米，一直到湖南才乘船、乘火车辗转到达上海嘉定南翔。虽然行军异常艰苦，但部队一路高唱《大刀进行曲》《义勇军进行曲》等抗日歌曲，士气高涨。在南翔车站站台上，杨森感慨万分，赋诗一首：“才消炎暑试新凉，沃野欣闻禾稼香；为挽艰危征万里，不教倭寇事披猖。”

杨森将军

第二十军军部指挥所就设在南翔火车站附近的一个院子内。10月13日，日军第九师团等数万之众，以大场、桥亭宅、顿悟寺、陈家行一线为攻击重点，企图从中央突破，形势十分危急。15日上午，正在加固防御工事的杨森接到第六兵团总司令薛岳的命令，要求第二十军迅速出兵收复桥亭宅、顿悟寺一带原第三十二师防守的阵地。顿悟寺是附近地区的制高点，东侧和大场阵地相连，如果顿悟寺失守，日军便可截断中国守军各部间的联系，并从侧后方包围大场主阵地。

杨森迅速组织反攻，收复桥亭宅、顿悟寺一线友军丢失的阵地。执行夺取顿悟寺任务的是第四〇八团。当日大雨滂沱，杨森决定夜间冒雨突击。川军将士冒着日军密集的炮火奋勇向前，迅速收复了顿悟寺阵地。17日拂晓，不甘失败的日军集中优势兵力，在飞机大炮的掩护下向蕰藻浜第八〇二团阵地进攻。杨森命令第八〇二团团长林相侯死守，林相侯亲临第一线指挥。日军组织强大兵力进攻，在阵地将要丢失的千钧一发之际，林相侯身先士卒，冲出战壕与日军殊死搏斗，头部中弹倒下后，依然怒目圆睁，手指前方。第八〇二团将士义愤填膺，英勇搏杀，屡挫日军进攻。第八〇三团团长李麟昭率兵增援，终于保住了阵地。战斗持续到第四日午后，杨森又率领第二十军一一三师三九七旅收复陈家行阵地，并坚守到友军来接防。

淞沪会战中，杨森率领第二十军以疲惫之师、落后的武器装备，与日军浴血奋战，打出了川军的威风，但也付出了惨重的代价。在不到7天时间内，伤亡10余名营、团长，280名连、排长及7000余名士兵。该军撤至嘉定整编时只能缩编为两个旅。

1938年1月，杨森升任第二十七集团军总司令兼第二十军军长，调往安庆补充整训。3月，南昌会战中在武宁城外和日军展开拉锯战，在日军猛烈炮火的攻击下抵挡不住被迫后撤。

5月，日军海陆空军部队配合沿长江西上，进犯芜湖、铜陵、贵池。另一支部队则沿津浦线南下进攻合肥、巢县（今合肥市巢湖区）、无为、庐江等地。驻防安庆的第二十军以第一三三师开往巢县、无为、庐江等地阻击日军，又以第一三四师分驻枞阳和安庆一线沿江岸布防。6月初，日军攻占巢县。杨森下令第一三三师反攻，组织两个营的突袭部队于深夜潜入城内，击毙日军200多人。

接着，日军又增兵分水陆两路向安庆进攻。水路由4艘军舰载海军陆战队在枞阳附近登陆，陆路则沿公路进攻合肥。日军攻占合肥后，杨森令部队在舒城、桐城一线构筑工事，阻击日军向安庆进犯。13日，杨森部被日军波田支队（相当于旅团）趁夜偷袭，撤出安庆，受到“撤职留任”的处分。

10月下旬，日军占领武汉后，继续沿粤汉路南下。蒋介石令杨森派第一三三师到达武宁，在罗盘山、棺材山一线与日军激战20多天。11月初，第二十七集团军被划归第九战区，杨森率部移驻湖南平江。

1939年6月12日，杨森奉蒋介石密令，派兵包围新四军驻平江通讯处，逮捕杀害该处干部及其家属12人，制造了震惊中外的“平江惨案”。

9月14日，第一次长沙会战爆发。杨森率第二十七集团军负责防守鄂南山地，虽没能在正面挡住日军第三十三师团的突击，但依靠顽强的侧击和阻击，拖延了日军的进军步伐。27日，杨森派第一三四师急行军奔赴南楼岭、白沙岭、苦竹岭一带阻击日军，从缴获的军事地图了解到日军作战目的后，立即改变原来的军事部署，调遣部队分头抗击，但未能抵挡住日军的进攻。日军在飞机的掩护下强渡新墙河，突破中国军队防线，向长沙进逼。杨森下令侧击由通城向长沙进犯之敌，在南楼岭、白沙岭、朱溪厂、龙门厂、长寿街一线紧紧缠住日军，致使敌后援部队和补给运输严重受挫。战后，杨森升任第九战区副司令长官兼第二十七集团军总司令。

1941年9月，第二次长沙会战爆发。9月7日，日军向大云山进攻。8日，大云山祖师殿为日军所占。杨森采取尾击、侧击、截击的战术，于10日克复大云山。20日，日军占据岳麓山，向长沙城内猛烈轰击。杨森指挥第二十军等部队在新墙河以南、汨罗江以北切断日军后援，并炸毁日军在岳阳的弹药库，破坏日军的补给线、通信网。中国军队各部队陆续按照预定计划进入战斗位置，对陷在包围圈的日军穷追猛打，日军遗尸累累，精锐尽失。直到30日下午，日军方才突出重围向北逃窜，退回原阵地。

大云山抗战胜利纪念碑

第三次长沙会战中，杨森下令第二十军部队在新墙河以南、汨罗江以北地区沿公路、铁路构筑工事，阻击日军。第一三三师在粤汉路附近的傅家桥、下高桥等地与日军大部队遭遇，顽强阻击，激战三天三夜，双方均伤亡惨重。第一四四师在影珠山、古华山等地对沿公路南犯之敌予以侧击，使日军在汨罗江以南、捞刀河以北地区遭受惨重损失。

第三次长沙会战后，宋美龄得知第一三三师三九八团二营在守卫傅家桥的战斗中，营长王超奎率部与敌英勇搏斗光荣战死，全营400余人壮烈殉国的悲壮事迹，在重庆发表广播感慨地讲："中国只有断头的将军，没有投降的将军，守卫长沙的王超奎就是例子！"

1942年8月，杨森到湘北大云山检查布防，想到死难的将士，亲笔题写了"三战三捷"4个大字，并附注解："倭寇侵我中国，在湘北相持五年，中经大举犯长沙三次，赖民众协力，将士用命，都予击溃。国人正精诚团结，矢志澄清，勒石共勉。"在"三战三捷"石刻下方10米处，还有一块"三捷泉源"石刻，为第二十军副军长夏炯所题。

1944年5月后，杨森又率部参加桂柳会战、衡阳保卫战、茶陵安仁战役、独山之战和桂林保卫战等。

抗日战争湘西会战阵亡将士陵园

抗日战争湘西会战阵亡将士陵园位于湖南省怀化市溆浦县龙潭镇弓形山上，是为了纪念在湘西会战中为国捐躯的烈士修建的设施。1945年4月，日军进攻龙潭，试图夺取芷江机场，抗日军民奋起抵抗，与日军展开了28个昼夜的激烈战斗，终于击退日军。战争结束后修建了抗日阵亡烈士陵园，安葬700多名在此次战役中牺牲的抗日将士。蒋介石为陵园题词"浩气长存""养天地正气，法古今完人""精忠贯日月"。经过数十年的风雨动荡，烈士陵园的大部分建筑被毁。1992年4月17日开始对陵园进行修复，第二年4月完工。

陵园依山而建，总占地面积达8318平方米，以300多级宽敞的林荫石阶路为主轴，拾级而上，依次将陵园大门、浩气门、警钟壁、纪念塔、碑墙、千秋亭、英烈墓连成一体。

抗日阵亡将士陵园大门

陵园大门为仿古牌楼式，宽15.7米，高8.05米，上覆黄色琉璃瓦，正中门额上书"抗日阵亡将士陵园"，两侧墙上分嵌保护标志牌、说明牌。

由大门拾阶而上，就是建在花岗岩台基上的浩气门，为三门四柱牌坊式，高10.58米，宽10米。中间横额上书"国民革命军陆军第四方面军

浩气门

第七十四军第五十一师湘西会战龙潭战役抗日阵亡将士公墓”，内侧坊柱石刻第一一〇军军长李天霞题“志决身歼一片丹心照日月；功成人远千秋碧血壮山河”，半圆形立面绘国民党蓝色党徽；蒋介石题“浩气长存”分书于两侧次间额坊上，外侧坊柱石刻蒋介石题写楹联“养天地正气；法古今完人”。

经过浩气门继续拾阶而上，不远处就是警钟壁，高3米，石刻“长鸣警钟，不忘国耻”8个大字。壁前用绿叶白花的玉兰草种成巨大的“奠”字图案，庄严肃穆。

警钟壁

继续沿台阶向上，就是纪念塔，为花岗石砌成，通高6.75米，造型如子弹，直指苍穹。塔基共三层，为正六边形；弹头圆柱部位镶嵌碑文6方，碑身高1.5米，宽0.5米。正面碑文为“陆军第四方面军第七十四军第五十一师湘西会战龙潭战役阵亡将士纪念塔”，逆时针依次为蒋介石、何应钦、冷欣、王耀武、施中诚题词。

纪念塔后为碑墙，高1.5米，嵌12方石碑，上刻龙潭战役直接指挥官第五一师师长周志道将军等主要将领挽词。

由碑墙继续向上就是千秋亭，为湘西典型的六角形、小青瓦式地方特色风格建筑。亭高5.25

陆军第四方面军第七十四军第五十一师湘西会战龙潭战役阵亡将士纪念塔

米，内立碑一方，正面刻部分阵亡将士英名100余，背面为钱锺书先生的父亲、著名学者钱基博教授撰写的碑文。

纪念碑墙

亭后为英烈公墓，用4层花岗岩砌成，基部为圆形，直径12.5米，高1.32米，正面有鼎状花岗岩祭台。墓顶封土呈圆弧形，封土高1.5米，封土表层为青天白日旗徽图案。墓周为“十”字形墓道，宽3.5米，呈对称形。近2000余名为国捐躯的英灵长眠于此。墓旁石碑上有钱基博教授所题写的祭文。

千秋亭和英烈墓

抗日战争湘西会战阵亡将士陵园是全国重点文物保护单位、湖南省爱国主义教育基地。

经党中央、国务院批准，国务院于2015年8月13日公布，抗日战争湘西会战阵亡将士陵园被列入《第二批国家级抗战纪念设施、遗址名录》。

知识链接

龙潭战役

1945年4月，侵华日军集结8万余兵力犯进湘西，试图打通进占西南的通道。蒋介石任命陆军总司令何应钦为总指挥，率领王耀武第四方面军、汤恩伯第三方面军等部20余万兵力迎敌。

湘西溆浦龙潭是雪峰山一带一块山间谷地，周围有21座海拔千米以上的高山，将其围成一个封闭式的圆环，只有几处险要的关隘与外界相连通，具有非常优越的地理优势。

4月9日，湘西会战打响，日军兵分三路开始向中国军队进攻。左路由广西边境向新宁、绥宁方向进攻；中路由邵阳向隆回、洞口方向进攻；右路由湘潭、邵阳等地向新化、溆浦、辰溪方向进攻。驻守在龙潭的中国守军第四十七军五十一师判断日军极有可能会对溆浦桥江机场进行偷袭，于是紧急前往迎敌。然而日军非常狡猾，第五十一师刚一离开，日军中路第一一六师团泷寺联队就从隆回小沙江奔赴龙潭，抢先占领龙潭青山界的险要关口以及鹰形山及圭洞附近的高地。第五十一师迅速赶回龙潭，并且抢占了外围的主要战略要地。与此同时，隆回小沙江的守军从日军的背后出击，日军腹背受击。

为开辟新的据点与第一一六师团主力联系，泷寺联队不断进攻中国军队，多次遭到痛击，伤亡惨重。等到师团主力赶到时，其战斗力早已虚弱不堪，无法进攻。在日军盘踞的洞口到龙潭

湘西会战中的中国军队

之间，有一条狭长的山谷，最窄的地方仅有1米多宽，中国军队在山谷两侧的山上布防，猛烈攻击前来营救泷寺联队的日军主力。从5月7日到14日，短短一周时间，歼敌2500人。

日军遭受沉重打击后迅速逃窜，中国军队则乘胜追击，从不同的方向对日军进行包抄，层层围堵，以至于中路日军几乎全军覆没。再加上左右两路不能相互照应，日军的作战计划很快破灭。到6月7日，历时两个月的湘西会战以日军大败而结束。

岳麓山忠烈祠

岳麓山忠烈祠位于湖南省长沙市岳麓山赫石坡岳王亭下方（今湖南师范大学内），据说原本是纪念岳飞的岳王庙，1939年为了纪念陆军第四路军抗日阵亡将士而改建成忠烈祠，即“第四路军阵亡将士麓山忠烈祠”，由第四路军总指挥刘建绪主持修建。因年代久远，很多建筑都存在明显的损毁。2004年进行修复，同年7月完工并开放。

忠烈祠坐西向东，整体呈长方形布局，进深两间，占地面积约5500平方米，主体建筑约700平方米。主堂为重檐歇山顶式样，用黄色琉璃瓦覆盖，屋脊镂花，雕有4条首尾相接的长龙，中央有琉璃宝瓶，两端为伫立的鸱吻。大门上方匾额为“麓山忠烈祠”，内外有12根石柱支撑，立柱上的楹联保存完整，只是题写之人的姓名全部被毁。其中正面中间两根石柱上的楹联为：“江水滔滔共一片斜阳长写出壮士当年血泪；赫石珞珞添几椽庙貌好留与后人终古馨香。”正门两侧石柱上的楹联为：“百战裹尸还宜藏兹猿鹤幽栖麒麟高冢；千秋灵爽在此中有苌弘碧血阁部衣冠。”祠后正中间两根石柱上的楹联为：“碧血染黄沙取义成仁应垂不朽；精英辉赫石贪生怕死莫到此间。”

忠烈祠两侧建有墙垣，墙上有花岗岩拱门。整体看上去非常宏伟。祠内大厅正面现存有匾额“允武且仁”，由刘建绪撰文、谭泽闿书写，其大意为将士们有征伐之勇武，也具有爱国的仁德之心。下面是反映第四路军英勇抗战的浮雕，浮雕

岳麓山忠烈祠

大门匾额和楹联

两侧石柱上刻有楹联：“扬威国土靖乱岩疆铁血铸山河万里留光荣战绩；气壮洞庭风高云麓旌常兼俎豆千秋拜忠烈祠堂。”

忠烈祠南侧墙壁上有刘建绪撰书的《第四路军阵亡将士麓山忠烈祠记》，以及由湖南师范大学吴容甫教授撰文、颜家龙教授所书写的《重修麓山忠烈祠记》。这两篇祠记中，书写了第四路军在淞沪会战中的赫赫战绩，同时还书写了湘军的英勇威武。

忠烈祠内匾额、浮雕和楹联

岳麓山忠烈祠是全国重点文物保护单位。

经党中央、国务院批准，国务院于2020年9月1日公布，岳麓山忠烈祠被列入《第三批国家级抗战纪念设施、遗址名录》。

知识链接 《第四路军阵亡将士麓山忠烈祠记》

第十集团军总司令第四路军总指挥刘建绪撰并书。

中华民国二十七年十月，建绪方督师浙东与□□拒战，遂与诸将士议曰：余自统率四路军以来，从事绥靖□□各役将士死亡者以数万计，宜于长沙麓山之赫石坡建忠烈祠祀之。

于是鸠工治材、计日程事，阅四月祠成。堂构崇闳，笾豆有秩，江影山色，蔚然巨观，庶乎足以扬休烈而昭礼祀矣。

当余奉命东移之初，闽、浙、赣、皖边区人

《第四路军阵亡将士麓山忠烈祠记》墙刻

民盖已久苦涂炭，群盗满山，数千里烽火相望。乃分区围攻，诸道并进，攀崖逾岭，捣穴擒渠，虽半载之间芟夷略尽，绥靖事业得以如期完成。而我将士摧锋临阵、即戎受命者踵相接，其功未可没也。

二十六年七月抗日军兴，自沪渎循海岸以达台、温皆我军捍卫之围。沪杭一线力战数月，虽创顽敌，凋丧独多。

其间如十五师广福及南翔之役、十六师刘行顾家宅之役、十九师蕰藻滨南岸王家牌楼之役、六十二师海盐平湖之役、七百二十八师一百九十二师嘉善嘉兴及吴兴迤南菁山市之役、前暂编十三旅即今一〇七师三二一旅嘉善之役，皆喋血苦战而百死不挠，机礮弥空，骸骨盈野，死亡各不下四五千人。

既而寇军深入南浔震动我军，分部西援，迭挫凶锋，若汪之斌部鄱阳湖西岸之防守、何平部马垱之反攻、李觉及顾家齐部姑塘及牛头山之迎击士卒伤亡动及数千，而我陶柳部游击于沪杭路，胡达部搏战于富、桐间，死伤亦复不少，何其壮也。

吾湘自咸、同军兴，乡人士宣力戎行。湘军旌旗遍海内，武功之盛，震烁古今。良由曾、胡诸贤以忠诚为天下倡，一时风气鼓荡，皆能以身殉国，冒百艰麋顶踵而弗辞。鼎革以还，此风未沫。黄克强、蔡松坡先后奋迹于领表宁、汉、川、滇之间，振臂一呼，湘人士致力革命，负载从征者满天下，中央恤典湘籍者，几占全国之半。尤以此次抗战，我湘人之守土者艰苦支持，前仆后继，或伤夷过半，或全军俱殒，作战之勇，死事之烈，诚足以撼天地而泣鬼神。此岂独楚人雄桀悍锐之气果有以异于他邦，亦有百余年来先贤往烈提倡鼓舞，而爱国卫民之义深入于人心也。方今寇患日亟，战事弥殷，缅怀吾湘诸先辈勋烈而才力愧未有达，独欲以忠诚之义与我诸将士交勉。互属尽瘁，毕劳冀于驱，除强寇收复失土之日，再以告慰我阵亡之灵也。

中华民国二十八年四月　日立石

广东省

十九路军淞沪抗日阵亡将士陵园

十九路军淞沪抗日阵亡将士陵园位于广东省广州市天河区水荫路113号，是为了纪念国民革命军第十九路军1932年一·二八淞沪抗战中阵亡将士而修建的设施。陵园建于1928年，原为国民革命军第十九军（十九路军前身）的公墓，1932年3月改建为十九路军抗日阵亡将士坟园。1934年9月18日，部分阵亡将士遗骨从上海运送到坟园安葬，并举行公祭纪念活动。抗日战争时期坟园遭破坏，1947年由蒋光鼐、蔡廷锴等人组成筹委会对坟园进行修复。1990年更名为十九路军淞沪抗日阵亡将士陵园。1991年至2000年分3期修缮。

十九路军抗日阵亡将士墓局部

陵园占地面积6.2万平方米，主要建有凯旋门、先烈纪念碑、英烈题名碑、抗日亭、将士墓、战士墓、先烈纪念馆、浮雕墙等纪念设施，均用花岗石砌成，古罗马建筑风格，保存有民国时期许多知名人士的题词。

陵园东大门建于1997年初，高18米，宽18米，象征一·二八淞沪抗日。仿古罗马纪功式建筑凯旋门建筑风格，装饰有20根多立克石柱，中间大门两侧设耳门，全部用花岗岩砌成。大门上端用隶书体镌刻“十九路军淞沪抗日阵亡将士陵园”。背面镌刻“碧血丹心”。

十九路军淞沪抗日阵亡将士陵园东大门

先烈纪念碑位于陵园中轴线的北端，背靠白云山，建于1932年，是一座仿古罗马建筑风格的圆柱体纪念碑，为陵园的主体建筑，占地面积2298平方米。碑高21.74米，碑底座镌刻李济深题“十九路军淞沪抗日先烈纪念碑”，下端碑座款署“中华民国二十一年三月十日京沪卫戍长官陈铭枢　十九路军总指挥蒋光鼐　十九路军军长蔡廷锴　淞沪警备司令戴戟会同立石”。碑前基座上有一座铜铸十九路军战士塑像，像高3.45米，肩扛步枪，背系一顶铜鼓帽。塑像前正面台阶卧伏

十九路军淞沪抗日先烈纪念碑

两对铜狮，8个铜铸宝鼎依次排列在拱卫纪念碑的石栏基上，暗喻一·二八淞沪抗日。铜像、铜狮、铜鼎于1938年广州沦陷时被日军掠去，1991年广州雕塑院尹积昌教授根据照片记载复制。

碑后建有罗马式半圆回廊，由12对多立克石

十九路军阵亡将士纪念碑全景

柱环绕。回廊两边为门亭，左亭墙有1933年3月林森撰文并手书的《十九路军阵亡将士纪念碑》碑文，右亭墙有1933年10月胡汉民撰文并手书的《十九路军公墓纪念碑》碑文。

英烈题名碑位于陵园中轴线正中、十九路军阵亡将士纪念碑台阶前，占地面积755平方米，建于1932年，为方柱形花岗岩石碑。碑高7.7米，碑上用篆体刻有十九路军第六十、第六十一、第七十八师及第一师补充团共计1951位淞沪抗日阵亡烈士姓名。

英烈题名碑

将士墓位于英烈题名碑东侧，占地面积1875平方米，建于1932年。墓区北面有一座主墓碑，碑上刻有十九路军军长蔡廷锴题写的“淞沪抗日暨历役革命阵亡将士公墓”。墓前有序排列石棺202座，碑37块。墓后面有“十九路军抗日死难将士之碑”，碑名为蔡廷锴题写，立于1933年1月28日，碑文记述十九路军将士抗日守土、浴血奋战的经过。

十九路军总指挥蒋光鼐、军长蔡廷锴和淞沪警备司令戴戟的墓位于陵园东边、将士墓的后面，即将军墓，占地面积400平方米。墓碑采用3块天

淞沪抗日暨历役革命阵亡将士公墓

然花岗石凿成。

战士墓位于陵园西边，建于1932年，占地面积1187平方米。墓区由主墓碑和墓组成，主墓碑位于西边，碑上有李济深题写的“十九路军淞沪抗日战士坟墓”。190座墓依次排列。有碑石12块。

将军墓

抗日亭位于陵园中轴线的最南端，建于1932年，占地面积120平方米，是以花岗石砌成的四方亭，亭高7.7米。“抗日亭”3个字由淞沪警备司令戴戟将军所书。

陵园旧址大门在沙河顶水荫路口，建于1932

抗日亭

年，占地面积40.7平方米。门楼高13.4米，宽11米，为一座花岗石结构的仿古罗马纪功式建筑，又称“凯旋门”。门楼上端镌刻“十九路军抗日阵亡将士坟园”，下款署“闽侯林森敬题”；背面上书“碧血丹心”，上款“民国二十二年”，下款“宋子文敬题”。

先烈纪念馆位于陵园东南侧，建于1932年，

陵园旧址大门“凯旋门”

占地面积300平方米，是一座仿欧式建筑。纪念馆初建的目的是用于祭拜英灵和临时休息，1981年用于陈列十九路军淞沪抗战事迹。2002年初，淞沪抗战70周年纪念日，对纪念馆进行重新布展，新建纪念广场和“文化墙”。

先烈纪念馆

浮雕墙位于陵园西边、战士墓北侧，占地面积1250平方米，由浮雕墙和浮雕墙广场组成，全部由花岗石砌成。墙高4.6米、长46米，主要反映闸北巷战、争夺战、敢死队、大刀队、阵地战和支援前线等战斗场面，突出总指挥蒋光鼐、军长蔡廷锴两位人物的形象。浮雕墙残缺部分象征

浮雕墙

当时破碎的祖国山河，背景红墙寓意不屈不挠的中华民族精神。

十九路军淞沪抗日阵亡将士陵园是国家级烈士纪念设施。

经党中央、国务院批准，国务院于2014年8月24日公布，十九路军淞沪抗日阵亡将士陵园被列入《第一批国家级抗战纪念设施、遗址名录》。

知识链接　一·二八淞沪抗战

九一八事变后，日本关东军为掩盖炮制伪满洲国傀儡政府的阴谋，关东军高级参谋板垣征四郎串通日本上海公使馆助理武官田中隆吉，蓄谋在上海制造事端。田中隆吉与女间谍川岛芳子策划，于1932年1月18日，唆使日僧天崎启升等5人向马玉山路中国三友实业社总厂的工人义勇军投石挑衅，并与工人发生互殴。田中隆吉操纵流氓汉奸乘机将两名日僧殴至重伤，后日方传出一人死于医院，随即以此为借口，指使日侨青年同志会一伙暴徒于19日深夜焚烧三友实业社，砍死砍伤3名中国警员。20日，又煽动千余日侨集会游行，强烈要求日本总领事和海军陆战队出面干涉。21日，日本总领事村井仓松向上海市市长吴铁城提出让中方道歉、惩凶、赔偿、解散抗日团体4项无理要求。22日，日本驻上海第一遣外舰队司令盐泽幸一发表恫吓性声明，以保护侨民为由加紧备战，并从日本国内向上海调兵。27日，村井仓松向上海市当局发出最后通牒，限28日18时之前给予满意答复，否则采取必要行动。国民党政府为集中兵力在江西“剿共”，对日继续执行不抵抗政策。军政部部长何应钦急电担负沪宁地区卫戍任务的第十九路军要忍辱求全，令上海市

市长吴铁城于28日13时45分全部接受日方提出的无理要求。暂时下野的蒋介石委托国民党元老张静江说服第十九路军军长蔡廷锴避免与日军冲突，并调宪兵第十六团接替第十九路军防务。日方接到吴铁城答复后表示“满意”，却又以保护侨民为由，要中国军队必须撤出闸北，不待答复便于当晚突袭闸北。

1932年淞沪抗战期间被日军轰炸的上海一片断壁残垣

当时驻上海日军有海军陆战队1800余人及武装日侨4000多人、飞机40余架、装甲车数十辆，分布在虹口租界和杨树浦，另有海军舰只24艘，游弋在长江口外和黄浦江上，由盐泽幸一指挥。1月28日午夜，日军分3路突袭闸北，攻占天通庵车站和上海火车北站。上海军民义愤填膺，第十九路军辖3个师共3万余人，第六十、第六十一师分驻苏州、南京一带，第七十八师两个旅驻守上海，在总指挥蒋光鼐、军长蔡廷锴的指挥下奋起抗击。防守市区的第一五六旅，在前来接防的宪兵第十六团的主动配合下，打退由横滨路、虬江路、宝山路进攻的日军，29日夺回天通庵车站和上海北站。日军败退租界，通过英、美等国领事出面“调停”，达成停火协议，以待援兵。上海民众在中国共产党的领导和推动下，纷纷组织救护队和义勇军，积极支援第十九路军抗战。29日，日本政府发表声明威胁中国政府，诬陷上海事件是中国排日运动引起的。至2月2日，日军从其国内增调航空母舰2艘、各型军舰12艘、陆战队7000人援沪。蒋光鼐急调第六十、第六十一师参战。3日，日军破坏停火协议再向闸北进攻，被守军击退。日本内阁遂增派第三舰队和陆军久留米混成旅团援沪，由第三舰队司令野村吉三郎接替盐泽幸一指挥。7日，野村吉三郎改变攻击点，以久留米旅团进攻吴淞，海军陆战队进攻江湾，企图从守军右翼突破。第十九路军依托吴淞要塞及蕴藻浜水网地带与日军激战，第六十一师将进攻纪家桥、曹家桥及偷渡蕴藻浜的日军各个歼灭，其余日军又龟缩租界，由英、美等领事再次出面“调停”。

见上海战况对日军不利，日本内阁于2月14日又调陆军第九师团参战，改由第九师团师团长植田谦吉统一指挥。同日，中国政府派请缨抗日的张治中任第五军军长，率所部第八十七、第八十八师及中央陆军军官学校教导总队增援上海，归第十九路军统一指挥，接替从江湾北端经庙行至吴淞西端的防线，为左翼军。第十九路军为右翼军，担负江湾、大场以南及上海市区的防御。18日，植田谦吉发出最后通牒，要挟中国守军于20日前撤退20千米，被蔡廷锴严词拒绝。20日，植田谦吉令日军全线进攻，采取中央突破、两翼卷击的战法，以第九师团主攻江湾、庙行接合部，企图北与久留米旅团围攻吴淞，南与海军陆战队合围闸北。第十九路军与第五军并肩作战，密切配合，利用长江三角洲水网地带及既设工事顽强抗击，并组织战斗力强的部队夹击突入江湾、庙行接合部之敌。经过6个昼夜的争夺战，日军遭受重创，由全线进攻转为重点进攻，再由重点进攻被迫中止进攻。

在江湾抵抗日军进攻的第十九路军

淞沪抗战激起全国人民的爱国热情，后方官兵纷纷请缨抗战，蒋介石拒绝再向上海增兵。而日本内阁决定组建上海派遣军，派前陆军大臣白川义则任司令官统一指挥。2月27日起，上海日军又得到陆军第十一、第十四师团的增援，总兵力增至9万人、军舰80艘、飞机300架，战斗力骤增。当时中国守军不足5万人，装备又差，而且经过一个月苦战，伤亡严重，左侧浏河地区江防薄弱。白川义则汲取前三任指挥官正面进攻失利的教训，决定从侧翼浏河登陆，两面夹击淞沪守军。3月1日，第九师团等部正面进攻淞沪，以第三舰队护送第十一师团驶入长江口，从浏河口、杨林口、七丫口突然登陆，疾速包抄守军后路。淞沪守军腹背受敌，被迫退守嘉定、太仓一线。2日日军攻占上海，3日战事结束。

是役，中国军队在全国人民的支援下浴血奋战，连续击败日军进攻，使敌三易主将，数次增兵，死伤1万余人，受到沉重打击。但国民党当局妥协退让，不再增派援兵，守军寡不敌众，防线终被日军从侧翼突破而被迫撤退。后在英、美、法、意等国“调停”下，中日双方经谈判，中国政府与日本于5月5日签订丧权辱国的《淞沪停战协定》。

东江纵队纪念馆

东江纵队纪念馆位于广东省惠州市博罗县罗浮山朱明洞景区内，是为了纪念东江纵队光辉的抗日历程而修建的设施。2003年12月1日建成并开馆。

纪念馆占地面积约5584平方米，建筑面积3300平方米。纪念馆前是一个占地2284平方米的广场。广场右侧安放一座东江纵队指战员的大型

东江纵队纪念馆主题雕塑

雕塑，其主题是“东江纵队将士，前赴后继，永远向前”。

纪念馆正门上，是全国政协原副主席叶选平题写的馆名“东江纵队纪念馆”几个大字。

纪念馆内，设序幕厅、陈列厅、英烈厅、映视厅4个展示厅及工作服务区，工作服务区为两条长60多米、宽3米的参观走廊和休息走廊。

序幕厅面积为223平方米，迎面是一幅大型彩色喷绘图，以东江为背景，磅礴的气势展示了东江纵队的精神风貌。两侧墙上镶有《义勇军进行曲》《东江纵队之歌》，表达了当年全民族抗战的坚强意志。另有6位党和国家领导人的题词，题词对东江纵队给予了高度评价。

东江纵队纪念馆

陈列厅面积为525平方米，以大量的历史照片、文献资料以及珍贵的革命文物，全面反映东江纵队、两广纵队、粤赣湘边纵队的革命事迹。陈列内容为5个部分：“抗日战争爆发　组建东江人民抗日武装”“坚持敌后抗战　建立惠东宝抗日根据地”“东江纵队成立　夺取抗日战争胜利”“奉命北撤山东　转战大江南北”“坚持南方游击战争　并肩解放广东全境”。其中重要文物有东江纵队《前进报》的印刷机，以及东江纵队、粤赣湘边纵队当年出示的布告等。

印制《前进报》的印刷机

英烈厅面积为120平方米，刻写了5000多位烈士的英名，以及10位英雄人物和5个英雄集体的光辉事迹。

映视厅面积为76平方米，主要播放电视连续剧《东江纵队》和历史纪录片《卢沟桥事变》，以及文献片《东江纵队》。

参观走廊设置了“日军侵华罪证”展览。

纪念馆右侧不远处，为东江纵队司令部旧址冲虚古观。冲虚古观是全国重点文物保护单位，

展厅一景

始建于东晋咸和二年（327年），据说为葛洪创建，建筑面积为4400多平方米，是一座四合院式的建筑。山门内有殿宇五重，分别为灵官殿、三清殿、黄大仙殿、吕祖殿和葛仙殿，此外还有寮房等附属建筑百余间。1945年5月，中共广东省临时委员会、东江军政委员会、东江纵队司令部等直属队先后进入罗浮山，并把司令部驻扎在冲虚古观。从7月6日开始，在冲虚古观组织召开了长达17天的罗浮山会议，传达了党的七大精神和中央关于华南战略方针的指示，这里成为“华南敌后战斗的中心”。

冲虚古观

东江纵队纪念馆是广东省爱国主义教育基地。

经党中央、国务院批准，国务院于2014年8月24日公布，东江纵队纪念馆被列入《第一批国家级抗战纪念设施、遗址名录》。

知识链接 东江纵队

东江纵队全称是“广东人民抗日游击队东江纵队”，其前身是广东人民抗日游击总队。

1938年10月，日军侵占广东东江下游地区及广州后，中国共产党香港海员工委书记曾生受八路军驻香港办事处主任廖承志委派，率中共党员和香港进步工人、华侨知识青年共30余人到达惠阳县（今惠州市惠阳区）坪山（今属深圳坪山区）地区，组织人民抗日武装。12月2日，在周田村成立惠（阳）宝（安）人民抗日游击总队，曾生任总队长，周伯明任政委，郑晋任副总队长兼参谋长，惯称“曾生部队”。成立时部队有80多人，枪70多支。到1939年初，部队发展至200多人，120支枪，编成2个中队和1个特务队。

1939年1月，中共东莞中心县委及宝安、增城中共组织领导的多支武装在东莞县（今东莞市）苦草洞整编，成立东宝惠边人民抗日游击大队，王作尧任大队长，何与成任政训员，黄高杨任党总支书记，惯称“王作尧部队”。

5月，在坪山成立东江军事委员会，由梁广、梁鸿钧负责，统一领导两支游击部队。到12月，发展到700余人。1940年9月，由海陆丰沿海地区返抵宝安县（今深圳市宝安区）上下坪村。中共东江前线特别委员会召开干部会议，遵照中央指示，两支部队分别整编为广东人民抗日游击队第三大队、第五大队，独立自主地开展敌后抗日游击战争和建立抗日根据地等。林平（尹林平）兼任两个大队的政治委员，梁鸿钧负责军事指挥。会后，王作尧率领第五大队开赴宝安阳台山区，开创阳台山抗日根据地。10月，曾生率领第三大队开赴东莞大岭山区，恢复东莞敌后抗日游击战，开创大岭山抗日根据地。

1941年2月，第三、第五大队分别派出小分队进入增城西部地区，与当地中共组织领导的抗日游击队基干队会合。4月成立增（城）从（化）番（禺）独立大队，游击区扩展到增城和广州市东北郊一带。11月，曾生率领部队进入坪山，创建抗日根据地。经过一年的艰苦努力，以坪山为中心的抗日根据地基本建立，与大岭山、阳台山抗日根据地相互呼应，为进一步发展打下坚实基础。12月，日军侵占香港。第三、第五大队各派出一支武工队进入港九地区，成立港九大队，开展城市游击战。

1942年1月，根据中共南方工委的决定，在阳台山根据地白石龙村成立广东军政委员会，并将广东人民抗日游击队改称广东人民抗日游击总队，梁鸿钧任总队长，林平任政治委员。以第五大队为基础成立主力大队，其余分别编入第三大队、惠阳大队、宝安大队、港九大队。1月至3月，广东人民抗日游击总队根据中共中央南方局的指示，先后从香港营救出何香凝、柳亚子、茅盾、邹韬奋、胡绳、夏衍、戈宝权等著名爱国民主人士、文化界知名人士、国民党官员和眷属，以及美国、英国、荷兰、比利时、印度等国际友人共800余人。

1943年起，广东人民抗日游击总队所属各部向日、伪军发动广泛攻击，对进犯根据地的国民党顽军进行反击。至7月，恢复和发展了惠东宝抗日根据地。其间，大亚湾独立中队扩编为护航大队，以挺进罗浮山地区的宝安大队一部整编成立独立第二大队。11月至12月，广东人民抗日游击总队以灵活机动的战术，挫败日伪军对大岭山根据地发动的“万人扫荡”，并击退日伪军对阳台山根据地的多次进攻。

12月2日，广东人民抗日游击总队在坪山扩编成立广东人民抗日游击队东江纵队，曾生任司令员，林平任政治委员，王作尧任副司令员兼参谋长，杨康华任政治部主任。下辖第二、第三、第五大队，惠阳大队，宝安大队，港九大队，护航大队，共3000余人。至1945年2月，东江纵队将所属部队扩编为第一、第二、第三、第四、第五、第六、第七支队和北江支队、西北支队，连同大亚湾人民抗日自卫总队、港九大队、护航大队等，共计9200余人。

1944年3月，东江纵队游击队员合影

1945年8月，珠江纵队第一支队、第二支队和独立第三大队一部共1000余人编入东江纵队。1946年6月，国共两党达成协议，东江纵队（含珠江、韩江纵队，广东、广东南路人民抗日解放军部分骨干）2500余人北撤至山东解放区，其余人员大部就地复员，留400余名武装骨干分散坚持斗争。

东江纵队在抗日战争中进行了1400余次战斗，共歼日、伪军9000余人，创建了总面积约1.5万平方千米、人口约450万的抗日根据地和游击区。

三灶岛侵华日军罪行遗迹

三灶岛侵华日军罪行遗迹位于广东省珠海市金湾区三灶镇，是侵华日军在广东地区对中国人民实施暴行的遗迹及罪证保留地，对研究历史，特别是对研究华南地区日军侵华及华南人民抗日活动有重要的价值和意义。

三灶岛侵华日军罪行遗迹由万人坟、千人坟、日军机场遗址、碉堡、弹药库、慰灵石刻、日军慰安所、兴亚第一国民学校遗址、兴亚第二国民学校遗址等组成。1982年建有日军侵华罪行遗迹陈列馆、三灶岛三·一三死难同胞纪念碑等。

日军指挥部旧址

万人坟遗址位于三灶镇琴石路竹沥山麓，占地面积约1万平方米。1938年4月13日（农历三月十三日），日军烧毁了上表、邓家湾等36座村庄和164艘渔船，在全岛施行灭绝人性的“三光”政策，次日又将抓来的男女老少2000多人分别在草堂沙岗、莲塘湾沙滩、春园祠堂、石湾关帝庙前、鱼林先锋坑、青湾等地进行集体枪杀，短短3天内，岛上北部村落被焚为焦土，尸横遍野。日本投降后，逃离的群众陆续返岛，1948年他们将死难同胞骨骸埋葬于上茅村等地，1949年建造坟茔、碑记、祭台、栏杆和纪念碑。1969年重修，1979年将骨骸迁葬于现址，重修坟墓，并建造两座纪念亭。

万人坟遗址牌坊

来到此地，首先看到的是万人坟遗址牌坊，牌坊为砖石混凝土结构，高6米，横额为“悲恨长天”，两侧楹联为“日伪凶狂血洒人间千载愤；中华抗暴气贯山河万古存”。后面是方尖碑式纪念碑，建于1982年，上书“三灶岛三·一三死难同胞纪念碑”。碑座嵌着一块高60厘米、宽75厘米的大理石碑记，记录日军惨绝人寰的行径。

三灶岛三·一三死难同胞纪念碑

千人坟位于三灶镇鱼弄村映月路西龙西街侧，占地面积900平方米。1938年1月17日，日军在三灶岛莲塘湾登陆，登陆后在岛的南部修建飞机场，设立以藤田中将为首的海、陆、空军组成的司令部，把三灶岛作为侵略华南的军事基地。出于军事上的需要，在三灶岛进行了血腥大屠杀，4月12日（农历三月十二日），日军洗劫鱼弄村，386人遭枪杀。

1949年，该村逃亡的幸存者回乡，收殓遇难者遗骸，在华侨和港澳同胞的资助下修建千人坟予以安葬。

千人坟遗址全景

千人坟有坟茔、碑记、祭台、栏杆和纪念碑。1982年又修建两座纪念亭分立墓前。千人坟墓碑为砖石混凝土结构，高5米，正面题写“三灶抗敌殉难人民之墓”，两侧写“杀身成仁”和“舍生取义”，落款“民国三十八年季夏”。在碑下方嵌着一块端石碑记，记录当年侵华日军残害鱼弄村村民的暴行和村民奋勇抗日、保卫家乡的英勇事迹。墓前4根柱铭文分别为“精神不死”“浩气长存”“舍生取义，永垂不朽”“鞠躬尽瘁，死也如归”。

千人坟遗址纪念碑

侵华日军碉堡位于三灶镇海澄村轿顶山东坡，建于1939年，坐西北向东南，占地面积约12平方米。钢筋水泥结构，圆形，直径4米，高约2.5米，壁厚0.5米。四周分布有5个不规则的方形射击孔，每个射击孔的下方内壁都加固了一个半柱形的水泥墩。当时，日军在军用机场山头修筑了一批碉堡，现存两座。

侵华日军碉堡

弹药库遗址位于三灶镇金海滩路与涌金路交叉口，为钢筋混凝土结构，整体建筑低矮，呈扁长方体，坐西南朝东北，东北面开一小门，内有3根混凝土柱，整体保存较完好。

弹药库

日军慰灵石刻位于三灶镇海澄村轿顶山，刻于1940年，面积约42平方米。花岗岩石的顶部竖写阴刻“慰灵”二字，下面用日文记录了“昭和十二年”（1937年）、“昭和十三年”（1938年）44名日本人在三灶航空基地丧生的情况，下面是44

名日本侵略者的名字。所谓“慰灵”的44名死去的日本人的名字却被永远钉在历史的耻辱柱上。

慰灵石刻

日军慰安所旧址位于上表村上表路五巷12号，坐北向南，占地面积约181平方米。原为乡间“阅书报社”。1938年侵华日军登陆三灶岛后，将此辟为慰安所，将从朝鲜、中国台湾及东南亚等地掳掠来的慰安妇供日军淫乐。

日军慰安所旧址

日军机场遗址现被珠海金湾机场所覆盖，兴亚第一国民学校遗址在今中兴小学内，兴亚第二国民学校遗址在今海澄小学内。

日军侵华罪行遗迹陈列馆占地面积1000多平方米，为两层建筑。走进遗迹陈列馆，里面主要分为两个部分，一部分呈现日军侵略三灶岛时的暴行，另一部分呈现华南地区特别是粤港澳地区中国人民抗日斗争历史。遗迹馆内陈列了大量文献资料、日军侵华罪证和图文史料，看到罄竹难书的日军资料记载，想到日本侵略者对中国人民犯下的残酷暴行，心里充满了刻骨的愤怒，铭记历史，勿忘国耻。

三灶岛侵华日军罪行遗迹是全国重点文物保护单位、广东省文物保护单位。

经党中央、国务院批准，国务院于2015年8月13日公布，三灶岛侵华日军罪行遗迹被列入《第二批国家级抗战纪念设施、遗址名录》。

知识链接

三灶岛大屠杀

日军侵华时期，在广东珠海地区犯下了罄竹难书的罪行，尤以三灶岛为烈。日军曾于1937年10月24日、11月1日，1938年3月18日3次入侵三灶岛。

经过前两次的入侵和侦察，日军在1938年3月18日以600余兵力在三灶岛莲塘湾登陆，要把三灶岛作为日本侵略中国华南的一个重要海军、空军基地。为了站稳、巩固和经营这个基地，日军不择手段，把三灶岛变成了人间地狱。

4月12日至14日，日军为了报复岛上人民的反抗，进行了惨绝人寰的大屠杀。12日，日军强迫三灶岛鱼弄村群众挖了一个10米多宽、2米多深的大坑，把群众5个一串、10个一排拉到坑边，用铁丝网围住，然后丧心病狂地用两挺机枪扫射，又在尸体上浇上汽油焚烧。这次屠杀，遇难群众共386人。13日，大批日军出动，在三灶岛实行“三光”政策，见男人就杀、见妇女就强奸、见房

日军在三灶岛登陆

就烧、见东西就抢，无恶不作。当天19时，日军放火烧毁了上表、草塘、邓家湾等36个村庄，共计3264间房屋和64艘渔船，三灶岛化为一片火海。14日，日军在草塘、沙岗、莲塘等地进行了大规模屠杀，抓到男的就活活打死或活埋，抓到妇女就先行强奸再杀死或砸死，抓到小孩儿则投入水中淹死或抛到空中用刺刀刺死，这次被屠杀的共有2000多人。

经过3天的血腥“扫荡”，岛上残垣断壁、尸横遍野，三灶岛变成了一座荒凉的死岛。

侵华时期，日军杀害三灶岛同胞2891人，同时还将从朝鲜、中国台湾以及万山、横琴等地抓来修机场的3000多名民工秘密杀害。日本投降后，逃离的群众陆续返岛，1948年，他们收拾死难同胞骸骨埋葬于上芥村等，1979年将骸骨迁葬于竹沥山。

西海抗日烈士陵园

西海抗日烈士陵园位于广东省佛山市顺德区北滘镇西海烈士中路116号，是为了纪念1952年抗日战争时期顺德之西海大捷和在其他战斗中牺牲的革命烈士而修建的烈士陵园。始建于1951年，1980年至2002年又多次进行修缮和改扩建。

西海抗日烈士陵园大门

陵园占地面积3.6万多平方米，建筑面积1256平方米，展陈面积508平方米，主要建筑包括烈士纪念碑、烈士墓、革命文物陈列馆等。

进入西海抗日烈士陵园，首先看到的是烈士纪念碑，纪念碑是四棱柱状，基座高3米，宽5米，碑身高约10米，水泥制成，碑心四面嵌大理石题词，正面是原珠江纵队司令、广东省副省长林锵云题写的“西海抗日战争烈士纪念”；背面是“革命烈士精神永垂不朽”；左侧是原珠江纵队二支队队长郑少康题“识革命之真理流千秋之典型”；右侧是原南番中顺游击区指挥部副指挥谢立全题“英雄壮志流芳千古”。

陵园内的顺德抗日战争文物陈列馆建筑面积1200平方米，展陈面积约508平方米，共分两个部分，一为抗日战争展，二为解放战争展。共5个展厅，有序幕厅、抗日战争文物厅、解放战争文物厅、资料室等。抗日战争文物厅展出了珠江纵队在抗日战争时期的资料、照片、图表和文物等大量实物和史料，见证了抗战英雄们的光辉战

西海抗日战争烈士纪念碑

顺德抗日战争文物陈列馆

绩。展出的抗战时期革命英烈名录上铭记了269位抗战先驱。

烈士坟墓在文物陈列馆旁，这里安葬着包括在西海乡牺牲的41名烈士在内的269名革命烈士。

西海抗日烈士陵园是广东省重点文物保护单位、佛山市爱国主义教育基地。

抗战烈士坟墓

经党中央、国务院批准，国务院于2015年8月13日公布，西海抗日烈士陵园被列入《第二批国家级抗战纪念设施、遗址名录》。

知识链接

西海大捷

1941年10月17日，驻扎在广东省番禺、顺德的伪军第四十旅第七十九、第八十团，补充第一团各一部，在少将旅长兼第七十九团团长李朗鸡的指挥下，企图凭借人数上的优势和装备的精良进攻顺德县（今佛山市顺德区）东北部西海抗日根据地。

6时左右，伪军分3路向西海发起进攻。南路之敌在第七十九团副团长祁宝林的带领下，由西海涌口大江边的和隆围登陆。在糖厂附近，由冯剑青带领的广州市区抗日游击第二支队（以下简称“广游二支队”）前哨小分队对进犯伪军猛烈射击后撤进蔗林。伪军攻占糖厂后，继而又在猛烈炮火的掩护下，向南炮楼侧右之广游二支队司令部驻地发起进攻，受到陈胜带领的广游二支队军政训练班一支7人小分队和部分民兵的阻击。9时许，伪军一度突破南炮楼涌尾阵地。广游二支队冯剑青、黄江平两个小分队立即进行反击，将突入阵地的几十名伪军大部歼灭，俘10余名，封闭了突破口。伪军暂时退至南炮楼对面的堤围。

东南路之敌在河滘登陆，避开村庄，沿着路尾围北面堤围直上，企图占领横岸岗后向西海攻击前进，但途中被梁国億带领的事先埋伏在番稔基的小分队沉重打击。当伪军进至石尾岗时，霍文带领预先埋伏在那里的小队突然以猛烈的火力向伪军射击，毙伤多人，余敌逃窜。

东北路从碧江、泮浦方向来犯的伪军第八十团和补充一团在猛烈火力的掩护下，向广游二支队防守桃村岗的部队进攻，被郭彪和陈绍文带领的队伍顽强阻击，不能前进。

11时，伪军增援部队两个营到达桃村岗、石尾岗。广游二支队阻击部队边打边撤回到西海。双方形成对峙状态。

广游二支队司令部分析战斗的发展情况，认为经过五六个小时的激战，伪军已遭到重大伤亡，并已十分疲惫，进行反击的时机已经成熟。于是，副司令员谢立全决定集中预备队配以近10挺轻重机枪及迫击炮，首先对南炮楼方向之第七十九团实施包围聚歼。他率领独立第一中队一部向糖厂一线伪军左后方迂回，夺回糖厂，断其退路，将其围困在糖厂与南炮楼之间的堤围和蔗林里。与此同时，独立第一中队一支小分队和部分民兵向南炮楼对面之伪军出击。12时，反击部队在两侧蔗林内以密集火力射击。蔗林深处杀声震天，伪军顿时慌乱，纷纷涌向堤围，有的跳到河里逃命，有的跑进蔗林乱窜。民兵和支前的妇女也纷纷拿着扁担赶来蔗林支援。祁宝林发觉自己被包围后，带了少数人突围，但被打伤，逃至林头河急流涌口边时毙命。与此同时，路尾围方向之伪军，亦在军政干部训练班和民兵的反击下，再次受到沉重打击，狼狈逃窜，退回紫泥。

曾任广游二支队副司令员的谢立全将军

歼灭第七十九团的战斗刚结束，广游二支队司令部接到报告，从碧江、泮浦方向来犯的伪军第八十团和补充一团占领桃村岗和横岸岗后，已进至西海涌东北面，情况紧急。谢立全立即率领部队带着近10挺机枪前往反击。先将两座行人便桥拆掉，阻止伪军过桥，并在房顶上架起轻机枪扫射。接着，向涌东北之伪军发起攻击，将第八十团和补充一团击溃。战斗于16时左右全部结束。

是战，抗日游击队以不足300人的劣势兵力，击毙200余人，俘敌110余人，缴获长短枪400余支，抗日游击队仅伤亡各1人，这是一次以少胜多的战斗，被称为“西海大捷”。

大岭山抗日根据地旧址

大岭山抗日根据地旧址位于广东省东莞市大岭山镇大王岭村等地，是抗日战争时期广东人民抗日游击队东江纵队第三大队机关所在地的旧址建筑群。

大岭山抗日根据地旧址主要包括大王岭村的第三大队大队部旧址、会议室旧址、大家团结报社旧址、交通站旧址、粮食加工场旧址和操场旧址，瓮窑村的医务所旧址、油古岭村的中山书院旧址和连平髻岭村的连平联乡办事处旧址。

第三大队大队部旧址坐西北向东南，占地面积约137平方米，建筑面积77平方米，是一座墙体采用当地传统“金包银”砌法的民房，硬山搁檩结构。广东人民抗日游击队领导机关也设在此地。

第三大队大队部旧址

会议室旧址原为大王岭村刘氏宗祠，建于清代，坐西北向东南，是一座三间两进四合院，占地面积约188平方米，硬山搁檩结构。1940年10月至1941年10月，广东人民抗日游击队领导人尹林平、梁鸿钧与第三大队负责人曾生、邬强和卢伟良等，经常在此开会，研究部队和大岭山抗日根据地的建设，讨论敌后游击战争的战略战术等问题。

大家团结报社旧址坐西北向东南，建筑面积102平方米，是一座墙体采用当地传统“金包银”

会议室旧址

砌法的民房，硬山搁檩结构。《大家团结报》于1941年1月由广东人民抗日游击队第三大队创办，杜襟南任社长，这是抗战时期中国共产党在广东敌后游击区创办的第一份报纸，1941年9月与第五大队的《新百姓报》合并，是东江纵队机关报《前进报》的前身。在大家团结报社旧址里，当年使用过的机器、油印机等被复原展出。

大家团结报社旧址

交通站旧址坐西北向东南，院落式布局，硬山搁檩结构，占地面积约79平方米。1941年10月，国民党顽军进攻根据地，第三大队主力转移至外线作战，留下小部队在大岭山坚持内线作战。为保持联系，在此以小商店做掩护设立交通站，秘密开展交通联络工作。

交通站旧址

粮食加工场旧址坐西北向东南，建筑面积70平方米，是一座墙体采用当地传统“金包银”砌法的民房，硬山搁檩结构。第三大队为了加强后勤军需工作，保证部队的粮食供应，在此开设粮食加工场。

操场旧址为一纵长不规则露天空地，面积约1000平方米，用来开展军事训练。

医务所旧址坐西南向东北，是一座墙体采用当地传统“金包银”砌法的民房，平面近方形，建筑面积54平方米，硬山搁檩结构。

粮食加工场旧址

中山书院旧址是一座天主教堂，建于清代，占地面积614平方米，建筑面积206平方米。中山书院仿照陕北公学的办学方法，举办了一期干部训练班，学员经过短期培训后被分配到部队和地方工作。

中山书院旧址

连平联乡办事处旧址原是李氏宗祠，建于清代，三开间两进四合院布局，占地面积192平方米。办事处负责处理根据地内的民政事务，实行减租减息，组织生产，支持游击队的敌后游击战争。

连平联乡办事处旧址

大岭山抗日根据地旧址是全国重点文物保护单位。

经党中央、国务院批准，国务院于2015年8月13日公布，大岭山抗日根据地旧址被列入《第二批国家级抗战纪念设施、遗址名录》。

知识链接 曾生

曾生，曾用名曾振声，化名王彬，1910年生于广东惠阳坪山（今深圳龙岗坪山镇）。1933年入广州中山大学文学院学习。1935年7月加入中国共产党外围组织中国青年同盟。1936年1月9日率领中山大学3000多名师生，参加广州市抗日示威大游行和全市抗日大会，被推举为中山大学师生员工抗日救国会主席、广州市学生抗日联合会主席。1936年2月，为了躲避国民党反动派的通缉，尚在读大学的曾生到香港当船员，主持香港海员工会的重建工作。1936年10月加入中国共产党，12月担任香港海员工会组织部部长，中共香港海员工委组织部部长、书记，组织香港海员进行离船罢工等形式的抗日斗争。1938年4月任中共广东省委候补委员。

曾生将军

1938年10月，日军在大亚湾登陆后，曾生遵照中共党组织的指示，从香港带领数十名中共党员、进步青年工人和学生，回到坪山组建抗日武装。为了解决给养和购置武装问题，他献出家中余粮，卖掉田地。10月30日组建中共惠（阳）宝（安）工委，任书记。12月2日组建惠宝人民抗日游击总队，任总队长（后改称第四战区东江游击指挥所第三游击纵队新编大队，任大队长），在惠宝边地区开展抗日游击战争。

1940年9月，任广东人民抗日游击队第三大队大队长，率队从宝安挺进东莞大岭山地区创建抗日根据地。1941年12月参与组织港九人民抗日游击队，发动香港、九龙人民参加抗日游击战争。香港沦陷后，参与营救困留在香港的大批文化界爱国人士和民主人士。1942年2月至1943年11月，历任广东人民抗日游击总队副总队长、总队长，东江军政委员会委员，分工领导惠宝边区敌后抗战，创建坪山抗日根据地，发展人民抗日武装。1943年12月任广东人民抗日游击队东江纵队司令员。1945年7月当选为中共广东区委委员。同年8月15日，被朱德总司令指定为华南抗日纵队接受在广东的日军投降的代表。为东江纵队和华南敌后抗日根据地的创建和发展，为发展华南敌后抗战和抗日战争的胜利，做出重大贡献。

1946年6月底，与王作尧等率东江纵队主力北撤山东，先后任华东军政大学副校长、渤海军区党委副书记兼副司令员、两广纵队司令员等职。1947年8月至1949年秋率领两广纵队参加豫东、济南、淮海、广东等战役。

中华人民共和国成立后，历任广东军区副司令员兼珠江军分区司令员、政治委员，中共珠江地委书记，中共华南分局委员，华南军区第一副参谋长，中国人民志愿军第十二军副军长，中国人民解放军海军党委委员，海军南海舰队第一副司令员，中共广东省委常委，中共广州市委第三书记，广东省副省长兼广州市市长，广州军分区第一政委，广州警备区第一政委等职。

1955年被授予少将军衔。1974年以后，历任国务院交通部副部长、部长，国务院顾问，中共中央顾问委员会委员等职。是第一至第五届全国人大代表，第四、五届全国人大常委。1995年11月20日在广州逝世。

中国文化名人大营救纪念馆

中国文化名人大营救纪念馆位于广东省深圳市龙华区民治街道办白石龙社区，是为了纪念中国文化名人大营救事件而修建的主题性纪念馆。2005年9月3日在营救文化名人指挥部旧址——白石龙天主教堂的基础上建成并开馆。2018年10月起进行改造提升，2019年7月1日重新开馆。

纪念馆占地面积2860平方米，建筑面积900平方米，展陈面积826平方米。纪念馆院内为纪念广场，广场上有胜利大营救主题雕像、文化名人纪念墙等，另设3个展厅，分别为一号、二号展厅（白石龙天主教堂旧址）和三号展厅。

中国文化名人大营救纪念馆大门

纪念馆大门是三开间岭南传统风格建筑，中间开门，横额“中国文化名人大营救纪念馆”馆名由国务院原副总理邹家华题写。大门两侧墙壁上镶嵌有文化大营救事件简介和被营救的部分文化名人名单，都配有浅浮雕。

进入纪念馆，首先映入眼帘的是《胜利大营救》主题雕像，为旗帜造型，高约3.8米，正面是大营救指挥者周恩来、廖承志、张文彬浮雕像，背面则是大营救的参与者曾生、尹林平、连贯、王作尧、杨康华等。底座上有“胜利大营救”文字及简介。

《胜利大营救》主题雕像

主题雕像向前不远是修女房旧址，现在建成了文化名人纪念墙，上面是被营救的文化名人浮雕头像和主要事件。

文化名人纪念墙

在展馆前，有被营救文化名人的半身石雕像，有茅盾、邹韬奋、梅兰芳、夏衍、何香凝等人。

纪念馆有3个展厅。一号展厅入口处有一个LED大屏幕，上面滚动播放着文化名人大营救的视频，让人身临其境感受当时救人的危险紧迫。内部主要介绍了大营救的背景，展示了龙华区的人文历史和日军占领深圳，广东人民抗日武装队伍发展壮大的过程等。1941年底，日军占领香港后，大批知名人士滞留在香港，中国共产党挺身而出，迅速组织游击队进行营救。

一号展厅内景

二号展厅为白石龙天主教堂旧址，三开间，建于1929年，占地面积约92平方米。1942年4月，中共南方工作委员会副书记张文彬在这里主持召开干部会议，总结3年游击战争经验。会上决定成立中共广东军政委员会，并将广东人民抗日游击队整编为“广东人民抗日游击总队”，这里曾是广东人民抗日游击总队总部。同时，这里还是大营救任务部署会议的会场。

白石龙天主教堂是大营救任务部署会议旧址

在文化名人大营救过程中，这里召开了中国文化名人大营救任务部署会，后作为重要的接待中转站及住宿地，接待和转移了邹韬奋、茅盾、丁玲、胡绳等一大批文化名人。同年4月，日军在对白石龙村的“扫荡”中烧毁了神父房和修女房，只剩下天主教堂保存至今。目前，馆内复原了研究部署大营救方案的场景，还原了当时的文化名人大营救任务部署会，仿真的模型呈现

二号展厅内大营救任务部署会议复原蜡像

了当年尹林平、曾生、王作尧、杨康华等人开会的场景。

三号展厅展示大营救最为激动人心的历史，即港九大队为安全营救文化精英，分别开辟水路和陆路脱离险境通道。展览设计别出心裁，史料翔实，情节生动，讲述了文化名人如何在中国共产党的组织下被安全转移到白石龙村的情景。采用声、光、电等现代化技术手段和文字资料、图片、文物、场景复原等结合的方法，生动再现了当年惊心动魄的情形，让参观者感同身受体会到革命先辈舍生忘死为抗日战争胜利做出的巨大贡献。展厅内还设置了一处复原场景，再现1942年1月9日晚邹韬奋、茅盾夫妇等20多人，在香港铜锣湾避风塘驳船码头的3艘小船中准备横渡九龙红磡的场景，波浪翻滚、夜色昏沉，精细的设计仿佛带着大家重回那场惊心动魄的历史大营救。

三号展厅复原场景“夜渡九龙红磡”

在展厅出口处有一个弧形影院，播放的是香港沦陷后对文化名人进行营救的视频。

中国文化名人大营救纪念馆是广东省党史教育基地、深圳市红色旅游景点。

经党中央、国务院批准，国务院于2020年9月1日公布，中国文化名人大营救纪念馆被列入《第三批国家级抗战纪念设施、遗址名录》。

知识链接

中国文化名人大营救

1941年12月，香港沦陷。当时有数百名知名文化人士和民主人士尚在香港开展抗日救亡工作，其中包括宋庆龄、何香凝、柳亚子、邹韬奋、梁漱溟等人。日军占领香港后，开始从海陆空进行全方位封锁，对爱国人士和知名文化人士进行抓捕。

香港沦陷前，文艺界人士在香港浅水湾萧红墓前合影（前排左起：丁聪、夏衍、白杨、沈宁、叶以群、周而复、阳翰笙。后排左起：张骏祥、吴祖光、张瑞芳、曹禺）

1941年12月8日，党中央从延安发来急电，指示八路军驻香港办事处负责人廖承志等迅速做好准备，组织广东人民抗日游击队营救困留在香港的大批文化人士和民主人士。9日，周恩来又从重庆急电廖承志，对文化界人士和民主人士撤离香港做出明确指示：“迅速与曾生部联系。”要求不惜一切代价，想尽一切办法，尽快把这些中华民族的文化精英转移出来，护送到安全地带。由此，“抗战以来最伟大的营救工作”拉开帷幕。

1942年1月，营救工作开始秘密进行。由于日军攻占香港后，许多文化人士各自分散隐蔽，彼此都失去联络，营救人员几经周折，才找到了所有的营救对象，并把他们安置在安全的秘密住所，随后开始研究具体的营救计划。

根据周恩来的指示精神，经过多次研究，结合当时现实情况，营救方案最终确定了“三水路一陆路”撤离路线。1月9日下午，邹韬奋、茅盾夫妇等20多人作为第一批撤离人员打扮成难民，混在逃难的人群里，长途跋涉百余里，最终抵达深圳白石龙村。负责转移何香凝、柳亚子等人的东江纵队短枪队在水路克服了重重困难，也安全撤离。

宋庆龄的撤离过程更是惊险万分，当廖承志找到宋庆龄并保护她搭乘最后一班飞机离开香港后，启德机场就被日军攻占了。

从1942年初开始，历时4个多月，上千名滞留香港的文化名人、爱国民主人士及家眷、国际友人，在抗日游击战士的护送下从香港安全抵达宝安龙华、惠阳海丰、江门台山等地，其中大部分人员来到了白石龙村。此次营救无一人牺牲，无一人被捕，创造了“胜利大营救”的奇迹。

这次大营救为新中国保存了一大批文化精英，这些人为新中国的文化建设和繁荣做出了巨大贡献，也对促进抗日民族统一战线的发展具有深远意义。

广东人民抗日游击队珠江纵队司令部旧址

广东人民抗日游击队珠江纵队司令部旧址位于广东省中山市五桂山街道南桥村槟榔山14号，是抗日战争时期广东人民抗日游击队珠江纵队司令部的所在地。原是古氏宗祠，建于清道光年间，清光绪九年（1883年）重修。1945年1月15日，广东人民抗日游击队珠江纵队在五桂山区正式宣布成立，司令部设在古氏宗祠。解放战争时期，古氏宗祠仍为五桂山区游击队开展对敌斗争的驻地。1980年起，中山县（今中山市）人民政府多次拨款对古氏宗祠进行修缮。

古氏宗祠坐西南向东北，三间两进院落，占地面积1062平方米，建筑面积360平方米。祠堂门前有大块空地和池塘，门口挂牌“中山人民抗日斗争展览”由当年珠江纵队第一支队队长欧初同志所题。宗祠附近还有当时的中山人民抗日义勇大队卫生站、中区纵队政治部等活动旧址。

古氏宗祠——中区纵队成立旧址、广东人民抗日游击队珠江纵队司令部活动旧址

古氏宗祠第一进院落为砖木结构，正房三间，东西有配房，均为硬山式顶，有出廊。中间天井中竖立一块石碑，上刻广东人民抗日游击队珠江纵队简介。第二进院落为抬梁式木构架。主题展览“中山人民抗日斗争展览”，以抗战重要时间节点为主线，分为“抗日救亡运动风起云涌”“中山及珠江地区党组织建设”“中山人民抗日武装的创

立与发展”“广泛开展敌后游击战”“建设抗日根据地”“抗日战争的伟大胜利”等7个篇章，运用图文、影像、场景等多种形式展现，并结合户外雕塑、实物展览等，展现了中山人民坚贞不屈的革命意志，为革命传统教育和党史学习教育营造了良好氛围。

中山人民抗日斗争展览

广东人民抗日游击队珠江纵队司令部旧址是广东省文物保护单位、中山市爱国主义教育基地。

经党中央、国务院批准，国务院于2020年9月1日公布，广东人民抗日游击队珠江纵队司令部旧址被列入《第三批国家级抗战纪念设施、遗址名录》。

知识链接 珠江纵队

珠江纵队是抗日战争时期，中国共产党在广东省珠江三角洲领导创建的一支抗日游击队，主要活动地区包括现在广东的南海、中山、顺德、三水等地，建立了五桂山抗日根据地。与东江纵队、琼崖纵队等兄弟部队并肩战斗，在游击战中袭扰、消灭敌人，有力地牵制日、伪军数以万计，成为敌后抗战的一支重要力量。

1938年10月12日，日军在广东大亚湾登陆，随后大举入侵佛山，南海、三水、顺德县（今中山市顺德区）大部分地区沦陷。家国危难，佛山人民奋起反抗，各县民众抗日自卫武装纷纷自发抗击日军，抗日烽火迅速在岭南大地燃起。共产党员吴勤带领19名爱国青年在广州南郊组织了一支五六十人的抗日义勇队，不断袭扰、打击日军，阻延日军向内陆进攻。这支队伍后来编为“广州市区游击第二支队”（以下简称“广游二支队”）。

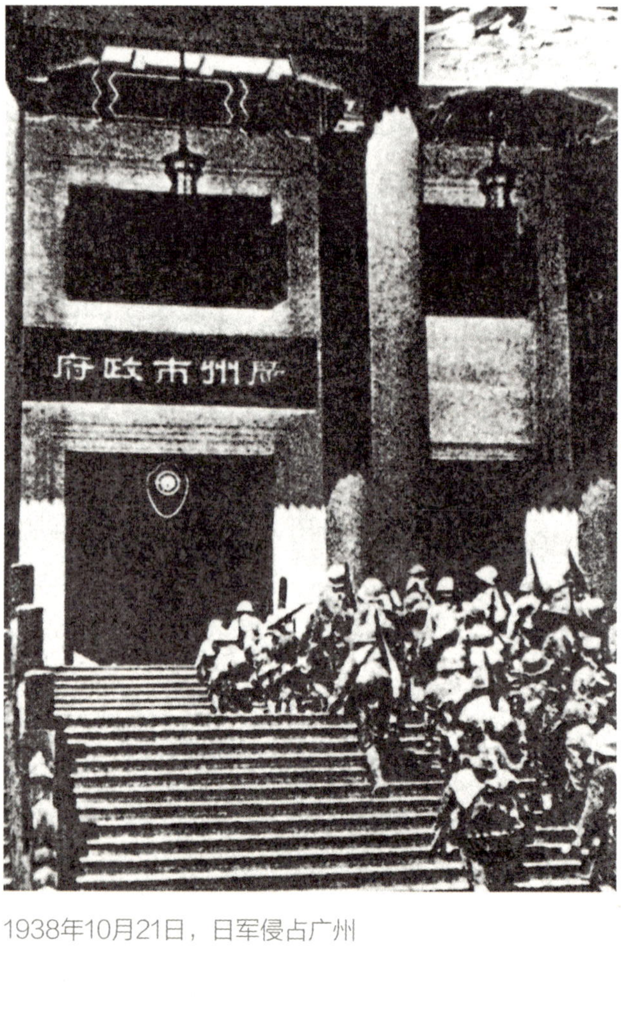

1938年10月21日，日军侵占广州

1939年1月，中共广东省委作出发动和组织敌后游击战的决策，珠江地区开始创建人民抗日武装。1940年，中共南（海）番（禺）中（山）顺（德）中心县委（以下简称“中心县委”）成立，统一领导各县地方党组织和人民抗日武装，并建立起以西海为中心的抗日游击根据地。

在组建人民抗日武装的过程中，团结并改造广游二支队是重点任务。1938年底，广游二支队发展到两三千人，但队伍成分复杂，缺乏统一指挥。广东省委持续派出多名共产党员到广游二支队担任政工干部，同时清除抗战不坚定分子。1940年3月，广游二支队在番禺大岗灵山进行整编。9月，中心县委以林锵云领导的顺德抗日游击队为基础，从中山、番禺抽调一批共产党员和进步青年，组成独立第一中队编入广游二支队，以影响、改造广游二支队。1941年7月，广游二支队整编为3个中队，由中心县委直接领导，成为珠江敌后抗战的中坚力量。

1942年，考虑到南海党组织在南庄、理教一带活动时间长、群众基础好，中心县委决定以此为桥头阵地，开辟南（海）三（水）边区。1943年3月起，驻理教、河滘一带的南海人民抗日独立中队多次打退日、伪军的“围剿”，力量不断壮大。1944年7月，南海人民抗日独立中队扩编为南（海）三（水）大队，开辟了南三边境抗日游击区。

1944年11月，党中央批准成立广东人民抗日游击队珠江纵队。1945年1月15日，在五桂山宣布正式成立珠江纵队。由广游二支队番禺大队发展而来的珠江纵队第二支队，活动于顺德、番禺等县；南三大队改称珠江纵队独立第三大队，活动于南海、三水两县边境地区。

抗战时期，珠江纵队同人民群众紧紧地站在一起，将公开斗争和隐蔽斗争相结合，以灵活多样的游击战术袭扰敌人据点，粉碎日、伪军的“扫荡”，有效地牵制敌军力量，配合前线部队作战。

随着抗战形势的发展，1945年5月，珠江纵队根据上级指示，在黄洞整编，第二支队大部和独立第三大队一部挺进西江，第二支队余部编入独立第三大队，后又挺进粤北。8月初，珠江纵队大部编入东江纵队。8月15日，日本宣布无条件投降，中国人民取得抗日战争的伟大胜利。

1946年6月，珠江纵队部分人员随东江纵队北撤至山东解放区，珠江纵队番号撤销。

广西壮族自治区

昆仑关战役旧址

昆仑关战役旧址位于广西壮族自治区南宁市兴宁区昆仑镇南梧二级公路昆仑段2号地区，是抗日战争时期中国军队第五军在昆仑关地区与日军激战的地方。

昆仑关战役旧址，除昆仑关古关楼及昆仑古道等古代遗迹之外，还包括昆仑关阵亡将士墓园的南北牌坊、昆仑关战役阵亡将士纪念塔、阵亡将士公墓、抗战纪念碑亭等建筑物；在宾阳县保存有“昆仑关战役指挥部”；在邕宁区昆仑镇境内保存有昆仑关战役日军第十二旅团团长中村正雄少将被击毙处，以及多处高地上保留下来的当时战斗阵地及工事的遗迹。这些作战工事包括战壕、掩体、碉堡、炮台、观察哨等，可以感受到当时战场上抗日将士冒着硝烟奋勇杀敌的情景。

昆仑关阵亡将士墓园北牌坊为一门二柱花岗岩牌坊，正面为时任国民政府军事委员会军令部次长兼桂林行营参谋长林蔚题联：“百战尚留苌氏血；九攻更铁狄青勋。”横额为中国远征军司令长官陈诚题词“气壮河山”。背面有时任广西省（今广西壮族自治区）政府主席黄旭初题联：“编成战史勋名重；合葬雄关俎豆新。”横额为国民党军委会政治部部长张治中题词“不朽为是”。从这些题联、题词中，可以领略到昆仑关战役的惨烈场面。

昆仑关阵亡将士墓园北牌坊

过了北牌坊，登上雄关，山风猎猎，松涛阵阵。在宋代昆仑关军事瞭望台旧址上，耸立着一座抗战纪念碑亭，亭内立有一块“抗日阵亡将士纪念碑”，详细记述了昆仑关战役的整个战况，由国民革命军陆军第五军军长杜聿明撰文并亲自书写，以此永远悼念和铭记长眠在昆仑关上的27041名阵亡将士的亡灵。在山坡一侧，杜聿明将军布置掩埋了日军少将中村正雄的尸骨并竖碑

昆仑关古关楼

一块，并亲笔题写“民国二十九年，昆仑关战役阵亡日本第五师团少将旅团长中村正雄墓。陆军第五军军长杜聿明题”，目的是让世人永远记住侵略者没有好下场。

抗战纪念碑亭

过抗战纪念碑亭，是三棱形的抗战纪念塔，塔高16米，似一把刺刀直指苍穹，上刻杜聿明将军亲题“陆军第五军昆仑关战役阵亡将士纪念塔”。塔的底座刻有蒋介石题写的“碧血千秋”4

陆军第五军昆仑关战役阵亡将士纪念塔

个大字，北面是何应钦题的“气塞苍冥”，还有李济深写的碑记，以及昆仑关战役总指挥白崇禧写的纪念碑文：“关山无恙，壮士不归。自古有死，死得其所。气薄云天，血热后土。英灵赫赫，芳草萋萋。千秋万世，视此丰碑。”

纪念塔西北是烈士陵园和纪念碑，一排排水泥板下面的墓穴里，是战斗中阵亡将士的忠骨。有的纪念碑上刻有姓名，有的连姓名也没有。正是这些普通的将士，牺牲自己年轻的生命换来这场战役的胜利。有3座阵亡将士公墓，呈“品”字形分布，墓碑上刻有近3400位阵亡将士的姓名。

昆仑关战役阵亡将士公墓

再向前是昆仑关战役博物馆，2007年7月筹建，2008年12月18日正式开馆。占地面积约2.67万平方米，总建筑面积3500平方米，由昆仑关战役的指挥者之一、著名抗日将领戴安澜将军之子戴复东设计。博物馆为钢筋混凝土框架结构，展厅分为序厅、浴血昆仑厅、前厅与缅怀厅4个展厅和1个多功能厅，通过500多件文物藏品、历史文献资料、图片等的展示，与历史事件的场景复原结合，借助声、光、电等现代媒体技术，直观再现了1939年冬的昆仑关大捷，真实地反映了

昆仑关战役博物馆

伟大的抗日战争中中国军民同仇敌忾、保家卫国的感人事迹。馆前左前设置220个方尖碑，上刻3400名阵亡将士的英名。

博物馆向南，山脚有三门四柱花岗岩牌坊，即南牌坊。其正面横额为杜聿明题“陆军第五军昆仑关战役阵亡将士墓园”，内二柱为国民政府军事委员会委员长蒋介石题联：“芳烈长流为国家尽忠民族尽孝；英豪继起信抗战必胜建国必成。”外二柱为杜聿明题联：“血花飞舞苦战兼旬攻克昆仑寒敌胆；华表巍峨扬威万里待清倭寇慰忠魂。”右横梁为国民政府军事委员会副委员长、第五战区司令长官李宗仁题词“雄关铭勋”，左横梁为国民政府军事委员会军令部部长徐永昌题词“毅魄长雄”。

昆仑关战役旧址南牌坊正面

牌坊背面横额同为杜聿明题“陆军第五军昆仑关战役阵亡将士墓园”，内柱刻有国民政府监察院院长于右任的题联：“昆仑关下英雄记；革命军前金石光。”外柱刻有第三战区司令长官顾祝同的题联：“战绩令人怀壮烈；国殇为鬼亦雄奇。”右横梁刻有第四战区司令长官张发奎的题词“气横关河”，左横梁刻有第七战区司令长官余汉谋的题词“民族正气”。

草帽山工事遗址位于草帽山上，是昆仑关战役遗址之一，山上至今还保留着当时修筑的战壕、碉堡和炮楼。

草帽山工事遗址

昆仑关战役旧址是全国重点文物保护单位、全国爱国主义教育示范基地。

经党中央、国务院批准，国务院于2014年8月24日公布，昆仑关战役旧址被列入《第一批国家级抗战纪念设施、遗址名录》。

知识链接

昆仑关战役

昆仑关战役是抗日战争时期中国军队与日军进行的一次大规模的战役，在这场战役中，中国军队奋勇杀敌，消灭了占领昆仑关的日军，打击了日军的嚣张气焰，鼓舞了全国人民的抗战士气，增强了全国人民抗击日军的信心。

1939年11月9日，日军在三亚完成集结，准备乘船在广西沿海登陆，进犯广西。13日，日军乘船启程向广西沿海逼近，于14日抵达。驻守广西北海中国守军第十六集团第四十六军一七五师给予日军迎头痛击，没占到便宜的日军转向钦州方向。钦州的中国守军新编第十九师大部分士兵是从民团改编而来，战斗力薄弱，防线很快就被日军突破。日军在钦州登陆后，立刻分兵北上，向广西腹地发动进攻，22日傍晚即已抵达南宁市邕江南岸。

面对严峻的战场形势，桂林行营主任白崇禧急忙从重庆赶回桂林指挥作战。蒋介石也派第五军协助白崇禧抗击日军。白崇禧遂命令杜聿明率第五军赶赴桂南抗击日军，又命令第十六集团军立即集结，开赴前线。

11月24日，日军开始进攻南宁，至24日下午，南宁即告陷落。日军随即向昆仑关方向进军，意图夺取昆仑关。守军拼死抵抗日军的进攻。第五军二〇〇师六〇〇团团长邵一之、团副吴其升

向昆仑关发起冲锋的日军

先后阵亡。第二〇〇师师长戴安澜和第四十六军一七〇师师长黎行恕决定将部队撤退至高峰隘，组织防御。

日军继续进攻，于12月1日攻陷高峰隘阵地，4日占领昆仑关。18日，中国军队开始在昆仑关发起对日军的反击战。第一七〇师对高峰隘阵地发起进攻。与此同时，第四十六军一七五师进入昆仑关侧后破袭邕钦公路。而第五军第二〇〇师与荣誉第一师开始对日军占领的昆仑关发动猛烈进攻。战至夜晚，荣誉第一师攻占了昆仑关附近的仙女山、老毛岭、万福村、罗塘和411高地；第二〇〇师攻占了653、600两个高地，第一七〇师也占领高峰隘附近的高地，阻止了日军对昆仑关的增援。

为了尽快拿下昆仑关，第五军军长杜聿明命令荣誉第一师加强对日军的进攻，而第二〇〇师则利用荣誉第一师发起进攻吸引日军注意力的机会，隐蔽接近日军阵地，准备发动突袭。但日军防守部队火力凶猛，荣誉第一师进展缓慢。19日7时许，第二〇〇师突破了日军的主阵地防线，荣誉第一师也开始对日军分割围歼，中国军队终于夺回了昆仑关主阵地。但当日中午，日军援军第二十一旅团第二十一联队赶到，夺回了刚刚被中国军队占领的昆仑关主阵地。第五军新编二十二师师长邱清泉率部将日军引入预先设好的埋伏圈中，战车部队进行猛烈射击，日军损失惨重，丢下重武器疯狂逃窜，最终在昆仑关守敌的接应下得以突围。

昆仑关主战场战况异常激烈，日军疯狂增兵，加强防御，中国军队在昆仑关外围与日军寸土必争，阻击、迟滞日军的增援。从北面前来增援的渡边信吉第二联队在第一七五师的阻击下寸步难

中国军队坚守在昆仑关

行，即使日军施放毒气也未能突破防线，最终渡边信吉被击毙，日军第二联队仓皇逃回钦县。

日军不断增援，中国军队坚决阻击，不让日军援兵到达昆仑关。在12月24日的战斗中，中国军队用迫击炮炸死了日军步兵第二十一旅团旅团长中村正雄少将，第二十一旅团陷入混乱，战斗力锐减。

在26日的战斗中，第五军对昆仑关发起强攻，第二〇〇师师长戴安澜亲自前往前线指挥战斗，被日军的炮弹炸伤，但戴安澜依然带伤指挥战斗，一直率军打到日军占据的界首高地附近才前往野战医院治疗。

界首高地防守工事坚固，易守难攻，中国军队攻击了几次都没有取得成效，于是决定28日夜进行强攻。第五军调集荣誉第一师郑庭笈团支援第二〇〇师，共同担负强攻界首阵地的重任。

28日夜，中国军队对日军占领的界首高地发动强攻。冲在最前面的荣誉第一师郑庭笈团组织多批敢死队向日军阵地发起冲锋。在中国军队的强大攻势下，日军防线被撕开口子，后面跟进的第二〇〇师趁势攻上界首阵地，消灭了阵地上的日军。

攻克界首高地后，中国军队取得了战场上的制高点，掌握了地形上的优势，机枪、迫击炮对日军形成了压制。而日军尽管派出的援军最终到达了昆仑关，但所剩的兵力极少，武器弹药也已经捉襟见肘。

29日中午，中国军队对昆仑关发起总攻。到31日，昆仑关阵地上的日军被消灭干净，日军步兵第二十一旅团代理旅团长坂田元一大佐自杀。

不甘心失败的日军出动飞机在昆仑关界首高地狂轰滥炸，帮助第二十一旅团突围。1940年1月3日，杜聿明调第二〇〇师及新编二十二师一部与荣誉第一师协同作战，最终将包围圈中的日军第二十一旅团消灭，昆仑关战役胜利结束。

中国军队取得昆仑关大捷后欢呼的情形

八路军桂林办事处旧址

八路军桂林办事处旧址位于广西壮族自治区桂林市叠彩区中山北路14号，是抗日战争时期八路军桂林办事处办公的地方。办事处于1938年11月成立，李克农担任办事处处长。这里除了是八路军在广西的办事机构，同时也是中共中央南方局桂林办事处、新四军驻桂林通讯处，是中国共产党领导下的在国统区成立的公开领导机关和办事机构。1941年皖南事变后，办事处被迫撤销；1944年桂林沦陷，旧址被毁；1967年旧址复原，1977年1月依托八路军桂林办事处旧址正式建成纪念馆。

八路军桂林办事处旧址占地面积1500平方米，建筑面积800余平方米，坐东朝西，两进三开间，两层中式木结构楼房，中有庭院。整座建筑风格古朴风雅，极具桂林地域特色。

八路军桂林办事处旧址

办事处旧址两层木楼高10米，宽30米，深12.8米，有房14间。原为商人黄旷达的酒坊铺面，1938年11月下旬李克农率工作人员到桂林，建立八路军桂林办事处，租下这幢房子作为办公用地。至今墙上的“万祥醻坊”4个字仍格外显眼。办事处成立的时候保留了这个铺面，在抗战时期对办事处起到了掩护作用。同年12月3日，周恩来、叶剑英抵桂，中共中央南方局暂设于此，1939年1月南方局正式在重庆建立后，在此设立中共中央南方局办事处。

八路军桂林办事处旧址庭院

大门右侧挂着一块牌匾，上书“八路军桂林办事处纪念馆”，是叶剑英元帅为桂林办事处旧址题写的馆名。

进入纪念馆，一层左边为值班室、警卫室、办公室，右为原酒坊沽酒柜台。二层为秘书室、会议室、机要室、电台室、李克农住室，还有周

周恩来同志曾住过的房间

恩来、董必武、叶剑英等中央领导人来办事处指导工作时的临时住房。如今，纪念馆内陈列有“抗日烽火映桂林”主题展览，再现了八路军桂林办事处从建立、发展到结束的光辉历程和桂林“抗战文化城”这一独特景象。

八路军桂林办事处旧址是全国重点文物保护单位、全国爱国主义教育示范基地。

经党中央、国务院批准，国务院于2015年8月13日公布，八路军桂林办事处旧址被列入《第二批国家级抗战纪念设施、遗址名录》。

知识链接

八路军桂林办事处

中国共产党与国民党合作抗日初期，八路军设于国民党统治区——桂林的一个公开合法机关，简称“桂林八办”。同时又是中共中央南方局的秘密派出机关，即南方局桂林办事处。

1938年11月成立，设在广西桂林桂北路138号（今中山北路14号），与新四界通讯处合署办公。李克农任处长。为适应抗战进入相持阶段后的形势，适应抗战必须深入敌后、建立广泛的抗日敌后根据地的需要，桂林八办又肩负起联络新四军军部，湘、粤、赣、桂、香港及海外等地中共地下党组织的任务。具体负责向各地党组织传达中共中央、南方局的重要指示和各项抗日方针、政策，并及时向党中央、南方局转达和汇报各地党组织的工作情况和工作请示等。当时桂林八办主要通过直接领导、单线联系、秘密电台联络以及派出秘密交通员联络等方式，以灵活多变的形式加强对各地党组织的及时联系与领导。

当时办事处代表中共中央南方局直接领导和联系各地中共党组织，分直属基层党组织和地方基层党组织两大类。在桂直属基层党组织达30多个，地方基层党组织20多个。而且广西地方党组织和外省来桂党组织一般不发生直接联系，只能通过桂林八办联系，目的是避免因个别党组织遭受破坏而暴露整个组织网络。

桂林八办建立后，为适应抗日形势发展的需要，十分重视对各级党组织的整顿和建设。1938年11月下旬，中共广西省（今广西壮族自治区）工委代理书记陈岸到桂林与李克农接上组织关系，同年12月，中共广西省工委机关由南宁迁至桂林，受桂林八办直接领导，由办事处的石磊具体负责联系。1939年7月，根据中共中央南方局关于“隐蔽精干，广西地方党组织工作宜放在下层，不要急于发展组织，要认真清理整顿好组织”的指示，决定撤销广西省工委，改设桂林、玉林、南宁3个特支，桂林特支书记由陈岸担任，直接和办事处负责党内组织工作的石磊联系。

桂林八办处长李克农

受办事处直接领导的还有外省来桂的一些文化单位、救亡团体，以及迁桂各单位的基层党组织。这些单位到桂后，办事处直接指导它们重新建立健全组织关系，对个别党员重新确立组织关系和所属关系。

此外，在直属南方局桂林办事处领导的党员中，有的是比较特殊的秘密党员，他们深入新闻、出版、文学艺术、戏剧宣传、文化教育，以及国民党桂系党、政、军的各机关团体中，一般不参加所在地党组织活动，直接与李克农单线联系，比如胡愈之、范长江、杨东莼、张云乔、谢和赓、周可传、左洪涛、陈翰笙、姜君辰、孟超等。他们以各种方式始终战斗在抗日救国宣传和统战工作的第一线，及时组织各种形式的抗日救国宣传活动，积极贯彻、执行中国共产党的抗日方针、政策，使党的抗日主张和持久抗战思想通过他们的宣传，不断深入人心，成为国统区人民坚持开展抗战救国活动的行动指南。

抗战时期的桂林八办

桂林八办成立后，中共中央南方局书记周恩来（右）、八路军参谋长叶剑英（左）曾多次莅桂指导工作

桂林八办成立后，其主要任务是宣传中国共产党的抗日主张，开展对桂系和各阶层人士的统战工作，团结一切可以团结的力量，巩固抗日民族统一战线，实现全民抗战，同时为桂林成为全国性的抗日进步文化中心创造适宜的政治环境。周恩来曾3次来到桂林，具体部署桂林八办工作，进一步开展对桂系和广大文化人士的统战活动。《广西日报》《新华日报》《救亡日报》等都曾相继报道过有关周恩来在桂活动的消息。

为中共中央和八路军、新四军等抗日前线筹集和转运各种急需的军需物资，以及护送爱国青年和进步人士到抗日前线，是桂林八办又一项极为重要的任务。抗战进入相持阶段后，国民党军队已由前期的积极抗战逐步转向消极抗战。同时，由于中国共产党在全国的政治威望越来越高，国民党军政部竟下令停止对八路军、新四军的一切军需供应。在华北、华南等沿海地区被日军占领，无法取得外援的情况下，党中央明确指示桂林八办利用与桂系的统战关系，以及广西可通往越南这条中国内陆通往海外的国际通道，克服一切困难为延安党中央和八路军、新四军前线筹集和转运各种急需的抗战物资。桂林八办与香港八办通力合作，在短短的两年多时间里，克服种种困难，想方设法采取到国外采购、接受海外华侨捐赠、做国民党中下层官兵的统战工作、从国民党军需仓库领取、从敌占区偷运违禁物资等方法，筹集和转运各种急需的军用物资。这些物资有汽车、汽油、枪支、弹药、棉衣、棉被、通信器材、医疗器具、药品等多达数百种之多。

为感谢爱国侨胞对祖国抗战的大力支持，1939年1月28日，桂林八办在路莫村军需物资转运站举行了一·二八淞沪抗战7周年纪念大会，同时又举行了由李克农代表八路军、新四军欢迎华侨代表黄光明先生，接收南洋华侨捐赠救护车等物资和“血肉长城”锦旗的仪式。仪式上李克农还代表八路军、新四军向华侨代表回赠了一面“祖国先锋”的锦旗。

1941年1月皖南事变后，桂林八办撤销。

桂林八办工作人员在转运物资并协助进步青年赴延安

三将军殉职纪念塔和八百壮士墓

三将军殉职纪念塔和八百壮士墓位于广西壮族自治区桂林市七星区七星公园内普陀山腰博望坪，是为了纪念抗日战争时期在桂林保卫战中牺牲的陈济桓、阚维雍、吕旃蒙3位将军和823名将士而修建的设施。壮士墓建于1945年7月，1946年1月立纪念塔、纪忠亭，1982年重修。纪念塔于1987年重建。

1944年4月至12月，日军发动了旨在打通所谓“大陆交通线”的豫湘桂战役。10月至11月间进行的桂柳战役是豫湘桂战役的重要组成部分。10月29日至11月初，防守桂林的第三十一军一三一师与日军激战10余日。扼守漓江东岸地区的第三九一团在寡不敌众的情况下退守普陀山七星岩内，日军包围七星岩后先用山炮猛轰岩口，后投入大批毒气弹，中国守军除少数从后岩突围外，其余全部壮烈牺牲。桂林光复后，国民政府组织清洁队和工程队前往七星岩，总计抬出烈士遗体823具。1945年7月28日，国民政府把烈士遗骸在普陀山腰博望坪合葬，碑铭“八百壮士墓”（1995年，在七星岩一个离洞底20米高的“天岩”上又发现了一名牺牲壮士），并于1946年1月立纪念碑。

在桂林保卫战中，有3位国民革命军将军以必死的决心捍卫了中国军人的尊严，他们是陆军

桂林七星岩，八百壮士殉国处

第三十一军第一三一师师长阚维雍、桂林城防司令部参谋长陈济桓、陆军第三十一军参谋长吕旃蒙，在与日军的战斗中献出了自己的生命。

1946年3月29日，国民政府在桂林体育场为守城牺牲的3位将军及823名壮士举行公祭大会，3位将军的遗骸移葬于八百壮士墓之右侧，并为3位将军竖立了纪念塔、纪忠亭等纪念建筑。

八百壮士墓

八百壮士墓坐东朝西，是一座合葬墓，是823位为国捐躯壮士的长眠之地。用石头、水泥构筑而成，高1.2米，长6.2米，宽5.5米，墓碑刻“八百壮士墓”。

三将军墓在八百壮士墓右侧，坐东朝西，宽16米，长20米，占地面积约350平方米。墓前有纪忠亭，也叫“忆昔亭”，以纪念抗日阵亡英烈，追忆往昔。亭高7.5米，宽5.3米，深4.2米，为单檐仿古方亭。墓园有低矮围墙，用石头、水泥垒砌而成。纪念塔高约6米，为四方柱形，三阶塔基，塔身分为塔座、塔身和塔顶3个部分。塔身正面为“桂林城防司令部参谋长陈公济桓、陆军第一三一师师长阚公维雍、陆军第三十一军参谋长吕公旃蒙 殉职纪念塔”，背面为蒋介石题词：“维雍、济桓、旃蒙同志暨守城阵亡将士千古，英风壮节。”塔左围墙嵌有石碑，为李宗仁、白崇禧、张经民、罗铁青等人的挽词。塔后5米上两级台阶，从左至右依次为陈济桓、阚维雍、吕旃蒙三将军墓，墓为圆形，青石包筑，正面立墓碑。

三将军殉职纪念塔，塔后为三将军墓

三将军殉职纪念塔和八百壮士墓是广西壮族自治区文物保护单位。

经党中央、国务院批准，国务院于2020年9月1日公布，三将军殉职纪念塔和八百壮士墓被列入《第三批国家级抗战纪念设施、遗址名录》。

知识链接

桂林保卫战

1944年初，日军在太平洋战争中接连失败，海上交通线被切断，为打通从华北到东南亚的

“大陆交通线”，决定实施“一号作战计划”，即豫湘桂战役。8月，日军攻陷长沙、衡阳之后，转兵发动桂柳战役，以第三十七、第四十、第五十八3个精锐师团以及关东军山地部队共10万之众南下进犯桂林。

面对日军攻势，时任国民政府军委会副总参谋长、桂林行营主任的白崇禧组织桂林保卫战。他原计划在桂林组织一场大的战役，以桂系第十六集团军主力第三十一军和第四十六军守桂林，待日军在桂林城下受到一定程度损耗之后，调集在贵州整训的中央军主力围歼日军。白崇禧成立了桂林城防司令部，亲自到桂林部署防务，向蒋介石举荐第十六集团军中将副司令韦云淞担任桂林城防司令。但蒋介石为了保存实力，同时欲借日军之手削弱桂系实力，不同意调中央军参战。白崇禧遂以守城必须有城外机动兵力策应为由，将第三十一、第四十六军中战斗力较强的第一八八、第一七五师调出桂林，只留下战斗力较弱的第一三一师和大部分是新兵的第一七〇师防守桂林，配属第七十九军七一二团2个步兵营以及约2个营的炮兵部队，总兵力约8万人。整个战役由第四战区司令长官张发奎具体指挥。

由于缺乏工兵部队和必要器材，守军的防御

桂林保卫战前中国士兵在接受长官训话

工事大部分为较简陋的野战工事，一部分则是利用石山岩洞加砌石块构成的掩体，少量重点阵地前设铁丝网及雷区。

9月下旬，日军越过黄沙河，直扑广西北面门户全县（今全州县）。布防于全县的中央军第九十三军一触即溃，日军长驱直入，10月下旬即完成了对桂林的合围。

日军将重点突破方向定在桂林城东。11月1日起，日军在大炮的配合下，向猫儿山、屏风山等独立据点发起攻击。守军奋勇抵抗，象鼻山等阵地的炮兵积极支援，猛轰进犯日军，予敌以重创。日军不断增加攻击力量，昼夜进攻，战斗一日烈甚一日，守军伤亡惨重，两处阵地于4日失陷。随后，日军即以此为支撑，逐点攻击侧翼已暴露的普陀山、月牙山守军阵地。守军凭借石山阵地，顽强抵抗，有的阵地被反复争夺，数度易手，多处发生白刃格斗，双方死伤惨重。激战至7日，在予敌以重创之后，守军后援不继，各山头阵地相继失陷，第一三一师三九一团团长覃泽文被迫将指挥所和残余部队撤入七星岩内继续抵抗。

在城东激战的同时，日军在大炮、坦克的掩护下，向北门车站、甲山和西门德智中学以及南门将军桥等守军阵地发起全线进攻。守军依托既设阵地，以猛烈的火力痛击日军，击毁其坦克5辆，消灭其大量有生力量。但由于敌众我寡，且装备远逊日军，守军伤亡相当惨重。战斗至7日，德智中学附近部分阵地失陷。

11月8日，日军集中优势兵力在飞机、坦克、大炮的配合下，从各个方向发起更加猛烈的进攻，各阵地一片火海。午后，日军摧毁中正桥（今解放桥）西侧盐街一线守军阵地，随即分乘木排、竹筏，强渡漓江，一股日军约300余人占领了桥头堡，并向南北两侧进发。象鼻山守军炮兵拼命阻拦，终于遏止日军后续部队渡江。韦云淞连夜派预备队反击窜入市区之敌，但未能成功。次日，又命第一七〇师副师长巢威亲率预备队发起反击。激战至午后，桥头堡和河西沿岸两处阵地始告恢复，但未能全歼突入之敌，部分日军龟缩于街道房屋内负隅顽抗。

10日，日军增加兵力，向城内发起总攻。城内、城外，飞机、大炮轰鸣，枪弹纷飞，各阵地喊杀声响成一片，城防司令部所在的鹦鹉山岩前频落炮弹，战斗进入白热化。午后，又一批据点落入敌手，守军部队伤亡惨重，城外机动部队则不知去向。韦云淞判断，晚间东、北之敌可能突入市中心，西、南之敌次日必攻入城内。如不在黄昏后利用夜暗突围，将会全军覆没。遂于16时许召开各部队长官紧急会议，部署突围事宜。会后韦云淞向张发奎电请突围，张回电称“死守待援”。韦云淞再向白崇禧电请突围，未等电复即实施突围行动。黄昏以后，各阵地留少量部队掩护，大部队陆续经城西德智桥向西南方向突围。由于行动仓促、组织不严、秩序混乱，加之在德智桥、猴山坳一带又遭日军阻击，伤亡较大，小部突围脱险。掩护的部队战至拂晓，非伤即亡，

桂林保卫战中的中国军队

全城陷落。

桂林保卫战历时10天即告失败。第一三一师师长阚维雍、城防司令部参谋长陈济桓、第三十一军参谋长吕旃蒙等爱国将领、中下级军官和广大士兵，不畏强敌，英勇作战，壮烈殉国。第三九一团据守猫儿山前孤立阵地的两个排，同持有火焰喷射器和有各种大炮支援的日军激战数日，打退了日军31次进攻，杀伤大量日军，最后仅1人生还。守卫德智中学西侧山头的第七一二团一连，打退日军一波波的攻击，最后仅8人生还。第三九一团防守东江一线山头阵地，前有日军的锋刃，背有漓江的隔阻，后援困难，山头阵地相继失陷后，撤入七星岩内坚持战斗。日军惨无人道地向洞内施放毒气，洞内800多名守军几乎全部牺牲，无一人出来投降，上演了整个保卫战中最壮烈的一幕。

海南省

琼崖红军云龙改编旧址

琼崖红军云龙改编旧址位于海南省海口市琼山区云龙墟，是抗日战争爆发后在海南岛坚持革命斗争的琼崖红军根据国共双方达成的协议接受改编的地方。始建于1952年2月，1989年12月开放。1984年、1989年和1998年，当地政府多次进行改扩建。

云龙改编旧址占地面积约1万平方米，由红军战士铜像、接待厅、陈列馆、荡寇亭、凯旋亭和壁廊等几部分组成。

马白山题写的“琼崖红军改编旧址”

云龙改编旧址正门的门柱上，刻着由琼崖纵队老战士、原海南军区副司令员马白山题写的“琼崖红军改编旧址”。进入大门，首先看到一尊琼崖抗日游击队战士铜像，基座高5.8米，铜像高4.6米，游击队战士手握一把钢枪，目光注视着远方，透着坚毅和不屈。基座正面镌刻着由徐向前元帅题写的“琼崖抗日先锋”，背面是对云龙改编的简要介绍。

铜像东侧建有荡寇亭和凯旋亭等建筑，西北侧是接待厅，厅堂里面悬挂《艰苦岁月》《抗击日军》《渡海作战》等木刻画。

云龙改编旧址全景

铜像的后面是琼崖抗日战争历史展馆，长40米，宽8米，高7米，占地面积320多平方米，屋顶铺设蓝色琉璃瓦。在展馆的周围种植了23棵青松，象征着琼崖革命23年的艰苦历程。馆内陈列着当年人民军队使用过的手枪、手榴弹、旗帜、军装，以及留存下来的历史图片等珍贵文物，展示了琼崖人民在中国共产党的领导下抗击日军、和国民党反动势力进行艰苦卓绝的革命斗争。

琼崖抗日战争历史展馆

在纪念馆的左侧建有曲廊和壁廊，里面镌刻着朱德、陈毅、徐向前、聂荣臻、杨尚昆、彭真、薄一波等老一辈无产阶级革命家为琼崖革命队伍题写的题词。

琼崖红军改编旧址是全国爱国主义教育示范基地、海南省文物保护单位。

经党中央、国务院批准，国务院于2014年8月24日公布，琼崖红军云龙改编旧址被列入《第

朱德题词

陈毅题词

一批国家级抗战纪念设施、遗址名录》。

知识链接

琼崖革命根据地

1927年7月，大革命失败后，中共琼崖（海南岛）特别委员会将琼山、文昌、定安、乐会（今属琼海）、万宁、陵水、澄迈等县的农民武装，组建为工农讨逆革命军，共1000余人，冯平任总司令，特委书记杨善集兼党代表。

根据中共中央八七会议精神和中共广东省委指示，中共琼崖特委领导讨逆革命军和农民于9月至10月间多次举行武装起义，杨善集在战斗中牺牲，特委书记由王文明继任。11月，讨逆革命军改编为琼崖工农革命军，冯平任总司令，王文明兼党代表，下设东、中、西三路军总指挥部。1928年2月，琼崖工农革命军改称琼崖工农红军，共1400余人，并在东路地区建立了以乐会（今琼海）四区至万宁六连岭为中心的根据地。3月至5月，国民党军调集4000余人进行“围剿”，遭受严重损失的琼崖红军被迫化整为零坚持斗争，冯

平不幸被捕而壮烈牺牲。8月，琼崖苏维埃政府成立，王文明任主席。

面对严峻形势，王文明和特委军委主席梁秉枢率琼崖红军余部转移到母瑞山区，继续开展游击战争。1929年春，中共琼崖特委乘国民党军撤离的有利时机，逐渐恢复和发展革命力量，建设和巩固根据地。同年冬，琼崖红军独立团成立，梁秉枢任团长。1930年1月，王文明病逝。4月，冯白驹继任特委书记。8月，琼崖红军独立团扩编为琼崖工农红军独立师，后改称红军第二独立师。从1932年8月起，在反击国民党军的持续进攻中，琼崖根据地和红军第二独立师遭受严重损失，冯白驹率红军余部在母瑞山坚持斗争，最后仅剩26人，于1933年4月转移到琼山、文昌地区。1936年5月，琼崖工农红军游击队司令部成立，逐渐恢复扩充革命武装。

全民族抗战爆发后，根据国共两党达成的合作抗日协议，1938年12月，琼崖红军游击队改编为广东省民众抗日自卫团第十四区独立队。1939年2月，日军入侵海南岛，中共琼崖特委领导根据地军民开展独立自主的抗日游击战争，先后开辟了琼文、美合、六芹山等抗日根据地。3月，第十四区独立队扩编为广东省琼崖抗日游击队独立总队，至1940年底发展到3000多人。1941年11月，琼崖东北区抗日民主政府成立，冯白驹任主席。1943年8月，为反抗国民党顽固派军队的屠杀，白沙县红毛乡乡长王国兴领导黎、苗族群众2万余人举行武装起义，史称白沙起义。后在中共琼崖特委和琼崖抗日游击队的帮助下，建立起白沙抗日根据地，为后来建立五指山中心根据地打下了基础。1944年秋，独立总队改称广东省琼崖抗日游击队独立纵队。至抗日战争胜利时，部队发展到7700余人，民兵近1万人，根据地扩大到占全岛1/2的地区，人口达100万以上。

解放战争开始后，琼崖成立了以冯白驹为主席的民主政府。在中共琼崖特委和民主政府领导下，根据地军民挫败了国民党军的多次“清剿”。1947年10月，独立纵队改称中国人民解放军琼崖纵队。1948年夏，建成包括白沙、保亭、乐东3县在内的五指山中心根据地。1948年秋至1949年夏，琼崖纵队对国民党军发动3次攻势，解放了全岛大部中小墟镇和农村，部队发展到2万余人，民兵8万余人。1950年3月至5月，根据地军民配合中国人民解放军第四野战军第十五兵团主力解放了海南岛。

六连岭烈士陵园

六连岭烈士陵园位于海南省万宁市和乐镇六连村西北部，是为了纪念在建立和保卫六连岭革命根据地中牺牲的烈士而修建的设施。1961年秋，在六连岭东麓兴建革命烈士纪念碑和纪念亭，1976年扩建为六连岭烈士陵园。后经数次改扩建。

陵园占地面积约16.13万平方米，主要建有大门、革命烈士纪念碑、陈列馆、纪念亭等设施。

陵园大门于1991年12月建成，为传统牌楼式建筑。门楣上有时任海南省委书记许士杰题写的“六连岭烈士陵园”7个红色大字，左侧小门上方书有朱德诗作：“六连岭上现彩云，竖起红旗革命军。二十余年游击战，海南人民树功勋。”右侧对称书有董必武的诗作：“六连岭树红旗日，五指山防白匪时。二十三年根据地，一心革命费坚持。”

革命烈士纪念碑占地面积1600平方米，整体

六连岭烈士陵园大门

由钢筋水泥和花岗岩构筑，呈方形塔状，乳白色碑身。碑高14米，碑基边长2.66米，碑身正面镌刻“革命烈士永垂不朽”，背面刻有朱德在1957年1月视察六连岭时的诗作。三层基座由青色花岗岩砌成，基座第三层正面镶嵌一块长方形汉白玉，上面镌刻碑文：“长期坚持六连岭革命斗争而牺牲的同志们，你们在中国共产党的领导下，遵循毛主席的人民战争思想，同国内外敌人进行不屈不挠的斗争，23年红旗不倒，为解放海南岛而做出不可磨灭的贡献。”纪念碑平台的左后方卧立一块汉白玉碑，上面镌刻碑志铭，四周汉白玉栏杆围绕，树木掩映。

纪念碑正前方为三层台阶，第一层台阶29级，第二层台阶23级，第三层台阶10级。第一、二层台阶连接处两侧对称建有形式形同的“功勋亭”和“初心亭”，亭高8米，直径8米，6根红色立柱，双层黄色琉璃瓦顶。

初心亭

巨大的《红旗不倒》群雕在纪念碑广场下面左侧的平台上，为红色，由5个高大的琼崖纵队将士形象组成，高约7米，宽约10米，坐落在1米高的大理石基座上，表达海南人民坚持革命斗争，战胜艰难困苦，前赴后继，23年红旗不倒的伟大业绩。陈列馆前面的小广场上两边排列着张思德、雷锋、李向群、苏宁、邱少云、黄继光、董存瑞、杨业功8位著名烈士的半身塑像，底座上有他们的事迹介绍。

与《红旗不倒》大型群雕隔路相对应的是一个巨大的红旗状的红色碑墙，上半部是三面迎风飘扬的红旗，基座是长方体，高约2米，长约10

革命烈士纪念碑

《红旗不倒》群雕

米，前面是红色大理石幕墙，上面的标题是“海南六连岭革命烈士陵园烈士英名墙”，右边竖写“铭记历史，缅怀先烈，珍爱和平，开创未来”，左边竖写“革命烈士永垂不朽！”中间有各个时期牺牲的1861名烈士的名字。

烈士英名墙

通往纪念碑的甬道两边，立有黄色石碑8块，分别镌刻聂荣臻、徐向前、杨尚昆、彭真、习仲勋、邓华、韩先楚、庄田的题词。

陈列馆建筑面积200平方米，2009年10月建成开馆，展陈新民主革命时期中共万宁县（今万宁市）委领导万宁人民开展艰苦卓绝的革命斗争历史，详细记述中共万宁地方党组织以六连岭革命根据地为依托，长期坚持开展武装斗争的历程。

陈列馆“二十三年红旗不倒”主题陈列

六连岭革命烈士陵园是国家级烈士纪念设施、全国爱国主义教育示范基地。

经党中央、国务院批准，国务院于2015年8月13日公布，六连岭革命烈士陵园被列入《第二批国家级抗战纪念设施、遗址名录》。

知识链接　六连岭革命根据地

六连岭革命根据地创建于1927年，23年红旗不倒，是海南人民对敌斗争时间最长、规模最大的革命根据地之一。

1927年蒋介石发动四一二反革命政变后，中共万宁县各级组织和农训所学员转移到六连岭农村，建立了六连岭革命根据地。八七会议后，中共琼崖（海南岛）特委建立琼崖讨逆革命军，组织全琼大起义。中共万宁县委组织万宁地区的讨逆革命军向敌人进攻，受挫后退守六连岭革命根据地。11月，中共琼崖特委将琼崖讨逆革命军改为琼崖工农革命军，并分设东路、中路、西路总指挥部，其中东路辖乐会（今琼海）、万宁、陵水、崖县（今三亚市）。东路总指挥徐成章率东路3个连占领新村港，继占崖县藤桥圩，进占三亚，部队发展为3个多营，共800人。徐成章牺牲后，东路军继续在以六连岭革命根据地为中心的乐万边境地区发动群众，开展土地革命。六连岭成为万宁县革命斗争的中心地区。这一时期，中国共产党在六连岭地区领导人民建立万宁县苏维埃政府，组织两次全县暴动，创建消费合作社、鞋厂、缝衣厂、打铁厂，创办列宁学校和红军医院等。

1930年后，国民党军开始对琼崖各革命根据地发动第一次“围剿”。国民党军以大量兵力进攻六连岭。根据地军民积极抗击敌人：奇袭国民党军坡罗据点，消灭仙河民团，活捉东山民团团长，击毙大茂民团团长等，共毙敌20人，俘敌28人，缴获长短枪66支。1930年8月，部队发展为琼崖工农红军独立师第三团（以下简称“红三团”）。到1931年底，琼崖东路乐会、万安苏区连成一片。1932年7月，国民党军对琼崖苏区和红军进行第二次“围剿”。此时红三团已发展到400余人。敌人以5个多营的兵力向乐万根据地进攻，红三团团长王德春、政委冯甲率红三团和女子军特务连及赤卫队，在文魁岭英勇抗击敌人，寡不敌众，受到重挫。

第二次反“围剿”失败后，中共万宁县委领导十几名红军战士、几十名赤卫队队员，以六连岭为依托，住山洞，忍饥饿，坚持斗争。敌人在六连岭周围修筑碉堡，移民并村；同时采取“砍山捉鸟”战术，强迫群众上山砍树开道，把六连岭分割成许多小块，然后上山“清剿”。很多革命者牺牲了，其中在六连岭支脉红砖岭上，敌人一次就杀害了数十名红军医院干部、女看护和伤病员。坚持在此地的中国共产党人和红军战士，采取岭上与敌人正面斗争和岭下开展合法隐蔽斗争相结合的方法，白天在岭上与敌人周旋，夜里则悄悄下山到群众中去，组织群众开展反移民并村的斗争。领导这一地区斗争的党政军负责人王白伦、肖焕辉、冯甲等，成立了乐万临时委员会（后改为中共乐万县委），高举革命旗帜。后六连岭红军武装成立了琼崖红军游击队第七支队。

全民族抗战爆发后，根据国共两党达成的合作抗日协议，1938年12月，琼崖红军改编为广东民众抗日自卫团第十四区独立队，1939年3月又扩编为独立总队，到1940年底发展到3000多人。

1939年6月，海南游击队员出发袭击日军

万宁地区军民以六连岭为根据地，积极建立抗日武装，打击日本侵略军。到1941年4月，六连岭地区已建立起拥有80多人的独立第九中队，后扩编为独立特务大队。1942年独立特务大队与独立总队第四支队合并后，部队发展到300余人。在六连岭地区帮助地方党组织建立区乡人民政权，帮助组建青抗会、妇救会、农救会、儿童团等群众团体，创办了琼崖抗日军政学校、琼崖党校、军械厂、第三支队医院等，使以六连岭为中心的乐万抗日根据地进一步巩固和发展起来。

六连岭革命根据地军民积极打击日本侵略者：

金鸡岭伏击战，歼灭日军20余人，缴获冲锋枪两支，长短枪10余支；攻打日军占领的万宁县城，缴获大批军用布匹和日用品等物资；田头岭战斗击毙日军29人，缴获1挺机枪和20多支步枪。1943年冬，琼崖东区军政委员会在六连岭成立后，继续指导乐会、陵水、崖县、保亭4县的抗日斗争。六连岭革命根据地成为琼崖东区人民抗日的大本营。

抗日战争胜利后，国民党军开始对六连岭革命根据地发动“清剿”。活动于乐会、万宁的琼崖纵队第三支队于1946年12月，先后攻克万宁的猿水、竹子仓、牛姆寨等地，配合了文昌等地的反“清剿”斗争。1947年2月初，国民党军800多人分两路向六连岭革命根据地进攻。琼崖纵队第三支队以一部兵力留在六连岭根据地牵制敌人，主力转移到万宁陵水公路两侧抗击敌人。在革命武装的沉重打击下，国民党军不得不撤出六连岭革命根据地。

在23年的革命斗争中，六连岭革命根据地军民不畏强敌，浴血奋战，前赴后继，以近千人的重大牺牲，创造了辉煌的革命业绩，为海南岛的解放，为中国革命的胜利做出了重要贡献。

重庆市

八路军重庆办事处旧址

八路军重庆办事处旧址位于重庆市渝中区，旧址共包含4处，即红岩村13号、曾家岩50号周公馆、中山三路151号（原263号）中共代表团驻地旧址以及民生路240号（原208号）《新华日报》营业部旧址。抗日战争时期，周恩来、邓颖超、董必武、叶剑英等重要的中共领导人曾在这里工作、生活，为中国革命鞠躬尽瘁，做出了重大贡献。

红岩村13号八路军重庆办事处旧址

红岩村13号八路军重庆办事处旧址，也是中共中央南方局机关所在地，是一座坐北朝南的砖木混合结构楼房，深灰色，从外面看为二层，实际为三层。楼长32.4米，进深15.5米，通高17米，有大大小小的房间54间，占地面积约800平方米。其中一层是公开机关八路军重庆办事处，二层是中共南方局机关和领导同志的办公室兼宿舍，三层为机要科使用，另有中共中央南方局、八路军重庆办事处干部的工作间和宿舍。1945年8月28日起，毛泽东在重庆谈判时期曾住在这里。周恩来、董必武、叶剑英、博古、林伯渠、吴玉章、王若飞、邓颖超等中共领导人曾长期在此生活、战斗，为中华人民共和国的诞生做出了卓越的贡献。1958年5月1日，在此地建成红岩革命纪念馆并对外开放。1999年，红岩革命纪念馆新馆动工修建，2001年建成对外开放。

红岩村13号八路军重庆办事处旧址毛泽东办公室

曾家岩50号是抗日战争时期中共中央南方局和八路军重庆办事处在城内的主要办公地点，为两层楼一地下室的中西合璧的砖木结构房屋，以周恩来的名义租用，对外称“周公馆”，实际上为中共南方局在城内开展统战工作的重要据点。中共中央南方局文委、妇委、外事组、党派组都在此设有办事机构，周恩来、董必武、叶剑英、邓颖超以及徐冰、王梓木、王炳南、张晓梅等同志常在此办公与居住。二楼有董必武的办公室兼卧

左侧院落是曾家岩50号，即周公馆；右侧院落是当时重庆警察局的一个派出机构，全天监视周公馆

室，三楼有叶剑英的办公室兼卧室。中华人民共和国成立后，为了纪念中国共产党在渝从事革命活动的业绩，曾家岩50号被人民政府辟为纪念地，于1958年正式对外开放。

中山三路151号中共代表团驻地旧址，建于20世纪30年代。坐西朝东，是二层楼一地下室的砖木结构建筑，中西合璧式。楼长44.6米，进深10米，通高13米，建筑面积1241平方米。房后附带小平房。1945年12月，周恩来带领中国共产党代表团来到重庆出席政治协商会议，国民政府将该址拨给代表团使用。1946年5月，周恩来、董必武先后带领代表团去往南京之后，该址成为中共代表团重庆代表处和中共四川省委驻地。之后，又交还给国民政府，用作警备司令部军营。1949年后，该址成为检察院职工住房。2011年至2012年，重庆红岩联线文化发展管理中心修复该旧址并对外开放。

中山三路151号（原263号）中共代表团驻地旧址

民生路240号《新华日报》营业部旧址建于20世纪30年代。坐北朝南，是一栋三层楼一地下室的砖木结构建筑，中西合璧风格，整体为黑色。楼长7.2米，进深9.65米，通高约为18米，占地面积480平方米。在营业部大门上方以及正面的墙体上，挂着“新华日报”4个大字的招牌，由时任新华日报社社长潘梓年题写。底楼是营业部的对外门市，出售书籍报刊。二楼是广告、图书、发行、邮购部，有一间大办公室，还有一间会客厅，中共中央南方局在这里开展工作，进行各种地下工作的联络。周恩来等重要中共中央南方局领导人经常在此会见客人，从事秘密工作。三楼是报社社长潘梓年的办公室及宿舍，其他工作人

民生路240号（原208号）新华日报营业部旧址

员的宿舍也安排在该楼层。这里见证了中共中央南方局和周恩来在新华日报社进行革命斗争的历程，鼓舞了全国人民的抗战意志，具有相当重要的价值。1974年，重庆市人民政府将底楼辟为纪念地，1982年，又将整个建筑划归于红岩革命纪念馆，并且进行全面复原。

八路军重庆办事处旧址是全国重点文物保护单位、全国爱国主义教育示范基地。

经党中央、国务院批准，国务院于2014年8月24日公布，八路军重庆办事处旧址被列入《第一批国家级抗战纪念设施、遗址名录》。

知识链接 八路军重庆办事处

八路军重庆办事处是抗日战争时期，中国共产党领导的八路军在国民政府陪都重庆市设立的办事机构。全民族抗战爆发后，根据中国共产党与国民党谈判达成协议，八路军在国民党统治区一些主要城市陆续设立了办事机构，主要任务是宣传中共的抗日主张，开展统一战线工作，推动群众性的抗日救亡运动，联络友军，采购与转运军需物资，接待中共过往人员，输送爱国人士参加八路军和新四军，掩护中共地方组织的活动，营救被捕的共产党人和进步人士等。1938年10月武汉失守前，八路军重庆通讯处在重庆市机房街70号设立。1939年1月，改称八路军驻重庆办事处（兼新四军办事处），钱之光任处长。办事处设有电台及经理、文书、运输、总务、机要等科，出版《新华日报》。中共中央南方局和国民参政会中共代表团均在该处办公。5月，日军飞机轰炸重庆，机房街70号被炸毁，办事处主要机构遂迁至化龙桥附近的红岩村，同时为周恩来等在曾家岩50号设立办公点，对外称“周公馆”。抗日战争胜利后，1945年8月底，毛泽东赴重庆同蒋介石谈判期间曾住在红岩村办事处。1946年5月，周恩来率中共代表团和南方局人员去南京。8月办事处撤销。

重庆大轰炸惨案遗址

重庆大轰炸惨案遗址位于重庆市渝中区磁器街，见证了日本对中国人民的残暴罪行。1938年武汉沦陷后，日军试图“以炸迫降”，开始对当时的国民政府所在地重庆进行惨无人道的无差

磁器街校场口大隧道重庆大轰炸惨案遗址

别“疲劳轰炸”。1941年6月5日晚，日机24架分3批偷袭重庆，在5个多小时的“疲劳轰炸”中，渝中区十八梯、石灰市和演武厅（现磁器街）防空隧道内，发生了震惊中外、惨不忍睹的避难民众窒息、践踏惨案。1987年7月6日，在磁器街校场口大隧道重庆大轰炸惨案遗址处建日本侵略者轰炸重庆纪事碑，以铭记历史。2000年3月起对重庆大轰炸惨案遗址进行修复，2021年竣工对外开放。

为悼念在重庆大轰炸中遇难的同胞，重庆市政府将每年6月5日定为防空警报试鸣日。

校场口大隧道设计于1936年，全面抗日战争爆发后仓促修建，深挖入地约10米，通道宽、高均约2米，长约2000米，中途分叉成3个洞口进出，最多能同时容纳5000人。隧道的门洞很低。进洞之后首先要下很深的阶梯，然后再急转进入隧道之内。隧道中，两侧设有木板凳，间隔三四十米点有一盏油灯。遗址共分为三层，建筑总面积达1181平方米，面向群众所展示的内容共分为6个部分：“序厅——重庆大轰炸‘六五’隧道惨案史实展”“空中屠杀——侵华日军对重庆实施大轰炸”“‘六五’惨案——大隧道惨案的酿成”“愈炸愈强——重庆人民在轰炸中屹立不倒”“时空记忆——隧道惨案场景警示”“护民之盾——建设现代人民防空体系”，运用现代科技手段，将历史原貌重现，不仅纪念了在大轰炸惨案中死难的同胞，同时也展现了重庆人民面对灾难的坚毅和顽强品格。

经党中央、国务院批准，国务院于2014年8月24日公布，重庆大轰炸惨案遗址被列入《第一批国家级抗战纪念设施、遗址名录》。

展厅内一景

知识链接　重庆大轰炸

抗日战争时期，1938年2月18日至1943年8月23日，日军对中国重庆市进行的长达5年半的无差别轰炸。据不完全统计，在这5年半的时间里，日军空袭重庆（含对空监视范围）203次，出动飞机437批9166架次，炸毁房屋17452栋37182间，造成人员伤亡4万余人，财产损失约100亿元法币，平民居住区、学校、医院、外国使领馆等均遭到轰炸。

1938年初，日本开始对重庆进行试探性的轰炸，这一时期，出动的飞机数量较少，多由陆军航空队执行轰炸任务。武汉沦陷后，12月2日，日军大本营对华中方面军下令开始向重庆实施“由空中入侵对敌军战略中枢加以攻击同时进行空

日军对重庆进行长期的大轰炸，原本美丽的山城在日军的轰炸下成为一片废墟

中歼灭战”，这是日军正式对重庆进行战略轰炸的开端，目的是通过轰炸震慑作为战时首都的重庆，打击中国政府抗战的意志。12月底起，由陆军对重庆开始实施轰炸。1939年5月，改以海军实行轰炸。5月3日至4日，日机从武汉起飞，连续轰炸重庆市中心区，并且大量使用燃烧弹。重庆市中心大火燃烧两日，商业街道被烧成废墟，3991人死亡，2323人受伤，损毁建筑物4889栋，约20万人无家可归。同时被炸的还有外国教会及英国、法国等各国驻华使馆，连挂有纳粹党旗的德国大使馆也未能幸免。原本繁华的重庆很快变成了到处残垣断壁。史称“五三、五四大轰炸”。

1940年5月，日本大本营启动了“101号作战计划”，海军以湖北汉口为主要基地，陆军则以山西运城为主要基地，同时对中国后方进行轰炸。截至1940年，日军对重庆共投掷了4333吨炸弹，其惨烈程度可想而知。

1941年初，日军集中更多的兵力投入对中国的轰炸，并且启动了“102号作战计划”，轰炸规模空前。从1月到8月，共出动飞机超3000架次。6月5日更是昼夜连续轰炸重庆，制造防空隧道避难群众因避难而互相踩踏、隧道内呼吸困难而窒息的惨案，防空司令部派出的工兵营整理尸体就花了近一昼夜，然后用卡车将尸体拖到朝天门河边，再改用木船装到江北黑石子草草掩埋。史称“校场口大隧道窒息惨案”。

1941年后期，日军准备发动太平洋战争，陆、海军航空队主力从中国抽出，对重庆的轰炸才稍稍减弱，太平洋战争爆发后对重庆只有零星轰炸。到1943年8月后，日军再无能力空袭重庆，重庆大轰炸告一段落。

重庆大轰炸使重庆遭受了前所未有的大浩劫，然而顽强的中国军民越炸越勇，以顽强的毅力战胜了一次又一次的轰炸，展现出了中华民族不畏强敌的勇气。

1941年6月5日，日机轰炸重庆，造成校场口大隧道惨案，数千人窒息死亡

库里申科烈士墓园

库里申科烈士墓园位于重庆市万州区西山公园内，是为了纪念来华援助抗日而英勇牺牲的苏联空军志愿队大队长格里戈利·阿基莫维奇·库里申科而修建的设施。

库里申科出生在乌克兰，联共（布）党员，曾任苏联空军志愿队大队长。1939年受命来到中国援助抗日。10月14日，库里申科在率队出击日军基地时壮烈牺牲。当时，国民政府非常重视，积极组织打捞。11月3日，川江航务管理总处水上保安团第四中队在坠机处下游的猫儿沱打捞到库里申科的遗体以及部分遗物。为了安葬英雄，当地的士绅无偿将自己城郊太白岩的土地捐献出来。6天后，当地政府及人民按照中国习俗将库里申科安葬在太白书院旁边。1958年迁入现址。

库里申科烈士墓园大门

墓园整体呈俄式风格，典雅精致，坐东北向西南，占地面积2000平方米，主要建有影壁、浮雕、烈士铜像、墓碑和墓室等纪念设施。

墓园大门为白色三拱门造型，欧式建筑。影壁位于拱门内，为白色石碑形式，高3.2米，宽4米，正面刻有“中苏两国人民以鲜血凝成的友谊万岁”，背面刻有“伟大的国际主义战士永垂不朽”。库里申科铜像位于影壁后面，安放在暗红色大理石基座上，为半身戎装铜像。

库里申科烈士墓位于铜像后方，由墓碑和墓室构成。墓碑立于墓室前，白色大理石砌成，碑高7.3米，宽4米，厚1.8米，上部雕刻有一架翱翔蓝天的轰炸机形象，顶部镶嵌两个象征中苏两国国旗的红色圆盘，双圆结合处有一只振翅飞翔的白色和平鸽。碑身正面刻有红五星和“在抗

库里申科铜像和墓碑

日战争中为中国人民而英勇牺牲的苏联空军志愿队大队长格里戈利·阿基莫维奇·库里申科之墓”“一九零三——一九三九年”。背面刻有红五星和斧头镰刀联共（布）党徽，碑文为俄文。墓室为一座石棺，高1.55米，长3.5米，宽2.7米。墓冢用花岗岩砌成，呈长方形，具有俄罗斯风格。长3.5米，宽2.7米。

墓园内设库里申科事迹展厅，展区面积100余平方米，有库里申科半身铜像、图文资料及烈士遗物。

库里申科烈士墓园是国家级烈士纪念设施，重庆市文物保护单位。

经党中央、国务院批准，国务院于2014年8月24日公布，库里申科烈士墓园被列入《第一批

库里申科墓

国家级抗战纪念设施、遗址名录》。

知识链接 库里申科

全名为格里戈利·阿基莫维奇·库里申科，1903年出生在乌克兰，是联共（布）党员，苏联空军少校。

全民族抗战爆发后，日军凭借空中优势，对中国前线和大后方展开狂轰滥炸。中国空军兵力不足，能用于作战的战机寥寥可数。在这种情况下，向苏联等国请求援助。

库里申科烈士

从1937年底到1939年夏，苏联向中国提供了飞机、坦克、大炮等较先进的武器装备，同时还派遣了军事人员来华援助作战。

1939年6月，库里申科和考兹洛夫受苏联政府派遣，率两个“沙达式”轰炸机大队来华援助抗日，先在四川成都帮助训练中国飞行员。库里申科对中国人民抱着极大的同情，对日本侵略军充满仇恨。他说：“我像体验我的祖国的灾难一样，体验着中国劳动人民正在遭受的灾难。”1939年10

1937年11月，苏联派出空军志愿队来华参加对日作战。到1941年6月苏德战争爆发前，先后来华的苏联志愿人员有2000多人，其中200多人在中国战场牺牲。图为苏联空军志愿队队员在武汉机场

月3日，库里申科率领轰炸机大队对日军占领的武汉实施突袭，炸毁日军飞机60余架，炸死炸伤日军400余人。

10月14日下午，库里申科接到出击轰炸日军军事基地的作战任务，再次率领轰炸机大队从成都出发袭击武汉。到达武汉上空后，他测准地面目标，立即下令投弹，一枚枚炸弹在日军军营、机场、码头、炮兵阵地、兵工厂等处开了花，共摧毁日军飞机100余架，炸毁汽油库1座、弹药库4座，炸死日军360余人。日军飞机进行拦截。库里申科带领编队先后击落日军飞机6架。空战中，库里申科的飞机遭到重创，左发动机被击中。他凭着高超的飞行技术，靠右发动机飞行，巧妙地冲出敌机重围，沿着长江向驻地飞返。到达四川万县（今重庆市万州区）时机身失去平衡，在长江南岸陈家坝上空盘旋。因陈家坝机场太小，重型轰炸机难以着陆。为了保住飞机，他紧握操纵杆，最终使飞机在距万县红砂碛近200米的聚渔沱迫降，机上的轰炸员和射击员跳水游到岸边。经过几个小时激烈战斗，加之长期疲劳过度，库里申科再也无力跳出机舱，壮烈牺牲，年仅36岁。

中国人民永远怀念这位国际主义战士。1958年，周恩来总理对特邀前来参加国庆招待会的库里申科的妻子和她的女儿说：“中国人民永远不会忘记格里戈利·库里申科。”2009年，库里申科被评为“100位为新中国成立做出突出贡献的英雄模范人物”。2013年3月23日，习近平主席在莫斯科国际关系学院演讲中，盛赞了库里申科，指出“他英勇牺牲在中国大地上。中国人民没有忘记这位英雄，一对普通的中国母子已为他守陵半个多世纪”。

国民参政会旧址

国民参政会旧址位于重庆市渝中区中华路174号，是抗战时期国民政府所设置的最高咨询机关——国民参政会办公的地方。1938年3月，迫于形势，国民党中央为了方便各党派以及各界人士发表自己的政治见解，决定成立一个国家最高咨询机构，即国民参政会。同年7月6日，国民参政会在汉口正式成立。随着抗战局势的发展，10月迁往重庆，其办公地点即设在该址。

国民参政会旧址

国民参政会旧址当时是和丰商业股份有限公司经理王成章的房产，建于1920年到1930年，租给国民参政会使用。门额写着“国民参政会旧址”。现为重庆市交通局使用。

旧址为一栋灰色砖木结构的三层青砖楼房，带有地下室，是西班牙建筑风格与现代中国建筑风格相结合的代表之一。主体为灰色，线脚、拱窗、连续的小券装饰等为建筑外观基调，屋顶高低错落变化丰富，立面造型端庄精美，带有明显的西班牙建筑风格。建筑面积1487.2平方米。内有会议厅、会客室、休息室等21个房间。

国民参政会旧址内一景

国民参政会旧址是全国重点文物保护单位。

经党中央、国务院批准，国务院于2015年8月13日公布，国民参政会旧址被列入《第二批国家级抗战纪念设施、遗址名录》。

知识链接 **国民参政会**

全民族抗战爆发后，中日两国的矛盾成为中国社会的主要矛盾，中国各种抗日力量在爱国主义主旨的凝聚下，决定团结一致，共同抗日。

1937年8月11日，国防最高会议参议会成立，是国防最高会议下属的咨询机关。1938年3月，中国共产党正式提出建立民意机关，国民党当局接受了这一建议。3月29日，国民党临时全国代表大会在湖北汉口召开，大会制定并通过了《中国国民党抗战建国纲领》和《设国民参政会案》，决定成立国民参政会。7月，国民参政会在武汉正式成立。它为各抗日力量共同参与中国政治提供了一个稳定的机构。汪精卫任议长，张伯苓为副议长。共设参政员200名。其中共产党参政员有7人，即毛泽东、邓颖超、王明（陈绍禹）、林伯渠、博古（秦邦宪）、吴玉章和董必武。另外，其他党派和无党派人士被聘为国民参政员的有陶行知、沈钧儒、王造时、莫德惠、马君武、黄炎培、史良、邹韬奋、林虎、许德珩、张申府、程希孟、章伯钧、江恒源、冷御秋、陈豹隐、杜重远、晏阳初、尹昌衡、张澜、梁漱溟、褚辅成等。

1938年7月，第一届国民参政会第一次会议在武汉召开，毛泽东等7名中国共产党人为国民参政会参政员。图为参加第一届国民参政会第一次会议的参政员合影

国民参政会是基于国共第二次合作而诞生的。成立之初，大家一起努力，对全民族抗战起到了积极的推动作用。从1938年7月成立至1948年3月结束，国民参政会共召开4届13次会议。1938年7月6日，一届一次会议在汉口举行，之后参政会迁往重庆，由蒋介石担任议长。接下来的12次会议均在重庆召开。皖南事变后，中国共产党坚决维护团结抗战大局，与参政会中的国民党顽固派进行斗争。1948年3月，参政会正式宣布结束。

保卫中国同盟总部旧址（重庆宋庆龄旧居陈列馆）

保卫中国同盟总部旧址又名“重庆宋庆龄旧居陈列馆”，位于重庆市渝中区两路口街道新村5号（原新村3号），由德国留学回归的工程师杨能深在1936年所建。1939年被国民政府外交部租用；1941年在日军大轰炸中受损；1942年春修复，宋庆龄迁居到此处，同时成为保卫中国同盟总部的办公地。新中国成立后该址成为市民的居住用房，1991年居民搬离。1993年辟为重庆宋庆龄旧居陈列馆。

保卫中国同盟总部旧址（重庆宋庆龄旧居陈列馆）院落

保卫中国同盟总部旧址占地面积为1200平方米，建筑面积为760平方米。整体由主楼、后院、防空洞等建筑设施构成。从院门进入之后，首先

看到的是一尊汉白玉宋庆龄雕像，其面容安详，目光和蔼。主楼是一栋三层砖木结构的建筑，有地下室，整体为德式风格，是当年宋庆龄居住以及保卫中国同盟总部用房。一层设有放映厅。顺着木质楼梯上到二层，这里设有陈列室，展出宋庆龄当时工作和生活的照片及物品。三楼设有多个展厅，包括当时宋庆龄的办公室等。

重庆宋庆龄旧居陈列馆设有宋庆龄与保卫中国同盟文物资料陈列展览

后院隐藏着一个防空洞。该防空洞是专门为躲避日军轰炸而修建的，洞内石梯一直通往后山，两壁展示着当时保卫中国同盟一些工作照片和事迹介绍之类的内容。

保卫中国同盟总部旧址（重庆宋庆龄旧居陈

二层宋庆龄卧室

列馆）是全国重点文物保护单位、重庆市爱国主义教育基地和海峡两岸交流基地。

经党中央、国务院批准，国务院于2015年8月13日公布，保卫中国同盟总部旧址（重庆宋庆龄旧居陈列馆）被列入《第二批国家级抗战纪念设施、遗址名录》。

知识链接

保卫中国同盟

保卫中国同盟简称“保盟”，于1938年6月14日在香港正式成立，是由宋庆龄等人发起并组织、中外开明人士共同组成的一个国际性救援组织。

1937年7月七七事变爆发，全民族抗战开始。到年底，上海、南京相继失守。这时宋庆龄仍居住在上海租界。她不仅有着孙中山夫人的特殊身份，还在华侨中和国际上有着非常高的威望。出于安全考虑，她在中共领导人毛泽东、周恩来等人的建议下搬到了香港居住。

到了香港以后，宋庆龄仍心牵抗日。于是她凭借香港的地理优势，利用英、日两国之间的矛盾，开展各种抗日救亡运动，萌生了组织保卫中国同盟的想法，并且与廖承志一拍即合。不久，宋庆龄联系各界开明人士、军政要员组成了旨在沟通海内外、以战时救济为宗旨的抗战组织，强调“保盟目标有二：一、在现阶段抗日战争中，鼓励全世界所有爱好和平民主的人士进一步努力以医药、救济物资供应中国。二、集中精力，密切配合，以加强此种努力所获得的效果”。

保盟成立后，组织领导明确。宋子文任会长，宋庆龄任主席。在宋庆龄的邀请下，国际友人沙尔文·克拉克夫人任名誉书记，美国合众社记者爱泼斯坦先生任宣传委员，香港大学教授诺曼·法朗斯任名誉司库。保盟中央委员会成员有7人，即宋庆龄、爱泼斯坦、廖承志、邓文钊、廖梦醒、希尔达·沙尔文·克拉克和诺曼·法朗斯。保盟中央委员会下设财政委员会、宣传出版委员会、运送委员会、促进委员会。其中财政委员会由法朗斯负责；宣传出版委员会由邹韬奋负责；运送委员会由贝克登负责；促进委员会由玛丽恩·苔德莉女士负责。

保卫中国同盟中央委员会成员在香港合影。左起：爱泼斯坦、邓文钊、廖梦醒、宋庆龄、希尔达·沙尔文·克拉克和诺曼·法朗斯、廖承志

在八路军驻香港办事处的支持和帮助下，保盟积极联络世界各国进步友好人士，其中有港英政府要员、工商和文化界的名人等，向他们宣传中国各地抗日救亡运动的具体情况，让他们认识到人人都需要为抗战出力才能尽快地赶走侵略者，实现保家卫国的愿望。

保盟成立后，不断进行各种募捐工作，从世界各地募集了医疗器械、高效营养品、御寒物资，以及大量的现金。保盟还吸引和团结了无数国际友人、海外侨胞投身反法西斯的战斗，其中包括医生、护士等各种人才。仅仅一年时间，保盟就募集到大约25万元港币以及大批急需医疗器械和药品。1939年4月，新四军急需蚊帐和奎宁药品，保盟很快就展开募捐活动，筹得蚊帐用料6000米，奎宁20万片，另外还有预防霍乱的疫苗12万剂以及2000多个消毒包。

1941年12月，日军侵占香港，宋庆龄离开香港去往重庆。在重庆两路口新村3号，重新建立保盟中央委员会。

抗日战争胜利后，1945年12月，宋庆龄回到上海，并将保盟改名“中国福利基金会”。1950年，又改名“中国福利会”。

同盟国中国战区统帅部参谋长官邸旧址（重庆史迪威博物馆）

同盟国中国战区统帅部参谋长官邸旧址又称“重庆史迪威博物馆”，位于重庆市渝中区李子坝嘉陵新路63号。早期是宋子文的行馆，后成为国民政府接待外国贵宾的地方。1942年至1944年，史迪威将军居住在这里。1991年10月，为了纪念史迪威将军在中美共同反法西斯战争中做出的贡献，更好地发展中美友谊，中国国际友人研究

同盟国中国战区统帅部参谋长官邸旧址

会和重庆市人民政府联合成立了“史迪威研究中心”，并且在该址建立重庆史迪威博物馆。

同盟国中国战区统帅部参谋长官邸旧址占地面积2010余平方米，建筑面积1485.5平方米，是一栋典型的两层近代建筑，砖混结构，既有西方建筑风格，也有山地建筑特色。楼下有地下室。

楼房依山而建，外观略显平实。建筑内部共有10多间大小不等的房屋，其中包括史迪威将军的卧室、客厅、餐厅、会议厅、办公室，以及翻译、副官、警卫等人的住房。在平层临江的一面，还有一个宽阔的走廊，在廊上可以纳凉，欣赏美丽的江边风景。

旧居的地下一层当时是存放军械和随行人员居住的地方。如今辟为数个展厅，共展示有200多张珍贵的历史照片，其内容分为6个方面，按照时间顺序为“史迪威与中国”“征战印缅”“飞虎空军”“驼峰飞行”“美军驻延安观察组”“友谊长存”，从不同角度展示了史迪威将军与中国人民深厚的情谊。

史迪威博物馆是中国唯一一座以外国军人命名的博物馆，象征着第二次世界大战时期中美两国人民共同抗战、友好往来的传统情谊。

战时参谋部会议室

同盟国中国战区统帅部参谋长官邸旧址（重庆史迪威博物馆）是全国重点文物保护单位。

经党中央、国务院批准，国务院于2015年8月13日公布，同盟国中国战区统帅部参谋长官邸旧址（重庆史迪威博物馆）被列入《第二批国家级抗战纪念设施、遗址名录》。

知识链接

史迪威

约瑟夫·沃伦·史迪威，1883年3月19日出生在美国佛罗里达州巴拉特卡市。1904年毕业于西点军校。1926年至1929年，史迪威出任美军驻天津的第十五步兵团营长、代理参谋长。1935年至1939年任驻华大使馆武官。

1941年太平洋战争爆发后，史迪威任中缅印战区美国陆军司令兼中国战区参谋长，指挥盟军抗击日军入侵缅甸。1943年兼任东南亚盟军副司令，在缅北反攻战役中指挥盟军与侵缅日军作战。

同盟国中国战区统帅部参谋长官邸旧址史迪威雕像

在中国任职时期，史迪威不仅积极帮助中国政府和中国人民抗击日本侵略者，还帮助训练中国驻印军、指挥盟军与日军作战等。值得一提的是，他在中印公路通车方面也做出了很大的贡献，为了纪念他的功绩，中印公路被命名为史迪威公路。

在帮助中国抗日的同时，史迪威清楚地意识到，单纯地依靠国民党很难战胜日本侵略者，而中国共产党是新兴力量，值得同情和帮助。于是他安排专人与中共代表进行接触，了解中国共产党的抗战意志和具体情况，甚至还征询其对当时战局的意见，得到了中共领导人的积极回应。1944年7月，在史迪威的努力推动下，延安迎来第一批美军观察组。

因为对中国共产党的同情与帮助，史迪威受到了蒋介石的冷落，又因为政见不同，二人关系变得极为紧张。蒋介石曾经多次要求美国政府撤换史迪威，始终没有得到美方的批准。1944年春，罗斯福派副总统华莱士来中国了解具体的形势，华莱士也认为国民党抗战能力不足。于是8月中旬，罗斯福特意将史迪威晋升为四星上将，要求蒋介石将中国军队全部交由史迪威指挥。这彻底激化了蒋介石和史迪威的矛盾。在回复给罗斯福的电文中，蒋介石表示，如果美方执意要求将中国军队交给史迪威指挥，那他宁可脱离盟国，独自抗日。罗斯福权衡利弊后，只好在10月18日撤换史迪威，改由魏德迈接手其工作。

1945年1月，史迪威任美国陆军地面部队司令，6月任驻冲绳美军第十集团军司令，8月接受琉球群岛日军投降。1946年3月任第六集团军司令。10月12日，在美国旧金山因胃癌病逝。

蒋介石（左）、宋美龄（中）与史迪威（右）的合影

特园

特园位于重庆市渝中区上清寺街道嘉陵桥东村35号，是抗战胜利前后中共和各民主党派活动的重要场所之一，也是三民主义同志联合会的诞生地。始建于20世纪20年代末30年代初，为著名爱国民主人士鲜英的公馆，因鲜英字“特生”，其宅称为“特园”。1941年中国民主政团同盟在特园秘密成立，并将总部设在此处，张澜、梁漱溟等长住在特园；冯玉祥将特园康庄2号借用为市内官邸，经常在这里设宴款待客人；重庆的知名人士也将特园看成是民主运动的场所，经常到这里聚会，甚至还有人寄宿在特园；中共中央南方局的领导人周恩来等也常常在这里居住，毛泽

特园残存建筑鲜英旧居内的雕像，左起：沈钧儒、周恩来、张澜、鲜英

东也3次在特园居住。

1958年，为了修建嘉陵江大桥南引桥，特园所在的小山丘被一分为二，成东、西两座山坡，这就是如今的嘉陵桥西村和嘉陵桥东村。几十年历史沉浮，特园大部分建筑都荡然无存。2008年，重庆政府在特园康庄旧址上建立特园中国民主党派历史陈列馆。2011年又进行了扩建，并且正式对外开放。

特园外有一座大型浮雕，上面刻有“风雨同舟，共商国是”。这座雕塑以重庆特园的史实为背景，形象地描绘出当时毛泽东、周恩来、董必武与各民主党派知名人士在重庆相聚，共同商讨国家大事的情景。

“风雨同舟，共商国是”大型雕塑

特园布局典雅，结构合理，庭院错落有致，恬静优雅，建筑物很多。其中最具代表性的建筑为3处楼房：一为鲜宅，为特园的主体，共有大小房间36间，占地面积2000多平方米，主体达观楼是鲜英夫人亲自设计的一栋青砖建筑。三层楼房，前后各有一个花园，还有一些附属建筑。1938年底，中共代表董必武和周恩来先后抵渝。这里成为中共中央南方局和八路军驻渝办事处活动的主要场所、中共进行统战工作和中国民主同盟开展活动的重要场所，被董必武誉为“民主之家”。爱国将领冯玉祥还手书“民主之家”横匾赠予鲜英，高挂于大门，张澜撰写了楹联：“谁似这川北老人风流善工书善将兵善收藏图籍放眼达观楼更赢得江山如画；哪管他法西斯帝压迫有职教有文协有政治党团抵掌天下事常集此民主之家。”

未毁前的鲜宅大门，门内可见达观楼一角

1940年被日军飞机轰炸后的达观楼

后达观楼毁于一场大火，现在的“鲜英旧居”为以前的书斋小院和偏房，编号为特园路15-23号。该建筑为一幢砖木结构的平房，坐西向东。为纪念真正意义上的“民主之家”所在地，后来在主楼遗址上新建起达观亭。

现存的鲜英旧居，原是鲜宅的书斋小院和偏房

二是平庐，选用的是鲜英八女儿鲜继平的“平”字，一层建筑，有地下室，坐南朝北，中西合璧式砖木结构，占地面积239.86平方米，建筑面积719.5平方米，长17.9米，进深13.4米，高13.3米。可惜在“文革”之中被毁。

在达观楼旧址上建起来的达观亭

三是康庄，选用的是鲜英九女儿鲜继康的“康”字，共有4栋三层一底中西合璧式的砖木结构楼房，坐北朝南，多棱尖顶，两两连在一起，4栋楼房分别编号为一、二、三、四。蓝灰色外墙，小青瓦屋面，板条天棚，罗马柱，第二层有露台，造型精美。抗日战争时期，康庄曾迎来荷兰大使馆、意大利大使馆、苏联军事代表团、盟军军事代表团等借住。后来，日军对重庆实施战略轰炸，康庄的三、四号楼被炸毁，后来又按照旧貌修复。康庄建筑编号为特园路10–16号。

特园康庄建筑

特园中国民主党派历史陈列馆内部共设有4层展厅，由中国国民党革命委员会、中国民主同盟、中国民主建国会、中国民主促进会、中国农工民主党、中国致公党、九三学社、台湾民主自治同盟8个民主党派，以及中华全国工商业联合会、中国无党派人士等历史陈列组成。共展出3000多幅历史图片，1000多份文物史料，1200多件珍贵实物，其中包括冯玉祥题写的“民主之家”匾额、胡厥文家属捐赠的《无髯诗文手稿》《参政员毛泽东在渝市之动态》等，以及鲜英后代捐赠的80多件文物原件。

中国民主建国会分展厅陈列着很多历史照片和文物，都极为珍贵，充分反映了中国民主建国会（以下简称“民建”）从1945年12月16日成立以来，为中国民族独立、人民解放、强国富民所做出的重要贡献。展厅内陈列有黄炎培、胡厥文、孙起孟、成思危等民建中央主要负责人的大量珍

中国民主党派历史陈列馆

贵照片。

特园是全国重点文物保护单位、全国爱国主义教育示范基地。

经党中央、国务院批准，国务院于2020年9月1日公布，特园被列入《第三批国家级抗战纪念设施、遗址名录》。

中国民主党派历史陈列馆内“1945·毛泽东在重庆”雕塑

知识链接

鲜英

鲜英，生于1885年，字特生，四川省西充县人。本名鲜于英，复姓鲜于。著名的民主战士，中国民主同盟创始人之一。

鲜英出生于四川西充一个富庶的乡绅家庭，自幼接受传统私塾教育，熟读“四书”“五经”，同时接触到维新思想，萌生出改良社会的志向。1906年，他考入四川陆军速成学堂，与刘湘、杨森等川军将领成为同窗。在校期间，鲜英秘密加入同盟会，开始参与反清革命活动。

1911年辛亥革命爆发后，鲜英迅速响应，与同学组织敢死队攻占成都凤凰山军械库，为四川独立立下战功。此后，他历任川军第十七镇营长、团长等职，在护国战争、护法运动中率部转战川滇黔三省，以勇猛善战著称。

1921年，刘湘任川军总司令，驻守在重庆，委任鲜英为总司令部行营参谋长兼重庆铜元局局长。1925年，出任江巴卫戍司令，驻防在重庆。1933年春，与张澜一起代表刘湘前往广西，与白崇禧、李宗仁等共同商量反蒋抗日，并在1937年，同张澜等人代表刘湘与中共代表签订联合反蒋抗日的秘密协定。

1938年，周恩来向张澜表示，中共想在西南地区开展活动，但没有一个合适的活动场所开展统战工作。张澜回到重庆后，便与鲜英商量此事。当时，国民党当局对中共活动极力阻挠，很多人害怕受到国民党的迫害，即使重庆设有八路军办事处也不敢前去。于是中共想要寻找一个相对安全的地方。同年底，周恩来、董必武等人来到重庆，与鲜英相见，提出想要借用鲜英的住宅特园作为中共联络活动的场所。

鲜英是张澜的学生，在张澜的影响下经常与共产党人、进步人士交往，思想极为开明。当他听到周恩来提出想法后，丝毫不畏惧国民党当局的高压，坚定地说：“特生久有报国之志，今天周先生、董先生如此推心置腹，为共赴国难，我一是愿意，二是不怕。”就这样，特园成了中共中央南方局和八路军驻重庆办事处开展抗日民族统一战线活动的重要场所和秘密基地。从那以后，特园几乎每天贵客盈门，爱国人士纷纷到访。

鲜英古道热肠，待人接物极为热情。门上宾客络绎不绝，常常在家中开设流水宴席。为了提高鲜宅家宴的品位，鲜英还专门聘请著名的厨师，将很大一部分资金都用在招待客人上。出于感谢，董必武给特园取名“民主之家”。在鲜英的不断支持下，特园逐渐成为真正的民主之家。中共人员、国民党左派、军政要员以及社会知名人士经常齐聚特园，商讨国家大事。抗战时期，鲜英担任中国民主同盟中央执行委员兼重庆支部主任委员。

全国抗战爆发初期，中国共产党的力量还不够强大，但是鲜英毫不畏惧，勇于支持共产党，足见其是一个具有爱国主义精神之人。当时国民党对其恨之入骨，不仅常常派人监视，还威胁恐吓，但这些都没有吓退鲜英为民族独立、人民解放努力的决心。

新中国成立后，作为爱国民主人士，鲜英被任命为西南军政委员会委员和首届全国政协委员，还被推选为第一届全国人民代表大会代表。1960年，鲜英将特园全部房产捐献给国家，举家搬迁到北京地安门恭俭胡同定居。

1968年，鲜英在北京因病去世，享年83岁。1977年8月，鲜英骨灰移至北京市八宝山革命公墓。

20世纪50年代初鲜英在重庆鲜宅后花园，冯玉祥题写的匾额和张澜题写的楹联是从大门移至此处的

张自忠烈士陵园

张自忠烈士陵园位于重庆市北碚区西南隅梅花山麓，北碚区双柏路516号，是为了纪念在抗日战争中英勇牺牲的张自忠将军而修建的设施。1941年动工修建，1942年建成，占地面积666.7平方米，原为张自忠将军墓园。新中国成立后，进行多次改扩建，更名为现名。

陵园依山而建，坐南朝北，占地面积约1.67万平方米。主要建有纪念广场、张自忠将军铜像、张自忠将军纪念馆、张自忠将军墓、抗战文化群雕等纪念设施。

纪念广场占地面积570平方米，建有青铜群雕墙，长23米，高4米，雕刻有25个人物形象，

纪念广场上的青铜群雕墙

反映了中国军人在抗日战场浴血奋战的场景。背景红砂石寓意长城，表现抗战将士誓死保卫河山、保卫国家的忠心赤胆；红砂石构成阿拉伯数字“1940516”形状，寓意张自忠将军牺牲的时间。

从陵园外的纪念广场进入大门，首先看到的是张自忠将军全身戎装铜像，高2.5米，基座高1.5米。2010年5月16日，在纪念张自忠将军殉国70周年时建成并举行揭幕仪式。

张自忠将军戎装铜像

纪念馆是为了纪念张自忠殉国50周年而建，占地面积约833平方米，建筑面积208平方米，1990年建成。馆内陈列张自忠将军荣誉状、国民政府褒扬令等史料和文物，详细介绍了张自忠将军的履历、生前参加过的战役、牺牲后国共两党及各界人士举行的祭奠活动，以及新中国成立之后将军殉国日各界举办的纪念活动等。

张自忠将军纪念馆

张自忠将军墓坐南朝北，依山而建。墓前的墓碑上由冯玉祥题隶书“张上将自忠之墓”。墓以条石镶边，青石砌拱封顶，形成全封闭的半圆弧形。墓高2.64米，周长21米，占地面积3267平方米。墓旁东侧另立石碑，刻有张自忠将军家人撰写的墓表。陵园所在的梅花山原名雨台山，冯玉祥借用史可法扬州梅花岭殉国并葬衣冠墓于岭之义，将雨台山改名为梅花山，书“梅花山”3个大字，每字1米见方，刻于墓前石栏。

张自忠将军墓

张自忠烈士陵园是全国重点文物保护单位、国家级烈士纪念设施。

经党中央、国务院批准，国务院于2020年9月1日公布，张自忠烈士陵园被列入《第三批国家级抗战纪念设施、遗址名录》。

知识链接 张自忠将军归葬重庆

1940年5月，第三十三集团军总司令、第五战区右翼兵团总司令张自忠在枣宜会战中率部由湖北宜城渡襄河截击南撤日军，奋战9昼夜，陷入日军重兵包围，负伤多处仍坚持指挥作战，于16日在宜城南瓜店壮烈殉国。

日军对张自忠肃然起敬，将其遗体抬到陈家集日军第三十九师团部驻地，用酒精擦拭干净，白布包裹，临时葬在当地陈家祠堂后面的一块空地上，并在墓前竖起了一块写着“支那总司令张自忠之灵”的木牌。

第三十八师师长黄维纲心痛万分，立即组织敢死队，想把张自忠的遗体抢回来。当天晚上，他率部对日军展开突袭，大战两个昼夜，终于抢回了张自忠的遗体，一路护送至第三十三集团军总部所在地。冯治安副总司令对张自忠的遗体重新装殓，先护送到宜昌，再用轮船护送到重庆。

在灵柩转运过程中，每到一处，各界人士都会前去祭拜，表达哀思与崇敬。5月21日，灵柩运抵宜昌，各界代表在杨岔路远迎。人们抬着张自忠的灵柩缓步前行，在东山公园入口处灵棚举行公祭。在公祭的3天里，虽然日军低空侦察，但无人躲避，大街上挤满了祭奠和送行的人。5月28日，灵柩运送至重庆朝天门码头时，储奇门下已经聚集了10万余人等候祭奠。蒋介石、冯玉祥等手臂上都戴着黑纱，静静地站在码头上，迎接灵柩，并且登上轮船绕棺以表追思。之后，国民政府发布国葬令，将张自忠的牌位供奉于忠烈祠首位，并且颁发“荣字第一号”荣哀状。

当时的《移灵日志》记载了转运张自忠灵柩的全部过程：1940年5月21日，灵柩自快活铺出发，11时抵达荆门，下午3时抵宜昌。23日，灵柩转由“民风轮”送过巴东，泊巫山。24日，抵达奉节，又过云阳，抵万县。25日，过忠县，泊阳元石。26日，停泊重庆唐家沱。28日晨8时，灵柩抵重庆储奇门，蒋介石及各院部长亲临迎接；18时抵北碚。30日8时，北碚各界举行公祭，追赠张自忠为陆军上将。

张自忠将军遗体运抵重庆，军民纷纷祭奠

张自忠将军国葬仪式

为了不影响全国军民的抗日士气，国民政府并没有立即公布张自忠的死讯，而是在一个月后，1940年7月7日七七事变3周年纪念日才公布。中国共产党得知这一消息后也深为震惊。8月15日，延安各界人士为张自忠举行追悼大会，毛泽东、周恩来、朱德分别送上挽词。

11月16日，国民政府军政要员和当地各界代表，在重庆北碚梅花山为张自忠举行“权厝下葬仪式”，让亡灵安息。1985年，重庆市人民政府拨专款修葺和扩建张自忠将军墓，并且修建了张自忠将军生平事迹陈列馆，以供后世之人前来吊唁和学习。

四川省

赵一曼纪念馆

赵一曼纪念馆位于四川省宜宾市翠屏山腰的原翠屏书院，是为了纪念中国共产党的优秀党员、杰出的抗日民族英雄赵一曼同志而修建的纪念馆。建于1960年，后历经修缮。

纪念馆占地面积约6000平方米，建筑面积约2900平方米，馆舍系古典庭园式建筑。主要设施有赵一曼汉白玉雕像、纪念馆等。

纪念馆前庭院中央是一尊汉白玉赵一曼烈士全身雕像，正门上方是朱德1963年亲笔题写的"赵一曼纪念馆"馆名。

馆内共设4个展厅，通过展示与赵一曼烈士相关的实物、照片及各种文献资料，翔实介绍了赵一曼烈士为革命事业做出的巨大贡献。还展出了多幅国家领导人给赵一曼烈士的题词，表达了祖国和人民对赵一曼烈士的深切悼念之情。第一展厅主要展出老一辈无产阶级革命家给赵一曼烈士的题词及赵一曼的大事年表；第二展厅主要展出赵一曼烈士从一个大家闺秀成长为一名革命战士的光辉历程；第三展厅展出了赵一曼烈士到东北之后领导当地革命斗争的英勇经历；第四展厅则展示了赵一曼烈士被俘之后在狱中与日军进行的英勇不屈的斗争。

赵一曼雕像

赵一曼纪念馆

赵一曼纪念馆是全国爱国主义教育示范基地。

经党中央、国务院批准，国务院于2014年8月24日公布，赵一曼纪念馆被列入《第一批国家级抗战纪念设施、遗址名录》。

知识链接 赵一曼

赵一曼原名李坤泰，优秀的中国共产党员，抗日民族英雄。1905年出生在四川宜宾。

赵一曼烈士

五四运动时期，赵一曼深受革命思想影响，立志从事革命活动。在她的姐夫郑佑芝的引导下逐步走上革命道路，先后在武汉、上海等地学习并从事革命工作，1926年加入中国共产党，后前往苏联莫斯科中山大学学习，其间与同学陈达邦结婚。1928年冬，赵一曼根据党组织指示回国从事地下革命工作，曾先后在宜昌、上海、南昌等地参加革命斗争。

1932年冬，遵照党组织安排，赵一曼来到已经被日军占领的东北地区领导抗日斗争。刚到东北的时候，赵一曼主要在沈阳、哈尔滨等地领导工人斗争，1934年7月，赵一曼来到哈东抗日游击区，担任珠河县（今尚志市）中心县委特派员、铁北区委书记，并在第二年担任东北人民革命军第三军第一师第二团政委，被战士们亲切地称为“我们的女政委”。由于作战勇敢，给日、伪军造成了沉重的打击，赵一曼也频频出现在日伪报纸上，成为他们的眼中钉。

在1935年11月的一次战斗中，赵一曼不幸腿部受伤被日军俘获。知道被抓获的这名抗联女战士就是赵一曼，日军欣喜若狂，迫不及待地想要从这位瘦弱的女子口中获得关于抗联部队的重要情报。

但日军没有想到赵一曼居然能够扛过那么多酷刑的折磨，始终没有透露给他们半点有用的信息。丧心病狂的日军不甘心，采取更加恶毒的刑罚来折磨赵一曼。在敌人的折磨下，赵一曼一次次地昏死过去，但始终保守党的秘密，没有透露给敌人一丝一毫。为了从赵一曼口中获取情报，敌人在给赵一曼动刑的同时还给她进行治疗，防止她伤重死去。在治疗期间，赵一曼成功策反了看守她的警察和给她治疗的护士，帮她逃脱日军控制。但不幸的是，刚刚逃脱的赵一曼很快就被日军追上，再次被抓进了监狱。这次日军更加残酷地对赵一曼施以酷刑，但还是一无所获。失去了耐心的日军决定在珠河县公开杀害赵一曼。

在被押解往珠河县的火车上，赵一曼清楚日

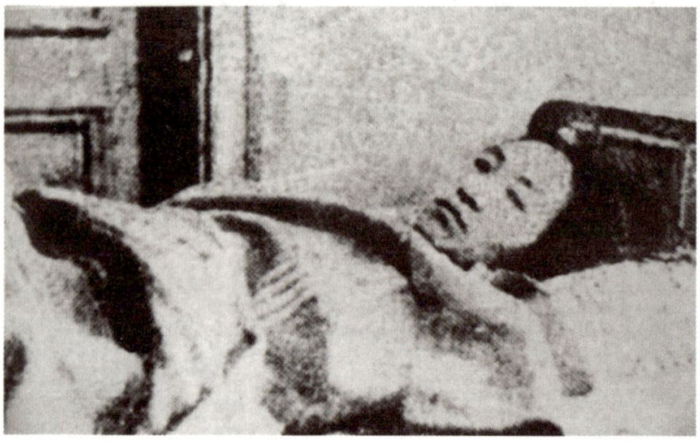

在医院中的赵一曼

军将要杀害她，坦然面对即将到来的死亡，但唯一放心不下的就是她的孩子。1936年8月2日，在被押往刑场前，她给儿子写了一封感人至深的信：

宁儿：

母亲对于你没有尽到教育的责任，实在是遗憾的事情。

母亲因为坚决地做了反满抗日的斗争，今天已经到了牺牲的前夕了。

母亲和你在生前是永远没有再见的机会了。希望你，宁儿啊！赶快成人，来安慰你地下的母亲！

我最亲爱的孩子啊！母亲不用千言万语来教育你，就用实行来教育你。

在你长大成人之后，希望你不要忘记你的母亲是为国而牺牲的！

一九三六年八月二日

你的母亲赵一曼于车中

赵一曼烈士留给儿子感人至深的遗书，每次读起都会让人热泪盈眶。作为一位母亲，她是多么渴望留在儿子身边，照顾他长大成人。但是作为一名共产党员，为了国家的独立、民族的解放，为了党和人民的革命事业，与儿子相隔千里，在白山黑水间战斗，最终献出了自己宝贵的生命。

党和人民永远记得赵一曼烈士为革命事业做出的贡献，新中国成立后，将哈尔滨市的一条街道命名为赵一曼大街，表达了党和人民对这位革命烈士的怀念；在她的家乡四川省宜宾市建有烈士纪念馆，让后人了解和铭记赵一曼烈士为革命事业建立的丰功伟绩。

2009年，赵一曼入选“100位为新中国成立作出突出贡献的英雄模范人物”。

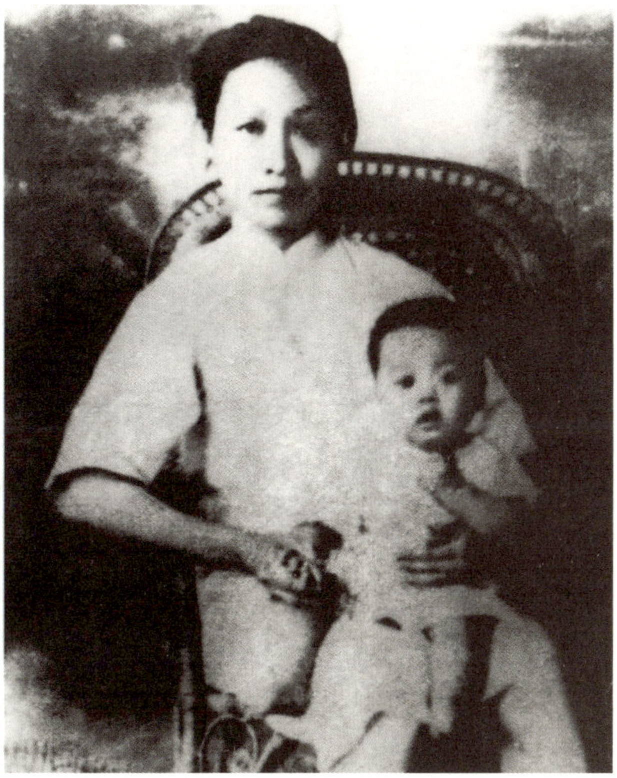

赵一曼与儿子合影

川军抗日阵亡将士纪念碑

川军抗日阵亡将士纪念碑又名“无名英雄纪念碑”，位于四川省成都市青羊区少城街道祠堂街9号成都市人民公园东门前，是为了纪念在抗日战争时期阵亡的60多万川军将士而修建的设施。始建于1940年，1944年塑成，坐落在成都老东门城门洞前，1965年被毁；1989年在万年场二环路口重塑，因当年川军出川抗日是由此出发奔赴抗日战场的；2006年因二环路改建迁往库房保存，2007年迁建在人民公园东门前，因1937年的“四川各界民众欢送出川抗敌将士大会”就是在少城公园（今人民公园）内召开的。

纪念碑坐西南朝东北，通高约8米，占地面积60平方米，由基座、碑身、塑像3个部分组成。

1944年立于老东门城门洞前的无名英雄纪念碑

塑像由著名雕塑家刘开渠主持塑造，以川军邓锡侯部第二十二集团军第四十五军一二五师三七三旅七四五团三营传令班长张朗轩为原型，身着短裤，扎绑腿，穿草鞋，身背大刀、斗笠、背包，胸前插着两枚木柄手榴弹，手里端带着刺刀的步枪，时刻准备冲锋。下面基座上镌刻着纪念碑名称“川军抗日阵亡将士纪念碑”。

纪念碑初次塑造时正值抗日战争时期，刘开渠在创作经费不充裕的情况下克服种种困难完成了此塑像。塑像当时名为“川军出川抗日无名英雄纪念碑”，刘开渠为了表现川军战士表情的坚定，塑像没有眼珠而是两个黑洞，远远望去给人非常深沉地注视前方的感觉，而现在的塑像中没有体现此细节；从体态特征来看，最初的塑像弓腰含胸，探着头，暗含一种在危险情境中冲锋杀敌的姿态，而现在的塑像却身姿更加挺直，显然是一种胜利者的姿态。其外形特征的变化与创作的时代背景有关。

经党中央、国务院批准，国务院于2020年9月1日公布，川军抗日阵亡将士纪念碑被列入《第三批国家级抗战纪念设施、遗址名录》。

川军抗日阵亡将士纪念碑

1989年在万年场二环路口重塑的无名英雄纪念碑

知识链接

川军抗日

1937年七七事变爆发，日本帝国主义发动全面侵华战争，中华民族面临着空前的危急，全国人民掀起了抗日救亡的热潮。远在大后方的四川同样抗日热情高涨。在全民族抗战期间，有300余万四川子弟奔赴抗日前线，64万余优秀的四川儿女献出了宝贵的生命。同时，为了支援全民族抗战，四川人民做出了巨大的贡献，提供稻谷数量占到了全国总量的1/3，另外还有300多万民工积极参与到道路、军用机场等战备设施的建设当中。

全民族抗战爆发后，当时的四川省政府主席刘湘发表通电表示决心抗日，在通电中说："和平果已绝望，除全民抗战外，别无自存之道，要求当局早决大计，甫澄（刘湘字甫澄）愿率川军供驱遣抗敌！"此后，刘湘在不同场合多次表示四川全省可以竭尽所能支持抗战。

1937年8月，川军进行整编，共编成两个集团军，分别是邓锡侯率领的第二十二集团军和刘湘亲自率领的第二十三集团军。部队整编完成后随即开赴前线，出川抗日。

川军出川抗日之时，面临的困难是非常严峻的。当时川军的装备非常差，武器弹药匮乏，冬天在山西打仗的时候很多战士穿的还是草鞋。尽管条件艰苦，但丝毫没有削弱川军将士为国征战的热情和决心。将日军早日赶出中国，是每一位川军将士不可动摇的信念。

四川人民也是深明大义、极具家国情怀，积极支持自己的子弟出川抗日。北川县农民王者成，在将儿子送往抗日前线之前，送给儿子一面"死"字旗。白布旗正中写了个大大的"死"字，旗上写的一段文字感动了每一位中国人："国难当头，日寇狰狞。国家兴亡，匹夫有分。本欲服役，奈过年龄。幸吾有子，自觉请缨。赐旗一面，时刻随身。伤时拭血，死后裹身。勇往直前，勿忘本分！"

川军将领在民族大义面前，将抗日报国看成是军人最为光荣的事情。杨森曾说过："我们过去打内战，对不起国家民族，是极其耻辱的。今天的抗日战争是保土卫国，流血牺牲，这是我们军人应尽的天职，我们川军决不能辜负父老乡亲的期望，要洒尽热血，为国争光。"这段话可谓代表了广大川军将士的心声。

川军出川之后，几乎在每一次大的战役中都能看到他们的身影。淞沪会战、台儿庄战役、长沙会战、豫中会战，都留下了川军将士的鲜血。

淞沪会战中的川军第四十三军第二十六师拼死与日军作战，当奉命撤出战场的时候，全师幸

即将出征抗日的川军

王铭章烈士

存的将士只剩下600余人，伤亡率达80%以上。川军第二十一军第一四五师在师长饶国华的率领下与日军苦战不退，最终饶国华壮烈殉国。

台儿庄战役中，川军第二十二集团军第一二二师在师长王铭章的率领下，死守滕县（今滕州市）。面对装备精良、数倍于己的日军，川军寸土不让，以全军阵亡的代价为台儿庄战役最终胜利打下了坚实的基础。

在1944年进行的豫中会战中，川军将领李家钰在与日军作战中不幸中弹身亡，成为抗战以来川军牺牲级别最高的将领。

刘湘自全民族抗战开始后即带病坚持工作，奔走于各项会议，为抗战奔走疾呼，1938年1月20日在汉口去世。弥留之际，当听到川军在抗日前线打了胜仗的消息，他用尽全身最后的力气说川军打得好。后人在整理刘湘遗物的时候，发现他在一张纸条上写着："出师未捷身先死，长使英雄泪满襟。"

贵州省

二十四道拐抗战公路

二十四道拐抗战公路位于贵州省黔西南布依族苗族自治州晴隆县城西南1千米处的晴隆山，是抗日战争时期西南国际交通运输线中滇黔公路上的一个重要节点和粉碎日军军事封锁的战略要点。1928年1月开始勘探，1936年9月竣工通车。抗日战争时期，为保障每天3000多辆运输车能够将国际援华物资顺利运往前线，美国同盟军中国战区司令部陆军战时生产服务部驻晴隆办事处成立“公路改善工程处”，于1942年由美军工兵技术人员设计，晴隆县民工施工，对二十四道拐抗战公路进行改弯、拓宽路面、加固路基等工程改造。施工条件非常艰险，为赶工期，工人自备干粮和施工工具，夜以继日地整修这条公路。

中国人民在修建滇缅公路

二十四道拐抗战公路全长4千米，由上而下依山势呈弯道盘旋，总计24个弧形拐弯，所以称为“二十四道拐”。起点大水沟位于海拔高达1799米的晴隆山西南坡，盘旋曲行于雄峻陡峭的晴隆山脉和磨盘山之间的一片陡坡上，至终点鸦关关口，直线距离约为350米，垂直高度约为266米，修建于60度的斜坡上，顺山势呈“S”形，被誉为“险峻公路建设史上的杰出典范”。抗日战争时期，在枪林弹雨中为中国抗日战场运送了5万多吨急需物资，被称为“抗日生命线”。日本侵略者窥探到二十四道拐所发挥的重要作用后，不惜代价多次派飞机轰炸二十四道拐及附近之盘江桥，企图使其战略运输陷入瘫痪状态。为了保障这条重要的“抗日生命线”畅通，中国军人、华侨机工、晴隆当地民众与盟军一起，克服重重困

二十四道拐抗战公路

难，不畏艰险，始终保证了二十四道拐道路运输的通畅。二十四道拐抗战公路历史功勋卓著，见证了中华民族生死存亡危急关头的那段刻骨铭心的峥嵘岁月，体现了中国人民“天下兴亡、匹夫有责”的爱国情怀，视死如归、宁死不屈的民族气节，不畏强暴、血战到底的英雄气概，百折不挠、坚忍不拔的抗战精神。

二十四道拐抗战公路是全国重点文物保护单位。

经党中央、国务院批准，国务院于2014年8月24日公布，二十四道拐抗战公路被列入《第一批国家级抗战纪念设施、遗址名录》。

知识链接

二十四道拐公路价值

全民族抗战爆发后，日军对中国东部沿海实施封锁，并大举入侵华北、华中、华南等广大地区。1937年10月，国民政府迁都重庆。为了将国际援华物资尽快运至中国，国民政府先后在西南地区开辟了滇缅公路、“驼峰航线”、中印公路3条重要的国际运输通道，二十四道拐就是3条国际运输通道通往重庆和各战区前线的战略要道和必经之地，担负着输送军事援华战略物资的艰巨重任，具有重要的战略地位。

1937年七七事变后，日军大举侵犯中国华北、华东等广大地区，同时封锁中国对外海上交通，企图置中国于孤立无援之境地。针对这一严峻的战略态势，国民政府不得不在交通方面进行新的筹划，将交通干线划分为国内和国际两部分。鉴于战争形势的发展，国民政府将“首在求取国际线路”作为当时交通建设的重心，打开西南国际陆路交通则是当时交通建设的重中之重，而及时开辟滇缅公路又是打开西南国际陆路交通的最佳选择。由于当时形势急迫，滇缅公路9个月即建成通车，从1938年8月开始实施运输，直至1942年5月被日军切断。在这一时期，经营战时后方运输的国民政府西南运输处（总部设于云南昆明），在昆明、贵阳至重庆之间，投放了4个大队约800辆卡车担负军运，再加上其他系统的车辆，至少不下3000辆货车，而这些车辆在运输过程中基本上都须驶过滇黔公路（少部分通过川滇东路）的晴隆二十四道拐和盘江桥。据统计，仅西南运输处一家，从1939年2月至1941年12月两年多的时间，通过滇缅公路和滇黔公路的二十四道拐及盘江桥运至抗战大后方的军用物资就达22万吨。

抗日战争时期的二十四道拐

1942年5月，日军进占缅甸，侵犯中国滇西，阻断中国赖以生存的最后一条国际陆路通道滇缅公路。为继续支持中国抗战，盟军迅速开辟了从印度东北部阿萨姆邦飞往中国内地的“驼峰航线”，其主要接受地为云南昆明。1942年至1945年，几乎每天都有近100架次飞机往返于“驼峰航线”上。这些飞机从印度运至昆明的是武器弹药、汽油等中国抗战所急需的战略物资，二十四道拐的战略地位和作用更加凸显。援华物资大部分用以供给以抗战陪都重庆为中心的大后方以及川、鄂、湘、桂等各战区，战时一切军需物资的运送，主要依靠卡车运输，通过滇黔公路，晴隆二十四道拐和盘江桥显然为必经之地。据资料记载，“驼峰航线”从1942年5月至1945年8月，共运送战略物资78.674万吨。

在盟军积极开辟“驼峰航线”的同时，被派往中国协助抗战的美军上将史迪威在印度雷多厉兵秣马，决定执行“安纳吉姆”行动方案，即“修建一条公路，从雷多经胡康和孟拱河谷至密支那，最后与滇缅公路衔接起来”。为确保远东战事的顺利推进，盟军认为中印公路还要延伸至当时的陪都重庆，以输送援华物资支援中国的华中和华北战场。因此，在中印公路缅甸段修建的同时，盟军力促国民政府整修川黔公路和滇黔公路，其中包括滇黔公路的二十四道拐和盘江桥，因为这两条公路均属于盟国战区战略物资重要运输线，运输设备、军用物资，甚至车辆的维修、公路的整改几乎全由美国人包办。史迪威将军为推动该筑路计划，辛苦奔波于新德里、兰姆迦、雷多和昆明、重庆之间。中印公路南北两线最终于1945年初相继通车。据当时国民政府《中央日报》报道，蒋介石于1945年1月28日在陪都重庆发表了《中印公路接通的意义》的讲话，并宣布命名该路为“史迪威公路”，以纪念在过去的几年中史迪威将军打通该路之贡献。这样，大西南的国际公路交通线被重新打通，盟国的援华战略物资又源源不断地运入重庆大后方和各抗战前线。

史迪威公路建成通车仪式

通车后的中印公路为军管公路，印缅境内为美军管辖，国内部分（从畹町至重庆）为国民政府军事委员会战时运输管理局负责，一切运输物资均由国民政府统筹支配。据统计，中印公路自通车之日起至抗战结束时止，先后有368支车队通过中印公路向中国运送新汽车1万余辆，各类物资8万余吨，而经中印公路运至昆明的美援华物资、通过输油管送至昆明的燃料及该时期经“驼峰航线”空运至昆明的战略物资共约60.5102万吨，这些抗战物资再通过汽车从昆明经二十四道拐和盘江桥，然后经湘黔公路转运至湖南沅陵、芷江等湘西地区，以及通过滇黔公路、沙八公路或滇黔南路转运至广西前线，主要是服务于1945年的湘西会战以及几乎同时进行的广西诸城收复战。

二十四道拐是中华民族苦难岁月的象征，也是中国人民自强不息的象征，同时亦是中国与英美等世界反法西斯同盟国家共同抗击日本军国主义的友好印记与不屈象征，具有重要的战略地位和非凡的历史意义。

和平村旧址

和平村旧址位于贵州省黔东南苗族侗族自治州镇远县舞阳镇和平街150号，是一组由高大土石围墙圈围起来的建筑群。全称为“在华日本人民反战同盟和平村工作队旧址”。原为晚清时期镇远总兵署的衙门，民国初年成为贵州省第二模范监狱，抗日战争时期成为国民政府军政部第二日本俘虏收容所。从1938年12月国民政府军政部第二日本俘虏收容所迁至此处，到1944年11月收容所迁往重庆巴县，近6年之久，关押日军俘虏达600多人。日本反战作家鹿地亘等称其为“和平村”，此名沿用至今。新中国成立后除高大围墙基本保存完好外，其余大部分原建筑已遭拆毁。1986年8月，根据当年曾关押在这里的康大川及谷川敏三共同回忆的原有房屋建筑布局情况，重建砖木结构的双层单檐悬山顶办公楼及大门内两侧墙根的哑子室、米库两栋单檐单坡悬山顶平房等。

和平村旧址

和平村旧址坐南向北，正门临街，方形围墙面阔66米，进深78米，占地面积约6422平方米。旧址由前后院组成，围墙内有建筑14栋，建筑面积1508平方米，包含办公楼、礼堂、医务室、哑子室、米库、厨房、监视塔等。礼堂放着很多当时使用的物品，周围是操场、厕所、教室、宿舍、菜田等。在旧址内部陈列着老照片、历史资料、当年战俘留下的手工艺品等，能够看到当时日本俘虏的生活场景。当时俘虏制作的手工艺品能在街上售卖，以此来补给生活，他们制作的手工艺品有扇子、雕塑、木屐、小提琴等。

和平村旧址庭院主要建筑

旧址后院只有一个出入口，由士兵持枪把守。围墙4个墙角设有瞭望塔，昼夜都有士兵放哨监控。还有一块大草坪，以供日常运动，日军俘虏喜欢棒球运动，这里也设立棒球场地，多次举办棒球比赛。

当时，和平村的中国管理人员对日本俘虏进行生活、知识、意识等教育指导，采取上课讲授、召开收容所管理人员与俘虏座谈会、社会名流与俘虏座谈会、日常私人接触交流会等方式，其目的就是让日本俘虏认清其国内真相和当前境遇。日军俘虏受感化之后，成为反战同盟成员，离开和平村后来到前线，开展反战宣传，瓦解日军士气，为中国抗日战争胜利起到积极作用。

和平村旧址是全国唯一保存完好的国民政府军政部俘虏收容所，在中国抗日战争史和世界反法西斯战争史上具有十分重要的意义。

和平村旧址战俘餐厅

和平村旧址是全国重点文物保护单位、贵州省爱国主义教育基地。

经党中央、国务院批准，国务院于2015年8月24日公布，和平村旧址被列入《第二批国家级抗战纪念设施、遗址名录》。

知识链接 日本反战同盟

日本反战同盟，是在华日本人在抗日战争时期组织的反战团体。1939年11月7日，日本战俘杉本一夫在山西省辽县（今左权县）麻田镇发起建立中国境内第一个日本人反战团体——日本士兵觉醒联盟，向日军开展反战政治宣传，通过阵前喊话、散发传单、张贴标语、书写标语、寄送慰问信等方式瓦解日军、削弱其战斗意志，以此发挥特殊作用。

杉本一夫，1916年出生于日本，1937年6月随日军来到中国，1938年成为满铁职员军属，同年7月在河北邢台京汉铁路双庙车站工作时被八路军俘虏。最初，杉本一夫觉得被中国军队俘虏是一件耻辱的事，自己要么被杀，要么自杀。八路军干部耐心给他做思想工作，同时给予生活上的关心，还指出了他对一些问题的错误看法。在八路军的多次开导与感化下，他开始不再考虑生死的问题，也接受了学习教育，认识到战争给中日两国人民带来的苦难。最后毅然站在正义反战的一边。

1939年11月7日，被俘日军人员杉本一夫等8人在晋东南八路军总部所在地发起成立中国境内第一个日本人反战团体“日本士兵觉醒联盟”。半个月后，在重庆的日本人成立“在华日本人反战同盟”。尔后，太行、太岳、延安、晋西北、晋察冀、冀南、冀中、冀鲁豫、山东、苏北等各抗日根据地的日军俘虏，相继成立在华日本人反战同盟或日本士兵觉醒联盟支部。其宗旨纲领是：立即结束战争，打倒日本军部独裁，改善人民生活，建立人民政府，建设和平与自由的新日本。基本任务是：在日本人民中，用各种方法宣传联盟的宗旨和纲领，阐明日本侵华战争的本质，启发日本士兵的反战意识，促进日本人民政治上的觉醒，瓦解日本侵略军，削弱其战斗力，争取广大日本人民和侵华日军投身到解放联盟的战线上来。他们利用寄送或散发传单、小册子、报纸、慰问袋等宣传品，以及喊话、写信、打电话等方式，或利用各种关系对日军进行宣传和策反工作。随着反战同盟和觉醒联盟的发展壮大，以及对日军工作的深入开展，日军暴动、逃亡、投诚等事件逐渐增多。1942年8月，延安日本人反战同盟支部和晋东南日本士兵觉醒联盟本部发起召开华北反战同盟代表大会，成立“在华日本人反战同盟联合会”。大会总结反战团体的工作，制定反战同盟的组织法和新的斗争纲领及今后的工作方针。延安《解放日报》发表社论，认为这次大会对开展敌军工作将具有划时代的政治意义。1944年1月15日至2月16日，日本人民反战同盟扩大执行委员会召开会议，总结反战同盟成立后的工作，并宣布成立“日本人民解放联盟”，反战同盟自行融入解放联盟之中。大会选举出解放联盟中央委员会。联盟下属组织，有个人加盟或团体加盟、公开状态或秘密状态的区别。联盟中央委员会之下，设地方协议会，指导所辖地方的联盟工作。如有两个支部以上的地区，则成立地区委员会；如一地区仅有一个支部，则直属地方协议会。至抗日战争胜利前夕，已发展建立2个地方协议会、4个地区委员会、20个支部，盟员达1000余人，为瓦解日军、唤醒日本人的觉悟发挥了特殊作用。抗日战争胜利后，解放联盟成员先后返回日本。

独山深河桥抗战遗址

独山深河桥抗战遗址位于贵州省黔南布依族苗族自治州独山县麻万镇，是为了纪念黔南各族人民在独山地区抗击日军侵略而建立的设施。1944年12月2日，日军攻占独山县城，为抗击日军，中国军队、美国盟军、黔南各族人民在深河桥并肩浴血奋战，侵华日军主力溃败独山城，独山被誉为“抗日战争的转折地”。

深河桥坐落在群山环抱之中，抗日战争时期是黔桂公路的必经之处。深河桥高16.35米，跨度12米，宽5.7米，全长37米，桥墩高度9.5米，是

独山深河桥

广西进入大西南的要冲，也是通往贵阳和陪都重庆的唯一通道。现在的深河桥是一座第二次世界大战后重新修复的石桥。

深河桥始建于明隆庆五年（1571年），历经几百年，它经过多次毁损与修复。周边的地势十分险要，河流深切峡谷，两岸山势陡峭，大有一夫当关、万夫莫开之势。明代大旅行家徐霞客于明崇祯十一年（1638年）三月二十七日，经广西南丹入黔至此，这片深谷和深河桥给他留下了深刻的印象：“有涧自东谷走深崖中，两崖石壁甚陡，涧嵌其间甚深，架石其上为深河桥。”

独山深河桥抗战遗址除深河桥外，还包括黔南人民抗日纪念碑、黔桂公路深河桥路段旧址、廖磊题字碑等，另有新建的独山深河桥抗战遗址纪念牌坊、独山深河桥抗战遗址纪念馆、抗战英烈坛等。

独山深河桥抗战遗址入口是一座高大的牌

深河桥标志碑

“独山卢沟桥”

独山深河桥抗战遗址纪念牌坊

坊，三门四柱歇山顶，横额上书“独山深河桥抗战遗址”。

过牌坊，是一座仿建的被称为“独山卢沟桥”的小石桥，并仿建了“卢沟晓月”碑，以象征全面抗日战争时期“北有卢沟桥，南有深河桥”，一个是抗日战争的爆发地，一个是转折地。碑与深河桥首尾呼应，使整个景区就如一张浓缩了的抗日历史图卷。

过桥是纪念广场，再向前就是独山深河桥抗战遗址纪念馆大门，被称为“团结门”，由4道民族门和中间的中华门共5个门组成，中华门象征整个中华民族大家庭在第二次世界大战中的重要作用，大门旁的两根顶天立地的华表是中华民族的象征，其余4个小门分别代表黔南当年团结抗战的苗族、布依族、水族和瑶族4个少数民族。门与门中间用鹅卵石堆成，象征着在抗日战争中牺牲的民族英烈，是他们用血肉之躯守卫了我们中华民族这个大家庭。

进入院内有一块石碑，上面刻有胡锦涛的题词：“牢记历史，不忘过去，珍爱和平，开创未

独山深河桥抗战遗址纪念馆中华门和胡锦涛题词碑

来。”纪念馆是一座四合院式建筑，2003年启动建设，2005年建成开馆。主房为九开间两层楼，左右各有配房九间。馆内展示了大量历史实景、实物、文字，呈现了中国抗战史和贵州黔南人民、独山人民抗击日军的英勇历史。陈列内容分为4个部分：“日本侵华、民族危亡”“中流砥柱、胜利旗帜”“抗战后方、黔中英杰”“以史为鉴、面向未来”。陈列馆中展示有中国军队抗击日军的巨幅油画和雕塑，还有日军侵华时抗日军民使用的鸟枪、大刀、火药枪、长矛等。拓展训练场是县域内首家以军事主题打造的训练场。

独山深河桥抗战遗址纪念馆和新深河桥

从陈列馆出来，继续往前就是抗战英烈坛。抗战英烈坛是为了祭祀抗战英烈而修建的，和纪念馆同期建成，由大门、回音壁、英魂墙、抗战浮雕、烽火台5个部分组成。大门的建筑形式采用秦汉宫阙风格，以示中华民族统一之必然。回音壁的设计形式昭示历史的回音，向逝去的英烈们传递抗战胜利后国家日新月异的变化和美好幸福的生活，同时也警醒世人要铭记历史，勿忘国耻，奋发图强。英魂墙收录了左权、赵一曼、赵尚志等100位共产党抗日英烈和张自忠、赵登禹、佟麟阁等100多位国民党将领，以及部分贵州籍将士名单，供后人祭奠和缅怀。两边的抗战浮雕主要反映中华民族和黔南少数民族不畏强敌英勇抗争的精神。烽火台是整个遗址园区的制高点，台身中部有《义勇军进行曲》。登上烽火台最高处，整个园区的风光尽收眼底。

抗战英烈坛烽火台和英烈墙

为了纪念深河桥阻击战和独山反击战的光荣历史，独山县人民政府于1994年在深河桥南侧山坡上修筑了黔南人民抗日纪念碑。纪念碑为青石材质，造型为双旗拥剑。基座占地面积50平方米。碑总高7米，碑身竖向阴刻隶书“黔南人民抗日纪念碑”。碑文位于碑身下部，方形，边长1.2米，楷书竖行排列，首题“黔南人民抗日纪念碑记”，落款“黔南布依族苗族自治州人民政府独山县人民政府”。

黔桂公路是抗日战争时期修建的一条重要的交通要道，深河桥路段是抗日战争时期黔桂公路的必经之处，见证了抗日战争时期的历史。

1934年，桂系军阀李宗仁、白崇禧所辖部队进军黔南，借防堵红军之名，行抗阻蒋介石势力伸入广西之实，进驻贵州边远地区。桂军第七军廖磊部驻独山时，利用沿途石碑石刻写标语，宣传“中国人不打中国人”“中国军队不打中国军

黔南人民抗日纪念碑

“中国人不打中国人”标语碑

队”“北上抗日”等。现仅存两处题字碑，一处就是深河桥路段的“中国人不打中国人”标语碑，一处位于独山县城南通桥。

为了怀念在抗日战争中独山牺牲的民族英烈，1940年，独山县基长镇各族人民在东升村竖一块青石制成的“抗日阵亡将士纪念碑”，高1.2米，宽80厘米，方首，额为国民党徽记。原碑破为4块，现保存在县文物所内，现碑则是根据原碑的尺寸大小重新仿制的。

独山深河桥抗战遗址是贵州省爱国主义教育基地。

抗日阵亡将士纪念碑

经党中央、国务院批准，国务院于2020年9月1日公布，独山深河桥抗战遗址被列入《第三批国家级抗战纪念设施、遗址名录》。

知识链接 独山战役

1943年，同盟国反法西斯战争转入战略反攻阶段，日军在太平洋战场上屡遭失败，使南洋（东南亚）各地军队的海上交通线受到威胁。日本大本营为保持本土与南洋的联系，决定打通从中国东北直到越南的大陆交通线，同时摧毁沿线地区的中美空军基地，以保护本土和东海海上交通安全，遂令中国派遣军使用总计约51万兵力，发动打通大陆交通线的作战。

1944年4月中旬至8月初，日军先后发动豫中会战、长衡会战，打通了平汉线和长衡线，攻占了郑州、洛阳、长沙、衡阳等。8月下旬，日军向湘桂边界推进，发起桂柳会战。至11月11日，攻陷桂林、柳州。随后，日军第三、第十三师团沿黔桂铁路向西北进攻；第二十三军沿柳邕公路向西南进攻，于24日攻占南宁。28日，日军南方军第二十一师团一部从越南突入中国，向广西绥渌（今属扶绥）进攻。沿黔桂铁路攻击的日军进入贵州，直逼独山。

面对来势汹汹的日军，蒋介石调遣军队入黔，抵达独山，以最快的速度占领黑石关、白蜡坡、甲捞河桥边阵地，构筑工事，以阻断敌军沿黔桂北犯。因与日军实力相差悬殊，先头部队被击退至黑石关。这时第二十九军军长孙元良立下军令状，要求部队誓死抵抗。当时负责护送军令状的是第二十九军军部办公室主任，带着一排官兵连夜出发，一路上遭受日军飞机的轰炸，不断遭遇埋伏日军的袭击。虽然护送军令状的路途艰险，但他们仍不放弃，最终完成任务。当前线官兵收到军令状之后，士气大振，与日军展开殊死搏斗，阻击了日军的进攻。不料日军迂回山后突袭中国守军。

抗日战争时期的深河桥

12月2日，独山沦陷。日军在这里犯下了烧、杀、抢、掠的罪行。彻底激怒了当地军民，奋起反抗，黔桂湘边区总司令部部队亦发起反击。5日，日军开始从深河桥撤退。8日，中国军队收复独山，10日，收复广西六寨，又收复南丹，日军败撤黔境。

云南省

腾冲国殇墓园、腾冲滇西抗战纪念馆

腾冲国殇墓园位于云南省保山市腾冲县城西南面的来凤山下，是腾冲人民为纪念中国远征军第二十集团军抗日阵亡将士及死难民众修建的烈士陵园。建成于1945年7月7日（即卢沟桥事变8周年纪念日），根据《楚辞》中的“国殇”篇被命名为“国殇墓园”。2013年，经中共中央宣传部批准，腾冲国殇墓园内建立了滇西抗战纪念馆。

中国远征军抗日将士纪念碑

国殇墓园占地面积超过5.3万平方米，以小团坡为起点，建在东北—西南向中轴线上的建筑依次为墓园大门、抗日英烈纪念堂、中缅印战区抗日烈士墓和攻克腾冲阵亡将士纪念塔等。这些建筑以中轴对称，呈台阶递进形式。

墓园大门是一处具有白族风格的建筑，正门的两边照壁绘制着一龙一虎，象征着远征军能征善战，英勇无敌。从大门向里走去，首先看到一块醒目的石碑，上面刻着“国殇墓园”。

国殇墓园正门

走过长长的石板通道，循着石级而上，就来到第一阶台阶。这里有一块隶书刻石，上面嵌有“碧血千秋”4个大字。

蒋介石题、李根源书“碧血千秋”

再登石级向上，就到了第二阶台阶前的挡土墙，从墙的两侧可以上到第二阶台阶。在这一台阶上建造有一座庄严肃穆的祠堂，重檐式建筑，五开间，四面出廊。上檐下悬挂着蒋介石题写的“河岳英灵”匾额，正门上挂着民国时期大书法家于右任手书的“忠烈祠”匾额。祠堂外走廊两侧存放着很多块碑记，其中有蒋介石签署的保护国殇墓园的“国民政府军事委员会布告”、“忠烈祠碑”和第二十集团军总司令霍揆彰的《腾冲会战概要》等。祠堂内外的立柱上还悬挂着很多题联，它们出自何应钦及远征军第二十集团军的将领们之手。走进祠堂，正面为孙中山像及遗嘱，两侧墙体嵌阵亡将士题名碑石20余方，上面共9618人。另外，祠内还有李根源撰写的《告滇西父老书》。

忠烈祠

忠烈祠的左侧是腾冲战役中19位盟军烈士的墓葬，右侧为20位远征军校级军官墓葬及寸性奇陆军中将墓葬。

滇西抗战盟军阵亡将士纪念碑

忠烈祠的后面是一个圆锥形小团坡，其相对高度大约为31米。坡顶上高高耸立着一座纪念塔，塔高10米，专为纪念第二十集团军阵亡将士而立，如同一把利剑直指天空，塔座有“民族英雄”4个大字。塔身东、西、北三面均镌刻着“远征军第二十集团军克复腾冲阵亡将士纪念塔”。南面镌刻“中华民国三十四年岁在乙酉季夏”和第二十集团军总部所撰《腾冲会战概要》。

远征军第二十集团军克复腾冲阵亡将士纪念塔

以纪念塔为圆心，阵亡烈士墓冢向外辐射，自上而下，墓碑林立，一直延伸到山脚。它们分为6个部分，代表着埋葬在这里的6个师的阵亡将士。烈士墓冢共有3646座，安葬了9168名将士的骨灰。

因当时战况激烈，战场的遗体很多已经无法

烈士墓区局部

区分和确认，所以墓碑只好按照烈士生前的编队整齐排列。烈士名字和墓冢中的骨灰也无法一一对应，很多将士都是集体火化，然后再分装到罐中埋葬。这里还有很多无名英雄，他们埋葬在集体墓碑之下。此外，园内还新建有长60米、高4米的大型浮雕石墙一座、铜雕像10组。

远征军第二十集团军抗日阵亡将士墓

在陵园中还有一处特殊的地方，位于墓园大门一侧，地势最低的位置，那就是埋葬着当时驻守在这里的日军少将藏重康美以及他下属的多名日军指挥官的“倭塚”。它是一座圆形墓穴，前面竖立的石碑上有李根源题写的“倭塚”两个大字。之所以当时要修建这个墓穴，其主要目的有3个：一是表示侵略者注定会失败；二是让这些日本人为中国军人陪葬；三是体现我们中国人的人道主义精神。直到现在，日本曾多次提出想要将这些战犯遗骨迎回国内，但始终遭到园方的拒绝。日军侵华犯下滔天大罪，让他们埋葬在英烈脚下，提醒每一位后人不忘屈辱的历史，以及中国人民的不可战胜。

倭塚

滇西抗战纪念馆位于国殇墓园东侧。占地面积约1.47万平方米，建筑面积9492平方米。纪念馆主体采用框架式结构，呈“V”字形，寓胜利之意。主要展陈以抗战实物为主，采用民间收藏与国有馆藏合作的方式，共收藏文物10万余件，展出文物22000件。同时辅助图片、文字以及影像资料，其中图片有1700多张。馆内展览共分为“抗战后方”“御敌前线”“怒江对峙”“绝地反攻”“逐寇出境”“老兵不死”“祈愿和平”“二战兵人展”“日军滇西细菌战罪行展”“阙汉骞将军遗物展”10个部分。

在纪念馆的西侧修建有一座中国远征军名录墙，上面镌刻着已知的所有参与过滇西抗战的中

滇西抗战纪念馆大厅内景

国远征军将士、盟军将士、地方抗战游击队员、地方参战伤亡民众、协同参战部队和单位人员姓名。名录墙是用火山青石建成，象征着远征军将士坚不可摧的意志。在主题墙上镶嵌着中缅印战区盟军徽标，左侧镌刻着魏碑大字“中国远征军名录墙”，下方为铭记碑刻。

中国远征军名录墙

腾冲国殇墓园、腾冲滇西抗战纪念馆是全国重点文物保护单位、全国爱国主义教育示范基地。

经党中央、国务院批准，国务院于2014年8月24日公布，腾冲国殇墓园、腾冲滇西抗战纪念馆被列入《第一批国家级抗战纪念设施、遗址名录》。

知识链接

腾冲战役

1944年5月，中国远征军第二十集团军（下辖第五十三、第五十四军）、第十一集团军（下辖第二、第六、第七十一军和第二〇〇师）以腾冲和龙陵、芒市（今潞西）为目标，发起滇西作战。

5月11日至13日，第二十集团军强渡怒江后，以第五十四军为北路向北斋公房攻击，以第五十三军为南路向大塘子进攻。第十一集团军以4个加强团渡过怒江后，分向红木树、平戛、滚弄（属缅甸）进攻，策应第二十集团军。6月1日，新编第三十九师、第二军渡过怒江，分向松山、龙陵、平戛、芒市进攻。10日，第七十一军主力攻击龙陵。至16日攻入城内，后在日军第五十六师团第一一三联队、永井支队（相当于大队）夹击下撤至黄草坝。第二十集团军战至21日，北路在歼灭日军第五十六师团第一四八联队一部，连克茶房、马面关、北斋公房后，进占瓦甸；南路在击溃日军第一四八联队一部，攻克大塘子、南斋公房、江苴街后，向腾冲发起攻击。

1943年10月，中国驻印军联合英印盟军展开缅北反攻作战

腾冲城是滇西最坚固的城池，兼有来凤山作为屏障，两地互为依托，易守难攻。加上日军经过两年多的经营，在两地筑有坚固工事及堡垒群，准备了充足的粮弹，是一块极难啃的硬骨头。守城日军奉命死守至10月底以待援军到来。

中国远征军决定先攻占来凤山，最后围歼腾冲城守敌。7月26日午时，中国远征军在空军配合下，以优势兵力向来凤山5个堡垒群同时猛攻。官兵们以高昂的斗志投入战斗，血战3日，付出重大牺牲，最终攻占来凤山，旋即扫清南城外之敌，对腾冲城形成四面包围之势。腾冲城墙全系巨石垒砌，既高又厚，城墙上堡垒环列，城墙四角更有大型堡垒侧防。8月2日，中国远征军先以云梯登城，但牺牲惨重，无法立足，继又利用空军从空中轰炸，将城墙炸塌10余处，从缺口强行登城。经12日激战，终将城墙上的堡垒群逐次摧毁。

8月14日，中国远征军以4个整师兵力从南城墙突进城区，与守城日军展开激烈巷战。由于腾冲城内街巷稠密，房屋相连，日军利用民房家家设防、巷巷筑堡，战斗打得异常惨烈。中国远征军每前进一尺都要付出惨重的代价，正所谓“尺寸必争、血满城垣”。由于牺牲惨重，中国远征军又将阻敌增援的第一三〇师投入攻城战役。历经42天的“焦土”之战，终将守城之敌全歼。9月14日光复腾冲城，沦陷了两年零4个月又4天的腾冲城重新回到中国人民手中。

从1944年5月11日中国远征军第二十集团军强渡怒江至9月14日攻克腾冲城，历时127天，所历大小战役40余次，共俘获日军军官4人、士兵60余名，击毙藏重康美大佐联队长以下军官100余人、士兵6000余名，缴获野山炮7门、步兵炮6门、迫击炮10门、重机枪19挺、轻机枪47挺、步骑枪1000余支、汽车20余辆、有线和无线电话机25部，以及其他军用品若干。中国远征军亦伤亡军官1234名、士兵17075名。

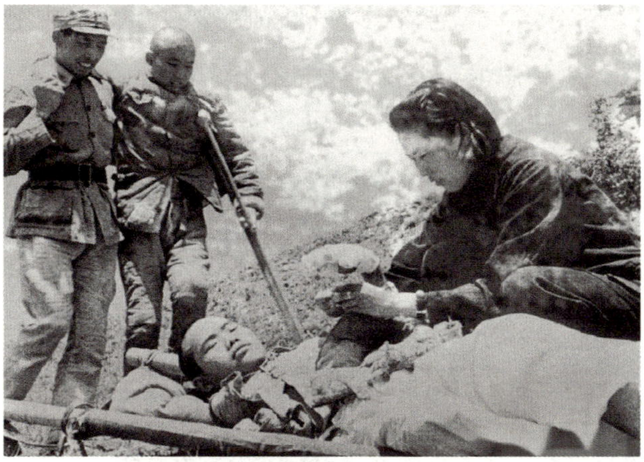

腾冲战役中，一名中国女性正在给一名伤兵包扎伤口

腾冲战役的胜利，是世界反法西斯人民的胜利，粉碎了日军妄图长期占领滇西、威胁中国抗战大后方——西南地区，以挽救其失败命运的美梦，有力地促进了滇缅战场的胜利，在中国抗日战争及世界反法西斯战争史上谱写了光辉的一页。

龙陵抗日战争纪念馆

龙陵抗日战争纪念馆位于云南省保山市龙陵县龙山镇兴农路52号，是为了纪念龙陵抗战而修建的设施。2004年是滇西抗日战争胜利60周年，也是龙陵光复60周年，龙陵县委、县政府在现存日军碉堡所在地修建了龙陵抗日战争纪念馆。2015年对其进行了改造提升。

龙陵抗日战争纪念馆占地面积约为5200平方米，由纪念广场、东卡日军碉堡遗址和纪念馆3个部分构成。以纪念馆为中心，纪念广场上有

《抗战颂》大型浮雕景墙、抗战雕塑、出征泉、纪念坛、怀思池、警世钟等。

龙陵抗战纪念广场

纪念广场入口左右各有一座浮雕墙，分别是《军民共同抗击日寇》和《军民帮忙运输物资》浮雕。入口不远处就是警世钟，上面有“纪念滇西抗日战争胜利六十周年”“警钟长鸣”“勿忘国耻”等铭文。《抗战颂》大型浮雕景墙为红色浮雕墙，重现了当年抗日战士冲锋陷阵的壮观景象，再现了中国远征军发动滇西战役的情景。广场上还立有《龙陵抗日战争简述》《颂凯旋　悼国殇》《龙潞游击队简介》及惠通桥修建原貌碑等，同时还存放着当年修筑滇缅公路时用于碾压路基的2个石碾。

《抗战颂》大型浮雕景墙局部

纪念馆主体建筑为两层框架结构，建筑面积为486平方米，展厅面积为460平方米。一层展厅不定期举办各种短期专题展览。二层设龙陵抗战主体展厅，基本陈列《天地正气，血肉丰碑》，展出的内容主要为龙陵战役、松山战役的概况及抗日战争时期的各种实物。展览共分为“万众一心共筑血线”“日军入侵断我后路”“不甘奴役奋起抗争”“调集大军组织反攻”等8个部分。通过文字、图片、实物、模型及影音结合的方式，以整个龙陵抗战为背景，尽可能地还原当时战争的主要事件和人物，全方面介绍滇西龙陵抗战的整个过程，使民众更加详尽地了解这一段抗战历史。如在日军占领区域，展示有日军践踏下龙陵破败不堪的景象、牢固的松山工事、日军武器弹药的配备情

龙陵抗日战争纪念馆

纪念馆内一景

况等，在中国反攻阵地区域，展示有远征军的武器装备，将士们的生活起居及龙陵三大战役的具体情况等。另外，展厅中还有对盟军队伍、装备以及滇缅公路等的介绍。

东卡日军碉堡为日军侵占龙陵期间设置的军事关卡之一，原为4座，分置于路口南北两侧，主要控制城区出入通道。1944年11月初我远征军围攻龙陵时摧毁3座，现仅存1座。碉堡为六边形，钢筋混凝土结构，四周张着大口的射击孔和它周身密密麻麻的弹孔，似乎在向世人讲述当年战争的惨烈和悲壮。

东卡日军碉堡

龙陵抗日战争纪念馆是全国重点文物保护单位、云南省爱国主义教育基地。

经党中央、国务院批准，国务院于2014年8月24日公布，龙陵抗日战争纪念馆被列入《第一批国家级抗战纪念设施、遗址名录》。

知识链接 龙陵战役

龙陵战役指的是1944年6月至11月，中国远征军第十一集团军在云南西部龙陵地区与日军第五十六师团展开的一系列战斗。

龙陵与芒市相连，滇缅公路从龙陵境内穿行而过。日军第三十三军第五十六师团师团长松山佑三、参谋长川道高士雄率8000多名日军驻守龙陵。

龙陵抗战纪念广场上的《龙陵抗日战争简述》

6月6日，中国远征军第十一集团军抽调精锐部队组成的突击队兵分三路向驻守在龙陵的日军发起进攻。经过两天两夜的激战，突击队不仅切断了龙陵与芒市之间的公路联系，还歼灭了龙陵城外大部分据点的日军。

8日清晨，中国远征军开始向龙陵东南郊的日军发起进攻。日军拼死抵抗，激烈的战斗逐渐打成了拉锯战，猛岭坡先后9次易主。直到17时，阵地才完全被中国远征军所控制。这一战极大地鼓舞了中国军队士气，对龙陵城外的日军发起猛攻。至10日，龙陵城外的所有高地都已经被中国远征军控制，城内的日军被团团包围。同日，第七十一军主力猛攻龙陵城。16日攻入城内，后在日军第五十六师团第一一三联队、永井支队（相当于大队）夹击下撤至黄草坝。

7月7日，第七十一军集结3万兵力，从东、南、北三面向龙陵城内的日军展开进攻，迅速占领了赧场、长岭岗、猛岭坡等据点，并且将龙陵至芒市、腾冲的公路控制在手中。但由于核心据点并未攻克，各类军需物资无法运送到前线阵地，围攻龙陵的部队给养不足。而日军向龙陵守军增援，疯狂地向中国远征军反扑。在日军猛烈的炮火轰击下，中国远征军遭受重创，很多阵地重新落到日军手中。中国远征军被迫撤退，二战龙陵以失败而告终。

9月3日，进攻龙陵的第七十一军和第二军第九师遭日军第五十六、第二师团反击。经7昼夜激战，将日军击退。8日，第八军对松山据点的围攻终于取得胜利，松山日军被全歼，松山至龙陵的公路全部被打通，军需物资很快得到了补给。火力加强之后，中国远征军再次对日军发起进攻。至23日，日军所占领的据点只剩下龙陵和芒市。11月6日，第七十一军歼灭日军第三十六、第二师团各部，攻克龙陵。随后第五十三军沿龙陵至畹町公路追击。20日收复芒市。

龙陵战役是整个滇西反攻战中耗时最长、规模最大的战役。经过3次拉锯争夺、上百次战斗，中国远征军终于夺回了要塞。在这次战役中，中国远征军共投入11.5万人，其中29083人伤亡，共歼灭日军13200人，使得滇西4万平方千米的土地重新回到中国人民的手中，同时也为打通中印国际交通提供了便利，保证了援华物资的运输道路畅通。

中国远征军铜像

国立西南联合大学旧址

国立西南联合大学旧址核心区位于云南省昆明市老城北门街，今云南师范大学一二一校区内。全面抗战爆发后，为保存教育与文化命脉，国立北京大学、国立清华大学、私立南开大学被迫南迁长沙，1937年11月1日组建成立国立长沙临时大学，这一天也成为国立西南联合大学（以下简称“西南联大”）校庆日。由于长沙连遭日机轰炸，1938年2月中旬，国立长沙临时大学西迁昆明。1938年4月，国立长沙临时大学师生陆续抵达昆明，改称国立西南联合大学。抗战胜利后，1946年三校北返，留下西南联大师范学院以西南

西南联大校门复原景观

联大校本部为校址独立办学，更名为国立昆明师范学院。新中国成立后改称昆明师范学院。1984年，更名为云南师范大学。

1979年，人民政府对西南联大旧址“一二·一”运动四烈士墓进行修整，并建成烈士陵园。1982年在陵园内建起了西南联大校史陈列室，1985年扩建为“一二·一”运动纪念馆。1984年至1985年维修了西南联大纪念碑、烈士墓。1990年维修原教室，1995年、2000年维修西南联大纪念馆及西南联大旧教室，2004年、2008年实施旧址修复工程。2011年，云南师范大学成立西南联大博物馆。

西南联大纪念亭

西南联大旧址核心区占地面积4.6万余平方米。因该校诞生于抗日战争时期，校舍因陋就简，现完整留存于旧址内的历史遗存包括西南联大纪念碑、西南联大博物馆、西南联大原教室、“一二·一”运动四烈士墓、镌刻有闻一多撰写的《“一二·一”运动始末记》的石雕火炬纪念柱、“一二·一”运动纪念馆，李公朴、闻一多先生衣冠冢，民主草坪及国立昆明师范学院纪念柱等，是西南联大历史遗存保存相对最完整、最集中的

闻一多先生衣冠冢

核心旧址遗存所在。

在国立西南联合大学旧址的东北角矗立着一座纪念碑——国立西南联合大学纪念碑，立于1946年5月4日，碑为墨石，由碑首、碑身、碑座和石拱券组成，碑首呈半圆形，高0.55米、宽1.23米、通高3.5米。碑额书“国立西南联合大学纪念碑”，由闻一多题写，碑文由冯友兰撰文、罗庸书丹，因此被称为“三绝碑”。碑身雄壮，碑文书法刚劲有力，意味深长，详细地记载了日本自清光绪年甲午以来，尤其是卢沟桥事变爆发之后，西南联大被迫南迁的事情。该碑无论是从历史、艺术方面，还是文学方面，都有非常高的价值。

西南联大博物馆是当年西南联大的图书馆，馆内常设“西南联大历史展”，记述了联大师生的艰难与困苦、成就与辉煌，体现着联大人在特定

国立西南联合大学纪念碑

西南联大博物馆

的历史条件下，挽救民族危亡的坚定担当和心怀民族复兴的强烈使命。

西南联大原校舍极其简陋，教室与实验室、办公室均为土坯墙，上铺铁皮顶或茅草顶，仅有图书馆和食堂为瓦房。原教室建于1939年，是异常简陋的低矮平房，东西向，面宽16米，进深5.8米，教室内有西南联大师生使用过的桌椅两用的座椅，俗称“火腿椅”。师生们就是在这样的环境中教与学，还要时不时躲避空袭。学生宿舍是茅草屋，教授教师们也缺衣少食，生活条件异常艰苦。然而西南联大校园内，教师、学生上下同心，学术氛围浓厚。

西南联大原教室

西南联大原教室内景

“一二·一”运动四烈士墓是为了纪念在1945年爆发的“一二·一”运动中牺牲的于再、潘琰、李鲁连和张华昌四烈士而修建的，墓为长方形。墓道前方矗立着两根石柱，顶端是鲜红的火炬；石柱基座上，刻有闻一多先生撰写的《“一二·一”运动始末记》，墓后石屏为自由女神浮雕。浮雕下，刻有感情真挚的悼诗：“死者，你们什么时候回来？我们从来没有离开这里。死者，你们怎么走不出来？我们在这里，你们不要悲哀。我们在这里，你们抬起头来。哪一个爱正义者的心上没有我们？哪一个爱自由者的脑里没有我们？哪一个爱光明者的眼前看不见我们？”

“一二·一”运动四烈士墓和“一二·一”运动纪念馆

“一二·一”运动纪念馆内设有“一二·一”运动展室和西南联大校史展室。“一二·一”运动展室陈列着有关“一二·一”运动的文字资料、图片、图表和实物，以及毛泽东、周恩来等老一辈无产阶级革命家的题词。展览共分为“运动的历史背景”“一二·一运动”“运动的深远影响”3个部分。“一二·一”运动纪念馆文物藏品共78件，多是“一二·一”运动中的油印、铅印传单，罢课委员会通讯，学生在街头宣传及被殴情况的照片，以及当年西南联大在艰苦环境中办学的照片。还有潘琰烈士的部分遗物。

闻一多先生的全身塑像矗立在民主草坪之中，后面是先生的衣冠冢。民主草坪是当年联大师生讨论学术和宣传民主的地方，也是著名的“一二·一”运动的开启之地。

国立西南联合大学旧址是全国重点文物保护单位、全国爱国主义教育示范基地。

经党中央、国务院批准，国务院于2015年8月13日公布，国立西南联合大学旧址被列入《第

“一二·一”运动纪念馆前的纪念雕塑

闻一多先生塑像

二批国家级抗战纪念设施、遗址名录》。

知识链接 国立西南联合大学

国立西南联合大学由北京大学、清华大学和南开大学联合组建而成。该校在1937年11月1日开始上课，这一天便被定为联大校庆日。

起初，三校迁至湖南合组为国立长沙临时大学。随着日军的进攻逐渐向南推进，长沙面临危

险。为了全面保卫中华教育精华免遭日军的摧残，国民政府决定将国立长沙临时大学迁往云南昆明。

当时师生们分两路去往昆明，一路师生乘火车经京广线到达广州，然后再转到香港，乘船从香港到越南，再经滇越铁路到达昆明。另一路则是步行，一路从湖南西部穿过贵州然后进入云南昆明。这路师生的搬迁之路被称为“中国教育史上的‘长征’”。参加这一路的是210名男同学和11名教师。同学们经体检全部合格，组成湘黔滇旅行团，教师们组成辅导团。旅行团于1938年2月20日从湖南出发。师生们一路跋山涉水，风餐露宿，无论身体还是心理都受到极大的挑战和磨炼。然而他们并没有放弃，沿途了解各地的风土人情，体会各民族人民的生活疾苦，最终历时68天到达目的地。这一壮举让胡适先生感慨万分，说：“联大南迁昆明，当时最为悲壮的一件事情引得我很感动和注意，师生徒步，历时68天之久，经整整3000余里之旅程。后来我把这些照片放大，散布全美，这段光荣的历史，不但联大值得纪念，在世界教育史上也值得纪念！”

到达昆明之后，国立长沙临时大学改名为国立西南联合大学。1938年5月4日开始上课。抗战胜利之后，西南联大在1946年5月4日撤销。该校

西南联大校门旧照

在云南整整8年时间，设有文学、理科、工科、法商、师范5个学院，共26个系。另外，学校还专门设置了电讯和师范两个专修科，还有一个在职教员的普修班和一个先修班。

在云南建校的8年时间里，西南联大曾经开设过两个分校。第一个是蒙自分校。1938年，西南联大仓促搬到云南之后，校舍并没有安排妥当，文学和法商学院只好设在蒙自。过了一个学期后，两所学院才迁回昆明，蒙自分校随之撤销。第二个分校是叙永分校。1940年夏天，越南被日军占领后，出于安全考虑，学校在叙永成立分校，并且安排当年的新生和先修班的学生们都到分校去上课。直到1941年秋，该分校的学生才全部迁回昆明，叙永分校也随之撤销。

西南联大到了昆明之后，校务工作的开展还沿用国立长沙临时大学的安排，由北京大学、清华大学、南开大学三校校长蒋梦麟、梅贻琦、张伯苓组成常委会，三人轮流出任主席一职。当时西南联大办学条件非常艰苦，就连上课的教室也不能妥善安排。刚到昆明时，所有的上课教室都是租用的，整个学校也不能集中到一处，而是分散到各个地方。除了文学和法商两个学院安排在蒙自分校之外，理学院在大西门外的昆华农校，工学院在拓东路上的江西、迤西、全蜀三个会馆。新成立的师范学院借用昆华中学的南院和北院作为校舍使用。

后来，学校购买了昆明城西北地台寺附近约82000平方米的荒地，开始修建属于自己的校舍。1939年春夏交替时，校舍竣工，文学、法商和理科3个学院首先搬入新校舍，结束“寄人篱下”的生活。由于当时经费不足，新校舍统一建成平房，学生宿舍是土墙，用茅草做屋顶，只有教室

西南联大校务委员蒋梦麟半身铜像

西南联大校务委员梅贻琦半身铜像

西南联大校务委员张伯苓半身铜像

和办公室为铁皮顶。1944年4月，学校出现严重的经费不足，为了不影响上课，学校只好把铁皮顶卖掉换钱，换上茅草屋顶。

抗战胜利后，三校决定北迁，西南联大被撤销。为了答谢当地父老乡亲，西南联大在教育部批准之后，决定将西南联大师范学院留在昆明独立办学，并且更名为昆明师范学院。20世纪80年代，又更名为云南师范大学。如今“中国历史名校国立西南联合大学旧址”两行金色的大字镶嵌于云南师范大学正门东侧墙壁上。

西南联大为后人称道的，不仅仅是大师云集、桃李满天下，还有更重要的一点是，它在战火纷飞的年代，依然坚持了教授治校、民主治校、学术独立、学术自由的制度。西南联大设立了校务委员会和教授会，校务委员会是权力管理机构，校务委员会委员由教授会民主推荐，蒋梦麟、梅贻琦、张伯苓3位原校长为校务委员会常委委员，主席相当于校长，由常委委员轮流担任。校务委员会通过民主讨论和决议全面主管全校重大事务。教授会代表由民主选举产生，从未中断。

西南联大教育成就非常突出，培养的人文社会科学方面的著名专家及作家数不胜数，例如汪子嵩、朱德熙、刘国光、汪曾祺、王佐良、王均等。新中国成立后，两院院士中就有164人来自西南联大，“两弹一星”功勋奖章的23位获得者

《聆听》群雕，表现当年西南联大教授为学生们传道授业的场景

中，有6位来自西南联大，2000年以来获国家最高科技奖的9位科学家中，有3位来自西南联大。

抗战胜利纪念堂

抗战胜利纪念堂位于云南省昆明市五华区护国街道办事处景星社区云瑞西路49号。原址为明代黔国公沐氏之国公府，清代为云贵总督署，辛亥革命后改为省立优级师范学校云瑞中学。1945年7月地方政府为纪念龙云（字志舟）功绩改建成志舟堂，1946年为纪念抗战胜利更名为“抗战胜利纪念堂”。1947年初竣工。整体建筑风格独特，堪称昆明近代建筑艺术的典范。新中国成立后，在云南省第一届人民代表会议上，更名为“人民胜利堂”。2006年再次更名为“抗战胜利纪念堂”。2019年被云南省批准为抗战胜利纪念堂博物馆。

抗战胜利纪念堂大门

抗战胜利纪念堂占地面积约1.88万平方米，主体建筑面积大约4600平方米。整体建筑飞檐翘角，传统的歇山顶筒板瓦屋顶，清式斗拱，彩画梁枋，白石勾栏，具有非常鲜明的民族特色。主体建筑周围的设施，鸟瞰整体呈高脚酒杯形状，东西两侧弧形道路为杯壁，北侧为杯口，气势恢宏。整个建筑包括礼堂、过厅、小会议室、办公室、舞台等。其中，礼堂可容纳约1500人。

抗战胜利纪念堂

人民英雄纪念碑位于抗战胜利纪念堂广场中央，1950年12月，昆明市各界人民代表大会在这里埋下了纪念碑的奠基石，1995年2月24日建成。整个纪念碑雄伟壮观，通高27米。碑身正面镌刻着邓小平题写的“人民英雄永垂不朽”。碑后题刻为：“一八四零年鸦片战争以来，为反抗帝国主义侵略，推翻封建专制统治，解放云南，保卫祖国边疆，建设社会主义而英勇献身的人民英雄永垂不朽！”

纪念碑基座为2层。在基座下建有“云南人民革命斗争史”展厅。碑身底座四壁上的浮雕全面反映了云南人民的斗争历史。其中正面的主题为“欢庆解放”，主要的画面为云南人民革命武装与人民解放军野战兵团胜利会师、解放云南、中国人民解放军昆明入城式及昆明人民热烈欢迎解放军的欢乐场景。背面的主题为“‘一二·一’运动中昆明爱国师生游行”，画面有昆明爱国师生为反对蒋介石独裁、反对内战争取民主独立的示威

人民英雄纪念碑

游行，场面浩大，甚至还有流血牺牲的感人场景。东侧主题为“护国军誓师出征”，画面为护国军将领在云南各族人民的簇拥和欢呼声中，在昆明誓师出征的场面，将军正义凛然，一往无前。西侧主题为“禹王山阻击战”浮雕，画面为滇军战士在禹王山与日军殊死搏斗，打得日军溃逃的场面。

“云南人民革命斗争史”展厅入口在人民英雄纪念碑基座下，与纪念堂遥遥相对。进入地下一层展厅，主要展陈内容有：“戍疆怒涛　护国首义”“马列先驱　云岭星火”“乌蒙转折　巧渡金沙”“西南一隅荷重任”“烽火遍三迤　朝霞满云岭”“美好蓝图　前程似锦”。展厅采用图片、文字展览等形式对鸦片战争后的云南面貌、云南讲武堂、共产党员李鑫在云南开展革命工作等进行呈现，使参观者对云南人民革命历史有一个全面

人民英雄纪念碑西侧“禹王山阻击战”浮雕

《云南人民革命斗争史》展厅入口

的认识，感念今日幸福生活来之不易。

抗战胜利纪念堂是全国重点文物保护单位、云南省爱国主义教育基地。

经党中央、国务院批准，国务院于2015年8月13日公布，抗战胜利纪念堂被列入《第二批国家级抗战纪念设施、遗址名录》。

知识链接 滇军抗战

全民族抗战爆发后，中华民族面临着空前的危机与挑战，举国上下开始抗击日军，云南省也不例外。

1937年8月，时任云南省政府主席龙云在西安同周恩来、朱德、叶剑英多次见面，后又同机飞往南京参加国防会议。在与中共领导人的交谈中，龙云深深地感受到了中国共产党的抗日决心，决定全力号召全云南的力量，做好抗日准备。

1938年初，中国军队与日军在徐州地区展开生死较量。龙云在云南调集12个团，组成6个旅3个师，编成第六十军，任命卢汉为军长，浩浩荡荡地奔赴前线抗日。这支滇军很快就加入了最惨烈的台儿庄战役。

当滇军到达时，台儿庄的战况对中国军队极为不利，孙连仲部第二集团军被日军围困，随时都面临全军覆没的危险。滇军立即投入战斗。日军兵力雄厚，又有飞机、大炮、坦克等先进武器，实力悬殊，中国军队与日军反复肉搏，伤亡极为惨重。尽管如此，滇军将士并无一人退缩。

4月7日，中国军队取得台儿庄战役胜利，歼灭日军万余人。但是滇军却付出了惨重的代价，损失兵力2万余人，伤亡几乎过半。当徐州会战结束，第六十军到达武汉时，12个团的兵力只剩下了5个团，3个师也被缩编成了1个师。接着，云南又先后编成第五十八军和新编第三军，与第六十军合组为第三十军团，年底又扩编为第一集团军和第一方面军。全民族抗战时期，仅有900万人口的云南共派出22万人的大军奔赴抗战前线，先后参加了徐州会战、武汉保卫战、长沙会战、常德会战等大大小小数百场战役，伤亡官兵10余万人，为抗日战争的胜利立下了汗马功劳。

1937年10月5日，第六十军在昆明举行抗日出征誓师大会

松山战役旧址

松山战役旧址位于云南省保山市龙陵县腊勐乡大垭口村，是1944年中国远征军第十一集团军与日军第五十六师团抢夺松山据点进行战斗的地方。这里悬崖峭壁，沟壑纵深，地势极为险要。1993年，修复了抗日将士公墓等遗迹，修建了18座遗迹说明碑和4座标志说明碑，还修了一条通往山上的公路。

1942年5月，日本侵华部队占领龙陵之后，开始重兵驻守。日军在松山上修筑工事，以松山主峰子高地、滚龙坡、大垭口、长岭岗4个能独立作战的据点为主要阵地。在阵地上，日军配置

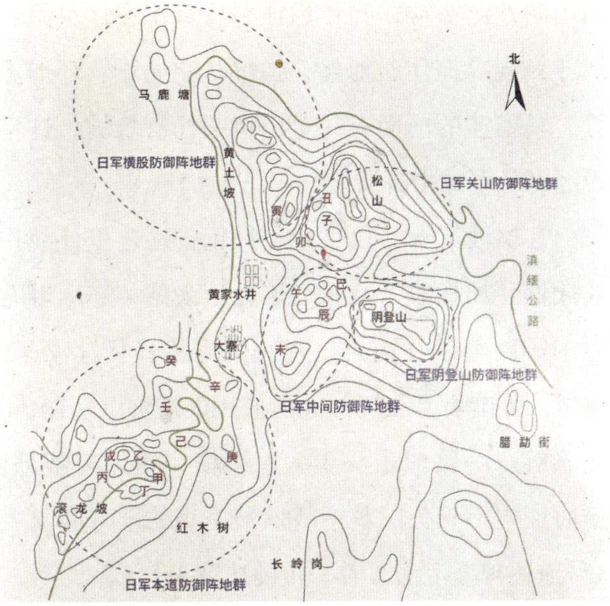

日军松山防御阵地群示意图

战车、山炮、汽车及掩体，还修建医院，设立慰安所，并且给阵地配备通讯、照明、供水系统，储备了大量的粮草和弹药。1944年，中国远征军为夺回龙陵，与敌军展开殊死搏斗，历时3个多月终于攻克松山。

现存的松山战役遗址主要集中在腊勐乡大垭口村东西两侧的松山山顶一带，北至黄土坡，南至阴登山，保护范围大约5.92平方千米，主要包括松山战役遗址纪念碑、滚龙坡战场遗址、侵华

松山战役遗址纪念碑和中国远征军雕塑群局部俯瞰图

日军慰安所遗址、日军蓄水池遗址、马槽洼头战场遗址、核桃洼坡头战场遗址、红帽坡梁子战场遗址、松山顶峰战场遗址、中国远征军雕塑群等，共有遗址69处、遗迹816个，保存完好的战壕约1.32万米。

进入松山，在入口处竖立着一座松山大战遗址纪念园碑，紧接着就是滚龙坡战场遗迹。这里是松山战役中第一个被攻克的外围据点，当时为了攻克这一据点，远征军进攻多达14次，历时29天。走过滚龙坡，就进入了大垭口，在大垭口的山洼中的一块菜地里，竖有18号遗迹碑，碑身上写着“侵华日军慰安所”字样。

松山大战遗址纪念园碑

拾级而上，就可以看到“陆军第八军第一百零三师抗战阵亡将士公墓”碑，落款是“师长熊绶春敬立”，这是当时战役结束后修建的，并保留至今。1944年9月，第八军在大垭口建有阵亡将士公墓和纪念碑。1947年12月，烈士遗骨被移

陆军第八军第一百零三师抗战阵亡将士公墓碑

葬至云南保山市易罗池畔，并在保山易罗池、昆明圆通山修建“陆军第八军滇西战役阵亡将士纪念碑”，而松山公墓原址处纪念碑仍存，增建“松山阵亡将士移葬记略碑”。

继续往山上走，在公路下面，仍存有日军当时修建的蓄水池，虽然时隔几十年，但其并未完全损坏。沿着小路向山坡走去，很快就到了马槽洼，这是通往子高地的要道之一。坡头竖立8号遗迹碑，碑身写着“马槽洼头”。位于马槽洼左边

8号遗迹碑

的山叫作狗头坡，当年远征军与日军在这里激烈战斗，现存掩体、地堡、弹坑、交通壕、环形壕等。马槽洼的前面有一个山包叫作官坟坡，这里曾经是日军的指挥所。

官坟坡下有一块平地，日军曾在这里停放作战武器，如战车、汽车、坦克、大炮等。顺着右边的小路继续往前走，很快就到了核桃洼梁子。这里到处能看到当时战斗所使用的避弹坑、掩体、战壕等。一路向山头走去，纵横交错的掩蔽部、交通壕望不到头，其中战壕最密集的地方竖立着5号遗迹碑，上面写着“核桃洼坡头”。

继续往前走，很快就到了“红帽坡梁子”，这里竖立着11号遗迹碑。红帽坡梁子是通往子高地的最后一个阵地。树林和灌木丛下，随处可见弹坑、交通壕和掩体。

日军战壕遗址

到了松山顶峰，如今可见的是两个巨大的爆破落坑和掘进的地道痕迹。落坑两旁分别竖立着12号、13号遗迹碑。这个高地是日军的重要支撑点，建筑工事非常坚固，有两个母堡和多个子堡。各个堡垒都被掩盖着，并且都为3层或4层。堡垒内有火箭筒、迫击炮、各式机枪、榴弹炮

等，构成浓密的火力网。这给当时远征军的作战增加了巨大的难度。为了攻克此地，远征军在山顶两侧挖出两条坑道，最后利用炸药才摧毁日军的堡垒。

松山战役主战场遗址纪念碑和文保碑

在松山的半山腰，有一个很大的草坪，面积约1500平方米，称作“道人坪子”。这里竖立着14号遗迹碑。这个草坪曾经是日军的练兵场。当年远征军炸毁日军堡垒的坑道就是从这里开始挖掘的。

在松山主峰子高地南侧，有中国远征军雕塑群，是在2013年9月3日，即中国人民抗日战争暨世界反法西斯战争胜利68周年纪念日落成。整个雕塑群由雕塑家李春华创作并捐赠，占地面积大约为17500平方米，由402座单体雕塑组成。每

中国远征军雕塑群

一座雕塑都按真人1：1.2的比例塑造，共分为12个方阵，即将军、夏装士兵、秋装士兵、冬装士兵、驻印士兵、娃娃兵、女兵、跪射兵、炮兵、在世老兵、战马、吉普车方阵。整个雕塑群主要以士兵为主体，并且选取了22位将军代表，如史迪威、戴安澜、孙立人等。

松山战役旧址是全国重点文物保护单位、云南省爱国主义教育基地。

经党中央、国务院批准，国务院于2015年8月13日公布，松山战役旧址被列入《第二批国家级抗战纪念设施、遗址名录》。

松山战役纪念碑

知识链接

松山战役

松山战役又称松山会战、松山之战，是抗日战争时期滇西缅北战役中极为重要的一场战役，

历时95天。

1942年，中国远征军第一次入缅作战失败，滇缅公路被切断。远征军退守到怒江东岸与日军隔岸僵持。松山是要塞，日军在这里修筑工事，将其作为进攻据点和警备中心。1943年春，中、英、美三国政府商定以中国军队为主，配属美、英军各一部发起缅北滇西作战，以保障开辟中印公路和铺设输油管。此时，日军更加认识到松山的重要作用，将这里建设为永久性防御要塞，大修工事，并且配备完善的通讯、水电系统，将松山打造得牢不可破。

松山是封锁滇缅公路的锁钥，地势险要，自古有“飞鸟难过，猴子犯愁”之说。为阻止中国远征军滇西大反攻，日军在松山构筑了各自独立又相互联系的隐蔽阵地。敌堡垒主体分为3层：上层用于观测与射击；中层用于居住、生活、娱乐；下层用作掩蔽部和弹药库。除此之外，最下层还挖掘了一条可通山外的暗道。这条暗道专供日军师、团以上长官临时逃跑之用，当时更是鲜为人知。为了绝对安全，堡垒顶部用四五层厚约70厘米的坚固圆木掩盖，圆木上面又加铺数层厚钢板，钢板上又浇灌厚达1米多的混凝土。如此坚固的工事，重型山炮、榴弹炮狂轰滥炸也奈何不得。日军第五十六师团3400余人驻扎在这里，配有山炮、战车、汽车等军械，设立了医院、发电所。此外弹药、粮食、水源十分充足，生活物资和武器弹药供给可满足日军数千人员坚守两年以上。日军南方司令曾把松山防线称为“东方马其诺”，西方舆论界则把松山称为“东方直布罗陀”。

5月，中国远征军第二十集团军（下辖第五十三、第五十四军）、第十一集团军（下辖第二、第六、第七十一军和第二〇〇师）以腾冲和龙陵、芒市（今潞西）为目标，发起滇西作战。最先攻击松山的是中国远征军第十一集团军第七十一军，军长钟彬历经大小战斗数百次，每次都戴着“常胜将军”桂冠凯旋。谁知这一次，他被胜利冲昏了头脑，先用密集炮火猛轰山头之后，对士兵下达攻击命令。第二十八师的数千士兵密密麻麻铺满山坡，呐喊着冲上山去。当冲到距敌碉堡约50米时，密林深处、乱草丛中地雷似“天女散花”般爆炸，士兵们成团成排倒下。地雷炸响之后，碉堡中的日军开始疯狂射击，前后左右冒出无数火舌。转眼间，山上铺满远征军的尸体。活着的企图躲至隐蔽地，但松山日军火力极度凶猛，山坡上难找一处隐蔽的地方，成批倒下，一个个像石头在山坡上滚动。钟彬决定重新组织进攻。为防止士兵逃跑，他在师、团、营、连、排层层组织督战队，并下达死命令：“敢有怯阵后退者，格杀勿论！”

卫立煌（中间拿望远镜者）等视察松山阵地

新的攻击又开始了。远征军将士们一步一步往山上爬。可惜，这种死拼硬战，在阻击战术精良、工事坚固、火力凶猛的日军面前，只能是鸡蛋碰石头，士兵们成片地倒下。远征军的无数次攻击均遭失败。整团、整营的人几乎打光了，有一个连只剩两名士兵。蒋介石大发雷霆，速将钟彬革职查办，改由何绍周率第八军攻打松山。

何绍周吸取钟彬的沉痛教训，经多次会议研究分析，一致认为松山“只可智取，不可强攻”，决定采用土工作业的方法在松山挖坑道，直通顶部日军堡垒下实施超强爆破。方案既定，何绍周一面派兵佯攻松山守敌，一面抽调大量工兵携带作业器材，夜以继日抢挖地下坑道。战士们挥汗如雨，劳苦不堪，而且随时遭受日军机枪扫射和炮击，终于将坑道挖到日军碉堡下，埋设了10吨TNT炸药。

9月8日，“轰隆”一声巨响，松山顶部2/3的泥土伴随着日军的碉堡飞向天空。第八军主力发起猛攻，歼灭日军炮兵第五十六联队一部，夺下了松山。

大爆破后的日军阵地残骸

南洋华侨机工回国抗日纪念碑

南洋华侨机工回国抗日纪念碑位于云南省德宏傣族景颇族自治州瑞丽市畹町镇花桥路22号南侨机工回国抗日纪念公园内，是为纪念南洋华侨机工（以下简称“南侨机工”）回国参加中国人民抗日战争暨世界反法西斯战争的丰功伟绩、弘扬其爱国主义精神而建立的设施。纪念碑建于抗日战争胜利60周年的2005年；纪念馆于2014年9月3日，即抗日战争胜利纪念日奠基，2017年7月7日，即全面抗战爆发80周年开馆。

南侨机工回国抗日纪念公园入口

畹町是原滇缅公路中国段之终点，纪念公园坐落在原畹町森林公园的半山腰。公园占地面积近1万平方米，建筑面积5378平方米，展陈面积2967平方米。中心建筑是南洋华侨机工回国抗日纪念碑。纪念碑气势雄伟，巍然屹立。在此处俯瞰滇缅公路，对面就是邻邦缅甸。

拾级而上，经过各有60级带有汉白玉栏杆的双蹬道台阶来到一个四方平台，这里矗立着南洋华侨领袖陈嘉庚先生的铜像。60级台阶，象征抗战胜利60周年。陈嘉庚先生眺望着远方的畹町桥，像在赞许华侨机工回国抗日的伟大壮举。青色福建花岗岩底座上的“华侨旗帜，民族光辉”，是1945年11月18日在重庆各界召开的“陈嘉庚先生安全庆祝大会”上，毛泽东同志赠送条幅上的题词，1984年邓小平同志为陈嘉庚纪念馆书写。

陈嘉庚塑像后同样是双蹬道的37级台阶，寓

陈嘉庚先生塑像

南洋华侨机工回国抗日纪念碑

意抗战爆发时间是1937年。经过台阶，就来到了纪念碑前。红色的碑身高16米，雄伟壮观，直冲云霄，象征中华民族冲破黑暗，走向光明；上端四条金色横带，代表抗日战争时期中国四万万同胞；南洋机工荣誉证章镶嵌其间，标志着海内外同胞同心抗战；碑座为黑色，宽6米，高3米，共3层，寓意“九三”——抗战胜利纪念日。碑身正面金色“南洋华侨机工回国抗日纪念碑”，碑座正面“华之魂 侨之光”均为启功先生题写。

碑后是记述南侨机工回国抗日的浮雕长廊，正面6根柱子，代表抗日战争胜利60周年。右侧为纪念碑碑记；中间浮雕分别为召唤篇、送别篇、筑路篇、铁流篇、蹈火篇、胜利篇；左侧是南侨机工英名录。浮雕下方的“百雀图”，寓意美丽的孔雀之乡德宏。

南洋华侨机工回国服务团荣誉纪念章雕塑

南洋华侨机工回国抗日纪念馆位于纪念碑东侧，外形像是一座形断意连的“畹町桥”。采用钢架结构，分为地上三层、地下一层。内设展厅、报告厅、3D影视厅、展示厅、情景再现厅、文物库房、抗战雕塑等设施，收集了与南侨机工有关的实物、史料、照片、书籍、音像制品等2000余件（册）。展厅分为“祖国召唤　告别南洋”“革命母亲　赤子忠心”“血线抢运　壮志凌云”“滇缅公路　生死与共”“忍辱负重　重聚生力”“反攻战轮　逐敌国门”“抗战胜利　英雄无悔”“历史功勋　千秋铭记”8个部分，采用声、光、电与实物结合的方式，全面、客观、真实再现南侨机工回国抗战的历史事件和丰功伟绩。

纪念馆室外，展陈有抗日战争时期南侨机工驾驶过的汽车、回国劳工公约碑、劳工英雄碑等。

南洋华侨机工回国抗日纪念馆

南洋华侨机工回国抗日纪念碑是全国爱国主义教育示范基地、云南省爱国主义教育基地。

经党中央、国务院批准，国务院于2015年8月13日公布，南洋华侨机工回国抗日纪念碑被列入《第二批国家级抗战纪念设施、遗址名录》。

知识链接　滇缅公路上的南洋华侨机工

1938年8月底，滇缅公路正式通车。负责相关运输事务的“西南运输处”大量招募和训练司机。东南亚华侨领袖陈嘉庚先生得知祖国需要大量汽车司机和修理人员后，即发布公告，号召华侨中的年轻司机和技工回国参加抗战。众多爱国华侨踊跃报名，有的甚至放弃优厚待遇，志愿回国援助抗战，被编为“南洋华侨机工回国服务团”，即“南侨机工”。

太平洋战争爆发后，援华物资运输只剩下唯一一条国际援助通道——滇缅公路。当时国内卡车司机匮乏，应国民政府西南运输主任宋子良请求，南侨总会发布《征募汽车修机驶机人员回国服务》的通告，招募回国服务志愿人员。来自马来西亚、新加坡、泰国、缅甸等地数千名华侨青年机工分批回国。槟榔屿筹赈会专门组织成立汽车司机分会，负责组织和安排招募华侨机工，为机工补习文化、进行军事训练。据统计，共有3200余位南侨机工分9批回国，在昆明经西南运输处训练所训练后，编队奔赴运输前线为抗战效力。

一大批华侨开着华侨捐助的卡车，克服疟疾传染、路途险恶、泥泞多雨等诸多困难，流血流汗运输着华侨捐献的物资，成为滇缅线上一道独特的风景线。据统计，仅1939年至1942年的3年间，共抢运50多万吨军需物资。至抗战胜利时，超过三分之一的南侨机工因翻车、伤病或日军轰炸等而牺牲，为中国抗日战争的胜利做出了不可磨灭的贡献。为了纪念他们的功绩，1985年云南省人民政府修建“南洋华侨机工回国抗日纪念碑”，以表尊崇。

怒江驼峰航线纪念馆

怒江驼峰航线纪念馆位于云南省怒江傈僳族自治州泸水市片马镇片马村，是为了纪念中美两国人民共同抗日、牺牲于驼峰航线的中美飞行员而修建的设施。始建于2004年7月6日，2005年11月竣工，12月21日正式对外开放。

1943年3月11日，美国机长吉米·福克斯与中国飞行员谭宣、王国梁接到飞行任务，从中国昆明巫家坝机场飞往印度汀江。他们在驾驶中国航空公司C-53运输机飞行途中，遇到了低气压、强气流的恶劣条件，不幸失事，坠落在泸水县片马镇境内，当时搜救未果。1996年6月，缅甸猎人在海拔3325米、距离中缅边境线靠近中国的一侧发现了C-53坠机残骸，11月17日，缅方将这一消息通知给中方，中方非常重视，泸水县人民政府立马派人守护坠机残骸。1998年，在云南省人民政府的支持下，怒江州、泸水县经过多方努力，在3月30日将C-53坠机残骸分割成三部分运送到泸水县，结束了长达540天的坠机守护，暂存于片马抗英纪念馆中，并在C-53坠机地点设立纪念标志。2003年，泸水县委、县政府决定筹资建立以C-53坠机残骸为主体的纪念馆。2005年建成了怒江驼峰航线纪念馆。

C-53坠机发现现场

纪念馆坐北朝南，框架式砖混结构为主，外形像一架第二次世界大战时期的运输机。总占地面积3300平方米，建筑面积1209平方米，展陈面积1040平方米。以原中国航空公司坠机C-53运输机为主题，展览分为4个部分：第一部分“开凿滇缅公路”；第二部分“飞虎雄风”；第三部分“开通死亡航线”；第四部分“寻找吉米·福克斯”。

怒江驼峰航线纪念馆

第一部分“开凿滇缅公路”，详尽介绍了滇缅公路开通的原因、经过和在抗日战争时期所起到的重大作用，尤其对南洋华侨机工回国服务团的伟大功绩进行了歌颂和赞扬；第二部分“飞虎雄风”，展示了为保护滇缅公路运输线的畅通，陈纳德将军创建并率领“飞虎队”在支援中国的抗日战争中建立的不朽功勋；第三部分“开通死亡航线”，介绍了日军占领缅甸、切断同盟国援助中国抗击日本的滇缅公路后，盟军开辟“驼峰航线”支援中国抗战，以血肉之躯完成了此次世界战争空运史上持续时间最长、条件最艰苦、付出代价最大的一次悲壮的空运；第四部分“寻找吉米·福克斯”，展示了中国航空公司的C-53运输机坠机的经过，机组人员包括美国机长吉米·福克斯、中国副驾驶员谭宣和报务员王国梁全部失踪，中美军民组成的营救队历尽艰辛进行搜索但未找到，直到1996年6月坠机残骸才被一位缅甸猎人在原始森林无人区中狩猎时发现，得知这一消息后中方十分重视，泸水县派专人守护坠机残骸达540天。

怒江驼峰航线纪念馆展出的C-53运输机

目前，展馆内修复并展出了C-53运输机。

为了使馆内展览内容更加丰富，辅助展示更多的历史图片、文献资料和实物，泸水县管理部门先后到昆明、怒江及缅甸境内征集相关的文物，得到了大量的历史图片和文献资料，另外还收集到其他一些坠机残骸。

怒江驼峰航线纪念馆是目前世界上唯一陈列

国民政府发给来华助战外国飞行员的识别保护标志，上面印有“来华助战洋人，军民一体救护”

有完整驼峰航线坠机残骸的专题性展馆，是中美两国人民向往和平、维护世界和平的历史见证。

经党中央、国务院批准，国务院于2015年8月13日公布，怒江驼峰航线纪念馆被列入《第二批国家级抗战纪念设施、遗址名录》。

知识链接

驼峰航线

1941年太平洋战争爆发后，从美国西海岸经中太平洋的航线全部中断，运输援华物资必须绕道南太平洋，再穿过印度洋到达加尔各答。如从美国东海岸启航，则需经大西洋进入印度洋，到卡拉奇、孟买等地。两条航线同样遥远，均超过2万千米。加之德、日两国的潜艇时常在大西洋、印度洋出没，攻击盟国运输船队，使从美国到印度的海运更为困难。而运至印度的援华物资，还要经漫长的铁路，运往空运中心汀江，最后空运至中国。印度原本并不发达的铁路系统，成为影响运输的重要因素。但中美运输的瓶颈并不在大西洋、印度洋，也不在印度的港口和铁路，而是飞越喜马拉雅山的空中航线——驼峰运输线。

缅甸沦陷后，为避开日机拦截，盟国运输机只得放弃由缅北密支那、腊戍至昆明的航线，而冒险飞越喜马拉雅山，人们便将这条由印度汀江至中国昆明全长500千米的航线，山脉轮廓形似骆驼背脊的高低起伏，人们形象地称为“驼峰运输线”。

在当时，飞越驼峰要冒九死一生的危险。因为飞机要在7000米以上的高空飞行，这对飞机和机组人员的耗损极大。另外，喜马拉雅山区气象条件复杂，强烈的高空风暴和寒流常常上演机毁人亡的惨剧。驼峰空中航线的开辟，应归功于中

1942年3月，中美共同开辟空中运输航线，即著名的驼峰航线。图为在雪峰间穿行的C-47运输机

国航空公司。1941年11月24日，中国航空公司用老式双引擎运输机成功飞越驼峰，从而争得了印英政府对驼峰航空线的默许。

1942年3月8日，缅甸首都仰光失陷，滇缅国际交通线的出海口被切断了。这样，驼峰航空线就成为中国与盟国联系的唯一通道。27日，中英两国在重庆达成协议，正式批准开辟驼峰航空线。

担任驼峰运输任务的，除了中国航空公司外，还有成立于1942年3月的美国空运队。但空运队仅有泛美航空公司提供的25架老式运输机，由于得不到补充，飞机使用过度，时常出现故障，却苦于找不到零配件，甚至曾发生过将P-34型战斗机的引擎装到C-47型运输机上的事情。1942年全年，空运队通过驼峰只运输了4732吨物资。对中国抗战来说，这简直就是杯水车薪，为此，国民党政府多次向美国政府呼吁：增加援华物资的运输。

此时，美国总统罗斯福也已意识到，中国的抗战在世界反法西斯战争中所起的巨大作用。为增强蒋介石的抗日信心和牵制大量侵华日军，美国政府于1942年12月1日撤销空运队，由空军运输总司令部负责组建印中空运总队，维护和扩大驼峰空运。

为增加驼峰空运能力，美国政府先后提供了数百架运输机，中国政府则担负起修建机场的重任。在此期间，共有上百万中国军民参加修筑机场工程。他们肩扛手提，硬是用简易的工具，在川滇两省先后建起了昆明、宜宾、泸县（今泸州市）、新津、彭山等10多个可供驼峰运输机起降的机场。其中，云南保山机场就是中国政府动员当地民工42万人次修筑的。

在中、美、英三国的共同努力下，驼峰空运不断发展。运输机由1942年3月的25架猛增至1943年9月的248架。到1945年6月，驼峰空运平均每天飞622.4架次，喜马拉雅山上空机声隆隆，平均每分钟就有1架飞机飞过。空运量也随之大幅度增长。1942年7月仅为73吨，到1945年7月就增长100倍，达72682吨。

驼峰运输线的建立，彻底粉碎了日军企图切断中国国际交通线的美梦。但喜马拉雅山恶劣的自然条件，使驼峰运输线经常上演机毁人亡、尸骨难寻的悲剧。据统计，在驼峰航线运转的3年零1个月中，美军共损失飞机468架，牺牲、失踪飞行员、机组人员1579名，甚至比同期美军第十四航空队的作战损失还多。

第二次世界大战结束后，美国《时代周刊》曾有记载：在长达800余千米的深山峡谷、雪峰冰川间，一路上都散落着这些飞机碎片，在天气晴好的日子里，这些铝片会在阳光照射下烁烁发光，这就是著名的“铝谷”——驼峰航线。

中美两国飞行人员在驼峰航线上共同创立了世界航空史上的英雄壮举。飞越驼峰的飞行员们不顾生命安全，战胜艰难险阻，对打败日本帝国主义做出了不可估量的贡献。那些牺牲在驼峰航线的先烈永垂不朽，将长久地被中美人民歌颂。

施甸县抗日江防遗迹群

施甸县抗日江防遗迹群位于云南省保山市施甸县境内，分布于太平、何元、酒房、姚关4个乡镇，是抗日战争时期中国远征军与施甸县当地居民在怒江东岸修筑工事、抗击日军所留下的遗迹。1942年，滇西抗战打响后，我国怒江以西大片国土沦陷日军之手。中国远征军和9.4万施甸县当地居民在全长125千米的怒江东岸沿江设防，共修筑了14座碉堡，开挖了12千米战壕，修建了指挥工事120所，各种类型的火力工事1300余处，修建江防沿江渡口便道310多千米。有了这样的防御工事，日军东进受到了极大的阻力，与中国远征军开启了长达两年多的隔岸对峙局面。

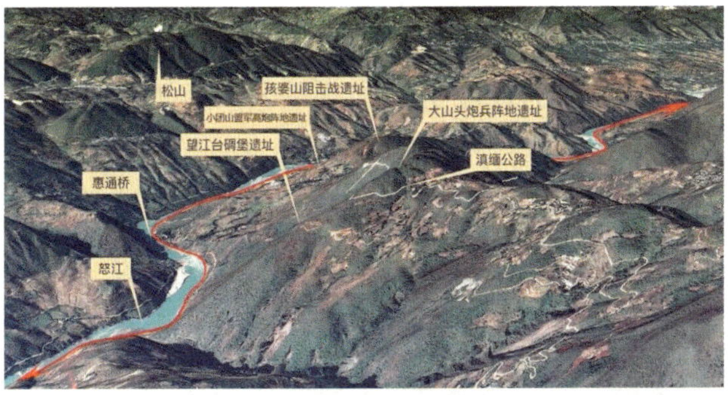

施甸县抗日江防遗址分布图

施甸县抗日江防遗迹群包括大山头炮兵阵地遗址、孩婆山战场遗址、老渡口作战遗址、小团山盟军高炮阵地遗址、中国远征军第二六一团阵亡病故将士公墓、望江台碉堡遗址、三个山碉堡遗址、大蜂子窝碉堡遗址、小金岗元碉堡遗址、小乌木碉堡遗址、二台坡碉堡遗址、大红梁子碉堡遗址、老兵洞碉堡遗址、鱼塘山碉堡遗址、鸡肠水碉堡群遗址、岩子头碉堡遗址、杨家山碉堡群遗址等17处。

大山头炮兵阵地遗址包含整个大山头地区，修建于抗日战争后期，是滇西沦陷时远征军与日军激战怒江峡谷的主阵地之一。现存的主要遗迹有石砌炮位、炮车路、观测哨、掩蔽部和交通壕等。

大山头炮兵阵地遗址

孩婆山战场遗址为滇西抗日江防阵地，覆盖范围大约为1万平方米。1942年，日军进犯滇西，惠通桥守军及时将桥炸毁，阻断了日军的东进之路。于是日军从怒江上游的老渡口渡江，占领了孩婆山的松林头。一时间远征军陷入腹背受敌的险境。就在这紧要关头，第十一集团军第三十六师赶来增援，经过激烈交战，最后击退日军，使日军东进的希望破灭。现存遗迹有战壕、工事等。

老渡口作战遗址为滇西抗日江防阵地。1942

位于惠通桥东岸太平望江台的远征军碉堡

年5月初，日军占领龙陵，远征军炸毁惠通桥，阻断了日军的东进之路。日军改由老渡口渡江，之后被远征军增援部队打回到了怒江西岸，现存主要遗迹有渡口旧址、战壕、工事等。

小团山盟军高炮阵地主要控制惠通桥东岸防空要点。它建于1944年，当时远征军反攻松山、龙陵，美国盟军为了保障惠通桥后方的供应，在此阵地驻扎一支高射炮部队，随时应对日军的飞机突袭。现存主要遗迹为防空壕、高射炮台等。

小团山盟军高炮阵地

望江台碉堡

望江台碉堡、三个山碉堡、大蜂子窝碉堡、小金岗元碉堡、小乌木碉堡、二台坡碉堡、大红梁子碉堡、老兵洞碉堡、鱼塘山碉堡、鸡肠水碉堡群、岩子头碉堡、杨家山碉堡，均为滇西抗日战争时期，远征军第七十一军江防部队所修建。站在高高的碉堡上能够俯瞰数十千米的江面和公路交通，是非常重要的江防工事。碉堡有的为钢混结构，呈长方体、不规则六方体、七方体，有的为土木结构等。

远征军第七十一军八十七师二六一团阵亡病故将士公墓位于施甸县太平镇太平村戈家山自然村东北边跑马场北侧山梁上。1942年远征军炸毁惠通桥，孩婆山战役打响之后，第八十七师奉命增援，防守怒江东岸防线，牺牲的将士们埋葬于此。公墓园区坐东朝西，占地面积大约1万平方米，每到节假日就有当地居民和学生前来祭拜。

施甸县抗日江防遗迹群保存较好，其工事种类丰富，规模宏大，是抗日战争时期少有的军事防御设施，也是极为重要的抗战文化遗产。

施甸县抗日江防遗迹群是云南省重点文物保护单位。

远征军第二六一团阵亡病故将士公墓墓碑正面

远征军第二六一团阵亡病故将士公墓墓碑背面

经党中央、国务院批准，国务院于2020年9月1日公布，施甸县抗日江防遗迹群被列入《第三批国家级抗战纪念设施、遗址名录》。

知识链接

强渡怒江

强渡怒江战役是1944年5月至7月，中国远征军第十一集团军在云南西部怒江西岸与日军第三十三军进行的战役。在这次战役中，美军为中国远征军提供渡江工具和全部的作战补给，并出动炮兵部队对日军阵地实施全天候轰炸。

中国远征军为了迅速占领腾冲、龙陵，打通中印公路，以第十一集团军向驻守龙陵、芒市的日军发起攻击。5月初，第七十一军以及第二军主力决定从惠通桥、毕寨渡、三江口一线渡江。11日夜间，2万多名中国远征军将士在怒江东岸集结，从怒江150千米正面12个渡口乘坐橡皮艇强行渡江。

5月11日至25日，中国远征军在江雾的掩护下顺利渡江，并且冲上了高黎贡山，与日军展开了多次激烈的战斗。当时，中国驻印军队已经开始攻击密支那，想要再增援滇西，显然兵力不足，于是决定中国远征军全部进行渡江作战。第二十集团军为右翼，攻击腾冲，第十一集团军为左翼，突击龙陵和芒市。第七十一军攻克腊勐之后，开始进攻松山，但因日军工事牢固，并占据中国有利地势，第七十一军久攻不下。之后，中国远征军开始向龙陵突击。经过激烈战斗，攻克日军外围据点。就在这个关头，日军增援部队开始奔赴龙陵，尽管中国远征军第八十七师极力阻击，但右翼仍被日军击破，陷入侧背受敌的局面。日军得到增援之后，21日开始向远征军反攻。

1944年5月，中国远征军强渡怒江，开始滇西大反攻

6月初，中国远征军总预备队第八军分批渡江，荣誉第一师加入攻击龙陵的第七十一军，战局逐步开始稳定。28日，第七十一军再次对日军展开进攻。7月7日，遭到重创的日军，开始向龙陵城郊撤退，与中国远征军形成对峙之势。

此战役异常激烈，中国远征军一共投入了2万多人，伤亡7763人，其中4000多人牺牲。在一位目睹怒江战役的美国人的报道中，曾经这样评价中国军队的英勇："在以一个班一个班的对敌军碉堡的自杀性冲锋中……绝大部分伤亡皆产生于企图冲过或更准确地说是爬过机关枪火力网的封锁地带。作为一种纯粹的勇敢的显示来说，进攻是壮烈动人的……一些排长被打死在距日军枪眼的一两米距离内，一些优秀的连长、营长在亲自带队作战中死去或受伤……"战斗的惨烈程度由此可见一斑。

滇缅公路惠通桥

滇缅公路惠通桥

惠通桥位于云南省保山市施甸县和龙陵县交界的怒江上，行政上属龙陵县腊勐镇管辖，因在抗日战争中做出了重要贡献而闻名。《龙陵县志》记载："清道光以前，腊勐无桥，往来皆渡筏。"清光绪年间建成了一座铁链吊桥，取名"腊勐桥"，因桥台设置过低，常遭水患。1935年由杨文清主持，新加坡华侨梁金山等捐资，改建为新式钢索吊桥，于1938年8月建成通车，使怒江东西两岸天堑变通途。1938年12月至1942年5月，"抗战生命线"滇缅公路利用惠通桥连接地势险峻的怒江抗战重地保山和龙陵，共45万多吨的国际援华物资经此运往西南后方。1942年5月5日，日军进攻滇西地区，为了阻止日军从惠通桥通过，直逼远征军大后方，守桥军人将东岸桥塔炸毁，主索炸断，整个桥架坠入怒江之中。1944年中国远征军大反攻前，中美两国工程人员对惠通桥进行修复改建。1974年，惠通桥停止使用。

惠通桥是怒江上的第一座钢缆吊桥。桥长205米，跨径190米；两岸桥塔间距87.23米，桥塔为高7.85米的钢架，以4根直径28.75毫米的钢缆为主索锚固在两岸岩壁之内，由上下主索钢缆承重，主索与桥面用圆钢吊杆连成横梁，纵梁与桥面用木材。桥面净宽4.35米，每次可通行7匹驮马（重约2吨）。为满足抗日战争需要，1938年4月至次年2月赶修滇缅公路，惠通桥被改扩建为公路桥，每次可通行一辆载重10吨的汽车。

惠通桥为中国人民最终战胜和消灭日本侵略

惠通桥桥面

者做出了不可磨灭的贡献，因而被誉为“抗日功勋桥”。

经党中央、国务院批准，国务院于2020年9月1日公布，滇缅公路惠通桥被列入《第三批国家级抗战纪念设施、遗址名录》。

知识链接 惠通桥的历史

清道光年间，滇西龙陵当地土司线如纶提议修建桥梁，以方便商旅渡过怒江。当时石墩已经修出水面，但因时局动荡，修建中止。

清光绪年间，地方热心公益人士捐款修桥，建成一座铁链吊桥，取名“腊勐桥”。因为桥台设置非常低，桥面经常遭遇水患，并且还时常面临着被江风吹断的危险。

1928年，龙陵县县长杨醒苍召集当地乡绅和名望之士商讨建桥之事，想将中式铁链桥改成西式钢缆大桥，并邀请英国工程师伍布兰·苏卡生帮忙设计。然而事情并没有如愿，建桥计划暂时搁置。

1931年，邱天培接任龙陵县县长，建桥计划再次被提上日程，组建了18人的建筑委员会筹划，并几次邀请旅缅华侨会长梁金山先生参与建桥，得到了他的大力支持。

1933年冬，梁金山亲自出面聘请印度工程师赖月笙带着他的工程人员来到现场进行指导。除此之外，建桥所用的钢缆、水泥、铁件等都由梁金山从缅甸购买，然后再利用驮马和人力运送到工地。这次新建的大桥仍在原来的铁链桥位置上，为避免水患，在原来桥台的基础上又增高了20米，两岸桥台前沿相距约87米。桥塔为高7.85米的钢架，主索为4根直径为28.75毫米的钢缆，固

爱国华侨梁金山

定在两岸岩壁之内。吊杆为直径20毫米的圆钢，每两根为一副，整座桥共用54副。横梁是高200毫米的槽钢组合，桥面为木板铺设，宽4.35米。这样，怒江上的第一座钢缆吊桥就建成了，并且正式命名为“惠通桥”。

1938年，为了配合滇缅公路的修建，惠通桥改建为10吨荷载的公路桥。其主要的工程方案为：原桥台不变，两岸钢架桥塔用混凝土填实包裹，加固成钢骨水泥结构，主索也增加到8根，吊杆和横梁都进行加固加密处理。每次最大载重由原来的2吨增加为10吨。

全民族抗战爆发后，滇缅公路成为援华物资进入中国最主要的通道。而通惠桥又是滇缅公路跨越怒江的必经之路，如果惠通桥失守，日军就会进军昆明，威逼重庆。因此它是中日两军都极为看重的咽喉之地。

为了切断中国军队的后方供给，日军试图炸毁惠通桥，先后共派出168架飞机进行了6次重点

抗日战争时期的惠通桥

轰炸，投下4000多枚炸弹。即使这样，在护桥勇士的拼死保卫下，惠通桥仍安然无恙。

1942年5月5日，惠通桥上挤满了逃难的人群，其中还混有日本奸细和乔装打扮的日军先头部队，惠通桥上一片混乱，超负荷的工作使得惠通桥剧烈摇晃。为了阻止日军夺下惠通桥，过江之后长驱直入，守桥中国军人果断地引爆了预先埋好的炸药。随着一声巨响，惠通桥轰然坍塌，彻底粉碎了日军进攻中国大后方的美梦。

1944年中国远征军反攻滇西时抢修的惠通桥

1944年，中国远征军大反攻前，中美两国工程人员对惠通桥进行修复，东岸被毁的桥塔改用木架代替，钢缆、吊杆、纵横梁全部为新建。

1974年，惠通桥正式停用，因其在抗日战争中的伟大功绩被保护起来。

滇西抗日战争纪念碑

滇西抗日战争纪念碑位于云南省德宏傣族景颇族自治州芒市城东的雷牙让山麓北侧，是为了纪念在抗日战争中英勇牺牲的中国远征军将士、德宏各族人民、南洋华侨机工队员及盟军阵亡将士而修建的设施。1942年5月，日军侵占滇西之后，在这片土地上烧杀抢掠无恶不作，中国抗日军队、滇西百姓等奋起反击，保家卫国。在整个滇西反击战中，中国远征军和滇西各族人

滇西抗日战争纪念碑正面

民浴血奋战，最后取得了滇西抗战的伟大胜利。战后，滇西各主要战场均修建纪念碑、纪念塔等缅怀先烈。但是由于各种历史原因，当地的纪念碑或纪念塔几乎全都遭到损毁。当初高1.5米、宽80厘米的滇西抗日战争纪念碑也只剩下碑文的后半部分。1989年，德宏州人民政府决定重新修建滇西抗日战争纪念碑。1990年4月，纪念碑主体竣工。

重建的纪念碑园占地面积约6000平方米，呈三层阶梯式。从山脚到主体纪念碑下共有55级石阶。纪念碑用大理石和钢筋混凝土建成，坐南朝北，碑座高4.5米，碑身高8.8米，四周砌有挡墙，并且还用混凝土制作了石凳和围栏。碑身正面是当年远征军第十一团军总司令宋希濂亲笔题书的“滇西抗日战争纪念碑”。背面为：“滇西抗日战争中英雄牺牲的中国军队将士、同盟国军将士、游击队官兵、南洋华侨机工、各族人民，永垂不朽！”

左面为毛泽东挽戴安澜将军的五言律诗：“外侮需人御，将军赋采薇。师称机械化，勇夺虎罴威。浴血东瓜守，驱倭棠吉归。沙场竟殒命，壮志也无违。”右面为时任全国人大常委会副委员长

滇西抗日战争纪念碑背面

楚图南题写的辛亥革命元勋、滇西抗日战争时期任云贵监察使李根源先生的八年抗战诗：“八年浴血抗天骄，杀气如云万丈高。写就一篇新战史，留将百世告同胞。”

纪念碑基座四面镌刻有碑文，分别为《滇西抗日战争概述》《远征军入缅及敌后人民抗战纪

《滇西抗日战争概述》碑文

略》《滇西抗日战争主要战役》《滇西抗日战争纪念碑重建记》。

在纪念碑的右下侧还竖着从红崖山迁移而来的中国远征军第二军三十三师九十七团抗日阵亡将士纪念塔和6块石碑。

经党中央、国务院批准，国务院于2020年9月1日公布，滇西抗日战争纪念碑被列入《第三批国家级抗战纪念设施、遗址名录》。

中国远征军第二军三十三师九十七团抗日阵亡将士纪念塔

知识链接 中国远征军

1941年12月太平洋战争爆发后，日本大本营为迅速攻占东南亚各国和西太平洋诸岛屿，以2个师团由泰国麦索侵入缅甸，攻陷仰光。随后又增调2个师团，共约9.5万人，飞机250架，分路向缅甸北部进攻。为保障中国国际交通线滇缅路畅通，中国政府根据《中英共同防御滇缅路协定》，以第五、第六、第六十六军共9个师10万余人组成中国远征军第一路。

1942年2月下旬，应驻缅英军总司令胡敦请求，第一路副司令长官杜聿明率第五、第六军入缅，于3月初接替英军仰光—曼德勒铁路以东至泰国、老挝、越南接壤地区的防务。之后，又增调第六十六军进至曼德勒地区，并派中国战区参谋长、美军中将史迪威和第一路司令长官罗卓英入缅指挥作战。

2月至8月，中国远征军在缅甸境内先后进行了东吁、斯瓦、仁安羌、茂奇、腊戌、曼德勒及惠通桥等战役战斗，沉重打击了日军，给英军以有力支持，为世人赞誉。后因日军增援缅甸，中国远征军后方联络线被切断，加之盟军作战缺少协同，英军缺乏防守缅甸的决心与准备，导致入缅作战失败，被迫先后回撤，至9月大部退回云南，一部撤至印度。

中国远征军第一次入缅作战失利后，部队进行整编，取消中国远征军第一路军建制、番号。退回国内的部队经整编后取消第六、第六十六军番号，师以下部队经编并后改隶其他部队；第五军改隶昆明防守司令部，杜聿明改任昆明防守司令部总司令。退至印度境内的两个步兵师脱离与远征军的隶属关系，后编入中国驻印军。

1943年春，中、英、美三国政府商定以中国军队为主，配属美、英军各一部，发动缅北滇西作战，以保障开辟中印公路和铺设输油管。2月，国民政府重建中国远征军，又称滇西远征军。4月，在云南楚雄重组中国远征军司令长官司令部，司令长官陈诚（因病未到任，后由卫立煌接任），副司令黄琪翔，参谋长萧毅肃。下辖第十一集团军（辖第二、第六、第七十一军和第二〇〇师）、第二十集团军（辖第五十三、第五十四军）和第八军，共16个师，全部美械装备。1944年5月上旬，中国驻印军即将攻占缅北要地孟拱，并准备向密支那发展进攻。同时，缅西方向英印军正与日军在印度境内因帕尔地区决战，急需在缅东、缅北地区开辟新战场。中国远征军决定第二十、第十一集团军以腾冲和龙陵、芒市（今潞西）为目标，发起反攻滇西作战。5月11日，中国远征军强渡怒江，至1945年1月20日，先后攻占松山、腾冲、龙陵、芒市、畹町等要地，将侵占滇西日军全部驱逐出中国境内，并第二次入缅。27日与中国驻印军在孟尤会师。3月，完全打通滇缅公路，并协同英美联军收复了缅甸中部大部分地区。随后，中国远征军逐次返回国内，其建制和番号于4月撤销。

陕西省

西安事变纪念馆

西安事变纪念馆位于陕西省西安市，是在西安事变旧址——张学良公馆与杨虎城止园别墅的基础上建造起来的。张学良公馆位于西安市建国路69号，杨虎城止园别墅位于西安市青年路117号。1983年10月，西安事变纪念馆筹建处建立。1986年12月，在纪念西安事变50周年之际正式对外开放。后经历了多次维修、保护和调整。特别是在2006年至2009年，国家更是对其投入大量资金，对张学良公馆、杨虎城止园别墅旧址进行了全面保护维修，对馆区环境和基础建设做了重新规划和建设。

西安事变纪念馆（张学良将军公馆）大门

除上述两处外，西安事变旧址还包括五间亭、兵谏亭、新城黄楼、高桂滋公馆、西京招待所。

张学良公馆建于1932年，占地面积7703平方米，其主体建筑是3座三层的西式楼房，东西排列，砖木结构，四周是由青砖砌筑的围墙，北墙正中是大门的位置。张学良将军公馆除了主体建筑以外，另外还有一些附属建筑，北排平房分别是承启室、军人接待室和汽车库，南排是食堂、卫士住室，西楼边上是西餐厅。馆内展出“张学良公馆旧址复原”“历史的转折——西安事变史实陈列”“赤城爱国无悔情——张学良将军生平陈列”3个主题陈列。

张学良公馆主要建筑

张学良公馆是张学良将军及其眷属于1935年10月至1937年3月在西安的居所。西楼（C楼）是张学良及其家属的居所，也是其私人办公地。当年就是在这里完成了西安事变的酝酿、实施以及和平谈判。复原陈列包括二楼张学良将军的办公室和会客厅，三楼的餐厅与卧室。会客厅内有一组人物蜡像，其形象是周恩来、张学良、杨虎城、宋美龄、宋子文等与此次事变相关的人物，将1936年12月24日西安事变和平谈判的历史瞬间进行了生动再现。

张学良公馆会客厅场景复原

在西安事变发生前，东楼是机关楼，是公馆管理函电职员和驻外东北军军官来陕公务的居所。西安事变之后，中共中央代表周恩来、秦邦宪、叶剑英等抵达西安后，便住在了这栋楼内，协助解决西安事变的问题。东楼一层也进行了复原，这里是当年吕正操、宋黎、刘鼎的居室；二层、三层的旧址也进行了复原，这里在1936年12月17日至1937年2月，是中共代表的办公地。当年周恩来等中共代表与张学良、杨虎城会谈，与南京

张学良公馆别克牌轿车

西安事变史实陈列之“肤施会谈”

政府代表宋子文等谈判都是在东楼。张学良公馆的院子内，复原陈列了张学良当年的别克牌轿车。

张学良公馆中楼当年是张学良的副官和机要参谋的办公楼，现已改为张学良将军生平陈列展。二、三层旧址内，陈列着“赤诚爱国无悔情——张学良将军生平陈列”，展览包括“关东骄子　主政东北”“国难当头　兵谏救国”“幽禁岁月　磊落余年”3个单元，展出珍贵历史照片200多张，运用多种展陈手法，比如场景复原、历史影像资料、电子翻书、电子图表等，全方位展示了张学良跌宕起伏的人生，歌颂了张学良将军伟大的爱国主义情怀。

张学良公馆内，北排平房的东、西两个展室里，陈列着“历史的转折——西安事变史实陈列”。陈列面积大约500平方米，全长150多米，整个展览包括4个单元，分别是“民族危机　全国抗日救亡运动高涨”“停止内战　西北抗日力量的大联合”“发动兵谏　逼蒋抗日”“历史转折　西安事变的和平解决”，陈列着300多幅历史照片，150多件（组）文物文献，采用多种展陈手段，如浮雕、场景、模型、影像等，从各方位和各角度展现了西安事变的前因后果，也体现了其重大的历史意义。

张学良起居室复原陈列

杨虎城公馆原名“紫园”，据说为表达停止内战、一致抗日的心愿，更名为“止园”。止园别墅的主体建筑是中西合璧风格，是一座三层楼房，砖木结构，另有十几间平房，占地面积2331平方米。小楼一层是杨虎城、谢葆真夫妇卧室、会客厅；小楼二层是会议室、侍卫人员及来宾住室。在西安事变发生之前，止园是杨虎城将军的秘密接待处，杨虎城在止园别墅内，先后会见过王世英、王炳南、南汉宸等共产党人。西安事变发生后，杨虎城又多次在这里与周恩来见面，一起商谈和平解决西安事变的相关事宜。旧址内有“杨虎城止园别墅旧址复原陈列”“杨虎城将军生平陈列”，展出了杨虎城将军的遗物与西安事变的部分文件。

杨虎城止园别墅

“杨虎城止园别墅旧址复原陈列”，主要依据将军家属以及部下的一些回忆，对一楼杨虎城的会客厅以及卧室进行了复原。卧室里陈列着杨虎城和谢葆真夫妇当年使用过的一些生活用品，包括铜床、梳妆台、茶几、衣架等。会客厅陈列着当年使用过的一些物品，包括办公桌、沙发、茶几、书架、电话、留声机等，重现了杨虎城将军当年在这里的生活场景与办公场景，呈现出浓厚的民国风格，还有陕西乡土味。

止园别墅会客厅

“虎将雄风一世豪——杨虎城将军生平陈列”展览，位于杨虎城将军止园别墅一、二层旧址内。序厅内陈列有杨虎城将军的青铜雕像，一共有4个单元，分别是“反清抗暴　投身革命”“主政陕西　兴陕救国”“联共抗日　发动兵谏”“爱国精神　永垂青史”，陈列有130多张珍贵的历史图片，30多件珍贵的文物文献，重现了杨虎城将军的戎马一生，表达了其爱国爱民的一生。

五间亭在华清池，1936年10月至12月，是蒋介石的行辕。五间亭其实就是5间房子，中间的一间就是蒋介石的居所，其中有床、圆桌、沙发和椅子等陈设。

“虎将雄风一世豪——杨虎城将军生平陈列”展览

五间亭

兵谏亭是当年蒋介石的藏身处，通过搜山将蒋介石逮住后，便将其送到今陕西省政府大院内，张学良、杨虎城二位将军设立联合指挥部的绥靖公署所在地西安新城黄楼。因为当时绥署内部情况复杂，如果让蒋介石住在这里，显然是不妥当的，然后就将蒋介石安排到了高桂滋公馆居住。

新城黄楼

高桂滋公馆在今西安市建国路71号，房舍按照当年的原貌保持了下来。

西京招待所位于今解放路和西四路交叉口。20世纪30年代初，杨虎城为招待国民党高级大员，建造了这座两层的楼房，取名“西京招待所”。

高桂滋公馆

西安事变纪念馆是全国重点文物保护单位、全国爱国主义教育示范基地。

经党中央、国务院批准，国务院于2014年8月24日公布，西安事变纪念馆被列入《第一批国家级抗战纪念设施、遗址名录》。

知识链接　西安事变

九一八事变后，日本侵略者侵占东北三省，随后又加紧吞并华北，进而妄图独占中国。中日矛盾逐渐上升为主要矛盾，抗日救亡运动在全国迅速兴起。然而以蒋介石为首的国民党政府对日本侵略行动一再妥协退让，坚持“攘外必先安内”的方针，命令张学良的东北军和杨虎城的第十七路军“围剿”陕北红军。

1935年11月下旬，结束长征到达陕北的红一方面军取得直罗镇战役的胜利，打破了国民党军对陕甘苏区的第三次“围剿”。遭红军重创的东北军广大官兵思乡心切、报国无门，对蒋介石竭力推行“攘外必先安内”的反动政策非常不满，纷纷要求停止内战，枪口对外。这时，张学良和杨虎城都对共产党“停止内战、共同抗日”的主张深表赞成，开始谋求与红军秘密接触，希望建立抗日统一战线。到1936年上半年，红军和东北军、第十七路军之间，实际已停止敌对行动。

1936年12月4日，蒋介石亲赴西安，逼迫张学良、杨虎城率部“剿共”，否则就把东北军和第十七路军分别调往福建、安徽地区，改派中央军进驻西北，由他亲自督战进行“剿共”。张学良、杨虎城紧急磋商，认为如果服从蒋的命令，必然会破坏和红军已达成的统一抗战协定，同时东北军和第十七路军也会被蒋分化瓦解。于是，二人决定第一步进行“苦谏”——尽量说服蒋介石停止内战，一致抗日；若“苦谏”不成，就进行第二步“兵谏”——设法捉蒋，逼其抗日。

12月9日，西安学生举行纪念一二·九运动周年大会，并组织了声势浩大的游行，准备到华清池向蒋介石当面请愿，要求政府停止内战，不分党派，一致抗日。蒋介石竟然丧心病狂地命令动用军警驱散游行队伍。张学良十分理解青年学生的爱国举动，认为他们的动机是绝对纯洁的，因此不能用武力，要和平劝导。为保证游行学生的人身安全，张学良乘车在十里铺迎住游行队伍，苦口婆心地劝说大家，但学生们就是不肯离去。他们高呼抗日口号，群情激愤，表示誓死不当亡国奴。张学良被学生们的抗日热情深深感染，当即拍着胸口承诺：一定用事实答复你们。在张学良的苦苦劝说下，游行队伍终于掉头返回西安。

为履行自己的誓言，张学良又两次向蒋介石“哭谏”，但仍无法改变蒋的“剿共”决心。于是在12月12日凌晨，张学良、杨虎城采取“兵谏”，扣留了蒋介石。这就是震惊中外的西安事变。

事变发生后，张学良、杨虎城立即宣布撤销西北“剿总”，成立抗日联军西北临时军事委员会，组建抗日援绥军第一军团和东北抗日先锋队，同时通电全国，说明事变动机完全出于抗日救国，对蒋介石“保其安全、促其反省”，并提出改组南京政府，容纳各党各派，共同负责救国；停止一切内战；立即释放上海被捕之爱国领袖；释放全国一切政治犯；开放民众爱国运动；保障人民集会结社一切之政治自由；确实遵守孙总理遗嘱；立即召开救国会议等八项主张。他们还致电中共中央，邀请速派代表来西安共商救国大计，处理善后事宜。

此时国内外舆论一片哗然。事变第二天，苏联《消息报》就发表社论，认为这可能会引发中国的内战，无异为侵略者开路，希望以和平方式解决。英美等国也主张中国保持和平局面。日本则乘机挑拨南京与西安的关系，企图趁火打劫。

南京国民党内部则出现了严重分歧。以何应钦为首的主战派，力主以武力解决，出兵讨伐张、杨，炸平西安，企图借机搞死蒋介石，取而代之。以蒋夫人宋美龄为首的主和派，主张先不讨伐，派人到西安了解具体情况，再设法营救蒋介石。何应钦不顾宋美龄的极力反对，颁布讨伐令，并派飞机到西安上空示威。

17日，以周恩来、秦邦宪、叶剑英为代表，罗瑞卿、李克农、童小朋为随员的中共代表团，乘坐张学良派的专机飞抵西安。周恩来等人立即会见张学良、杨虎城，提出了中共中央关于联蒋抗日、和平解决西安事变的主张。

22日，南京政府派宋子文、宋美龄、戴笠等人为和谈代表抵达西安。23日，三方开会商谈，24日达成了以中共代表团的主张为基础的六项协议：改组国民党与国民政府，驱逐亲日派，容纳抗日分子；释放上海爱国领袖，释放一切政治犯，保证人民自由权利；停止"剿共"政策，联合红军抗日；召集各党各派各界各军的救国会议，决定抗日救亡方针；与同情中国抗日的国家建立合作关系及其他具体救国办法。至此，"西安事变"得以和平解决。

西安事变的和平解决，成为时局转换的枢纽，对促成以国共两党合作为基础的抗日民族统一战线的建立起到了重要作用。从此，十年内战的局面基本结束，国内和平初步实现。在抗日的前提下，国共两党实行第二次合作已成为不可抗拒的大势。

延安革命纪念馆

延安革命纪念馆位于陕西省延安市宝塔区西北延河东岸王家坪村，是为了纪念毛泽东、周恩来、朱德等老一辈无产阶级革命家在延安领导中国革命的光辉战斗历史而建设的设施。始建于1950年1月，是新中国成立后最早建立的革命纪念馆之一，原馆址位于南关交际处。1954年，迁往原中共中央机关旧址杨家岭，被称作"延安博物馆"。1955年，迁至城内凤凰山麓革命旧址院内，改称"延安革命纪念馆"。1973年6月迁至现址王家坪。2006年10月，延安革命纪念馆原主体建筑拆除重建，2009年8月新馆落成并对外开放。

延安革命纪念馆建筑面积为29853平方米，基本陈列面积为10677平方米。展馆的正门上方，悬挂着由郭沫若题写馆名的红色匾牌。纪念馆规模宏大，主要包括馆前广场、纪念馆两部分建筑。

纪念馆前面的广场，面积为2.7万平方米，极为开阔。广场的正中央，耸立着毛泽东铜像，重约3吨，高5米，加上基座通高8.15米。毛泽东身着中山装，双手叉腰，目视远方，志存高远，以"高瞻远瞩"为名。基座上刻有6个金色大字，是由江泽民题写的"毛泽东在延安"。周围设有花坛，其中种植了松柏、牡丹、月季以及龙爪槐等名贵花草树木。花坛前是草坪，面积达7000余平

延安革命纪念馆全景

方米，两侧有柏树组成的8个大字，为“延安精神　永放光芒”。这里也成了游客游览和休息的最佳场所。

毛泽东铜像

纪念馆外观简朴而大方，紧凑而宏伟，具有传统民族风格。纪念馆由6个大小相同的展厅组成。展厅十分宽敞，具有良好的采光，其中展出了1260多件珍贵文物，800多幅历史照片，运用雕塑、油画、图表、场景复原等展陈手段，再现了毛泽东、刘少奇、周恩来、朱德等老一辈无产阶级革命家当年在延安领导中国革命的光辉历史。

纪念馆大厅内景

纪念馆内还设置了听歌台，为游客播放延安革命传统歌曲及陕北民歌。

纪念馆里陈列着两个展览，分别为“延安革命史”“西北革命斗争简史”。其中“延安革命史”包括“西北革命根据地的创建”“红军长征到陕北”“为建立抗日民族统一战线而斗争”“八载干戈仗延安”“新中国的雏形——陕甘宁边区”“窑洞大学育英才”“自力更生奏凯歌”“延安整风铸党魂”“为和平民主而斗争”“转战陕北　夺取胜利”10个单元。

“延安革命史”展览局部

纪念馆里馆藏文物丰富，现拥有3.6万余件馆藏文物，1万多张历史照片，3万多册图书。其中一级文物、二级文物共计1700多件，还有延安时期出版发行的百余种报刊。此外，纪念馆里还包括毛泽东、周恩来、刘少奇、朱德、任弼时以及林伯渠的藏书、手迹石刻，还有一些办公与生活用品，呈现出党中央及毛泽东在延安和陕甘宁边区领导中国人民的光辉斗争史，以及以毛泽东为首的老一辈无产阶级革命家的伟大功绩，是研究中国革命史以及陕甘宁边区革命史的珍贵资料。

中国共产党第七次全国代表大会展览

延安革命纪念馆是国家一级博物馆、全国爱国主义教育示范基地。

经党中央、国务院批准，国务院于2014年8月24日公布，延安革命纪念馆被列入《第一批国家级抗战纪念设施、遗址名录》。

知识链接　中共七大

中国共产党第七次全国代表大会是在德、日法西斯面临彻底覆灭和中国抗日战争日益接近最后胜利的前夜举行的。

中共七大的召开，是经过充分的准备的。从1942年开始的全党整风运动，确定了实事求是的辩证唯物主义思想路线，并在六届七中全会上通过了《关于若干历史问题的决议》，分清了党的历史上的路线是非，加强了全党在毛泽东思想基础上的团结。

1945年4月21日，毛泽东在中共七大预备会议上，阐明大会的工作方针是：团结一致，争取胜利。23日，中共七大在延安杨家岭中央大礼堂隆重开幕。出席大会的正式代表547人，候补代表208人，代表全国121万名党员。任弼时主持了开幕式。会上，毛泽东作了《论联合政府》的政治报告，朱德作了《论解放区战场》的军事报告，刘少奇作了《关于修改党章的报告》，周恩来作了《论统一战线》的重要发言。任弼时、陈云、彭德怀、张闻天、陈毅、叶剑英等也作了发言。这些报告和发言从各个方面论述党的政治路线、军事路线、组织路线的基本精神，总结党的历史经验，并对各条战线的任务和政策提出了具体意见。

1945年4月23日至6月11日，中国共产党在延安召开第七次全国代表大会，出席大会的正式代表547名，候补代表208名，代表全国121万党员。图为七大会场

大会制定了“放手发动群众，壮大人民的力量，在我们党的领导下，打败侵略者，建设新中国”的政治路线。大会强调指出，为了建立新中国，当前最重要、最迫切的任务，就是立即废止国民党一党专政，建立民主联合政府，这也是全国人民的呼声和要求。大会还通过了新党章。新党章规定：“中国共产党，以马克思列宁主义的理论与中国革命的实践之统一的思想——毛泽东思

想，作为全党一切工作的指针，反对任何教条主义的和经验主义的偏向。”中共七大充满着民主和团结气氛。在讨论大会的报告和发言中，代表们畅所欲言，自觉深入地开展批评与自我批评。大会选举产生了新的中央委员会。其中，中央委员44人，候补中央委员33人。新的中央领导班子是经过充分酝酿产生的，并在选举中首次实行了无记名投票。

6月19日，中共中央举行七届一中全会，选举毛泽东、朱德、刘少奇、周恩来、任弼时、陈云、康生、高岗、彭真、董必武、林伯渠、张闻天、彭德怀等13人为中央政治局委员；选举毛泽东、朱德、刘少奇、周恩来、任弼时为中央书记处书记；选举毛泽东为中央委员会主席兼中央政治局、中央书记处主席；选举任弼时为中共中央秘书长。

中共七大是中国共产党建党以后民主革命时期最后的、也是最重要的一次大会。它总结了中国民主革命20多年曲折发展的历史经验，制定了正确的路线和策略，克服了党内的错误思想，从而使全党在马克思列宁主义、毛泽东思想的基础上达到了空前的团结。作为一次团结的大会、胜利的大会，中共七大载入了中国共产党的史册，为领导全国人民争取抗日战争的胜利和新民主主义革命的胜利，在政治和思想上奠定了坚实的基础。

知识链接　延安整风运动

全民族抗战爆发后，正确的路线、方针和政策使中国共产党有了极大的发展。但历史上遗留下来的，特别是王明“左”倾错误遗留下来的一些不正确的思想作风在党内严重存在。同时，大批非无产阶级出身的新党员思想上的不稳定性，也从一定程度上助长了这些不良思想作风的蔓延。

据此，1942年春从延安开始逐步开展了全党全军的整风运动。这次整风运动是有领导、有准备、有计划、有步骤地开展起来的，任务是：反对主观主义以整顿学风，反对宗派主义以整顿党风，反对党八股以整顿文风。

1942年2月，毛泽东先后发表《整顿党的作风》和《反对党八股》的演说，整风运动随之进入普遍阶段。其后，《改造我们的学习》和《论共产党员修养》等著作，也都成为整风运动的重要学习文件。广大党员干部认真学习文件，遵照“惩前毖后，治病救人”的方针，开展批评与自我批评。

随着全党整风运动的普遍开展，全军的整风运动也于1942年夏全面展开。6月16日，中央军委和总政治部发出《关于军队中整风学习与检查工作的指示》，7月1日《解放日报》发表社论《关于军队中的整顿三风》，强调军队中的整风是为了反对军事领域中的教条主义、经验主义，提高党性，增强团结，提高战斗力。全军的整风运动一直持续到1945年春。

经过整风运动，全党统一了思想，军队工作中的军阀主义和教条主义偏向得到了克服，加强了党对军队的绝对领导，增进了官兵团结和军民团结，大大提高了部队的战斗力。整风运动为抗日战争，乃至以后的解放战争的胜利奠定了坚实的思想基础。

知识链接　延安的抗战文化

全民族抗战爆发后，全国各地的知识青年和文化名流，有感于中国共产党的博大胸怀和团结一切爱国志士抗日救国的真诚，纷纷奔赴延安。寂寞的陕北高坡顿时群星云集、人才济济。偏僻的延安小镇，成了世人瞩目的抗日文化名城。

1937年11月，陕甘宁边区文化界抗日救亡协会在延安成立。在它的领导下，延安的文化团体如雨后春笋般发展起来，其中有边区音乐界救亡协会、边区文艺界抗敌联合会、延安作家俱乐部等。与此同时，各敌后根据地的抗日文化运动也呈现勃勃生机，先后建立起各种文化协会、剧社等文艺社团。这些文化社团在各自的领域内施展才干，把抗日新文化运动推向高潮，为动员全民抗战立下了不朽的功勋。

除建立各种文化社团外，在延安和各敌后抗日根据地还兴办了不少正规的艺术院校。创建于1938年的延安鲁迅艺术学院，便是其中最负盛名的一所。1942年5月，毛泽东发表了具有划时代意义的《在延安文艺座谈会上的讲话》，从而开创了新文化运动的新纪元，涌现出一大批优秀作品。其中最脍炙人口、影响深远者，小说如《小二黑结婚》《李有才板话》等；剧作如《白毛女》《兄妹开荒》《三打祝家庄》等；音乐方面如《黄河大合唱》《生产大合唱》《游击队歌》等。发起于陕甘宁边区的新秧歌剧，是抗战文艺中最有代表性的成就。贺敬之、马可创作的歌曲《南泥湾》，李有源、李增正叔侄编唱的《毛主席领导穷人翻身》，也就是后来唱遍全中国的《东方红》，都反映了敌后人民歌颂光明、赞美未来的心声。这些佳作的涌现将敌后根据地的抗日文化运动推向新的高潮，成为坚持抗战的有力武器。

为了提高抗日将士的文化素质，各抗日根据地还举办过各种培养干部的学校，如中共中央党校、陕北公学、民族学院等，还有广为人知的中国人民抗日军事政治大学。其前身是1936年在保安县（今志丹县）成立的中国人民抗日红军大学。1937年1月，改称中国人民抗日军事政治大学，简称抗大，并由保安迁至延安。毛泽东亲自为抗大规定了“坚定正确的政治方向，艰苦朴素的工作作风，灵活机动的战略战术”的教育方针和“团结、紧张、严肃、活泼”的校风。根据抗日战争发展的需要，抗大先后创办了12所分校，分布于华北、华中和西北的各个抗日根据地。从1936年到1945年的9年时间里，抗大共培养了10余万军政领导干部，对争取抗日战争的胜利，做出了巨大贡献。

发展新闻出版事业，也是敌后抗日根据地文化建设的一个重要方面。现今蜚声中外的新华社，就是在抗日烽火中崛起和壮大起来的。它的前身是1931年在瑞金创建的红色中华社。1937年在延安更名为新中华社，即新华通讯社，简称新华社。随后，中共中央又决定在延安建立新华广播电台。当时国内通讯器材十分短缺，在延安甚至连个普通的电子管都找不到。然而在国内外友人的帮助下，仅用半年时间，1940年12月30日，抗日根据地的第一座广播电台就正式播音了。从此，中国共产党的政策、人民的呼声和胜利的喜悦随着电波传遍四面八方。

瓦窑堡革命旧址

瓦窑堡革命旧址位于陕西省延安市子长县中部偏南的瓦窑堡街道，是为了纪念中共中央、中华苏维埃共和国、中央政府机关、中央军委机关和老一辈无产阶级革命家毛泽东、周恩来、张闻天、刘少奇等在瓦窑堡工作生活而设立的设施。

所有建筑均建于20世纪30年代，为陕北地区石砌及砖砌窑洞。1964年，瓦窑堡革命旧址管理所筹建，1966年正式成立。2008年，瓦窑堡革命旧址纪念馆正式开放。

1935年11月至1936年6月，中共中央、中华苏维埃共和国、中央政府机关、中央军委机关驻扎在瓦窑堡。1935年12月17日至25日，中共中央政治局扩大会议在瓦窑堡举行，即“瓦窑堡会议”。

瓦窑堡会议旧址会场复原

瓦窑堡革命旧址包括中共中央政治局会议旧址、中央军委旧址、中国人民抗日红军大学校址及毛泽东、周恩来、张闻天、刘少奇的旧居等。旧址现存砖砌窑洞20多孔。

瓦窑堡会议旧址及张闻天旧居，位于中山街南侧下河滩田家院。院子坐西朝东，南北长18米，东西宽9米。院内有5孔砖窑，每孔进深8米，宽3米，高4米。时任党中央总书记张闻天旧居在左起第二孔，会议旧址在中间窑洞，内设有八仙桌两张，木条凳6张，有一张小炕，上面放有一张小炕桌。现在陈设的桌子、凳子等家具均为1967年依照原样复制的。当时参加会议的有张闻天、毛泽东、周恩来、王稼祥、秦邦宪、刘少奇等12位同志。12月23日，会议通过了《关于军事战略问题的决议》，制定了中国红军及其他革命武装力量在新形势下的战略方针。25日，会议通过了张闻天起草的《中共中央关于目前政治形势与党的任务的决议》，会议正式选举毛泽东为中共中央革命军事委员会主席，并决定派遣刘少奇到天津主持中共中央北方局工作。

瓦窑堡会议旧址及张闻天旧居

中央军委旧址及周恩来旧居位于前河滩二道街。中央军委旧址即西北革命军事委员会旧址。1936年12月，西北革命军事委员会与长征到达陕北的中央革命军事委员会合并，成立扩大的中央革命军事委员会。该院落东倚城墙，坐东向西，占地面积1500平方米。院内有12孔砖窑，分南、北两院。南院有6孔砖窑，其中5孔是坐东向西的

周恩来旧居

格局，南起第四、第五孔窑曾经是周恩来的居所；另外一孔大窑坐北向南，是军委会议室，进深6米，宽5米，高4.5米。北院同样有窑洞6孔，坐东向西。军委机关在瓦窑堡期间，先后指挥了红军东征战役，部署了西征战役，巩固扩大了西北根据地，扩充了红军，壮大了武装力量。

中国人民抗日红军大学旧址位于城内北侧的米粮山上。院落坐北向南，南北长21米，东西宽10米，现存5孔砖窑，每孔窑洞进深8米，宽3米，高4米，分作两间教室。1936年6月1日，中国人民抗日红军大学在此成立，第一批学员编为3个科共1063人。1936年6月21日，红军大学校部迁至保安（今志丹县），分为3个科，瓦窑堡是1科与2科。

中国人民抗日红军大学旧址

毛泽东旧居在瓦窑堡有两处。1935年11月至1936年1月，毛泽东住在中山街西侧中盛店院，该院有前后两排窑洞，后院4孔窑洞，毛泽东旧居在右起第一、第二孔窑洞，两孔窑洞中间有过洞相连。林伯渠住第三、第四孔窑洞。每孔窑洞进深8米，宽3米，高3.8米。1936年5月至6月，毛泽东住在前河滩二道街，院落坐西向东，共有5孔窑洞，每孔窑洞进深8米，宽3米，高4米。

中山街西侧中盛店院毛泽东旧居和林伯渠旧居

毛泽东旧居为左起第二、第三孔窑洞。

中共陕北省委旧址位于米粮山社区王家院，院落坐北向南，南北长18米，东西宽14米，院落占地面积为252平方米。北面有3孔砖窑，坐北向南，东、西各有一间小平房。窑洞均进深8米，宽3米，高4米。

瓦窑堡革命旧址是全国重点文物保护单位、全国爱国主义教育示范基地、陕西省爱国主义教育基地。

经党中央、国务院批准，国务院于2014年8月24日公布，瓦窑堡革命旧址被列入《第一批国家级抗战纪念设施、遗址名录》。

知识链接

瓦窑堡会议

1935年12月9日，北平学生在中共地下组织的领导下，举行声势浩大的抗日游行，遭到国民党军警镇压，由此开始的一二·九运动迅速波及全国各大中城市，学生和工人纷纷投身抗日救亡运动，发展成为全国规模的群众运动。在这种新形势下，中共中央有必要对整个形势做出科学的分析，制定出适合新情况的完整的政治路线和战略方针。

12月17日至25日，中共中央政治局在陕西省安定（今子长）县瓦窑堡召开扩大会议，史称瓦窑堡会议。张闻天主持，毛泽东、周恩来、博古（秦邦宪）、李维汉、王稼祥、刘少奇、邓发、凯丰（何克全）、张浩（林育英）等10多人参加会议。中共驻共产国际代表张浩首先传达了共产国际七大精神和中共代表团发布《中国苏维埃政府、中国共产党中央为抗日救国告全体同胞书》(即《八一宣言》)的经过，指出：中国正遭受日本法西斯的严重侵略，中国共产党应当努力联合全国人民，包括愿意抗日的资产阶级各党派和团体，结成全国性的抗日民族统一战线。17日至19日主要讨论的是全国政治形势和任务的问题，张闻天作政治形势与策略问题的报告。

在23日的会议上，毛泽东作军事战略方针的报告和结论，分析了当前形势的特点是日本帝国主义企图独占中国和红军的胜利，提出党在1936年军事部署的总方针是“准备直接对日作战的力量”，并归纳了14条作战指挥的基本原则。对于作战方向，毛泽东主张红军应当利用全国蓬勃发展的抗日形势，东渡黄河，向山西发展，在发展中求得苏区的巩固。张闻天、周恩来等都同意毛泽东的报告，并作了补充。会议通过了《中央关于军事战略问题的决议》，接受了毛泽东关于渡河东征的主张，提出“在以坚决的民族战争反抗日本帝国主义进攻中国总任务之下”，党的战略方针是“把国内战争同民族战争结合起来，准备对日作战力量，扩大红军”。

会议通过了张闻天起草的《中共中央关于目前政治形势与党的任务决议》，提出“开展神圣的民族革命战争，驱逐日本帝国主义出中国，打倒日本帝国主义的走狗在中国的统治，取得中华民族的彻底解放，保持中国的独立与领土的完整”。会议批评了党内长期存在的“左”倾关门主义，同时提醒全党汲取历史上发生过的实行统一战线政策时的右倾错误的教训，指出要反对在发展党组织中的关门主义倾向，大量培养干部，使成千上万的干部到各方面的战线上去，这样才能适应党的策略路线转变的需要。会议还总结了土地革命战争以来的经验，系统阐述了红军作战的基本原则，并决定成立白区工作委员会和白军工作委员会。

为迅速贯彻瓦窑堡会议精神，27日在瓦窑堡召开了党的活动分子会议。毛泽东作《论反对日本帝国主义的策略》的报告，强调：党的基本策略任务，就是反对狭隘的关门主义，建立广泛的民族革命统一战线。

瓦窑堡会议是中国共产党在中华民族生死存亡关头召开的一次极为重要的会议，克服了长征前一段时期内“左”倾冒险主义、关门主义的指导思想，不失时机地制定了抗日民族统一战线的政策，系统地解决了党在新形势下的策略路线和军事战略问题。它表明中国共产党在继遵义会议着重解决军事路线问题和组织问题之后，开始努力解决政治路线问题，并在总结过去革命失败的经验教训基础上，能够从中国革命实际出发来贯彻共产国际决议，创造性地开展工作。

洛川会议纪念馆

洛川会议纪念馆位于陕西省延安市洛川县永乡镇冯家村，是为了纪念洛川会议的召开而建设的一座遗址类专题纪念馆。1961年，洛川会议旧址得到确认；1966年，建立“洛川会议旧址管理筹备处”并对外开放；1980年，旧址改称洛川会议纪念馆。后经多次修缮和改扩建。2003年，修建了仿古陈列室，新建了大门楼；2005年，纪念馆被列入国家“中央一号工程”，在将近两年的时间里，对其进行了扩建和布展。

洛川会议纪念馆大门

纪念馆占地面积约1.99万平方米，建筑面积940.6平方米。主要包括洛川会议旧址、大门楼、“全民抗战，走向胜利”主题雕塑、陈列室等。

洛川会议旧址现存小院一座，坐北朝南，内有砖窑两孔。左侧窑洞为当时的会议室，右侧为

洛川会议旧址

毛泽东旧居，至今珍藏着20多件革命历史文物，是中国共产党人在中华民族生死存亡的紧要关头高举抗日救国大旗的历史见证。

经过改扩建，旧址附近还有张闻天、周恩来、朱德、彭德怀、徐向前、萧劲光等同志居住过的6个院落共24孔窑洞和16间瓦房，以及警卫队、总务处、机要室等。

“全民抗战，走向胜利”主题雕塑建于2010年，在大门内中心花园处，高7.7米，长11米，真实反映了洛川会议后，在张闻天、毛泽东、朱德、周恩来等老一辈无产阶级革命家的领导下，长城内外、大江南北全民抗战的火热场面。

“全民抗战，走向胜利”主题雕塑

洛川会议纪念馆陈列室共分为两个展室，分别是“洛川会议史实展”和“洛川革命简史展”。

洛川会议史实展：1937年8月22日至25日，中共中央在这里召开了政治局扩大会议，这就是洛川会议。洛川会议是我党在抗日战争全面爆发，中华民族面临生死存亡的紧要关头召开的具有伟大历史意义的会议。会议选举产生了以毛泽东为主席的新的中央军事委员会；通过了著名的《中国共产党抗日救国十大纲领》；提出了全面抗战路线和独立自主的山地游击战方针；发布了将中国

工农红军改编为国民革命军第八路军的命令；开创了国共第二次合作的崭新局面。洛川会议阐明了我党在抗日战争时期鲜明的政治主张，指明了坚持长期抗战、争取最后胜利的正确道路。会议号召全国人民团结一致，同仇敌忾，打一场持久的人民战争，用鲜血和生命保家卫国，彻底消灭日本帝国主义。从此，抗日的烽火燃遍全国。

洛川会议会场复原

洛川革命简史展：洛川是连接关中与陕北的咽喉地带，自古以来便是兵家必争之地。20世纪20年代以来，在中国人民争取民族独立与解放的革命斗争中，洛川一大批仁人志士、热血青年，在中国共产党的正确领导下，前赴后继，不怕牺牲，英勇斗争。他们为民族的独立与解放事业谱写出的红色篇章，将永远刻在黄土高原的革命丰碑上。

洛川会议纪念馆现有各类藏品1072件，其中6件属于二级文物，19件属于三级文物。

洛川会议纪念馆是全国重点文物保护单位、全国爱国主义教育示范基地。

经党中央、国务院批准，国务院于2014年8月24日公布，洛川会议纪念馆被列入《第一批国家级抗战纪念设施、遗址名录》。

洛川革命简史展厅一景

知识链接

洛川会议

1937年8月22日至25日，在陕北洛川冯家村，中国共产党召开了中央政治局扩大会议，这就是著名的洛川会议。出席会议的有张闻天、毛泽东、周恩来、博古（秦邦宪）、朱德、任弼时、关向应、凯丰（何克全）、张国焘、彭德怀、刘伯承、贺龙、张浩（林育英）、林彪、聂荣臻、罗荣桓、张文彬、萧劲光、林伯渠、徐向前、周建屏、傅钟、周昆，共23人。

毛泽东在会议上做军事问题和国共两党关系问题的报告。毛泽东对抗日战争形势进行了正确分析，指明日军用兵的战略方向，也指出抗日战争是一场旷日持久的战争。红军要适应这种新形势，向游击战转移。创建根据地，牵制并消灭日军，与友军配合作战，保存红军力量，扩大红军队伍，争取革命领导权成为红军的基本任务。红军以坚持独立自主的山地游击战为主要作战方针。强调坚持、巩固、扩大民族统一战线的重要性，保持政治组织独立性的重要性。

会议制定并通过了《抗日救国十大纲领》，其内容主要是：打倒日本帝国主义；全国军事的总动员；全国人民的总动员；改革政治机构；抗日的外交政策；战时的财政经济政策；改良人民生活；抗日的教育政策；肃清汉奸卖国贼亲日派，巩固后方；抗日的民族团结。洛川会议还通过了《中央关于目前形势与党的任务的决定》，指出：抗日战争需要打持久战，而且是一场极为艰苦的战争，发展成为全民族抗战是胜利的关键。共产党及其领导的抗日力量应该是战斗的引领和核心。应该用极大力量发展抗日的群众工作。

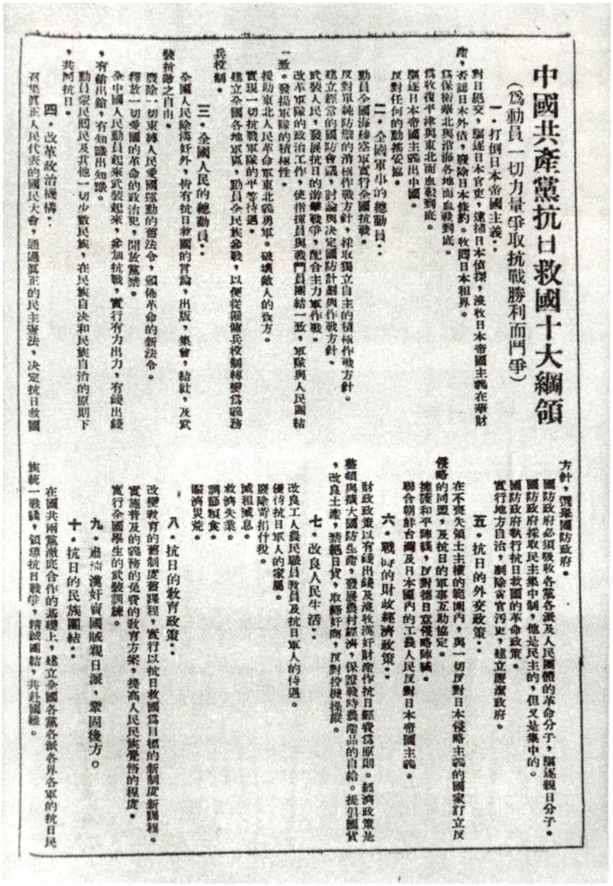

中國共產黨抗日救國十大綱領
（爲動員一切力量爭取抗戰勝利而鬥爭）

一・打倒日本帝國主義：
對日絕交，驅逐日本官吏，逮捕日本偵探，沒收日本帝國主義在華財產，否認日本外債，廢除日本條約，收回日本租界。
爲保衛華北與沿海各地而血戰到底。
爲收復平津與東北而血戰到底。
驅逐日本帝國主義出中國。
反對任何的動搖妥協。

二・全國軍事的總動員：
動員全國海陸空軍實行全國抗戰。
反對單純防禦的消極作戰方針，採取獨立自主的積極作戰方針。
建立經常的國防會議，討論與決定國防計劃與作戰方針。
武裝人民，發展抗日的游擊戰爭，配合主力軍作戰。
改革軍隊的政治工作，使指揮員與戰鬥員團結一致，軍隊與人民團結一致，發揚軍隊的積極性。
援助東北人民革命軍東北義勇軍，破壞敵人的後方。
實現一切抗戰軍隊的平等待遇。
建立全國各地軍區，動員全民族參戰，以便從僱傭兵役制轉變爲義務兵役制。

三・全國人民的總動員：
全國人民除漢奸外，皆有抗日救國的言論，出版，集會，結社，及武裝抗敵之自由。
廢除一切束縛人民愛國運動的舊法令，頒佈革命的新法令。
釋放一切愛國的革命的政治犯，開放黨禁。
全中國人民動員起來武裝起來，參加抗戰，實行有力出力，有錢出錢，有鎗出鎗，有知識出知識。
動員蒙民回民及其他一切少數民族，在民族自決和民族自治的原則下，共同抗日。

四・改革政治機構：
召集真正人民代表的國民大會，通過真正的民主憲法，決定抗日救國方針，選舉國防政府。
國防政府必須吸收各黨各派及人民團體的革命分子，驅逐親日分子。
國防政府採取民主集中制，他是民主的，但又是集中的。
國防政府執行抗日救國的革命政策。
實行地方自治，剷除貪官污吏，建立廉潔政府。

五・抗日的外交政策：
在不喪失領土主權的範圍內，與一切反對日本侵略主義的國家訂立反侵略的同盟，及抗日的軍事互助協定。
擁護和平陣綫，反對德日意侵略陣綫。
聯合朝鮮台灣及日本國內的工農人民反對日本帝國主義。

六・戰時的財政經濟政策：
財政政策以有錢出錢及沒收漢奸財產作抗日經費爲原則。經濟政策是整頓與擴大國防生產，發展農村經濟，保證戰時農產品的自給。提倡國貨，改良土產，禁絕日貨，取締奸商，反對投機操縱。

七・改良人民生活：
改良工人農民職員教員及抗日軍人的待遇。
優待抗日軍人的家屬。
廢除苛捐什稅。
減租減息。
救濟失業。
調節糧食。
賑濟災荒。

八・抗日的教育政策：
改變教育的舊制度舊課程，實行以抗日救國爲目標的新制度新課程。
實施普及的義務的免費的教育方案，提高人民民族覺悟的程度。
實行全國學生的武裝訓練。

九・肅清漢奸賣國賊親日派，鞏固後方。

十・抗日的民族團結：
在國共兩黨徹底合作的基礎上，建立全國各黨各派各界各軍的抗日民族統一戰線，領導抗日戰爭，精誠團結，共赴國難。

洛川会议通过的《中国共产党抗日救国十大纲领》

洛川会议上，面对全国抗战到来的新阶段，对中国共产党的具体行动方针做出决定。主要从以下三个方面进行了阐释：第一，转移党的工作重心，积极发动群众，展开游击战并建立敌后抗日根据地；第二，在抗日战争时期，实行减租减息的政策，以解决农民的问题；第三，在国民党的统治区内，要广泛地发动群众，开展抗日救亡运动，争取人民应有的政治、经济权利。

洛川会议召开于全民族抗战爆发的关键历史转折时期，是一次十分重要的会议。这次会议指出了国共两党所走的不同的抗战路线，确立了我军的战略任务，即在敌后战场上，坚持独立自主的游击战，对正面战场的战役进行配合，开辟敌后战场，建立敌后根据地，并且指明了抗战胜利的正确道路。

八路军西安办事处纪念馆

八路军西安办事处纪念馆位于陕西省西安市新城区北新街七贤庄，是为了纪念设在西安的红军联络处及八路军办事处进行的革命工作而设立的设施。始建于1934年冬，落成于1936年春，原是由陕西省银行投资兴建的私宅。

“七贤庄”来源于历史上的“竹林七贤”。1936年春末，在张学良身边工作的中国共产党驻东北军代表刘鼎租下了刚竣工不久的七贤庄一号院，建立起秘密交通站，表面是一家牙科诊所。西安事变和平解决后，改为半公开的“红军联络处”。全民族抗战爆发以后，主力红军改编为“国民革命军第八路军”，8月25日，红军联络处改为“国民革命军第八路驻陕办事处”。此后，又陆续租下了三号院、四号院和七号院。1946年6月蒋介石发动全面内战，9月办事处撤回延安。1959年对旧址进行修复，建立八路军西安办事处纪念馆并正式开放。

八路军西安办事处纪念馆大门

七贤庄是一处仿古四合院院落，砖木结构，占地面积1.36万平方米，由10座“工”字形庭院组成，由西向东排列，典型的北方民居形式。纪念馆包括八路军西安办事处旧址的四处院落，主要陈列有一号院原状复原陈列、三号院辅助陈列、四号院专题展览。

一号院原状复原陈列，面积1360平方米，“工”字形，是一处平房院落，对接待室、办公室、会客厅、秘书室、救亡室、理发室、机要室、地下室，周恩来、朱德、叶剑英等同志的住室，白求恩等国际友人的居所进行了复原，呈现出八路军西安办事处的风貌。

八路军西安办事处纪念馆院落

会议室复原陈列

三号院建筑布局同一号院，采用照片、文献、图片、文物等方式，主题展览“千秋七贤庄——八路军驻陕办事处史实展”陈列分为5个部分：“团结御侮，共赴国难”“西办功绩，永载史册”“巍巍宝塔，中流砥柱”“坚守阵地，完成使命”“当年红色桥梁，今日传统课堂”，对八路军西安办事处的历史背景、主要工作、历史地位做了系统而全面的介绍。

四号院专题展览，陈列有大量珍贵的文物、丰富的历史照片，其中“伟大的女性——海

“千秋七贤庄——八路军驻陕办事处史实展”

伦·斯诺在中国”展现了海伦·斯诺这位美国著名作家、社会活动家在中国的革命活动。

纪念馆现有馆藏文物655件，其中一级文物49件，二级文物39件，三级文物137件，呈现了八路军西安办事处在1936年至1946年间的相关历史。

八路军西安办事处纪念馆是全国重点文物保护单位、全国爱国主义教育示范基地、陕西省爱国主义教育基地。

“伟大的女性——海伦·福斯特·斯诺在中国”专题展

经党中央、国务院批准，国务院于2015年8月13日公布，八路军西安办事处纪念馆被列入《第二批国家级抗战纪念设施、遗址名录》。

知识链接 八路军西安办事处

全民族抗战爆发后，中国共产党领导的八路军在国民党统治区的一些主要城市设立办事机构。八路军西安办事处在全国所有八路军办事处中，是成立最早、坚持斗争时间最长、影响最大的办事处。1937年8月，设在陕西省西安市七贤庄1号的红军联络处改称八路军驻陕办事处，又称“八路军西安办事处”。

八路军西安办事处是八路军总部在西安设的代表机关，也是中共中央在这里的公开机关。主要工作是：发展巩固抗日民族统一战线，扩大中国共产党在国统区内的影响，协助中共陕西省委的工作，积极开展西安群众的抗日救亡活动，建立《解放》周刊分销处，承担武汉、重庆出版的《新华日报》的销售工作。八路军西安办事处多次与国民党军政要员联络协调，促成其与中共代表的会面。此外，还承担着八路军与陕甘宁边区的物资供给、采购、运输工作。

八路军西安办事处发挥着重要的桥梁作用。全民族抗战期间，八路军西安办事处安排了约2万余人进出延安，其中包括中共中央及各地各级党政领导同志、八路军与新四军调防指战员、从中国人民抗日军事政治大学等学校毕业前往敌后的干部、爱国知识分子、各界青年、国内外名人、海外华侨。周恩来、朱德、刘少奇、彭德怀、叶剑英、邓小平等领导人，曾经多次在八路军西安办事处驻留，对这里的工作进行指导。八路军西安办事处还安排了埃德加·斯诺夫妇、白求恩、路易·艾黎以及印度援华医疗队等国际友人进入延安。

1938年3月摄于八路军西安办事处。左起：塞克、田间、聂绀弩、萧红、端木蕻良、丁玲（后排）

1946年9月10日，八路军西安办事处撤回延安。

八路军西安办事处长期坚持在国民党统治区内斗争，在争取民族独立和解放事业中做出了突出贡献。

中国人民抗日军政大学纪念馆

中国人民抗日军政大学（简称“抗大”）纪念馆位于陕西省延安市宝塔区北二道街原抗大旧址，是为了纪念抗大的历史功绩而修建的专题性纪念馆。抗大是抗日战争时期由中国共产党创办领导的专门培养军事和政治干部的最高学府，前身是1931年创建于江西瑞金的中国红军学校，1933年扩建成红军大学，1934年在随红军长征时改称“干部团”，红军抵达陕北后与陕北红军学校合并为中国红军学校，后又改称西北人民抗日红军大学。1936年6月1日，西北人民抗日红军大学在瓦窑堡举行了开学典礼，6月21日迁至保安（今志丹县）。1937年1月迁延安城内原学府衙门（今址），3月改称中国人民抗日军政大学。1939年根据中共中央指示撤离延安，挺进华北敌后办学。1940年11月，抗大总校转移至河北邢台浆水镇一带。至1945年抗战胜利，抗大总校共办学8期，并在全国创建了14所抗大分校、5所陆军学校和1所附属中学。

中国人民抗日军政大学旧址

延安抗大总校旧址原建筑物没有保存下来。1964年，在原址上修建了抗大校史陈列室，1966年10月对外开放。1971年后停止对外开放。2003年在原址上修复了抗大校门，修建了中国人民抗

中国人民抗日军政大学纪念馆大门

日军政大学纪念馆，于2004年9月30日正式开馆。

纪念馆建筑面积2525平方米，主体建筑两层，展厅面积1200平方米，展线长700多米。设计上融入了陕北地方特色的建筑符号，具有浓厚的陕北风格，兼具时代性。

纪念馆大门为三开间中开门仿古建筑，中门两侧墙壁上是毛泽东题写的校训“团结紧张”“严肃活泼”，门额上书“中国抗日军政大学”。

中国人民抗日军政大学纪念馆

进入纪念馆，主题展览“革命熔炉 光辉旗帜——中国人民抗日军政大学历史陈列”，按编年体加专题的形式，通过“救亡图存 建立抗大”“政治铸魂 服务抗战”“抗大旗帜 插遍敌后”“抗大精神 光照千秋”4个篇章，400多张照片和600多件珍贵的历史文物，运用半景画、场景复原、仿真雕塑等艺术手法，采用高科技、多媒体等先进科技手段，展现了抗大的历史风貌，重现了抗大当年的光辉历程，全方位展示抗大在为中国人民谋幸福、为中华民族谋复兴的历史进程中所做出的重要贡献。

经党中央、国务院批准，国务院于2015年8月13日公布，中国人民抗日军政大学纪念馆被列入《第二批国家级抗战纪念设施、遗址名录》。

中国人民抗日军政大学纪念馆主题展览

知识链接 中国人民抗日军政大学

中国人民抗日军事政治大学，简称“抗大”，是土地革命战争后期和抗日战争时期，中国共产党及其领导下的人民军队培养和训练军事政治干部的高等学府。

1936年6月1日，中国人民抗日红军大学在陕西省保安县（今志丹县）成立，毛泽东任教育委员会主任兼政治委员，林彪任校长。1937年1月19日，更名为中国人民抗日军事政治大学，并随中共中央机关迁至延安，学制从4个月到6个月、8个月、1年、3年不等，同时将驻甘肃庆阳地区的红军大学第三科改为附设步兵学校。毛泽东为抗大制定了“坚定正确的政治方向，艰苦奋斗的工作作风，灵活机动的战略战术”的教育方针和“团结、紧张、严肃、活泼”的校训，并多次到校作报告和讲课，《实践论》《矛盾论》就是在抗大的演讲。林彪、徐向前先后任校长和代校长，李井泉任政治委员，刘伯承、罗瑞卿、滕代远、何长工、彭绍辉先后任副校长，罗瑞卿、刘亚楼、许光达、何长工先后任教育长，傅钟、莫文骅、张际春、李井泉先后任政治部主任，刘亚楼、许光达、陈伯钧、王智涛先后任训练部长，杨立三、杨至成、周文龙先后任校务部长，莫文骅、胡耀邦、徐文烈先后任政治部副主任。

抗大学员以从部队抽调干部为主，并招收从全国各地奔赴延安的爱国青年。全校学员最多时达1万余人，其中女学员1000余人。学习内容有马克思列宁主义哲学、政治经济学和科学社会主义，毛泽东的军事思想、抗日民族统一战线、中国革命战争和战略问题、抗日游击战争和军事常识等，还有国内外形势教育及中国共产党的路线方针政策等教育。采取启发式、研究式和实验式教学方法，军事、政治、文化并重，特别注重思想政治教育，强调理论联系实际，学以致用。学员边学习，边战斗，边生产。

随着形势发展需要，为了贯彻教育与战争相结合的原则，1939年6月20日，中共中央作出《关于抗大陕公等学校迁移晋东南的决定》。7月，抗大告别延安，向敌后抗日根据地挺进，先后迁至山西省武乡县蟠龙镇以及河北省邢台县浆水镇办学。1943年春迁回陕北绥德。为了适应敌后办学的新形势，便于在游击环境中进行教学，抗大将原有机构进行调整，增设团、营军政主任教员，连队驻队教员，从组织上保证营、连能在流动中进行独立教学。

1939年春至1945年春，抗大还陆续在晋冀鲁豫、晋察冀、山东、华中、鄂豫皖等抗日根据地建立了12所分校，分别是抗大第一至第十分校、抗大太岳分校、抗大太行分校。此外还创办了5所陆军中学和1所附设中学。

抗日战争期间，抗大总校连续办了8期，连同各分校共培养和训练了10余万名军事、政治干部，其中有的成为统率千军万马的高级指挥员，对于取得抗日战争和解放战争的胜利起了很大作用。

安吴堡战时青年训练班革命旧址

安吴堡战时青年训练班革命旧址位于陕西省咸阳市泾阳县安吴镇安吴堡村，曾是中共中央青年工作委员会在安吴堡举办青年干部培训的重要场所，是革命青年的熔炉，是我国青运史上伟大的丰碑。全面抗战爆发以后，为满足抗日战争的需要，中共中央在泾阳县斗口镇筹建了战时青年短期训练班，简称“青训班”，其宗旨是培养青年干部、发展抗日力量。后迁至云阳镇。1938年1月第三期结束以后，青训班迁到了安吴镇安吴堡村，当时被称作安吴青训班，朱德任名誉主任，冯文彬、胡乔木任正、副主任。1940年1月，青训班遵照中央指示从安吴堡撤离。

安吴青年训练班纪念馆（吴家大院）大门

训练班旧址以吴家大院为中心，还包括迎祥宫、吴氏陵园，占地2万多平方米，建筑面积2600余平方米，展陈面积1089平方米。吴家大院建于清代中期，原是清朝盐商巨贾吴氏家族的住宅，分为东、西、南、北、中5个大院。抗日战争爆发后，吴怀先不仅捐献家产资助革命，还将吴家东院式易堂捐献给中国共产党，作为抗日战争时期培养青年干部的基地，也就是安吴青年训练班的办公、教学地点。

青训班旧址是一座坐南朝北的三进四合院，目前保存有总务处、生活指导处、教务处、青训班学员学习开会住宿场所、冯文彬办公住宿地、胡乔木办公住宿地等场景复原等。

吴家大院庭院

大操场在吴家大院门前，其西北角有棵大榆树，上面悬挂着铜钟，青训班以敲钟为信号来规范作息。

青训班旧址门厅即倒座房，面阔八间，进深一间，自东数第四间为大门。大门上有“安吴青年训练班纪念馆”几个大字。

第一进院落，是青训班领导机关的办公场所。原为下人住处的倒座房被改为保卫科和办公处。

大教室复原场景

原来的会客厅为北屋正房，面阔五间，进深三间，当时是大教室和班部会议室；东、西厢房均面阔三间，进深一间，分别是青训班教务处处长刘瑞龙的办公室和总务处所在地。

第二进院落，北房为过厅，面阔五间，进深一间，为会议室和晚会处所在地。

第三进院落，北屋正房，面阔五间，进深一间，为吴怀先养母、陕西女首富周莹的住所，门上挂着胡乔木所题的匾额“安吴堡青训班旧址”。东、西厢房均面阔三间，进深一间，为青训班二连驻地。

第三进院落正房

第三进院落后面为吴氏花园，主建筑是一座中西合璧的两层建筑望月楼，由吴怀先建于民国初年，原来是供家人赏月、纳凉的地方。望月楼坐北向南，面阔五间，进深三间。一层南边出廊，通东西两侧。四面有门，砖券圆拱顶，门上砖雕横额“芭蕉夜雨”等。北侧楼梯通二楼，房顶抬梁式结构庑殿顶，施布纹板、筒瓦。青训班时期，一楼是副主任胡乔木的宿办室，二楼是西北青年救国联合会办公的场所。其东挑角楼是青训班主任冯文彬办公和教务处所在地，其西是学员住处，卫生处及青训班一连住处在其南。

望月楼

迎祥宫在吴家大院东侧，山门朝南，面阔三间，明间开门，上有阴刻楷书“迎祥宫”3个字。乐楼和山门相连而建，在山门背面，舞台朝北，面阔三间，进深三间，八卦藻井。内木匾阴刻草书“清歌妙舞”。山门、乐楼柱头转角、补间均为五彩三升重昂斗拱。屏风枋板绘以苏式彩绘。院子里两侧各有一座偏殿。

迎祥宫山门

青训班时期，这里可以排演节目和举办联欢会，是青训班学员娱乐、宣教的场所。职工大队、医务科、青年书店等也设于此。1938年8月，时任青训班名誉主任的朱德从前线回延安时，就在这儿给青训班学员们做了一场关于抗战形势的报告，还为学员题词“学好本领上前线”。

迎祥宫乐楼

吴氏陵园位于吴家大院东北方，青训班时期是学员们的露天课堂。

经党中央、国务院批准，国务院于2020年9月1日公布，安吴堡战士青年训练班革命旧址被列入《第三批国家级抗战纪念设施、遗址名录》。

知识链接 安吴堡战时青年训练班

1937年9月，中共中央青年部部长冯文彬从陕西延安抵达泾阳县云阳镇八路军后方留守处，与中共陕西省委负责人贾拓夫、汪锋等商定后，创办了战时青年短期训练班。

10月11日，在斗口镇农场开办第一期培训。这期青训班有4名工作人员，150多名学员，开设政治学习、军事训练的课程。由冯文彬担任主任，乐少华担任队长兼军事教员。

第一期青训班结业后，迁至云阳镇东街的一座破庙里。之后，渐渐扩大规模。第二期已经达到300多人，第三期人数与第二期差不多。1938年1月，青训班改称战时青年训练班，迁至安吴堡，胡乔木增补为青训班副主任。在学员人数骤增后，青训班将其编制为职工连、农民连、妇女连、儿童连、艺术连、游击连、佛教连等连队。

青训班代表大会在吴氏陵园召开

2月，第五期青训班开办，并建立了班务委员会，由朱德任名誉主任，冯文彬任班务委员会主任，胡乔木任副主任，下设3个处，分别是教务处、生活处、总务处。6月27日，克罗曼（法国）、福洛特（英国）、雅德（美国）、雷克（加拿大）4位世界学联代表团成员从西安抵达安吴堡，对青训班进行访问并成为青训班名誉学员。后来，因为他们的文章，安吴堡青训班在海外声名远播。

1940年初，国民党军胡宗南部进驻与安吴堡相距仅七八里地的三原西北一带，准备随时制造摩擦。4月25日，青训班撤离安吴堡，从云阳北上抵达延安。

两年多时间里，青训班一共举办了14期培训，有1.2万多人从这里结业，成为抗日战争的重要力量，为抗战胜利做出了重要贡献。

中共中央西北局旧址

中共中央西北局旧址位于陕西省延安市宝塔区光华路，是为了纪念中共中央西北局的巨大贡献而修建的设施。1941年5月13日，中共中央西北局成立于延安北张崖村，1942年9月迁到此地，1947年3月撤离，先后转战于绥德义合、子州马蹄沟等地。旧址因年代久远，损毁较为严重。2007年4月动工修复，2009年7月对外开放。2013年建成中共中央西北局纪念馆。

中共中央西北局旧址大门

中共中央西北局会议室旧址

中共中央西北局小礼堂旧址

西北局旧址现存石窑洞28孔、土窑洞数十孔，包括组织部、宣传部、统战部、城工部、财经委、青委和妇委等部门旧址。另有砖木结构礼堂、大会议室、小会议室、机关餐厅等瓦房4座，占地总面积约3.2万平方米。旧址坐落在花石砭半山腰，战争时期领导西北地区中共党的组织和边区军民，贯彻执行党的路线、方针、政策，为夺取抗日战争和解放战争的胜利做出巨大贡献。

2014年3月18日，旧址紧邻的中共中央西北局纪念馆落成并对外开放，与西北局旧址互为补充，为延安红色基因增添了新的内涵。

西北局纪念馆是一座三层建筑，建筑面积8035平方米，陈列布展3514平方米。由序厅、3个展厅和1个临时展厅组成，展线总长度1000多米。

中共中央西北局纪念馆

主题展览“西北革命根据地暨中共中央西北局历史陈列”分为3个部分7个单元，第一部分为“西北革命根据地的创建”，第二部分为“建设模范抗日民主根据地”，第三部分为“转战陕北和解放大西北”，共计展出400多件实物，460张照片以及16组雕塑。整个陈列采用声、光、电等现代化展陈手段，呈现了西北革命根据地创建、发展和壮大的战斗过程。

中共中央西北局纪念馆主题展览序厅

中共中央西北局革命旧址是国家级重点文物保护单位。

经党中央、国务院批准，国务院于2020年9月1日公布，中共中央西北局旧址被列入《第三批国家级抗战纪念设施、遗址名录》。

知识链接

中共中央西北局

1935年11月，中共中央政治局会议决定设立中共中央西北局，以西北中央局与中央政府西北办事处的名义办公。同时确定：在党的工作方面，成立组织局，由周恩来负责；在党的军事工作方面，设立西北革命军事委员会，由毛泽东担任主席，周恩来、彭德怀担任副主席；在党的政府工作方面，建立中华苏维埃共和国中央政府西北办事处，先后由秦邦宪、林伯渠担任主席。11月初，西北中央局领导成立党务委员会，由董必武、李维汉、秦邦宪、王首道、刘向三组成，对陕甘地区“肃反”中的错误进行了清查和纠正，挽救了西北根据地的党与红军。

1936年7月，经中共中央批准正式建立西北中央局。由张国焘、任弼时分别担任书记、副书

中共中央西北局纪念馆，毛泽东、周恩来接见刘志丹雕塑

记，委员包括朱德、关向应、贺龙、徐向前、王震、陈昌浩等。

1937年5月，中共陕甘宁特区委员会建立，辖原西北中央局所辖陕北省委、陕甘宁省委，西北中央局撤销。

1941年4月16日，中央政治局决定中共中央西北工作委员会和中共陕甘宁边区中央局合并，成立中共西北中央局（后改为中共中央西北局），统一领导西北地区党的工作。西北中央局是代表党中央指导西北工作的最高领导机关，先后下辖陕甘宁边区的关中地（分）委、三边地（分）委、神府分委、绥德地（分）委、延属地委、洛川工委和甘肃境内的陇东地（分）委，以及西北国统区的陕西省委、甘宁工委、绥宁工委、伊盟工委。机关驻地延安。1943年5月，晋绥分局也划归西北中央局领导。

1942年10月19日至1943年1月14日，中共中央西北局高级干部会议（亦称陕甘宁边区高级干部会议）召开。会议的任务是根据整风精神总结陕甘宁边区的历史和检查陕甘宁边区的工作。党政军民各方面的主要负责人300多人参加会议。林伯渠主持开幕式，毛泽东在会上做《经济问题与财政问题》的书面报告和《关于党的布尔什维克化的十二条》的讲演。会议讨论了陕北宁边区的历史经验，清算了“左”倾错误对西北革命根据地造成的危害，检查了抗战以来边区党内在思想、组织和实际工作中的某些偏向。会议确定生产和教育是边区建设的两大任务，而以生产为第一。此次会议历时88天，是陕甘宁边区历史上最成功的一次会议，也是整风运动中的一件大事，有力地推动了陕甘宁边区整风运动和大生产运动的深入开展。

中共中央西北局高级干部会议会场复原

1943年1月，中共中央西北局下辖5个地委，分别为关中、绥德、三边、延属、陇东。

解放战争时期，中共中央西北局由习仲勋任书记，马明方任副书记，先后组建和领导陕西省工委、西安市委、宁夏省委、甘肃省委、青海省委、新疆分局、陕北区党委、陕南区党委、伊盟工委、晋西工委、晋南工委等组织，并直辖陕甘宁解放区陕西境内的绥德地委、三边地委、关中地委、榆横地委、榆林地委、洛川工委、黄龙特委（地委）、西府地委、宝鸡地委、彬县地委、东府工委、大荔地委、渭南地委、三原地委、咸阳地委等。中共中央西北局贯彻执行党中央的路线、方针、政策，为陕甘宁边区建设成模范的抗日民主根据地做出了巨大贡献，创造了许多宝贵的历史经验。

1949年夏中共中央西北局改组，彭德怀、贺龙、习仲勋分任第一、第二、第三书记。

1954年12月，根据中共中央关于撤销大区一级党政机构的决定，中共中央西北局被撤销。

1960年11月，中共中央重新设立西北局。

1967年1月，中共中央西北局再次被撤销。

延安凤凰山麓革命旧址

凤凰山麓革命旧址位于陕西省延安市宝塔区凤凰大街20号，是中共中央在抗日战争时期的重要驻地，也是中共中央1937年1月13日到达延安后的第一个驻地。毛泽东、周恩来、朱德等率领中国工农红军经过二万五千里长征，到达陕北吴起镇（今吴起县），又经瓦窑堡（今子长县）、保安（今志丹县），于1937年1月来到延安，在这里领导中国革命，号召全国人民开展全民族的抗日战争，做出了一系列正确的重大决策，在政治和组织上做了充分准备，以迎接中国革命即将到来的新的历史时期，实现战略上的顺利转变。

凤凰山革命旧址牌坊

旧址有12孔窑洞，55间瓦房，1处防空洞。1938年11月20日，日军第一次对延安进行轰炸，致使延安旧城毁坏严重。中共中央及毛泽东等领导同志迁至延安城西北的杨家岭。1947年3月，国民党胡宗南部队攻占延安后再次对建筑物进行了破坏。1957年起，按照原貌多次对这里进行修复。

机要室旧址

旧址的北边有一处院落，分上、下两院。上院右边的3孔石窑洞是毛泽东同志旧居。中间的窑洞是会客室，里面陈设木质桌凳，墙上挂有毛泽东和白求恩大夫谈话的照片；西南边的窑洞是

毛泽东旧居

办公室兼卧室，里面陈设有木质办公桌椅、柜子，并陈列着毛泽东当年用过的床铺；东北边的窑洞是书报室，里面有炕，还陈设木质长桌和柜子等。毛泽东在此居住期间，写了很多著作，有《实践论》《矛盾论》《上海太原失陷以后抗日战争的形势和任务》《抗日游击战争的战略问题》《论持久战》等。

在这美丽的凤凰山麓，毛泽东会见了加拿大共产党员白求恩，对白求恩率领医疗队来中国帮助中国人民抗日的行为表示热烈的欢迎和真挚的感谢。此外，毛泽东还在这里接见英国记者贝特兰、美国女作家史沫特莱等。

作战研究室旧址

上院左边是中国工农红军总参谋部所在地，有3孔石窑洞、14间瓦房。石窑洞分别是刘伯承、滕代远、萧劲光的住所，一间大瓦房是作战研究室，其余房间是其他工作人员居住或办公的地方。总参谋部门口生长着一棵槐树，当年有些警卫员经常将马拴在这棵树上，从而磨掉了一大块树皮，朱总司令发现后，便在树皮脱落处写了4个字“禁止系马”，此后便没有人再来这棵树上拴马了。

中国工农红军总参谋部刘伯承、滕代远、萧劲光旧居

下院是朱德、周恩来居住的地方，有3孔石窑，分别作为宿舍、会客室和办公室使用。1937年1月，朱德在这里会见了美国女作家史沫特莱。1937年初，和平解决西安事变，周恩来返回延安后，朱总司令让出自己的热炕给周恩来居住，此后周恩来就居住在这孔窑洞里。

朱德和周恩来旧居

延安凤凰山麓革命旧址是全国重点文物保护单位、全国爱国主义教育示范基地。

经党中央、国务院批准，国务院于2020年9月1日公布，凤凰山麓革命旧址被列入《第三批国家级抗战纪念设施、遗址名录》。

知识链接

凤凰山

凤凰山处于陕西省延安市中心，是延安四大名山之一。因“叶生吹箫引凤”而得名。清代《延安府志》记载：“城跨其上，雉堞巍然，为郡山首，上有镇西楼，宋范仲淹建，残碑犹存。”自古以来，凤凰山就是延安一个名胜之地。

凤凰山最高海拔1132米，耸立于延安群山之中，山东坡及山腰都是修筑城防工事的最佳地点，自古以来为守城、屯兵、扎寨之地。山上有古遗址存在，包括镇西楼、凤凰阁、文昌阁、六郎寨、狄青寨，还有传说中为北宋年间杨六郎（杨延昭）调兵遣将而挖筑的转兵洞。古城墙沿山势而建，经考证始建于公元前215年，至今已有2200余年的历史，是延安城防建设最早、规模最大、保留最为完整的一座城池。根据相关记载，秦始皇一统中原后，认为秦王朝面临最大的敌人，就是北方的匈奴，于是命令大将蒙恬亲率30万大军北征匈奴。蒙恬为了稳扎稳打，命令在凤凰山修筑城池。唐代安史之乱发生时，杜甫经过延州（今延安），曾写下《塞芦子》名句：“宝塔钟声三川闻，肤施鸡鸣五城应。”北宋名将韩琦、范仲淹、庞籍、沈括等驻守延安时，对这里进行加固和完善，使得城池逐渐形成规模，5座城池遥相呼应，有“五花莲城”的美誉。凤凰山的古城墙，看着简单朴素，却是千年历史的见证，是广大边陲军民将士劳动的结晶。

1937年1月13日，中共中央在毛泽东的率领下进驻延安城，将凤凰山作为第一个驻地，更为凤凰山增添了无限光辉。

1938年11月20日，日军轰炸延安，中共中央及毛泽东等领导同志迁至延安城西北的杨家岭。中共中央先后在凤凰山召开了很多重要会议，包括1937年3月的中央政治局会议、苏区党代表会议、白区工作会议以及扩大的中共六届六中全会等，为领导全民族抗战在政治和组织上做了充分准备。毛泽东在凤凰山撰写了著名的《实践论》《矛盾论》《论持久战》等著作，还会见了很多中外人士，比如白求恩、卫立煌等。

1937年7月13日，毛泽东在延安号召“每一个共产党员与抗日的革命者，应该沉着地完成一切必须准备，随时出动到抗日前线”

凤凰山麓旧址除了是革命纪念地，还有保存完好的陕北民居，尤其是窑院结合的四合院布局，是典型的陕北民居的住宅样式，窑是主室，瓦房是厢房，窑前是高台石阶，门廊由青砖所筑，门前建有照壁，院内是石碾石磨，门窗镂花，具有浓郁的陕北建筑风格。

凤凰山不仅风景秀丽，也是古往今来的要塞之地，而且还承载着红色历史。

国立西北联合大学旧址

国立西北联合大学（简称“西北联大”）旧址位于陕西省汉中市城固县，是抗日战争时期西北联大办学的地方。卢沟桥事变后，平津危急。1937年9月10日，国立北平大学、国立北平师范大学、国立北洋工学院与北平研究院迁到西安，组成国立西安临时大学。1938年迁至汉中，改称国立西北联合大学，在汉中3县6处办学：在城固县黉学巷贡院旧址设校本部及文理学院，在文庙设教育学院，在小西关外原简易师范旧址设法商学院，在古路坝天主教堂设工学院；在南郑县（今汉中市汉台区）中学巷内设医学院；在沔县（今勉县）武侯祠等处设农学院。1939年7月改称国立西北大学，1946年各院校先后迁往兰州、北平、西安等地。

西北联大6处校址中，城固县城内文庙的教育学院、小西关外的法商学院、古路坝天主教堂的工学院3处旧址保存较好。

1938年国立西北联合大学工学院古路坝校址

教育学院旧址位于今城固师范学校内，现仅存城固文庙大成殿，当年是西北联大图书馆所在地。大成殿坐北朝南，砖木结构，面阔五间，进深三间，歇山顶，覆黄色琉璃瓦，面积240平方米。当时，国立西北师范学院与西北联大的图书馆是共用的，两校的教授是一起聘请的，还有图书馆、教室、操场都是共用的。1944年11月国立西北师范学院迁往兰州，其所在的城固校舍包括大成殿都被教育部赠予了国立西北大学。后国立西北大学迁往西安。

教育学院遗址城固文庙大成殿

法商学院旧址位于今城固一中校内，系西北联大的根源所在，学校的政治经济学系、商学系、法律学系，均在此发端。1938年至1946年的8年时间里，法商学院都在这里办学。始建于1914年，为砖结构两层楼，由南、北两厅及东、西厢房构成，建筑面积2300平方米。

工学院旧址位于董家营镇古路坝村，原为天主教堂，始建于1888年，坐北朝南，砖木结构，建筑面积6718平方米。现仅存主教公馆和修女院。西北联大时期是文理分院（生物学系、地质地理系、体育系）、高中部、工学院办学旧址。

法商学院旧址

工学院旧址

1937年文理学院迁到县城后，这里成为工学院办学地。

国立西北联合大学旧址是全国重点文物保护单位。

经党中央、国务院批准，国务院于2020年9月1日公布，国立西北联合大学旧址被列入《第三批国家级抗战纪念设施、遗址名录》。

知识链接

国立西北联合大学

国立西北联合大学是抗日战争时期所创的一所综合性大学，学校从合到分只存在了不足一年的时间。

1933年5月，邵力子出任国民党陕西省政府主席，深感西北人才紧缺。1935年11月，他联合西北各省政要提议，准备建立一所西北大学。

国立西北大学

当时担任国立北洋工学院（今天津大学）院长的李书田，感到日军在华北屡屡制造事端，天津已不是个办学的好地方，于是开始筹备将学校迁往内陆。由于他与邵力子常有来往，曾亲自前往陕西，对国立北洋工学院西京分院院址进行勘定。对于将国立北洋工学院迁往陕西，邵力子十分支持，于1936年1月3日致电国民政府行政院，请求对方的支持。行政院当日将该事宜交代下去，让教育部统筹办理。后来北洋工学院需要拨地8万多平方米作为校址，也是邵力子帮忙办理的手续。

1937年8月，《国民政府教育部设立临时大学计划纲要草案》出台："政府为使抗战期中战区内优良师资不致无处效力，各校学生不致失学，并为非常时期训练各种专门人才以应国家需要起见，特选定适当地点筹设临时大学若干所。"9月，正式颁布了设立临时大学的教育部令："以北京大学、清华大学、南开大学和中央研究院的师资设备为基干，成立长沙临时大学。以北平大学、北平师范大学、北洋工学院和北平研究院等院校为基干，设立西安临时大学。”9月8日，应教育部的请求，中英庚款委员会决定拨款50万，作为两所临时大学的开办费用。10月18日，正式建立国立西安临时大学。11月15日，国立西安临时大学开课。一共有1472名学生，其中311人是新生，是在西安当地通过两次考试招录的，其余都是三院校原有的学生，或是其他校旧生转学来的。全校设置六大学院，分别是文理、法商、教育、工、农、医，分为23个系。

1938年3月2日，山西风陵渡被日军攻占，潼关告急。从3月16日开始，国立西安临时大学南迁汉中。4月初，师生抵达汉中。4月3日，国民政府教育部发布了“国立北平大学、国立北平师范大学及国立北洋工学院，原联合组成西安临时大学，现为发展西北高等教育，提高边省文化起见，拟令该校逐渐向西北陕甘一带移布，并改称国立西北联合大学”的训令。

国立西北联合大学影壁

5月2日，西北联大在城固校本部举行开学典礼。7月中旬，西北联大农学院与西北农学院合组，成为国立西北农学院。西北联大工学院与焦作工学院（现中国矿业大学与河南理工大学）合组，成为国立西北工学院。教育学院改为国立西北师范学院，医学院改为国立西北医学院。

1939年5月，日军飞机不断轰炸南郑城，医学院在南郑城东之孙家庙、马家庙，黄家坡黄家祠等地选了几处临时课堂。西北联大的文理学院、法商学院等，组建了国立西北大学，于1939年9月在城固开学，由胡庶华担任校长。1945年之后，该校迁至西安。1950年改称西北大学。

国立西北师范学院，由李蒸担任院长。1940年7月，迁往兰州办学。抗日战争胜利后，部分师生留在兰州，部分学生返回北平复校，现在分别为西北师范大学、北京师范大学。

国立西北工学院，由李书田任校筹备委员会主任，第一任院长由赖琏担任，后来迁到咸阳。抗日战争胜利后，国立西北工学院的部分师生返回天津复校，其余师生就留在陕西，发展为现在的西北工业大学。

国立西北联合大学法商学院旧址

抗战胜利后，国立西北医学院迁回西安，与国立西北大学合并后改称国立西北大学医学院。新中国成立后，改称西北医学院，现为西安交通大学医学院。

国立西北农学院，后来迁往陕西武功县。

新中国成立后，改称西北农学院，也就是后来的西北农业大学。1999年9月，国务院批准都位于杨凌的原西北农业大学、西北林学院、中国科学院水利部水土保持研究所、水利部西北水利科学研究所、陕西省农业科学院、陕西省林业科学院、陕西省中国科学院西北植物研究所共7所科教单位进行合并，组建了西北农林科技大学。

西北联大的内迁、成立，将教育火种保留了下来，拆分后建立的5所国立高等院校，大部分师生都留在了西北，逐渐成长为西北高等教育的骨干力量。

甘肃省

八路军驻兰办事处纪念馆

八路军驻兰办事处纪念馆位于甘肃省兰州市城关区，有两处，分别为甘南路700号和酒泉路314号。八路军驻兰办事处纪念馆是在抗日战争时期八路军驻甘办事处旧址基础上修建的纪念馆，于1980年1月正式对外开放。

八路军驻兰办事处纪念馆

1937年5月，借助西安事变后的有利形势，党中央在兰州秘密筹建红军联络处，对外称“彭公馆”。1937年8月，正式更名为“八路军驻甘办事处”，人们习惯称“八路军驻兰办事处”。最初红军联络处地点为南滩街54号（今甘南路700号）。八路军驻兰办事处成立后办公地点改为孝友街32号（今酒泉路314号）。从1937年5月设立到1943年11月奉命撤回延安，八路军驻兰办事处为抗战事业及我党革命工作的开展做出了巨大贡献。

甘南路700号旧址，占地面积1320平方米，建筑面积710平方米，东西两院；酒泉路314号

甘南路700号旧址的《营救》雕塑，刻画了八路军驻兰州办事处营救失散红军的情形

旧址，占地面积1378平方米，建筑面积2893平方米，三进院。两处院落房屋均为仿古建筑，木质门窗配以青砖房脊，是典型的兰州传统民居风格。

甘南路700号旧址目前有“巍巍祁连——中

甘南路700号旧址大门

国工农红军西路军事迹展”“兰州红军联络处原状陈列展”两大主题展览，通过238张照片、37篇电文、88件文物，系统反映中国工农红军西路军为打通国际路线、策应河东红军、策应西安事变和平解决写下的可歌可泣的壮丽篇章。

甘南路700号旧址庭院，典型的兰州风格旧式四合院

“巍巍祁连——中国工农红军西路军事迹展”分为6个单元：“挥师西渡——单独肩负打通国际路线的历史重任”“策应河东——全力完成服务全局的历史使命”“血战临高——充分展现中国工农红军血战到底的英雄气概”“风雪祁连——前无古人后无来者的极限挑战”“多方营救——充满关爱和历经曲折的凤凰涅槃”“永恒纪念——黄河东流声不断祁连处处有丰碑”。旧址原状陈列部分，分为故事墙、名录墙、营救原状、甘工委成立原状、接应与转送组雕等6个部分。

甘南路700号旧址《永恒祁连》雕塑

酒泉路314号旧址有“热血陇原——八路军驻甘办事处与甘肃抗日救亡展览”“八路军驻甘办事处原状陈列展”。展览集中反映和表现了自1937年5月至1943年11月的6年时间里，办事处在开展营救被俘流落的红军西路军将士、推进抗日民族统一战线、加强同苏联外交代表处和军事代表处的联系、接待我党往返苏联人员、转运抗战物资、输送进步青年到延安、指导中共甘肃工委开展工作等方面发挥的重要作用。

酒泉路314号旧址大门

“热血陇原——八路军驻甘办事处与甘肃抗日救亡展览”以7个单元、512张历史图片、139件珍贵文物，从不同侧面系统地展示了“建立统一战线，形成无分前方后方的抗战格局”“进行思想发动，激起民从最坚韧的抗战力量”“实施西北开发，展现近代工业布局的最初端倪”“奔赴抗战前线，铸就陇原儿女的光辉形象”“接待和输送人员，让希望的巨轮不断出航”“奋起空中对决，彻底粉碎侵略者的战略意图”“转运苏联援华物资，把关心支持送到抗日前方”等内容。

酒泉路314号旧址庭院谢觉哉半身像

在原状陈列中，为强化教育氛围，突出教育效果，精心设计和增加了34张图片与35块文字说明牌，使之与原状房屋及74件文物融合，使展览更富历史底蕴和生动厚重的说服力及感染力。

八路军驻兰办事处使用过的无线接收器

八路军驻兰办事处纪念馆是全国重点文物保护单位、全国爱国主义教育示范基地。

经党中央、国务院批准，国务院于2020年9月1日公布，八路军驻兰办事处纪念馆被列入《第三批国家级抗战纪念设施、遗址名录》。

知识链接 八路军驻兰办事处

1937年5月，为了营救散落在甘肃、青海各地的红军西路军将士，中共中央派出张文彬、彭加伦、朱良才等7人来到兰州筹备成立红军联络处，对外称“彭公馆”。9月，改称“八路军驻甘办事处”，习惯称为“八路军驻兰办事处”。彭加伦担任联络处首任处长。谢觉哉任中共中央代表。

从1937年5月办事处（红军联络处）成立至1943年11月办事处奉命撤回延安，在长达6年半的时间里，八路军驻兰办事处在异常复杂和危急的斗争环境中积极与敌人斗争，为革命事业做出了巨大贡献。不但接回了大量西路军战士，同时还充分发挥桥梁纽带作用，将大量陕甘宁边区需要的包括武器、药品等物资运至边区，同时利用靠近苏联的地理优势，为往来于苏联和抗日根据地的人员提供周到的服务和照顾。王稼祥、刘英、任弼时、李先念、程世才、蔡畅、邓发、萧三、陈郁、李天佑、杨至成、谭守述等都曾在这里住宿。1939年，前往苏联治病的周恩来和邓颖超途经兰州，也曾在这里居住。周恩来对八路军驻兰

谢觉哉（左）和伍修权（右）在八路军驻兰办事处合影

办事处的工作赞赏有加，称为“革命的接待站，战斗的指挥所”。

八路军驻兰办事处成立之后，积极宣传抗日思想，开展抗日救亡活动。很多心怀革命的有志青年都是通过八路军驻兰办事处的安排来到革命圣地延安的。在办事处的指导下，兰州出现了一大批支持抗日和革命的群众团体，其中包括甘肃青年抗战团、省外留学生抗战团、妇女慰劳会、西北青年救亡读书会、联合剧团等。

兰州革命形势的高涨并不是国民党当局希望看到的，千方百计地进行破坏。1937年12月，第八战区司令朱绍良担任甘肃省主席，下令取缔进步团体、查封进步刊物。对于国民党当局这种破坏抗战、破坏统一战线的行为，八路军驻兰办事处据理力争，严正交涉。此后，办事处在兰州所处的政治环境持续恶化，国民党顽固派千方百计破坏办事处的工作，但办事处的同志们不惧困难，勇敢战斗，出色地完成了党组织交给的任务。

随着抗战的深入，国共双方关系持续恶化，特别是在皖南事变爆发后，国民党顽固派千方百计地破坏、打压中共领导的抗日斗争。到了1943年11月，鉴于兰州的斗争形势十分危急，已经不适合八路军驻兰办事处开展工作，中央决定撤销办事处。

新疆维吾尔自治区

八路军驻新疆办事处纪念馆

八路军驻新疆办事处纪念馆位于新疆维吾尔自治区乌鲁木齐市胜利路392号，是为了纪念陈云、邓发、陈潭秋、毛泽民、林基路等共产党人带领新疆各族同胞抗日救亡的英雄事迹，在八路军驻新疆办事处旧址的基础上建立起来的纪念馆。始建于1933年，1937年成为八路军驻新疆办事处所在地，1942年被迫关闭。1961年辟为乌鲁木齐市革命烈士纪念馆，1965年10月更名为八路军驻新疆办事处纪念馆。

八路军驻新疆办事处纪念馆

八路军驻新疆办事处纪念馆是一座融合了中俄建筑风格的砖木结构二层楼房，占地面积1100平方米，建筑面积503.6平方米。大门一侧悬挂着一面铜制铭牌，上面是董必武题写的“八路军驻新疆办事处原址”。

纪念馆内部，展览当年中国共产党人在新疆进行革命斗争的英雄事迹，分为4个部分：“抗日民族统一战线的形成”“传播马列主义，支援抗日前线”“忠贞不屈的革命战士”“革命烈士永垂不朽”。纪念馆围绕这4个主题共展出革命文献及文物1500余件，让更多的人了解当年共产党人为了国家和人民在这里进行的不屈不挠的斗争，了解共产党人为了祖国的抗战事业、为了新疆人民的解放事业付出的艰辛努力和宝贵的生命。

八路军驻新疆办事处纪念馆陈云雕像

八路军驻新疆办事处旧址旁新建的纪念馆，总建筑面积7881平方米，平面呈“山”字形，象征革命事业的崇高伟大。顶部造型是一颗巨大的红色五角星，与旧址的红色屋顶交相呼应，象征先烈精神将永远被传承。

八路军驻新疆办事处纪念馆是全国重点文物保护单位、全国爱国主义教育示范基地。

经党中央、国务院批准，国务院于2015年8月13日公布，八路军驻新疆办事处纪念馆被列入《第二批国家级抗战纪念设施、遗址名录》。

八路军驻新疆办事处纪念馆新馆

知识链接　八路军驻新疆办事处

20世纪30年代初，盛世才作为新疆地区新崛起的国民党地方军阀，为了满足个人的野心，在压迫新疆人民的同时，采取了狡猾的手段以达到目的。为了在与其他军阀的争斗中赢得胜利，他努力讨好苏联，以获得苏联的支持。在苏联的帮助下，他逐渐消除异己，击败新疆地区的其他军阀，掌控了新疆大局，成为新疆地区大权独揽的土皇帝。在此过程中，为了讨好苏联，盛世才对中国共产党采取了完全有别于蒋介石南京国民政府的政策，对中国共产党表现得格外友好，不但给予一些帮助，同时还多次邀请中共派出干部赴新疆协助他治理新疆。站在全民族抗日统一战线的角度，中共中央经过慎重考虑，决定选派领导干部赴新疆工作，从而争取盛世才为抗击日军贡献力量。

1937年10月，在迪化（今乌鲁木齐）八户梁大院设八路军驻新疆办事处，对外称“八户梁第三招待所”。陈云任中共中央代表兼办事处负责人。11月陈云回延安后，滕代远、邓发（化名方林）、陈潭秋（化名徐杰）先后继任。

办事处积极宣传我党的抗日思想，促进抗日民族统一战线的形成，积极动员新疆各界支持抗日斗争。先后创办了《新疆日报》《阿克苏日报》《喀什日报》等报刊宣传我党政策，与此同时，积极协助盛世才发展新疆教育事业，为新疆人民谋取福利。在很短的时间内，新疆的面貌发生了巨大的变化，民族矛盾趋于缓和，各族人民抗日热情高涨。同时办事处还协助盛世才在新疆创办了坦克学校、炮兵学校、飞行学校等军校，为国家培养了大量的军事人才。

1942年9月，盛世才反共，将陈潭秋、毛泽民、林基路等逮捕入狱，办事处随之关闭。

乌鲁木齐烈士陵园

乌鲁木齐烈士陵园位于新疆维吾尔自治区乌鲁木齐南郊燕儿窝路524号，是为了纪念抗日战争时期及解放战争时期在新疆牺牲的陈潭秋、毛泽民、杜重远、林基路、乔国桢、吴茂林、祁天民、陈振亚、汪德祥、彭仁发等革命烈士而修建的设施。1954年，召开新疆省（今新疆维吾尔自治区）第一届人民代表大会第一次会议，会议决定在此地修建烈士陵园，于1956年7月1日正式建成。此后进行多次大规模修缮。

陵园占地面积约60万平方米。主要建有纪念

乌鲁木齐市革命烈士陵园大门

广场、祭台、人民英雄纪念碑、《红色·记忆》雕塑、烈士事迹陈列馆等纪念设施。

纪念广场占地面积6418平方米。纪念碑位于纪念广场中央，2015年9月落成。碑高30米，分为碑顶、碑身、碑座、平台4个部分，混凝土结构，深灰色大理石贴面，正面和背面分别用汉文、维吾尔文两种文字镌刻“人民英雄纪念碑”7个镏金大字。

人民英雄纪念碑

纪念广场上有一座大祭台，祭台上弧线排列着5座墓碑，每块墓碑高2.2米，底宽1.4米，顶宽1.2米，厚0.7米，采用汉白玉、花岗岩建成。中间是中国共产党的创始人之一陈潭秋烈士的墓碑。在陈潭秋烈士墓碑的左右两侧分别是毛泽民烈士和林基路烈士的墓碑，左右最外侧是乔国桢和吴茂林两位烈士的墓碑。在这些烈士的墓碑正面，是时任国家副主席董必武的题字。墓碑的背面则用汉文、维吾尔文、哈萨克文、蒙古文4种文字对烈士生平做了介绍。

大祭坛五烈士墓

小祭坛位于陈潭秋等烈士墓后方50米处，建于1980年，弧线排列有著名爱国民主人士杜重远烈士、优秀共产党员陈振亚烈士、著名地质学家祁天民烈士、为中国航空事业献身的汪德祥烈士和彭仁发烈士的墓碑。碑身采用青色花岗岩与白色汉白玉镶砌而成，碑的正面镌刻烈士的英名，背面用汉文、维吾尔文、哈萨克文、蒙古文4种文字镌刻着烈士生平简介。南北两侧分别安葬着为解放和建设新疆而牺牲的部分革命烈士。

杜重远烈士墓

《红色·记忆》雕塑修建于2007年，雕塑分为上、下两个部分，上部是5个人物头像，他们来自社会各行各业，目光坚定、充满了力量。这一组形象表现的是新疆各族各阶层人民相互帮助，团结一致建设伟大祖国的精神面貌，而雕塑的下半部分则是一座浮雕，刻画的是新疆各族人民与解放军一起载歌载舞欢庆和平解放的场景，表现了新疆各族人民庆祝解放的欢乐心情和对美好生活的期望。

《红色·记忆》雕塑

烈士事迹陈列馆位于陵园主干道中段右侧，建筑面积4692平方米，展陈面积1667平方米，始建于2008年，于2013年9月27日，即陈潭秋、毛泽民、林基路等牺牲70周年时对外开放。馆前屹立着陈潭秋烈士的汉白玉雕像。馆内一座棕色大理石镶面的屏风上镌刻着邓小平题写的“陈潭秋、毛泽民、林基路烈士永垂不朽”15个金色大字。馆内陈列陈潭秋等10位烈士的生平事迹、图片、手稿、日记及其他遗物和中央领导同志的题词，收藏550多幅图片及上百件实物等史料，分为7个部分展示新疆解放、革命、建设、改革等时期的重要史实和158位英模人物的事迹。2017年新增44位烈士和英模人物事迹。

烈士事迹陈列馆

乌鲁木齐烈士陵园是国家级烈士纪念设施、全国爱国主义教育示范基地。

经党中央、国务院批准，国务院于2015年8月13日公布，乌鲁木齐烈士陵园被列入《第二批国家级抗战纪念设施、遗址名录》。

知识链接 陈潭秋

陈潭秋，1896年1月4日生于湖北黄冈，中国共产党创始人之一。1919年投身五四运动，1920年秋与董必武等人在武汉创建共产主义小组。1921年7月出席中国共产党第一次全国代表大会。后历任中共安源地委委员、武昌地委书记、湖北区委组织部长、江西省委书记、江苏省委组织部长、满洲省委书记、江苏省委秘书长等职，长期领导工人运动、学生运动和兵运工作。1933年调中央苏区，任福建省委书记。1934年1月，在中华苏维埃共和国第二次代表大会上当选为中央执行委员，并任中央政府粮食人民委员（即粮食部长）。中央红军长征后，留守苏区坚持游击战争，任中共中央分局委员兼组织部长。1935年8月赴莫斯科出席共产国际第七次代表大会，后留任中国共产党驻共产国际代表团成员。

1939年9月回国，任中共中央驻新疆代表和八路军驻新疆办事处负责人，为新疆经济、文化建设做出重要贡献。1942年9月17日，与毛泽民、林基路等被军阀盛世才逮捕。在狱中面对酷刑和利诱，坚贞不屈。1943年9月27日，被秘密杀害。

2009年9月，入选“100位为新中国成立作出突出贡献的英雄模范人物”。

知识链接

毛泽民

毛泽民，1896年4月3日生于湖南湘潭，毛泽东之弟，中国共产党早期财经工作领导人。1921年参加革命，同年加入中国共产党。1925年2月随毛泽东在湘潭、湘乡开展农民运动，9月进入广州农民运动讲习所学习，后在上海、武汉、天津等地从事秘密工作。1931年7月进入中央革命根据地，参与闽粤赣革命根据地的经济工作，12月任中华苏维埃共和国临时中央政府财政委员会委员兼国家银行行长。1933年5月起兼任闽赣省苏维埃政府财政部部长，1934年9月任国家对外贸易总局局长，全面负责苏区经济工作。长征到达陕北后，1935年11月任中华苏维埃共和国中央政府国民经济部部长，长期主持财政工作，始终保持廉洁作风。1938年2月赴新疆开展统战工作（化名周彬），任新疆省财政厅、民政厅厅长，为新疆建设做出重要贡献。1942年9月17日，与陈潭秋、林基路等被盛世才逮捕，在狱中坚贞不屈。1943年9月27日，被秘密杀害。

2009年9月，入选“100位为新中国成立作出突出贡献的英雄模范人物”。

知识链接

林基路

林基路，原名林为梁，1916年生于广东台山。1933年初，在上海先后加入中国共产主义青年团和中国反帝大同盟，积极投身于抗日救亡宣传活动。1934年春东渡日本，入东京明治大学政治经济学系深造。留学期间，领导留日学生开展革命活动。1935年夏回国后加入中国共产党。1937年10月奔赴革命圣地延安，进入中共中央党校学习。1938年受党中央派遣赴新疆开展统战工作，更名为林基路，先后担任新疆学院教务长、阿克苏专区教育局局长、乌什县县长等职。1942年9月，与陈潭秋、毛泽民等共产党员被军阀盛世才逮捕入狱。在狱中坚贞不屈，创作了传世名篇《囚徒歌》，展现了共产党人的崇高气节。1943年9月27日，惨遭敌人杀害。

香港特别行政区

乌蛟腾抗日英烈纪念碑

乌蛟腾抗日英烈纪念碑位于香港特别行政区新界沙头角乌蛟腾村乌蛟腾烈士纪念园内，是为了纪念在抗日战争中牺牲的乌蛟腾村烈士而修建的设施。始建于1951年，原位于乌蛟腾村比较隐蔽的一处山坡下，1985年进行过重修；2009年底，在香港特别行政区政府的支持下，于乌蛟腾村村口近新娘潭路建烈士纪念园，并于2010年9月24日举行纪念碑重建落成仪式。

乌蛟腾烈士纪念园大门

烈士纪念园的入口是一座牌坊，在牌坊尖顶上刻着一颗红星，横额刻有8个大字“乌蛟腾烈士纪念园”，两侧立柱上镌刻着一副楹联：“纪昔贤满腔热血，念先烈弥世功劳。”

进入园内，就可以看到高高耸立的乌蛟腾抗日英烈纪念碑。坐落于高台之上的纪念碑呈方尖碑形，碑身正面是由曾任东江纵队司令员的曾生将军题写的“抗日英烈纪念碑”7个大字。基座正面刻着“浩然正气”4个大字。两旁各有一座低矮的石碑，分别用中文和英文介绍了乌蛟腾村民的抗日事迹。

乌蛟腾抗日英烈纪念碑

经党中央、国务院批准，国务院于2015年8月13日公布，乌蛟腾抗日英烈纪念碑被列入《第二批国家级抗战纪念设施、遗址名录》。

知识链接　乌蛟腾人民的抗日斗争

乌蛟腾是香港一个村落的名字，位于沙头角

新娘潭山后面，在抗日战争时期，这里是东江纵队港九独立大队（以下简称“港九大队”）的抗日基地。东江纵队是抗日战争时期中国共产党在广东省东江地区创建的一支抗日武装，而港九大队是东江纵队下属的活跃在香港地区进行抗日斗争的部队。这支部队由香港新界一带的人民群众组成，成员包括农民、学生、海员等，他们的抗日斗争给日军沉重打击，为香港地区抗战的胜利做出了贡献。

乌蛟腾村战略位置非常重要，是抗日游击队从广东南下香港的必经之路。乌蛟腾村村民全是客家人，与广东转战而来的抗日游击队员的语言相通，沟通没有障碍，群众对战士们有一种天然的亲近感。港九大队的战士们军纪严明，对老百姓秋毫无犯，还尽自己所能帮助村里的百姓，帮他们打击土匪，组织自卫武装。

在香港被日军占领的3年零8个月的时间里，港九大队袭击日军、惩处汉奸、破坏敌人的交通线、截获日军物资，这些战绩都离不开广大人民群众的帮助，而乌蛟腾村的百姓就是支援港九大队最积极的村子之一。在抗日战争时期，乌蛟腾村绝大部分村民都参与了抗日斗争，要么参军上前线与日军战斗，要么在后方为部队提供信息或物资，并为此付出了流血牺牲的代价。

行军中的港九大队游击队员

1942年9月25日拂晓，中秋节刚过，乌蛟腾村的很多人还沉浸在节日的气氛中，但日军的魔爪已经伸向了这里。清晨时分，日军包围了村子，将村民们从家中赶了出来。日军让百姓交出手中的武器，并供出游击队的秘密，百姓们全都闭口不答。这时日军将村长李世藩拉了出来，威逼他说出游击队的秘密。李世藩面对日军的威胁冷眼相对。敌人见李世藩不肯配合，就对李世藩施以酷刑，灌水、火烧、马踏……将能想出的酷刑都用到了李世藩的身上。直到生命的最后一刻，李世藩也没让日军从自己身上获得一丝一毫游击队的秘密。在整个抗日战争时期，乌蛟腾村共有9位烈士献出了自己的生命。

也正是在乌蛟腾村，中国共产党召开了会议，重新选举了广东省的党组织和抗日武装的领导机构，史称“乌蛟腾会议”。在这次会议上，广东人民抗日游击总队改为广东人民抗日游击队东江纵队，由曾生担任司令员，林平担任政委。纵队下辖7个大队，活跃在香港地区的港九大队就是其中之一。

在乌蛟腾村的一处石水涧之中，曾经隐藏着东江纵队的一部电台，正是这部电台不断发出的电波，保证了东江纵队与党中央的联系，保证了广东地区革命工作的顺利开展。

斩竹湾抗日英烈纪念碑

斩竹湾抗日英烈纪念碑位于香港特别行政区西贡区斩竹湾西面的一处山冈之上，是为了纪念抗日战争时期活跃在香港地区的东江纵队港九独立大队牺牲的烈士们而修建的设施。1988年开始动工修建，1989年1月23日建成。2004年5月，纪念碑园增建大型雕塑《赤子报国图》，后又增立东江纵队港九独立大队纪事碑。

斩竹湾抗日英烈纪念碑是一座外形及线条非常优美的纪念碑，高20米。碑身正面呈梯形，取其有正方形之稳，以及三角形之巧，上面有原东江纵队司令员曾生题写的“抗日英烈纪念碑”几个字，碑座镶嵌一块青石，上面的碑文介绍了在抗日战争时期东江纵队港九独立大队及香港人民抗击日军的英雄事迹。

经党中央、国务院批准，国务院于2020年9月1日公布，斩竹湾抗日英烈纪念碑被列入《第三批国家级抗战纪念设施、遗址名录》。

斩竹湾抗日英烈纪念碑

知识链接 东江纵队港九独立大队

东江纵队港九独立大队（以下简称“港九大队”）是一支由香港新界子弟组成的中国共产党领导下的抗日武装力量。于1942年2月正式成立，由蔡国梁担任大队长，陈达明担任政委，黄高阳担任政训室主任。下辖5个地区中队、1个海上中队、2个长枪中队和1个直属中队。港九大队在抗日战争时期长期活跃在新界西贡一带，像一把尖刀插入日军的心脏，给予日军沉重打击。

1941年12月日军侵占香港后，对香港地区实行残酷的殖民统治，通过军警、特务、宪兵建立殖民统治网络，残酷镇压中国人民的抗日行动。另外，日军还在香港进行贪婪的经济掠夺和文化奴役，企图长期占领香港。港九大队成立后，受到香港人民的欢迎和支持，为港九大队在香港实行灵活的游击战创造了良好的群众基础和条件。

针对港九地区特殊的地理环境，港九大队创造性地开展了城市游击战，充分发挥手枪队灵活的作战特点，不断袭扰日军，让日军晕头转向，疲于应付。以刘锦进（绰号“刘黑仔”）为代表的战斗英雄，让日军惶惶不可终日。为了解决港九大队对殖民统治的威胁，日军不断地纠集重兵进行“扫荡”，企图消灭港九大队。但港九大队利用灵活的战术与日军进行周旋，通过不断对日军进行袭扰，最终让日军的“扫荡”成为徒劳。

港九大队在抗日战争的历史上做出了巨大贡献，不但长期与日军作战，而且利用行动灵活、战术多变的特点，对罪大恶极的投敌分子进行严厉打击。如1944年2月，港九大队反“扫荡”时刘锦进化装潜入日军九龙宪兵司令部处决了为日军效力的汉奸翻译官，引起了强烈的社会反响，使替日军卖命的汉奸人人自危。

港九大队利用自己所处的特殊地理位置和社

会环境，尽可能筹集抗日物资运回广东，支援广东人民的抗日斗争。另外，港九大队经常护送在战斗中负伤的伤病员来香港治疗。1943年1月，广东人民抗日游击队的10余名伤病员就是在港九大队的协助下来到港九沙头角三亚村治病疗伤的。

港九大队与英军服务团合作，营救大批国际友人及盟军飞行员。图为1943年12月，港九大队队员与被营救的盟军飞行员合影

香港沦陷之际，很多身在香港的文化名人被困在香港，随时面临危险。针对这一危急情况，中共中央非常重视，周恩来数次致电并指示八路军驻香港办事处要想尽一切办法帮助这些爱国民主人士脱离危险。在这场生死大营救中，港九大队扮演了非常重要的角色。港九大队和在香港的中共地下组织一起通过各种方式转移这些民主人士，将他们从日军的眼皮底下营救出来送往抗日根据地。其中包括茅盾、叶以群、邹韬奋、胡绳、何香凝、柳亚子等社会各界爱国民主人士。这次营救堪称奇迹，被茅盾称为“抗战以来最伟大的抢救工作”，体现了中共中央对民主人士的关怀，是中共与这些民主人士肝胆相照的直接体现。而港九大队就是这次奇迹行动的直接参与者，这是他们对党和人民革命事业做出的巨大贡献。除了营救爱国民主人士，港九大队还营救了众多外国友人，其中包括盟军战俘、盟军飞行员等，赢得了国际社会的广泛赞誉。

港九大队的情报工作也做得非常出色。他们利用自己的情报网络广泛搜集日军的情报，上报给党组织，为中共在广东地区开展抗日游击斗争贡献了重要力量。

在与日军战斗期间，港九大队不怕牺牲，历经千难万险，终于迎来了最终的胜利。1945年8月15日，日本帝国主义宣布无条件投降，港九大队也完成了他们在香港地区的历史使命。部队大部奉命随东江纵队北撤，还有一部留在香港潜伏下来，继续为党和人民的革命事业坚持斗争。

澳门特别行政区

澳门冼星海纪念馆

澳门冼星海纪念馆位于澳门特别行政区俾利喇街151–153号的别墅群中，是为了纪念在澳门出生的伟大音乐家冼星海而设立的设施。2019年11月23日开馆。

冼星海纪念馆是一栋建于20世纪50年代的建筑，主体建筑面积582平方米，户外花园建筑面积332平方米，馆内设有展览厅、探索空间、多功能厅等。展览厅通过相关文物展现冼星海的艺术创作历程，以及他伟大的艺术创作成就；探索空间通过多媒体设备让参观者感受乐团指挥的乐趣，了解生动有趣的音乐知识，加深对音乐家冼星海的认识。

澳门冼星海纪念馆

澳门冼星海纪念馆的设立，能够让更多人认识这位出生在澳门的音乐家，了解这位伟大的音乐家为国家做出的重大贡献。

经党中央、国务院批准，国务院于2020年9月1日公布，澳门冼星海纪念馆被列入《第三批国家级抗战纪念设施、遗址名录》。

知识链接　冼星海

冼星海是优秀的中国共产党党员，中国近代著名的音乐家，被称为“人民音乐家”。

冼星海

冼星海于1905年6月13日出生在澳门的一个贫苦家庭，父母都以打鱼为生，生活很艰苦。父亲早逝。6岁时，冼星海随母亲黄苏英来到新加坡，在这里的养正学校学习。期间，冼星海表现出了很高的音乐天赋，学校的区健夫老师非常欣赏这个极有音乐天赋的孩子，教他认识乐器，进行音乐训练，并且让他加入了学校的乐队。

1918年，冼星海来到广州求学，就读于岭南大学，在这里学习小提琴。当时冼星海家境贫寒，但他并没有向穷困的生活屈服，一边在街头售卖纸笔等小商品，一边继续自己的学业。1926年春，在音乐领域已经颇具造诣的冼星海考入北京大学音乐传习所，跟随著名作曲家萧友梅学习作曲。次年来到上海，考取由萧友梅和蔡元培创办的上海国立音乐学院，继续学业。在这里，冼星海一边学习，一边积极参加革命活动，但因为参加学潮，被迫退学。冼星海决定前往巴黎，学习更多的音乐知识。

1930年，冼星海到法国，开启了5年半的法国求学生涯。在这里，冼星海的生活依旧困顿，但依然自强不息，从事各种工作获取报酬以支撑自己学习音乐。他向巴黎歌剧院乐队首席奥别多菲尔学习小提琴，向巴黎音乐学院的著名教授加隆学习作曲理论。这两位老师在欣赏冼星海音乐才华的同时感慨于他生活的艰辛，于是都不收学费，希望以此减轻冼星海的负担。在两位老师的悉心栽培下，冼星海在音乐领域的成就也越来越高，创作的乐曲《风》受到了老师们的称赞。也正因为他的作品优秀，让他结识了当时法国著名的作曲家保罗·杜卡，并成功考入保罗·杜卡开设的高级作曲班，获得了进一步提升音乐造诣的机会。

1935年5月，冼星海结束了在法国的留学生活，回到祖国。当时中国正面临民族危机，已经占领东北的日军贪得无厌，不断向华北地区进攻。冼星海一回到国内就投入抗日救亡歌曲的创作，希望唤起民众的反抗意识，加入抗日救亡的队伍。他在创作大量群众歌曲之外，先后为电影《壮志凌云》《青年进行曲》，话剧《复活》《大雷雨》等作曲，通过音乐唤醒国人。除了音乐创作，这一时期冼星海还着力培养国内的音乐人才，对当时中国音乐艺术的发展做出了贡献。

全民族抗战爆发后，冼星海积极投入抗日宣传工作。1938年9月，冼星海做出了一个人生中最为重要的决定——当时他接到了延安鲁迅艺术学院的邀请，希望他能到延安任教。冼星海非常激动，当即决定去延安。

在延安，冼星海迎来了自己的创作巅峰，谱写了《军民进行曲》《生产运动大合唱》《黄河大合唱》《九一八大合唱》等歌曲，展现了中国人民抗日救国的热情。尤其是《黄河大合唱》，成为他创作生涯中最为伟大的作品。这首由光未然作词、冼星海作曲的抗战歌曲，以黄河为背景，由《序曲》（管弦乐）、《黄河船夫曲》（混声合唱）、《黄河颂》（男声独唱）、《黄河之水天上来》（配乐诗朗诵）、《黄水谣》（女声合唱）、《河边对口曲》（对唱、轮唱）、《黄河怨》（女声独唱）、《保卫黄河》（齐唱、轮唱）和《怒吼吧！黄河》（混声合唱）8个乐章组成，并由配乐诗朗诵和乐队演奏将各乐章连成一个整体，热情歌颂了中华民族悠久的历史，控诉了日本侵略者的残暴，展现了中国人民与日本侵略者顽强斗争的英勇场面，勾画出中国人民保卫祖国、誓死抗击侵略者的壮丽画卷。1939年4月13日，《黄河大合唱》在延安陕北公学大礼堂首演，引起巨大反响，很快就唱响全国，成为抗日歌曲的“主旋律”和时代的最强音。同年5月11日，冼星海在延安庆祝鲁迅艺术学院成立一周年的庆祝晚会上，身着八路军军装，扎着绑腿、穿着草鞋，亲自指挥合唱团演唱《黄河大合唱》。在慷慨激昂的曲调中，现场的氛围被推向了高潮，在场的所有人都被歌曲传达出的民族豪情所感染，每个人都坚信伟大的中华民族必定在这场与日本侵略者的战争中取得最终的

冼星海指挥延安鲁迅艺术学院合唱队排练《黄河大合唱》

胜利。在场观看演出的中共中央领导对这首歌赞誉有加，评价极高。也是在这一年，冼星海光荣地加入了中国共产党，成为一名中国共产党党员。

1940年5月，为了革命工作，冼星海需要远赴苏联一段时间。临行前，毛泽东亲自在家中为冼星海饯行，体现了对这位音乐家的重视和关怀。但不幸的是，在苏联工作时期，冼星海患上了肺炎。因为当时正是苏德战争时期，条件艰苦，没有得到及时的治疗，导致身体状况每况愈下。即使这样，他依然没有停止自己的革命创作，在病榻上先后完成了《民族解放交响乐》(第一交响乐)、《神圣之战》(第二交响乐)、管弦乐组曲《满江红》、交响诗《阿曼该尔达》和以中国古诗为题材的独唱曲等创作。

1945年10月30日，冼星海病逝，被安葬在莫斯科近郊公墓。冼星海去世的消息传回国内，延安各界为冼星海举行了隆重的追悼仪式。

2009年，冼星海入选“100位为新中国成立作出突出贡献的英雄模范人物”。

国外中国国家级
抗战纪念设施、遗址

缅甸

仁安羌大捷纪念碑

仁安羌大捷纪念碑位于缅甸马圭省仁安羌市伊洛瓦底江畔，是为了纪念中国远征军在仁安羌取得的胜利而修建的纪念碑。1942年4月17日至19日，中国远征军新三十八师一一三团在团长刘放吾的率领下奉命解救在缅甸仁安羌地区被日军围困的英国军队，在日军的包围圈上强行撕开了一个口子，救出了被困的英军、英美传教士及记者7500余人。此次战斗持续了3个昼夜，中国远征军202名官兵永远地长眠在这块他们战斗过的土地上。为了悼念远征军将士，在仁安羌大捷前线的指挥官刘放吾将军之子刘伟民的主持下建立了仁安羌大捷纪念碑。2013年1月13日，纪念碑落成；1月15日，仁安羌战役阵亡的202名将士灵位由缅甸运回中国；7月7日中国政府于南岳忠烈祠举办盛大仪式，将烈士灵位入祠。

仁安羌大捷纪念碑建在当年战斗最为惨烈、远征军将士伤亡最为惨重的501高地上，坐南朝北，正是英灵归乡的方向，寓意只要顺着碑塔的方向，先辈的忠魂就可以回到祖国。纪念碑呈金刚宝座佛塔形，既符合当地风俗与佛教文化，也寓意为先烈们招魂安灵。主塔7层，通高15.24米，寓意中国军人“救人一命胜造七级浮屠”。汉白玉塔座为四方形，塔座上主塔四角各有一座金色小塔。塔座四面镶嵌大理石，正面为“仁安羌大捷纪念碑”，其他三面为祭文、战史和颂词。塔座下为方形基座，四角各有一座白色小塔。

仁安羌中国远征军墓

仁安羌大捷纪念碑

在纪念碑的基座之下，埋着一抔取自重庆云岫楼的泥土和一枚军用指北针。希望通过这样的方式告诉英烈们回家的路，让他们的英灵能够回到祖国。

经党中央、国务院批准，国务院于2020年9月1日公布，仁安羌大捷纪念碑被列入《第三批国家级抗战纪念设施、遗址名录》。

仁安羌大捷纪念碑基座悼文《魂兮归来》

知识链接　仁安羌大捷

太平洋战争爆发后，日军入侵缅甸。仁安羌位于缅甸曼德勒西南250千米处，有年产量达100万吨的大油田，是重要的战略目标。日军企图全歼守卫在仁安羌的英军。盟军向国民党政府请求支援，于是国民党政府派遣中国远征军前往营救。

1942年4月14日17时，远征军新编第三十八师师长孙立人命令第一一三团支援英军。第一一三团在团长刘放吾的率领下，火速奔向仁安羌，并于17日黄昏在英军汽车的帮助下到达拼墙河北岸，与日军展开了激烈的战斗。

次日清晨，战斗更加激烈，包围英军的日军虽受到腹背夹击，但并没有把中国军队放在眼里。后日军被中国军队击溃，纷纷逃向河对岸去。

19日晨，刘放吾命令第二营从正面牵制日军主力，自己则率领其他各营从日军阵地的右翼包抄。日军出动飞机，猛烈反扑。战斗中，刘放吾带领将士们与日军殊死搏斗，直到傍晚时分，击溃日军，夺回被日军占领的油田，将围困在附近的英军官兵及英美传教士等7500多人解救出来，并将100多辆汽车夺回，交到英军手中。

日军极为不甘，试图增援残敌，再次将油田

刘放吾将军

夺回。20日上午，日军400余人从中国军队左翼包抄，并炮轰刘放吾的指挥所。刘放吾指挥部队切断日军退路，实施反包围。经过3个小时的猛烈交战，将这股日军歼灭。当时天气酷热且缺水，中日两军士兵都疲惫不堪，在仁安羌以南形成对峙。夜间，刘放吾发现日军有支援部队前来，于是赶紧将这一情况报告给孙立人。孙立人立即派第一一二团赶往拼墙河接应，第一一三团得以安全转移。

仁安羌大捷是一次军事奇迹，是以少胜多、以客胜主、以寡救众的典型。通过这次战斗，中国军队展现出旺盛的士气，指挥官也展现出非常卓越的领导才能和战略眼光。这次战斗让中国军队在世界上令人刮目相看。不仅如此，它还鼓舞了更多中国人的战斗信心，使他们相信，即使战争环境艰难，日军也并不是不可战胜的。

2013年，正值仁安羌大捷71周年，在这次战斗中阵亡的202位将士的灵位被迎回中国，安放在南岳忠烈祠。英雄终于魂归故里，落叶归根。

巴布亚新几内亚

中国抗战将士和遇难同胞陵园

中国抗战将士和遇难同胞陵园位于巴布亚新几内亚东新不列颠省拉包尔市郊，是为了安葬在巴布亚新几内亚劳工营牺牲的抗日将士和遇难同胞而修建的设施。2009年，中国政府出资修建，2013年进行修缮。

第二次世界大战时期，曾经有1000多名来自中国的抗日将士作为劳工被日军强掳至此从事苦役，其中有600多名同胞永远地长眠在了这里。其中就有淞沪抗战时坚守四行仓库的八百勇士中的中国军人。即使今天，依然能看到保存下来的烈士墓碑，还有日军当年在这里残害我同胞的断头台等遗迹。

中国抗战将士陵园

对于这些客死异乡的抗日英烈，祖国和人民没有忘记他们。2009年，我国政府拨款在拉包尔市郊为牺牲在那里的抗战英烈修建陵园，告慰这些为国牺牲的烈士。在祖国安排的工作人员的精

中国抗战将士陵园烈士墓

心看护下，烈士陵园绿树成荫，宁静而祥和。

除了这座陵园，在拉包尔市，还有两处埋葬当年爱国同胞的墓地，一座是烈士墓，另一座是位于拉包尔火山附近的华侨华人公墓。在烈士墓内埋葬着一位当年与日军进行斗争而惨遭杀害的爱国华侨，而拉包尔火山附近的华侨华人公墓则是当年数百位中国劳工的集体公墓。因为拉包尔火山爆发的原因，现在公墓只留下纪念塔塔尖露出地面，每年当地的华侨华人都会来此地纪念这

中国广东籍遇难同胞公墓

些客死异乡的同胞。

经党中央、国务院批准，国务院于2020年9月1日公布，中国抗战将士和遇难同胞陵园被列入《第三批国家级抗战纪念设施、遗址名录》。

知识链接　拉包尔的抗日英烈

1941年12月，日本发动太平洋战争，抗日战争时期占领巴布亚新几内亚。为了亚修建军事工事，日军从中国运送大量劳工来这里从事苦役。在整个二战时期，共有1600多名同胞被运送到这里。其中有很多是抗日战场上被日军俘虏的抗日将士。在这些抗日将士中，有一个特殊的群体，他们就是守卫四行仓库的八百壮士的部分官兵。

1938年淞沪会战中，八百壮士在谢晋元的带领下守卫四行仓库，后来经过英国人与国民党当局交涉，八百壮士退入英租界，没想到英国人慑于日本人的威胁，软禁了这些抗日英雄。后来日军攻入英租界，这些英雄成为日本人的俘虏，八百壮士中的一部分战士作为战俘被日军掳到巴布亚新几内亚充当苦力，他们中有很多人在这里

在拉包尔被盟军解救的3名中国战俘

受虐死去。抗日战争胜利后，这些英雄中仅有34人活着回到了祖国。

在很长一段时间里，这些英烈的事迹都淹没在历史的尘埃中。但祖国和人民没有忘记他们为祖国和民族做出的贡献。2009年，中华人民共和国驻巴布亚新几内亚大使馆对这些英烈的墓地进行确认，并将一些英烈的遗骨迎回祖国，让他们荣归故土。

每年的清明节，中华人民共和国驻巴布亚新几内亚大使馆的工作人员都会代表祖国和人民来看望这些英烈，向他们敬献花圈，追思他们的抗日功绩。

中国东北抗日联军教导旅与红军远东第二方面军第八十八独立步兵旅英烈纪念设施

中国东北抗日联军教导旅与红军远东第二方面军第八十八独立步兵旅英烈纪念设施位于俄罗斯哈巴罗夫斯克边疆区叶拉布戈镇维亚茨克耶村，是为了纪念东北抗日联军被迫退入苏联境内后仍对日战斗而修建的设施。2015年8月，中华人民共和国民政部和俄罗斯哈巴罗夫斯克边疆区有关方面达成共识，修建中国东北抗日联军教导旅与红军远东第二方面军第八十八独立步兵旅英烈纪念设施，在修缮烈士墓园的基础上，新建纪念广场和纪念碑。

2008年，在俄罗斯哈巴罗夫斯克边疆区叶拉布戈镇维亚茨克耶村附近的白桦林中，发现了东北抗日联军教导旅13具战士的遗骨。没有人知道他们的名字，当地政府修建了13座长方形坟茔，由泥土堆砌而成，部分坟茔上盖有石板，并竖立了一块纪念碑，墓碑朝着中国的方向。碑身上面用俄文刻着："这里安葬的是1941年至1945年8月位于远东维亚茨克耶村的红军远东第二方面军第八十八独立步兵旅及联合部队的军人。"

经党中央、国务院批准，国务院于2020年9月1日公布，中国东北抗日联军教导旅与红军远东第二方面军第八十八独立步兵旅英烈纪念设施被列入《第三批国家级抗战纪念设施、遗址名录》。

俄罗斯哈巴罗夫斯克边疆区维亚茨克耶村的中国东北抗日联军教导旅与红军远东第二方面军第八十八独立步兵旅无名烈士纪念碑

知识链接 东北抗日联军教导旅

1933年，中共满洲省委根据中共中央关于建立反日统一战线、扩大游击战争的指示，组建东北人民革命军（后改称东北抗日联军），纵横驰骋于白山黑水间，强烈震撼了日本帝国主义在东北的殖民统治，致使侵略者惊呼："三江省已变成共党乐土！"

日军为巩固侵华战争的后方基地，自1938年起向东北大量增兵，关东军由20万猛增至40万人，持续进行疯狂的“讨伐”。东北抗联遭受严重损失，由3万余人锐减至不足2000人，大片游击根据地丢失，杨靖宇、魏拯民等领导人相继牺牲，不断有部队因作战失利越过国界退入苏联。至1941年初，在苏联境内的东北抗联部队约600人。为统一领导和管理，培养干部，坚持斗争，东北抗联在苏联伯力（哈巴罗夫斯克）和海参崴（符拉迪沃斯托克）附近建立了北、南两个野营。

北野营，也称A野营，位于伯力东北75千米处的费·雅斯克村附近森林里，东北抗联第二、第三路军总指挥部部分人员和第二、第三支队，共计300余人驻扎在此。南野营，也称B野营，位于海参崴以北26千米处的蛤蟆塘，东北抗联第一路军警卫旅和第二、第三方面军部分人员，第五军一部，共约200人驻扎在此。野营建立后即在苏联军官的直接指导下开始训练。课目有队列、滑雪、射击、刺杀、爆破及连以下单兵到班、排的攻防战术等，并选出三四十名年纪较轻、略有文化的官兵进行无线电收发报训练。

1941年6月苏德战争爆发后，苏联远东军区进入战备状态，以防日军入侵。原抗联第二路军总指挥周保中认为，一旦远东战争爆发，抗联部队应立即返回东北，在日军后方发动群众开展游击战争，积极破坏和袭击日军军事设施及交通运输线。为此，北野营抗联部队约400人前往伯力郊区的苏军空降部队营区，进行1个月的跳伞训练。由于学习热情高、纪律性强、训练成绩好，受到苏军总教官的称赞，表示：“在一旦战争爆发之时，希望有机会和你们并肩作战，以消灭我们共同的敌人——日本侵略者。”抗联部队随后又陆续派侦察小分队返回东北开展游击活动，收集日军情报，如铁路、公路军事运输密度，日军在边境地区兵力部署，机场内日机种类和数量等，以判断日本是否准备对苏联发动进攻。

为解决当时野营领导关系上存在的不明确问题，周保中向苏联远东军区提出：如果苏日之间爆发战争，在东北境内必须有一支强大的抗联队伍，才能有效地和苏军协同作战，使日军腹背受敌。据此建议“用学校或教导队的形式，把所有在苏联境内的抗日联军指战员编在一起，集中整训，这样既提高训练效果，又有利于备战”，并希望多派些苏联军官协助进行训练，在短时间内提高训练水平。远东方面军司令阿巴纳申科大将认为这是颇有远见的建议，便上报苏联最高统帅部，得到同意的答复——明确组建东北抗日联军教导旅，目的是“养成东北抗日救国游击运动的军事政治干部”，任务是“在东北转入直接战争的新环境时发展积极有力的游击运动”，并同意教导旅坚持“中共党组织关系和中共政治路线不变更”的方针。

7月22日，阿巴纳申科在伯力接见周保中、张寿篯（李兆麟），以苏联红军远东方面军司令部的名义发布组建中国特别旅（又称东北抗日联军教导旅）的命令，授予独立第八十八步兵旅的正式番号，并指示：“一旦满洲大变转处于新环境时，中国特别旅应起重大作用，成为远东红军与中国红军之连锁。”

1942年7月下旬，东北抗联教导旅筹建工作紧张地展开了。先是24名海参崴外语学校毕业生以实习汉语的名义来到北野营，准备在教导旅组建后担任副连长、连顾问或营参谋工作；随后南野营撤销，所有人员转移至北野营；饶河县东安镇起义的伪满军士兵72人越过乌苏里江进入苏联境内，经苏军审查后全部编入教导旅；此外还有近百名苏籍华人应征入伍，上百名苏联尉级军官和苏联东方少数民族战士（赫哲族、那那依茨族、乌达根氏族等）来到北野营。

8月1日，东北抗联教导旅组建完成。全旅1000余人，其中苏籍官兵300多人。下设4个步兵营、1个通信营和1个迫击炮连。每个步兵营下设1个中国连、1个苏联连和1个经理排。伪满军起义士兵和苏籍华人分散编在4个营的中国连。通信营除抗联人员外还编有部分苏军士兵。迫击炮连均为苏联东方少数民族士兵。抗联干部担任各级正职，配备苏联军官任副职和顾问。周保中任旅长，张寿篯任政治委员（1943年春因苏军改为一长制而任政治副旅长），崔石泉（崔庸健）任中国共产党东北抗联教导旅委员会书记，金日成等分任营长。苏军什林斯基少校、巴达林少校任副旅长，沙马尔钦科少校任旅参谋长，塞辽根少校任旅政治部主任。旅、营两级设司令部，旅司令部下设参谋部、政治部、后勤部和内务部，主要由苏军军官组成。抗联干部均被授予苏军军衔，旅级军官为校官，如周保中、李兆麟为少校（一年后，周保中晋升为中校），营级军官为大尉，连级军官为上尉，排长为中尉或少尉，副排长以下授予军士军衔。官兵在政治、物质待遇上同苏军完全相同，服装是全新苏军军装，军官实行薪金制，部队换发苏式装备。教导旅虽名义上暂由苏联远东军总部代管，但其内部仍保持东北抗联的单独编制体系，并坚持执行中国共产党的政治路线和独立作战任务。除派遣小部队重返中国东北活动外，主力在苏军的帮助下开展系统的军事、政治整训，以提高思想认识和官兵的技、战术水平，加强组织纪律性等，为圆满完成东北抗日战争的历史使命，在思想上政治上军事上做了充分准备。

当时，撤退至苏联境内的东北抗联部队除在北、南野营建立党委外，还有吉东、北满两省委。为改变这种党的领导机关多头并存的局面，周保中等提出“在吉东、北满两省委及南满党基础上建立新的中共东北党组织临时委员会，同时废止现有的吉东、北满两省委”。教导旅成立后，建立统一集中的中共党组织的愿望更加强烈。9月13日，教导旅召开全体党员大会，成立中共东北党组织特别支部局，也称中共东北党委员会，下设组织部、宣传部、抗日救国青年团和抗日妇女救国会等机构。中共东北党组织特别支部局行使双重职能，既是东北抗联教导旅委员会，负责旅内党务工作，又是中共东北党组织与中共中央在失去联系的情况下，整个东北地区中共党组织的临时最高领导机关，领导执行中共政治路线，继续开展对日、伪军斗争。

由于长期与中共中央失去联系，身处异域的教导旅官兵利用各种渠道搜集中共中央的有关文件和领导人的讲话、文章，从中了解、领会党的方针政策。延安整风运动开始前后，教导旅印发了中共中央《关于增强党性的决定》《中国革命战争的战略问题》《改造我们的学习》《整顿党的作风》《反对自由主义》《反对党八股》等大批材料，组织学习讨论，并经常开展时事教育，了解世界反法西斯作战和全国抗战情况，明确党的大政方针，坚定抗战必胜的信心，提高思想政治觉悟和马克思主义理论水平，加强党对军队的绝对领导和部队坚持党的路线的自觉性。

教导旅参照苏军颁发的《步兵训练大纲》，结合战时需要和中国东北游击战争的实际，有计划地进行现代化军事训练和特殊技能学习。军事训练课目主要有队列、单兵战术、分队战术、战斗勤务等，同时讲授战术、军事地形、爆破、防化等课程。先由苏联教官培训班长，再由班长训练战士。战术课由连、排长亲自组织实施。连每周公布训练成绩；旅每半月组织操练，对课目实施检查、考核、评比；每年冬季组织为期半月的野外拉练，以营为单位练习行军、警戒、宿营、野炊、实弹射击、班至连的攻防战术、雪地工事构筑等，并进行雪地生存、耐寒训练。在特殊技能训练上，主要开展滑雪和空降训练，以适应中国东北地区气候特点，增强部队作战的机动性和灵活性。

就这样，教导旅一面在苏军帮助下进行系统的军政训练，培养干部，为东北抗联部队的发展壮大积蓄了骨干力量；一面陆续派小部队返回中国东北，执行侦察、收集情报等任务，最终迎来了抗日战争的胜利曙光。

1945年春德国投降后，盟军作战重心迅即东移，全力对付日本法西斯。早在雅尔塔会议刚结束时，苏军就拟订了增兵苏联远东地区的计划，特别是废除《苏日中立条约》后，斯大林下令增派指挥、参谋人员前往后贝加尔方面军司令部、远东方面军和滨海部队。针对形势的发展，东北抗联教导旅积极备战、士气高昂，准备随时投入对日反攻作战中。

5月，远东方面军情报部长索尔金向周保中传达方面军司令普鲁卡耶夫大将的指示：预定在最近几个月之内将有一场苏联对日本的战争，东北抗联教导旅将编入远东第二方面军战斗序列，担负进攻佳木斯地区的作战任务，并准备在中国东北建立10万大军，以便参加大规模对日作战及开展敌后活动。据此，教导旅拟定了作战计划：派伞降部队到敌后指定区域执行战术侦察并配合苏军作战；正在中国东北活动的抗联各小部队到指定地区开展敌后游击战争，执行侦察任务并配合苏军作战；主力部队随苏军行动。

7月，教导旅陆续抽调部分干部战士组成若干先遣小分队，以地面和空降方式进入中国东北。至8月初，分别抵达牡丹江、长白、磐石、辉南、长春等18个地区，担负实施火力侦察，突袭、袭扰日军后方，监视日军动向，充当苏军向导等任务，并联系当地坚持游击战争的抗联武装，配合苏军正面进攻，同时担负发动群众、组织起义、扩充军队及稳定社会秩序的职责。

8月8日，苏联对日宣战。9日，远东苏军总司令部所辖后贝加尔方面军和远东第一、第二方面军主力部队越过中苏边境，发起远东战役。同日，毛泽东发表《对日寇的最后一战》声明，号召中国人民一切抗日力量举行全国规模的反攻，彻底打败日本侵略者。10日、11日，朱德连续发布对日军展开全面反攻及受降等7道命令。东北抗联教导旅备受鼓舞，按照统一部署，积极配合苏军作战行动：担任远东第一方面军侦察任务的抗联小分队先后于牡丹江海林、林口和东宁县大肚川等地空降；担任远东第二方面军向导任务的抗联小分队与苏军一起乘水陆两用车，分别向富锦、佳木斯、宝清等地挺进；在东北坚持游击战和执行侦察任务的抗联小分队积极掌握日、伪军动向，并向日伪运输线出击，配合苏军作战。

在苏军摧枯拉朽般的攻势面前，日本关东军仅10余日即土崩瓦解，东北抗联教导旅原定的参战计划发生改变。8月26日，周保中接到远东苏军总司令华西列夫斯基元帅的命令：教导旅的中方人员随苏军各方面军占领中国东北各战略要点，准备接受驻各城市苏军卫戍司令的任命。具体任务是：协助苏军维持占领地革命秩序，肃清日、伪军残余及一切反革命分子，提高苏军在群众中的威信，促进中苏人民友好；利用参加军事管制的合法地位恢复和建立中共党组织，开展群众运动，在苏军主要占领地以外地区建立根据地和人民武装。

据此，教导旅制定了新的行动方案：反攻中国东北后迅速抢占57个战略要地，以接收中国东北；撤销独立第八十八步兵旅建制，东北抗日联军在中国东北各战略区的主要负责人担任苏军驻中国东北各城市的卫戍副司令一职，协助苏军占领和管理中国东北各城市。同时决定，除病患、孕妇、体弱人员、儿童等暂留苏联、待适当时机回国外，其余官兵全部返回中国东北，执行上述任务。

8月28日，教导旅召开干部会议，部署出发准备工作。9月初分4批先后到达12个战略中心点：长春、哈尔滨、沈阳、吉林、延吉、齐齐哈尔、北安、海伦、绥化、佳木斯、牡丹江、大连，展开维持社会秩序、肃清反革命残余势力、恢复和建立中共党组织、建立人民军队和人民政权等工作。9月中旬，教导旅进驻12个大中城市、45个中小城镇，正式改名为东北人民自卫军，总司令部设在长春，周保中任总司令，并在各大战略中心点建立了各地区的东北人民自卫军司令部。至10月下旬，总兵力发展到4万余人，收缴日、伪军步枪近6万支、轻重机枪2800余挺、弹药1200余万发。

东北抗联教导旅在长期与中共中央失去联系、孤处境外的情况下，加强军事政治整训，为中、朝两军保留下一批领导骨干，如周保中、李兆麟、金日成、崔庸健等，并为抗战结束后中共迅速实现“向北发展”的战略意图打下了坚实的组织、干部基础。同时不断派小分队返回中国东北，坚持对日游击斗争，尤其是在远东战役中直接参战，为配合苏军消灭日本关东军、加速日本法西斯的彻底灭亡、全面收复接管城市，做出了不可磨灭的贡献。